漢語同源詞大典

下册

殷寄明 著

復旦大學出版社

國家出版基金項目
上海高校服務國家重大戰略出版工程項目
復旦大學中文學科高峰學科建設項目
資助出版

"十三五"國家重點出版物出版規劃項目
教育部哲學社會科學研究後期資助項目（11JHQ060）

作者介紹

殷寄明　男，1956年生。漢語史專業博士研究生畢業。復旦大學中文系教授，博士生導師。主要研究領域爲文字學和語源學。已出版著作：《曲盡物情 存古垂後——中國文字》、《現代漢語文字學》（與汪如東合作）、《〈説文〉研究》、《〈説文解字〉精讀》、《漢語語源義初探》、《中國語源學史》、《語源學概論》、《漢語同源字詞叢考》。

内容提要

　　這是一部據源繫聯單音節同源詞的大型詞典，是特殊類型的辭書。辭書史上，據形繫聯的字典、據義繫聯的詞典、據音繫聯的音書皆已有之，獨闕據源繫聯的詞典，因此，本詞典是一部填補空白之作。

　　詞與詞之間的同源關係有遠有近，猶人倫之親有遠親，有近親，本詞典繫聯同源詞的原則是據"近親"關係繫聯。絕大多數單音詞的書面形式都表現爲形聲格局的文字，聲符是標音示源構件。本詞典從各種典籍中考得漢字系統聲符1260個，凡無同源"夥伴"者去之，剩餘879個。根據這些聲符繫聯成聲系形聲字子族，加以詞義的對比分析，凡義同或相通的繫爲一個同源詞詞組。在推源過程中，則衝破字形束縛，據音義綫索繫聯其他同源詞來互證。研究方法上，綜合汲取了傳統語源學"聲訓""語轉說""右文說"諸流派的精髓，而將同源詞的考釋納入了現代科學語源學的軌道。

　　全典考釋同源詞共2225組，收單字凡7217個。其中聲符字879個，根據879個聲符字形體綫索繫聯的形聲字6885個，根據聲符字的音義綫索繫聯的文字332個。

　　本詞典分爲三册十卷，前九卷爲2225組同源詞的考釋，第十卷爲索引。

　　本詞典爲語言文字工作者案頭必備工具書。

下　册

條文目錄

第七卷條文目錄

601. 舀聲 ……………………………………………………………… 1243

　　(1582) 掐/掏(抒出義) …………………………………………… 1243

　　(1583) 韜䩉瑫䈞錎幍綯　△匿　(藏義) ………………………… 1243

　　(1584) 慆/猜(懷疑義) …………………………………………… 1245

602. 奚聲 ……………………………………………………………… 1245

　　(1585) 徯猚䚡鼷溪騱　△倪　(小義) …………………………… 1245

603. 倉聲 ……………………………………………………………… 1247

　　(1586) 鎗艙匿　△藏　(藏義) …………………………………… 1247

　　(1587) 蒼篬　△青　(青色義) …………………………………… 1247

　　(1588) 滄愴　△涼　(寒義) ……………………………………… 1248

　　(1589) 戧搶嗆　△倒　(逆反義) ………………………………… 1249

　　(1590) 槍搶　△撞　(撞義) ……………………………………… 1250

　　(1591) 蹌搶　△速　(急義) ……………………………………… 1250

604. 翁聲 ……………………………………………………………… 1251

　　(1592) 簉滃蓊勜愮　△洪　(盛義) ……………………………… 1251

　　(1593) 膹䗏　△臃　(肥義) ……………………………………… 1252

605. 朕聲 ……………………………………………………………… 1253

　　(1594) 膡騰　△贈　(轉移義) …………………………………… 1253

　　(1595) 賸媵(送義) ………………………………………………… 1253

(1596) 塍螣　△烝　(向上義) ……………………………………………… 1254

606. 逢聲 ………………………………………………………………………… 1254
　　　(1597) 蓬艂鏠　△封　(高義) …………………………………………… 1254
　　　(1598) 蓬/厐(亂義) ……………………………………………………… 1255

607. 桀聲 ………………………………………………………………………… 1256
　　　(1599) 傑榤嵥㮆(出義) ………………………………………………… 1256

608. 留聲 ………………………………………………………………………… 1257
　　　(1600) 廇遛瘤罶　△停　(留止義) …………………………………… 1257
　　　(1601) 榴塯瘤鎦甾醪蹓(圓義) ………………………………………… 1258
　　　(1602) 溜霤　△流　(流義) …………………………………………… 1259
　　　(1603) 溜瞗鎦貀(迅速、滑溜義) ……………………………………… 1260

609. 衰聲 ………………………………………………………………………… 1260
　　　(1604) 蓑榱　△垂　(下垂義) ………………………………………… 1260

610. 高聲 ………………………………………………………………………… 1261
　　　(1605) 蒿歊豪熇鰝塙篙顥嗃毫獆鶮(高、長、大義) ……………… 1261
　　　(1606) 翯膏　△沃　(肥義) …………………………………………… 1263
　　　(1607) 翯縞暠皜(白色義) ……………………………………………… 1264

611. 郭聲 ………………………………………………………………………… 1265
　　　(1608) 槨鞹廓　△殼　(外層義) ……………………………………… 1265
　　　(1609) 霩廓　△空　(空義) …………………………………………… 1266

612. 疾聲 ………………………………………………………………………… 1266
　　　(1610) 嫉蒺螏　△損　(害義) ………………………………………… 1266
　　　(1611) 榁/支(支撐義) …………………………………………………… 1268

613. 脊聲 ………………………………………………………………………… 1268
　　　(1612) 堵瘠鰭踖鶺　△綃　(薄、小義) ……………………………… 1268

614. 离聲 ………………………………………………………………………… 1269
　　　(1613) 離螭　△黊　(黃色義) ………………………………………… 1269
　　　(1614) 樆鵹㒿　△對　(雙、偶義) …………………………………… 1270
　　　(1615) 黐樆魖縭　△黏　(黏、連義) ………………………………… 1271
　　　(1616) 漓籬　△濾　(濾義) …………………………………………… 1272
　　　(1617) 醨漓　△濂　(薄義) …………………………………………… 1272
　　　(1618) 摛䮹　△舒　(舒展義) ………………………………………… 1273

615. 唐聲 ·· 1273
  (1619) 塘磄闛嵣(高、大義) ·· 1273
  (1620) 鎕赨　△赤　(赤色義) ·· 1274
  (1621) 糖溏　△穤　(黏義) ·· 1275
  (1622) 搪傏　△觸　(衝突義) ·· 1276

616. 部聲 ·· 1276
  (1623) 蔀/剖(剖分義) ·· 1276
  (1624) 蔀/覆(覆蓋義) ·· 1277

617. 旁聲 ·· 1277
  (1625) 嗙膀骗滂蒡嫎雱　△龐　(大義) ·· 1277
  (1626) 徬髈傍斜縍塝榜　△邊　(旁邊義) ·· 1279
  (1627) 鎊榜　△判　(削義) ·· 1280
  (1628) 輽篣　△棚　(棚義) ·· 1280

618. 旅聲 ·· 1281
  (1629) 驢膂　△連　(相連義) ·· 1281

619. 畜聲 ·· 1282
  (1630) 蓄滀褚　△貯　(積聚義) ·· 1282

620. 羔聲 ·· 1283
  (1631) 槔窯漨　△高　(長、大義) ·· 1283

621. 益聲 ·· 1283
  (1632) 膉溢　△泆胅　(肥、滿義) ·· 1283
  (1633) 隘嗌　△陿　(狹隘義) ·· 1284
  (1634) 膉縊　△頸　(頸部義) ·· 1285

622. 兼聲 ·· 1285
  (1635) 廉猰燷溓霖鰜縑陳鶼傔槏　△界　(連義) ·· 1285
  (1636) 兼謙縑稴歉廉慊溓槏蠊鎌髷(小、少義) ·· 1287
  (1637) 慊顃鬑蠊(長義) ·· 1289
  (1638) 嗛鼸鰜餒　△含銜　(含義) ·· 1290

623. 朔聲 ·· 1291
  (1639) 遡謅(追溯義) ·· 1291

624. 害聲 ·· 1292
  (1640) 犗轄　△鍵　(禁制義) ·· 1292
  (1641) 愒/嚇(驚嚇義) ·· 1292

(1642) 豁/開(開通義) 1293

625. 家聲 1293
(1643) 嫁稼　△安 （安置義）............ 1293

626. 突聲 1294
(1644) 淡/沈(深義) 1294
(1645) 琛/珍(珍貴義) 1295
(1646) 淡揬　△試 （試探義）............ 1295

627. 窄聲 1296
(1647) 榨醡(擠壓義) 1296

628. 容聲 1297
(1648) 溶俗搈鎔(動義) 1297
(1649) 鎔瓵　△融 （容納義）............ 1297
(1650) 嵱俗　△頌 （容顏義）............ 1298
(1651) 溶裕(大義) 1299

629. 宰聲 1299
(1652) 莘淬脺　△渣 （渣義）............ 1299
(1653) 縡/載(事義) 1300
(1654) 聹/鈍(不敏義) 1301

630. 扇聲 1301
(1655) 搧煽蝙　△閃 （扇動義）............ 1301

631. 冥聲 1302
(1656) 瞑暝艶溟覴　△悗 （暗義）............ 1302
(1657) 幎祳瞑　△覆 （覆蓋義）............ 1303
(1658) 溟娛螟獁穤　△米 （小義）............ 1304

632. 隺聲 1305
(1659) 鶴榷碓驊　△晧 （白色義）............ 1305

633. 冤聲 1306
(1660) 鞤甎婉鋺　△圓 （圓、曲義）............ 1306

634. 么聲 1307
(1661) 謐/僻(靜義) 1307

635. 展聲 1308
(1662) 騛輾搌碾榐　△轉 （轉義）............ 1308

636. 屖聲 …… 1309
(1663) 謘稺遲　△滯　(遲義) …… 1309
637. 弱聲 …… 1310
(1664) 蒻腸嫋鰨篛　△柔　(柔義) …… 1310
638. 孫聲 …… 1312
(1665) 遜愻　△順　(順義) …… 1312
639. 蚩聲 …… 1313
(1666) 媸嗤　△醜　(醜義) …… 1313
(1667) 瞌/滯(凝聚義) …… 1313
640. 陰聲 …… 1314
(1668) 蔭蔭　△蔆　(遮義) …… 1314
641. 脅聲 …… 1315
(1669) 愶嗋熁　△挾　(脅迫義) …… 1315
(1670) 歙嗋　△吸　(吸氣義) …… 1316
642. 函聲 …… 1316
(1671) 菡顄涵裍篋錎蜬　△含　(包含義) …… 1316
(1672) 幓/蓋(覆蓋義) …… 1318
643. 邕聲 …… 1318
(1673) 澭雝鱅　△涌　(擁擠阻塞義) …… 1318
644. 彗聲 …… 1320
(1674) 篲蔧揩(掃帚義) …… 1320
(1675) 嘒槥慧繐鏏暳　△稚　(小義) …… 1320
(1676) 轊/輪(圓義) …… 1322
645. 春聲 …… 1322
(1677) 覩惷　△癡　(不明義) …… 1322
646. 責聲 …… 1323
(1678) 積猜簀磧漬績襀　△聚　(聚集義) …… 1323
(1679) 鬠嫧磧　△整　(整齊義) …… 1324
(1680) 賾蹟　△討　(探究義) …… 1325
(1681) 蟦膭　△子　(小義) …… 1326
647. 𠩺聲 …… 1326
(1682) 釐/理(治理義) …… 1326
(1683) 嫠/獨(孤獨義) …… 1327

648. 規聲 ··· 1327
    (1684) 窺嫢睨(小義) ··· 1327

649. 焉聲 ··· 1328
    (1685) 傿嫣隁(高義) ··· 1328
    (1686) 蔫/菸(枯萎義) ··· 1329
    (1687) 篶/烏(黑色義) ··· 1329

650. 執聲 ··· 1330
    (1688) 摯鷙 △持 （執持義） ······································ 1330

651. 殸聲 ··· 1330
    (1689) 磬聲聲聲(發出聲音義) ·· 1330

652. 堇聲 ··· 1331
    (1690) 謹饉僅廑攜 △幾 （少義） ·································· 1331
    (1691) 謹覲 △謙 （敬義） ·· 1333
    (1692) 殣墐 △衾 （覆蓋義） ······································ 1333
    (1693) 瘽勤 △劾 （勤勞義） ······································ 1334

653. 黄聲 ··· 1335
    (1694) 璜癀騜 △權 （黄色義） ···································· 1335
    (1695) 廣潢鐄飆趪(大義) ·· 1335

654. 㒼聲 ··· 1336
    (1696) 滿㒼髣蒽 △漫 （盈義） ···································· 1336
    (1697) 璊樠 △赧 （赤色義） ······································ 1337
    (1698) 瞞懣謾 △蔽 （蒙蔽義） ···································· 1338

655. 斬聲 ··· 1339
    (1699) 槧塹槧 △斫 （斬義） ······································ 1339
    (1700) 漸蔪趣 △冉 （逐漸義） ···································· 1340
    (1701) 嶄嶜塹 △長 （高、長、深義） ······························ 1341
    (1702) 醶/淡(淡義) ··· 1341

656. 專聲 ··· 1342
    (1703) 專膞等團囀鱄搏縛轉磚溥塼(圓義) ···························· 1342
    (1704) 團搏鱄磚專 △萃 （聚義） ·································· 1344
    (1705) 嫥剸搏 △擅 （專一義） ···································· 1345
    (1706) 傳轉 △遷 （移義） ·· 1346

657. 曹聲 ··· 1347
- (1707) 遭槽傮褿　△周　（周義）··· 1347
- (1708) 槽漕　△道　（溝渠義）·· 1348
- (1709) 糟熸憎嘈瑽膪撡　△鬧　（雜亂義）································· 1349
- (1710) 蠤艚(小義) ·· 1350

658. 欶聲 ··· 1351
- (1711) 漱簌　△抖　（動義）·· 1351
- (1712) 遬擞瘷(急疾義) ··· 1352

659. 區聲 ··· 1352
- (1713) 漚嘔謳膒韗　△曲　（隱義）··· 1352
- (1714) 傴嶇嵶(不平、不直義) ·· 1353
- (1715) 摳刟　△刳　（挖義）·· 1354
- (1716) 蓲甌鰸蝺　△熮　（小義）··· 1354

660. 票聲 ··· 1355
- (1717) 熛蔈瞟臚漂飄彯瞟摽　△浮　（飄動義）························· 1355
- (1718) 熛嘌趯勡僄嫖驃標翲飄　△颮　（輕、迅疾義）················ 1357
- (1719) 標鏢薸嶕褾　△杪　（巔末義）··· 1359
- (1720) 標摽　△封　（舉義）··· 1360
- (1721) 標幖　△表　（標志義）·· 1361

661. 殹聲 ··· 1361
- (1722) 翳瑿醫瑿(遮蔽義) ··· 1361
- (1723) 繄瑿鷖瑿槸鷖　△昏　（黑色義）····································· 1362

662. 戚聲 ··· 1363
- (1724) 蹙慼繊顣(縮義) ·· 1363
- (1725) 碱槭　△姝　（美好義）··· 1364

663. 帶聲 ··· 1365
- (1726) 蹛滯殢墆　△儲　（停滯、積聚義）································· 1365
- (1727) 㯂殢懘　△頓　（困義）··· 1366

664. 頃聲 ··· 1366
- (1728) 傾陑廎　△枉　（不正義）··· 1366
- (1729) 傾/磬(盡義) ··· 1367

665. 虛聲 ··· 1368
- (1730) 墟虗魖　△空　（空虛義）··· 1368

666. 盧聲 1369
 （1731）叡戲　△奪（取義）.. 1369
 （1732）欞䗪(雜義).. 1369

667. 綮聲 1370
 （1733）隙/閒(空隙義).. 1370

668. 堂聲 1370
 （1734）陻/正(方正義).. 1370
 （1735）瞠樘　△直（直義）.. 1371
 （1736）樘撐　△觸（支撐義）.. 1372

669. 婁聲 1372
 （1737）髏履廔樓簍塿鏤窶　△洞（空義）.. 1372
 （1738）邌謱數樓褸㴋摟屢　△繹（相連義）.. 1374
 （1739）婁樓㚆艛髏　△崇（高義）.. 1376
 （1740）瘦僂(彎曲義).. 1377

670. 曼聲 1378
 （1741）蔓蟃楥鰻糭漫襻　△縣（延伸、長義）.. 1378
 （1742）慢嫚　△蔑（輕慢義）.. 1379
 （1743）嫚蔓熳　△美（美義）.. 1380
 （1744）謾曼　△諞（欺騙義）.. 1381
 （1745）趨慢(緩慢義).. 1381
 （1746）縵鏝漫敷　△茫（模糊義）.. 1382
 （1747）幔幰　△幕（遮蓋義）.. 1383

671. 國聲 1384
 （1748）楓膕　△空（空義）.. 1384
 （1749）膕/句(彎曲義).. 1384

672. 崔聲 1385
 （1750）陮㠑　△峻深（高、深義）.. 1385
 （1751）摧陮　△隤（毀壞義）.. 1386
 （1752）催唯趯　△敦（催促、疾急義）.. 1386

673. 過聲 1387
 （1753）過鍋薖檛　△果（圓義）.. 1387
 （1754）薖檛搗　△砍（打擊義）.. 1388

674. 移聲 ············ 1389
 (1755) 迻迻 △連 （相連義） ············ 1389
675. 動聲 ············ 1389
 (1756) 慟/痛(悲痛義) ············ 1389
676. 鳥聲 ············ 1390
 (1757) 裊嫋褭 △遙 （高、深義） ············ 1390
677. 兜聲 ············ 1391
 (1758) 篼掫蔸鍪 △豆 （圓圍義） ············ 1391
678. 怱聲 ············ 1392
 (1759) 怱偬 △速 （急義） ············ 1392
 (1760) 蔥窗聰鏓驄(空義) ············ 1393
 (1761) 總幒廋熜鬉緫 △統 （會合義） ············ 1394
 (1762) 蔥驄 △青 （青色義） ············ 1395
 (1763) 蔥樬蟌稯 △梢 （直而尖義） ············ 1396
679. 從聲 ············ 1397
 (1764) 蹤樅 △迹 （痕迹義） ············ 1397
 (1765) 樅縱嵸(高義) ············ 1398
 (1766) 豵蓯鏦(小義) ············ 1399
 (1767) 毣磴 △絲 （細義） ············ 1399
 (1768) 憽瘲 △悚 （驚義） ············ 1400
680. 悉聲 ············ 1400
 (1769) 潈糳 △沟 （流義） ············ 1400
681. 祭聲 ············ 1401
 (1770) 瞟察喋㗭 △細 （細、小義） ············ 1401
 (1771) 際/接(連接義) ············ 1402
682. 庶聲 ············ 1403
 (1772) 遮嗻鞨 △當 （遮擋義） ············ 1403
 (1773) 蹠蟅 △跳 （跳躍義） ············ 1404
 (1774) 墌/址(基址義) ············ 1404
683. 麻聲 ············ 1405
 (1775) 蘼痳 △痹 （麻木義） ············ 1405
 (1776) 糜麼座 △微 （小義） ············ 1406
 (1777) 靡魔座糜 △紛 （亂義） ············ 1406

(1778) 靡摩磨　△滅　（滅義）……1407
(1779) 摩磨　△摸　（研磨義）……1408

684. 康聲……1409
(1780) 康歉㶊稴穅轏　△空　（空義）……1409

685. 庸聲……1410
(1781) 鱅鷛鸙(黑色義)……1410
(1782) 墉獶鏞櫣(高、大義)……1411

686. 章聲……1412
(1783) 彰暲　△照　（明義）……1412
(1784) 障鄣嶂幛　△遮　（遮義）……1413
(1785) 慞偅(驚懼義)……1414

687. 竟聲……1414
(1786) 滰境　△罄　（盡義）……1414
(1787) 鏡/監(照義)……1415

688. 豙聲……1416
(1788) 毅㱇顡　△堅　（堅義）……1416

689. 族聲……1417
(1789) 簇蔟揍　△儲　（聚集義）……1417
(1790) 鏃簇　△小　（小義）……1418

690. 旋聲……1418
(1791) 縼鏇淀蜓飇　△轉　（圓轉義）……1418
(1792) 嫙璿璇　△鮮　（美義）……1419
(1793) 蟣蜓脧褗　△短　（短小義）……1420

691. 率聲……1421
(1794) 達衛　△帥　（率領義）……1421
(1795) 蟀𧝑　△礧　（粗義）……1422

692. 羕聲……1422
(1796) 樣/像(相似義)……1422
(1797) 漾/蕩(動蕩義)……1423

693. 敝聲……1424
(1798) 蔽鼈　△庇　（遮蔽義）……1424
(1799) 彆彆　△別　（不正、不順義）……1424
(1800) 瞥撆襒　△拂　（掠過義）……1425

(1801) 鷩婺 △忙 （性急義） ……………………………… 1426

694. 渠聲 ……………………………………………………… 1427

(1802) 磲蘮璩 △好 （美義） ………………………………… 1427

695. 寅聲 ……………………………………………………… 1427

(1803) 夤演戭螾鏔縯 △引 （長義） ………………………… 1427

696. 宿聲 ……………………………………………………… 1429

(1804) 縮蹜 △束 （收縮義） ………………………………… 1429

697. 啓聲 ……………………………………………………… 1429

(1805) 啓啓棨 △開 （開義） ………………………………… 1429

698. 敢聲 ……………………………………………………… 1430

(1806) 譀厰闞瞰噉憨(高、深、大義) ………………………… 1430

699. 隋聲 ……………………………………………………… 1432

(1807) 隓鵎憜髄墮 △隕 （毀、敗義） ……………………… 1432

(1808) 蓨鯑隋猜 △碎 （小義） ……………………………… 1433

(1809) 媠髄 △瑞 （美義） …………………………………… 1434

(1810) 楕鰖(圓義) ……………………………………………… 1435

(1811) 墮髄 △墜 （落義） …………………………………… 1435

700. 將聲 ……………………………………………………… 1436

(1812) 蔣䉾鱂 △的 （白色義） ……………………………… 1436

(1813) 槳蟹(小義) ……………………………………………… 1437

(1814) 漿醬 △粥 （糊義） …………………………………… 1437

第八卷條文目錄

701. 習聲 ……………………………………………………… 1441

(1815) 摺褶 △折 （折義） …………………………………… 1441

(1816) 熠飁霫(盛、大義) ……………………………………… 1441

(1817) 熠謵瘤(小義) …………………………………………… 1442

(1818) 謵慴 △慄 （恐懼義） ………………………………… 1442

702. 翏聲 ……………………………………………………… 1443

(1819) 嘐潦飂寥顟雡鷚 △崇 （高、大義） ………………… 1443

(1820) 膠嫪(膠着義) …………………………………………… 1444

(1821) 嫪寥髎漻(空義) ………………………………………… 1445

(1822) 镠璆　△妙　（美義）……………………………… 1446
(1823) 勠醪　△攏　（合義）……………………………… 1446
(1824) 繆摎　△繞　（糾結義）…………………………… 1447
(1825) 蟉艍樛(彎曲義)………………………………………… 1448
(1826) 摎戮　△劉　（殺戮義）…………………………… 1448
(1827) 謬/誤(謬誤義)…………………………………………… 1449
(1828) 憀/聊(依賴義)…………………………………………… 1449

703. 貫聲……………………………………………………… 1450
(1829) 鑽遺　△擐　（貫穿義）…………………………… 1450

704. 鄉聲……………………………………………………… 1451
(1830) 響鱜　△轟　（聲響義）…………………………… 1451
(1831) 嚮嚮　△靠　（近義）……………………………… 1452

705. 巢聲……………………………………………………… 1452
(1832) 轈橾磢　△峒　（巢義）…………………………… 1452
(1833) 摷繰勦　△取　（取義）…………………………… 1453
(1834) 摷勦剿　△止　（絕義）…………………………… 1454
(1835) 巢傑鷎箂轈(長、高、大義)…………………………… 1455
(1836) 磢翼(小義)……………………………………………… 1456

706. 堯聲……………………………………………………… 1456
(1837) 趬翹頰嶢蹺嶢　△高　（高義）……………………… 1456
(1838) 橈澆繞遶(圓、曲義)……………………………………… 1457
(1839) 曉饒僥　△沃　（多義）…………………………… 1458
(1840) 趬魙驍磽獟境　△輕勁　（捷健、堅勁義）………… 1459
(1841) 膮僥嬈蟯鐃　△康　（碎、小義）…………………… 1460

707. 賁聲……………………………………………………… 1461
(1842) 濆墳鞼鱝　△岎磐　（高、大義）…………………… 1461
(1843) 賁憤贕潰膹　△紊　（亂義）……………………… 1463
(1844) 幩樻　△邊　（邊義）……………………………… 1464
(1845) 蕡馩　△芬　（香義）……………………………… 1464
(1846) 憤癀　△悶　（悶義）……………………………… 1465
(1847) 噴濆　△崩　（噴涌義）…………………………… 1465

708. 尌聲……………………………………………………… 1466
(1848) 樹/竪(直立義)…………………………………………… 1466

(1849) 澍/注(灌注義) ············· 1467

709. 喜聲 ············· 1467

(1850) 僖禧嬉　△熙　（喜樂義） ············· 1467

(1851) 曦熹(光明義) ············· 1468

710. 彭聲 ············· 1469

(1852) 澎膨　△蓬　（膨脹義） ············· 1469

711. 埶聲 ············· 1470

(1853) 熱蓺　△然　（燃燒義） ············· 1470

712. 壹聲 ············· 1471

(1854) 噎饐瞖㙪殪(蔽義) ············· 1471

713. 斯聲 ············· 1472

(1855) 澌撕癈　△析　（散義） ············· 1472

(1856) 澌蟴　△盡　（竭盡義） ············· 1473

714. 散聲 ············· 1474

(1857) 鏾霰潵橵撒　△沙　（散義） ············· 1474

(1858) 廠繖　△闌　（遮護義） ············· 1475

715. 萬聲 ············· 1476

(1859) 厲糲　△紼　（粗義） ············· 1476

(1860) 厲噧邁(高、遠義) ············· 1476

(1861) 厲勱　△勉　（勉勵義） ············· 1477

716. 敬聲 ············· 1478

(1862) 警儆　△戒　（戒備義） ············· 1478

(1863) 驚儆　△恐　（懼義） ············· 1479

(1864) 擎/舉(上舉義) ············· 1479

(1865) 檠/糾(矯正義) ············· 1480

717. 惠聲 ············· 1480

(1866) 繐憓鏸穗蟪　△圭　（尖、細義） ············· 1480

718. 䙴聲 ············· 1482

(1867) 遷僊　△進　（遷移義） ············· 1482

719. 覃聲 ············· 1482

(1868) 嘾驔樟驒鱏潭嬞蟫醰譚　△深　（深、長義） ············· 1482

(1869) 嘾嬞憛　△貪　（貪義） ············· 1484

(1870) 簟磹蕈　△墊　（墊義） ············· 1485

720. 厥聲 1486

 (1871) 撅劂鱖鐝 △捐 (發掘義) 1486
 (1872) 趉蹷僦獗 △僵 (顛踣義) 1487
 (1873) 撅嶡瘚 △越 (趨高義) 1488
 (1874) 劂／倔（堅強義）......1489

721. 尞聲 1489

 (1875) 燎憭嫽瞭嘹 △明 (明、亮義) 1489
 (1876) 遼鬖橑燎簝顟鐐 △長 (高、長、大義) 1491
 (1877) 飉寮嘹 △小 (小義) 1492
 (1878) 僚嫽鐐 △俏 (美好義) 1492
 (1879) 繚嫽鐐 △繞 (圍繞義) 1493

722. 朁聲 1494

 (1880) 鐕礸簪顲 △鍼 (尖銳義) 1494
 (1881) 嚽潛撍簪(深入義) 1495
 (1882) 慘憯 △慘 (憂義) 1496

723. 業聲 1496

 (1883) 樸璞鏷 △坯 (樸素義) 1496
 (1884) 僕樸 △附 (依附義) 1497
 (1885) 撲襆幞醭 △覆 (覆義) 1498

724. 敞聲 1499

 (1886) 僘廠 △綽 (寬敞義) 1499

725. 最聲 1500

 (1887) 撮緅蕞 △萃 (聚合義) 1500
 (1888) 撮蕞 △稯 (小義) 1501

726. 閒聲 1501

 (1889) 癇襇澗鐧 △峽 (間隔義) 1501
 (1890) 鵰獮擱 △健 (猛義) 1502
 (1891) 憪嫻 △暇 (閒靜義) 1503

727. 景聲 1504

 (1892) 憬影 △映 (明義) 1504
 (1893) 影幈 △掩 (遮蔽義) 1505

728. 貴聲 1505

 (1894) 遺讀續(止、盡義) 1505

(1895) 慣潰瞶瞶　△混　（亂義） ………………………………………………… 1506

(1896) 殰穨隤殰癀　△隕　（敗壞、墜落義） ………………………………… 1507

(1897) 匱櫃簣蕢(藏義) ………………………………………………………… 1509

(1898) 禬闠　△關　（封鎖義） ………………………………………………… 1509

729. 單聲 ……………………………………………………………………… 1510

(1899) 簞脾　△大　（大義） ………………………………………………… 1510

(1900) 殫癉　△盡　（竭盡義） ……………………………………………… 1510

(1901) 撣彈　△担　（彈擊義） ……………………………………………… 1511

(1902) 觶憚燀僤　△多　（厚、盛義） ……………………………………… 1512

(1903) 貚鼉　△烈　（猛義） ………………………………………………… 1513

(1904) 嶹禪　△斷　（孤單義） ……………………………………………… 1514

730. 黑聲 ……………………………………………………………………… 1514

(1905) 默纆墨穖瞴　△烏　（黑義） ……………………………………… 1514

731. 無聲 ……………………………………………………………………… 1516

(1906) 蕪膴麤(盛、大義) …………………………………………………… 1516

(1907) 膴膴舞嫵　△妙　（美好義） ……………………………………… 1517

(1908) 譕膴　△謀　（謀劃義） …………………………………………… 1518

(1909) 璑蕪　△劣　（惡義） ……………………………………………… 1518

(1910) 幠/蓋(覆蓋義) ……………………………………………………… 1519

732. 耎聲 …………………………………………………………………… 1520

(1911) 臑/輭(軟義) ……………………………………………………… 1520

(1912) 窾/穿(穿義) ……………………………………………………… 1520

733. 喬聲 …………………………………………………………………… 1521

(1913) 蹻趫驕撟鐈憍穚鷮簝鱎鱎嶠馨盉　△高　（高、長、大義） …… 1521

(1914) 敲橋鐈繑　△膠　（連接義） …………………………………… 1523

(1915) 矯撟　△糾　（糾正義） ………………………………………… 1524

734. 集聲 …………………………………………………………………… 1524

(1916) 襍襍　△萃　（混合義） ………………………………………… 1524

(1917) 磼/岑(高義) ……………………………………………………… 1525

735. 雋聲 …………………………………………………………………… 1526

(1918) 鑴/鑽(鑽入義) …………………………………………………… 1526

(1919) 儁/峻(高義) ……………………………………………………… 1526

736. 焦聲 ... 1527

(1920) 樵燋礁 △燒 （焚燒義） ... 1527

(1921) 顦憔燋潐瀧醮 △燥 （乾枯義） ... 1528

(1922) 鷦糕灑僬癄 △小 （小義） ... 1529

737. 奥聲 ... 1530

(1923) 燠澳墺隩膞 △坳 （内中義） ... 1530

(1924) 奡鰲 △幼 （小義） ... 1531

(1925) 燠襖 △煦 （溫暖義） ... 1532

738. 御聲 ... 1533

(1926) 禦籞 △圄 （禁止義） ... 1533

739. 復聲 ... 1534

(1927) 復覆(覆蓋義) ... 1534

740. 須聲 ... 1534

(1928) 繻頿 △束 （束縛義） ... 1534

741. 翕聲 ... 1535

(1929) 歙噏 △合 （收斂義） ... 1535

742. 番聲 ... 1536

(1930) 蕃蟠 △繁 （衆多義） ... 1536

(1931) 皤䉉 △白 （白色義） ... 1537

(1932) 譒播 △布 （傳播義） ... 1538

(1933) 翻繙 △反 （反復義） ... 1538

(1934) 磻/綁(綁縛義) ... 1539

(1935) 旛瓾(長、大義) ... 1539

743. 爲聲 ... 1540

(1936) 僞譌 △假 （虛假義） ... 1540

744. 然聲 ... 1541

(1937) 橪㺪 △黳 （黑色義） ... 1541

(1938) 偄㛄嫩瓀 △輭 （柔義） ... 1542

745. 敦聲 ... 1543

(1939) 墼墩礅蹾 △底 （底部義） ... 1543

(1940) 憝/憞(怨恨義) ... 1544

(1941) 燉撉(盛、重義) ... 1544

746. 哉聲 ·· 1545

(1942) 識幟幟　△誌（標記義）································ 1545

(1943) 識職　△知（知義）·· 1546

747. 啇聲 ·· 1546

(1944) 蹢謫滴摘　△氐（下義）································ 1546

(1945) 鏑鸐滴(小義)··· 1547

748. 善聲 ·· 1548

(1946) 膳繕　△全（完善義）···································· 1548

(1947) 擅檀蟮鱔鐥　△長（長義）···························· 1549

749. 尊聲 ·· 1550

(1948) 蒪噂僔　△萃（聚集義）································ 1550

(1949) 蹲鐏樽　△坐（座落義）································ 1551

(1950) 遵/循(遵循義)··· 1551

750. 遂聲 ·· 1552

(1951) 邃䆳隧襚繸　△深延（深、長義）················ 1552

(1952) 穟旞璲邃　△垂（下垂義）···························· 1554

751. 曾聲 ·· 1555

(1953) 層罾甑磳嶒竲　△崇（高義）························ 1555

(1954) 譄增　△滋（加義）·· 1556

(1955) 矰襧䯄　△侏（短義）···································· 1557

(1956) 驓䠶　△晳（白義）·· 1558

(1957) 蹭/阻(阻礙義)··· 1558

752. 勞聲 ·· 1559

(1958) 嘮澇癆謧　△饒（多義）································ 1559

(1959) 癆𦭘　△毒（毒義）·· 1560

(1960) 澇蟧鐑䠻(粗、大義)······································ 1561

753. 寒聲 ·· 1561

(1961) 攐蹇褰謇謇　△炎（趨上、高義）················ 1561

(1962) 謇謇　△乖（不順義）···································· 1563

754. 尋聲 ·· 1563

(1963) 襑樳蕁蟳燖鱘(長、大義)································ 1563

755. 畫聲 ·· 1565

(1964) 劃擓懂　△隔（分義）···································· 1565

(1965) 嘄/吼(大聲義) …… 1566

756. 孱聲 …… 1566

(1966) 潺僝鏟(緩、弱、小義) …… 1566

(1967) 剗/鏟(除去義) …… 1567

757. 巽聲 …… 1567

(1968) 譔僎撰饌選 △全 （具備義） …… 1567

(1969) 巽繎蝚 △纏 （纏繞義） …… 1569

758. 登聲 …… 1569

(1970) 隥嶝鐙凳蹬墱(登升義) …… 1569

(1971) 镫瞪 △張 （擴大義） …… 1570

(1972) 憕澄 △静 （清静義） …… 1571

(1973) 蹬殢偙 △頓 （困頓義） …… 1572

(1974) 橙蹬 △鞋 （黄色義） …… 1573

759. 發聲 …… 1573

(1975) 癈廢撥鏺蹳 △擯 （棄義） …… 1573

(1976) 廢橃潑(大義) …… 1575

(1977) 廢撥 △刜 （斷絶義） …… 1576

(1978) 潑撥 △敷 （灑潑義） …… 1576

760. 喬聲 …… 1577

(1979) 遙譑憍 △詭 （邪僻義） …… 1577

(1980) 趫潐飈 △快 （急義） …… 1578

(1981) 趫獢僑 △狷 （狂義） …… 1578

(1982) 鱎毪橘(小義) …… 1579

761. 絶聲 …… 1580

(1983) 劣陒 △斷 （斷絶義） …… 1580

762. 幾聲 …… 1581

(1984) 璣嘰饑蟣(小、少義) …… 1581

763. 夢聲 …… 1582

(1985) 懜瞢 △蒙 （不明義） …… 1582

764. 蒦聲 …… 1583

(1986) 嚄鑊蠖濩嚄(大義) …… 1583

(1987) 韄篗鑊蠖(圓、曲義) …… 1584

(1988) 穫獲擭 △稢 （收穫義） …… 1584

765. 蒙聲 ······ 1585
  (1989) 幪幭霿 △冒 （覆蓋義）······ 1585
  (1990) 朦濛曚懞儚艨 △冥 （不明義）······ 1586
  (1991) 幪幪濛(長、大義)······ 1587
  (1992) 霿蠓騄 △杪 （小義）······ 1588

766. 嗇聲 ······ 1589
  (1993) 穡嗇 △收 （收義）······ 1589

767. 畺聲 ······ 1590
  (1994) 彊橿僵殭蠸 △硬 （堅義）······ 1590
  (1995) 麠鱷 △京 （大義）······ 1591

768. 咸聲 ······ 1592
  (1996) 轗轞憾 △臽 （虧缺義）······ 1592

769. 歲聲 ······ 1593
  (1997) 薉䂹 △黨 （污義）······ 1593
  (1998) 薉濊 △多 （多義）······ 1593

770. 粲聲 ······ 1594
  (1999) 燦璨 △亮 （明亮義）······ 1594

771. 彙聲 ······ 1595
  (2000) 遽勮懅 △糾 （急義）······ 1595
  (2001) 簏璩 △圜 （圓義）······ 1596

772. 業聲 ······ 1596
  (2002) 嶪驜(高大義)······ 1596

773. 當聲 ······ 1597
  (2003) 簹襠擋璫艡墰 △敵 （擋義）······ 1597

774. 遣聲 ······ 1598
  (2004) 繾繾 △卷 （纏義）······ 1598

775. 農聲 ······ 1599
  (2005) 襛獿濃醲膿噥纝醲穠 △叢 （厚、多義）······ 1599

776. 喿聲 ······ 1601
  (2006) 趮燥懆 △速 （急義）······ 1601
  (2007) 臊鱢 △鮏 （腥臊義）······ 1602

777. 睪聲 ······ 1603
  (2008) 釋譯斁繹 △析 （解義）······ 1603

(2009) 嶧驛繹澤　△連（相連義）⋯⋯⋯⋯⋯⋯⋯⋯⋯⋯⋯⋯⋯⋯⋯⋯ 1604
(2010) 譯驛　△傳（傳義）⋯⋯⋯⋯⋯⋯⋯⋯⋯⋯⋯⋯⋯⋯⋯⋯⋯⋯ 1605
(2011) 釋擇　△置（舍棄義）⋯⋯⋯⋯⋯⋯⋯⋯⋯⋯⋯⋯⋯⋯⋯⋯ 1606

778. 睘聲

(2012) 圜環還闤繯蠉桓鬟寰鐶瞏繯轘　△穹（圓、繞義）⋯⋯ 1607
(2013) 趮翾儇獧懁　△緊（急義）⋯⋯⋯⋯⋯⋯⋯⋯⋯⋯⋯⋯⋯ 1609
(2014) 儇嬛翾　△輕（輕義）⋯⋯⋯⋯⋯⋯⋯⋯⋯⋯⋯⋯⋯⋯⋯ 1610

779. 蜀聲

(2015) 髑鞠鐲（圓義）⋯⋯⋯⋯⋯⋯⋯⋯⋯⋯⋯⋯⋯⋯⋯⋯⋯⋯⋯ 1611
(2016) 噣斀觸　△舂（擊義）⋯⋯⋯⋯⋯⋯⋯⋯⋯⋯⋯⋯⋯⋯⋯ 1612
(2017) 襡屬　△續（長、相連義）⋯⋯⋯⋯⋯⋯⋯⋯⋯⋯⋯⋯⋯ 1613
(2018) 蠋濁　△齪（不清義）⋯⋯⋯⋯⋯⋯⋯⋯⋯⋯⋯⋯⋯⋯⋯ 1614

780. 與聲

(2019) 旟舉櫸轝　△擡（上舉、上揚義）⋯⋯⋯⋯⋯⋯⋯⋯⋯⋯ 1614
(2020) 璵譽嶼稤醹　△瑜（美義）⋯⋯⋯⋯⋯⋯⋯⋯⋯⋯⋯⋯⋯ 1615
(2021) 礜/毒（毒義）⋯⋯⋯⋯⋯⋯⋯⋯⋯⋯⋯⋯⋯⋯⋯⋯⋯⋯⋯ 1616

781. 毀聲

(2022) 擊毀　△壞（毀壞義）⋯⋯⋯⋯⋯⋯⋯⋯⋯⋯⋯⋯⋯⋯⋯ 1617

782. 敫聲

(2023) 皦曒激　△皎（清義）⋯⋯⋯⋯⋯⋯⋯⋯⋯⋯⋯⋯⋯⋯⋯ 1618
(2024) 憿歙激　△狂（急義）⋯⋯⋯⋯⋯⋯⋯⋯⋯⋯⋯⋯⋯⋯⋯ 1619
(2025) 激邀　△隔（阻義）⋯⋯⋯⋯⋯⋯⋯⋯⋯⋯⋯⋯⋯⋯⋯⋯ 1619
(2026) 翯㒞竅　△翹（上、揚義）⋯⋯⋯⋯⋯⋯⋯⋯⋯⋯⋯⋯⋯ 1620
(2027) 擎/敲（擊義）⋯⋯⋯⋯⋯⋯⋯⋯⋯⋯⋯⋯⋯⋯⋯⋯⋯⋯⋯ 1621

783. 微聲

(2028) 溦薇職　△緜（小義）⋯⋯⋯⋯⋯⋯⋯⋯⋯⋯⋯⋯⋯⋯⋯ 1621

784. 僉聲

(2029) 斂檢儉撿　△制（約束義）⋯⋯⋯⋯⋯⋯⋯⋯⋯⋯⋯⋯⋯ 1622
(2030) 檢撿　△選（挑選義）⋯⋯⋯⋯⋯⋯⋯⋯⋯⋯⋯⋯⋯⋯⋯ 1623
(2031) 憸險　△阻（險義）⋯⋯⋯⋯⋯⋯⋯⋯⋯⋯⋯⋯⋯⋯⋯⋯ 1624
(2032) 嶮獫　△長（高、長義）⋯⋯⋯⋯⋯⋯⋯⋯⋯⋯⋯⋯⋯⋯ 1625
(2033) 斂殮撿　△集（收義）⋯⋯⋯⋯⋯⋯⋯⋯⋯⋯⋯⋯⋯⋯⋯ 1625

785. 會聲 ·· 1626
(2034) 禬薈軂僧䙡廥澮繪擓薈䯜譮嶒 △匯 （聚義）··· 1626

786. 愛聲 ·· 1629
(2035) 薆僾曖靉㘓 △暗 （不明義）··· 1629

(2036) 曖/皚(白色義) ·· 1631

787. 詹聲 ·· 1631
(2037) 檐襜簷幨墥 △遮 （遮蔽義）··· 1631

(2038) 儋擔 △馱 （負荷義）··· 1632

(2039) 憺澹 △醨 （清淡義）··· 1633

788. 解聲 ·· 1634
(2040) 懈邂獬 △劃 （分義）··· 1634

789. 亶聲 ·· 1635
(2041) 擅鱣澶 △長大 （長、大義）·· 1635

(2042) 嬗驙邅儃趨 △徐 （緩義）·· 1636

(2043) 蟺旜繵邅(曲、圓義) ·· 1637

(2044) 嬗邅蟺 △轉 （變義）··· 1638

(2045) 壇襢磾氈 △坦 （平義）··· 1639

(2046) 襢驙 △裸 （衵露義）··· 1640

790. 稟聲 ·· 1640
(2047) 凜癝懍 △冰 （寒義）··· 1640

791. 資聲 ·· 1641
(2048) 賌穧濟 △積 （聚積義）··· 1641

792. 意聲 ·· 1642
(2049) 憶臆癔 △悃 （意志義）··· 1642

793. 羸聲 ·· 1643
(2050) 贏羸 △蔫 （萎縮義）··· 1643

(2051) 蠃贏羸(圓義) ·· 1644

(2052) 贏嬴 （積累、盈餘義）··· 1645

(2053) 臝/露(外露義) ··· 1645

794. 雍聲 ·· 1646
(2054) 雝擁 △拱 （湊攏義）··· 1646

795. 義聲 ·· 1647
(2055) 儀樣 △郭 （表義）··· 1647

  (2056) 厬巇轙(高、長、大義) …………………………………… 1648
  (2057) 議/語(談論義) ………………………………………… 1649
796. 肅聲 ………………………………………………………………… 1649
  (2058) 蕭嘯鷫櫹蟰潚　△碩長　(高、長、深、大義) …… 1649
797. 殿聲 ………………………………………………………………… 1651
  (2059) 壂臀澱　△墊　(底義) ……………………………… 1651
798. 辟聲 ………………………………………………………………… 1652
  (2060) 壁避臂僻堛屛嬖癖襞瞥　△偏　(邊側、偏、不正義) …… 1652
  (2061) 劈襞闢擗鐴　△剖　(分義) ………………………… 1654
  (2062) 髀壁鐅鞞　△庇　(遮蔽義) ………………………… 1655
799. 耤聲 ………………………………………………………………… 1656
  (2063) 蹐藉　△地　(地底義) ……………………………… 1656
800. 蔑聲 ………………………………………………………………… 1657
  (2064) 蠛韈幭篾　△蔽　(遮蔽義) ………………………… 1657
  (2065) 糠懱蠛鱴礷　△微　(小義) ………………………… 1658

第九卷條文目錄

801. 殼聲 ………………………………………………………………… 1663
  (2066) 擊瑴　△敲　(擊義) ………………………………… 1663
  (2067) 縠縠　△結　(係縛義) ……………………………… 1663
802. 監聲 ………………………………………………………………… 1664
  (2068) 覽鑑　△見　(視義) ………………………………… 1664
  (2069) 籃鬛甐艦氊(長、大義) ……………………………… 1665
  (2070) 濫醓　△汙　(浮泛義) ……………………………… 1666
  (2071) 礛壏(堅義) …………………………………………… 1667
803. 厭聲 ………………………………………………………………… 1667
  (2072) 懕壓　△安　(安義) ………………………………… 1667
  (2073) 擪壓　△按　(壓義) ………………………………… 1668
804. 戠聲 ………………………………………………………………… 1669
  (2074) 鐵驖(黑色義) ………………………………………… 1669
805. 爾聲 ………………………………………………………………… 1669
  (2075) 薾瀰(多義) …………………………………………… 1669

806. 臧聲 ······ 1670
  (2076) 臟藏 △倉 (收藏義) ······ 1670

807. 對聲 ······ 1671
  (2077) 黗黩(黑義) ······ 1671
  (2078) 懟薱 △多 (盛義) ······ 1671

808. 賏聲 ······ 1672
  (2079) 嬰罌(小義) ······ 1672

809. 熏聲 ······ 1672
  (2080) 曛纁 △黑 (昏黑義) ······ 1672

810. 算聲 ······ 1673
  (2081) 篹纂籑 △萃 (聚集義) ······ 1673

811. 鼻聲 ······ 1674
  (2082) 濞膞 △勃 (盛義) ······ 1674

812. 㒼聲 ······ 1674
  (2083) 櫽巗 △岸 (高義) ······ 1674
  (2084) 隱瘾(隱藏義) ······ 1675

813. 疑聲 ······ 1676
  (2085) 癡僛嶷擬 △惑 (不明義) ······ 1676
  (2086) 薿氌嶷(盛、大、高義) ······ 1677
  (2087) 礙凝(止義) ······ 1677

814. 廣聲 ······ 1678
  (2088) 曠廫壙臩演擴懬(空、廣義) ······ 1678

815. 辡聲 ······ 1679
  (2089) 辨辧瓣辯 △判 (分義) ······ 1679
  (2090) 辮/編(編織義) ······ 1680

816. 啇聲 ······ 1681
  (2091) 摘嫡讁 △露 (出義) ······ 1681

817. 齊聲 ······ 1682
  (2092) 劑齎齋儕 △整 (齊義) ······ 1682
  (2093) 嚌齌瘠(小義) ······ 1683
  (2094) 濟霽 △歷 (過義) ······ 1683

818. 㷠(舜)聲 ······ 1684
  (2095) 鄰鱗嶙璘驎 △連 (相連義) ······ 1684

(2096) 嶙麟疄(高、大義) ·········· 1685
(2097) 蹸疄　△碾（碾壓義）·········· 1686
(2098) 橉甐驎　△硬（堅、健義）·········· 1686

819. 熒聲 ·········· 1687
(2099) 謍滎嫈罃螢　△嬰（小義）·········· 1687
(2100) 禜營榮塋鎣縈瀯(圓義) ·········· 1688
(2101) 瑩榮　△光（明亮義）·········· 1690

820. 賓聲 ·········· 1690
(2102) 殯儐嬪(賓客義) ·········· 1690
(2103) 濱/瀕(邊義) ·········· 1691

821. 寧聲 ·········· 1691
(2104) 濘聹嚀　△衆（多義）·········· 1691

822. 翟聲 ·········· 1692
(2105) 趯擢燿蠗籊鸐　△條（高、長義）·········· 1692

823. 賣聲 ·········· 1693
(2106) 儥贖　△易（買賣義）·········· 1693
(2107) 𩐷櫝竇瀆　△俞（中空義）·········· 1694
(2108) 遭黷嬻　△辱（褻瀆義）·········· 1695

824. 𦭝聲 ·········· 1696
(2109) 夢懵瞢　△蒙（不明義）·········· 1696

825. 臤聲 ·········· 1697
(2110) 礥臤(堅、緊義) ·········· 1697
(2111) 賢/閒(多餘義) ·········· 1697

826. 憂聲 ·········· 1698
(2112) 瀀優(多義) ·········· 1698
(2113) 懮/怮(憂愁義) ·········· 1699

827. 慮聲 ·········· 1699
(2114) 鑢/礪(磨義) ·········· 1699
(2115) 濾/瀝(過濾義) ·········· 1700

828. 暴聲 ·········· 1700
(2116) 襮曝　△表（外露義）·········· 1700
(2117) 爆瀑曓　△猛（急義）·········· 1701
(2118) 暴僄　△盟（相連義）·········· 1702

(2119) 犦䧊皾　△封（高起義）·············· 1702

829. 晶聲 ·············· 1703

(2120) 靁蠱纍礧(回轉、纏繞義) ·············· 1703

(2121) 蠱譶纍壘轠纍巖　△連（相連、積累義）·············· 1704

(2122) 儡／羸(瘦義) ·············· 1706

830. 罷聲 ·············· 1706

(2123) 擺儸　△廢（排除、休止義）·············· 1706

(2124) 襬㦬㰎　△匍（低下義）·············· 1707

831. 黎聲 ·············· 1708

(2125) 犛雞鑗驪　△黧（黑色義）·············· 1708

832. 鼻聲 ·············· 1709

(2126) 邊檷　△旁（邊側義）·············· 1709

833. 質聲 ·············· 1710

(2127) 礩櫍鑕躓(基础、止住義) ·············· 1710

834. 臺聲 ·············· 1711

(2128) 諄敦焞竴悙淳醇稕(厚、盛義) ·············· 1711

(2129) 犉雓犥　△橙（黃色義）·············· 1713

(2130) 啍噂(遲鈍義) ·············· 1713

835. 廛聲 ·············· 1714

(2131) 纏躔(繞義) ·············· 1714

836. 麃聲 ·············· 1715

(2132) 儦／飆(迅速義) ·············· 1715

(2133) 瀌臕　△豐（盛、多義）·············· 1715

837. 樂聲 ·············· 1716

(2134) 瓅皪爍爍(明亮、美好義) ·············· 1716

(2135) 藥瘵　△醫（治療義）·············· 1717

838. 巤聲 ·············· 1718

(2136) 獵臘　△斬（獵取義）·············· 1718

(2137) 鬣儠櫖　△延（長義）·············· 1718

(2138) 鑞蠟　△塑（軟而可塑義）·············· 1719

839. 燕聲 ·············· 1720

(2139) 嬿嫣醼　△妍（美好、安樂義）·············· 1720

(2140) 薺驠　△晛（白義）·············· 1721

840. 薄聲 1721
  (2141) 鎛鏄(薄義) 1721
  (2142) 鎛磚 △龐 （大義）.. 1722
841. 賴聲 1723
  (2143) 瀨癩 △仗 （依賴義） 1723
  (2144) 嬾/散(散漫義) 1724
  (2145) 襰癩 △爛 （敗壞、低劣義）................................. 1724
842. 歷聲 1725
  (2146) 瀝趰 △走 （經過義） 1725
  (2147) 櫪鑙(中空義)... 1726
843. 盧聲 1727
  (2148) 蘆顱爐轤櫨瓠(圓義) 1727
  (2149) 鸕簾鬞纑(高、長義) 1728
  (2150) 黸壚獹矑(黑色義) 1728
844. 羉聲 1729
  (2151) 濕隰曝塛 △淤 （潮濕義）..................................... 1729
845. 學聲 1730
  (2152) 鷽覺 △曉 （知覺義） 1730
846. 謁聲 1731
  (2153) 藹靄 △翳 （遮蔽義） 1731
847. 褱聲 1732
  (2154) 懷/匯(聚集義) 1732
848. 親聲 1733
  (2155) 櫬襯 △内楔 （内層、襯墊義） 1733
849. 龍聲 1734
  (2156) 瓏槞籠襱(空義)... 1734
  (2157) 龓嚨寵襱聾壟巃 △隆 （高、大、長義） 1735
  (2158) 籠艫寵聾 △遮 （遮、藏義） 1736
  (2159) 瀧聾朧矓儱曨(朦朧義) 1737
850. 辥聲 1738
  (2160) 孼糱櫱 △伸 （增生義） 1738
851. 雚聲 1739
  (2161) 瓘矔鑵顴糴 △圜 （圓、曲義） 1739

(2162) 讙鸛勸歡(大義) ············ 1741

852. 霝聲 ············ 1742

(2163) 靈鑢櫺欞(空義) ············ 1742

(2164) 蠢䴇(大義) ············ 1743

(2165) 靈醽櫺(美好義) ············ 1744

853. 嬰聲 ············ 1744

(2166) 纓瓔蔓　△引　（長而相連義） ············ 1744

(2167) 禶映(映義) ············ 1745

854. 闌聲 ············ 1746

(2168) 讕攔欄　△當　（阻攔義） ············ 1746

(2169) 瀾/浪(上涌義) ············ 1747

(2170) 斕爛　△朗　（燦爛義） ············ 1747

855. 龠聲 ············ 1748

(2171) 籥瀹　△融　（和義） ············ 1748

(2172) 鑰闔　△扃　（關閉義） ············ 1749

(2173) 蠮爚　△燿　（閃光義） ············ 1749

856. 韱聲 ············ 1750

(2174) 孅纖殲櫼攕鐵襪(小義) ············ 1750

(2175) 讖籤　△查　（驗義） ············ 1751

857. 爵聲 ············ 1752

(2176) 醮/清(盡義) ············ 1752

(2177) 皭/净(潔净義) ············ 1753

858. 毚聲 ············ 1753

(2178) 劖鑱巉攙嚵　△尖　（尖鋭義） ············ 1753

859. 鮮聲 ············ 1754

(2179) 癬蘚(覆蓋義) ············ 1754

860. 襄聲 ············ 1755

(2180) 勷穰瀼(多義) ············ 1755

(2181) 懹讓　△憚赦　（畏懼、退讓義） ············ 1756

(2182) 孃釀壤鑲　△生　（滋生義） ············ 1757

(2183) 鑲瓖　△助　（外加義） ············ 1758

(2184) 籑囊欀瓢　△藏　（內藏義） ············ 1758

(2185) 攘鬤　△亂　（亂義） ············ 1759

· 27 ·

(2186) 驤纕 △上 （上引義） ………………………………… 1760
(2187) 曩儾 △昔 （舊義） …………………………………… 1761

861. 聶聲 ………………………………………………………… 1761
(2188) 蹑橐囁矑臘 △輾 （輕動義） ……………………… 1761
(2189) 攝鑷 △獵 （取義） ………………………………… 1762
(2190) 攝褶 △疊 （摺叠義） ……………………………… 1763

862. 豐聲 ………………………………………………………… 1763
(2191) 豐／龐(大義) ………………………………………… 1763

863. 瞿聲 ………………………………………………………… 1764
(2192) 懼矍 △驚 （驚恐義） ……………………………… 1764
(2193) 衢欋 △矩 （四義） ………………………………… 1765

864. 蟲聲 ………………………………………………………… 1765
(2194) 融懺爌 △烝 （上升義） …………………………… 1765

865. 雋聲 ………………………………………………………… 1766
(2195) 講繡螭鑴 △廣 （大義） …………………………… 1766
(2196) 觿癢懤 △睽 （分義） ……………………………… 1767
(2197) 㰘攜 △孥 （提携義） ……………………………… 1768

866. 離聲 ………………………………………………………… 1768
(2198) 攤籬羅 △張 （張義） ……………………………… 1768

867. 嬰聲 ………………………………………………………… 1769
(2199) 攖獴 △撓 （驚擾義） ……………………………… 1769

868. 難聲 ………………………………………………………… 1770
(2200) 曩儺 △嬾 （溫和、緩慢義） ……………………… 1770
(2201) 灘攤 △展 （攤開義） ……………………………… 1771

869. 麗聲 ………………………………………………………… 1771
(2202) 麓儷 △隸 （附著義） ……………………………… 1771
(2203) 釃籬 △濾 （過濾義） ……………………………… 1772
(2204) 曬灑 △析 （散開義） ……………………………… 1773
(2205) 驪鸝 △黧 （黑色義） ……………………………… 1773

870. 嚴聲 ………………………………………………………… 1774
(2206) 巌儼 △岸 （高義） ………………………………… 1774
(2207) 籢／掩(遮蔽義) ………………………………………… 1775

871. 羅聲	1775
(2208) 鑼籮邏玀 △贏（圓義）	1775
872. 贊聲	1776
(2209) 儧攢簪欑酇鬢 △萃（聚集義）	1776
(2210) 鑽巑穳 △鋭（尖鋭義）	1777
(2211) 讃孅(美好義)	1778
(2212) 灒趲 △散（散義）	1779
873. 曷聲	1780
(2213) 藹穐 △偏（邊緣、不正義）	1780
874. 靡聲	1780
(2214) 糜礳縻 △粉（碎義）	1780
875. 䜌聲	1781
(2215) 彎彎纆 △迷（不明義）	1781
(2216) 孌鸞鑾䜌 △美（美好義）	1782
(2217) 圝彎攣(圓、曲義)	1783
(2218) 孿巒(相連義)	1784
876. 黨聲	1784
(2219) 曭矘 △淡（不明義）	1784
(2220) 讜攩矘 △直（直義）	1785
877. 矍聲	1786
(2221) 躩彏 △快（急義）	1786
(2222) 玃钁矆 △高（大義）	1786
(2223) 攫貜 △鉗（攫取義）	1787
878. 㒸聲	1788
(2224) 藁縹磙(相連義)	1788
879. 屬聲	1789
(2225) 襡欘囑矚 △續（相連義）	1789

附　　　録

一、新舊字形對照表	1793
二、聲部筆畫檢字表	1794
三、單字筆畫檢字表	1894
四、本典參考文獻	1951

第七卷

第七卷相關數據

　　本卷共考釋同源詞 233 組。
　　本卷收錄聲符字 100 個,據聲符字形體綫索繫聯的形聲字共 716 個。根據聲符的音義綫索繫聯的其他文字即帶"/"符號者 31 個。推源欄所繫聯的即《條文目錄》中帶"△"符號的文字 165 個(俱爲本字形式,假借字未計在內)。《條文目錄》所列即此三數之和,凡 912 單字。

601　舀聲

(1582) 搯/掏（抒出義）

搯　挖取，往外掏，即抒出義。《說文·手部》：“搯，捾也。从手，舀聲。《周書》曰：'師乃搯。搯者，攏兵刃以習擊刺。'《詩》曰：'左旋右搯。'”清朱駿聲《通訓定聲》：“〔假借〕又爲'擣'。《三家詩·清人》：'左旋右搯。'毛本正作'抽'。又爲'舀'。《廣雅·釋詁二》：'搯，抒也。'”按，“搯”表抽出、掏出義，非“擣”之假借，又“舀”與“搯”乃母子關係，“搯”即“舀”之緟益字。《廣韻·豪韻》：“搯，搯捾。”《説文》同部“捾”篆訓“搯捾”。清錢坫《斠詮》：“今謂取出物曰捾。”唐韓愈《貞曜先生墓誌銘》：“及其爲詩，劌目鉥心，刃迎縷解，鉤章棘句，搯擢胃腎。”《金瓶梅詞話》第七十八回：“我不知怎的搯了眼兒不待見他。”

掏　掏出，挖取。唐玄應《一切經音義》卷七引《通俗文》：“捾出曰掏。”《太平御覽》卷八百五十四引漢王符《潛夫論·救邊》：“不命大將以討叛羌，州郡稍興兵，若排糠障風，掏沙壅河。”元張國賓《薛仁貴》第三折：“早忘和俺掏斑鳩争攀古樹，摸蝦蟆混入淤泥。”

〔推源〕　此二詞俱有抒出義，其音亦相近且相通。

　　搯：透紐幽部；
　　掏：定紐幽部。

疊韻，透定旁紐。則其語源當同。按，“掏”另有選擇義，《集韻》及清朱駿聲《説文通訓定聲》皆云“搯”“掏”同，實則非異體字，二字之音有別，亦爲一證。又，“搯”从舀聲，聲符字“舀”所記録語詞之本義即抒出，其字爲“搯”之初文。《説文·臼部》：“舀，抒臼也。从爪、臼。《詩》曰：'或簸或舀。'㧌，舀或从手、从宂。抌，舀或从臼、宂。”清朱駿聲《通訓定聲》：“《廣雅·釋詁二》：'凡舂畢於臼中挹出之曰舀。'今蘇俗凡挹彼注茲曰舀，音如'要'。舀水其一耑也。”唐張泌《粧樓記·半陽泉》：“半陽泉，世傳織女送董子經此，董子思飲，舀此水與之。”清曹雪芹《紅樓夢》第二十五回：“有幾個丫頭來領他去打掃屋子地面，舀洗臉水。”

(1583) 韜弢瑫箈鎥幍縚（藏義）

韜　劍衣、弓袋，即藏劍、弓之物，故引申爲藏義。字从韋，謂其物以皮韋爲之，皮韋有韌性,不易破損。其字亦作"韜"。"韋""革"所表義類同。《說文·韋部》:"韜,劍衣也。从韋,舀聲。"清朱駿聲《通訓定聲》:"《禮記·少儀》謂之夫襓。〔轉注〕《廣雅·釋器》:'韜,弓藏也'。《詩·彤弓》傳:'橐,韜也。'《後漢·姜肱傳》:'以被韜面。'注:'藏也。'"《廣韻·豪韻》:"韜,藏也。"《隋書·煬帝紀上》:"譯靡絕時,書無虛月,韜戈偃武,天下晏如。"《集韻·豪韻》:"韜,或从革。"清吳定《祭何生文》:"自子奄逝,眾各還家,空庭淡淡,興而韜霞。"其"韜"謂掩藏,與朱氏所引《後漢書·姜肱傳》之"韜"同。

匫 容器,可藏物之物。《說文·曲部》:"匫,古器也。从曲,舀聲。"《廣韻·豪韻》:"匫,古器。"

瑫 玉藏於櫝中。明楊慎《玉名詁》:"瑫,玉在櫝也。"

箈 餵牛用之筐,藏草之器。《廣雅·釋器》:"箈,籚也。"按,"籚"乃"簾"字之借,前者謂粗席。《說文·竹部》:"簾,飲牛筐也。从竹,虡聲。方曰筐,圜曰簾。"清朱駿聲《通訓定聲》:"《方言》十三:'箪、簍、籧、箈,簾也,江沔之間謂之籧。'"又,朱氏書《孚部·附〈說文〉不錄之字》:"箈,《方言》十三:'箈,簾也,淇衛之間謂之牛筐。'"《廣韻·豪韻》:"箈,牛簾。"

鞱 藏於套中。《玉篇·金部》:"鞱,函也。"按,"函"謂舌,漢許慎說。舌即藏於口中之物,故引申爲包含、包藏之義,凡藏物之封套及信封亦稱"函"。《說郛》卷五十引宋范成大《桂海虞衡志·志器》:"雲南刀即大理所作,鐵青黑,沉沉不鞱,南人最貴之。"

幍 帽子,掩藏、護衛人首之物,故稱"幍"。《篇海類編·衣服類·巾部》:"幍,巾帽士服。"明陶宗儀《輟耕錄·巾幘考》:"漢末,王公名士多委王服,以幅巾爲雅。魏武始制幍。"

縚 頭髮套。《儀禮·士昏禮》"姆纚笄宵衣在其右"漢鄭玄注:"纚,縚髮。"按,髮套當爲網狀物,故其字从糸。"縚"又有絲繩義,當相通。《集韻·紙韻》:"纚,謂以緇帛韜髮。"《文選·張衡〈西京賦〉》:"然後釣鮒鱧,纚鰅鰤。"薛綜注:"纚,網。"

〔推源〕 諸詞俱有藏義,爲舀聲所載之公共義。舀聲字"慆""韜"亦可以假借字形式表藏義,則不失爲舀聲與藏義相關聯之一證。清朱駿聲《說文通訓定聲·孚部》:"慆,〔假借〕又爲'韜'。《左昭三傳》:'以樂慆憂。'注:'藏也。'"按,"慆"字从心,所記錄語詞謂喜悅,其藏義爲假借義說可從。《篇海類編·器用類·車部》:"轁,正作'韜',藏也。"王重民等編《敦煌變文集》之《王昭君變文》:"金重錦韜繒,入於虜廷,慰問蕃王。"按,聲符字"舀"所記錄語詞謂抒出,或與藏義相通,凡物可藏者亦可抒出。舀聲可載藏義,則"匿"可證之。

舀:余紐幽部;
匿:泥紐職部。

余(喻四)泥準旁紐,幽職旁對轉。"匿",藏匿,隱藏。《廣韻·職韻》:"匿,藏也,隱也。"《書·盤庚上》:"王播告之脩,不匿厥指,王用丕欽。"《南史·隱逸傳上·惠明》:"藏名匿跡,人莫之知。"

(1584) 惰/猜（懷疑義）

惰 懷疑。清朱駿聲《説文通訓定聲·孚部》："惰,〔假借〕又爲'忒'。《左昭廿七傳》：'天命不惰久矣。'注：'疑也。'"按，"惰"之本義爲喜悦，然其字从心，表懷疑義當爲套用字，無煩假借。《北史·周紀上·明帝》："咸謂大寶可以力致，神器可以求得，而卒誅夷繼及，亡不旋踵，是知天命有底，庸可惰乎？"

猜 懷疑,猜測。《説文·犬部》："猜，恨賊也。"清朱駿聲《通訓定聲》："〔轉注〕《（廣雅）釋言》：'猜,疑也。'《左昭三傳》：'寡君猜焉。'注：'疑也。'《後漢書·張衡傳》注：'猜,嫌也。'"《廣韻·咍韻》："猜,疑也。"晉葛洪《抱朴子·清鑒》："爾則知人果未易也……然而世人甚以爲易，經耳過目，謂可精盡，余甚猜焉，未敢許也。"唯"猜"有疑義，故有"猜疑"之同義聯合式合成詞。北齊顔之推《顔氏家訓·書證》："狐之爲獸，又多猜疑，故聽河冰無流水聲，然後敢渡。"

〔推源〕 此二詞俱有懷疑義，其音亦相近且相通。

　　惰：透紐幽部；
　　猜：清紐耕部。

透清準雙聲，幽耕旁對轉。其"惰"字从舀得聲，乃以舀聲載懷疑義。舀聲字"謟""滔"亦可以假借字形式表懷疑義，足可證舀聲與懷疑義相關聯。《廣韻·豪韻》："謟,疑也。"清朱駿聲《説文通訓定聲·孚部》："《昭廿六傳》：'天道不謟。'《哀十七傳》：'天命不謟。'注皆訓'疑'。……《爾雅·釋詁》：'謟,疑也。'"又"滔,〔假借〕又爲'惰'，實爲'忒'。《西京賦》：'天命不滔。'"按，借爲"惰"説可從。或以爲"滔"借爲"謟"而可表懷疑義則謬，"謟"亦假借字而已。

602　奚聲

(1585) 徯貕蹊𧫥谿騱（小義）

徯 小路。字亦作"蹊"。《廣韻·齊韻》："蹊,徑路"。清朱駿聲《説文通訓定聲·履部》："徯,或从足，字亦誤作'俟'。《通俗文》：'邪道曰徯。'《廣雅·釋室》：'蹊,道也。'《左宣十一傳》：'牽牛以蹊人之田。'注：'徑也。'《孟子》：'山徑之蹊間介。'……《貨殖傳》：'贈弋不施于徯隧。'《周憬功勳銘》：'小徯乃平。'〔聲訓〕《釋名·釋道》：'步所用道曰蹊。蹊,徯也，言射疾則用之。'"《禮記·月令》："塞徯徑。"唐孔穎達疏："徯徑,細小狹路。"

貕 小豬。《説文·豕部》："貕,生三月豚,腹貕貕兒也。从豕,奚聲。"清朱駿聲《通訓定聲》："《方言》八：'猪子或謂之豚,或謂之貕。'字亦誤作'豯'。"《廣韻·齊韻》："貕,豕生三月。"沈兼士《聲系》："案'貕',五代本《切韻》作'豯'。"明李時珍《本草綱目·獸部·豕》："生三月貕。"按,朱氏所引《方言》文之"貕"異文作"豯"。

鼷 小鼠。《説文·鼠部》:"鼷,小鼠也。从鼠,奚聲。"清朱駿聲《通訓定聲》:"《春秋成七年》:'鼷鼠食郊牛角。'《爾雅》'鼷鼠。'注:'有螫毒者。'《博物志》:'或謂之耳鼠。'按,《玉篇》:'螫毒食人及鳥獸皆不痛,今日甘口鼠也。'《莊子·應帝王》:'鼷鼠深穴乎神丘之下,以避熏鑿之患。'《漢書·中山靖王勝傳》:'社鼷不灌,屋鼠不熏。'"《廣韻·齊韻》:"鼷,鼠名,一名甘口鼠,食人及鳥獸至盡皆不痛。"按"鼷"一謂甘口鼠,一指小家鼠,二者皆小。朱氏所引《漢書》文唐顏師古注:"鼷,小鼠。"《莊子·達生》:"譬之,若載鼷以車馬,樂鴳以鐘鼓也,彼又奚能無驚乎哉!"晉葛洪《抱朴子·正郭》:"以此爲憂世念國,希擬素王,有似蹇足之尋龍騏,斥鷃之逐鴻鵠,焦冥之方雲鵬,鼷鼬之比巨象也。"

籢 小畚箕。《廣韻·齊韻》:"籢,小畚。"按,其字《集韻·齊韻》作"𥬔",謂筲箕,其義相通。《説文·甾部》"甾"篆訓"東楚名缶曰甾";《艸部》"甾"篆訓"不耕田"。然則當以"籢"爲是。

谿 小溝。字亦作"磎""嵠""溪",後世以"溪"爲正字。《説文·谷部》:"谿,山瀆無所通者。从谷,奚聲。"清朱駿聲《通訓定聲》:"字亦作'磎'、作'溪'。《爾雅·釋山》:'山瀆無所通,谿。'按即《釋丘》所云窮瀆汜也。《廣雅·釋山》:'磎,谷也。'《吕覽·察微》:'若高山之與深谿。'……《左文十六傳》:'子越自石溪。'注:'入庸道。'〔別義〕《爾雅·釋水》注:'川曰谿。'李注:'出於山入于川爲谿也。'《左隱三傳》:'澗谿沼沚之毛。'注:'谿亦澗也。'……《水經·沅水注》:'武陵有五溪:謂雄溪、樠溪、無溪、酉溪、辰溪。'"《廣韻·齊韻》:"谿,嵠、溪、磎,並上同。"

騱 野馬,其形小。《説文·馬部》:"騱,騊騱馬也。从馬,奚聲。"清朱駿聲《通訓定聲》:"此野馬也,似馬而小。《爾雅·釋畜》:'前足皆白,騱。'"《廣韻·齊韻》:"騱,騊騱,野馬名。"按,《説文》同部"騊"篆訓"騊騱,野馬也"。《史記·匈奴列傳》:"其奇畜則橐駞、驢、驘、駃騠、騊駼、驒騱。"

〔推源〕 諸詞俱有小義,爲奚聲所載之公共義。聲符字从爪、糸、大(人)會意,所記録語詞之本義爲奴隸。清朱駿聲《説文通訓定聲·履部》:"奚,〔假借〕爲'婍'。《周禮·天官序》:'官奚三百人。'注:'古者從坐男女没入縣官爲奴,其少才知,以爲奚。今之侍史官婢或曰奚宦女禁。'《暴氏》:'凡奚隸。'注:'女奴、男奴也。'"按,"奚"之本義《説文》訓"大腹",蓋不明其形體結構而誤,朱氏信從其説,故云奴隸義爲"奚"之假借義,實非。羅振玉《增訂殷虚書契考釋》:"予意罪隸爲'奚'之本誼,故从手持索以拘罪人。"然則與小義不相涉,其小義當爲奚聲所載之語源義。奚聲可載小義,"倪"可證之。

奚:匣紐支部;

倪:疑紐支部。

· 1246 ·

疊韻,匣疑旁紐。"倪",弱小。《孟子·梁惠王下》:"王速出令,反其旄倪。"漢趙岐注:"倪,弱小。"《舊唐書·玄宗紀下》:"于時垂髫之倪,皆知禮讓。"按,"倪"字从兒得聲,聲符字"兒"所記録語詞謂小兒,本有小義。又兒聲字所記録語詞"鯢""麛""蜺"等俱有小義。

603　倉聲

（1586）鎗艙匚（藏義）

鎗　鼎類容器,可藏物者。《廣韻·庚韻》:"鎗,鼎類。鐺,俗本音當。"《集韻·庚韻》:"鐺,釜屬。通作'鎗'。"按古者鼎亦爲炊具。《南史·孝義傳上·陳遺》:"陳遺,少爲郡吏,母好食鎗底飯。遺在役,恒帶一囊,每煮食輒録其焦以貽母。"宋黃庭堅《跛奚移文》:"晨入庖舍,滌鎗瀹釜。"

艙　船艙,可藏人及物者。清魏源《城守篇·制勝下》:"火碗中央,如蓋微扃,輕擲敵艙,火激藥發,迫不及待。"清曾樸《孽海花》第九回:"我聽説外國公司船十分寬敞,就是二等艙,也比我們招商局船的大餐間大的多哩!"

匚　器具,可藏物之物。《説文·匚部》:"匚,古器也。从匚,倉聲。"《廣韻·唐韻》:"匚,古器也。"

〔推源〕　諸詞俱有藏義,爲倉聲所載之公共義。聲符字"倉"所記録語詞謂糧倉,即藏糧者。《説文·倉部》:"倉,穀藏也。倉黃而取之,故謂之倉。从食省,口象倉形。"清朱駿聲《通訓定聲》:"按,刈獲貴速,蒼黃者,疊韻連語,許以聲訓也……方者曰倉,圓者曰囷。《禮記·月令》:'脩囷倉。'又:'藏帝藉之收于神倉。'注:'藏祭祀之穀爲神倉。'"按,許慎聲訓旨在推源,然"倉黃"乃匆忙之謂,未得肯綮,"倉"當寓藏義。《國語·越語下》:"除民之害,以避天殃,田野開闢,府倉實,民衆殷。"三國吳韋昭注:"貨財曰府,米粟曰倉。"然則本條諸詞之藏義爲其聲符"倉"所載之顯性語義。倉聲可載藏義,則"藏"可證之。

倉：清紐陽部；

藏：從紐陽部。

疊韻,清從旁紐。"藏",藏匿,隱藏。《廣韻·唐韻》:"藏,隱也,匿也。"《易·繫辭上》:"顯諸仁,藏諸用,鼓萬物而不與聖人同憂。"唐孔穎達疏:"藏諸用者,潛藏功用,不使物知。"《史記·秦始皇本紀》:"天下敢有藏《詩》《書》、百家語者,悉詣守、尉雜燒之。"南朝梁簡文帝蕭綱《七勵》:"賣藥無藏名之老,河泗無洗耳之翁。"

（1587）蒼蒼（青色義）

蒼　青色。《説文·艸部》:"蒼,艸色也。从艸,倉聲。"清朱駿聲《通訓定聲》:"《廣雅·釋器》:'蒼,青也。'《素問·陰陽應象大論》:'在色爲蒼。'注:'薄青色。'《詩》:'蒹葭蒼蒼。'

傳:'盛也。'《廣雅·釋訓》:'蒼蒼,茂也。'亦重言形況字。《爾雅·釋天》:'春爲蒼天。'《吕覽·有始》:'東方曰蒼天。'"按,"蒼蒼"謂色青而多,故訓"茂""盛"。草木旺於春季,東方屬木,故有"東方曰蒼天""春爲蒼天"説。《廣韻·唐韻》:"蒼,蒼色。"《詩·秦風·黄鳥》:"彼蒼者天,殲我良人。"唐杜甫《九成宫》:"蒼山入百里,崖斷如杵臼。"

蒼 竹色,即青色。《集韻·唐韻》:"蒼,竹色。"清朱駿聲《説文通訓定聲·壯部》:"蒼,《易·説卦》:'震爲蒼筤竹。'"按,"蒼筤"本作"蒼筤",以"蒼"爲之,取其引申義;"蒼"則爲竹色義之正字。唐崔融《瓦松賦》:"竹蒼筤而正色,樹連理而相加。"明劉基《題竹木石圖》:"披煙細看蒼筤葉,知是湘君淚濕來。"清曹寅《使院種竹》:"昨宵值雷雨,洗滌開芊眠。頗思蒼筤君,卧起相周旋。"

〔推源〕 此二詞俱有青色義,爲倉聲所載之公共義。聲符字"倉"單用本可表青色義。《字彙補·竹部》:"蒼,與'倉'同。《禮記·月令》:'服倉玉。'王肅本作'蒼玉'。"按,所引《禮記》文唐孔穎達疏:"倉亦青也。"清朱駿聲《説文通訓定聲·壯部》:"倉,〔假借〕爲'蒼'。《禮記·月令》:'駕倉龍。'"又:"蒼,《漢俦堯廟碑》:'恩如浩倉。'《楊著碑》:'印叶穹倉。'《史晨奏銘》:'黑不代倉。'皆以'倉'爲之。"按,"倉"所記録語詞之本義爲糧倉,其引申義系列與青色義亦不相涉,其青色義非顯性語義,乃倉聲所載之語源義。倉聲可載青色義,"青"可證之。

倉:清紐陽部;
青:清紐耕部。

雙聲,陽耕旁轉。音僅微殊。"青",《説文·青部》:"青,東方色也。木生火,从生、丹。丹青之信言象然。"清孔廣居《疑疑》:"丹,青類也。故青从丹,生聲。木生火之説未免太鑿。"清朱駿聲《通訓定聲》:"語謂信若丹青,言相生之理必然也……《周禮·職方氏》:'正東曰青州。'《考工》:'畫繪之事,東方謂之青。'《楚辭·大招》:'青春受謝。'注:'青,東方春位。'《洪範·五行》傳:'時則有箐眚青祥。'注:'木色也。'"

(1588) 凔愴(寒義)

凔 寒涼。字亦作"滄"。《説文·仌部》:"凔,寒也。从仌,倉聲。"清段玉裁注:"此與《水部》'滄'音義皆同。"清朱駿聲《通訓定聲》:"字與'滄'略同。《荀子·正名》:'疾養凔熱。'《漢書·枚乘傳》:'欲湯之凔,絶薪止火而已。'"許書《水部》:"滄,寒也。从水,倉聲。"朱氏《通訓定聲》:"《周書·周祝》:'天地之間有滄熱。'……此字與'凔'略同。"按,所引《周書》文晉孔晁注:"滄,寒。"《廣韻·唐韻》:"滄,寒兒。"又《漾韻》:"滄,寒也。"沈兼士《聲系》:"案'滄',内府本《王韻》及《唐韻》均作'凔'。内府本《王韻》注云:'又滄,又七岡反。'《集韻》:'滄,或从水。'"

愴 悲傷,即心中寒涼之義。《説文·心部》:"愴,傷也。从心,倉聲。"清朱駿聲《通訓定聲》:"《廣雅·釋詁三》:'愴,悲也。'《禮記·祭義》:'必有悽愴之心。'〔假借〕爲'滄'。《列子·湯問》:'愴愴涼涼。'亦重言形況字。"按,當爲引申,非假借。"悽愴"猶"凄涼"。《廣韻·漾韻》:"愴,悽愴。"晉葛洪《西京雜記》卷二:"武帝欲殺乳母,乳母告急於東方朔……朔在帝側曰:'汝宜速去,帝今已大,豈念汝乳哺時恩耶!'帝愴然,遂舍之。"《後漢書·獨行傳·范式》:"時式出行適還,省書見瘞,愴然感之,向墳揖哭,以爲死友。"

〔推源〕 此二詞俱有寒義,爲倉聲所載之公共義。聲符字"倉"單用本可表悲傷即心中寒涼義。清朱駿聲《說文通訓定聲·壯部》:"倉,《詩·桑柔》:'倉況填兮。'傳謂借爲'喪',失之。按,戚甚也。"按,所引《詩》文宋朱熹《集注》:"倉兄,與'愴怳'同,悲憫之意。"其說可從。清王夫之《章靈賦》:"倉怳寫貞,疾煩心兮。"按,聲符字"倉"所記錄語詞之本義、引申義系列與寒義不相涉,其寒義乃倉聲所載之語源義。倉聲可載寒義,則"涼"可證之。

倉:清紐陽部;

涼:來紐陽部。

疊韻,清來鄰紐。"涼",微寒。《說文·水部》:"涼,薄也。从水,京聲。"清朱駿聲《通訓定聲》:"薄寒也……《字林》:'涼,微寒也。'按,冰之性爲寒,水之性爲涼。《素問·五常政大論》:'涼雨時降。'〔轉注〕《爾雅·釋天》:'北風謂之涼風。'《禮記·月令》:'涼風至。'《白虎通》:'八風,涼寒也,陰氣行也。'……《釋名·釋州國》:'涼州,西方所在寒涼也。'又《周禮·漿人》:'水漿醴涼,醫酏。'注:'今寒粥若糗飯襍水也。'……《別賦》:'撫飾幕而虛涼。'注:'悲涼也。'"按,所謂"轉注"即引申。《廣韻·陽韻》:"涼,寒涼也。"南朝宋顏延之《陽給事誄》:"涼冬氣勁,塞外草衰。"唐李郢《江亭晚望》:"碧天涼冷雁來疏,閑望江雲思有餘。"

(1589) 戧搶嗆(逆反義)

戧 逆反。清郁永河《海上紀略》:"故遇紅毛追襲,即當轉舵,隨風順行,可以脫禍,若仍行戧風,鮮不敗者。"明施耐庵《水滸傳》第四回:"那打鐵的看見魯智深腮邊新剃暴長短鬚,戧戧地好滲瀨人,先有五分怕他。"

搶 逆反。《廣韻·陽韻》:"搶,拒也,突也。"按,所謂"突"即衝突、衝撞義,亦與逆反義相通。《莊子·逍遙遊》:"我決起而飛,搶榆枋,時則不至而控於地矣,奚以九萬里而南爲?"至"拒",即逆反義。清顧張思《土風錄》卷六引晉庾闡《揚都賦》:"艇子搶風,榜人逆浪。"按"搶""逆"對文同義。明李時珍《本草綱目·附錄·奇經八脈考》:"動苦少腹痛,逆氣搶心。"

嗆 氣逆咳嗽。元李致遠《還牢末》第二折:"我將這一匙飯口內挑……孩兒,我可也剛應的一聲,猛嗆了。"王西彥《獸宴》六:"也許是喝得太急了,立即嗆咳了起來。"按,中國醫學以爲,人之氣下行則順,上行爲逆,氣逆則咳、打嗝。

〔推源〕 諸詞俱有逆反義,爲倉聲所載之公共義。聲符字"倉"所記錄語詞之本義、引申義系列與逆反義不相涉,其逆反義乃倉聲所載之語源義。倉聲可載逆反義,則"倒"可證之。

倉：清紐陽部；
倒：端紐宵部。

清端鄰紐，陽宵旁對轉。"倒"，顛倒，即顛末相逆反之義。《廣韻·號韻》："倒，倒懸。"《集韻·號韻》："倒，顛倒也。"《禮記·曲禮下》："倒篋側龜於君前，有誅。"漢鄭玄注："倒，顛倒也。"《楚辭·九章·懷沙》："變白以爲黑兮，倒上以爲下。"南朝梁劉勰《文心雕龍·定勢》："效奇之法，必顛倒文句，上句而抑下，中辭而出外，回互不常。"按，"倒"字从人，所記錄語詞又有顛仆義，當爲其本義。顛仆則即人之首足位置相逆反。《廣韻·晧韻》："倒，仆也。"《說文·人部》："仆，頓也。"清段玉裁注："下首也。"漢司馬相如《上林賦》："弓不虛發，應聲而倒。"

（1590）槍搶（撞義）

槍 兵器，直刺者，故引申爲撞義。《說文·木部》："槍，歫也。从木，倉聲。"清朱駿聲《通訓定聲》："按，歫人之械也。《蒼頡篇》：'槍謂木兩頭銳者也。'〔轉注〕《莊子·逍遙遊》：'飛槍榆枋支遁。'注：'突也。'"《廣韻·陽韻》："槍，梢也。"《墨子·備城門》："槍十二枚，周置二步中。"又漢司馬遷《報任少卿書》："當此之時，見獄吏則頭槍地，視徒隸則正惕息。"其"槍"亦撞義。

搶 撞。《廣韻·養韻》："搶，頭搶地。見《史記》。"又《陽韻》："搶，突也。"《戰國策·魏策四》："布衣之怒，亦免冠徒跣，以頭搶地爾。"清杭世駿《質疑》卷上："蓋父母之恩，昊天罔極，故當其終也，人子必搶地呼天，五內分崩，水漿不入於口，願以身代，謂不有其身也。"

〔推源〕 此二詞俱有撞義，爲倉聲所載之公共義。聲符字"倉"所記錄語詞之本義、引申義系列與撞義不相涉，其撞義乃倉聲所載之語源義。倉聲可載撞義，"撞"可證之。

倉：清紐陽部；
撞：定紐東部。

清定鄰紐，陽東旁轉。"撞"，撞擊。《說文·手部》："撞，卂擣也。"清王筠《句讀》："'卂'當作'扟'。"清朱駿聲《通訓定聲》："卂擣也……字亦作'摚'、作'摐'。《禮記·學記》：'善待問者如撞鐘。'猶擊也。《子虛賦》：'摐金鼓。'《廣雅·釋言》：'摐，撞也。'《東京賦》：'撞洪鐘。'"《廣韻·江韻》："撞，撞突也。"《墨子·非樂上》："然即當爲之撞巨鐘，擊鳴鼓，彈琴瑟，吹竽笙而揚干戚。"

（1591）蹌搶（急義）

蹌 急趨，奔騰。《說文·足部》："蹌，動也。从足，倉聲。"清朱駿聲《通訓定聲》："《詩·猗嗟》：'巧趨蹌兮。'傳：'巧趨皃。'《舞賦》：'蹌捍凌越。'注：'馬走疾之皃。'又《爾雅·釋訓》：'蹌蹌，動也。'"按，所引《爾雅》文晉郭璞注："恐動趨步。"《漢書·揚雄傳》上："秋秋蹌蹌，入西園，切神光。"唐顏師古注："秋秋蹌蹌，騰驤之貌。"《京本通俗小説·志誠張主管》："張主管開房門，那人蹌將入來，閃身已在燈光背後。"

搶 有搶先、競爭義，即行事急速之謂。唐張建封《競渡歌》："前船搶水已得標，後船失勢空揮橈。"清曹雪芹《紅樓夢》第一百零五回："只見二門上家人又報進來，説：'趙老爺已進二門了。'賈政等搶步接去。"按，"搶"又有搶奪、搶劫義，亦與急速義相通。

〔推源〕 此二詞俱有急義，爲倉聲所載之公共義。聲符字"倉"所記録語詞之本義、引申義系列與急義不相涉，然"倉"爲倉促字，凡"倉卒""倉皇"等皆謂匆忙急速，足證倉聲可載急義。清朱駿聲《説文通訓定聲·壯部》："倉，《後漢·光武紀》注：'倉卒，謂喪亂也。'"按蓋即忙亂義。《漢書·王嘉傳》："今諸大夫有材能者甚少，宜豫蓄養可成就者……臨事倉卒迺求，非所以明朝廷也。"唯"倉"可表急義，故有"倉急"之同義聯合式合成詞。郭孝成《山西光復記》："正倉急間，此生變之四將，率兵十人，驀地進車站。"倉聲可載急義，"速"可證之。

　　　　倉：清紐陽部；
　　　　速：心紐屋部。

清心旁紐，陽屋旁對轉。"速"，迅速，急疾。《説文·辵部》："速，疾也。"《廣韻·屋韻》："速，疾也。"又《質韻》："疾，急也。"《論語·子路》："欲速則不達，見小利則大事不成。"《宋書·王僧綽傳》："臣謂唯宜速斷，不可稽緩。"

604　翁聲

(1592) 蓊滃蓊勫慃（盛義）

蓊 竹盛貌。《説文·竹部》："蓊，竹皃。从竹，翁聲。"清朱駿聲《通訓定聲》："字亦作'蓊'。"按，"蓊"謂草盛，二者爲分別文，亦爲同源詞。竹、草同類，故典籍多以"蓊"爲之。"蓊"所記之詞存乎語言。《廣韻·東韻》："蓊，竹盛兒。"又《董韻》："蓊，竹盛。"《字彙·竹部》："蓊，竹盛貌。"宋龐元英《談藪·曹詠妻》："碩人間出訪親舊，過故夫曹秀才家，門庭整潔，花竹蓊茂。"按，竹盛之義當以"蓊"爲正字，作"蓊"，取其引申義。

滃 水勢盛大。《廣韻·董韻》："滃，大水兒。"唐元稹《酬鄭從事宴望海亭》："舟船駢比有宗侶，水雲滃泱無始終。"宋蘇軾《菜羹賦》："水耗初而釜治，火增壯而力均，滃嘈雜而廉清，信浄美而甘分。"按，《説文·水部》"滃"訓"雲氣起也"，且見其文獻實用例，其義亦與水盛大義相通。揆其字从水，水勢盛大義當爲其本義，而《説文》所訓者爲其比喻引申義。

蓊 草木茂盛。《廣韻·董韻》："蓊，蓊鬱。"又《東韻》："蓊，蓊鬱，草木盛兒。"清朱駿聲《説文通訓定聲·豐部》："《吴都賦》：'蓊茸蕭瑟。'注：'茂盛兒。'《南都賦》：'阿那蓊茸。'……《高唐賦》:'蓊湛湛而弗止。'注:'蓊然聚皃。'"按,草木茂盛則多而相聚,其義亦相通。又,《廣韻》所訓"蓊鬱"當爲同義聯合式複音詞。"鬱鬱蔥蔥"正爲草木茂盛之譬況字。"蓊鬱"亦爲同素逆序詞。《文選·張衡〈西京賦〉》:"鬱蓊薆薱,棣棫棣槮。"三國吴薛綜注:"皆草木盛貌也。"

勜 多力,即力盛。《集韻·講韻》:"勜,勜傾,多力。"又有倔強義,亦相通。《廣韻·董韻》:"勜,勜㧢,屈強皃。"

惀 狠戾,蓋即氣盛義。《廣韻·講韻》:"惀,悍惀,很戾。"《集韻·講韻》:"惀,惀憹,佷戾。"《玉篇·人部》:"佷,戾也。本作'很'。"

〔推源〕 諸詞俱有盛義,爲翁聲所載之公共義。翁聲字"暡"亦可以假借字形式表盛義。《廣韻·董韻》:"暡,氣盛皃。"按"暡"謂日不明,氣盛義爲翁聲另載者。聲符字"翁"所記錄語詞謂鳥頸毛。《說文·羽部》:"翁,頸毛也。从羽,公聲。"清朱駿聲《通訓定聲》:"《西山經》:'天帝之山有鳥焉,黑文而赤翁。'注:'頭下毛也。'"其引申義系列亦與盛義不相涉,其盛義乃翁聲所載之語源義。翁聲可載盛義,則"洪"可證之。

翁:影紐東部;

洪:匣紐東部。

疊韻,影匣鄰紐。"洪",盛大之水,引申之則有盛大義。《説文·水部》:"洪,洚水也。"清朱駿聲《通訓定聲》:"《詩·長發》:'洪水芒芒。'《孟子》:'洚水者,洪水也。'〔轉注〕《爾雅·釋詁》:'洪,大也。'《書·大誥》:'洪惟我幼沖人。'《洪範》:'天乃錫禹洪範九疇。'《典引》:'鋪觀二代洪纖之度。'"按"洪"又有隆盛之衍義。漢應劭《風俗通·十反·陽翟令左馮翊田煇》:"俱合純懿,不隕洪祚。"

(1593)臃鞽(肥義)

臃 肥。《集韻·董韻》:"臃,肥兒。或从翁。"《玉篇·肉部》:"臃,肥也。"按"臃"从邕聲,邕聲字"雝"所記錄語詞有多義,肉多則肥,可互證。

鞽 棉鞋,其形肥者。清桂馥《札樸·鄉言正字·服飾》:"鞽,綿鞵曰鞽。"元楊梓《敬德不伏老》第三折:"女人家補衲襖鞽鞋。"明施耐庵《水滸傳》第四十五回:"楊雄坐在牀上,迎兒去脱鞽鞋。"

〔推源〕 此二詞俱有肥義,爲翁聲所載之公共義。聲符字"翁"所記錄語詞與肥義不相涉,其肥義乃翁聲所載之語源義。翁聲可載肥義,"臃"可證之。"翁""臃"同音,影紐雙聲,東部疊韻。"臃",臃腫。肥則臃腫,義僅微殊而相通。《集韻·鍾韻》:"癰,《説文》:'腫也。'或作'臃'。"明無名氏《贈書記·旅病托棲》:"行不上,悲雙足,都臃腫。"清汪懋麟《洗象》:"自媿臃腫形,難爲耳目賞。"

605　朕聲

(1594) 謄騰(轉移義)

謄　謄寫,過録,即將文字轉移到另一書面之義。《説文·言部》:"謄,迻書也。从言,朕聲。"清朱駿聲《通訓定聲》:"謄録字元代始用之。"按朱氏蓋有所未聞。《廣韻·登韻》:"謄,移書謄上。"唐王建《三貧居》:"蠹生謄藥紙,字暗換書籤。"《宋史·選舉志一》:"試卷,内臣收之,付編排官,去其卷首鄉貫狀,别以字號第之;付封彌官謄寫校勘,用御書院印,付考官定等畢,復封彌送覆考官再定等。"

騰　傳遞,即轉移義。《説文·馬部》:"騰,傳也。从馬,朕聲。"清朱駿聲《通訓定聲》:"謂傳車馬馳。"《淮南子·繆稱訓》:"子産騰辭,獄繁而無邪。"漢高誘注:"騰,傳也。"清陳康祺《燕下鄉脞録》卷十六:"於是四川諸州縣大嘩,騰謗書徧於道路。"按,複音詞"騰書""騰説""騰播""騰倒"等之詞根"騰"皆傳遞、轉移義。

〔**推源**〕　此二詞俱有轉移義,爲朕聲所載之公共義。聲符字"朕"所記録語詞之本義爲舟縫。《説文·舟部》:"朕,我也。闕。"清朱駿聲《通訓定聲》:"按,舟縫也。从舟,羊聲。戴氏震《考工記圖·函人》注:'舟之縫理曰朕。'段氏玉裁《經韻樓〈説文注〉》謂足以補許書之佚。按戴説豁然確斯,焯不可易,今从之。"按,"朕"爲第一人稱代詞之記録符號爲假借字。今浙江嘉興方言尚稱自我爲"朕"。自秦始皇始,"朕"指自我,爲帝王所專。然則"朕"本與轉移義不相涉,其轉移義乃朕聲所載之語源義。朕聲可載轉移義,則"贈"可證之。

朕:定紐侵部;

贈:從紐蒸部。

定從鄰紐,侵蒸通轉。"贈",贈送。贈送則相贈之物轉移於受贈者之手,義相通。同源詞之語義親緣關係本有相通之類型。《説文·貝部》:"贈,玩好相送也。"《詩·鄭風·女曰雞鳴》:"知子之來之,雜佩以贈之。"漢鄭玄箋:"贈,送也。"《晉書·文苑傳·袁宏》:"謝安常賞其機封辯速。後安爲揚州刺史,宏自吏部郎出爲東陽郡,乃祖道於冶亭。時賢皆集,安欲以卒迫試之,臨别執其手,顧就左右取一扇而授之曰:'聊以贈行。'宏應聲答曰:'輒當奉揚仁風,慰彼黎庶。'時人嘆其率而能要焉。"

(1595) 賸媵(送義)

賸　贈送。《説文·貝部》:"賸,物相增加也。从貝,朕聲。一曰送也,副也。"按,所訓二義當相通。《廣韻·證韻》:"賸,增益。一曰,送也。又物相贈。"南朝梁張纘《謝東宫賚園啓》:"每賸春迎夏,華卉競發;背秋向冬,雲物澄霽。"

媵　陪送出嫁。《廣韻·證韻》:"媵,送女從嫁"。《左傳·成公八年》:"衛人來媵共姬,禮也。凡諸侯嫁女,同姓媵之,異姓則否。"按,歷代制度不一。虛化引申爲送義。《爾雅·釋言》:"媵,送也。"《楚辭·九歌·河伯》:"波滔滔兮來迎,魚隣隣兮媵予。"漢王逸注:"媵,送也。"

〔推源〕 此二詞俱有送義,爲朕聲所載之公共義。聲符字"朕"所記錄語詞與送義不相涉,其送義乃朕聲所載之語源義。朕聲可載送義,仍可以"贈"證之。"贈"之本義即送。"朕""贈"之語音親緣關係前條已述。

(1596)滕騰(向上義)

滕 水向上涌。《説文·水部》:"滕,水超涌也。从水,朕聲。"清朱駿聲《通訓定聲》:"《詩·十月之交》:'百川沸騰。'以'騰'爲之。"按,當以"滕"爲正字,以"騰"爲之,乃取其引申義。宋魯應龍《閑窗括異志》:"每歲湖中群蛟競斗,水爲沸騰。"又,水燒開上涌亦稱"沸騰"。

騰 跳躍,向上運動。《廣韻·登韻》:"騰,躍也。"清朱駿聲《説文通訓定聲·升部》:"騰,《廣雅·釋室》:'騰,奔也。'《釋詁一》:'騰,上也。'〔轉注〕《洛神賦》:'騰文魚以警乘。'注:'升也。'……《淮南·原道》:'騰蹈崑崙。'注:'上也。'……《漢書·李廣傳》:'暫騰而上胡兒馬。'注:'跳躍也。'"

〔推源〕 此二詞俱有向上義,爲朕聲所載之公共義。聲符字"朕"所記錄語詞與向上義不相涉,其向上義乃朕聲所載之語源義。朕聲可載向上義,"烝"可證之。

朕:定紐侵部;

烝:章紐蒸部。

定章(照)準旁紐,侵蒸通轉。"烝",火氣上行。《説文·火部》:"烝,火氣上行也。"清朱駿聲《通訓定聲》:"《周語》:'陽氣俱烝。'《荀子·性惡》:'枸木必將待檃栝烝矯然後直。'《爾雅·釋訓》:'烰烰,烝也。'古多以'蒸'爲之。"按,今蒸汽字亦作"蒸",乃棄本字而用其假借字。《墨子·節用中》:"逮夏,下潤溼上熏烝。"

606 逢聲

(1597)蓬熢鏠(高義)

蓬 蒿類植物,其形高聲。稱"蒿",則其高義益顯。《説文·艸部》:"蓬,蒿也。从艸,逢聲。芇,籀文蓬省。"清朱駿聲《通訓定聲》:"《爾雅》'蘮彫蓬''薦黍蓬',與上文'蒿''菣'相屬,當爲蒿類……《詩·騶虞》:'彼茁者蓬。'傳:'草名。'《禮記·內則》:'桑弧蓬矢六。'疏:'蓬是禦亂之草。'……《楚辭·沉江》:'若縱火于秋蓬。'注:'蒿也。'"

熢 烽火,炎上而高者。《説文·火部》:"熢,燧候表也。邊有警則舉火。从火,逢聲。"

清朱駿聲《通訓定聲》："字亦作'烽'。《史記·周紀》：'幽王爲燧燧。'《正義》：'燧，土魯也。'《漢書·司馬相如傳》：'聞燹舉燧燔。'孟康曰：'燹如覆米䈰，縣著桔皋頭，有寇則舉之；燧者，積薪燔之。'張揖曰：'晝舉燹，夜燔燧。'《後漢·光武紀》注：'邊方備警急，作高土臺，臺上作桔皋，桔皋頭有兜零，以薪草置其中，常低之，有寇，即燃火舉之以相告，曰烽。'《方言》十二：'燹，虞望也。'"《廣韻·鍾韻》："燹，燹火。夜曰燹，晝曰燧。烽，上同。"

鏠 兵器端部。兵器可舉，舉則端部處最高處。《説文·金部》："鏠，兵耑也。从金，逢聲。"清朱駿聲《通訓定聲》："字亦作'鋒'。《漢書·王襃傳》：'清水焠其鋒。'注：'刃芒端也。'〔聲訓〕《釋名·釋兵》：'刀，其末曰鋒，言若蠭刺之毒利也。'又'劍，其末曰鋒，鋒末之言也'。"《廣韻·鍾韻》："鋒，劍刃鋒也。"沈兼士《聲系》："案'鋒'，《説文》作'鏠'。"《漢三老趙寬碑》："冒突鏠刃，收藏尸死。"三國魏曹丕《禁復私仇詔》："民之存者，非流亡之孤，則鋒刃之餘，當相親愛。"

〔推源〕 諸詞俱有高義，爲逢聲所載之公共義。聲符字"逢"从辵，所記録語詞謂相遇。《説文·辵部》："逢，遇也。从辵，夆省聲。"清王筠《釋例》："當从夆聲。"清朱駿聲《通訓定聲》："从辵，夆聲。《爾雅·釋詁》：'逢，遻也，逢，見也。'《方言》一：'逢，迎也。'《左宣三傳》：'魑魅罔兩，莫能逢之。'"其引申義系列亦與高義不相涉。按，"逢"从夆聲，"燹""鏠"別作"烽""鋒"，夆聲字所記録語詞"峯""桻""䗬"俱有高而尖義，詳本典第四卷"345.夆聲"第944條。逢聲可載高義，則"封"可證之。

逢：並紐東部；

封：幫紐東部。

叠韻，並幫旁紐。"封"，堆土植樹爲界。土堆之則高，故引申爲隆起、高起義。《説文·土部》："封，爵諸侯之土也。"清朱駿聲《通訓定聲》："《小爾雅·廣詁》：'封，界也。'《周禮·大司馬》：'制畿封國。'注：'謂立封于疆爲界。'……〔轉注〕《周禮·封人》：'掌設王之社壝。'注：'聚土曰封。'……《廣雅·釋丘》：'封，冢也。'……《周禮·冢人》：'以爵等爲丘封之度。'"《漢書·西域傳·大月氏》："出一封橐駝。"唐顏師古注："脊上有一封也，封言其隆高，若封土也。"按，當爲比喻引申，後起本字作"犎"，亦作"犎"，正可證夆聲、逢聲、封聲皆可載高義。

(1598) 蓬/龐(亂義)

蓬 蓬草，見前條，引申爲散亂義。清朱駿聲《説文通訓定聲·豐部》："蓬，〔轉注〕《詩·伯兮》：'首如飛蓬。'《莊子·説劍》：'蓬頭突鬢。'《西山經》：'玉山，西王母蓬髮。'字亦作'髼'。《字林》：'髼髿，髮亂皃。'"《晉書·王徽之傳》："蓬首散帶，不綜府事。"宋洪邁《夷堅乙志·虔州城樓》："風吹其髮蓬蓬然。"

龐 多毛狗。引申之則有色雜不純、雜亂義。《説文·犬部》："龐，犬之多毛者。从犬，從彡。"清朱駿聲《通訓定聲》:"《爾雅·釋畜》:'尨,狗也。'《詩·野有死麕》:'無使尨也吠。'又《穆天子傳》:'天子之尨狗。'注:'尨,尨茸也。'〔轉注〕《周禮·牧人》:'用尨可也。'注:'謂雜色不純。'……《左傳五傳》:'狐裘尨茸。'注:'亂兒。'"清段玉裁注:"引伸爲襛亂之偁。"唐柳宗元《貞符》:"魏晉而下,尨亂鉤裂。厥符不貞,邦用不靖,亦罔克久,駮乎無以議爲也。"宋劉學箕《水調歌頭·飲垂虹》:"便擬輕舟短棹,明月清風長共,與世絶紛尨。"

〔推源〕 此二詞俱有亂義,其音亦極相近且相通。

蓬:並紐東部;
尨:明紐東部。

叠韻,並明旁紐。則其語源當同。

607 桀聲

(1599) 傑榤嶻潻(出義)

傑 傑出,突出。《説文·人部》:"傑,傲也。从人,桀聲。"清朱駿聲《通訓定聲》:"按,謂勞也,勞者健也。鍇本:'埶也,材過萬人也。'《白虎通·聖人引辨名記》:'五十曰茂,十人曰選,百人曰俊,千人曰英,倍英曰賢,萬人曰傑,萬傑曰聖。'《禮記·月令》:'命太尉贊傑俊。'《孟子》:'俊傑在位。'《漢書·高帝紀》:'三者皆人傑。'《齊策》:'小國英傑之士。'注:'才勝萬人曰英,千人曰傑。'"《廣韻·薛韻》:"傑,英傑特立也。"

榤 小木椿,可供鷄棲息之物。"榤"即高出地面之木,其字即"桀"之緟益者。《玉篇·木部》:"榤,杙也。"《廣韻·薛韻》:"榤,鷄棲於杙。"《正字通·木部》:"榤,俗'桀'字。"清朱駿聲《説文通訓定聲·泰部》:"桀,字亦作'榤'。《字林》:'榤,杙也。'……《爾雅》:'鷄棲于弋爲榤。'"

嶻 山高聳特立,超出他山者。《廣韻·薛韻》:"嶻,嶻崔,高皃。"《文選·郭璞〈江賦〉》:"虎牙嶻豎以屹崒,荊門闕竦而磐礴。"唐李善注:"嶻,特立貌。"唐宋之問《早發大庾嶺》:"嶻起華夷界,信爲造化力。"

潻 水浪涌出水平面。《廣韻·薛韻》:"潻,水激迴。出《海賦》。"按,水疾流受阻則盤旋且激起水浪。《文選·木華〈海賦〉》:"盤浯激而成窟,㶞㴸潻而爲魁。"唐李周翰注:"潻,浪卒起兒。"

〔推源〕 諸詞俱有出義,爲桀聲所載之公共義。聲符字"桀"所記録語詞謂木椿,高出地平面者,故引申爲傑出、高出等義。《説文·桀部》:"桀,磔也。从舛在木上也。"清朱駿聲《通訓定聲》:"按,此字當訓鷄棲弋也,'舛'象鷄足……《詩·君子于役》:'鷄棲于桀。'〔假借〕又爲'傑'。《詩·伯兮》:'邦之桀兮。'傳:'特立也。'《史記·屈賈傳》:'誹俊疑桀。'……

又單言形況字。《吕覽·下賢》：'桀乎其必不渝移也。'注：'特也。'"按，"磔"謂刑，許慎以之訓"桀"不可從。至"桀"之傑出、突出義爲引申，非假借。然則本條諸詞之出義爲其聲符"桀"所載之顯性語義。曷聲字所記録語詞"揭""竭""騔"等俱有高出義，見本典第五卷"488. 曷聲"第 1300 條，桀聲、曷聲本相近且相通。

桀：群紐月部；

曷：匣紐月部。

疊韻，群匣旁紐。然則可相互爲證。

608　留聲

（1600）遛遛瘤罶（留止義）

遛　行相待。《集韻·宥韻》："遛，遛遛，行相待也。"

遛　停止不進。《廣韻·尤韻》："遛，逗遛。"《漢書·匈奴傳上》："上以虎牙將軍不至期，許增鹵獲，而祁連知虜在前，逗遛不進，皆下吏自殺。"唐顔師古注："孟康曰：'律語也，謂軍行頓止，稽留不進也。'"清沈復《浮生六記·坎坷記愁》："余以連日逗遛，急欲趕渡，食不下咽，强啖麻餅兩枚。"

瘤　腫塊，氣血留止、凝聚所致者。《説文·疒部》："瘤，腫也。从疒，留聲。"清朱駿聲《通訓定聲》："《通俗文》：'肉凸曰瘤。'《聲類》：'瘤，息肉也。'《三蒼》：'瘤，小腫也。'《廣雅·釋詁一》：'瘤，病也。'按，與'肬'聲近誼同。〔聲訓〕《釋名·釋疾病》：'瘤，流也，血流聚所生瘤腫也。'按，'流'當作'留'。"《廣韻·尤韻》："瘤，肉起疾也。"隋巢元方《諸病源候論·瘻瘤等病諸候·瘤候》："瘤者，皮肉中忽腫起，初梅李大，漸長大，不痛不癢，又不結强。言留結不散，謂之爲瘤。"漢劉向《列女傳·齊宿瘤女》："宿瘤女者，齊東郭採桑之女，閔王之后也。項有大瘤，故號曰宿瘤。"

罶　捕魚竹器，魚所留止者。《説文·网部》："罶，曲梁，寡婦之筍，魚所留也。从网、留，留亦聲。䉆，罶或从婁。"清朱駿聲《通訓定聲》："《春秋》《國語》曰：'講罛罶。'今《魯語》：'水虞于是乎講罛罶。'注：'罶，筍也。'作'罶'。《爾雅·釋器》：'嫠婦之筍謂之罶。'孫注：'筍，曲梁，其功易，故曰寡婦之筍。'……《詩·魚麗》：'魚麗于罶。'"《廣韻·有韻》："罶，魚梁。"清蕭鳳儀《嫠婦之筍謂之罶解》："此筍實竹器，與筐籠相似，口闊頸狹，腹大而長，無底。施之，則以索束其尾，喉内編細竹而倒之，謂之曲薄，入則順，出則逆，故魚入其中而不能出，謂之罶者。罶，从网、从留，言能留魚而不使去也。多就曲梁施之以承其空，人不必入水，雖婦人亦能用。"

〔推源〕　諸詞俱有留止義，爲留聲所載之公共義。聲符字"留"所記録語詞之本義即留止、停止。《說文·田部》:"畱,止也。从田,卯聲。"清朱駿聲《通訓定聲》:"卯亦聲。字亦作'留',从卯聲。《秦策》:'令之畱于酸棗。'《楚辭·雲中君》:'靈連蜷兮既畱。'注皆訓'止'。《素問·瘧論》:'風氣畱其處。'注:'謂畱止。'……《漢書·郊祀志》:'宿畱海上。'注:'有所須待也。'《列子·黃帝》:'怪而畱之。'《釋文》:'謂宿畱而視之也。'"《類篇·田部》:"留,或作'畱'。"《廣韻·尤韻》:"留,住也,止也。《說文》作'畱'。"又《宥韻》:"留,宿留,停待也。宿,音秀。"按,唯"留"有止義,故有"留止"之同義聯合式合成詞。然則本條諸詞之留止義為其聲符"留"所載之顯性語義。留聲可載留止義,則"停"可證之。

留:來紐幽部;
停:定紐耕部。

來定旁紐,幽耕旁對轉。"停",停止,留止。《廣韻·青韻》:"停,止也。"《莊子·德充符》:"平者,水停之盛也。"清郭慶藩《集釋》:"停,止也。"《新唐書·元積傳》:"會河南尹房式坐罪,積舉劾,按故事追攝,移書停務。"按,"停"與"留"可組成複音詞,為同義聯合式合成詞,實亦同源詞根聯合而成者。晉干寶《搜神記》卷十五:"望君之容,必是賢者,是以停留,依憑左右。"

(1601) 榴甊瘤鎦鼺鷚鰡(圓義)

榴 石榴,形圓者。《廣韻·尤韻》:"榴,石榴,果名。《博物志》云:張騫使西域迴所得。"《文選·左思〈吳都賦〉》:"龍眼橄欖,榱榴御霜。"唐劉逵注引三國吳薛瑩《荊揚已南異物志》:"榴,榴子樹也。出山中,實亦如梨,核堅,味酸美,交趾獻之。"唐段成式《酉陽雜俎·木篇》:"石榴,一名丹若。梁大同中東州後堂石榴皆生雙子。南詔石榴子大,皮薄如藤紙,味絶於洛中。"明李時珍《本草綱目·果部·安石榴》:"若木乃扶桑之名,榴花丹頳似之,故亦有'丹若'之稱。"

甊 盛飯瓦器,形圓者。《廣韻·宥韻》:"甊,瓦飯器也。"《墨子·節用中》:"飯於土甊,啜於土形。"《史記·秦始皇本紀》:"二世曰:'吾聞子韓子曰:堯、舜采椽不刮,茅茨不翦,飯土甊,啜土形,雖監門之養,不觳於此。'"

瘤 腫塊,見前條。腫塊乃氣血留止所致,為不規則圓形物。然則兼有留止、圓形二義素。

鎦 釜、甑,皆圓形物。《集韻·宥韻》:"梁州謂釜曰鎦。"《增補五方元音·牛韻》:"鎦,甑也。"章炳麟《新方言·釋器》:"湖南謂釜曰甊。"按,"鎦"亦指戒指,戒指亦為圓形物。張雷《變天記》第三章:"春姐看了二嫦子一眼,右手搬弄着自己用大銅元錘造的手鎦。"按,"鎦"之本義《說文》訓"殺",南唐徐鍇《繫傳》、清朱駿聲《通訓定聲》皆以為"鎦"即"劉"字。指釜、甑、戒指,皆為套用字。

鼺 肥而短、體形圓之鼠。其字亦作"鼦""貂",均从留聲;又作"貙",从卯得聲,則與

"留"同。《説文·鼠部》："鼬,竹鼠也。如犬。从鼠,畱省聲。"清朱駿聲《通訓定聲》："字亦作'貁'。《莊子·天地》：'執貁之狗成思。'《釋文》：'竹鼠也。'"《廣韻·尤韻》："鼬,食竹根鼠。貁,上同。"漢揚雄《蜀都賦》："春羔秋鼬,膾鯢鰸肴。"宋王禹偁《竹鼬》："唯此竹間鼬,琅玕長滿腹。"按宋周密《齊東野語·北令邦》云："《澠水燕談》載契丹國產大鼠曰毘狸,形類大鼠而足短,極肥……要之即此一物,亦竹貁獾狸之類耳。"凡物肥而短則其形圓。

甗 蒸食炊具,形圓者。《集韻·宥韻》："甗,關東謂甑。"《説文·瓦部》："甑,甗也。"按"甗"亦炊器之稱。《孟子·滕文公上》："許子以釜甑爨,以鐵耕乎?"《左傳·成公二年》："齊侯使賓媚人賂以紀甗、玉磬與地。"唐孔穎達疏："甗,無底甑。"

𧯦 豌豆,形如圓珠者。《廣雅·釋草》："豌豆,𧯦豆也。"清朱駿聲《説文通訓定聲·乾部》："登,《廣雅·釋草》……字作'豌'。按,初生葉微嫩,可食,揚州人以爲常蔬。四、五月作莢,長寸餘,其中子圓如珠,煮食甜美。"

〔推源〕 諸詞俱有圓義,爲留聲所載之公共義。聲符字"留"所記録語詞之本義、引申義系列與圓義不相涉,其圓義乃留聲所載之語源義。由聲字所記録語詞"岫""宙""袖""笛""軸"亦俱有圓義,見本典第二卷"146. 由聲"第428條,留聲、由聲本相近且相通。

留：來紐幽部；
由：余紐幽部。

疊韻,來余(喻四)準雙聲。然則可相互爲證。

(1602) 溜霤(流義)

溜 水流動。《廣韻·宥韻》："溜,水溜。"《戰國策·韓策一》："段規謂韓王曰：'分地必取成皋。'韓王曰：'成皋,石溜之地也,寡人無所用之。'"元吴師道《補注》："溜,言多山石,水所溜也。"南朝宋孔欣《置酒高堂上》："生猶懸水溜,死若波瀾停。"

霤 屋檐的流水,引申之亦泛指流水。《説文·雨部》："霤,屋水流也。从雨,留聲。"清朱駿聲《通訓定聲》："《釋名·釋宮室》：'中央曰中霤,古者覆穴後室之霤,當今之棟下,直室之中,古者霤下之處也。'〔轉注〕《禮記·喪大記》注：'天子、諸侯言東霤。'疏：'謂東南兩頭爲屋簷霤下。'……《補亡詩》：'濛濛甘霤。'注：'凡水下曰霤。'〔聲訓〕《釋名·釋宮室》：'霤,流也,水從屋上流下也。'"《漢書·枚乘傳》："泰山之霤穿石,單極之統斷幹。"

〔推源〕 此二詞俱有流義,爲留聲所載之公共義。聲符字"留"所記録語詞之本義、引申義系列與流義不相涉,其流義乃留聲所載之語源義。留聲可載流義,"流"可證之。"留""流"同音,來紐雙聲,幽部疊韻。"流",水流動。《説文·沝部》："㳅,水行也。从沝、㐬,㐬,突忽也。流,篆文从水。"《易·坎》："水流而不盈,行險而不失其信。"漢王褒《洞簫賦》："翔風蕭蕭而逕其末兮,迴江流川而溉其山。"

(1603) 溜瞯鎦貀(迅速、滑溜義)

溜 水急流,即迅速流動義。唐上官昭容《遊長寧公主流杯池》二十五首之二十:"瀑溜晴疑雨,叢篁晝似昏。"引申之則有滑動義。宋邵雍《插花吟》:"酒涵花影紅光溜,爭忍花前不醉歸。"又迅速走離亦稱"溜"。元石君寶《秋胡戲妻》第四折:"我們也没嘴臉在這裏,不如只做送李大户到縣去,暗地溜了。"又,滑行于冰上稱"溜冰",宋代即有溜冰之戲。

瞯 迅速掃視。《宣和遺事》前集:"徽宗一見之後,瞬星眸爲兩瞯。"其字亦以"溜"爲之。"瞯"爲正字;作"溜",則爲其本義之引申。宋吕渭老《千秋歲》:"洞房晚,千金未直橫波溜。"

鎦 鎦金,涂飾金泥,即金泥滑動於他物之義。明劉侗、于奕正《帝京景物略·城北内外·千佛寺》:"尊天二十四像,穆肅慈猛,相具神足,衣冠法故,范鎦質良。"清褚人穫《堅瓠秘集·千佛寺》:"其像銅而光如漆,范鎦質良,穆肅慈猛。"

貀 竹鼠,疊用之則謂鼠行迅速。《全唐詩》卷八百七十八《秦人竹貀謡》:"貀貀引黑牛,天差不自由。"清胡文英《吴下方言考》卷六引《竹貀謡》案:"貀貀,鼠行急貌。吴中謂事之宜急者曰'火貀貀',亦曰'急貀貀',亦曰'伋(音及)貀貀'。"

〔推源〕 諸詞俱有迅速、滑動義,爲留聲所載之公共義。聲符字"留"所記錄語詞之本義、引申義系列與此義不相涉,此義當爲留聲所載之語源義。留聲可載迅速、滑動義,"流"可證之。"留""流"同音,前條已述。"流"有滑行之衍義。《詩·小雅·小弁》:"譬彼舟流,不知所届。"按"舟流"即船只滑動于水上之義。"流"之本義爲水行,凡水行若無阻或地勢平坦則迅速,故"流"又有迅速之衍義。唐鮑防《人日陪宣州范中丞傳正與范侍御傳真宴東峰亭》:"流光易去懽難得,莫厭頻頻上此臺。"

609 衰聲

(1604) 蓑榱(下垂義)

蓑 下垂貌。《廣韻·灰韻》:"蓑,蓑蓑,藥下垂兒。"《文選·張衡〈南都賦〉》:"布緑葉之萋萋,敷華藥之蓑蓑。"唐李善注:"蓑蓑,下垂貌。"宋歐陽修《桐花》:"猗猗井上桐,花葉何蓑蓑。"按,"蓑"本爲草名。《廣韻·戈韻》:"蓑,草名,可爲雨衣。"按,可爲蓑衣,故名"蓑衣草",一名"龍鬚草",其形如鬚,細而柔軟下垂,則當本與下垂義相通。

榱 屋椽,斜而下垂者,其上置瓦,以瀉屋頂之水。《説文·木部》:"榱,秦名屋椽也。周謂之椽,齊、魯謂之桷。从木,衰聲。"清朱駿聲《通訓定聲》:"《爾雅·釋宫》:'桷謂之榱。'《左襄三十一傳》:'棟折榱崩。'《孟子》:'榱題數尺。'注:'榱題,屋霤也。'《荀子·哀公》:'仰視榱棟。'"《廣韻·脂韻》:"榱,屋椽。"按,《説文》同部"橑"篆訓"椽"。

〔推源〕 上二詞俱有下垂義,爲衰聲所載之公共義。聲符字"衰"所記録語詞謂蓑衣,蓑衣之毛皆下垂,此或與下垂義相通。《説文·衣部》:"衰,艸雨衣。秦謂之萆。从衣,象形。"清王筠《釋例》:"上象其覆,中象其領,下象編艸之垂也。"清朱駿聲《通訓定聲》:"字亦作'蓑'。……《管子·禁藏》:'被蓑以當鎧鑐。'注:'雨衣。'"《廣雅·釋器》:"萆謂之衰。"清王念孫《疏證》:"《越語》云:'譬如衰笠,時雨既至,必求之。'"衰聲可載下垂義,則"垂"可證之。

衰:山紐微部;

垂:禪紐歌部。

山禪鄰紐,微歌旁轉。"垂",邊陲。古人觀念,天圓地方,天之邊遠處,如雲垂地,故稱"垂",引申爲下垂義。《説文·土部》:"垂,遠邊也。"清朱駿聲《通訓定聲》:"《荀子·臣道》:'邊境之臣處,則疆垂不喪。'《書》傳皆以'陲'爲之。〔假借〕爲'氶'。《春秋元命苞》:'以土垂一人,詰屈折著爲廷字。'宋均注:'垂,係也。'"按,非假借,乃引申。《詩·小雅·都人士》:"彼都人士,垂帶而厲。"南朝梁元帝蕭繹《折楊柳》:"巫山巫峽長,垂柳復垂楊。"

610 高聲

(1605) 蒿歊豪熇鰝塙篙顥嗥毫獋鶴(高、長、大義)

蒿 蒿草,其形高,其名當寓高義。《説文·艸部》:"蒿,菣也。从艸,高聲。"清朱駿聲《通訓定聲》:"《廣雅·釋草》:'草蒿,青蒿也。'《詩·鹿鳴》:'食野之蒿。'"《廣韻·豪韻》:"蒿,蓬蒿。"許書同部"蔚,牡蒿"清段玉裁注:"牡菣即牡蒿,郭云:'無子者'……《名醫別録》有'牡蒿'一條,注曰:'齊頭蒿也。'"趙樹理《地板》:"蒿可長得不低,哪一片地也能藏住人。"

歊 氣上升,趨於高處。《説文·欠部》:"歊,歊歊,氣出皃。从欠、高,高亦聲。"清朱駿聲《通訓定聲》:"《吴都賦》:'歊霧漨浡。'注:'水霧之氣。'《解嘲》:'浡瀲雲而散歊蒸。'注:'氣上出也。'"《文選·班固〈東都賦〉》:"嶽修貢兮川效珍,吐金景兮歊浮雲。"唐李善注:"歊,氣上出貌。"唐韓愈《南山詩》:"神靈日歊歊,雲氣争結搆。"

豪 豪豬,有長刺者。《説文·希部》:"䝤,豕,鬣如筆管者,出南郡。从希,高聲。豪,籀文从豕。"清朱駿聲《通訓定聲》:"此豕能以脊上豪射物,一名貆豬,蘇俗謂之箭猪,今湖北多有之。《西山經》:'鹿臺之山,其獸多白豪。'〔轉注〕《素問·刺要論》:'病有在毫毛腠理者。'注:'毛之長者曰豪。'"《文選·揚雄〈長楊賦〉》:"張羅網置罘,捕熊羆豪豬,虎豹狖玃,狐兔麋鹿。"唐李善注:"《山海經》曰:'竹山有獸,其狀如豚,白毛,毛大如笄而黑端,以毛射物,名豪,彘也。'"章炳麟《訄書·訂文附正名雜義》:"如能如豪如群如朋,其始表以猛獸羊雀。"

熇 火力大。《説文·火部》:"熇,火熱也。从火,高聲。"清朱駿聲《通訓定聲》:"《詩·

板》：'多將熇熇。'傳：'熇熇然熾盛也。'《易·家人》鄭劉本：'家人熇熇。'按，酷烈也。《素問·刺瘧篇》：'先寒後熱，熇熇暍暍。'注：'甚熱狀。'亦重言形況字。"《廣韻·屋韻》及《鐸韻》："熇，熱皃。"又《夭韻》："熇，熱也。"晉干寶《搜神記》卷一："時大旱，所在熇厲。"唐柳宗元《解崇賦》："胡赫炎薰熇之烈火兮，而生夫人之齒牙。"

鰝 大海蝦。《說文·魚部》："鰝，大蝦也。从魚，高聲。"清朱駿聲《通訓定聲》："《吳都賦》：'翼鰝鰕。'"《廣韻·晧韻》："鰝，大鰕。"又《鐸韻》："鰝，《爾雅》云：'大鰕也。'出海中，似蝗，長二三尺，青州有之。"按，所引《爾雅》文晉郭璞注："鰕大者，出海中，長二三丈，鬚長數尺。今青州呼鰕魚爲鰝。"

塙 土高。《廣韻·覺韻》："塙，高也。"《集韻·覺韻》："塙，土高也。"清朱駿聲《說文通訓定聲·小部》："塙，字亦作'確'。《易·文言》：'確乎其不可拔。'鄭注：'堅高之皃。'"其字亦作下形上聲。漢劉向《說苑·至公》："齊景公嘗賞賜及後宮，文繡被臺榭，菽粟食鳧鴈。"按，"臺"即臺，所謂高土。

篙 撐船竿，長形物。《玉篇·竹部》："篙，竹刺船行也。"《淮南子·說林訓》："以篙測江，篙終而以水爲測，惑矣！"漢高誘注："篙，摘船橈。"按，"摘"當爲"擿"字之借。《摩訶僧祇律》卷三："時比丘尼默然不應，便以篙擿船而去。"元李存《贈胡巡檢民》："波濤隨地有，切莫倦篙櫓。"

顥 字從頁，謂大頭。《廣韻·晧韻》："顥，顥頜，大頭。"又《號韻》："顥，顥頗，大頭。"按《廣雅·釋詁一》"顥"但訓"大"，蓋爲引申義。

謞 大聲呼號。《廣韻·效韻》："謞，大嘷。詨，上同。"又《肴韻》："謞，謞嘮，恚也。"《玉篇·言部》："詨，大嘷也，呼也，喚也。"《文選·馬融〈長笛賦〉》："故其應清風也，纖末奮蔪，錚鏄謍謞。"唐李善注："《埤蒼》：'謞，大呼也。'"《南齊書·五行志》："永元中，童謠云：'野豬雖謞謞，馬子空閭渠。'"

毫 長毛。《廣韻·豪韻》："毫，長毛。"《集韻·豪韻》："毫，長銳毛也。"《山海經·西山經》："（三危之山）其上有獸焉，其狀如牛，白身四角，其毫如披蓑，其名曰獓狃。"《靈樞經·陰陽二十五人》："血氣盛則美眉，眉有毫毛。"

獢 犬受驚而大聲叫。《集韻·爻韻》："獿，或作'獢'。"《說文·犬部》："獿，犬獿獿咳吠也。"清桂馥《義證》："'咳'當爲'駭'。"《五音集韻·肴韻》："獿，獿獿，駭犬吠聲。"按，"獿""獿"俱有亂義，當爲同義聯合式合成詞，受驚則慌亂，其義相通。銀雀山漢墓竹簡《孫子兵法·行軍》："軍獿者，將不重也。"整理小組注："'軍獿者'，十一家本作'軍擾者'。"《廣韻·巧韻》："獿，擾亂。"《文選·左思〈吳都賦〉》："儦矗泉獿，交貿相競。"唐李善注："泉獿，衆相交錯之貌。"

鶮 鶴，體形高者。《集韻·鐸韻》："鶴，鳥名。或作'鶮'。"《說文·鳥部》："鶴，鶴鳴九皋，聲聞于天。"清朱駿聲《通訓定聲》："字亦作'鶮'。《詩·鶴鳴》疏：'善鳴之鳥。'"宋毛滂

《小重山·家人生日》:"鶊舞青青雪裏松。冰開黿在藻,緑蒙茸。"按,"鶊"字異文作"鶴"。

〔推源〕 諸詞俱有高、長、大義,爲高聲所載之公共義。聲符字"高"所記録之本義即高。《説文·高部》:"高,崇也。象臺觀高之形。从冂、口,與倉、舍同意。"清朱駿聲《通訓定聲》:"《廣雅·釋詁一》:'高,上也。'又'遠也'。《易·説卦》傳:'巽爲高。'《禮記·樂記》:'窮高極遠而測深厚。'〔轉注〕《左哀廿一傳》:'使我高蹈。'注:'猶遠行也。'"按,遠即長,詞彙系統有"長遠"之同義聯合式合成詞。"高"之長、遠義爲其引申義。又引申爲大義。《戰國策·齊策一》:"家敦而富,志高而揚。"漢高誘注:"高,大也。"唯"高"有大義,故有"高大"之同義聯合式合成詞。宋蘇軾《超然臺記》:"物非有大小也,自其内而觀之,未有不高且大者也。彼挾其高大以臨我,則我常眩亂反覆。"然則本條諸詞之高、長、大義爲其聲符"高"所載之顯性語義。按,丩聲字所記録語詞"朸""軌""朻""訆"俱有高、長、大義,參本典第一卷"13. 丩聲"第34條。高聲、丩聲本相近且相通。

高:見紐宵部;
丩:見紐幽部。

雙聲,宵幽旁轉。則可相互爲證。

(1606) 䳼膏(肥義)

䳼 鳥白肥澤貌。《説文·羽部》:"䳼,鳥白肥澤皃。从羽,高聲。《詩》云:'白鳥䳼䳼。'"清朱駿聲《通訓定聲》:"《孟子》以'鶴'爲之。按與'䳼'略同。"《廣韻·覺韻》及《沃韻》:"䳼,鳥肥澤。"明沈德符《萬曆野獲編·列朝二·賀唁鳥獸文字》引明楊士奇《賀得白鵲表》:"與鳳同類,蹌蹌於帝舜之庭;如玉其翬,䳼䳼在文王之囿。"

膏 肥。《説文·肉部》:"膏,肥也。从肉,高聲。"清朱駿聲《通訓定聲》:"按,膏者,脂也,凝者曰脂,釋者曰膏。凡物脂多則肥大。《戴記·易本命》:'無角者膏。'《春秋元命苞》:'膏者神之液也。'《莊子·則陽》:'内熱溲膏。'《太玄·馴》:'蠅其膏。'"《廣韻·豪韻》:"膏,肥也。"按,引申之則有肥沃義。晉潘岳《藉田賦》:"沃野墳腴,膏壤平砥,清洛濁渠,引流激水,遐阡繩直,邇陌如矢。"按,"沃"與"膏"對文同義。《元史·烏古孫澤傳》:"計得良田數千頃,瀕海廣潟並爲膏土。"

〔推源〕 此二詞俱有肥義,爲高聲所載之公共義。聲符字"高"本可指肥脂,同"膏"。清朱駿聲《説文通訓定聲·小部》:"高,〔假借〕又爲'膏'。《素問·通評虛實論》:'肥貴人則高梁之疾也。'"又《生氣》:"高梁之變,足生大丁,受如持虛。"唐王冰注:"高,膏也;梁,粱也。"按,"高"之本義爲高,引申之則有長義、大義,又有濃、重之義。漢桓寬《鹽鐵論·散不足》:"堯秀眉高彩,享國百載。"宋陸游《聞雁》:"霜高木葉空,月落天宇黑。"其肥脂義當與濃、重義相通,故"高"表肥脂義無煩假借,乃引申。然則本條二詞之肥義亦爲聲符"高"所載之顯性語義。高聲可載肥義,則"沃"可證之。

高：見紐宵部；

沃：影紐藥部。

見影鄰紐，宵藥(沃)對轉。"沃"，肥沃。《正字通·水部》："沃，肥也，土不磽曰沃壤。"清朱駿聲《說文通訓定聲·小部》："《魯語》：'沃土之民不材。'注：'肥美也。'《詩·氓》：'其葉沃若。'"《左傳·成公六年》："必居郇、瑕氏之地，沃饒而近鹽，國利君樂，不可失也。"唐孔穎達疏："土田良沃，五穀饒多。"

(1607) 鷕縞暠皓（白色義）

鷕 鳥白肥澤貌，本寓白之義素，見前條，故引申爲白色義。清朱駿聲《說文通訓定聲·小部》："鷕，《廣雅·釋器》：'鷕，白也。'"《史記·司馬相如列傳》："灝溔潢漾，安翔徐佪，鷕乎滈滈，東注太湖，衍溢陂池。"唐司馬貞《索隱》："鷕音鶴……郭璞云：'水白光貌。'"明沈德符《萬曆野獲編·科場·吴康齋父》："三人俱春秋高，鬚眉鷕然。"

縞 白色絲織品。《說文·糸部》："縞，鮮色也。从糸，高聲。"清段玉裁注改其解釋文爲"鮮卮也"。清朱駿聲《通訓定聲》："按，'鮮色'當作'鮮卮'。熟帛曰練，生帛曰縞。《禹貢》：'厥篚玄纖縞。'傳：'白繒。'《詩·出其東門》：'縞衣綦巾。'傳：'白色男服也。'《禮記·檀弓》：'祥而縞。'注：'縞冠，素紕也。'……《小爾雅·廣詁》：'縞，素也。'《廣服》：'繒之精者曰縞。'〔轉注〕《魏策》：'天下縞素。'《漢書·高帝紀》：'兵皆縞素。'注：'白也。'"按，"縞"之白色義爲其虛化引申義，朱氏所云"轉注"即引申。

暠 白貌。《廣韻·皓韻》："暠，明白也。"按，所訓即明亮潔白之義。《集韻·皓韻》："顥，或作'皓''暠'。"《說文·頁部》："顥，白皃。"清朱駿聲《通訓定聲》："《楚辭》曰：'天白顥顥。'……李陵《與蘇武詩》：'皓首以爲期。'以'皓'爲之。"《文選·潘岳〈懷舊賦〉》："晨風淒以激冷，夕雪暠以掩路。"唐李善注："《埤蒼》曰：'暠，白也。'"按，"暠"字亦作左形右聲。北魏酈道元《水經注·濕水》："樓甚高竦，加觀榭於其上，表裏飾以石粉，暠曜建素，赭白綺分，故世謂之白樓也。"按，以本義言之，"暠""皜"謂天白，即日光明白，"顥"指白首，"皓"則泛指白色。

皓 白，或曰即"皓"之俗體。《玉篇·白部》："皓，同'皓'。"《說文·日部》："晧，日出貌。"清朱駿聲《通訓定聲》："俗字作'皓'，从白；字亦作'皜'，《爾雅·釋詁》：'晧，光也。'〔轉注〕《列子·湯問》：'皓然疑乎雪。'……《孟子》：'皓皓乎不可以已。'……《後漢·孔融傳·論》：'皓皓焉。'注：'堅貞如白玉。'"按，所引《孟子·滕文公上》文漢趙岐注："皓皓，白甚也。"《文選·郭璞〈江賦〉》："揚皓眊，擢紫茸。"唐李善注："皓，白也。"

〔推源〕 諸詞俱有白色義，爲高聲所載之公共義。聲符字"高"所記錄語詞之本義、引申義系列與白色義不相涉，其白色義乃高聲所載之語源義。按，"皓"或作"皓""晧"，从告得聲，告聲字"皜""鵠"所記録語詞均有白義，見本典第四卷"325. 告聲"第894條。高聲、告聲相近且相通。

高：見紐宵部；

告：見紐覺部。

雙聲，宵覺旁對轉。然則可相爲證。又，"皎"謂月光潔白明亮，其音見紐宵部，正與"高"同，亦爲一證。

611　郭聲

(1608) 槨鞹廓（外層義）

槨　外棺。字亦作"椁"。《説文·木部》："椁，葬有木亳也。从木，亳聲。"清朱駿聲《通訓定聲》："按，周棺者也。字亦作'槨'。《周禮·閭師》：'不樹者無槨。'《禮記·喪大記》：'君松椁。'……〔聲訓〕《釋名》：'槨，廓也，廓落在表之言也。'"《廣韻·鐸韻》："椁，《禮》曰：'殷人棺椁。'槨，上同。"《莊子·天下》："古之喪禮，貴賤有儀，上下有等。天子棺槨七重，諸侯五重，大夫三重，士再重。今墨子獨生不歌，死不服，桐棺三寸而無槨。"漢董仲舒《春秋繁露·服制》："生有軒冕、服位、貴禄、田宅之分，死有棺槨、絞衾、壙襲之度。"

鞹　動物之皮。字亦作"鞟"。《説文·革部》："鞹，去毛皮也。《論語》曰：'虎豹之鞹。'从革，郭聲。"清朱駿聲《通訓定聲》："俗字作'鞟'。按，即革也。革，象形字；鞹，諧聲字。《詩·韓奕》：'鞹鞃淺幭。'《載驅》：'簟茀朱鞹'。《楚辭·離世》：'筐澤瀉以豹鞹兮。'"南朝梁劉勰《文心雕龍·情采》："虎豹無文，則鞹同犬羊。"宋沈括《夢溪筆談補·雜誌》："其大者，戴帽，衣藍裳，袒一臂，鞹雙足。"按"鞹雙足"即以皮革裹雙足。

廓　外圍，隋王度《古鏡記》："辰畜之外，又置二十四字，周遶輪廓，文體似隸。"明徐弘祖《徐霞客遊記·楚遊日記》："北爲馬蹄石，皆廓高裏降，有同釜底。"

〔推源〕諸詞俱有外層義，爲郭聲所載之公共義。聲符字"郭"從邑，所記録語詞爲國名，然可以其聲韻另載外層義。《説文·邑部》："郭，齊之郭氏虚。善善不能進，惡惡不能退，是以亡國也。从邑，亳聲。"清朱駿聲《通訓定聲》："按，郭，國名，《春秋》郭公，《公羊傳》謂失地之君歸于曹者，名赤。〔假借〕爲'亳'。《管子·度地》：'城外之郭。'……《禮記·禮運》：'城郭溝池以爲固。'又《漢書·酷吏尹賞傳》：'致令辟爲郭。'……《釋名·釋兵》：'弩牙外曰郭，爲牙之規郭也。'……《素問·湯液醪醴論》：'津液充郭。'注：'郭，皮也。'〔聲訓〕《釋名》：'郭，廓也，廓落在城外也。'"按，"郭"字從亳得聲，"亳"謂外城。其字大徐本《説文》作"亳"、朱氏書作"亳"、《漢語大字典》作"䧜"。漢許慎訓此篆云："度也，民所度居也。从回，象城亳之重，兩亭相對也。或但从口。"後世皆以"郭"爲之。郭聲可載外層義，則"殼"可證之。

郭：見紐鐸部；

殼：溪紐屋部。

見溪旁紐，鐸屋旁轉。"殼"，字从殳，謂擊，然可以其聲韻另載外皮、外殼義，字亦作"殼"，簡作"壳"。《説文·殳部》："殼，从上擊下也。一曰素也。从殳，青聲。"清段玉裁注："俗作'殼'……素謂物之質如土壤也。"清朱駿聲《通訓定聲》："《七命》：'剖椰子之殼。'注：'凡物内盛者皆謂之殼。'《思玄賦》：'玄武縮於殼中兮。'注：'殼，甲也。'字亦作'㲉'，卵外堅也。"

(1609) 霩廓（空義）

霩 雨止雲散，故有開朗、空闊之衍義。《説文·雨部》："霩，雨止雲罷兒。从雨，郭聲。"清朱駿聲《通訓定聲》："《淮南書》：'道生于虛霩。'"《廣韻·鐸韻》："霩，雲消皃。"清譚嗣同《城南思舊銘》："面土厚丈，長幽不霩。"章炳麟《宋武帝頌》："號師淮上，賊孫歪廬，南交霩清。"按，"霩清"謂肅清，肅清則空，義亦相通。

廓 空虛。《廣韻·鐸韻》："廓，空也，大也，虛也。"清朱駿聲《説文通訓定聲·豫部》："霩，字亦作'廓'。《廣雅·釋詁三》：'廓，空也。'《淮南》：'處大廓之宇。'注：'虛也。'"今按，廓、空字典籍多以"廓"爲之，然"霩""廓"非異體字。"霩"謂雨止雲散，故引申爲空闊義。"廓"之空義則由其大義所衍生。其字从广，與廣大字"廣"同，《爾雅·釋詁》《廣韻》"廓"皆訓"大"，大而不實則空，義本相通。晉葛洪《神仙傳·王遠》："遠有書與陳尉，其書廓落，大而不工。"《資治通鑒·唐僖宗光啓三年》："今用之既敗，軍府廓然。"

〔推源〕 此二詞俱有空義，爲郭聲所載之公共義。聲符字"郭"所記録語詞之顯性語義與空義不相涉，其空義乃郭聲所載之語源義。郭聲可載空義，"空"可證之。

郭：見紐鐸部；
空：溪紐東部。

見溪旁紐，鐸東旁對轉。"空"，中空，空虛。《説文·穴部》："空，竅也。从穴，工聲。"清段玉裁注："今俗語所謂孔也。"清朱駿聲《通訓定聲》："經傳亦以'孔'爲之。《漢書·溝洫志》注：'空猶穿也。'……《荀子·解蔽》：'空石之中有人焉。'注：'石穴也。'《淮南·原道》：'空穴之中，足以適情。'注：'巖穴也。'〔轉注〕《爾雅·釋詁》：'空，盡也。'《詩·大東》：'杼柚其空。'《論語》：'屢空。'《集解》：'猶虛中也。'《西京賦》：'察貳廉空。'注：'滅無也。'"按，所稱"轉注"謂引申。

612 疾聲

(1610) 嫉恔蛓（害義）

嫉 妒忌，賊害。字亦作"佚""恔"而皆從疾聲。《説文·人部》："佚，妎也。从人，疾聲。一曰毒也。嫉，佚或从女。"清朱駿聲《通訓定聲》："字亦作'誅'、作'恔'。《廣雅·釋詁一》：'嫉，妬也。'《三》：'惡也。'又'賊也。'《離騷》：'各興心而嫉妬。'注：'害賢爲嫉，害色爲妬。'"《廣韻·質韻》："嫉，嫉妬。"又《至韻》："嫉，妬也。"漢鄒陽《獄中上書自明》："故女無美惡，入宮見妬；士無賢不肖，入朝見嫉。"按，《說文》以"妎"訓"佚（嫉）"，《女部》"妎"篆訓"妒"。

蒺 蒺藜，有刺者，觸之刺手，害人者。《爾雅·釋草》："茨，蒺藜。"晉郭璞注："布地蔓生，細葉，子有三角，刺人。"《廣韻·質韻》："蒺，蒺藜。"清朱駿聲《說文通訓定聲·履部》："茨，〔假借〕爲'薺'。《詩》：'牆有茨'，'楚楚者茨'。"按，"茨"謂以茅葦蓋屋，指蒺藜，爲其合音字。《易·困》："困于石，據于蒺藜，入于其宮，不見其妻，凶。"唐孔穎達疏："蒺藜之草，有刺而不可踐也。"

蝍 蝍蛆，蜈蚣，有毒，害人者。其字亦作左形右聲。《廣韻·質韻》："蝍，《爾雅》云：'蒺藜，蝍蛆。'郭璞云：'似蝗，大腹，長角，能食蛇腦。'亦作'蝍蛆'。"《廣雅·釋蟲》："蝍蛆，吳公也。"清王念孫《疏證》："吳公一作'蜈蚣'。"明李時珍《本草綱目·蟲部·蜈蚣》："〔釋名〕蒺藜，天龍。""弘景曰：'蝍蛆，蜈蚣也。性能制蛇，見大蛇便緣而上噉其腦。'"清呂星垣《薙草說》："故名以區之，別乎蕉棗鷦鷯蛃蛥螫蜇之鉅細，立乎衡虞騂駾服不射鳥之大小。"

〔推源〕 諸詞俱有害義，爲疾聲所載之公共義。聲符字"疾"所記錄語詞之本義爲疾病，禍害人體者，故得病一稱"害病"。《說文·疒部》："疾，病也。从疒，矢聲。"清朱駿聲《通訓定聲》："此字當訓急速。〔假借〕爲'疒'。《易·豫》：'疾恒不死。'《書·金縢》：'王有疾。'《詩·小弁》：'疢如疾首。'〔聲訓〕《(釋名)釋疾病》：'疾，疾也，客氣中人急疾也。'"按，甲骨文、金文"疾"象人中矢形，其本義爲疾病；中矢爲瞬間之事，俗云"病來如風，病去如綫"，故有急疾之衍義。引申之，又有禍害之義。此正可證"嫉"之義。《詩·大雅·瞻卬》："邦靡有定，士民其瘵。蟊賊蟊疾，靡有夷屆。"唐孔穎達疏："其殘酷於民，如蟊賊之蟲病害於禾稼。"《後漢書·文苑傳·傅毅》："二事敗業，多疾我力。"唐李賢注："疾，害也。"又，毒害之物亦稱"疾"，則正可證"蒺""蝍"之義。《左傳·宣公十五年》："高下在心，川澤納汙，山藪藏疾。"晉杜預注："山之有林藪，毒害者居之。"然則本條諸詞之害義爲其聲符"疾"所載之顯性語義。疾聲可載害義，則"損"可證之。

疾：從紐質部；
損：心紐文部。

從心鄰紐，質文旁對轉。"損"，虧損，減少。《說文·手部》："損，減也。"清朱駿聲《通訓定聲》："《墨子·經》：'損，偏去也。'《易·繫辭》傳：'損德之脩也。'《襍卦》傳：'損益，盛衰之始也。'"引申爲損害、傷害義。《廣韻·混韻》："損，傷也。"張相《詩詞曲語辭匯釋》卷三："損，猶壞也。"《莊子·駢拇》："伯夷死名於首陽之下。盜跖死利於東陵之上……若其殘生損性，則盜跖亦伯夷已。"唯"損"有害義，故有"損害"之同義聯合式合成詞。三國魏劉劭《人物志·七繆》:"夫人情莫不趣名利,避損害。"

(1611) 栿/支(支撐義)

栿 立柱與橫梁之間的弓狀物,亦稱"栱",以其形如弓而得名;稱"栿",則以疾聲表承載、支撐義。《爾雅·釋宮》:"開謂之栿。"按,"開"本指門柱上之斗拱。《說文·門部》:"開,門欂櫨也。"清朱駿聲《通訓定聲》:"字亦作'柎'。《爾雅·釋宮》⋯⋯注:'門柱上欂也,亦名枅,又曰楷。'舍人注:'朱儒上小方木。'"按,二者皆起支撐作用,《爾雅》所訓當為其引申義。《廣韻·質韻》:"栿,屋枅。"所訓與《爾雅》晉郭璞注同。宋李誡《營造法式·大木作制度一·栱》:"栱,其名有六:一曰開,二曰栿,三曰欂,四曰曲枅,五曰欒,六曰栱。"

支 木之枝條,上翹伸展者,故有支持、支撐之衍義。《說文·支部》:"支,去竹之枝也。从手持半竹。"清朱駿聲《通訓定聲》:"〔假借〕又為'柱'。《爾雅·釋言》:'支,載也。'《周語》:'天之所支不可壞也。'注:'拄也。'《越語》:'皆知其資財不足以支長久也。'注:'堪也。'《西周策》:'魏不能支。'注:'猶拒也。'"按,非假借,乃引申。《廣韻·支韻》:"支,支持也。"與《爾雅》所訓之承載義相通。承載即支撐。文中子《中說·事君》:"大廈將顛,非一木所支也。"

〔推源〕 此二詞俱有支撐義,其音亦相近且相通。

栿:從紐質部;

支:章紐支部。

從章(照)鄰紐,質支通轉。則其語源當同。

613 脊聲

(1612) 堉瘠鰭蹐鶺(薄、小義)

堉 地之土薄。字亦作"碏",从石,謂其地多石而土薄。《玉篇·土部》:"堉,薄土也。"《廣韻·昔韻》:"堉,薄也。"《後漢書·循吏傳·秦彭》:"興起稻田數千頃,每於農月,親度頃畝,分別肥堉,差為三品。"按,"肥堉"當為反義聯合式合成詞。《北史·高隆之傳》:"時初給人田,權貴皆占良美,貧弱咸受堉薄,隆之啟神武,更均平之。"清王士禎《朝天峽》:"會見賨盧人,燒畬開確碏。"

瘠 瘦,肉薄。字亦作"膌"。《玉篇·疒部》:"瘠,瘦也。"《廣韻·昔韻》:"瘠,病也,瘦也。"按,人病則瘦。此字晚出,本作"膌"。《說文·肉部》:"膌,瘦也。从肉,脊聲。"清朱駿聲《通訓定聲》:"按,脊亦意。瘦,則脊見。古文从疒,朿聲。字亦作'膌'、作'瘠'。《周禮·大司徒》:'其民皙而瘠。'注:'臞也。'《禮記·曲禮》:'毀瘠不形。'《左襄廿一傳》:'瘠則甚矣。'《管子·入國》:'身之膌勝。'《史記·叔孫通傳》:'羸瘠老弱。'"《管子·問》:"時簡稽帥馬牛之肥腈,其老而死者皆舉之。"

鰿 鯽魚別名,然亦可指貝之小者,則爲套用字,乃以脊聲載小義。《說文·魚部》:"鰿,魚名。从魚,脊聲。"清朱駿聲《通訓定聲》:"字亦作'鱭'……俗誤以'鯽'爲之。〔轉注〕《爾雅》:'貝,大者魧,小者鱭。'又:'鱭,小而橢。'〔聲訓〕《楚辭》注:'鱭之言策也。'《方言》:'策,小也。'"

踖 小步。《說文·足部》:"踖,小步也。从足,脊聲。《詩》曰:'不敢不踖。'"清朱駿聲《通訓定聲》:"《詩·正月》……傳:'縈足也。'《說文·走部》又引作'趚'。《東京賦》:'豈跼高天蹐厚地而已哉!'"《廣韻·昔韻》:"踖,踖地,小步。"唐韓愈《試大理評事王君墓誌銘》:"久之,聞金吾李將軍年少喜士,可撼,乃踖門告曰:'天下奇男子王適,願見將軍白事。'"

鶺 鶺鴒,小鳥。字亦作"鵖"。《廣韻·青韻》:"鴒,鵖鴒。"《正字通·鳥部》:"鵖,同'鶺'。"《左傳·昭公七年》:"《詩》曰:'鵖鴒在原,兄弟急難。'"晉葛洪《抱朴子·守塉》:"鷗鵬戾赤霄以高翔,鶺鴒傲蓬林以鼓翼。"按,"鷗鵬"與"鶺鴒"爲對文,所指稱者皆鳥屬,前者大而後者小。"鶺鴒"爲複音詞,脊聲、令聲皆可載小義。"虩",似虎而小者;"笭",小籠;"羚",羊子。

〔推源〕 諸詞或有薄義,或有小義。二義本相通,薄即厚度小。俱以脊聲載之,語源則同。聲符字"脊"所記錄語詞謂背脊。《說文·丞部》:"脊,背呂也。"《易·說卦》:"其於馬也,爲美脊,爲亟心,爲下首,爲薄蹄,爲曳。"按,人及動物之背脊爲肉薄之處,"塉(磎)""瘠(膌)"之薄義由此衍生,清朱駿聲氏推"膌"之語源云"瘦則脊見",其說未得肯綮;云"膌"字之結構爲形聲兼會意則可從,蓋謂瘦則肉薄如脊。然則"塉""膌"之薄義爲其聲符"脊"所載之顯性語義。脊聲可載薄、小義,則"綃"可證之。

脊:精紐錫部;
綃:心紐宵部。

精心旁紐,錫宵旁對轉。"綃",生絲織成的繒帛,亦指薄絹,皆體積薄小之物。《說文·糸部》:"綃,生絲也。"清朱駿聲《通訓定聲》:"《禮記·檀弓》:'綃幕魯也。'《釋文》:'又作綃。'《玉藻》:'玄綃衣以裼之。'注:'綺屬也。'《洛神賦》:'曳霧綃之輕裾。'注:'輕縠也。'"按,今徽歙方言猶有"薄綃綃"之三字格派生詞,詞根與詞綴同義。"綃"字以其肖聲載薄義,肖聲字所記錄語詞"梢""鞘""稍""霄""媌""睄""艄""魈"俱有小義(參本典第四卷"312. 肖聲"第 850 條),猶本條諸詞以脊聲載薄義,又以脊聲載小義,足證薄義、小義相通。

614　离聲

(1613) 離鸝(黃色義)

離 黃色鳥,字亦作"鸝",亦從离聲。《說文·隹部》:"離,黃,倉庚也。鳴則蠶生。从隹,离聲。"清段玉裁注補其解釋文爲"離黄",清朱駿聲《通訓定聲》同,並云:"亦曰鸝黄。《爾雅》:'倉庚,商庚。'注:'即鵹黄也。'又'鵹黄,楚雀'。注:'即倉庚也。'……字俗亦作'鸝'。"《廣韻·支韻》:"離,今用'鸝'爲鸝黄。""鵹,同鸝。"

螭　龍屬,色黄者。《説文·虫部》:"螭,若龍而黄,北方謂之地螻。从虫,离聲。"清朱駿聲《通訓定聲》:"《漢書·司馬相如傳》:'蛟龍赤螭。'文穎曰:'龍子爲螭。'張揖曰:'雌龍也。'《揚雄傳》:'翠虯絳螭。'韋昭曰:'似虎而鱗。'鄭氏曰:'虎類也,龍形。'《吕覽·舉難》:'螭食乎清而游乎濁。'注:'龍之别也。'"按,所引《漢書》之"螭"爲猛獸名。《廣韻·支韻》:"螭,無角,如龍而黄,北方謂之地螻。"按《説文》亦云"或云無角曰螭",《廣韻》乃合而釋之。《後漢書·張衡傳》:"亘螭龍之飛梁。"唐李賢注引《廣雅》:"無角曰螭龍也。"

〔推源〕　此二詞俱有黄色義,爲离聲所載之公共義。聲符字"离"所記録語詞謂山林精怪,本與黄色義不相涉。《説文·内部》:"离,山神獸也。从禽頭,从厹,从屮。"清朱駿聲《通訓定聲》:"《廣雅·釋天》:'山神謂之离。'字亦作'魑'。《左文十八傳》:'以禦魑魅。'注:'魑魅,山林異氣所生,爲人害者。'"然則黄色義當爲离聲另載之語源義。离聲可載黄色義,"黇"可證之。

离:透紐歌部;

黇:透紐談部。

雙聲,歌談通轉。"黇",淺黄色。《説文·黄部》:"黇,白黄色也。"清朱駿聲《通訓定聲》:"《廣雅·釋器》:'黇,黄也。'按,淺黄色。"按,朱氏所引《廣雅》文清王念孫《疏證》:"謂黄色之薄者。"按,鹿之毛色黄褐者稱"黇鹿。"馮德培、談家楨等《簡明生物學詞典·黇鹿》:"哺乳綱,偶蹄目,鹿科……夏季體帶赤色,有白斑;冬季黄灰褐色。"

(1614)　穊鸝儷(雙、偶義)

穊　禾二把,成雙者。《廣韻·支韻》:"穊,長沙人謂禾二把爲穊。"按"穊"本指黍穗下垂,謂禾二把,則爲套用字,語源則相異。

鸝　雌雄同體、自成配偶之鳥。《玉篇·鳥部》:"鵹,鵹離鳥,自爲牝牡。"按"離"即"鸝"之或體。《廣韻·鹽韻》:"鵹,鵹離鳥,自爲牝牡也。"又《支韻》:"鸝,鵹鸝,自爲牝牡。"

儷　配偶,成雙。字亦作"儺"。《集韻·霽韻》:"儺,偶也。或从離,或省。"《廣雅·釋詁四》:"儷,耦也。"又《釋言》:"儺,扶也。"清王念孫《疏證》:"字或作'儺'。"《左傳·成公十一年》:"婦人曰:'鳥獸猶不失儷,子將若何?'"晉杜預注:"儷,耦也。"漢揚雄《太玄·裝》:"裝無儷利征咎。"宋司馬光《集注》:"儺,與'儷'同。"

〔推源〕　諸詞俱有雙、偶義,爲离聲所載之公共義。离聲字"離"亦可以假借字形式表雙、偶義,則亦爲離聲與雙、偶義相關聯之一證。《玉篇·隹部》:"離,兩也。"清朱駿聲《説文通訓定聲·隨部》:"離,〔假借〕爲'麗',實爲'丽'。《白虎通·嫁娶》:'離皮者,兩皮也。'《禮記·曲禮》：'離坐離立。'注：'兩也。'《月令》：'宿離不貸。'注：'讀如儷偶之儷。'《詩·漸漸之石》：'月離于畢。'《公羊桓二傳》：'離不言會。'注：'二國會曰離。'"按，聲符字"离"所記録語詞與雙、偶義不相涉，其雙、偶義乃离聲所載之語源義。离聲可載雙、偶義，"對"可證之。

离：透紐歌部；

對：端紐物部。

透端旁紐，歌物旁對轉。"對"，對答，應對，引申爲相當、配偶等義，配偶即成雙者。《説文·丵部》："對，䚮無方也。从丵，从口，从寸。對，或从士。"清朱駿聲《通訓定聲》："漢文帝以爲責對而僞，言多非誠，故去其口以从士。《廣雅·釋言》：'對，㝥也。'《儀禮·士冠禮》：'冠者對。'注：'應也。'《聘禮》：'對曰：非禮也敢辭。'注：'荅問也。'〔轉注〕《廣雅·釋詁三》：'對，當也。'《詩·皇矣》：'作邦作對。'傳：'配也。'《吕覽·審時》：'本大而莖葉格對。'注：'等也。'《後漢·周黄申屠傳·贊》注：'對，偶也。'"按，甲骨文、金文"對"字亦从士。又，一對即一雙，"對"與"偶"可組成複音詞。

〔1615〕黐䊳䶇縭（黏、連義）

黐　木膠，所以黏物者。唐玄應《一切經音義》卷二引《字書》："黐，木膠也。"《廣韻·支韻》："黐，所以黏鳥。"唐薛能《彭門解嘲》："傷禽棲後意猶驚，偶向黐竿脱此生。"引申爲黏義。《廣雅·釋詁四》："黐，黏也。"《廣韻·支韻》："黐，黏也。"明劉基《以野狸餉石末公因侑以詩》："絲繩急纏繞，四體如黐黏。"

䊳　有黏性的膠質物。字从米，謂米軟者則性黏。宋沈括《夢溪筆談·藥議》："又有蘇合油，如䊳膠，今多用此爲蘇合香。"亦謂黏。明方以智《物理小識》卷九："金漆、樺漆之外，有猫頭刺汁以䊳雀，鷄腸草汁以黏蟬，芨楮、榆皮、滑條皆黏。"

䶇　小鼠，相銜而行，緊密相連如黏者。《廣韻·支韻》："䶇，䶇䶇，小鼠，相銜行也。"明李時珍《本草綱目·獸部·鼠》："䶇䶇，孫愐云：小鼠也，相銜而行。李時珍云：按《秦紀》及《草木子》皆載'群鼠數萬，相銜而行，以爲鼠妖'者，即此也。"明彭大翼《山堂肆考·銜尾而進》："䶇䶇一名土鼠，無目黑色，穿土而行。天將雨則鳴，行必成群，銜尾魚貫而進，以目瞽，懼顛也。"

縭　以絲裝飾鞋頭，即絲與鞋頭相連。《説文·糸部》："縭，以絲介履也。从糸，離聲。"清朱駿聲《通訓定聲》："《周禮》所謂'繶絇'，字亦作'褵'。《爾雅·釋言》：'縭，介也。'注：'繫也。'"按"縭"亦指婦女所佩大巾及帶子，亦皆與身相連之義。

〔推源〕諸詞俱有黏、連義，爲离聲所載之公共義。聲符字"离"所記録語詞與黏、連義不相涉，其黏、連義乃离聲所載之語源義。离聲可載黏、連義，"秜"可證之。

离：透紐歌部；

秜：泥紐質部。

透泥旁紐,歌質旁對轉。"䵧",黏。《説文・黍部》:"䵧,黏也。从黍,日聲。《春秋傳》曰:'不義不䵧。'䵐,䵧或从刃。"清朱駿聲《通訓定聲》:"《爾雅・釋言》:'䵐,膠也。'〔轉注〕《考工・弓人》:'凡昵之類。'杜子春注引作'不義不昵。'云'昵或爲䵐'。按,䵧爲膠合之義,昵爲親近之義,皆可通。"《戰國策・趙策三》:"君安能憎趙人,而令趙人愛君乎?夫膠漆,至䵐也,而不能合遠。"按,親昵字"昵"从尼得聲,"泥"與之同,"泥"謂泥土,亦有黏連之義。

(1616) 灕籬(濾義)

灕 字亦作"灘",所記録語詞謂水滲入地。水有雜質則爲地面所阻,獨以水滲下,實即過濾義。《廣韻・支韻》:"灕,水滲入地。"《集韻・支韻》:"灘,或省。"《戰國策・東周策》:"夫鼎者,非效醯壺醬甄耳,可懷挾提挈以至齊者;非效鳥集烏飛,兔興馬逝,灘然止於齊者。"鮑彪注:"灘,滲流貌。"漢揚雄《河東賦》:"雲霏霏而來迎兮,澤滲灕而下降。"其"灕"字異文作"灘"。

籬 筽籬,字亦作"籬"。从竹,謂其器爲竹製者;其形如人之手、如動物之爪,故稱"筽";"籬"則謂从湯中取物,濾去其湯水。《集韻・支韻》:"籬,筽籬,竹器。"《正字通・竹部》:"籬,同'籬'。"《廣韻・支韻》:"籬,筽籬。"北魏賈思勰《齊民要術・餅法》:"揀取均者,熟蒸,曝乾。須即湯煮,筽籬漉出,別作臛澆。"《景德傳燈録・令遵禪師》:"問:'如何是有漏?'師曰:'筽籬。'曰:'如何是無漏?'師曰:'木杓。'"

〔推源〕 此二詞俱有濾義,爲离聲所載之公共義。聲符字"离"所記録語詞之顯性語義本與濾義不相涉,然可以假借字形式表分離、離散義,凡過濾即物與水相分離,其義當相同。离聲可載濾義,則"濾"可證之。

离:透紐歌部;

濾:來紐魚部。

透來旁紐,歌魚通轉。"濾",過濾。《玉篇・水部》:"濾,濾水也。"北魏賈思勰《齊民要術・種紅藍花及梔子》:"接取白汁,絹袋濾,著別瓮中。"唐馬戴《題僧禪院》:"濾泉侵月起,掃徑避蟲行。"

(1617) 醨灕(薄義)

醨 薄酒,引申爲淺薄義。《説文・酉部》:"醨,薄酒也。从酉,离聲。讀若離。"清朱駿聲《通訓定聲》:"《楚辭・卜居》:'何不餔其糟而歠其醨?'〔轉注〕薄也。醇爲厚,醨爲薄。"《舊唐書・德宗紀下》:"然而王霸跡殊,淳醨代變。"金龐鑄《田器之燕子圖》:"古道益遠交情醨,朝恩暮怨雲遷移。"

灕 淺薄,浮薄。《篇海類編・地理類・水部》:"灕,澆灕,薄也。"唐羅隱《讒書・伊尹有言》:"唐、虞氏以傳授得天下,而猶用和仲、稷卨,以醞釀風俗。埋洪水,服四罪,然後垂衣裳而已,百姓飲食而已,亦時之未灕,非天獨生唐、虞之能理也。"宋司馬光《交趾獻奇獸賦》:

"道塗之人,恥爭而喜讓;閭閻之俗,棄漓而歸厚。"

〔推源〕 此二詞俱有薄義,爲离聲所載之公共義。聲符字"离"所記録語詞與薄義不相涉,其薄義乃离聲所載之語源義。离聲可載薄義,"溓"可證之。

离:透紐歌部;
溓:來紐談部。

透來旁紐,歌談通轉。"溓",薄水,字亦作"溓"。《説文·水部》:"溓,薄水也。"清朱駿聲《通訓定聲》:"按,水性有輕重,味亦有厚薄,淡言味,溓言質也……字亦作'溓'。〔別義〕《説文》:'一曰:中絶小水。'謂小水絶大水而過也。"按,薄義、小義相通。"溓"从廉聲,"簾""鐮"與之同。"簾"謂竹簾,其形薄扁。"鐮"指鐮刀,體積薄者。皆可相證。

(1618) 摛矖(舒展義)

摛 舒展,鋪陳。《説文·手部》:"摛,舒也。从手,离聲。"清朱駿聲《通訓定聲》:"字亦作'攡'。《答賓戲》:'摛藻如春華。'韋昭注:'布也。'《蜀都賦》:'摛藻掞天庭。'《太玄·玄攡》:'幽攡萬類。'注:'張也。'"《廣韻·支韻》:"摛,舒也。""攡,《太玄經》云:'張也。'"漢班固《西都賦》:"若摛錦布繡,爓耀乎其陂。"

矖 歷觀,即舒展目光、展望、展視之謂。《字彙·目部》:"矖,歷觀也。"《史記·屈原賈生列傳》:"矖九州而相君兮,何必懷此都也?"唐司馬貞《索隱》:"矖,謂歷觀也。"

〔推源〕 此二詞俱有舒展義,爲离聲所載之公共義。聲符字"离"所記録語詞與舒展義不相涉,其舒展義乃离聲所載之語源義。离聲可載舒展義,"舒"可證之。

离:透紐歌部;
舒:書紐魚部。

透書(審三)準旁紐,歌魚通轉。"舒",伸展,舒展。《説文·予部》:"舒,伸也。"朱駿聲《通訓定聲》:"按,从予,手之伸也,舍聲。《小爾雅·廣詁》:'舒,展也。'《方言》六:'東齊之間,凡展物謂之舒勃。'《淮南·原道》:'舒之幎于六合。'《本經》:'嬴縮卷舒。'"《廣雅·釋詁三》:"舒,展也。"北魏賈思勰《齊民要術·養牛馬驢騾》:"十日一放,令其陸梁舒展,令馬硬實也。"

615 唐聲

(1619) 塘磄闛塘(高、大義)

塘 堤岸,堤防,高出地平面者。其字亦作"隒"。《廣雅·釋宮》:"隒,隄也。"清王念孫《疏證》:"隒字亦作'塘'。"《廣韻·唐韻》:"隒,隄隒。""塘,陂塘。"《莊子·達生》:"被髮行歌而遊於塘下。"唐成玄英疏:"塘,岸也。既安於水,故散髮而行歌,自得逍遙,遨遊岸下。"《宋書·恩倖傳·阮佃夫》:"於宅内開瀆,東出十許里,塘岸整絜,汎輕舟,奏女樂。"

磄 高石。《廣韻·唐韻》:"磄,岸石也。"又有廣大義。《古文苑·宋玉〈笛賦〉》:"其處磅磄千仞,絶谿凌牟,隆崛萬丈,磐石雙起。"章樵注:"磅磄,言盤礴也。"按"磅磄"亦作"旁唐""磅唐"。《文選·司馬相如〈上林賦〉》:"珉玉旁唐。"唐李善注:"旁唐,言磐礴也。"又馬融《長笛賦》:"酆琅磊落,骈田磅唐。"李注:"磅唐,廣大盤礴也。"按,皆當以"磄"爲正字。

闛 高門。《廣韻·唐韻》:"闛,高門也。"沈兼士《聲系》:"案内府本《王韻》作'閬'。《集韻》:'闛,或从良。'"唐許敬宗《奉和執契靜三邊應詔》:"熏風交闛闑,就日泛濛瀁。"宋李誡《營造法式·總釋下·門》:"高門謂之闛,闛謂之閬。"按,《説文·門部》"闛"篆訓"門高"。

嵣 山高貌。《廣韻·蕩韻》:"嵣,嵣㟶,山皃。""㟶,㟶嵣,山皃。"又《宕韻》:"㟶,㟶嵣,山皃。"按,所謂"山皃"即山高出地面而不平義。亦指山石高大。《文選·張衡〈南都賦〉》:"其山則崆峒巋崒,嵣㟶㠑崱。"唐李善注:"嵣㟶,山石廣大之貌也。"

〔推源〕 諸詞俱有高、大義,爲唐聲所載之公共義。聲符字"唐"从口,所記録語詞之本義爲大言;"唐"又爲"塘(隄)"之初文,則本可表高義。《説文·口部》:"唐,大言也。从口,庚聲。"清朱駿聲《通訓定聲》:"《莊子·天下》:'荒唐之言。'〔假借〕又爲'防',字亦作'塘'、作'隄'。《廣雅·釋室》:'隄,隉也。'……《周語》:'陂唐污庳。'注:'隉也。'《齊策》:'左濟右天唐。'注:'防也。'"引申之則有廣大義。漢王充《論衡·正説》:"唐、虞、夏、殷、周者,功德之名,盛隆之意。故'唐'之爲言蕩蕩也。"《漢書·揚雄傳》上:"平原唐其壇曼兮,列新雉於林薄。"清王念孫《雜志》:"唐者,廣大之貌。"然則本條諸詞之高、大義爲其聲符"唐"所載之顯性語義。按,"闛"謂高門,或體作"閬",从良得聲,良聲字所記録語詞"根""朗""浪""狼""踉""䚮""俍""埌""䑘""𦋺""鋃"俱有長、高、大義,見本典第四卷"354. 良聲"第970條,唐聲、良聲本相近且相通。

唐:定紐陽部;

良:來紐陽部。

疊韻,定來旁紐。然則庶可相互爲證。

(1620) 鎕磄(赤色義)

鎕 火齊珠,色黄赤似金。《説文·金部》:"鎕,鎕銻,火齊。从金,唐聲。"清朱駿聲《通訓定聲》:"即玫瑰也,似雲母,重沓可開,色黄赤似金,出日南。"《廣韻·齊韻》:"銻,鎕銻,火齊。"《梁書·諸夷傳·中天竺國》:"火齊狀如雲母,色如紫金,有光燿。别之,則薄如蟬翼;積之,則如紗縠之重沓也。"

磄 赤色。《廣韻·唐韻》:"磄,磄赤色。"按,其字从赤,所表義類即赤色,復以唐聲載赤色義。形聲格局文字,形符、聲符同表一義,爲一大通例。清孫錦標《南通方言疏證·釋首》:"糖,臉上紅糖皮色。"

〔推源〕 此二詞俱有赤色義,爲唐聲所載之公共義。聲符字"唐"所記錄語詞之本義、引申義系列與赤色義不相涉,其赤色義乃唐聲所載之語源義。唐聲可載赤色義,"赤"可證之。

唐:定紐陽部;
赤:昌紐鐸部。

定昌(三等即穿)準旁紐,陽鐸對轉。"赤",赤色。《說文·赤部》:"赤,南方色也。从大,从火。"清朱駿聲《通訓定聲》:"《洪範·五行傳》:'赤者,火色也。'《素問·風論》:'其色赤。'注:'赤者,心色也。'"按古以五行、五方、五色及五臟相對應,南方屬火,故云南方色;心屬火,故云心色。

(1621) 糖溏(黏義)

糖 甜味食糖,性黏,故稱"糖"。其字或作"餹",亦从唐聲。《方言》卷十三:"餳謂之餹。"《說文·食部》:"餳,飴和饊者。"《廣韻·唐韻》:"餹,餹餳,黍膏。"又"糖,飴也"。北魏賈思勰《齊民要術·五穀果蓏菜茹非中國產者》:"《異物志》曰:甘蔗,遠近皆有。交趾所產甘蔗特醇好,本末無薄厚,其味至均……斬而食之,既甘;迮取汁爲飴餳,名之曰'糖',益復珍也。"按"餳"當即《說文》之"餳",許書此字鈕樹玉《校錄》云:"當从昜作'餳'。"其說可從。明李時珍《本草綱目·果部·沙糖》:"以蔗汁過樟木槽,取而煎成。清者爲蔗糖,凝結有沙者爲沙糖,漆甕造成,如石、如霜、如冰者,爲石蜜、爲糖霜、爲冰糖也。"

溏 泥漿,黏性物。唐玄應《一切經音義》卷十一引《通俗文》:"和溏曰淖。"清朱駿聲《說文通訓定聲·壯部·附〈說文〉不錄之字》:"溏,《爾雅·釋言》:'溏,淖也'。"《說文·水部》:"淖,泥也。"按"泥"之名亦寓黏義。元魯明善《農桑輯要》卷三:"至四五月內,晴天已午時間,橫條兩邊,取熱溏土,擁橫條上成壠。"按,"溏"本謂水池,指泥漿爲其套用字。

〔推源〕 此二詞俱有黏義,爲唐聲所載之公共義。聲符字"唐"所記錄語詞之本義、引申義系列與黏義不相涉,其黏義乃唐聲所載之語源義。唐聲可載黏義,"稬"可證之。

唐:定紐陽部;
稬:泥紐歌部。

定泥旁紐,陽歌通轉。"稬",黏性稻、米,字亦作"糯"。《說文·禾部》:"稬,沛國謂稻曰稬。"清朱駿聲《通訓定聲》:"按,稻比于黍稷性和耎,故古謂之稬,今又以稻之黏者爲稬米,其不黏者爲粳米。字俗作'糯'。"《集韻·換韻》:"稬,或作'糯'。"明李時珍《本草綱目·穀部·稻》:"糯稻,南方水田多種之,其性黏,可以釀酒,可以爲粢,可以蒸糕,可以熬餳,可以炒食,其類亦多。"明宋應星《天工開物·稻》:"凡稻種最多。不黏者,禾曰秔,米曰粳;黏者,禾曰稌,米曰糯。"

(1622)搪傏(衝突義)

搪 衝突。《玉篇·手部》:"搪,搪揆也。"《廣韻·唐韻》:"搪,搪揆。"三國魏劉劭《人物志·體別》:"是故彊毅之人,狠剛不和,不戒其彊之搪突,而以順撓厲其抗,是故可以立法,難與入微。"按,"搪"亦可單用。唐韓愈《送鄭尚書序》:"機毒矢以待將吏,撞搪呼號以相和應。"

傏 傏俠,冒犯,衝突。《廣韻·唐韻》:"傏,傏俠,不遜。"按,其字或省而作"唐突",其詞則存乎語言。《後漢書·孔融傳》:"融爲九列,不遵朝儀,禿巾微行,唐突宮掖。"

〔推源〕 此二詞俱有衝突義,爲唐聲所載之公共義。聲符字"唐"所記録語詞之本義爲空而不實之大言,即與事實不符、相衝突者,其義或相通。唐聲可載衝突義,則"觸"可證之。

唐:定紐陽部;

觸:昌紐屋部。

定昌(三等即穿)準旁紐,陽屋旁對轉。"觸",相抵觸。《説文·角部》:"觸,抵也。"清朱駿聲《通訓定聲》:"《新序·雜事》:'獸窮則觸。'"引申之則有冒犯、衝突義。《廣韻·燭韻》:"觸,突也。"《篇海類編·鳥獸類·角部》:"觸,犯也。"《國語·周語中》:"且其狀,方上而鋭下,宜觸冒人,王其勿賜;若貪陵之人來,而盈其願,是不賞善也。"漢王符《潛夫論·賢難》:"忠正之言,非徒譽人而已也,必有觸也。"

616 部聲

(1623)箁/剖(剖分義)

箁 簡牘,竹木經剖分而成者。《説文·竹部》:"箁,两爰也。从竹,部聲。"清段玉裁注:"《廣雅》曰:'篪箋,箁也。'曹憲上音滿,下音緩。《廣韻》曰:'篪箋,簡也。''箁,牘也。'《玉篇》曰:'箁,竹牘也。'按,'两爰'漢人語,俗字加'竹'。"按,段氏所引《廣雅·釋器》文清王念孫《疏證》:"徐鍇傳云:'《字書》:篪箋,簡牘也。'"

剖 剖分。《説文·刀部》:"剖,判也。从刀,音聲。"清朱駿聲《通訓定聲》:"《廣雅·釋詁一》:'剖,分也。'《四》:'剖,半也。'《蒼頡篇》:'剖,析也。'《左襄十四傳》:'與女剖分而食之。'注:'中分爲剖。'《宋策》:'剖偏之背。'注:'劈也。'……《後漢·馮衍傳》:'伯玉擢選剖符。'注:'即分也。'"

〔推源〕 此二詞俱有剖分義,其音亦極相近且相通。

箁:並紐之部;

剖:滂紐之部。

叠韻,並滂旁紐。則其語源當同。其"菩"從部得聲,乃以部聲載剖分義。"部"字從邑,本爲地名,以其聲韻另載分義。《說文·邑部》:"部,天水狄部。从邑,音聲。"清朱駿聲《通訓定聲》:"在今陝西鞏昌府以東秦州之境。〔假借〕爲'剖'。《漢書·高帝紀》:'部署諸將。'注:'分部而署置。'《羽獵賦》:'浸淫蹵部。'注:'軍之部伍也。'……《荀子·王霸》:'名聲之部,發于天地之間也。'"《玉篇·邑部》:"部,分判也。"按,唯"部"有分義,故有"部分""分部"之同義聯合式合成詞。又,"部""剖"皆从音聲,質言之,剖分義皆音聲所載之義。

(1624) 蔀/覆(覆蓋義)

蔀 覆於棚架之草席。《廣韻·厚韻》:"蔀,小席。"又:"蔀,《易》云:'豐其蔀。'王弼曰:'蔀覆曖鄣光明之物。'"按,所引《易》文唐陸德明《釋文》:"蔀,鄭、薛作'菩',云小席。"引申爲覆蓋義。《易·豐》:"豐其屋,蔀其家。"三國魏王弼注:"既豐其屋,又蔀其家,屋厚家覆,闇之甚也。"《晉書·忠義傳·嵇紹》:"齊王冏既輔政,大興第舍,驕奢滋甚。紹以書諫曰:'夏禹以卑室稱美,唐虞以茅茨顯德,豐屋蔀家,無益危亡。'"

覆 覆蓋。《說文·襾部》:"覆,蓋也。"《廣韻·宥韻》:"覆,蓋也。"《詩·大雅·生民》:"誕寘之寒冰,鳥覆翼之。"宋朱熹《集傳》:"覆,蓋。"《晉書·列女傳·羊耽妻辛氏》:"祜嘗送錦被,憲英嫌其華,反而覆之,其明鑒儉約如此。"按,唯"覆"之義爲蓋,故有"覆蓋"之同義聯合式合成詞。《玉臺新詠·古詩爲焦仲卿妻作》:"枝枝相覆蓋,葉葉相交通。"

〔推源〕 此二詞俱有覆蓋義,其音亦相近且相通。

蔀:滂紐之部;

覆:滂紐覺部。

雙聲,之覺旁對轉。則其語源當同。

617　旁聲

(1625) 唪膀髈滂蒡髼雱(大義)

唪 大聲喝斥。《廣韻·庚韻》:"唪,喝聲。"《集韻·庚韻》:"唪,叱聲。"按,其本義《說文》訓"調聲,唪喻也"。"唪喻"爲舞曲名,曲則有聲,與大聲喝斥義相通。

膀 膀胱。《廣韻·唐韻》:"膀,膀胱。"清朱駿聲《說文通訓定聲·壯部》:"膀,《史記·扁倉傳》:'三焦膀胱。'《正義》:'膀胱者,津液之府也。'《素問·痺論》:'少腹膀胱。'"按,其本義《說文》訓"脅",指膀胱,爲套用字。膀胱之爲物可縮小、可膨脹擴大。徽歙方言稱豬膀胱爲"豬尿泡",而稱寵愛小兒爲"灌豬尿泡"。"膀"又有腫大義。《金瓶梅》第九十一回:"這玉簪兒登時把那付奴臉,膀的有房梁高,也不搽臉了。"

髈 馬行氣勢盛大。《說文·馬部》:"髈,馬盛也。从馬,旁聲。《詩》曰:'四牡髈髈。'"

清朱駿聲《通訓定聲》："按，《北山》《烝民》兩詩毛本皆作'彭'。《北山》傳：'彭彭然不得息。'……《清人》：'駟介旁旁。'亦同。"《廣韻·庚韻》："騯，馬行盛兒。"又《唐韻》："騯，馬盛兒。"明無名氏《筌蹄記·奏凱》："上戰場去奪龍驤熊騯，俺這裏再整發鞭。"

滂 水勢盛大。《説文·水部》："滂，沛也。从水，旁聲。"清朱駿聲《通訓定聲》："《三蒼》：'滂，注也，水多流兒也'。《廣雅·釋訓》：'滂滂，流也。'《詩·漸漸之石》：'俾滂沱矣。'……《楚辭·大招》：'姱修滂浩。'注：'廣大也。'……《漢書·禮樂志》：'福滂洋。'注：'饒廣也。'"《廣韻·唐韻》："滂，滂沱。"按，"滂沱"謂雨大，爲引申義。《説文》以"沛"訓"滂"，二者可組成同義聯合式合成詞。漢王粲《浮淮賦》："於是迅風興，濤波動，長瀬潭溰，滂沛汹溶。"

蒡 牛蒡，一名"惡實"，葉極大，爲其顯著特徵，此即得名之由。明李時珍《本草綱目·草部·惡實》："惡實，即牛蒡子也，處處有之。葉大如芋葉而長，實似葡萄核而褐色。"清王士禎《香祖筆記》卷六："十月以後，取牛蒡根洗乾，去皮，用慢火少煮，勿太爛，硬者熟煮，並搥令軟，下雜料物，如蕉脯法，浥焙取乾。"今按，"蒡""芋"皆葉大之物，亦皆以葉大而得名。《説文·艸部》："芋，大葉實根，駭人，故謂之芋也。从艸，于聲。"又于聲字所記録語詞"宇""訏""旴""衧""杆""竽"皆有大義，見本典第一卷"于聲"第57條。

䭯 大香。《廣韻·庚韻》："䭯，䭯䭯，大香。"又《没韻》："䭯，大香。""䭯，香兒。"然則"䭯䭯"本可分訓。清黃景仁《平定兩金川大功告成恭紀》："聿謁陵廟驂玉衡，五雲松柏飄䭯䭯。"

雱 雨雪盛大。《廣韻·唐韻》："雱，雨雪盛兒。雰，上同。"《詩·邶風·北風》："北風其涼，雨雪其雱。"宋朱熹《集傳》："雱，雪盛也。"清魏禧《秋蟲》："雱雱雨雪，則載塗矣。"

〔推源〕 諸詞俱有大義，爲旁聲所載之公共義。旁聲字"磅"亦可以假借字形式表大義，足爲旁聲與大義相關聯之一證。清朱駿聲《説文通訓定聲·壯部·附〈説文〉不録之字》："磅，《長笛賦》：'駢田磅唐。'注：'廣大盤礴也。'"晉陸機《挽歌》："重阜何崔嵬，玄廬竄其間。磅礴立四極，穹崇效蒼天。"按，聲符字"旁"所記録語詞之本義即廣大。《説文·上部》："旁，溥也。从二，闕，方聲。"清朱駿聲《通訓定聲》："《廣雅·釋詁一》：'旁，大也。'《二》：'廣也。'……《荀子·性惡》：'裸能旁魄而無用。'注：'廣博也。'《吳都賦》：'旁魄而論都。'注：'寬大之意。'"然則本條諸詞之大義爲其聲符"旁"所載之顯性語義。旁聲可載大義，則"龐"可證之。

旁：並紐陽部；
龐：並紐東部。

雙聲，陽東旁轉。"龐"，龐大。《説文·广部》："龐，高屋也。"清朱駿聲《通訓定聲》："《漢書·司馬相如傳》：'湛恩龐洪。'注：'厚大也。'又重言形況字。《詩·車攻》：'四牡龐龐。"按,所謂"高屋"乃造意。《國語·周語上》:"敦龐純固,於是乎成。"三國吳韋昭注:"龐,大也。"唯"龐"之義爲大,故有"龐大"之同義聯合式合成詞。

(1626) 徬膀傍斜縍塝艕(旁邊義)

徬 人依附於車轅旁邊驅牲畜。《説文·彳部》:"徬,附行也。从彳,旁聲。"清朱駿聲《通訓定聲》:"《周禮·罪隸》:'牛助爲牽徬。'注:'在前曰牽,在旁曰徬。'"《廣韻·宕韻》:"徬,徬附。"按,此當爲引申義。《西游補》第八回:"便順手翻翻,擲落塔下,曹判使依舊捧在手中,徬着左柱立起。"又複音詞"徬徨"謂徘徊不定,實即忽左忽右之義,左右則即旁邊。雖爲雙音詞,與"徬"亦相涉。聯綿詞多有二同義詞相聯合而成者。

膀 脅,處身幹之兩側,兩側即旁邊。其字亦作"髈"。《説文·肉部》:"膀,脅也。从肉,旁聲。髈,膀或从骨"。隋巢元方《諸病源候論·小兒雜病諸候·神火丹候》:"丹發兩旁,不過一日便赤黑,謂之神火丹也。"按,"膀"亦指臂膀,臂膀亦處身軀之兩側,實亦旁邊義。《水滸全傳》第五十七回:"衆人看徐寧時,果是一表好人物,六尺五六長身體,團團的一個白臉,三牙細黑髭髯,十分腰圍膀闊。"清曹雪芹《紅樓夢》第三十九回:"要是有一個好的守的住,我到底也有個膀臂了。"按,"膀臂"二詞根皆有旁邊義。"臂"從辟聲,辟聲字所記錄語詞"僻""壁""癖""嬖""躃""癖""僻""睥"俱有邊側、不正之義,參殷寄明著《漢語同源字詞叢考》第250條。

傍 依附於他人或物之旁。《説文·人部》:"傍,近也。从人,旁聲。"清徐灝《注箋》:"依傍之義即'旁'之引申。"清朱駿聲《通訓定聲》:"猶邊際也。"《廣韻·唐韻》:"傍,側也。"晉左思《蜀都賦》:"爾乃邑居隱賑,夾江傍山,棟宇相望,桑梓接連。"明湯顯祖《紫釵記·權嗔計貶》:"官兒催發,不許他向家門傍。"按,今有"傍大款"新語詞,"傍"即依附於人之旁義。

斜 量器中穀物滿而旁溢。《説文·斗部》:"斜,量溢也。从斗,旁聲。"清朱駿聲《通訓定聲》:"按,量米旁溢。"按,朱説可從,量器中米滿則必由四旁溢出。

縍 鞋幫,即鞋之邊緣。其字亦作"幫"。《廣韻·唐韻》:"幫,衣治鞋履。縍,幫同。"宋蔣捷《柳梢青·游女》:"柳雨花風,翠鬆裙褶,紅膩鞋幫。"《老殘遊記》第七回:"只見門外來了一個不到四十歲模樣的人……蹬了一雙絨靴,已經被雪泥漫了幫子了。"

塝 田地之邊。《集韻·宕韻》:"塝,地畔也。"《中國農村的社會主義高潮·怎樣制訂一年的增産計劃,實行生産改革》:"沖田一年一季,塝田和旱地一年兩季。"按,"塝田"即地勢高、最低處有土塝或石塝之田。徽歙南鄉爲丘陵,其地與田之下邊多有塝,如垛而平。又凡建屋,若地不平則先砌一塝,以防地塌,亦稱之爲"保塝"。俗亦以"磅"字爲之。

艕 兩船相併,其船各處一旁,故稱"艕"。《集韻·宕韻》:"艕,併兩船。或从方。"《廣韻·漾韻》:"舫,併兩船。"《戰國策·楚策一》:"舫船載卒,一舫載五十人。"宋鮑彪注:"舫,併船也。"元陳椿《熬波圖·滷船鹽船》:"鹽船上有攛槽檄板鎖封關防,船艕官爲印烙。"原注:"艕同'榜',併船也。"按,船以木爲之,故有以"榜"指併船者。《正字通·木部》:"榜,併船也。"

〔推源〕 諸詞俱有旁邊義,爲旁聲所載之公共義。聲符字"旁"所記録語詞爲廣大,廣大則旁及四方,故有旁邊之衍義,且爲其基本義。清朱駿聲《説文通訓定聲·壯部》:"旁,《爾雅·釋宫》:'二達謂之岐旁,三達謂之劇旁。'《釋名·釋道》:'物兩爲岐,在邊曰旁。'……《禮記·聘義》:'孚尹旁達。'疏:'旁者,四面之謂也。'……《周髀算經》:'天之中央亦高四旁六萬里。'注:'猶四極也。'"然則本條諸詞之旁邊義爲其聲符"旁"所載之顯性語義。旁聲可載旁邊義,則"邊"可證之。

旁:並紐陽部;
邊:幫紐元部。

並幫旁紐,陽元通轉。"邊",旁邊、邊緣。《説文·辵部》:"邊,行垂崖也。"清朱駿聲《通訓定聲》:"《爾雅·釋詁》:'邊,垂也。'《禮記·玉藻》:'其在邊邑。'注:'九州之外。'《吴語》:'頓顙于邊。'注:'邊,邊境也。'"唯"邊"之義爲旁,故有"旁邊"之同義聯合式合成詞。南朝陳徐陵《雜曲》:"二八年時不憂度,旁邊得寵誰相妒。"

(1627) 鎊榜(削義)

鎊 削。《廣韻·唐韻》:"鎊,鎊削。"宋歐陽修《歸田録》:"諸藥中犀最難擣,必先鎊屑,乃入衆藥中擣之。"元鍾嗣成《一枝花·自序醜齋》:"恰便似木上節難鎊鏒,胎中疾没藥醫。"

榜 木片。木可削,削之則成片,木片稱"榜",本有削義。《廣韻·蕩韻》:"榜,木片也。"《資治通鑑·宋明帝泰始二年》:"仲玉至南陵,載米三十萬斛,錢布數十舫,豎榜爲城。"胡三省注:"榜,木片也。"又,名片亦稱"榜",則當爲其直接引申義。清俞樾《茶香室續鈔·宋人書帖猶用竹簡》:"紹興初,百官相見,用榜子,直書銜及姓名,今手本式是也。"

〔推源〕 此二詞俱有削義,爲旁聲所載之公共義。聲符字"旁"所記録語詞之本義、引申義系列與削義不相涉,其削義乃旁聲所載之語源義。旁聲可載削義,"判"可證之。

旁:並紐陽部;
判:滂紐元部。

並滂旁紐,陽元通轉。"判",劈,削。《説文·刀部》:"判,分也。"清朱駿聲《通訓定聲》:"《周禮·朝士》:'凡有責者有判書。'注:'半分而合者。'"《廣韻·换韻》:"判,剖判。"《墨子·備穴》:"令陶者爲月明,長二尺五寸六圍,中判之,合而施之穴中。"

(1628) 輫篣(棚義)

輫 兵車,樓車,如棚,中空而可容人者。《廣韻·庚韻》:"輣,兵車,又樓車也。輫,同'輣'。"《説文·車部》:"輣,兵車也。"清朱駿聲《通訓定聲》:"《史記·淮南衡山列傳》:'作輣鏃矢。'《集解》:'戰車也。'《漢書·叙傳》:'衝輣閑閑。'注:'兵車名也。'《後漢·光武紀》:'衝輣撞城。'注引《説文》:'樓車也。'"

䇄　籠，如棚，中空而可容物者。《方言》卷十三："籠，南楚江沔之間謂之䇄。"《廣韻·庚韻》："䇄，籠。"《新唐書·逆臣傳上·安禄山》："帝爲禄山起第京師……帟幕率緹繡，金銀爲䇄筐。"

〔推源〕　此二詞俱有棚義，爲旁聲所載之公共義。聲符字"旁"所記録語詞之本義、引申義系列與棚義不相涉，其棚義乃旁聲所載之語源義。旁聲可載棚義，"棚"可證之。

旁：並紐陽部；

棚：並陽蒸部。

雙聲，陽蒸旁轉。"棚"，樓閣，引申之亦指以竹木架成之小屋，皆中空可容人、物者。《説文·木部》："棚，棧也。"清朱駿聲《通訓定聲》："編木横豎爲之，皆曰棧曰棚，今謂架于上以蔽下者曰棚。《廣雅·釋詁三》：'棚，攱也。'按，攱，閣也。《釋室》：'棚，閣也。'《蒼頡篇》：'棚，樓閣也。'"《隋書·柳彧傳》："高棚跨路，廣幕陵雲。"《清史稿·食貨志一》："棚民之稱，起於江西、浙江、福建三省，各山縣内，向有民人搭棚居住。"

618　旅聲

(1629) 驢膂（相連義）

驢　其字亦省作"馿"，謂驛傳之馬。按，馬至驛站則更换，其傳不斷，"驢"有馬與馬相連之義。《廣韻·御韻》："驢，傳馬。"又《魚韻》："馿，傳馬名。"其音分别爲良倨切、力居切，實爲一字。《集韻·魚韻》："馿，傳也。如今遽馬。或从旅。"

膂　脊骨，椎骨相連者。其初文作"吕"。《説文·吕部》："吕，脊骨也。象形。昔太岳爲禹心吕之臣，故封吕侯。膂，篆文吕，从肉，从旅。"清朱駿聲《通訓定聲》："人項大椎至下共二十一椎。篆文从肉，旅聲。"《廣韻·語韻》："膂，同吕。"沈兼士《聲系》："案'膂'，从《説文》小徐本旅聲。"《書·君牙》："今命爾予翼，作股肱心膂。"唐孔穎達疏："膂，背也。"唐韓愈《元和聖德詩》："婉婉弱子，赤立傴僂，牽頭曳足，先斷胥膂。"

〔推源〕　此二詞俱有相連義，爲旅聲所載之公共義。聲符字"旅"所記録語詞之本義爲軍旅，五百人相連而成者，本有相連之義。《説文·㫃部》："旅，軍之五百人爲旅。从㫃，从从。从，俱也。"清朱駿聲《通訓定聲》："會意。从，俱也……《易·旅》釋文：'軍旅也。'《書·牧誓》：'亞旅。'《詩·皇矣》：'爰整其旅。'《周禮·小司徒》：'五卒爲旅，五旅爲師，五師爲軍。'〔轉注〕《爾雅·釋詁》：'旅，衆也。'"然則本條二詞之相連義爲其聲符"旅"所載之顯性語義。旅聲可載相連義，則"連"可證之。

旅：來紐魚部；

連：來紐元部。

雙聲,魚元通轉。"連",人力車,人與車相連者,故引申爲連接、連續等義。《説文·辵部》:"連,員連也。从辵,从車。"清朱駿聲《通訓定聲》:"《集韻》《類篇》作'負連'……段氏訂'員連'爲'負車'。〔假借〕爲'輦'。《周禮》故書《巾車》:'連車組輓。'《鄉師》:'與其輂連。'……又爲'聯'。《廣雅·釋詁二》:'連,續也。'……《禮記·王制》:'十國以爲連。'注:'猶聚也。'……《孟子》:'連諸侯者次之。'注:'合從者也。'《楚語》:'雲連徒州。'注:'屬也。'《吕覽·期賢》:'民相連而結之。'注:'結也。'"按,"連"本爲"輦"之古文,表聯合、連接、連續等義亦非假借,乃引申。

619 畜聲

(1630) 蓄滀褚(積聚義)

蓄 積聚,字亦作"稸"。《説文·艸部》:"蓄,積也。从艸,畜聲。"清朱駿聲《通訓定聲》:"字亦作'稸'。《廣雅·釋詁三》:'蓄,聚也。'《賈子·無蓄》:'蓄積者,天下之大命也。'《詩·谷風》:'我有旨蓄。'《禮記·王制》:'無三年之蓄。'《東京賦》:'洪恩素蓄。'《漢書·貨殖傳》:'稸足功用。'"《戰國策·魏策四》:"或以年穀不登,稸積竭盡而不可恃者。"

滀 水停聚。《廣韻·屋韻》:"滀,水聚。"《晉書·食貨志》:"以常理言之,無爲多積無用之水。況于今者水潦瓫溢,大爲災害。臣以爲與其失當,寧瀉之不滀。"明徐弘祖《徐霞客遊記·滇遊日記九》:"滀爲海子,流爲高河。"

褚 貯藏,積聚。《集韻·屋韻》:"褚,褚也。"《左傳·襄公三十年》"取我衣冠而褚之"晉杜預注:"褚,畜也。"按,"褚""褚"皆謂衣物之積聚。

〔推源〕諸詞俱有積聚義,爲畜聲所載之公共義。聲符字"畜"所記録語詞謂蓄養禽獸,引申爲積聚義。《説文·田部》:"畜,田畜也。《淮南子》曰:'玄田爲畜。'"清朱駿聲《通訓定聲》:"《易·襟卦》:'大畜時也,小畜寡也。'《序卦》:'比必有所畜。'《離》:'畜牝牛吉。'《漢書·陳湯傳》:'示棄捐不畜。'"按,所引《序卦》文之"畜"即積聚義。《穀梁傳·莊公二十八年》:"國無三年之畜,曰國非其國也。"然則本條諸詞之積聚義爲其聲符"畜"所載之顯性語義。畜聲可載積聚義,則"貯"可證之。

畜:透紐覺部;

貯:端紐魚部。

透端旁紐,覺魚旁對轉。"貯",貯藏,積聚。《説文·貝部》:"貯,積也。"清朱駿聲《通訓定聲》:"按,與'宁'同,因'宁'爲朝寧義所專,復制此字。字亦作'渚'。《周禮·廛人》注:'貨物渚藏于市中。'《釋文》:'本作貯。'"《廣韻·語韻》:"貯,積也。"《吕氏春秋·樂成》:"我有田疇,而子產賦之;我有衣冠,而子產貯之。"唐韓愈《符讀書城南》:"金璧雖重寶,費用難貯儲。"

620　羔聲

(1631) 頗窯漾（長、大義）

頗　頭額大。《說文·頁部》："頗，大頭也。从頁，羔聲。"《廣韻·蕭韻》："頗，大額。"又《宵韻》："頗，額大皃。"清朱駿聲《說文通訓定聲·小部》："頗，〔轉注〕《廣雅·釋詁一》：'頗，大也。'"

窯　長大。《廣韻·宵韻》及《蕭韻》："窯，長大皃。"清朱駿聲《說文通訓定聲·小部》："《通俗文》：'醜曰窯。'《集韻》引《廣雅》：'窯，大也。'"按《太平御覽》卷三百八十二引《通俗文》："大醜曰窯。"《集韻·宵韻》"窯"訓"肥"，則"窯"即肥大而醜之謂。

漾　水域廣大。《廣韻·小韻》："漾，浩漾，大水皃。"《文選·司馬相如〈上林賦〉》："寂漻無聲，肆乎永歸。然後灝溔潢漾，安翔徐回。"唐李善注："皆水無涯際貌也。"明劉基《述志賦》："浮江湖之浩漾兮，陵山嶽之崢嶸。"

〔推源〕　諸詞俱有長、大義，爲羔聲所載之公共義。聲符字"羔"所記錄語詞之本義爲小羊。《說文·羊部》："羔，羊子也。从羊，照省聲。"清朱駿聲《通訓定聲》："《周禮·羊人》：'凡祭祀飾羔。'……《詩》：'羔羊之皮。'"按，所引《詩·召南·羔羊》文漢毛亨傳："小曰羔，大曰羊。"然則與長、大義不相涉，其長、大義乃羔聲所載之語源義。羔聲可載長、大義，則"高"可證之。"羔""高"同音，見紐雙聲，宵部疊韻。"高"，高低字。《說文·高部》："高，崇也。象臺觀高之形。"《禮記·樂記》："天高地下，萬物散殊，而禮制行矣。"按，高即縱向之長，故有長之衍義。《楚辭·九辯》："春秋逴逴而日高兮，然惆悵而自悲。"漢王逸注："年齒已老，將晚暮也。"按，此"高"即時之長，故有"年長"之複音詞。又年老亦稱"年紀大"，高、長、大義皆相通，凡物長、高則大。《戰國策·齊策一》："家敦而富，志高而揚。"漢高誘注："高，大也。"

621　益聲

(1632) 膉溢（肥、滿義）

膉　肥。《廣韻·昔韻》："膉，肥也。"漢焦贛《易林·觀之兌》："天門東虛，即盡爲菑，膉膡黯蒼，秦伯受殃。"按，"膉膡"即肥大而醜陋，肥大則即豐滿之義。"膉"本謂頸部肉，表肥義，爲套用字。

溢　水滿而外溢。《說文·水部》："溢，器滿也。从水，益聲。"清朱駿聲《通訓定聲》："或曰：加于內曰益，出于外曰溢。《爾雅·釋詁》：'溢，盈也。'《廣雅·釋詁一》：'溢，滿也。'又'出也。'……《(漢書)郊祀志》：'銀自山溢。'注：'流出也。'"《廣韻·質韻》："溢，滿溢。"引申爲滿義。《國語·越語下》："天道盈而不溢,盛而不驕,勞而不矜其功。"三國吳韋昭注："陽盛則損,日滿則虧。"晉陸機《文賦》："文徽徽以溢目,音泠泠而盈耳。"

〔推源〕 此二詞分別有肥、滿義,二義相通,俱以益聲載之,則當出諸同一語源。聲符字"益"本爲"溢"之初文,所記録語詞之本義即水滿而溢出。《説文·皿部》:"益,饒也。从水、皿。皿,益之意也。"清朱駿聲《通訓定聲》:"字亦作'溢'。……《(呂覽)察今》:'澭水暴益。'注:'長也。'"益聲可載肥、滿義,則"泆"可證之。

益:影紐錫部;
泆:余紐質部。

余(喻四)有舌根音一類,故"溢"之上古音爲余紐錫部。影、余(喻四)鄰紐,錫質通轉。"泆",水滿而出。《説文·水部》:"泆,水所蕩泆也。"《廣韻·屑韻》:"泆,泆蕩。"《史記·夏本紀》:"道沇水,東爲濟,入于河,泆爲滎。"漢王充《論衡·效力》:"如岸狹地仰,溝洫決泆,散在丘墟矣。"按,"泆"字从失得聲,"胅"與之同,"胅"謂腫而突出,此正可證"膉"之肥腫義及"膉""溢"之同源關係。

(1633) 陬嗌(狹隘義)

陿 狹隘。《説文·嚻部》:"𨺗,陋也。从嚻,𦯄聲。𦯄,籀文嗌字。陬,籀文𨺗,从阜、益。"清朱駿聲《通訓定聲》:"从阜,益聲。按,从𦯄者籀文,从益者小篆。《廣雅·釋詁一》:'陬,陋也。'《詩·殷武》箋:'踰方城之陬。'《釋文》:'窄也。'《左昭三傳》:'湫陬囂塵。'注:'小也。'〔轉注〕《禮記·禮器》:'君子以爲陬矣。'注:'狹陋也。'"按,朱氏所云"轉注"實即引申,所引《禮記》文之"陬"謂器量小,胸襟狹隘。

嗌 咽喉,狹隘外。《説文·口部》:"嗌,咽也。从口,益聲。𦯄,籀文嗌,上象口,下象頸脈理也。"清朱駿聲《通訓定聲》:"《穀梁昭十九傳》:'嗌不容粒。'注:'喉也。'《老子》:'終日號而嗌不嗄。'"《廣韻·昔韻》:"嗌,喉也。漢宣帝崩,昌邑王至京師不哭,云嗌痛。"《素問·至真要大論》:"民病飲積,心痛耳聾,渾渾焞焞,嗌腫喉痹。"

〔推源〕 此二詞俱有狹隘義,爲益聲所載之公共義。聲符字"益"單用可表險隘、阻塞義,此與狹隘義相通。清朱駿聲《説文通訓定聲·解部》:"益,《釋名·釋州國》:'益州,益陀也,所在之地險陀也。'〔聲訓〕《春秋元命苞》:'益之言阨也。'"《詩·大雅·板》:"攜無曰益,牖民孔易。"清俞樾《平議》:"言如取如攜,無曰有所阻塞也。"按,此義非"益"之顯性語義,乃益聲所載之語源義。益聲可載狹隘義,則"阨"可證之。"益""阨"同音,影紐雙聲,錫部疊韻。"阨",狹隘險要之地。《説文·阜部》:"阨,塞也。"清朱駿聲《通訓定聲》:"字亦作'阸'。《史記·商君傳》:'魏居嶺阨之西。'《索隱》:'阻也。'《左定四傳》:'還塞大隧,直轅冥阨。'注:'三者漢東之隘道。'"引申爲狹隘義。《漢書·周勃傳》:"此知將軍且行,必置間人于殽黽阨陬之間。"

(1634) 脰縊（頸部義）

脰 頸部之肉。《玉篇·肉部》："脰，脰肉也。""脰，頸也。"《儀禮·士虞禮》："膚祭三，取諸左脰上。"漢鄭玄注："脰，脰肉也。"

縊 以繩索勒頸部。《說文·糸部》："縊，經也。从糸，益聲。《春秋傳》曰：'夷姜縊。'"清朱駿聲《通訓定聲》："《廣雅·釋詁四》：'縊，絞也。'《公羊僖元傳》：'召而縊殺之。'又《左桓十三傳》：'莫敖縊於荒谷。'注：'自經也。'《周書·克殷》：'乃適二女之所既縊。'〔聲訓〕《釋名》：'懸繩曰縊。縊，扼也，扼其頸也。'"

〔推源〕 此二詞俱有頸部義，爲益聲所載之公共義。聲符字"益"所記錄語詞之本義、引申義系列與頸部義不相涉，其頸部義乃益聲所載之語源義。益聲可載頸部義，"頸"可證之。

益：影紐錫部；

頸：見紐耕部。

影見鄰紐，錫耕對轉。"頸"，頭頸。《說文·頁部》："頸，頭莖也。"清朱駿聲《通訓定聲》："《廣雅·釋親》：'頑、頸，項也。'……《莊子·馬蹄》：'喜則交頸相靡。'《釋文》：'領也。'"按，"領"亦謂頸。《莊子·說劍》："上斬頸領，下決肝肺。"《左傳·定公十四年》："使罪人三行，屬劍於頸。"

622　兼聲

(1635) 廉獫爔溓霖鎌縑陳鶼傔槏（連義）

廉 邊側，與主體相連者。亦指稜角，實亦與主體相連義。《說文·广部》："廉，仄也。从广，兼聲。"清朱駿聲《通訓定聲》："堂之側邊曰廉，故从广。《書·顧命》：'夾兩階戺。'傳：'堂廉曰戺。'……《廣雅·釋言》：'廉，稜也。'《儀禮·鄉飲禮》：'設席于堂廉，東上。'注：'側邊曰廉。'〔轉注〕《九章算術》：'邊謂之廉，角謂之隅。'《漢書·趙充國傳》：'入鮮水北句廉上。'注：'謂水岸曲而有廉稜也。'又《禮記·樂記》：'哀以立廉。'注：'廉，廉隅也。'又'繁瘠廉肉。'疏：'謂廉稜。'《聘義》：'廉而不劌。'疏：'稜也。'"

獫 犬吠不止，亦謂兩犬相爭，即連續、相連義。《說文·犬部》："獫，犬吠不止也。从犬，兼聲。讀若檻。一曰兩犬相爭。"《廣韻·忝韻》："獫，犬吠。"又《豏韻》："獫，犬吠不止。"

爔 火不絕。《集韻·沾韻》："爔，火不絕也。"清朱駿聲《說文通訓定聲·謙部》："爔，〔別義〕《玉篇》：'爔燃，火不絕也。'字亦作'爤'。《廣韻·添韻》："爔，火不絕兒。"按，不絕即連續義。

溓 大水中斷小水流出，即相連續義。《說文·水部》："溓，一曰中絶小水。从水，兼

霖 久雨,即連續下雨。《說文·雨部》:"霖,久雨也。从雨,兼聲。"清段玉裁注:"霖之言連也。"《廣韻·鹽韻》:"霖,久雨。"明沈璟《義俠記·止觀》:"秋雨正霖霪,被金風將朔氣添。"按,秋雨多連綿不斷。清毛奇齡《重建息縣儒學大成殿碑記》:"康熙七年夏,大霖,潦橫流之。"

鰜 比目魚,雙目同在身之一側,"鰜"即雙目相連之義。《廣韻·添韻》:"鰜,比目魚。"清朱駿聲《說文通訓定聲·謙部》:"鰜,〔別義〕疑因比翼鳥名鶼,从而傅會耳。"按,"鰜"之另一義爲鰜魚,指比目魚則爲套用字,故朱氏稱"別義"。比目魚則實有之。《爾雅·釋地》:"東方有比目魚焉,不比不行,其名謂之鰜。"段公路《北户録·乳穴魚》引三國吳沈瑩《臨海異物志》:"比目魚,一名鰈,一名鰜,狀似牛脾,細鱗,紫黑色,一眼兩片,相合乃行。"徐珂《清稗類鈔·動物·鰈》:"鰈,古亦曰鰜。日本人則稱兩眼之在右側者曰鰜,而以在左側者爲鮃。"《說文新附·魚部》:"鰈,比目魚也。"

縑 雙絲織成之細絹,"縑"即雙絲相連者。《說文·糸部》:"縑,並絲繒也。从糸,兼聲。"清朱駿聲《通訓定聲》:"即紡也,絹也,綃也。《廣雅·釋器》:'繰謂之縑。''繰'者'綃'之借字。《淮南·齊俗》:'縑之性黃,染之以丹則赤。'《漢書·外戚傳》:'媪爲翁須作縑單衣。'注:'今之絹也。'"《廣韻·添韻》:"縑,絹也。"《宋書·禮樂志五》:"《傅玄子》曰:'漢末王公名士,多委王服,以幅巾爲雅,是以袁紹、崔鈞之徒雖爲將帥,皆著縑巾。'"

嶔 層疊的山崖,則"嶔"即山崖相連之謂;引申之亦指山之邊側,則即與山相連處。《說文·阜部》:"嶔,崖也。从阜,兼聲。讀若儼。"清朱駿聲《通訓定聲》:"字亦作'嵰'。《詩·葛藟》傳:'滸,水嶔也。'《蒹葭》傳:'湄,水嶔也。'又《爾雅·釋山》:'重甗嶔。'孫注:'山基有重岸也。'李注:'阪也。'郭注:'形如纍兩甗。'《字林》:'嶔,山形似重甗。'"唐慧琳《一切經音義》卷九十一:"嶔,重崖也。"《廣韻·琰韻》:"嶔,山形似重甗。"《文選·左思〈魏都賦〉》:"築曾宮以迴匝,比岡嶔而無陂。"

鶼 比翼鳥,其名當寓相連義。《爾雅·釋地》:"南方有比翼鳥焉,不比不飛,其名謂之鶼鶼。"晉郭璞注:"似鳧,青赤色,一目一翼,相得乃飛。"《廣韻·添韻》:"鶼,比翼鳥。"宋蔣捷《金盞子》:"人孤另,雙鶼被他羞看。擬待告訴天公,減秋聲一半。"元王實甫《西廂記》第五本第一折:"小生身雖遥而心常邇矣,恨不得鶼鶼比翼,邛邛並軀。"

傔 跟從,隨從,即人相連。《廣韻·桥韻》:"傔,傔從。"清朱駿聲《說文通訓定聲·謙部·附〈說文〉不録之字》:"傔,〈說文新附〉:'傔,從也。'"《續資治通鑒·宋神宗元豐三年》:"凡弓箭手、兵騎各以五十人爲隊,置引戰旗頭、左右傔旗,及以本屬酋首、將校爲擁隊,並如正軍法。"按"傔"亦指侍從,即跟從之人。《舊唐書·裴度傳》:"先是監軍使劉承偕恃寵凌節度使劉悟,三軍憤發大譟,擒承偕,欲殺之。已殺其二傔,悟救之獲免,而囚承偕。"

様　窗邊柱,與窗相連者。《廣韻·豏韻》:"様,牖傍柱也。"

〔推源〕　諸詞俱有連義,爲兼聲所載之公共義。聲符字"兼"所記録語詞之本義爲並,本與連義通。《説文·秝部》:"兼,併也。从又持秝。兼,持二禾;秉,持一禾。"清朱駿聲《通訓定聲》:"《廣雅·釋詁四》:'兼,同也。'《儀禮·聘禮》:'兼執之以進。'注:'猶兩也。'《士昏禮》:'兼巾之。'注:'六豆共巾也。'《鄉射禮》:'兼諸弣。'注:'並矢於弣。'"然則本條諸詞之連義爲其聲符"兼"所載之顯性語義。兼聲可載連義,則"界"可證之。

兼:見紐談部;
界:見紐月部。

雙聲,談月通轉。"界",地界,引申爲毗連義。《説文·田部》:"界,境也。"清朱駿聲《通訓定聲》:"〔轉注〕《爾雅·釋詁》:'界,垂也。'……《齊策》:'故三國與秦壤界。'注:'猶比也。'"按,即毗連義。漢班固《西都賦》:"右界褒斜、隴首之險,帶以洪河涇渭之川。"《史記·匈奴列傳》:"於是匈奴得寬,復稍度河南與中國界於故塞。"

(1636) 蒹謙慊稴欺廉慊溓様蠊鎌鰜(小、少義)

蒹　未出穗之蘆葦,幼小者。《説文·艸部》:"蒹,萑之未秀者,从艸,兼聲。"清朱駿聲《通訓定聲》:"《爾雅·釋草》:'蒹薕。'注:'江東呼爲薕蒹。'《詩》:'蒹葭蒼蒼。'陸疏:'水草也,堅實,牛食之肥,青徐人謂之薕。'《史記·司馬相如傳》:'藏莨蒹葭。'《索隱》:'蔽也。'"按,今謂之荻,堅實中有白瓤,可爲簾薄,實即菼薍也,鵻也,烏蓲也,薕蒹也。初生爲蒹薕,未秀爲菼薍,至秋堅成,謂之萑。"《廣韻·添韻》:"蒹,荻未秀。"唐韓愈《苦寒》:"豈徒蘭蕙榮,施及艾與蒹。"

謙　謙虛,恭敬。按即言少、不夸夸其談而自大之謂。《説文·言部》:"謙,敬也。从言,兼聲。"清朱駿聲《通訓定聲》:"《易》:'地中有山,謙。'《繫辭》:'謙也者,致恭以存其位者也。'又:'謙者,德之柄也。'〔轉注〕《易·雜卦傳》:'謙輕而豫怠也。'注:'不自重大。'〔假借〕爲'慊'。《禮記·大學》:'此之謂自謙。'注:'讀爲慊。'失之。慊者,短言之也。"按,非假借,乃引申。《書·大禹謨》:"謙受益。"《尹文子·大道上》:"齊有黄公者,好謙卑。"

慊　小喫。《説文·食部》:"慊,嗛也。从食,兼聲。讀若風溓溓。一曰廉潔也。"清朱駿聲《通訓定聲》:"按,謂小小食也。字亦作'鎌'。《廣雅·釋言》:'慊,祈也。'按,'祈'者'嗛'之借字。〔轉注〕《説文》:'一曰廉潔也。'按,不饕餮也。〔假借〕爲'欺'。《韓詩外傳》:'一穀不升謂之慊。'"按,廉潔即少義。又,表欺收義,無煩假借,構件"食""欠"所表義類同。《集韻·忝韻》:"欺,食不飽也。一曰不足皃。或作'慊'。"《廣韻·琰韻》:"慊,廉也,又小食也。"按所謂小食,即點心,稍稍食之,本有少義。

稴　禾稀少,亦指禾不結實,即不足義,亦即少義。《廣韻·忝韻》:"稴,禾稀。"又《檻韻》:"稴,稴穇。"又《咸韻》:"稴,不作稻也。"《集韻·栝韻》:"稴,稴穇,禾不實貌。"北魏賈思勰《齊民要術·大小麥》:"歌曰:'高田種小麥,穊稼不成穗。'"

歉 喫不飽,亦指穀物收成不好,虛化引申爲少、不足義。《説文·欠部》:"歉,歉食不滿。从欠,兼聲。"清朱駿聲《通訓定聲》:"《廣雅·釋天》:'一穀不升曰歉。'《釋詁》:'歉,少也。'〔假借〕爲'謙'。《荀子·仲尼》:'主信愛之,則謹慎而歉。'注:'不足也。'"按,無煩假借,乃引申。宋蔡絛《鐵圍山叢談》卷三:"魏公薨於鄉郡,而鄭公不吊祭,識者以爲盛德之歉。"按,《説文》所訓之義實亦有之。《廣韻·忝韻》及《豏韻》:"歉,食不飽。"唐李商隱《行次西郊作一百韻》:"健兒立霜雪,腹歉衣裳單。"

廉 狹窄,即空間小。清段玉裁《説文解字注·广部》:"廉,此與'廣'爲對文,謂偪仄也。"北魏賈思勰《齊民要術·耕田》:"凡秋耕欲深,春夏欲淺;犁欲廉,勞欲再。"石聲漢注:"犁的行道要狹窄。"引申爲少義。《廣韻·鹽韻》:"廉,儉也。"按"儉"即用度小,亦指獲取少。漢荀悦《漢紀·武帝紀五》:"(李陵)臨財廉取,與義嘗思。"《晉書·索靖傳》:"舉而察之,又似乎和風吹林,偃草扇樹,枝條順氣,轉相比附,窈嬈廉苫,隨體散布。"

慊 不滿,不足,引申爲少義。其字亦作"嫌"。《廣韻·忝韻》:"慊,慊恨。"清朱駿聲《説文通訓定聲·謙部》:"慊,〔假借〕爲'嫌'。《淮南·齊俗》:'衣若縣衰,而意不慊。'注:'恨也。'又爲'歉'。《孟子》:'吾何慊乎哉!'注:'少也。'"按《説文·女部》"嫌"篆訓"不平於心",其義與"慊"同,"慊"字从心,無煩假借。《禮記·坊記》:"使民富不足以驕,貧不至於約,貴不慊於上,故亂益亡。"漢鄭玄注:"慊,恨不滿之貌也。"晉陸機《辯亡論》下:"初都建業,群臣請備禮秩,天子辭而不許,曰:'天下其謂朕何!'宫室輿服,蓋慊如也。"

溓 《説文》訓"薄水",又云"一曰中絶小水",見前條。清朱駿聲《通訓定聲》:"水性有輕重,味亦有厚薄,淡言味,溓言質……字亦作'濂'。樓鑰《攻媿集》稱唐本《説文》有重文'濂'。"《廣韻·添韻》:"濂,薄也。"按,所謂薄水,即水所含物質少、味淡之謂。《集韻·添韻》:"溓,小水。""溓"亦指薄冰。《文選·潘岳〈寡婦賦〉》:"水溓溓以微凝。"唐李善注:"溓溓,薄冰也。"朱駿聲不以爲然,實則薄水、薄冰義相通。薄冰即冰之厚度小者。

槏 小門。《説文·木部》:"槏,户也。从木,兼聲。"清朱駿聲《通訓定聲》:"字亦作'㢲'。《通俗文》:'小户曰㢲。'……《説文》:'㢲,古文户字。'"《廣韻·豏韻》:"㢲,小户。"其音苦減切,與"槏"同。

蠊 小蚌。《説文·虫部》:"蠊,海蟲也。長寸而白,可食。从虫,兼聲。讀若嗛。"清朱駿聲《通訓定聲》:"字亦作'蠊'。《字林》:'蠊蛸,海蟲,長一寸。'《晉書·夏統傳》:'採蠊蛸以資養。'按,《本草》謂之蠣蛛,似蛤而長扁,字亦作'蜮',疑今之蟶也。"《玉篇·虫部》:"蠊,小蚌,可食。"《廣韻·鹽韻》:"蠊,蛬蠊,蟲名。《説文》作'蠊'。海蟲也,長寸而白,可食。"《集韻·咸韻》:"蠊,或作'蜮'。"明李時珍《本草綱目·介部·蠣蛛》:"藏器曰:'蠣蛛生東海。似蛤而扁,有毛。'……宗奭曰:'順安軍界河中有之。與馬刀相似。肉頗冷,人以作鮓食,不堪致遠。'"唐陸龜蒙《奉和江南書情寄秘閣韋校書貽之商洛宋先輩垂文二同年次韻》:

"度歲賒羸馬,先春買小鐮。"

鐮 鐮刀,體薄者,薄即厚度小。字亦作"鎌"。《說文·金部》:"鎌,鍥也。从金,兼聲。"清朱駿聲《通訓定聲》:"字亦作'鐮'。《方言》五:'刈鉤,自關而西,或謂之鎌。'〔聲訓〕《釋名·釋用器》:'鎌,廉也,體廉薄也。'"按,鐮刀之形彎曲,故有"刈鉤"之稱。《廣韻·鹽韻》:"鎌,同'鐮'。""鐮,刀鐮。"《管子·乘馬》:"藪,鐮纏得入焉,九而當一。"宋何薳《春渚紀聞·草制汞鐵皆成庚》:"軍士於澤中鐮取馬草,晚歸,鐮刀透成金色。"

臁 瘦,肉少。《集韻·栝韻》:"臁,瘦貌。"按,此字未見其實用例,《集韻》所記多方言、俗語。今徽歙方言有"瘦臁臁"之三字格派生詞,詞根、詞綴之義同,乃三字格派生詞之一大通例。此詞當存乎語言。其字从骨,骨與肉本相連,肉少、瘦羸則骨露,故有"骨瘦如柴""瘦骨伶仃"之語,凡瘦,即謂肉少。

〔推源〕 諸詞俱有小義或少義,二義相通,少即量小、數值小,皆以兼聲載之,語源當同。兼聲字"嗛"亦可以假借字形式表不足、少義,則亦爲兼聲與小、少義相關聯之一證。清朱駿聲《說文通訓定聲·謙部》:"嗛,〔假借〕爲'歉'。《穀梁襄二十四傳》:'一穀不升謂之嗛。'《漢書·郊祀志》:'今穀嗛未報。'注:'少意也。'……《荀子·仲尼》:'滿則慮嗛。'注:'不足也。'"按,朱說可從,"嗛"本謂口含,少、不足義非其顯性語義。又,聲符字"兼"所記錄語詞之本義、引申義系列與小、少義不相涉,其小、少義乃兼聲所載之語源義。肙聲字所記錄語詞"涓""蜎""鋗"俱有小義,見本典第四卷"肙聲"第878條,兼聲、肙聲相近且相通。

兼:見紐談部;
肙:影紐元部。

見影鄰紐,談元通轉。然則可相互爲證。

(1637) 縑顭鬑蠊(長義)

縑 門簾,形長者。《說文·巾部》:"縑,帷也。从巾,兼聲。"清朱駿聲《通訓定聲》:"以布爲之,施于户,蘇俗謂之門縑。《釋名·釋牀帳》:'户縑,施于户外也。'字亦作'袡'、作'𧜀'、作'襜'。〔轉注〕《廣雅·釋器》:'袡,縑也。'《儀禮·士昏禮》:'婦車有袡。'注:'車裳帷。'"《廣韻·鹽韻》:"縑,幨縑,帷也。"漢劉向《新序·雜事二》:"隆冬烈寒,士短褐不完,四體不蔽。而君之臺觀,帷縑錦繡,隨風飄飄而弊。"

顭 頭狹臉長。《說文·頁部》:"顭,頭頰長也。从頁,兼聲。"清朱駿聲《通訓定聲》:"史傳多以'顩'、以'欽'爲之。"《玉篇·頁部》:"顭,頭頰面長兒。"《廣韻·豏韻》:"顭,面長。"又《檻韻》:"顭,長面兒。"又《咸韻》:"顭,面長兒。"

鬑 鬚髮長貌。《說文·彡部》:"鬑,一曰長兒。从彡,兼聲。讀若慊。"清朱駿聲《通訓定聲》:"按,垂鬢長兒。"《玉篇·彡部》:"鬑,髮長兒。"《廣韻·鹽韻》:"鬑,一曰長兒。"元佚名《端正好·相憶》:"翠裙寬腰更纖,綠雲鬆鬢亂鬑。"清紀昀《閱微草堂筆記·灤陽續錄五》:"一僧坐北牖上,其面橫闊,鬚鬑鬑如久未剃。"

鎌 小蚌,其形長者,見前條。本亦有"長"之義素。

〔推源〕 諸詞俱有長義,爲兼聲所載之公共義。聲符字"兼"所記錄語詞之本義、引申義系列與長義不相涉,其長義乃兼聲所載之語源義。按干聲字所記錄之詞"竿""岸""軒""罕""骭""仠""杆"俱有長、高義,見本典第一卷"干聲"第 49 條,兼聲、干聲本相近且相通。

兼:見紐談部;
干:見紐元部。

雙聲,談元通轉。然則庶可相互爲證。

(1638) 嗛鼸豏餡(含義)

嗛 《説文·口部》:"嗛,口有所銜也。从口,兼聲。"清朱駿聲《通訓定聲》:"誼與'含'略同。"《晏子春秋·外篇上一》:"嗛酒嘗膳,再拜,告饜而出。"《史記·大宛列傳》:"昆莫生,棄於野。烏嗛肉蜚其,狼往乳之。"引申之,亦指猿猴之頰囊,即含食處。《廣韻·忝韻》:"嗛,猿藏食處。"唐柳宗元《憎王孫文》:"竊取人食,皆知自實其嗛。"舊注:"以頰貯食,蓋謂猴藏食也。"

鼸 以頰藏食之鼠,其名當寓銜含義。其字亦作右形左聲。《説文·鼠部》:"鼸,䶈也。从鼠,兼聲。"清朱駿聲《通訓定聲》:"按,'䶈''鼸'聲義俱同。《爾雅·釋獸》:'鼸鼠。'注:'以頰藏食也。'李注:'即鼩鼠。'《字林》:'即䶅鼠。'皆非是。《夏小正》:'田鼠出。'傳:'田鼠者,嗛鼠也。'《墨子·非儒》:'鼸鼠藏而羝羊視。'按,今謂之香鼠,以頰裹食,如母猴,灰色短尾而香,可畜。"按,所引《墨子》文之"鼸"異文作"䶅"。《廣韻·忝韻》:"鼸,鼠名。"《太平御覽》卷九百一十一引《大戴禮記》:"正月田鼠出。田鼠者,鼸鼠也。"

豏 糕餅中的豆餡。《集韻·陷韻》:"豏,餅中豆。"宋孟元老《東京夢華録》卷八:"又賣轉明菜花、花油餅、餕豏、沙豏之類。"按所謂"沙豏"即今杭州、上海人所稱"豆沙包子"之餡。《廣韻》"豏"字音下斬切,讀如"餡"。"豏"之名寓包含之義,稱"餡"則謂陷入他物之中。又,餅屬、包子亦有以肉爲餡者,其字則从肉作"膁"。《集韻·陷韻》:"膁,餅中肉。或从肉。"

餡 泛指餡子,則其名亦寓包含義。宋趙叔向《肯綮録·俚俗字義》:"餡,《韻略》上聲,《集韻》與'陷'同音,在去聲,注云:'餅中餡也。'"《正字通·食部》:"餡,或作'餡'。"宋歐陽修《歸田録》卷二:"京師食店,賣酸餡者,皆大出牌牓于通衢。"按"餡"之本義爲小食,表餡義爲其套用字。

〔推源〕 諸詞俱有含義,爲兼聲所載之公共義。聲符字"兼"之形體結構从又持二禾,此與含義或相通。兼聲可載含義,則"含""銜"皆可相證。

兼：見紐談部；

含：匣紐侵部；

銜：匣紐談部。

見匣旁紐，談侵旁轉。"含"，以口含。《說文·口部》："含，嗛也。"清朱駿聲《通訓定聲》："鐕本'銜也。'……《呂覽·仲夏》：'羞以含桃。'注：'鶯桃也，鶯鳥所含食，故言含桃。'又《周禮·太宰》：'贈玉含玉。'司農注：'璧琮也。'《典瑞》：'共飯玉含玉。'注：'柱左右顛及在口中者。'……《左文五年》：'王使榮叔歸含且賵。'注：'珠玉曰含。'《公羊傳》：'含者何？口實也。'《呂覽·節喪》：'含珠鱗施。'《釋名·釋喪制》：'含，以珠貝含其口中也。'""銜"，馬所含之金屬棒。《說文·金部》："銜，馬勒口中。从金，从行。銜，行馬者也。"《莊子·馬蹄》："而馬知介倪，闉扼鷙曼，詭銜竊轡。"唐陸德明《釋文》："銜，口中勒也。"引申爲含義。《墨子·非攻下》："赤烏銜珪，降周之岐社。"南朝宋王韶之《孝子傳》："李陶，交阯人。母終……群鳥銜塊，助成墳。"

623　朔聲

(1639) 遡愬（追溯義）

遡　逆流而上，即追溯源頭之義。其字亦作"溯""泝"。《玉篇·辵部》："遡，逆流而上。與'泝'同。"《說文·水部》："溯，逆流而上曰溯洄。溯，向也，水欲下，違之而上也。从水，斥聲。遡，溯或从朔。"清朱駿聲《通訓定聲》："《洛神賦》：'御輕舟而上遡。'"虛化引申爲追溯義。宋劉昌詩《蘆浦筆記·叙》："凡先儒之訓傳，歷代之故實，文字之訛舛，地理之遷變，皆得遡其源而循其流。"《清史稿·藝術傳二·吳熙載》："世臣創明北朝書派，遡源窮流，爲一家之學。"

愬　告訴，訴説，猶俗云"從頭説起"，即追溯原委之義。其字亦作"訴""愬"。《説文·言部》："訴，告也。从言，厈省聲。《論語》曰：'訴子路於季孫。'愬，訴或从言、朔；愬，訴或从朔、心。"清朱駿聲《通訓定聲》："《公羊昭三十一傳》：'負孝公之周愬天子。'《齊策》：'必束愬于齊。'"《管子·版法解》："治不盡理，則疏遠微賤者無所告愬。"

〔推源〕　此二詞俱有追溯義，爲朔聲所載之公共義。聲符字"朔"从月，所記錄語詞之本義爲月一日始蘇，即滿月、圓月之源義，當爲追溯義相通。《說文·月部》："朔，月一日始蘇也。从月，屰聲。"清朱駿聲《通訓定聲》："《釋名·釋天》：'朔，月初之名也。'《白虎通·四時篇》：'月言朔。'《儀禮·士喪禮》：'朔月奠。'注：'朔月，月朔也。'"本條二詞之追溯義爲其聲符"朔"所載之顯性語義。又"朔"字从屰得聲，《說文》"屰"篆訓"不順"。"逆"亦从屰得聲，有逆反義，追溯即逆行，義亦相通。綜言之，"遡""愬"之語源可明。

624 害聲

(1640) 犗轄（禁制義）

犗 犍牛，禁止生育者，引申爲閹割義，閹割即制止、制約其生育。《説文·牛部》："犗，騬牛也。从牛，害聲。"清朱駿聲《通訓定聲》："《廣雅·釋獸》：'犍也。'今謂之騸，以刀去其陰。《莊子·外物》：'巨緇，五十犗以爲餌。'"《廣韻·夬韻》："犗，犍牛。"南朝宋劉義慶《世説新語·排調》："明帝問周伯仁：'真長何如人？'答曰：'故是千斤犗特。'"按，"犗"亦移以言人，謂宮刑。《説文》同部"犍"篆訓"犗牛"。閹割一稱"劁"，今徽歙方言猶如是。

轄 車鍵，所以止耑者。其字亦作"鎋"。《説文·車部》："轄，鍵也。"清朱駿聲《通訓定聲》："《左哀三傳》：'巾車脂轄。'"《廣韻·鎋韻》："鎋，車軸頭鐵。轄，上同。"晉葛洪《抱朴子·應嘲》："墨子刻木鷂以厲天，不如三寸之車鎋。"引申之則有管制、卡住、夾住等義，實皆禁制義。《遼史·國語解》："轄者，管束之義。"唐杜佑《通典·職官四》："右丞掌刑部、駕部等十一曹，亦管轄臺中，唯不彈糾，餘悉與左同。"《太平廣記》卷四百二十八引《續玄怪録》："其西有窗亦甚堅。虎怒搏之，欞折，陷頭於中，爲左右所轄，進退不得。"

〔推源〕 此二詞俱有禁制義，爲害聲所載之公共義。聲符字"害"所記録語詞謂傷害，引申之則有妨礙義。《説文·宀部》："害，傷也。从宀，从口。宀、口，言從家起也。丯聲。"清朱駿聲《通訓定聲》："《墨子·經上》：'害，所得而惡也。'《荀子·臣道》：'鬥，怒害也。'……《漢書·董仲舒傳》注：'猶妨也。'《穀梁文十一傳》：'俠害中國。'"按，傷害、妨礙當與禁制義相通，"犗"謂閹割，即禁制其生育，亦傷害、妨礙其生育功能。本條二詞之禁制義當爲聲符"害"所載之顯性語義。害聲可載禁制義，則"鍵"可證之。

害：匣紐月部；
鍵：群紐元部。

匣群旁紐，月元對轉。"鍵"，門閂，固定門扇禁止外人入內者，亦指鎖簧。清朱駿聲《説文通訓定聲·乾部》："鍵，《方言》五：'户鑰，自關而東，陳楚之間謂之鍵。'字亦作'楗'。《廣雅·釋室》：'鍵，户牡也。'《周禮·司門》：'掌授管鍵。'司農注：'管謂籥，鍵謂牡。'《禮記·月令》：'修鍵閉。'注：'鍵牡閉牝也。'《太玄·閑》：'關無鍵。'《干》：'苟鍵挈挈。'《玄攡》：'叩其鍵。'"

(1641) 愶／嚇（驚嚇義）

愶 驚嚇。元張養浩《十二月兼堯民歌·秋池散慮》："恰便似蛟龍飛繞玉崚嶒，愶的些野鹿山猿半癡憨。"

嚇 怒叱聲。《廣韻·陌韻》："嚇，怒也。"《莊子·秋水》："於是鴟得腐鼠，鵷雛過之，仰而視之曰:'嚇!'"引申爲驚嚇義。唐韓愈《縣齋有懷》:"兒童稍長成,雀鼠得驅嚇。"清吳熾昌《客窗閒話初集·無眞叟》:"不誤大王天威,故嚇嚇不能言耳。"

〔推源〕 此二詞俱有驚嚇義,其音亦相近且相通。

愲:匣紐月部;
嚇:曉紐魚部。

匣曉旁紐,月魚通轉。則其語源當同。

(1642) 豁/開(開通義)

豁 開濶通敞的山谷。字亦作"㕡"。《説文·谷部》:"㕡,通谷也。从谷,害聲。"清朱駿聲《通訓定聲》:"《廣雅·釋詁三》:'豁,空也。'《蜀都賦》:'豁險吞若巨防'。劉注:'深皃。'《史記·司馬相如傳》:'谽豁閜。'〔假借〕爲'濊'。《史記·高祖紀》:'意豁如也。'服注:'達也。'……《漢書·揚雄傳》注:'豁,開也。'按,皆空大也。《景福殿賦》:'開南端之豁達。'注:'門通之皃。'"按,"豁"之豁達義當爲本義之引申,非假借。豁達即大度,亦即開明通達。

開 開門,引申爲開通、通達義。《説文·門部》:"開,張也。"清朱駿聲《通訓定聲》:"《爾雅·釋言》:'開,闢也。'《小爾雅·廣詁》:'開,達也。'《方言》六:'開户,楚謂之闓。'《書序》:'東郊不開。'《老子》:'天門開闔。'〔轉注〕《晉語》:'樂以開山川之風。'注:'通也。'《周書·武順》:'一卒居前曰開。'注:'猶啓也。'"

〔推源〕 此二詞俱有開通義,其音亦相近且相通。

豁:曉紐月部;
開:溪紐微部。

曉溪旁紐,月微旁對轉。則其語源當同。

625　家聲

(1643) 嫁稼(安置義)

嫁 女子出嫁,即安置于夫家之義。《説文·女部》:"嫁,女適人也。从女,家聲。"清朱駿聲《通訓定聲》:"按,家亦意。《爾雅·釋詁》:'嫁,往也。'《易·序卦》'歸妹'虞注:'嫁,歸也。'……《方言》三:'女謂之嫁子。'注:'言往適人。'"《廣韻·禡韻》:"嫁,家也,故婦人謂嫁曰歸。"《詩·大雅·大明》:"摯仲氏任,自彼殷商,來嫁於周。"《韓詩外傳》卷四:"有無相貸,飲食相招,嫁娶相謀,漁獵分得。"

稼 種植,即種子安置于所種處之義。《説文·禾部》:"稼,一曰稼,家事也。"清朱駿聲《通訓定聲》:"《詩·伐檀》:'不稼不穡。'傳:'種之曰稼,收之曰穡。'《大荒南經》:'巫䰢民不稼不穡食也。'《書·洪範》：'土爰稼穡。'……《儀禮·少牢禮》：'宜稼于田。古者后稷作稼。'〔聲訓〕《周禮·序官》：'司稼。'注：'種穀曰稼，如嫁女以有所生。'"《廣韻·禡韻》："稼，稼穡。種曰稼，斂曰穡。"

〔推源〕 此二詞俱有安置義，爲家聲所載之公共義。聲符字"家"所記録語詞之本義爲家室，人所安居者，本寓安義。《説文·宀部》："家，居也。从宀，豭省聲。"清朱駿聲《通訓定聲》："《詩·緜》：'未有家室。'傳：'室内曰家。'《易·襦卦》傳：'家，人内也。'"引申之則有安居義，即人安置于某處義。《史記·秦始皇本紀》："及奪爵遷蜀四千餘家，家房陵。"然則本條二詞之安置義爲其聲符"家"所載之顯性語義。家聲可載安置義，即"安"可證之。

家：見紐魚部；
安：影紐元部。

見影鄰紐，魚元通轉。"安"，安静、安定。《説文·宀部》："安，静也。从女在宀下。"清朱駿聲《通訓定聲》："《爾雅·釋詁》：'安，定也。'又'止也'。《廣雅·釋詁四》：'安，静也。'……《周書·謚法》：'好和不争曰安。'《易·繫辭下》：'利用安身。'九家注：'處也。'《左文十一傳》：'自安于夫鍾。'注：'處也。'"引申之則有安置義。晉干寶《搜神記》卷十二："秦時，南方有落頭民，其頭能飛……將軍朱桓得一婢，每夜卧後，頭輒飛去……至曉頭還，礙被，不得安，兩三度墮地，噫咤甚愁，體氣甚急，狀若將死。乃去被，頭復起，傅頸。"北魏賈思勰《齊民要術·安石榴》："其斸根栽者，亦圓布之，安骨石於其中也。"

626 突聲

(1644) 㴱/沈（深義）

㴱 深淺字，後世作"深"。《説文·水部》："㴱，水。出桂陽南平，西入營道。从水，突聲。"清朱駿聲《通訓定聲》："深水也。……〔别義〕《説文》'突'篆下：'突，深也。'此必非水名之深，則爲深淺之深可知，而深淺爲'深'之一義，亦可知文脱耳。《爾雅·釋言》：'深，測也。'《説文》：'測，深所至也。'其實不淺當爲'深'之本訓，以稱水者，託名幖識字。《水經·深水注》引吕忱《字林》：'一名邃水。'邃亦深之謂也……《老子》：'深矣遠矣。'注：'深不可測也。'"《廣韻·沁韻》："深，不淺也。"《詩·小雅·小旻》："如臨深淵，如履薄冰。"唐劉禹錫《陋室銘》："山不在高，有仙則名；水不在深，有龍則靈。"

沈 山嶺上凹處積水，引申爲沉没義，又引申爲深義。《説文·水部》："沈，陵上滈水也。从水，冘聲。"清朱駿聲《通訓定聲》："謂山上雨積淳潦，俗字誤作'沉'。〔假借〕爲'湛'。《小爾雅·廣詁》：'沈，没也。'……《莊子·外物》：'慰㬷沈屯。'司馬注：'深也。'"按，非假借，乃引申。《廣韻·侵韻》："沈，没也。沉，俗。"《漢書·司馬相如傳下》："決江疏河，灑沈澹灾,東歸之於海,而天下永寧。"唐顔師古注:"沈,深也。"南朝梁江淹《雜體詩三十首》之二十七:"羽衛藹流景,綵吹震沈淵。"

〔推源〕 此二詞俱有深義,其音亦同,書紐雙聲,侵部疊韻,則其語源當同。其"深"字乃以突聲載其深義,聲符字"突"所記録語詞謂竈上煙囱,又有"深"訓。《説文·穴部》:"突,深也。一曰竈突。从穴,从火,从求省。"清朱駿聲《通訓定聲》:"此字從穴中有火,會意;'又'者,'有'省。本訓當是竈窗。〔假借〕爲'深'。《詩·殷武》:'罙入其阻。'傳:'罙,深也。'"按,朱氏"本訓當是竈窗"説可從。《廣韻·感韻》:"突,竈突。"按"突""罙"一字。《淮南子·脩務訓》:"孔子無黔突,墨子無煖席。"然"突"之深義非假借,當爲引申義。馬王堆漢墓帛書《戰國縱橫家書·蘇秦自齊獻書于燕王章》:"臣之德王,突于骨隨(髓)。"然則"深"之深義爲其聲符"突"所載之顯性語義。

(1645) 琛／珍（珍貴義）

琛 珍寶。簡作"琛",亦作"賝"。《廣韻·侵韻》:"琛,琛寶也。"清朱駿聲《説文通訓定聲·臨部》:"琛,从玉,突聲。《爾雅·釋言》:'琛,寶也。'舍人注:'美寶曰琛。'《詩·泮水》:'來獻其琛。'傳:'寶也。'《海賦》:'天琛水怪。'注:'天琛,自然之寶也。'……此字許書未録,今據《太平御覽》引《説文》有'琛',補附于此。字亦作'賝'。"引申爲珍貴、珍美義。《後漢書·西域傳·贊》:"邈矣西胡,天之外區,土物琛麗,人性淫虛。"《集韻·侵韻》:"琛,或从貝。"前蜀杜光庭《賀西域胡僧朝見表》:"由是睬寶川馳,梯航霧集,貢無虛月,史不絕書。"

珍 寶物,珍貴者。《説文·玉部》:"珍,寶也。从玉,㐱聲。"清朱駿聲《通訓定聲》:"《爾雅·釋詁》:'珍,美也。''珍,獻也。'《廣雅·釋詁三》:'珍,重也。'《周禮·典瑞》:'珍圭。'注:'王使之瑞節。'《楚辭·招魂》:'多珍怪些。'注:'金玉爲珍。'"按,《爾雅》《廣雅》所訓皆引申義。"珍"又引申爲珍貴義。《廣韻·真韻》:"珍,貴也。"《漢書·高帝紀上》:"沛公居山東時,貪財好色,今聞其入關,珍物無所取,婦女無所幸,此其志不小。"《後漢書·陳禪傳》:"單于懷服,遺以胡中珍貨而去。"

〔推源〕 此二詞俱有珍貴義,其音亦相近且相通。

琛:透紐侵部;

珍:端紐文部。

透端鄰紐,侵文通轉。則其語源當同。

(1646) 深揬（試探義）

深 有"測"訓,前第1644條清朱駿聲氏已引,所訓即測量、試探義。《商君書·禁使》:"深淵者,知千仞之深,縣繩之數也。"其"深淵"異文作"探淵"。《列子·黃帝》:"彼將處乎不深之度,而藏乎無端之紀。"清王引之《經義述聞》:"不深,不測也,是'深'亦爲測也。"

揬 摸取,引申爲試探、探究義。《説文·手部》:"揬,遠取之也。从手,突聲。"清朱駿聲《通訓定聲》："《爾雅·釋詁》：'探，取也。'注：'摸取也。'《釋言》：'探，試也。'注：'刺探嘗試。'《易·繫辭上傳》：'探賾索隱。'疏：'謂闚探。'……《漢書·淮南王安傳》：'深探其獄。'注：'窮其根原也。'"《廣韻·覃韻》：「探，《說文》作'撢'。"《三國志·魏志·華歆傳》："賊憑恃山川，二祖勞於前世，猶不克平，朕豈敢自多，謂必滅之者。諸將以爲不一探取，無由自弊，是以觀兵以闚其釁。"

〔推源〕 此二詞俱有試探義，爲突聲所載之公共義。聲符字"突"所記録語詞謂竈突，又有深義，試探義當與深義相通。突聲可載試探義，則"試"可證之。

突：定紐侵部；
試：書紐職部。

定書（審三）準旁紐，侵職通轉。"試"，使用，引申爲嘗試、試探義。《說文·言部》："試，用也。从言，式聲。《虞書》曰：'明試以功。'"清朱駿聲《通訓定聲》："《書·盤庚》：'今予將試以汝遷。'〔轉注〕《廣雅·釋詁三》：'試，嘗也。'《易·无妄》：'不可試也。'……《秦策》：'臣請試之。'注：'猶嘗視也。'"《字彙·言部》："試，探也。"《韓非子·揚權》："下匿其私，用試其上。"梁啓雄《簡釋》："臣下隱藏著姦私來試探君上。"《晏子春秋·雜篇上》："夫范昭之爲人也，非陋而不知禮也，且欲試我君臣，故絶之也。"

627　窄聲

（1647）榨醡（擠壓義）

榨　榨油具。《廣韻·禡韻》："榨，打油具也。出《證俗文》。"按徽歙南鄉人稱之爲"油榨"。其物以巨木刳空其腹横置於地，磨豆成粉，蒸之，置鐵箍中，以稻草裹之。鐵箍十數個置樹腹中，加木楔，衆人擡粗木撞之，擠壓而出油汁，即"榨油"。故引申爲擠壓義。宋周邦彥《汴都賦》："坤靈因贔屭而跼踏，土怪畏榨壓而妥貼。"其字亦以"搾"爲之。宋莊季裕《雞肋編》卷上："（胡麻）炒焦壓榨才得生油。"

醡　字从酉，所記録語詞謂擠壓酒糟以出酒液之器。《玉篇·酉部》："醡，造酒。醡，同醝。"《廣韻·禡韻》："醡，壓酒具也。出《證俗文》。"沈兼士《聲系》："案'醡'，《集韻》作'榨'。"按，《集韻》並云："醡，或作'榨'。"實則二者非異體字。"榨"爲榨油具，"醡"爲榨酒者，非一物。宋黃庭堅《次韻楊君全送酒》："醡頭夜雨排簷滴，盃面春風繞鼻香。"引申爲擠壓、榨取義。宋楊萬里《夜飲》："酒新今晚醡，燭短昨宵餘。"明湯顯祖《紫釵記·吹臺避暑》："暈珍珠，醡盡酸甜，留下水晶天乳。"

〔推源〕 此二詞俱有擠壓義，爲窄聲所載之公共義。聲符字"窄"所記録語詞謂狹窄。《廣韻·陌韻》："窄，狹窄。"《尉繚子·兵教下》："城大而地窄者，必先攻其城。"唐杜甫《潼關吏》：“丈人視要處，窄狹容單車。”按，“狹窄”與“窄狹”爲同素逆序詞。引申之，“窄”又有縮小、窘迫義，其字又爲"酢"之初文，此皆可證本條二詞之擠壓義爲其聲符"窄"所載之顯性語義。

628　容聲

（1648）溶偠搈鎔（動義）

溶　水勢盛大，引申爲水波動蕩。《説文·水部》：“溶，水盛也。从水，容聲。”清朱駿聲《通訓定聲》：“《楚辭·逢紛》：'體溶溶而東回。'注：'波兒。'亦重言形況字。《高唐賦》：'洪波淫淫之溶㴱。'注：'猶蕩動也。'”清鄭鉽《送族弟瀛州之官安縣七十韻》：“浮山嶂嵽嵲，黑水波溶㴱。”亦泛指動。《韓非子·揚權》：“動之溶之，無爲而改之。”

偠　不安。按動蕩則不安，實即動義。《説文·人部》：“偠，不安也。从人，容聲。”清段玉裁注：“與水波溶溶意義略同，皆動蕩兒也。”按《正字通》云“疾病不安”，義亦相通。

搈　動摇。《説文·手部》：“搈，動搈也。从手，容聲。”南唐徐鍇《繫傳》：“《淮南子》：'動搈無形之域。'”清朱駿聲《通訓定聲》：“按，猶言動摇。《廣雅·釋詁一》：'搈，動也。'《孟子》：'動容周旋皆中禮。'以'容'爲之。”按“動搈”“動容”爲同一詞，其字則“搈”爲正字。《廣韻·鍾韻》：“搈，不安。”其義亦與動摇義相通。

鎔　鑄器之模型，引申爲熔化義，其字後起作“熔”。按，熔化則即物動而分解。《玉篇·金部》：“鎔，鎔鑄也。”《廣韻·鍾韻》：“鎔，鎔鑄也。”按，凡金屬先熔化而後可鑄，故曰“鎔鑄”。清朱駿聲《説文通訓定聲·豐部》：“鎔，《倉頡篇》：'鎔，炭爐所以行消鐵也。'”南朝陳徐陵《天台山館徐則法師碑》：“玉粒雖軟，金膏未鎔。”《宋史·趙安易傳》：“募工鑄大錢百餘進之，極其精好，俄墜殿階皆碎，蓋鎔鑠盡其精液矣。”

〔推源〕　諸詞俱有動義，爲容聲所載之公共義。聲符字“容”所記録語詞之本義爲容納，其引申義系列與動義亦不相涉。然可以其容聲載動義。“動搈”一作“動容”即爲一例。清朱駿聲《説文通訓定聲·豐部》：“容，《廣雅·釋訓》：'从容，舉動也。'”容聲可載動義，“涌”可證之。“容”“涌”同音，余紐雙聲，東部疊韻。“涌”，水涌動，涌起，見本典第七卷“邕聲”第1673條“推源”。

（1649）鎔瓬（容納義）

鎔　鑄器之模型，空而可容納金屬液者。《説文·金部》：“鎔，冶器法也。从金，容聲。”清朱駿聲《通訓定聲》：“按，木曰模，水曰法，土曰型，竹曰笵，金曰鎔。《漢書·董仲舒傳》：'猶金之在鎔，惟冶者之所爲。'注：'謂鑄器之模範也。'《食貨志》：'冶鎔炊炭。'注：'作錢模也。'《史記·平準書》：'姦或盜摩錢裏取鎔。'”

瓬　陶器，可容納物者。《説文·瓦部》：“瓬，器也。从瓦，容聲。”清朱駿聲《通訓定聲》：“《廣雅·釋器》：'瓬，瓶也。'”《説文·缶部》：“缾，罋也。从缶，並聲。瓶，缾或从瓦。”

按,"瓦""缶"皆爲陶器總稱。《玉篇·瓦部》及《廣韻·鍾韻》:"瓬,甏也。"

〔推源〕 此二詞俱有容納義,爲容聲所載之公共義。聲符字"容"所記錄語詞之本義即容納。《説文·宀部》:"容,盛也。从宀、谷。"南唐徐鉉等注:"屋與谷皆所以盛受也。"清朱駿聲《通訓定聲》:"《書·洪範》:'思曰容。'《漢書·五行志》:'言寬大包容。'《春秋繁露》:'容者,言無不容。'按,宇宙之大,古今之遥,惟思能容。《秦誓》:'其心休休焉,其如有容。'……《荀子·解蔽》:'故曰心容。'注:'受也。'"容聲可載容納義,則"融"可證之。

容:余紐東部;

融:余紐冬部。

雙聲,上古音東、冬無别,則亦疊韻。"融",融合,即容納他物、他人之義。唐楊炯《王勃集序》:"契將往而必融,防未來而先制。"明唐順之《大觀草堂記》:"方吾之心間無事以逍遥乎草堂,而觀於魚鳥之飛鳴而潛泳,煙雲之出没而隱映,融然若有凝於精,爽然若有釋於神,是以物無逆於目,目無逆於心,心無逆於物。"

(1650) 镕俗(容顏義)

镕 打扮容貌。《廣韻·鍾韻》:"镕,餙镕。"《玉篇·食部》:"餙,同'飾',俗。"《字彙·長部》:"镕,飾也。"

俗 容貌美麗者。《廣韻·鍾韻》:"俗,俗華……又《漢書》婦官有俗華。"清朱駿聲《説文通訓定聲·豐部》:"俗,〔假借〕爲'容',實爲'頌'。《説文》:'一曰俗華。'《漢書·外戚傳》:'至武帝,制倢伃娙娥、俗華、充依。'注:'俗俗猶言奕奕也,便習之意也。'按,昭儀、倢伃之下第三等,其秩視二千石。"按,"俗華"即美麗之人,所謂"俗俗"即輕巧美貌義。"俗"字从人,表美貌義,無煩假借。今大徐本《説文·人部》作"俗,一曰華",與朱氏所引者稍異,"華"蓋亦華美義。

〔推源〕 此二詞俱有容顏義,爲容聲所載之公共義。聲符字"容"所記錄語詞之本義爲容納,人之容貌如人體所容納者,故又有容顏之衍義。《玉篇·宀部》:"容,容儀也。"《廣韻·鍾韻》:"容,儀也。"清朱駿聲《説文通訓定聲·豐部》:"容,《禮記·雜記》:'感容稱其服。'注:'威儀也。'《左昭九傳》:'物有其容。'注:'貌也。'"容聲可載容顏義,則"頌"可證之。

容:余紐東部;

頌:邪紐東部。

疊韻,余(喻四)邪鄰紐。"頌",容貌,容顏。《説文·頁部》:"頌,皃也。从頁,公聲。額,籀文。"清朱駿聲《通訓定聲》:"《漢書·儒林傳》:'魯徐生善爲頌。'《楊統碑》:'庶考斯之頌儀。'"宋王觀國《學林·容頌》:"字書'頌'字亦音容,而'頌'亦作'額',有形容之義。故《詩序》曰:'頌者,美盛德之形容。'"

(1651) 溶裕（大義）

溶 其本義《説文》訓"水盛"（見前第 1648 條），即水勢盛大義，引申之則有廣大義。《廣韻·鍾韻》及《腫韻》："溶，水皃。"清朱駿聲《説文通訓定聲·豐部》："溶，單辭形況字。《漢書·揚雄傳》：'溶方皇於西清。'注：'溶然閑暇兒。'《文選》注：'盛兒。'《後漢·張衡傳》：'氛旄溶以天旋兮。'注：'廣大兒。'又重言形況字。《楚辭·愍命》：'心溶溶其不可量兮。'注：'廣大兒。'"唐元結《宴湖上亭作》："舫去若驚鳧，溶瀛滿湖浪。"

裕 襌裕，衣之寬大者。《廣韻·鍾韻》："裕，襌裕。"按，一名"襜褕"。《方言》卷四："襜褕，江、淮、南楚謂之襌裕，自關而西謂之襜褕。"清錢繹《箋疏》："襌裕之言從容也。"按，所謂"從容不迫"，衣寬大則不緊迫。《史記·魏其武安侯列傳》："元朔三年，武安侯坐衣襜褕入宮，不敬。"《漢語大詞典·衣部·襜褕》："古代一種較長的單衣。有直裾和曲裾二式，爲男女通用的非正朝之服，因其寬大而長作襜襜然狀，故名。"按"裕"亦單用。唐白居易《元九以綠絲布白輕裕見寄制成衣服以詩報知》："綠絲文布素輕裕，珍重京華手自封。"

〔推源〕 此二詞俱有大義，爲容聲所載之公共義。聲符字"容"所記錄語詞之本義爲容納，故有寬容、包容、寬大之衍義，清朱駿聲氏引《書·洪範》《漢書·五行志》《春秋繁露》等詳述此義，見第 1649 條"推源"欄。《書·君陳》："必有忍，其乃有濟；有容，德乃大。"唐孔穎達疏："有所寬容，其德乃能大。"《漢書·王嘉傳》："唯陛下留神于擇賢，記善忘過，容忍臣子，勿責以備。"然則本條二詞之大義爲其聲符"容"所載之顯性語義。又，龍聲字所記錄語詞"龐""巃""䮾""壟""寵""瀧""朧""隴"等俱有高大義，見殷寄明著《漢語同源字詞叢考》第 74 條及本典"龍聲"。容聲、龍聲本相近且相通。

容：余紐東部；

龍：來紐東部。

疊韻，余（喻四）來準雙聲。然則可相互爲證。

629　宰聲

(1652) 葘滓胏（渣義）

葘 用菜作羹，即制成菜渣之義。《説文·艸部》："葘，羹菜也。从艸，宰聲。"清朱駿聲《通訓定聲》："謂烹菜爲羹。字亦作'烖'。"清段玉裁注："謂取菜羹之也。"張舜徽《約注》："錢坫曰：'《玉篇》：莊里切。今吳俗以蔬菜和肉爲羹，命之曰葘頭。'舜徽按，湖湘間稱爲葘湯，湯即羹之語轉。葘之爲言澬也，謂以菜和羹也。"《集韻·海韻》："烖，烹也。"

滓 沉澱物，渣子。《説文·水部》："滓，澱也。从水，宰聲。"清朱駿聲《通訓定聲》："泥之黑者爲滓。字亦作'淄'。《太玄·更》：'化白于泥淄。'"《廣韻·止韻》："滓，澱也。"《説文》同部："㴬,滓滋也。"北魏賈思勰《齊民要術·煮䊦》："䊦末一斗,以沸湯一升沃之,不用膩器,淅箕漉出滓。"宋黎靖德編《朱子語類》卷十六："正如金已是真金了,只是鍛煉得微不熟,微有些渣滓去不盡。"

腪 肉醬,即肉之碎渣。北魏賈思勰《齊民要術·作腪奧糟苞》："作腪肉法:驢、馬、猪肉……煮供朝夕食,可以當醬。"唐段成式《酉陽雜俎·酒食》："膴肉法、腪肉法。"按,《説文》以"腪"爲"囟"之或體,謂囟門腦蓋骨,其字从肉,指肉醬,爲套用字。

〔推源〕 諸詞俱有渣義,爲宰聲所載之公共義。聲符字"宰"所記録語詞之本義爲充當家奴之罪人,引申爲主宰、治理義,又引申爲分割、屠宰義。凡物分割則成碎渣,義當相通。故"宰"又爲"滓"之初文。《説文·宀部》："宰,辠人在屋下執事者。从宀,从辛。辛,辠也。"清王紹蘭《訂補》:"《漢書·揚雄傳》言:'胥靡爲宰。'……晉灼曰:'胥,相也;靡,隨也。古者相隨坐輕刑之名。'此皐人爲宰之證。"清朱駿聲《通訓定聲》:"屋下制治皐人謂之宰……《史記》:'陳平曰:宰天下不當如是肉邪。'本義當爲宰割。"按,王説是,宰割當爲其引申義。《武威漢代醫簡》:"付子甘果,皆父猪肪三斤,煎之五沸,浚去宰,有病者取。"宰聲可載渣義,則"渣"可證之。

宰:精紐之部;
渣:莊紐魚部。

精莊準雙聲,之魚旁轉。"渣",碎渣,渣滓。《正字通·水部》:"渣,俗以此爲渣滓字。"按"渣"亦水名,指渣滓蓋用套用字。章炳麟《新方言·釋器》:"今人謂糟滓爲苴作,側加反,俗字作'渣'。"《南齊書·張融傳》:"若木於是乎倒覆,折扶桑而爲渣。"

(1653) 縡/載(事義)

縡 絲織品之總稱。《説文·糸部》:"繒,帛也……縡,籀文繒,从宰省。揚雄以爲漢律祠宗廟丹書告。"清朱駿聲《通訓定聲》:"揚雄以爲漢律祠宗廟丹書告神之帛如此作。按宰曾一聲之轉。《説文新附》作'縡'。《三蒼》:'雜帛曰繒'。〔假借〕又爲'載',實爲'事'。《廣雅·釋詁三》:'縡,事也。'《甘泉賦》:'上天之縡。'注:'與載同。'"今按,實非假借,乃引申。繒帛乃文字之載體,文字以記事,故"縡"有載、事之衍義。《廣韻·海韻》:"縡,載也。"又《代韻》:"縡,事也。出《字林》。"《新唐書·杜裴李韋傳·贊》:"皆足穆天縡,經國體,撥衰奮王,菑攘四方。"

載 乘坐,在車爲承載,引申之則有保藏、收藏義,又引申爲記載、事義。《説文·車部》:"載,乘也。"清朱駿聲《通訓定聲》:"《易·暌》:'載鬼一車。'〔轉注〕《廣雅·釋詁三》:'載,伎也。'〔假借〕又爲'事'。《小爾雅·廣詁》:'載,事也。'《廣言》:'載,行也。'《周書·謚法》:'載,事也。'《虞書》:'有能奮庸熙帝之載。'鄭注:'行也。'傳:'事也。'《禹貢》:'冀州既載。'鄭注:'載之言事。'《釋文》:'載,載於書也。'《周禮·地官》:'載師。'注:'載之言事也。'……《詩·文王》：'上天之載。'傳：'事也。'"今按，非假借，乃引申。《廣雅》所訓"戋"即保藏、收藏義，與記載義相通。事可記載，所記載者即事。引申軌迹可知。元戴侗《六書故·工事三》："載，記載於簡册者亦曰載。"按，記載爲"戴"之常義。

〔推源〕 此二詞俱有事義，其音亦同，精紐雙聲，之部疊韻。其語源當同。

(1654) 聹/鈍（不敏義）

聹 耳聾，聽覺不靈敏。《説文·耳部》："聹，益梁之州謂聾爲聹；秦晉聽而不聞、聞而不達謂之聹。从耳，宰聲。"清朱駿聲《通訓定聲》："《方言》六：'聹，聾也。半聾梁益之間謂之聹。秦晉之間，聽而不聰，聞而不達，謂之聹。'注：'聹，言胎聹煩憤也。'"《廣韻·海韻》："聹，半聾。《字林》云：'秦音聽而不聰、聞而不達曰聹。'"沈兼士《聲系》："案'秦音'，各本均作'秦晉。'"

鈍 不鋒利，引申爲魯鈍。魯鈍即反應不靈敏。《説文·金部》："鈍，錭也。"清朱駿聲《通訓定聲》："《文選·檄吳吳將校部曲》：'兵不鈍鋒。'〔轉注〕《史記·周勃世家》注：'俗謂愚爲鈍椎。'《廣雅·釋詁四》：'鈍，遲也。'"《廣韻·慁韻》："鈍，頑也。"《漢書·鮑宣傳》："臣宣呐鈍於辭，不勝惓惓，盡死節而已。"

〔推源〕 此二詞俱有不敏義，其音亦相近且相通。

聹：精紐之部；

鈍：定紐文部。

精定鄰紐，之文通轉。則其語源當同。按，今徽歙方言猶稱刀不鋒利爲"宰"，又稱不善於表達爲"嘴宰"，蓋亦古語，足可證此二詞同出一源。

630 扇聲

(1655) 搧煽蝙（扇動義）

搧 扇動。《玉篇·手部》："搧，動也。"宋李石《擣練子·送別》："扇兒搧，瞥見些。"《西遊記》第八十九回："八戒使兩個耳朵搧風，把一個巢穴霎時燒得乾净。"按，"搧"字从手，扇聲，亦謂批擊。人之手掌如扇，批擊即扇動而擊之。其義亦相通。

煽 《廣韻·仙韻》及《線韻》皆訓"火盛"，又有扇動使火盛義，蓋爲因果引申。《字彙·火部》："煽，使火熾。"《水滸全傳》第二十四回："王婆只做不看見，只顧在茶局裏煽風爐子，不出來問茶。""煽"又有鼓動、蠱惑義，即抽象性扇動義。《舊五代史·唐書·明宗紀四》："龍眰所部之衆……在途聞李嚴爲孟知祥所害，以爲劍南阻絶，互相煽動。"按，"煽"又有飄蕩、扇動義。清朱駿聲《説文通訓定聲·乾部》："《蜀都賦》：'高爓飛煽于天垂。'"

蝙 動物扇動翅膀。其字亦以"扇"爲之。《説文·虫部》："蝙，蠅醜蝙，摇翼也。从虫，扇聲。"《廣韻·線韻》:"螁,蠅動翅也。"清朱駿聲《説文通訓定聲·乾部》:"《爾雅·釋蟲》:'蠅醜扇。'注:'好摇翅。'《方言》十二:'摇,扇疾也。'"晉習鑿《長鳴雞賦》:"扇六翮以增輝,舒毛毳而不垂。"按,"螁"所記録之語詞存乎語言,唯典籍以"扇"字爲之,"螁"則爲其正字。

〔推源〕 諸詞俱有扇動義,爲扇聲所載之公共義。聲符字"扇"從户,所記録語詞之本義爲門扇,門扇可開合,開合則如扇動。"扇"亦指扇子,爲比喻引申義,扇子可摇動,故又引申爲扇動義。《説文·户部》:"扇,扉也。从户,从羽聲。"清段玉裁注:"从户、羽。从羽者,如翼也。"清朱駿聲《通訓定聲》:"从户、从羽,會意,門兩傍如羽翼也。《禮記·月令》:'乃脩闔扇。'注:'用竹葦曰扇。'〔轉注〕《方言》五:'篗,自關而西謂之扇。'按即翣也。"《廣韻·仙韻》:"扇,扇涼。"《集韻·仙韻》:"扇,摇翣也。"《淮南子·人間訓》:"武王蔭暍人於樾下,左擁而扇之。"晉孫綽《望海賦》:"華組依波而錦披,翠綸扇風而繡舉。"然則本條諸詞之扇動義爲其聲符"扇"所載之顯性語義。扇聲可載扇動義,則"閃"可證之。

扇:書紐元部;

閃:書紐談部。

雙聲,元談通轉。"閃",偷窺,引申爲閃動、忽隱忽現義。《説文·門部》:"閃,窺頭門中也。从人在門中。"清朱駿聲《通訓定聲》:"會意。《禮記·禮運》'故魚鮪不淰'注:'淰之言閃也。'疏:'閃是忽有忽無,故字从門中人也。'"又引申爲動摇不定義,此與扇動義近且相通。心中猶豫、動摇不定即左右摇擺,如扇之左右扇動。漢崔寔《政論》:"心閃意舛,不知所云。"明歸有光《史稱安隗素行何如》:"以吾之明白疎闊,洞然無防閑之設,立彼閃忽詭詐之中,機智陷穽之區,斯時也,勢不足恃也,恃吾之有道而已。"

631 冥聲

(1656) 暝瞑艷溟覭(暗義)

暝 傍晚,日漸暗。《廣韻·徑韻》:"暝,夕也。"《樂府詩集·雜曲歌辭·焦仲卿妻》:"晻晻日欲暝,愁思出門啼。"引申爲昏闇、黑闇。《廣韻·青韻》:"暝,晦暝也。"清朱駿聲《説文通訓定聲·鼎部》:"《禮記·曲禮》注:'闇,暝也。'"戰國楚宋玉《神女賦》:"闇然而暝,忽不知處。"唐谷神子《博異志·張遵言》:"四郎怒,以酒卮擊牙盤一聲,其柱上明珠,穀穀而落,暝然無所睹。"

瞑 瞑目(見後條),引申爲昏花、黑暗義。《廣韻·霰韻》:"瞑,瞑眩。"《字彙·目部》:"瞑,目不明。"清朱駿聲《説文通訓定聲·鼎部》:"瞑,〔轉注〕《周書·太子》:'晉請使瞑臣往與之言。'注:'無目故稱瞑。'《素問·氣厥論》:'瞑目。'注:'暗也。'又《方言》三:'凡飲藥、傅藥而毒謂之瞑,或謂之眩。'《孟子》:'《書》曰:若藥不瞑眩。'按,迷悶不清明之謂。《荀子·

非十二子》：'瞑瞑然。'注：'視不審之皃。'"按，《方言》所訓蓋謂藥物反應，即頭暈而目昏黑之義。

䫄 青黑色，即闇色。其字亦作"顡"，二者均从冥聲，俱以冥聲載黑闇義。《廣韻·徑韻》："䫄，䫄䫄，青黑。"又《錫韻》："顡，顡顡，黑青。"清李斗《揚州畫舫錄·草河錄上》："玄青元在緅緇之間，合青則爲䫄䫄。"按，《玉篇》"顡"訓"草木叢"，則即幽闇義。

溟 小雨濛濛（見後第1658條），引申爲迷茫、不明義，實即暗義。《廣韻·青韻》："溟，海也。"按，"海"即不明邊際之水域。日不明曰"晦"，水之邊際不明曰"海"，俱以每聲載暗、不明義。清朱駿聲《說文通訓定聲·鼎部》："溟，〔假借〕爲'冥'。《列子·湯問》：'有溟海者。'《釋文》：'水黑色謂溟海。'《莊子·逍遙遊》：'北溟有魚。'李洪範注：'廣大窈冥，故以溟爲名。'嵇康注：'取其溟漠無涯也。'……《吳都賦》注：'嶸溟鬱岪，山氣暗昧之狀。'《海賦》：'經途瀴溟。'注：'猶絕遠杳冥也。'"按，當爲引申，無煩假借。唐鄭谷《送許棠先輩之官涇縣》："蕪湖春蕩漾，梅雨晝溟濛。"清劉鶚《老殘遊記》第二十九章："四望夜色溟濛，明河皎潔。"

覭 暗淡而視不審。《說文·見部》："覭，小見也。从見，冥聲。《爾雅》曰：'覭髳，弗離。'"清朱駿聲《通訓定聲》："覭髳，猶溟濛；弗離，猶紛綸也。"章炳麟《國故論衡·原學》："有所自得，古先正之所覭髳，賢聖所以發憤忘食，員輿之上諸老先生所不能理，往釋其惑，若端拜而議，是之謂學。"其"覭髳"即不明，與"暗"同義。

〔**推源**〕 諸詞俱有暗義，爲冥聲所載之公共義。聲符字"冥"所記錄語詞之本義即幽闇、昏暗。《說文·冥部》："冥，幽也。从日，从六，一聲。日數十，十六日而月始虧，幽也。"清朱駿聲《通訓定聲》："《爾雅·釋言》：'冥，幼也。'按，謂窈也。《廣雅·釋訓》：'冥冥，暗也。'……《太玄·玄文》：'冥者明之藏也。'《易·豫》：'冥豫。'馬注：'昧也。'《升》：'冥升。'《釋文》：'日冥也。'《詩·斯干》：'噦噦其冥。'箋：'夜也。'"然則本條諸詞之暗義爲其聲符"冥"所載之顯性語義。冥聲可載暗義，則"惽"可證之。

冥：明紐耕部；

惽：明紐真部。

雙聲，耕真通轉。"惽"，昏亂，不明，實即暗義。《說文·心部》："惽，怓也。"清朱駿聲《通訓定聲》："《詩·民勞》：'以謹惽怓。'傳：'惽怓，大亂也。'"按，《說文》同部"怓"篆訓"亂"。《廣韻·真韻》："惽，亂也。"又《魂韻》："惛，惛惛，不明。又亂也。"又《肴韻》："怓，心亂。"《集韻·魂韻》："惽，或作'惛'。"《孟子·梁惠王上》："吾惽，不能進於是矣。"

（1657）幎袾瞑（覆蓋義）

幎 覆蓋物體之巾，引申爲覆蓋義。《說文·巾部》："幎，幔也。从巾，冥聲。《周禮》有'幎人'。"清朱駿聲《通訓定聲》："《周禮·天官》'幎人'注：'以巾覆物之名。'《廣雅·釋詁一》:'帡,覆也。'《二》:'幪,覆也。'《小爾雅·廣服》:'大巾謂之幪。'按,有覆尊之幪……有覆篚之幪。《儀禮·公食禮記》:'篚有蓋幂。'〔轉注〕《淮南·原道》:'舒之幎于六合。'"按,所引《淮南子》文漢高誘注:"幎,覆也。"《廣韻·錫韻》:"幎,覆也。亦作'幂'。"

幦 車前横木之覆蓋物。《廣韻·錫韻》:"幦,同'𪏵'。""𪏵,車覆軨也。"《説文·巾部》:"𪏵,䰍布也。"清朱駿聲《通訓定聲》:"《廣雅》:'覆笭謂之𪏵。'古者車前後禦風塵之筐,用竹或用䰍布。《禮記·少儀》:'拖諸幦。'疏:'車覆闌也。'《公羊昭廿五傳》:'以幦爲席。'注:'車覆笭。'"又,朱氏書《鼎部》:"《周禮·巾車》:'犬幦。''鹿淺幦。'字作'幦'。《禮記·玉藻》以'𪏵'爲之。"按,所引《周禮》文唐賈公彥疏:"犬幦,以犬皮爲覆笭者。古者男子立乘須憑軾,軾上須皮覆之,故云犬幦。"

瞑 閉眼,即眼皮覆蓋眼球之謂。《説文·目部》:"瞑,翕目也。从目、冥,冥亦聲。"清朱駿聲《通訓定聲》:"字亦作'眠'。民、冥雙聲。《楚辭·招魂》:'然後得瞑些。'注:'卧也。'《文選·養生論》:'懷殷憂則達旦不瞑。'注:'古眠字'。"按,人寐則瞑其目,此乃引申義,其本義即瞑目。《左傳·襄公十九年》:"(荀偃)二月甲寅,卒,而視,不可含。宣子盥而撫之,曰:'事吴敢不如事主!'猶視。欒懷子曰:'其爲未卒事于齊故也乎?'乃復撫之曰:'主苟終,所不嗣事于齊者有如河!'乃瞑,受含。"《資治通鑒·後梁太祖開平二年》:"若潞圍不解,吾死不瞑目。"胡三省注:"瞑,閉目也。"

〔推源〕 諸詞俱有覆蓋義,爲冥聲所載之公共義。聲符字"冥"所記録語詞之本義爲幽暗,此與覆蓋義本相通。又"冥"之構件"冖"《説文》云爲聲符,其《冖部》"冖"篆則訓"覆"。又,"冥"又爲"瞑"之初文。王重民等編《敦煌變文集》之《大目乾連冥間救母變文》:"目連冥坐虚無境,内外證心漸漸修。"明方孝孺《答胡懷秀才》:"諸生講授經義畢,輒冥目危坐。"然則本條諸詞之覆蓋義爲其聲符"冥"所載之顯性語義。冥聲可載覆蓋義,則"覆"可證之。

冥:明紐耕部;

覆:滂紐覺部。

明滂旁紐,耕覺旁對轉。"覆",覆蓋字。《説文·襾部》:"覆,一曰蓋也。"清朱駿聲《通訓定聲》:"《禮記·檀弓》:'見若覆夏屋者矣。'注:'謂茨瓦也。'"按所以覆蓋之物。《詩·大雅·生民》:"誕寘之寒冰,鳥覆翼之。"宋朱熹《集注》:"覆,蓋。"《晉書·列女傳·羊耽妻辛氏》:"祐嘗送錦被,憲英嫌其華,反而覆之,其明鑒儉約如此。"按,許慎、朱熹俱以"蓋"釋"覆",二者本可組成同義聯合式合成詞。南朝陳徐陵編《玉臺新詠》之《古詩爲焦仲卿妻作》:"枝枝相覆蓋,葉葉相交通。"

(1658)溟娊螟𧍤䆘(小義)

溟 小雨。《説文·水部》:"溟,小雨溟溟也。从水,冥聲。"清朱駿聲《通訓定聲》:"《太玄·少》:'密雨溟沐。'注:'雨之細者稱溟沐。'"《廣韻·青韻》:"溟,溟濛,小雨。"唐張泌《春江雨》:"雨溟溟,風零零,老松瘦竹臨煙汀。"元張昱《船過臨平湖》:"只因一霎溟濛雨,不得分明看好山。"

嫇　小心態。《説文·女部》:"嫇,嬰嫇也。从女,冥聲。一曰嫇嫇,小人皃。"清朱駿聲《通訓定聲》:"《字林》:'嫈嫇,心態也。'按,小心態也。"清段玉裁注:"《廣韻》'嫈'下作'嫈嫇'……即許書'嫈'下之'小心態'也。"《廣韻·迥韻》:"嫇,嫇奵,自持也。"按,此亦與小心謹慎義相通。

螟　小幼蟲。《説文·虫部》:"螟,蟲食穀葉者。吏冥冥犯法即生螟。从虫,从冥,冥亦聲。"清朱駿聲《通訓定聲》:"按,冥聲。《爾雅·釋蟲》:'食苗心,螟。'《詩·大田》:'去其螟螣。'《春秋隱五年》:'螟。'《淮南·天文》:'枉法令則多螟。'"按,朱氏所引《爾雅》文清郝懿行《義疏》:"今食苗心小青蟲,長僅半寸,與禾同色,尋之不見,故言冥冥難知……《説文》以螟爲食穀葉者,誤。"按,朱氏所引《詩·小雅·大田》文漢毛亨傳:"食心曰螟,食葉曰螣。"《資治通鑒·晉武帝咸寧四年》:"司、冀、兖、豫、荆、揚州大水,螟傷稼。"元胡三省注:"螟,食苗心之蟲。"

猽　小猪。字亦作"㹮"。《廣雅·釋獸》:"猽,豚也。"《廣韻·青韻》:"猽,小豚。㹮,上同。"《玉篇·犬部》:"㹮,小豕。"按,"豚"本小豕之稱。《方言》卷八:"豬,其子或謂之豚。"

粖　米屑,碎小之物。《玉篇·米部》:"粖,屑米。"《廣韻·霰韻》:"粖,屑米。"北魏賈思勰《齊民要術·煮粖》:"宿客足,作粖秖。粖末一升,以沸湯一升沃之;不用膩器。斷(淅)箕漉出滓,以粖箒舂取勃。勃,别出一器中。折米白煮,取汁爲白飲,以飲二升投粖汁中。"

〔**推源**〕　諸詞俱有小義,爲冥聲所載之公共義。聲符字"冥"所記録語詞之本義、引申義系列與小義不相涉,其小義乃冥聲所載之語源義。按米聲字所記録語詞"敉""粎""眯"俱有細小義,"米"謂植物之子實,其形小,見本典第三卷"米聲"第770條。冥聲、米聲本相近且相通。

冥:明紐耕部;
米:明紐脂部。

雙聲,耕脂通轉。然則庶可相互爲證。

632　鳦聲

(1659)鶴犨睢驩(白色義)

鶴　白鶴。《説文·鳥部》:"鶴,鳴九臯,聲聞于天。从鳥,隺聲。"清朱駿聲《通訓定聲》:"《詩·鳴鶴》疏:'善鳴之鳥。'《易·中孚》:'鳴鶴在陰。'虞注:'離爲鶴。'《春秋説題辭》:'鶴知夜半。'注:'水鳥也。'《舞鶴賦》注引《鶴經》:'陽鳥也。'《楚辭·遠逝》:'騰白鶴于瑶光。'注:'白鳥也。'《憂苦》:'聽玄鶴之晨鳴兮。'"虚化引申爲白色義。《孟子·梁惠王上》："《詩》云：'白鳥鶴鶴。'"宋朱熹《集注》："鶴鶴，潔白貌。"北周庾信《竹杖賦》："噫，子老矣！鶴髮雞皮，蓬頭歷齒。"清倪璠注："鶴髮，白髮也。"

㸰 白色牛。《説文·牛部》："㸰，白牛也。从牛，隺聲。"明李時珍《本草綱目·獸部·牛》："純色曰犧，黑曰牏，白曰㸰。"

雈 鳥類羽毛光澤潔白。《説文·白部》："雈，鳥之白也。从白，隺聲。"清朱駿聲《通訓定聲》："與'䨉'略同。《景福殿賦》：'雈雈白鳥。'字或誤作'皠'……又誤作'㴱'，讀如璀。韓昌黎《鬥鷄詩》：'繽紛落羽雈。'"《廣韻·沃韻》："雈，鳥白也。"又《覺韻》："雈，鳥白。"按，朱氏所引三國魏《景福殿賦》文《文選》本唐李善注："《毛詩》曰：'白鳥䨉䨉。'毛萇曰：'䨉䨉，肥澤也。'䨉與雈音義同。"又，朱氏"雈"誤作"㴱"説可參，"㸰"亦誤作"犉"，二聲符"隺""崔"以其形相似而易混。章炳麟《訄書·訂文附正名雜義》："鳥白曰雈，霜雪白曰皚，玉石白曰皦，色舉則類，形舉則殊。"

騅 白額馬。《説文·馬部》："騅，苑名。一曰馬白額。从馬，隺聲。"清朱駿聲《通訓定聲》："按，漢三十六苑之一。〔假借〕爲'駒'……疑即'駒'之或體。《儀禮·覲禮》：'匹馬卓上。'馬以駒爲貴，故漢取以名苑。"清段玉裁注："與'駒'音義皆同。"《玉篇·馬部》："騅，馬白額。"《廣韻·覺韻》："騅，馬白額。"按，依朱氏説，則許慎所訓二義本相通。《説文》同部"駒"篆訓"白額馬"，然其音與"騅"相殊異且不可通，故段氏"騅""駒"音義皆同説難從。

〔推源〕 諸詞俱有白色義，爲隺聲所載之公共義。聲符字"隺"單用本可指白鶴。唐玄應《一切經音義》卷二："古文'鶴'，今作'隺'同。"《隸釋·漢酸棗令劉熊碑》："隺鳴一震。"洪適《隸釋》："鶴在鳴上，省文作'隺'。"宋王禹偁《寄獻潤州舍人二首》之一："聞説秋來多高尚，道裝笻竹隺成雙。"按，"隺"指白鶴，非其顯性語義。"隺"之本義謂高。《説文·冂部》："隺，高至也。从隹上欲出冂。《易》曰：'夫乾隺然。'"然則其白色義乃隺聲另載者。隺聲可載白色義，則"皓"可證之。

隺：匣紐覺部；

皓：匣紐幽部。

雙聲，覺幽對轉。"皓"，潔白，字亦作"皜"。《説文·日部》："皓，日出皃。从日，告聲。"清朱駿聲《通訓定聲》："俗字作'皓'，从白。〔轉注〕《小爾雅·廣詁》：'皓，素也。'《吕覽·本生》：'靡曼皓齒。'《魯靈光殿賦》：'皓壁皜曜以月照。'《幽通賦》：'皓爾太素。'《列子·湯問》：'皜然疑乎雪。'"按，所引《列子》文之"皜"異文作"皓"。《小爾雅·廣詁》："皓，白也。"

633 冤聲

（1660）鞕氀婉鋺（圓、曲義）

鞕 畚箕類掏井泥工具，不規則圓形物。《説文·革部》："鞕，一曰抒井鞕。古以革。

从革,宛聲。鞍,鞍或从宛。"清朱駿聲《通訓定聲》:"或从宛聲。"《廣韻·阮韻》:"鞍,同鞍。"按,宛聲字所記錄語詞"琬""婉""蜿""跾""䄄""豌""碗""涴""腕""骰"俱有圓、曲義,參本典第四卷"440. 宛聲"第 1190 條。明方以智《通雅·器用》:"抒井鞍,今之水兜也……籃曰鞍,武林謂之水兜。"按,竹器圓者爲籃,方者爲筐,亦爲一證。

黫 黑色衣而有其衣緣。衣緣即衣之圓圍。《説文·黑部》:"黫,黑有文也。從黑,宛聲。"清朱駿聲《通訓定聲》:"字亦作'黦'。……《周禮·染人》:'故書夏纁玄。'……按,《儀禮·士喪禮》:'褖衣。'注:'黑衣,裳赤,緣謂之褖,褖之言緣也,所以表袍者也。'……褖即'緣'字。"

婉 順從,温順,即屈曲己意之義。字亦作"婉"。《説文·女部》:"婉,宴婉也。从女,宛聲。"清桂馥《義證》:"今作'婉'。"許書同部:"婉,順也。从女,宛聲。《春秋傳》曰:'太子痤婉。'"清朱駿聲《通訓定聲》:"《昭廿六傳》:'婦聽而婉。'《吳語》:'故婉約其辭。'〔假借〕爲'夗'。《左成十四傳》:'婉而成章。'注:'曲也。'"按,"婉"之委婉、曲折義非假借者,乃引申義。"婉"有曲義,故有"婉曲"之同義聯合式合成詞。宋謝枋得《文章軌範·小心文》:"文勢圓活而婉曲。"

鋺 鋤頭曲鐵。《玉篇·金部》:"鋺,鉏頭曲鐵也。""鉏,田器。"《説文·金部》:"鉏,立薅所用也。"《廣韻·元韻》:"鋺,鋤頭曲鐵。"

〔推源〕 諸詞俱有圓、曲義,爲宛聲所載之公共義。聲符字"宛"所記錄語詞之本義即屈曲、不伸,引申爲抽象性冤曲、冤枉義。《説文·兔部》:"宛,屈也。从兔,从冖。兔在冖下不得走,益屈折也。"清朱駿聲《通訓定聲》:"《廣雅·釋詁一》:'宛,曲也。'《四》:'詘出。'《釋言》:'枉也。'《一切經音義》引《廣雅》:'宛,抑也。'《楚辭·離世》:'哀枯腸之宛雛兮。'注:'宛,煩冤也。'"《廣韻·元韻》:"宛,屈也,枉也,曲也。"《漢書·息夫躬傳》:"宛頸折翼,庸得往兮!"唐顔師古注:"宛,屈也。"宛聲可載圓、曲義,則"圓"可證之。

宛:影紐元部;
圓:匣紐文部。

影匣鄰紐,元文旁轉。"圓",方圓字。《説文·囗部》:"圓,圜。全也。"清朱駿聲《通訓定聲》:"《易·繫辭》:'圓而神。'《大戴·曾子》:'天道曰圓,地道曰方。'《墨子·天志》:'中吾規者謂之圓。'《淮南·墜形》:'水圓折者有珠。'"按,《説文》所訓"全"即周全義,凡曲綫首尾相接則周全而成圓形,曲義、圓義本相通。又,朱氏所引《淮南子》文之"圓折"實即曲折義。

634 蚃聲

(1661) 謚/僻(静義)

謚 安静。《説文·言部》:"謚,静語也。从言,蚃聲。一曰無聲也。"清朱駿聲《通訓定聲》:"〔假借〕爲'宓'。按,《爾雅·釋詁》:'謐,静也。'《虞書》今文:'惟刑之謐哉。'《詩》:'惟天之命,誐以謐我。'《素問·氣交變大論》:'其化清謐。'又爲'宓'。《賈子·禮容》:'謐者,寧也。'"按,安寧義與安静義相通,皆無煩假借。無聲即安静,"静語"義亦與之相通。《廣韻·質韻》:"謐,静也,安也。"漢蔡邕《故太尉喬公廟碑》:"上下謐寧,八方和同。"晉葛洪《抱朴子外篇·吴失》:"五弦謐響,南風不詠。"

僻 避開,不正對,猶今言"躲到一邊",故引申爲遥遠、偏僻義。《説文·人部》:"僻,避也。从人,辟聲。《詩》曰:'宛如左僻。'"清朱駿聲《通訓定聲》:"〔轉注〕《楚辭·涉江》:'雖僻遠之何傷?'注:'左也。'《呂覽·慎行》:'而荆僻也。'注:'遠也。'"按,邊遠之地則安静,故"僻"又有安静之衍義,唯"僻"有静義,故有"僻静"之同義聯合式合成詞。宋黎靖德編《朱子語類》卷一百二十:"如人當紛争之際,自去僻静處坐,任其如何,彼之利害長短,一一都冷看破了。"

〔**推源**〕 此二詞俱有静義,其音亦相近且相通。

謐:明紐質部;

僻:滂紐錫部。

明滂旁紐,質錫通轉。則其語源當同。其"謐"字乃以螡聲載静義。聲符字"螡",《説文·皿部》云:"械器也。从皿,必聲。"清朱駿聲《通訓定聲》:"《集韻》《類篇》引《説文》皆作'拭器'。"按清段玉裁注亦改其解釋文爲"拭器"。然則本與静義不相涉,其静義乃螡聲所載之語源義。

635 展聲

(1662) 騴輾捵碾梔(轉義)

騴 馬卧於土中打滚、轉動。《廣韻·線韻》:"騴,馬上浴。"沈兼士《聲系》:"案'上',宋小字本及楝亭本均作'土'。"按,馬轉於土中則渾身沾土,如洗浴。清朱駿聲《説文通訓定聲·乾部》:"騴,《字林》云:'馬卧土中也。'據《藝文類聚》引《説文》有此字,姑附于此。按,即'展'字之轉注。《韓詩外傳》:'其馬佚而騴吾園,而食吾葵。'"北魏賈思勰《齊民要術·養牛馬驢騾》:"(馬)久汗不乾則生皮勞,皮勞者,騴而不振。"

輾 輾轉字。輾轉即轉動。《玉篇·車部》:"輾,轉也。"《廣韻·獮韻》:"輾,輾轉。"《詩·周南·關雎》:"求之不得,寤寐思服。悠哉悠哉,輾轉反側。"又《陳風·澤陂》:"寤寐無爲,輾轉伏枕。"引申之亦指滚壓,滚即轉動。唐趙嘏《哭李進士》:"牽馬街中哭送君,靈車輾雪隔城聞。"

捵 束縛、卷,皆作圓周轉動義。《廣韻·獮韻》:"捵,束縛。"《集韻·綫韻》:"捵,捲也。"按,《集韻》又訓"拭",亦有文獻實用例可證。表卷、束縛義,爲其套用字,乃以展聲載轉義。

　　碾　滾壓、研磨工具,其字亦以"輾"爲之。《廣韻·線韻》:"輾,水輾。碾,上同。"按,所謂"水輾"即以水爲動力者,亦有以牛馬牽引轉動者。《魏書·崔亮傳》:"亮在雍州,讀《杜預傳》,見爲八磨,嘉其有濟時用,遂教民爲碾。"《資治通鑒·唐代宗大曆十三年》:"春,正月,辛酉,敕毁白渠支流碾磑以漑田。"元胡三省注:"公輸班作磑,後人又激水爲之,不煩人力,引水激輪,使自旋轉,謂之水磨。"引申爲滾壓,滾壓即轉而壓之。宋陸游《卜算子·詠梅》:"零落成泥碾作塵,只有香如故。"

　　㮇　杯盞,其形圓者。圓義、轉義微殊,然相通,俱以展聲載之,語源當同。此齊顔之推《顔氏家訓·書證》:"吳人呼祠祀爲'鴟祀',故以'祠'代'鴟'字;呼紺爲'禁',故以繫傍作禁代'紺'字;呼盞爲竹簡反,故以木傍作展以代'盞'字。"按,"㮇"本爲木名,其字从木,盞有木制者,"㮇"指盞爲其套用字。

　　〔推源〕　諸詞俱有轉義,爲展聲所載之公共義。聲符字"展"所記錄語詞之本義即轉。《說文·尸部》:"展,轉也。从尸,㡣省聲。"清朱駿聲《通訓定聲》:"《何人斯》箋:'反側,輾轉也。'《廣雅·釋訓》:'展轉,反側也。'按,單言之曰展,絫言之曰展轉……《楚辭·惜賢》:'憂心展轉。'《飲馬長城窟行》:'展轉不可見。'展轉即展也。"南朝宋劉義慶《世説新語·德行》:"(陳)遺已聚斂得數斗焦飯,未展歸家,遂帶以從軍。"清朱彝尊《瑶花·午夢》:"翡帷翠屋,看盡展忘却,東風簾户。"然則本條諸詞之轉義爲其"展"所載之顯性語義。展聲可載轉義,則"轉"可證之。"展""轉"同音,端紐雙聲,元部疊韻。按"展"今讀爲舌上音,古無舌上音,故爲舌頭音。"轉",運轉,運轉以車,"轉"即車輪轉動之義。《說文·車部》:"轉,運也。从車,專聲。"《史記·平準書》:"轉漕甚遼遠。"唐司馬貞《索隱》:"車運曰轉,水運曰漕也。"引申爲轉動。《廣韻·獮韻》:"轉,動也。"《詩·邶風·柏舟》:"我心匪石,不可轉也。"《後漢書·盧植傳》:"植侍講積年,未嘗轉眄。"

636　犀聲

(1663) 謋稊遲(遲義)

　　謋　語遲鈍。字亦作"謘"。《說文·言部》:"謋,語謘謋也。从言,犀聲。"清朱駿聲《通訓定聲》:"按,謘遲,猶遲鈍。"《廣韻·脂韻》:"謋,語謘謋也。"又《至韻》:"謋,語謋。"《篇海類編·人事類·言部》:"謋,一作'謘'。"按,引申之亦泛指遲緩。《荀子·樂論》:"盡筋骨之力以要鐘鼓俯會之節,而靡有悖逆者,衆積意謋謋乎!"清王先謙《集解》:"此論舞意與衆音繁會而應節,如人告語之熟,謋謋然也。"明方以智《東西均·奇庸》:"爲善世而言其法,謋謋然貴義。"按"謋謋"異文作"謘謘"。

穉 晚種的糧食作物。字亦作"稚""稺""稺"。《説文・禾部》:"稺,幼禾也。从禾,屖聲。"清段玉裁注:"許不言後種者,後種固小於先種,即先種者,當其未長亦稺也;先種而中有遲長者亦稺也……今字作'稚'。"清朱駿聲《通訓定聲》:"字亦作'稺'、作'稚'、作'秹'。《詩・閟宫》:'稙稺菽麥。'傳:'復種曰稺。'……《尚書考靈曜》:'百穀稚熟。'注:'晚熟曰稚。'〔轉注〕《廣雅・釋詁三》:'稺,晚也。'《廣韻・至韻》:'稺,晚禾。'沈兼士《聲系》:"案'稺',敦煌本《王韻》作'穉',注:'本亦作稺。'"《淮南子・俶真訓》:"故河魚不得明目,稺稼不得育時,其所生者然也。"

遲 遲緩。字亦作"遅"。《説文・辵部》:"遲,徐行也。从辵,犀聲。《詩》曰:'行道遲遲。'迡,遲或从尼。遅,籀文遲从屖。"清朱駿聲《通訓定聲》:"籀从屖聲。《廣雅・釋詁二》:'遲,緩也。'《三》:'遲,晚也。''迡,久也。'《易・歸妹》:'遲歸有待。'《離騷》:'恐美人之遲暮。'《荀子・宥坐》:'陵遲故也。'注:'慢也。'"按,所引《楚辭・離騷》之"遲"異文正作"遅"。《廣韻・脂韻》:"遅,同遲。"《左傳・昭公十三年》:"既聞命矣,敬共以往,遲速唯君。"南朝梁丘遲《侍宴樂遊苑送張徐州應詔》:"風遲山尚響,雨息雲猶積。"

〔推源〕 諸詞俱有遲義,爲犀聲所載之公共義。聲符字"屖"所記録語詞之本義即滯留、遲緩不進。《説文・尸部》:"屖,屖遲也。从尸,辛聲。"南唐徐鍇《繫傳》:"屖遲,不進也。"清朱駿聲《通訓定聲》:"屖遲即《詩・衡門》之'棲遲',據字義當作'徲徲'……古或作'屖遲'耳。"清段玉裁注:"《玉篇》曰:'屖,今作棲。'然則'屖遲'即《陳風》之'棲遲'也。毛傳:'棲遲,游息也。'"《廣韻・齊韻》:"屖,《説文》:'遲也。'"然則本條諸詞之遲義爲其聲符"屖"之載之顯性語義。屖聲可載遲義,則"滯"可證之。

屖:心紐脂部;
滯:定紐月部。

心定鄰紐,脂月旁對轉。"滯",凝聚,積聚。《説文・水部》:"滯,凝也。"清朱駿聲《通訓定聲》:"《周語》:'氣不沈滯。'注:'積也。'《魯語》:'敢告滯積以紓執事。'注:'久也。'……《楚辭・涉江》:'淹回水而凝滯。'注:'留也。'《淮南・時則》:'流而不滯。'注:'止也。'"按,留止義爲其引申義。《廣韻・祭韻》:"滯,止也,久也。"按,遲緩則久,故"滯"有遲緩義。《孟子・公孫丑下》:"千里而見王,不遇故去。三宿而後出晝,是何濡滯也?"明唐順之《與卜益泉知縣書》:"偶少年時隨一二友人强習世間綺語,以才力滯鈍,兼復懶病,加以疎拙於身心,而欲求工於筆札,竟不能工而罷。"按,"滯鈍"即遲鈍,謂反應遲緩。

637 弱聲

(1664) 蒻䓵媷穤篛(柔義)

蒻 嫩蒲草,其名寓柔嫩、柔弱義。亦指蒲、荷之莖没入泥中柔嫩部分。《説文・艸部》："蒻，蒲子，可以爲平席。从艸，弱聲。"清桂馥《義證》："《藝文類聚》引作'蒲子也，可以爲薦。'《考工記》……注云：'弱蒻也，今人謂蒲本在水中者爲蒻，是其類也。'……顏（師古）注《急就篇》：'蒻謂蒲之柔弱者也。'"清朱駿聲《通訓定聲》："謂纖蒲媆細在水中者。平席，書之筵席、底席是也。《淮南·主術》：'匡牀蒻席。'《楚辭·招魂》：'蒻阿拂壁。'注：'蒻席。'《蜀都賦》：'蒟蒻茱萸。'注：'蒻草也，其根名蒻。'"

膼 皮與肉之間的薄膜，柔弱之物。《說文·肉部》："膼，肉表革裏也。从肉，弱聲。"清朱駿聲《通訓定聲》："《廣雅·釋器》：'膼，膜也。'〔轉注〕《急就篇》：'肌膼脯臘魚臭腥。'"按，所引《急就篇》文唐顏師古注："肉表皮裏曰膼。"引申爲脆弱柔軟義。《廣韻·藥韻》："膼，脆腝。"

嫋 纖細柔弱。《說文·女部》："嫋，姌也。从女，从弱。"清朱駿聲《通訓定聲》："按，弱亦聲。《上林賦》：'嫵媚姌嫋。'……《文雅·釋訓》：'嫋嫋，弱也。'《埤蒼》：'嫋嫋，美也。'"按，女性之體苗條則美，美義爲其引申義。朱氏所引《上林賦》之"姌嫋"異文作"孅弱"，唐李善注："孅弱，謂容體孅細柔弱也。"《廣韻·篠韻》："嫋，長弱皃。"沈兼士《聲系》："案'嫋'，从《說文》小徐本'弱聲'。"南朝梁武帝《白紵辭》之二："纖腰嫋嫋不任衣，嬌態獨立特爲誰？"按《說文》以"姌"釋"嫋"，同部"姌"篆訓"弱長皃"。

觸 調弓，即撓搦之，弓體柔軟則可撓，本寓柔軟義。其字亦作"觴"。《玉篇·角部》："觸，調弓也。"《廣韻·覺韻》："觸，調弓也。"沈兼士《聲系》："案'觸'，《說文》作'觴'。"《說文·角部》："觴，調弓也。从角，弱省聲。"清朱駿聲《通訓定聲》："謂撓搦之。字亦作'觸'。"清段玉裁注："《手部》云：'搦，按也。'鄭注《矢人》云：'撓搦其幹'，亦是調意。"

箹 柔嫩的竹子。字亦作"箬"。宋贊寧《筍譜》："箹，在泥中也。"又："合言之，竹之箹，箹即見白也。所言箹者幼弱也"，"《尚書》孔傳：'筍，箹竹。'詳孔之說，箹竹，白箹也，白箹之類越多……今孔安國曰箹竹——爲筍已過，爲竹未勁，故謂爲箹竹也"。按，"箹"亦指竹皮，即笋之外皮，竹皮則爲柔軟之物。《集韻·藥韻》："箬，或作'箹'。"《說文·竹部》："箬，楚謂竹皮曰箬。"清段玉裁注："今俗云筍籜箬是也。筵而陊地，故'竹'篆下垂者像之。"

〔推源〕 諸詞俱有柔義，爲弱聲所載之公共義。弱聲字"溺"從水，本爲水名，許慎說，然可以假借字形式表柔弱義，則亦爲弱聲與柔義相關聯之一證。《楚辭·大招》："東有大海，溺水浟浟只。"王夫之《通釋》："溺，與'弱'通。水無力不能浮物也。"按，聲符字"弱"所記錄語詞之本義即柔弱。《說文·彡部》："弱，橈也，上象橈曲，彡象毛氂橈弱也。弱物並，故从二弓。"清段玉裁注："曲似弓，故以弓象之；弱似毛弱，故以彡象之。"清朱駿聲《通訓定聲》："《易·大過》：'棟橈本末弱也。'《書·洪範》：'六曰弱。'《禮記·曲禮》：'二十曰弱。'……《大荒西經》：'昆崙之丘，其下有弱水之淵環之。'注：'其水不勝鴻毛。'"按，所引《易·大過》之"弱"爲柔軟義。宋王安石《洪範傳》："施生以柔，化生以剛，故木橈而水弱，金堅而火悍。"然則本條諸詞之柔義爲其聲符"弱"所載之顯性語義。至弱聲可載柔義，則"柔"

可證之。

> 弱：日紐藥部；
> 柔：日紐幽部。

雙聲，藥(沃)幽旁對轉。"柔"，木質柔軟，引申之，則有柔嫩、柔弱等義。《説文·木部》："柔，木曲直也。"清朱駿聲《通訓定聲》："曲直之曰楺。《詩·小弁》：'菀彼柔木。'〔轉注〕《詩·七月》：'爰求柔桑。'箋：'稚桑也。'《采薇》：'薇亦柔止。'傳：'始生也。'……《廣雅·釋詁一》：'柔，弱也。'《説苑·敬慎》：'柔弱者，生之徒也。'……《周語》：'無亦擇其柔嘉。'注：'脆也。'"

638 孫聲

(1665) 遜愻(順義)

遜 逃遁。《説文·辵部》："遜，遁也。从辵，孫聲。"清朱駿聲《通訓定聲》："《爾雅·釋言》：'遜，遯也。'《書·堯典·序》：'將遜于位。'《微子》：'吾家耄遜于荒。'〔假借〕爲'愻'。《虞書》：'五品不遜。'《論語》：'危行言遜。'《集解》：'順也。'《吕覽·士容》：'辭令遜敏。'《劉修碑》：'其於鄉黨遜遜如也。'"按，"遜"表恭順、謙遜義無煩假借。其本義爲逃遁，引申之則有退讓、避開義，朱氏所引《書》之"遜"即此義，恭順即避其衝突，義皆相通。

愻 恭順。《説文·心部》："愻，順也。从心，孫聲。"清朱駿聲《通訓定聲》："《字林》：'愻，順也，謙也，恭也。'"《廣韻·恩韻》："愻，順也。"漢劉向《説苑·臣術》："君親而近之，致敏以愻，藐而疏之，則恭而無怨色。"按，唯"愻"之義爲順，故有"愻順"之同義聯合式合成詞。清林則徐《會奏巡閱澳門情形折》："澳夷震懾天威，是以倍形愻順。"

〔推源〕此二詞俱有順義，爲孫聲所載之公共義。聲符字"孫"所記錄語詞之本義爲子之子，亦可表順義。《説文·系部》："孫，子之子曰孫。从子、从系。系，續也。"清朱駿聲《通訓定聲》："《禮記·襍記》注：'孫謂祖後者。'《爾雅·釋訓》：'子子孫孫，引無極也。'〔假借〕爲'愻'。《詩·文王有聲》：'詒厥孫謀。'箋：'順也。'《考工·匠人》：'水屬不理孫。'《輈人》：'欲其孫而無弧深。'注：'順理也。'……《禮記·學記》：'不陵節而施之謂孫。'《緇衣》：'則民有孫心。'注：'順也。'〔聲訓〕《廣雅·釋親》：'孫，順也。'"今按，"孫"表順義當非假借，孫爲子之子，本有順延之義，《説文》《爾雅》所訓"續""引無極"，實即此義。孫聲可載順義，則"順"可證之。

> 孫：心紐文部；
> 順：船紐文部。

疊韻，心船(牀三)準旁紐。"順"，道理，引申爲順從、順利、順序等義。《説文·頁部》：

"順,理也。從頁,從川。"南唐徐鍇《繫傳》:"從頁,川聲。"清朱駿聲《通訓定聲》:"從頁、從川,會意,川亦聲。按,本訓謂人面文理之順。〔轉注〕《儀禮·特牲禮》:'南順。'注:'猶從也。'……《周禮·大祝》:'一曰順祝。'司農注:'順,豐年也。'《禮記·月令》:'順彼遠方。'注:'猶服也。'《詩·泮水》:'順彼長道。'箋:'從也。'"

639 蚩聲

(1666) 媸嗤(醜義)

媸 醜陋。《廣韻·之韻》:"媸,媸妍。"清朱駿聲《説文通訓定聲·頤部·附〈説文〉不錄之字》:"媸,疑即'顡'字,或'醜'字。《後漢·文苑·趙壹傳》:'孰知辨其蚩妍。'以'蚩'爲之。"唐張彥遠《法書要録·梁中書侍郎虞龢論書表》:"題勒美惡,指示媸妍。點畫之情,昭若發蒙。"唐劉知幾《史通·内篇·言語》:"猶鑑者見嫫母多媸,而歸罪於明鏡也。"

嗤 嘲笑,譏笑。按即醜化之謂。其字亦作"歡"。《玉篇·口部》:"嗤,笑皃。"又《欠部》:"歠,笑也。"《廣韻·之韻》:"嗤,笑也。俗又作'歠'。"《尹文子·大道上》:"則智不能得夸愚,好不能得嗤醜。"《資治通鑑·晉愍帝建興四年》:"若失文王日昃不暇食,仲山甫夙食匪懈者,蓋共嗤黜以爲灰塵矣!"清王闓運《莫姬哀詞》:"要目樵汲,衆歠子諾。余果長貧,終身劬作。"

〔推源〕 此二詞俱有醜義,爲蚩聲所載之公共義。聲符字"蚩"單用本可表醜陋、譏笑醜化義。《説文·虫部》:"蚩,蟲也。從虫,之聲。"清朱駿聲《通訓定聲》:"〔假借〕爲'欿'。《蒼頡篇》:'蚩,笑也。'又'侮也'。……阮籍詩:'嗷嗷今自蚩。'注:'嗤同。'又爲'癡'。《釋名·釋姿容》:'蚩,癡也。'《聲類》:'蚩,駭也。'《後漢·劉盆子傳》:'兒大黠宗室無蚩者。'注:'癡也。'……又爲'醜',或爲'顡'。《後漢·趙壹傳》:'孰知辨其蚩妍。'"按,"蚩"之本義,許慎訓"蟲",未見其文獻實用例。其字從虫,本義或即癡愚,醜陋、醜化義則皆與之相通,無煩假借。蚩聲可載醜義,則"醜"可證之。

蚩:昌紐之部;
醜:昌紐幽部。

雙聲,之幽旁轉。"醜",醜陋。《説文·鬼部》:"醜,可惡也。從鬼,酉聲。"清朱駿聲《通訓定聲》:"《大戴·易本命》:'耗土之人醜。'《楚辭·橘頌》:'姱而不醜兮。'《武梁祠堂畫像》:'無鹽醜女。'"《玉篇·酉部》:"醜,皃惡。"《淮南子·説山訓》:"嫫母有所美,西施有所醜。"

(1667) 眵/瀒(凝聚義)

眵 俗稱眼屎,目汁凝聚而成之物。字亦作"眵"。《廣韻·之韻》:"眵,目汁凝。"宋司馬光《送李揆之序》:"然則垢面而瞤眥,操末而胥靡者,尚未可輕辱而易視也。"注:"瞤,目汁凝也。"《字彙·目部》:"瞤,同'眵'。"《説文·目部》:"眵,一曰蔑兜。"南唐徐鍇《繫傳》:"目汁凝也。"清朱駿聲《通訓定聲》:"今蘇俗謂之眼眵,音如侈。韓愈文:'兩目眵昏。'"宋趙與時《賓退録》卷六:"膠睫乾眵綴,粘髭冷涕懸。"清曹寅《夜飲和培山眼鏡歌》:"殘年眵淚如撒沙,漫空赤暈生狂花。"

滯 凝聚。《説文·水部》:"滯,凝也。"清朱駿聲《通訓定聲》:"《周禮·廛人》:'凡珍異之有滯者。'《泉府》:'斂市之不售,貨之滯于民用者。'《周語》:'氣不沈滯。'注:'積也。'……《楚辭·涉江》:'淹回水而凝滯。'注:'留也。'《淮南·時則》:'流而不滯。'注:'止也。'"

〔推源〕 此二詞俱有凝聚義,其音亦相近且相通。

　　　　瞤:昌紐歌部;
　　　　滯:定紐月部。

昌(三等即穿)定準旁紐,歌月對轉。然則語源當同。

640　陰聲

(1668) 蔭廕(遮義)

蔭 樹蔭,即有樹遮掩之謂。《説文·艸部》:"蔭,艸陰地。从艸,陰聲。"清朱駿聲《通訓定聲》:"《左昭元傳》:'趙孟視蔭。'注:'日景也。'《淮南·説林》:'蔭不祥之木。'《人間》:'蔭喝人于樾下。'注:'木景也。'"引申爲遮掩義。《楚辭·九歌·山鬼》:"山中人兮芳杜若,飲石泉兮蔭松柏。"晉陶潛《歸田園居》:"榆柳蔭後簷,桃李羅堂前。"

廕 庇廕,即遮護義,乃抽象性遮掩義。《廣韻·沁韻》:"廕,庇廕。"《説文·广部》:"庇,蔭也。"清段玉裁注:"引伸之爲凡覆庇之偁。"《管子·君臣上》:"夫爲人君者,廕德於人者也。"引申爲遮掩、覆蓋義。漢王充《論衡·指瑞》:"夫孔甲之入民室也,偶遭雨而廕庇也。"唐羅隱《憶九華》:"九華巉崒廕柴扉。"

〔推源〕 此二詞俱有遮義,爲陰聲所載之公共義。聲符字"陰"所記録語詞之本義爲山之北、水之南,即陽光爲山所遮處。兩山夾一水,水之南正爲山之北。《説文·阜部》:"陰,闇也。水之南,山之北也。从阜,侌聲。"清朱駿聲《通訓定聲》:"从阜、从侌,會意,侌亦聲。《易·中孚》:'鳴鶴在陰'。按二在兑澤之中、艮山之下,故稱陰。……《詩·公劉》:'相其陰陽。'箋:'觀相其陰陽寒暖所宜。'《周禮·大司樂》:'陰竹之管。'注:'陰竹,生于山北者。'……《公羊桓十六傳》:'越在岱陰齊。'《齊策》:'及之罘黍梁父之陰。'注皆云'山北曰陰'。〔假借〕爲'侌'、爲'暗'。《易·繫辭傳》:'一陰一陽之謂道。'……又爲'蔭'。《書·洪範》:'天陰騭下民。'馬注:'覆也。'《詩·桑柔》:'既之陰女。'釋文:'謂覆蔭也。'《禮記·祭義》:'陰爲野土。'注:'讀爲依廕之廕。'"按,"侌"本爲"会"之初文;"陰"之遮掩義非假借義,乃引申義。本條二詞之遮義爲其聲符"陰"所載之顯性語義。陰聲可載遮義,則"葼"可證之。

陰:影紐侵部;
葼:影紐物部。

雙聲,侵物通轉。"葼",草木茂盛而遮蔽。《方言》卷六:"掩、翳,葼也。"晉郭璞注:"謂蔽葼也。"《廣韻·代韻》:"葼,隱也。《爾雅》作'薆'","薆,薆薱,草盛"。《説文·竹部》:"篕,蔽不見也。从竹,愛聲。"清朱駿聲《通訓定聲》:"《廣雅·釋詁二》:'篕,障也。'字亦作'薆'。《爾雅·釋言》:'薆,隱也。'……《離騷》:'衆薆然而蔽之。'《司馬相如傳》:'觀衆樹之塕薆。'《上林賦》:'晻薆呹苰。'"晉曹毗《湘中賦》:"竹則篔簹、白、烏,實中、紺族。濱榮幽渚,繁宗隈曲。薑倩陵丘,薆逯重谷。"

641 脅聲

(1669) 愶嗋熻(脅迫義)

愶 威脅,脅迫。《廣韻·業韻》:"愶,以威力相恐也。"晉道恒《釋駁論》:"乃大設方便,鼓動愚俗,一則誘喻,一則迫愶。"按,"迫愶"即脅迫,與"脅迫"爲同素逆序詞;"迫愶"亦爲同義聯合式合成詞。"愶"亦單用而表脅迫義。宋張耒《赴亳州教官》:"醉歸應被官長瞋,未飽徒勞方朔愶。"按"愶"又有膽怯義,凡受脅迫之人多有膽怯者,二義當相通,源與流可互證。

嗋 出語恐嚇、脅迫。《廣韻·業韻》:"嗋,口嗋嚇。《莊子》曰:'余口張而不嗋。'"按,所引爲《莊子·天運》文,唐成玄英疏云:"嗋,合也。"爲他人脅迫、受驚則口張而不能合,其義當相通。

熻 熏烤,以火迫近他物。《廣韻·業韻》:"熻,火氣熻上。"《集韻·業韻》:"熻,火迫也。"唐馮贄《雲仙散録·羔羊揮泪》:"程皓以鐵牀熻肉,肥膏見火,則油焰淋漓。"清厲鶚《宋詩紀事》卷四十三:"(曲端)爲張浚所忌,誣以反,下恭州獄,糊其口,熻之以火,乾渇求飲,予以酒,九竅流血死。"

〔推源〕 諸詞俱有脅迫義,爲脅聲所載之公共義。聲符字"脅"所記録語詞謂脅部,亦可表脅迫義。其字亦作左形右聲。《説文·肉部》:"脅,兩膀也。从肉,劦聲。"清朱駿聲《通訓定聲》:"按,腋下之名也,其骨謂之肋,牲體則爲之拍。《廣雅·釋詁四》:'脅,方也。'按,謂傍也。《左僖二十三傳》:'曹共公聞其駢脅。'注:'駢脅,合榦也。'〔假借〕又爲'劫'。《禮記·禮運》:'是謂脅君。'《晉語》:'乃脅欒中行。'注:'劫也。'《漢書·常惠傳》:'使使脅求公主。'注:'謂以威迫之也。'《淮南·本經》:'淫而相脅。'注:'迫也。'"按,"脅"之脅迫義非假借,乃引申義。脅處身軀兩側,夾持身幹者。《釋名·釋形體》:"脅,挾也,在兩旁臂所挾也。"按,要挾字作"挾",要挾、脅迫實爲一義。本條諸詞之脅迫義爲其聲符"脅"所載之顯性語義。脅聲可載脅迫義,則"挾"可證之。

脅:曉紐葉部;

挾:匣紐葉部。

疊韻,曉匣旁紐。"挾",夾持。《説文·手部》:"挾,俾持也。"清朱駿聲《通訓定聲》:"《齊語》:'挾其槍刈耨鎛。'注:'在掖曰挾。'……《吴語》:'挾經秉枹。'注:'在腋曰挾。'〔聲訓〕《釋名·釋姿容》:'挾,夾也。'"引申爲脅迫義。《戰國策·秦策二》:"樗里疾、公孫衍二人者,挾韓而議,王必聽之。"《宋史·李庭芝傳》:"未浹旬,旻果爲部曲挾之以叛。"

(1670) 歙嗋(吸氣義)

歙 屏住呼吸,即吸氣而後止之義。《説文·欠部》:"歙,翕氣也。从欠,脅聲。"清朱駿聲《通訓定聲》:"與'噏'略同。"清桂馥《義證》:"'翕氣也'者,'翕'當爲'歙'。"宋梅堯臣《初冬夜坐憶桐城山行》:"馬行聞虎氣,豎耳鼻息歙。"按,《説文》同部:"歙,縮鼻也。"清王筠《句讀》:"'歙'與'吸'同音,其引氣入内亦同,惟吸氣自口入,歙氣自鼻入爲不同耳。吸者口無形,故曰内息也。歙者作意如此,則鼻微有形,故曰縮鼻。"

嗋 吸氣。《集韻·業韻》:"嗋,吸也。"宋梅堯臣《傷白雞》:"湧血被其頸,嗋呷氣甚危。"按,"嗋呷"當爲同義聯合式合成詞。《説文·口部》:"呷,吸呷也。"唐周曇《詠史·淳于髠》:"穰穰何禱手何費,一呷村漿與隻雞。"

〔推源〕 此二詞俱有吸氣義,爲脅聲所載之公共義。聲符字"脅"所記録語詞與吸氣義不相涉,其吸氣義乃脅聲所載之語源義。脅聲可載吸氣義,"吸"可證之。

脅:曉紐葉部;

吸:曉紐緝部。

雙聲,葉(盍)緝旁轉。"吸",吸氣。《説文·口部》:"吸,内息也。"清朱駿聲《通訓定聲》:"與'歙'、與'歙'略同,字亦作'噏'。《素問·離合真邪論》:'吸則内鍼。'注:'謂氣入。'"《廣韻·緝韻》:"吸,内息。噏,上同。"《淮南子·兵略訓》:"睞不給撫,呼不給吸。"《雲笈七籤·老子中經下》:"故虚氣生爲呼,元氣生爲噏。"

642 函聲

(1671) 菡頷涵福箘鏀蚶(包含義)

菡 菡萏,荷花。寓包裹、包含義。荷花未綻,如包裹。"萏"字從臽得聲,與"餡"同,

"餡"謂包於餅餌内中之物。《説文·艸部》："菡，菡萏也。从艸，函聲。"清朱駿聲《通訓定聲》："《爾雅·釋草》：'荷，芙渠，其華菡萏。'《廣雅·釋草》：'菡萏，芙蓉也。'"按，"菡"之聲符字後世多作"函"。《廣韻·感韻》："菡，菡萏。"《詩·陳風·澤陂》："彼澤之陂，有蒲菡萏。"清洪昇《長生殿·窺浴》："悄偷窺，亭亭玉體，宛似浮波菡萏，含露弄嬌輝。"

頷 腮，所以含食者。《説文·頁部》："頷，頤也。从頁，函聲。"清朱駿聲《通訓定聲》："與'領'略同，與'頜'別。字亦作'顄'、作'腑'。从口内言之，曰頷曰頜，从口外言之，曰頤。《廣雅·釋親》：'頷，頜也。'《漢書·王莽傳》：'侈口蹙頷。'注：'頤也。'"《廣韻·覃韻》："頷，頷頤。"按，《説文》以"頤"釋"頷"，《易·噬嗑》："《象》曰：'頤中有物曰噬嗑。'"然則"頤"亦含食部位。宋羅泌《路史·後紀十三·疏仡紀·有虞氏》："方庭其口，面頷亡髦。"

涵 水澤多，引申爲浸潤、包含義。《説文·水部》："涵，水澤多也。从水，函聲。《詩》曰：'僭始既涵。'"清朱駿聲《通訓定聲》："《方言》十：'涵，沈也。'《吴都賦》：'涵泳乎其中。'注：'沈也。'〔轉注〕《詩·巧言》……按，謂浸潤漸漬也，《傳》訓'容'，謂借爲'含'，《箋》訓'同'，謂借爲'弇'，似失之。"按，《詩·小雅·巧言》之"涵"漢毛亨傳曰"容"，即包容、包含義，訓當不誤。晉葛洪《抱朴子·道意》："道者，涵乾括坤。"宋何薳《春渚紀聞·丁晉公石子硯》："石既登岸，轉仄之間，若有涵水聲，硯工視之，賀曰：'此必有寶石藏中，所謂石子者是也。'"

裌 衣袖，中空而可包含手臂者。《集韻·覃韻》："裌，《博雅》：'裌袶，袖也。'或从函。"清朱駿聲《説文通訓定聲·謙部·附〈説文〉不録之字》："裌，《廣雅·釋器》：'裌，袖也。'"

箘 實心竹，中心有所包含，故名。其字一作"笞"，則其包含義益顯。《廣韻·覃韻》："箘，實中竹名。笞，上同。"《玉篇·竹部》："笞，笞簹，竹實中。"《廣韻·果韻》："簹，同'笃'。"晉戴凱之《竹譜》："箘箬誕節，内實外澤，作貢漢陽，以供輅策。"又"肅肅箘簹，裊裊攢植；擢筍於秋，冬乃成竹"。自注："箘簹竹，大如腳指，堅厚修直，腹中白幕闌隔，狀如濕麵生衣，將成竹而筍皮未落，輒有細蟲齧之，隟籜之後，蟲齧處往往成赤文，頗似繡畫可愛。"按，"簹"與"箬"同。唐段成式《酉陽雜俎·木篇》："箘簹竹，大如腳指，腹中白幕攔隔，狀如濕麪。"

鋼 鎧甲，包含人體之物；亦指匣子，匣子則亦中空而可包含他物者。《廣韻·覃韻》："鋼，鎧別名。《孟子》云：'矢人豈不仁於鋼人哉！矢人唯恐不傷人，鋼人唯恐傷人。'"《集韻·咸韻》："函，匱也。或作'鋼'。"

蜬 貝殼類動物，有殼包含蟲體者。《説文·貝部》："貝，海介蟲也。居陸名猋，在水名蜬。象形。古者貨貝而寶龜，周而有泉，至秦廢貝行錢。"清朱駿聲《通訓定聲》："《書·禹貢》：'厥篚織貝。'傳：'水物。'……《西山經》：'濛水，其中多黄貝。'……《登徒好色賦》：'齒如含貝。'注：'貝，海螺，其色白。'按，《爾雅》：'貝居陸贆，在水者蜬。'"《廣韻·覃韻》："蜬，《爾雅》云：'蠃，小者曰蜬。'"又："蜬，蠃小者。又貝居水者，肉如科斗，但有頭尾。"

〔推源〕 諸詞俱有包含義，爲函聲所載之公共義。聲符字"函"之甲骨文形體象以囊盛矢形,故所記録語詞有包容、包含之義。《廣韻·覃韻》:"函,容也。""圅,銜也。"沈兼士《聲系》:"案'函''圅'一字,《廣韻》分爲二。"清朱駿聲《説文通訓定聲·謙部》:"函,又借爲'含'。《詩·載芟》:'實函斯活。'箋:'含也。'《考工記》:'燕無函。'司農注:'讀如國君含垢之含。'……《禮記·曲禮》:'席間函丈。'注:'猶容也。'《淮南·詮言》:'夫函牛之鼎沸。'注:'受一牛之鼎也。'《漢書·揚雄傳》:'以函夏之大漢兮。'注:'包容也。'《叙傳》:'函之如海。'注:'讀與含同。'《禮樂志》:'函宫吐角激徵清。'注:'與含同。'"按,"函"之包容、包含義與形體結構相符,非假借。其形體訛變,許慎據以訓"舌",朱氏蓋從其説。綜言之,本條諸詞之包含義爲其聲符"函"所載之顯性語義。函聲可載包含義,則"含"可證之。

函:匣紐談部;
含:匣紐侵部。

雙聲,談侵旁轉。"含",以口含物。《説文·口部》:"含,嗛也。"南唐徐鍇《繫傳》:"銜也。"《韓非子·備内》:"醫善吮人之傷,含人之血,非骨肉之親也,利所加也。"引申爲包容、包含義。清朱駿聲《説文通訓定聲·臨部》:"含,〔轉注〕《楚語》:'土氣含收。'注:'藏也。'《秦策》:'含怒日久。'注:'懷也。'《老子》:'含德之厚。'注:'含德茂蓄而不露也。'"

(1672) 幅/蓋(覆蓋義)

幅 覆蓋耳朵之巾,字亦作"裪"。"幅""裪"均从圅聲,乃以圅聲載覆蓋義。《玉篇·衣部》:"裪,壅耳。或作'幅'。"《廣韻·感韻》:"幅,壅耳。"《集韻·感韻》:"幅,巾擁耳也。"

蓋 覆蓋房屋之茅苫。《説文·艸部》:"蓋,苫也。"《左傳·襄公十四年》:"乃祖吾離被苫蓋,蒙荆棘,以來歸我先君。"晉杜預注:"蓋,苫之别名。"引申爲覆蓋義。《廣韻·泰韻》:"蓋,覆也。"《淮南子·説林訓》:"日月欲明而浮雲蓋之。"《水滸傳》第八十三回:"遠遠望見遼兵蓋地而來,黑洞洞地遮天蔽地,都是皂雕旗。"

〔推源〕 此二詞俱有覆蓋義,其音亦相近且相通。

幅:匣紐談部;
蓋:見紐月部。

匣見旁紐,談月通轉。則其語源當同。其"幅"字从圅得聲,以其圅聲載覆蓋義。前條諸詞俱有包含義,與覆蓋義近且相通。又,詞彙系統有"涵蓋"一詞,謂包容、包含,當亦源於此。清戴名世《四書朱子大全序》:"夫其可采之論,至當之言,原不能出乎朱子涵蓋之内。"

643 邕聲

(1673) 灉黿鼅(擁擠阻塞義)

灉 河水多而擁擠阻塞,外溢而形成支流。字亦作"灘"。《集韻·用韻》:"灘,《爾雅》:

'水自河出爲灉。'或作'澭'。"《説文·水部》:"灉,河灉水,在宋。"清朱駿聲《通訓定聲》:"《書·禹貢》:'兖州,灉沮會同。'據許書,汳水至蒙爲灉水,當在今河南歸德府商丘縣東北。〔別義〕《淮南·人間》:'楚莊王勝晉于河雍之間。'在今河南懷慶府原武縣,亦河旁溢出之小水,地以水名也。"按"雍"爲"灉"之或體,"灉"指河水爲"灉"之省。明陳繼儒《羣碎録》:"澭,《爾雅》謂春、秋、夏有水冬無水以澭也。"

　　䯲　大而多。《方言》卷十:"䯲,多也。南楚凡大而多謂之䯲。"《廣韻·董韻》及《腫韻》:"䯲,䯲䯲,多皃。"按,凡物大而多則擁擠阻塞,"䯲"實即此義。又,"䯲"亦謂行動遲緩,當與擁擠阻塞義同條共貫。明岳元聲《方言據》卷上:"䯲,舉動遲緩不輕迅,謂之䯲。"

　　齆　鼻孔阻塞不通,其字亦作右形左聲。《廣韻·送韻》:"齆,鼻塞爲齆。"《龍龕手鑒·鼻部》:"齆,鼻塞病也。"隋巢元方《諸病源候論·鼻病諸候·鼻齆候》:"鼻氣不宣調,故不知香臭而爲齆也。"唐李冗《獨異志》卷上:"有一人患齆鼻,鴿乃遽飛入甕中,語與患者無異,舉席皆笑。"

　　〔推源〕　諸詞俱有擁擠堵塞義,爲邕聲所載之公共義。邕聲字"雝"亦可以其假借字形式表此義,亦爲邕聲與擁擠堵塞義相關聯之一證。《説文·隹部》:"雝,雝䳨也。从隹,邕聲。"清朱駿聲《通訓定聲》:"今字誤作'雍'……《詩·常棣》:'脊令。'傳:'雝渠也。'〔假借〕又爲'邕'。《爾雅·釋地》:'河西曰雝州。'《釋名·釋州國》:'雝州在四山之内,雝,擁也。'《漢書·地理志》:'四面積高曰雍。'……《詩·無將大車》:'維塵雝兮。'箋:'猶蔽也。'《穀梁僖九傳》:'毋雝泉。'《釋文》:'塞也。'《周書·大戒》:'衆匿乃雝。'注:'言閉塞不行也。'《荀子·法行》:'不雝不塞。'"按,"澭""䯲""齆"之聲符"邕"所記録語詞謂城邑四周有水壅堵,引申之則有擁擠堵塞義。《説文·川部》:"邕,四方有水自邕城池者。从川,从邑。"清朱駿聲《通訓定聲》:"籀文从川、呂,象形。今字作'壅'。……《左宣十二傳》:'川壅爲澤。'〔轉注〕《齊策》:'宣王因以晏首壅塞之。'注:'蔽也。'《淮南·主術》:'業貫萬世而不壅。'注:'塞也。'"然則本條諸詞之擁擠堵塞義爲其聲符"邕"所載之顯性語義。邕聲可載擁擠堵塞義,則"涌"可證之。

　　　　邕:影紐東部;
　　　　涌:余紐東部。

　　疊韻。余(喻四)本有舌根音一類,則影余爲鄰紐。"涌",水上涌,滿溢。水多受堵則涌出、滿溢,其義與擁擠堵塞義相通。《説文·水部》:"涌,滕也。"清朱駿聲《通訓定聲》:"《廣雅·釋詁一》:'涌,出也。'《爾雅·釋水》:'濫泉正出。正出,涌出也。'《公羊昭五傳》:'濆泉者何?直泉也。直泉者何?涌泉也。'《釋名·釋水》:'水上出曰涌泉。'〔轉注〕《(素問)五常政大論》:'漂泄沃涌。'注:'溢也。'"按,"涌"有擁擠之衍義,字亦作"湧"。《金瓶梅詞話》第四十三回:"送在大門首又攔了遞酒,看放煙火,兩邊街上看的人,鱗次蜂脾一般,平安兒同衆排軍執棍攔擋再三,還湧擠上來。"按,杭州、上海方言稱衆人一涌而上、擠在一起爲"涌上去","涌"讀與"翁"同,音 ong,"翁"之上古音影紐東部,正與"邕"同,亦足證"涌"之余紐爲舌根音。

644 彗聲

(1674) 篲彗撆(掃帚義)

篲 掃帚。《廣韻·祭韻》:"篲,掃帚。"《莊子·達生》:"(田)開之操拔篲以侍門庭,亦何聞於夫子?"唐陸德明《釋文》:"篲,帚也。"唐黄滔《盧員外啓》:"齊國篲禿,荆山眼枯,漸覺途窮,虚云舌在。"按,"篲"字從竹,掃帚本有竹製者。晉戴凱之《竹譜》、唐白居易《養竹記》皆云有細、短之竹名篲篠,宜爲帚。

彗 地膚草,可製掃帚,故稱"彗"。《廣韻·至韻》:"彗,玉彗草。"沈兼士《聲系》:"案'玉',宋小字本作'王'。"明李時珍《本草綱目·草部·地膚》:"子落則老,莖可爲帚,故有'帚''彗'諸名。"清朱駿聲《説文通訓定聲·履部》:"《爾雅·釋草》:'葥,王彗。'注:'王帚也,似藜,其樹可以爲掃篲,江東呼之曰落帚。'"按,"彗"有掃義,掃帚,所以掃者,義之源、流可以相證。遼佚名《創建静安寺碑銘》:"有祥雲彗地,彌覆其上。"

撆 掃滅。《廣韻·薛韻》:"撆,滅撆。"又《祭韻》:"撆,裂也。"《集韻·薛韻》:"撆,掃滅也。"按,所謂"裂"亦毁壞、掃滅義,故有"滅裂"之同義聯合式合成詞。唐駱賓王《幽縶書情通簡知己》:"生涯一滅裂,岐路幾裴徊。"按,掃帚、掃滅二義相通。掃帚,所以掃滅灰塵之物。俱以彗聲載之,語源當同。

〔推源〕 諸詞俱有掃帚義,爲彗聲所載之公共義。聲符字"彗"本爲"篲"之初文。《説文·又部》:"彗,掃竹也。从又持甡。篲,彗或从竹。"清朱駿聲《通訓定聲》:"凡彗,柔者用茢,剛者用竹……《禮記·曲禮》:'國中以策彗卹勿驅。'注:'竹帚。'《史記·孟荀傳》:'擁彗先驅。'《漢書·王襃傳》:'忽若彗氾畫塗。'《高帝紀》:'太公擁彗。'〔轉注〕《左昭十七傳》:'彗所以除舊布新也。'〔聲訓〕《新序·襍事》:'天之有彗,以除穢也。'"按,"彗"之掃除、掃滅義爲其引申義,亦正與"撆"之義相應。本條諸詞之掃帚義爲其聲符"彗"所載之顯性語義。

(1675) 嘒槥暳繐鎎暳(小義)

嘒 小聲。《説文·口部》:"嘒,小聲也。从口,彗聲。嚖,或从慧。"清朱駿聲《通訓定聲》:"字亦作'嚖'。《詩·小弁》:'鳴啁嘒嘒。'傳:'聲也。'《那》:'嘒嘒管聲。'……《采菽》:'鸞鳴嘒嘒。'……《廣雅·釋訓》:'嚖嚖,鳴也。'"按,"嚖"有小智之比喻引申義。《鶡冠子·近迭》:"法度無以嚖意爲模。"陸佃注:"嚖,讀爲'嘒彼小星'之嘒。"

槥 小棺。《説文·木部》:"槥,棺櫝也。从木,彗聲。"清朱駿聲《通訓定聲》:"《漢書·高帝紀》:'令士卒從軍死者爲槥。'注:'小棺也,今謂之櫝。'《成帝紀》:'給槥櫝葬埋。'注:

‘謂小棺。’”清段玉裁注:“櫝,匱也,棺之小者。”《廣韻·祭韻》:“槥,小棺。”明徐渭《贈李長公序》:“其身死,無以葬,輒給槥錢。”

慧 小智,俗云小聰明。《説文·心部》:“慧,儇也。从心,彗聲。”清朱駿聲《通訓定聲》:“《方言》三:‘知或謂之慧。’注:‘慧、憭,皆意精明。’《賈子·道術》:‘亟見窕察謂之慧。’《周書·謚法》:‘柔質受諫曰慧。’《左成十八傳》:‘周子有兄而無慧。’注:‘不慧,蓋世所謂白癡。’《論語》:‘好行小慧。’鄭注:‘謂小小之才知。’”按,“慧”之本義爲小智,引申之則泛指聰慧。《説文》以“儇”釋“慧”,《人部》“儇”篆訓“慧”,乃互訓,南唐徐鍇《繫傳》云:“謂輕薄、察慧,小才也。”

繐 細布,布之纖維細小者。《説文·糸部》:“繐,蜀細布也。从糸,彗聲。”清朱駿聲《通訓定聲》:“《蜀都賦》:‘黄潤比筒。’揚雄《蜀都賦》亦曰‘筒中黄潤,一耑數金’。《一切經音義》八引《説文》:‘蜀白細布也。’”《廣韻·祭韻》:“繐,布縷細也。繐,上同。”按《説文·糸部》“繐”篆訓“細疏布”。

鏏 小鼎。字亦从鼎作“鼈”,二者皆以彗聲載小義。《説文·金部》:“鏏,鼎也。从金,彗聲。讀若彗。”清朱駿聲《通訓定聲》:“《淮南·説林》:‘水火相憎,鏏在其間,五味以和。’注:‘小鼎。’”清王念孫《讀書雜志·〈淮南〉内篇十六·鼎錯》:“‘鼎錯日用而不足貴,周鼎不爨而不可賤。’高注曰:‘錯,小鼎。’引之曰:‘古無謂小鼎爲錯者。錯當爲鏏。‘鏏’字本在‘鼎’字上。鏏鼎,小鼎也。言小鼎雖日用而不足貴,周鼎雖不爨而不可賤也。’”《廣韻·祭韻》:“鼈,小鼎。”明楊慎《禹碑歌》:“永叔、明誠兩好事,《集古》《金石》窮該兼。昭列箴銘曁欵識,横陳鼾鼈和釜鬵。”

暳 小星。其字亦以“嘒”爲之。《廣韻·霽韻》:“暳,小星。”《説文·口部》:“嘒,《詩》曰:‘嘒彼小星。’”清朱駿聲《通訓定聲》:“《雲漢》:‘有嘒其星。’傳:‘衆星皃。’字亦誤作‘暳’。”按,凡小星衆多密佈,故訓“衆星皃”。朱氏“嘒”誤作“暳”説不可從。“嘒”本謂小聲,引申之則指小星,“暳”則爲小星義之本字。《魏書·術藝傳·張淵》:“丈人極陽而慌忽,子孫嘒嘒於参嵎。”原注:“嘒,小貌。孫二星。在子東。”清王夫之《宋論·神宗七》:“嘒彼之光,固不能與妖孛競耀也。”

〔**推源**〕 諸詞俱有小義,爲彗聲所載之公共義。聲符字“彗”所記録語詞與小義不相涉,其小義乃彗聲所載之語源義。彗聲可載小義,“稚”可證之。

彗:邪紐月部;
稚:定紐脂部。

邪定鄰紐,月脂旁對轉。“稚”,幼禾,引申爲小義。其字本作“稺”。《説文·禾部》:“稺,幼禾也。”清段玉裁注:“今字作‘稚’。”清朱駿聲《通訓定聲》:“字亦作‘稺’、作‘稚’、作‘稊’。《詩·閟宫》:‘植稺菽麥。’傳:‘復種曰稺。’按,復種者,禾小。《韓詩》傳:‘幼稼也。’

〔轉注〕《廣雅·釋詁三》:'稺,少也。'《方言》二:'稺,小也。稺,年小也。'《書·立政》傳:'言皆以告稺子王。'……《列子·天瑞》:'純雄其名稺蜂。'注:'小也。'"《廣韻·至韻》:"稚,亦小也。"北魏酈道元《水經注·汾水》:"泉源導於南麓之下,蓋稚水濛流耳。"

(1676) 轊/輪(圓義)

轊 車軸頭,環狀物,其形圓者。字本作"軎",象形;作"轊",則以彗聲載圓義。《說文·車部》:"軎,車軸耑也。从車,象形。杜林說。轊,軎或从彗。"清朱駿聲《通訓定聲》:"或从車,彗聲。字亦作'轊'。《方言》九:'齊謂之轙。'《廣雅·釋器》:'轊,轙也。'《史記·萬石張叔傳》:'櫟機轊。'《田單傳》:'以轊折車敗。'"《廣韻·祭韻》:"軎,車軸頭也。轊,上同。"《鄧析子·無厚》:"夫水擊折轊,水戾破舟。"

輪 車輪,圓形物。《說文·車部》:"輪,有輻曰輪,無輻曰輇。"清朱駿聲《通訓定聲》:"《考工》有'輪人'。"《周禮·考工記·序》:"凡察車之道,必自載於地者始也,是故察車自輪始。"引申為圓義。晉法顯《佛國記》:"長者須達起精舍,精舍向東。開門戶,兩厢有二石柱,左柱上作輪形,右柱上作牛形。"明高盛《東宮牋》:"日重光,月重輪,敬上千秋之祝。"

〔推源〕 此二詞俱有圓義,其音亦相近且相通。

轊:邪紐月部;

輪:來紐文部。

邪來鄰紐,月文旁對轉。則其語源當同。

645 春聲

(1677) 瞽憃(不明義)

瞽 視不明。《說文·見部》:"瞽,視不明也。从見,春聲。"清段玉裁注:"此與《心部》'憃,愚也'音義同。"按,段氏蓋謂二者俱有不明義,又俱以春聲載之。"瞽"或作右形左聲。《玉篇·見部》:"覴,視不明也。"《廣韻·江韻》及《絳韻》:"覴,視不明也。"《集韻·江韻》:"瞽,亦書作'覴'。"

憃 愚昧,不明事理。《說文·心部》:"憃,愚也。从心,春聲。"清朱駿聲《通訓定聲》:"與'戇'義同。《倉頡解詁》:'憃,愚無所知也。'《周禮·司刺》:'三赦曰憃愚。'注:'生而癡騃僮昏者。'《禮記·哀公問》:'寡人憃愚冥頑。'《儀禮·士昏禮》:'某之子憃愚。'《淮南·本經》:'愚夫憃婦。'"

〔推源〕 此二詞俱有不明義,爲春聲所載之公共義。聲符字"春"所記錄語詞謂擣。《說文·臼部》:"舂,擣粟也。从廾,持杵臨臼上。午,杵省也。古者雝父初作舂。"清朱駿聲《通訓定聲》:"《周禮·舂人》:'掌共米物。'《序官》:'女舂抌二人。'《後漢·明帝紀》:'城旦春。'注：'婦人犯罪，不任軍役之事，但令舂以食徒者。'"然則舂本與不明義無涉，其不明義乃舂聲所載之語源義。舂聲可載不明義，"憃"可證之。

> 舂：書紐東部；
> 憃：透紐之部。

書（審三）透準旁紐，東之旁對轉。"憃"，憃呆，不明事理。《說文·疒部》："憃，不慧也。"北齊顏之推《顏氏家訓·歸心》："世有憃人，不識仁義，不知富貴，並由天命。"元喬吉《揚州夢》第二折："又不是憃呆懵懂，不辨個南北西東。"

646　責聲

（1678）積羵簀磧漬績襀（聚集義）

積　禾穀聚集，虛化引申爲聚集義。《說文·禾部》："積，聚也。從禾，責聲。"清朱駿聲《通訓定聲》："禾穀之聚曰積。《詩·良耜》：'積之栗栗。'……《左傳三十三傳》：'居則具一日之積。'注：'芻米禾薪。'〔轉注〕《小爾雅·廣詁》：'積，叢也。'……《楚語》：'無一日之積。'注：'積，儲也。'《列子·湯問》：'聚紫積而禁之。'《大戴·子張問》：'入官源泉不竭，故天下積也。'注：'謂歸湊也。'"《廣韻·真韻》："積，委積也。"又《昔韻》："積，聚也。"

羵　羊衆多相聚集。《說文·羊部》："羵，矮羵也。從羊，責聲。"清朱駿聲《通訓定聲》："按，羊相矮也。《夏小正》：'三月羵羊。'傳：'羊有相逐之時，其類羵羵然記變爾。'或曰：'羵，羝也。'按，羵即'矮'字。逐者，羊性群，當配合之時，則牡相逐也。羝，牡羊也，言牡尾牝也，非牴觸字。二說一意。"《廣韻·真韻》："羵，羊相矮羵。"又："羵，矮羵。"《說文》同部："矮，羊相羵也。"南唐徐鍇《繫傳》："羊性好矮羵也。"

簀　竹多而聚集。清朱駿聲《說文通訓定聲·解部》："簀，《詩·淇奥》：'綠竹如簀。'傳：'積也。'按，密如簀耳，非借爲'積'。"按，朱說可從。"簀"之本義《說文》訓"牀棧"，謂以竹片製成之牀墊。

磧　沙石聚積成的淺灘。《說文·石部》："磧，水陼有石者。從石，責聲。"清朱駿聲《通訓定聲》："《三蒼》：'水中沙堆也。'《漢書·元帝紀》注：'吳越謂之瀨，中國謂之磧。'《吳都賦》：'鬻其磧礫而不窺玉淵者。'注：'淺水見沙石兒。'"《廣韻·昔韻》："磧，砂磧。"《史記·司馬相如列傳》："下磧歷之坻。"唐張守節《正義》："磧歷，淺水中沙石也。"《唐律疏議·雜律下·茹船不如法》："激水爲湍，積石爲磧。"

漬　浸泡，即水滲入他物，他物聚積水。《說文·水部》："漬，漚也。從水，責聲。"清朱駿聲《通訓定聲》："《詩·楚茨》箋：'剝削淹漬以爲菹。'《通俗文》：'水浸曰漬。'"《廣韻·真韻》："漬，浸潤。又漚也。"漢王充《論衡·商蟲》："神農、后稷藏種之方，煮馬屎以汁漬種者，令禾不蟲。"引申之,亦指塵垢聚集於物體上。宋蘇軾《虚飄飄》:"塵漬雨桐葉,霜飛風柳條。"

績 聚集纖維以成綫。《説文·糸部》:"績,緝也。从糸,責聲。"清段玉裁注:"績之言積也。"《廣韻·錫韻》:"績,緝也。"《説文》同部:"緝,績也。"清朱駿聲《通訓定聲》:"凡麻,先分其莖與皮,曰木,而漚之,而撚之,而剢之,然後績之爲縷,曰緝。"清段玉裁注:"亦絫言緝績。"《詩·陳風·東門之枌》:"不績其麻,市也婆娑。"《管子·輕重乙》:"大冬營室中,女事紡績緝縷之所作也,此之謂冬之秋。"

襀 衣裙上的折皺,衆多而相聚集者。《玉篇·衣部》:"襀,襞襀也。"《廣韻·昔韻》:"襀,襞也。"《篇海類編·衣服類·衣部》:"襀,襞襀,即今之帬褶。通作'積'。"清朱駿聲《説文通訓定聲·解部》:"《子虚賦》:'襞積褰縐。'《漢書》注:'即今之帬襵,古所謂皮弁,素積即謂此積也。'……《思玄賦》:'美襞積以酷烈兮。'"按,所引《子虚賦》之"積"異文作"襀",爲本字。

〔推源〕 諸詞俱有聚集義,爲責聲所載之公共義。聲符字"責"所記録語詞謂索求,其引申義系列與聚集義亦不相涉。其聚集義當爲責聲所載之語源義。責聲可載聚集義,"聚"可證之。

責:莊紐錫部;
聚:從紐侯部。

莊從準旁紐,錫侯旁對轉。"聚",會合,聚集。《説文·仈部》:"聚,會也。"清朱駿聲《通訓定聲》:"邑落曰聚,今曰邨、曰鎮,北方曰集,皆是。……《史記·五帝紀》:'一年而所居成聚。'〔轉注〕《方言》三:'萃、襍,集也,東齊曰聚。'《左成十三傳》:'我是以有輔氏之聚。'注:'衆也。'……《禮記·大學》:'財散則民聚。'……《小爾雅·廣詁》:'聚,叢也。'"

(1679) 齰嫧𧥣(整齊義)

齰 牙齒整齊,上下相值。《説文·齒部》:"齰,齒相值也。从齒,責聲。《春秋傳》曰:'晳,齰。'"清朱駿聲《通訓定聲》:"按,整齊之意,與'嫧'同誼。《左定九傳》:'晳齰而衣貍製。'注:'謂齒上下相值也。'今本以'幘'爲之。"《廣韻·麥韻》:"齰,齒相值也。"

嫧 整齊。《急就篇》第十七章"冠幘簪簧結髮紐"唐顔師古注:"幘者,韜髮之巾,所以整嫧髮也。"《説文·女部》:"嫧,齊也。从女,責聲。"清朱駿聲《通訓定聲》:"《方言》十:'媂、嫧,好也。'《廣雅·釋詁一》:'嫧,善也。'蓋整齊脩飭之意。"《廣韻·昔韻》:"嫧,嫧妯,齊謹。"

𧥣 端正,整齊。《玉篇·正部》:"𧥣,正也,齊也,好也。"《廣韻·麥韻》:"𧥣,正也。"按,其字亦訛作"𧧒",《康熙字典》收入《止部》,所訓與《玉篇》同。

〔推源〕 諸詞俱有整齊義,爲責聲所載之公共義。聲符字"責"所記録語詞與整齊義不相涉,其整齊義乃責聲所載之語源義。責聲可載整齊義,"整"可證之。

責:莊紐錫部;

整:章紐耕部。

莊章(照)準雙聲,錫耕對轉。"整",整齊。《説文·攴部》:"整,齊也。从攴,从束,从正,正亦聲。"清朱駿聲《通訓定聲》:"从敕,正聲……《禮記·月令》:'整設于屏外。'注:'正列也。'《吕覽·簡選》:'行陳整齊。'注:'周旋進退也。'《淮南·覽冥》:'爲整齊而斂諧。'注:'不差也。'"

(1680) 賾蹟(探究義)

賾 幽深玄妙。《小爾雅·廣詁》:"賾,深也。"《易·繫辭上》:"聖人有以見天下之賾,而擬諸其形容,象其物宜,是故謂之象。"唐孔穎達疏:"賾,謂幽深難見。"引申爲探究義。《廣韻·麥韻》:"賾,探賾。"《太平廣記》卷二百七十一引牛嘯《記聞》:"賾道家之秘言,探釋部之幽旨。"按"賾""探"對文同義。元虞集《魏氏請建鶴山書院序》:"所謂教者,賾諸天地萬物之奥,而父子夫婦之常不能違也。"

蹟 足迹,引申爲追蹤、探究義。字亦作"迹"。《説文·辵部》:"迹,步處也。从辵,亦聲。蹟,或从足、責。速,籀文迹从束。"清朱駿聲《通訓定聲》:"或从足,責聲……《小爾雅·廣言》:'跡,蹈也。'《廣雅·釋詁三》:'踈,迹也。'……《周禮》:'迹人。'注:'迹之言跡,知禽獸處。'……《管子·宙合》:'猶迹求履之憲也。'《莊子·天運》:'夫迹履之所出,而迹豈履哉!'……《漢書·季布傳》:'迹且至臣家。'注:'謂尋其踪迹也。'"按《漢書·平當傳》:"宜深迹其道而務修其本。"唐顔師古注:"迹,謂求其踪迹。"

〔推源〕 此二詞俱有探究義,爲責聲所載之公共義。聲符字"責"所記録語詞之本義爲索求、追究,與探究義相通。《説文·貝部》:"責,求也。从貝,朿聲。"清王筠《句讀》:"謂索求負家償物也。"《廣韻·麥韻》:"責,求也。"《墨子·公孟》:"勸於善言而葬,已葬而責酒於其四弟。"《左傳·桓公十三年》:"宋多責賂於鄭。"然則本條二詞之探究義爲其聲符"責"所載之顯性語義。責聲可載探究義,則"討"可證之。

責:莊紐錫部;

討:透紐幽部。

莊透鄰紐,錫幽旁對轉。"討",其本義《説文》訓"治",即治理義,引申爲探討、探求、探究。《類篇·言部》:"討,求也。"清朱駿聲《説文通訓定聲·孚部》:"討,《論語》:'世叔討論之。'"按,所引《論語·憲問》文宋朱熹《集注》:"討,尋究也。"《商君書·更法》:"慮世事之變,討正法之本,求使民之道。"按"討""求"對文同義,皆謂探究。唯"討"有探究義,故有"探討"之同義聯合式合成詞。唐沈佺期《同工部李侍郎適訪司馬子微》:"聞有《參同契》,何時一探討。"

(1681) 蟦膭(小義)

蟦 小貝。字亦作"鰿"。《玉篇·虫部》:"蟦,貝狹小。"《廣韻·麥韻》:"蟦,小貝也。"又《昔韻》:"鰿,《爾雅》曰:'貝,小者鰿。'郭璞云:'今細貝,亦有紫色者。出日南。蟦,上同。'"按,所引《爾雅》文之"鰿"異文正作"蟦"。清郝懿行《義疏》云:"鰿者,小貝之名,《本草》名貝子,《別録》名貝齒,陶(弘景)注:'出南海。此是小小貝子,人以飾軍容服物者。'"

膭 魚子脯,微小之物。《廣韻·麥韻》:"膭,膭子,魚子脯。出《新字林》。"《集韻·麥韻》:"膭,魚子脯也。"清朱駿聲《說文通訓定聲·解部·附〈說文〉不録之字》:"膭,《新字林》:'膭子,魚子脯。'"

〔推源〕 此二詞俱有小義,爲責聲所載之公共義。責聲字"嘖"可以假借字形式表瘠薄義,瘠薄即厚度小,義亦相通。此亦爲責聲與小義相關聯之一證。《字彙補·白部》:"嘖,瘠也。"《管子·輕重乙》:"河埌諸侯,畝鍾之國也;嘖,山諸侯之國也。"按聲符字"責"所記録語詞之本義、引申義系列與小義不相涉,其小義乃責聲所載之語源義。責聲可載小義,"子"可證之。

責:莊紐錫部;

子:精紐之部。

莊精準雙聲,錫之旁對轉。"子",幼兒,引申爲小義。《說文·子部》:"子,十一月陽氣動,萬物滋,人以爲偁。象形。㜽,古文子,从巛,象髮也。𥑽,籀文子,囟有髮,臂、脛在几上。"清朱駿聲《通訓定聲》:"《方言》十:'崽者,子也。'……《禮記·哀公問》:'子也者,親之後也。'……《廣雅·釋鳥》:'子,雛也。'……《釋名·釋形體》:'瞳子,子,小稱也。'又《後漢·王符傳》:'葛子升越。'注:'子,細稱也。'"

647 釐聲

(1682) 釐/理(治理義)

釐 治理。《廣韻·之韻》:"釐,理也。"《說文·里部》:"釐,家福也。从里,𠩺聲。"清朱駿聲《通訓定聲》:"許以字从里,故曰家福。愚按,福者'禧'字之訓,古多借'釐'爲'禧'。本義當爲治邑。理邑爲'釐',猶治玉爲'理'也。《書·堯典》:'允釐百工。'傳:'治也。'……《〈書〉序》:'帝釐下土方。'馬注:'理也。'《詩·臣工》:'王釐爾成。'箋:'理也。'《周語》:'釐改制量。'注:'理也。'《後漢·張曹鄭傳·贊》:'釐我國祭。'注:'理也。'"

理 治理璞玉。《說文·玉部》:"理,治玉也。"清朱駿聲《通訓定聲》:"順玉之文而剖析之。《廣雅·釋詁一》:'理,順也。'"《韓非子·和氏》:"王乃使玉人理其璞而得寶焉,遂命曰

'和氏之璧'。"虚化引申爲治理義。《廣雅·釋詁三》:"理,治也。"《淮南子·原道訓》:"夫能理三苗、朝羽民……其惟心行者乎!"漢高誘注:"理,治也。"《三國志·蜀志·諸葛亮傳·論》:"然亮才,於治戎爲長,奇謀爲短,理民之幹,優於將略。"

〔推源〕 此二詞俱有治理義,其音亦同,來紐雙聲,之部疊韻。則其語源當同。其"釐"字乃以犛聲載治理義。或以爲"犛"即"釐"之初文。《説文·攴部》:"犛,坼也。从攴,从厂。厂之性坼,果孰有味亦坼,故謂之犛。从未聲。"李孝定《甲骨文字集釋》:"犛,契文象一手持麥攴擊而取之之形……故引申訓'坼'。"其説可參。

(1683) 嫠/獨(孤獨義)

嫠 寡婦,孤獨女性。《廣韻·之韻》:"嫠,無夫。"《左傳·襄公二十五年》:"嫠也何害,先夫當之矣。"晉杜預注:"寡婦曰嫠。"又《昭公十九年》:"初,莒有婦人,莒子殺其夫,已爲嫠婦。"《後漢書·劉翊傳》:"嫠獨則助營妻娶。"唐李賢注:"寡婦爲嫠。"

獨 孤獨。《説文·犬部》:"獨,犬相得而鬭也。从犬,蜀聲。羊爲群,犬爲獨也。"清朱駿聲《通訓定聲》:"犬性獨,故爲寡單嫥壹之辭。《書·洪範》:'無虐煢獨。'《詩·白華》:'俾我獨兮。'《孟子》:'老而無子曰獨。'……《老子》:'獨立而不改。'注:'無匹雙。'"

〔推源〕 此二詞俱有孤獨義,其音亦相近且相通。

嫠:來紐之部;

獨:定紐屋部。

來定旁紐,之屋旁對轉。則其語源當同。其"嫠"字乃以犛聲載孤獨義。聲符字"犛"之形體結構與孤獨義不相符,其孤獨義乃"犛"字聲韻另載之語源義。

648 規聲

(1684) 窺嫢睨(小義)

窺 小視,偷窺。《説文·穴部》:"窺,小視也。从穴,規聲。"清朱駿聲《通訓定聲》:"《禮記·禮運》:'皆可俯而窺也。'《少儀》:'不窺密。'注:'嫌伺人之私也。'"《廣韻·支韻》:"闚,小視。窺,上同。"《莊子·秋水》:"是直用管窺天,用錐指地也,不亦小乎?"

嫢 小心、仔細,引申爲細小義。《説文·女部》:"嫢,媞也。从女,規聲。讀若癸。秦晉謂細爲嫢。"清朱駿聲《通訓定聲》:"秦晉謂細要爲嫢。《方言》二:'嫢,細也,秦晉之間凡細而有容謂之嫢。'《廣雅·釋詁》:'嫢,好也。'《二》:'小也。'"《廣韻·銑韻》:"嫢,細腰兒。"又《旨韻》:"嫢,細也。"按,朱氏所引《方言》卷二文晉郭璞注:"嫢嫢,小成貌。"按,《説文》以"媞"訓"嫢",同部"媞"篆則訓"諦",清段玉裁注云:"諦者,審也;審者,悉也。"即小心、仔細義。

睨　小見,見識短淺。《集韻·支韻》:"睨,睨睨,眇視。"清朱駿聲《説文通訓定聲·解部》:"《埤蒼》:'睨,眇視皃。'……又重言形況字。《荀子·非十二子》:'睨睨然。'注:'小見之皃。'"

〔推源〕　諸詞俱有小義,爲規聲所載之公共義。聲符字"規"所記録語詞謂圓規、法度。《説文·夫部》:"規,有法度也。从夫,从見。"清朱駿聲《通訓定聲》:"从夫非誼,當从矢、从見會意,與'短'字及或作'榘'字同,相承寫誤耳。圓出於方,方出於矩,規矩同原,故皆从矢……《孟子》:'規矩,方員之至也。'《詩·沔水·序》箋:'規者,正圓之器也。'"然則本與小義不相涉,其小義乃規聲所載之語源義。幺聲字所記録語詞"幼""囡""絲"俱有小義,見本典第一卷"幺聲"第169條。規聲、幺聲本相近且相通。

規:見紐支部;

幺:影紐宵部。

見影鄰紐,支宵旁轉。然則可相互爲證。

649　焉聲

(1685) 傿嫣隁(高義)

傿　抬高物價。《説文·人部》:"傿,引爲賈也。从人,焉聲。"清朱駿聲《通訓定聲》:"《後漢書(崔駰傳附崔寔)》:'崔烈入錢五百萬,得爲司徒。及拜靈帝,顧謂親倖曰:悔不小傿,可至千萬。'謂張大其價也。"清段玉裁注:"引,猶張大之。賈,今之'價'字。引爲賈,所謂豫價也。"《廣韻·願韻》:"傿,引與爲價。傿,上同。"《廣雅·釋詁三》"傿,當也"清王念孫《疏證》:"謂引此物以爲彼物之值,即相當之意也。"

嫣　身材高挑。《説文·女部》:"嫣,長皃。从女,焉聲。"《玉篇·女部》:"嫣,長美皃。"《廣韻·仙韻》《獮韻》《願韻》:"嫣,長皃。"按,其基本義爲美,身高則美,其義相成相因。"嫣"又有連續義,當爲身長、高義之另一引申義。清朱駿聲《説文通訓定聲·乾部》:"嫣,揚雄《反騷》:'有周氏之嬋嫣兮。'猶蟬聯也。"唐皮日休《悼賈》:"粵炎緒之嫣綿兮,其國度之未彰。"

隁　堤壩,高出地面而擋水之物。字亦作"塸""堰"。《廣韻·阮韻》:"堰,壅水也。"《集韻·願韻》:"堰,障水也。或作'隁'。"《字彙補·土部》:"塸,與'堰'同。"《後漢書·董卓傳》:"乃於所度水中僞立隁,以爲捕魚,而潛從隁下過軍。"唐李賢注:"《續漢書》'隁'字作'堰',其字義則同,但異體耳。"又《循吏傳·王景》:"吳用景塸流法,水乃不復爲害。"北魏楊衒之《洛陽伽藍記·永明寺》:"長分橋西有千金堨,計其水利,日益千金,因以爲名。"

〔推源〕　諸詞俱有高義,爲焉聲所載之公共義。聲符字"焉"所記録語詞謂鳥。《説文·烏部》:"焉,焉鳥,黃色。出於江淮。象形。"《禽經》:"黃鳳謂之焉。"然則本與高義不相涉,其高義乃焉聲所載之語源義。按,各聲字所記錄語詞"路""略""格""頟""閣""客""硌"俱有長、高、大義,見本典第三卷"265. 各聲"第 728 條,焉聲、各聲本相近且相通。

焉:影紐元部;
各:見紐鐸部。

影見鄰紐,元鐸通轉。然則可相爲證。

(1686) 蔫/菸(枯萎義)

蔫 植物枯萎。《説文·艸部》:"蔫,菸也。从艸,焉聲。"清朱駿聲《通訓定聲》:"《廣雅·釋詁四》:'蔫,蕿也。'按,'蕿'即'蔫'之別體。字又作'殥'。《大戴·用兵》:'草木殥黃。'今蘇俗謂物之不鮮新者曰蔫。"按,朱氏所引《大戴禮記》文清孔廣森《補注》:"殥,蔫也,蔫萎也。"《廣韻·仙韻》:"蔫,物不鮮也。"唐韓偓《春盡日》:"樹頭初日照西檐,樹底蔫花夜雨霑。"

菸 植物枯萎。大徐本《説文·艸部》:"菸,鬱也。从艸,於聲。一曰矮也。"按,清朱駿聲《説文通訓定聲》於聲字在《豫部》,正文無此字,收入此部《附〈説文〉不録之字》,引《廣雅·釋詁四》:"菸,蕿也。"《釋器》:"菸,臭也。"《楚辭·九辨》:"葉菸邑而無色兮,枝煩挐而交横。"宋司馬光《論張堯佐除宣徽使狀》:"盛夏日方中而灌之,瓜不旋踵而菸敗。"

〔推源〕 此二詞俱有枯萎義,其音亦相近且相通。

蔫:影紐元部;
菸:影紐魚部。

雙聲,元魚通轉。則其語源當同。其"蔫"字从焉得聲,乃以焉聲載枯萎義。聲符字"焉"所記録語詞謂黃色鳥,含"黃色"之義素,凡植物枯萎則其色變黃,二義當相通。《説文》以"菸"訓"蔫",實以同源詞相訓。又,"蔫"與"菸"可組成複音詞。五代齊己《懷巴陵》:"蘭蕊蔫菸騷客廟,煙波晴闊釣師船。"然則"蔫菸"實爲同源詞根相聯合而成之合成詞。

(1687) 篤/烏(黑色義)

篤 黑竹。《改併四聲篇海·竹部》引《龍龕手鑒》:"篤,黑竹也。"元李衎《竹譜詳録·竹品譜·異色品》:"篤竹,一如紫竹,但色正黑耳。"按,其莖成長後漸變爲黑色。《説郛》卷六十六所引《續竹譜》有"紫竹"者。馮德培、談家楨等《簡明生物學詞典·紫竹》:"紫竹,亦稱'黑竹'。禾本科。稈圓筒形,高 3—5 米,直徑 2—4 厘米,成長後漸變爲紫黑色。"

烏 烏鴉,黑色鳥。《説文·烏部》:"烏,孝鳥也。象形。"清朱駿聲《通訓定聲》:"《小爾雅·廣鳥》:'純黑而反哺者謂之烏。'……《周禮·羅氏》:'掌羅烏鳥。'"引申爲黑色義。《古今韻會舉要·虞韻》:"烏,黑色曰烏。"晉崔豹《古今注·草木》:"翳木出交州,色黑而有文,亦謂之烏文木也。"清曹雪芹《紅樓夢》第四十六回:"只見他……蜂腰削背,鴨蛋臉,烏油頭髮。"

〔推源〕 此二詞俱有黑色義,其音亦相近且相通。

篤:影紐元部;
烏:影紐魚部。

雙聲,元魚通轉。則其語源當同。

650 執聲

(1688) 摯鷙(執持義)

摯 執持。《說文·手部》:"摯,握持也。从手,从執。"《廣韻·至韻》:"摯,持也。"按,"摯"字之結構當爲从手,从執,執亦聲。《廣韻》"執"字音之入切,"摯"音脂利切,其上古音同,章紐雙聲,緝部疊韻。"摯"从執聲無疑。戰國楚宋玉《高唐賦》:"股戰脅息,安敢妄摯。"《吕氏春秋·忠廉》:"明旦加要離罪焉,摯執妻子,焚之而揚其灰。"

鷙 能擊殺他鳥之猛禽。凡擊殺必以其爪執持之,"鷙"之名寓執持義。《說文·鳥部》:"鷙,擊殺鳥也。从鳥,从執。"清朱駿聲《通訓定聲》:"《廣雅·釋言》:'鷙,執也。'《禮記·儒行》:'鷙蟲攫搏不程勇者。'注:'猛鳥猛獸也。'《離騷》:'鷙鳥之不群兮。'注:'執也。'"《廣韻·至韻》:"鷙,擊鳥。"音脂利切,與"摯"同,則"鷙"字亦从執得聲無疑。

〔推源〕 此二詞俱有執持義,爲執聲所載之公共義。聲符字"執"所記錄語詞謂拘捕罪人,本有執持義。《說文·卒部》:"執,捕罪人也。从丮,从幸,幸亦聲。"清朱駿聲《通訓定聲》:"《廣雅·釋言》:'執,脅也。'《禮記·檀弓》:'而妻妾執。'注:'拘也。'《孟子》:'執之而已矣。'注:'皋陶執之耳。'《吕覽·慎行》:'使執連尹。'注:'囚也。'"然則本條二詞之執持人爲其聲符"執"所載之顯性語義。執聲可載執持義,則"持"可證之。

執:章紐緝部;
持:定紐之部。

章(照)定準旁紐,緝之通轉。"持",握持,執持。《說文·手部》:"持,握也。"清朱駿聲《通訓定聲》:"《音義指歸》:'持者,執也。'《禮記·射義》:'持弓矢審固。'《論語》:'危而不持。'《越語》:'有持盈。'《詩·鳧鷖·序》:'能持盈守成。'疏:'執而不釋謂之持。'"

651 殸聲

(1689) 磬聲謦聲(發出聲音義)

磬 打擊樂器,擊之則發音者。其字之初文作"殸","石"爲纍增構件。"耂"象器形,

"殳"則謂擊。《説文·石部》:"磬,樂石也。从石,殸象縣虡之形。殳,擊之也。古者母句氏作磬。殸,籀文省。"按,甲骨文亦省,與籀文同。清段玉裁注改解釋文之"殸"爲"声",得之。清朱駿聲《通訓定聲》:"《西山經》:'小華之山多磬石。'《書·禹貢》:'泗濱浮磬。'《詩·那》:'依我磬聲。'傳:'磬,聲之清者也。'《淮南·氾論》:'語寡人以憂者擊磬。'注:'石也。'"《廣韻·徑韻》:"磬,磬石,樂器。《周禮》曰:'磬人爲磬。'"

聲 聲音,耳所聞者,引申之則謂發出聲音。《説文·耳部》:"聲,音也。从耳。殸聲。"清朱駿聲《通訓定聲》:"《禮記·樂記》:'感于物而動,故形于聲。'又'聲成文謂之音'。按,單出曰聲,宫、商、角、徵、羽五聲是也;襍比爲音,金、石、絲、竹、匏、土、革、木八音是也。〔轉注〕《禮記·曾子問》:'祝聲三。'注:'聲者噫歆警神也。'"漢班固《白虎通·禮樂》:"聲音,鳴也。"《儀禮·士虞禮》:"祝升,止哭,聲三,啓户。"三國魏邯鄲淳《魏受命述》:"德盛功藏,傳序不忘,是故竹帛以載之,金石以聲之,垂諸來世,萬載彌光。"

謦 咳嗽,亦指談笑,皆謂發出聲音。《説文·言部》:"謦,欬也。从言,殸聲。"清朱駿聲《通訓定聲》:"《蒼頡篇》:'謦,聲也。'《通俗文》:'利喉曰謦欬。'《莊子·徐無鬼》:'昆弟親戚之謦欬其側乎。'李注:'喻言笑也。'"《廣韻·迥韻》:"謦,謦欬也。"《集韻·徑韻》:"謦,謦欬,言笑也。"《列子·黄帝》:"惠盎見宋康王,康王蹀足謦欬,疾言。"南朝梁簡文帝《六根懺文》:"得彼天聰,聞開塔關鑰之聲,彈指謦咳之響。"

聲 有"告"訓,蓋即告知、告訴義,亦即發出聲音義。《玉篇·曰部》:"聲,告也。"《廣韻·青韻》及《之韻》:"聲,告也。"

〔推源〕 諸詞俱有發出聲音義,爲殸聲所載之公共義。聲符字"殸"本爲"磬"之初文,謂打擊而發出聲音。又引申爲聲音義。馬王堆漢墓帛書《十六經·順道》:"用力甚少,名殸章明。"然則本條諸詞之發出聲音義爲其聲符"殸"所載之顯性語義。按,亥聲字所記録語詞"咳""孩""欬""駭"亦俱有發出聲音義,見本典第三卷"273. 亥聲"第758條,殸聲、亥聲本相近且相通。

殸:溪紐耕部;
亥:匣紐之部。

溪匣旁紐,耕之旁對轉。然則可相爲證。

652　堇聲

(1690) 謹饉僅廑攜(少義)

謹 謹慎。即少言之義,凡謹慎則言少,所謂言多必失。《説文·言部》:"謹,慎也。从言,堇聲。"《廣韻·隱韻》:"謹,慎也。"《商君書·壹言》:"治法不可不慎也,壹務不可不謹也。"按,"慎"與"謹"對文同義,二者可組成同義聯合式合成詞。宋袁燮《都官郎官上殿札子》:"謹所从出,出則必行,宣佈四方,無不鼓舞,號令之精神也。"按,所謂謹慎,即小心,故"謹"又有"小"之衍義,少即數量小,少義、小義至相近且相通。宋羅泌《路史·後紀八·高陽》:"顓頊,黄帝之曾孫……取蜀山氏曰景僕,生帝乾荒,擢首而謹耳。"宋羅蘋注:"謹耳,小耳。"

饉 菜蔬歉收,即菜少之義。《説文·食部》:"饉,蔬不孰爲饉。从食,堇聲。"清朱駿聲《通訓定聲》:"《爾雅·釋天》李注:'可食之菜,皆不熟爲饉。'《穀梁襄廿四傳》:'三穀不升謂之饉。'《墨子·七患》:'一穀不收謂之饉。'《詩·雨無正》:'降喪飢饉。'"按,谷不熟稱"饉",爲其引申義,以本義言,"飢"謂穀物歉收,"饉"指菜蔬少,"飢饉"爲其渾言。《廣韻·震韻》:"饉,無穀曰飢,無菜曰饉。"

僅 僅够,勉强,實即不多、少義。《説文·人部》:"僅,材能也。从人,堇聲。"清朱駿聲《通訓定聲》:"才能也……《公羊僖十六傳》:'僅然後得免。'《周語》:'余一人僅亦守府。'注:'猶劣也。'賈注:'猶言纔能也。'《秦策》:'僅以救亡者。'注:'猶裁也。'"引申爲少義。《廣韻·震韻》:"僅,纔也,少也。"《晉書·趙王倫傳》:"百官是倫所用者,皆斥免之,臺省府衛僅有存者。"清劉書年《劉貴陽説經殘稿·附録》:"民間不善積糞,故膏腴之地,水旱時若,猶可豐收,至於瘠壤,雖收亦僅矣。"

廑 小屋,屋之面積、空間少。《説文·广部》:"廑,少劣之居。从广,堇聲。"清朱駿聲《通訓定聲》:"〔假借〕爲'僅'。《漢書·賈誼傳》:'其次廑得。'舍人注:'劣也。'《鄒陽傳》:'茅焦亦廑脱死。'注:'少也。'"按,皆引申,非假借。《説文》所訓本義亦見其文獻實用例。宋李誡《營造法式》卷一《總釋上·宫》引《義訓》:"小屋謂之廑。"按,其字亦以"厪"爲之。《漢書·董仲舒傳》:"臣愚不肖,述所聞,誦所學,道師之言,厪能勿失耳。"唐顔師古注:"厪與'僅'同。僅,少也。"按"厪"爲"廑"之俗體,《正字通》説。

摬 拂拭,謂一拂而過,稍稍接觸,與按壓、研磨相殊異,實即少義。《説文·手部》:"摬,拭也。从手,堇聲。"清桂馥《義證》:"《玉篇》:'摬,清也。'《字林》:'摬,抆拭也。'《集韻》:'摬與挋同。'"《爾雅·釋詁下》:"挋,清也。"晉郭璞注:"抆拭、掃刷,皆所以爲絜清。"清郝懿行《義疏》:"挋者,摬之叚音也……經典俱作'挋'。"按,"挋"之本義《説文》訓"給",即賑濟、給予義,其抆拭義爲其聲韻另載之義。"摬"所記録之詞存乎語言,唯其字多以"挋"爲之。《廣韻·真韻》:"摬,拭也。"《禮記·喪大記》:"浴用絺巾,挋用浴衣。"唐孔穎達疏:"挋,拭也。"

〔**推源**〕 諸詞俱有少義,爲堇聲所載之公共義。聲符字"堇"所記録語詞謂黏土。《説文·堇部》:"堇,黏土也。从土,从黄省。"《廣韻·真韻》:"堇,黏土。"《資治通鑒·唐僖宗光啓三年》:"以堇泥爲餅食之,餓死者大半。"元胡三省注:"堇泥,黏土也。"然則本與少義不相涉,其少義乃堇聲所載之語源義。堇聲可載小義,則"幾"可證之。

堇：見紐文部；
幾：見紐微部。

雙聲，文微對轉。"幾"，細微。《説文·絲部》："幾，微也。"清朱駿聲《通訓定聲》："《易·繫辭》傳：'幾者，動之微，吉之先見者也。'《書·皋陶謨》：'一日二日萬幾。'"引申爲少義。《左傳·昭公十六年》："韓子亦無幾求。"晉杜預注："言所求少"。《後漢書·陳寵傳》："今不蒙忠能之賞，而計幾微之故，誠傷輔政容貸之德。"

(1691) 謹覲(敬義)

謹 謹慎，見前條，引申爲恭敬義。《玉篇·言部》："謹，敬也。"《論語·鄉黨》："其在宗廟朝廷，便便言，唯謹爾。"三國魏何晏《集解》："便便，辯也，雖辯而謹敬。"《穀梁傳·桓公三年》："夏，齊侯、衛侯胥命于蒲。胥之爲言猶相也。相命而信諭，謹言而退，以是爲近古也。"

覲 諸侯秋季朝見天子，亦泛指諸侯見天子，本寓敬義。《説文·見部》："覲，諸矦秋朝曰覲，勞王事。从見，堇聲。"清朱駿聲《通訓定聲》："《周禮·大宗伯》：'秋見曰覲。'《禮記·曲禮》：'天子當依而立，諸侯北面而見天子曰覲。'《儀禮》有覲禮、朝宗禮，備覲遇禮省是以享獻不見，三時禮亡惟此存耳。"按，古者朝拜山嶽稱"覲嶽"，拜望雙親稱"覲親""覲省"，亦足見"覲"有敬義。

〔推源〕 此二詞俱有敬義，爲堇聲所載之公共義。聲符字"堇"所記錄語詞之顯性語義與敬義不相涉，其敬義乃堇聲所載之語源義。堇聲可載敬義，"謙"可證之。

堇：見紐文部；
謙：溪紐談部。

見溪旁紐，文〔ən〕談〔am〕二部韻尾同屬鼻音，依王力先生《同源字典·同源字論》說，亦爲通轉。"謙"，謙虛，對他人恭敬。《説文·言部》："謙，敬也。"清朱駿聲《通訓定聲》："《易·繫辭》：'謙也者，致恭以存其位者也。'又'謙者，德之柄也。'〔轉注〕《易·雜卦》傳：'謙輕而豫怠也。'注：'不自重大。'"《廣韻·添韻》："謙，敬也。"《陳書·始興王伯茂傳》："伯茂性聰敏，好學，謙恭下士。"

(1692) 殣墐(覆蓋義)

殣 路冢，覆蓋道路者。亦指餓死，凡飢荒則餓死者衆，倒斃於地，實亦覆蓋行道之義。《説文·歹部》："殣，道中死人，人所覆也。从歹，堇聲。《詩》曰：'行有死人，尚或殣之。'"清段玉裁注："今《小雅·小弁》作'墐'。傳曰：'墐，路冢也。'按，'墐'者假借字，'殣'者正字也。義在人所覆，故其字次於'殔'。《左傳》：'道殣相望。'杜云：'餓死爲殣。'"《國語·楚語下》："民之贏餒，日已甚矣。四境盈壘，道殣相望。"三國吳韋昭注："道冢曰殣。"按，飢荒時餓死於道中者衆，多就地掩埋，故有"路冢""道冢"之訓。

廑　小屋,見前第1690條,故有覆蓋之衍義。《玉篇·广部》:"廑,廕也。"《集韻·沁韻》:"廕,庇也。"《説文·广部》:"庇,蔭也。"清朱駿聲《説文通訓定聲·屯部》:"廑,《集韻》引《廣雅》:'廑,蔭也。'"按,所引《廣雅·釋言》文之"蔭"異文作"廕",清王念孫《疏證》云:"廕與'覆'同義。"

〔推源〕　此二詞俱有覆蓋義,爲堇聲所載之公共義。聲符字"堇"所記録語詞與覆蓋義不相涉,其覆蓋義乃堇聲所載之語源義。堇聲可載覆蓋義,"衾"可證之。

堇：見紐文部;
衾：溪紐侵部。

見溪旁紐,文侵通轉。"衾",大被,人寝所以覆蓋之物。《説文·衣部》:"衾,大被也。"清朱駿聲《通訓定聲》:"《詩·小星》:'抱衾與裯。'傳:'被也。'《儀禮·士喪禮》:'緇衾赬裏無紞。'注:'凡衾制同皆五幅也。'《荀子·禮論》:'衣衾多少厚薄之數。'注:'君錦衾,大夫縞衾,士緇衾也。'"按,朱氏所引《儀禮》文之"衾"謂覆蓋屍體之單被,爲其引申義。

(1693) 廑勤(勤勞義)

廑　勞苦之病。《説文·广部》:"廑,病也。从广,堇聲。"清段玉裁注:"《(爾雅)釋詁》曰:'廑,病也。'字亦作'懃'。"按,段氏所引《爾雅》文宋邢昺疏:"廑者,勞苦之病也。"至"懃",字從心,謂懇切、殷勤,亦謂愁苦,非"廑"之或體。《廣韻·隱韻》及《震韻》:"廑,病也。"《漢書·文帝紀》:"農,天下之本,務莫大焉。今廑身從事,而有租稅之賦,是謂本末者無以異也。"宋程大昌《考古編·禹論》:"今其所立,既以廑身爲物,而爲夷夏之所信戴,惟恐誅弔之不先,此豈私一己而富有天下者所能得此於民哉?"

勤　勤勞。《説文·力部》:"勤,勞也。从力,堇聲。"清朱駿聲《通訓定聲》:"《(詩)資》:'文王既勤止。'傳:'勞也。'《禮記·玉藻》:'勤者,有事則收之。'注:'執勞辱之事也。'《左傳廿八傳》:'令尹其不勤民。'注:'盡心盡力,無所愛惜爲勤。'……《法言·先知》:'或問民所勤。'注:'苦也。'《廣雅·釋詁四》:'勤,仂也。'"《廣韻·職韻》:"仂,不懈。"又《欣韻》:"勤,勞也。"

〔推源〕　此二詞俱有勤勞義,爲堇聲所載之公共義。聲符字"堇"所記録語詞與勤勞義不相涉,其勤勞義乃堇聲所載之語源義。堇聲可載勤勞義,"劾"可證之。

堇：見紐文部;
劾：溪紐職部。

見溪旁紐,文職通轉。"劾",勤勞,盡力。《廣韻·怪韻》:"劾,勤力作也。"唐段成式《酉陽雜俎續集·支諾皋下》:"有頃,又旋繞繩狀,劾步漸趨,以至蓬轉渦急,但睹衣色成規,倏忽失所。"按,《廣韻》"劾"字有二音,表勤勞義,音苦戒切,另一音胡得切,其本義《説文》訓

"法有皋也",即審判有罪之人義。表勤勞義,爲套用字。

653　黄聲

(1694) 璜癀驦(黄色義)

璜　黄石。《正字通·玉部》:"黄石曰璜。海虞有璜涇,涇底有石而黄,以石名水,以水名地。"按,"璜"字从玉,其本義《説文·玉部》訓"半璧",謂玉器,玉、石同類,指黄石,爲其套用字。

癀　黄疸病,即皮膚、眼球發黄色之病。其字亦以"黄"爲之。病名,當以"癀"爲正字。"黄疸"變爲"癀疸",或即偏旁同化所致。《玉篇·疒部》:"癀,癀疸病也。"《廣韻·唐韻》:"癀,病也。"《素問·平人氣象論》:"目黄者曰黄疸。"柳青《狠透鐵》:"人們告訴他,獸醫没斷清病,不光有火,是黄症,夜裡死在槽底下。"按,肝炎有所謂"黄疸性肝炎"者。

驦　毛色黄白相間之馬。《集韻·唐韻》:"驦,《爾雅》:'馬黄白,騜。'或从黄。"按,所引《爾雅》文清郝懿行《義疏》:"黄色兼有白者名騜。"漢劉向《列女傳·趙津女娟》:"武王伐殷,左驂牝騏,右驂牝驦。"明金懷玉《望雲記》:"但願那龜鶴呈祥,欣覩恁驪驦隨仗。"

〔推源〕　諸詞俱有黄色義,爲黄聲所載之公共義。聲符字"黄"从田、从光會意,所記録語詞之本義即黄色。《説文·黄部》:"黄,地之色也。从田,从炗,炗亦聲。炗,古文光。"清朱駿聲《通訓定聲》:"《左昭十二傳》:'黄,中之色也。'《禮記·郊特牲》:'黄者,中也。'《論衡·驗符》:'黄爲土色,位在中央。'《易·坤》:'天玄而地黄。'"然則本條諸詞之黄色義爲其聲符"黄"所載之顯性語義。黄聲可載黄色義,則"權"可證之。

　　黄:匣紐陽部;
　　權:群紐元部。

匣群旁紐,陽元通轉。"權",黄花木,亦指黄花。《説文·木部》:"權,黄華木。"清朱駿聲《通訓定聲》:"《爾雅·釋木》:'權,黄英。'注未詳。又《釋草》:'權,黄華。'注:'今謂牛蕓草爲黄華,黄葉似苋蓿。'……按,字从木,是本字爲木,轉注,亦以名草也。"

(1695) 廣潢鐄飌趪(大義)

廣　無四壁之大屋,引申爲大義。《説文·广部》:"廣,殿之大屋也。从广,黄聲。"清朱駿聲《通訓定聲》:"按,堂無四壁者,秦謂之殿,所謂堂皇也,覆以大屋曰廣……《孟子》:'居天下之廣居。'〔轉注〕《廣雅·釋詁一》:'廣,大也。'《四》:'廣,博也。'……《詩·六月》:'四牡脩廣。'《雝》:'於薦廣牡。'傳:'大也。'《禮記·曲禮》:'車上不廣欬。'注:'猶宏也。'《中庸》:'致廣大而盡精微。'"

潢　積水池。水積之則大,故引申爲大水義。《説文·水部》:"潢,積水池。从水,黄聲。"清朱駿聲《通訓定聲》："《左隱三傳》：'潢汙行潦之水。'服注：'蓄小水謂之潢。'《周語》：'猶塞川原而爲潢污也。'注：'大曰潢，小曰污。'〔假借〕又爲'洸'。《史記·司馬相如傳》：'灝溔潢漾。'《正義》：'水無涯際也。'《廣雅·釋訓》：'潢潒，浩盪也。'亦疊韻連語。《荀子·富國》：'橫（潢）然兼覆之。'注：'水大至之貌。'又重言形況字。《楚辭·逢紛》：'揚流波之潢潢兮。'注：'大皃。'"按，非假借，乃引申。

鐄 大鐮。《集韻·庚韻》："鐄，大鐮也。"元陳椿《熬波圖·樵斫柴薪》："長鐄瑩如雪，動手即披靡。"亦指大鐘。《廣韻·庚韻》："鐄，大鐘。"明郎瑛《七修類稿·國事五·侑食樂章》："鼓鐘鐄鐄，宮徵洋洋，怡神養壽，理陰順陽。"其"鐄鐄"謂大聲，即大鐘及鼓之聲。

颽 大風，暴風。《廣韻·庚韻》："颽，颽颺，暴風。"唐韓愈、孟郊《城南聯句》："靈幡望高罔，龍駕聞敲颽。"錢仲聯《集釋》："颽，暴風也。"按，風力大則爲暴風。

趪 大聲。《文選·張衡〈西京賦〉》："洪鐘萬鈞，猛虡趪趪。"唐李善注："《周禮》曰：梟氏寫狀之形，大聲有力者，以爲鐘虡。"清沈德潛《覺生寺大鐘歌》："妄憑佛力消黑業，趪趪聲徹天門重。"按，"趪"字从走，本指威武有力，故有大聲之衍義。《廣韻·唐韻》："趪，趪趪，武皃。"沈兼士《聲系》："內府本《王韻》作'傋'。"《玉篇·人部》："傋，作力貌。"《正字通·走部》："趪，言虡力猛能任重也。"

〔推源〕 諸詞俱有大義，爲黃聲所載之公共義。聲符字"黃"所記錄語詞之本義、引申義系列與大義不相涉，其大義乃黃聲所載之語源義。按，皇聲字所記錄語詞"艎""煌""鰉"俱有强、大義，見本典第六卷"503. 皇聲"第1339 條，黃聲、皇聲音本相同，匣紐雙聲，陽部疊韻。然則可相爲證。

654　㒼聲

(1696) 滿樠髤蔥（盈義）

滿 充滿，盈溢。《説文·水部》："滿，盈溢也。从水，㒼聲。"清朱駿聲《通訓定聲》："《廣雅·釋詁四》：'滿，充也。'〔轉注〕《左閔元傳》：'盈數也。'服注：'數從一至萬爲滿。'又《素問·大奇論》：'肝滿、腎滿、肺滿，皆實即爲腫。'注：'謂脈氣滿實也。'"《廣韻·緩韻》："滿，盈也，充也。"《莊子·天運》："在谷滿谷，在阬滿阬。"唐成玄英疏："至樂之道，無所不徧，乃谷乃阬，悉皆盈滿。"《呂氏春秋·察微》："《孝經》曰：'高而不危，所以長守貴也；滿而不溢，所以長守富也。富貴不離其身，然後能保其社稷，而和其民人。'楚不能之也。"

樠 松心木，引申爲木脂盈溢義。《説文·木部》："樠，松心木。从木，㒼聲。"清朱駿聲《通訓定聲》："《左莊四傳》：'樠木之下。'……《漢書·西域傳》：'山多松樠。'注：'其心似松。'《莊子·人間世》：'以爲門户則液樠。'司馬注：'謂脂出樠樠然也。'疑此松有脂。"《集韻·元韻》："樠，木脂出樠樠然。"唐劉禹錫《上僕射李相公啓》："苟液樠曲戾，不足枉斧斤，願爲庭燎,以照嘉客。"

髳 頭髮長,引申爲長,與盈義近且相通,俱以㒼聲載之,語源當同。《説文·髟部》:"髳,髮長也。从髟,㒼聲。讀若蔓。"清朱駿聲《通訓定聲》:"〔轉注〕《漢書·郊祀歌》:'掩回轅,髳長馳。'注:'髳髳,長貌。'"《廣韻·桓韻》:"髳,長髮。"又《願韻》:"髳,髮長。"清周篔、朱彝尊《竹爐聯句》:"跏趺長松根,風來耳垂髳。"按,"髳"即"髳"之訛字。

懣 煩悶,煩惱之事充盈於心中。字亦作"㥃"。《説文·心部》:"懣,煩也。从心,从滿。"清朱駿聲《通訓定聲》:"會意,滿亦聲。《楚辭·哀時命》:'惟煩懣而盈匈。'注:'憤也。'《報任少卿書》:'不得舒憤懣。'注:'悶也。'"《廣韻·緩韻》:"懣,煩悶。㥃,古文。"又《混韻》:"懣,愁悶也。"又《慁韻》:"懣,煩也。"《禮記·問喪》:"孝子親死,悲哀志懣,故匍匐而哭之。"宋陸游《簡蘇邠叟》:"湖邊酒樓無十步,胸次懣懣思同澆。"

〔推源〕 諸詞俱有盈義,爲㒼聲所載之公共義。聲符字"㒼"所記録語詞謂均平,與盈義不相涉。《説文·㒼部》:"㒼,平也。从廿,五行之數二十分爲一辰。兩,㒼平也。讀若蠻。"然則其盈義乃㒼聲另載之義。㒼聲可載盈義,"漫"可證之。"㒼""漫"同音,明紐雙聲,元部疊韻。"漫",水大無涯際貌,即充盈義。《玉篇·水部》:"漫,水漫漫平遠貌。"《廣韻·換韻》:"漫,大水。"《文選·左思〈吳都賦〉》:"爾其山澤,則嵬嶷嶢岉,巊冥鬱岪,潰渱泮汗,滇泗淼漫。"唐李善注:"滇泗淼漫,山水闊遠無崖之狀。"引申之則指水滿而溢出,即盈溢義。宋王安石《白日不照物》:"婦子夜號呼,西南漫爲壑。"清昭槤《嘯亭雜録·康方伯》:"邳宿河潰,公立埽上指揮士卒,俄而狂瀾大作,埽爲之欹,衆爲公畏,而公聲色愈厲,漫口因之堵塞。"

(1697) 璊毾(赤色義)

璊 赤色玉。《説文·玉部》:"璊,玉䞓色也。从玉,㒼聲。禾之赤苗謂之虋,言璊玉色如之,玧,璊或从允。"清朱駿聲《通訓定聲》:"《詩·大車》:'毳衣如璊。'傳:'赬也。'"《廣韻·魂韻》:"璊,玉色赤也。"唐陸龜蒙《奉和襲美太湖·石板》:"欲從石公乞,瑩理平如璊。"清厲鶚《東城雜記·葉居仲》:"萬神寂寞緜緜存,中有一物光燉燉。化爲真人朱冠襌,手執赤符如瓊璊。"

毾 赤色毯類毛織品。《説文·毛部》:"毾,以毳爲繝,色如虋,故謂之毾。虋,禾之赤苗也。从毛,㒼聲。《詩》曰:'毳衣如毾。'"清段玉裁注:"《王風》文。今《詩》'毾'作'璊'。毛曰:'璊,赬也。'按,許云'毳繝謂之毾'。然則《詩》作'如璊'爲長,作'如毾'則不可通矣……'毾'與'璊'皆於'虋'得音義。許偁《詩》證毳衣色赤,非證'毾'篆體也。淺人改从玉爲从毛,失其恉矣。"《廣韻·魂韻》:"毾,赤色屬名。"蘇曼殊《斷鴻零雁記》第十七章:"(静子)餘髮散垂右肩,束以毾帶,迥絶時世之裝。"按,其"毾"即赤色義,當爲虛化引申義。

〔推源〕 此二詞俱有赤色義,爲㒼聲所載之公共義。聲符字"㒼"所記録語詞與赤色義不相涉,其赤色義乃㒼聲所載之語源義。㒼聲可載赤色義,"赧"可證之。

莔：明紐元部；

赧：泥紐元部。

叠韻,明泥二紐同爲鼻音,依王力先生《同源字論》說亦爲鄰紐。"赧",因慚愧而臉面呈現赤色。《說文·赤部》:"赧,面慙赤也。"清朱駿聲《通訓定聲》:"《方言》二:'凡愧而見上謂之赧。'《廣雅·釋詁一》:'赧,慙也。'……《孟子》:'觀其色赧赧然。'注:'面赤心不正之貌。'亦重言形況字。"《廣韻·潸韻》:"赧,慙而面赤。俗作'赧'。"南朝宋劉義慶《幽明錄》:"德如心安氣定,徐笑語之曰:'人言鬼可憎,果然!'鬼即赧愧而退。"明沈受先《三元記·秉操》:"正氣漫漫衝斗牛,教我赧顏紅頰目含羞。"

(1698) 瞞懣謾(蒙蔽義)

瞞 閉目貌,即自遮蔽其目之義。引申爲蒙騙,則即蒙蔽事實真相之義。《說文·目部》:"瞞,平目也。从目,莔聲。"清朱駿聲《通訓定聲》:"字亦作'暪'。《字林》:'瞞,皆平貌。'……《荀子·非十二子》:'酒食聲色之中,則瞞瞞然。'注:'閉目之貌。'亦重言形況字。〔假借〕爲'謾'。今所用欺瞞字。"今按,目閉則外平,平目、閉目二義本相通。《廣韻·桓韻》"瞞"訓"目不明",其義亦與閉目義相通。至蒙騙、欺瞞義亦引申,無煩假借。凡蒙騙,即如蒙蔽他人之目,使不明事實真相。《正字通·目部》:"瞞,俗以匿情相欺爲瞞。"唐寒山《詩三百三首》:"我見瞞人漢,如籃盛水走。"宋黎靖德編《朱子語類》卷七十四:"畢竟怎生會恁地發用,釋氏便將這些子來瞞人,秀才不識,便被他瞞。"

懣 糊塗不明事理,如被蒙蔽,引申爲蒙騙義。《說文·心部》:"懣,忘也,懣兜也。从心,莔聲。"清朱駿聲《通訓定聲》:"糊塗不省事之謂……《淮南·俶真》:'乃始懣觟離跂。'注:'讀簫簫無逢際之懣。'"《廣韻·桓韻》:"懣,忘也。"許地山《綴網勞蛛·無法投遞之郵件》:"合巹酒是女人底懣兜湯,一喝便把兒女舊事都忘了。"按,朱氏所引《淮南子》文之"懣"爲蒙騙義。

謾 蒙騙。《正字通·言部》:"謾,同'謾'。"按,"謾"字後出,當即"謾"之轉注字。《說文·言部》:"謾,欺也。"清朱駿聲《通訓定聲》:"《淮南衡山傳》:'謾吏曰。'《索隱》:'誑也。'《漢書·匈奴傳》:'是面謾也。'注:'欺誑屯。'"清錢謙益《瞿太公墓版文》:"人有相欺者,陽受其謾讕,而陰識之。"清韓菼《工部尚書湯公睢州祠堂碑》:"積謾讕,迷陽塞路。"

〔推源〕 諸詞俱有蒙蔽義,爲莔聲所載之公共義。聲符字"莔"所記錄語詞與蒙蔽不相涉,其蒙蔽義乃莔聲所載之語源義。莔聲可載蒙蔽義,"蔽"可證之。

莔：明紐元部；

蔽：幫紐月部。

明幫旁紐,元月對轉。"蔽",遮蔽,引申爲蒙蔽義。《廣韻·祭韻》:"蔽,掩也。"清朱駿聲《說文通訓定聲·履部》:"此字本訓蓋覆也……《淮南·脩務》:'景以蔽日。'注:'擁也。'……《史記·淮陰侯傳》：'間道萆山'。《索隱》：'萆者，蓋覆也。'〔轉注〕《淮南·主術》：'聰明先而不蔽。'注：'闇也。'……《荀子·解蔽篇》：'蔽者，言不能通明，滯于一隅如有物壅閉之也。'"《新唐書·劉蕡傳》："心有未達，以下情蔽而不得上通。"

655　斬聲

(1699) 摲壍槧 (斬義)

摲　斬取。《説文·手部》："摲，暫也。从手，斬聲。"清段玉裁注改其解釋文爲"斬取也"，並注云："斬者，戡也，謂斷物也。"清朱駿聲《通訓定聲》："字亦作'撍'，左形右聲。《長楊賦》：'所過麾城撍邑。'"按，所引《長楊賦》之"撍"謂攻取，義亦相通。《玉篇·手部》："摲，斬取也。"《廣韻·檻韻》："摲，斬取。"《集韻·談韻》："摲，或書作'撍'。"

壍　壕溝，斬土而成者；"壍"又有挖掘之衍義，挖掘即斬其土。《説文·土部》："壍，阬也。从土，斬聲。"清朱駿聲《通訓定聲》："《左傳》：'環而壍之。'注：'溝壍也。'……《(史記)高祖紀》：'深壍而守。'……《莊子·外物》：'厠足而壍之。'《釋文》：'掘也。'"漢王充《論衡·順鼓》："吏卒部民，壍道作坎。"

槧　素版，斬木而成之牘，未經書寫者。《説文·木部》："槧，牘樸也。从木，斬聲。"清朱駿聲《通訓定聲》："謂未書之版，長三尺，其小者曰札、曰牒。《西京雜記》云：'懷鉛握槧。'"《廣韻·敢韻》："槧，削版牘。"又《豔韻》："槧，《論衡》曰：'斷木爲槧。'"漢揚雄《答劉歆書》："雄常把三寸弱翰，齎油素四尺，以問其異語，歸即以鉛摘次之於槧，二十七歲于今矣。"

〔推源〕　諸詞俱有斬義，爲斬聲之公共義。聲符字"斬"所記録語詞本謂車裂，引申爲斬殺、斬斷義。《説文·車部》："斬，戡也。从車，从斤。斬法車裂也。"清朱駿聲《通訓定聲》："因古車裂之法而製'斬'，故从車，會意。《爾雅·釋詁》：'斬，殺也。'《廣雅·釋詁一》：'斬，斷也。'《二》：'斬，裂也。斬，裁也。'《周禮·掌戮》：'掌斬殺賊諜而膞之。'注：'斬以斧鉞，若今之要斬；殺以刀刃，若今之棄市。'〔轉注〕《禮記·檀弓》：'今一日而三斬板。'注：'斬板，謂斷其縮也。'……《詩·節南山》：'國既卒斬。'傳：'斷也。'"然則本條諸詞之斬義爲其聲符"斬"所載之顯性語義。斬聲可載斬義，則"斫"可證之。

斬：莊紐談部；
斫：章紐鐸部。

莊章(照)準雙聲，談鐸通轉。"斫"，斬，砍。《説文·斤部》："斫，擊也。"清段玉裁注："擊者，攴也。凡斫木、斫地、斫人，皆曰斫矣。"《韓非子·姦劫弑臣》："賈舉射公，中其股，公墜。崔子之徒以戈斫公而死之。"漢枚乘《七發》："龍門之桐，高百尺而無枝……使琴摯斫斬以爲琴。"按，"斫斬"當爲同義聯合式合成詞；亦作"斬斫"，則爲同素逆序詞。《晉書·衛瓘傳》："晦按次録瓘家口及其子孫,皆兵仗將送,著東亭道北圍守,一時之間,便皆斬斫。"又,段玉裁氏所云"斫地"即斬土,正與"塹"之義相應。《晉書·宣帝紀》："帝自西城斫山開道,水陸並進。"

（1700）漸蔪趣（逐漸義）

漸 逐漸。《廣雅·釋詁二》："漸,進也。"《廣韻·琰韻》："漸,漸次也,進也,稍也,事之端,先覩之始也。"清朱駿聲《說文通訓定聲·謙部》："漸,〔假借〕爲'趣'。《易·序卦》傳：'漸者,進也。'《漸》：'鴻漸于干。'虞注：'進也。'《書·顧命》：'疾大漸。'傳：'大進篤也。'"按,"漸"表逐漸義無煩假借。雖本爲水名,然有浸漬義,爲套用字。浸漬即逐漸沾濕,故又有逐漸之衍義。逐漸義爲"漸"之基本本義。漢張衡《思玄賦》："恐漸冉而無成兮,留則蔽而不彰。"《晉書·文苑傳·顧愷之》："愷之每食甘蔗,恒自尾至本,人或怪之。云：'漸入佳境。'"

蔪 植物逐漸生長。《說文·艸部》："蔪,艸相蔪苞也。从艸,斬聲。《書》曰：'艸木蔪苞。'"清朱駿聲《通訓定聲》："《書·禹貢》……今本以'漸'爲之。《七發》：'麥秀蔪兮雉朝飛。'注引《埤蒼》：'蔪,麥芒也。'字亦作'薪'。"《集韻·鹽韻》："蔪,蔪蔪,麥秀。"《尚書大傳》卷二："微子朝周過殷故墟,見麥秀之蔪蔪兮,黍禾之睍睍也。"清吳嘉紀《送吳眷西歸長林》："小麥蔪蔪秀,雉來麥上飛。"

趣 逐漸行進。其字亦作下形上聲。《說文·走部》："趣,進也。从走,斬聲。"清朱駿聲《通訓定聲》："按,徐進也……《易·彖上傳》：'漸之進也。'皆以'漸'爲之。字亦作'塹'。"《集韻·談韻》："塹,走進也。或書作'趣'。"又"塹,往也。"沈兼士《〈廣韻〉聲系·莊類》："塹,內府本《王韻》作'塹'。"按,"塹"有踱步義,與朱氏所云"徐進"義同。《古今小說·新橋市韓五賣春情》："八老到門前站了一回,塹到間壁糶米張大郞門前,閑坐了一回。"

〔推源〕 諸詞俱有逐漸義,爲斬聲所載之公共義。斬聲字"摲"亦可以假借字形式表此義。《廣雅·釋詁三》："摲,次也。"清王念孫《疏證》："摲之言漸也。"按,聲符字"斬"所記錄語詞之本義、引申義系列與逐漸不相涉,其逐漸義乃斬聲所載之語源義。斬聲可載逐漸義,則"冉"可證之。

斬：莊紐談部；

冉：日紐談部。

叠韻,莊日鄰紐。"冉",逐漸。《廣韻·琰韻》："冉,冉冉,行皃。"清朱駿聲《說文通訓定聲·謙部》："冉,重言形況字。《離騷》：'老冉冉其將至兮。'注：'行皃。'《廣雅·釋訓》：'冉冉,行也。'又'冉冉,進也。'"按,"冉"之本義《說文》訓"毛冉冉",謂植物柔軟而下垂,柔軟、緩慢、逐漸諸義皆相通。朱氏所引《楚辭·離騷》文宋朱熹《補注》："冉冉,漸也。"又,所引《廣雅》文清王念孫《疏證》："冉冉,漸進之意。"宋張孝祥《憶秦娥》："年華冉冉驚離索。驚離索,倩春留住,莫教摇落。"

(1701) 嶄齾壍（高、長、深義）

嶄　高峻。字或作"嶃"，左形右聲。《廣韻·銜韻》："嶃，嶃嵓，山兒。"又《鹽韻》："嶃，高峻。"《集韻·銜韻》："巉，巉岩，高也。或作'嶃'，亦書作'嶄'。"漢班固《西都賦》："歴嶄巖，鉅石隤，松柏仆，叢林摧。"唐元稹《送崔侍御之嶺南十二韻》："颶風狂浩浩，韶石峻嶃嶃。"

齾　臉長。《廣韻·談韻》："齾，長面兒。"又："𪘁，𪘁齾，長面。"《集韻·銜韻》："齾，面長醜兒。"清和邦額《夜譚隨録·臺方伯》："逼視之，則一紅衣女子也，面齾然近尺。"

壍　壕溝，下陷而深者，故有"深"之衍義。《説文·土部》："壍，一曰大也。"清朱駿聲以爲此義爲"轉注"（引申），其説可從。清段玉裁注云："壍則與'阭'之深廣同義。"漢王充《論衡·順鼓》："蝗蟲時至……吏卒部民，壍道作坎，榜驅內於壍坎，杷蝗積聚以千斛數。"其"壍坎"即深坑。明王世貞《鳴鳳記·流徙分途》："殿閣老忠賢，爲讒邪落壍淵。"其"壍淵"即深淵。

〔推源〕　諸詞或有高義，或有長義、深義，諸義皆相通，俱以斬聲載之，語源當同。聲符字"斬"所記錄語詞之本義、引申義系列與高、長、深義不相涉，其高、長、深義當爲斬聲所載之語源義。斬聲可載高、長、深義，"長"可證之。

斬：莊紐談部；

長：定紐陽部。

莊定鄰紐，談陽通轉。"長"，其字之甲骨文象人髮長兒，故可指年長之人，年長即年高，年高即時之長遠。《説文·長部》："長，久遠也。"清朱駿聲《通訓定聲》："《易·説卦》：'巽爲長，爲高。'《詩·泮水》：'順彼長道。'箋：'遠也。'……《廣雅·釋詁》：'長，老也。'……《孟子》：'不挾長。'注：'年長也。'"按，引申之，又有深義。《文選·張衡〈西京賦〉》："縱獵徒，赴長莽。"唐李善注："長，謂深且遠也。"又張氏《東京賦》："望先帝之舊墟，慨長思而懷古。"所謂"長思"即深思。

(1702) 醶/淡（淡義）

醶　食物味淡。《玉篇·食部》："醶，無味也。"又零卷同部引《埤蒼》："醶，薄味也。"《廣韻·敢韻》："醶，澉醶。"又《琰韻》："醶，食薄味也。"按"醶"當爲"醶"之或體。《説文·酉部》："醶，酢也。"清朱駿聲《通訓定聲》："从酉，僉聲。《廣韻》：'醶醅，味薄也。'"按，疑爲"醶"之或體。宋董迪《廣川書跋·李後主蚌帖》："知以宗廟爲重，恐滋味醶醅。"按，今徽歙方言猶稱味淡爲"醶"，又稱行事無聊、無趣味爲"醶味"。

淡　味淡。《説文·水部》："淡，薄味也。"清朱駿聲《通訓定聲》："《禮記·中庸》：'淡而不厭。'注：'其味似薄也。'《表記》：'君子淡以成。'注：'無酸酢少味也。'《管子·水地》：'淡也者，五味之中也。'《漢書·揚雄傳》：'大味必淡。'"

〔推源〕 此二詞俱有淡義,其音亦極相近且相通。

䉧:精紐談部;

淡:定紐談部。

叠韻,精定鄰紐。然則語源當同。其"䉧"字乃以斬聲載淡義。

656 專聲

(1703) 蓴膞簿團甎欂欂欂欂㯖塼(圓義)

蓴 蒲穗,形圓之物;亦指蒓菜,圓形物。《説文·艸部》:"蓴,蒲叢也。从艸,專聲。"清朱駿聲《通訓定聲》:"《廣雅·釋草》:'蒲穗謂之蓴。'按,蒲花形圓,其上黄粉,即蒲黄也。謝靈運詩:'新蒲含紫茸。'注:'蒲華。'〔假借〕爲'欒'。今以爲蓴菜,字亦作'蒓'。"按,朱氏所引《廣雅》文清王念孫《疏證》:"蒲穗形圓,故謂之蓴,蓴之爲言團團然叢聚也。"又,"蓴"指蒓菜,乃套用字,非假借。《詩·魯頌·泮水》"薄采其茆"漢毛亨傳:"茆,鳧葵也。"唐孔穎達疏:"陸璣疏云:茆與荇菜相似,葉大如手,赤圓,有肥者著手中滑不得停……江南人謂之蓴菜,或謂之水葵,諸陂澤水中皆有。"

膞 切成塊的肉,不規則圓形物;亦指膝頭,其形亦圓者;又指肌骨、鳥胃,皆圓形物。《説文·肉部》:"膞,切肉也。从肉,專聲。"清朱駿聲《通訓定聲》:"《廣雅·釋器》:'膞,臠也。'〔別義〕《釋名》:'膝頭曰膞。膞,團也,因形而名之也。'〔假借〕爲'腨'。《儀禮》:'膞骼。'謂腓腸也。"按,"膞"指股骨,無煩假借,乃套用字。朱氏所引《儀禮·少牢饋食禮》漢鄭玄注:"膞胳,股骨。"《廣韻·仙韻》:"膞,鳥胃也。"

簿 圓形竹器。《説文·竹部》:"簿,圜竹器也。从竹,專聲。"清段玉裁注:"盛物之器而圜者。'簿'與'團'音同也。"清桂馥《義證》:"'圜竹器也'者,字或作'筡'。《類篇》:'筡,圜竹器。'"清錢坫《斠詮》:"今俗有團箕、團匾等器。"《廣韻·桓韻》:"簿,竹器。"按,圓形竹器稱"簿",猶蒲草所結圓墊稱"蒲團"。

團 圓形。《説文·囗部》:"團,圜也。从囗,專聲"。《墨子·經下》:"鑑團景一。"清孫詒讓《閒詁》:"蓋謂鑑正圓則光聚於一。"漢班婕妤《怨歌行》:"裁爲合歡扇,團團似明月。"按,唯"團"之義爲圓,故有"團圓"之同義聯合式合成詞。唐元稹《高荷》:"颭閃碧雲扇,團圓青玉疊。"《廣韻·桓韻》"團"正訓"團圓。"

甎 酒器,圓形物。字亦作"榑",亦从專聲,从木,蓋酒器亦有木製者。《説文·厄部》:"甎,小卮有耳蓋者。从厄,專聲。"清朱駿聲《通訓定聲》:"《急就篇》皇象本作'榑',顔本作'楕',誤字。"《廣韻·遇韻》:"甎,小卮,有蓋。"沈兼士《聲系》:"案'甎',《説文》作'甎',疑'甎'爲訛體,後人據專聲加入遇韻。"王國維《觀堂集林·釋觶觛卮甎觛》:"古書多以'觛'爲

‘專’……《急就篇》皇本、顔本之‘榑榼’，宋太宗本作‘槫榼’，而‘榑’即‘慱’。”

鱄 蒲魚，其形圓。清李調元《然犀志》卷上《蒲魚》：“蒲魚，大者盈丈，圓扁如蒲葵葉。其尾修圓若蛇，長倍於身，有刺能螫人。尖鼻前挺，形類鐵犂。目生於背，目旁有二孔，疑是其耳。口開於腹。口之左右各有五孔，扁若刀刺。背色黄黑，腹青白無鱗。又名‘鱄’。《瓊州府志》云：‘海鷂一名荷魚，即蒲魚也。口在腹下，目在額上，味美而尾極毒。昌黎詩：‘蒲魚尾如蛇，口眼不相營。’俗亦呼爲燕魚。”清屈大均《廣東新語·介語》：“蒲魚者，鱄也。形如盤，大者圍七八尺。無鱗，口在腹下，目在額上，尾長有刺，能螫人。肉多白骨，節節相連比，柔脆可食。”

摶 捏聚成團，使圓，故引申爲圓義。《説文·手部》：“摶，圜也。从手，專聲。”清朱駿聲《通訓定聲》：“《通俗文》：‘手團曰摶。’《廣雅·釋詁三》：‘摶，著也。’《考工·鮑人》：‘卷而摶之。’……《禮記·曲禮》：‘毋摶飯。’〔假借〕爲‘團’。《(周禮·考工記)矢人》：‘欲生而摶。’《楚辭·橘頌》：‘團果摶兮。’”按，“摶”表圓義乃引申，無煩假借。朱氏所引《周禮·考工記·矢人》文漢鄭玄注：“摶，圜也。”《吕氏春秋·審時》：“得時之黍，芒莖而徼下，穗芒以長，摶米而薄糠。”清俞樾《平議》：“摶之言圜也……‘摶米而薄糠’與上文‘其粟圓而薄糠’文義正同。”

縳 白色細絹，亦指束縛，爲其套用字。束縛即沿圓周方向纏繞。又指物之卷，卷、曲、圓，義皆相通。《説文·糸部》：“縳，白鮮色也。从糸，專聲。”清朱駿聲《通訓定聲》：“即《禹貢》之‘纖縞’。〔别義〕《廣雅·釋詁三》：‘縳，束也。’《左襄廿五傳》：‘以帷縳其妻。’《昭廿六傳》：‘縳一如瑱。’注：‘卷也。’”按，所引《左傳·昭公二十六年》文之“縳”謂幣錦，古者“縳”亦謂書卷。明謝肇淛《五雜俎·事部》：“佛書以一章爲一則，又謂一縳。”按，竹木簡輯之則成册，收卷之則成圓筒狀。

轉 車運，車輪轉動則前行，車輪轉動即作圓周運動。引申爲圓轉、轉動義。《説文·車部》：“轉，運也。从車，專聲。”清朱駿聲《通訓定聲》：“鍇本：‘還也。’……《廣雅·釋詁一》：‘轉，行也。’《史記·平準書》：‘漕轉山東粟。’《索隱》：‘車運曰轉。’”《廣韻·線韻》：“轉，流轉。”又《獮韻》：“轉，動也，運也。”《隋書·藝術傳·耿詢》：“詢創意造渾天儀，不假人力，以水轉之，施於闇室中，使智寶外候天時，合如符契。”《朱子語類》卷六十九：“若是圓時，便轉動得。”

甎 製作陶器的旋盤，圓形物。其字亦借“膞”爲之。《集韻·仙韻》：“膞，陶人作器具。《周禮》：‘器中膞。’或作‘甎’。”按，“膞”字从肉，爲借字，“甎”則爲本字。清朱駿聲《説文通訓定聲·乾部》：“膞，〔假借〕又爲‘輇’。《考工·旊人》：‘器中膞，膞崇四尺，方四寸。’”按，當云“膞”爲“甎”字之借，二者均从專聲。至“輇”，謂無輻木車輪，非陶人作器具義之本字。朱氏所引《周禮·考工記·旊人》文漢鄭玄注：“膞讀如車輇之輇，既埏泥而轉其均，尌膞其側，以擬度端其器也。”

漙 露珠圓貌。字亦作"🈳",亦从專聲。唐顏師古《匡謬正俗》卷一:"漙,吕氏《字林》雨下作專,訓云'露貌'。此字本作'🈳',或作'漙'耳。"《廣韻·桓韻》:"漙,《詩》云:'零露漙兮。'"又"🈳,露皃。"《説文新附·水部》:"漙,露皃。从水,專聲。"按,《廣韻》所引《詩·鄭風·野有蔓草》文清馬瑞辰《通釋》:"漙,《釋文》:'本又作團。'《文選》唐李善注引《毛詩》:'零露團兮。'與《釋文》所引一本合。"高亨注:"漙,露珠圓圓的狀態。"宋陸游《園中小飲》:"高柳陰濃煙欲暝,叢花紅濕露初漙。"

塼 紡錘,其形圓而可圓轉者。《類篇·土部》:"塼,紡錘。"《詩·小雅·斯干》"載弄之瓦"漢毛亨傳:"瓦,紡塼也。"按,"瓦"本爲陶製物之總稱,蓋紡錘亦有陶製者,故其字从土,故亦稱"瓦"。上引《詩》清馬瑞辰《通釋》:"古之撚線者,以專爲錘。《説苑·雜言篇》曰:'子不聞和氏之璧乎?價重千金,然以之間紡,曾不如瓦磚。'此紡用瓦磚之證。"按,所引《説苑》之"磚"異文作"塼",後者爲正字。

〔推源〕 諸詞俱有圓義,爲專聲所載之公共義。專聲字"塼"亦可以假借字形式表圓義,則亦爲專聲、圓義相關聯之一證。漢揚雄《太玄·中》:"月闕其塼,明始退也。"聲符字"專"所記錄語詞謂紡專,形圓而可轉動者,轉動即作圓周運動,引申爲圓義。《説文·寸部》:"專,紡專。"清朱駿聲《通訓定聲》:"字亦作'塼'。〔假借〕又爲'團'。《周禮·大司徒》:'其民專而長。'注:'圜也。'《儀禮·士虞禮記》:'用專膚爲折俎。'注:'獨厚也。'按,圓也。……又爲'圜'。《史記·屈賈傳》:'大專盤物兮。'索隱:'讀曰鈞。'按,圜天體也。"按,"專"表圓義,非假借,乃引申。本條諸詞之圓義爲其聲符"專"所載之顯性語義。毛聲字所記錄語詞"碩""飥""耗"俱有圓義,見本典第一卷"毛聲"第 104 條。專聲、毛聲本相近且相通。

專:章紐元部;
毛:端紐月部。

章(照)端準雙聲,元月對轉。然則可相爲證。

(1704) 團摶鑄磚塼(聚義)

團 圓,見前條。按圓即環繞而包圍之,故有聚集之衍義。南朝宋顏延之《應詔觀北湖田收》:"陽陸團精氣,陰谷曳寒煙。"宋林逋《小圃春日》:"草長團粉蝶,林暖墜青蟲。"唯"團"有聚義,故有"團聚"之同義聯合式合成詞。宋蘇舜欽《答韓持國書》:"常相團聚,不衣與食可乎?"

摶 捏聚成團(見前條),故引申爲聚集義;又指捆,則爲聚合體。《廣韻·獮韻》:"摶,《周禮》:'百羽爲摶,十摶爲縛。'"清朱駿聲《説文通訓定聲·乾部》:"摶,〔轉注〕《管子·霸言》:'摶國不在敦古。'注:'聚也。'《内業》:'摶氣如神,萬物備存。'注:'謂結聚也。'"按,"摶"與"聚"可組成同義聯合式合成詞。《醫宗金鑒·張仲景〈傷寒論·太陽病中〉》"甘草瀉心湯方"集注:"此爲汗後,未經誤下,心中痞硬,水飲摶聚者,立治法也。"

鏄 鐵塊,即鐵之聚合體。《集韻·桓韻》:"鏄,塊鐵。"《正字通》所訓同。

磚 磚頭,聚土而成者。其字本亦作"甎",亦从專聲。从瓦,意謂磚爲陶製物;从石,則謂磚塊如石塊。"磚"爲粘土所製,故其字亦以"塼"爲之。《玉篇·土部》:"甎,亦作'塼'。"《廣韻·仙韻》:"甎,甎瓦。《古史考》曰:'烏曹作甎。'"《篇海類編·器用類·瓦部》:"甎,俗作'磚'。"南朝宋謝惠連《祭古冢文》:"東府掘城北塹,入丈餘,得古冢,上無封域,不用塼甓。"北齊顏之推《顏氏家訓·終制》:"蒙詔賜銀百兩,已於揚州小郊北地燒磚。"唐韓愈《張中丞傳後叙》:"抽矢射佛寺浮圖,矢著其上甎半箭。"

蕁 蒲草,叢生者,故《説文·艸部》訓"蒲叢",見前條。"蕁"本有聚集之義。《廣雅·釋草》:"蒲穗謂之蕁。"清王念孫《疏證》:"蒲草叢生於水則謂之蕁,蒲穗叢生莖末,亦謂之蕁。訓雖各異,義實相近也。"《廣韻·覃韻》:"蕁,蒲秀。"引申之,亦泛指叢生、聚集。《集韻·桓韻》:"蕁,艸叢生。"清朱駿聲《説文通訓定聲·乾部》:"蕁,〔轉注〕《廣雅·釋詁三》:'蕁,聚也。'"

〔**推源**〕 諸詞俱有聚義,爲專聲所載之公共義。專聲字"槫"亦可以假借字形式表聚義,此亦爲專聲與聚義相關聯之一證。馬王堆漢墓帛書《戰國縱橫家書·蘇秦謂陳軫章》:"佣將槫三國之兵,乘屈匄之敝,南割于楚,故地必盡。"又《老子乙本·道經》:"槫氣至柔,能嬰兒乎?"按,"槫"謂屋棟,其聚義乃假借義。按,聲符字"專"單用本可表聚義。《吕氏春秋·辯土》:"樹肥無使扶疏,樹墝不欲專生而族居。"清俞樾《平議》:"'不欲專生'者,不欲聚生也,與'族居'同義。"陳奇猷《校釋》:"若修剪部分莖葉,不使其過於扶疏,仍可獲得豐收,故曰'樹肥無使扶疏'。至於種植墝薄之地,苗稼最忌密聚。蓋地肥既已不足,密聚則相互奪肥,造成上文所謂'苗相竊'之惡果。"按,前條諸詞俱有圓義,當與聚義相通,人相聚集稱"團聚",亦稱"團圓",爲力證。"專"本爲紡錘,可轉動之物,轉動即作圓周運動,圓周則即環繞而包圍之形,凡物生於一圍之地,即叢生、聚集,又聚物於一處亦如包圍。此亦足證圓義、聚義相通。專聲可載聚義,則"萃"可證之。

專:章紐元部;

萃:從紐物部。

章(照)從鄰紐,元物旁對轉。"萃",草叢生,聚集,虛化引申爲聚集義。《説文·艸部》:"萃,艸兒。"清朱駿聲《通訓定聲》:"按,艸兒。〔轉注〕《易·序卦傳》:'萃者,聚也。'《左昭七傳》:'萃淵藪。'……《小爾雅·廣言》:'萃,集也。'《詩·墓門》:'有鴞萃止。'《長門賦》:'翡翠脅翼而來萃兮。'"

(1705) 嫥剸摶(專一義)

嫥 專一。《説文·女部》:"嫥,壹也。从女,專聲。"清朱駿聲《通訓定聲》:"經、傳皆以

'專'爲之。"清段玉裁注:"凡嫥壹字,古如此作,今則'專'行而'嫥'廢矣。"《玉篇·女部》:"嫥,專一也。"清譚嗣同《三十自紀》:"誦書偶多,廣識當世淹通嫥壹之士,稍稍自慚,即又無以自達。"

剸　截斷,引申爲專斷。其字亦作"𦘒"。《説文·首部》:"𦘒,戳也。从首,从斷。剸,或从刀,專聲。"清朱駿聲《通訓定聲》:"《通俗文》:'戳斷曰剸'。《字林》:'剸,裁也。'《禮記·文王世子》:'其刑罪則纖剸。'注:'割也。'〔假借〕爲'嫥'。《荀子·榮辱》:'信而不見敬者好剸行也。'《漢書·淮南衡山濟北王傳·贊》:'剸懷邪僻之計。'"按,"剸"之專擅、獨斷義爲其衍義,無煩假借。引申之,"剸"又有專一義。馬王堆漢墓帛書《戰國縱橫家書·秦客卿造謂穰侯章》:"願君剸志于攻齊,而毋有它慮也。"《漢書·蕭何傳》:"上以此剸屬任何關中事。"

摶　捏聚成團(見前第1703條),引申爲專一義。《集韻·仙韻》:"摶,擅也。"《説文·手部》:"擅,專也。"清朱駿聲《説文通訓定聲·乾部》:"摶,〔假借〕又爲'嫥'。《史記·始皇紀》:'摶心壹志。'《吕覽·適音》:'不收則不摶。'注:'不摶,入不專一也。'"按,非假借,乃引申。《管子·内業》:"一意摶心,耳目不淫,雖遠若近。"《吕氏春秋·執一》:"天子必執一,所以摶之也。"

〔推源〕　諸詞俱有專一義,爲專聲所載之公共義。聲符字"專"所記録語詞本有專一義。《廣韻·仙韻》:"專,擅也,單也,獨也。"清朱駿聲《説文通訓定聲·乾部》:"專,〔假借〕爲'嫥'。《(廣雅)釋言》:'專,擅也。'《禮記·曲禮》:'專席而坐。'注:'猶單也。'……《左襄十九傳》:'專黜諸侯。'服注:'獨也。'……《昭二十傳》:'若琴瑟之專壹。'《易·説卦》姚本:'震爲專。'注:'一也。'"今按,"專"本謂紡專,收絲之器,旋轉之則其絲集於一體;又,旋轉三百六十度,則爲一周。此皆可證專一義爲"專"之顯性語義,非假借者。專聲可載專一義,則"擅"可證之。

專:章紐元部;
擅:禪紐元部。

叠韻,章(照)禪旁紐。"擅",《説文·手部》訓"專",上文已引。所訓即獨攬其權,權力集於一人之手義。清朱駿聲《通訓定聲》云:"按,謂嫥壹也。〔轉注〕《管子·法法》:'此所謂擅也。'《詩·狡童·序》:'權臣擅命也。'《史記·魏豹彭越傳》:'擅將其兵。'"漢桓寬《鹽鐵論·除狹》:"擅殺生之柄,專萬民之命。"按,"擅""專"對文同義。

(1706)傳轉(移義)

傳　傳遞,引申爲移動、遷移義。《説文·人部》:"傳,遽也。从人,專聲。"清朱駿聲《通訓定聲》:"《爾雅·釋言》:'馹,遽傳也。'按,以車曰傳,亦曰馹;以馬曰遽,亦曰驛。皆所以達急速之事。《左成四傳》:'晉侯以傳召伯宗。'謂馹也。《周禮·行夫》:'掌邦國傳遽之小事。'注：'若今時傳騎驛而使者也。'〔轉注〕凡由此遞彼皆曰傳。《周禮·掌節》：'必有節以傳輔之。'……《司關》：'則以節傳出之。'注：'如今移過所文書。'……《禮記·內則》：'枕几不傳。'注：'移也。'"《漢書·王嘉傳》："初，廷尉梁相與丞相長史、御史中丞及五二千石雜治東平王雲獄，時冬月未盡二旬，而相心疑雲冤，獄有飾辭，奏欲傳之長安。"唐顏師古注："傳，謂移其獄事也。"

轉 車運（見前第1703條），引申爲移動、遷移義。清朱駿聲《說文通訓定聲·乾部》："轉，《詩·祈父》：'胡轉予于恤。'箋：'移也。'《左昭十九傳》：'勞罷死轉。'注：'遷徙也。'"按，唯"轉"有移動、遷徙義，故有"轉移""轉徙"之同義聯合式合成詞。《周禮·天官·大宰》："九曰閑民，無常職，轉移執事。"漢鄭玄注："閑民，謂無事業者，轉移爲人執事，若今傭賃也。"漢晁錯《守邊勸農疏》："往來轉徙，時至時去，此胡人之生業。"

〔推源〕 此二詞俱有移義，爲專聲所載之公共義。聲符字"專"所記錄語詞謂紡專，紡專可轉動，轉動、移動，義相近且相通。本條二詞之移義爲其聲符"專"所載之顯性語義。專聲可載移義，則"遷"可證之。

專：章紐元部；
遷：清紐元部。

疊韻，章（照）清鄰紐。"遷"，升遷，向上移，引申爲移動、遷徙義。《說文·辵部》："遷，登也。"清朱駿聲《通訓定聲》："《爾雅·釋詁》：'遷，徙也。'《廣雅·釋言》：'遷，移也。'《詩·巷伯》：'既其女遷。'傳：'去也。'……《周禮·小司寇》：'二曰詢國遷。'注：'謂徙都改邑也。'"按，《說文》所訓爲其本義，《詩·小雅·伐木》"出自幽谷，遷于喬木"之"遷"即是。

657 曹聲

(1707) 遭槽傮褿（周義）

遭 逢，引申爲巡行、周圍義。《說文·辵部》："遭，遇也。從辵，曹聲。一曰邐行。"清朱駿聲《通訓定聲》："《禮記·曲禮》：'遭先生於道。'疏：'逢也。'〔別義〕《說文》：'一曰……'即後人所云周遭也。"唐孟郊《寒地百姓吟》："華膏隔仙羅，虛遶千萬遭。"宋王安石《移桃花》："晴溝漲春綠周遭，俯視行影移漁舠。"清錢泳《履園叢話·精怪·投井》："井甕上有'天雷火'三字，符四條，貼於四遭。"

槽 牲畜之食器，其形長方而有四周者。《說文·木部》："槽，畜獸之食器。從木，曹聲。"清朱駿聲《通訓定聲》："《聲類》：'槽，飯豕器也。'今專爲馬櫪之名，是爲轉注。"《廣韻·豪韻》："槽，馬槽。"《後漢書·馬援傳》："今者歸老，更欲低頭與小兒曹共槽櫪而食，併肩側身於怨家之朝乎？"《宋史·孝義傳·陳兢》："有犬百餘，亦置一槽共食。"

傮 一周，一次。《説文・人部》："傮，終也。从人，曹聲。"清桂馥《義證》："'終也'者，楊倞注《荀子・富國篇》引同。"清朱駿聲《通訓定聲》："《詩・卷阿》：'似先公酋矣。'以'酋'爲之。〔假借〕單詞形況字。《荀子・富國》：'傮然要時務民。'注：'盡人力皃。'"清王筠《句讀》："所謂終者，即星一週天之義。"《廣韻・豪韻》："傮，終也。殰，上同。"《正字通・人部》："傮，方言一周曰一傮。俗通用'遭'。"按，諸說義有微殊而實同條共貫。《廣韻》所訓謂生命周期之終止。《正字通》所云"一周"即一次、一個周轉義，"傮"所記録語詞存乎語言，唯其字多以"遭"爲之。宋葉適《中大夫趙公墓誌銘》："（上）嘗謂公曰：'周天下事，每日須過朕心下一遭。'"

禂 繞領，即周繞於頸部之物。《説文・衣部》："禂，帴也。从衣，曹聲。"清朱駿聲《通訓定聲》："字亦作'幨'。按，《説文》：'帴，帔也。'今之披肩……'一曰婦人脅衣。'今之兜肚。"按，"兜肚"即肚兜，周繞腹部之物。又朱氏書《隨部》："帔，今男子之披肩，婦人之壓領，其遺意也。"

〔**推源**〕 諸詞俱有周義，爲曹聲所載之公共義。聲符字"曹"本作"曺"，所記録語詞謂訴訟之兩造。《廣韻・豪韻》："曹，曹局也。曺，古文。"按，"曹局"即衙門，所以理訟者。《説文・曰部》："曺，獄之兩曹也。在廷東，从棘，治事者，从曰。"清朱駿聲《通訓定聲》："判事以言也，會意。"清段玉裁注："兩曹，今俗所謂原告被告也……《古文尚書》'兩造具備'、《史記》'兩造'，一作'兩遭'。'兩遭''兩造'即兩曹也。"按，"曹"謂原告、被告雙方，此或與周全、周備義相通；"曹"亦謂衙門，衙門則即秉公執法、行事周全不偏者，其義亦相通。曹聲可載周義，則"周"可證之。

曹：從紐幽部；

周：章紐幽部。

疊韻，從章（照）鄰紐。"周"，周密，引申爲圓周、四周等義。《説文・口部》："周，密也。"清朱駿聲《通訓定聲》："《襄廿六傳》：'具車徒以受地必周。'注：'密也。'〔假借〕又爲'匌'。《小爾雅・廣言》：'周，帀也。'《廣雅・釋詁二》：'周，徧也。'《釋言》：'周，旋也。'《周易》釋文：'周，遍也，備也。'《禮記・檀弓》：'四者皆周。'注：'帀也。'《左文三傳》：'舉人之周也。'注：'備也。'"按，皆引申，非假借。

（1708）槽漕（溝渠義）

槽 牲畜之食器（見前條），其形四周而中凹，故有溝渠、水道之比喻引申義。明胡震亨《唐音癸籤・詁箋一》："今黄河舟子稱水落爲歸槽。槽本馬槽，象渠形言之也。"《宋史・孟珙傳》："水跨九阜，建通天槽八十有三丈，溉田十萬頃。"宋楊萬里《過封建寺下連魚灘》："江收衆水赴單槽，石壁當流鬥雪濤。"

漕 水道運輸，即物於溝渠中流動之義。《説文・水部》："漕，水轉轂也。从水，曹聲。"

清桂馥《義證》："'穀'當爲'穀'。"清朱駿聲《通訓定聲》："水轉穀也……按，車運穀曰轉，水運穀曰漕。《史記·平準書》：'漕轉山東粟。'《蕭相國世家》：'轉漕給軍。'《漢書·武帝紀》：'穿漕渠通渭。'……按，漕運自元濬會通河，明導汶水北會漳衛，而東北之，運道以通。本朝鑿桃宿之道，開中運河，以避黃河之險。於是糧艘由淮浦渡河徑趨山東，達于通州。"《廣韻·號韻》："漕，水運穀。"

〔推源〕 此二詞俱有溝渠義，爲曹聲所載之公共義。聲符字"曹"所記錄語詞及前條諸詞俱有周義，溝渠所以運輸周轉，溝渠義、周轉義或相通。曹聲可載溝渠義，則"道"可證之。

曹：從紐幽部；
道：定紐幽部。

叠韻，從定準雙聲，音僅微殊。"道"，道路。《說文·辵部》："道，所行道也。"清朱駿聲《通訓定聲》："《爾雅·釋宮》：'一達謂之道。'《易·履》：'道坦坦。'"引申之則指溝渠、水道。《史記·河渠書》："延道弛兮離常流，蛟龍騁兮方遠遊。"清曹雪芹《紅樓夢》第一百一十八回："遇著班師的兵將船隻過境，河道擁擠，不能速行。"

(1709) 糟燴憷嘈瑽膯慒（雜亂義）

糟 帶滓的酒，混雜之物；引申之則指酒渣，酒渣則爲雜亂之物。《說文·米部》："糟，酒滓也。从米，曹聲。䊝，籀文从酉。"清朱駿聲《通訓定聲》："字亦作'醩'、作'蔯'。《周禮·酒正》：'共后之致飲于賓客之禮醫醴酏糟。'注：'糟，醫酏之不泲者，泲者曰清。'《禮記·內則》：'稻醴清糟。'注：'糟，醇也。'……古以帶滓之酒爲糟，今謂漉酒所棄之粕爲糟。《莊子·天道》：'古人之糟魄已矣。'《淮南·道應》：'是直聖人之糟粕耳。'"後世又稱事亂爲"糟糕"，唯"糟"有亂義，故"亂糟糟"之三字格派生詞，詞根、詞綴之義相同。

燴 燒焦的木頭，雜亂之物，亦指物壞，實亦亂義。《說文·火部》："燴，焦也。从火，曹聲。"清朱駿聲《通訓定聲》："《廣雅·釋詁四》：'炧也。'《字林》：'燒木焦也。'《蒼頡》：'燒木餘也。'故今北人凡言事物壞曰燴。"《廣韻·豪韻》："燴，火餘木也。"

憷 亂。《說文·心部》："憷，慮也。从心，曹聲。"清朱駿聲《通訓定聲》："《爾雅·釋言》：'憷，慮也。'釋文：'憷，本作悰。'"《玉篇·心部》："憷，亂也。"《廣韻·冬韻》："憷，謀也。"又《尤韻》："憷，慮也。"《集韻·冬韻》："悰，謀也。"按，謀慮、心亂二義本相通。《說文》同部"慮"篆訓"謀思"。《呂氏春秋·長利》："夫子盍行乎，無慮吾農事。"漢高誘注："慮，猶亂也。"

嘈 嘈雜，聲音雜亂。《廣韻·豪韻》："嘈，喧嘈"。漢王延壽《夢賦》："雞知天曙而奮羽，忽嘈然而自鳴。"按，唯"嘈"之義爲雜亂，故有"嘈雜""嘈亂"之複音詞。晉葛洪《抱朴子·刺驕》："或曲宴密集，管絃嘈雜，後賓填門，不復接引。"曹禺《雷雨》第四幕："外面人聲嘈亂，哭聲，叫聲，混成一片。"

聹 耳鳴,自覺聲音嘈雜。《玉篇·耳部》引《埤蒼》:"聹,耳鳴也。"《廣韻·豪韻》:"聹,耳鳴。"又《宵韻》:"聹,耳中聲。"《廣選·王延壽〈魯靈光殿賦〉》:"耳嘈嘈以失聽,目矘矘而喪精。"按"嘈嘈"謂外界聲音嘈雜,響徹於耳,其義近乎"聹"。

膌 腹鳴。即腹中飢餓而其聲嘈雜之義。徽歙方言有此語,凡腹中飢餓而鳴響或久不食葷而腹鳴稱"膌"。其字亦作"饀"。《集韻·豪韻》:"膌,腹鳴。"《篇海類編·食貨類·食部》:"饀,食餡也。"《集韻·豪韻》:"饕,《說文》:'貪也。'或作'饀'。"《中國歌謠資料·湖南永明民歌·累得腰彎背也駝》:"肚子饀來借米喫,喊聲利息是雙拖。"注:"饀,飢餓。"

撧 以手攪。攪之則亂,"撧"即使亂之謂。《廣韻·號韻》:"撧,手攪也。"又《巧韻》:"攪,手動也。"按"攪"之本義爲擾亂,手動爲其引申義。《說文·手部》:"攪,亂也。"清顧炎武《天下郡國利病書·雲南五·種人》:"食無筯,以手撧飯。"

〔推源〕 諸詞俱有雜亂義,爲曹聲所載之公共義。聲符字"曹"所記録語詞謂兩造,兩造相争訟則嘈雜,其義或相通。曹聲可載雜亂義,則"鬧"可證之。

曹:从紐幽部;

鬧:泥紐宵部。

从泥鄰紐,幽宵旁轉。"鬧",嘈雜,聲音雜亂。字亦作"闀""閙"。《廣韻·效韻》:"闀,不靜也,擾也。閙,上同。"周祖謨《校勘記》:"閙,當作'鬧'。"《說文新附·門部》:"鬧,不靜也。从市、鬥。"唐韓愈《潭州泊船呈諸公》:"夜寒眠半覺,鼓笛鬧嘈嘈。"元杜仁傑《耍孩兒·莊家不識構闌》:"來到城中買些紙火,正打街頭過,見弔箇花碌碌紙榜,不似那答兒鬧穰穰人多。"按,《廣韻》所訓"擾",即擾亂義,爲其引申義。唐柳宗元《答韋中立論師道書》:"度今天下不吠者幾人,而誰敢衒怪于群目,以召鬧取怒乎?"又"鬧天宫""鬧事""鬧翻天"之"鬧"皆此義。"鬧"又有雜而不純之衍義。《金瓶梅詞話》第九十四回:"他一個錢兒不拿出來,止與了這根簪兒,還是鬧銀的。"魏子雲《注釋》:"鬧銀,自亦是當時流行的語言,當係指銀子的成色不足,混有錫鉛在内的銀器。"

(1710) 蠰艚(小義)

蠰 金龜子之幼蟲,微小之物。其字亦作"螬"。《説文·虵部》:"蠰,蠤蠰也。从虵,曹聲。"清朱駿聲《通訓定聲》:"字亦作'螬'。《爾雅》:'蠐,螬蠰。'注:'在糞土中。'……蠤螬《方言》作'蟦蠰'……《孟子》:'螬食實者過半矣。'《莊子》:'烏足之根爲蠐螬。'《論衡·無形》:'蠐螬化而爲復育,復育轉而爲蟬。'《博物志》:'蠐螬以背行,駛于用足。'"《玉篇·虵部》:"蠰,今作'螬'。"《廣韻·豪韻》:"螬,蠐螬蟲。"

艚 漕運之船。其船當較他船小,故稱"艚"。《廣韻·豪韻》:"艚,船艚。"《新唐書·崔郾傳》:"郾乃旁流爲大敖受粟,竇而注諸艚。"引申之,則指小船。《玉篇·舟部》:"艚,小船。"《新唐書·循吏傳·韋景駿》:"又維艚以梁其上,而廢長橋,功少費約,後遂爲法。"

〔推源〕 此二詞俱有小義,爲曹聲所載之公共義。聲符字"曹"所記録語詞與小義不相涉,其小義乃曹聲所載之語源義。按此聲字所記録語詞"玼""柴""髭""鮆""觜""秕""齜""佌""訾""疵""鈭"俱有小義,參本典第三卷"此聲"第653條,曹聲、此聲本相近且相通。

曹:從紐幽部;

此:清紐支部。

從清旁紐,幽支旁轉。然則可以相互爲證。

658 欶聲

(1711) 漱簌(動義)

漱 漱口,含水而動於口腔中。《説文·水部》:"漱,盪口也。从水,欶聲。"清朱駿聲《通訓定聲》:"按,'欶'亦意。即《曲禮》之'虚口'也,以酒曰酳,以水曰漱。《禮記·内則》:'咸盥漱。'"《廣韻·宥韻》及《候韻》:"漱,漱口。"《文選·成公綏〈嘯賦〉》:"坐盤石,漱清泉。"唐李善注:"漱,盪口也。"唐柳宗元《晨詣超師院讀禪經》:"汲井漱寒齒,清心拂塵服。"按,"漱"又有衝刷、衝蕩之義,皆水蕩動於口中義之引申。

簌 篩,晃動,抖動。《集韻·屋韻》:"簌,篩也。"按,"篩"爲有孔可篩物之竹器。《急就篇》第三章"筱箪箕帚"唐顔師古注:"筱,所以籮去麤細者也,今謂之篩。"引申之以篩篩物亦稱"篩","簌"即此義。元王禎《農書》卷十六:"磟既圓滑,米自翻倒、簌於筥内。一搗一簌,既省人攪,米自匀細。"引申爲顫抖即抖動不已義。元武漢臣《生金閣》第三折:"諕的他戰簌簌的把不定腿脡摇,可撲撲的按不住心頭跳。"

〔推源〕 此二詞俱有動義,爲欶聲所載之公共義。聲符字"欶"所記録語詞謂吸吮,即口含而動之義。《説文·欠部》:"欶,吮也。从欠,束聲。"清朱駿聲《通訓定聲》:"字亦作'嗽'……《通俗文》:'含吸曰嗽。'《廣韻·覺韻》:'欶,口噏也。嗽,上同。'又《緝韻》:'噏,同吸。'"唐韓愈等《納涼聯句》:"車馬獲同驅,酒醪欣共欶。"然則本條二詞之動義爲其聲符"欶"所載之顯性語義。欶聲可載動義,則"抖"可證之。

欶:山紐屋部;

抖:端紐侯部。

山端鄰紐,屋侯對轉。"抖",抖動。《方言》卷六:"鋪頒,索也。東齊曰鋪頒,猶秦晉言抖藪也。"清朱駿聲《説文通訓定聲·需部》:"《一切經音義》十四:'斗擻,穀穀也,江南言斗擻。'"按,"斗擻"即"抖擻",後者爲本字。唐白居易《答州民》:"宦情抖擻隨塵去,鄉思銷磨逐日無。"明康海《百歲陽秋·賀壽》:"遏行雲,樂正喧,灔流霞,酒更熟,一個個舞蹁躚,身抖擻。"

(1712) 遫擻瘶（急疾義）

遫 迅速,急疾。其字即"速"之或體。《說文·辵部》："速,疾也。遫,籀文从欶。"清朱駿聲《通訓定聲》："籀文欶聲……《荀子·議兵》：'輕利僄遫'。《左傳》'衛侯速''甯速''孟孺子速',《公羊》皆作'遫'。"《管子·侈靡》："水平而不流,無源則遫竭；雲平而雨不甚,無委雲雨則遫已。"唐尹知章注："平而不流謂水也,停水無源必速竭。"

擻 掣動馬銜催其速行。《集韻·董韻》："駷,搖馬銜走。或作'擻'。"《廣韻·厚韻》及《腫韻》："駷,馬搖銜走。"《公羊傳·定公八年》："臨南駷馬,而由乎孟氏。"漢何休《解詁》："駷,捶馬銜走。"

瘶 咳嗽,氣逆而急之義。後世多作"嗽",亦以"欶"爲之。《廣韻·候韻》："瘶,欬瘶。嗽,上同。"又："欶,上氣。"清朱駿聲《說文通訓定聲·需部》："欶,字亦作'瘶'。……《周禮·疾醫》：'冬時有嗽,上氣疾欬也。'"按,中國醫學以爲氣下行爲正,所謂"上氣"即氣逆行；氣逆行而急則咳嗽,故云"上氣疾欬"。唐張鷟《遊仙窟》："兒近來患瘶,聲音不徹。"

〔推源〕 諸詞俱有急疾義,爲欶聲所載之公共義。聲符字"欶"所記錄語詞謂吸吮,然其字从欠,可指氣逆急疾而咳嗽,爲套用字。本條諸詞之急疾義亦爲聲符"欶"所載之顯性語義。"欶"字从束得聲,與"速"同,"速"爲迅速急疾義,或體作"遫","擻""瘶"受義之由可明。

659 區聲

(1713) 漚彄醹膒䨲（隱義）

漚 久漬,即物隱藏於水中。《說文·水部》："漚,久漬也。从水,區聲。"清朱駿聲《通訓定聲》："《考工·㡛氏》：'涷絲以涗水,漚其絲。'注：'漸也,楚人曰漚,齊人曰湔。'《詩·東門之池》：'可以漚麻。'"《廣韻·候韻》："漚,久漬也。"北魏賈思勰《齊民要術·種麻》："穫欲淨,漚欲清水,生熟合宜。"

彄 弓弩兩端隱弦處。《說文·弓部》："彄,弓弩耑弦所居也。从弓,區聲。"清段玉裁注："兩頭隱弦處曰彄。"清朱駿聲《通訓定聲》："蔡邕《黃鉞銘》：'弓不受彄。'……亦曰藏彄,《左隱五》：'魯公子彄,字子臧。'"《廣韻·候韻》："彄,弓彄。"明宋應星《天工開物·佳兵·弧矢》："桑梢則其末刻鍥,以受弦彄。"

醹 私宴,隱蔽而不公開者。《說文·酉部》："醹,私宴歈也。从酉,區聲。"清朱駿聲《通訓定聲》："按,宴私之飲……《韓詩》：'飲酒之醹。'傳：'能者飲,不能者已,謂之醹。'《毛詩》以'飫'爲之。《魏都賦》：'愔愔醹醮。'按,凡不脫屨立成禮曰飫,跣而上坐曰宴,夜飲曰醹。"《正字通·酉部》："醹,古者賜酺乃飲,故曰私飲也。"按,《說文》同部"酺"篆訓"王德布,大飲酒也",可證《正字通》說之確。

膒　隱藏已久的油脂。《玉篇·肉部》:"膒,久脂也。"《廣韻·侯韻》:"膒,久脂。"亦指皮革藏於油脂中。《集韻·侯韻》:"膒,以脂漬皮。"

鞰　隱藏弓矢之具。《廣韻·虞韻》:"鞰,鞬也。"又《元韻》:"鞬,馬上盛弓矢器。"《説文·革部》:"鞬,所以戢弓矢。"清朱駿聲《通訓定聲》:"《方言》九:'所以藏弓謂之鞬。'《通俗文》:'弓韜謂之鞬。'《左傳廿三傳》:'右屬櫜鞬。'注:'弓弢。'"

〔推源〕諸詞俱有隱義,爲區聲所載之公共義。聲符字"區"所記録語詞本有隱藏義。《説文·匸部》:"區,踦區,藏匿也。从品在匸中。品,衆也。"清朱駿聲《通訓定聲》:"《左昭七傳》:'作僕區之法。'服注:'匿也。'《荀子·大略》:'言之信者,在乎區蓋之閒。'注:'區,藏物處。'"按,甲骨文、金文"區"從乚。《説文·乚部》:"乚,匿也。象迟曲隱蔽形。讀若隱。"又,"區"爲"甌"之初文,朱芳圃説,見《殷周文字釋叢》。"甌"則爲藏物之器。然則本條諸詞之隱義爲其聲符"區"所載之顯性語義。區聲可載隱義,則"曲"可證之。

區:溪紐侯部;
曲:溪紐屋部。

雙聲,侯屋對轉。"曲",彎曲,引申之則有偏僻、隱蔽義。《説文·曲部》:"曲,象器曲受物之形。"清朱駿聲《通訓定聲》:"《廣雅·釋詁一》:'曲,折也。'《書·洪範》:'木曰曲直。'〔轉注〕《詩·小戎》:'亂我心曲。'……《吴都賦》:'固亦曲士之所嘆也。'注:'謂僻也。'"按,心曲即心中所隱藏者。唯"曲"有"隱蔽"之衍義,故有"曲隱""曲蔽"之同義聯合式合成詞。《新唐書·逆臣傳上·安禄山》:"(安禄山)及老,愈肥,曲隱常瘡。"《資治通鑒·唐文宗開成元年》:"卿所用人不掩其惡,可謂至公。從前宰相用人好曲蔽其過,不欲人彈劾,此大病也。"

(1714) 傴嶇嶇(不平、不直義)

傴　駝背,背部彎曲不平直,引申之則泛指彎曲而不平直。《説文·人部》:"傴,僂也。从人,區聲。"清朱駿聲《通訓定聲》:"《廣雅·釋詁一》:'曲也。'《禮記·問喪》:'傴者不袒。'《釋文》:'背曲也。'《吕覽·盡數》:'苦水所多尪與傴人。'《荀子·王制》:'是傴巫跛覡之事也。'注:'巫覡古以廢疾之人主之。'"《廣韻·麌韻》:"傴,不伸也,尪也。荀卿子曰:'周公傴背。'"《左傳·昭公七年》:"一命而僂,再命而傴,三命而俯,循墙而走,亦莫余敢侮。"

嶇　道路不平。《説文·阜部》:"嶇,崎也。从阜,區聲。"清朱駿聲《通訓定聲》:"《漢書·諸侯王表》:'至虖阸隒河洛之間。'注:'隒,踦嶇也。'字亦作'嶇'。《周景功勳銘》:'隒陭。'今字作'崎嶇',傾側不平之皃。"《廣韻·虞韻》:"嶇,嶇隅不安皃。"按,不安即心中不平静,故有"平安"之複音詞。"嶇"之不安義乃由其不平義所衍生。朱氏所引《漢書》唐顔師古注語下文爲:"西迫强秦,東有韓魏,數見侵暴,踦嶇不安也。"

嶇　山勢高而陡,不平。《文選·王褒〈洞簫賦〉》:"徒觀其旁山側兮,則嶇嶔巋崎,倚巇迤巇。"唐李善注："嶇嶔巋崎，皆山險峻之貌。"引申之亦指道路險阻不平。《廣韻·虞韻》："嶇，崎嶇。"北周庾信《周車騎大將軍賀婁公神道碑》："馬援亡於武溪，屍柩返於槐里；梁鴻死於會稽，妻子歸於平陵。嗚呼哀哉，嶇崎遠矣。"

〔推源〕　諸詞俱有不平、不直義，爲區聲所載之公共義。聲符字"區"爲"甌"之初文，"甌"爲圓形器（見後第1716條），凡圓形物表面呈弧形而不平直，此與不平、不直義當相通。區聲可載不平、不直義，"曲"亦可相證。"區""曲"之音近且相通，前條已言之。"曲"謂彎曲，凡物彎曲，則不平直。"曲"與"直"相對待。

（1715）摳刳（挖義）

摳　挖。明馮夢龍編《醒世恒言》之《李汧公窮邸遇俠客》："提起匕首向胸膛上一刀，直刺到臍下。將匕首啣在口中，雙手拍開，把五臟六腑，摳將出來。"明郭勳輯《雍熙樂府》之《雙調新水令·仙官慶會》："這一箇當晨飧，摳啖了他雙眸。"按，《説文·手部》"摳"篆訓"繑"，又訓"摳衣升堂"，表挖義當爲套用字。

刳　以刀具剡挖。《廣雅·釋詁四》："刳、剜，剡也。"清王念孫《疏證》："'刳'者，《廣韻》：'刳，剜裏也。'《玉篇》：'剜，刳也。'案，'刳''剜'皆空中之意。"唐玄應《一切經音義》卷二引《字林》："剜，削也。"《説文·刀部》："削，挑取也。"清段玉裁注："抉而取之也。挑，抉也。今俗云'剜'。"明汪廷訥《獅吼記·冥遊》："你刳了他左眼，我打折他右手。"清阮葵生《茶餘客話》卷六："刳刀音歐，刑人之刀也。"

〔推源〕　此二詞俱有挖義，爲區聲所載之公共義。聲符字"區"所記錄語詞之本義、引申義系列與挖義不相涉，其挖義乃區聲所載之語源義。區聲可載挖義，"刳"可證之。

區：溪紐侯部；

刳：溪紐魚部。

雙聲，侯魚旁轉。"刳"，挖空，挖出。《玉篇·刀部》："刳，空物腸也。"清朱駿聲《説文通訓定聲·豫部》："刳，《禮記·內則》：'刲之刳之。'僞《泰誓》：'刳剔孕婦。'《易·繫辭》傳：'刳木爲舟。'"按，"刳"之本義《説文》訓"判"，即剖開義，與挖義當相通。

（1716）菣甌軀嶇（小義）

菣　初生的蘆葦，幼小者。《説文·艸部》："菣，艸也。从艸，區聲。"清朱駿聲《通訓定聲》："按，烏菣也，或云即薍也。"《爾雅·釋草》"荄，薍"晉郭璞注："似葦而小，實中，江東呼爲烏菣。"唐陸德明《釋文》："未秀曰烏菣。"按"荄""薍"同，稱"荄"，謂幼小而處上升狀態。《史記·司馬相如列傳》"其卑濕則生藏莨蒹葭"南朝宋裴駰《集解》："葭，蘆也，似葦而細小。江東人呼爲烏菣。"

甌　小盆。《説文·瓦部》："甌，小盆也。从瓦，區聲。"清桂馥《義證》："'小盆也'者，《字林》同。"清朱駿聲《通訓定聲》："《方言》十三注：'江東名盂爲䀠，亦曰甌也。'……《史記·滑稽傳》:'甌窶滿篝。'《正義》:'謂高地狹小之區。'"按,所引《史記》之"甌"取其引申義。《淮南子·説林訓》:"狗彘不擇甂甌而食,偷肥其體,而顧近其死。"按,《玉篇·瓦部》"甌"訓"椀小者",亦當爲引申義。宋邵雍《安樂窩中吟》:"有酒時時泛一甌,年將七十待何求。"

鰸 極小之魚。《説義·魚部》:"鰸,魚名。狀似蝦,無足,長寸,大如叉股,出遼東。从魚,區聲。"《廣韻·虞韻》:"鰸,魚名,出遼東,似蝦無足。"清李元《蠕範·物體》:"(鰕)其種類……曰鰸,長寸許,無足,大似釵股。"

蠷 蠶之幼小者。《玉篇·虫部》:"蠷,蠷子,幺蠶。"《廣韻·遇韻》:"蠷,幺蠶。"按,"幺"即幼小之謂。《爾雅·釋獸》:"幺,幼。"《説文·幺部》:"幺,小也。"

〔推源〕諸詞俱有小義,爲區聲所載之公共義。聲符字"區"本爲"甌"之初文,"甌"爲小器。故"區"有"小"之衍義。清朱駿聲《説文通訓定聲·需部》:"區,《漢書·胡建傳》:'穿北軍壘垣,以爲賈區。'注:'小室之名。'……《廣雅·釋訓》:'區區,小也。'《左襄十七傳》:'宋國區區。'"按,所引《左傳》文唐陸德明《釋文》:"區,小貌。"三國魏曹植《與司馬仲達書》:"今賊徒欲保江表之城,守區區之吴爾,無有争雄於宇内、角勝於中原之志也。"按,"區區"爲重言形況字,"區"單用亦可表小義。《關尹子·一宇》:"吾道如處暗,夫處明者不見暗中一物,而處暗者能見明中區事。"然則本條諸詞之小義爲其聲符"區"所載之顯性語義。區聲可載小義,則"熒"可證之。

區:溪紐侯部;

熒:匣紐耕部。

溪匣旁紐,侯耕旁對轉。"熒",小光,小火。《説文·焱部》:"熒,屋下燈燭之光。"清朱駿聲《通訓定聲》:"《答賓戲》:'守突奧之熒燭。'注:'小光也。'《太玄·夸》:'熒夸猗猗。'注:'光明小見之皃。'"按,熒聲字所記録語詞"螢""榮""縈"等俱有小義。

660 票聲

(1717)熛蘩瞟藘漂飄影瞟摽(飄動義)

熛 火星迸飛,飄動。《説文·火部》:"熛,火飛也。从火,猋聲。"清朱駿聲《通訓定聲》:"《吴都賦》:'火烈熛林。'《思玄賦》:'揚芒熛而絳天兮。'"《廣韻·宵韻》:"熛,飛火。"《尸子》卷上:"熛火始起,易息也,及其焚雲夢、孟諸,雖以天下之役,抒江漢之水,弗能救也。"

蘩 浮萍,漂浮於水面之物。漂動於水面曰"漂",飄動於空中曰"飄",實皆飄動義。清朱駿聲《説文通訓定聲·小部》:"蘩,〔假借〕爲'漂'。《淮南·墜形》:'容華生蘩。'注:'蘩流也,無根水中草。'《爾雅》:'萍蓱。'注:'水中浮萍,江東謂之薸。'字亦作'薸'。"按,"藻"之本義《說文》訓"苔之黃華",然其字从草,表浮萍義非假借,乃套用字。朱氏所引《淮南子》文清王念孫《讀書雜志》:"水中浮萍,江東謂之薸,則'薸'即是萍。"

瞟 竊視,斜視,所謂瞟一眼,即目光迅速飄動、瀏覽之義。字亦作"覢",構件"目""見"所表義類同。《說文·目部》:"瞟,瞭也。从目,票聲。"南唐徐鍇《繫傳》:"微視之也。"清朱駿聲《通訓定聲》:"今俗語謂邪視曰瞟白眼。"《集韻·霽韻》:"瞟,衺視。"清翟灝《通俗編·雜字》:"今俗以目略一過爲覢。"《金瓶梅詞話》第五十八回:"我頭裏又對他說:'你趁娘不來,早餵他些飯,關到後邊院子裏去罷。'他佯打耳睜的不理我,還拏眼兒瞟着我。"明凌濛初編《二刻拍案驚奇》卷二十七:"那大漢看見回風美色,不轉眼的上下瞟覷,跟定了他兩人,步步傍著不捨。"

旚 旗幟飄動。《說文·㫃部》:"旚,旌旗旚繇也。从㫃,票聲。"清朱駿聲《通訓定聲》:"馬融《廣成頌》:'羽旄紛其髟鼬。'作'髟鼬'亦同。"《廣韻·宵韻》:"旚,旌旗動兒。"《石鼓文·吾水篇》:"敖燮康康,駉具旚繇。"

漂 漂浮。《說文·水部》:"漂,浮也。从水,票聲。"清朱駿聲《通訓定聲》:"僞《書·武成》:'血流漂杵。'《思玄賦》:'漂通川之磷磷。'《文賦》:'辭浮漂而不歸。'"《廣韻·宵韻》:"漂,浮也。"宋邵雍《落花吟》:"水上漂浮安有定,徑邊狼籍更無依。"

飄 旋風,引申爲飄動。《說文·風部》:"飄,回風也。从風,票聲。"清朱駿聲《通訓定聲》:"盤旋而起,《莊子》所謂羊角。《詩·匪風》:'匪風飄兮。'……《素問·六元正紀論》:'少陽所至爲飄風。'……又重言形況字。《秋興賦》:'鴈飄飄而南飛。'注:'飛兒。'《西京賦》:'雨雪飄飄。'注:'雨雪兒。'"

髟 纓、帶類物飄動。《廣韻·宵韻》:"髟,髟髟,長組之兒。"南朝梁劉孝標《廣絕交論》:"至於顧盼增其倍價,剪拂使其長鳴,髟組雲臺者摩肩,趍走丹墀者叠跡,莫不締恩狎,結綢繆,想惠莊之清塵,庶羊左之徽烈。"宋王禹偁《右衛上將軍贈侍中宋公神道碑奉敕撰》:"出則建崇牙,開大幕,有珊戈玄甲之徒,有髟纓結佩之士,羅列于初筵。"

嘌 聽聞,聲音飄動於耳旁。《廣韻·笑韻》:"嘌,聽纔聞。出《字林》。"清朱駿聲《說文通訓定聲·小部·附〈說文〉不錄之字》:"嘌,《廣雅·釋詁四》:'嘌,聽也。'"宋陳之方《程師孟奉敕祠南海廟記》:"之方備數下邑,嘌聞盛事。"按,朱氏所引《廣雅》文清王念孫《疏證》:"嘌之言劋取也。《玉篇》引《字林》云:'嘌,聽裁聞也。'"其"劋取"說不可從,"嘌"之構詞理據謂聲音飄於耳旁。所謂"聽纔(裁)聞"謂聲音小僅可聽清,猶今語"刮到",風飄亦曰"刮",此足證"嘌"即聲飄於耳之義。

摽 抛,飄落。《廣韻·笑韻》:"摽,摽落。"又《小韻》:"摽,落也。攫,上同,見《說文》,今从票。"清朱駿聲《說文通訓定聲·小部》:"摽,〔假借〕爲'受'。《詩》:'摽有梅。'《爾雅·釋詁》:'摽,落也。'"按,"摽"之本義《說文》訓"擊",然其字从手,表抛義爲套用字,非假借,飄落義則與抛義相通。至"受",謂分發,徽歙方言有"受香煙""受喜糖"之語。其字之結構從二手,謂授與接受。聞一多《古典新義·〈詩經〉新義》:"摽即古'抛'字。"唐劉希夷《江南曲》之八:"冠蓋星繁湘水上,衝風摽落洞庭淥。"按,"抛棄"一作"摽棄",足證聞一多説不誣。清方苞《赫氏祭田記》:"有義田以養其族人,故宗法常行,無或敢犯。余嘗以風並世士大夫,閒有慕效者,不再世而子孫族人,瓜分其義田而摽棄之。"

〔推源〕 諸詞俱有飄動義,爲奥聲所載之公共義。聲符字"奥"所記録語詞謂火星迸飛,其字即"熛(熛)"之初文。《説文·火部》:"奥,火飛也。从火、囲,與響同意。"清朱駿聲《通訓定聲》:"《太玄·沈》:'見票如累明。'注:'飛光也。'"又:"熛,即'票'之或體。"清邵瑛《群經正字》:"隸變作'票',而火飛之'奥'俗又加火旁作'熛'。"《廣韻·宵韻》:"奥,今作'票'。"然則本條諸詞之飄動義爲其聲符"奥"所載之顯性語義。奥聲可載飄動義,則"浮"可證之。

奥:滂紐宵部;
浮:並紐幽部。

滂並旁紐,宵幽旁轉。"浮",漂浮,物飄動於水面。《説文·水部》:"浮,氾也。"清朱駿聲《通訓定聲》:"《文選》注《説文》'汎也',是。《廣雅·釋言》:'浮,漂也。''浮,游也。'《書·禹貢》:'浮于濟漯。'傳:'順流曰浮。'《詩·菁莪》:'載沈載浮。'"按,複音詞"漂浮"當爲同源詞源相聯合而成者。

(1718) 熛嘌趡勡僄嫖驃慓翲飄(輕、迅疾義)

熛 火星迸飛,見前條,引申爲迅疾義。清朱駿聲《説文通訓定聲·小部》:"熛,《風賦》:'激颺熛怒。'《史記·禮書》:'卒如熛風。'《正義》:'風疾也。'"《文選·成公綏〈嘯賦〉》:"氣衝鬱而熛起。"唐李善注:"熛起,言疾。"

嘌 迅疾。《説文·口部》:"嘌,疾也。从口,奥聲。《詩》曰:'匪車嘌兮。'"清朱駿聲《通訓定聲》:"按《匪風》傳:'嘌嘌,無節度也。'此單辭形況字。《釋文》:'本作票。''嘌'字从口,當有本訓。"按,《説文》所引《詩·檜風·匪風》文唐孔穎達疏:"由疾故無節。""嘌"可指歌聲音節繁密,即迅疾義。《廣韻·宵韻》:"嘌,疾吹之皃。"清俞正燮《癸巳存稿》卷十四:"嘌,語聲疾也。又爲雜唱不合古者。"明田汝成《西湖遊覽志餘·偏安佚豫》:"回至清妍亭看荼蘼,就登御舟,繞堤閒遊,亦有小舟數十隻,供應雜藝、嘌唱、鼓板、蔬菓。"

趡 輕行貌,謂行走輕捷而迅疾。《説文·走部》:"趡,輕行也。从走,奥聲。"《廣韻·宵韻》:"趡,輕行。"清高紹陳《永清庚辛記略》:"而此次德兵,來自固安屬之牛頭鎮,其行趡捷,該探飛報不及,而城已被圍。"按,輕騎謂之"趡騎"。蔡東藩《清史通俗演義》第四十二回:"後人陳雲伯留有長歌一闋,贊龍幺妹道:'圍香共指花襞市,趡騎争看雲鬢娘。'"

勡 輕捷,迅疾。《廣韻·宵韻》:"勡,小輕也。或作'勦'。"又《笑韻》:"勡,輕也。"清朱駿聲《説文通訓定聲·小部》：'剽，〔假借〕爲'慓'。《考工·弓人》：'則其爲獸必剽。'又：'於挺臂中有柎焉，故剽。'注：'疾也。'又爲'趙'。《史記·禮書》：'輕利剽遬。'注：'亦疾也。'……又爲'僄'。《漢書·陳湯傳》：'且其人剽悍。'注：'輕也。'"按，"剽"之本義《説文》訓"砭刺"，又訓"劫人"，其輕捷、迅疾義當與之相通，非假借者。

僄 輕捷，又有輕薄義。《説文·人部》：“僄，輕也。从人，票聲。”清朱駿聲《通訓定聲》：“《荀子·脩身》：'怠慢僄棄。'《議兵》：'輕利僄遬。'……《後漢·袁紹傳》：'僄狡鋒俠。'《方言》十：'楚凡相輕薄謂之相仇，或謂之僄。'”《廣韻·宵韻》：“僄，輕也。”又《笑韻》：“僄，僄狡，輕迅。”《漢書·谷永傳》：“崇聚僄輕無義小人以爲私客。”唐顏師古注：“僄，疾也。”

嫖 輕捷。《説文·女部》：“嫖，輕也。从女，票聲。”《廣韻·笑韻》：“嫖，身輕便也。”又《宵韻》：“嫖，身輕便皃。”漢霍去病曾任嫖姚校尉，“嫖姚”即輕捷勁疾之謂。清朱駿聲《説文通訓定聲·小部》：“票，《漢書·霍去病傳》：'爲票姚校尉。'注：'勁疾皃。'……凡作'嫖姚'亦同。”元傅若金《題張齊公祠》：“總説霽雲能慷慨，兼聞去病最嫖姚。”按，女身多輕男性，故其字从女。“嫖”又謂狎妓，則即輕薄、輕慢義。明無名氏《霞箋記·灑銀求歡》：“家富豪，打扮十分俏……娼門去搖，花街去嫖。”

驃 馬行走迅疾。《集韻·笑韻》：“驃，馬行疾皃。”清方文《賣馬行》：“君不見漢家驃騎千萬匹，無端闌入閼氏室。”按，“驃騎”亦爲將軍之號。《廣韻·笑韻》：“驃，驃騎，官名。”清朱駿聲《説文通訓定聲·小部》：“驃，〔假借〕爲'嫖'。《長楊賦》：'乃令驃衛。'注：'驃騎，霍去病也。'”按，“驃”之本義《説文》訓"黃馬發白色。一曰白髦尾也"，然其字从馬，以“驃騎”指驍勇、行動迅疾之將軍，非假借，乃套用字。

慓 迅疾。《説文·心部》：“慓，疾也。从心，票聲。”清朱駿聲《通訓定聲》：“《廣雅·釋詁一》：'慓，急也。'《素問·陰陽應象論》：'其慓悍者，按而收之。'《腹中論》：'熱氣慓悍。'”按，“慓”字从心，所記録語詞之本義當爲人性急，迅疾義乃由此衍生。《廣韻·小韻》：“慓，急性。”《漢書·高帝紀》：“項羽爲人慓悍禍賊。”唐顏師古注：“慓，疾也；悍，勇也。”《新唐書·郭子儀傳》：“懷恩本臣偏將，雖慓果，然素失士心。”

翲 輕捷貌。《廣韻·笑韻》：“翲，飛皃。”又《宵韻》：“翲，高飛。”引申爲輕義。《史記·太史公自序》：“律居陰而治陽，曆居陽而治陰，律曆更相治，閒不容翲忽。”唐司馬貞《索隱》：“翲者，輕也。言律曆窮陰陽之妙，其閒不容絲忽也。”唐柳宗元《鞭賈》：“舉之翲然若揮虛焉。”

飄 旋風，故有迅疾之衍義。《廣韻·宵韻》：“飄，《老子》曰：'飄風不終朝。'注云：'疾風也。'”清朱駿聲《説文通訓定聲·小部》：“飄，〔假借〕爲'猋'。《詩·何人斯》：'其爲飄風。'傳：'暴起之風。'……《舞賦》：'雲轉飄曶。'又爲'慓'。《吕覽·觀表》：'聖人則不可飄矣。'注：'疾也。'”按，非假借，乃引申。所引《舞賦》文《文選》本唐劉良注：“飄忽，輕疾貌也。”按唐李善注云“曶”“忽”同。輕義爲“飄”另一引申義。唐慧琳《一切經音義》卷六十五：

"飄,輕飄也。"按"輕飄"爲同義聯合式合成詞。清王夫之《薑齋詩話》卷二:"浩然山人之雄長,時有秀句;而輕飄短味,不得與高、岑、王、儲齒。"詞彙系統又有"輕飄飄"之三字格派生詞,詞根、詞綴之語義亦同。清褚人穫《堅瓠補集·小翻十九調》:"輕飄飄駕東風的桂檝,急瀏瀏渡津口的桃葉。"

〔推源〕 諸詞俱有輕、迅疾義,爲臭聲所載之公共義。聲符字"臭"所記錄語詞謂火星迸飛,故本有輕捷、迅疾之衍義。《廣韻·宵韻》:"臭,《周禮》注云:'輕臭,土地之輕脆也。'今作'票',同。"清朱駿聲《說文通訓定聲·小部》:"臭,《漢書·禮樂志》:'票然逝。'注:'輕舉意。'《揚雄傳》:'校武票禽。'注:'輕疾之禽也。'"《新唐書·賈曾傳》:"薛仁貴票勇冠軍,高偘忠果而謀。"臭聲可載輕、迅疾義,則"飆"可證之。

臭:滂紐宵部;

飆:幫紐宵部。

疊韻,滂幫旁紐,音極相近。"飆",暴風,疾風,其義與輕、迅疾義相通。《說文·風部》:"飆,扶搖風也。"清朱駿聲《通訓定聲》:"回風暴起,從下而上。《長笛賦》:'感迴飆而將積。'《漢書·揚雄傳》:'風發飆拂。'……《朱龜碑》:'武氣飆騰。'"

(1719) 標鏢藨嶤褾(巔末義)

標 樹梢,即樹之頂巔,亦指枝末。《說文·木部》:"㯙,木杪末也。从木,臭聲。"清朱駿聲《通訓定聲》:"《管子·霸言》:'大本而小標。'注:'末也。'〔轉注〕《西京賦》:'鳳騫翥于甍標。'《素問·六微旨大論》:'本標不同。'"按,所引《西京賦》之"標"謂頂端,乃虛化引申義。《廣韻·宵韻》:"標,木杪也。"又《小韻》:"標,標杪,木末。"《莊子·天地》:"上如標枝,民如野鹿。"唐陸德明《釋文》:"言樹杪之枝無心在上也。"

鏢 刀末之裝飾物。《說文·金部》:"鏢,刀削末銅也。从金,臭聲。"《廣韻·宵韻》:"鏢,刀劍鞘下飾也。"《元史·輿服志一》:"鹿盧玉具劍,金寶飾玉鏢首,瑜玉雙佩。"亦指刀之刃口,刀刃亦爲刀之末。清朱駿聲《說文通訓定聲·小部》:"鏢,〔別義〕《通俗文》:'刀鋒曰鏢。'"按,當云引申義,非別義。

藨 禾芒,末尾。《說文·草部》:"藨,一曰末也。"清朱駿聲《通訓定聲》:"藨,〔假借〕又爲'票'。《爾雅》:'藨,苓,荼。'按,茅之秀葦之秀,其華皆輕揚飛舉也。又爲'杪'。《淮南·天文》:'秋分藨定。'注:'禾穗粟孚甲之芒也。'"按,"藨"之本義《說文》訓"苕之黃花",即謂凌霄花,此花之名本有高義,而其花多開於頂端,故"藨"指白茅花穗及禾芒,皆引申,非假借。清焦循《憶書·五》:"閏二月十一日,廷琥自城歸而病正危,至月藨始安。"其"藨"即末尾義。故"藨"亦可指木杪。清李斗《揚州畫舫錄·虹橋錄上》:"北自小門入閣道……漸行漸高,下視閣外,已在玉蘭樹藨。"

嶤 山巔。《廣韻·小韻》:"嶤,峯巔。"清朱駿聲《說文通訓定聲·小部》:"標,字又作

'嶹'。《江賦》:'捎雲冠其嶹。'注:'山巔也。'"按,"嶹"非"標"之或體,二者各有本義,當爲分別文。晉庾闡《採藥詩》:"採藥靈山嶹,結駕登九嶷。"

褾 袖端。《廣韻・宵韻》:"褾,袖端。"清朱駿聲《說文通訓定聲・小部・附〈說文〉不録之字》:"褾,《廣雅・釋器》:'褾,袂也。'"南朝梁虞龢《上明帝論書表》:"有好事年少,故作精白褾著詣子敬,子敬便取書之,草正諸體悉備,兩袖及褾略周。"按,"褾"亦指衣帽緄邊,實亦末義。

〔推源〕 諸詞俱有巔末義,爲熛聲所載之公共義。聲符字"熛"所記錄語詞之顯性語義不相涉,其巔末義乃熛聲所載之語源義。熛聲可載巔末義,則"杪"可證之。

熛:滂紐宵部;
杪:明紐宵部。

疊韻,滂明旁紐。"杪",木之巔,引申之亦泛指巔末。《說文・木部》:"杪,木標末也。"清朱駿聲《通訓定聲》:"與'秒'略同。《通俗文》:'樹鋒曰杪。'《方言》二:'木細枝謂之杪。'《漢書・司馬相如傳》:'偓僂杪巔。'注:'枝上巔也。'〔轉注〕《禮記・王制》:'必於歲之杪。'注:'末也。'"按,《說文》同部"標"篆訓"相高",清段玉裁注云"言其杪末之高"。

(1720) 標摽(舉義)

標 樹杪,引申之則有標舉義。《玉篇・木部》:"標,摽舉也。"《廣韻・宵韻》:"標,舉也。"清朱駿聲《說文通訓定聲・小部》:"標,〔假借〕爲'摽'。《王文憲集・序》:'黃琬之早標聰察。'注:'立也。'……《後漢・黨錮傳》:'標榜。'注:'猶相稱揚也。'"按,非假借,乃引申。所謂相稱揚即抬舉之義。唐李白《明堂賦》:"遠則標熊耳以作揭,豁龍門以開關。"唯"標"有舉義,故有"標舉"之同義聯合式合成詞。《淮南子・要略》:"人間者,所以觀禍福之變,察利害之反,鑽脈得失之跡,標舉終始之壇也。"

摽 打擊,引申爲高舉義。《說文・手部》:"摽,擊也。从手,熛聲。"清朱駿聲《通訓定聲》:"《左哀十二傳》:'長木之斃,無不摽也。'〔假借〕又爲'票'。《管子・侈靡》:'摽然若秋雲之遠。'注:'高舉皃。'"按,凡打擊則必舉手,故其高舉義爲引申義,非假借者。唐李賀《畫角東城》:"帆長摽越甸,壁冷掛吳刀。"清王琦注:"摽,高舉皃。"

〔推源〕 此二詞俱有舉義,爲熛聲所載之公共義。聲符字"熛"所記錄語詞謂火星迸飛,當與舉義相通。熛聲可載舉義,則"封"可證之。

熛:滂紐宵部;
封:幫紐東部。

滂幫旁紐,宵東旁對轉。"封",堆土植樹爲界,與上舉義相通。同源詞之語義親緣關係本有相通之類型。引申之,則有高義。舉之則高,"舉"亦有高義,故有"高舉""舉高"之複音詞。"封""舉"皆有高義,則爲同步引申。《説文·土部》:"封,爵諸侯之土也。从之,从土,从寸,守其制度也。公侯百里,伯七十里,子、男五十里。"清朱駿聲《通訓定聲》:"《廣雅·釋詁四》:'封,立也。'……《小爾雅·廣詁》:'封,界也。'《周禮·大司馬》:'制畿封國。'注:'謂立封于疆爲界。'〔聲訓〕《漢書·武帝紀》注:'封,崇也。'"《後漢書·順帝紀》:"疏勒國獻師子、封牛。"唐李賢注:"封牛,其領上肉隆起若封然,因以名之。"按,封牛即背上肉隆起者,隆起義、上舉義亦相通。

(1721) 標幖(標志義)

標 有標志之衍義。南唐徐鍇《説文繫傳·木部》:"標,標之言表也。《春秋左傳》謂路旁樹爲道表,謂遠望其標以知其道也。"清朱駿聲《説文通訓定聲·小部》:"標,〔假借〕爲'幖'。《遊天台賦》:'赤城霞起而建標。'《江賦》:'標之以翠翳。'注:'猶表識也。'"按,"標"本謂樹梢,引申之則亦指標竿、旗幟,故標志義非假借者。《晉書·宣帝紀》:"文懿攻南圍突出,帝縱兵擊敗之……既入城,立兩標以別新舊焉。"

幖 標志。《説文·巾部》:"幖,幟也。从巾,㮹聲。"清朱駿聲《通訓定聲》:"《廣雅·釋器》:'幖,幡也。'《通俗文》:'徽號曰幖。'"按,幖微幡者,旌旗之細也,于其上題署事物名號,以爲識別。"《廣韻·宵韻》:"幖,頭上幟也。"《金史·程寀傳》:"明立幖幟,爲出入之馳道。"

〔推源〕 此二詞俱有標志義,爲㮹聲所載之公共義。聲符字"㮹"所記録語詞之顯性語義與標志義不相涉,其標志義乃㮹聲所載之語源義。㮹聲可載標志義,則"表"可證之。

㮹:滂紐宵部;
表:幫紐宵部。

疊韻,滂幫旁紐。"表",外衣,引申爲外表義,又引申爲標志義。《説文·衣部》:"表,上衣也。从衣,从毛。古者衣裘,以毛爲表。"清朱駿聲《通訓定聲》:"《禮記·王藻》:'表裘不入公門。'注:'表,裘,外衣也。'……《嘆逝賦》:'忽在世表。'注:'外也。'〔假借〕又爲'幖'。《禮記·表記》:'天下之表也。'《楚辭·山鬼》:'表獨立兮山之上。'注:'特也。'……《周禮·肆師》:'表齍告絜。'注:'謂徽識也。'"按,非假借,乃引申。

661 殹聲

(1722) 翳堅瞖縈(遮蔽義)

翳 羽毛所製車蓋,所以遮蔽之物,故虚化引申爲遮蔽義。《説文·羽部》:"翳,華蓋也。从羽,殹聲。"清朱駿聲《通訓定聲》:"君之乘輿,以羽覆車,所謂羽葆幢也。《海外西經》:'夏后啓左手執翳。'〔轉注〕《禮記·月令》:'畢翳羅網。'注:'射者所以自隱也。'《管子·小匡》:'兵不解翳。'注:'所以蔽兵,謂脅盾之屬。'……《方言》六:'翳,薆也。'十三:'掩也。'《廣雅·釋詁二》：'障也。'……《怨思》：'石磑磑以翳日。'注：'蔽也。'"

堅 塵埃。《説文·土部》：" 堅，塵埃也。从土，殴聲。"清段玉裁注：" 堅之言翳也。"《廣韻·霽韻》：" 堅，塵也。"又《齊韻》：" 堅，塵埃。"按，塵埃可蔽日，故稱" 堅"，段説可從。《集韻·齊韻》：" 壒，或作' 堅'。"《説文·土部》：" 壒，天陰塵也。《詩》曰：' 壒壒其陰。'"

瞖 目瞖，遮蔽人目者。《廣韻·霽韻》：" 瞖，目瞖。"清朱駿聲《説文通訓定聲·履部》：" 《韻集》：' 瞖，目病也。'"宋梅堯臣《別張景嵩》：" 猶能洗君目，病瞖雲銷岑。"按，所謂"目瞖"即白內障，" 瞖"亦指目生瞖，亦遮蔽其目者。宋蘇軾《贈眼醫王生彥若》：" 目瞖苟二物，易分如麥菽。"

緊 幹衣，遮蔽兵器者。《説文·糸部》：" 緊，幹衣也。从糸，殴聲。"清朱駿聲《通訓定聲》：" 按，猶弓矢衣之爲瞖。"清段玉裁注説略同。清桂馥《義證》：" ' 幹衣也'者，《古今注》所謂' 油帛而韜之'。"《廣韻·齊韻》：" 緊，幹衣也。"按，古者小兒涎衣稱"緊袼"，" 緊"亦遮蔽、阻擋義。《方言》卷四：" 緊袼謂之袘。"晉郭璞注：" 即今小兒次衣也。"

〔推源〕 諸詞俱有遮蔽義，爲殴聲所載之公共義。聲符字"殴"从殳，所記録語詞謂擊中聲，亦指呻吟聲。《説文·殳部》：" 殴，擊中聲也。从殳，醫聲。"《廣韻·霽韻》所訓同。清王闓運《莫姬哀詞》：" 余長宗官，教之將嫁，誰謂殴呭，神遊墟墓。"然則本與遮蔽義不相涉，其遮蔽義乃殴聲所載之語源義。按，愛聲字所記録語詞"曖""僾""薆""靉"等俱有遮蔽、隱蔽義，見本典"愛聲"，殴聲、愛聲本相近且相通。

　　殴：影紐質部；
　　愛：影紐物部。

雙聲，質物旁轉。然則可相爲證。

(1723) 緊磬鰵堅棨黳（黑色義）

緊 幹衣，見前條，亦指青黑色絲織品，則爲套用字。《説文·糸部》：" 緊，一曰赤黑色繒。"清朱駿聲《通訓定聲》：" 《周禮·巾車》：' 故書彫面緊總。'司農注：' 青黑色，以繒爲之。'"清段玉裁注：" ' 赤'當依《玉篇》作' 青'。"

磬 黑色美石。《廣韻·齊韻》：" 磬，美石，黑色。"宋蘇軾《石炭》：" 豈料山中有遺寶，磊落如磬萬車炭。"按，"磊落"當即明亮義，"光明磊落"一語可相證，謂其石黑而亮，故稱美石。又，石以黑者爲少，稀罕之物。清蒲松齡《聊齋志異·嬌娜》：" 果見陰雲晝暝，昏黑如磬。"清何垠注：" 磬，黑石也。"

黳 小黑子。《説文·黑部》：" 黳，小黑子。从黑，殴聲。"清朱駿聲《通訓定聲》：" 古謂之黶子，今謂之痣。"《廣韻·齊韻》：" 黳，小黑。"按，"黳"字既从黑，復以殴聲載黑義，形符載其顯性語義而聲符載其隱性語義，此爲形聲格局文字之一大通例。引申之，"黳"亦泛指黑色。《廣雅·釋器》：" 黳，黑也。"唐白居易《和新樓北園偶集》：" 十指纖若筍，雙鬢黳如鴉。"

宋程大昌《好事近·會妻彥發》："一似老年垂白,帶少容鬢髮。"

瑿 黑玉。《字彙·玉部》："瑿,黑玉。"徐珂《清稗類鈔·鑒賞類》："玉有九色,元如澄水曰瑿。"按,"元"當即"玄"字,清聖祖名"玄燁",故避其諱而以"元"代"玄",清朱駿聲《說文通訓定聲》一書凡言《太玄》皆作《太元》,即其例。"玄"則爲黑色。《說文·玄部》："黑而有赤色者爲玄。"又,琥珀與玉相類,故"瑿"亦引申而指黑色琥珀。明李時珍《本草綱目·木四·瑿》："瑿即琥珀之黑色者,或因土色熏染,或是一種木瀋結成,未必是千年琥珀復化也。"

㮪 黑木。《集韻·齊韻》："黳,或作'㮪'。"《說文·黑部》："黳,黑木也。"清朱駿聲《通訓定聲》："《周書·王會》：'夷用闟木。'注：'生水中,色黑而光,其堅若鐵。'"《正字通·門部》："闟,即今烏木。"又《木部》："㮪,同'黳',黑木,一曰闟木,俗名枵木。"按,"枵"即"烏"之累增字。"闟",字從焦聲,凡物焦則黑,徽歙方言有"烏焦包公"之語。其地亦稱此木爲"烏木",性堅而重,凡二胡之琴杆、秤杆以烏木爲之則最佳。

鷖 鷗,黑色鳥。《說文·鳥部》："鷖,鳧屬。從鳥,殹聲。《詩》曰：'鳧鷖在梁。'"清朱駿聲《通訓定聲》："《釋文》引《蒼頡篇》：'鷖,鷗也,一名水鴞。'《後漢·馬融傳》：'鴛鴦鷗鷖。'"《廣韻·齊韻》："鷖,鳧屬。"《正字通·鳥部》："鷖,鷗也。蒼黑色,群飛鳴,隨潮往來,曰信鳧,知風起,輒飛至岸,渡海者以爲候。"按,許慎所引爲《詩·大雅·鳧鷖》,其"梁"字《毛詩》作"涇"。

〔推源〕 諸詞俱有黑色義,爲殹聲所載之公共義。聲符字"殹"所記録語詞與黑色義不相涉,其黑色義乃殹聲所載之語源義。殹聲可載黑色義,"昏"可證之。

殹：影紐質部；
昏：曉紐文部。

影曉鄰紐,質文旁對轉。"昏",黃昏,天色變黑時分。《說文·日部》："昏,日冥也。從日,氐省。氐者,下也。"清朱駿聲《通訓定聲》："會意……《淮南·天文》：'日至于虞淵是爲黃昏,日至于蒙谷是謂定昏。'《儀禮·士昏禮》注：'日入三商爲昏。'《書·堯典》疏：'日入後二刻半爲昏。'《五經要義》：'昏,闇也。'"按,唯"昏"有黑義,故有"昏黑"之同義聯合式合成詞。唐于鵠《過凌霄洞天謁張先生祠》："斷崖晝昏黑,槎臬橫隻椽。"

662 戚聲

(1724) 蹙慼纖顣(縮義)

蹙 緊迫,急促。《廣韻·屋韻》："蹙,迫也,促也,急也。"《詩·小雅·小明》："曷云其還,政事愈蹙。"漢毛亨傳："蹙,促也。"漢鄭玄箋："何言其還,乃至於政事更益促急。"引申爲收縮、縮小義。《詩·大雅·召旻》："昔先王受命,有如召公,日辟國百里;今也日蹙國百里,於乎哀哉！"又引申爲退縮義。唐元稹《分水嶺》："偶值當途石，蹙縮又縱横。"

㺊 局縮不伸貌。《廣雅·釋詁一》："忸怩、㺊咨，慙也。"清王念孫《疏證》："忸怩、㺊咨，皆局縮不伸之貌也。"《廣韻·屋韻》："㺊，㺊咨，慙也。"按，其字亦作左形右聲。《易·離》"出涕沱若，戚嗟若，吉"唐陸德明《釋文》："戚，子夏傳作'㦷'，子六反，㦷咨，慙也。"

縬 字亦作"縶"，謂收縮，退縮。《廣韻·屋韻》："縬，縮也。"《新唐書·張建封傳》："始，李洧以徐降，洧卒，高承宗、獨孤華代之，地迫於寇，常困縶不支。"清魏際瑞《海市記》："縬水成岸，互如銀沙，將不可紀極。"

顣 皺縮。《廣韻·屋韻》："顣，顣頞，鼻頤促皃。"按《說文·頁部》"頞"篆訓"鼻莖"。《孟子·滕文公下》："他日歸，則有饋其兄生鵝者，己頻顣曰：'惡用是鶃鶃者爲哉。'"明高攀龍《僑鶴趙先生傳》："趙先生頻顣曰：'此官在長安暫耳，此身在鄉井常也，異日作何面目相同？'"

〔推源〕 諸詞俱有縮義，爲戚聲所載之公共義。聲符字"戚"所記錄語詞謂斧類兵器。《說文·戉部》："戚，戉也。从戉，尗聲。"《詩·大雅·公劉》："弓矢斯張，干戈戚揚。"漢毛亨傳："戚，斧也。"其引申義系列與縮義亦不相涉，則其縮義當爲戚聲另載之語源義。按，本卷"宿聲"第1804條"縮""踧"俱有收縮義，戚聲、宿聲本相近且相通。

戚：清紐覺部；

宿：心紐覺部。

疊韻，清心旁紐，音僅微殊。然則可相爲證。

(1725) 碱裗（美好義）

碱 美石。《廣韻·錫韻》："碱，硟碱，石次玉也。"清朱駿聲《說文通訓定聲·孚部·附〈說文〉不録之字》："碱，《西都賦》：'硟碱綵緻。'注：'碱，硟類也。'"《說文·石部》："硟，石次玉者。"清顧景星《白鸚武》："照堪團扇持爲鏡，嬌擬玻璃碱作房。"

裗 衣物鮮明美好。《廣韻·屋韻》："裗，好衣皃。"又《語韻》："裗，《埤蒼》云：'鮮也，一曰美好皃。'"按，衣物鮮明光潔則美好，二義相通。《集韻·屋韻》："裗，衣鮮明貌。"

〔推源〕 此二詞俱有美好義，爲戚聲所載之公共義。聲符字"戚"所記録語詞之本義、引申義系列與美好義不相涉，其美好義當爲戚聲所載之語源義。戚聲可載美好義，則"姝"可證之。

戚：清紐覺部；

姝：昌紐侯部。

清昌（三等即穿）準雙聲，覺侯旁對轉。"姝"，容貌美好。《說文·女部》："姝，好也。"清朱駿聲《通訓定聲》："《華嚴音義上》引《說文》：'色美也。'《詩》：'靜女其姝。'傳：'美色也。'"

《後漢書·皇后紀上·和熹鄧皇后》："后長七尺二寸，姿顔姝麗。"唐李賢注："姝，美色也。"

663 帶聲

（1726）蹛滯殢墆（停滯、積聚義）

蹛 停滯，積聚。清朱駿聲《說文通訓定聲·泰部》："蹛，〔假借〕又爲'滯'。《史記·平準書》：'蹛財役貧。'集解：'停也。'又：'留蹛無所食。'《索隱》：'積貯也。'"按，"蹛"之本義《說文》訓"踶"，然其字从足，有繞行義，停滯義與之相通，無煩假借。停滯、積聚二義亦同條共貫。宋無名氏《朝野遺紀》："和議成，顯仁后將還，欽廟挽其輪而蹛之曰：第與吾南歸，但得爲太一宮主足矣，他無望於九哥也。"

滯 凝聚，停滯。《說文·水部》："滯，凝也。从水，帶聲。"清朱駿聲《通訓定聲》："《周禮·廛人》：'凡珍異之有滯者。'《泉府》：'斂市之不售，貨之滯于民用者。'《周語》：'氣不沈滯。'注：'積也。'《魯語》：'敢告滯積以紓執事。'……《楚辭·涉江》：'淹回水而凝滯。'注：'留也。'《淮南·時則》：'流而不滯。'注：'止也。'"《廣韻·祭韻》："滯，止也，凝也。"

殢 滯留，停滯。《字彙·歹部》："殢，滯也。"唐楊凌《賈客愁》："山水路悠悠，逢灘即殢留。"按，滯留者衆，則積聚，義相通。宋梅堯臣《王德言西湖晚步十韻次而和之》："倦禽依臥柳，聚蚓殢坳泓。"

墆 堤，堤可擋水，水受阻則聚積而停滯，故有停滯、積聚之衍義。《廣韻·霽韻》："墆，墆貯也。"又《屑韻》："墆，貯也，止也。"《漢書·食貨志下》："而富商賈或墆財役貧，轉轂百數。"唐顔師古注："墆，停也。"晉左思《蜀都賦》："賈貿墆鬻，舛錯縱橫。"

〔**推源**〕 諸詞俱有停滯、積聚義，爲帶聲所載之公共義。聲符字"帶"所記錄語詞謂衣帶。《說文·巾部》："帶，紳也。男子鞶帶，婦人帶絲，象繫佩之形。佩必有巾，从巾。"清朱駿聲《通訓定聲》："《易·訟》：'或錫之鞶帶。'《詩·鳲鳩》：'其帶伊絲。'箋：'謂大帶。'"引申爲束縛義。《廣雅·釋詁三》："帶，束也。"《墨子·兼愛中》："昔者，楚靈王好士細要，故靈王之臣皆以一飯爲節。脅息然後帶，扶牆然後起。"按，束縛義當與積聚義相通，凡物多有積聚而成束者，即爲一證。帶聲可載停滯、積聚義，則"儲"可證之。

帶：端紐月部；
儲：定紐魚部。

端定旁紐，月魚通轉。"儲"，積聚，儲備。《說文·人部》："儲，偫也。"清朱駿聲《通訓定聲》："《漢書·平帝紀》注：'積也。'《何並傳》注：'豫備也。'《揚雄傳》注：'峙也。'《東京賦》注：'待也。'曹子建詩：'小人德無儲。'注引《說文》：'一曰，具也。'謂蓄積以待無也。"按，積聚、儲備及停滯義本皆相通，凡物儲備即停其用以待日後之需。

(1727) 偙殢憏（困義）

偙 困頓貌。字亦作"偙"。《玉篇·人部》："偙,偙儶也。"《集韻·霽韻》："偙,偙儶,困劣皃。或作'偛'。"按"偙"有拖沓義,其義當與困頓義相通。宋羅燁《醉翁談錄·小説開辟》："講論處不偙搭,不絮煩;敷演處有規模,有收拾。"

殢 困於某事物。《廣雅·釋詁一》："殢,極也。"《廣韻·霽韻》："殢,殢極,困也。"又："殢,極困。"宋劉過《賀新郎》："人道愁來須殢酒,無奈愁深酒淺。"宋秦觀《夢揚州》："殢酒困花,十載因誰淹留。"按,"殢"與"困"同義,"殢酒困花"爲聯合結構。

憏 困頓,引申爲困惑。《説文·心部》："憏,困劣也。从心,帶聲。"清朱駿聲《通訓定聲》："《史記·屈賈傳》：'細故憏葪兮。'《索隱》：'憏介,鯁刺也。'"按,"憏介"謂心懷嫌隙,即困惑義。《廣韻·霽韻》："憏,極也。"又《祭韻》："憏,困劣。"又《夬韻》："憏,極也,劣也,又憏芥。"唐劉知幾《史通·自叙》："自《法言》已降,迄於《文心》而往,固以納諸胸中,曾不憏芥者矣。"

〔推源〕 諸詞俱有困義,爲帶聲所載之公共義。聲符字"帶"所記録語詞有束縛義,束縛即受困,其義當相通。帶聲可載困義,則"頓"可證之。

帶：端紐月部；
頓：端紐文部。

雙聲,月文旁對轉。"頓",以頭叩地,引申之則有困躓、困惑義。《説文·頁部》："頓,下首也。"清朱駿聲《通訓定聲》："《周禮·大祝》：'二曰頓首。'注：'拜頭叩地也。'〔假借〕又爲'趗'。《廣雅·釋詁四》：'頓,僵也。'《荀子·仲尼》：'頓窮則從之。'注：'謂困躓也。'又爲'憃'。……《方言》十：'頓,愍憎也,南楚飲毒藥憞亦謂之頓愍,猶中齊言瞑眩也。'"按,皆引申義,非假借。所引《荀子》文之"頓窮"即困頓窮迫義。唯"頓"有困義,故有"困頓"之同義聯合式合成詞,亦作"頓困",則爲同素逆序詞。唐元結《問進士》之二："若不困頓於林野,則必悽惶於道路。"宋文天祥《指南録·自序》："天時不齊,人事好乖,一夫頓困不足道,而國事不競,哀哉！"

664 頃聲

(1728) 傾陊顪（不正義）

傾 傾斜,不正。《説文·人部》："傾,仄也。从人,从頃,頃亦聲。"清朱駿聲《通訓定聲》："《廣雅·釋詁二》：'傾,衺也。'《禮記·曲禮》：'傾則姦。'注：'或爲側。'《老子》：'高下相傾。'釋文：'不正皃。'《淮南·天文》：'天傾西北。'"《廣韻·清韻》："傾,側也。"按,朱氏所引《禮記·曲禮》文漢鄭玄注並云："辟頭旁視,心不正也。"凡物傾斜則不正,引申之亦指行爲不正,爲人邪僻不正。漢桓寬《鹽鐵論·禁耕》："山海有禁而民不傾,貴賤有平而民不疑。"《明史·忠義傳·喬若雯》："崇禎元年春,廷臣爭擊魏忠賢黨,若雯亦兩疏劾兵部侍郎秦士文,御史張訥、智鋌,備列其傾邪狀。"

陮 山阜傾斜,不正。《説文·阜部》:"陮,仄也。从阜,从頃,頃亦聲。"清桂馥《義證》:"'仄也'者,本典:'仄,頃也。'"清朱駿聲《通訓定聲》:"《書·禹貢》:'西頃因桓是來。'疑以'頃'爲之。西頃山一名强臺山,在今甘肅鞏昌府洮州廳西番界。"清段玉裁注:"《禹貢》'西頃',蓋可作此字。"按,"陮"爲山阜傾斜義之正字。

廎 小廳堂,處屋之邊側者,引申爲傾斜、傾瀉義。《説文·高部》:"廎,小堂也。从高省,冋聲。廎,高或从广,頃聲。"清段玉裁注:"可讀如今之廳。"清朱駿聲《通訓定聲》:"〔假借〕爲'傾'。《石門頌》:'廎瀉輸淵。'《繁敏碑》:'能無撓廎。'"按,"廎"爲小廳堂,非正廳,本有不正、處于邊側義。凡物不平正則傾斜、傾瀉,故傾斜、傾瀉均爲衍義,無煩假借。《集韻·清韻》:"廎,屋側也。"所訓與小廳堂義相通。清桂馥《説文解字義證·阜部》:"《譙敏碑》:'屋棟廎覆。'"

〔推源〕 諸詞俱有不正義,爲頃聲所載之公共義。聲符字"頃"所記錄語詞之本義即傾斜不正。《説文·匕部》:"頃,頭不正也。从匕,从頁。"清朱駿聲《通訓定聲》:"會意,匕之言偏也。按,實即'傾'之古文。〔轉注〕《漢書·五行志》:'婦人擅國兹謂頃。'又《詩·卷耳》:'不盈頃筐。'傳:'畚屬,易盈之器也。'《韓詩》説,欹筐也。"按,所引《詩·卷耳》文清馬瑞辰《通釋》:"頃筐,蓋即今篃箕之類,後高而前低,故曰頃筐。頃則前淺,故曰易盈。"《漢書·王褒傳》:"是以聖王不徧窺望而視已明,不單頃耳而聽已聰。"又《禮樂志》:"霆聲發榮,壧處頃聽。"唐顔師古注:"頃讀曰傾。"然則本條諸詞之不正義爲其聲符"頃"所載之顯性語義。頃聲可載不正義,則"枒"可證之。

頃:溪紐耕部;

枒:疑紐魚部。

溪疑旁紐,耕魚旁對轉。"枒",杈枒,樹枝。樹幹正直,杈枒則爲斜出不正直者。《廣韻·麻韻》:"枒,杈枒。"清朱駿聲《説文通訓定聲·豫部》:"枒,《方言》:'江東謂椏杈。'《魯靈光殿賦》:'枝牚杈枒而斜。'據字亦作'椏'。"唐杜甫《王兵馬使二角鷹》:"悲臺蕭瑟石巃嵸,哀壑杈枒浩呼洶。"元湯式《醉太平·約遊春友不至效張鳴善句裏用韻》:"倚慍衳惡枒槎老樹臨溪汊,鬧唧喳隔幽花好鳥鳴山凹。"

(1729)傾/罄(盡義)

傾 盡。清朱駿聲《説文通訓定聲·鼎部》:"傾,〔假借〕爲'罄'。孫楚《征西官屬詩》:'傾城遠追送。'注:'猶盡也。'"按,無煩假借,"傾"本謂傾斜不正,引申之有倒下義,又有倒出義。《韓非子·外儲説右下》:"今簡公之以法禁其衆久矣,而田成恒利之,是田成恒傾圃池而示渴民也。"倒出則盡,故有盡義。《三國志·吴志·陳表傳》:"表欲得戰士之力,傾意接待。"其"傾意"即盡心。宋曾鞏《本朝政要策·軍賞罰》:"所破郡縣,當傾帑藏,爲朕賞戰士。"

罄　器中盡,虛化引申爲盡。《説文·缶部》:"罄,器中空也。从缶,殸聲。《詩》云:'缾之罄矣。'"清朱駿聲《通訓定聲》:"《天保》:'罄無不宜。'《爾雅·釋詁》:'罄,盡也。'《東京賦》:'東京之懿未罄。'注:'盡也。'"《廣韻·徑韻》:"罄,盡也。"隋祖君彦《爲李密檄洛州文》:"罄南山之竹,書罪無窮。"宋王讜《唐語林·補遺一》:"主以國用罄空,退而嘆曰:吾方竭家財以資戰士,其能饗餮,首冒國經?"

〔推源〕　此二詞俱有盡義,其音亦同,溪紐雙聲,耕部疊韻,則其語源當同。

665　虛聲

(1730) 墟㐲魖(空虛義)

墟　廢墟,空虛無物者。《廣雅·釋詁二》:"墟,凥也。"清王念孫《疏證》:"《方言》《説文》《廣雅》作'凥',經、傳皆作'居'……《風俗通義》云:'今故廬居處高下者名爲墟。'唐李善注《西征賦》引《聲類》云:'墟,故所居也。'"《戰國策·齊策六》:"破萬乘之燕,復齊墟。"《晉書·食貨志》:"州郡各擁强兵,而委輸不至,尚書郎官自出採稻,或不能自反,死於墟巷。"

㐲　不安,即脚下空虛不踏實之謂。《玉篇·兀部》:"㐲,㐲㐲,不安也。"《廣韻·笑韻》:"㐲,㐲㐲,不安。"唐韓愈《記夢》:"我亦平行蹋㐲㐲,神完骨蹻脚不掉。"

魖　耗神,耗人財物使之空虛者。《説文·鬼部》:"魖,耗神也。从鬼,虛聲。"清朱駿聲《通訓定聲》:"《東京賦》:'殘夔魖與罔象。'《漢書·揚雄傳》:'捎夔魖而抶獝狂。'"《廣韻·魚韻》:"魖,魖耗鬼。"《舊唐書·則天皇后紀》:"胡爲穹昊,生此夔魖。"

〔推源〕　諸詞俱有空虛義,爲虛聲所載之公共義。虛聲字所記録語詞"憷"《玉篇》《集韻》訓"怯""志怯",當即心中空虛之義,憾無文獻實用例,然亦虛聲與空虛義相關聯之一證。按,聲符字"虛"所記録語詞本有空虛義。《説文·丘部》:"虛,大丘也。崑崙丘謂之崑崙虛,古者九夫爲井,四井爲邑,四邑爲丘。丘謂之虛。从丘,虍聲。"清朱駿聲《通訓定聲》:"《易·升》:'虛邑。'釋文:'虛,丘也。'《詩·定之方中》:'升彼虛矣。'〔轉注〕大丘空曠,故《爾雅·釋詁》:'虛,閒也。'《廣雅·釋詁三》:'虛,空也。'《周書·立政》:'無虛不敗。'注:'國無人謂之虛。'《西京賦》:'有憑虛公子者。'注:'虛,無也。'"然則本條諸詞之空虛義爲其聲符"虛"所載之顯性語義。虛聲可載空義,則"空"可證之。

虛:曉紐魚部;
空:溪紐東部。

曉溪旁紐,魚東旁對轉。"空",空虛。《説文·穴部》:"空,竅也。从穴,工聲。"清朱駿聲《通訓定聲》:"經、傳亦以'孔'爲之……《荀子·解蔽》:'空石之中有人焉。'注:'石穴也。'〔轉注〕《爾雅·釋詁》:'空,盡也。'《詩·大東》:'杼柚其空。'《論語》:'屢空。'《集解》:'猶虛中也。'《西京賦》：'察貳廉空。'注：'減無也。'"按，"空"與"虛"可組成複音詞，實爲同源詞根相聯合而成之合成詞。

666　盧聲

(1731) 戲戲（取義）

戲　從高處往下取物，亦指叉取。字亦作"攄"。《説文·又部》："戲，又卑也。从又，盧聲。"清段玉裁注改其解釋文爲"叉卑"，並注："叉卑，用手自高取下也。"清朱駿聲《通訓定聲》："叉取也……字亦作'攄'。《廣雅·釋詁一》：'攄，取也。'《方言》十：'南楚之間，取物溝泥中謂之攄。'字亦以'挓'爲之。《釋名·釋姿容》：'攄，叉也，五指俱往叉取也。'《西京賦》：'攄沸猬，批窳狖。'注：'攄、批皆謂戟撮之。'"

戲　取。《玉篇·支部》："戲，取也。"其字之音《廣韻》載側加切，然則从盧得聲，其取義即盧聲所載者。"戲"亦指張開手指以度以度量。《西遊記》第十回："橋長數里，闊只三戲。"按，一戲即五指叉開之距離，凡取物必叉開其手指，取、叉開手指二義相通。

〔推源〕　此二詞俱有取義，爲盧聲所載之公共義。聲符字"盧"所記錄語詞謂虎剛暴狡詐。《説文·虍部》："盧，虎不柔不信也。从虍，且聲。"然則與取義不相涉，其取義乃盧聲所載之語源義。盧聲可載取義，則"奪"可證之。

盧：從紐歌部；
奪：定紐月部。

從定準雙聲，歌月對轉。"奪"，奪取，強取。《篇海類編·通用類·大部》："奪，強取也。"《廣韻·末韻》："奪，《左傳》曰：一與一奪。"《易·繫辭上》："小人而思君子之器，盜思奪之矣。"《書·呂刑》："(蚩尤)罔不寇賊，鴟義姦宄，奪攘矯虔。"唐孔穎達疏："外姦內宄，劫奪人物，攘竊人財，矯稱上命，若己固自有之。"

(1732) 黼躕（雜義）

黼　色彩混雜而鮮明。《説文·黹部》："黼，合五采鮮色，从黹，盧聲。《詩》曰：'衣裳黼黼。'"清段玉裁注："《曹風·蜉蝣》：'衣裳楚楚。'……'黼'，其正字，'楚'，其假借字也。"宋趙淑向《肯綮錄·俚俗字義》："五采鮮明曰黼。"清和邦額《夜譚隨錄·陳寶祠》："儐至，見侍女如雲，笙簫聒耳，擁閨秀，搭面而出，繡衣黼黼，玉珮珊珊。"

躕　雜亂而堵塞。白宛如《北京方言本字考》："① 道路因人馬車輛雜亂而堵塞：大路上趕集的人太多，躕住了，走不過去。② 因亂堆雜物而堵住通道或故意封住門道、過道兒：把這兒先躕住，不許走人。"按，"躕"字从足，《集韻》訓"行失序"，行失其序則混雜而亂，亂則堵，其義皆相通。

〔推源〕　此二詞俱有雜義,爲虍聲所載之公共義。聲符字"虘"所記録語詞與雜義不相涉,其雜義乃虍聲所載之語源義。戾聲字所記録語詞"莀""綟"俱有雜色義,皆寓"雜"之義素,見本典第五卷"戾聲"第1193條,虍聲、戾聲本相近且相通。

虘：從紐歌部；

戾：來紐質部。

從來鄰紐,歌質旁對轉。然則可相爲證。

667　㐅聲

(1733) 隙/閒(空隙義)

隙　墙壁裂縫,引申之則指空隙、孔穴。其字亦省作"䧘",又作"䆘"。《説文·阜部》："隙,壁際孔也。从阜,从㐅,㐅亦聲。"清朱駿聲《通訓定聲》："《廣雅·釋詁二》：'隙,裂也。'《左傳》：'墙之隙壞,誰之咎也?'《周禮·赤龍氏》：'凡隙屋。'疏：'謂孔穴也。'《禮記·三年問》：'若駟之過隙。'〔轉注〕《楚語》：'四時之隙。'注：'空閒時也。'"《正字通·谷部》："䆘,按六書本作'隙'。"

閒　空隙。《説文·門部》："閒,隟也。从門,从月。"清段玉裁注改其解釋文爲"隙也"。清朱駿聲《通訓定聲》："隙也……《經説》：'閒謂夾者也。'"《莊子·養生主》："彼節者有閒,而刀刃者無厚。"按,閒聲字所記録語詞"癇""襇""澗""鐧"俱有間隔義,見后第1889條,空隙、間隔二義相通。

〔推源〕　此二詞俱有空隙義,其音亦相近且相通。

隙：溪紐鐸部；

閒：見紐元部。

溪見旁紐,鐸元通轉。則其語源當同。藉此亦可知複音詞"閒隙"本爲同源詞素相聯合而成者。又,"隙"字乃以㐅聲載空隙義,聲符字"㐅"本爲"隙"之初文。《説文·白部》："㐅,際見之白也。从白,上下小見。"清朱駿聲《通訓定聲》："際見之光一綫而已。"清段玉裁注："際者,壁會也。壁會者,隙也。見,讀如現。壁隙之光,一綫而已,故从二小。"然則"隙"之空隙義爲其聲符"㐅"所載之顯性語義。

668　堂聲

(1734) 隍/正(方正義)

隍　殿基,其形方正者。《廣韻·唐韻》："隍,殿基。"宋李誡《營造法式·總釋下·階》：

"殿基謂之隉。"按,其字本亦作"堂",則"隉"爲其緟益字。卷子本《玉篇·阜部》:"隉,《字書》或作'堂'。"又今本《玉篇·土部》:"堂,土爲屋基也。"《書·大誥》:"若考作室,既底法,厥子乃弗肯堂,矧肯構?"僞孔傳:"子乃不肯爲堂基,況肯構立屋乎?"清俞樾《平議》:"古人封土而高之,其形四方,即謂之堂。"《禮記·檀弓上》:"昔者,夫子言之曰:'吾見封之若堂者矣。'"漢鄭玄注:"封,築土爲壟堂,形四方而高。"

正 正中,不偏,引申爲方正義。《説文·正部》:"正,是也。从止;一,以止。"清朱駿聲《通訓定聲》:"《東京賦》:'農祥晨正。'薛注:'中也。'……《禮記·玉藻》:'士前後正。'注:'直方之間語也。'《離騷》:'不量鑿而正枘兮。'注:'方也。'"按,漢字之楷體、真書亦稱"正書",即方塊字之謂,亦即方而正之義。唐張彥遠《法書要録》卷二引南朝梁庾元威《論書》:"所學正書,宜以殷鈞、范懷約爲主,方正循紀,修短合度。"又,凡方形四邊相等者稱"正方形",亦爲一證。

〔推源〕 此二詞俱有方正義,其音亦相近且相通。

隉:定紐陽部;

正:章紐耕部。

定章(照)準旁紐,陽耕旁轉。則其語源當同。其"隉"字从堂得聲,聲符字"堂"爲"隉"之初文,謂方形土臺,亦指廳堂,廳堂之形亦方而正者。《説文·土部》:"堂,殿也。从土,尚聲。坐,古文堂。臺,籀文堂从高。"清朱駿聲《通訓定聲》:"《御覽》引《廣雅》:'堂皇,合殿也。'按,古謂之堂,秦始謂之殿。《書·顧命》:'立于西堂。'鄭注:'序內半以前曰堂。'"按,唯"堂"有方正之義,故有"堂堂正正"之語,亦作"正正堂堂"。《封神演義》第九十四回:"真是:堂堂正正之師,弔民伐罪之旅。"《兒女英雄傳》第三十回:"人家的話正正堂堂,料著一時駁不倒,便説道:'言之有理。'"

(1735) 瞠樘(直義)

瞠 直視。《廣韻·庚韻》:"瞠,直視皃。"清朱駿聲《説文通訓定聲·壯部》:"《管子·小問》:'瞠然視。'《蒼頡篇》:'瞠,直視也。'字又作'瞠'……《玉篇》:'瞠,直下視皃。'"《莊子·田子方》:"夫子奔逸絶塵,而回瞠若乎後矣。"唐陸德明《釋文》引《字林》:"瞠,直視皃。"宋蔡絛《鐵圍山叢談》卷四:"弟因泣涕而言:'不然也,夜所與言者,乃亡婦爾。'兄瞠愕詢其故,則曰:'婦喪期月,即夜叩門曰:我念吾兒之無乳,而復至此。因開門納之,果亡婦。'"

樘 支柱,其形直而長者。《説文·木部》:"樘,衺柱也。从木,堂聲。"清朱駿聲《通訓定聲》:"《靈光殿賦》:'枝樘杈枒而斜據。'"清段玉裁注:"俗間謂撐柱必用衺木,遂沾一'衺'字矣。"《廣韻·庚韻》:"橕,橕柱也。樘,上同。"

〔推源〕 此二詞俱有直義,爲堂聲所載之公共義。聲符字"堂"所記録語詞謂方形土臺,亦指廳堂,其形方正者。凡物形方正,則其邊綫直,義當相通。故有"正直"之複音詞。

堂聲可載直義,則"直"可證之。

堂:定紐陽部;
直:定紐職部。

雙聲,陽職旁對轉。"直",曲直字。《説文·乚部》:"直,正見也。"清朱駿聲《通訓定聲》:"《書》:'木曰曲直。'《易·説卦》:'巽爲繩直。'〔轉注〕《廣雅·釋詁一》:'直,正也。'《二》:'直,義也。'《易·坤》:'直方。'《文言》:'直其正也,方其義也。'"

(1736) 樘牚(支撐義)

樘 支柱(見前條),故有支撐之衍義。清朱駿聲《説文通訓定聲·壯部》:"樘,《廣雅·釋器》:'樘,距也。'按,以足歫曰堂,以木歫曰樘。"黄侃《蘄春語》:"其用力支持謂之樘,病而强起亦謂之樘。"又《論學雜著·漢唐玄學論》:"又上推之,《祭義》明言:鬼神即魂魄,魂魄即形神。是吾土至言,本主張無鬼之論;范(縝)則代表儒生,以樘柱異教,宜無罪焉爾。"按"樘柱"即抵觸,與支撐義相通。

牚 支撐。字亦作"撑"。唐玄應《一切經音義》卷二引《説文》:"牚,拄也。"《集韻·嘆韻》:"拄,掌也。通作'柱'。"又《映韻》:"掌,支柱也。"宋李誡《營造法式·斜柱》引司馬相如《長門賦》:"離樓梧而相牚。"其"牚"字異文作"撑"。《玉篇·手部》:"撑,撑住。"漢陳琳《飲馬長城窟行》:"君獨不見長城下,死者骸骨相撑拄。"唐李白《扶風豪士歌》:"天津流水波赤血,白骨相撑如亂麻。"

〔推源〕 此二詞俱有支撐義,爲堂聲所載之公共義。聲符字"堂"所記録語詞之本義、引申義系列與支撐義不相涉,其支撐義乃堂聲所載之語源義。堂聲可載支撐義,"觸"可證之。

堂:定紐陽部;
觸:昌紐屋部。

定昌(三等即穿)準旁紐,陽屋旁對轉。"觸",以角抵觸。支撐、抵觸二義相通。《説文·角部》:"觸,抵也。"清朱駿聲《通訓定聲》:"《新序·雜事》:'獸窮則觸。'"唐韓愈《贈唐衢》:"虎有爪兮牛有角,虎可搏兮牛可觸。"

669 婁聲

(1737) 髏履屨樓籔塿鏤窶(空義)

髏 骷髏,死人之殘骸,無血肉之空骨架。《説文·骨部》:"髏,髑髏也。从骨,婁聲。"《廣韻·侯韻》:"髏,髑髏。"宋葉隆禮《契丹國志·太宗紀下》:"(遼帝)悉殺城中男子,驅其婦人而北……城中遺民僅七百餘,而髑髏十萬餘。"《西遊記》第二十七回:"唐僧大驚道:'悟空,這個人才死了,怎麽就化作一堆骷髏?'"

履 鞋,亦指皮製鞋,皆中空而可容足之物。《説文·履部》:"履,履也。从履省,婁聲。一曰鞋也。"清朱駿聲《通訓定聲》:"按,漢以前複底曰舄,禪底曰履。漢以後曰履,今曰鞋。《周禮·履人》:'掌王及后之服履。'〔轉注〕《周禮》'鞮鞻氏'注:'四夷舞者所屝也。'字亦作'鞻'。又《左僖四傳》:'共其資糧屝履。'疏:'絲作之曰履,麻作之曰屝,麤者謂之屨。"《廣韻·遇韻》:"履,履屬。《方言》曰:'履,自關而西謂之履。'"《莊子·寓言》:"脱履户外,膝行而前。"

廔 房屋有窗牖通明貌。有窗牖即有空缺而可透光。《説文·广部》:"廔,屋麗廔也。从广,婁聲。"南唐徐鍇《繫傳》:"窗疏之屬,麗廔猶玲瓏也,漏明之象。"清朱駿聲《通訓定聲》:"按,窗牖通明之皃,亦雙聲連語。《玉篇》作'矗廔',《長門賦》作'離樓',皆同。"《廣韻·侯韻》:"廔,麗廔,綺窗。"按,作"麗廔"蓋爲偏旁同化。宋李誡《營造法式·總釋下·窗》:"綺窗謂之麗廔。"清俞樾《群經平議·周禮三·九室十二堂考》:"四面各設一户二牖,麗廔闓明,内外洞達。"

樓 兩層以上的房屋,凡樓房皆有窗,亦寓空、透明義。《説文·木部》:"樓,重屋也。从木,婁聲。"清朱駿聲《通訓定聲》:"此重屋可居,别有名複屋者不可居。《爾雅》:'陜而脩曲曰樓。'〔聲訓〕《釋名》:'樓,言牖户諸射孔婁婁然也。'"清段玉裁注:"重屋與複屋不同,複屋不可居,重屋可居,《考工記》之'重屋'謂複屋也。"按,朱氏所引《爾雅·釋宮》文之"樓"即土臺,不可居者。《廣韻·侯韻》:"樓,重屋也。"《史記·封禪書》:"乃立神明臺、井幹樓,度五十丈,輦道相屬焉。"明唐順之《咨總督都御史胡》:"廟灣之巢,墻厚如堅城,樓居平屋,延袤三里;深房曲巷,險如設阱。"

簍 竹製盛物器,中空而可容物者;又其物多眼如窗,即多空缺者。《急就篇》第三章:"筐筥箕帚筐篋簍。"唐顏師古注:"簍者,疏目之籠,亦言其孔樓樓然也。"《説文·竹部》:"簍,竹籠也。从竹,婁聲。"清朱駿聲《通訓定聲》:"《方言》十三:'簍,籔也,小者南楚謂之簍。'"按,許書同部"籅"篆訓"飲牛筐",《玉篇·竹部》:"簍,養蠶器也。"《廣韻·侯韻》:"簍,籠也。"又《麌韻》:"簍,小筐。"又《厚韻》:"簍,籠也。《周禮》作'籔'。"按"籔"謂盛肉之竹籠。唐唐彥謙《蟹》:"板罾拖網取賽多,蔍簍挑將水邊貨。"清俞樾《茶香室叢鈔·十殿閻王》:"月爲一竹簍,實寓金銀而焚之。"

塿 疏土,即多空隙而疏鬆之土,其名當寓空義。《説文·土部》:"塿,座土。从土,婁聲。"清朱駿聲《通訓定聲》:"按,謂疏土,與'壚'略同。《廣雅·釋地》:'塿,土也。'《方言》十三:'冢,自關而東謂之丘,小者謂之塿。'按,《左傳》:'培塿無松柏。'謂小而土疏者,凡人爲之者土多疏。古亦以附婁字爲之。"按,朱氏所引《廣雅》文清王念孫《疏證》:"塿,謂疏土也……塿之言婁婁也。《管子·地員篇》:'轂土之狀婁婁然。'注云:'婁婁,疏也。'"按,"塿"

所記録之詞存乎語言,唯其字借"嬰"爲之。又,徽歙方言稱土結實之地爲"泥地",而稱疏松土之地爲"沙地",蓋即"塿"。

鏤 堅硬、可刻鏤之鐵,引申爲雕刻義,凡物雕刻之則即使空。《說文·金部》:"鏤,剛鐵可以刻鏤。从金,婁聲。《夏書》曰:'梁州貢鏤。'"清朱駿聲《通訓定聲》:"〔轉注〕《爾雅·釋器》:'金謂之鏤。'又'鏤,銖也。'《詩·韓奕》:'鉤膺鏤錫。'《左哀元傳》:'器不彫鏤。'《禮記·禮器》:'管仲鏤簋朱紘。'"《廣韻·候韻》:"鏤,雕鏤。"清冒襄《影梅庵憶語》卷二:"嵌空鏤剔,纖悉不遺。"按,引申之"鏤"又有疏通義,疏通即去其物使空之謂。《漢書·司馬相如傳下》:"故乃關沬若,徼牂牁,鏤靈山,梁孫原。"唐顏師古注:"鏤謂疏通之以開道也。"

窶 無財備禮,財空。《廣韻·麌韻》:"窶,貧無禮也。"清朱駿聲《說文通訓定聲·需部》:"《爾雅·釋言》:'窶,貧也。'……《漢書·霍光傳》:'又諸儒生多窶人子。'"《詩·邶風·北門》:"終窶且貧,莫知我艱。"漢毛亨傳:"窶者,無禮也;貧者,困於財。"唐陸德明《釋文》:"謂貧無可爲禮。"《新唐書·趙宗儒傳》:"驥位省郎,衣食窶乏,俸單寡,諸子至徒步。人爲咨美。"按,上述《詩》之"窶"異文作"寠",《說文·宀部》"寠"篆訓"無禮居",朱駿聲氏以爲"窶"即"寠"之俗體。

〔推源〕諸詞俱有空義,爲婁聲所載之公共義。聲符字"婁"所記録語詞本訓"空"。《說文·女部》:"婁,空也。从毋中女,空之意也。㜅,古文。"清段玉裁注:"此上體當是從囧,即窗牖麗廔闓明之意也。"清朱駿聲《通訓定聲》:"人曰離婁,窗牖曰麗廔,皆空明多空之意。"《廣韻·候韻》:"婁,空也。"今按,徽歙方言有"空婁婁"之三字格派生詞,詞根、詞綴之義相同。此亦一證。然則本條諸詞之空義爲其聲符"婁"所載之顯性語義。婁聲可載空義,"洞"可證之。

婁:來紐侯部;
洞:定紐東部。

來定旁紐,侯東對轉。"洞",洞穴,中空者。《廣韻·送韻》:"洞,空也。"清朱駿聲《說文通訓定聲·豐部》:"《素問·四氣調神大論》:'心氣內洞。'注:'謂中空也。'"漢張衡《西京賦》:"赴洞穴,探封狐。"南朝宋鮑照《山行見孤洞》:"上倚崩峰勢,下帶洞阿深。"唯"洞"有空義,故有"空洞"之同義聯合式合成詞。宋林逋《深居雜興詩序》:"鄙夫則不然,胸腹空洞,譾然無所存置。"

(1738) 逯謱數樓褸婁㩻屢(相連義)

逯 行步相連。《說文·辵部》:"逯,連逯也。从辵,婁聲。"清朱駿聲《通訓定聲》:"按,行步不絕之皃,猶絲曰聯縷,辭曰讄謱也。"虛化引申爲相連義。《集韻·侯韻》:"逯,謂不絕皃。"清蒲松齡《聊齋志異·小髻》:"俄而尺許小人,連逯而出,至不可數。"清何垠注:"連逯,相連不絕也。"

譼 言多,相連不絕。字亦作"嘍",構件"言""口"所表義類同。《說文·言部》:"譼,譴譼也。从言,婁聲。"清朱駿聲《通訓定聲》:"按,辭支離牽引也……《楚辭·絕世》:'謀女詘兮譴譼。'"按,所引《楚辭》文宋洪興祖《補注》:"譴譼,語亂也。"按,言多則亂,其義相通。《廣韻·厚韻》:"嘍,連嘍,煩皃。"《字彙·言部》:"譴,譴譼,繁絮也。"清洪昇《長生殿·冥追》:"惡噉噉一場嘍啰,亂匆匆一生結果。"又,古稱聯綿詞爲"謰語",即兩音節相連不離之意。明方以智《通雅·釋詁·謰語》:"謰語者,雙聲相轉而語謰譼也。"清黄遵憲《與侯官嚴又陵總辦書》:"僕不自揣,竊亦有所求於公。第一爲造新字,次則假借,次則附會,次則謰語,次則還音,又次則兩合。"

數 計算,以數相叠加,實即相連義。《說文·攴部》:"數,計也。从攴,婁聲。"清朱駿聲《通訓定聲》:"《禮記·儒行》:'遽數之不能終其物。'《老子》:'善數不用籌策。'〔轉注〕《爾雅·釋詁》:'數,疾也。'《左文十六傳》:'無日不數于六卿之門。'注:'不疏也。'〔假借〕又爲'速'。《禮記·曾子問》:'不知其已之遲數。'〔聲訓〕《禮記·祭義》:'其行也趨趨以數。'注:'數之言速也。'《爾雅·釋草》:'莽數節。'《釋文》:'數猶促也。'"按,朱氏所云"轉注"即引申,所引《左傳》之"不數"即細密義,謂事爲相連。《爾雅》之"數"爲緊促義,謂節相連。至疾速義,亦爲其衍義,無煩假借,凡事爲連續則即疾速。"數"又有頻數義,實亦事相連之謂。《廣韻·覺韻》:"數,頻數。"《史記·李斯列傳》:"見吏舍廁中鼠食不絜,近人犬,數驚恐之。"

樓 兩層以上的房屋(見前條),本有相連義。

褸 衣襟,裳際,引申爲敗裂義,又引申爲縫補義,縫補則即連綴。《說文·衣部》:"褸,衽也。从衣,婁聲。"清朱駿聲《通訓定聲》:"或曰衣旁謂之衽,裳際謂之褸,亦謂之袩。〔轉注〕褸者在旁開合處,故衣被組敝爲褸裂,亦爲襤褸。《方言》三:'褸,裂敗也。'四:'紩衣謂之褸。'"按,"紩"即以針縫,連綴衣物。《說文·糸部》:"紩,縫也。"清段玉裁注:"凡鍼功曰紩。"又,《方言》卷四又云:"褸謂之緻。"清錢繹《箋疏》:"緻之言細緻也,縫納敝故謂之緻。"

漊 雨相連不絕,亦指飲酒成習不醉,亦相連義。《說文·水部》:"漊,雨漊漊也。从水,婁聲。一曰汝南謂飲酒習之不醉爲漊。"清朱駿聲《通訓定聲》:"不絕之皃。"清王筠《句讀》:"謂密雨縷縷不絕也。"按,"漊"亦指水溝,則即溝通、連貫義。《廣韻·厚韻》:"漊,溝通水也。"清龔自珍《己亥雜詩》之一百四十:"太湖七十漊爲墟,三泖圓斜各有初。"

摟 聚合,牽合,使之相連。《說文·手部》:"摟,曳聚也。从手,婁聲。"清朱駿聲《通訓定聲》:"《爾雅·釋詁》:'摟,聚也。'《孟子》:'而摟其處子。'注:'牽也。'"《孟子·告子下》:"五霸者,摟諸侯以伐諸侯者也。"清程道一《中東之戰》:"只會一味摟錢,恨不得給子孫留下萬年基業。"

屢 多次,屢次,謂事連續發生。《廣韻·遇韻》:"屢,數也。"《書·益稷》:"皋陶拜手稽首颺言曰:'……屢省乃成,欽哉。'"僞孔傳:"屢,數也。"《詩·小雅·正月》:"屢顧爾僕,不輸爾載。"漢鄭玄箋:"屢,數也。"

〔推源〕 諸詞俱有相連義,爲婁聲所載之公共義。聲符字"婁"所記録語詞本與相連義不相涉,然可以其聲韻另載屢次、牽合等義,與"屢""摟"等略同。《廣韻·虞韻》:"婁,《詩》曰:'弗曳弗婁。'傳曰:'婁亦曳也。'"清朱駿聲《説文通訓定聲·需部》:"婁,〔假借〕爲'摟'。《詩·角弓》:'式居婁驕。'箋:'斂也。'《爾雅·釋天》:'降婁,奎婁也。'《史記·律書》:'婁者,呼萬物且内之也。'又爲'數'。《漢書·宣帝紀》:'婁蒙嘉瑞。'《元帝紀》:'婁敕公卿。'字亦作'屢'。"婁聲可載相連義,則"繹"可證之。

婁:來紐侯部;

繹:余紐鐸部。

來余(喻四)準雙聲,侯鐸旁對轉。"繹",抽絲,引申爲相連不斷義。《説文·糸部》:"繹,抽絲也。"清朱駿聲《通訓定聲》:"《(廣雅)釋言》:'摺也。'《三蒼》:'抽也,解也。'《詩·賚》:'敷時繹思。'……又重言形況字。《漢書·揚雄傳》注:'繹繹,相連兒。'……《白虎通·封禪》:'繹繹之山。'繹者,無窮之意也。"《論語·八佾》:"繹如也。"宋邢昺疏:"'繹如也'者,言其音落繹然相續不絶也。"

(1739)蔞樓嶁艛髏(高義)

蔞 蔞蒿,高丈餘之草本植物,故稱"蔞"。《説文·艸部》:"蔞,艸也,可以亨魚。从艸,婁聲。"清朱駿聲《通訓定聲》:"按,蔞蒿一名購商,可烹魚作羹……《詩·漢廣》:'言刈其蔞。'《楚辭》:'吴酸苦蔞。'"按,朱氏所引《詩·周南·漢廣》文三國吴陸璣疏:"其葉似艾,白色,長數寸,高丈餘,好生水邊及澤中。正月根牙生旁莖,正白,生食之,香而脆美。其葉又可蒸爲茹。"《廣韻·侯韻》:"蔞,《爾雅》曰:'購,蔏蔞。'蔞蒿也,生下田,初出可啖。"又《虞韻》:"蔞,蔞蒿。"宋蘇軾《惠崇春江曉景》詩之一:"蔞蒿滿地蘆芽短,正是河豚欲上時。"

樓 兩層以上的房屋,本有高義。《孟子·告子下》:"不揣其本,而齊其末,方寸之木,可使高於岑樓。"宋孫奭疏:"曰樓者,蓋重屋曰樓,亦取其重高之意也。"按,唯"樓"爲高屋,故有"高樓大廈"之語。又,"樓敵"謂城上瞭望敵情之高樓,"樓臺"則爲高大建築物之泛稱,"樓殿"指高大宫殿,"樓榭"謂高臺上之屋,皆可證"樓"之高義。

嶁 山頂,山之最高處。其字亦作左形右聲。《廣韻·虞韻》:"嶁,山頂。"《集韻·噳韻》:"嶁,亦書作'婁'。"《後漢書·馬融傳》:"廋疏嶁領,犯歷嵩巒。"唐李賢注:"《字林》曰:'嶁,山巔也。'"按,其"嶁"字異文正作"婁"。又"嶁領"之"領"謂衣領,上衣之最高處,指山頂正字作"嶺",其爲詞,"嶁領"乃同義聯合式合成詞。

艛 有樓的船,高大者。《廣韻·侯韻》:"艛,舟名。"清朱駿聲《説文通訓定聲·需部·附〈説文〉不録之字》:"艛,《廣雅·釋水》:'艛,舟也。'"按,王氏所引《廣雅》文清王念孫《疏證》:"'艛'即《史記》所謂'樓船',船上爲樓,謂之樓船。"按,王説可從,"艛"字晚出,爲正字,本以"樓"爲之。《史記·平準書》:"是時越欲與漢用船戰逐,乃大修昆明池,列觀環之。治樓船,高十餘丈,旗幟加其上,甚壯。"《梁書·吕僧珍傳》:"悉取檀溪材竹,裝爲艫艦,葺之以茅,並立辦。"唐張登《送王主簿遊南海》:"過山乘蠟屐,涉海附艫船。"

髏 《説文·骨部》訓"髑髏",謂骷髏,見前第1737條。"髏"亦指頭骨,頭骨即人體最高處之骨。清朱駿聲《説文通訓定聲·需部》:"髏,人頂骨。字亦作'顟'。"《説文》同部:"髑,髑髏,頂也。"朱氏《通訓定聲》:"人頂骨。《廣雅·釋親》:'顝顱謂之髑髏。'……'髑髏'之合音爲'頭'。字又作'髑'。《聲類》:'髏,顱也。''髏'亦作'顝'。"《莊子·至樂》:"莊子之楚,見空髑髏,髐然有形。"三國魏曹植《髑髏説》:"顧見髑髏,塊然獨居。"

〔推源〕 諸詞俱有高義,爲婁聲所載之公共義。聲符字"婁"所記録語詞與高義不相涉,其高義乃婁聲所載之語源義。按,前條諸詞俱有相連義,凡物縱向疊加、相連則高,其義當相通。婁聲可載高義,則"崇"可證之。

婁:來紐侯部;
崇:崇紐冬部。

來崇(牀)鄰紐,侯冬(東)對轉。"崇",山高,虛化引申爲高義。見本典第八卷"翏聲"第1819條"推源"。

(1740) 瘻僂(彎曲義)

瘻 曲脊。《廣韻·虞韻》:"瘻,瘻疴,曲脊。"按,"瘻疴"可分訓。《説文·疒部》:"疴,曲脊也。"《集韻·虞韻》:"瘻,瘻疴,傴脊也。"又《嘷韻》:"疴,疴瘻,身曲病。"清朱駿聲《説文通訓定聲·需部》:"瘻,《素問·生氣通天論》:'陷脉爲瘻。'"按,"瘻"之本義《説文》訓"頸腫",謂瘰癧,其字从疒,身曲不直爲病態,故以之表曲脊義,當爲套用字。唐柳宗元《種樹郭橐駝傳》:"郭橐駝,不知始何名。病瘻,隆然伏行,有類橐駝者,故鄉人號之曰駝。"宋韓醇注:"《釋文》:'瘻,傴疾也。'"

僂 曲脊。《説文·人部》:"僂,尫也。从人,婁聲。周公韍僂,或言背僂。"清朱駿聲《通訓定聲》:"按,《白虎通》:'周公背僂,是爲强後。'此字本訓背曲。《禮記·問喪》:'僂者不袒。'〔轉注〕《漢書·蔡義傳》:'行步俯僂。'《左昭七傳》:'再命再僂。'又《荀子·王制》:'僂巫跛覡。'"按,《左傳》之"僂"謂躬其身以示恭敬,故朱氏云轉注(引申)。

〔推源〕 此二詞俱有彎曲義,爲婁聲所載之公共義。聲符字"婁"所記録語詞之顯性語義系列與彎曲義不相涉,然可以其聲韻另載彎曲義。《集韻·嘷韻》:"婁,卷婁,猶拘攣也。"清朱駿聲《説文通訓定聲·需部》:"婁,〔假借〕又爲'僂'。《爾雅·釋木》:'瘣木苻婁。'某氏注:'苻婁,尫傴,内疾瘣落。'"《莊子·徐無鬼》:"有卷婁者。"唐成玄英疏:"卷婁者,謂背項俛曲,向前攣卷而傴僂也。"按,"婁絡"謂纏繞,亦與彎曲義相通。唐韓愈《示兒》:"庭内無所有,高樹八九株。有藤婁絡之,春華夏陰敷。"按,翏聲字所記録語詞"蟉""翏""樛"亦俱有彎曲義,見本典第八卷"翏聲"第1825條。婁聲、翏聲本相近且相通。

婁：來紐侯部；
翏：來紐宵部。

雙聲，侯宵旁轉。然則可相爲證。

670　曼聲

(1741) 蔓蟃槾鰻糝漫澷（延伸、長義）

蔓　葛屬，引申爲蔓延、延長義。《說文・艸部》："蔓，葛屬。从艸，曼聲。"清朱駿聲《通訓定聲》："《爾雅》：'茜，蔓于。'注：'多生水中，一名軒于。'此即《說文》之'蒏'也，似細蘆，曼生水上，隨水高下汎汎然……許云'葛類'者，謂如葛之類引藤曼長者，凡皆謂之蔓也，故瓜瓠蓏藤之屬皆曰蔓。蔓之爲言曼也。《詩》：'野有蔓草。'傳：'延也。'《左隱元傳》：'無使滋蔓。'《楚辭・怨上》：'菽藟兮蔓衍。'《文選・閑居賦》：'石榴蒲陶之珍，磊落蔓衍乎其側。'"

蟃　蟃蜒，體長百尋之巨獸。"蟃蜒"即蔓延之意。《類篇・虫部》："蜒，蟃蜒，獸名。"清朱駿聲《說文通訓定聲・乾部》："《漢書・司馬相如傳》：'蟃蜒貙犴。'注：'大獸，似貍，長百尋。'按，《西京賦》'是爲曼延'，作'曼'是也。曼延言其長。"按，"蟃"字單用可表長義。《隸釋・漢司隸校尉楊君石門頌》："虺蛭蟃毒。"清王念孫《讀書雜志》："蟃與曼通。《魯頌・閟宮》傳云：曼，長也。虺蛭蟃長，言毒長也。"

槾　泥工所用抹牆工具。其名當寓延伸義。字亦作"鏝""墁"，而皆从曼聲。《說文・木部》："槾，杇木。从木，曼聲。"清朱駿聲《通訓定聲》："字亦作'墁'。按，今圬者塗器，有鐵者形如刀，有木者形如半月，有柄，二器相需爲用。此篆'鏝'下重出，今並存之。《孟子》：'毀瓦畫墁。'《荀子・禮論》：'以象槾茨番閼也。'注：'猶墼茨也。'"許書《金部》："鏝，鐵杇也。从金，曼聲。槾，鏝或从木。"清朱駿聲《通訓定聲》："《爾雅・釋宮》：'鏝謂之杇。'李注：'塗工作具也。'"《廣韻・桓韻》："鏝，泥鏝。槾、墁，並上同。"唐韓愈《圬者王承福傳》："故吾不敢一日捨鏝以嬉。"

鰻　魚名，體長，故稱"鰻"。《說文・魚部》："鰻，魚名。从魚，曼聲。"清朱駿聲《通訓定聲》："即《爾雅》之'鱧鯠'、《廣雅》之'大鯤謂之鱺'。今俗曰鰻鱺是也。"《廣韻・桓韻》："鰻，鰻鯠。"明馮夢龍《古今譚概・謠知部・月兒高》："東海走却大鰻魚，何處尋得？"徐珂《清稗類鈔・動物・鰻鱺》："亦稱白鱔，生於淡水。體長，爲圓柱狀，皮膚甚厚，有膠質之黏液，鱗柔軟，細不可辨。大者長有三尺……亦作'鰻鯬'，又作'鰻鱉'。"

糝　遍種，即種而延伸之義。《廣雅・釋地》："稍、糝，種也。"清王念孫《疏證》："《玉篇》：'稍，糝種也。'糝之言漫也。《廣韻》：'糝，種遍兒。'《齊民要術》說種胡麻法云：'漫種者，先以耬耩，然後散子。''漫'與'糝'同。"《集韻・桓韻》："糝，徧種兒。"

漫　水廣大。《廣韻・換韻》："漫，大水。"《集韻・桓韻》："漫，水廣大兒。"清朱駿聲《說文通訓定聲·乾部》："《書·堯典》傳：'若漫天。'疏：'漫者，加陵之辭。'……又重言形況字。《管子·四時》：'五漫漫。'注：'曠遠貌。'《甘泉賦》：'指東西之漫漫。'注：'無厓際兒。'"按，朱氏所引《管子》《甘泉賦》之"漫"即長、遠義，爲其引申義。《荀子·正名》引逸《詩》："長夜漫兮，永思騫兮。"唐楊倞注："漫，謂漫漫，長夜貌。"三國魏曹丕《燕歌行》："別日何易會日難，山川悠遠路漫漫。"唯"漫"有長義，故有"漫長"之同義聯合式合成詞，指時間之長，亦指空間之長。

襩 長衣。清黃叔璥《臺海使槎錄·北路諸羅番一·衣飾》："衣黑白不等，俱短至臍，名籠仔，用布二幅，縫其半於背左右，及腋而止，餘尺許，垂肩及臂，無袖，披其襟。衣長至足者，名襩。暑則圍二幅半烏布，寒則披襩。"按，"襩"爲少數民族所服，故《集韻》訓"胡衣"，然其詞似爲漢語。

〔推源〕 諸詞俱有延伸、長義，爲曼聲所載之公共義。聲符字"曼"所記錄語詞之本義爲引，即延伸，引申之則有長義。《說文·又部》："曼，引也。从又，冒聲。"清朱駿聲《通訓定聲》："《詩·閟宮》：'孔曼且碩。'傳：'長也。'箋：'修也，廣也。'《列子·湯問》：'韓娥因曼聲哀哭。'《淮南·氾論》：'侯同曼聲之歌。'……《楚辭·招魂》：'娥眉曼睩'，'長髮曼鬋'。……凡訓善、訓細、訓澤、訓遠、訓延、訓美，實皆引長之誼，隨文變訓耳。"按，甲骨文"曼"字亦作"㚔"。郭沫若《卜辭通纂》謂："㚔謂曼之初文，象以手張目。《楚辭·哀郢》：'曼余目以流觀兮'，即其義，引申爲長、爲美。"郭說可從，唯所引《楚辭》之"曼"謂人自張其目，無煩用手。今按，徽歙方言有〔mē 上〕一詞，謂塵入目中，他人以兩手扒其眼皮，或醫者檢視眼疾以兩手扒其眼皮。此與"㚔"之形體結構正相符（詳見殷寄明《本義推求方法芻議》，載《杭州大學學報》哲學社會科學版，1992 年第 3 期）。然則本條諸詞之延伸、長義，爲其聲符"曼"所載之顯性語義。曼聲可載延伸、長義，則"緜"可證之。"曼""緜"上古音同，明紐雙聲，元部疊韻。"緜"，聯綿不斷，即延伸而長義。《說文·糸部》："緜，聯微也。从系，从帛。"清朱駿聲《通訓定聲》："緜當訓聯……《廣雅·釋詁四》：'緜，連也。'《釋訓》：'緜緜，長也。'《詩》：'緜緜瓜瓞。''緜緜葛藟。'傳：'長不絕之貌。'……《穀梁文十四傳》：'緜地千里。'注：'猶彌漫。'……《西京賦》：'繚垣緜聯。'注：'猶連蔓也。'"

(1742) 慢嫚（輕慢義）

慢 輕忽，懈怠，引申爲傲慢、輕視他人。《說文·心部》："慢，惰也。从心，曼聲。"清朱駿聲《通訓定聲》："《易·繫辭》：'上慢下暴。'《禮記·樂記》：'嘽諧慢易。'……《淮南·脩務》：'偷慢懈惰。'……《廣雅·釋詁三》：'慢，傷也。'《左襄三十一傳》：'我遠而慢之。'注：'易也。'《禮記·緇衣》：'可敬不可慢。'"《廣韻·諫韻》："慢，怠也，倨也，易也。"按《說文》又云"一曰慢，不畏也"，與輕視、傲慢義亦相通。

嫚 輕侮，傲慢。《說文·女部》："嫚，侮易也。从女，曼聲。"清段玉裁注改其解釋文爲"侮傷也"。清朱駿聲《通訓定聲》："侮傷也……字亦作'僈'。《賈子·道術》：'接遇肅正謂之敬,反敬爲嫚。'《荀子·宥坐》:'嫚令謹誅賊也。'《淮南·繆稱》:'嫚生乎小人。'注:'倨也。'又《漢書·枚乘傳》:'爲賦頌好嫚戲。'注:'褻汙。'《張良傳》:'皆以上嫚侮士。'《高帝紀》:'上嫚罵曰。'《禮襟記》注:'時人倨偄。'"《廣韻·諫韻》:"嫚,侮易。"其説蓋本於《説文》。《墨子·經説上》:"禮,貴者公,賤者名,而俱有敬僈焉。"

〔推源〕 此二詞俱有輕慢義,爲曼聲所載之公共義。聲符字"曼"所記録語詞與輕慢義不相涉,其輕慢義乃曼聲所載之語源義。曼聲可載輕慢義,"蔑"可證之。

曼:明紐元部;
蔑:明紐月部。

雙聲,元月對轉。"蔑",蔑視,輕侮。《説文·苜部》:"蔑,勞,目無精也。从苜,人勞則蔑然,从戍。"清朱駿聲《通訓定聲》:"《周語》:'王而蔑之。'注:'小也。''是蔑先王之官也。'注:'欺也。'《詩·桑柔》:'國步蔑資。'箋:'猶輕也。'"《國語·周語中》:"上不象天,而下不儀地,中不和民,而方不順時,不共神祇,而蔑棄五則。"《北史·張彝傳》:"彝愛好知己,輕忽下流,非其意者,視之蔑爾。"

(1743) 嫚箖熳(美義)

嫚 柔美貌。《文選·司馬相如〈上林賦〉》:"柔橈嫚嫚,嫵媚奸弱。"唐李善注:"皆骨體奕弱長艷貌也。"按,"嫚"本謂輕侮、傲慢,字从女,蓋爲男尊女卑意識之反映。表柔美義,則爲套用字。《上林賦》之"嫚"異文作"嬛"。"嬛"亦有美義。《廣韻·仙韻》:"嬛,便嬛,輕麗皃。"南朝宋鮑照《學古》:"嬛綿好眉目,閑麗美腰身。"

箖 竹,其色青,而性軟韌,竹之美者,故稱"箖"。《正字通·竹部》:"箖,竹名。《續博物志》:'箖竹,青皮,内白如雪,輭韌可爲索。'"北魏賈思勰《齊民要術·竹》:"《禮斗威儀》曰:君乘土而王,其政太平,箖竹、紫脱常生。"

熳 爛漫字,後世乃以"漫"爲之,"熳"當爲正字。爛漫即色彩美麗。北周庾信《杏花》:"依稀映村塢,爛熳開山城。"清周亮工《山樓繡佛詠》:"緑窗桃李熳,有女繡紅春。"

〔推源〕 諸詞俱有美義,爲曼聲所載之公共義。聲符字"曼"所記録語詞之本義爲引,引申之則有長義,見前第1741條"推源"。物有因長而美者,故朱駿聲氏以爲其美義由長義所衍生。又《説文通訓定聲·乾部》:"曼,《(淮南子)俶務》:'曼頰皓齒。'……《七發》:'衣裳則襍遝曼煖。'注:'輕細也。'"按,所引《淮南子》文漢高誘注:"曼頰,細理也。"即細潤而美之義。《七發》之"曼"則謂輕細而美。《楚辭·天問》:"平脅曼膚,何以肥之?"清蒲松齡《聊齋志異·陳雲棲》:"見有少女在堂,年可十八九,姿容曼妙,目所未睹。"然則本條諸詞之美義亦爲聲符"曼"所載之顯性語義。曼聲可載美義,則"美"可證之。

曼:明紐元部;
美:明紐脂部。

雙聲,元脂旁對轉。"美",其字从羊、从大,《說文》訓"甘",即味道甘美,"美"有此義不誣,然其本義當爲儀表美。"美""義"皆以羊首爲裝飾,"善"謂吉祥、美好,其字亦从羊。蓋爲羊圖騰之遺迹。《詩·邶風·静女》:"匪女之爲美,美人之貽。"《墨子·公孟》:"譬若美女,處而不出,人争求之。"

(1744) 謾睧(欺騙義)

謾 欺騙。《說文·言部》:"謾,欺也。从言,曼聲。"清朱駿聲《通訓定聲》:"《方言》一:'虔,儇意也,秦謂之謾。'《史記·孝文紀》:'而後相謾。'《索隱》:'相抵闌也。'《淮南衡山傳》:'謾吏曰。'《索隱》:'誑也。'《漢書·匈奴傳》:'是面謾也。'注:'欺誑也。'《灌夫傳》:'迺謾好謝蚡。'注:'猶詭也。'《荀子·非相》:'佁則謾之。'注:'欺毀也。'"《廣韻·換韻》及《仙韻》:"謾,欺也。"

睧 欺騙。蓋爲"瞞"之轉注字。元張養浩《沽美酒帶過快活年·朝子弟》:"假骨董相睧零碎買,怎比那金廂的項牌,千人偷,萬人賣?"明朱有燉《豹子和尚自還俗·尾聲》:"我向那蓼花灘八百梁山路,常着那昧已睧心的多吃我些蘸金斧。"

〔推源〕 此二詞俱有欺騙義,爲曼聲所載之公共義。聲符字"曼"所記錄語詞之本義、引申義系列與欺騙義不相涉,其欺騙義乃曼聲所載之語源義。曼聲可載欺騙義,"諞"可證之。

曼:明紐元部;
諞:並紐真部。

明並旁紐,元真旁轉。"諞",花言巧語。《說文·言部》:"諞,便巧言也。从言,扁聲。《周書》曰:'戩戩善諞言。'《論語》曰:'友諞佞。'"《廣韻·仙韻》:"諞,巧言。"又《獮韻》:"諞,巧佞言也。"清錢謙益《奉賀宫傅晉江黄公奉詔存問序》:"始必以諞言爲釣餌,熒惑主心。"引申爲欺騙義。元湯式《一枝花·贈王觀音奴》:"脱空心告免,指山盟是諞,則不如剪髮然香意兒遠。"按,後世皆以"騙"爲欺騙字。"諞""騙"均从扁聲。其欺騙義皆由輕便義所衍生。"諞"爲巧言,俗云"説得輕巧",凡相欺之言無需實據,故輕巧。因引申爲欺騙。"騙"本謂躍上馬,亦寓輕巧義,故亦引申爲欺騙義。

(1745) 趨慢(緩慢義)

趨 行動緩慢。《説文·走部》:"趨,行遲也。从走,曼聲。"清朱駿聲《通訓定聲》:"今遲鈍意以'慢'爲之。"按"趨"當爲行動緩慢義之正字。《廣韻·魂韻》:"趨,行遲。"又《桓韻》:"趨,行遲皃。"《蜀方言》卷上:"遲緩曰趨。"

慢 緩慢。清朱駿聲《説文通訓定聲·乾部》:"慢,〔假借〕又爲'趨'。《詩·大叔于田》:'叔馬慢忌。'傳:'遲也。'《廣雅·釋詁二》:'慢,緩也。'"按,朱氏所引《詩》之"慢"清陳奂傳疏亦云爲"趨"字之借。實則其説未妥。"慢"本謂懈怠,本有反應、行動緩慢義。"慢"

又有輕慢、傲慢義，實亦與緩慢義相通。凡人傲慢，則對旁人不理不睬，反應緩慢。唐李洞《送包處士》："性急却於棋上慢，身閑未免藥中忙。"清洪昇《長生殿·舞盤》："還有花犯，有道和，有傍拍，有間拍，有摧拍，有偷拍，多音響，皆與慢舞相生，緩歌交唱。"

〔推源〕　此二詞俱有緩慢義，爲曼聲所載之公共義。曼聲字"嫚""縵"亦可以假借字形式、以其曼聲載緩慢義，則亦爲曼聲與緩慢義相關聯之一證。清朱駿聲《說文通訓定聲·乾部》："嫚，〔假借〕爲'慢'。《（漢書）薛宣傳》：'領職解嫚。'《淮南·主術》：'而職事不嫚。'"按，所引《淮南子》文漢高誘注："嫚，讀慢緩之慢。"《漢書·禮樂志》："闐諧嫚易之音作，而民康樂。"唐顏師古注："嫚易，言不急刻也。"《廣韻·諫韻》："縵，緩緩。"《集韻·諫韻》："縵，緩也。"清朱駿聲氏書同部："縵，〔假借〕爲'慢'。《莊子·齊物論》：'縵者窖者。'簡文注：'寬心也。'"《莊子·列御寇》："人者厚貌深情……有堅而縵，有緩而釬。"唐成玄英疏："縵，緩也。"按，聲符字"曼"所記錄語詞謂引，引申爲長義，長義、緩義當相通。

(1746)　縵鏝漫敷（模糊義）

縵　繒無紋。無紋則模糊。《說文·糸部》："縵，繒無文也。从糸，曼聲。《漢律》曰：'賜衣者，縵表白裏。'"清朱駿聲《通訓定聲》："今所謂素紬也。《春秋繁露》：'庶人衣縵。'〔轉注〕《周禮·巾車》：'卿乘夏縵。'《晉語》：'乘縵不舉。'注：'車無文也。'又《磬師》：'教縵樂燕樂之鍾磬。'《漢書·禮樂志》：'縵樂鼓員十三人。'注：'襍樂也。'又《食貨志》：'常過縵田畮一斛以上。'注：'謂不爲甽者也。'"按，朱氏所稱"轉注"實即引申。"縵"之混雜義乃由其模糊義所衍生。凡物混雜則模糊，"縵"之模糊、混雜二義爲逆向引申。又，所謂"縵田"即無壟溝之田，界限模糊者。

鏝　金屬錢幣的背面。無紋而一片模糊，故稱"鏝"。宋孫宗監《東皋雜錄》："今之擲錢爲博者戲，以錢文面背爲勝負。背字曰幕，幕讀如漫。"明楊慎《丹鉛雜錄》卷五："今按京師呼錢背曰鏝兒。"按，"鏝"本指瓦工塗墙之器，其字从金，指金屬錢幣背面，爲其套用字。

漫　水域廣大，見前第1741條。實即水之邊際模糊不清之謂，故引申爲模糊義。《玉篇·水部》："澷，漫澷，不可知也。"《後漢書·文苑傳·禰衡》："始達潁川，乃陰懷一刺，既而無所之適，至於刺字漫滅。"宋王安石《遊褒禪山記》："距洞百餘步有碑仆道，其文漫滅，獨其爲文猶可識，曰'花山'。"明宋濂《龍門子凝道記下·段干微》："曰：'金溪之學何如？'曰：'學不論心久矣，陸氏兄弟卓然有見於此，亦人豪哉……故登其門者，類皆緊峭英邁而無漫澷支離之病，惜乎力行功加而致知闕，或者不無憾也。'"

敷　㒺敷，無文采，即模糊義。《廣韻·換韻》："敷，㒺敷。"又《翰韻》："㒺，㒺敷，無文章貌。"《集韻·換韻》："敷，㒺敷，無文采貌。"按，"敷""敷"爲異體字，《玉篇》亦作"敷"，入《文部》，則爲曼聲字，訓"無采色也"。

〔推源〕　諸詞俱有模糊義，爲曼聲所載之公共義。聲符字"曼"所記錄語詞謂引，引申之則有長、廣遠等義，與無極、模糊義本相通，故"曼"字單用本可表無極、模糊義。《廣韻·

桓韻》:"曼,路遠。"《集韻·緩韻》:"曼,曼漶,不分明皃。"清朱駿聲《說文通訓定聲·乾部》:"曼,〔假借〕又爲'縵'。《莊子·說劍》:'曼胡之纓。'司馬注:'謂麤纓無文理也。'……又叠韻連語。《莊子·齊物論》:'因之以曼衍。'司馬注:'無極也。'《甘泉賦》:'駢交錯而曼衍兮。'注:'分佈也。'《漢書·揚雄傳》:'曼漶而不可知。'注:'不分別也。'"按,所引《莊子·說劍》之"曼"爲模糊義,亦引申義,無煩假借。曼聲可載模糊義,則"茫"可證之。

曼:明紐元部;
茫:明紐陽部。

雙聲,元陽通轉。"茫",模糊。《廣韻·唐韻》:"茫,滄茫。"漢揚雄《法言·重黎》:"神怪茫茫,若存若亡,聖人曼雲。"唐李白《嘲魯儒》:"問以經濟策,茫如墜煙霧。"金王若虛《四醉圖讚》:"漠乎其如忘其聲,茫乎其如忘其形。"

(1747) 幔輓(遮蓋義)

幔 帷幕,遮擋之物。引申爲覆蓋義。《說文·巾部》:"幔,幕也。从巾,曼聲。"清朱駿聲《通訓定聲》:"以巾弇蔽,在上曰幔,在旁曰帷。《廣雅·釋詁二》:'幔,覆也。'《釋言》:'幔,閹也。'謂奄也。《釋器》:'幔,帳也。'"《廣韻·換韻》:"幔,帷幔。"《三國志·魏志·臧洪傳》:"紹素親洪,盛施帷幔,大會諸將見洪。"《晉書·列女傳·韋逞母宋氏》:"於是就宋氏家立講堂,置生員百二十人,隔絳紗幔而受業。"按,《廣雅》所訓"覆"爲引申義。《西遊記》第六回:"列公將天羅地網,不要幔了頂上,只四圍緊密,讓我賭鬥。"

輓 衣車蓋,亦指戰車用以擋箭的棚幔。《說文·車部》:"輓,衣車蓋也。从車,曼聲。"清桂馥《義證》:"通作'幔'。《拾遺記》:'周穆王有鸞章錦幔。'又通作'縵'。《春官·巾車》:'卿乘夏縵。'"清朱駿聲《通訓定聲》:"衣四圍者曰帷,衣其上者曰輓。實即幔也。疑此字後出。《集韻》:'一曰戰車以遮矢也。'"按,車之幔稱"輓",所記錄語詞存乎語言。又,《廣韻·願韻》:"輓,戰車以遮矢也。"所訓與朱氏所引《集韻》之訓同。

〔推源〕 此二詞俱有遮蓋義,爲曼聲所載之公共義。聲符字"曼"所記錄語詞之本義、引申義系列與遮蓋義不相涉,其遮蓋義乃曼聲所載之語源義。曼聲可載遮蓋義,"幕"可證之。

曼:明紐元部;
幕:明紐鐸部。

雙聲,元鐸通轉。"幕",帷幕,遮擋之物。引申爲覆蓋義。《說文·巾部》:"幕,帷在上曰幕;覆食案亦曰幕。从巾,莫聲。"清朱駿聲《通訓定聲》:"《廣雅·釋器》:'帳也。'《周禮·幕人》:'掌帷幕幄帟綬之事。'《左昭十三傳》:'以幄幕九張行。'〔轉注〕《易·井》:'收勿幕。'《方言》十二:'幕,覆也。'又《禮記·檀弓》:'布幕,衛也;綯幕,魯也。'注:'所以覆棺上也。'……《莊子·則陽》：'解朝服而幕之。'"

671 國聲

(1748) 樞䮍（空義）

樞 器物内腔，空而可容物處。亦指筐，筐則爲中空之物。其字亦作"簂"。《説文·木部》："樞，筐當也。从木，國聲。"清朱駿聲《通訓定聲》："字亦作'簂'……今蘇俗謂物之腔子曰匡當。"清段玉裁注："匡當，今俗有此語，謂物之腔子也。"《玉篇·木部》："樞，筐也。"又《竹部》："簂，筐也。亦作'樞'。"《廣韻·隊韻》："簂，筐也。亦作'樞'。"《篇海類編·花木類·木部》："樞，篋也。"

䮍 裸體，即衣空無衣物之謂。《集韻·麥部》："䮍，䮍躶，倮也。"《玉篇·人部》："倮，赤體也。"《字彙·身部》："䮍，䮍躶，裸也。"《廣韻·果韻》："裸，赤體。"清屈大均《廣東新語·文語·土言》："裸體曰䮍躶。"清和邦額《夜譚隨録·春秋樓》："一日方晚飯，二童子忽䮍軃戲階下。公見之，怒發。"按，"䮍軃""䮍躶"同義，皆謂空無衣物裸露身體。"躶"與"露"音相轉。"軃"从亶聲，而"亶"从旦聲，正與袒露字"袒"同。

〔推源〕 此二詞俱有空義，爲國聲所載之公共義。聲符字"國"所記録語詞謂邦國。《説文·囗部》："國，邦也。从囗，从或。"清朱駿聲《通訓定聲》："或亦聲。按'或'者竟内之封，'國'者郊内之都也。《考工·匠人》：'國中九經九緯。'注：'城内也。'……《（周禮）詛祝》：'以叙國之信用，以質邦國之劑信。'注：'國謂王之國；邦國，謂諸侯國也。'"按，"國"兼有國家、邦國、都城等義，其字之初文作"或"，从二戈、从囗。要言之，"國"之本義、引申義系列與空義不相涉，其空義乃國聲所載之語源義。國聲可載空義，"空"可證之。

國：見紐職部；
空：溪紐東部。

見溪旁紐，職東旁對轉。"空"，孔穴，中空者，引申爲空洞、空虚等義。《説文·穴部》："空，竅也。从穴，工聲。"清段玉裁注："今俗語所謂孔也。"清朱駿聲《通訓定聲》："經、傳亦以'孔'爲之。《漢書·溝洫志》注：'空猶穿也。'……《荀子·解蔽》：'空石之中有人焉。'注：'石穴也。'〔轉注〕《詩·大東》：'杼柚其空。'《論語》：'屢空。'《集解》：'猶虚中也。'"

(1749) 膕/句（彎曲義）

膕 膝蓋後腿彎處，可彎曲者。字亦作"䯒"，亦從國聲，皆以國聲載彎曲義。《廣韻·麥韻》："膕，曲脚中也。䯒，上同。"清沈彤《釋骨》："凡肘腋脾膕兩端相接骨，通曰機關，亦曰關。"《荀子·富國》："詘要橈膕。"唐楊倞注："膕，曲脚中。"《素問·骨空論》："輔上爲膕。"又"膝痛，痛及拇指，治其膕。"唐王冰注："膕，謂膝解之後，曲脚之中委中穴。"

句　彎曲。《説文·句部》："句,曲也。从口,丩聲"。清朱駿聲《通訓定聲》："正當讀如今言鉤,俗作'勾'。《左哀十七傳》：'越子爲左右句卒。'注：'鉤伍相著。'《考工·廬人》：'句兵欲無彈。'《弓人》：'覆之而角至謂之句。'……《淮南·脩務》：'據句枉。'注：'曲枝也。'"

〔推源〕　此二詞俱有彎曲義,其音亦相近且相通。

朐：見紐職部；

句：見紐侯部。

雙聲,職侯旁對轉。則其語源當同。

672　崔聲

（1750）陮漼（高、深義）

陮　高。字亦作"碓"。《集韻·賄韻》："陮,陮隗,高也。"清朱駿聲《説文通訓定聲·履部》："崔,與'崖''陮'字皆同,又作'碓'。……《琴賦》：'碓嵬岑嵓。'《西狹頌》：'刻臽碓嵬。'"按,《説文·阜部》"陮"篆訓"陮隗,高也","陮"即漼之或體。三國魏曹操《氣出唱》："遊君山,甚爲真。碓磝砟硌,爾自爲神。"

漼　水深。《説文·水部》："漼,深也。从水,崔聲。《詩》曰：'有漼者淵。'"按,所引《詩·小雅·小弁》文漢毛亨傳："漼,深貌。"《廣韻·賄韻》："漼,水深皃。"晉左思《魏都賦》："迴淵漼,積水深。"按,"漼"與"深"對文同義。

〔推源〕　此二詞分别有高義、深義,二義當相通。譬若以地面爲參照,上升曰高,下陷曰深；又"高"與"深"可組成同義聯合式合成詞。高義、深義俱以崔聲載之,語源當同。聲符字"崔"爲"陮""碓"之初文,所記録語詞本有高義。《説文·山部》："崔,大高也。从山,隹聲。"清朱駿聲《通訓定聲》："《谷風》：'維山崔嵬。'傳：'山巔也。'《南山》：'南山崔崔。'傳：'高大皃。'"然則高、深義爲其聲符"崔"所載之顯性語義。"崔"从隹聲,隹聲字所記録語詞"趡""睢""奞""脽""顀""淮""維""蜼""堆"等俱有高、長、大義,見本典第五卷"隹聲"第1116條。崔聲可載高、深義,則"峻""深"可證之。

崔：清紐微部；

峻：心紐文部；

深：書紐侵部。

清心旁紐,清書（審三）鄰紐,心書（審三）準雙聲；微文對轉,微侵通轉,文侵通轉。"峻",高峻,並見本典第五卷第1116條"推源"欄。"深",深淺字。《廣韻·沁韻》："深,不淺也。"《詩·小雅·小旻》："如臨深淵,如履薄冰。"《韓非子·説林下》："將軍怒,將深溝高壘；將軍不怒,將懈怠。"

(1751) 摧隤(毀壞義)

摧 摧毀，毀壞。《説文·手部》："摧，折也。"《廣韻·灰韻》："摧，折也。"《正字通·手部》："折，毀棄也。"《漢書·賈山傳》："雷霆之所擊，無不摧折者；萬鈞之所壓，無不糜滅者。"三國魏李蕭遠《運命論》："木秀於林，風必摧之。"唯"摧"有毀義，故有"摧毀"之同義聯合式合成詞。《周書·韋孝寬傳》："城外又造攻車，車之所及，莫不摧毀，雖有排楯，莫之能抗。"

隤 崩潰，毀壞。《廣韻·灰韻》："隤，隤崩，隕也。"《説文·阜部》："隤，下隊也。"清王筠《句讀》："《玉篇》：'隤，壞，隊下也。'"《晉書·衛恒傳》："是故遠而望之，隤焉若沮岑崩崖；就而察之，一畫不可移。"

〔推源〕 此二詞俱有毀壞義，爲崔聲所載之公共義。崔聲字"崔"亦可以假借字形式表毀壞義，則亦爲崔聲與毀壞義相關聯之一證。清朱駿聲《説文通訓定聲·履部》："崔，〔假借〕爲'摧'。《後漢·崔駰傳》：'王綱崔以陵遲。'注：'猶摧落也。'《西征賦》：'名節崔以隳落。'注：'壞皃。'"按，聲符字"崔"所記錄語詞之顯性語義系列與毀壞義不相涉，其毀壞義乃崔聲所載之語源義。崔聲可載毀壞義，上文所引"隤"可相證，"隤"與本條二詞實爲同源者。

崔：清紐微部；
隤：定紐微部。

叠韻，清定鄰紐。"隤"，崩潰，毀壞。後世以"潰"爲崩潰字，其字从貴得聲，正與"隤"同。《廣雅·釋詁一》："隤，壞也。"《文選·宋玉〈高唐賦〉》："磐石險峻，傾崎崖隤。"唐李善注："隤，壞也。"唐玄奘《大唐西域記·健馱邏國》："僧伽藍千餘所，摧殘荒廢，蕪漫蕭條。諸窣堵波頗多隤圮。"

(1752) 催嗺躂(催促、疾急義)

催 催促。《説文·人部》："催，相儔也。从人，崔聲。"清朱駿聲《通訓定聲》："相擣也。"《廣韻·灰韻》："催，迫也。"《後漢書·楊倫傳》："出爲常山王傅，病不之官，詔書勑司隸催促發遣。"《資治通鑒·晉武帝泰始八年》："內以圍闡，外以禦晉兵，晝夜催切，如敵已至，衆甚苦之。"

嗺 催飲。《廣韻·灰韻》："嗺，送歌。"宋葉夢得《石林燕語》卷五："公燕合樂，每酒行一終，伶人必唱'嗺酒'，然後樂作，此唐人送酒之辭……王仁裕詩：'淑景易從風雨去，芳樽須用管弦嗺。'"宋魏了翁《水調歌頭·李參政壁生日》："禁陌清時鐘鼓，嗺送紫霞觴。"

躂 急行。《集韻·灰韻》："躂，躦躂，急甚也。"按，"躂"字从足，謂行走疾急。"躦"字可單用，則"躦躂"本可分訓。又《廣韻·灰韻》有"催""趡"二字，訓"行急皃""逼也"，構件"足""亻""走"所表義類同。漢揚雄《太玄·差》："足纍纍，其步躦躂。"宋司馬光《集注》："躦躂，急行貌。"

〔推源〕 諸詞或有催促義，或有疾急義，二義相通，俱有崔聲載之，語源當同。聲符字

"崔"所記録語詞之本義、引申義系列與催促、疾急義不相涉,此義乃崔聲所載之語源義。崔聲可載催促、疾急義,"敦"可證之。

崔:清紐微部;

敦:端紐文部。

清端鄰紐,微文對轉。"敦",敦促,催促。《廣韻·魂韻》:"敦,迫也。"清朱駿聲《説文通訓定聲·屯部》:"敦,〔假借〕爲'諄'。……《後漢·韋彪傳》:'重以禮敦勸。'注:'猶逼也。'"按,《説文·攴部》"敦"篆訓"怒也,詆也,一曰誰何也",故其敦促義朱氏以爲假借,實非。《易·復》:"敦復,無悔。"高亨《今注》:"敦本督責促迫之義。敦復者,受人之督責促迫而返。其復雖由於被動,然能復則無悔。"晉葛洪《抱朴子·自叙》:"義軍大都督邀洪爲將兵都尉,累見敦迫。"按,"敦迫"謂催促、逼迫,此詞又有急義,足見催促、疾急二義之相通。唐杜甫《八哀詩·贈司空王公思禮》:"肅宗登寶位,塞望勢敦迫。"

673 過聲

(1753) 過鍋簻檛(圓義)

過 水流回旋,作圓周運動。《廣韻·戈韻》:"過,水回。"清朱駿聲《説文通訓定聲·隨部》:"過,〔假借〕爲'蝸'。《江賦》:'盤渦谷轉。'注:'渦水,旋流也。'"又云"過"字亦作"渦"。按,"過"本水名,然其字从水,表水流回旋義乃套用字,非假借。《廣韻·戈韻》亦云"渦,亦作過。"明張岱《陶庵夢憶·焦山》:"一日,放舟焦山,山更紆譎可喜。江曲過山下,水望澄明,淵無潛甲。"

鍋 車釭,即車轂内外口的鐵圈,圓形物。字亦作"鍋"。《廣雅·釋器》:"鍋,釭也。"《説文·金部》:"釭,車轂中鐵也。"清朱駿聲《通訓定聲》:"以鐵鍱裹轂壺中,所以固轂,亦與軸鐧相摩不損也。《方言》九:'車釭謂之鍋,或謂之錕。'《急就篇》:'釭鐧鍵鉆冶銅鐈。'《新序·雜事》:'方内而員釭。'"按,"鍋"亦指鐮刀,鐮刀形曲,曲義、圓義相通。漢揚雄《方言》卷五:"刈鉤,江淮陳楚之間謂之鉊,或謂之鍋。自關而西或謂之鉤,或謂之鐮。"按,稱"鉤",謂其形彎曲;稱"鐮"則謂其廉薄。《廣韻·過韻》:"鍋,鐮也。亦作'劀'。"《廣雅·釋器》:"劀,鐮也。"

簻 樂管,其形圓而長者。宋沈括《夢溪筆談·樂律一》:"簻,管也,古人謂樂之管爲簻。故潘岳《笙賦》云:'脩簻内辟,餘簫外逶。'"按,"簻"本謂馬鞭,指樂管,爲套用字,馬鞭、樂管皆可以竹爲之。

檛 杖,圓而長之物。《急就篇》第十七章:"鐵鎚檛杖桃秘殳。"唐顏師古注:"麤者曰檛,細者曰杖。"《舊五代史·唐書·李存孝傳》:"陣中易騎,輕捷如飛,獨舞鐵檛,挺身陷陣。"

〔推源〕 諸詞俱有圓義，爲過聲所載之公共義。聲符字"過"所記錄語詞之本義爲經過。《說文·辵部》："過，度也。从辵，咼聲。"清朱駿聲《通訓定聲》："《廣雅·釋詁二》：'渡也。'《易·大過》疏：'相過者，謂相過越之甚也。'……《公羊隱六傳》：'首時過則書。'注：'歷也。'"其引申義系列與圓義亦不相涉，其圓義乃過聲所載之語源義。過聲可載圓義，則"果"可證之。"過""果"同音，見紐雙聲，歌部疊韻。"果"，木本植物果實，圓形物。《說文·木部》："果，木實也。象果形在木之上。"清朱駿聲《通訓定聲》："《易·說卦傳》：'艮爲果蓏。'《周禮·場人》：'而樹之果蓏珍異之物。'張晏曰：'有核曰果，無核曰蓏。'臣瓚曰：'在地曰蓏，在樹曰果。'《素問·藏器法時論》：'五果爲助。'注：'謂桃、李、杏、栗、棗也。'"

(1754) 篧檛撾（打擊義）

篧 馬鞭，所以擊馬之物。《廣韻·麻韻》："檛，棰也。簻，上同。箠，亦同。"按，"篧"爲其正字。《字彙補·竹部》："笇，《耳目資》與'笰'同。"《說文·竹部》："笇，箠也。"清朱駿聲《通訓定聲》："字亦作'簻'。……《長笛賦》：'裁已當簻便易持。'注：'馬策也。'"按，所引《長笛賦》文唐劉良注："羌人裁截之以當馬簻，便其易執持而復吹之也。"按，"馬簻"即馬箠，其字亦以"撾"爲之。《漢書·張耳陳餘傳》："夫武臣張耳、陳餘，杖馬箠下趙數十城，亦各欲南面而王。"唐顏師古注："箠爲馬撾也。"

檛 杖，亦指兵器，皆可打擊之物，故有打擊之衍義。清朱駿聲《說文通訓定聲·隨部》："《漢書·第五倫傳》：'檛婦翁。'"《後漢書·方術傳·段翳》："生到葭萌，與吏爭度，津吏檛破從者頭。"《三國志·魏志·齊王芳傳》："道路但當期於通利，聞乃檛捶老小，務崇修飾，疲困流離，以至哀嘆。"

撾 擊鼓，亦泛指打擊。《玉篇·手部》："撾，打鼓也。"《集韻·麻韻》："撾，擊也。"清朱駿聲《說文通訓定聲·隨部》："《（漢書）陳球傳》注：'撾，擊也。'"《後漢書·獨行傳·溫序》："序素有氣力，大怒，叱宇等曰：'虜何敢迫脅漢將！'因以節撾殺數人。"唐岑參《與獨孤漸道別長句兼呈嚴八侍御》："軍中置酒夜撾鼓，錦筵紅燭月未午。"

〔推源〕 諸詞俱有打擊義，爲過聲所載之公共義。聲符字"過"所記錄語詞之本義、引申義系列與打擊義不相涉，其打擊義乃過聲所載之語源義。過聲可載打擊義，則"砍"可證之。

過：見紐歌部；
砍：溪紐談部。

見溪旁紐，歌談通轉。"砍"，以刀具斫擊。《篇海類編·地理類·石部》："砍，砍斫也。"金董解元《西廂記諸宮調》卷二："征戰瞭儸，把法聰來便砍，砍又砍不著。"《元典章新集·刑禁·禁奸惡》："程震孫打死親兄程六四，幸遇原免，又復挾讎砍伐程公震松木，脅詐錢物。"

674　移聲

(1755) 烾簃（相連義）

烾　火相連不絕。《玉篇·火部》："烾，爓烾。"《廣韻·支韻》："烾，爓烾，火不絕皃。"按，"爓烾"可分訓。《廣韻·添韻》："爓，火不絕皃。"按，"爓"從廉聲，"廉"從兼聲，兼聲字所記錄語詞多有相連義。"爓烾"當爲同義聯合式合成詞。又"烾"從移聲，聲符字"移"從多得聲，《説文·火部》有"炵"篆，訓"盛火"，火盛則相連不絕。可相爲證。

簃　樓閣邊小屋，相連者，故稱"簃"。《爾雅·釋宫》："連謂之簃。"晉郭璞注："堂樓閣邊小屋，今呼之簃厨連觀也。"《廣韻·支韻》："簃，樓閣邊小屋。"又："簃，連閣。"明張鳳翔《宫詞》："妝就傭來坐矮簃。"按，《廣韻》所訓"連閣"謂宫室相連，爲其衍義，其字亦借"謻"爲之。宋李誡《營造法式·總釋上·宫》："宫室相連謂之謻。"《集韻·支韻》："簃，通作'謻'。"

〔推源〕　此二詞俱有相連義，爲移聲所載之公共義。聲符字"移"從禾，所記錄語詞謂禾柔弱相倚移，本有相連義。《説文·禾部》："移，禾相倚移也。從禾，多聲。"清朱駿聲《通訓定聲》："〔假借〕爲'迻'……《禮記·大傳》：'絶族無移服。'《釋文》：'猶傍也。'"按，朱氏所引《禮記》文之"移"即旁及、相連義，乃本義之引申，無煩假借。唐孔穎達疏云："在旁而及曰移，言不延移及之。""移"又有歸向義，亦與相連義同條共貫。《吕氏春秋·義賞》："賞重則民移之，民移之則成焉。"漢高誘注："移猶歸。"然則本條二詞之相連義爲其聲符"移"所載之顯性語義。移聲可載相連義，則"連"可證之。

移：余紐歌部；

連：來紐元部。

余(喻四)來準雙聲，歌元對轉。"連"，人拉車，人與車相連。引申爲連續、連接、連同等義。《説文·辵部》："連，員連也。從辵，從車。"清段玉裁注改其解釋文爲"負車也"，並注："即古文輦也。"清朱駿聲《通訓定聲》："《集韻》《類編》作'負連'……或曰兩人輓者爲'輦'，一人輓者爲'連'……《周禮》故書《巾車》：'連車組輓。'《鄉師》：'與其輂連。'《管子·海王》：'行服連軺輂者。'《莊子·讓王》：'民相連而從之。'……《吕覽·期賢》：'民相連而結之。'注：'結也。'"

675　動聲

(1756) 慟／痛（悲痛義）

慟　悲痛，悲哀。《廣韻·送韻》："慟，慟哭，哀過也。"漢王充《論衡·問孔》："夫慟，哀之至也。"《宋書·孝義傳·余齊民》:"至門,方詳父死,號踴慟絶,良久乃蘇。"

痛 疼痛,引申爲悲痛。《説文·疒部》:"痛,病也。"清朱駿聲《通訓定聲》:"《易·説卦》:'坎爲耳痛。'……《一切經音義》引張揖《雜字》:'痛,癢疼也。'〔假借〕爲'恫'。《廣雅·釋詁二》:'痛,愓也。'……《吕覽·博志》:'苦痛之。'注:'悼也。'"按,非假借,乃引申。《廣韻·送韻》:"痛,傷也。"《史記·秦本紀》:"寡人思念先君之意,常痛於心。"晉潘岳《楊仲武誄》:"痛矣楊子,與世長乖。"

〔推源〕 此二詞俱有悲痛義,其音亦極相近且相通。

慟:定紐東部;

痛:透紐東部。

叠韻,定透旁紐。則其語源當同。其"慟"字從動得聲,"動"謂行動。《説文·力部》:"動,作也。"《孟子·滕文公上》:"爲民父母,使民盻盻然,將終歲勤動,不得以養其父母。"漢趙岐注:"動,作也。"引申之則有感動、感應義。《北齊書·鄭述祖傳》:"述祖對之嗚咽,悲動群僚。""慟"之義當與此義相通,悲痛即心動。

676 鳥聲

(1757) 島蔦窵(高、深義)

島 島嶼,高出水平面者。其字後世多作"島"。《説文·山部》:"島,海中往往有山可依止,曰島。从山,鳥聲。讀若《詩》曰:'蔦與女蘿。'"清朱駿聲《通訓定聲》:"字亦作'隝'、作'隯',今字省作'島'。《書·禹貢》:'島夷皮服。'……《史記·田儋傳》:'入海居島中。'《司馬相如傳》:'自陵別島。'《吴都賦》:'島嶼緜邈。'"《後漢書·東夷傳·三韓》:"馬韓之西,海島上有州胡國。"

蔦 寄生木,所處者高。《説文·艸部》:"蔦,寄生也。从艸,鳥聲。《詩》曰:'蔦與女蘿。'樢,蔦或从木。"清朱駿聲《通訓定聲》:"葉似當盧,子如覆盆,在桑上者,一名寓木,一名宛童……《費鳳別碑》作'樢'。"《廣韻·篠韻》:"蔦,樹上寄生。"又《嘯韻》:"蔦,寄生草。"宋唐慎微《政和證類本草·木部》:"桑上寄生,一名蔦。生弘農川谷桑樹上,三月三日採莖葉,陰乾……生樹枝間,寄根在皮節之内。葉圓青赤,厚澤易折。傍自成枝節。冬夏生,四月花白,五月實赤,大如小荳。"清戴名世《遊爛柯山記》:"寺門古樟四株中二株尤奇,蔦蘿蔓引,苔蘚斑剥。"按,草與木本同類,故其字作"蔦",又作"樢"。

窵 深邃,深長。《説文·穴部》:"窵,窵窅,深也。从穴,鳥聲。"《廣韻·嘯韻》:"窵,窵窅,深也。"清嚴如熤《三省邊防備覽》卷十四:"三縣輿圖南北窵長。"引申之又有深遠義。宋周邦彦《倒犯·新月》:"淮左舊遊,記送行人,歸來山路窵。"

〔推源〕 諸詞或有高義,或有深義,高義、深義本相通,俱以鳥聲載之,語源則同。聲符字"鳥"所記録語詞謂飛禽。《説文·鳥部》:"鳥,長尾禽總名也。象形。"清朱駿聲《通訓定聲》:"《易·小過》:'飛鳥遺之音。'"清段玉裁注:"短尾名隹,長尾名鳥,析言則然,渾言則不别也。"羅振玉《增訂殷虚文字考釋》:"蓋隹、鳥古本一字,筆畫有繁簡耳……鳥尾長者莫如雉與雞,而並从隹;尾之短者莫如鶴、鷺、鴻,而並从鳥。可知強分之未得矣。"按,羅説可從。然則"鳥"之顯性語義與高、深義不相涉,其高、深義乃鳥聲所載之語源義。鳥聲可載高、深義,"遥"可證之。

鳥:端紐幽部;
遥:余紐宵部。

端余(喻四)準旁紐,幽宵旁轉。"遥",遠。《方言》卷六:"遥,遠也。"《廣韻·宵韻》:"遥,遠也。"《禮記·王制》:"自江至於衡山,千里而遥。"引申爲長義,長義與高義、深義皆相通。《莊子·秋水》:"證曏今故,故遥而不悶,掇而不跂,知時無止。"晉郭象注:"遥,長也。"又引申爲高義。唐太宗《賦得花庭霧》:"還當雜行雨,彷彿隱遥空。"按,"遥空"即遥遠的天空,亦即高空。

677　兜聲

(1758) 篼揫兜篼（圓圍義）

篼 飲馬器,簍、籃之屬,圓形物。《説文·竹部》:"篼,飲馬器也。从竹,兜聲。"清朱駿聲《通訓定聲》:"盛水飲馬之竹器。〔轉注〕《方言》五:'飤馬橐或謂之淹篼,或謂之樓篼。'《廣雅》:'淹篼、樓篼,橐也。'"按,"飤"即"飼",《説文》《方言》所訓當爲同一義。朱氏"盛水飲馬之竹器"説難從,凡竹製物有縫,曷可盛水?又古者"飲"亦有食義,"飲馬器"當爲盛放馬飼料之器。《廣韻·侯韻》:"篼,飼馬籠也。"引申之,"篼"泛指簍、籃類物。康白情《朝氣》:"背的背篼,提的提簍簍——一伙兒上坡去。"按,簍籃之屬,"筐"爲方形,餘者皆圓,或一面有凹以貼人之背部。

揫 兜攬,圍住。《字彙·手部》:"揫,揫攬。"《水滸全傳》第六十二回:"(薛霸)腰間解下麻索來,揫住盧俊義肚皮,去那松樹上只一勒,反拽過脚來,綁在樹上。"按,"揫"字晚出,蓋即"兜"之繁益字,"揫攬"本亦作"兜攬"。"兜攬"即包攬義,謂招徠事物於四邊周圍,其義亦相通。

兜 量詞之記録文字,一兜謂一叢、一把。凡物聚之則成叢,居一圍之地;束之則成把,亦寓圓圍義。高曉聲《陳奂生上城》一:"蒔秧一兜蒔六棵。"

篼 頭盔,圍護頭部的圓形物。宋周密《齊東野語·王宣子討賊》:"宣子增秩。辛幼安以詞賀之,有云:'三萬卷,龍頭客,渾未得,文章力。把詩書馬上,笑驅鋒鏑。金印明年如斗大,貂蟬元自鍪鍪出。'"

〔推源〕 諸詞俱有圓圍義,爲兜聲所載之公共義。聲符字"兜"爲"鍪"之或體,謂頭盔,圓形物。作"鍪",蓋"兜鍪"連文,偏旁同化。《說文·兜部》:"兜,兜鍪,首鎧也。从兜,从兒省。兒,象人頭也。"清朱駿聲《通訓定聲》:"古謂之胄。按,胄所以冢冒其首,故謂之兜。"《廣韻·侯韻》:"兜,兜鍪,首鎧也。"《吳越春秋·闔閭内傳》:"令三百人皆被甲兜鍪,操劍盾而立。"然則本條諸詞之圓圍義爲其聲符"兜"所載之顯性語義。兜聲可載圓圍義,則"豆"可證之。

兜:端紐侯部;
豆:定紐侯部。

疊韻,端定旁紐。"豆",食肉器,上圓,有底座,其形亦圓。引申之則指植物豆,植物豆亦圓形物。《說文·豆部》:"豆,古食肉器也。从口,象形。"清朱駿聲《通訓定聲》:"《考工記》:'食一豆肉,中人之食也。'按,《禮圖》:豆口員,徑尺,黑漆飾,朱中,大夫以上,畫以雲氣,諸侯以象,天子以玉。皆謂飾豆口也。〔轉注〕《說文》:'尗,豆也。'《廣雅》:'大豆,尗也';'小豆,荅也';'天豆,云實也'。皆漢時稱名,古謂之尗。"

678 悤聲

(1759) 謥偬(急義)

謥 言急。其字亦作"謥"。《篇海類編·人事類·言部》:"謥,同'謥'。"按,聲符字"悤"多變爲"怱"。《玉篇·言部》:"謥,謥詷,言急。"《廣韻·送韻》:"謥,謥詷,言急。"《後漢書·皇后紀上·和熹鄧皇后》:"每覽前代外戚賓客,假借威權,輕薄謥詷,至有濁亂奉公,爲人患苦。"唐李賢注:"謥詷,言忽遽也。"清何焯《義門讀書記·三國志》:"然當時實以師方擅朝,不欲有謥詷之人,故曉言得伸。"

偬 匆忙,急遽。字亦作"傯"。《廣韻·送韻》:"偬,倥偬。"《集韻》:"倥,倥偬,事多。"《正字通·人部》:"偬,俗'傯'字。"《字彙·人部》:"偬,倥偬,不暇也。"按,"偬"可單用,亦可疊用之。漢王逸《九思·怨上》"令尹兮警警,群司兮譨譨"原注:"譨譨猶偬偬也,言皆競於佞也。"《後漢書·卓茂傳》:"斯固倥偬不暇給之日。"唐李賢注:"日促事多,不暇給足也。"明王應遴《逍遙遊》:"十載青燈碌碌,三年墨綬偬偬。"

〔推源〕 此二詞俱有急義,爲悤聲所載之公共義。聲符字"悤"所記錄語詞本有急義。《說文·囟部》:"悤,多遽悤悤也。从心、囟,囟亦聲。"清朱駿聲《通訓定聲》:"誤作'怱'。……《後漢·皇后紀》'輕薄謥詷'注:'言忽遽也。'"《廣韻·東韻》:"怱,速也。"《史記・龜策列傳》:"天下禍亂,陰陽相錯,恖恖疾疾,通而不相擇。"《三國志・魏志・華佗傳》:"適值佗見收,忽忽不忍從求。"然則本條二詞之急義爲其聲符"恖"所載之顯性語義。"恖"即匆忙義之正字。北齊顔之推《顔氏家訓・勉學》:"故恖遽者稱爲匆匆。"清朱駿聲《説文通訓定聲・履部》:"匆匆,後人作'怱怱'……正字當作'恖'。"恖聲可載急義,則"速"可證之。

恖:清紐東部;
速:心紐屋部。

清心旁紐,東屋對轉。"速",迅速,急疾。《説文・辵部》:"速,疾也。"《廣韻・屋韻》:"速,疾也。"又《質韻》:"疾,急也。"《孫子・九變》:"故將有五危……忿速,可侮也。"三國魏曹操注:"疾急之人,可忿怒而侮致之也。"唐杜甫《發閬中》:"女病妻憂歸意速,秋花錦石誰復數。"唯"速"有急義,故有"速急""急速"之同義聯合式合成詞,二者亦爲同素逆序詞。漢賈誼《新書・瑰瑋》:"此四者使君臣相冒,上下無別,天下困貧,奸詐盗賊並起,罪人蓄積無已者也,故不可不急速救也!"《元典章・刑部十九・禁宰殺》:"若抹羊胡速急呵,或將見屬及强將奴僕每却做速納呵。"

(1760) 蔥窗聰總揔（空義）

蔥 菜,中空之物。字亦作"葱"。《説文・艸部》:"蔥,菜也。从艸,悤聲。"清朱駿聲《通訓定聲》:"《爾雅・釋草》:'茖,山蔥。'注:'細莖大葉。'《北山經》:'邊春山,其草多蔥韭。'《管子・伐山戎》:'出戎菽及冬蔥。'按,山蔥,蔥之別。《廣雅・釋草》:'蕫,藙蔥也。'《齊民要術》:'蔥有冬春二種,有胡蔥、木蔥、山蔥。二月別小蔥,六月別大蔥。夏蔥曰小,冬蔥曰大。'"《廣韻・東韻》:"蔥,葷菜。"按,《説文》同部"葷"篆訓"臭菜",即謂蔥、蒜、韭類物,故其字从艸。蔥之爲物中空,有通氣之功,故《藥性賦》云:"蔥爲通中發汗之需。"

窗 窗户,有空缺而通風、采光者。《説文・穴部》:"窗,通孔也。从穴,悤聲。"清朱駿聲《通訓定聲》:"《廣雅・釋室》:'窗,闖也。'《蒼頡解詁》:'窗,正牖也。'《考工・匠人》:'四旁兩夾窗。'注:'窗助户爲明。'鮑照《翫月詩》:'玉鈎隔瑣窗。'注:'窗爲瑣文也。'"《廣韻・江韻》:"窗,《説文》作'窻',通孔也。"按,《説文・穴部》另有"囱"字,云:"囱,在墻曰牖,在屋曰囱。象形。窗,或从穴。"然則"窗""窻"皆本謂天窗,引申之則泛指窗户。宋蘇軾《絶句二首》之一:"夜來雨後西風急,静向窗前似有聲。"

聰 聽覺靈敏,謂耳有孔可聞聲。《説文・耳部》:"聰,察也。从耳,悤聲。"清朱駿聲《通訓定聲》:"《書・洪範》:'聽曰聰。'《管子・宙合》:'聞審謂之聰。'《莊子・外物》:'耳徹爲聰。'《韓非子・外儲》:'獨聽者爲聰。'"引申之,則有聰明義。所謂聰明,即空靈之意。凡人愚鈍,俗云"缺心眼""一竅不通",皆爲力證。《廣韻・東韻》:"聰,明也。"《漢書・宣元六王傳・淮陽憲王劉欽》:"聰達有材,帝甚愛之。"宋司馬光《四言銘系述》:"聞言易悟曰聰,睹事易辨曰明。"

  鏓 以鑿鑿物,使空。《説文·金部》:"鏓,大鑿平木也。从金,恩聲。"清朱駿聲《通訓定聲》:"《通俗文》:'大鑿曰鏓。'……《長笛賦》:'鏓硐隤墜。'注:'以木通其中,皆曰鏓。'"按,所引《長笛賦》文唐李周翰注:"鏓硐,謂以刀通節中也。"

  轠 囚車。字亦作"轀"。按,古之囚車多以木椿爲之,如籠,有空缺。《篇海類編·器用類·車部》:"轀,載囚車。"《廣韻·東韻》:"轀,轀車,載囚。"按,"轀"亦指有窗之車,有窗即有空缺。清阮元《小滄浪筆談》卷三:"又作轀輬車二,駕以六馬,窗櫺雕鏤甚工,間以四巨枚,外遶作細乳。"

  〔推源〕 諸詞俱有空義,爲恖聲所載之公共義。聲符字"恖"所記錄語詞與空義不相涉,然可以其假借字形式表空義。清朱駿聲《説文通訓定聲·豐部》:"恖,〔假借〕爲'聰'。《漢書·郊祀志》:'恖明上通。'"按,甬聲字所記錄語詞"筩""桶""甀""捅""衞""銿""通"俱有中空義,見本典第四卷"甬聲"第985條。恖聲、甬聲本相近且相通。

  恖:清紐東部;

  甬:余紐東部。

叠韻,清余(喻四)鄰紐。然則可相爲證。

(1761) 總幒廮熜鬷轊(會合義)

  總 聚束,引申爲匯總、會合。《説文·糸部》:"總,聚束也。从糸,恖聲。"清朱駿聲《通訓定聲》:"字亦誤作'緫'、作'揔',又作'緵'。《廣雅·釋詁四》:'總,結也。'《三》:'總,皆也。'《詩·羔羊》:'素絲五總。'傳:'數也。'《氓》:'總角之宴。'〔轉注〕《管子·侈靡》:'無事而總。'注:'謂收積也。'《淮南·本經》:'德之所總要。'注:'凡也。''故德之所總。'注:'一也。'《史記·禮書》:'功名之總也。'正義:'合也,聚也。'《東京賦》:'總風雨之所交。'注:'猶括也。''總集瑞命。'注:'會也。'"《廣韻·董韻》:"總,聚束也,合也,皆也,衆也。揔,上同。"

  幒 滿襠褲。按,開襠褲分其襠爲兩半,滿襠褲則合其兩半,其名當寓會合義;亦指書套,書套則爲合圍書籍之物。《説文·巾部》:"幒,幝也。从巾,恖聲。一曰帳。幒,幒或从松。"" 幝,幒也。"清朱駿聲《通訓定聲》:"或从衣。《方言》四:'襌,陳楚江淮之間謂之崧。'按,古之襌,今之滿襠褲也。"南朝宋劉義慶《世説新語·德行》:"(韓伯)就車中裂二丈與范云:'人寧可使婦無幝邪?'范笑而受之。"

  廮 中階會合處。《説文·广部》:"廮,屋階中會也。从广,恖聲。"清朱駿聲《通訓定聲》:"按,檐下中階謂之廮。"清段玉裁注:"謂兩階之中湊也。"清桂馥《義證》:"'屋階中會也'者,徐鍇曰:'階,東西階也,會者,其中階相向處。'"《廣韻·董韻》:"廮,屋會。"又《東韻》:"廮,屋中會。"

  熜 火炬,會合麻莖而成者。《説文·火部》:"熜,然麻蒸也。从火,恖聲。"清朱駿聲《通訓定聲》:"字亦作'蓯'。古燭多用葦,或用麻蒸,其易然者。《廣雅·釋器》:'熜,炬也。'"

鬠 束髮,頭髮會合成髻或總角。字亦作"鬆"。《廣韻·董韻》:"鬠,鬠角,本亦作'總'。"按,"總"之總角義爲其引申義。《篇海類編·身體類·彡部》:"鬆,同'鬠'。"按,字亦作"鬆",猶"窗"亦作"窓"、"諗"亦作"䚯"。宋張君房《雲笈七籤》卷一百一十三下:"俄有一鬆角童,以湯一盞與師道。"明沈孚中《綰春園傳奇·假庵》:"與我年同多少孫兒角鬠。"清二石生《十洲春語》卷中:"玉髻瓏鬠插鬧粧,苦隨群艷鬥容光。"

轀 車輪,輻條或輻板會合而成者。《篇海類編·器用類·車部》:"轀,車輪也。"清朱駿聲《說文通訓定聲·豐部·附〈說文〉不錄之字》:"轀,《釋名·釋車》:'輪或曰轀,言幅總入轂中也。'按,亦作'輬'。"《集韻·董韻》:"輬,車輪。或作'轀'。"《篇海類編》同部云:"輬,輪輬也。與'轀'同。"

〔推源〕 諸詞俱有會合義,爲恩聲所載之公共義。聲符字"恩"所記錄語詞與會合義不相涉,其會合義乃恩聲所載之語源義。恩聲可載會合義,"統"可證之。

恩:清紐東部;

統:透紐冬部。

清透準雙聲,上古音東、冬之韻無別,則爲叠韻。"統",絲之頭緒,引申爲首領義,又引申爲綜合、總攬義,其義與會合義極相近且相通。《說文·糸部》:"統,紀也。"清朱駿聲《通訓定聲》:"《甘泉賦》:'拓迹開統。'注:'緒也。'……《漢書·董賢傳》注:'統,領也。'……《公羊隱元傳》:'大一統也。'注:'始也。'《周禮·大宰》:'以八統詔王馭萬民。'注:'所以合率以等物也。'〔聲訓〕《漢書·兒寬傳》:'統楫群元。'注:'猶摠覽也。'《笙賦》:'統大魁以爲笙。'注:'總也。'"《廣韻·宋韻》:"統,摠也。"《漢書·叙傳下》:"準天地,統陰陽。"唐顏師古注:"統,合也。"

(1762) 蔥驄(青色義)

蔥 菜,其色青,故有"青色"之衍義。清朱駿聲《說文通訓定聲·豐部》:"蔥,〔轉注〕《爾雅·釋器》:'青謂之蔥。'《詩·采芑》:'有瑲蔥珩。'傳:'蒼也。'《禮記·玉藻》:'三命赤韍蔥衡。'……《江賦》:'潛薈蔥蘢。'注:'青盛皃。'……《射雉賦》:'停僮蔥翠。'"按,朱氏所云"轉注"實即引申。

驄 毛色青白相間之馬。《說文·馬部》:"驄,馬青白雜毛也。从馬,恩聲。"《廣韻·東韻》:"驄,馬青白雜色。"《字彙·馬部》:"驄,正作'驄'。"《後漢書·桓典傳》:"(桓典)辟司徒袁隗府,舉高第,拜侍御史。是時宦官秉權,典執政無所回避。常乘驄馬,京師畏憚,爲之語曰:'行行且止,避驄馬御史。'"唐杜甫《驄馬行》:"鄧公馬癖人共知,初得花驄大宛種。"清孔尚任《桃花扇·迎駕》:"趁斜陽南山雨收,控青驄煙驛水郵。"

〔推源〕 此二詞俱有青色義,爲恩聲所載之公共義。聲符字"恩"所記錄語詞與青色義不相涉,其青色義乃囪聲所載之語源義。囪聲可載青色義,"青"可證之。

囪:清紐東部;

青:清紐耕部。

雙聲,東耕旁轉。"青",青色。《説文·青部》:"青,東方色也。木生火,从生、丹,丹青之信言象然。"清孔廣居《疑疑》:"从丹,生聲。"清朱駿聲《通訓定聲》:"語謂信若丹青,言相生之理必然也……《周禮·職方氏》:'正東曰青州。'《考工·畫繢之事》:'東方謂之青。'《楚辭·大招》:'青春受謝。'注:'青,東方春位。'《洪範·五行傳》:'時則有青眚青祥。'注:'木色也。'《素問·風論》:'其色青。'注:'肝色。'"今按,古以五行、五方、四時、五臟相對應,東方屬木,木旺於春季,肝屬木,木之色青,故"青"有東方色、東方春位、肝色之訓。

(1763) 蔥樬螉穳(直而尖義)

蔥 菜,直而上端尖鋭之物。又爲劍名,劍亦直而上端尖鋭者,當爲比喻引申。清朱駿聲《説文通訓定聲·豐部》:"蔥,又託名幖識字。《荀子·性惡》:'桓公之蔥。'注:'齊桓劍名。'"

樬 字亦作"樬""㯶",謂木,其形無枝,直而梢尖,如蔥,故稱"樬"。《集韻·董韻》:"樬,木名。"《康熙字典·木部》:"㯶,《唐韻》作'樬'。"明李時珍《本草綱目·木部·樬木》:"樬木,藏器曰:'生劍南山谷,高丈餘,直上無枝,莖上有刺,山人折取頭茹食,謂之吻頭。'時珍曰:辛山中亦有之……謂之鵲不踏,以其多刺而無枝故也。"《廣群芳譜·木譜十四·樬木》:"樬木生江南山谷,高丈餘,直上無枝,莖上有刺。"按,"樬"亦指尖頭擔。《廣韻·東韻》:"樬,尖頭擔也。"《篇海類編·花木類·木部》:"㯶,尖頭擔也。"黃侃《蘄春語》:"今蘄州謂擔束薪之器曰樬擔。"按,徽語亦稱"樬擔",其形圓,以原木爲之,與扁擔相異,兩頭尖,形如蔥,凡柴束、麥把、豆禾把,徽歙人皆以樬擔刺入而荷之。

螉 蜻蜓,其形直而尾尖。字亦作"蟌"。《玉篇·虫部》:"螉,蜻蛉。"《廣韻·東韻》:"螉,蜻蜓。"按,"蜻蛉"即蜻蜓之别名。明李時珍《本草綱目·蟲部·蜻蛉》:"蜻蛉,〔釋名〕蜻蜓。"原注:"亦作'蜓'。"《康熙字典·虫部》:"螉,《唐韻》作'蟌'。"清朱駿聲《説文通訓定聲·豐部·附〈説文〉不録之字》:"螉,《淮南·説林訓》:'水蠆爲螉。'注:'青蜓也。'"按,所引《淮南子》文之"螉"異文作"蟌"。蜻蜓之爲物,其色青而其形直挺,故名"青蜓",至"蜻",乃"青"之累增字,又所謂二字偏旁同化。

穳 矛,其形直而端部尖鋭之物。《廣韻·江韻》:"鏦,短矛也。穳,上同。"《集韻·江韻》:"鏦,亦作'穳'。"《説文·金部》:"鏦,矛也。"清朱駿聲《通訓定聲》:"《方言》九:'矛或謂之鏦。'《淮南·兵略》:'修鎩短鏦。'注:'小矛也。'"

〔推源〕諸詞俱有直而尖義,爲囪聲所載之公共義。聲符字"囪"所記録語詞與直而尖義不相涉,其直而尖義爲囪聲所載之語源義。囪聲可載直而尖義,"梢"可證之。

恩：清紐東部；

梢：山紐宵部。

清山準旁紐，東宵旁對轉。"梢"，木直無枝而其杪尖，引申之則指樹梢，樹梢則亦直而尖者。《説文·木部》："梢，木也。"清朱駿聲《通訓定聲》："梢木也……《爾雅》：'梢，梢擢。'注：'謂木無枝柯，梢擢長而殺者。'〔假借〕爲'杪'。今謂木末爲梢。"按，非假借，乃引申。《廣韻·肴韻》："梢，枝梢也。"北周庾信《枯樹賦》："森梢百頃，槎枿千年。"唐高駢《錦城寫望》："不會人家多少錦，春來盡挂樹梢頭。"

679　從聲

(1764) 蹤軵（痕迹義）

蹤　足迹，蹤迹。字亦作"遯"，後世多作"踪"。《釋名·釋言語》："蹤，從也，人形從之也。"《廣韻·鍾韻》："蹤，蹤跡。"《史記·蕭相國世家》："高帝曰：'夫獵，追殺獸兔者，狗也；而發蹤指示獸處者，人也。'"《隸釋·高陽令楊著碑》："追遯曾參，繼迹樂正。"宋洪适注："遯，即'蹤'字。"按"遯""迹"對文同義。唐李白《謁老君廟》："草合人蹤斷，塵濃鳥跡深。"按"蹤"與"跡"亦爲對文同義。

軵　車迹，引申之則泛指蹤迹。《説文·車部》："軵，車迹也。从車，從省聲。"田吴炤《二徐箋異》："大徐本形聲包會意，是也。"清朱駿聲《通訓定聲》："字亦作'輷'……《廣雅·釋詁三》：'輷，迹也。'按，與'軌'微別，涂之有定者曰軌，行之無定者曰軵。"按，聲符字不省則作"輷"。《廣韻·鍾韻》："軵，車跡。"《集韻·鍾韻》："軵，或作'輷'。"清戴震《書盧侍講所藏宋本〈廣韻〉後》："苟尋求軵跡，古書所由舛謬之故，章章具存。"清周濟《晉略·顧榮傳》："欲躡桓王之高軵，蹈大皇之絶軌。"

〔推源〕此二詞俱有痕迹義，爲從聲所載之公共義。聲符字"從"所記録語詞謂跟從、隨從。《説文·从部》："从，隨行也。从辵，从从，从亦聲。"清朱駿聲《通訓定聲》："《小爾雅·廣言》：'從，遂也。'……《詩·既醉》：'從以孫子。'箋：'隨也。'《周禮》：'鄰長則從而授之。'〔假借〕又爲'軵'。《詩·羔羊》傳：'可以從迹也。'"按，"從"表蹤迹、追蹤義無煩假借，乃引申。凡跟從，或緊隨他人之後，或循其蹤迹追隨之。《漢書·淮南厲王劉長傳》："王使人上書告相，事下廷尉治。從迹連王，王使人候司。"唐顔師古注："從，讀曰蹤。"然則本條二詞之痕迹義爲其聲符"從"所載之顯性語義。從聲可載痕迹義，則"迹"可證之。

從：從紐東部；

迹：精紐錫部。

從精旁紐，東錫旁對轉。"迹"，行迹。《説文·辵部》："迹，步處也。从辵，亦聲。蹟，或从足,責。"清朱駿聲《通訓定聲》:"《周禮·迹人》注:'迹之言跡,知禽獸處。'《論語》:'不踐迹。'"引申之則泛指痕迹。《北齊書·高祖十一王·彭城王浟傳》:"韓毅教浟書,見浟筆迹未工。"

(1765) 樅崧堫(高義)

樅 冷杉,松科之木,亦指松樹,所指皆木之高者。《説文·木部》:"樅,松葉柏身。从木,從聲。"清朱駿聲《通訓定聲》:"《爾雅》注:'今大廟梁材用此。'《尸子》所謂'松柏之鼠,不知堂密之有美樅。'按,魯連子曰:'松樅高十仞而無枝,非憂正室之無柱。'見《藝文類聚》。……《西京賦》:'樅栝椶柟。'《蜀都賦》:'楔枒楔樅。'"《廣韻·鍾韻》:"樅,木名,松葉柏身。"引申之則有高聳義。《詩·大雅·靈臺》"虡業維樅"唐孔穎達疏:"孫炎曰:'業所以飾栒,刻板捷業如鋸齒也。'其懸鐘磬之處,又以彩色爲大牙,其狀隆然,謂之崇牙,言崇牙之狀樅樅然。"

崧 山高,引申之則泛指高。《廣韻·東韻》:"崧,龍崧。"又《董韻》:"崧,龍崧,山皃。"《類篇·山部》:"龍崧,山高皃。又山峻皃。"南朝齊謝朓《答張齊興》:"荆山崧百里,漢廣流無極。"南朝陳後主《祓禊泛舟》:"春池已渺漫,高枝自崧森。"北魏楊衒之《洛陽伽藍記·凝玄寺》:"高山龍崧,危岫入雲。"

堫 土菌,高脚,故稱"堫"。《正字通·土部》:"堫,土菌,高脚纖頭,俗謂之鷄堫。"馮德培、談家楨等《簡明生物學詞典·鷄坝》:"鷄坝,亦稱'鷄葼菌''傘把菇''鷄肉絲菇'。擔子菌亞門,層菌綱,傘菌目,傘菌科。子實體地上部分高約20厘米以上。"清陳鼎《滇遊記》:"蒙化府産鷄堫菜,赤白二種,赤色味絶佳。"

〔推源〕 諸詞俱有高義,爲從聲所載之公共義。從聲字"聳""搡"亦可以假借字形式表高義,則亦爲從聲與高義相關聯之一證。《説文·耳部》:"聳,生而聾曰聳。从耳,從省聲。"清朱駿聲《通訓定聲》:"字亦作'竦'。〔假借〕爲'崇'。陸法言《切韻》:'聳,高也。'"《廣韻·腫韻》:"聳,高也。"《文選·班固〈西都賦〉》:"内則别風之嶕嶢,眇麗巧而聳擢。"唐吕向注:"言高竦而擢出。"唐令狐楚《賦山》:"山,聳峻,回環,滄海上,白雲間。"漢揚雄《太玄·逃》:"喬木維搡,飛鳥過之或降。"范望注:"上橑稱搡。"按,"搡"字从手,《廣雅》訓"撞",即撞擊義,其高聳義乃假借義。今按,聲符字"從"單用本可表高義。清朱駿聲《説文通訓定聲·豐部》:"從,又重言形況字。《禮記·檀弓》:'爾毋從從爾。'注:'謂太高。'"按聲符字"從"所記録語詞之本義、引申義系列與高義不相涉,其高義乃從聲另載之語源義。從聲可載高義,則"崇"可證之。

從:從紐東部;
崇:崇紐冬部。

從崇(淋)準雙聲,上古音東、冬無别,則爲叠韻。"崇",山高,虚化引申爲高。《説文·

山部》:"崇,嵬高也。"清朱駿聲《通訓定聲》:"字亦作'崈'、作'嵩'、作'崧'。《爾雅·釋詁》:'喬、嵩、崇,高也。'《周語》:'融降于崇山。'注:'崇,崇高山也。'〔轉注〕《甘泉賦》:'崇崇圜丘。'"

（1766）豵蚣鏦（小義）

豵　小猪。《說文·豕部》:"豵,生六月豚。从豕,從聲。一曰一歲豵,尚叢聚也。"清朱駿聲《通訓定聲》:"《詩·騶虞》:'壹發五豵。'《七月》:'言私其豵。'傳皆云:'一歲曰豵。'《小爾雅·廣獸》:'豕之大者謂之豜,小者謂之豵。'按,六月一歲,大同小異。"晉左思《吳都賦》:"岩穴無豜豵,翳薈無麕麚。"

蚣　小蟲。《說文·虫部》:"蚣,蝑蚣也。从虫,從聲。"清朱駿聲《通訓定聲》:"單評曰蝑,絫評曰蝑蚣……蘇俗謂之牛蝱。"《說文》同部:"蝑,蟲在牛馬皮者。"《廣韻·東韻》:"蚣,蝑蚣,蟲名。"又《鍾韻》:"蚣,蝑蚣,小蜂,生牛馬皮中也。"

鏦　小矛。《說文·金部》:"鏦,矛也。从金,從聲。錄,鏦或从彖。"清朱駿聲《通訓定聲》:"'彖'、'從'聲隔,無通轉法……此宜從删。《方言》九:'矛或謂之鏦。'《淮南·兵略》:'修鍛短鏦。'注:'小矛也。'字亦作'種'。《倉頡篇》:'種,短矛也。'"《廣韻·鍾韻》及《江韻》:"鏦,短矛。"《集韻·鍾韻》:"鏦,稍小者。"銀雀山漢墓竹簡《孫臏兵法·陳忌問壘》:"鏦次之者,所以爲長兵□也。"

〔推源〕　諸詞俱有小義,爲從聲所載之公共義。聲符字"從"所記錄語詞之本義、引申義系列與小義不相涉,其小義乃從聲所載之語源義。按此聲字所記錄語詞"玼""柴""髭""鮆""觜""枇""齜""佌""訾""疵""魤"亦俱有小義,見本典第三卷"此聲"第653條,從聲、此聲本相近且相通。

從：從紐東部；
此：清紐支部。

從清旁紐,東支旁對轉。然則可相爲證。

（1767）毧磫（細義）

毧　精細的毛毯。《廣雅·釋器》:"毧氀,罽也。"清王念孫《疏證》:"即氀毹也。《廣韻》:'毧,氀毧也。'《太平御覽》引《通俗文》云:'織毛褥謂之氀毹,細者謂之氀毧。'"唐玄應《一切經音義》卷十四引《通俗文》:"織毛蓐曰氀毹,細者謂氀毧。"《後漢書·西域傳·天竺》:"又有細布、好氀毧。"

磫　細礪石。《廣雅·釋器》:"磫礛,礪也。"清王念孫《疏證》:"《衆經音義》卷九云:《通俗文》:'細礪謂之磫礛。'"《廣韻·鍾韻》:"磫,磫礛,礪石。"

〔推源〕　此二詞俱有細義,爲從聲所載之公共義。聲符字"從"所記錄語詞與細義不相涉,其細義乃從聲所載之語源義。從聲可載細義,"絲"可證之。

從：從紐東部；

絲：心紐支部。

從心旁紐，東支旁對轉。"絲"，蠶絲，至細之物。《説文·絲部》："絲，蠶所吐也。从二糸。"清朱駿聲《通訓定聲》："《詩》：'絲衣其紑。'傳：'絲衣，祭服也。'按，古朝服亦用布，惟祭用絲。"引申爲細小義。《禮記·緇衣》："王言如絲，其出如綸。"唐孔穎達疏："王言初出，微細如絲，及其出行于外，言更漸大，如似綸也。"唐周彥暉《晦日宴高氏林亭》："雲低上天晚，絲雨帶風斜。"又"絲絲"謂極纖細之物，"絲條"指細枝，"絲柳"即細柳，"絲"皆細義。

(1768) 慫瘲(驚義)

慫 驚懼。《説文·心部》："慫，驚也。从心，從聲。讀若悚。"《廣韻·腫韻》："慫，驚也。"《文選·張衡〈西京賦〉》："將乍往而未半，怵悼慄而慫兢。"唐李善注引《方言》："慫，慄也。"按，今本《方言》卷十三作"聳，悚也"，"聳"亦從聲字，屢有借作"慫"而表驚懼義之例。清朱駿聲《説文通訓定聲·豐部》："傞，字亦作'聳'。〔假借〕又爲'慫'。《左襄四傳》：'邊鄙不聳。'《昭六傳》：'聳之以行。'《十九傳》：'駟氏聳。'注：'懼也。'"按，"慫"爲其本字、正字。

瘲 驚風之病。《説文·疒部》："瘲，病也。从疒，從聲。"清朱駿聲《通訓定聲》："按，瘲瘛，小兒病也……蘇俗所謂驚風。《漢書·藝文志》：'金創瘲瘛方三十卷。'"《集韻·用韻》："瘲，瘛瘲，風病。"《説文》同部："瘛，小兒瘛瘲病也。"清段玉裁注："今小兒驚病也。"按，所謂驚風，即猝然爲風所驚之意，風、寒、暑、濕、燥、火爲"六淫"，驚風即"外感六淫"之一端。

〔推源〕 此二詞俱有驚義，爲從聲所載之公共義。聲符字"從"所記録語詞與驚義不相涉，其驚義乃從聲所載之語源義。從聲可載驚義，"悚"可證之。

從：從紐東部；

悚：心紐東部。

疊韻，從心旁紐，音僅微殊。"悚"，驚懼。《玉篇·心部》："悚，懼也。"《廣韻·腫韻》："悚，怖也。"《舊唐書·酷吏傳上·侯思止》："思止驚起悚怍，曰：'思止死罪，幸蒙中丞教。'"宋文瑩《玉壺清話》卷四："里俗險悍，喜構虛訟。公至，以術漸摩。先設巨械，嚴固狴牢，其箠梃絚索比他邑數倍，民已悚駭。"按，唯"悚"有驚義，故有"驚悚"之同義聯合式合成詞。

680 悉聲

(1769) 潟糂(流義)

潟 水流貌。《玉篇·水部》："潟，瀎潟，水流也。"《廣韻·屑韻》："潟，瀎潟，水皃。"《字彙·水部》："潟，瀎潟，水流貌。"按，"瀎潟"當可分訓，《説文·水部》"瀎"篆訓"拭滅皃"，即涂抹義，當與水流動相通，又複音詞"瀎泧""瀎濊"皆謂水流皃。

糏　流散,引申爲流放義。《説文·米部》:"糏,粲也。从米,悉聲。"清朱駿聲《通訓定聲》:"糏之言屑,粲之言散。今蘇俗尚有此語。"《廣韻·薛韻》:"糏,粲糏。"《説文》同部:"粲,糏粲,散之也。"清段玉裁注:"粲本謂散米,引伸之凡放散皆曰粲。《左傳·昭公元年》字訛作'蔡'耳,亦省作'殺'。《齊民要術》凡云'殺米'者皆粲米也。"按"糏粲"一詞有輕賤義,當與流放義相通,源與流可互證。明湯顯祖《紫簫記·巧探》:"作人小遭人糏粲,又怕不住京華。"

〔推源〕　此二詞俱有流義,爲悉聲所載之公共義。聲符字"悉"所記録語詞謂詳盡、詳知。《説文·釆部》:"悉,詳盡也。从心,从釆。"清朱駿聲《通訓定聲》:"《爾雅·釋詁》:'悉,盡也。'《後漢·周紆傳》:'悉誰載藁入城者。'注:'猶知也。'《史記·平準書》:'占不悉。'《索隱》:'盡也,具也。'"其引申義系列亦與流義不相涉,其流義乃悉聲所載之語源義。悉聲可載流義,則"沏"可證之。

悉:心紐質部;

沏:清紐質部。

叠韻,心清旁紐。"沏",水流疾皃。《集韻·屑韻》:"沏,水流疾皃。"《文選·木華〈海賦〉》:"飛澇相礈,激勢相沏。"又"瀾漬淪而滀漯,鬱沏迭而隆頽。"按,"沏"又指以開水泡茶,即水流入茶具之義。

681　祭聲

(1770) 瞚察嚓嚓(細、小義)

瞚　細視。《説文·目部》:"瞚,察也。从目,祭聲。"清朱駿聲《通訓定聲》:"《廣雅·釋詁一》:'視也。'《魏都賦》:'瞚吕梁。'《琴賦》:'明嫭瞚惠。'"清翟灝《通俗編·雜字》:"今謂短視曰近瞚。"清陶方琦《許君〈説文〉多用〈淮南〉説》:"瞚,察也。即《説林》'瞽無目而不可以瞚文'。"

察　細視,細究。《説文·宀部》:"察,覆也。从宀,祭。"南唐徐鍇《繫傳》:"覆審也。从宀,祭聲。"清朱駿聲《通訓定聲》:"覆審也。从宀,祭聲。《爾雅·釋詁》:'察,審也。'……《賈子·道術》:'纖微皆審謂之察。'……《吕覽·本味》:'察其所以然。'注:'省也。'……《漢書·食貨志》:'吏益慘急而法令察。'注:'微視也。'……《論語》:'察其所安。'皇疏:'沈吟用心忖度之也。'"《廣韻·黠韻》:"察,諦也,審也。"沈兼士《聲系》:"案'察',从《説文》小徐本祭聲。"

嚓　小聲。《玉篇·口部》:"嚓,小語。"《廣韻·屑韻》:"嚓,小語。"唐陸龜蒙、皮日休《寒夜文宴》聯句:"松吟方嚓嚓,泉夢憶潺潺。"唐王建《鏡聽詞》:"嗟嗟嚓嚓下堂階,獨自竈前來跪拜。"按,字亦从言作"諔"。《改併四聲篇海·言部》引《餘文》:"諔,小語。"

縩 殘帛,碎小之物,亦指剪繒爲花,則謂碎其物,義亦相通。《説文·巾部》:"縩,殘帛也。从巾,祭聲。"清桂馥《義證》:"《集韻》:'縩縷,今時剪繒爲華。'《廣韻》:'縩縷,桃花,今制綾花。'《廣雅》:'縩,餘也。'"按,《説文》同部"帗"篆訓"縩裂",桂氏《義證》云:"'縩裂也'者,《集韻》:'縩,裂帛。'《急就篇》:'帗敝囊橐不直錢。'顔注:'帗者,縩殘之帛也。'"

〔推源〕 諸詞或有細義,或有小義,二義本相通,俱以祭聲載之,語源當同。聲符字"祭"所記録語詞謂祭祀。《説文·示部》:"祭,祭祀也。从示,以手持肉。"清朱駿聲《通訓定聲》:"《廣雅·釋言》:'祭,薦也。'……《禮記·祭統》:'祭者所以追養繼孝也。'《周禮·酒正》司農注:'大祭天地,中祭宗廟,小祭五祀。'"其引申義系列與細、小義亦不相涉,其細、小義當爲祭聲另載之語源義。祭聲可載細、小義,則"細"可證之。

祭:精紐月部;
細:心紐脂部。

精心旁紐,月脂旁對轉。"細",粗細字。《説文·糸部》:"細,微也。"《韓非子·二柄》:"楚靈王好細腰,而國中多餓人。"引申爲小義。《廣韻·霽韻》:"細,小也。"清朱駿聲《説文通訓定聲·坤部》:"細,〔轉注〕《廣雅·釋詁三》:'細,小也。'《禮記·檀弓》:'細人之愛人也,以姑息。'《吕覽·去宥》:'細人也。'注:'小人。'《淮南子·墜形訓》:"壚土人大,沙土人細。"漢高誘注:"細,小也。"

(1771) 際/接(連接義)

際 相連接處。《説文·阜部》:"際,壁會也。从阜,祭聲。"清朱駿聲《通訓定聲》:"《小爾雅·廣詁》:'際,界也。'……《爾雅·釋詁》:'際,捷也。'按,謂接也,凡兩墻相合之縫曰際,疑山中兩峰相會之㕂曰際,與'隙'略同。〔轉注〕《左昭四傳》:'爾未際。'注:'接也。'《孟子》:'敢問交際何心也?'"按,"際"字从阜,所記録語詞之本義訓"壁會",形義兩不相屬,亦未見其文獻實用例。

接 交接,會合,引申爲連接、連續。《説文·手部》:"接,交也。"清朱駿聲《通訓定聲》:"足接爲交,手交爲接。《廣雅·釋詁二》:'接,合也。'《易·晉》:'晝日三接。'……《儀禮·喪服傳》:'以時接見天子。'注:'猶會也。'〔假借〕爲'椄'。《廣雅·釋詁二》:'接,續也。'《儀禮·聘禮》:'接聞命。'注:'猶續也。'《秦策》:'故使工人爲木材以接乎。'"按,非假借,乃引申。

〔推源〕 此二詞俱有連接義,其音亦相近且相通。

際:精紐月部;
接:精紐葉部。

雙聲,月葉(盍)通轉。則其語源當同。其"際"字乃以祭聲載連接義,聲符字"祭"所記錄語詞謂祭祀,實即與鬼神相溝通、相交接之義,此當與連接義相通。

682　庶聲

(1772) 遮嗻䪌(遮擋義)

遮　遮擋,遏止。《說文·辵部》:"遮,遏也。从辵,庶聲。"清朱駿聲《通訓定聲》:"《呂覽·應同》:'子不遮乎親。'注:'遮,後遏也。'《通俗文》:'天子出,虎賁伺非常,謂之遮迾。'"《廣韻·麻韻》:"遮,斷也。"《史記·楚世家》:"楚懷王亡逃歸,秦覺之,遮楚道,懷王恐,乃從間道走趙以求歸。"又《高祖本紀》:"新城三老董公遮說漢王,以義帝死故。"唐張守節《正義》:"橫道自言曰遮。"

嗻　搶白,以言遮擋於他人之前。其字或从言作"諸"。《說文·口部》:"嗻,遮也。从口,庶聲。"清朱駿聲《通訓定聲》:"多語之皃,遮遏人言也。"《廣韻·禡韻》:"嗻,多語之皃。"《集韻·麻韻》:"嗻,啰嗻,多言。或从言。"

䪌　石韋,遮擋於石頭表面之物。《集韻·禡韻》:"䪌,石䪌。一名石韋。"明李時珍《本草綱目·草部·石韋》:"石韋,〔釋名〕石䪌、石皮,別錄石蘭。弘景曰:'蔓延石上,生葉如皮,故名石韋。'時珍曰:柔皮曰韋,䪌亦皮也。"清張仁安《本草詩解藥性注》卷三《草部·水石苔草類》:"韌石韋,一名石皮……生石陰處,柔韌如皮。"

〔**推源**〕　諸詞俱有遮擋義,爲庶聲所載之公共義。聲符字"庶"亦作"庹",从火,所記語詞謂以火煮。《廣韻·御韻》:"庹,《周禮》有庶氏掌除毒蟲。"《集韻·御韻》:"庶,除毒蟲物也。"清朱駿聲《說文通訓定聲·豫部》:"庶,〔假借〕又爲'蠱'。《周禮》'庶氏'注:'庶讀如藥煮之煮,驅除毒蟲之言,書不作蠱者,字从聲。'又爲'祛'。《薙氏》:'凡庶蠱之事。'注:'庶,除毒蠱者。'"按,"庶"之本義《說文》訓"屋下眾",朱氏從其說,故以蒸煮除毒害義爲假借,實則即本義,眾多、庶民義乃假借。要言之,"庶"之顯性語義與遮擋義不相涉,其遮擋義乃庶聲所載之語源義。庶聲可載遮擋義,則"當"可證之。

　　庶:書紐鐸部;
　　當:端紐陽部。

書(審三)端準旁紐,鐸陽對轉。"當",相對。《說文·田部》:"當,田相值也。从田,尚聲。"清段玉裁注:"值者,持也,田與田相持也。"按,許慎所訓乃形體造意,段氏申張許說,亦未得肯綮。"當"之具體性語即相對,抽象性語義即相當。《左傳·文公四年》:"則天子當陽,諸侯用命也。"清俞樾《平議》:"當,猶對也。南方爲陽,天子南面而立,故當陽也。"引申之,則有抵擋義,又引申爲遮擋義,後起本字作"擋"。《廣韻·宕韻》:"擋,摒擋。"《字彙·田部》："當，蔽也。"《韓非子·内儲説上》："夫日兼燭天下，一物不能當也。"陳奇猷《集釋》："言一物不能蔽日之光也。"《漢書·溝洫志》："昔大禹治水，山陵當路者毁之。"

(1773) 蹠蟅（跳躍義）

蹠 跳躍。《説文·足部》："蹠，楚人謂跳躍曰蹠。从足，庶聲。"清朱駿聲《通訓定聲》："《方言》一：'踚、蹈、跻，跳也，楚曰蹠。'《淮南·説林》：'蹠越者或以舟，或以車。'"按，所謂"蹠越"即逾越義，俞聲字所記録語詞"窬""腧"等俱有空義，"逾"即有所不踐而越過，與跳躍義相通。《廣韻·昔韻》："蹠，楚人謂跳躍曰蹠。"《漢書·揚雄傳》上"秦神下讋，跖魂負診"清王先謙《補注》："跖與'蹠'同字……言秦神讋懼其靈魂跳躍遠避而負倚坁岸也。"明徐弘祖《徐霞客遊記·粤西遊日記二》："谿石坎坷，不能置踵，望左崖有懸級在伏莽中，乃援莽蹠空而上。"按，"蹠空"即騰空，跳躍則騰空，二義同條共貫。

蟅 蚱蜢，跳躍而行者。字亦作"䘆"。《説文·虫部》："蟅，蟲也。从虫，庶聲。"清朱駿聲《通訓定聲》："《廣雅》：'蟅蟒，蛗也。'即螽也，蝗也……蚊蛨也，蛨蚱也，蚊蜢也。《爾雅·釋蟲》"土螽，蠰谿"晉郭璞注"似蝗而小，今謂之土蝶"唐陸德明《釋文》："蝶，字又作'蚍'。《誥幼》云：蚍，蚊蜢。善跳。"又《方言》卷十一"蟅蟒"郭注："蟅音近詐，亦呼蚍蛨。"

〔推源〕此二詞俱有跳躍義，爲庶聲所載之公共義。聲符字"庶"所記録語詞與跳躍義不相涉，其跳躍義乃庶聲所載之語源義。庶聲可載跳躍義，"跳"可證之。

庶：書紐鐸部；

跳：透紐宵部。

書(審三)透準旁紐，鐸宵旁對轉。"跳"，跳躍。《説文·足部》："跳，蹶也。从足，兆聲。一曰躍也。"清朱駿聲《通訓定聲》："《列子·湯問》：'跳往助之。'《釋文》：'躍也。'《史記·荆燕世家》：'遂跳驅至長安。'"清錢坫《斠詮》："《通俗文》：'超踊曰跳。'"《廣韻·蕭韻》："跳，躍也。"《楚辭·九辯》："見執轡者非其人兮，故駶跳而遠去。"宋洪興祖《補注》："跳，徒聊切，躍也。"

(1774) 墟/址（基址義）

墟 基址。《玉篇·土部》："墟，基址也。"《廣韻·昔韻》："墟，基址。"南朝梁慧皎《高僧傳·神異下·犍陀勒》："洛東南有槃鵄山，山有古寺廟處，基墟猶存，可共修立。"宋張君房《雲笈七籤》卷一百一十一："郭四朝者，燕人也。秦時得道，來句曲山南，所住處作塘遏澗水令深。基墟垣墻，今猶有可識處。"

址 基址。字亦作"阯"。《説文·阜部》："阯，基也。从阜，止聲。址，阯或从土。"清朱駿聲《通訓定聲》："《漢書·郊祀志》：'禪泰山下阯。'注：'阯者，山之基足。'又《太玄·大》：'豐墙峭阯。'注：'阯，足也，謂基也。'〔聲訓〕《釋名·釋丘》：'水出其前曰阯丘。阯，基阯也。'"《廣韻·止韻》："址，基址。"宋王安石《遊褒禪山記》："褒禪山亦謂之華山，唐浮圖慧褒始舍於其址。"

〔推源〕 此詞俱有基址義,其音亦相近且相通。

墟:章紐鐸部;

址:章紐之部。

雙聲,鐸之旁對轉。則其語源當同。

683　麻聲

(1775) 髊痳(麻木義)

髊　偏癱。癱瘓則感覺麻木。其字亦作下形上聲。《說文·骨部》:"髊,瘑病也。从骨,麻聲。"清朱駿聲《通訓定聲》:"謂體半枯不仁。"清桂馥《義證》:"《漢書·敘傳》:'又況幺麽尚不及數子。'晉灼曰:'此骨偏麽之麽。'"《廣韻·戈韻》:"麽,偏病。"

痳　麻木。《廣韻·麻韻》:"痳,痳風,熱病。"宋史堪《史載之方·涎論》:"忽悶倒不知人事,良久復蘇,即生麻痹。"明陳實功《外科正宗·臁瘡論》:"或渾身疼癢,或麻痹不仁。"《苦社會》第二十九回:"一個個身上腫了,面上倒瘦了,兩腳痳了。"按,《說文·疒部》有"痳"字,其本義訓"疝病"。其結構為从疒,林聲。表麻木義之"痳"本作"痳",楷體與"痳"相混。"痳"字之結構當為从疒,麻省聲。其音《廣韻》載莫霞切,與"麻"同。依清王筠《說文釋例》"兩借"說,形符"疒"與聲符"麻"有相同構件"广",故形符與聲符相組合時僅取其一。

〔推源〕　此二詞俱有麻木義,爲麻聲所載之公共義。聲符字"麻"所記錄語詞爲麻類植物之總稱。《說文·麻部》:"麻,與林同。人所治,在屋下。从广,从林。"清朱駿聲《通訓定聲》:"古無木棉,凡言布皆麻爲之。《詩·蜉蝣》:'麻衣如雪。'"然則本與麻木義不相涉。而其聲韻則可另載麻木義。《朱子語類》卷二十五:"心既不仁……如人身體麻木,都不醒了。"明薛己《薛氏醫案·瘑瘍機要》:"一曰皮死麻木不仁,二曰肉死針刺不痛。"麻聲可載麻木義,"痹"可證之。

麻:明紐歌部;

痹:幫紐質部。

明幫旁紐,歌質旁對轉。"痹",麻木不仁之病。《說文·疒部》:"痹,濕病也。从疒,畀聲。"清朱駿聲《通訓定聲》:"《漢書·藝文志》:'五藏六府,痹十二,病方三十卷。'注:'風濕之病。'岐伯曰:'風、寒、濕三氣襍至合而爲痹。'"《廣韻·至韻》:"痹,脚冷濕病。"《韓非子·外儲說左上》:"(平公)腓痛足痹,轉筋而不敢壞坐。"清譚嗣同《仁學》:"惟病麻木痿痹,則不知之。"

(1776) 糜麼塺(小義)

糜 稠粥,引申爲碎爛、碎小義。《説文·米部》:"糜,糝也。从米,麻聲。"清朱駿聲《通訓定聲》:"黄帝初作糜。《廣雅·釋器》:'饘也。'又'糒也'。《爾雅·釋言》注:'粥之稠者曰糜。'字亦作'𪏮'。《禮記·問喪》:'鄰里爲之𪏮粥。'〔假借〕爲'𡺛'。《荀子·富國》:'以糜敝之。'注:'散也。'又爲'糜'。《孟子》:'糜爛其民而用之。'"按,無煩假借,乃引申。所引《廣雅》文清王念孫《疏證》:"糒之言屑屑也。《玉篇》:'糒,碎米也。'《廣韻》云:'米麥破也。'"北魏酈道元《水經注·汶水》:"碑石糜碎,靡有遺矣。"

麼 細小。《廣雅·釋詁二》:"麼,小也。"清王念孫《疏證》:"《衆經音義》卷七引《三倉》云:'麼,微也。'《列子·湯問篇》:'江浦之間有麼蟲。'張湛注云:'麼,細也。'……《尉繚子·守權篇》云:'么麼毁瘠者並於後。'《鶡冠子·道端篇》云:'任用幺麼。'"《廣韻·果韻》:"麼,幺麼 ,細小。"《字鑒·果韻》:"麼,俗作'麽'。"按,王氏所引《列子》文之"麼"異文正作"麽"。晉郭璞《山海經圖讚·大荒東經·竫人》:"焦僥極麼,竫人又小,四體取具,眉目財了。"明楊慎《邯鄲才人嫁爲厮養卒婦》:"齫齫虎狼吻,嗟嗟麼麼蟲。"

塺 塵土,土之碎小者。《説文·土部》:"塺,塵也。从土,麻聲。"清朱駿聲《通訓定聲》:"《楚辭》:'愈氛霧其如塺。'"《廣韻·灰韻》:"塺,塵也。"清李楷《辨論》:"釜有塺,聖疑賢。飯不適口,姑誶其婦。"

〔**推源**〕 諸詞俱有小義,爲麻聲所載之公共義。聲符字"麻"所記録語詞謂麻類植物,亦指麻之莖皮纖維,所指者爲細小之物,此當與小義相通。《廣韻·麻韻》:"麻,麻紵。"清朱駿聲《説文通訓定聲·隨部》:"麻,枲已緝績者曰麻。从林,林,人所治也。"麻聲可載小義,則"微"可證之。

麻:明紐歌部;
微:明紐微部。

雙聲,歌微旁轉。"微",隱蔽。逆向引申爲少、小義。《説文·彳部》:"微,隱行也。从彳,散聲。《春秋傳》曰:'白公其徒微之。'"清朱駿聲《通訓定聲》:"《左襄十九傳》:'崔杼微逆光。'〔假借〕又爲'散'。……《廣雅·釋詁二》:'微,小也。'《爾雅·釋訓》:'式微式微者,微乎其微也。'《考工·輪人》:'欲其微至也。'《禮記·祭義》:'雖有奇邪而不治者則微矣。'注:'猶少也。'《周禮·典同》:'微音韽。'注:'小也。'"按,非假借,乃引申。小義爲"微"之基本義,故有"微小"之同義聯合式合成詞。《荀子·非相》:"葉公子高,微小短瘠,行若將不勝其衣。"

(1777) 靡魔塺糜(亂義)

靡 散亂。《説文·非部》:"靡,披靡也。从非,麻聲。"清朱駿聲《通訓定聲》:"柀靡也……亦作'披靡'、作'旇靡'。……《禮記·少儀》:'國家靡敝。'疏:'謂財物糜散凋敝。'《荀子·大略》:'利夫秋豪,害靡國家。'注:'披靡也。'《史記》:'漢軍皆柀靡。'分散之皃。"

《漢書·元后傳》："兄弟宗族所蒙不測,當殺身靡骨輦轂下,不當以無益之故有離寢門之心。"唐顏師古注："靡,碎也。"按,碎則散亂,其義相通。

魔 魔鬼。《廣韻·戈韻》："魔,鬼魔。"清朱駿聲《説文通訓定聲·隨部·附〈説文〉不録之字》："魔,《説文新附》:'魔,鬼也。'按,《周書·世俘》:'解馘魔億有十萬七千七百七十有九,俘人三億萬有二百三十。'後魏武定六年造石象頌群魔稽首。"宋陸游《降魔》："老閲人間久,曾降百萬魔。"相傳魔鬼能迷人,人爲所迷則瘋,故"魔"有精神錯亂之衍義。《篇海類編·人物類·鬼部》："魔,魔鬼,狂鬼,能迷人者。"元喬吉《金錢記》第三折："自從到你書房内,字又不寫書懶攻,日日要了束脩禮,我看他獨言獨語似魔風。"明馮夢龍《東周列國志》第八十八回:"臍或食或不食,狂言誕語,不絶於口,無有知其爲假瘋魔者。"

塺 灰塵,見前條。引申之則有彌漫散亂義。清朱駿聲《説文通訓定聲·隨部》："塺,字亦作'坲'。《淮南·齊俗》:'物或坲之也。'注:'坋塵也。'《主術》:'譬猶揚坲而弭塵。'注:'塵,塺也,楚人謂之坲,坲,動塵之皃。'"按,"塺"與"坲"非異體字,二者俱有灰塵、灰塵彌漫散亂義之説則可從。漢王褒《九懷·陶壅》:"浮雲鬱兮晝昏,霾土忽兮塺塺。"

縻 有碎義,見前條。凡物碎則散亂,故有"縻散""縻亂"之複音詞,皆散亂義。《新唐書·文藝傳中·蘇源明》:"聖皇巡蜀之初,都内財貨,吏民資産,縻散于道路之手。"丁玲《韋護》第三章:"好,我現在一切都聽憑你。我們好好做點事業出來吧,只是我要慢慢的來撑持呵!唉!我這顆縻亂的心。"

〔**推源**〕諸詞俱有亂義,爲麻聲所載之公共義。聲符字"麻"所記録語詞謂麻類植物,亦指其莖皮纖維,其物易亂,故有"一團亂麻""快刀斬亂麻"之説。書面語之"麻"亦有多而紛亂義。《水滸傳》第四十回:"遠遠望見旌旗蔽日,刀劍如麻。"唯"麻"有亂義,故有"麻亂"之同義聯合式合成詞。柳青《創業史》第一部題叙:"生寶他媽,我心裏麻亂得慌。"然則本條諸詞之亂義爲其聲符"麻"所載之顯性語義。麻聲可載亂義,則"紛"可證之。

麻:明紐歌部;

紛:滂紐文部。

明滂旁紐,歌文旁對轉。"紛",雜亂,變亂。清朱駿聲《説文通訓定聲·屯部》:"紛,〔假借〕又爲'紊'。《廣雅·釋詁三》:'紛,亂也。'《左昭十六傳》:'獄之放紛。'……《楚辭·怨思》:'腸紛紜以繚轉兮。'注:'亂貌。'……《封禪文》:'紛綸葳蕤。'注:'亂貌。'又重言形况字。《荀子·解蔽》:'涽涽紛紛。'注:'雜亂貌。'《吕覽·慎大》:'紛紛分分。'注:'毃亂也。'《神女賦序》:'紛紛擾擾。'注:'亂也。'"按,"紛"之本義《説文》訓"馬尾韜",然其字从糸,表雜亂及擾亂義乃套用字,無煩假借。

(1778) 靡摩磨(滅義)

靡 披靡,見前條,引申爲滅義。《方言》卷十三:"靡,滅也。"《戰國策·秦策五》:"四國爲一,將以圖秦,寡人屈於内,而百姓靡於外,爲之奈何?"《淮南子·原道訓》:"天下之物,莫柔弱於水……淖溺流遁,錯繆相紛,而不可靡散。"

摩 滅。《廣韻·戈韻》:"摩,滅也。"清朱駿聲《説文通訓定聲》:"摩,〔假借〕又爲'磿'。《方言》十三:'摩,滅也。'……《莊子·徐無鬼》:'循古而不摩。'王注:'消滅也。'《淮南·精神》:'形有摩而神未嘗化。'"按,"摩"本謂摩擦,見後條,與磨滅義相通,無煩假借。唯"摩"有滅義,故有"摩滅"之同義聯合式合成詞。《漢書·司馬遷傳》:"古者富貴而名摩滅,不可勝記。"

磨 磨滅。《後漢書·南匈奴傳·論》:"千里之差,興自毫端,失得之源,百世不磨矣。"南朝宋謝靈運《入華子岡是麻源第三谷》:"圖牒復磨滅,碑版誰聞傳?"

〔推源〕 諸詞俱有滅義,爲麻聲所載之公共義。聲符字"麻"所記録語詞之本義、引申義系列與滅義不相涉,其滅義乃麻聲所載之語源義。麻聲可載滅義,"滅"可證之。

麻:明紐歌部;

滅:明紐月部。

雙聲,歌月對轉。"滅",滅絶,引申爲消滅、熄滅等義。《説文·水部》:"滅,盡也。"清朱駿聲《通訓定聲》:"《爾雅·釋詁》:'滅,絶也。'《小爾雅·廣詁》:'滅,没也。'《禮記·内則》:'膏必滅之。'《楚辭·初放》:'賢者滅息。'注:'消也。'《晉語》:'滅其前惡。'注:'除也。'《吕覽·慎勢》:'以小畜大滅。'注:'亡也。'"

(1779) 摩磨(研磨義)

摩 摩擦,引申爲切磋、研討,即抽象性研磨義。《説文·手部》:"摩,研也。从手,麻聲。"清朱駿聲《通訓定聲》:"《考工記》:'刮摩之工㕙氏。'〔轉注〕《易·繫辭傳》:'剛柔相摩。'京注:'相磑切也。'……《學記》:'相觀而善之謂摩。'"按,所引《禮記·學記》文漢鄭玄注:"摩,相切磋也。"《廣韻·戈韻》:"摩,研摩。"《群書治要》引漢仲長統《昌言下》:"高命士惡其如此,直言正論,與相摩切,被誣見陷,謂之黨人。"清黄遵憲《日本國志·鄰交志一》:"藝術以相摩而善。"

磨 石器,引申爲研磨義。其字本作"䃺"。《廣韻·過韻》:"磨,䃺也。䃺,上同。"《説文·石部》:"䃺,石磑也。"清朱駿聲《通訓定聲》:"字亦作'磨'。〔轉注〕以磨碎物亦曰磨。〔假借〕爲'摩'。《爾雅·釋器》:'石謂之磨。'《詩·淇奥》:'如琢如磨。'《論語》:'磨而不磷。'《説苑·建本》:'相觀於善之曰磨。'"清段玉裁注:"今字省作'磨'。引伸之義爲研磨。"按,段説是,研磨爲其引申義,無煩假借。

〔推源〕 此二詞俱有研磨義,爲麻聲所載之公共義。聲符字"麻"所記録語詞之本義、引申義系列與研磨義不相涉,其研磨義乃麻聲所載之語源義。麻聲可載研磨義,"摸"可證之。

麻：明紐歌部；

摸：明紐鐸部。

雙聲，歌鐸通轉。"摸"，以手探取、摸索，動作來回往復正如"摩""磨"之具體性研磨義。引申義，"摸"謂探求，則與抽象性研磨義實爲一義。"摸"之義，參本典第六卷第1487條。

684 康聲

(1780) 康歉瀧穅康䡛（空義）

康 屋大而空。字亦作"䣛"，亦以"槺"爲之。《説文·宀部》："康，屋康㝗也。从宀，康聲。"南唐徐鍇《繫傳》："屋虛大也。"清朱駿聲《通訓定聲》："字亦作'槺'。《長門賦》：'委參差以槺梁。'……注：'謂虛梁。'……字亦誤作'䣛'。〔假借〕爲'歉'。《方言》十三：'康，空也。'注：'䣛或作歉虛字。'"按，當爲引申，非假借。《廣韻·唐韻》："康，康㝗。"又《蕩韻》："䣛，康㝗，空虛。"又《唐韻》："槺，槺梁，虛梁也。"宋李誡《營造法式》卷一："空室謂之䣛㝗。"按，亦泛指空虛。《嘉定縣續志·方言》引《五音集韻》："凡物空者皆曰䣛㝗。"按，徽歙方言作"㝗䣛"，謂物大中空。

歉 年成歉收，穀物空。《説文·欠部》："歉，飢虛也。从欠，康聲。"清朱駿聲《通訓定聲》："〔假借〕爲'穅'。《廣雅·釋天》：'四穀不升曰歉。'"按，無煩假借。字从欠，謂口，康聲載空義，即無所食之意。清王筠《句讀》："歉爲凶飢之一名也。《釋天》説凶年，有飢、饉、荒、薦四名；《穀梁襄二十四年傳》有嗛、飢、饉、康、大侵五名。"按，朱氏所引《廣雅》文清王念孫《疏證》："此襄二十四年《穀梁傳》文也。《穀梁傳》……歉作'康'。"《廣韻·唐韻》："歉，穀不升謂之歉。"

瀧 水之中心有空處。《説文·水部》："瀧，水虛也。从水，康聲。"清朱駿聲《通訓定聲》："《爾雅·釋詁》：'瀧，虛也。'"清桂馥《義證》："'水虛也'者，《釋詁》：'康，虛也。'郭引《方言》云：'瀧之言空也。'釋文引《説文》云：'水之空也。'"清段玉裁注："水之空，謂水之中心有空處。"明楊慎《藝林伐山》卷七："《方言》……注：'瀧㝗，空貌。亦丘墟之空無也。'……今澂江有魚，滇人呼爲瀧㝗魚，其魚亦乾而中空。"按，朱、桂二氏引《爾雅·釋詁》文相殊異，今本作"㝗"。所謂丘墟之空無，當以"㝗"爲正字。《廣韻·唐韻》："㝗，《爾雅》云：'虛也。'本亦作'瀧'。"

穅 穀類物之空殼，故引申爲空義。其字後世多作"糠"。《説文·禾部》："穅，穀皮也。从禾，从米，庚聲。康，穅或省。"清朱駿聲《通訓定聲》："或从米，庚聲。今蘇俗穀皮之粗大者曰礱穅，米皮之粉細者曰穅。字亦作'糠'。《莊子·逍遥游》：'塵垢粃糠。'《天運》：'播康眯目。'《漢書·陳平傳》：'亦食穅覈耳。'〔假借〕爲'歉'，實爲'穅'。《周書·謚法》：'凶年無穀曰穅。穅，虛也。'……又爲'瀧'。《詩·賓之初筵》：'酌彼康爵。'箋：'虛也。'〔聲訓〕《爾雅》：'康瓠。'李注：'康，空也。'"今按，"康"爲"穅"之初文，"糠"則爲"穅"之俗體。"康"之結構，从米、庚聲，朱説可從；然"穅"字之結構當爲从禾、康聲，許説不確。又"穅"之空義無煩假借，乃引申。《廣韻·唐韻》："穅，穀皮。糠，俗。"《漢書·循吏傳·朱邑》："足下以清明之德，掌周稷之業，猶飢者甘糟穅，穰歲餘粱肉。"

嵻 山谷空。其字亦作左形右聲。《廣韻·蕩韻》："嵻，嵻崀，山空。"《字彙·山部》："崀，嵻崀，山空貌。"按，《集韻》云有山名"嵻崀"，在西羌，疑其山空無草木，故有此名。

輡 車箱空處，可供人臥者。《急就篇》第三章："輜軺轅軸輿輪輡。"唐顔師古注："輡，謂輿中空處，所用載物也。輡之言空也。"宋王應麟《補注》："輡，黃氏本作'輬'。《説文》：'輬，臥車也。'"按"輡"亦指送給死者的紙簦，亦中空之物。《正字通·車部》："輡，輡車，送亡者之紙簦也。"明方以智《通雅·器用》："輡者，送亡者之紙簦也……今京師有古簦，方尺許，厚二三寸，似小屏，麓楮爲之，粘飾以銀箔，送亡之資，即此物歟？"

〔推源〕 諸詞俱有空義，爲康聲所載之公共義。聲符字"康"本爲"穅"之初文，故單用亦可表空義。《爾雅·釋宮》："五達謂之康。"按，空則通達無阻，可任人往來。《列子·仲尼》："堯乃微服遊於康衢。"按，《爾雅》云："四達謂之衢。"漢賈誼《弔屈原賦》："斡棄周鼎，寶康瓠兮。"按"康瓠"即空壺。宋辛棄疾《水調歌頭》："歌秦缶，寶康瓠，世皆然。"然則本條諸之空義爲其聲符"康"所載之顯性語義。康聲可載空義，則"空"可證之。

康：溪紐陽部；

空：溪紐東部。

雙聲，陽東旁轉，音僅微殊。"空"，孔穴，中空者，故引申爲空虛義。《説文·穴部》："空，竅也。"清朱駿聲《通訓定聲》："經傳亦以'孔'爲之。《漢書·溝洫志》注：'空猶穿也。'……《荀子·解蔽》：'空石之中有人焉。'注：'石穴也。'〔轉注〕《論語》：'屢空。'《集解》：'猶虛中也。'"《廣韻·送韻》："空，空缺。"又《東韻》："空，空虛。"《後漢書·孔融傳》："座中客恒滿，尊中酒不空，吾無憂矣。"

685 庸聲

(1781) 鱅鱅鱅（黑色義）

鱅 黑鰱。《説文·魚部》："鱅，魚名。从魚，庸聲。"清朱駿聲《通訓定聲》："《史記·司馬相如傳》：'鰅鱅鰬魠。'集解：'似鰱而黑。'《漢書》以'鰫'爲之，故《詩·敝笱》疏：'鰱或謂之鱅。'"清李調元《然犀志》卷下《鱅魚》："鱅魚，狀似鰱而色黑，其頭最大……《瓊府志》云：'郡人呼爲胖頭魚，多出安定。'"徐珂《清稗類鈔·動物·鱅》："鱅，產於江湖，似鰱而黑，頭甚大。俗呼黑鰱，又稱鰱胖頭，可食。"

鹛 鳥名,其色灰,灰即淺黑。其字或作右形左聲。《説文·鳥部》:"鹛,鳥也。从鳥,庸聲。"清朱駿聲《通訓定聲》:"《漢書·司馬相如傳》:'煩鶩庸渠。'注:'即今之水雞也。'《史記索隱》:'一名章渠。'《吴都賦》:'鸀鳿鷛䲹。'注:'似鴨而雞足,灰色。'"清段玉裁注:"《上林賦》説:'水鳥有庸渠。'《史記》作'鷛渠。'"《玉篇·鳥部》:"鷛,鷛䲹,鳥似鳧,一名鸀鳿。"《廣韻·鍾韻》:"鹛,鹛䲹,鳥名,似鴨,雞足也。"

黸 黑暗。《廣韻·鍾韻》:"黸,深穴中黸黑也。"《集韻》所訓略同。按,"黸"字即从黑,復以庸聲表黑義,此爲形聲格局文字之一大體例。

〔**推源**〕 諸詞俱有黑義,爲庸聲所載之公共義。聲符字"庸"所記録語詞謂用,引申爲平庸義,爲其常義。《説文·用部》:"庸,用也。从用,从庚。庚,更事也。《易》曰:'先庚三日。'"清朱駿聲《通訓定聲》:"事可施行謂之用,行而有繼謂之庸……《禮記·中庸》鄭君《目録》云:'名曰中庸者,以其記中和之爲用也。'〔假借〕爲'衆'。《淮南·原道》:'此俗世庸民之所公見也。'注:'衆也。'"按,當爲引申,非假借。又引申爲愚昧、昏暗義,昏暗即黑而不明。南朝梁劉孝綽《謝東宫啓》:"幸得蠋於庸暗,裁下免黜之書,仍頒朝會之旨。"元劉祁《歸潛志》卷十一:"二守臣素庸闇無謀,但知閉門自守。"按,《集韻·鍾韻》"庸"訓"愚",當即此義。然則本條諸詞之黑色義爲其聲符"庸"所載之顯性語義。弋聲字所記録語詞"默""馱""袘"亦俱有黑色義,見本典第一卷"29. 弋聲"第83條。庸聲、弋聲本相近且相通。

庸:余紐東部;

弋:余紐職部。

雙聲,東職旁對轉。然則可相互爲證。

(1782) 墉犝鏞槦(高、大義)

墉 城墙,墙之高大者,引申之亦指高墙。《説文·土部》:"墉,城垣也。从土,庸聲。"清朱駿聲《通訓定聲》:"《易·解》:'公用射隼于高墉之上。'《詩·皇矣》:'以伐崇墉。'《良耜》:'其崇如墉。'《左昭十八傳》:'祈于四墉。'《西京賦》:'横西洫而絶金墉。'〔轉注〕《爾雅·釋宫》:'墻謂之墉。'《書·梓材》:'既勤垣墉。'馬注:'高曰墉。'《詩·行露》:'何以穿我墉?'"《廣韻·鍾韻》:"墉,城也,垣也。"

犝 犎牛,領有肉堆,高起者。字亦作"犝""犛"。《説文·豸部》:"犝,猛獸也。从豸,庸聲。"清朱駿聲《通訓定聲》:"字亦作'犝'、作'犛'。《上林賦》:'犝旄獏犛。'注:'似牛,領有肉堆。'《漢書》作'犝',注:'今之犎牛也。'亦以'庸'爲之。注:'庸牛,今之犎牛也。'按,即《爾雅》之'犦牛'。郭注:'領上肉犦胅起,高二尺許,狀如橐駝,健行,日三百里,交州合浦徐聞縣出此牛。'今廣東雷州府海康縣也。"《廣韻·鍾韻》:"犝,獸似牛,領有肉也。犝,犛,並上同。"明李時珍《本草綱目·獸部·駝》:"土番有獨峰駝。《西域傳》:大月氏出一封駝,脊上有一峰隆起若封土,故俗呼爲封牛,亦曰犝牛。"

鏞　樂器名，大鐘。《説文·金部》："鏞，大鐘謂之鏞。从金，庸聲。"清朱駿聲《通訓定聲》："《書·益稷》：'笙鏞以間。'《詩·靈臺》：'賁鼓惟鏞。'按，《商頌》：'庸鼓有斁。'《周書·世俘解》：'王奏庸。'《爾雅·釋樂》李巡注：'庸，大也。'孫炎注：'庸，深大之聲。'……是'鏞''庸'同字。"《廣韻·鍾韻》："鏞，大鐘。"按，朱氏所引《書·益稷》文僞孔傳："鏞，大鐘。"又，所引《詩·大雅·靈臺》文漢鄭玄箋："鏞，大鐘也。"唐杜甫《寄裴施州》："金鐘大鏞在東序，冰壺玉衡懸清秋。"

橗　榕樹，樹之高大者。《古今圖書集成·博物匯編·草木典》卷二百五十二引《閩書》："榕陰極廣，以其能容，故名曰榕。《異物異名記》云：或作橗，言材不中梓人也。"按，"言材不中梓人"説不可從，"橗"乃以庸聲載高大義。馮德培、談家楨等《簡明生物學詞典·榕》："榕，桑科。常緑大喬木。"按，"喬"即高義，凡喬木皆高於灌木。《太平廣記》卷四百九十九引唐尉遲樞《南楚新聞·郭使君》："是夕宿于斯，結纜于大橗樹下。夜半，忽大風雨，波翻岸崩。樹卧枕舟，舟不勝而沈。"晉嵇含《南方草木狀·榕》："榕樹，南海桂林多植之，葉如木麻，實如冬青，樹榦拳曲……其蔭十畝，故人以爲息焉。"

〔推源〕　諸詞俱有高、大義，爲庸聲所載之公共義。聲符字"庸"所記録語詞之本義、引申義系列與高、大義不相涉，其高、大義乃庸聲所載之語源義。按，巢聲字所記録語詞"巢""㠰""鷚""箳""轈"俱有長、高、大義，詳見本卷"巢聲"第1835條，庸聲、巢聲本相近且相通。

庸：余紐東部；

巢：崇紐宵部。

余(喻四)崇(牀)鄰紐，東宵旁對轉。然則可相互爲證。

686　章聲

（1783）彰暲（明義）

彰　花紋、色彩繁多駁雜，引申爲明顯、顯著義。《説文·彡部》："彰，文彰也。从彡，从章，章亦聲。"清朱駿聲《通訓定聲》："章聲非意。《廣雅·釋詁四》：'彰，明也。'《書·皋(陶)謨》：'彰厥有常。'……《墨子·非樂》：'黄言孔章。'僞伊訓作'嘉言孔彰'。《非命》：'其行甚章。'僞《泰誓》作'厥類惟彰'。"《廣韻·陽韻》："彰，明也。"《荀子·勸學》："登高而招，臂非加長也，而見者遠；順風而呼，聲非加疾也，而聞者彰。"漢王充《論衡·書解》："德彌彰者人彌明。"

暲　日明。《玉篇·日部》："暲，明也。"《廣韻·陽韻》："暲，日明。"《集韻·陽韻》："暲，日光上進皃。"按，日光上進則明亮，義亦相通。

〔推源〕 此二詞俱有明義,爲章聲所載之公共義。章聲字"違"亦可以假借字形式表明義,則亦爲章聲與明義相關聯之一證。《大戴禮記·千乘》:"立妃設如太廟然,乃中治,中治不相陵,不相陵斯庶嬪違,違則事上靜,靜斯潔信在中。"清汪照《解詁》:"違與'章'同,爲顯明辨之意。"按,聲符字"章"所記錄語詞本有明義。《説文·音部》:"章,樂竟爲一章。从音,从十。十,數之終也。"清朱駿聲《通訓定聲》:"《禮記·曲禮》:'讀樂章。'〔假借〕爲'彰'。《禮記·樂記》:'大章章之也。'注:'堯樂名也,言堯德章明也。'《書·堯典》:'平章百姓。'鄭注:'明也。'《易·豐》:'來章有慶。'虞注:'顯也。'《周語》:'其飾彌章。'注:'箸也。'"按,"章"表明顯、顯著義無煩假借,乃引申。"章"謂樂章,樂章即音變化有節者,故亦引申而指文章,又引申爲文彩、花紋義,故又有明顯、鮮明之衍義。章聲可載明義,則"照"可證之。

章:章紐陽部;
照:章紐宵部。

雙聲,陽宵旁對轉。"照",明亮,照耀。《説文·火部》:"照,明也。"《莊子·齊物論》:"昔者十日並出,萬物皆照。"王重民等編《敦煌變文集》之《降魔變文》:"水裡芙蓉光照灼,見者莫不心驚愕。"

(1784) 障韂嶂幛(遮義)

障 阻隔,遮蔽。《説文·阜部》:"障,隔也。从阜,章聲。"清朱駿聲《通訓定聲》:"《爾雅·釋言》:'障,畛也。'釋文:'界也,蔽也。'……《通俗文》:'蕃隔曰障。'……《左昭元傳》:'障大澤。'服注:'陂障其水也。'《淮南·精神》:'而障之以手也。'注:'蔽也。'"《孫子·行軍》:"衆草多障者,疑也。"唐賈林注:"結草多爲障蔽者,欲使我疑之。"

韂 墊在馬鞍下垂於馬腹兩側用以遮擋泥土之物。《玉篇·革部》:"韂,韂泥也。"《廣韻·陽韻》:"韂,韂泥,鞍飾。"按,"韂"字从革,蓋其物以皮革爲之。"韂"所記錄之詞存乎語言,唯典籍多以"障"爲之,而"韂"實爲正字。南朝宋劉義慶《世説新語·術解》:"王武子善解馬性。嘗乘一馬,箸連錢障泥,前有水,終日不肯渡。王云:'此必是惜障泥。'使人解去,便徑渡。"

嶂 形如屏障之峰,其名當寓遮蔽、遮擋之義。《廣韻·漾韻》:"嶂,峰嶂。"《文選·沈約〈鍾山詩應西陽王教〉》:"鬱律構丹巘,崚嶒起青嶂。"《南齊書·張融傳》:"廣越嶂嶮,獠賊執融,將殺食之。"

幛 幛子。有遮蔽之衍義。《新唐書·李訓傳》:"孝本易綠袴,猶金帶,以帽幛面,奔鄭注,至咸陽,追騎及之。"清蒲松齡《聊齋志異·晚霞》:"遂以石壓荷蓋令側,雅可幛蔽;又匀鋪蓮瓣而藉之,忻與狎寢。"

〔推源〕 諸詞俱有遮義,爲章聲所載之公共義。聲符字"章"單用本可表遮義。《管子·乘馬數》:"章四時守諸開闔。"郭沫若等《集校》:"謂障而守之也。"按,"章"所記錄語詞之本義、引申義系列與遮義不相涉,其遮義乃章聲所載之語源義。章聲可載遮義,則"遮"可證之。

章:章紐陽部;
遮:章紐魚部。

雙聲,陽魚對轉,音僅微殊。"遮",遮擋。《説文·辵部》:"遮,遏也。"《廣韻·麻韻》:"遮,斷也。"《史記·楚世家》:"楚懷王亡逃歸,秦覺之,遮楚道,懷王恐,乃從間道走趙以求歸。"引申爲遮蔽義。《篇海類編·人事類·辵部》:"遮,蔽也。"唐杜甫《季秋蘇五弟纓江樓夜宴》:"明月生長好,浮雲薄漸遮。"宋歐陽修《簾》:"枉將玳瑁雕爲押,遮掩春堂礙燕歸。"

(1785) 惶偟(驚懼義)

惶 驚懼,慌張。《玉篇·心部》:"惶,惶惶也。"按,"惶惶"可分訓。《廣雅·釋詁二》:"惶,懼也。"《廣韻·陽韻》:"惶,懼也。"清朱駿聲《説文通訓定聲·壯部·附〈説文〉不録之字》:"惶,《切韻》:'惶,懼也。'"唐白居易《寄禮部崔侍郎翰林錢舍人詩一百韻》:"途窮任憔悴,道在肯惶惶。"清和邦額《夜譚隨録·邱生》:"勿惶惶,且將此貼户上,令老魅來,不得入。"

偟 驚懼,慌張。《楚辭·九思·逢尤》:"遽偟偟兮驅林澤,步屏營兮行丘阿。"按"偟"亦作"遑"。《集韻·唐韻》:"遑,《説文》:'急也。'或从人。"清胡文英《吴下方言考》卷二:"按偟偟,茫茫然無主也。吴中謂倉皇不一曰'偟遑失智'。"漢趙曄《吴越春秋·夫差内傳》:"臣聞章者,戰不勝,敗走偟偟也。"

〔推源〕 此二詞俱有驚懼義,爲章聲所載之公共義。聲符字"章"所記録語詞之本義、引申義系列與驚懼義不相涉,其驚懼義乃章聲所載之語源義。按從聲字所記録語詞"慫"亦有驚懼義,"瘲"有驚義,見本卷"從聲"第1768條,章聲、從聲本相近且相通。

章:章紐陽部;
從:從紐東部。

章(照)從鄰紐,陽東旁轉。然則可相爲證。

687 竟聲

(1786) 滰境(盡義)

滰 淘米使乾,即水盡之義。《説文·水部》:"滰,浚乾漬米也。从水,竟聲。《孟子》曰:'夫子去齊,滰淅而行。'"清桂馥《義證》:"滰者,漉淅米使乾。"清朱駿聲《通訓定聲》:"米已漬抒而起之也……《廣雅·釋詁二》:'滰,盡也。'"按,所引《廣雅》文清王念孫《疏證》:"滰之言竟,謂瀝乾之也。今俗語猶謂瀝乾漬米爲滰乾矣。"《廣韻‧養韻》:"滰,乾米之皃。"

境 邊界,疆土之盡頭。《廣韻‧梗韻》:"境,界也。"清席世昌《讀〈説文〉記》:"境……疆土至此竟也。"按《説文》無"境"字,爲徐鉉等新附字,訓"疆",解釋詞有疆土義,亦有邊疆、邊界義。"境"之本義爲邊界。《史記‧廉頗藺相如列傳》:"臣嘗從大王,與燕王會境上。"唐韓愈《唐故朝散大夫越州刺史薛公墓誌銘》:"四境之内,竟歲無一事。"

〔推源〕 此二詞俱有盡義,爲竟聲所載之公共義。竟聲字"儌"亦可以假借字形式表盡義,則亦爲竟聲與盡義相關聯之一證。《荀子‧仲尼》:"可炊而儌也。"清王先謙《集解》:"儌當讀爲'竟'……炊而竟,猶言終食之間,謂時不久也。"按,聲符字"竟"所記錄語詞謂樂曲盡,本有盡義。《説文‧音部》:"竟,樂曲盡爲竟。从音,从人。"清段玉裁注:"猶'章'从音、十會意。"清朱駿聲《通訓定聲》:"《廣雅‧釋詁四》:'竟,窮也。'〔轉注〕《詩‧瞻卬》:'譖始竟背。'箋:'終也。'……《(漢書)元帝紀》:'竟寧元年。'注:'竟者,終極之言。'"按,終、盡義爲其直接引申義。《廣韻‧映韻》:"竟,窮也,終也。"《晉書‧謝安傳》:"看書既竟,便攝放牀上。"然則本條二詞之盡義爲其聲符"竟"所載之顯性語義。竟聲可載盡義,則"罄"可證之。

竟:見紐陽部;
罄:溪紐耕部。

見溪旁紐,陽耕旁轉。"罄",器中盡,虚化引申爲盡義。《説文‧缶部》:"罄,器中空也。从缶,殼聲。《詩》云:'缾之罄矣。'"清朱駿聲《通訓定聲》:"《爾雅‧釋詁》:'罄,盡也。'《東京賦》:'東京之懿未罄。'注:'盡也。'"按,許慎所引《詩‧小雅‧蓼莪》文漢毛亨傳:"罄,盡也。"按謂器中盡,爲本義,《爾雅》所訓爲引申義。唯"罄"有盡義,故有"罄盡"之同義聯合式合成詞。《晉書‧王衍傳》:"數年之内,家資罄盡,出就洛城西田園而居焉。"

(1787) 鏡/監(照義)

鏡 鏡子,照人之物,故引申爲照義。《説文‧金部》:"鏡,景也。从金,竟聲。"清朱駿聲《通訓定聲》:"金有光可照物者,亦曰鑒。《廣雅‧釋器》:'鑑謂之鏡。'《釋詁三》:'鏡,照也。'《大戴‧保傅》:'明鏡者,所以察形也。'《孝經援神契》:'璣鏡出。'注:'大鏡也。'《漢書‧谷永傳》:'以鏡考己行。'注:'謂鑒照之。'《杜鄴傳》:'不自鏡見。'"按,所引《漢書》之"鏡"謂借鑒、參照。

監 盛水大盆,亦指鏡子,故有照視之衍義。《説文‧卧部》:"監,臨下也。"清朱駿聲《通訓定聲》:"〔假借〕爲'鑑',實爲'鏡'。《詩‧大東》:'監亦有光。'箋:'視也。'《禮記‧大學》:'儀監于殷。'疏:'視也。'……《賈子‧胎教》:'明監所以照形也。'"按,古者未有銅鏡之前,以水爲鏡乃常理,"監"之照視義乃引申,無煩假借。《書‧酒誥》:"古人有言曰:'人無於水監,當於民監。'"僞孔傳:"視水見己形,視民行事見吉凶。"

〔推源〕 此二詞俱有照義,其音亦極相近且相通。

> 鏡:見紐陽部;
>
> 監:見紐談部。

雙聲,陽談通轉,則其語源當同。

688　豙聲

(1788) 毅愸頯(堅義)

毅　堅韌,果斷。《説文・殳部》:"毅,有決也。从殳,豙聲。"清朱駿聲《通訓定聲》:"《左宣二傳》:'致果爲毅。'……《周書・謚法》:'彊毅果敢曰剛。'《周語》:'故制戎以果毅。'《論語》:'士不可以不弘毅。'包注:'强而能決斷也。'又'剛毅木訥。'王肅注:'果敢也。'"

愸　慳吝,即心志堅不施予之義。《廣韻・怪韻》:"愸,忓愸,慳恪人也。"《字彙・心部》:"愸,忓愸,慳恪也。"《宋書・王玄謨傳》:"劉秀之儉吝,呼爲'老慳'。"

頯　癡呆,不聰明。按,實即愚頑義,堅毅、愚頑二義,雖有褒貶之殊,而其義實相通,俱以豙聲載之,出諸同一語源。《説文・頁部》:"頯,癡不聰明也。从頁,豙聲。"清朱駿聲《通訓定聲》:"《廣韻》引《説文》:'癡頯,不聰明也。'"《玉篇・頁部》:"頯,癡頯,不聰明也。"清俞樾《右臺仙館筆記・徽人程姓子》:"徽人程姓者,以貲雄其鄉,累世矣。生一子,少而癡頯。及長,混混無所知。"按,"頯"字从頁,蓋即俗所云呆頭呆腦之意。又豙聲字"聈",《玉篇・耳部》《廣韻・怪韻》皆訓"不聽",實亦愚頑義。

〔推源〕 諸詞俱有堅義,爲豙聲所載之公共義。聲符字"豙",《説文・豕部》云"豕怒毛豎也",則有堅挺義。豙聲可載堅義,則"堅"可證之。

> 豙:疑紐物部;
>
> 堅:見紐真部。

疑見旁紐,物真旁對轉。"堅",土堅硬,引申爲堅强、堅固、堅定等義。《説文・臤部》:"堅,剛也。从臤,从土。"清王筠《句讀》:"臤亦聲。"清朱駿聲《通訓定聲》:"按,从土,臤聲,剛土也。《廣雅・釋地》:'堅土也。'《九章算術》:'穿地四爲壤五,爲堅三。'〔轉注〕《爾雅・釋詁》:'堅,固也。'《廣雅・釋詁一》:'堅,强也。'……《吕覽・審分》:'堅窮廉直。'注:'剛也。'……《素問・腹中論》:'其氣急疾堅勁。'注:'定也,固也。'"按,"堅"又有頑固、固執之衍義,然則與"愸"之慳吝義、"聈"之不聽義、"頯"之癡頑義相應。《荀子・宥坐》:"人有惡者五,而盜竊不與焉:一曰心達而險;二曰行辟而堅。"

689 族聲

(1789) 簇蔟撨（聚集義）

簇 叢生小竹，故引申爲聚集義。《正字通·竹部》："簇，小竹叢生也。"清朱駿聲《說文通訓定聲·需部》："《白虎通·五行》：'蔟者，湊也，言萬物始大，湊地而出也。'字亦作'簇'。《淮南·天文》：'太簇者，簇而未出也。'"按，所引《白虎通》之"蔟"異文作"簇"，即聚集義，爲"簇"之引申義，亦爲其基本義。南朝陳沈炯《爲百官勸進陳武帝表》："豐露呈甘，卿雲舒簇。"唐馮贄《雲仙雜記·簇酒》："辛洞好酒而無資，常攜榼登人門，每家取一盞投之，號爲'簇酒'。"

蔟 供蠶作繭之物，聚集麥秆或稻莖而成者。《說文·艸部》："蔟，行蠶蓐。从艸，族聲。"《晉書·后妃傳上·左貴嬪》："《元楊皇后誄》：'躬執桑曲，率導媵姬，修成蠶蔟，分繭理絲。'"引申爲聚集義。《篇海類編·花木類·艸部》："蔟，聚也。"清朱駿聲《說文通訓定聲·需部》："蔟，〔假借〕又爲'湊'。《尚書大傳》：'蔟以爲八。'注：'蔟猶聚也。'"按，"蔟"表聚集義無煩假借，乃引申。唐白居易《遊悟真寺》："野綠蔟草樹，眼界吞秦原。"《敦煌曲子詞·浣溪沙》："一架紫藤花蔟蔟，雨微微。"

撨 聚斂，聚集。《集韻·屋韻》："撃，斂也。或書作'撨'。"元陳繹曾《翰林要訣·第一執筆法》："撨管，以大指、小指倒垂執管，撨三指攢之，就地書大幅屏障。"

〔推源〕 諸詞俱有聚集義，爲族聲所載之公共義。聲符字"族"从㫃、从矢，所記錄語詞之本義爲氏族、家族。徐中舒《甲骨文字典》："族，〔解字〕从㫃从矢，㫃所以標衆，矢所以殺敵。古代同一家或氏族即爲一戰鬥單位，故以㫃矢會意爲族。〔釋義〕一、氏族或家族。'五族其雉王衆。'（鄴三·三八·二）"引申爲聚集義。《廣雅·釋詁三》："族，聚也。"清朱駿聲《說文通訓定聲·需部》："《周禮·朝士》：'禁慢朝錯立族談者。'疏：'聚也。'《莊子·在宥》：'雲氣不待族而雨下。'《爾雅》：'木族生爲灌。'〔聲訓〕《廣雅·釋言》：'族，湊也。'《白虎通》：'族者，湊也，聚也。'《爾雅·釋木》注：'叢也。'"然則本條諸詞之聚集義爲其聲符"族"所載之顯性語義。族聲可載聚集義，則"儲"可證之。

族：從紐屋部；
儲：定紐魚部。

從定準雙聲，屋魚旁對轉。"儲"，儲蓄，聚集。《說文·人部》："儲，偫也。"清朱駿聲《通訓定聲》："《漢書·平帝紀》注：'積也。'……謂蓄積之以待無也。"《韓非子·十過》："倉無積粟，府無儲錢，庫無甲兵，邑無守具。"《漢書·何並傳》："林卿素驕，慙於賓客，並度其爲度，儲兵馬以待之。"

(1790) 鏃簇（小義）

鏃 箭頭，箭之尖小部分，亦指小箭。《説文·金部》："鏃，利也。从金，族聲。"清朱駿聲《通訓定聲》："《吕覽·貴卒》：'所爲貴鏃者。'注：'鏃矢輕利也，小曰鏃矢，大曰篇矢。'〔假借〕爲'族'。《廣雅·釋器》：'鏃，鏑也。'《漢書·膠東王寄傳》：'私作兵車鏃矢。'注：'大鏃之矢，今所謂兵箭者也。'……或説'鏃'本訓矢，轉注爲利。"按，"鏃"之本義爲箭鏃，《説文·㫃部》"族"篆訓"矢鋒"，實爲假借義。"鏃"又指小鋤，當爲其比喻引申義。北魏賈思勰《齊民要術·種穀》："苗生如馬耳，則鏃鋤。"石聲漢《校釋》："鏃鋤大概是一種尖鋭像箭鏃式的小型鋤。"

簇 叢生小竹，見前條，本有小義。《玉篇·竹部》："簇，小竹。"《廣韻·屋韻》："簇，小竹。"按，"簇"亦指箭頭，蓋箭鏃有金製者，亦有竹製、骨製者。"簇"指箭鏃，亦寓尖小義。清朱駿聲《説文通訓定聲·需部》："《（漢書）地理志》：'木弓弩竹矢，或骨爲之。'"清曹寅《射堂柳已成行命兒輩習射》："畫鼓鼕鼕簇羽繁，黄塵命舞亦軒軒。"清王夫之《後刜蕨行二首》之二："雹如彈丸雨如簇，荷鋤空望青山哭。"

〔推源〕 此二詞俱有小義，爲族聲所載之公共義。聲符字"族"所記録語詞與小義不相涉，其小義乃族聲所載之語源義。族聲可載小義，"小"可證之。

族：從紐屋部；
小：心紐宵部。

從心旁紐，屋宵旁對轉。"小"，大小字。《説文·小部》："小，物之微也。从八，丨見而分之。"按，甲骨文"小"象沙粒形。《書·康誥》："怨不在大，亦不在小。"《左傳·襄公三十一年》："言君臣、上下、父子、兄弟、內外、大小皆有威儀也。"

690 旋聲

(1791) 縼鏇淀蜒䬃（圓轉義）

縼 以長繩繫牛，可牽引而使牛回轉。《説文·糸部》："縼，以長繩繫牛也。从糸，旋聲。"清朱駿聲《通訓定聲》："字亦作'揎'。〔轉注〕《長笛賦》：'植持縼繂。'"按，朱氏所引漢馬融《長笛賦》文《文選》本唐李善注："言聲或植立而相牽引持，似於縼繂也。"按，《説文》所訓，當謂牧牛，以長繩繫之，任其前行食草，時或牽引令回轉。《長笛賦》之"縼"爲其引申義。《廣雅·釋詁二》："縼，係也。"清王念孫《疏證》："縼之言旋繞也。"《廣韻·線韻》："縼，長繩繫牛馬放。揎，上同。"《玉篇·手部》："揎，長引也。"

鏇 圓爐，亦指旋轉切削。《説文·金部》："鏇，圓爐也。从金，旋聲。"清朱駿聲《通訓定聲》："〔別義〕《一切經音義》引周成《難字》，謂以繩轉軸裁木爲器曰鏇。"《廣韻·仙韻》：

"鏇,圓轆轤也。"沈兼士《聲系》:"五代本《切韻》作'錠'。"又《線韻》:"鏇,轉軸裁器。"北魏賈思勰《齊民要術·種榆白楊》:"梜者,鏇作獨樂及盞。"按,《廣韻》所訓"圓轆轤"爲另一義,《玉篇·金部》所訓同。"鏇"又指銅錫盤,亦圓形物。

漩　旋流,回環之水。其字亦作"漩"。《說文·水部》:"淀,回泉也。从水,旋省聲。"清朱駿聲《通訓定聲》:"字亦作'漩'。《華嚴音義》引《切韻》:'漩,洄也。'"《廣韻·仙韻》:"淀,回淀。"又《線韻》:"淀,回泉。"《文選·郭璞〈江賦〉》:"漩澴滎瀯,渨濡潰瀑。"唐李善注:"皆波浪回旋,潰涌而起之貌也。"唐司空圖《詩品·委曲》:"水理漩洑,鵬風翱翔。"清楊廷芝《淺解》:"漩,回泉也,波浪回旋之貌。"宋司馬光《陪同年吳沖卿登宿州北樓訪古作是詩》:"淀洄澹茲土,平敵誠寡仇。"

蜁　小螺,圓形物。《廣韻·仙韻》:"蜁,蜁蝸,蝸螺也。"按,其字之結構當爲从虫,旋省聲,知者。《廣韻》"旋""蜁"同音,似宣切。《文選·郭璞〈江賦〉》:"三蝬虾江,鸚螺蜁蝸。"唐李善注:"舊說曰:蜁蝸,小螺也。"

飇　旋轉的風。字亦省作"颹"。《玉篇·風部》:"飇,風轉也。"《直音篇·風部》:"飇,音旋,風轉也。"唐李賀《神弦》:"海神山鬼來座中,紙錢窸窣鳴飇風。"清沈用濟《黃河大風行》:"一舟重有萬鈞力,飇入泥沙脫不得。"

〔推源〕　諸詞俱有圓轉義,爲旋聲所載之公共義。聲符字"旋"所記錄語詞之本義即旋轉,旋轉則即作圓周運動。《說文·㫃部》:"旋,周旋,旌旗之指麾也。从㫃,从疋。"南唐徐鍇《繫傳》:"王秉白旄以進之也。疋者,足也,故㫃、疋爲旋,人足隨旌旗也。"清朱駿聲《通訓定聲》:"疋,足也……《小爾雅·廣言》:'旋,還也。'《字林》:'旋,回也。'《易·履》:'視履考祥其旋元吉。'《禮記·玉藻》:'周旋中規,折旋中矩。'〔轉注〕《素問·天元紀大論》:'七曜周旋。'注:'謂左循天度而行。'《史記·日者傳》:'旋式正棊。'《索隱》:'轉也。'《莊子·達生》:'旋而蓋規矩。'司馬注:'圓也。'"然則本條諸詞之圓轉義爲其聲符"旋"所載之顯性語義。旋聲可載圓轉義,則"轉"可證之。

旋:邪紐元部;

轉:端紐元部。

疊韻,邪端鄰紐。"轉",運輸,運轉。運輸以車,運輸即車輪轉而作圓周運動。《說文·車部》:"轉,運也。"《史記·平準書》:"轉漕甚遼遠。"唐司馬貞《索隱》:"車運曰轉,水運曰漕也。"引申之則泛指旋轉,轉動。《廣韻·獮韻》:"轉,動也。"《淮南子·要略》:"若轉丸掌中,足以自樂也。"《隋書·藝術傳·耿詢》:"詢創意造渾天儀,不假人力,以水轉之,施於闇室中,使智寶外候天時,合如符契。"

(1792)嫙璇琁(美義)

嫙　美好。《說文·女部》:"嫙,好也。从女,旋聲。"清朱駿聲《通訓定聲》:"《韓詩》:

· 1419 ·

'子之嬘兮。'傳：'好貌。'毛本作'還'，注：'便捷之貌。'則謂借爲'趡'。按，《韓詩》是也，與二、三章茂、昌同意。"《廣韻·線韻》："嬘，好兒。"《集韻·線韻》："嬘，美謂之嬘。"

瞟　目美好貌。《字彙·目部》："瞟，目好貌。"《靈樞經·通天》："陰陽和平之人，其狀委委然，隨隨然，顒顒然，愉愉然，瞟瞟然，豆豆然，眾人皆曰君子，此陰陽和平之人也。"亦引申而泛指美好。《玉篇·目部》："瞟，好兒。"《廣韻·仙韻》："瞟，好兒。"

璇　美玉，亦指石之次玉者，即美石之稱。其字亦省作"旋"，亦作"璿"。《説文·玉部》："璿，美玉也。"清朱駿聲《通訓定聲》："字亦作'旋'，或作'璇'。……《大荒西經》：'有沃之國，爰有璇瑰。'注：'玉名。'《淮南·本經》：'紂爲琁室瑤臺。'注：'石之似玉，以飾室臺也。'《呂覽·過理》：'作爲琁室。'"《廣韻·仙韻》："琁，美石次玉。璇，上同。"《荀子·賦》："琁玉瑶珠，不知佩也。"唐楊倞注："琁，《説文》：'赤玉。'"《淮南子·墬形訓》："（崑崙虛）上有木禾，其脩五尋，珠樹、玉樹、璇樹、不死樹在其西，沙棠、琅玕在其東。"其"璇樹"異文作"琁樹"，或以爲即赤玉樹。

〔推源〕　此二詞俱有美義，爲旋聲所載之公共義。聲符字"旋"所記録語詞與美義不相涉，其美義乃旋聲所載之語源義。旋聲可載美義，"鮮"可證之。

旋：邪紐元部；

鮮：心紐元部。

叠韻，邪心旁紐。"鮮"，新鮮，鮮美。《廣韻·仙韻》："鮮，鮮潔也，善也。"清朱駿聲《説文通訓定聲·乾部》："鮮，〔假借〕爲'鱻'。《禮記·內則》：'冬宜鮮羽。'注：'生魚也。'……《易·説卦》：'爲蕃鮮'。釋文：'明也。'《淮南·俶真》：'華藻鋪鮮。'注：'明好也。'《西都賦》：'鮮顥氣之清英。'注：'潔也。'又爲'善'。《爾雅·釋詁》：'鮮，善也。'《方言》十：'鮮，好也。'《詩·新臺》：'籧篨不鮮。'《北山》：'鮮我未老。'"按，"鮮"之本義《説文》訓"魚名"，然其字从魚，表新鮮、鮮美義當爲套用字，非假借。唯"鮮"有美義，故有"鮮美"之同義聯合式合成詞。

（1793）蟨蜁脼襢（短小義）

蟨　恙蟲，極小之物。其字亦作左形右聲。《玉篇·虫部》："蟨，蜱蟨。蟓，同'蟨'。"《廣韻·仙韻》："蟨，蜱蟨，沙蝨。"明李時珍《本草綱目·蟲部·沙蝨》："蜱蟓，時珍曰：按郭義恭《廣志》云：沙蝨在水中，色赤，大不過蟣，入人皮中，殺人。葛洪《抱朴子》云：蝨，水陸皆有之。雨後，人晨暮踐沙，必著人。"

蜁　小螺，見前第1791條，有圓義，亦有"小"之義素。

脼　短小。其字或不省，作"脼"。《廣韻·仙韻》："脼，短也。"清朱駿聲《説文通訓定聲·乾部·附〈説文〉不録之字》："脼，《方言》十三：'脼，短也。'"按，朱氏所引《方言》文郭璞注："庳小貌也。"

褷 短褂，短小之衣。《明史·刑法志三》："役長曰檔頭，帽上鋭，衣青素褷褶，繫小絛，白皮靴，專主伺察。"明劉侗、于奕正《帝京景物略·畿輔名蹟·雲水洞》："脱帽褷，結履襪……秉炬帚杖，隊而進洞。"

〔**推源**〕 諸詞俱有短小義，爲旋聲所載之公共義。聲符字"旋"所記録語詞與短小義不相涉，其短小義乃旋聲所載之語源義。旋聲可載短小義，"短"可證之。

旋：邪紐元部；
短：端紐元部。

叠韻，邪端鄰紐。"短"，不長，長度小。《説文·矢部》："短，有所長短，以矢爲正。从矢，豆聲。"清朱駿聲《通訓定聲》："短，不長也。横用之器，矢最短；豎用之器，豆最短，故从矢、从豆，會意……《素問·至真要大論》：'短而濇。'注：'往來不遠是謂短。'《吕覽·長見》：'以其長見與短見也。'……《史記·孔子世家》：'僬僥三尺，短之至也。'"《廣韻·緩韻》："短，不長也。"按，"短"即長度小，本寓小義，故有"短小"之同義聯合式合成詞。《漢書·蔡義傳》："義爲丞相時年八十餘，短小無鬚眉。"

691 率聲

(1794) 逵衛(率領義)

逵 先導，引申爲率領義。《説文·辵部》："逵，先道也。从辵，率聲。"清朱駿聲《通訓定聲》："按，經傳凡表逵字，師保則以'師'爲之，逵領則以'率'、以'帥'爲之。"《廣韻·質韻》："逵，先導。"《商鞅方升銘文》："十八年，齊逵卿大夫來聘。"

衛 將帥，率領兵士者，故引申爲率領義。《説文·行部》："衛，將衛也。从行，率聲。"清段玉裁注改其解釋文爲"將衛也"。清朱駿聲《通訓定聲》："將衛也……經傳皆以'帥'爲之。"睡虎地秦墓竹簡《爲吏之道》："審智民能，善度民力，勞以衛之，正以橋之。"

〔**推源**〕 此二詞俱有率領義，爲率聲所載之公共義。聲符字"率"所記録語詞本有率領義。《説文·率部》："率，捕鳥畢也。象絲罔。上下其竿柄也。"清朱駿聲《通訓定聲》："《東京賦》：'悉率百禽。'薛注：'斂也。'按，羅致也。〔假借〕又爲'逵'。《春秋元命苞》：'律之爲言率也。'注：'猶導也。'《荀子·王霸》：'論一相以兼率之。'注：'領也。'《淮南·時則》：'天子親率三公九卿大夫。'"按"率"爲有長柄之網，可由人掌控者，此與率領義當相通，無煩假借。本條二詞之率領義爲其聲符"率"所載之顯性語義。率聲可載率領義，則"帥"可證之。"率""帥"同音，山紐雙聲，物部叠韻。"帥"，將帥。《廣韻·質韻》："帥，將帥也。"《左傳·宣公十二年》："命爲軍帥，而卒以非天，唯群子能，我弗爲也。"引申爲率領。《易·師》："長子帥師，以中行也。"《三國志·蜀志·黄崇傳》："崇帥厲軍士，期於必死。"

(1795) 綷裭（粗義）

綷 粗繩。字亦作"綷"。《説文·素部》："綷，素屬。从素，率聲。"清朱駿聲《通訓定聲》："字亦作'綷'。……《爾雅·釋水》：'紼，綷也。'孫注：'大索也。'李注：'竹爲索，所以維持舟者，但字从素不从索。'……《禮記·檀弓》：'棺以綷繞。'疏：'即紼也。'"《玉篇·素部》："綷，紼也，索也。或作'綷'。"《廣韻·術韻》："綷，繩，船上用。"《詩·小雅·采菽》"汎汎楊舟，紼纚維之"漢毛亨傳："紼，綷也。"

裭 粗麻所製短衣。《廣韻·質韻》："裭，裾裭，短衣。"《集韻·質韻》："裭，衣也。褐謂之裭。"《説文·衣部》："褐，粗衣。"清朱駿聲《通訓定聲》："《孟子》：'許子衣褐。'注：'以毳織之若今馬衣也，或曰枲衣也，一曰粗布衣也。'《漢書·貢禹傳》：'袒褐不完。'"

〔**推源**〕 此二詞俱有粗義，爲率聲所載之公共義。聲符字"率"單用本可表粗略義。《古今韻會舉要·質韻》："率，大略也。"清朱駿聲《説文通訓定聲·履部》："率，《漢書·宣帝紀》：'率常在下。'杜注：'總計之言也。'""率"又有粗獷義。《北史·高允傳附季式》："季式豪率好酒，又恃舉家勳功，不拘檢節。"按，粗義與"率"之本義、引申義系列不相涉，其粗義當爲率聲所載之語源義。率聲可載粗義，則"礪"可證之。

率：山紐物部；

礪：來紐月部。

山來鄰紐，物月旁轉。"礪"，粗磨刀石。《玉篇·石部》："礪，崦嵫礪石，可磨刃。"《廣韻·祭韻》："礪，砥石。"《山海經·西山經》："崦嵫之山……其中多砥礪。"晉郭璞注："磨石也，精爲砥，麤爲礪也。"按"麤"即"麤"之俗體。《集韻·模韻》："麤，俗作'麤'。"漢劉向《説苑·建本》："學所以益才也，礪所以致刃也。"

692 羕聲

(1796) 樣/像（相似義）

樣 字亦作"様"，謂式樣，以式樣製物，則二者相似。《廣韻·漾韻》："様，式様。"清朱駿聲《説文通訓定聲·壯部》："樣，〔假借〕爲'像'。今所用式樣字。唐人作'様'。"按，"樣"之本義《説文》訓"栩實"，謂橡果，然其字从木，與模範字"模"同，表式樣義乃套用字。宋邵博《聞見後録》卷二十七："村落中有牧兒入古墓中求羊，得一黄磁小褊餅，樣制甚樸。"按，式樣即爲模範之物，故式樣亦稱"樣模""樣範"。唐寒山《詩三百三首》："布裘擁質隨緣過，豈羨人間巧樣模。"元喬吉《鬥鵪鶉·歌姬》："教坊馳名，梨園上班，院本詼諧，宫粧樣範，膚若凝脂，顔如渥丹。"

像　相像,相似。《説文·人部》:"像,象也。从人,从象,象亦聲。"清朱駿聲《通訓定聲》:"或曰此實'象'之別字。大物莫過于象,顯而易見,故轉注爲形像、爲想像。《韓非子》曰:'人希見生象,而按其圖以想其生,故諸人之所以意想者,皆謂之象。'則其時尚無'像'字。《易·繫辭》:'象也者,像也。'釋文:'擬也。'"《廣韻·養韻》:"像,似也。"《淮南子·主術訓》:"天下從之,如響之應聲,景之像形。"南朝宋謝靈運《初去郡》:"無庸妨周任,有疾像長卿;畢娶類尚子,薄遊似邴生。"引申之,又有式樣義,則與"樣"同。《孔子家語·三恕》:"見像而勿强,陳道而勿怫。"王肅注:"像,法也。"按,《集韻·漾韻》"樣"亦訓"法",即法式、式樣義。

〔推源〕　此二詞俱有相似義,其音亦相近且相通。

樣:余紐陽部;
像:邪紐陽部。

叠韻,余(喻四)邪鄰紐。則其語源當同。其"樣"字乃以羕聲載相似義。聲符字"羕"所記録語詞謂水流悠長。《説文·永部》:"羕,水長也。从永,羊聲。《詩》曰:'江之羕矣。'"清朱駿聲《通訓定聲》:"毛作'永'。……《爾雅·釋詁》:'羕,長也。'"然則本與相似義不相涉,其相似義乃羕聲另載之語源義。

(1797) 漾/蕩(動蕩義)

漾　水動蕩貌。《集韻·養韻》:"瀁,溴瀁,水皃。或从羕。"《篇海類編·地理類·水部》:"漾,水摇動皃。"清朱駿聲《説文通訓定聲·壯部》:"漾,古文从養聲……《後漢·馬融傳》注:'瀇瀁、沆瀁並水皃也。'"唐權德輿《奉送韋起居老舅百日假滿歸嵩陽舊居》:"舊壑窮杳窱,新潭漾淪漣。"宋王安石《欲歸》:"水漾青天暖,沙吹白日陰。"按,"漾"亦爲水名,表水動蕩義,爲其套用字。

蕩　動蕩。字亦作"盪"。《廣韻·蕩韻》:"盪,滌盪,摇動皃。"清朱駿聲《説文通訓定聲·壯部》:"蕩,〔假借〕又爲'盪'。《禮記·樂記》:'天地相蕩。'注:'猶動也。'《左僖三傳》:'蕩公。'賈注:'摇也。'《莊四傳》:'余心蕩。'注:'動散也。'……《月令》:'諸生蕩。'注:'謂物動將萌芽也。'……《郊特牲》:'滌蕩其聲。'注:'猶摇動也。'"按,"蕩"爲水名,然其字从水,募聲,許慎説,表動蕩義非假借,乃套用字。

〔推源〕　此二詞俱有動蕩義,故有"蕩漾"之同義聯合式合成詞。唐李白《夢遊天姥吟留別》:"謝公宿處今尚在,渌水蕩漾清猿啼。"按"蕩"與"漾"音亦相近且相通。

漾:余紐陽部;
蕩:定紐陽部。

叠韻,余(喻四)定準旁紐。然則語源當同,"蕩漾"實爲同源詞素組成之複音詞。

693 敝聲

(1798) 蔽鼈（遮蔽義）

蔽 遮蔽。《廣韻·祭韻》："蔽，掩也。"清朱駿聲《說文通訓定聲·履部》："蔽，此字本訓覆蓋也。《爾雅·釋詁》：'蔽，微也。'謂歔也。《廣雅·釋詁二》：'障也。'《四》：'隱也。'……《爾雅·釋器》：'輿竹後謂之蔽。'《周禮·巾車》：'蒲蔽。'注：'車旁禦風塵者。'……《方言》四：'絜襦謂之蔽袊。'又，《淮南·脩務》：'景以蔽日。'"按，《說文·艸部》"蔽"篆訓"蔽蔽，小艸也"，當爲其別義。

鼈 甲魚，有甲殼遮蔽其體者，故稱"鼈"。字亦作"鱉"，亦從敝聲。《說文·黽部》："鼈，甲蟲也。从黽，敝聲。"清朱駿聲《通訓定聲》："字亦作'蟞'、作'鱉'。《易·說卦傳》：'離爲鱉。'《爾雅·釋魚》：'鼈三足，能。'《中山經》：'从水多三足鼈。'《考工·梓人》注：'內骨鼈屬。'"《廣韻·薛韻》："鼈，魚鼈。俗作'鱉''蟞'。"漢焦贛《易林·賁之頤》："鴻鵠高飛，鳴求其雌。雌來在户，雄哺嘻嘻。甚獨勞苦，包鱉膾鯉。"

〔推源〕 此二詞俱有遮蔽義，爲敝聲所載之公共義。聲符字"敝"所記録語詞謂敗衣，亦指一幅巾。巾之爲物可遮蔽，其義當相通。故"敝"字單用亦可表遮蔽義。《說文·尚部》："敝，帗也。一曰敗衣。从攴，从㡀，㡀亦聲。"清朱駿聲《通訓定聲》："㡀者，一幅巾也，廣二尺二寸，列五采繪爲之。《周禮·樂師》：'帗，舞舞者所執，从巾四。'注：'指五采之事也。'〔假借〕爲'蔽'。《考工·弓人》：'長其畏而薄其敝。'"清段玉裁注："帗者，一幅巾也。"按，"敝"苟爲帗，則其遮蔽義非假借。《墨子·經說下》："足敝下光，故成景於上；首敝上光，故成景於下。"《漢書·東方朔傳》："後數日，上臨山林，主自執宰敝膝，道入登階就坐。"敝聲可載遮蔽義，則"庀"可證之。

敝：並紐月部；
庀：幫紐脂部。

並幫旁紐，月脂旁對轉。"庀"，遮蔽，遮護。《說文·广部》："庀，蔭也。"清朱駿聲《通訓定聲》："字亦作'庇'。《禮記·表記》：'雖有庇民之大德。'注：'覆也。'……《考工·輪人》：'弓長六尺謂之庇軹。'注：'謂覆幹也。'"唐杜甫《茅屋爲秋風所破歌》："安得廣廈千萬間，大庇天下寒士俱歡顏。"

(1799) 蹩蹁（不正、不順義）

蹩 跛行，行不正。《說文·足部》："蹩，跛也。"《廣韻·屑韻》："蹩，跛也。"《說文》同部："跛，行不正也。"唐柳宗元《种仙靈毗》："及言有靈藥，近在湘西原。服之不盈旬，蹩躃皆騰騫。"清譚嗣同《六盤山轉餉謠》："馬足蹩，車軸折，人蹉跌。"引申之，則有不順義。朱自清

《你我》:"'它'或'牠'用得也太洋味兒,真彆扭,有些實在可用'這個''那個'。"

彆 弓強戾不順。《廣韻·祭韻》:"彆,弓彆。"清朱駿聲《說文通訓定聲·履部》:"彆,弓戾也。據《詩·采薇》疏引《說文》有此字,姑附于此。"按《說文》清段玉裁注本亦收此字,訓釋亦同。引申爲倔强執拗不順從義。明葉憲祖《素梅玉蟾》第一折:"多費勞心,只是我姐姐太彆強些。"《水滸傳》第十六回:"你三人和他做伴去,一路上早起,晚行,住歇,都要聽他言語,不可和他彆拗。"

〔推源〕 此二詞俱有不正、不順義,爲敝聲所載之公共義。聲符字"敝"所記錄語詞與不正、不順義不相涉,此義乃敝聲所載之語源義。敝聲可載不正、不順義,"別"可證之。

敝:並紐月部;
別:幫紐月部。

疊韻,並幫旁紐。"別",分別。《説文·丹部》:"刐(別),分解也。从丹,从刀。"清朱駿聲《通訓定聲》:"〔轉注〕《楚辭·離騷》:'余既不難夫離別兮。'注:'遠曰別。'按,猶背也……又《禮記·樂記·序》:'故群物皆別。'注:'謂形體異也。'"今按,分別則相異,亦相違,故"別"有違背之衍義,違背、不順,實爲一義。元無名氏《合同文字》第一折:"你若得長大成人呵,你是休別了父母遺言。"《水滸傳》第一回:"先奏你們衆道士阻當宣詔,違別聖旨。"按"別"又引申爲扭轉義。唐杜牧《牧陪昭應盧郎中在淮南慕職敘舊成二十二韻用以投寄》:"泥情斜拂印,別臉小低頭。"清吳敬梓《儒林外史》第四回:"把頭別轉來望着門外。"其"別"即扭轉而不正對前方之義。

(1800) 瞥撆襒(掠過義)

瞥 眼光掠過。《説文·目部》:"瞥,過目也。从目,敝聲。一曰財見也。"南唐徐鍇《繫傳》:"瞥然暫見也。"清朱駿聲《通訓定聲》:"《思玄賦》:'游塵外而瞥天兮。'"《廣韻·屑韻》及《薛韻》:"瞥,暫見。"唐羅虯《比紅兒》:"若教瞥見紅兒貌,不肯留情付洛神。"明湯顯祖《牡丹亭·閨喜》:"聲息兒悥忡忡,把門兒偷瞥。"按,所謂"暫見"即眼光匆匆掠過,故有倏忽之衍義,源與流可互證。唐白居易《與微之書》:"平生故人,去我萬里;瞥然塵念,此際暫生。"

撆 拂撆,掠過。亦指揩拭,蓋即於物之表面掠過之義。字亦作"撇"。《説文·手部》:"撆,擊也。从手,敝聲。"清朱駿聲《通訓定聲》:"〔假借〕爲'丿'。《洞簫賦》注引《説文》:'撆,拭也。'"按,拂撆、揩拭二義同條共貫,無煩假借。《廣韻·屑韻》:"撆,小擊。又略也。亦作'撇'。"《漢書·揚雄傳》上:"歷倒景而絕飛梁兮,浮蔑蠓而撇天。"唐顔師古注:"撇,猶拂也。"《文選·劉孝標〈廣絕交論〉》:"纊微影撇。"唐李善注:"微風影撆,冷氣輕浮。"唐李白《大獵賦》:"總入校,搜四隅,馳專諸,走都盧,蹙喬林,撇絕壁。"清王琦《輯注》:"撇,略也。"

襒 以衣揩拭,揩拭即掠過義。字亦作"襲"。清朱駿聲《説文通訓定聲·履部》:"撆,《史記·孟荀傳》:'側行襒席。'《索隱》:'拂也。'字亦作'襒'。"按,"撆""襒"非異體字,"襒"

特指以衣揮拂，示恭敬。《周書·薛憕傳》："君門地非下，身材不劣，何不褰裾數參吏部？"《梁書·徐勉傳》："王郎名高望促，難可輕褰衣裾。"

〔推源〕 諸詞俱有掠過義，爲敝聲所載之公共義。聲符字"敝"所記録語詞謂敗衣，亦指帗，即一幅巾，巾則可拭物，拭即掠過，其義或相通。敝聲可載掠過義，則"拂"可證之。

敝：並紐月部；

拂：滂紐物部。

並滂旁紐，月物旁轉。"拂"，掠擊，即擊而掠過之義。《説文·手部》："拂，過擊也。"南唐徐鍇《繫傳》："擊而過之也。"按徽歙方言有"拂着一下"語，謂爲掠擊所中。《廣韻·物韻》："拂，擊也。"《北史·斛律金傳》："神武據鞍未動，金以鞭拂馬，神武乃還。"元王實甫《麗堂春》第四折："你與我拂綽了白象牀，整頓了銷金帳。"唯"拂"之義爲掠過，故有"拂掠"之同義聯合式合成詞。唐韓愈《戲題牡丹》："雙燕無機還拂掠，遊蜂多思正經營。"

(1801) 鷩婺（性急義）

鷩 錦雞，性急之鳥。《説文·鳥部》："鷩，赤雉也。从鳥，敝聲。《周禮》曰：'孤服鷩冕。'"清朱駿聲《通訓定聲》："一名駿䴊，即《虞書》之'華蟲'、《左昭七傳》之'丹鳥'也。《中山經》：'牡山鳥多赤鷩。'《西山經》：'小華之山多赤鷩。'〔聲訓〕《釋名·釋首飾》：'鷩，憋也，性急憋不可生服，必自殺，故畫其形於衣，以象人執耿介之節。'"《廣韻·薛韻》："鷩，雉屬，似山雞而小，《周禮》有鷩冕。"又《祭韻》："鷩，《爾雅》曰：'鷩雉。'郭璞云：'似山雞而小冠。'《周禮》云：'王享先公饗射則鷩冕。'"明李時珍《本草綱目·禽部·鷩雉》："鷩，性憋急耿介，故名。"

婺 性急易怒。《説文·女部》："婺，易使怒也。从女，敝聲。讀若擊𣪊。"清朱駿聲《通訓定聲》："《廣雅·釋詁二》：'婺，怒也。'字亦作'憋'。《方言》十：'憋，惡也。'注：'憋怤，急性也。'《列子·力命》："嚖咺憋憋。'"清桂馥《義證》："字或作'憋'，急性也。"《玉篇·心部》："憋，急性也。"《廣韻·薛韻》："憋，急性皃。"按，字从女，蓋爲男尊女卑之遺迹。

〔推源〕 此二詞俱有性急義，爲敝聲所載之公共義。聲符字"敝"所記録語詞與性急義不相涉，其性急義乃敝聲所載之語源義。敝聲可載性急義，"忙"可證之。

敝：並紐月部；

忙：明紐陽部。

並明旁紐，月陽通轉。"忙"，內心着急。《集韻·唐韻》："忙，心迫也。"唐李咸用《題陳正字山居》："幾日憑欄望，歸心自不忙。"劉知遠《諸宮調·君臣弟兄子母夫婦團圓》："兩將軍權時歇，姓郭排軍争奈心忙熱。"《西遊記》第十三回："這長老心忙，太起早了。"唯"忙"有急義，故有"急忙"之同義聯合式合成詞。宋蘇舜欽《寄題水月》："如何遂得追遊性，擺却營營不急忙。"

694　渠聲

(1802) 硨蕖璖(美義)

硨　美石。《廣雅·釋地》："硨磲,石之次玉者。"清王念孫《疏證》："古通作'車渠'……《南海藥譜》引《韻集》云:'車渠,玉石之類,形似蚌蛤,有文理。'"《廣韻·魚韻》："磲,硨磲,美石次玉。"按,"硨磲"亦指硨磲殼,古代七寶之一。唐蘇鶚《蘇氏演義》卷下："魏武帝以瑪瑙石爲馬勒,硨磲爲酒椀。"宋趙汝適《諸蕃志·志物·硨磲》："硨磲出交趾國……膚理瑩潔如珂玉……佛書以此爲至寶。"

蕖　荷花,其名當寓美義。《爾雅·釋草》："荷,芙渠。"晉郭璞注："别名芙蓉,江東呼荷。"唐陸德明《釋文》："渠,本又作'蕖'。"三國魏曹植《洛神賦》："迫而察之,灼若芙蕖出淥波。"晉陶潛《雜詩》之三："昔爲三春蕖,今作秋蓮房。"

璖　海中大貝,可爲飾物,其名亦寓美義。《新唐書·叛臣傳下·高駢》："駢造迎仙等樓,皆度高八十尺,飾以金珠璖玉。"《西遊記》第九十二回："八戒與沙僧將他洞内細軟寶物——有許多珊瑚、瑪瑙、珍珠、琥珀、珺琚……搜出一石,搬在洞外。"按,"珺琚"即"珺璖"。

〔推源〕　諸詞俱有美義,爲渠聲所載之公共義。渠聲字所記録語詞"縇"《玉篇·糸部》訓"綵名",《廣韻·魚韻》訓"履飾",亦爲渠聲與美義相關聯之一證。聲符字"渠"所記録語詞謂水渠。《説文·水部》："渠,水所居。从水,榘省聲。"清朱駿聲《通訓定聲》："《廣雅·釋水》:'坑也。'……《禮記·曲禮》:'門閭溝渠必步。'疏:'溝也。'"其引申義與美義亦不相涉,美義當爲渠義所載之語源義。渠聲可載美義,則"好"可證之。

渠:群紐魚部;
好:曉紐幽部。

群曉旁紐,魚幽旁轉。"好",美色,引申爲美好義。《説文·女部》："好,美也。从女、子。"清朱駿聲《通訓定聲》："《方言》二:'凡美色,或謂之好。'〔轉注〕《晉語》:'不可謂好。'注:'美也。'"唯"好"有美義,故有"美好"之同義聯合式合成詞。《莊子·盗跖》："今長大美好,人見而説之者,此吾父母之遺德也。"

695　寅聲

(1803) 夤演戭螾鏔螾(長義)

夤　夾脊肉,其形長者。字亦作"胤",亦从寅聲,蓋以寅聲表長義。《廣韻·真韻》:

"䐐,脊䐐。"《集韻·諄韻》:"䐐,夾脊肉也。通作'夤'。"清朱駿聲《説文通訓定聲·坤部》:"夤,〔假借〕又爲'胂'。《易·艮》:'列其夤。'馬注:'夾脊肉也。'鄭本作'䐐'。"按,"夤"字本从肉、寅聲,構件"肉"演變爲"夕",《説文》訓其義爲"敬惕",此義固有之,然非本義,其本義即夾脊肉。宋王安石《易泛論》:"夤,上體之接乎限(腰)者也。"清顧炎武《天下郡國利病書·北直中》附明侯一元《〈大名府志〉後叙》:"故魏者,重地也。譬魏於全盛,則人之䐐也。"其"䐐"字異文作"夤"。

演 水長流。《説文·水部》:"演,長流也。从水,寅聲。"清朱駿聲《通訓定聲》:"《蒼頡篇》:'演,引也。'《小爾雅·廣言》:'演,遠也。'〔轉注〕《長笛賦》:'有所搖演。'注:'引也。'〔聲訓〕《釋名·釋言語》:'演,延也,言蔓延而廣也。'"按,水長流義與引、遠、延義皆相成相因。《廣韻·獮韻》:"演,水長流兒。"《藝文類聚》卷六十一引晉庾闡《楊都賦》:"子未聞楊都之巨偉也,左滄海,右岷山,龜鳥津其落,江漢演其源。"唐李白《代佳人寄翁參樞先輩》:"南國風光當世少,西陵演浪過江難。"

戭 長槍。《説文·戈部》:"戭,長槍也。从戈,寅聲。"清朱駿聲《通訓定聲》:"謂以長器相撐距。"按,朱氏所訓義亦相通。《廣韻·軫韻》及《獮韻》:"戭,長槍。"清朱彝尊《日下舊聞·形勝》:"介士鳴鉦而建鉞,虎旅冠鶡而執戭。"按《集韻》"戭"訓"長盾、長戈",要皆含長義。

螾 蚯蚓,其體長者。《説文·虫部》:"螾,側行者。从虫,寅聲。蚓,螾或从引。"清朱駿聲《通訓定聲》:"蘇俗謂之曲蟮。《荀子·勸學》:'螾無爪牙之利。'《淮南·説山》:'螾無筋骨之强。'注:'一名蜷蟺。'《史記·封禪書》:'黄龍地螾見。'《集解》:'丘蚓也。'……《家語·執轡》:'食土者無心而不息。'注:'螾屬也。'"

鎘 無刃戟,其形長。《方言》卷九:"凡戟而無刃,秦晉之間謂之釨,或謂之鎘。"《廣韻·之韻》:"鎘,戟無刃也。"

縯 長。《廣韻·獮韻》:"縯,長也。"按,"縯"有引義,引義、長義相成相因。《廣韻·軫韻》:"縯,齊武王名。"《後漢書·齊武王縯傳》"齊武王縯,字伯升"唐李賢注:"縯,引也。"唐元結《七不如七篇序》:"元子於是繫之於人事,縯之於此喻。"

〔推源〕諸詞俱有長義,爲寅聲所載之公共義。聲符字"寅"之甲骨文、金文形體,朱芳圃《殷周文字釋叢》以爲象矢形,矢之形長而鋭,本條諸詞之長義當爲聲符"寅"所載之顯性語義。"寅"又有深義,當與長義同條共貫。宋蘇軾《乞詩賦經義各以分數取人將來只許詩賦兼經狀》:"天下學者寅夜競習詩賦,舉業率皆成就。"寅聲可載長義,則"引"可證之。"寅""引"同音,余紐雙聲,真部疊韻。"引",開弓,拉長,引之則長,故引申爲長義。《説文·弓部》:"引,開弓也。从弓、丨。"清朱駿聲《通訓定聲》:"弓施弦曰張,矢括叩弦開之由漸而滿曰引……《孟子》:'引而不發,躍如也。'〔轉注〕《爾雅·釋詁》:'引,長也。'《釋訓》:'子子孫孫,引無極也。'《詩·楚茨》:'勿替引之。'"唐白居易《二十一人之困窮由君之奢飲》:"雷動風行,日引月長。"

696　宿聲

(1804) 縮蹜(收縮義)

縮　以繩索束縛。《爾雅·釋器》:"繩之謂之縮之。"晉郭璞注:"縮者,約束之。"《太平廣記》卷四百二十五引《王子年拾遺記》:"以香金爲鈎,縮絲綸,以舟鯉爲餌,不踰旬日,釣一白蛟,長三四丈。"引申爲收縮義。《廣韻·屋韻》:"縮,斂也,退也,短也。"按"斂"即收斂、收縮,"退"謂退縮,縮之則短,短義、收縮義相通。《吕氏春秋·古樂》:"筋骨瑟縮不達,故作爲舞以宣導之。"《三國志·吳志·吕蒙傳》:"魏使廬江謝奇爲蘄春典農,屯皖田鄉,數爲邊寇。蒙使人誘之,不從,則伺隙襲擊,奇遂縮退。"

蹜　鳥類飛翔時將脚收縮於腹下,引申之則泛指收縮。《廣韻·屋韻》:"蹜,《文字音義》云:烏鵲醜,其飛掌蹜在腹下也。"宋蘇舜欽《感興》:"從前有口者,蹜胠氣如鞴,獨夫已去除,易若吹糠粊。"清黄宗羲《曹實庵先生詩序》:"今之爲詩者,曰:必爲唐,必爲宋,規視焉俛首蹜步,至不敢易一辭,出一語。"

〔推源〕　此二詞俱有收縮義,爲宿聲所載之公共義。聲符字"宿"所記録語詞謂住宿,住宿即人歸而留止於居室,本與收縮義相通。《説文·宀部》:"宿,止也。從宀,佰聲。佰,古文夙。"《楚辭·七諫·初放》:"塊兮鞠,當道宿。"漢王逸注:"夜止曰宿。"《詩·邶風·泉水》:"出宿于泲,飲餞于禰。"然則本條二詞之收縮義爲其聲符"宿"所載之顯性語義。宿聲可載收縮義,則"束"可證之。

宿:心紐覺部;
束:書紐屋部。

心書(審三)準雙聲,覺屋旁轉。"束",束縛,凡物束縛則收縮,其義相通。《説文·束部》:"束,縛也。"清朱駿聲《通訓定聲》:"《易·賁》:'束帛戔戔。'……《儀禮·聘禮》疏:'脯十脡亦曰束。'又《論語》:'自行束脩以上。'孔注:'束帶脩飾。'鄭注:'謂年十五以上,是訓束髮也。'"

697　啓聲

(1805) 啓晵暟(開義)

晵　雨過天晴,雲散開。《説文·日部》:"晵,雨而晝姓也。從日,啓省聲。"清朱駿聲《通訓定聲》:"雨而夜姓爲姓。今皆曰晴。"清錢坫《斠詮》:"此晴霽字。"《廣韻·薺韻》:"晵,

《説文》云：'雨而晝晴也。'"又《線韻》："啓，雨而晝止。"按，"啓"即雲開霧散見其日之謂。徽歙方言，凡陰天不見日云"不現天"，即雲不散開之意。

䁖 睜開眼睛仔細看。《説文·目部》："䁖，省視也。从目，啓省聲。"清朱駿聲《通訓定聲》："《廣雅·釋詁一》：'䁖，視也。'《釋言》：'窺也。'"《廣韻·霽韻》："䁖，省視。"

棨 木製信物，加封而待開啓者，猶後世寄信者自稱"某某人緘"，而稱收信者爲"某某人啓"。《説文·木部》："棨，傳，信也。从木，啓省聲。"清朱駿聲《通訓定聲》："《漢書·文帝紀》：'除關無用傳。'注：'棨者，刻木爲合符也。'"清王筠《句讀》："棨一名傳，所以爲信也。《古今注》：'凡傳皆以木爲之，長五寸，書符信於上，又以一板封之，皆封以御史印章，所以爲信也。'"《漢書·甯成傳》："詐刻傳出關歸家。"唐顏師古注："傳，所以出關之符也。"《後漢書·百官志二》："若外人以事當入，本官長史爲封棨傳。其有官位，出入令御者言其官。"

〔推源〕 諸詞俱有開義，爲啓聲所載之公共義。聲符字"啓"所記錄語詞謂開導，引申之則有打開、開創、開拓、開始等義。《説文·攴部》："啓，教也。从攴，启聲。《論語》曰：'不憤不啓。'"清朱駿聲《通訓定聲》："《左定四傳》：'皆啓以商政。'《禮記·祭統》：'啓右獻公。'〔假借〕爲'啓'。《小爾雅·廣詁》：'啓，開也。'……《襄廿五傳》：'若啓之。'注：'開門也。'《儀禮·士虞記》：'啓户。'又《夏小正》：'正月啓蟄。'傳：'言始發蟄也。'……《詩·閟宫》：'大啓爾宇。'……《左僖五傳》：'凡分至啓閉。'"按，皆引申，非假借。本條諸詞之開義爲其聲符"啓"所載之顯性語義。啓聲可載開義，則"開"可證之。

啓：溪紐脂部；

開：溪紐微部。

雙聲，脂微旁轉。"開"，開門，引申爲張開、打開、開始、開創、開導等義。《説文·門部》："開，張也。从門，从开。"清朱駿聲《通訓定聲》："从門，从收一，一者，關也……非从开也……《爾雅·釋言》：'開，闢也。'……《方言》六：'開户，楚謂之闓。'《〈書〉序》：'東郊不開。'《老子》：'天門開闔。'〔轉注〕《周書·武順》：'一卒居前曰開。'注：'猶啓也。'《禮記·檀弓》：'爾心或開予。'注：'謂諫爭有所發起也。'……《後漢·馮衍傳》注：'開、發，皆始也。'"

698 敢聲

(1806) 譀㺝闞瞰㘎譀(高、深、大義)

譀 説大話，夸誕。《説文·言部》："譀，誕也。从言，敢聲。䛣，俗譀从忘。"清朱駿聲《通訓定聲》："按，忘者，妄也……《廣雅·釋言》：'夸，譀也。'《東觀漢記》：'雖夸譀猶令人熱。'褚少孫《續日者傳》：'卜者多言夸嚴，以得人情。'以'嚴'爲之。"《廣韻·鑑韻》及《狎韻》："譀，夸誕。"引申之，則指大聲吼叫。《玉篇·言部》："譀，叫譀。"前蜀貫休《賀鄭使君》：

"死地再生知德重,精兵連譀覺山移。"

厰 高而險峻。《説文·厂部》:"厰,崟也。一曰地名。从厂,敢聲。"清朱駿聲《通訓定聲》:"按,《公羊傳三十二傳》:'殽之嶔巖。''嶔'即'崟'字。"清王筠《句讀》:"當作'厰崟'也。'厰崟',當讀如嚴吟,而又作'崟厰'……巖嶮、嶔巖相顛倒,仍是一義,且皆是形容殽地之險,因目之爲地名耳。"漢枚乘《梁王菟園賦》:"西山隘隘,卬焉巇巇,卷路婁杉,崟巖崿從巍㠑焉。"

闞 遠望。遠義、大義相通,故引申爲大聲、口張大義。《説文·門部》:"闞,望也。从門,敢聲。"清朱駿聲《通訓定聲》:"望或倚門倚閭,故从門……〔假借〕單辭形況字。《詩·常武》:'闞如虓虎。'箋:'闞然如虎之怒。'……《莊子·天道》:'而口闞然。'注:'虓豁之兒。'"按,當爲引申,非假借。三國魏嵇康《琴賦》:"邪睨崑侖,俯闞海湄。"其"俯闞"即俯視、鳥瞰,即於高處下視之義,與遠望義相通;記録此義,字亦作"瞰"。《廣韻·鑑韻》:"闞,虎聲。"又《鑑韻》:"闞,犬聲。"按,皆大聲義。唐薛用弱《集異記·裴越客》:"忽見猛虎負一物至,衆皆惶撓,則共闞喝之,仍大擊板屋並物。"

瞰 俯視,從高處往下看。《廣韻·闞韻》:"瞰,視也。"《字彙·目部》:"瞰,俯視曰瞰。"清朱駿聲《説文通訓定聲·謙部》:"《後漢·光武紀》:'瞰臨城中。'注:'俯視曰瞰。'"《楚辭·九章·悲回風》:"馮崑崙以瞰霧兮,隱岷山以清江。"清王夫之《通釋》:"瞰,俯視也。"《漢書·王莽傳中》:"反膺高視,瞰臨左右。"

噉 大聲喊。晉干寶《搜神記》卷四:"風雨失其柩。夜聞荆山有數千人噉聲,鄉民往視之,則棺已成冢。"王重民等編《敦煌變文集》之《捉季布傳文》:"高聲直噉呼:'劉季,公是徐州豐縣人。'"按,"噉"本謂嚼食。《説文·口部》:"啖,噍啖也。一曰噉。"清朱駿聲《通訓定聲》:"'噉'當爲此字之或體。"字从口,表大聲呼喊義,爲套用字。

𪙉 開闊,橫向距離大,亦指溪谷深,則謂上下距離大。《集韻·檻韻》:"𪙉,開兒。"《字彙·谷部》:"𪙉,谷深兒。"明劉基《壬辰歲八月自台州之永嘉度蒼嶺》:"瀑泉流其中,𪙉若洩溟漭。"清張九鉞《乾溪洞記》:"行十餘里,忽𪙉朗容萬人。"

〔推源〕 諸詞或有高義,或有深義、大義,俱以敢聲載之,而諸義相通,當出諸同一語源。聲符字"敢"所記録語詞謂勇敢、勇於進取。《説文·受部》:"𠭖,進取也。从受,古聲。𣪏,籀文𠭖。敢,古文𠭖。"清段玉裁注:"今字作'敢','𣪏'之隸變。"清朱駿聲《通訓定聲》:"《廣雅·釋詁二》:'敢,勇也。'……《大戴·文王官人》:'潔廉而果敢者也。'注:'謂不憂不懼也。'《荀子·性惡》:'天下有中敢直其身。'注:'果決也。'"按,大膽則勇敢,當與大義相通。我聲字所記録語詞"峨""硪""鬖""餓""驖""莪""䖾""俄"俱有高大義,見本典第四卷"326. 我聲"第895條,敢聲、我聲本相近且相通。

敢:見紐談部;
我:疑紐歌部。

見疑旁紐,談歌通轉。然則可相爲證。又,敢聲可載深義,則"遠"可證之。

敢:見紐談部；

遠:匣紐元部。

見匣旁紐,談元通轉。"遠",遙遠,空間距離大。《説文・辵部》:"遠,遼也。"清朱駿聲《通訓定聲》:"《爾雅・釋詁》:'遠,遐也。'《方言》六:'離,楚或謂之遠。'《禮記・王制》:'屏之遠方。'注:'九州之外也。'……《樂記》:'窮高極遠,而測深厚。'注:'高遠三辰也。'"引申之,則有深義。《易・繫辭下》:"其旨遠,其辭文,其言曲而中。"唐孔穎達疏:"其旨遠者,近道此事,遠明彼事,是其旨意深遠。"《三國志・魏志・傅嘏傳》"傅嘏字蘭石"南朝宋裴松之注:"嘏友人荀粲,有清識遠心,然猶怪之。"按,"遠心"即心思深。唯"遠"有深義,故有"深遠"之同義聯合式合成詞,上引孔穎達語即一例。《戰國策・趙策四》:"父母之愛心,則爲之計深遠。"

699 隋聲

(1807) 謫豴惰髨墮(毁、敗義)

謫 毁謗,敗壞他人名聲。《説文・言部》:"謫,相毁也。从言,隋省聲。"南唐徐鍇《繫傳》:"从言,隋聲。"清朱駿聲《通訓定聲》:"按,隋聲。"清段玉裁注:"从言,隋聲。"清桂馥《義證》:"'相毁也'者,《集韻》省作'隋',云'毁謗也'。《廣韻・支韻》:"謫,相毁之言。"《五音集韻・至韻》:"隋,《説文》:'相毁。'"按,《宋史・宗室世系表十一》載,有人名"趙不謫","不謫"當即勿毁於人後之意,雖爲人名,亦爲規諫之言。

豴 閹割過的猪,生殖功能毁壞者。《説文・豕部》:"豴,豭也。从豕,隋聲。""豭,羠豕也。"清朱駿聲《通訓定聲》:"《易・大畜》:'豶豕之牙。'虞注:'劇豕稱豶。'劉注:'豕去勢曰豶。'……《廣雅》:'豶,犍也。'按,羊曰羠,馬曰騸,牛曰犗。"

惰 不敬,輕慢,引申爲懶惰義,又引申爲衰敗、敗壞義。其字亦省作"憜"。《説文・心部》:"憜,不敬也。从心,嫷省。《春秋傳》曰:'執玉憜。'惰,憜或省阜。"南唐徐鍇《繫傳》:"从心,隋聲。"清朱駿聲《通訓定聲》:"按,隋聲。"《墨子・修身》:"雄而不修者,其後必惰。"宋蘇軾《辯試館職策問札子》之二:"然臣私憂過計,常恐百官有司矯枉過直,或至於媮,而神宗勵精覈實之政,漸致惰壞。"

髨 頭秃,頭髮敗壞。字亦作"鬌"。《説文・髟部》:"鬌,从髟,隋省。"清朱駿聲《通訓定聲》:"隋省聲。字亦作'鬌'。……《方言》十二:'鬌,盡也。'"《字彙補・镸部》:"鬌,《廣雅》:'盡也。'"按,所引《廣雅》之"鬌"異文作"鬌"。唐顔師古《匡謬正俗》卷六:"關中俗謂髮落頭秃爲椎……今俗呼鬌,音訛,故爲'椎'。"按,"鬌"之本義爲髮落,見後第1811條,髮落盡則頭禿,其義相通;頭禿即髮落盡,故有"盡"訓。

墮 毁壞,敗壞。字亦作"隓"。《廣韻·支韻》:"墮,同'隓'。隳,俗。"《説文·阜部》:"隓,敗城阜曰隓。从阜,㕣聲。䧑,篆文。"清朱駿聲《通訓定聲》:"小篆从土,隋聲。俗字亦作'隳'。《方言》十三:'隓,壞也。'《左定十二年》:'叔孫州仇帥師墮郈。'注:'毁也。'《荀子·議兵》:'猶以錐刀墮大山也。'《吕覽·順説》:'隳人之城郭。'〔轉注〕《哀十二傳》:'是墮黨而崇讎也。'注:'毁也。'"

〔推源〕 諸詞俱有毁、壞義,爲隋聲所載之公共義。聲符字"隋"所記録語詞謂殘餘的祭品,本有毁、壞義。《説文·肉部》:"隋,裂肉也。从肉,从隓省。"清朱駿聲《通訓定聲》:"從隓省聲。謂屍所祭之殉餘。《周禮·小祝》:'贊隋。'注:'隋,屍之祭也。'"引申爲毁壞、敗壞義。《國語·晉語八》:"臣嘗陳辭矣,心以守志,辭以行之,所以事君也,若受君賜,是隋其前言。"三國吴韋昭注:"隋,壞也。"然則本條諸詞之毁、敗義爲其聲符"隋"所載之顯性語義。隋聲可載毁、敗義,則"隤"可證之。

隋:邪紐歌部;

隤:定紐微部。

邪定鄰紐,歌微旁轉。"隤",崩潰,毁壞。《説文·阜部》:"隤,下隊也。"清朱駿聲《通訓定聲》:"字亦作'墤',經傳亦以'頽'爲之。《廣雅·釋詁一》:'隤,下也。'又'壞也。'《二》:'衺也。'……《漢書·食貨志》:'因隤其土。'注:'謂下之也。'《淮南·原道》:'先者隤陷。'"《文選·揚雄〈解嘲〉》:"功若泰山,響如坻隤。"唐李善注:"天水有大坂名曰隴坻,其山堆傍者崩落,作聲聞數百里,故曰坻隤。"按,後世崩潰字作"潰",从貴得聲,正與"隤"同。

(1808) 蓨鯑隋嶞(小義)

蓨 草木花初生,幼小。《説文·艸部》:"蓨,藍蓼秀。从艸,隨省聲。"南唐徐鍇《繫傳》:"藍蓼屬華作穗也。《爾雅注》:'芛,音瀡。'今字書以此字當之……从艸,隋聲。"清朱駿聲《通訓定聲》:"按,隋聲。或曰與'芛'略同。"按,《爾雅·釋草》:"芛、葟、華,榮。"晉郭璞注:"今俗呼草木華初生者爲芛。"《廣韻·紙韻》:"蓨,草木葉初出皃。"

鯑 魚苗,魚之幼小者。《説文·魚部》:"鯑,魚子已生者。从魚,隋省聲。鱦,籀文。"清朱駿聲《通訓定聲》:"從魚,隋聲……未生者曰鯤。'鯤'即《説文》'卝'字,字亦作'卵'。"清段玉裁注:"謂魚卵生於水艸間,初孚有魚形者。"《廣韻·果韻》:"鯑,魚子已生。"

嶞 山之狹小者。《説文·山部》:"嶞,山之墮墮者。从山,从隓省聲。"清段玉裁注改其解釋文爲"山之嶞嶞者",並注:"嶞嶞,狹長之皃。"清朱駿聲《通訓定聲》:"山之嶞嶞者……按,隋聲,讀若相推落之墮……《爾雅》:'巒山嶞。'注:'謂山形長狹者。'《詩·般》:'嶞山喬嶽。'傳:'山之嶞嶞小者也。'"按,段、朱二氏改"墮墮"爲"嶞嶞"可從,《説文》全書凡一百二十餘例,以被釋字重叠解釋被釋字所記録語詞,如《豸部》:"豸,獸長脊行豸豸然。"

《玉篇·山部》:"隓,小山也。"清錢謙益《憨山大師全身入五乳塔院》:"隓山如乳五峰垂,一塔巋然掩導師。"

獢 小貐猪。《爾雅·釋獸》:"豕貐,獢。"晉郭璞注:"俗呼小貐猪爲獢子。"《廣韻·紙韻》:"獢,小貐。亦作'豗'。"《集韻·紙韻》:"獢,俗呼小貐爲獢子。亦作'豗'。"清朱駿聲《説文通訓定聲·隨部》:"獢,豕之小者。"按,字亦變爲"豬"。《篇海類編·鳥獸類·豕部》:"豬,小貐名。"

〔推源〕 諸詞俱有小義,爲隋聲所載之公共義。聲符字"隋"所記録語詞與小義不相涉,其小義乃隋聲所載之語源義。隋聲可載小義,則"碎"可證之。

隋:邪紐歌部;
碎:心紐物部。

邪心旁紐,歌物旁對轉。"碎",破碎。《説文·石部》:"碎,䃀也。"清朱駿聲《通訓定聲》:"石䃀也,瓦曰瓬。《廣雅·釋詁一》:'碎,壞也。'《三》:'碎,散也。'"《廣韻·隊韻》:"碎,細破也。"《史記·廉頗藺相如列傳》:"大王必欲急臣,臣頭今與璧俱碎於柱矣。"按,凡物破碎則細小,故"碎"有細小之衍義。五代王仁裕《開元天寶遺事·占風鐸》:"岐山宫中於竹林内懸碎玉片子,每夜聞玉片子相觸之聲即知有風,號爲'占風鐸'。"又小步稱"碎步",小花朵稱"碎芳""碎花",其例不一而足。唯"碎"有小義,故有"碎小"之同義聯合式合成詞。宋馬永卿《嬾真子》卷五:"虔自謂其書雖多,而皆碎小之事也。"

(1809) 嫷鬌(美義)

嫷 美好。其字亦省作"媠"。《説文·女部》:"嫷,南楚之外謂好曰嫷。从女,隋聲。"南唐徐鉉等注:"今俗省作'媠'。"清朱駿聲《通訓定聲》:"按,'惰'下古文'媠'當爲此字之或體。《方言》二:'嫷,美也,南楚之外曰嫷。'《通俗文》:'形美曰嫷。'《漢書·張敞傳》:'被輕嫷之名。'《七啓》:'形嫷服兮揚幽。'"《廣韻·果韻》:"媠,好也。"又《過韻》:"嫷,好兒。"又《果韻》:"嫷,美也。"戰國楚宋玉《神女賦·序》:"嫷被服,侻薄裝。"宋沈遼《紂錫妲己冠岥圖》:"錫之冠服,姱以示禮,嫷嫷其容,洌洌其止。"按,朱氏所引《漢書》之"輕嫷"即輕慢義,非美義。

鬌 髮美。字亦省作"髽"。《集韻·果韻》:"髽,髮美。"清朱駿聲《説文通訓定聲·隨部》:"髽,从彡,隋省聲。"宋方岳《風流子·和楚客維揚燈夕》:"香塵路,雲鬆鸞髽髽,月襯馬蹄驕。"元陳基《群珠碎傷吴帥潘元紹衆妾作》:"繡紋刺綺春纖長,蘭膏鬌鬢瓊肌香。"

〔推源〕 此二詞俱有美義,爲隋聲所載之公共義。聲符字"隋"所記録語詞與美義不相涉,其美義乃隋聲所載之語源義。隋聲可載美義,則"瑞"可證之。

隋:邪紐歌部;
瑞:禪紐歌部。

叠韻,邪禪準雙聲。"瑞",瑞玉,可製信物者。《說文·玉部》:"瑞,以玉爲信也。"清朱駿聲《通訓定聲》:"《周禮·典瑞》:'掌王瑞玉器之藏。'注:'符信也,人執以見曰瑞。'"引申爲祥瑞義,又引申爲美義,"瑞"爲美稱。《後漢書·蔡邕傳》:"或畫一策而縮萬金,或談崇朝而錫瑞珪。"唐杜牧《題茶山》:"山實東吳秀,茶稱瑞草魁。"清馮集梧注:"《茶經》:'茶者,南方之嘉木也。'"又,凡"瑞馬""瑞爐"之"瑞",皆爲美稱。

(1810) 楕鑈(圓義)

楕　長圓形容器,引申爲楕圓義。《說文·木部》:"楕,車笭中橢橢器也。从木,隋聲。"清朱駿聲《通訓定聲》:"《三蒼》:'盛鹽豉器也。'《急就篇》作'楕',注:'小桶也。'按,凡狹長之器皆得曰楕……《爾雅·釋魚》:'蠵小而楕。'注:'謂狹而長。'《廣雅·釋詁二》:'楕,長也。'"《廣韻·果韻》:"楕,器之狹長。"《淮南子·脩務訓》:"今夫救火者汲水而趨之,或以甕瓴,或以盆盂,其方圓銳楕不同,盛水各異,其於滅火鈞也。"

鑈　餅,圓形物。字亦作"餹"。《廣韻·紙韻》:"鑈,餹餼,《方言》云:餅。"沈兼士《聲系》:"案'鑈',内府本《王韻》作'餹',《集韻》:'鑈,或作鑈、饡。'"《改併四聲篇海·麥部》引《餘文》:"饡,餹餼,《方言》云:餅也。"《玉篇零卷·食部》引《埤蒼》:"餹餼,餌也。"《說文·鬻部》:"鬻,粉餅也。从鬻,耳聲。餌,鬻或从食、耳。"《駢雅·釋服食》:"餹餼,粉餅也。"

〔推源〕　此二詞俱有圓義,爲隋聲所載之公共義。聲符字"隋"所記録語詞與圓義不相涉,其圓義乃隋聲所載之語源義。按屯聲字所記録語詞"䏔""飩""囤"俱有圓義,見本典第一卷"70. 屯聲"第 210 條。隋聲、屯聲本相近且相通。

隋:邪紐歌部;
屯:定紐文部。

邪定鄰紐,歌文旁對轉。然則可相爲證。

(1811) 墮鬌(落義)

墮　落下。《廣韻·果韻》:"墮,落也。"《史記·留侯世家》:"有一老父,衣褐,至良所,直墮其履圯下。"唐杜甫《彭衙行》:"何當有翅翎,飛去墮爾前。"唯"墮"有落義,故有"墮落"之同義聯合式合成詞。晉陶潛《晉故征西大將軍長史孟府君傳》:"有風吹君帽墮落,溫目左右及賓客勿言,以觀其舉止。"

鬌　毛髮脱落。《說文·髟部》:"鬌,髮隋也。"清朱駿聲《通訓定聲》:"《方言》十二:'鬌,盡也。'注:'毛物漸落去之名。'……《廣雅·釋詁三》:'鬌,落也。'〔聲訓〕《廣雅·釋詁二》:'鬌,墮也。'"《廣韻·支韻》:"鬌,髮落。"按"鬌"爲"鬌"字之省,見前第1809條。

〔推源〕　此二詞俱有落義,爲隋聲所載之公共義。聲符字"隋"所記録語詞與落義不相涉,其落義乃隋聲所載之語源義。隋聲可載落義,"墜"可證之。

隋：邪紐歌部；

墜：定紐物部。

邪定鄰紐，歌物旁對轉。"墜"，落下。初文作"隊"。《說文新附·土部》："墜，陊也。从土，隊聲。"鄭珍《新附考》以爲《說文》之"隊"即古"墜"字。按《說文·𨸏部》："隊，从高隕也。从𨸏，㒸聲。"清朱駿聲《通訓定聲》："俗字作'墜'。《爾雅·釋詁》：'墜，落也。'《廣雅·釋詁二》：'墜，墮也。'《考工·輪人》：'殷畝而馳不隊。'……《公羊文三傳》：'死而墜地。'注：'墮地也。'"《楚辭·離騷》："朝飲木蘭之墜露兮，夕餐秋菊之落英。"按"墜"與"落"對文同義。

700 將聲

(1812) 蔣箖鱂（白色義）

蔣 茭筍，其色白，故一名"茭白"。《說文·艸部》："蔣，苽蔣也。从艸，將聲。"清朱駿聲《通訓定聲》："其米曰雕胡。《漢書·司馬相如傳》：'蔣芧青薠。'注：'菰也。'《淮南·原道》：'浸潭苽蔣。'《蜀都賦》：'攢蔣叢蒲。'"馮德培、談家楨等《簡明生物學詞典·菰》："菰，一名'蔣'，又名'茭筍''茭白'……穎果狹圓柱形，名'菰米'，一稱'雕胡米'。"

箖 竹子剖開，内中色白者。《說文·竹部》："箖，剖竹未去節謂之箖。从竹，將聲。"清朱駿聲《通訓定聲》："字亦作'欌'……《方言》：'所以隱櫂謂之欌'。注：'搖櫓小橛也。'今以名櫂，而改其字作'槳'。"清段玉裁注："'欌'蓋即'箖'字，其始爲剖竹未去節爲之，後乃以木爲之，改其字作'欌'、作'槳'。後人又不以名橛而以名櫂矣。"《廣韻·養韻》："箖，剖竹未去節也。"

鱂 古謂大鯧魚，亦指青鱂魚，則爲套用字。青鱂之體，呈銀白色。馮德培、談家楨等《簡明生物學詞典·鱂》："鱂，亦稱'青鱂'。魚綱，鱂科。體延長，側扁，長約3—4厘米。銀灰色。"

〔推源〕諸詞俱有白色義，爲將聲所載之公共義。聲符字"將"所記錄語詞之本義爲將帥。《說文·寸部》："將，帥也。从寸，牆省聲。"清朱駿聲《通訓定聲》："《晉語》：'將止不面夷。'注：'帥也。'《荀子·富國》：'是將率之事也。'注：'猶主領也。'"其引申義系列亦與白色義不相涉，然則白色義當爲將聲另載之語源義。將聲可載白色義，則"旳"可證之。

將：精紐陽部；

旳：端紐藥部。

精端鄰紐，陽藥（沃）旁對轉。"旳"，白色。其字本從日作"旳"。《說文·日部》："旳，明也。从日，勺聲。"清朱駿聲《通訓定聲》："俗字作'的'，从白。《易》曰：'旳顙。'按《說卦》九家注：'旳，白顙額也。'《爾雅·釋畜》：'駹顙，白顛。'舍人注：'旳白也。'按，旳顙者，白額也，馬白額名'駹'者,後製字。"唐黃滔《送友人邊遊》:"親詠《關山月》,歸吟鬢的霜。"

(1813) 槳螿(小義)

槳 划船的短小工具。《廣韻·養韻》:"槳,檝屬。"《説文·木部》:"楫,舟櫂也。"清桂馥《義證》:"或作'檝'。《字書》:檝,舟旁撥水者。短曰檝,長曰櫂。"《正字通·木部》:"槳,長大曰櫓,短小曰槳。"南朝梁劉孝威《采蓮曲》:"金槳木蘭船,戲採江南蓮。"宋蘇軾《赤壁賦》:"桂櫂兮蘭槳,擊空明兮泝流光。"

螿 寒蟬,蟬之小者。《爾雅·釋蟲》"蜺,寒蜩"晉郭璞注:"寒螿也,似蟬而小,青赤。"《廣韻·陽部》:"螿,寒螿,蟬屬。"《淮南子·説林訓》:"狐死首丘,寒螿翔水。"漢王充《論衡·變動》:"是故夏末蜻蛚鳴,寒螿啼,感陰氣也。"宋王沂孫《聲聲慢》:"啼螿門静,落葉階深,秋聲又入吾廬。"

〔推源〕 此二詞俱有小義,爲將聲所載之公共義。聲符字"將"所記錄語詞與小義不相涉,其小義乃將聲所載之語源義。將聲、小聲本相近且相通。

將:精紐陽部;

小:心紐宵部。

精心旁紐,陽宵旁對轉。"小",大小字,本義、基本義皆小。見本典第一卷第87條"推源"。

(1814) 漿醬(糊義)

漿 微酸的飲料。《説文·水部》:"漿,酢漿也。从水,將省聲。"清朱駿聲《通訓定聲》:"今隸作'漿',將聲……《九家易·説卦》:'坤爲漿。'《周禮·酒正》:'三曰漿。'《漿人》:'掌共王之六飲:水、漿、醴、涼、醫、酏。'"引申之則指粥,粥一名"糊",本有模糊不清、膠黏之義。《韓非子·外儲説右上》:"子路以其私秩粟爲漿飯,要作溝者於五父之衢而飡之。"清王先慎《集解》:"漿飯,粥也。"又引申而指漿糊。明阮大鋮《燕子箋·誤畫》:"自嘆紅鸞不利,招了箇漿水冤家。"按漿糊即糊狀物。

醬 肉醬,引申之則指豆醬、麥醬,所指稱者皆糊狀物。《説文·酉部》:"醬,鹽也。从肉,从酉。酒以和醬也,爿聲。"清段玉裁注:"醢也……今俗作'醬'。"清朱駿聲《通訓定聲》:"《廣韻》引《説文》:'醢也。'疑'鹽'實'醢'之誤字,故宋本或誤作'鹽也'。《周禮·膳夫》:'醬用百有二十甕。'注:'謂醯醢也。'《論語》:'不得其醬。'皇疏:'古者醬、齊、菹三者通名也。'按,醬有和食者,《禮記·内則》'濡雞醢醬''濡魚卵醬''濡鱉醢醬'之類是也;有配食者,《儀禮·公食禮》'韭菹醓醢'……之類是也。"

〔推源〕 此二詞俱有糊義,爲將聲所載之公共義。聲符字"將"所記錄語詞與糊義不相涉,其糊義乃將聲所載之語源義。將聲可載糊義,"粥"可證之。

將:精紐陽部;

粥:章紐覺部。

精章(照)準雙聲,陽覺旁對轉。"粥",稀飯,糊狀物。《爾雅·釋言》:"粥,潯糜也。"《禮記·檀弓上》:"饘粥之食,自天子達。"唐孔穎達疏:"厚曰饘,希曰粥。"按,其字爲"鬻"之省。《説文·䰪部》:"鬻,鍵也。从䰪,米聲。"清段玉裁注:"會意。"清朱駿聲《通訓定聲》:"按,从米、从古文'鬲'會意。字亦作'𩱧'、作'䭈',又誤省作'粥'。《爾雅·釋言》:'鬻,糜也。'《廣雅·釋器》:'粥,饘也。'《儀禮·士喪禮》:'夏祝鬻餘飯。'注:'以飯尸餘米爲鬻也。'《既夕》:'歠粥'。注:'糜也。'……《左昭七傳》:'鬻於是。'疏:'潯者曰鬻。'"

第 八 巻

第八卷相關數據

  本卷共考釋同源詞251組。

  本卷收錄聲符字100個,據聲符字形體綫索繫聯的形聲字共776個。根據聲符的音義綫索繫聯的其他文字即帶"/"符號者24個。推源欄所繫聯的即《條文目錄》中帶"△"符號的文字196個(俱爲本字形式,假借字未計在内)。《條文目錄》所列即此三數之和,凡996單字。

701 習聲

(1815) 摺褶（折義）

摺 摧折。清朱駿聲《説文通訓定聲·臨部》:"摺,與'拉'略同。《廣雅·釋詁一》:'摺,折也。'《淮南·脩務》:'攘捲一擣,則摺脇傷幹。'《漢書·揚雄傳》:'范睢以折摺而危穰侯。'晉灼注:'古拉字也。'"《説文·手部》:"拉,摧也。"《玉篇·手部》:"拉,折也。"按"摺"亦指摺叠。《廣韻·叶韻》:"摺,摺疊也。"北周庾信《鏡賦》:"始摺屏風,新開户扇。"清錢泳《履園叢話·考索·扇》:"或謂古人皆用團扇,今之摺扇是朝鮮、日本之制。有明中葉始行于中國也。"

褶 衣服上的折皺。《正字通·衣部》:"褶,衣有襞折曰褶。"宋張榘《虞美人》:"龍香淺漬羅褶,睡思低眉月。"《説郛》卷二十一引元程棨《三柳軒雜識》:"又有片玉長可八寸,闊三兩指,如刀有把,名抹衣。古帝王既御袍帶,以此抹腰,無褶縐。"

〔推源〕 此二詞俱有折義,爲習聲所載之公共義。聲符字"習"所記録語詞之本義爲鳥頻頻試飛。《説文·習部》:"習,數飛也。从羽,从白。"清朱駿聲《通訓定聲》:"《禮記·月令》:'鷹乃學習。'"按,甲骨文"習"从羽、从日,或以爲鳥於晴日習飛。"習"之引申義系列亦與折義不相涉,其折義乃習聲所載之語源義。習聲可載折義,"折"可證之。

習:邪紐緝部;

折:章紐月部。

邪章(照)鄰紐,緝〔əp〕月〔at〕二部韻尾同屬塞音,依王力先生《同源字典·同源字論》説,亦爲通轉。"折",折斷。《説文·艸部》:"折,斷也。"清朱駿聲《通訓定聲》:"《易·豐》:'折其右肱。'《説卦》:'兑爲毁折。'……《詩·將仲子》:'無折我樹杞。'……《左哀元傳》:'無折骨。'"

(1816) 熠飁霫（盛、大義）

熠 盛光。《説文·火部》:"熠,盛光也。从火,習聲。"清朱駿聲《通訓定聲》:"《笙賦》:'爛熠燴以放艷。'注:'光明皃。'"唐李白《明堂賦》:"熠乎光碧之堂,炅乎瓊華之室。"清王琦

注："《韻會》：'熠，盛光也。'"唐沈佺期《和元舍人萬頃臨池玩月戲爲新體》："玉流含吹動，金魄度雲來。熠爚光如沸，翩翩景若摧。"

颮 大風。《玉篇·風部》："颮，風也。"《廣韻·緝韻》："颮，颯颮，大風。"唐杜甫《贈崔十三評事公輔》："颯颮寒山桂，低佪風雨枝。"清仇兆鰲注引《唐韻》："颯颮，大風也。"

霫 大雨。《廣雅·釋訓》："霫霫，雨也。"清王念孫《疏證》："《玉篇》：'霫霫，大雨也。'重言之則曰霫霫、霫霫。"《廣韻·緝韻》："霫，霫霫，大雨。"按，大雨稱"霫霫"，正猶大風稱"颯颮"。宋趙長卿《臨江仙》："晚涼如有意，霫霫到山家。"清惲敬《大雲山房雜記》卷一："霫，敕立切；霫，息入切。大雨也。今吴人以秋雨爲秋霫霫。"

〔推源〕 諸詞俱有盛大義，爲習聲所載之公共義。聲符字"習"所記録語詞之本義、引申義系列與盛、大義不相涉，其盛、大義乃習聲所載之語源義。按屯聲字所記録語詞"純""炖""奄"俱有厚重盛大義，見本典第一卷"70. 屯聲"第214條。習聲、屯聲本相近且相通。

習：邪紐緝部；

屯：定紐文部。

邪定鄰紐，緝文通轉。然則可相爲證。

（1817）熠諿瘤（小義）

熠 螢火，亦指燐火。《廣韻·緝韻》："熠，熠燿，螢火。"清朱駿聲《説文通訓定聲·臨部》："熠，《詩·東山》：'熠燿宵行。'傳：'熠燿，燐也。燐，螢火也。'按，宵行，螢也，熠燿，飛有光也。"宋歐陽修《讀張李二生文贈石先生》："夜歸獨坐南窗下，寒燭青熒如熠爚。"宋蘇軾《秋懷》："熠燿亦求偶，高屋飛相追。"按，螢火、燐火皆極小之火。

諿 小聲。《廣韻·葉韻》："諿，小語。"又《緝韻》："嗭，嗭嗭，忍寒聲。"按，"嗭"當爲或體，所謂忍寒聲即受凍而發出吸氣之聲，聲之小者。清蒲松齡《聊齋志異·江城》："女益怒，撻逐出户，闔其扉。生嗭嗭門外，不敢叩關，抱膝宿檐下。"清何垠注："嗭嗭，忍寒聲也。"

瘤 小痛，隱隱作痛。《玉篇·疒部》："瘤，小痛也。"《法苑珠林》卷八十三："見有腫蟲行於身中，其身微細，隨蟲飲血處則有腫起，瘤瘤而痛。"

〔推源〕 諸詞俱有小義，爲習聲所載之公共義。聲符字"習"所記録語詞之本義、引申義系列與小義不相涉，其小義乃習聲所載之語源義。按隹聲字所記録語詞"萑""雛""魋""稚"俱有細、小義，見本典第五卷"410. 隹聲"第1115條，習聲、隹聲本相近且相通。

習：邪紐緝部；

隹：章紐微部。

邪章（照）鄰紐，緝微通轉。然則可相爲證。

（1818）諎惵（恐懼義）

諎 言辭使人懼怕。《説文·言部》："諎，言諎讋也。从言，習聲。"清朱駿聲《通訓定聲》："〔假借〕爲'習'。《莊子·庚桑楚》：'復謵不餽而忘人。'釋文：'慴也。'"按，朱、陸二氏之説皆未得肯綮。清郭慶藩《集釋》云："復謵，謂人語言慴伏以下我而我報之。"

慴 恐懼。《説文·心部》："慴，懼也。从心，習聲。"清朱駿聲《通訓定聲》："《莊子·達生》：'是故遌物而不慴。'《釋文》：'懼也。'《漢書·陳湯傳》：'萬夷慴伏。'注：'恐也。'"《廣韻·葉韻》："慴，伏也，懼也，怯也。"《史記·項羽本紀》："籍所擊殺數十百人，一府中皆慴伏，莫敢起。"

〔推源〕 此二詞俱有恐懼義，爲習聲所載之公共義。聲符字"習"所記録語詞之本義、引申義系列與恐懼義不相涉，其恐懼義乃習聲所載之語源義。習聲可載恐懼義，"慹"可證之。

習：邪紐緝部；
慹：定紐葉部。

邪定鄰紐，緝葉(盍)旁轉。"慹"，恐懼。《玉篇·心部》："慹，恐懼也。"《後漢書·班固傳下》："慹然意下，捧手欲辭。"唐李賢注："慹者，猶恐懼也。"南朝梁沈約《憫國賦》："余生平之無立，徒跰跮以自閑；處圍城之慹慹，得無用於行間。"

702 翏聲

(1819) 嘐漻飂寥顟雡鷚（高、大義）

嘐 誇語，自高自大。《説文·口部》："嘐，誇語也。从口，翏聲。"清朱駿聲《通訓定聲》："《孟子》：'其志嘐嘐然。'注：'志大言大者也。'"清錢坫《斠詮》："此驕矜字。"《廣韻·肴韻》："嘐，誇語也。"清魏源《李希廉墓誌銘》："負斐然之狂，邁嘐嘐之志，卒歸反求，能自得師。"梁啓超《萬木草堂小學學記》："孟子如欲平治天下，當今之世，舍我其誰也，其志嘐嘐，先聖所取。"

漻 大水。《吕氏春秋·古樂》："禹立，勤勞天下，日夜不懈，通大川，決壅塞，鑿龍門，降通漻水以導河。"漢高誘注："降，大；漻，流。"陳奇猷《校釋》："'降'字當衍。漻水即潦水，蓋謂洪水也。'漻''潦'古音尤蕭二部通轉，故'漻'即'潦'也……高注順文爲解，非是。"按，或以爲"漻"爲"潦"字之借，實非。"漻"乃"潦"之轉注字。又，"漻"又有盛義，當由其大義所衍生。《管子·小問》："漻然豐滿，而手足拇動者，兵甲之色也。"唐尹知章注："心在兵武，形氣盛，故其貌豐滿。"

飂 高風。《説文·風部》："飂，高風也。从風，翏聲。"清朱駿聲《通訓定聲》："《廣雅·釋訓》：'飂飂，風也。'……《吕覽·有始》：'西方曰飂風。'注：'一曰閶闔風。'《老子》：'飂兮若無止。'"按，朱氏所引《老子》文陳鼓應注釋："飂，高風，形容形迹飄逸。"《廣韻·尤韻》：

"飂,高風也。飈,上同。"按,所謂高風,即大風、急疾之風。"飂"有急疾義,正可爲證。漢嚴遵《道德指歸論·大成若缺》:"地裂而冰凝,清風飂冽,霜雪嚴凝。"《後漢書·張衡傳》:"椷泪飂戾沛以罔象兮,爛漫麗靡藐以迭邊。"唐李賢注:"飂音遼,沛音普蓋反,並疾皃也。"

寥 高遠。《玉篇·宀部》:"寥,廓也。"《廣韻·蕭韻》:"寥,寥廓也。"《爾雅·釋詁上》:"廓,大也。"《華嚴經音義》卷四引《通俗文》:"廓,寬也。"《楚辭·遠遊》:"下峥嵘而無地兮,上寥廓而無天。"宋洪興祖《補注》:"寥廓,廣遠也。"明何景明《織女賦》:"天寥迥以揚雲兮,跂予望夫河渚。"

顟 大首高鼻深目貌。《廣韻·肴韻》:"顟,顟顟,胡人面狀。"《集韻·肴韻》:"顟,大首深目兒。"又《蕭韻》:"顟,高鼻深目兒。"《説文·頁部》:"顟,高長頭。"清朱駿聲《通訓定聲》:"《魯靈光殿賦》:'顤顟顟而睽睢。'注:'大首深目之兒。'"按,所引《廣選·王延壽〈魯靈光殿賦〉》文李周翰注:"鼻高目深之狀。"

雡 鳥大雛。《説文·隹部》:"雡,鳥大雛也。从隹,翏聲。"清桂馥《義證》:"'鳥大雛也'者,李善注《吳都賦》引同《爾雅》,《釋文》引作'鳥弌雛也','鳥弌'當爲'鳥鳶'。鳥鳶同類,《夏小正》'鳴弌'即鳴鳶。"按,桂説可參。"鳶"即鸱鷹,翼大而喜高飛盤旋者。

鷚 雲雀,好高飛入雲端,故稱"鷚"。其字亦作左形右聲。《説文·鳥部》:"鷚,天龠也。从鳥,翏聲。"清朱駿聲《通訓定聲》:"《爾雅·釋鳥》:'鷚,天鷚。'注:'大如鷃雀,色似鶉,好高飛作聲,今江東名天鷚。'按,今俗謂之'叫天子'。"《廣韻·幽韻》:"鷚,天鷚鳥也。"又《尤韻》:"鷚,鷚鷚鳥也。"按,朱氏所引《爾雅》文清郝懿行《義疏》:"今此鳥俗謂之天雀。高飛直上,鳴聲相屬,有如告訴,或謂之告天鳥。"

〔推源〕 諸詞或有高義,或有大義,或兼有高、大二義,此二義本相通,俱以翏聲載之,語源則同。聲符字"翏"所記録語詞謂高飛。《説文·羽部》:"翏,高飛也。从羽,从㐱。"《玉篇·羽部》:"翏,高飛兒。"《廣韻·蕭韻》:"翏,高飛兒。"然則本條諸詞之高、大義爲其聲符所載之顯性語義。翏聲可載高、大義,則"崇"可證之。

翏:來紐宵部;
崇:崇紐冬部。

來崇(牀)鄰紐,宵冬(東)旁對轉。"崇",山大而高。《説文·山部》:"崇,嵬高。"清段玉裁注改其解釋文爲"山大而高"。清朱駿聲《通訓定聲》:"字亦作'崈'、作'嵩'、作'崧'。《爾雅·釋詁》:'喬、嵩、崇,高也。'《周語》:'融降于崇。'注:'崇,崇高山也。'《爾雅·釋山》:'山大而高,崧。'又'嵩高爲中岳'。按,嵬高爲崇,故山之大高者命崇矣。〔轉注〕《漢書·揚雄傳》:'瞰帝唐之嵩高兮。'注:'嵩者,高也,言峻大也。'《西京賦》:'與黄比崇。'"

(1820) 膠嫪(膠着義)

膠 粘性物。《説文·肉部》:"膠,昵也,作之以皮。从肉,翏聲。"清朱駿聲《通訓定聲》："亦以角爲之。《考工·弓人》：'膠也者，以爲和也。'"《廣韻·肴韻》："膠，膠漆。"又《效韻》："膠，黏物。"南朝梁劉勰《文心雕龍·附會》："如膠之粘木，豆之合黄矣。"引申爲黏住、膠着義。《史記·廉頗藺相如列傳》："王以名使括，若膠柱而鼓瑟耳。"宋何薳《春渚紀聞·丹陽化銅》："須臾，銅中惡類如鐵屎者膠著鍋面，以消石攪之，傾槽中真是爛銀。"

嫪 留戀，如物之膠着。《説文·女部》："嫪，姻也。从女，翏聲。"清朱駿聲《通訓定聲》："《聲類》：'嫪，惜也，謂戀不能去也。'《廣雅·釋詁一》：'嫪，妒也。'今諺謂女所私人爲姻嫪，俗作孤老。"唐韓愈《薦士》："念將決焉去，感物增戀嫪。"宋岳珂《桯史》卷十四引宋喻汝礪《八陣圖》："八年嫪戀飽妻子，灑涕東風肉生髀。"

〔推源〕 此二詞俱有膠着義，爲翏聲所載之公共義。聲符字"翏"所記録語詞與膠着義不相涉，其膠着義乃翏聲所載之語源義。兹聲字所記録語詞"慈""黻""蝥""磁""糍""甆"俱有相連義，參本典第六卷"529. 兹聲"第 1395 條。膠着、相連二義相通，翏聲、兹聲亦相近且相通。

翏：來紐宵部；
兹：精紐之部。

來精鄰紐，宵之旁轉。然則可以相互爲證。

(1821) 谬寥髎漻（空義）

谬 空谷。《説文·谷部》："谬，空谷也。从谷，翏聲。"清朱駿聲《通訓定聲》："《廣雅·釋詁三》：'谬，深也。''谬，空也。'"《廣韻·蕭韻》："谬，空谷。"清厲鶚《正月四日雪霽遊天竺寺》："此中雪逾深，午景停虚谬。"

寥 空虚，空曠。字亦作"廫"。《玉篇·宀部》："寥，空也。"《廣韻·蕭韻》："寥，空也。又寂寥也，寥廓也。"《説文·广部》："廫，空虚也。"清段玉裁注："此今之'寥'字。"清朱駿聲《通訓定聲》："字亦作'寥'……《老子》：'宋兮寥兮。'注：'寥者，空無形。'《莊子·大宗師》：'乃入于寥天一。'"《莊子·知北遊》："寥已吾志，無往焉而不知其所至。"晉郭象注："寥然空虚。"北魏楊衒之《洛陽伽藍記·永明寺》："重加採訪，寥無影迹。"按，《廣韻》所訓"寂寥"即寂静義，謂空而無聲，其義亦同條共貫。

髎 骨節空隙處，亦指骨空間的穴位。《正字通·骨部》："髎，骨空處也。"明李時珍《奇經八脉考·釋音》："髎，音寥，骨空處也。"清朱駿聲《説文通訓定聲·孚部·附〈説文〉不録之字》："髎，《素問·長刺節論》：'刺兩髂髎。'注：'謂居䯗腰側穴也。'"清吴謙等《醫宗金鑒·外科心法要訣·肩部》："髎疽肩後腋外生。"原注："髎疽，生于肩之後下，腋之後外微上，岐骨縫之間。"

漻 水清澈，即空而無雜質之謂。《説文·水部》："漻，清深也。从水，翏聲。"清朱駿聲《通訓定聲》："《韓詩·溱洧》：'漻其清矣。'外傳：'清皃。'……《南都賦》：'漻淚減汨。'注：

'清皃也。'"《廣韻·蕭韻》:"漻,水清也。"引申爲空虚義。《韓非子·主道》:"寂乎其無位而處,漻乎莫得其所。"清顧廣圻《識誤》:"漻讀爲寥,正字作'廫'。"失之,其空虚義乃由其水清義所衍生。南朝梁何遜《七召·宫室》:"既臨下以漻沇,亦憑高而泱瀁。"

〔推源〕 諸詞俱有空義,爲翏聲所載之公共義。聲符字"翏"所記錄語詞與空義不相涉,其空義乃翏聲所載之語源義。婁聲字所記錄語詞"籔"謂中空可容物之器,"樓"指有窗之屋,空而透明者,又"窶""剫"等亦有空義,詳見本典第七卷"669. 婁聲"。翏聲、婁聲本相近且相通。

翏:來紐宵部;

婁:來紐侯部。

雙聲,宵侯旁轉。然則可相爲證。

(1822) 鏐璆(美義)

鏐 金之純美者。《說文·金部》:"鏐,一曰黄金之美者。从金,翏聲。"清朱駿聲《通訓定聲》:"《爾雅》:'黄金謂之璗,其美者謂之鏐。'注:'即紫磨金。'《書·禹貢》鄭本:'厥貢鏐鐵銀鏤砮磬。'"《廣韻·幽韻》:"鏐,紫磨金也。"又《尤韻》:"鏐,美金曰鏐,即紫磨金也。"《詩·小雅·瞻彼洛矣》"君子至止,鞞琫有珌"漢毛亨傳:"大夫繚琫而鏐珌。"宋姜夔《越九歌·越相側商調》:"梟曰予肖,以璗與鏐。"按漢孔融《聖人優劣論》:"金之優者,名曰紫磨,猶人之有聖也。"

璆 美玉。《爾雅·釋器》:"璆,玉也。"晉郭璞注:"美玉名。"唐陸德明《釋文》:"璆,本或作'球'。"《說文·玉部》:"璆,球或从翏。"清朱駿聲《通訓定聲》:"美玉也,古以爲磬,亦爲笏,亦爲刀室飾。《書·禹貢》:'球琳琅玕。'注:'美玉也。'……《(爾雅)釋地》:'西北之美者,有崐崙虛之璆琳琅玕焉。'《楚辭·東皇太一》:'璆鏘鳴兮琳琅。'按,佩也……《晉語》:'籩篋蒙璆。'注:'玉磬也。'"《廣韻·尤韻》:"球,美玉。璆,上同。"

〔推源〕 此二詞俱有美義,爲翏聲所載之公共義。聲符字"翏"所記錄語詞與美義不相涉,其美義乃翏聲所載之語源義。翏聲可載美義,"妙"可證之。

翏:來紐宵部;

妙:明紐宵部。

叠韻,來明爲邊、鼻音,亦爲鄰紐,王力先生説,見《同源字典·同源字論》。"妙",美妙,美好。《廣雅·釋詁一》:"妙,好也。"《廣韻·笑韻》:"妙,好也。"《説文·女部》:"好,美也。"《漢書·孝武李夫人傳》:"平陽主因言延年有女弟,上乃召見之,實妙麗善舞。"三國魏曹植《七啓》:"亦將有才人妙妓,遺世越俗,揚《北里》之流聲,紹《陽阿》之妙曲。"按,唯"妙"之義爲美,故有"美妙"之同義聯合式合成詞。

(1823) 勠醪(合義)

勠 合力。《説文·力部》:"勠,并力也。从力,翏聲。"清朱駿聲《通訓定聲》:"《齊語》:

'與諸侯勠力同心。'注:'並也。'《中山策》:'勠力同憂。'……《文賦》:'非余力之所勠。'注:'併也。'"《廣韻·宥韻》及《尤韻》《屋韻》"勠"皆訓"併力"。《韓非子·存韓》:"昔秦、韓勠力一意以不相侵,天下莫敢犯,如此者數世矣。"

醪 濁酒,酒汁與酒渣相混合者。《說文·酉部》:"醪,汁滓酒也。从酉,翏聲。"清朱駿聲《通訓定聲》:"《三蒼》:'醪,有滓酒也。'……《漢書·文帝紀》:'爲酒醪以靡穀者多。'《爰盎傳》:'買二石醇醪。'《詩·七月》傳:'春酒,凍醪也。'《素問·血氣形志論》:'治之以按摩醪藥。'"《廣韻·豪韻》:"醪,濁酒。"《後漢書·樊宏傳附樊儵》:"又野王歲獻甘醪、膏餳,每輒擾人,吏以爲利。"唐李賢注:"醪,醇酒,汁滓相將也。"

〔推源〕 此二詞俱有合義,爲翏聲所載之公共義。前第1820條"膠""嘐"俱有膠着義,當與合義相通。聲符字"翏"所記錄語詞與合義不相涉,其合義乃翏聲所載之語源義。翏聲可載合義,"攏"可證之。

翏:來紐宵部;
攏:來紐東部。

雙聲,宵東旁對轉。"攏",聚合,聚攏。晉郭璞《江賦》:"聿經始於洛沫,攏萬川乎巴梁。"引申爲合總義。《廣韻·董韻》:"攏,攏略。"宋李誡《營造法式·小木作制度四·佛道帳》:"造佛道帳之制,自坐下龜脚至鴟尾,共高二丈九尺,内外攏深一丈二尺五寸。"又,船靠岸亦稱"攏",即船與岸相合之義。唯"攏"有合義,故有"合攏"之同義聯合式合成詞。《水滸傳》第四回:"智深兩條桌脚著地卷將來,衆僧早兩下合攏來。"

(1824) 繆摎(糾結義)

繆 麻十束,引申爲糾結義。《說文·糸部》:"繆,枲之十絜也。从糸,翏聲。"清朱駿聲《通訓定聲》:"《廣雅·釋詁四》:'繆,纏也。'《禮記·大傳》:'五者一物紕繆。'《莊子·庚桑楚》:'内揵者不可繆。'《荀子·子道》:'衣與繆與不女聊。'《淮南·本經》:'以相繆紾。'《漢書·司馬相如傳》:'繆繞玉綏。'《續漢·輿服志》:'金薄繆龍,爲輿倚較。'"《廣韻·幽韻》:"繆,《詩》傳云:'綢繆。'猶纏緜也。"

摎 絞殺,引申爲糾結義。《說文·手部》:"摎,縛殺也。从手,翏聲。"清朱駿聲《通訓定聲》:"《廣雅·釋詁三》:'摎,束也。'〔假借〕爲'糾'。《漢書·五行志》:'天雨草而葉相摎結。'注:'繞也。'……《禮·喪服》:'殤之絰不摎。'《太玄·攡》:'死生相摎。'注:'謂相攏也。'宋注:'猶糾也。'"清段玉裁注:"凡繩帛等物二股互交皆得曰摎,曰絞,亦曰糾。"按,段說是。凡絞殺,即以繩類糾纏之,故其糾結義爲引申義,無煩假借。

〔推源〕 此二詞俱有糾結義,爲翏聲所載之公共義。翏聲字"轇"亦可以假借字形式表此義,則亦爲翏聲與糾結義相關聯之一證。宋趙彥衛《雲麓漫鈔》卷九:"若乃思世故多端,紛紜轇轕,雖彌日信宿,未可盡剖。"清薛福成《滇緬分界通商事宜疏》:"蓋因英人注意商務,若分劃邊界,偶有轇轕,則辦理通商,諸多掣肘,虧損無窮,固不能不審。"聲符字"翏"所記録語詞與糾結義不相涉,其糾結義乃翏聲所載之語源義。翏聲可載糾結義,"繞"可證之。

翏:來紐宵部;

繞:日紐宵部。

叠韻,來日準旁紐。"繞",纏繞,糾結。《説文·糸部》:"繞,纏也。"清朱駿聲《通訓定聲》:"《西京賦》:'繞黄山而款牛首。'注:'裹也。'《海外西經》:'其丘方四蛇相繞。'注:'繚繞樛纏。'"《廣韻·小韻》:"繞,纏繞。"南朝齊謝朓《思歸賦》:"夜索綯而繞繞,旦乘屋而芃芃。"

(1825) 蟉觺樛(彎曲義)

蟉 屈曲貌。《説文·虫部》:"蟉,蚴蟉也。从虫,翏聲。"清朱駿聲《通訓定聲》:"《魯靈光殿賦》:'騰虵蟉虯而遶榱。'注:'曲兒。'《史記·司馬相如傳》:'蚴蟉蜿嬋。'《正義》:'皆行動之貌。'故《玉篇》《廣韻》皆云'龍兒'。"《廣韻·幽韻》:"蟉,蚴蟉,龍貌。"《楚辭·遠遊》:"玄螭蟲象並出進兮,形蟉虯而逶蛇。"宋洪興祖《補注》:"蟉虯,盤曲貌。"清唐孫華《同年何倬雲户部邀看藤花》:"老藤蟉屈幾何年,萬縷千條争綽約。"

觺 似角而彎曲貌。《廣韻·尤韻》:"觺,觓觺,角兒。"《文選·揚雄〈甘泉賦〉》:"玄瓚觓觺,秬鬯泔淡。"唐李善注:"瓚受五升,口徑八寸,以圭爲柄,用灌鬯。觓觺,其貌也。"高步瀛《義疏》:"觓觺似角而曲之貌,所以狀其柄也。"

樛 樹木向下彎曲。《説文·木部》:"樛,下句曰樛。从木,翏聲。"清朱駿聲《通訓定聲》:"按,即'朻'之或體……《爾雅·釋木》:'下句曰朻。'釋文:'本又作樛。'《詩·樛木》:'南有樛木。'傳:'木下曲曰樛。'《韓詩》作'朻'。"《漢書·叙傳上》:"葛緜緜於樛木兮,詠《南風》以爲綏。"唐顔師古注:"樛木,下垂之木也。"元李孝光《箕山操和鐵雅先生首唱》:"箕山之陽兮,其木樛樛。箕之冡兮,白雲幽幽。"

〔推源〕 諸詞俱有彎曲義,爲翏聲所載之公共義。聲符字"翏"所記録語詞與彎曲義不相涉,其彎曲義乃翏聲所載之語源義。翏聲可載彎曲義,"繞"可證之。"翏""繞",音相近且相通,前條已述。"繞",纏繞,引申爲彎曲義。《文選·傅毅〈舞賦〉》:"眉連娟以增繞兮,目流涕而横波。"唐李善注:"繞,謂曲也,言眉細而益曲也。"又,曲行亦稱"繞"。《後漢書·岑彭傳》:"及彭至武陽,繞出延岑軍後,蜀地震駭。"

(1826) 摎戮(殺戮義)

摎 絞殺,見前第1824條。其字或作"鬮"。《説文·鬥部》:"鬮,經繆殺也。从鬥,翏聲。"清段玉裁注:"此恐即'摎'之或體。"清朱駿聲《通訓定聲》:"按,以二繩繆死,與'摎'略同。《廣雅·釋詁四》:'鬮,絞也。'"《廣韻·尤韻》:"鬮,殺也。"沈兼士《聲系》:"案'鬮',《説文》作'鬮'。"

戮 殺戮字。《説文·戈部》:"戮,殺也。从戈,翏聲。"清朱駿聲《通訓定聲》:"字亦作

'劉'、作'翏'。《廣雅·釋詁三》:'戮,罪也。'《周禮·掌戮》注:'戮謂膊焚辜肆。'"《廣韻·屋韻》:"戮,刑戮。劉,上同。"《書·牧誓》:"爾所不勖,其于爾躬有戮。"孫星衍疏:"戮者,《釋詁》云:'殺也。'"《韓非子·外儲説右下》:"於是戮細民而誅大臣。"

〔推源〕 此二詞俱有殺戮義,爲翏聲所載之公共義。聲符字"翏"所記録語詞與殺戮不相涉,其殺戮義乃翏聲所載之語源義。翏聲可載殺戮義,"劉"可證之。

翏:來紐宵部;
劉:來紐幽部。

雙聲,宵幽旁轉。"劉",殺戮,字亦作"鎦"。《説文·金部》:"鎦,殺也。"清朱駿聲《通訓定聲》:"鍇本有'从金,留聲'四字。按,此篆當有古文'劉'。許君爲漢姓忌諱,故隱其字……《爾雅·釋詁》:'劉,殺也。''劉,克也。'《方言一》:'劉,殺也。'《書·盤庚》:'無盡劉。'《詩·武勝》:'殷遏劉。'《左成十三傳》:'虔劉我邊陲。'傳、注皆訓'殺'。"

(1827) 謬/誤(謬誤義)

謬 謬誤。《説文·言部》:"謬,狂者之妄言也。从言,翏聲。"清朱駿聲《通訓定聲》:"《廣雅·釋詁二》:'謬,欺也。'《三》:'謬,誤也。'《禮記·中庸》:'考之三王而不謬。'《莊子》:'天下悦之以謬悠之説。'《庚桑楚》:'解心之謬。'"《廣韻·幼韻》:"謬,誤也,詐也,差也,欺也。"按,所訓諸義皆相通,欺詐之言與事實相差,即謬誤。《書·冏命》:"繩愆糾謬,格其非心,俾克紹先烈。"唐孔穎達疏:"繩其愆過,糾其錯謬。"

誤 謬誤。《説文·言部》:"誤,謬也。"《廣韻·暮韻》:"誤,謬誤。"《書·立政》:"繼自今文子文孫,其勿誤于庶獄庶慎,惟正是乂之。"唐孔穎達疏:"繼續從今以往,文王之子孫其勿得過誤於衆獄訟、衆所慎之事。"《禮記·聘義》:"使者聘而誤,主君弗親饗食也。"唐孔穎達疏:"誤,謂來聘使者行聘之時禮有錯誤。"

〔推源〕 此二詞俱有謬誤義,其音亦相近且相通。

謬:明紐覺部;
誤:疑紐魚部。

明疑二紐俱爲鼻音,依王力先生説,亦爲鄰紐;覺魚旁對轉。則其語源當同。按,複音詞有"謬誤",實爲同源詞根相聯合而成者。漢王充《論衡·答佞》:"聰明有蔽塞。推行有謬誤,今以是者爲賢,非者爲佞,殆不得之之實乎?"詞彙系統又有"誤謬"之複音詞,則即所謂同素逆序詞。《三國志·吳志·韋曜傳》:"囚撰此書,實欲表上,懼有誤謬,數數省讀,不覺點污。"

(1828) 憀/聊(依賴義)

憀 依賴。《説文·心部》:"憀,憀然也。从心,翏聲。"清段玉裁注:"猶了然也。"清朱駿聲《通訓定聲》:"疑與'憭'同字。〔假借〕爲'賴'。《淮南·兵略》:'吏民不相憀。'按,與國策民無所聊……又雙聲連語。《琴賦》:'新聲憀亮。'聲清徹皃。"今按,"憀""憭"非異體字。《説文》同部"憭"篆訓"慧",即精明義,《廣韻·篠韻》"憭"訓"照察",即明白義,與"憀"之本義同。"憀""憭"同義而已。"憭亮"即聲音清楚明白,爲本義之引申。心中明白則有數,有所依賴,故依賴義爲"憀"之另一引申義,非假借。《新唐書·突厥傳上》:"頡利不室處,常設穹廬廷中,久鬱鬱不自憀。"宋周邦彥《荔枝香近》:"黄昏客枕無憀,細響當窗雨。"

聊 依賴。清朱駿聲《説文通訓定聲·孚部》:"聊,〔假借〕爲'賴'。《秦策》:'百姓不聊生。'《荀子·子道》:'衣與繆與不女聊。'注皆訓'賴'。《楚辭·逢尤》:'心煩憒兮意無聊。'……《思玄賦》:'怒鬱抱其難聊。'"按,"聊"之本義《説文》訓"耳鳴",然其字从耳,耳者所以聽聞,即聽之所賴。故"聊"表聊賴義當爲套用字。

〔**推源**〕 此二詞俱有依賴義,其音亦同,來紐雙聲,幽部叠韻。則其語源當同。

703 貫聲

(1829) 釧遺(貫穿義)

釧 臂環,手鐲。以手貫穿其物,故有斯名。《廣韻·換韻》:"釧,臂鐶。"《萬象名義·金部》:"釧,釧。"清朱駿聲《説文通訓定聲·屯部·附〈説文〉不録之字》:"釧,《通俗文》:'環臂謂之釧。'"按,一物而有數名,構詞理據不一。稱"鐶""環",謂其物圓而環繞;稱"釧"謂中空可通;稱"釧"則謂中空而可貫穿之。《南齊書·東南夷傳·扶南國》:"鍛金鐶釧、銀食器。"按,複音詞又有"鐶釧"。南朝齊丘巨源《詠七寶扇》:"來延揮握玩,入與鐶釧親。"宋計有功《唐詩紀事》卷二:"(文宗)又一日問宰臣:'古詩云:輕衫襯跳脱。跳脱是何物?'宰臣未對。上曰:'即今之腕釧也。'"

遺 習慣,貫穿於生活歷史之言行。字亦作"摜""慣"。《説文·辵部》:"遺,習也。从辵,貫聲。"南唐徐鍇《繫傳》:"《春秋左傳》曰:'使盈其遺。'當作此字。"許書《手部》:"摜,習也。从手,貫聲。《春秋傳》曰:'摜瀆鬼神。'"清朱駿聲《通訓定聲》:"字亦作'慣'。"《廣韻·諫韻》:"慣,習也。"晉葛洪《抱朴子·勖學》:"夫斲削刻畫之薄伎,射御騎乘之易事,猶須慣習,然後能善。"唐皇甫冉《憶鄭山人》:"避喧心已慣,念遠夢頻成。"按,習慣即抽象性貫穿義。

〔**推源**〕 此二詞俱有貫穿義,爲貫聲所載之公共義。聲符字"貫"所記録語詞之本義爲錢貫,即以繩索貫穿錢物,故引申爲貫穿、貫通、習慣義。《説文·毌部》:"貫,錢貝之貫。从毌、貝。"清朱駿聲《通訓定聲》:"《倉頡篇》:'以繩穿物曰貫。'《廣雅·釋詁四》:'貫,累也。'《釋言》:'貫,穿也。'《易·剥》:'貫魚以宫人寵。'《詩·猗嗟》:'射則貫兮。'《儀禮·鄉射禮》:'不貫不釋。'《禮記·禮器》:'貫四時而不改柯易葉。'《論語》:'吾道一以貫之。'〔假借〕

爲'遺'。《爾雅·釋詁》：'貫，習也。'《孟子》：'吾不貫與小人乘。'《漢書·賈誼傳》：'習貫如自然。'"按，非假借，乃引申。本條二詞之貫穿義爲其聲符"貫"所載之顯性語義。貫聲可載貫穿義，則"擐"可證之。

貫：見紐元部；

擐：匣紐元部。

疊韻，見匣旁紐。"擐"，貫穿。《説文·手部》："擐，貫也。从手，瞏聲。《春秋傳》曰：'擐甲執兵。'"清朱駿聲《通訓定聲》："《廣雅·釋詁三》：'擐，著也。'……《淮南·要略》：'躬擐甲胄。'注：'貫著也。'"按，所引《廣雅》文清王念孫《疏證》："擐者，貫之著也。"按，即身軀貫穿而入鎧甲之謂。許慎所引《左傳·成公二年》文晉杜預注："擐，貫也。"元陳以仁《存孝打虎》第二折："黃金鎧不須擐，憑著背上雕弓月樣彎。"按，"擐"字从瞏得聲，瞏聲字"環""鐶"所記錄語詞皆謂環形中空可貫穿之物，可相爲證。古有所謂"擐餅"，形如圈，中空而可貫穿者。宋吳坰《五總志》："祭用蘪燮，晉制呼爲擐餅，又曰寒具，今曰饊子。"

704 鄉聲

(1830) 響螿(聲響義)

響　聲響，聲音。《説文·音部》："響，聲也。从音，鄉聲。"清朱駿聲《通訓定聲》："字亦作'䚮'。《劇秦美新》：'炎光飛響。'《史晨奏銘》：'黃玉䚮應。'……《易·繫辭》：'其受命也如響。'"《廣韻·養韻》："響，聲也。"《字彙·音部》："䚮，與'響'同。"

螿　知聲蟲，知其聲響者。《説文·虫部》："螿，知聲蟲也。从虫，鄉聲。"清朱駿聲《通訓定聲》："《爾雅》：'國貉，蟲螿。'《廣雅》：'土蛹，螿蟲。'《玉篇》：'螿，禹蟲也。'《埤雅》云：'帶螿醒迷繞祠解惑。'《物類相感志》：'山行慮迷，握螿蟲一枚于手中則不迷。'按，如蠶而大，出土中。螿之爲言響也。"按，朱氏所引《爾雅》文清郝懿行《義疏》："今謂之地蛹，如蠶而大，出土中，故《廣雅》云'土蛹，螿蟲也'。螿蟲即蟲螿。螿猶螿也，言知聲響也。"

〔推源〕　此二詞俱有聲響義，爲鄉聲所載之公共義。聲符字"鄉"象二人相向即食形，爲"饗"之初文，方向、相向字"嚮"亦由此分化。楊寬《古史新探》："'鄉'和'饗'原本是一字……整個字像兩人相向對坐，共食一簋的情況，其本義應爲鄉人共食。"本與聲響義不相涉，然可以其聲韻另載聲響之語源義。清朱駿聲《説文通訓定聲·壯部》："鄉，〔假借〕又爲'響'。《漢書·天文志》：'鄉之應聲。'"鄉聲可載聲響義，則"轟"可證之。

鄉：曉紐陽部；

轟：曉紐耕部。

雙聲，陽耕旁轉。"轟"，群車聲。《説文·車部》："轟，群車聲也。从三車。"清朱駿聲

《通訓定聲》："字亦作'輱'、作'輷'、作'䡄'。《廣雅・釋訓》：'輷輷，聲也。'《魏都賦》注引《蒼頡篇》：'輷輷，衆車聲也。'《史記・蘇秦傳》：'輷輷殷殷。'《易林・頤之大有》：'轟轟輷輷。'"晉左思《吳都賦》："車馬雷駭，轟轟閴閴。"

(1831) 嚮嚮（近義）

嚮 不久以前，離今時近。《説文・日部》："嚮，不久也。从日，鄉聲。"陳衍《辨證》："乃已往之不久也。"清朱駿聲《通訓定聲》："《春秋傳》曰：'嚮役之三月。'《桂苑珠叢》：'嚮謂往時也。'《儀禮・士相見禮》：'嚮者吾子辱使某見。'注：'曩也。'《鄉射禮》注：'嚮獲者許諾。'"《廣韻・養韻》："嚮，少時也。"又"不久也"。

嚮 相向。《廣韻・漾韻》："嚮，與'向'通用。"又《陽韻》："鄉，《釋名》：'鄉，向也。'"《集韻・漾韻》："鄉，面也。或从向。"《孟子・滕文公上》："（門人）入揖於子貢，相嚮而哭。"按，凡相向，則其距離近，故引申爲近義。《易・説卦》："聖人南面而聽天下，嚮明而治。"明葉盛《水東日記・翰林文字潤筆》："吾永樂中爲進士、庶吉士、中書舍人，時年嚮壯，有志文翰。"

〔推源〕 此二詞俱有近義，爲鄉聲所載之公共義。聲符字"鄉"所記録語詞謂人相向而就食，本與近義通。本條二詞之近義爲其聲符"鄉"所載之顯性語義。鄉聲可載近義，則"靠"可證之。

鄉：曉紐陽部；
靠：溪紐覺部。

曉溪旁紐，陽覺旁對轉。"靠"，倚靠，接近。《説文・非部》："靠，相違也。从非，告聲。"清朱駿聲《通訓定聲》："今謂相依曰靠。"按，許慎所訓，未見其文獻實用例，所謂"相違"乃此詞寓意，凡以背靠物及人，皆不面對，相背即違。宋林逋《和陳湜贈希社師》："瘦靠欄干搭梵襟，綠荷階面雨花深。"唯"靠"有近義，故有"靠近"之同義聯合式合成詞，爲今之常語。

705 巢聲

(1832) 轈樔礑（巢義）

轈 有樓以窺敵之兵車，樓即人居之巢。《説文・車部》："轈，兵高車加巢以望敵也。从車，巢聲。《春秋傳》曰：'楚子登轈車。'"清朱駿聲《通訓定聲》："《左成十六傳》……注：'車上爲櫓。'今本以'巢'爲之。"《廣韻・肴韻》："轈，兵車若巢，以望敵也。"唐杜佑《通典・攻城戰具附巢車》："以八輪車，上樹高竿，竿上安轆轤，以繩挽板屋上竿首，以窺城中。板屋方四尺，高五尺，有十二孔，四面別布。車可進退，圍城而行，於營中遠視。亦謂之巢車，如鳥之巢，即今之板屋也。"明馮夢龍《東周列國志》第七回："考叔在轈車上，將'蝥弧'大旗，挾於脅下，踴身一跳，早登許城。"

櫵　澤中守望的草樓,引申之則指巢穴。《說文·木部》:"櫵,澤中守艸樓。从木,巢聲。"清朱駿聲《通訓定聲》:"所以守望者,以艸爲覆。〔轉注〕《禮記·禮運》:'夏則居橧櫵。'《釋文》:'本作巢。'"漢王充《論衡·非韓》:"堯不誅許由,唐民不皆櫵處;武王不誅伯夷,周民不皆隱餓。"《文選·左思〈魏都賦〉》:"距遠關以闚闔,時高櫵而陛制。"

碉　石室。《集韻·爻韻》:"碉,附國之民,壘石爲巢而居曰碉。"《北史·附國傳》:"俗好復讎,故壘石爲碉,以避其患。其碉高至十餘丈,下至五六丈,每級以木隔之,基方三四步,狀似浮圖。"按,又云"附國",蜀郡西北二千餘里,即漢代之西南夷,"碉"即碉房。清陸次雲《峒谿纖志·松潘苗》:"松潘,古冉駹地,積雪凝寒,盛夏不解。人居纍石爲室,高者至十餘丈,名曰碉房。"

〔推源〕　諸詞俱有巢義,爲巢聲所載之公共義。聲符字"巢"所記録語詞謂鳥巢,亦指先民所居處。《說文·巢部》:"巢,鳥在木上曰巢,在穴曰窠。从木,象形。"清朱駿聲《通訓定聲》:"《小爾雅·廣獸》:'鳥之所乳謂之巢。'"《易·旅》:"鳥焚其巢,旅人先笑,後號咷。"晉皇甫謐《高士傳·巢父》:"巢父者,堯時隱人也,山居不營世利,年老以樹爲巢而寢其上,故時人號曰巢父。"然則本條諸詞之巢義爲其聲符"巢"所載之顯性語義。巢聲可載巢義,則"峒"可證之。

巢:崇紐宵部;
峒:定紐東部。

崇(牀)定準雙聲,宵東旁對轉。"峒",山洞,可供人居之巢穴。《集韻·送韻》:"峒,山穴。通作'洞'。"唐柳宗元《南省轉牒欲具江國圖令盡通風俗故事》:"椎髻老人難借問,黃茆深峒敢留連。"按,唯峒可爲巢,故有"巢峒"之同義聯合式合成詞。明田汝成《炎徼紀聞·斷藤峽》:"峽以北,巢峒屋列,不可殫名。"

(1833) 摷繅勦(取義)

摷　水中取物,亦指叉取。《廣韻·肴韻》:"摷,摷取。"沈兼士《聲系》:"案'摷',内府本《王韻》作'摷'。"清朱駿聲《說文通訓定聲·小部》:"摷,〔假借〕又爲'鈔'。《廣雅·釋詁一》:'摷,取也。'《通俗文》:'浮取曰摷,沈取曰撈。'"按,"摷"之本義《說文》訓"拘擊",然其字从手,表浮取義無煩假借,乃套用字。《文選·張衡〈西京賦〉》:"摷昆鮞,殄水族。"唐李善注:"摷、殄,言盡取之。"又,朱氏所云"鈔"即叉取義。《集韻·爻韻》:"鈔,或作'摷'。"《說文·金部》:"鈔,叉取也。"清段玉裁注:"叉者,手指相錯也。手指突入其間而取之,是謂之鈔。"按後世多作"抄"。

繅　抽取蠶絲。《說文·糸部》:"繅,繹繭爲絲也。从糸,巢聲。"清朱駿聲《通訓定聲》:"經傳或以'繰'爲之,或用'繆'者,又'繰'之形訛。《禮記·祭義》:'夫人繅,三盆手。'"《廣韻·豪韻》:"繅,繹繭爲絲。繰,上同。俗又作'繆'。"《孟子·滕文公下》:"諸侯耕助,以供粢盛；夫人蠶繅，以爲衣服。"南朝宋鮑照《夢還》："孀婦當户笑，繅絲復鳴機。"唐白居易《繚綾》："絲細繅多女手疼，札札千聲不盈尺。"

勦 竊取。清朱駿聲《説文通訓定聲·小部》："勦，〔假借〕爲'鈔'。《禮記·曲禮》：'毋勦説。'《廣雅·釋詁一》：'剿，取也。'"又云："勦，字亦訛作'剿'。"今按，"勦"之本義《説文》訓"勞"，即勞累義，然其字从力，表竊取、抄襲義無煩假借，乃套用字。朱氏所引《禮記》文漢鄭玄注："勦，猶擥也。謂取人之説以爲己説。"宋周密《齊東野語·王魁傳》："世俗所謂王魁之事殊不經……《異聞集》雖有之，然集乃唐末陳翰所編，魁乃宋朝人，是必後人勦入耳。"明何良俊《四友齋叢説·經三》："其門弟子又蹈襲其師説各立門户。深衷厚默，勦取道學之名以爲進取之捷徑。"

〔推源〕 諸詞俱有取義，爲巢聲所載之公共義。聲符字"巢"所記録語詞與取義不相涉，其取義乃巢聲所載之語源義，巢聲可載取義，"取"可證之。

巢：崇紐宵部；

取：清紐侯部。

崇（牀）清準旁紐，宵侯旁轉。"取"，割取戰俘、獵物之左耳，引申爲獲取、收取、選取等義。《説文·又部》："取，捕取也。从又，从耳。《周禮》：'獲者取左耳。'《司馬法》曰：'載獻聝。'聝者，耳也。"清朱駿聲《通訓定聲》："《爾雅·釋詁》：'探、篡、俘，取也。'《左莊十一傳》：'覆而敗之，曰取某師。'《昭四傳》：'凡克邑不用師徒曰取。'〔轉注〕《廣雅·釋詁三》：'取，爲也。'《老子》：'故取天下者常以無事。'《易·旅》：'斯其所取災。'《繫辭傳》：'遠近相取。'《韓詩外傳》：'君取于臣謂之取。'"

（1834）剿勦劋（絶義）

剿 滅絶，斷絶。清朱駿聲《説文通訓定聲·小部》："剿，〔假借〕爲'劋'。《班婕妤賦》：'命剿絶而不長。'"按，清段玉裁氏亦以爲借"剿"爲"劋"，故有滅絶、斷絶義，實則無煩假借。"剿"字从手，有擊義，滅絶、斷絶義與之相通。清毛奇齡《馮司寇〈見聞隨筆〉序》："剿揃血肉，屠殰胎卵。"

勦 勞累，許慎説。勞累則力盡，故引申爲盡義，又引申爲絶義。清朱駿聲《説文通訓定聲·小部》："勦，《東京賦》：'今公子苟好勦民以媮樂。'薛注：'盡也。'〔假借〕又爲'劋'。《書·甘誓》：'天用勦絶其命。'傳：'勦，絶也。'《後漢·何敞傳·論》：'斷勦姦回之偪。'"按，非假借，乃引申。晉潘岳《西征賦》："忲淫嬖之匈忍，勦皇統之孕育。"唐柳宗元《沛國漢原廟銘》："總制虎臣，委成良籌；勦殄霸楚，遂荒神州。"

劋 滅絶。其字後世多作"剿"，本亦作"劅"。《廣韻·小韻》："劋，絶也。劅，上同。出《説文》。"《説文·刀部》："劋，絶也。"清朱駿聲《通訓定聲》："字亦作'勦'、作'剿'，或誤作'劉'……《漢書·西域傳》：'劉，絶也。'"《南齊書·柳世隆傳》："昨夜得北使啓，鍾離閒賊已渡淮,既審送死,便當制加剿撲。"唐陳元光《示珦》:"袪灾剿猛虎,溥德翊飛龍。"

〔推源〕 諸詞俱有絶義,爲巢聲所載之公共義。聲符字"巢"所記録語詞之本義、引申義系列與絶義不相涉,其絶義乃巢聲所載之語源義。巢聲可載絶義,"止"可證之。

巢:崇紐宵部;
止:章紐之部。

崇(牀)章(照)鄰紐,宵之旁轉。"止",足,所以行,行則有止,故有止息、盡義,又有滅絶義。《説文·止部》:"止,下基也。象艸木出有址,故以止爲足。"清朱駿聲《通訓定聲》:"當以足止爲本義,象形也……《儀禮·士昏禮》:'北止。'注:'足也。'〔假借〕又爲'峙'。《廣雅·釋詁二》:'止,逗也。'……《家語·辯政》:'匪其止共。'注:'息也。'《吕覽·下賢》:'亦可以止矣。'注:'休也。'《製藥》:'疾乃止。'注:'除也。'《淮南·説山》:'止念慮'。注:'猶去也。'《廣雅·釋詁四》:'止,滅也。'"按,"止"之滅絶、棄絶義皆其衍義,非假借。

(1835) 巢僺䯫簻轈(長、高、大義)

巢 山高貌。《廣雅·釋詁四》:"嶚巢,高也。"清王念孫《疏證》:"《淮南子·俶真訓》:'譬若周雲之龍蓯遼巢。'義與'嶚巢'同。"《玉篇·山部》:"嶚,嶚巢,山高。"按,"嶚"與"巢"可分訓。《廣韻·肴韻》:"巢,山高皃。"《文選·左思〈魏都賦〉》"劍閣雖嶕"唐李善注:"嶕,巢,高也。"宋葛澧《錢塘賦》:"言其山勢縈崣峻嶒,屹豈岸客,賮兕嶚巢,刐崺嶒嵨。"

僺 長貌。《廣韻·巧韻》:"僺,僺僺,長皃。出《聲譜》。"

䯫 高貌。《玉篇·高部》:"䯫,《埤蒼》:高也。"《廣韻·豪韻》:"䯫,高也。"《集韻·爻韻》:"䯫,高皃。"按,其字既从高,復以巢聲表高義。形符、聲符表同一義,爲形聲字之一類型。

簻 大笙。《玉篇·竹部》:"簻,大笙。有十九簧。"清朱駿聲《説文通訓定聲·小部》:"巢,託名標識字。《爾雅》:'大笙謂之巢。'孫注:'高大也。'字亦作'簻'。"漢應劭《風俗通·聲音·笙》:"大笙謂之簻,小者謂之和。"《新唐書·禮樂志十一》:"七曰匏,爲笙,爲竽,爲巢。巢,大笙也。"

轈 《説文》云"兵高車加巢以望敵",見前第1832條,本有高義。

〔推源〕 諸詞或有長義,或有高義、大義,俱以巢聲載之,語源當同。聲符字"巢"所記録語詞謂鳥巢,築於高處之物,其名本寓高義,故"巢"有"高"訓。《小爾雅·廣詁》:"巢,高也。"召聲字所記録語詞"超""劭""覜""迢""邵""紹"俱有高、遠義,見本典第二卷"198. 召聲"第556條。遠、長實爲一義。二義皆與大義相通,故有"遠大""長大"之複音詞。巢聲、召聲極相近且相通。

巢:崇紐宵部;
召:定紐宵部。

叠韻,崇(牀)定準雙聲。然則可相互爲證。

(1836) 碞罺(小義)

碞 小石。《集韻·果韻》:"碩,小石。或作'碞'。"《玉篇·石部》:"碩,小石也。"《廣韻·果韻》:"碩,小石。"按,瑣碎字作"瑣",从貨得聲,正與"碩"同,瑣碎則小,義相通。

罺 小網。《爾雅·釋器》:"罺謂之汕。"晉郭璞注:"今之撩罟。"清郝懿行《義疏》:"撩罟,今謂之抄網也。"《廣韻·效韻》:"罺,小網。"又《肴韻》:"罺,抄網。"唐陸龜蒙《漁具詩·序》:"網罟之流曰罛、曰罾、曰罺。"按,亦借"樔"爲之。清朱駿聲《說文通訓定聲·小部》:"樔,〔假借〕爲'罺'。《詩》:'南有嘉魚。'傳:'汕汕,樔也。'《吳都賦》:'樔鱐鰕。'"按,當云假借爲"罺"。

〔推源〕 此二詞俱有小義,爲巢聲所載之公共義。聲符字"巢"所記錄語詞之本義、引申義系列與小義不相涉,其小義乃巢聲另載之語源義。召聲字所記錄語詞"韶""佋""貂""沼""韶""韶""弨""鮥""帉""鉊"俱有小義,見本典第二卷"198. 召聲"第555條,巢聲、召聲極相近且相通,前條已述。

706 堯聲

(1837) 趬翹顤嶢蹺嶤(高義)

趬 舉足。《說文·走部》:"趬,一曰趬,舉足也。从走,堯聲。"清朱駿聲《通訓定聲》:"今蘇俗語……有言趬脚者。"舉足即足上翹,故引申爲翹高義。《玉篇·走部》:"趬,起也,高也。"《西遊記》第三十三回:"(孫悟空)說了誓,將身一縱,把尾子趬了一趬,跳在南天門前,謝了哪吒太子麾旗相助之功。"

翹 鳥尾長毛,引申爲翹舉、翹高義。《說文·羽部》:"翹,尾長毛也。从羽,堯聲。"清朱駿聲《通訓定聲》:"《射雉賦》:'斑尾揚翹。'〔假借〕爲'趬'。《莊子·馬蹄》:'翹足而陸。'謂舉足也。《淮南·脩務》:'翹尾而走。'注:'舉也。'"按,無煩假借,乃引申。"翹"爲尾長毛,長義、高義本相通;又鳥尾長毛可翹舉,故有翹舉、翹高之衍義。《廣韻·宵韻》:"翹,舉也。"又《笑韻》:"翹,尾起也。"按今俗尚有"翹尾巴"語,謂自高自大。《晉書·陶潛傳》:"策扶老而流憩,時翹首而遐觀。"

顤 頭高長。《說文·頁部》:"顤,高長頭。从頁,堯聲。"清朱駿聲《通訓定聲》:"《廣雅·釋詁四》:'顤,高也。'字亦作'顥'。《廣雅·釋詁一》:'顥,大也。'《魯靈光殿賦》:'顱顤顟而睽睢。'注:'大首深目之皃。'"《廣韻·蕭韻》:"顤,頭高長皃。"按,亦指頭舉高。《集韻·笑韻》:"顤,舉首。"按,所謂顤首,當以此爲正字。朱氏所云"顥"未必爲"顤"之或體。

嶢 山高,引申之則泛指高。《說文·山部》:"嶢,焦嶢,山高皃。从山,堯聲。"清朱駿聲《通訓定聲》:"《漢書·揚雄傳》:'泰山之高不嶕嶢。'《西京賦》:'表嶢闕于閶闔。'《魏都賦》：'抗旗亭之嶤嶭。'《方言》六：'巍嶤、崝嶸，高也。'"《文選·曹植〈七啓〉》："志飄飄焉，嶤嶢焉，似若狹六合而隘九州。"唐李周翰注："嶢嶢，高貌。"

蹺 足舉高。《玉篇·足部》："蹺，舉足也。"《廣韻·宵韻》："蹺，揭足。"宋司馬光《溫公續詩話》："丁相謂善爲詩……少時好蹴踘，長韻其二聯云：'鷹鶻騰雙眼，龍蛇繞四肢。躡來行數步，蹺後立多時。'"清吳敬梓《儒林外史》第二回："把腿蹺起一隻來，自己拿拳頭在腰上只管捶。"引申之，亦指跐高。《字彙·足部》："蹺，企也。"《説文·人部》："企，舉踵也。"《漢書·高帝紀》："大臣内畔，諸將外反，亡可蹻足待也。"按"蹻"爲"蹺"之或體。《集韻·宵韻》："蹺，舉趾謂之蹺。或作'蹻'。"

嶢 高險兒。《玉篇·山部》："嶢，崒也。"《説文·山部》："崒，崒危高也。"《字彙·山部》："崒，同'崒'。"《廣韻·肴韻》："嶢，嶢捽也。"按"捽"當爲"崒"字之借。其音女交切，則爲從堯得聲者，從户。

〔推源〕 諸詞俱有高義，爲堯聲所載之公共義。聲符字"堯"所記錄語詞之本義即高。《説文·垚部》："堯，高也。从垚在兀上，高遠也。"清朱駿聲《通訓定聲》："垚亦聲。〔聲訓〕《白虎通·號》：'堯猶嶤嶤也，至高之兒。'《風俗通·皇霸》：'堯者，高也。'……《廣雅·釋言》：'堯，嶤也。'"《廣韻·蕭韻》："堯，至高之貌。"《墨子·親士》："是故天地不昭昭，大水不潦潦，大火不燎燎，王德不堯堯者，乃千人之長也。"清劉大櫆《内閣學士前工部侍郎張公墓誌銘》："堯堯者石，丸丸者松，無敢毀拜，世聞其風。"然則本條諸詞之高義爲其聲符"堯"所載之顯性語義。堯聲可載高義，則"高"可證之。

堯：疑紐宵部；
高：見紐宵部。

叠韻，疑見旁紐。"高"，高低字。《説文·高部》："高，崇也。"漢枚乘《上書諫吳王》："夫以一縷之任，繫千鈞之重，上懸之無極之高，下測之不測之淵，雖甚愚之人，猶知哀其將絶也。"唐李白《大獵賦》："狀若乎高天雨獸，上墜於大荒。"

(1838) 橈澆繞遶（圓、曲義）

橈 彎曲，屈曲。《説文·木部》："橈，曲木。从木，堯聲。"清朱駿聲《通訓定聲》："《易·大過》：'棟橈。'《列子·湯問》：'竿木橈。'《考工·矢人》：'橈之以視其鴻殺之稱也。'〔轉注〕《左成二傳》：'師徒橈敗。'注：'曲也。'……《史記·蕭相國世家》：'上已橈功臣。'注：'屈也。'《荀子·富國》：'詘要橈膕。'注：'曲也。'"

澆 水回旋，作圓周運動。《集韻·效韻》："澆，水回波。"清朱駿聲《説文通訓定聲·小部》："澆，〔假借〕又爲'繞'。《南都賦》：'陽侯澆兮掩鳧鷖。'注引《楚辭》王逸注：'回波爲澆。'"按，"繞"非水回波義本字，"澆"之本義《説文》訓"渓"，即澆灌義，然其字从水，表水回波義，當爲套用字。南朝宋謝靈運《山居賦》："上欹寄而蒙籠，下深沈而澆激。"元吳萊《風雨渡揚子江》：" 大江西來自巴蜀，直下萬里澆吳楚。"

繞 纏繞，即沿圓周方向束縛之。《說文·糸部》："繞，纏也。从糸，堯聲。"清朱駿聲《通訓定聲》："《西京賦》：'繞黃山而欵牛首。'注：'裹也。'《海外西經》：'其丘方四蛇相繞。'注：'繚繞樛纏。'"《廣韻·小韻》："繞，纏繞。"漢繁欽《定情詩》："何以致契闊，繞腕雙跳脫。"引申之，則有彎曲義。《文選·傅毅〈舞賦〉》："眉連娟以增繞兮，目流睇而橫波。"唐李善注："繞謂曲也，言眉細而益曲也。"

遶 圍繞，環繞。《廣韻·小韻》："遶，圍繞。"清朱駿聲《說文通訓定聲·小部》："繞，字亦作'遶'。《字林》：'遶，圍也。'"今按，"繞""遶"非異體。"繞"字从糸，所記錄語詞爲纏繞，引申爲圍遶、環繞等義；"遶"字从辵，所記錄語詞爲沿圓周方向行走。三國魏曹植《雜詩六首》之三："飛鳥遶樹翔，噭噭鳴索群。"宋朱熹《萱草》："移向北堂前，諸孫時遶弄。"

〔推源〕 諸詞俱有圓、曲義，爲堯聲所載之公共義。聲符字"堯"所記錄語詞之顯性語義與圓、曲義不相涉，其圓、曲義乃堯聲所載之語源義。按，于聲字所記錄語詞"杅""軒""迂""紆""釪""盂""尪"亦俱有圓、曲義，見本典第一卷"20. 于聲"第 59 條，堯聲、于聲本相近且相通。

堯：疑紐宵部；

于：匣紐魚部。

疑匣旁紐，宵魚旁轉。然則可相爲證。

(1839) 嘵饒僥（多義）

嘵 話多，饒舌。唐柳宗元《弔屈原文》："讒巧之嘵嘵兮，惑以爲《咸池》。"清宣鼎《夜雨秋燈録初集·青天白日》："泥中人再爲嘵舌，未甘隕謝；爨下材急不擇音，敢布愚忱。"按，後世以"饒"爲饒舌字，"饒"謂豐饒，饒舌、多言，爲引申義，"嘵"則爲饒舌義之正字。又《說文·口部》："嘵"訓"懼"，謂恐懼而叫，表多言義，爲套用字。

饒 多。《說文·食部》："饒，飽也。从食，堯聲。"清朱駿聲《通訓定聲》："《小爾雅·廣詁》：'饒，多也。'《廣雅·釋詁一》：'饒，益也。'漢時謠曰：'今年尚可後年饒。'今蘇俗買物請益謂之'討饒頭'。"按，所謂"飽"即所食之物多，故"飽"又有飽足義。《廣韻·宵韻》："饒，益也，飽也，餘也。"按，"益"即增多之謂，多則有餘，故有"餘"訓，義皆相通。《史記·貨殖列傳》："七十子之徒，賜最爲饒益。"《新唐書·徐申傳》："外蕃歲以珠、瑇瑁、香、文犀浮海至，申於常貢外，未嘗賸索，商賈饒盈。"

僥 求利不止，所求者多。《集韻·筱韻》："僥，僥倖，求利不止皃。"清朱駿聲《說文通訓定聲·小部》："僥，〔假借〕爲'徼'。《莊子·在宥》：'此以人之國僥倖也。'《陳情表》：'庶劉僥倖。'"按，"僥"之本義《說文》訓"焦僥"，謂短小之人，然其字从人，指人求利不止，無煩假借，乃套用字。又"僥"亦可單用。漢王符《潛夫論·述赦》："凡民之所以輕爲盜賊，吏之所以易作姦匿者,以赦贖數而有僥望也。"晉葛洪《抱朴子·嘉遁》:"僥求之徒,昧乎可欲,集不擇木,仕不料世。"

〔推源〕 諸詞俱有多義,爲堯聲所載之公共義。聲符字"堯"从垚,本義爲高,土多堆累則高,義當相通。堯聲可載多義,則"沃"可證之。

堯:疑紐宵部;

沃:影紐藥部。

疑影鄰紐,宵藥(沃)對轉。"沃",肥沃,即地土多不薄。《正字通·水部》:"沃,肥也,土不磽曰沃壤。"按,"磽"謂地多石土薄,其義正與"沃"相反。《左傳·成公六年》:"必居郇、瑕氏之地,沃饒而近盬,國利君樂,不可失也。"唐孔穎達疏:"土田良沃,五穀饒多。"《文選·張衡〈西京賦〉》:"徒以地沃野豐,百物殷阜,岩險周固,衿帶易守。"三国吳薛綜注:"沃,肥也。"

(1840) 趬魃驍磽獟獟(捷健、堅勁義)

趬 行步輕捷貌。《説文·走部》:"趬,行輕兒。"清朱駿聲《通訓定聲》:"今蘇俗語有言輕趬者……《史記·衛將軍傳》索隱引《説文》:'趬,行疾兒。'"按,行步輕捷則迅速、急疾,義本相通。《廣韻·宵韻》及《笑韻》:"趬,行輕兒。"《篇海類編·人事類·走部》:"趬,輕兒,疾走輕捷也。"漢馬融《廣成頌》:"或輕訬趬悍,廋疏婁領。"

魃 剽輕爲害鬼。清段玉裁《説文解字注·鬼部》:"魃,各本無此篆。考玄應書五引《説文》'魃'字,助交切,訓'捷健也。'又引《廣雅》:'魃,捷也。'《聲類》:'魃,疾也。'蓋後人以'勍'代'魃',而《説文》'魃'字亡矣。《玉篇》曰:'魃,剽輕爲害之鬼也。'《説文》訓當云:'鬼捷兒。'从鬼,堯聲。"清朱駿聲《説文通訓定聲·小部》:"魃,剽捷之鬼也。"

驍 良馬,引申爲矯健勇猛義。《説文·馬部》:"驍,良馬也。从馬,堯聲。"清朱駿聲《通訓定聲》:"《三家詩·駉》:'驍驍牡馬。'〔轉注〕《史記·韓長孺傳》:'驍騎將軍。'張晏曰:'勇也。'《廣雅·釋詁二》:'驍,健也。'"《廣韻·蕭韻》:"驍,驍武也。"漢蔡邕《劉鎮南碑》:"君遇險而建略,遭難而發權,招命英俊,援得驍雄。"《晉書·劉曜載記》:"(劉胤)多力善射,驍捷如風雲,曜因以重之。"

磽 堅石,引申爲堅硬義,亦指土地多石、堅硬貧瘠。《説文·石部》:"磽,磬石也。从石,堯聲。"清朱駿聲《通訓定聲》:"《孟子》:'則地有肥磽。'注:'薄也。'《楚語》:'瘠磽之地。'注:'确也。'……《通俗文》:'物堅硬謂之磽确。'"《廣韻·效韻》:"磽,磽磽。"又《肴韻》:"磽,石地。"又《篠韻》:"磽,山田。"按,唐歐陽詹《石韞玉賦》:"內抱貞明,蓄珪璋而自異;外封磽确,與砮礪而攸同。"其"磽确"即謂堅石。

獟 狂犬,引申爲狂悍、矯健義。《説文·犬部》:"獟,狂犬也。从犬,堯聲。"清朱駿聲《通訓定聲》:"〔轉注〕《漢書·霍去病傳》:'誅獟悍。'注:'獟健行輕兒也。'……《廣雅·釋詁四》:'獟,狂也。'"《廣韻·嘯韻》:"獟,狂犬。"《史記·衛將軍驃騎列傳》:"誅獟駻,獲首虜八千餘級。"

墝 土地瘠薄而堅硬。字亦作"墪"。《廣韻·肴韻》：" 墝，墝埆，堉土。"《篇海類編·地理類·土部》：" 墝，土堅。"清朱駿聲《説文通訓定聲·小部》：" 墪，《詩·丘中有麻》傳：'墝埆之處也。'《釋文》：'本作墪。'《禮記·王制》注：'肥墝有五等。'《釋文》：'本作墪。'"《墨子·親士》：" 墝埆者其地不育。"《天討·豕常之裔〈普告漢人〉》：" 即此數事觀之，則圈地之初，室廬丘基，盡爲旗民所有，以膏腴之壤入於旗，以墝瘠之地歸之民，而墝瘠之地，乃依膏腴之壤起征，可謂虐政之尤者矣。"

〔推源〕 諸詞俱有捷健、堅勁義，爲堯聲所載之公共義。聲符字"堯"所記錄語詞之顯性語義與此義不相涉，此義當爲堯聲所載之語源義。堯聲可載捷健、堅勁義，"輕""勁"可相證。

堯：疑紐宵部；

輕：溪紐耕部；

勁：見紐耕部。

疑溪見旁紐，宵耕旁對轉。"輕"，輕車，引申爲輕義，又引申爲輕便、快捷義。《説文·車部》：" 輕，輕車也。"清朱駿聲《通訓定聲》：" 《周禮·車僕》：'輕車之萃。'謂馳敵致師之車也。《齊策》：'使輕車鋭騎衝雍門。'注：'便也。'……《西京賦》：'輕鋭僄狡。'注：'謂便利。'"《三國志·魏志·荀彧傳》：" 可顯出宛、葉而間行輕進，以掩其不意。""勁"，強健，堅勁。《説文·力部》：" 勁，彊也。"清朱駿聲《通訓定聲》：" 《宋策》：'夫梁兵勁而權重。'《列子·説符》：'孔子之勁。'注：'力也。'《荀子·非相》：'筋力越勁。'注：'勇也。'《素問·腹中論》：'其氣急疾堅勁。'注：'剛也。'"

(1841) 膮僥嬈嶢鐃（碎、小義）

膮 猪肉羹，以碎肉爲之者。《説文·肉部》：" 膮，豕肉羹也。从肉，堯聲。"清朱駿聲《通訓定聲》：" 此乾于銅羹爲豆實者，所謂臊也。《儀禮·公食大夫禮》：'膷以東臐膮牛炙。'注：'牛曰膷，羊曰臐，豕曰膮，皆香美之名也。'"《廣韻·篠韻》及《蕭韻》"膮"皆訓"豕羹"。《禮記·內則》：" 膳、膷、臐、膮。"唐陸德明《釋文》：" (膮)豕臐也。《字林》云：'豕羹也。'"

僥 僬僥，短小之人。《説文·人部》：" 僥，南方有焦僥，人長三尺，短之極。从人，堯聲。"清朱駿聲《通訓定聲》：" 《列子·湯問》：'從中州以東四十萬里，得僬僥國。'《大荒南經》：'有小人，名曰焦僥之國，幾姓嘉穀是食。'《海外南經》：'焦僥國在三首東。'注引《詩含神霧》：'人長五寸。'《魯語》：'僬僥氏長三尺。'注：'西南蠻之別名。'"

嬈 瑣碎。《説文·女部》：" 嬈，苛也。从女，堯聲。"清朱駿聲《通訓定聲》：" 煩擾瑣屑之意。《纂文》：'嬈，煩也。'……《漢書·晁錯傳》：'除苛解嬈。'注：'煩繞也。'"清段玉裁注：" 苛者，小艸也。引申爲瑣碎之稱。"

蟯　寄生蟲,微小之物。《説文·虫部》:"蟯,腹中短蟲也。从虫,堯聲。"清朱駿聲《通訓定聲》:"《史記·扁倉傳》:'診其病曰蟯瘕。'〔轉注〕《淮南·脩務》:'蚑行蟯動之蟲。'《原道》:'澤及蚑蟯。'注:'微小之蟲也。'"《廣韻·宵韻》:"蟯,腹中蟲。"又:"蟯,人腹中蟲。"《關尹子·六七》:"我之一身,内變蟯蛔,外烝蝨蚤。"唐柳宗元《罵尸蟲文》:"彼脩蚘恙心,短蟯穴胃。"

鐃　小鉦。《説文·金部》:"鐃,小鉦也。軍法:卒長執鐃。从金,堯聲。"清朱駿聲《通訓定聲》:"《周禮·鼓人》:'以金鐃止鼓。'注:'如鈴無舌,有秉,執而鳴之,以止擊鼓。'《大司馬》:'辨鼓鐸鐲鐃之用。'"《廣韻·肴韻》:"鐃,似鈴無舌。"沈兼土《聲系》:"案'鈴',各本均作'鈴'。"羅振玉《古器物識小録·鐃》:"鉦與鐃,不僅大小異,形制亦異。鉦大而狹長,鐃小而短闊;鉦柄實,故長,可手執;鐃柄短,故中空,須續以木柄,乃便執持。"

〔推源〕　諸詞俱有碎、小義,爲堯聲所載之公共義。聲符字"堯"所記録語詞之顯性語義與碎、小義不相涉,其碎、小義乃堯聲所載之語源義。堯聲可載碎、小義,"康"可證之。

堯:疑紐宵部;

康:溪紐陽部。

疑溪旁紐,宵陽旁對轉。"康",米糠,碎而小之物。其後起字作"穅""糠"。《説文·禾部》:"穅,穀皮也。从禾,从米,庚聲。康,穅或省。"清朱駿聲《通訓定聲》:"今蘇俗穀皮之粗大者曰礱穅,米皮之粉細者曰穅。字亦作'糠'。《莊子·逍遥游》:'塵垢粃穅。'《天運》:'播康眯目。'〔假借〕又爲'苛'。《爾雅·釋言》:'康,苛也。'按,康苛一聲之轉,猶'苦'之爲'快'也。或曰康、苛皆細碎意,非。"按,糠本爲細碎、微小之物,非假借。"苛"爲小草,有毒者,故有急刻、苛刻義,亦有繁細義。

707　賁聲

(1842) 濆墳韉韇(高、大義)

濆　崖岸,水邊高地。字亦作"隫"。《説文·水部》:"濆,水厓也。从水,賁聲。《詩》曰:'敦彼淮濆。'"《廣韻·文韻》:"濆,水際也。"按,許慎所引《詩·大雅·常武》文漢毛亨傳:"濆,涯。"《管子·地員》:"五粟之土,若在陵,在山,在隫,在衍。"清王紹蘭注:"隫,當爲'墳'。'墳'即'濆'之借字。"按,其説不可從。字形表義,常有不周。作"濆",以形符表水義,聲符表高義;作"隫",則以形符表高地義,而水邊義不顯。猶"淤""垷"皆謂水中淤積之泥,前者泥義不顯,後者水義不顯。北魏酈道元《水經注·江水三》:"對淵洲一名淵步洲,江濆從洲頭以上,悉壁立無岸,歷蒲圻至白沙方有浦。"

墳　墳墓,高出地面之土堆,故引申爲高大。《説文·土部》:"墳,墓也。从土,賁聲。"

清朱駿聲《通訓定聲》："《爾雅·釋丘》：'墳，大防。'《釋地》：'墳莫大于河墳。'《詩·汝墳》：'遵彼汝墳。'傳：'大防也。'……《方言》一：'墳，地大也，青幽之間凡土而高且大謂之墳。'注：'即大陵也。'《射雉賦》：'崇墳夷靡。'注：'今呼爲塘。'《楚辭·哀郢》：'登大墳以遠望兮。'注：'水中高者爲墳。'〔轉注〕《方言》十三：'冢，秦晉之間謂之墳。'注：'墳取名于大防也。'《禮記·檀弓》：'古也墓而不墳。'注：'土之高者曰墳。'"按，朱氏蓋從晉郭璞說，以大防爲本義，而以墳墓爲引申義，似可商。至"墳墓"，本爲渾言，析言之，沒入地中者爲"墓"，堆出地面者爲"墳"。

鼖 大鼓。字或作"鼖"，亦省作"鼖"。《說文·鼓部》："鼖，大鼓謂之鼖。鼖八尺而兩面，以鼓軍事。从鼓，賁省聲。鼖，鼖或从革，賁不省。"南唐徐鍇《繫傳》："或从革，賁聲。"清朱駿聲《通訓定聲》："或从革，賁聲。《周禮·鼓人》：'以鼖鼓鼓軍事。'《考工·韗人》：'鼓長八尺，鼓四尺，中圍加三之一，謂之鼖鼓。'《書·顧命》：'鼖鼓在西房。'"《廣韻·文韻》："鼖，大鼓。《周禮·鼓人》：'掌六鼓，以鼖鼓掌軍事。'鼖，上同。鼖，亦同。"晉葛洪《抱朴子·逸民》："屈龍淵爲錐鑽之用，抑靈鼖爲鼗鼙之音。"唐柳宗元《劍門銘》："鼖鼓一振，元戎啓行。"

鱝 大魚。《集韻·吻韻》："鱝，魚名。大鮋也。形圓，有毒。"《正字通·魚部》："鱝，魚形如大荷葉，長尾，口在腹下，目在額上，無足無鱗，尾長有節，螫人。"按，即海䲡魚，"鮋"蓋"䲡"之聲轉。清方文《品魚·下品·鱝》詩題注："鱝，即海䲡魚，一名邵陽，其圓如車輪，故名。"清李調元《然犀志·海䲡魚》："海䲡魚生東海，形似䲡，有肉翅，能飛上石頭。齒如石板，尾有大毒，逢物以尾撥而食之，其尾刺人，甚者至死。李奉常云：海中頗多，江湖亦時有之。狀如盤及荷葉，大者圍七八尺。無足無鱗，背青腹白。口在腹下，目在額上。尾長有節，螫人甚毒。"《文選·郭璞〈江賦〉》："鱝䱝鼊䲟。"唐李善注："鱝魚如圓盤，口在腹下，尾端有毒。"

〔推源〕 諸詞俱有高、大義，爲賁聲所載之公共義。聲符字"賁"从貝，所記錄語詞之本義爲文飾，其引申義系列與高、大義亦不相涉。然可以其聲韻另載高、大之語源義。《說文·貝部》："賁，飾也。从貝，卉聲。"清朱駿聲《通訓定聲》："《易·序卦》傳：'賁聲，飾也。'《襍卦傳》：'賁，無色也。'王肅注：'賁有文飾，黃白色。'〔假借〕爲'鼖'。《詩·靈台》：'賁鼓維鏞。'傳：'大鼓也。'《書大傳》：'天子賁庸。'注：'大也。'又爲'濆'。《穀梁僖十傳》：'覆酒於地而地賁。'注：'沸起也。'"按，沸起即向高處噴射。賁聲可載高、大義，則"岎""磐"可證之。

賁：並紐文部；
岎：並紐文部；
磐：並紐元部。

三者皆雙聲，文元旁轉。"岎"，山勢高峻。《字彙·山部》："岎，岎崟，山貌。"按，即高而不平之意。漢劉安《招隱士》："狀貌岎崯兮峨峨,凄凄兮漇漇。"漢揚雄《蜀都賦》："爾乃蒼山隱天,岎崯迴叢。"按,"岎崯"爲複音詞,"崯"可單用而表高義,則"岎崯"可分訓。"磐",大石。《玉篇·石部》："磐,大石也。"戰國楚宋玉《高唐賦》："磐石險峻,傾崎崖隤。"《玉臺新詠·古詩爲焦仲卿妻作》："君當作磐石,妾當作蒲葦。蒲葦紉如絲,磐石無轉移。"

(1843) 蕡憤檾瀵膹（亂義）

蕡 本謂雜香草,見後第1845條。"雜"之義素在焉,故引申爲亂義。清朱駿聲《說文通訓定聲·屯部》："蕡,《考工·弓人》：'牛筋蕡滫。'按,枲也,謂如亂麻文。注：'枲實也',失之。"《墨子·天志下》："今天下之諸侯,將猶皆侵凌攻伐兼併,此爲殺一不辜人者數千萬矣……而自曰義也。故子墨子言曰：'是蕡我者。'"清孫詒讓《閒詁》："'蕡'讀若'治絲而棼之'之'棼','我'當爲'義'。'棼'亦與'紛'同。《尚同中》篇云'本無有敢紛天子之教者',與此文例略同。"或據此以爲"蕡"借作"棼"而表擾亂義,實則無煩假借。"蕡"有雜草之義素,本可衍生亂義；又有草木多實之衍義,繁紛、雜亂,義本相同。《廣韻·文韻》："蕡,草木多實。"《詩·周南·桃夭》："桃之夭夭,有蕡其實。"

憤 憤懣,煩悶,見後第1846條,引申爲心亂義。《後漢書·王符傳》："羸弱疾病之家,懷憂憤憤,易爲恐懼。"又虛化引申爲亂義。《漢書·敘傳上》："周、賈盪而貢憤兮,齊死生與禍福。"唐顏師古注："憤,亂也。"

檾 亂麻。字亦作"穮",左形右聲,又訛作"穮"。《字彙補·麻部》："穮,《列子》：'宋國有田夫,常緼穮。'注云：'敝麻絮衣也。'《列子口義》又作'穮'。"今本《列子·楊朱》作"常衣緼穮",晉張湛注："穮,亂麻也。"又《太平御覽》卷十九引晉張華《博物志》作"常衣穮緼",然則"緼穮"與"穮緼"爲同素逆序詞。"緼"本亂麻之稱,二者亦爲同義聯合式合成詞。《說文·糸部》："緼,紼也。"清王筠《句讀》："玄應引云：'緼、紼,亂麻也。'"宋晁補之《同畢公叔飲城東》："何必悲無衣,緼穮聊御冬。"

瀵 水噴出,見後第1847條,引申之則指大水漫衍而成小水,即散亂之謂。《集韻·文韻》："瀵,大水溢出別爲小水之名。"明劉侗、于奕正《帝京景物略·西堤》："過橋,水亦已深,偶得瀵衍,遂湖焉。"又引申爲動亂義。清朱駿聲《說文通訓定聲·屯部》："瀵,〔假借〕又爲'奮'。《管子·勢》：'以待天下之瀵作也。'注：'動亂也。'"按,動亂爲引申義,無煩假借。

膹 肉羹,肉細碎而雜亂。《說文·肉部》："膹,臐也。从肉,賁聲。"清朱駿聲《通訓定聲》："按,肉羹之多汁者,稍乾者曰臐,又乾于臐者曰膹。《賈子·匈奴篇》：'羹臐炙膹。'《鹽鐵論·散不足篇》：'觳膹鴈羹。'"《廣韻·尾韻》："膹,臐多汁。"

〔推源〕諸詞俱有亂義,爲賁聲所載之公共義。聲符字"賁"所記錄語詞謂文飾,本有色彩雜亂之衍義。清朱駿聲《說文通訓定聲·屯部》："《爾雅·釋魚》：'貝餘貾黃白文,餘泉白黃文。'傅氏讀'賁'爲'斑'：'文章貌。'《呂覽·壹行》：'孔子卜得賁,曰：不吉。'注：'色不純也。'"賁聲可載亂義,則"紊"可證之。

賁：並紐文部；
紊：明紐文部。

疊韻,並明旁紐。"紊",亂。《說文·糸部》:"紊,亂也。"清朱駿聲《通訓定聲》:"《書·盤庚》:'有條而不紊。'"《廣韻·問韻》:"紊,亂也。"《晉書·載記·李期》:"慶賞威刑,皆決數人而已,于是綱維紊矣。"唯"紊"之義爲亂,故有"紊亂"之同義聯合式合成詞。宋孫光憲《北夢瑣言》卷十四:"茂貞等汗流浹背,不能對,但云:'南北司紊亂朝政。'"

(1844) 幩橨(邊義)

幩 馬銜兩邊用來裝飾的綢條。《說文·巾部》:"幩,馬纏鑣扇汗也。从巾,賁聲。"清朱駿聲《通訓定聲》:"《詩·碩人》:'朱幩鑣鑣。'傳:'飾也。'按,以朱幓縷纏馬銜之上,垂之,且以爲飾也。一名排沫。"清承培元《引經證例》:"馬銜上環在口曰銜,在傍之環曰鑣,以裂餘朱帛纏之,流蘇下垂,行則飄颻,可以扇胸前之汗。以在口旁,故亦名排沫。"

橨 船邊木。字亦作"艩"。《廣韻·尾韻》:"橨,船邊木也。"《集韻·尾韻》:"橨,舟邊木也。或作'艩'。"按,"橨"亦指器物之脚,凡山脚即山邊,義亦相通。《廣雅·釋器》:"橨,柎也。"清王念孫《疏證》:"《說文》:'柎,闌足也。'凡器足謂之柎。柎之言跗也,跗,足也。"按,足即縱向之邊。又,古者稱弓把兩側之骨片爲"柎",則其邊義益顯。

〔推源〕 此二詞俱有邊義,爲賁聲所載之公共義。賁聲字所記錄語詞"濆(隤)"謂水邊高地,當亦有"邊"之義素。聲符字"賁"所記錄語詞之顯性語義系列與邊義不相涉,其邊義乃賁聲所載之語源義。賁聲可載邊義,"邊"可證之。

賁：並紐文部；
邊：幫紐元部。

並幫旁紐,文元旁轉。"邊",旁邊,邊側。《說文·辵部》:"邊,行垂崖也。"清朱駿聲《通訓定聲》:"《爾雅·釋詁》:'邊,垂也。'《禮記·玉藻》:'其在邊邑。'注:'九州之外。'《吳語》:'頓顙于邊。'注:'邊,邊境也。'〔轉注〕《禮記·深衣》:'續衽鉤邊。'按,旁也。"

(1845) 蕡馩(香義)

蕡 雜香草。《說文·艸部》:"蕡,雜香艸。从艸,賁聲。"清徐灝《注箋》:"今俗語猶言'蕡香。'"清朱駿聲《通訓定聲》:"按,《方言》三:'蘇,亦荏也。周鄭之間謂之公蕡。'疑許意本楊(揚)。"《爾雅·釋草》:"蘇,桂荏。"宋邢昺疏:"蘇,荏類之草也。以其味辛似荏,故一名桂荏。陶注《本草》云:葉下紫色而氣甚香。"

馩 香氣。《廣韻·文韻》:"馩,馩馧,香氣。㡜,上同。"五代佚名《新開宴石山記》:"金爐曉炷以㡜馧,銀炬宵然而炫燿。"按,"薫""馤""馝""馞""馧""馡""馥"皆謂香,其聲符字之形體相殊異而其音近且相通,此即所謂轉注字,其詞則爲近義詞。詳見殷寄明《漢語語源義初探》(學林出版社,1998年)第二章第三節。

〔推源〕 此二詞俱有香義,爲賁聲所載之公共義。聲符字"賁"所記録語詞之顯性語義與香義不相涉,其香義乃賁聲所載之語源義。賁聲可載香義,"芬"可證之。

賁:並紐文部;
芬:滂紐文部。

叠韻,並滂旁紐。"芬",芬芳字。《説文·屮部》:"芬,艸初生,其香分布。从屮,从分,分亦聲。芬,芬或从艸。"清朱駿聲《通訓定聲》:"《廣雅·釋訓》:'芬芬,香也。'……《吴都賦》:'芬馥肸蠁。'"《廣韻·文韻》:"芬,芬芳。"《荀子·正名》:"香、臭、芬、鬱、腥、臊、灑、酸、奇臭,以鼻異。"唐楊倞注:"芬,花草之香氣也。"晉陶潜《閒情賦》:"佩鳴玉以比潔,齊幽蘭以争芬。"

(1846) 憤癳(悶義)

憤 鬱結於心,煩悶,憋悶。《説文·心部》:"憤,懣也。从心,賁聲。"清朱駿聲《通訓定聲》:"《方言》十二:'憤,盈也。'……《周語》:'陽癉憤盈。'注:'積也。'……《楚辭·惜誦》:'發憤以抒情。'注:'懣也。'"《廣韻·吻韻》:"憤,懣也。"《論語·述而》:"不憤不啓,不悱不發。"宋朱熹注:"憤者,心求通而未得之意。"

癳 病悶,亦指瘡悶。《玉篇·疒部》:"癳,病悶也。"《廣韻·吻韻》:"癳,病悶。"又《問韻》:"癳,癳瘠,瘡悶。"《集韻·准韻》:"胇,熱氣箸膚也。或作'疿'。"又《問韻》:"癳,癳胇,熱腫也。"按,内悶則外腫。"癳"亦指痱子。清朱駿聲《説文通訓定聲·屯部·附〈説文〉不録之字》:"癳,《通俗文》:'體蜉沸曰癳疽。'"按,熱氣着膚悶而不得泄則生痱,故腠理細膩之人鮮有痱瘡,皮膚粗糙者則夏季多生痱。

〔推源〕 此二詞俱有悶義,爲賁聲所載之公共義。聲符字"賁"所記録語詞之顯性語義與悶義不相涉,其悶義乃賁聲所載之語源義。賁聲可載悶義,"悶"可證之。

賁:並紐文部;
悶:明紐文部。

叠韻,並明旁紐。"悶",煩悶,引申爲昏悶、悶閉等義。《説文·心部》:"悶,懣也。从心,門聲。"清朱駿聲《通訓定聲》:"俗字作'懣'。《廣雅·釋詁二》:'懣,懣也。'《楚辭·惜誦》:'中悶瞀之忳忳。'注:'煩也。'《家語·弟子》:'行處賤不悶。'注:'憂也。'《素問·風論》:'悶則熱而悶。'注:'不爽貌。'"

(1847) 噴濆(噴涌義)

噴 吐氣,引申爲噴涌、涌射義。《説文·口部》:"噴,一曰鼓鼻。"清朱駿聲《通訓定聲》:"〔假借〕爲'歕'……《廣雅·釋言》:'噴,嚏也。'《長笛賦》:'渴瀑噴沫。'注:'跳沫也。'

《穆天子傳》：'其馬噴沙。'注：'歕鶉也。'"按，"噴"之本義《說文》訓"吒"，未見其文獻實用例，"歕"爲"噴"之或體，構件"口""欠"所表義類同。《說文・欠部》："歕，吹氣也。"清鈕樹玉《校録》："爲'噴'之重文。"朱氏所引《穆天子傳》之"噴"異文正作"歕"。《廣韻・恩韻》："噴，吐氣。"又《魂韻》："歕，吐也。"《文選・郭璞〈江賦〉》："揚鰭掉尾，噴浪飛唌。"唐李白《望廬山瀑布》二首之一："掛流三百丈，噴壑數十里。"

濆　濆涌。《廣韻・魂韻》："濆，溦也。"《後漢書・方術傳・郭憲》"含酒三潠"唐李賢注引《埤蒼》："潠，濆也。"清朱駿聲《說文通訓定聲・屯部》："濆，〔假借〕爲'濆'。《公羊昭五》：'敗莒師于濆泉。'傳：'濆泉者何？直泉也。直泉者何？涌泉也。'"按，"濆"之本義爲水邊高地，然其字從水，表水噴涌義，無煩假借，乃套用字。北魏酈道元《水經注・河水四》："濆泉上涌，大幾如輪，深則不測。"宋歐陽修《黃楊樹子賦》："上臨千仞之盤薄，下有驚湍之濆激。"

〔推源〕　此二詞俱有噴涌義，爲賁聲所載之公共義。聲符字"賁"所記錄語詞之顯性語義與噴涌義不相涉，其噴涌義乃聲符所載之語源義。賁聲可載噴涌義，"崩"可證之。

賁：並紐文部；

崩：幫紐蒸部。

並幫旁紐，文蒸通轉。"崩"，山崩。其字亦作左形右聲。《說文・山部》："嗍，山壞也。"清段玉裁注："隸體'山'在'朋'上。"清朱駿聲《通訓定聲》："此字本作左形右聲……今朋（崩）作上形下聲……隸變也。《詩・十月之交》：'山冢崒嗍。'《廣雅・釋詁一》：'嗍，壞也。'《漢書・五行志》：'自上下者爲嗍。'"按，山崩則土石飛濺，故"崩"有噴涌、迸射之衍義。《文選・謝靈運〈入彭蠡湖口〉》："洲島驟迴合，圻岸屢崩奔。"南朝梁丘遲《夜發密巖口》："萬尋仰危石，百丈窺重泉。叢枝上點點，崩溜下填填。"明徐弘祖《徐霞客遊記・黔遊日記一》："水由葉上漫頂而下……搗珠崩玉，飛沫反湧，如煙霧騰空。"

708　尌聲

(1848) 樹/豎(直立義)

樹　樹木，直立於大地之物，故引申爲直立義。《說文・木部》："樹，生植之總名。從木，尌聲。尌，籀文。"清朱駿聲《通訓定聲》："《左昭二傳》：'宿敢不封殖此樹。'《晉語》：'夫堅樹在始。'注：'樹，木也。'〔假借〕爲'尌'，立也……《方言》七：'燕之外郊，凡言置立者，謂之樹植。'《易・繫辭》傳：'不封不樹。'……《詩・有瞽》：'崇牙樹羽。'傳：'置羽也。'"按，直立爲引申義，非假借者。《漢書・揚雄傳》下："皆稽顙樹頷。"唐顏師古注："樹，豎也。"唯"樹"有直立義，故有"樹立"之同義聯合式合成詞。《漢書・王莽傳》下："是月，杜陵便殿乘輿虎文衣廢臧在室匣中者出，自樹立外堂上，良久乃委地。"唐顏師古注："樹，豎也。"

竪 豎直字,後世作"豎"。《説文·臤部》:"豎,豎立也。"清朱駿聲《通訓定聲》:"《廣雅·釋詁四》:'立也。'〔轉注〕《史記·孟嘗君傳》:'而士不得裋褐。'《索隱》:'豎褐,謂褐衣而豎裁之,以其省而便事也。'……俗字作'竪'。"《後漢書·靈帝紀》:"冬十月壬午,御殿後槐樹自拔倒豎。"五代花蕊夫人《述國亡》:"君王城上豎降旗,妾在深宫那得知。"

〔推源〕 此二詞俱有直立義,其音亦同,禪紐雙聲,侯部叠韻,則其語源當同。又,"樹"字從尌得聲,聲符字"尌"所記録語詞之本義即直立。《説文·壴部》:"尌,立也。从壴,从寸,持之也。讀若駐。"清朱駿聲《通訓定聲》:"壴亦聲。今凡主持、主掌字以'主'爲之,樹立字以'樹'爲之。"《廣韻·遇韻》:"尌,立也。"《易緯·乾坤鑿度·聖人象卦》:"定風尌信。"舊注:"聖人尌立卦也,卦信風,以能相應。"《周禮·考工記·廬人》"置而摇之"漢鄭玄注:"置,尌也。"然則"樹"之直立義爲其聲符"尌"所載之顯性語義。

(1849) 澍/注(灌注義)

澍 時雨,引申爲降落義,又引申爲灌注義。《説文·水部》:"澍,時雨澍生萬物。从水,尌聲。"清朱駿聲《通訓定聲》:"《難蜀父老文》:'群生澍濡。'《論衡·雷虚》:'雨潤萬物名曰澍。'〔假借〕爲'注'。《洞簫賦》:'聲礚礚而澍淵。'"按,灌注乃"澍"之衍義,無煩假借。唐柳宗元《晉問》:"俄然決源釃流,交灌互澍,若枝若股,委屈延布。"唐陸贄《鑾駕將還宫闕論發日狀》:"若遇積雨滯浸,群峰澍流,巨石崩奔,訇殷相繼。"

注,灌注。《説文·水部》:"注,灌也。"清朱駿聲《通訓定聲》:"《詩·泂酌》:'挹彼注兹。'《吳都賦》:'振盪注流。'"《詩·大雅·文王有聲》:"豐水東注,維禹之績。"宋葉適《朝議大夫秘書少監王公墓誌銘》:"公開渠港五百餘里,漕輓通流,灌注一郡。"

〔推源〕 此二詞俱有灌注義,其音亦相近且相通。

澍:禪紐侯部;
注:章紐侯部。

叠韻,禪章(照)旁紐,則其語源當同。

709 喜聲

(1850) 僖禧嬉(喜樂義)

僖 喜樂。字亦作"憙""歖"。《説文·人部》:"僖,樂也。从人,喜聲。"清朱駿聲《通訓定聲》:"即'喜'字,因以爲諡,故从人。"許書《喜部》:"歖,古文喜,从欠。"清姚華《曲海一勺·明詩》:"予説不孤,自歖得證。"又許書《喜部》:"憙,説也。从心,从喜,喜亦聲。"清朱駿聲《通訓定聲》:"字亦作'僖'……《春秋元命苞》:'心喜者爲憙。'……《漢書·郊祀志》:'天子心獨憙其事。'"按,此字《説文》當入《心部》。《廣韻·止韻》:"憙,悦也。"《之韻》:"僖,樂也。"《大戴禮記·曾子立事》:"兄弟憘憘,朋友切切。"《史記·高祖本紀》:"諸所過毋得掠鹵,秦人熹,秦軍解,因大破之。"

禧 吉祥,可喜。《説文·示部》:"禧,禮吉也。从示,喜聲。"清朱駿聲《通訓定聲》:"《爾雅·釋詁》:'禧,福也。'《漢書》'祝釐''受釐''蕃釐',皆以'釐'爲之。"《廣韻·之韻》:"禧,吉也。"《全隋詩·先農歌·誠夏》:"恭神務稼,受禧降祉。"其"禧"字異文亦作"釐"。宋陶弼《黄陵廟》:"楚民亡水旱,簫鼓謝神禧。"

嬉 戲樂。漢揚雄《方言》卷十:"江沅之間謂戲爲媱,或謂之嬉。"《廣雅·釋詁一》:"媱,婬也。"清王念孫《疏證》:"戲與婬亦同義。"按,《廣韻》"媱"音餘昭切,"陶"亦有此音,《廣雅·釋言》"陶"訓"喜","其樂陶陶""陶然自樂"之"陶"皆喜樂義。《廣韻·之韻》:"嬉,遊也。"按,即遊戲之謂。《史記·孔子世家》:"孔子爲兒嬉戲,常陳俎豆,設禮容。"《三國志·吳志·孫和傳》:"夫人情猶不能無嬉娱,嬉娱之好,亦在於飲宴、琴書、射御之間,何必博弈,然後爲歡。"寅半生《讀〈迦因小傳〉兩譯本典後》:"所叙登塔取雛,此鄉里小兒女戲嬉之事。"

〔推源〕 諸詞俱有喜樂義,爲喜聲所載之公共義。聲符字"喜"所記録語詞之本義即喜樂。《説文·喜部》:"喜,樂也。从壴,从口。"清朱駿聲《通訓定聲》:"《爾雅·釋詁》疏引《説文》:'不言而説也。'……聞樂則樂,故从壴;樂形于譚笑,故从口。《春秋元命苞》:'兩口銜士爲喜。'此鄙俗謬説也……《鬼谷子·摩篇》:'喜者,悦也。'《詩·彤弓》:'中心喜之。'傳:'樂也。'《禮記·檀弓》:'人喜則斯陶。'疏:'喜者,外竟會心之謂也。'"然則本條諸詞之喜樂義爲其聲符"喜"所載之顯性語義。喜聲可載喜樂義,則"熙"可證之。"喜""熙"同音,曉紐雙聲,之部叠韻。"熙",有喜樂義。《廣韻·之韻》:"熙,和也。"按,即和悦義,"和顏樂貌"一語即其證。清朱駿聲《説文通訓定聲·頤部》:"熙,〔假借〕又爲'娭'。唐釋慧苑《華嚴音義》引《説文》:'一曰説也。'《字林》:'熙,歡笑也。'《周書·太子晉》:'萬物熙熙。'注:'和盛也。'《荀子·儒效》:'熙熙兮其樂人之臧也。'注:'和樂之貌。'……《史記·魯周公世家》'煬公熙'《索隱》:'一作怡。'"按,"熙"字从火,所記録語詞之本義《説文》訓"燥",即日光曝曬而使乾燥義。光盛則曬物易燥,故有"盛"之衍義,朱氏所引《周書》文之"熙"即此義。人喜樂則情緒盛,故"熙"表喜樂義,無煩假借。

(1851) 瞦熹(光明義)

瞦 目睛,發光而有神者。《説文·目部》:"瞦,目童子精也。从目,喜聲。讀若禧。"清桂馥《義證》:"'目童子精也'者,徐鍇本'精'下有'瞦'字。《靈樞經·大惑論》:'五藏六府之精氣皆上注於目,爲之精。精之窠爲眼,骨之精爲童子,筋之精爲黑眼,氣之精爲白眼,故童子黑眼法於陰,白眼、赤脈法於陽。'《吳録》:'孫權目有精光。'"清王筠《句讀》:"《説文》無'睛',則'精'即是'睛',與童子爲一物。"《廣韻·之韻》:"瞦,目睛。"

熹 光明。字亦作"熺"。《廣韻·之韻》:"熹,熱也,熾也。或作'熺'。"清朱駿聲《説文通訓定聲·頤部》:"熹,字亦作'熺'。《廣雅·釋詁三》:'熺,熾也。'《海賦》:'熺炭重燔。'注:'炭之有光者也。'〔假借〕又爲'熙'。《管子·侈靡》:'有時而星熺。'注:'星之明。'《文選·歸去來辭》:'恨晨光之熹微。'注:'熹亦熙字也。'《贈五官中郎將詩》:'明鐙熺炎光。'注:'火明皃。'"按,"熹"之本義《說文》訓"炙",熱、熾、光明皆其衍義,無煩假借。

〔推源〕 此二詞俱有光明義,爲喜聲所載之公共義。聲符字"喜"單用本可表光明義。《文選·揚雄〈劇秦美新〉》:"百工伊凝,庶績咸喜。"唐李善注:"《尚書》曰:'允釐百工,庶績咸熙。'喜與古熙字通。"今按,"喜"之本義爲喜樂,與光明義或相通。悲義與喜義相反,悲傷則稱"黯然神傷",黯與光明,義正相反。此庶可爲證。喜聲可載光明義,則"熙"可證之。"喜""熙"同音,前條已述。清朱駿聲《說文通訓定聲·頤部》:"熙,《爾雅·釋詁》:'熙,光也。'《禮記·緇衣》:'於緝熙敬止。'注:'緝熙皆明也。'《大學》注:'緝熙,光明也。'《周語》:'緝熙亶厥心。'注:'熙,光也。'《七啓》:'熙天曜日。'注:'光也。'"

710 彭聲

(1852) 澎膨(膨脹義)

澎 水漲而橫流、相衝擊。《廣韻·庚韻》:"澎,澎濞,水皃。"又:"澎,擊水勢。"清朱駿聲《說文通訓定聲·壯部》:"《漢書·司馬相如傳》:'洶湧澎湃。'注:'相戾也。'《殷阮君神祠碑》:'澎濞涌溢。'"《藝文類聚》卷八引三國魏曹丕《滄海賦》:"驚濤暴駭,騰踴澎湃。"《朱子語類》卷三十:"蓋怒氣易發難制,如水之澎漲。"按,"澎漲"與"膨脹"當爲分別文。

膨 腹部膨脹,脹大。《廣韻·庚韻》:"膨,膨脝,脹皃。"《素問·至真要大論》:"心痛肺䐜,腹大滿,膨脹而喘咳,病本於肺。"引申之亦泛指膨脹、脹大。《廣韻·映韻》:"膨,脹也。"又《漾韻》:"脹,脹滿。"宋王安石《汝癭和王仲儀》:"膨脝厠元首,癰腫异臚頂。"

〔推源〕 此二詞俱有膨脹義,爲彭聲所載之公共義。聲符字"彭"所記錄語詞謂擊鼓聲,爲擬音詞。《說文·壴部》:"彭,鼓聲也。从壴,彡聲。"清朱駿聲《通訓定聲》:"按,从鼓省,从彡,會意。彡,即三也,擊鼓以三通爲率。《左莊十傳》:'一鼓作氣,再而衰,三而竭。'〔假借〕爲'旁'。《易·大有》:'匪其彭。'子夏傳作'旁',王肅注:'壯也。'干寶注:'彭亨,驕滿皃。'"按,驕滿即自高自大,内心中自我膨脹,義相通。"彭亨"一詞本有膨脹義。《太平御覽》卷七百二十引北魏高湛《養生論》:"尋常飲食,每令得所,多餐令人彭亨短氣,或致暴疾。"然"彭"之膨脹義非其顯性語義,亦未必爲"旁"字之借,乃彭聲所載之語源義。彭聲可載膨脹義,則"蓬"可證之。

彭:並紐陽部;
蓬:並紐東部。

雙聲，陽東旁轉，音僅微殊。"蓬"，蒿草，散亂者，故引申爲鬆散義。鬆散則其範圍擴大，與膨脹義近且相通。又指植物盛多，實即膨脹義。《説文·艸部》："蓬，蒿也。"清朱駿聲《通訓定聲》："《詩·騶虞》：'彼茁者蓬。'傳：'草名。'〔轉注〕《莊子·説劍》：'蓬頭突鬢。'《西山經·玉山》：'西王母蓬髮。'〔假借〕又爲'丸'。《海内經》：'元狐蓬尾。'注：'叢也。'又重言形況字。《詩·采菽》：'其葉蓬蓬。'傳：'盛皃。'"按，"蓬蓬"猶"蓬勃"，謂植物盛多，即量之擴張、膨脹。"蓬"之散鬆義即爲"轉注"（引申），"蓬尾"之"蓬"義同，非假借。又"蓬蓬"本有膨脹而飽滿義。漢高誘《淮南鴻烈解·叙》："一尺繒，好童童；一升粟，飽蓬蓬。"

711　埶聲

(1853) 熱爇（燃燒義）

熱　冷熱字，變爲"热"，簡作"热"。凡物燃燒則熱，故逆向引申爲燃燒義。《説文·火部》："熱，溫也。从火，埶聲。"清朱駿聲《通訓定聲》："《詩·桑柔》：'誰能執熱？'……《素問·脈要精微論》：'皆在陽則爲熱。'《五常變大論》：'肺其畏熱。'〔聲訓〕《釋名·釋天》：'熱，爇也，如火所燒爇也。'"《莊子·秋水》："至德者火弗能熱，水弗能溺，寒暑弗能害，禽獸弗能賊。"《淮南子·兵略訓》："天下敖然如焦熱，傾然若苦烈。"

爇　燃燒。字變作"蓺""爇"，又或作"焫"。《説文·火部》："爇，燒也。从火，蓺聲。《春秋傳》曰：'爇僖負羈。'"清朱駿聲《通訓定聲》："按，从火，从艸，會意。字亦作'焫'。《廣雅·釋詁二》：'焫，爇也。'以古字釋今字。《通俗文》：'然火曰焫。'……《淮南·兵略》：'毋爇五穀。'又《禮記·郊特牲》：'焫蕭。'《秦策》：'且燒焫滅君之國。'《素問·異方法宜論》：'其治宜灸焫。'注：'火艾燒灼謂之灸焫。'"按，所引《廣雅》文清王念孫《疏證》："焫即'爇'字。"《左傳·昭公二十七年》："將師退，遂令攻郤氏，且爇之。"晉杜預注："爇，燒也。"按，《説文》無"蓺"字，清王筠《説文釋例》云："非字者不出於説解。""爇"字之結構當從朱説。

〔推源〕　此二詞俱有燃燒義，爲埶聲所載之公共義。聲符字"埶"所記錄語詞謂種植。《説文·丮部》："埶，種也。从坴、丮，持亟種之。《詩》曰：'我埶黍稷。'"清朱駿聲《通訓定聲》："字亦作'藝'。《廣雅·釋地》：'埶，種也。'"按，種植或先焚燒其草，又凡開荒種地多先焚燒其草。燃燒義、種植義或相通。埶聲可載燃燒義，則"然"可證之。

埶：疑紐月部；

然：日紐元部。

日紐可歸泥，疑泥俱有鼻音，依王力先生《同源字論》説二者亦爲鄰紐，月元對轉。"然"，燃燒字"燃"之初文，見本卷"然聲"第1937條"推源"。

712 壹聲

(1854) 噎鷖曀壒氤（蔽義）

噎 食物堵塞、壅蔽喉嚨。《説文·口部》：“噎，飯窒也。从口，壹聲。”清朱駿聲《通訓定聲》：“《方言》六：‘㿒、嗢，噎也。’《通俗文》：‘塞喉曰噎。’……《詩·黍離》：‘中心如噎。’”《廣韻·屑韻》：“噎，食塞。”唐陳子昂《答制問事·賢不可疑科》：“有人以食噎而得病者，欲絶食以去病。”引申之，則泛指蔽塞。《三國志·吴志·陸遜傳》：“城門噎不得闓，敵乃自斫殺己民，然後得闓。”唯“噎”有蔽塞義，故有“噎塞”之同義聯合式合成詞。《舊五代史·唐書·莊宗紀一》：“梁軍大恐，南向而奔，投戈委甲，噎塞行路。”

鷖 鸕鷀，字亦作“鶿”，右形左聲。《爾雅·釋鳥》：“鶿，鷖。”晉郭璞注：“即鸕鷀也。”《説文·鳥部》：“鷖，鶿也。从鳥，壹聲。”清朱駿聲《通訓定聲》：“蘇俗謂之水老鴉，畜之以捕魚。”《廣韻·至韻》：“鶿，鸕鷖鳥。”明耿定向《權子·假人》：“人有魚池，苦群鶿竊啄食之。”按，人假鸕鷀捕魚，必以繩其頸以防咽魚，“鷖”即蔽塞其喉之義。宋沈括《夢溪筆談·藝文三》：“蜀人臨水者，皆養鸕鷀，繩繫其頸，使之捕魚，得魚則倒提出之，至今如此。”

曀 雲蔽日。《説文·日部》：“曀，陰而風也。从日，壹聲。《詩》曰：‘終風且曀。’”清朱駿聲《通訓定聲》：“《開元占經》引《説文》：‘天地陰沈也。’《小爾雅·廣詁》：‘曀，冥也。’《詩》：‘曀曀其陰。’《楚辭·惜賢》：‘日陰曀其將暮。’注：‘暗昧也。’〔聲訓〕《釋名》：‘曀，翳也，言雲氣掩翳日光使不明也。’”虛化引申爲遮蔽義。《楚辭·九辯》：“忠昭昭而願見兮，然霠曀而莫達。”漢王逸注：“僞邪推排，而隱蔽也。”劉永濟校釋：“比讒人蔽障自己，使昭昭的忠心，乃暗而不見。”

壒 塵土遮蔽天日。《説文·土部》：“壒，天陰塵也。《詩》曰：‘壒壒其陰。’从土，壹聲。”按，《玉篇》引《説文》作“天陰塵起”。唐崔倬《石幢叙》：“郡從事涂君因言有魯公石幢，索而得之壒壤之下。瘢痍壞失，文義乖絶，尋繹研究，不可復知。”其“壒壤”謂土中，遮蔽不明處，當爲其衍義，源與流可相證。

氤 貪婪而吝嗇。《方言》卷十：“氤，貪也。荆汝江湘之郊，凡貪而不施謂之氤。”《廣韻·至韻》：“氤，貪也。”音乙冀切，與“鷖”“壒”“鶿”“曀”同，然則从壹得聲無疑。按，《方言》所訓之義即滬上方言所云“憨進不憨出”，徽歙方言則稱“癡進不癡出”，又喻稱吝嗇之人爲“塞死洞”，藉知“氤”即蔽塞、貪婪吝嗇不施之謂。又“氤費”一詞有不明義，與蔽塞義相通，亦爲一證。《文選·左思〈吴都賦〉》：“簡其華質，則氤費錦繢。”唐吕延濟注：“氤費，猶依稀也。”

〔推源〕 諸詞俱有蔽義，爲壹聲所載之公共義。聲符字“壹”从壺，本有密封、遮蔽之義。《説文·壹部》："壹，專壹也。从壺，吉聲。"南唐徐鍇《繫傳》："从壺，取其不泄也。"清朱駿聲《通訓定聲》："《易·繫辭》傳：'天地壹壹。'按，'氣凝聚也。'……《禮記·大學》：'壹是皆以脩身爲本。'注：'壹是，專行是也。'"按《説文·壺部》"壹"篆訓"壹壹也，不得泄凶也"，即氣混沌不外泄義，亦與壅蔽義相通。然則本條諸詞之蔽義爲其聲符"壹"所載之顯性語義。又，殹聲字所記録語詞"翳""堅""瞖""繄"亦俱有遮蔽義，見本典第七卷"殹聲"第1722條，壹聲、殹聲本相近且相通。

壹：影紐質部；

殹：影紐脂部。

雙聲，質脂對轉。然則可相爲證。

713 斯聲

(1855) 澌撕癡(散義)

澌 流冰，即冰塊解凍、分散而漂流者。《説文·仌部》："澌，流仌也。从仌，斯聲。"清朱駿聲《通訓定聲》："《風俗通》：'冰流曰澌。'又云："澌，誤作'凘'。"《楚辭·九歌·河伯》："與女遊兮河之渚，流澌紛兮將下來。"漢王逸注："流澌，解冰也。"按，"澌"字異文作"凘"。宋王禹偁《謝賜聖惠方表》："今冬以來，天氣稍旱，過始冰之候，河無薄澌；踰小雪之期，野無微霰。"亦以"凘"爲之。清嚴沆《懷季天中遼左》："鴨綠流澌春水下，醫閭積雪暮寒餘。"

撕 以手撕物，撕之則物散。《集韻·支韻》："斯，析也。或从手。"按，"斯""撕"非異體字，前者謂以斤斧析物，其爲詞，則"撕"乃由"斯"之語源所衍生。明賈仲名《蕭淑蘭》第一折："早則騰騰烈火飛紅焰，將姻緣薄親檢自撕搏。"清曹雪芹《紅樓夢》第三十一回："晴雯聽了笑道：'既這麼説，你就拿了扇子來我撕，我最喜歡聽撕的聲兒。'"

癡 散聲，嘶啞之聲。字亦作"嘶""謕"，亦以"嘶"爲之。《説文·疒部》："癡，散聲。从疒，斯聲。"清朱駿聲《通訓定聲》："《方言》六：'癡，散也，東齊聲散曰廝，秦晉聲變曰癡，器破而不殊其音亦謂之癡。'字亦作'嘶'。《埤蒼》："嘶，聲散也。"《通俗文》：'凡病而壓壓而聲散曰嘶。'……《漢書·王莽傳》：'大聲而嘶。'注：'聲破也。'"

〔推源〕諸詞俱有散義，爲斯聲所載之公共義。聲符字"斯"所記録語詞謂以斧析物，析則物散，故引申爲分散義。《説文·斤部》："斯，析也。从斤，其聲。《詩》曰：'斧以斯之。'"清朱駿聲《通訓定聲》："《書·酒誥》：'有斯明享。'鄭注：'析也。'《爾雅·釋言》：'斯，離也。'《廣雅·釋詁一》：'分也。'《二》：'裂也。'《列子·黃帝》：'不知斯齊國幾千萬里。'注：'離也。'"北魏酈道元《水經注·沂水》："水出鹿嶺山東南流，左則二川臻湊，右則諸葛泉源，斯奔亂流,逕城陽之盧縣。"然則本條諸詞之散義爲真聲符"斯"所載之顯性語義。斯聲可載散義,則"析"可證之。

斯:心紐支部;

析:心紐錫部。

雙聲,支錫對轉。"析",劈木,引申爲分散、分離義。《說文·木部》:"析,破木也。從木,從斤。"清朱駿聲《通訓定聲》:"《廣雅·釋詁一》:'析,分也。'《聲類》:'析,劈也。'《詩·南山》:'析薪如之何。'〔轉注〕《書·堯典》:'厥民析。'……《史記·司馬相如傳》:'析圭而儋爵。'《索隱》:'中分也。'"《書·盤庚下》:"今我民用蕩析離居,罔有定極。"宋葉適《夫人徐氏墓誌銘》:"弟有餘粟,析之別村。"

(1856) 澌瀰(竭盡義)

澌 竭盡。《說文·水部》:"澌,水索也。從水,斯聲。"清朱駿聲《通訓定聲》:"《方言》三:'澌,盡也。'《十三》:'澌,索也。'俗字作'凘'。……《荀子·大略》:'惡言死焉。'注:'澌,猶消盡也。'"按,水可乾涸,故"澌"從水作,"水索"乃形體造意而已。《廣韻·真韻》:"澌,盡也。凘,上同。"唐玄應《一切經音義》卷七:"凘,又作'澌',物空盡也。"宋歐陽修《送徐無黨南歸序》:"草木鳥獸之爲物,衆人之爲人,其爲生雖異,而爲死則同,一歸於腐壞澌盡泯滅而已。"明沈德符《萬曆野獲編·佞幸·人無賴》:"通政張龍以占民婦章氏事發,投錢寧門下,因假寧名挾騙財物,至坐法論斬,而朝士之體澌滅盡矣。"

瀰 死亡,生命竭盡。《玉篇·歹部》:"瀰,死也。"又:"瀰,盡也。"按,"瀰"所記錄之詞存乎語言,唯其字多以"澌"爲之,而"瀰"爲其正字。作"澌",取其引申義。清朱駿聲《說文通訓定聲·解部》:"澌,《禮記·曲禮》注:'死之言澌也。'《釋文》:'本作瀰'。"三國吳楊泉《物理論》:"人含氣而生,精盡而死。死,猶澌也,滅也。"按,亦指屍體,屍體即生命已竭盡之遺體。漢王充《論衡·實知》:"溝有流澌,澤有枯骨。"

〔推源〕 此二詞俱有竭盡義,爲斯聲所載之公共義。聲符字"斯"單用本可表盡義。清朱駿聲《說文通訓定聲·解部》:"澌,〔假借〕爲'澌'。《儀禮·鄉射禮》:'斯禁。'注:'切地無足者。'……《禮記·檀弓》:'我喪也斯沾。'注:'盡也。'《詩·板》:'無獨斯畏。'箋:'盡也。'《吕覽·報更》:'斯食之。'注:'盡也。'"按,"斯"之本義爲析物,有分散之衍義,前條諸詞俱有散義,散義、盡義或相通,未必爲假借。斯聲可載竭盡義,則"盡"可證之。

斯:心紐支部;

盡:從紐真部。

心從旁紐,支真通轉。"盡",竭盡字,見本卷"單聲"第1900條。

714　散聲

(1857) 饊霰潸澌撒（散義）

饊　饊飯,糯米煮熟後煎乾而製成,散如沙者。《急就篇》第二章:"棗杏瓜棣饊飴餳。"唐顔師古注:"饊之言散也,熬稻米飯使發散也。古謂之張皇,亦目其開張而大也。"按,顔氏注此書聲訓者凡44條(詳見殷寄明《中國語源學史》第三章),常有推源之論。揆"饊"非謂發散,乃分散義。《說文·食部》:"饊,熬稻粻程也。从食,散聲。"清朱駿聲《通訓定聲》:"黏米煮孰爲餤餭。又,乾煎之曰饊,和之以飴則曰餳。餳,濡饊少乾者也。"《廣韻·旱韻》:"饊,饊飯。糤,上同。"

霰　雪珠,分散如沙之物。《說文·雨部》:"霰,稷雪也。从雨,散聲。䨘,霰或从見。"清朱駿聲《通訓定聲》:"或从見聲。亦曰米雪,曰粒雪。凡地面濕熱之氣爲雲而升,則散爲雨,雨已出雲爲寒氣凝諸雨中者爲霰;雨未出雲,爲寒氣凝諸雲中者爲雪。故霰形如雨,其下必在雪前。《爾雅·釋天》:'雨䨘爲霄雪。'注:'水雪襍下。'失之。《詩·頍弁》:'如彼雨雪,先集維霰。'傳:'暴雪也。'《韓詩章句》:'霰,霎也。'〔聲訓〕《釋名》:'霰,星也,水雪相搏,如星而散也。'"

潸　淚流貌,實即淚下而分散之義。凡淚下則散,後世有"如斷綫珍珠"語,可爲一證。《說文·水部》:"潸,涕流皃。从水,散省聲。《詩》曰:'潸焉出涕。'"清朱駿聲《通訓定聲》:"《史記·扁倉傳》:'流涕長潸。'"《廣韻·刪韻》:"潸,出涕皃。"又《潸韻》:"潸,淚下皃。"按,古者"涕"亦謂淚。《玉篇·水部》:"涕,目汁出曰涕。"《隋書·楊玄感傳》:"誰謂國家一旦至此,執筆潸泫,言無所具。"唐崔公遠逸句:"看花獨不語,裴回雙淚潸。"

澌　水散落,引申爲散落義。《集韻·換韻》:"澌,水散也。"清曹雪芹《紅樓夢》第八十四回:"你爲什麽弄澌了人家的藥,招的人家咒罵?"

撒　散播,散布。其字晚出,古本作"氀"。《集韻·曷韻》:"氀,《說文》:'糳氀,散之也。'或作'撒'。"清段玉裁《說文解字注·米部》:"氀,《左傳》正義兩引《說文》:'氀,散之也。'可證。《左傳·昭元年》曰:'周公殺管叔而蔡蔡叔。'《釋文》曰:'上蔡字音素葛反,《說文》作氀。'《正義》曰:'《說文》氀爲放散之義,故訓爲放。'隸書改作,已失字體……是氀本謂散米,引申之凡放散皆曰氀。"按,所謂"散米"乃形體造意,段玉裁常以形體造意爲本義者。晉葛洪《神仙傳·麻姑》:"得米便撒之擲地,視其米皆成真珠矣。"南朝宋劉義慶《世說新語·言語》:"兄子胡兒曰:'撒鹽空中差可擬。'"

〔推源〕　諸詞俱有散義,爲散聲所載之公共義。聲符字"散"所記録語詞之本義即分散、分離。《說文·肉部》:"散,雜肉也。从肉,㪔聲。"清王筠《句讀》:"散字从肉,故說曰雜肉。實是散碎通用之字,故元應取'雜'而刪'肉'也。"按,王說可從,金文"散"不从肉。清朱駿聲《通訓定聲》云:"今隸作'散'。"〔轉注〕《後漢・華陀傳》:'漆葉青黏散,謂藥石爲屑雜和也。'《莊子・人間世》:'散木也。'注:'不在可用之數曰散木。'……《淮南・精神》:'不與物散。'注:'雜亂貌。'《漢書・敘傳》:'師徒彌散。'注:'謂分派也。'〔假借〕又爲'㪚'。《廣雅・釋詁三》:'散,布也。'《素問・脈要精微論》:'陽氣未散。'注:'謂散布而出也。'《洞簫賦》:'馳散渙以逫津。'注:'分布也。'"按,皆引申,非假借。本條諸詞之散義爲其聲符"散"所載之顯性語義。散聲可載散義,則"沙"可證之。

散:心紐元部;
沙:山紐歌部。

心山準雙聲,元歌對轉。"沙",碎細粒,其性散之極者。《説文・水部》:"沙,水散石也。"清朱駿聲《通訓定聲》:"《廣雅・釋詁三》:'沙,質也。'《易・需》:'于沙。'荀注:'水中之剛,故曰沙。'《詩》:'鳬鷖在沙。'注:'水旁也。'《管子・地員》:'剽土之次曰五沙,五沙之狀,粟焉,如屑塵厲。'"按,"沙"有松散之衍義。明方以智《物理小識・飲食類》:"醉(蟹)見燈沙,宜置皂角,或醋或蒜或用茱萸一粒,置蟹甕中,經年不沙。"唯"沙"有散義,故有"散沙"之複音詞。《水滸傳》第一百一十四回:"看官聽說,這回話都是散沙一般。先人書會留傳,一個個都要説到,只是難做一時説;慢慢敷演關目,下來便見。"

(1858) 廠繖(遮護義)

廠 房舍,所以遮護人之物。字亦作"厰"。《廣韻・霽韻》:"廠,舍也。亦作'厰'。"《集韻・霽韻》:"厰,《博雅》:'庵、厰,舍也。'或从散。"

繖 傘,遮護物。其字或作"橵"。《廣韻・翰韻》:"繖,蓋也。"《集韻・緩韻》:"繖,或从巾,亦作'傘'。"《廣韻・旱韻》:"橵,橵扇。"《晉書・輿服志》:"功曹吏,主簿並騎從。橵扇幢麾各一騎,鼓吹一部,七騎。"又《王雅傳》:"將拜,遇雨,請以繖入。"宋洪邁《夷堅丁志・許提刑》:"吾夢父子持繖行雨中,已而大風起,吹三繖皆半裂飛去。"

〔推源〕 此二詞俱有遮護義,爲散聲所載之公共義。聲符字"散"所記錄語詞與遮護義不相涉,其遮護義乃散聲所載之語源義。散聲可載遮護義,則"闌"可證之。

散:心紐元部;
闌:來紐元部。

叠韻,心來鄰紐。"闌",門前柵欄,遮護物。《説文・門部》:"闌,門遮也。"清朱駿聲《通訓定聲》:"《廣雅・釋詁二》:'闌,遮也。'……後世所用欄干字。按,欄者遮也。"按,欄干爲其引申義,"欄"則爲"闌"之累增字。"闌"之本義《説文》所訓可從。《史記・楚世家》:"雖儀之所甚願爲門闌之廝者,亦無先大王。"南唐馮延巳《酒泉子》:"階前行,闌外立,欲鷄啼。"

715 萬聲

(1859) 厲糲（粗義）

厲 粗磨刀石。《説文·厂部》："厲，旱石也。从厂，蠆省聲。砅，或不省。"南唐徐鍇《繫傳》："麤悍石也。"清朱駿聲《通訓定聲》："定亦作'礪'。按，粗者曰厎，粗者曰厲。《漢書·地理志》：'述禹貢厲砥砮丹。'《詩·公劉》：'取厲取鍛。'《禮記·內則》：'刀礪。'《西山經》：'苕水，其中多砥厲。'《中山經》：'陰山多礪石。'"按，聲符"蠆"即"萬"之累增字。

糲 粗米。《説文·米部》："糲，粟重一秙，爲十六斗太半斗，舂爲米一斛曰糲。从米，萬聲。"清朱駿聲《通訓定聲》："字亦作'糖'。《聲類》：'糲，秕米不碎。'《漢書·司馬遷傳》：'糲粱之食。'服虔注：'粗米也。'張晏注：'一斛粟七斗米爲糲。'……《淮南·精神》：'糲粢之飯。'注：'粗也。'《史記·刺客傳》：'麤糲之費。'"《廣韻·泰韻》："糲，麤米。"

〔推源〕 此二詞俱有粗義，爲萬聲所載之公共義。聲符字"萬"亦作"蠆"，所記錄語詞謂蝎。《説文·内部》："萬，蟲也。从厹，象形。"清段玉裁注："與《虫部》'蠆'同，象形。"《説文·虫部》："蠆，毒蟲也。从虫，象形。"清朱駿聲《通訓定聲》："俗作'蠆'。"郭沫若《釋五十》："'萬'與'蠆'古本一字，乃假蝎之象形文爲之。"按，"萬"假借而爲數詞之記錄文字，謂千之十倍，爲其基本義。引申之則有極大義。《廣雅·釋詁一》："萬，大也。"《詩·小雅·信南山》："畀我尸賓，壽考萬年。"大義、粗義當相通。萬聲可載粗義，則"紼"可證之。

萬：明紐元部；

紼：幫紐物部。

明幫旁紐，元物旁對轉。"紼"，粗大的繩索。清朱駿聲《説文通訓定聲·履部》："紼，《爾雅·釋水》：'紼，縭也。'《詩·采菽》：'紼纚維之。'……《白虎通》：'紼者，所牽持棺者也。'……《禮記·曲禮》：'助葬必執紼。'"所引《詩·小雅·采菽》文唐孔穎達疏："大索也。"

(1860) 厲譾邁（高、遠義）

厲 磨刀石，引申爲磨礪義，又引申爲提高、高義。清朱駿聲《説文通訓定聲·泰部》："厲，〔轉注〕《廣雅·釋詁三》：'礪，磨也。'……《荀子·性惡》：'鈍金必將待礱厲然後利。'……《秦策》：'綴甲厲兵。'注：'利也。'〔假借〕又爲'蠣'。《禮·月令》：'征鳥厲疾。'《漢書·息夫躬傳》：'鷹隼横厲。'《高唐賦》：'沫潼潼而高厲。'注：'起也。'《廣雅·釋詁一》：'厲，上也。'《四》：'厲，高也。'"按，非假借，乃引申。《吕氏春秋·悋君》："我將死之，以醜後世人主之不知其臣者也，所以激君人者之行，而厲人主之節也。"漢高誘注："厲，高也。"按，"激"謂激礪，"厲"即提高。

譾 聲高多言。《説文·口部》："譾，高氣多言也。从口，蠆省聲。《春秋傳》曰：'譾言。"清朱駿聲《通訓定聲》："从口,萬聲。〔假借〕爲'譕'。《左哀廿四傳》：'是蕆言也。'服注：'僞不信也。'杜注：'過也。'今本以'蕆'爲之。"又："謾,譀也。从言,萬聲。誇誕之意。字亦作'譽'。《管子·形勢》：'推譽不肖謂之譽。'又'訾譽之人也'。"按,"蕆"當爲"譽"字之借,"噧""謾"則當爲或體,構件口、言所表義類同。所謂誇誕即言過其實,亦即誇大、抬高。章炳麟《訄書·儒墨》："詆其兼愛而謂之無父,則末流之噧言,有以取譏於君子,顧非其本也。"

邁 遠行。《說文·辵部》："邁,遠行也。从辵,蠆省聲。"南唐徐鍇《繫傳》："从辵,萬聲。"清朱駿聲《通訓定聲》："《爾雅·釋言》：'行也。'《廣雅·釋詁一》：'往也。'《詩·黍離》：'行邁靡靡。'"引申爲年邁義,年邁即年高。《增韻·夬韻》："邁,老也。"《後漢書·皇甫規傳》："凡諸敗將,非官爵之不高,年齒之不邁。"按,"高"與"邁"對文同義。清陳康祺《郎潛紀聞》卷十一："乃復有胡氏兄弟,邁壽龐祺,軼五老於堯天,媲八士於周室。"按,"邁壽"即高壽。

〔推源〕 諸詞俱有高、遠義,爲萬聲所載之公共義。聲符字"萬"有"大"之假借義,見前條,大義與高、遠義當相通。又古者稱大型舞蹈爲"萬",其名當寓大義。《初學記》卷十五引《韓詩》："萬,大舞也。"清朱駿聲《說文通訓定聲·泰部》："萬,《詩·簡兮》：'方將萬舞。'傳：'以干羽爲萬舞。'疏：'萬者,舞之總名,干戚與羽籥皆是。'"按,分聲字所記錄語詞"弅""岎"俱有高義,"袚"則謂長衣,見本典第一卷"分聲"第282、280條,長義、遠義相通。萬聲、分聲本相近且相通。

萬：明紐元部；

分：幫紐文部。

明幫旁紐,元文旁轉。然則可證萬聲可載高、遠之隱性語義。

(1861) 厲勱（勉勵義）

厲 磨刀石,引申爲磨礪義,又引申爲勉勵義。清徐灝《說文解字注箋·厂部》："厲,因磨厲之義,又爲勉厲、激厲之義。"清朱駿聲《說文通訓定聲·泰部》："厲,〔假借〕又爲'勱'。《書·皋謨》：'庶明厲翼。'《周書·和寤》：'王乃厲翼于尹氏八士。'注：'獎厲也。'《漢書·儒林傳》：'以厲賢材焉。'注：'勸勉之也。'"按,徐灝氏說爲確,乃引申,非假借。《左傳·哀公十一年》："宗子陽與閻丘明相厲也。"晉杜預注："相勸厲。"《三國志·蜀志·諸葛亮傳》："親秉旄鉞,以厲三軍。"

勱 勉勵。《說文·力部》："勱,勉力也。《周書》曰：'用勱相我邦家。'讀若萬。从力,萬聲。"清朱駿聲《通訓定聲》："鍇本：讀若厲。按,字亦作'勵'。《埤蒼》：'勱,勉也。'《小爾雅·廣詁》：'勵,勸也。'《廣言》：'勵,勉也。'《文選》：'勸勵題。'注：'勵者,勖己之稱。'"《廣韻·夬韻》："勱,勉也。"《國語·吳語》："請王勵士,以奮其朋勢。"宋尤袤《思賢堂三贊·畢文簡公》:"二百餘年,遺風髣髴。勸相國家,流澤未已。"

〔推源〕 此二詞俱有勉勵義,爲萬聲所載之公共義。聲符字"萬"所記錄語詞之顯性語義與勉勵義不相涉,其勉勵義乃萬聲所載之語源義。萬聲可載勉勵義,則"勉"可證之。"萬""勉"上古音同,明紐雙聲,元部疊韻。"勉",努力,引申爲勉勵義。《説文·力部》:"勉,彊也。"清朱駿聲《通訓定聲》:"《小爾雅·廣詁》:'勉,力也。'《禮記·月令》:'勉諸侯。'注:'猶勸也。'《左昭二十傳》:'爾其勉之。'注:'謂努力。'《論語》:'喪事不敢不勉。'皇疏:'強也。'"《廣韻·獮韻》:"勉,勸也。"《詩·周南·汝墳》序:"文王之化行乎汝墳之國,婦人能閔其君子,猶勉之以正也。"唐柳宗元《與韓愈論史官書》:"不勉己而欲勉人,難矣哉!"

716 敬聲

(1862) 警儆(戒備義)

警 告誡,引申爲戒備義。《説文·言部》:"警,戒也。从言,从敬,敬亦聲。"清朱駿聲《通訓定聲》:"按,'警'當爲誡敕之誡,'儆'當爲戒備之戒,二字不同。《左宣十二傳》:'今天或者大警晉也。'《周禮·宰夫》:'正歲則以法警戒群吏。'……《漢書·梁孝王武傳》:'出稱警,入言趨。'《東京賦》:'是時稱警蹕已。'注:'謂清道也。'"按,"警"字从言,所記錄語詞之本義當依朱説,爲告誡。朱氏所引《漢書》《東京賦》之"警"則爲戒備義,爲其直接引申義。"警"字之結構或作左形右聲。《墨子·明鬼下》:"爲君者以教其臣,爲父者以譥其子。"

儆 戒備,警戒。字亦作"憼"。《説文·人部》:"儆,戒也。从人,敬聲。《春秋傳》曰:'儆宫。'"清朱駿聲《通訓定聲》:"按,戒備也……《後漢·平憲王蒼傳》注:'儆,備也。'……《昭十八傳》:'使府人、庫人各儆其事。'"又:"憼,即'儆'之別體。《荀子·賦》:'憼革貳兵。'注:'與儆同,備也。'"《左傳·成公十六年》:"鄭子罕伐宋。宋將鉏樂懼敗諸汋陂。退,舍於夫渠,不儆,鄭人覆之。"晉杜預注:"宋師不儆備。"《資治通鑒·唐肅宗至德元年》:"尹子奇益兵圍睢陽益急,張巡於城中夜鳴鼓嚴隊,若將出擊者,賊聞之,達旦儆備。既明,巡乃寢兵絕鼓。"

〔推源〕 此二詞俱有戒備義,爲敬聲所載之公共義。聲符字"敬"所記錄語詞之本義爲恭敬、嚴肅,引申爲慎重、戒備義。《説文·苟部》:"敬,肅也。从攴、苟。"清朱駿聲《通訓定聲》:"《禮記·曲禮》:'毋不敬何允。'注:'在貌爲恭,在心爲敬。'《少儀》:'賓客主恭,祭祀主敬。'《儀禮·聘禮記》:'入門主敬,升堂主慎。'〔聲訓〕《詩·常武》:'既敬既戒。'箋:'敬之言警也。'《釋名·釋言語》:'敬,警也,恒自肅敬也。'"《詩·周頌·閔予小子》:"維予小子,夙夜敬止。"宋王禹偁《雷》:"君子容必變,所以敬天怒。"然則本條二詞之戒備義爲其聲符"敬"所載之顯性語義。敬聲可載戒備義,則"戒"可證之。

敬：見紐耕部；

戒：見紐職部。

雙聲，耕職旁對轉。"戒"，戒備。《説文·廾部》："戒，警也。从廾持戈，以戒不虞。"清朱駿聲《通訓定聲》："《方言》十三：'戒，備也。'《詩·采薇》：'豈不日戒？'箋：'警勑軍事也。'《禮記·曾子問》：'以三年之戒。'注：'猶備也。'《左哀元傳》：'恭澆能戒之。'注：'備也。'《吳語》：'息民不戒。'注：'儆也。'《孟子》：'辭曰聞戒。'注：'有戒備不虞之心也。'"

(1863) 驚儆（懼義）

驚 馬受驚，驚懼，引申爲恐懼義。《説文·馬部》："驚，馬駭也。从馬，敬聲。"清朱駿聲《通訓定聲》："《廣雅·釋言》：'驚，起也。'《楚辭·招魂》：'宮庭震驚。'注：'駭也。'……《西京賦》：'驚蜩蜽。'"按，"驚"有馬駭義不誣。《左傳·襄公二十八年》："慶氏之馬善驚。"《爾雅·釋詁上》："驚，懼也。"《廣韻·庚韻》："驚，懼也。"按，被釋詞與解釋詞可組成同義聯合式合成詞。《莊子·達生》："夫醉者之墜車，雖疾不死。骨節與人同，而犯害與人異，其神全也。乘亦不知也，墜亦不知也。死生驚懼不入乎其胸中，是故遻物而不慴。"

儆 戒懼。《廣韻·映韻》："儆，儆慎。"《國語·晉語二》："以主其祭祀，且鎮撫其國家及其民人，雖四鄰諸侯之聞之也，其誰不儆懼於君之威，而欣喜於君之德！"《明史·沈溍傳》："帝嘗以勳臣子弟多肆法，撰《大誥》二十二篇，諭天下武臣皆令誦習，使之儆惕。"

〔推源〕 此二詞俱有懼義，爲敬聲所載之公共義。聲符字"敬"所記録語詞之本義爲恭敬，恭敬義本與恐懼義相通，故"敬"有"懼"之衍義。《逸周書·官人》："敬之以卒而度應。"晉孔晁注："《大戴》作'驚之以卒而度料'。"敬聲可載懼義，則"恐"可證之。

敬：見紐耕部；

恐：溪紐東部。

見溪旁紐，耕東旁轉。"恐"，恐懼字。《爾雅·釋詁下》："恐，懼也。"《説文·心部》："恐，懼也。"清朱駿聲《通訓定聲》："《素問·宣明五氣篇》：'精氣並於腎則恐。'注：'心虛而腎氣並之，則爲恐。'《漢書·淮陽憲王欽傳》：'令弟光恐王。'注：'謂怖動也。'"按，"恐"與"懼"可組成同義聯合式合成詞。《素問·藏氣法時論》："善恐，如人將捕之。"唐王冰注："恐，謂恐懼，魂不安也。"《史記·秦始皇本紀》："諸侯恐懼，會盟而弱秦。"

(1864) 擎/舉（上舉義）

擎 舉。《廣雅·釋詁一》："擎，舉也。"《廣韻·庚韻》："擎，舉也。"南朝宋劉義慶《世説新語·紕漏》："婢擎金澡盆盛水，瑠璃盌盛澡豆。"明湯顯祖《牡丹亭·尋夢》："咳，甚甌兒氣力與擎拳，生生的了前件。"

舉 對舉。《説文·手部》："舉，對舉也。从手，與聲。"清邵瑛《群經正字》："今經典作

'舉'。隸變漢碑多如此作,今俗因之。"清朱駿聲《通訓定聲》:"謂兩手舉之。"《孟子·告子下》:"今曰舉百鈞,則爲有力人矣。"引申之則泛指上舉。《漢書·叙傳上》:"設宴飲之會,及趙李諸侍中皆引滿舉白,談闕大噱。"唐顏師古注:"服虔曰:'舉滿栝,有餘白瀝者,罰之也。'孟康曰:'舉白,見驗飲酒盡不也。'謂引取滿觴而飲,飲訖,舉觴告白盡不也。"

〔推源〕 此二詞俱有上舉義,其音相近且相通。

擎:群紐耕部;

舉:見紐魚部。

群見旁紐,耕魚旁對轉。則其語源當同。按,《廣韻·語韻》"舉"訓"擎",則實以同源詞相訓。

(1865) 檠/糾(矯正義)

檠 校正弓弩之器。字亦作"榮",下形上聲。《説文·木部》:"檠,榜也。从木,敬聲。"清朱駿聲《通訓定聲》:"《淮南·説山》:'檠不正而可以正弓。'《脩務》:'弓待檠而後能調。'《漢書·蘇武傳》:'榮弓弩。'《魏都賦》:'弓珧解榮。'注:'榮,弓押也。'"所引《漢書》文唐顏師古注:"榮,謂輔正弓弩也。"《廣韻·庚韻》:"榮,所以正弓。"又《梗韻》:"檠,所以正弓。出《周禮》。亦作'榮'。"按,《漢書》之"榮"即矯正義,爲動詞。明方孝孺《深慮論三》:"善治弓者,見其欹則榮之,使其調而已。"

糾 糾合之繩,引申爲糾絞義,又引申爲矯正、糾正義。《説文·糸部》:"糾,繩三合也。"清朱駿聲《通訓定聲》:"單股曰紉,兩股曰纆,三股曰糾,亦曰徽。《詩·葛屨》:'糾糾葛屨。'傳:'猶繚繚也。'《漢書·賈誼傳》:'何异糾纆。'注:'絞也。'〔假借〕爲'督'。《(周禮)大司馬》:'以糾邦國。'注:'猶正也。'……《左昭二十傳》:'慢則糾之以猛。'"按,凡物糾絞,其方向必相逆,"糾"之矯正義當由此衍生,非假借者。朱氏又云"糾"字俗作"糺",則可從,所引《左傳》文之"糾"異文正作"糺"。《管子·侈靡》:"君子者勉於糺人者也,非見糺者也。"唯"糾"有矯正義,故有"糾正"之同義聯合式合成詞。明宋濂《送張編修赴南陽教授序》:"夫教授之職,以經術行義訓,導諸生,掌其課試之事,而糾正其不如規者,其責實至重也。"

〔推源〕 此二詞俱有矯正義,其音亦相近且相通。

檠:群紐耕部;

糾:見紐幽部。

群見旁紐,耕幽旁對轉。則其語源當同。

717 惠聲

(1866) 繐憓鐬穗譓(尖、細義)

繐 細疏布。《説文·糸部》:"繐,細疏布也。从糸,惠聲。"清朱駿聲《通訓定聲》:"《禮記·檀弓》：'縓衰繐裳。'又：'請繐衰而環絰。'注：'繐衰，小功之縷，而四升半之衰。'《儀禮·士冠禮》：'不屨繐屨。'《荀子·禮論》：'菲繐。'按，布二尺二寸之廣，用縷三百六十，其縷細以恩輕也，其布疏以服至尊也。"《廣韻·祭韻》："繐，同繐。"《說文》同部："繐，蜀細布也。"《廣韻·霽韻》："繐，繐帳。"按，即以細疏布所製之靈帳。三國魏曹操《遺令》："于臺堂上安六尺牀，施繐帳。"

憓 多智謀，心思細。引申爲細心辨察義。其字亦以"譓"爲之。《廣韻·霽韻》："譓，多謀智曰譓也。"沈兼士《聲系》："案'譓'，敦煌本《王韻》作'譓'。"《集韻·霽韻》："憓，通作'譓'。"又："譓，辨察也。或作'譓'。"《國語·晉語五》："今陽子之情譓矣，以濟蓋也，且剛而主能，不本而犯，怨之所聚也。"三國吳韋昭注："譓，辨察也。"

鏸 三稜矛，引申爲尖銳義。《廣韻·霽韻》："鏸，銳也。又，三隅矛。"亦指侍臣所執矛類兵器，矛類皆尖銳物。《集韻·祭韻》："銳，侍臣所執兵，或從惠。"《說文·金部》："銳，侍從所執兵。从金，允聲。《周書》曰：'一人冕，執銳。'"

穗 禾穗，禾之頂端尖細部分。《說文·禾部》："采，禾成秀也，人所以收。从禾、爪。穗，采或从禾，惠聲。"清朱駿聲《通訓定聲》："《詩·黍離》：'彼稷之穗。'《曲水詩序》：'赬莖素毳，並柯共穗之瑞。'……《呂覽·審時》：'疏機而穗大。'"《廣韻·至韻》："穗，同'采'。"《史記·司馬相如列傳》："嘉穀六穗，我穡曷蓄。"

翽 鳥翅羽莖之末端，尖而細部。《玉篇·羽部》："翽，六翮之末。"《廣韻·霽韻》："翽，羽翽。"清朱駿聲《說文通訓定聲·履部·附〈說文〉不錄之字》："翽，《廣雅·釋器》：'翿，羽也。'《淮南·人間》：'奮翼揮翽。'注：'六翮之末也。'字亦作'翽'。"按，所引《廣雅》文之"翿"異文作"翽"，即異體字，"翽"亦"翽"之或體。《集韻·霽韻》："翽，或从慧。"

〔推源〕 諸詞俱有尖、細義，爲惠聲所載之公共義。聲符字"惠"所記錄語詞謂仁愛。《說文·心部》："惠，仁也。从心，从叀。"清朱駿聲《通訓定聲》："《爾雅·釋詁》：'惠，愛也。'……《周書·謚法》：'愛民好與曰惠，柔質慈民曰惠。'……《賈子·道術》：'心省恤人謂之惠。'"其引申義系列與尖、細義亦不相涉，其尖、細義當爲惠聲所載之語源義。惠聲可載尖、細義，則"圭"可證之。

惠：匣紐質部；
圭：見紐支部。

匣見旁紐，質支通轉。"圭"，玉器，下端長方而上端呈三角形，尖細者。《說文·土部》："圭，瑞玉也，上圜下方。公執桓圭，九寸；侯執信圭，伯執躬圭，皆七寸；子執穀璧，男執蒲璧，皆五寸。以封諸侯，从重土。楚爵有執圭。珪，古文圭从玉。"清段玉裁注："圭之制，上不正圜，以對下方言之，故曰上圜。"清朱駿聲《通訓定聲》："《莊子·馬蹄》：'孰爲珪璋。'李注：'銳上方下曰珪。'《周禮·大宗伯》：'以青圭禮東方。'注：'圭銳象春物初生。'按，古圭制廣三寸,厚半寸,皆杼上……其穀圭、琬圭、琰圭及諸侯之命圭、瑑圭,則上無不銳者。"按,傳世之圭可證其形上尖而細。又,尖銳字"銳"之上古音余紐月韻,余(喻四)本有舌根音一類,"恚"者匣紐質部,則爲旁紐,質月旁轉。然則亦爲恚聲可載尖、細義之一證。

718 䙴聲

(1867) 遷僊(遷移義)

遷 登升,往上移,引申爲遷移。《説文・辵部》:"遷,登也。从辵,䙴聲。"清朱駿聲《通訓定聲》:"《爾雅・釋詁》:'遷,徙也。'《廣雅・釋言》:'遷,移也。'《詩・巷伯》:'既其女遷。'傳:'去也。'……《周禮・小司寇》:'二曰詢國遷。'注:'謂徙都改邑也。'"《廣韻・仙韻》:"遷,去下之高也。《詩》云:'遷于喬木。'"《後漢書・袁紹傳》:"今賊臣作亂,朝廷遷移。"

僊 成僊,寓遷移義,故引申爲遷移。字亦作"仙"。《説文・人部》:"僊,長生僊去也。从人,从䙴,䙴亦聲。"清朱駿聲《通訓定聲》:"字亦作'仙',按即'仚'字……《漢書・郊祀志》:'求僊人羨門之屬。'《列子・黃帝》:'仙聖爲之臣。'注:'仙,壽考之跡。'〔假借〕爲'遷'。《國三老袁良碑》:'僊修城之鄒。'《尹宙碑》:'支判流僊。'〔聲訓〕《釋名・釋長幼》:'老而不死曰僊。僊,遷也,遷入山也,故其制字人傍作山也。'"按,"僊"表遷移義無煩假借。

〔推源〕 此二詞俱有遷移義,爲䙴聲所載之公共義。聲符字"䙴"本亦作"𠦄",所記録語詞謂升高,即上移義。《説文・舁部》:"𠦄,升高也。从舁,囟聲。䙴,𠦄或从卪。"清朱駿聲《通訓定聲》:"〔假借〕爲'遷'。《廣雅・釋言》:'䙴,遷也。'《漢書・律麻志》:'䙴,去也。'《地理志》《郊祀志》《韋賢傳》注皆云古'遷'字,非。"按,非假借,顏師古說不誤,"䙴""遷"古今字。至"䙴"變爲"䙴",則所引《廣雅》文清王念孫《疏證》有言:"隸省作'䙴'。"然則本條二詞之遷移義爲其聲符"䙴"所載之顯性語義。䙴聲可載遷移義,則"進"可證之。

䙴:清紐元部;
進:精紐真部。

清精旁紐,元真旁轉。"進",往上、往前移動。《説文・辵部》:"進,登也。"清朱駿聲《通訓定聲》:"《易・説卦》:'巽爲進退。'《詩・常武》:'進厥虎臣。'……《周禮・大司馬》:'徒銜枚而進。'注:'行也。'"

719 覃聲

(1868) 嘾瞫樿驔鱏潭嬋蟬醰𧮰(深、長義)

嘾 含深。《説文・口部》:"嘾,含深也。从口,覃聲。"清桂馥《義證》:"'含深也'者,

《本典》：'弓，嘾也。'《莊子·馬蹄篇》：'大甘而嘾。'"《玉篇》《廣韻》所訓，略同桂説。

瞫 深視。《説文·目部》："瞫，深視也。一曰下視也。从目，覃聲。"清段玉裁注："見其底裏曰深視。"按，許氏所訓二義當相通。《玉篇·目部》："瞫，深視兒。"

橝 屋檐，引申爲長義。《説文·木部》："橝，屋梠前也。从木，覃聲。"清朱駿聲《通訓定聲》："此誼與'檐'略同……又《通俗文》作'枅'，訓'門楗也'。按即《廣雅·釋室》之'庪'、蔡邕《月令章句》之'剡'、《聲類》之'㝹'，或作'㞐'。〔假借〕爲'尋'。《楚辭·哀時命》：'擥瑤木之橝枝兮。'"清徐灝《注箋》："梠，蓋謂屋瓦相叠如脊吕然。橝則瓦溝也。橝之言覃也。覃，延也。"按，朱氏所引《楚辭》之"橝枝"即長枝，屋檐、門閂皆形長之物，"橝"表長義無煩假借。

驔 脛有長毛之馬。《集韻·覃韻》："驔，馬豪骭曰驔。"清朱駿聲《説文通訓定聲·臨部》："驔，《詩·駉》：'有驔有魚。'傳：'豪骭曰驔。'按，《爾雅·釋畜》：'驪馬黃脊，騽。'《説文》'騽'篆説解：'馬豪骭也。'疑'驔''騽'本一字有兩義耳。"按《説文·馬部》"驔"篆訓"驪馬黃脊"，故朱説可從。宋王安石《送江寧彭給事赴闕》："投壺饗客魚無乙，伐鼓蒐兵馬有驔。"

鱏 白鱘，長鼻魚。《説文·魚部》："鱏，魚名。从魚，覃聲。《傳》曰：'伯牙鼓琴，鱏魚出聽。'"清朱駿聲《通訓定聲》："字亦作'鱘'……《字林》：'鱏，長鼻魚也。'《後漢·馬融傳》：'魴鱮鱏鰱。'注：'鱏，口在腹下，大者長七八尺。'"按，"鱏"亦指鱘魚，鱘魚則爲體極長者。明李時珍《本草綱目·鱗部·鱘魚》："〔釋名〕一名鱏魚。此魚延長，故从尋、从覃，皆延長之義。〔集解〕陳藏器曰：'鱘生江中，背如龍，長一二丈。'"

潭 深水，深淵，虛化引申爲深義。《廣韻·覃韻》："潭，深水兒。"《集韻·覃韻》："潭，一説楚人名深曰潭。"清朱駿聲《説文通訓定聲·臨部》："潭，〔假借〕爲'沈'、爲'深'。《管子·侈靡》：'潭根之毋伐。'注：'深也。'《吴都賦》：'岩岡潭淵。'注：'淵也。'又爲'浔'。《廣雅·釋水》：'潭，淵也。'《楚辭·抽思》：'沂江潭兮。'注：'楚人名淵曰潭。'……《淮南·原道》：'以曲隈深潭相予。'注：'深潭，回流饒魚之處。'"按，"潭"之本義《説文》云水名，然其字从水，表深淵、深邃之義無煩假借，乃套用字。

嬒 女性身材細長貌。《集韻·忝韻》："嬒，婦人細長兒。"按《廣韻·忝韻》訓"弱"，義亦相通。《集韻》所記多方言、俗語，而不見諸典籍。

蟫 蠹魚，體扁而長者。《説文·虫部》："蟫，白魚也。从虫，覃聲。"清朱駿聲《通訓定聲》："《爾雅·釋蟲》：'蟫，白魚。'注：'衣書中蟲，一名蛃魚。'按，今書中蟲，魚形岐尾，有粉如銀，謂之蠹魚，蝕紙不穿，侵字不損，異于凡蠹，相傳三食神仙字化爲脉望者也。《穆天子傳》：'蠹書于羽陵。'注：'暴書蠹蟲，因曰蠹書也。'"《廣韻·覃韻》及《侵韻》："蟫，白魚蟲。"《新唐書·馬懷素傳》："是時文籍盈漫，皆炱朽蟫斷，籤牒紛舛。"明楊慎《群公四六序》："絕蟫蠹之缺，故藏書亦可久焉。"

醰 酒味長,蓋即酒味醇厚,飲之回味時間長之謂。《説文·酉部》:"醰,酒味苦也。从酉,覃聲。"清朱駿聲《通訓定聲》:"鍇本:'甜長味也。'按,鉉本脱'酓'篆,酒味苦乃'酓'字説解,誤係'醰'下……《魏都賦》:'宅心醰粹。'注:'美也。'《洞簫賦》:'良醰醰而有味。'注引《字林》:'醰甜同長味也。'亦重言形況字。"清段玉裁注:"以'酓'義係'醰'篆而奪'酓'之故耳。"《廣韻·感韻》:"醰,長味。"虛化引申爲深長義。明趙南星《邑父母晉侯時義序》:"余得而觀之,微乎其臻妙也,醰乎其雋永也。"清龔自珍《己亥雜詩》之三十一:"本朝閩學自有派,文字醰醰多古情。"其"醰"皆意味深長之謂。

曋 味長。《玉篇·甘部》:"曋,長味也。"《廣韻·覃韻》:"曋,長味。"按,《勘韻》又有"腅"字,訓"食味美",當即其或體,《玉篇·肉部》所訓同。《集韻·勘韻》:"腅,食美也。"《廣雅·釋器》:"曋,甘也。"清王念孫《疏證》:"'醰'與'曋'同。"按,二者味長之義同,而非異體字,其本義有别。

〔推源〕 諸詞或有深義,或有長義,俱以覃聲載之,語源當同。聲符字"覃"所記録語詞之本義即味長,虛化引申爲深、長義。《説文·䨷部》:"覃,長味也。从䨷,鹹省聲。《詩》曰:'實覃實吁。'𣅁,古文覃。𥎊,篆文覃省。"清朱駿聲《通訓定聲》:"〔假借〕爲'延'。《爾雅·釋言》:'覃,延也。'《詩·葛覃》:'葛之覃兮。'傳:'延也。'《廣雅·釋詁二》:'覃,長也。'《詩·生民》……傳:'長也。'又爲'撢'、爲'探'。《書》孔安國序:'研精覃思。'《釋文》:'深也。'《漢書·叙傳》:'揚雄覃思。'注:'大也,深也。'"按,皆引申,非假借。本條諸詞之深、長義爲其聲符"覃"所載之顯性語義。覃聲可載深、長義,則"深"可證之。

覃:定紐侵部;

深:書紐侵部。

叠韻,定書(審三)準旁紐。"深",水名,亦爲深淺字,或以爲爲水名本有深義。《説文·水部》:"深,深水也。"清朱駿聲《通訓定聲》:"〔别義〕《説文》'突'篆下:'突,深也。'此必非水名之深,則爲深淺之深可知,而深淺爲'深'之一義,亦可知文脱耳。《爾雅·釋言》:'深,測也。'《説文》:'測,深所至也。'其實不淺當爲'深'之本訓,以稱水者,託名幖識字。《水經·深水注》引吕忱《字林》:'一名邃水。邃亦深之謂也……《禮記·樂記》:'窮高極遠,而測深厚。'注:'深厚,山川也。'《老子》:'深矣遠矣。'注:'深不可測也。'"《廣韻·沁韻》:"深,不淺也。"又《侵韻》:"深,遠也。"按,遠即兩點之間距離長,亦指時間之長。《禮記·禮運》:"深而通,茂而有間。"唐孔穎達疏:"深爲九州之外也,雖地在遠荒,而皆通貢王庭。"宋蘇軾《上神宗皇帝書》:"且古陂廢堰,多爲側近冒耕,歲月既深,已同永業。"

(1869) 嚃嬓憛(貪義)

嚃 含深,見前條,引申爲貪愛義。《集韻·覃韻》:"嚃,貪也。"明趙南星《于景素先生小像讚》:"談經嚃道,致身聖門,翛然塵表。"按,好儒經、儒道常有貪愛者。清龔自珍《己亥雜詩》之一百零九:"談經忘却三公貴,只作先秦伏勝看。"

嬞 貪頑。《説文·女部》:"嬞,下志貪頑也。从女,覃聲。讀若深。"清桂馥《義證》:"'下志貪頑也'者,《集韻》:'嬞,貪頑也,一曰志下。'"張舜徽《約注》:"鈕樹玉曰:'《玉篇》:式袵切,貪頑也。'與'讀若深'合……嬞之言深也,謂貪而無已也。深貪謂之嬞,猶深視謂之瞫;下志謂之嬞,亦猶下視謂之瞫耳。"《廣韻·寑韻》:"嬞,志下。"按,下志、貪頑二義相通。又,《説文·女部》以"嬞""婪""婩"三篆相鄰,其義皆爲貪,所謂以類相從。

憛 貪慾。《淮南子·脩務訓》:"則雖王公大人有嚴志頡頏之行者,無不憛悇癢心而悦其色矣。"漢高誘注:"憛悇,貪慾也。"按,"憛悇"本可分訓,當爲同義聯合式合成詞。"悇"字亦作下形上聲。《説文·心部》:"悇,嗿也。"清段玉裁注:"嗿者,含深也。含深者,欲之甚也。"按,"憛"字亦可疊用而表貪競之義。《梁書·裴子野傳》:"棲遲下位,身賤名微,而性不憛憛,情無汲汲,是以有識嗟推,州閭嘆服。"

〔推源〕 諸詞俱有貪義,爲覃聲所載之公共義。聲符字"覃"所記録語詞謂長味,人有貪其長味者,二義或相通。覃聲可載貪義,則"貪"可證之。

覃:定紐侵部;
貪:透紐侵部。

叠韻,定透旁紐,音僅微殊。"貪",貪婪字。《説文·貝部》:"貪,欲物也。"清朱駿聲《通訓定聲》:"《廣雅·釋詁一》:'貪,欲也。'《方言》一:'晉魏河内之北,謂惏曰殘,楚謂之貪。'……《漢書·魏相傳》:'利人土地、貨寶者,謂之貪兵。'……《周書》:'芮良夫惟以貪諛爲事。'注:'專利爲貪。'《離騷》:'衆皆競進而貪婪兮。'注:'愛財曰貪。'"

(1870) 簟碪賺(墊義)

簟 竹席,所以墊薦之物。《説文·竹部》:"簟,竹席也。从竹,覃聲。"清朱駿聲《通訓定聲》:"《方言》五:'籧苴,自關而西,或謂之簟。'《廣雅·釋器》:'簟,席也。'《詩·斯干》:'下莞上簟。'箋:'竹葦曰簟。'《載驅》:'簟茀朱鞹。'傳:'方文席也。'《禮記·内則》:'斂枕簟。'注:'席之親身者。'《喪大記》:'君以簟席。'注:'細葦席也。'"

碪 石楔,所以填墊於縫中之物。元戴侗《六書故·地理二》:"碪,石楔也。"宋沈括《夢溪補筆談·象數》:"閏生於不得已,猶構舍之用碪楔也。"按,構舍多以磚,磚縫則以石楔填墊之。石楔,徽歙人稱"石劈","劈"即劈柴之"劈",讀如"派",凡累石爲磅,大石塊間有縫,則以片狀石楔填墊之。引申之,則"碪"謂墊。明周履靖《益齡單·飲食》:"醉飽睡卧高碪足起,飢則蹲而作尿。"

賺 購物墊付錢款。《玉篇·貝部》:"賺,預入錢也。"《廣韻·勘韻》:"賺,買物預付錢也。"清葉夢珠《閲世編·居第一》:"又以馬鎮剛愎,弁兵充斥,慮爲佔據,因小就價,賺于營將張游戎爲公館。"按,"賺"即抽象性墊義。又,投資稱"墊本",預付錢款而未取益,亦可證

"賵"之墊付義。

〔推源〕 諸詞俱有墊義，爲覃聲所載之公共義。聲符字"覃"所記録語詞與墊義不相涉，其墊義乃覃聲所載之語源義。覃聲可載墊義，"墊"可證之。"覃""墊"上古音同，定紐雙聲，侵部叠韻。"墊"，下陷。《説文·土部》："墊，下也。"清朱駿聲《通訓定聲》："《方言》六：'墊，下也，凡屋而下曰墊。'《莊子·外物》：'則厠足而墊之。'司馬注：'下也。'"按，下陷則墊於底，故引申爲墊於下義。清曹雪芹《紅樓夢》第五十三回："寶玉捧香，賈菖、賈菱展拜墊，守焚池。"清劉鶚《老殘遊記》第二回："現在正是著花的時候，一片白花映著帶水氣的斜陽，好似一條粉紅絨毯，做了上下兩個山的墊子，實在奇絶。"又，"鋪墊""墊肩""墊脚石""墊被"等詞之"墊"亦皆此義。

720 厥聲

(1871) 撅劂觼钁（發掘義）

撅 挖掘。《集韻·月韻》："掘，穿也。或作'撅'。"《逸周書·周祝》："故狐有牙而不敢有噬，豲有爪而不敢以撅。"清朱右曾《校釋》："撅，掘同。"元曾瑞《鬥鵪鶉·風情》："掄的柄銅鍬分外里險，撅坑撅塹。潘岳花撏，韓壽香苫。"

劂 刻鏤刀具。按，鏤謂鏤空，掘出。《廣韻·月韻》："劂，刻刀。"《楚辭·哀時命》："握剞劂而不用兮，操規榘而無所施。"漢王逸注："剞劂，刻鏤刀也。"按，"剞劂"亦作"剞剧"，"劂"字从屈得聲，與挖掘字"掘"同，則其掘出義益顯。又，"劂"字亦可單用，謂鏤刻、掘出。宋曾鞏《吴太初哀詞》："其材甚良兮，剖劂又工。"

觼 角有所觸發。《説文·角部》："觼，角有所觸發也。从角，厥聲。"清朱駿聲《通訓定聲》："《孟子》：'若蚋厥角。'以'厥'爲之。《西都賦》：'狂兕觸蹶。'以'蹶'爲之。"清段玉裁注："謂獸以角有所觸發。《西都賦》……蹶者，'觼'之假借。"然則"觼"所記録之詞存乎語言。《廣韻·月韻》："觼，以角發物。"

钁 钁頭，掘土工具。元無名氏《馬陵道·楔子》："我只著幾個人將著鍬钁從這土坑邊開通一道深溝，直到山下，那木毬自然順著溝滚將出來。"按，"钁"字晚出，蓋即"钁"之轉注字。"鍬钁"亦作"鍬钁"。"钁"之上古音見紐鐸部，"钁"者群紐月部，見群旁紐，鐸月通轉。《説文·金部》："钁，大鉏也。"《雲笈七籤》卷一百一十三："钁地種藥。"明魏大中《濬濠工竣疏》："鍬钁以歸監督盔甲廠主事沈榮，收爲甲械之需。"

〔推源〕 諸詞俱有發掘義，爲厥聲所載之公共義。厥聲字"礣"，《廣韻》《集韻》皆訓"發石"，亦爲厥聲與發掘義相關聯之一證。聲符字"厥"金文作"𠂆"，郭沫若《金文餘釋之餘》以爲即"栝"之初文，其説可参。"栝"謂矢栝，發射之器，本有發義。許慎謂"厥"之本義爲發石，即發射石塊義。發即發出，掘則謂挖出，二義相通，俱以厥聲載之，語源當同。《説文·

厂部)：" 厥，發石也。从厂，欮聲。"清朱駿聲《通訓定聲》："《海外北經》：'相柳之所抵厥爲澤谿。'注：'掘也。'"清吴善述《廣義校訂》："發石非啓石土中之謂，乃以石爲礟，即'簷'下云'建大木置石其上發以機，以槌敲也'……曹操擊袁紹有發石車，謂之霹靂車；唐李密以機發石爲攻城具。"然則本條諸詞之發掘義爲其聲符"厥"所載之顯性語義。厥聲可載發掘義，則"捐"可證之。

厥：見紐月部；
捐：匣紐物部。

見匣旁紐，月物旁轉。"捐"，掘出，發掘。《説文·手部》："捐，掘也。"清桂馥《義證》："或作'抇'。"清朱駿聲《通訓定聲》："《吴語》：'狐埋之而狐捐之。'注：'發也。'字亦作'抇'。《廣雅·釋詁三》：'抇，穿也。'《釋言》：'抇，掘也。'《荀子·堯問》：'深抇之而得甘泉焉。'"清紀昀《閲微草堂筆記·姑妄聽之二》："官爲斂埋，棺薄土淺，竟爲群犬捐食。"

(1872) 蹶蟨僵獗（顛踣義）

蹶 跌倒，顛踣。字亦作"蹷"。《説文·走部》："蹶，蹎也。从走，厥聲。"清朱駿聲《通訓定聲》："跳起也。經籍多以'蹷'爲之。"跳起、顛踣二義相通。《集韻·祭韻》："蹷，或從走。"《説文·足部》："蹶，僵也。从足，厥聲。一曰跳也。亦讀若蹷。躣，蹶或从闕。"清朱駿聲《通訓定聲》："字亦作'蹙'，下形上聲……《吕覽·慎行》：'小人之行不蹙于山。'注：'蹙躓，顛頓也。'……《(淮南子)精神》：'形勞而不休則蹶。'《荀子·成相》：'國乃蹙。'注：'顛覆也。'"按，所引《荀子》文之"蹙"乃比喻引申義。《廣韻·月韻》："蹶，失脚。"《孟子·公孫丑上》："今夫蹶者、趨者，是氣也，而反動其心。"宋朱熹《集注》："如人顛躓趨走，則氣專在是而反動其心焉。"

蟨 獸名。行走常顛踣，故稱"蟨"。《説文·虫部》："蟨，西方有獸，前足短，與蛩蛩巨虚比，其名謂之蟨。从虫，厥聲。"清朱駿聲《通訓定聲》："按，即《爾雅》之'比肩獸'也。《釋地》：'西方有比肩獸焉，與邛邛岠虚比，爲邛邛岠虚齧甘草，即有難，邛邛岠虚負而走，其名謂之蟨。'注引《吕覽·慎大篇》：'北方有獸，其名爲蟨，鼠前而兔後，趨則頓，走則顛。'《淮南·道應篇》作'蹙'，義亦合也。"《廣韻·月韻》："蟨，獸名。走之則顛。蛩蛩前足高，不得食而善走，蟨常爲蛩蛩取食，蛩蛩負之而走也。"明李時珍《本草綱目·獸部·鼠》："今契丹及交河北境有跳兔，頭、目、毛色皆似兔，而爪足似鼠。前足僅寸許，後足近尺。尾亦長，其端有毛。一跳數尺，止即蟨仆，此即蟨鼠也。"按，《説文》亦以"鼠"之别義，實則所指爲一物。

僵 禾稼倒伏。《正字通·人部》："僵，禾稼仆也。"按，字从人作，蓋謂禾稼如人，其倒伏亦如人之顛踣。《吕氏春秋·辯士》："其爲畮也，高而危則澤奪，陂則坯，見風則僵。"漢高誘注："僵，仆也。"《説文·人部》："仆，頓也。"清朱駿聲《通訓定聲》："前覆爲仆，後仰曰偃。"

獗 傾覆，困頓，即抽象性顛踣義。《三國志·蜀志·諸葛亮傳》："先主曰……孤不度德量力,欲信大義於天下,而智術淺短,遂用猖獗。"盧弼《集解》:"《通鑒》'獗'作'蹶',胡(三省)注:'猖獗,顛蹶。'"《晉書·殷浩傳》:"進軍河、洛,修復園陵。不虞之變,中路猖蹶,遂令爲山之功崩於垂成,忠款之志於是而廢。"按,"猖獗"一詞之常義爲任意橫行。凡猖獗之人時或傾覆,今俗有"栽跟頭"語。故"猖獗"有傾覆、困頓之衍義。

〔推源〕 諸詞俱有顛踣義,爲厥聲所載之公共義。聲符字"厥"單用本可表顛踣義。銀雀山漢墓竹簡《孫臏兵法·擒龐涓》:"吾攻平陵不得而亡齊城、高唐,當術而厥。""厥"亦爲"瘚"之初文,謂昏暈而顛踣。《素問·厥論》:"厥或令人腹滿,或令人暴不知人。"然顛踣義非"厥"之顯性語義,乃厥聲所載之語源義。厥聲可載顛踣義,"僵"可證之。

厥:見紐月部;
僵:見紐陽部。

雙聲,月陽通轉。"僵",顛踣,後腦朝下倒地。《説文·人部》:"僵,債也。"清朱駿聲《通訓定聲》:"鍇本:'偃也。'……却偃曰僵,前覆曰仆。《吕覽·貴卒》:'鮑叔御公子小白僵。'注:'偃也。'《史記·蘇秦傳》:'佯僵而棄酒。'《索隱》:'仆也。'《漢書·梁平王襄傳》:'即詐僵仆陽病。'注:'倒地也。'"

(1873) 撅崛瘚(趨高義)

撅 拔,提,皆趨高之謂。《廣韻·月韻》:"撅,撥物也。"《集韻·薛韻》:"撅,撥也。"清朱駿聲《説文通訓定聲·泰部》:"撅,〔假借〕爲'揭'。《禮記·内則》:'不涉不撅。'注:'揭衣也。'"按,"撅"之本義《説文》訓"从手有所把",未見其文獻實用例,字从手,表上提義無煩假借。漢韓嬰《韓詩外傳》卷二:"草木根荄淺,未必撅也。飄風興,暴雨墜,則撅必先矣。"按"撅"亦翹起,翹起則亦趨高。《醒世姻緣傳》第一回:"又恨不得晁大舍的屁股撅將起來,大家餂他糞門。"

崛 崛起貌。《字彙·山部》:"崛,山巘起貌。"按"巘起"即"崛起",謂拔地而起,高出地面。《説文·山部》:"崛,山短高也。"《玉篇·山部》:"崛,特起也。"元郝經《内遊》:"如是則吾之卓爾之道,浩然之氣,崛乎與天地一,固不待於山川之助也。"

瘚 氣逆之病。字亦省作"厥"。中國醫學以爲人體之氣當下行,逆而上行則爲病。《急就篇》第四章:"癉瘧瘚痛瘻溫病。"唐顔師古注:"瘚者,氣從下起,上行叉心脇也。"《玉篇·疒部》:"瘚,逆氣也。"按"瘚"即"欮"之省,亦省作"欮"。《説文·疒部》:"瘚,屰氣也。从疒,从屰,从欠。欮,瘚或省疒。"清朱駿聲《通訓定聲》:"《廣雅·釋詁一》:'瘚,病也。'《素問·厥論》:'陽氣衰于下則爲寒厥,陰氣衰于下則爲熱厥。'《釋名》:'厥,逆氣從下厥起,上行入心脇也。'《中山經》:'服者不厥。'皆以'厥'爲之。"《靈樞經·邪氣藏府病形》:"(脾脈)緩甚爲痿厥。"

〔推源〕 諸詞俱有趨高義,爲厥聲所載之公共義。聲符字"厥"所記録語詞有發射石塊義,與趨高義當相通。厥聲可載趨高義,則"越"可證之。

厥:見紐月部;
越:匣紐月部。

叠韻,見匣旁紐。"越",度過,跨過。《説文·走部》:"越,度也。"清朱駿聲《通訓定聲》:"《廣雅·釋詁二》:'越,渡也。'《禮記·曲記》:'戒勿越。'疏:'踰也。'……《楚詞(辭)·天問》:'巖何越焉?'注:'度也。'"今按,所謂"踰",即踰越。其字從俞得聲,俞聲字所記録語詞"腧""窬""踰"俱有空義,"踰"即不依次序、有所不踐而越過。具體性踰越義即趨高騰空而越過。又,朱氏所引《楚辭》之"越"謂跨越,跨越亦趨高而越過之謂,與"踰越"略同。唯"越"有跨義,故有"跨越"之同義聯合式合成詞。南朝宋謝靈運《山居賦》"南山則夾渠二田"自注:"從江樓步路,跨越山嶺,綿亘田野。"

(1874) 勵/倔(堅强義)

勵 堅强有力。《説文·力部》:"勵,劼也。从力,厥聲。"清朱駿聲《通訓定聲》:"《廣雅·釋詁一》:'勵,强也。'"《廣韻·月韻》:"勵,强力。"北周衛元嵩《元包經·太陰》:"大壯,勵忔忔。"唐李江注:"勵,音厥,强力也。"按,許慎以"劼"釋"勵","劼"字在同部,訓"迫",即以强力相逼之謂,義亦相通;引申之,"勵"又有倔强義,倔强則即性格堅强、行事態度堅定之謂。

倔 倔强,性格堅强。《玉篇·人部》:"倔,倔强。"《廣韻·物韻》:"倔,倔强。"漢桓寬《鹽鐵論·論功》:"(南越尉陀)倔强倨傲,自稱老夫。"《唐國史補》卷上:"是時劉元佐在大梁,倔强難制。"

〔推源〕 此二詞俱有堅强義,其音亦相近且相通。

勵:見紐月部;
倔:群紐物部。

見群旁紐,月物旁轉。則其語源當同。

721 尞聲

(1875) 燎憭嫽瞭嶚(明、亮義)

燎 放火焚燒。《説文·火部》:"燎,放火也。从火,尞聲。"清朱駿聲《通訓定聲》:"《一切經音義》廿四引《説文》:'燒田也。'《廣雅·釋言》:'燎,燒也。'《書·洛誥》:'若火之燎於原。'《詩·正月》:'燎之方揚。'箋:'火田爲燎。'"引申爲照明義。《廣韻·笑韻》:"燎,照也。"《禮記·雜記上》:"士喪有與天子同者三:其終夜燎,乃乘人,專道而行。"唐孔穎達疏:

"終夜燎謂柩遷之夜須光明,故竟夜燎也。"又引申爲明亮義。漢韓嬰《韓詩外傳》卷二:"昭昭乎若日月之光明,燎燎乎如星辰之錯行。"晉潘岳《螢火賦》:"奇姿燎朗,在陰益榮。"

憭 聰明,引申爲明白、明快等義。《説文·心部》:"憭,慧也。从心,尞聲。"清朱駿聲《通訓定聲》:"《方言》三:'慧,或謂之憭。'注:'皆意精明也。'《方言》二:'了,快也,秦曰了。'《爾雅·序》:'其所易了。'《釋文》:'照察也。'皆以'了'爲之。"按,"了"爲"憭"之借。《廣雅·釋詁二》:"憭,快也。"清王念孫《疏證》:"憭、曉,皆明快之意。憭,即《方言》'了'字也。"《廣韻·小韻》:"憭,慧也。"又《篠韻》:"憭,照察。"三國吳韋昭《國語解·叙》:"侍中賈君敷而衍之,其所發明,大義略舉,爲已憭矣。"章炳麟《賓柴説》:"余以'賓柴'故訓,後人莫能憭解,非無義也。"

嫽 聰明。《説文·女部》:"嫽,女字也。从女,尞聲。"《漢書·西域傳下·烏孫國》:"初,楚主侍者馮嫽能史書,習事。"唐顏師古注:"嫽,音了。嫽者,慧也,故以爲名。"

瞭 眼睛明亮。《玉篇·目部》:"瞭,目明也。"《廣韻·蕭韻》:"瞭,目明也。"又《篠韻》:"瞭,目睛明也。"清朱駿聲《説文通訓定聲·小部》:"《周官》:'眡瞭。'注:'瞭,目明者。'《孟子》:'則眸子瞭焉。'注:'明也。'《論衡·佚文》:'瞭者,目文瞭也。'"引申爲明白、明瞭義。漢王充《論衡·自紀》:"文必麗以好,言必辯以巧。言瞭於耳,則事味於心。"《新唐書·韋嗣立傳》:"臣願陛下廓天地之施,雷雨之仁,取垂拱以來罪無重輕所不赦者,普皆原洗,死者還官,生者霑恩,則天下瞭然,知向所陷罪,非陛下意也。"

嘹 聲音嘹亮,聞者明白。《廣韻·蕭韻》:"嘹,嘹亮,聞遠聲。"清朱駿聲《説文通訓定聲·小部·附〈説文〉不録之字》:"嘹,《廣雅·釋詁二》:'嘹,鳴也。'"按,《廣雅·釋詁三》又以"名"釋"鳴","名"即聞名義,與嘹亮、明白義亦相通。《北齊書·文苑傳·顏之推》:"聆代竹之哀怨,聽《出塞》之嘹朗,對皓月以增愁,臨芳樽而無賞。"明徐弘祖《徐霞客遊記·遊天台山日記》:"寺前後多古杉,悉三人圍,鶴巢於上,傳聲嘹嚦,亦山中一清響也。"

〔推源〕 諸詞俱有明、亮義,爲尞聲所載之公共義。聲符字"尞"所記録語詞謂焚柴祭天。焚柴則有光而亮,本與明、亮義相通。《説文·火部》:"尞,柴祭天也。从火,从眘。眘,古文慎字,祭天所以慎也。"清朱駿聲《通訓定聲》:"經、傳皆以'燎'爲之。按,祭天神皆曰尞,亦曰柴、曰禋……《詩·旱麓》:'民所燎矣。'《釋文》:'柴祭天也。'《漢書·司馬相如傳》:'休之以燎。'注:'祭天也。'"《漢書·禮樂志》:"朝隴首,覽西垠,雷電尞,獲白麟。"唐顏師古注:"尞,古'燎'字。"按,"尞""燎"本義有別。本義諸詞之明、亮義爲其聲符"尞"所載之顯性語義。尞聲可載明、亮義,則"明"可證之。

尞:來紐宵部;
明:明紐陽部。

來〔l〕邊音,明〔m〕鼻音,依王力先生《同源字論》説,二者亦爲鄰紐;宵陽旁對轉。"明",

明亮,光明。《説文·朙部》:"朙,照也。从月,从囧。明,古文朙从日。"清朱駿聲《通訓定聲》:"《爾雅·釋詁》:'明,成也。'按,猶盛也。《釋言》:'明,朗也。'《小爾雅·廣言》:'明,陽也。'……《左昭二十八傳》:'照臨四方曰明。'……《禮記·禮器》:'大明生於東。'注:'日也。'〔轉注〕《淮南·兵略》:'見人所不見謂之明。'又《晉語》:'怨豈在明。'注:'箸也。'"按,明察、明顯皆引申義,朱氏所稱"轉注"即引申。

(1876) 遼鬙橑燎嶚顤藔(高、長、大義)

遼 遥遠,空間距離大。《説文·辵部》:"遼,遠也。从辵,尞聲。"清朱駿聲《通訓定聲》:"《楚辭·憂苦》:'山修遠其遼遼兮。'《廣雅·釋訓》:'遼遼,遠也。'"《廣韻·蕭韻》:"遼,遠也。"《左傳·襄公八年》:"楚師遼遠,糧食將盡,必將速歸。"引申爲長久義。唐孫樵《龍多山録》:"傳聞丹成而蜕,駕鶴騰天,一去遼廓,千載寂寞。"

鬙 字從髟,謂頭髮細長。《改併四聲篇海·髟部》引《餘文》:"鬙,細長髮。"亦泛指細長。《廣韻·蕭韻》:"鬙,細長。"清朱駿聲《説文通訓定聲·小部·附〈説文〉不録之字》:"鬙,《集韻》引《埤蒼》:'鬙,細長也。'"

橑 屋椽,其形長。《説文·木部》:"橑,椽也。从木,尞聲。"清朱駿聲《通訓定聲》:"《楚辭·九歌》:'桂棟兮蘭橑。'《淮南·本經》:'橑檐榱題。'"《廣韻·蕭韻》:"橑,椽也。"晉葛洪《抱朴子·務正》:"大廈凌霄,賴群橑之積。"唐王勃《乾元殿頌》:"豐隆按節下複橑,而司階列缺。"

燎 大燭。《廣韻·宵韻》:"燎,庭火也。"清朱駿聲《説文通訓定聲·小部》:"燎,〔轉注〕《周禮·司烜氏》:'共墳燭庭燎。'注:'樹于門外曰大燭,于門内曰庭燎。'《儀禮·士喪禮》注:'火在地曰燎,執之曰燭。'"《詩·小雅·庭燎》:"夜未央,庭燎之光。"漢毛亨傳:"庭燎,大燭。"唐孔穎達疏:"庭燎者,樹之於庭,燎之爲明,是燭之大者。"《資治通鑑·晉成帝咸康二年》:"趙左校令成公段作庭燎於杠末,高十餘丈,上盤置燎,下盤置人。"

嶚 山高。《玉篇·山部》:"嶚,嶚巢,山高。"《廣韻·蕭韻》:"嶚,嶚巢,山兒。"按,"嶚"與"巢"可分訓,"嶚"可單用,"嶚巢"爲同義聯合式合成詞。《文選·左思〈魏都賦〉》:"劍閣雖嶚,憑之者蹶。"唐李善注引《廣雅》:"嶚、巢,高也。"《集韻·蕭韻》:"嶚,亦書作'嶛'。"宋葛澧《錢塘賦》:"言其山勢縈紆峻贈,屹豈岸客,窅兒嶚巢,岢嵬嶙峋。"

顤 頭長。《玉篇·頁部》:"顤顤,二同。顤顤,頭長兒。"按《集韻》云"顤"謂大首深目貌,與"顤"有别。《廣韻·嘯韻》:"顤,顤顤,長頭。"按"顤顤"可分訓。《説文·頁部》:"顤,高長頭。"按,"顤"字從堯得聲,堯聲字所記録語詞"趬""翹""嶢""蹺""嶢"俱有高義,見本卷"堯聲"第1837條。

藔 長。《廣雅·釋言》:"藔,驕也。"《玉篇·長部》:"驕,藔驕。"又"藔,藔驕,長兒。"《廣韻·篠韻》:"藔,藔驕,長兒。"又《小韻》:"驕,藔驕,長兒。"

〔推源〕 諸詞俱有高、長、大義,爲尞聲所載之公共義。聲符字"尞"所記録語詞之顯性語義與此義不相涉，此義當爲尞聲所載之語源義。尞聲可載高、長、大義，"長"可證之。

尞：來紐宵部；
長：定紐陽部。

來定旁紐，宵陽旁對轉。"長"，甲骨文形體象人髮長貌，古者人老則髮長，故指時間之長久、久遠，引申之則指空間距離長。生命長久即年高，故又引申爲高義。物之高、長者則大，故又引申爲大義。《說文·長部》："長，久遠也。"清朱駿聲《通訓定聲》："《易·說卦》：'巽爲長，爲高。'《詩·泮水》：'順彼長道。'箋：'遠也。'……《廣雅·釋詁三》：'長，久也。'《詩·長發》：'幅幀既長。'箋：'猶久也。'……《吕覽·任數》：'則亂愈長矣。'注：'大也。'……《廣雅·釋詁》：'長，老也。'《孟子》：'不挾長。'注：'年長也。'"

(1877) 颭寮藔（小義）

颭 小風。《廣雅·釋詁四》："颭，風也。"清王念孫《疏證》："《初學記》引《通俗文》云'微風爲颭颭'者。"《集韻·蕭韻》："颭，小風也。"晉陸機《羽扇賦》："翩姍姍以微振，風飄飄以垂婉。"遼行均《龍龕手鑒》云"飂"爲"颭"之俗體。

寮 小窗。字亦作"窲"。《說文·穴部》："寮，穿也。从穴，尞聲。"清朱駿聲《通訓定聲》："字亦作'窲'。《廣雅·釋詁三》：'窲，空也。'《蒼頡篇》：'小窗也。'《西京賦》：'交綺豁以疏寮。'《魏都賦》：'皦日籠光於綺寮。'"清段玉裁注："俗省作'寮'。"按，朱氏所引《西京賦》之"寮"異文作"窲"。唐温庭筠《池塘七夕》："月出西南露氣秋，綺寮河漢在針樓。"清孔尚任《桃花扇·餘韻》："問秦淮舊日窗寮，破紙迎風，壞檻當潮。"

藔 野豆。形小，故稱"藔"。字亦作"莶"。《廣韻·豪韻》："藔，同'莶'。"唐玄應《一切經音義》卷十七引漢服虔《通俗文》："野豆謂之莶豆。"《舊唐書·吐蕃傳》："其地氣候大寒，不生秔稻，有青稞麥、莶豆。"按，"莶"字之結構當爲从豆，熒省聲，乃以熒聲載小義。"熒"爲小水，"謍"者小言，"螢"謂發小光之蟲，皆可相證。

〔推源〕 諸詞俱有小義，爲尞聲所載之公共義。聲符字"尞"所記録語詞與小義不相涉，其小義乃尞聲所載之語源義。尞聲可載小義，"小"可證之。

尞：來紐宵部；
小：心紐宵部。

疊韻，來心鄰紐。"小"，大小字。《說文·小部》："小，物之微也。"《書·康誥》："怨不在大，亦不在小。"《禮記·月令》："（孟冬之月）審棺槨之薄厚，塋丘壟之大小。"《左傳·莊公十年》："小大之獄，雖不能察，必以情。"

(1878) 僚嫽鐐（美好義）

僚 美好。《說文·人部》："僚，好兒。从人，尞聲。"清朱駿聲《通訓定聲》："官也。〔假借]爲'嫽'。《詩·月出》：'佼人僚兮。'"按，後世以"僚"爲官僚字，然表美好義非假借，蓋其本義。朱氏所引《詩》文唐孔穎達疏："謂其形貌好，言色美，身復美也。"宋蘇軾《西江月·再用前韻戲曹子方》："月與佳人共僚。"

嫽 美好。《廣韻·小韻》："嫽，嫽嫽，好兒。"清朱駿聲《説文通訓定聲·小部》："嫽，《方言》二：'嫽，好也。青徐海岱之間，或謂之嫽。'《廣雅·釋詁一》：'嫽，好也。'《二》……又'嬈也。'"《文選·傅毅〈舞賦〉》："貌嫽妙以妖蠱兮，紅顔曄其揚華。"唐李善注："嫽，好貌。"唐白行簡《三夢記》："鬟梳嫽俏學宮妝，獨立閑庭納夜涼。"

鐐 純美的銀子。《説文·金部》："鐐，白金也。从金，尞聲。"清朱駿聲《通訓定聲》："《爾雅》：'白金謂之銀，其美者謂之鐐。'《詩·瞻彼洛矣》傳：'大夫鐐琫而鏐珌。'"《文選·何晏〈景福殿賦〉》："爰有遐狄，鐐質輪菌。"唐李周翰注："遐狄，長狄也，古之長人以銀鑄之，其形質輪菌然而高。"

〔推源〕 諸詞俱有美好義，爲尞聲所載之公共義。聲符字"尞"所記録語詞與美好義不相涉，其美好義乃尞聲所載之語源義。尞聲可載美好義，"俏"可證之。

尞：來紐宵部；
俏：清紐宵部。

叠韻，來清鄰紐。"俏"，美好。《廣韻·笑韻》："俏，俏醋，好貌。"宋趙叔向《肯綮録·俚俗字義》："好貌曰俏醋。"《集韻·笑韻》："俏，好貌。"元王實甫《西廂記》第一本第四折："扭捏著身子兒百般做作，來往向人前賣弄俊俏。"元無名氏《百花亭》第三折："香閨繡閣風流的美女佳人，大廈高堂俏倬的郎君子弟。"明湯顯祖《牡丹亭·鬧殤》："爲著誰儂，俏樣子等閑抛送。"

(1879) 繚墝鐐（圍繞義）

繚 纏繞，圍繞。《説文·糸部》："繚，纏也。从糸，尞聲。"清朱駿聲《通訓定聲》："《禮記·玉藻》：'再繚四寸。'疏：'繞也。'……《荀子·議兵》：'矜糾收繚之屬。'注：'繚繞，言委曲也。'《楚辭·怨思》：'腸紛紜以繚轉兮。'《湘夫人》：'繚之兮杜衡。'注：'縛束也。'《西都賦》：'繚以周牆。'"《廣韻·篠韻》："繚，繚繞，纏也。"

墝 圍牆，圍繞房屋者。《説文·土部》："墝，周垣也。从土，尞聲。"清朱駿聲《通訓定聲》："《廣雅·釋室》：'院也。'《西京賦》：'繚垣緜聯。'以'繚'爲之，今謂之圍牆。"按，"墝"所記録之詞存乎語言。"墝"爲圍牆義之正字，作"繚"，取其引申義。《廣韻·笑韻》："墝，周垣。"明劉基《鬱離子·九難》："夏屋耽耽，繚以周垣。"按，"周垣"即"墝"，圍繞義於此益顯。又，朱氏所引《廣雅》文以"院"釋"墝"，《玉篇·阜部》"院"亦訓"周垣"。"院"字从完得聲，完聲字所記録語詞"睆""筦""鯇""綄""捖""睆"俱有圓義，見本典第四卷"完聲"第965條，圓義、圍繞義相通，故可相證。

鐐　白金,見前條,亦指脚鐐,爲套用字。脚鐐即圍繞脚腕之物。沈家本《歷代刑法考·刑具考·鎖》:"《明律》獄具圖:'犯輕罪人用鐐,連環,共重三斤,以鐵爲之。犯徒罪者帶鐐工作。'《明志》:'鐐,鐵連環之,以繫足。'按,鐵索,鎖之小者,今謂之鍊。鐐,鎖之大者……《元史·刑法志·序》鹽徒盜賊既決而又鐐之。……明代承之,又曰'鐐鐐',亦曰'鎖鐐',字書無'鐐'字。"按,所謂"鐐"即"銬",繫手者,故有"手銬脚鐐"語。《金史·梁肅傳》:"自漢文除肉刑,罪至徒者帶鐐居役,歲滿釋之。"清劉鶚《老殘遊記》第十七回:"你上他這脚鐐手銬,是什麽意思?"

〔推源〕　諸詞俱有圍繞義,爲尞聲所載之公共義。聲符字"尞"所記録語詞與圍繞義不相涉,其圍繞義乃尞聲所載之語源義。尞聲可載圍繞義,"繞"可證之。

尞:來紐宵部;
繞:日紐宵部。

叠韻,來日準旁紐,音僅微殊。"繞",纏繞、圍繞字,詳見本卷"堯聲"第1838條。

722　朁聲

(1880) 鐕嶜簪顉(尖鋭義)

鐕　無帽、兩頭尖用來綴物的釘子。《説文·金部》:"鐕,可以綴著物者。从金,朁聲。"清朱駿聲《通訓定聲》:"《禮記·喪大記》:'用裧金鐕。'注:'所椓箸裏。'疏:'鐕,釘也。'"《玉篇·金部》:"鐕,無蓋釘。"《廣韻·覃韻》:"鐕,無蓋釘也。"清李斗《揚州畫舫録·虹橋録下》:"燈船多用鼓棚,楣枋欂檐,有鐕有鏾。中覆錦棚,垂索藻井。"按,朱氏所引《禮記》下文有"用牛骨鐕"語,徽歙人有以竹爲鐕者,兩木板側面鑽孔,以竹鐕連綴之。

嶜　高鋭貌。《玉篇·山部》:"嶜,高大皃。"《廣韻·侵韻》:"嶜,嶜岑。"《漢書·揚雄傳上》:"玉石嶜崟,眩燿青熒。"唐顔師古注:"嶜崟,高鋭貌。"按,《説文·山部》:"崟,山之岑崟也";"岑,山小而高"。山小而高則尖鋭,藉此可知"嶜崟"爲同義聯合者,二詞根本皆高而尖鋭義。

簪　簪子,針狀物,尖鋭而可插入頭髮者。《説文·兂部》:"兂,首笄也。从人、匕,象簪形。簪,俗兂从竹,从朁。"清朱駿聲《通訓定聲》:"俗从竹,朁聲……《荀子·箴賦》:'簪以爲父,管以爲母。'注:'簪形似箴而大。'"《史記·滑稽列傳》:"前有墮珥,後有遺簪。"《後漢書·后妃紀·鄧皇后》:"每有讌會,諸姬貴人競自修整,簪珥光采,袿裳鮮明,而后獨著素裝,服無飾。"

顉　字从頁,所記録語詞謂頭長而尖鋭。《廣韻·寑韻》:"顉,頭鋭長也。"按即徽歙人所云"尖頭腦鑽"意。

〔推源〕 諸詞俱有尖銳義，爲朁聲所載之公共義。聲符字"朁"从曰，所記録者爲副詞，義略同"曾"。《説文·曰部》："朁，曾也。从曰，兓聲。《詩》曰：'朁不畏明。'"所引爲《詩·大雅·民勞》文，"朁"字異文作"憯"，漢毛亨傳："憯，曾也。"按"朁"當爲正字，"憯"爲假借者。然則"朁"之顯性語義與尖鋭義不相涉。"朁"字从兓得聲，"兓"爲"旡"之同體會意字，"旡"即"簪"之初文，簪爲尖形物，同體會意之字多有强化構件所載之義者。《説文·旡部》："兓，朁朁鋭意也。从二旡。"清朱駿聲《通訓定聲》："俗字作'尖'。"《廣韻·侵韻》："兓，鋭意。"然則本條諸詞之尖銳義乃受諸朁聲。朁聲可載尖鋭義，則"鍼"可證之。

朁：清紐侵部；
鍼：章紐侵部。

叠韻，清章（照）鄰紐。"鍼"，縫衣針，尖鋭物。其字後世作"針"。《説文·金部》："鍼，所以縫也。"清朱駿聲《通訓定聲》："字亦作'針'。"《篇海類編·珍寶類·金部》："針，縫器。"《左傳·成公二年》："楚侵及陽橋，孟孫請往賂之，以執斲、執鍼、織紝，皆百人，公衡爲質，以請盟。"晉杜預注："執鍼，女工。"晉王嘉《拾遺記·魏》："夜來妙於針工，雖處於深帷之内，不用燈燭之光，裁製立成。"唐李白《冬歌》："素手抽針冷，那堪把剪刀。"

（1881）嗿潛揕簪（深入義）

嗿 銜含，即物深入口中之謂。《説文·口部》："嗿，嗛也。从口，朁聲。""嗛，口有所銜也。"《廣韻·感韻》："嗿，銜也。"《淮南子·覽冥訓》："今夫赤螭青虬之遊冀州也，天清墬定，毒獸不作，飛鳥不駭，入榛薄食薦梅，嗿味含甘，步不出頃畝之區，而蛇鱓輕之，以爲不能與之爭於江海之中。"引申爲蟲類叮、咬義，叮、咬即深入人膚之中。《廣韻·合韻》："嗿，蚊蟲嗿人。"清朱駿聲《說文通訓定聲·臨部》："嗿，《埤蒼》：'嗿，齧脣也。'《莊子·天運》：'蚊虻嗿膚。'司馬注：'齧也。'"唐元稹《蟻子》："攻穿漏江海，嗿食困蛟鯨。"宋周密《齊東野語·多蚊》："吳興多蚊，每暑夕浴罷，解衣盤礴，則營營群聚，嗿嘬不容少安，心每苦之。"

潛 涉水，沒水游渡，即深入水中之謂。亦指隱藏，按即今所謂"深入地下"之意。《説文·水部》："潛，涉水也。一曰藏也。从水，朁聲。"清朱駿聲《通訓定聲》："按，沒水以涉曰潛。《爾雅·釋言》：'潛，深也。''潛，深測也。'……《廣雅·釋詁一》：'潛，沒也。'《四》：'潛，隱也。'《易·乾》：'潛龍。'崔注：'隱也。'〔轉注〕《吳語》：'越王仍令其中軍銜枚潛涉。'注：'嘿也。'又《書·洪範》：'沈潛剛克。'注：'伏也。'"按，所謂"潛龍"即深入水中之龍。北魏酈道元《水經注·江水二》："二淵之間，世擅多魚矣。漁者投罟歷網，往往駐絶。有潛客泳而視之，見水下有兩石牛，嘗爲晉害矣。"

揕 插入。《晉書·張昌傳》："江沔間一時猋起，豎牙旗，鳴鼓角，以應昌，旬月之間，衆至三萬，皆以絳科頭，揕之以毛。"按，插入即一物深入另一物。

簪 首笄，引申之，則有插入義。《史記·滑稽列傳》："西門豹簪筆磬折，嚮河立待良久。"唐張守節《正義》:"簪筆,謂以毛裝簪頭,長五寸,插在冠前,謂之爲筆,言插筆備禮也。磬折,曲禮揖之,若石磬之形曲折也。"宋辛棄疾《祝英臺近·晚春》:"鬢邊覷,試把花卜歸期,纔簪又重數。"

〔推源〕 諸詞俱有深入義,爲晉聲所載之公共義。前條諸詞俱有尖鋭義,二義相通。聲符字"晉"所記録語詞與深入義不相涉,其深入義乃晉聲所載之語源義。晉聲可載深入義,"鍼"可證之。"晉""鍼"音相近且相通,前條已述。"鍼",亦作"針",縫衣針,見前條,引申爲刺入義,刺入即針深入他物。《廣雅·釋詁一》:"鍼,刺也。"《集韻·沁韻》:"針,刺也。"《漢書·廣川惠王劉越傳》:"笞問昭平,不服,以鐵鍼鍼之,彊服。"唐顔師古注:"以鍼刺也。"元周致中《异域志》卷下:"食肉常針牛畜,取血和乳生飲之。"

(1882) 懏瞫(憂義)

懏 慘痛,引申爲憂傷。《説文·心部》:"懏,痛也。从心,晉聲。"清朱駿聲《通訓定聲》:"《淮南·人間》:'怨之懏於骨髓。'注:'猶痛也。'《風賦》:'狀直憯悽惏慄。'注:'憂也。'"《廣韻·忝韻》:"懏,懏悽。"漢王充《論衡·四諱》:"緣先祖之意,見子孫被刑,惻怛憯傷,恐其臨祀,不忍歆享,故不上墓。"三國魏曹植《任城王誄》:"仁者悼没,兼彼殊類;矧我同生,能不懏悴!"

瞫 閉目思考,憂慮。《廣韻·添韻》:"瞫,閉目思也。"又《鹽韻》:"瞫,閉目内思。"清朱駿聲《説文通訓定聲·臨部》:"懏,字亦作'瞫'……《方言》一:'瞫,憂也。'"按,"瞫"與"懏"當非或體,"瞫"字从目,閉目思考乃其本義,思考則或有憂慮,二義相通。

〔推源〕 此二詞俱有憂義,爲晉聲所載之公共義。聲符字"晉"所記録語詞與憂義不相涉,其憂義乃晉聲所載之語源義。晉聲可載憂義,"慘"可證之。"晉""慘"同音,清紐雙聲,侵部疊韻。"慘",憂愁。《廣韻·感韻》:"慘,慘慼也。"清朱駿聲《説文通訓定聲·臨部》:"慘,〔假借〕爲'懏'、爲'懆'。'慘''懆'雙聲。《爾雅·釋詁》:'慘,憂也。'《一切經音義》廿二引《説文》:'憂皃。'《詩·月出》:'勞心慘兮。'《釋文》:'憂皃。'又《詩·抑》:'我心慘慘。'傳:'憂不樂也。'《正月》:'憂心慘慘。'傳:'猶戚戚也。'"按,"慘"之本義大徐本《説文》訓"毒",即狠毒義,然其字从心,表憂義無煩假借,乃套用字。

723 業聲

(1883) 樸璞鏷(樸素義)

樸 未經加工的木材,樸素之物。《説文·木部》:"樸,木素也。从木,業聲。"清朱駿聲《通訓定聲》:"《書·梓材》:'既勤樸斲。'馬注:'未成器也。'《老子》:'樸散則爲器。'《論衡·量知》:'無刀斧之斷者謂之樸。'〔轉注〕《東京賦》:'尚素樸。'注:'質也。'《淮南·精神》:'契大渾之樸。'《老子》:'敦兮其若樸。'《漢書·黃霸傳》:'澆淳散樸。'《家語·王言》:'民敦而俗樸。'"按,所謂"質"即質樸、樸素,爲直接引申義。

璞 未治之玉,樸素之物。《玉篇·玉部》:"璞,玉未治者。"《廣韻·屋韻》:"璞,玉璞。"《韓非子·和氏》:"王乃使玉工理其璞而得寶焉。"引申爲質樸、樸素義,則其引申軌蹟與"樸"同,所謂同步引申。《文選·趙至〈與嵇茂齊書〉》:"各敬爾儀,敦履璞沈;繁華流蕩,君子弗欽。"唐李周翰注:"璞,真。"按,即淳真、淳樸。唐元結《處規》:"吾厭世人飾言以由道,藏智以全璞。"

鏷 未經冶煉的鋼鐵,樸素之物。《古今韻會舉要·覺韻》:"鏷,金鉧。"按,"鉧"即"礦"字,《干禄字書》"礦"字正作"鉧"。《篇海類編·珍寶類·金部》:"鏷,生鐵。"晉張協《七命》:"銷踰羊頭,鏷越鍛成。"

〔推源〕 諸詞俱有樸素義,爲菐聲所載之公共義。聲符字"菐"所記録語詞謂煩瑣。《説文·菐部》:"菐,瀆菐也。从丵,从廾,廾亦聲。"清朱駿聲《通訓定聲》:"按,瀆菐叠韻連語,煩猥之皃……《孟子》:'僕僕爾亟拜。'以'僕'爲之。亦重言形況字。"清段玉裁注説略同。然則與樸素義不相涉,其樸素義乃菐聲所載之語源義。菐聲可載樸素義,則"坯"可證之。

菐:並紐屋部;
坯:滂紐之部。

並滂旁紐,屋之旁對轉。"坯",未經燒製的磚瓦、陶器,所謂素坯,樸素之物。其字後世作"坯","坯"則爲"坏"之簡體。《説文·土部》:"坯,一曰瓦未燒。"清朱駿聲《通訓定聲》:"《水經·河水注》引《説文》作'坯'……《史記·張釋之馮唐傳》:'盗長陵一坯土。'《索隱》:'塼未燒之名也。'《太玄·干》:'或錫之坯。'注:'未成瓦也。'《法言·先知》:'剛則甈,柔則坯。'……按此義當爲本訓。"按,《説文》所訓另一義爲"丘再成者"。《淮南子·精神訓》:"夫造化者既以我爲坯矣,將無所違之矣。"漢高誘注:"坯,音壞。"

(1884) 僕樸(依附義)

僕 僕人,依附於主人者,故引申爲依附義。《説文·菐部》:"僕,給事者。从人,从菐,菐亦聲。𦎫,古文从臣。"清朱駿聲《通訓定聲》:"《廣雅·釋詁一》:'僕,使也。'《詩·正月》:'並其臣僕。'……《周禮·大僕》注:'侍御于尊者之名。'〔假借〕爲'菐'。《詩·既醉》:'景命有僕。'傳:'附也。'……《子虚賦》注引《廣雅》:'僕謂附著於人。'《莊子·人間世》:'適有蚉䖟僕緣。'"按,非假借,乃引申。朱氏所引《詩》文唐孔穎達疏:"以僕御必附於人,故以僕爲附。"

樸 木叢生,引申爲依附義。《廣韻·屋韻》:"樸,梱樸(樸),叢木。"清朱駿聲《説文通訓定聲·需部》:"樸,〔假借〕爲'朴'。《考工記》:'欲其樸屬而微至。'注:'猶附著堅固皃也。'按,猶木皮之附木。又爲'檏'。《爾雅·釋木》:'樸枹者。'注:'叢生者爲枹。'按,枹者,苞也……又《詩》：'芃棫樸樸。'《小爾雅‧廣詁》：'樸，叢也。'"按，皆非假借，乃引申。木叢生、依附二義相通。凡言依附，有甲依附於乙者，亦有甲、乙、丙、丁衆多相聚、相依附者，木叢生即此義。又，"樸"本謂木素，見前條，引申之則朴素、厚重義，厚重義與木叢生義亦相通。

〔推源〕 此二詞俱有依附義，爲菐聲所載之公共義。聲符字"菐"所記録語詞謂煩瑣，即多義，衆多義與叢生義、相依附義當相通。菐聲可載依附義，則"附"可證之。

菐：並紐屋部；
附：並紐侯部。

雙聲，屋侯對轉。"附"，小土山，引申爲依傍、依附義。《説文‧阜部》："附，附婁，小土山也。从阜，付聲。《春秋傳》曰：'附婁無松柏。'"清朱駿聲《通訓定聲》："〔假借〕爲'坿'。"《廣雅‧釋詁一》：'附，益也。'《禮記‧王制》：'附于諸侯，曰附庸。'注：'小城曰附庸。'《詩‧角弓》：'如塗塗附。'傳：'著也。'又爲'駙'。《小爾雅‧廣詁》：'附，因也。'又：'近也。'《廣雅‧釋詁四》：'依也。'《周禮‧大司徒》：'其附于刑者歸于士。'注：'麗也。'……《難蜀父老》：'今割齊民以附夷狄。'注：'令之親附。'"按，皆引申之義，無煩假借。小土山，依附大山者，其依附義由此衍生。

(1885) 撲襆幞醭（覆義）

撲 傾覆，倒地而覆於地。《正字通‧手部》："撲，踣也。"《爾雅‧釋言》："斃，踣也。"晉郭璞注："前覆。"唐韓愈、孟郊《納涼聯句》："危簷不敢憑，朽機懼傾撲。"清李斗《揚州畫舫録‧小秦淮録》："三娘一發手，公子跌於地。自是以能撲跌名。後有識者云：'此金陵拳師某之女也。'"

襆 覆蓋物之帕。《集韻‧燭韻》："襆，帕也。或从衣。"唐李賀《馬詩二十三首》之十四："香襆赭羅新，盤龍蹙鐙鱗。"清王琦注："'襆'即'幞'字，用以覆鞍韉上，人將騎，則去之，又謂之'帕'。"今按，"襆""幞"非異體字。"襆"爲覆物之布帕，其形制大；"幞"之本義爲頭帕，形制小。俱有覆蓋之功用，故其字可通用而實非或體。

幞 頭巾，覆蓋頭部之物。《廣韻‧燭韻》："幞，帊也。又幞頭，周武帝所製，裁幅巾出四脚以幞頭，乃名焉，亦曰頭巾。"清朱駿聲《説文通訓定聲‧需部》："幞，亦作'袙'、作'帞'、作'帊'。《方言》四：'絡頭曰帞頭。'《廣雅‧釋器》：'帞頭，幧頭也。'《禮記‧問喪》注：'邪巾，袙頭。'……《廣雅‧釋器》：'帊，幞也。'"唐張鷟《遊仙窟》："十娘即唤桂心，並呼芍藥，與少府脱靴履，叠袍衣，閣幞頭，掛腰帶。"明馮夢龍編《古今小説》之《游酆都胡母迪吟詩》："緑袍皂履，高幞廣帶。"

醭 酒、醋等物生白霉而覆蓋於表面。《玉篇‧酉部》："醭，醋生白。"《廣韻‧屋韻》："醭，醋生白醭。"《集韻‧屋韻》："醭，酒上白。"北魏賈思勰《齊民要術‧作酢法》："下釀……

三日便發。發時數攪,不攪則生白醭。"按,"酢"即醋,今日本尚稱醋爲"酢"。《急就篇》第三章:"酸醎酢淡辨濁清。"唐顏師古注:"大酸謂之酢。"唐白居易《臥疾來早晚》:"酒甕全生醭,歌筵半委塵。"

〔推源〕 諸詞俱有覆義,爲菐聲所載之公共義。聲符字"菐"所記録語詞與覆義不相涉,其覆義乃菐聲所載之語源義。菐聲可載覆義,"覆"可證之。

菐:並紐屋部;
覆:滂紐覺部。

並滂旁紐,屋覺旁轉。"覆",翻轉,亦指覆蓋,引申爲反復、重復、顛覆等義。《説文·襾部》:"覆,覂也。一曰蓋也。从襾,復聲。"清朱駿聲《通訓定聲》:"《禮記·檀弓》:'見若覆夏屋者矣。'注:'謂茨瓦也。'……《釋名·釋船》:'其上板曰覆,言所覆慮也。'……《長笛賦》:'覆冒鼓鐘。'〔轉注〕《廣雅·釋言》:'覆,反也。'《考工·廬人》:'車不反覆。'《楚辭·天問》:'覆舟斟尋。'"

724 敞聲

(1886) 僘廠(寬敞義)

僘 寬敞。《廣韻·養韻》:"僘,僘寬也。"《正字通·人部》:"僘,寬也。通作敞。"《東觀漢記·劉般傳》:"時五校官顯職閒,而府寺寬敞,輿服光麗。"按,凡云屋舍、場地等物寬敞,皆以"敞"爲之,"敞"有寬敞之衍義。"僘"字从人,疑本謂人心地寬僘,胸懷坦蕩。

廠,無墻壁之屋舍。《廣韻·漾韻》:"廠,露舍。"又《養韻》:"廠,屋也。出方言。"北魏賈思勰《齊民要術·養鵝鴨》:"欲於廠屋之下作窠,多著細草於窠中令暖。"屋無壁則無窄迫之感,故引申爲寬敞義。《太平廣記》卷四百六十九引唐段成式《酉陽雜俎·長鬚國》:"使者導士人入伏謁,殿宇高廠,儀衛如王者。"明徐弘祖《徐霞客遊記·黔遊日記一》:"逾而北,開坪甚廠。"

〔推源〕 此二詞俱有寬敞義,爲敞聲所載之公共義。聲符字"敞"从攴,所記録語詞謂因高土築平臺,寬敞而可遠望,故引申爲寬敞義。《説文·攴部》:"敞,平治高土,可以遠望也。从攴,尚聲。"清朱駿聲《通訓定聲》:"《蒼頡篇》:'敞,高顯也。'《魯靈光殿賦》:'豐麗博敞。'注:'高平也。'《洞簫賦》:'又足樂乎其敞閒也。'注:'大皃。'……《長笛賦》:'曠瀁敞罔。'注:'寬大皃。'"然則本條二詞之寬敞義爲其聲符"敞"所載之顯性語義。敞聲可載寬敞義,則"绰"可證之。

敞:昌紐陽部;
绰:昌紐藥部。

雙聲,陽藥(沃)旁對轉。"綽",寬緩。《說文·素部》:"繛,緩也。从素,卓聲。綽,繛或省。"清朱駿聲《通訓定聲》:"《詩·淇奥》:'寬兮綽兮。'……《洛神賦》:'柔情綽態。'注:'寬也。'……《詩·角弓》:'綽綽有裕。'傳:'寬也。'《爾雅·釋訓》:'綽綽,緩也。'"按,《詩·小雅·角弓》之"綽綽"謂寬裕,與寬緩義同條共貫。"綽"又有寬大之衍義,皆與寬敞義近且相通。戰國楚宋玉《神女賦》:"宜高殿以廣意兮,翼放縱而綽寬。"

725 最聲

(1887) 撮纙蕞（聚合義）

撮 三指聚合取物,引申爲聚合義。《說文·手部》:"撮,四圭也。一曰兩指撮也。从手,最聲。"清桂馥《義證》:"兩指爲拈,三指爲撮。"清朱駿聲《通訓定聲》:"三指撮也……《莊子·秋水》:'鴟鵂夜撮蚤。'〔轉注〕《漢書·律厤志》:'不失圭撮。'注:'四圭曰撮,三指撮之也。'〔假借〕爲'冣',實爲'冣'。《家語·始誅》:'其居處足以撮徒成黨。'注:'聚也。'《漢書·藝文志》:'撮其旨意。'《司馬遷傳》:'撮名法之要。'注:'總取也。'"按,非假借,乃引申。唯"撮"有合義,故有"撮合"之同義聯合式合成詞,今語猶然。

纙 結聚。《廣韻·末韻》:"纙,結纙也。"亦指絲織品,絲織品則爲絲與絲相聚合而成者,義亦相通。《舊五代史·梁書·太祖紀六》:"又進南蠻通好金器六物、銀器十二,並乾陁綾花纙越跣等雜織奇巧者各三十件。"

蕞 聚貌。《集韻·薛韻》:"蕞,艸聚皃。"《文選·潘岳〈西征賦〉》:"營宇寺署,肆廛管庫,蕞芮於城隅者,百不處一。"唐李善注:"《字林》曰:'蕞,聚貌。'"唐呂延濟注:"蕞芮,陋小貌。"按,"蕞"字从艸,有小義(見後條),凡小草多叢生,故二義相通。

〔推源〕 諸詞俱有聚合義,爲最聲所載之公共義。聲符字"最"所記錄語詞本有聚合義。《說文·月部》:"最,犯而取之也。从月,从取。"清朱駿聲《通訓定聲》:"又爲'冣'之誤字。《公羊隱元傳》:'會猶最也。'注:'聚也。'《小爾雅·廣詁》:'最,叢也。'又'要也。'……《史記·周勃世家》:'最从高帝。'《索隱》:'都凡也。'《殷本紀》:'犬最戲于沙丘。'一作'聚'。"按,所取者多則聚合,故其聚合義爲本義之引申,非假借。構件"取"之本義《說文·又部》訓"捕取",謂捕獲戰俘、獵物時割下左耳,故其字从又、从耳會意。引申之,則有聚集、聚合義,其引申軌蹟正與"最"同,所謂同步引申。《漢書·五行志下之上》:"內取茲謂禽。"唐顏師古注:"取,如《禮記》'聚麀'之'聚'。"最聲可載聚合義,則"萃"可證之。

最:精紐月部;

萃:從紐物部。

精從旁紐,月物旁轉。"萃",草叢生,相聚集,虛化引申爲聚集、聚合義。《說文·艸部》：“萃，艸皃。”清朱駿聲《通訓定聲》：“艸聚皃。〔轉注〕《易·序卦》傳：'萃者，聚也。'《左昭七傳》：'萃淵藪。'……《小爾雅·廣言》：'萃，集也。'《詩·墓門》：'有鴞萃止。'《長門賦》：'翡翠脅翼來萃兮。'”

（1888）撮蕞（小義）

撮 撮合三指稍取物，即所謂小取，小取即所取之數量小。"撮"與大把抓取之"抓"義相對。《正字通·手部》："撮，《增韻》：'蹙聚而捎取之也。'"清朱駿聲《說文通訓定聲·泰部》："撮，《字林》：'手小取也。'"《禮記·中庸》："今夫地，一撮土之多，及其廣厚，載華嶽而不重，振河海而不洩，萬物載焉。"清沈復《浮生六記·閑情記趣》："芸用小紗囊撮茶葉少許，置花心。"

蕞 小貌。《廣韻·泰韻》："蕞，小貌。"《舊五代史·周書·楊凝式傳》："凝式體雖蕞眇，而精神穎悟，富有文藻，大爲時輩所推。"唐樊宗師《絳守居園池記》："豈新田又蕞狷不可居，州地或自有興廢。"

〔推源〕 此二詞俱有小義，爲最聲所載之公共義。最聲字"㝡""碎"，《廣韻·泰韻》訓"小舂""小石"，則亦爲最聲與小義相關聯之一證。按聲符字"最"所記錄語詞之顯性語義系列與小義不相涉，其小義乃最聲所載之語源義。最聲可載小義，則"稺"可證之。

最：精紐月部；

稺：定紐脂部。

精定鄰紐，月脂旁對轉。"稺"，禾之幼小者，引申爲小義。字亦作"穉"，後世多以"稚"爲之。《說文·禾部》："稺，幼禾也。"清朱駿聲《通訓定聲》："字亦作'穉'、作'稚'……《詩·閟宫》：'稙稺菽麥。'傳：'復種曰稺。'按，復種者，禾小。《韓詩傳》：'幼稼也。'〔轉注〕《方言》二：'稺，小也。''稺，年小也。'《書·立政》：'言皆以告稚子王。'《儀禮·喪服傳》：'妻稺。'注：'謂未滿五十。'《楚辭·大招》：'稺朱顏只。'注：'幼也。'……《列子·天瑞》：'純雄其名稺蜂。'注：'小也。'"

726　閒聲

（1889）癇襇澗鐧（間隔義）

癇 間歇性發作之病，"癇"即病發之時有間隔之義。《說文·疒部》："癇，病也。从疒，閒聲。"清朱駿聲《通訓定聲》："《聲類》：'今謂小兒瘨曰癇。'《一切經音義》十二引《說文》：'癇，風病也。'"《廣韻·山韻》："癇，小兒瘨。"《增補萬病回春·信集·癇證》："癇病者，卒時暈倒，身軟，咬牙，吐涎沫，遂不省人事，隨後醒者，癇病也。"《醫宗金鑒·雜病心法要訣·癲癇總括》："癇發吐涎昏噤倒，抽搐省後若平人。"注引明李時珍語："癇雖分而爲五，曰雞、馬、牛、羊、猪名者，以病狀偶類故也。"按，徽歙方言稱之爲"抽猪癇"，亦以之指行事無恒心、忽冷忽熱，則亦可證"癇"之間隔、間歇義。

襉 衣色不純，一色爲他色所間隔。《新唐書·車服志》："凡襇色衣不過十二破，渾色衣不過六破。"按，"襇"亦指衣裙之褶，即幅面爲皺褶所間隔之謂，二義當相通。《廣韻·襇韻》："襇，襇裙。"又《產韻》："襉，帛襵。"按，"襉"即"襇"之繁益字。宋吕渭老《聖求詞·千秋歲》："寶香盈袖，腕約金條瘦，裙兒細襇如眉皺。"

澗 山間水溝，山爲水所間隔。《説文·水部》："澗，山夾水也。从水，閒聲。"清朱駿聲《通訓定聲》："从水、从閒，會意，閒亦聲。字亦作'㵎'、作'𤃩'。《詩·采蘩》：'于澗之中。'《考槃》：'考槃在澗。'〔聲訓〕《釋名·釋水》：'澗，閒也，言在兩山之閒也。'"《廣韻·諫韻》："澗，溝澗。《爾雅》曰：'山夾水，澗。'亦作'𤃩''㵎'。"《文選·郭璞〈江賦〉》："幽𤃩積岨，礐硞磐確。"唐李善注："澗與𤃩同。"

鐧 車軸、車轂間之鐵，間隔之物。《説文·金部》："鐧，車軸鐵也。从金，閒聲。"清朱駿聲《通訓定聲》："《廣雅·釋器》：'鐧，錔也，軸在轂中相摩處，以鐵鍱裹之，其在轂者曰釭。'〔聲訓〕《釋名》：'鐧，閒也，閒釭軸之閒，使不相摩也。'"《廣韻·諫韻》："鐧，車間鐵也。"《吳子·治兵》："膏鐧有餘，則車輕人。"

〔推源〕 諸詞俱有間隔義，爲閒聲所載之公共義。聲符字"閒"所記錄語詞謂間隙。《説文·門部》："閒，隙也。从門，从月。閑，古文閒。"清朱駿聲《通訓定聲》："隙也……《（墨子）經説》：'閒謂夾者也。'……《史記·管晏傳》：'從門閒而窺其夫。'"引申爲間隔義。《廣韻·襇韻》："閒，隔也。"《穆天子傳》卷三："道里悠遠，山川閒之。"《漢書·韋玄成傳》："上陳太祖，閒歲而祫，其道應天，故福祿永終。"然則本條諸詞之間隔義爲其聲符"閒"所載之顯性語義。閒聲可載間隔義，則"峽"可證之。

閒：見紐元部；
峽：匣紐葉部。

見匣旁紐，元葉（盍）通轉。"峽"，兩山相夾之水道，即山爲水所間隔處。《廣韻·洽韻》："峽，巫峽。"按，非特指巫峽。《文選·左思〈蜀都賦〉》："經三峽之崢嶸。"唐李善注："三峽，巴東永安縣有高山相對，相去可二十丈，左右崖甚高，人謂之峽，江水過其中。"唐杜甫《雨晴》："雨時山不改，晴罷峽如新。"清仇兆鰲注："山峭夾水曰峽。"

（1890）鵰玃擱（猛義）

鵰 猛禽。《説文·鳥部》："鵰，鷻也。从鳥，周聲。"清朱駿聲《通訓定聲》："《廣雅·釋鳥》：'鵰鷂，老鵰也。'按，即《爾雅》之'雈'、《説文》之'舊'與'雚'、《莊子》之'鵰鵃'，今之猫頭鷹也，晝伏夜鳴，頭有毛如角。"《説文》同部："鷂，雖也。"清段玉裁注："今江蘇俗呼鵰鷹，盤旋空中，攫雞子食之。"《詩·大雅·瞻卬》："懿厥哲婦，爲梟爲鴟。"按"鴟"亦指猫頭鷹，朱說有據不誣。鴟鷹、貓頭鷹皆猛禽。

猏 有猛義。《廣韻·山韻》："猏,犬鬭聲。"又《潛韻》："猏,猛也。"按,所訓二義相通。《玉篇》云"犬爭皃",義亦相近。

撊 兇猛。字亦作"僴"。《方言》卷二："撊,猛也。晉魏之間曰撊。"《廣韻·潛韻》："僴,武猛皃。"《說文·人部》："僴,武皃。从人,閒聲。"清朱駿聲《通訓定聲》："字亦作'撊'。《小爾雅·廣言》：'撊,忿也。'……《詩·淇奧》：'瑟兮僴兮。'……《左昭十八傳》：'撊然授兵登陴。'注：'撊然,勁忿貌。'"按,所引《左傳》文唐孔穎達疏："服虔云：'撊然,猛貌也。'杜言勁忿貌,亦是猛也,但述晉人責鄭之意,故以勁忿解之。"

〔推源〕 諸詞俱有猛義,爲閒聲所載之公共義。聲符字"閒"所記錄語詞之本義、引申義系列與猛義不相涉,其猛義乃閒聲所載之語源義。閒聲可載猛義,"健"可證之。

閒：見紐元部；
健：群紐元部。

疊韻,見群旁紐,音僅微殊。"健",強健。《說文·人部》："健,伉也。"清朱駿聲《通訓定聲》："《易·乾》：'天行健。'……《秦策》：'使者多健。'健強也。"按,所引《易》文唐孔穎達疏："健者,強壯之名。"引申爲勇猛義。《後漢書·呂布傳》："(呂布)與其健將成廉、魏越等數十騎,馳突燕陣,一日或至三四,皆斬首而出。"《新唐書·李密傳》："須陀健而無謀。"

(1891) 憪嫻（閒靜義）

憪 閑適,閒靜。《說文·心部》："憪,愉也。从心,閒聲。"清段玉裁注："謂憺怕之樂也。"按"憺怕"即"澹泊"。許慎以"愉"訓"憪","愉"有苟且之義,與閒靜義近且相通。《集韻·侯韻》："偷,苟且也。或从心。"《廣韻·山韻》："憪,心靜。"唐柳宗元《酬韶州裴曹長使君》："循省誠知懼,安排祇自憪。"

嫻 文靜,嫻雅。《說文·女部》："嫻,雅也。从女,閒聲。"清朱駿聲《通訓定聲》："《後漢·馬援傳》注：'嫻雅,猶沈靜也。'"《廣韻·山韻》："嫻,嫻雅。"《龍龕手鑒·女部》："嫻,靜也。"清蒲松齡《聊齋志異·珊瑚》："生娶陳氏,小字珊瑚,性嫻淑。"清曹雪芹《紅樓夢》第四回："還有一女,比薛蟠小兩歲,乳名寶釵,生得肌骨瑩潤,舉止嫻雅。"

〔推源〕 此二詞俱有閒靜義,爲閒聲所載之公共義。聲符字"閒"單用本可表此義。清朱駿聲《說文通訓定聲·乾部》："閒,〔假借〕又爲'嫻'。《史記·司馬相如傳》：'雍容閒雅。''妖冶閒都。'"按,"閒"本謂間隙,引申之則有空間義,閒靜義與空間義相通,非假借。本條二詞之閒靜義爲其聲符"閒"所載之顯性語義。閒聲可載閒靜義,"暇"可證之。

閒：見紐元部；
暇：匣紐魚部。

見匣旁紐,元魚通轉。"暇",空閑,即有時之空隙,其義略同"閒",引申爲悠閑、從容義,則與閑静義極相近且相通。《説文·日部》:"暇,閑也。"清朱駿聲《通訓定聲》:"按,閒也……《書·無逸》:'不敢自暇自逸。'《左成十六傳》:'好以暇。'《晉語》:'暇豫之吾吾。'"南朝宋劉義慶《世説新語·任誕》:"王長史、謝仁祖同爲王公掾。長史云:'謝掾能作異舞。'謝便起舞,神意甚暇。"

727　景聲

(1892) 憬影(明義)

憬　覺悟,即明白、明瞭之謂。《説文·心部》:"憬,覺寤也。从心,景聲。"明沈德符《萬曆野獲編·科場·進士給假》:"今之新貴,圖自佚者,可以憬然矣。"張鍾瑞《對於要求開設國會者之感喟》:"其稍知世界大勢、具開明之識者……遂莫不豁然憬悟,躍然興起,乃大聲急呼曰:自立自立。"按"憬悟"當爲同義聯合式合成詞。

影　陰影,見後條。光照物爲物所遮則成影,故"影"又有光明、照射義。唐杜甫《大雲寺贊公房》四首之三:"燈影照無睡,心清聞妙香。"《西遊記》第十二回:"條條仙氣盈空,照徹了天關;朵朵祥光捧聖,影遍了世界。"

〔推源〕　此二詞俱有明義,爲景聲所載之公共義。景聲字所記録語詞"暻",《廣韻·梗韻》云:"明也。《曲禮》:'悟也。'"又;"璟,玉光彩。出《埤蒼》。"亦爲景聲與明義相關聯之一證。按"憬""影"之聲符字"景"所記録語詞謂日光。《説文·日部》:"景,光也。从日,京聲。"清朱駿聲《通訓定聲》:"《廣雅·釋詁三》:'景,照也。'《周禮·大司徒》:'正日景以求地中。'注:'凡日景於地千里而差一寸。'"《廣韻·梗韻》:"景,光也。"《文選·班固〈東都賦〉》:"嶽脩貢兮川效珍,吐金景兮歊浮雲。"高步瀛《義疏》:"景,光也。"唯"景"之義爲光,故有"光景"之同義聯合式合成詞。《楚辭·九章·惜往日》:"慚光景之誠信兮,身幽隱而備之。"光爲明亮之物,故引申爲光明、明亮義。《廣韻·梗韻》:"景,明也。"清朱駿聲《説文通訓定聲·壯部》:"景,《荀子·解蔽》:'濁明外景,清明内景。'"所引《荀子》文唐楊倞注:"景,光色也。"然則本條二詞之明義爲其聲符"景"所載之顯性語義。景聲可載明義,則"映"可證之。

景:見紐陽部;

映:影紐陽部。

叠韻,見影鄰紐。"映",光明,照射。《廣韻·映韻》:"映,明也。陽也。暎,上同。"清朱駿聲《説文通訓定聲·壯部》:"《小爾雅·廣言》:'映,曬也。'《華嚴音義》引《字書》:'映,傍照也。'……《説文新附》:'映,明也。'《後漢·張衡傳》:'冠蓋相映。'字亦作'暎'。陸機詩:'雙情交暎。'注:'猶照也。'"晉郭璞《山海經圖讚》:"光彩流映,氣如虹霞。"《西京雜記》卷二:"衡乃穿壁引其光,以書暎光而讀之。"其"暎"字異文作"映"。

(1893) 影幜(遮蔽義)

影 陰影,光照物爲物所遮蔽而成,"影"之光明照射義與陰影義相成相因。《廣韻·梗韻》:"影,形影。"《類篇·彡部》:"影,物之陰影也。"《淮南子·脩務訓》:"吾日悠悠慙於影。"漢高誘注:"影,形影也。"唐元稹《遣春》:"岸柳好陰影,風裾遺垢氛。"引申爲遮蔽義。清曹雪芹《紅樓夢》第八十四回:"剛過穿廊月洞門的影屏,便一溜煙跑到賈母院門口。"按,"影屏"即置於門内用以遮蔽之屏風。唯"影"有遮蔽義,故有"影蔽"之同義聯合式合成詞。《元典章·聖政·重民籍》:"軍站民匠諸色户計,近年以來往往爲僧爲道,影蔽門户,苟避差徭。"

幜 罩衣,遮蔽體表之物。明方以智《通雅·衣服》:"'加景'即'幜'。"清朱駿聲《説文通訓定聲·壯部》:"《儀禮·士昏禮》:'姆加景。'注:'景之制,蓋如明衣加之以爲行道禦塵,令衣鮮明也。'"《隋書·禮儀志四》:"皇后服大嚴繡衣,帶綬珮,加幜……入昭陽殿前至席位,姆去幜。"

〔推源〕 此二詞俱有遮蔽義,爲景聲所載之公共義。聲符字"景"所記録語詞謂日光,日光爲物所遮則成陰影,故本有陰影之衍義,其字爲"影"之初文。《廣韻·梗韻》:"景,像也。"《集韻·梗韻》:"景,物之陰影也。葛洪始作'影'。"清段玉裁《説文解字注·日部》:"景,光所在處,物皆有陰。"晉夏侯湛《鮑叔像讚》:"遥遥景迹,君子攸欽。"《清史稿·疇人傳一·王錫闡》:"日光射物,必有虛景,虛景者光徑與實徑之所生也。"然則本條二詞之遮蔽義亦爲聲符"景"所載之顯性語義。景聲可載遮蔽義,則"掩"可證之。

景:見紐陽部;

掩:影紐談部。

見影鄰紐,陽談通轉。"掩",遮蔽。《説文·手部》:"掩,斂也。"清徐灝《注箋》:"《淮南·天文訓》注:'掩,蔽也。'此掩斂之本義也。"清朱駿聲《通訓定聲》:"《東京賦》:'軌塵掩迒。'注:'覆也。'又《方言》六:'掩,薆也。'《禮記·月令》:'處必掩身。'注:'猶隱翳也。'《史記·司馬相如傳》:'掩薄草渚。'正義:'覆也。'又《周髀算經》:'空正掩日。'注:'猶覆也。'"

728 貴聲

(1894) 遺讀續(止、盡義)

遺 丢失,引申爲殘餘、將盡義。《説文·辵部》:"遺,亡也。从辵,貴聲。"清朱駿聲《通訓定聲》:"《左成十六傳》:'君惟不遺德刑。'注:'失也。'〔假借〕又爲'續'。《廣雅·釋詁三》:'遺,餘也。'……《陳涉世家》:'不如少遺兵。'《索隱》:'留餘也。'"按,非假借,乃引申。

《廣韻·脂韻》:"遺,《急就章》:'有遺餘。'"《詩·大雅·雲漢》:"周餘黎民,靡有孑遺。"唐孔穎達疏:"無有孑遺,乃是悉盡之言。"又引申爲廢止義。《呂氏春秋·情慾》:"荆莊王好周遊田獵,馳騁弋射,歡樂無遺。"漢高誘注:"遺,廢。"

讀 中止。《説文·言部》:"讀,中止也。从言,貴聲。《司馬法》曰:'師多則人讀。'讀,止也。"清朱駿聲《通訓定聲》:"按《魏都賦》:'襲偏裦以讀列。'注引《説文》:'讀列,中止也。'又曰:'然或止或列。'是此字。許書訓止無疑,从言,未審其恉。或欲改'中止'爲'中訌',非許意。"按,字从言,當即發號施令、以言止之之意。

繢 布帛的頭尾,蓋即殘餘、將盡之義。《説文·糸部》:"繢,織餘也。从糸,貴聲。"清朱駿聲《通訓定聲》:"謂機尾也,機頭曰紝。皆可繫物。《漢書·東方朔傳》:'狗馬被繢罽。'"段注:"繢之言遺也,故訓爲織餘。今亦呼爲機頭,可用繫物及飾物。"《廣韻·至韻》:"繢,織餘。"北魏楊衒之《洛陽伽藍記·城西·開善寺》:"以五色繢爲繩。"

〔推源〕 諸詞俱有止、盡義,爲貴聲所載之公共義。貴聲字"匱"亦可以假借字形式表匱乏、竭盡義,然則亦爲貴聲與止、盡義相關聯之一證。《廣韻·至韻》:"匱,竭也,乏也。《説文》曰:'匣也。'"按,其字从匚,"匣"爲本義,竭盡、匱乏皆假借義。清朱駿聲《説文通訓定聲·履部》:"匱,〔假借〕爲'潰'。《禮記·月令》:'則財不匱。'注:'乏也。'《詩·既醉》:'孝子不匱。'傳:'竭也。'《漢書·昭帝紀》注:'匱,空也。'《杜欽傳》注:'匱,盡也。'"按,借爲"潰"字説難从,假借字未必皆有本字。又,本條諸詞之記録文字均从貴聲,"貴"乃貴賤字,本與止、盡義不相涉,其止、盡義乃貴聲所載之語源義。《説文·貝部》:"貴,物不賤也。从貝,臾聲。臾,古蕢字。"清朱駿聲《通訓定聲》:"《晉語》:'貴貨而賤土。'注:'重也。'《老子》:'不貴難得之貨。'"乞聲字所記録語詞"訖""迄""頎""忔""鈘""吃""汔""飢"亦俱有止、盡義,見本典第一卷"乞聲"第105條,貴聲、乞聲本相近且相通。

貴:見紐物部;

乞:溪紐物部。

叠韻,見溪旁紐。然則可相爲證。

(1895) 憒潰聵䐴(亂義)

憒 昏亂。《説文·心部》:"憒,亂也。从心,貴聲。"清朱駿聲《通訓定聲》:"《漢書·息夫躬傳》:'憒眊不知所爲。'注:'心亂也。'《王莽傳》:'憒眊不明。'《楚辭·逢尤》:'心煩憒兮意無聊。'《廣雅·釋訓》:'憒憒,亂也。'亦重言形况字。"《廣韻·隊韻》:"憒,心亂也。"按《説文》以"亂"釋"憒",二者可組成同義聯合式合成詞。《漢書·五行志中之上》:"言上號令不順民心,虛譁憒亂,則不能治海内。"

潰 水衝破堤防,引申爲散亂義。《説文·水部》:"潰,漏也。从水,貴聲。"清朱駿聲《通訓定聲》:"鍇本:'亦決也。'《蒼頡篇》:'潰,旁決也。'《水經·河水注》:'不遵其道曰洚,亦曰潰……《海賦》：'沸潰渝溢。'注：'亂流也。'〔轉注〕《荀子·議兵》：'當之者潰。'注：'壞散也。'《左文三傳》：'凡民逃其上曰潰。'"《廣韻·賄韻》："潰，逃散，又亂也。"唯"潰"有亂義，故有"潰亂"之同義聯合式合成詞。《後漢書·馮衍傳上》："今海內潰亂，人懷漢德。"

聵 先天性耳聾。《說文·耳部》："聵，聾也。从耳，貴聲。"清朱駿聲《通訓定聲》："生而聾也……《晉語》：'聾聵不可使聽。'注：'生而聾曰聵。'"引申爲昏聵、昏亂義。漢揚雄《太玄·玄攡》："曉天下之聵聵，瑩天下之晦晦者，其唯玄乎！"清龔自珍《吳侍御疏請唐陸宣公從祀瞽宗獻侑神之樂歌》："唐步方中，主聵臣聾。天將聰明之，乃生陸公。"

瞶 目無睛，目疾，要之，皆視物昏亂不清之義。《類篇·目部》："瞶，目無精也。"《廣韻·至韻》："瞶，目疾。"《正字通·目部》："瞶，目昏也。"明張敬修等《張太岳行實》："孤等又故自木彊，不問外事，瞶瞶靡所睹記。"清褚人穫《堅瓠餘集·淮海龍神》："（張鯉庭）子某往探父，待舟瓜步，見一虯髯老翁，以斗盛蝦米至步頭負販。某欲市以貢父，取二尾嘗乾濕，甫入口，頓覺瞶眩，口發譫語。"

〔推源〕 諸詞俱有亂義，爲貴聲所載之公共義。聲符字"貴"所記錄語詞之本義、引申義系列與亂義不相涉，其亂義乃貴聲所載之語源義。貴聲可載亂義，"混"可證之。

貴：見紐物部；
混：匣紐文部。

見匣旁紐，物文對轉。"混"，豐流，泥沙俱下之大水，故引申爲雜亂義。《說文·水部》："混，豐流也。"清朱駿聲《通訓定聲》："《子虛賦》：'汩乎混流。'《江賦》：'或混淪乎泥沙。'注：'輪轉之貌。'〔假借〕又爲'溷'。《法言·脩身》：'善惡混。'注：'襍也。'《楚辭·傷時》：'混混兮澆饡。'注：'濁也。'"按，非假借，乃引申。"混"又有糊塗、昏亂之衍義。《荀子·儒效》："鄉也，效門室之辨，混然曾不能決也，俄而原仁義，分是非，圖回天下於掌上而辨白黑，豈愚而知矣哉！"唯"混"有亂義，故有"混亂"之同義聯合式合成詞。晉葛洪《抱朴子·審舉》："夫銓衡不平，則輕重錯謬；斗斛不正，則少多混亂。"

（1896）殨穨隤殰癀（敗壞、墜落義）

殨 潰爛，皮肉組織敗壞。《說文·歹部》："殨，爛也。从歹，貴聲。"清朱駿聲《通訓定聲》："今多以'潰'爲之。"《廣韻·隊韻》："殨，肉爛。"按，"殨"所記錄之詞存乎語言，唯其字以"潰"爲之，而"殨"實爲正字；作"潰"，取其引申義。唐白行簡《李娃傳》："月餘，手足不能自舉，其楚撻之處皆潰爛，穢甚。"

穨 髮質敗壞，頭髮脫落，引申爲墜落義。其字亦訛作"頹"。《說文·禿部》："穨，禿皃。从禿，貴聲。"徐灝《注箋》："禿者，髮落。"清朱駿聲《通訓定聲》："字亦作'頹'。〔假借〕爲'隤'。《詩·谷風》：'維風及頹。'《爾雅·釋天》：'焚輪謂之頹。'李注：'暴風從上下降謂之頹。頹，下也。'……《長笛賦》：'感迴飆而將頹。'注：'落也。'"按，無煩假借，乃引申。所引申《爾雅》文之"穨"異文作"穦"。"穦"有敗壞義,故有"穦敗""穦壞"之複音詞,乃同義聯合者。宋朱熹《大學章句·序》:"教化陵夷,風俗穦敗。"清龔自珍《上大學士書》:"大官不談掌故,小臣不立風節,典法陵夷,紀綱穦壞,非一日之積,可勝痛哉!"

　　隤　崩潰,墜下。《說文·阜部》:"隤,下隊也。从阜,貴聲。"清朱駿聲《通訓定聲》:"《廣雅·釋詁一》:'隤,下也。'又'壞也。'……《漢書·食貨志》:'因隤其土。'注:'謂下之也。'〔聲訓〕《漢書·蘇武傳》注:'隤,墜也。'"《廣韻·灰韻》:"隤,下墜也。"按,凡物崩潰、敗壞則墜下,故"隤"有具體性崩壞義,亦有抽象性敗壞義。《文選·宋玉〈高唐賦〉》:"磐石險峻,傾崎崟隤。"唐李善注:"隤,壞也。"《漢書·司馬遷傳》:"李陵既生降,隤其家聲,而僕又茸於蠶室,重爲天下觀笑。"

　　牘　房屋崩潰,敗壞。《類篇·片部》:"䑽,䑽牘,屋壞也。"《廣韻·灰韻》:"牘,䑽牘,屋破狀。"又:"䑽,䑽牘。"《正字通·片部》:"䑽,䑽牘,屋欲傾貌。"

　　癀　腸下墜之病。《集韻·隊韻》:"癀,下病。"清朱駿聲《說文通訓定聲·履部·附〈說文〉不錄之字》:"癀,《埤蒼》:'癀,陰病'。"隋巢元方《諸病源候論·婦人雜病·癀候》:"此或因帶下,或舉重,或因產時用力,損於胞門,損於子藏,腸下乘而成癀。"按,即疝氣病。男子病疝,亦有腸、睪下墜者。《素問·陰陽別論》:"其傳爲穨疝。"唐王冰注:"上爭則寒多,下墜則筋緩,故睾垂縱緩,内作穨疝。"

　　〔推源〕　諸詞俱有敗壞、墜落義,爲貴聲所載之公共義。聲符字"貴"所記錄語詞之本義、引申義系列與敗壞、墜落義不相涉,此義當爲貴聲所載之語源義。按,曷聲字所記錄語詞"餲""齃""喝""緆""竭"亦俱有敗壞義,見本典第五卷"曷聲"第1298條,貴聲、曷聲本相近且相通。

　　貴:見紐物部;
　　曷:匣紐月部。

見匣旁紐,物月旁轉。然則可相爲證。至貴聲可載墜落義,則"隕"可證之。

　　貴:見紐物部;
　　隕:匣紐文部。

見匣旁紐,物文對轉。"隕",墜落。《說文·阜部》:"隕,從高下也。"清朱駿聲《通訓定聲》:"《爾雅·釋詁》:'隕,墜也。''隕,落也。'《易·姤》:'有隕自天。'《詩·氓》:'其黃而隕。'《左僖十六傳》:'隕石于宋五,隕星也。'《周語》:'駟見而隕霜。'《夏小正》:'隕麋角。'"按,"隕"又有毀壞、敗壞之衍義,此亦足證"殨""穦""隤""牘""癀"之敗壞、墜落義出諸同一語源。《淮南子·覽冥訓》:"庶女叫天,雷電下擊,景公臺隕,支體傷折,海水大出。"漢高誘注:"隕,壞也。"

(1897) 匱櫃簣蕢（藏義）

匱 匣,藏物之器。《説文·匸部》:"匱,匣也。从匸,貴聲。"清朱駿聲《通訓定聲》:"俗作'櫃'。……《莊子·胠篋》:'將爲胠篋探囊發匱之盜。'《楚辭·謬諫》:'玉與石而同匱兮。'《愍命》:'藏瑶石於金匱兮。'"《書·金縢》:"公歸,乃納册于金縢之匱中,王翼日乃瘳。"

櫃 木名,許慎説,亦指收藏食物、衣物之器,則爲套用字,蓋藏物器本有本製者。或以爲借作"櫃",實非篤論。唐蘇鶚《杜陽雜編·宣宗》:"又以金銀爲井欄、藥臼、食櫃、水槽、釜鐺、盆甕之屬。"

簣 盛土竹器。《玉篇·竹部》:"簣,土籠也。"《廣韻·怪韻》:"簣,籠也。"又《至韻》:"簣,土籠。"《説文·竹部》:"籠,舉土器也。"清朱駿聲《通訓定聲》:"籠如簣與甌,以盛土,一人可荷,竹爲之。"《論語·子罕》:"譬如爲山,未成一簣,止,吾止也。"三國魏何晏《集解》:"簣,土籠也。"晉陸機《豪士賦·序》:"一簣之釁,積成山嶽。"

蕢 草編之筐,盛物之器。《説文·艸部》:"蕢,艸器也。从艸,貴聲。臾,古文蕢,象形。《論語》曰:'有荷臾而過孔氏之門。'"清朱駿聲《通訓定聲》:"字亦作'簣'……《論語》……皇疏:'織草爲器,可貯物也。'……《孟子》:'我知其不爲蕢也。'《漢書·何武王嘉師丹傳·贊》:'以一蕢障江河。'"按,"簣""蕢"非異體,乃分别文。前者箕屬,以竹製之;後者筐屬,以艸爲之。

〔推源〕 諸詞俱有藏義,爲貴聲所載之公共義。聲符字"貴"所記録語詞之本義、引申義系列與藏義不相涉,其藏義乃貴聲所載之語源義。按,衣聲字所記録語詞"衣""裛""褽"亦俱有藏義,見本典第三卷"衣聲"第 750 條,貴聲、衣聲本相近且相通。

貴：見紐物部；

衣：影紐微部。

見影鄰紐,物微對轉。然則可相爲證。

(1898) 襀闠（封鎖義）

襀 衣紐,所以封鎖衣物之物。《玉篇·衣部》:"襀,紐也。"《廣韻·未韻》:"襀,襀細。"沈兼士《聲系》:"案'細',北宋本、宋小字本、元泰定本及棟亭本均作'紐'。"又《至韻》:"襀,紐也。俗又作'襞'。"亦指以繩、帶所拴成之結,然爲其衍義。明馮惟敏《朝天子·鞋杯》:"心坎兒裏踢蹬,肚囊兒裏欸行,腸襀兒裏穿芳徑。"

闠 市區之門,封鎖之物。《説文·門部》:"闠,市外門也。从門,貴聲。"清朱駿聲《通訓定聲》:"市墻曰環,亦作'闠'……《西京賦》:'通闤帶闠。'注:'闠,中隔門也。'《蜀都賦》:'闤闠之里。'注:'市外内門也。'"《廣韻·隊韻》:"闠,闤闠,市門。"銀雀山漢墓竹簡《孫子兵法·九地》:"敵人開闠,必亟入之。"

〔推源〕 此二詞俱有封鎖義,爲貴聲所載之公共義。聲符字"貴"所記録語詞之本義、引申義系列與封鎖義不相涉，其封鎖義乃貴聲所載之語源義。貴聲可載封鎖義，"關"可證之。

貴：見紐物部；

關：見紐元部。

雙聲，物元旁對轉。"關"，門閂。《說文·門部》："關，以木橫持門戶也。"清朱駿聲《通訓定聲》："豎木爲閉，橫木爲關。"《左傳·襄公二十三年》："臧孫斬鹿門之關以出奔邾。"楊伯峻注："關爲橫木，故可枕，今謂之門栓。"引申爲關閉、封鎖義。漢揚雄《方言》卷十二："關，閉也。"《後漢書·方術傳·序》："然神經怪牒，玉策金繩，關扃於明靈之府，封滕於瑤壇之上者，靡得而闚也。"《敦煌變文集·目連緣起》："重門關鑰難開得，振錫之聲總自通。"

729 單聲

（1899）箪膻（大義）

箪 大節竹。晉嵇含《南方草木狀·箪竹》："箪竹，葉疏而大，一節相去六七尺，出九真。彼人取嫩者，磓浸紡績爲布，謂之竹疏布。"按《說文·竹部》"箪"篆訓"笥"，謂竹製之盛飯器，指大節竹，爲套用字。

膻 大腹。《廣韻·寒韻》："膻，大腹。"《集韻·寒韻》："膻，胍肛謂之膻。"又《莫韻》："胍，肛胍，肥大兒。"《玉篇·肉部》："肛，肛胍，大腹也。"

〔推源〕 此二詞俱有大義，爲單聲所載之公共義。聲符字"單"之甲骨文形體象兵器形，其大義非其顯性語義，乃單聲另載之語源義。《說文·吅部》："單，大也。从吅、甲，吅亦聲。闕。"清朱駿聲《通訓定聲》："《書·呂刑》：'明清于單辭。'按，夸誕之辭。《後漢·朱浮傳》注：'單辭無證據也。'〔轉注〕爲'大'。《魯語》：'堯能單均刑法。'《鄭語》：'夏禹能單平水土。'《史記·春申君傳》：'王之威亦單矣。'又《匈奴傳》集解：'單于者，廣大之貌。'……《後漢·南匈奴傳》注：'言其象天單于然也。'《甘泉賦》：'單埢垣兮。'注：'大貌。'"按，單聲、大聲本相近且相通，故單聲可載大義。

單：端紐元部；

大：定紐月部。

端定旁紐，元月對轉。"大"，大小字，本義、基本義皆謂不小、大。

（1900）殫癉（竭盡義）

殫 窮盡，殆盡。《說文·歹部》："殫，殛盡也。从歹，單聲。"清段玉裁注："窮極而盡之也。"清朱駿聲《通訓定聲》："鍇本作'極盡也。'……《西京賦》：'鳥獸殫。'《淮南·說山》：'池中魚爲之殫。'〔轉注〕《廣雅·釋詁一》：'殫，盡也。'《西京賦》：'殫所未見。'《東京賦》：'穆穆之禮殫。'《呂覽·本味》：'相爲殫智竭力。'《漢書·杜欽傳》：'殫天下之財。'"

癉 勞病，即疲勞力盡之病。《說文·疒部》："癉，勞病也。从疒，單聲。"清朱駿聲《通訓定聲》："《爾雅·釋詁》：'癉，勞也。'……《詩·板》：'下民卒癉。'"《廣韻·哿韻》及《箇韻》："癉，勞也。"按，徽歙方言稱"勞力病"。虛化引申爲竭盡義，或以爲爲"殫"之借，實非。明繆昌期《從野堂存稿·邑劉侯康谷文》："邑財癉而民荒。"

〔推源〕 此二詞俱有盡義，爲單聲所載之公共義。單聲字"僤"亦可以假借字形式表盡義，則亦爲單聲與盡義相關聯之一證。晉常璩《華陽國志·先賢士女總贊下》："厚葬無益死者也。夫僤財送死，今日入明日發，此真無異暴骸中原。"聲符字"單"單用亦可表盡義。清朱駿聲《說文通訓定聲·乾部》："單，〔假借〕又爲'殫'。《禮記·祭義》：'歲既單矣。'注：'謂三月月盡之後也。'《郊特牲》：'單出里。'《君·君奭》：'丕單稱德。'《詩·公劉》：'其軍三單。'箋：'無羨卒也。'《左襄廿七傳》：'單斃其死。'《列子·黃帝》：'單憊於戲笑。'《莊子·列禦寇》：'單千金之家。'"按，聲符字"單"本與"干"同，謂兵器。兵器則有殺滅之意，殺滅、殆盡二義相通。猶"蔑"字从戍，有消滅義，又有"無"之衍義。單聲可載竭盡義，則"盡"可證之。

單：端紐元部；
盡：從紐真部。

端從鄰紐，元真旁轉。"盡"，竭盡。《說文·皿部》："盡，器中空也。"清朱駿聲《通訓定聲》："《禮記·哀公問》：'固民自盡。'疏：'謂竭盡。'……《呂覽·明理》：'五帝三王之於樂，盡之矣。'注：'極也。'"《廣韻·軫韻》："盡，竭也。"《管子·乘馬》："貨盡而後知不足，是不知量也。"

(1901) 揮彈（彈擊義）

揮 觸。《廣韻·翰韻》："揮，觸也。"《集韻·寒韻》："揮，觸也。《太玄經》：'揮繫其名。'"引申爲拂、彈擊義。清曹雪芹《紅樓夢》第九回："李貴等一面揮衣裳，一面說道：'哥兒聽見了不曾，可先要揭我們的皮呢。'"葉聖陶《倪煥之》："撿起帽子，揮去塵土。"

彈 彈弓。《說文·弓部》："彈，行丸也。从弓，單聲。弜，或从弓執丸。"《莊子·山木》："莊周曰：'此何鳥哉，翼殷不逝，目大不覩？'蹇裳躩步，執彈而留之。"唐成玄英疏："把彈弓而伺候。"引申爲以彈弓發射義。《廣韻·寒韻》："彈，射也。"按即彈擊義。《左傳·宣公二年》："晉靈公不君，厚斂以彫墻，從臺上彈人而觀其辟丸也。"亦指以手指彈擊其物。《荀子·不苟》："故新浴者振其衣，新沐者彈其冠。"南朝宋劉義慶《世說新語·雅量》："嵇中散臨刑東市，神氣不變，索琴彈之。"

〔推源〕 此二詞俱有彈擊義，爲單聲所載之公共義。聲符字"單"所記錄語詞與彈擊義不相涉，其彈擊義乃單聲所載之語源義。單聲可載彈擊義，"擔"可證之。"單""擔"同音，端紐雙聲，元部疊韻。"擔"，字從手，《廣雅》訓"擊"，《廣韻》訓"笞"，又有拂擊、彈擊義，略同"揮"。《玉篇·手部》："擔，拂也。"清翟灝《通俗編·雜字》："擔，《禮·內則》：'桃曰膽之。'注云：桃多毛，拭治去毛，令青滑如膽也。並可與'擔'字通用。"按，"令青滑如膽"說牽強，難從。蓋爲假借字，"擔""膽"之簡體分別作"担""胆"，蓋聲符字形體相異而其音同。又，"擔"之拂拭、彈擊義後世多以"揮"爲之，然"擔""揮"二者本非或體。

(1902) 奲憚燀僤（厚、盛義）

奲 富厚。《說文·奢部》："奲，富奲奲兒。从奢，單聲。"馬叙倫《古書疑義校録·兩字一義而誤解例》："《詩·天保》篇：'俾爾單厚。'傳曰：'單，信也。或曰，單，厚也。'箋曰：'單，盡也。'按傳、箋三說，當以訓'厚'爲正。謹案：'單'爲'奲'省。"按，"單"爲"奲"之借，借聲符字以爲形聲字爲一大通例。清朱駿聲《說文通訓定聲·乾部》："單，〔假借〕又爲'亶'。《詩·天保》：'俾爾單厚。'《昊天有成命》：'單厥心。'傳：'厚也。'"按，當云假借爲"奲"。清朱彝尊《日下舊聞·宮室五》引明黃佐《泉清宮賦》："灝灝奥區，晨曠奲麗，麻神靈兮。"按"奲"又有"寬大"之訓，富厚、寬大二義相通。《廣韻·馬韻》："奲，寬大也。"

憚 強盛、威盛可畏。《說文·心部》："憚，忌難也。从心，單聲。一曰難也。"清朱駿聲《通訓定聲》："《禮記·中庸》：'小人而無忌憚也。'《晉語》：'小罪憚之。'注：'懼也。'〔假借〕又爲'僤'。《方言》六：'憚，怒也，楚曰憚。'《廣雅·釋詁一》：'憚，強也。'又爲'單'。《秦策》：'王之威亦憚矣。'按，大也。"按，"憚"謂畏懼，盛怒、威盛則可畏，故此二義爲反向引申義，無煩假借。朱氏所引《戰國策·秦策四》文清王念孫《雜志》："憚者，盛威之名……此言秦之威盛，非謂六國憚秦之威也。"《廣雅·釋詁二》："憚，怒也。"清王念孫《疏證》："憚亦威之盛。"按，凡"怒濤""心花怒放"之"怒"亦盛義。《荀子·致仕》："尊嚴而憚，可以爲師。"其"憚"亦威盛之義。

燀 火盛。清朱駿聲《說文通訓定聲·乾部》："燀，《漢書·敘傳》注：'燀，熾也。'"《說文·火部》："熾，盛也。"按，"燀"之本義《說文》訓"炊"，火盛義當爲其引申義。《史記·秦始皇本紀》："義誅信行，威燀旁達，莫不賓服。"其"威燀"即威盛之謂，亦爲引申義。唐柳宗元《唐鐃歌鼓吹曲·鐵山碎》："百蠻破膽，邊氓蘇；威武燀耀，明鬼區。"

僤 篤厚，盛，大。《字彙·人部》："僤，篤也。"清朱駿聲《說文通訓定聲·乾部》："《詩·桑柔》：'逢天僤怒。'傳訓'厚'，則謂借爲'亶'。"今按，"僤"之本義《說文》訓"疾"，未見其文獻實用例，其字從人，人有性敦厚、篤厚者，故表厚義無煩假借。朱氏所引《詩》文唐孔穎達疏："我之生也，不得時節，正逢天之厚怒。"

〔**推源**〕 諸詞俱有厚、盛義，爲單聲所載之公共義。單聲字"癉"亦可以假借字形式表厚、盛義，則亦爲單聲與厚、盛義相關聯之一證。《國語·周語上》："陽癉憤盈，土氣震發。"三國吳韋昭注："癉，厚也。"漢王充《論衡·感虛》："人形長七尺，形中有五常，有癉熱之病，深自剋責,猶不能愈。"其"癉熱"即厚熱、盛熱。按,聲符字"單"單用可表大義,第1899條"簞""脾"二詞亦俱有大義,當與厚、盛義相通。厚、盛義非聲符字"單"所記錄語詞之顯性語義,乃單聲所載之語源義。單聲可載厚、盛義,"多"可證之。

單:端紐元部;

多:端紐歌部。

雙聲,元歌對轉。"多",多少字,"多"即不少,與厚、盛義相通。《說文·多部》:"多,重也。"清朱駿聲《通訓定聲》:"《爾雅·釋詁》:'多,衆也。'《史記·五帝紀》:'與爲多焉。'《索隱》:'大也。'……《漢書·趙廣傳》注:'多,厚也。'《荀子·致仕》:'寬裕而多容。'注:'廣納也。'"按,多即數量大,凡物衆多而相疊則厚,義皆相通。可數之物衆多稱"多","盛"即抽象性多義。唯"盛"有多義,故有"盛多"之同義聯合式合成詞。《史記·刺客列傳》:"臣之仇韓相俠累,俠累又韓君之季父也,宗族盛多,居處兵衛甚設。"

(1903) 貚鼉(猛義)

貚 虎類猛獸。《說文·豸部》:"貚,貙屬也。从豸,單聲。"清桂馥《義證》:"即貙貚也,《漢書》稱'貙豻'。"許書同部:"貙,貙獌似貍者。"清朱駿聲《通訓定聲》:"按,貙似貍,其大者曰貙獌……虎屬也,一曰似虎而五爪,常以立秋日祭獸,故漢有貙膢之祭,祠先虞。《漢書·司馬相如傳》:'蟃蜒貙豻。'《吴都賦》:'貕貐貙象。'劉注:'虎屬也。'"《爾雅·釋獸》:"貙,似貍。"晉郭璞注:"今貙虎也,文如貍。"

鼉 揚子鰐,鷙猛之物。字亦作"鼍""鱓",而俱从單聲,乃以單聲載猛義。《說文·黽部》:"鼉,水蟲,似蜥易,長大。从黽,單聲。"清朱駿聲《通訓定聲》:"《御覽》引《說文》'長丈所'是也……《三蒼》:'似蛟而大。'《周書·王會》:'會稽以鼉。'注:'其皮可以冠鼓。'《中山經》:'江水多鼉。'《詩·靈臺》:'鼉鼓逢逢。'傳:'魚屬。'《夏小正》:'剥鱓。'以'鱓'爲之。"《集韻·戈韻》:"鼉,或作'鱓'。"《字彙補·黽部》:"鼍,即'鼉'字。"《史記·太史公自序》:"少康之子,實賓南海,文身斷髪,黿鱓與處。"南朝宋劉敬叔《異苑》卷八:"街卒夜見一丈夫行造護軍府,府在建陽門內,街卒呵問,答曰:'我華督造府。'徑沿西墻而入。街卒以其犯夜邀擊之,乃變爲鼉。察其所出入處,甚瑩滑,通府中池,池先有鼉窟,歲久因能爲魅,殺之乃絕。"

〔推源〕 此二詞俱有猛義,爲單聲所載之公共義。聲符字"單"所記錄語詞與猛義不相涉,其猛義乃單聲所載之語源義。單聲可載猛義,"烈"可證之。

單:端紐元部;

烈:來紐月部。

端來旁紐,元月對轉。"烈",火勢猛,虛化引申爲猛烈義。《說文·火部》:"烈,火猛也。"清朱駿聲《通訓定聲》:"《廣雅·釋詁二》:'烈,暴也。'《詩·生民》:'載燔載烈。'……《孟子》:'益烈山澤而焚之。'注:'爇也。'"《廣韻·薛韻》:"烈,猛也。"《孟子·萬章下》:"《康誥》曰:'殺越人于貨,閔不畏死,凡民罔不譈。'……於今爲烈,如之何其受之?"唯"烈"有猛義,故有"猛烈"之同義聯合式合成詞。《書·舜典》"烈風雷風弗迷"唐孔穎達疏:"言舜居大録之時,陰陽和,風雨時,無此猛烈之風。"

(1904)岬禪(孤單義)

岬 《玉篇》《廣韻》皆云"岬孤"爲山名,當爲孤山之名。亦指孤單之山。《集韻·寒韻》:"岬,山孤者曰岬。"

禪 單衣,即衣一層,孤單無裡者。《説文·衣部》:"禪,衣不重。从衣,單聲。"清朱駿聲《通訓定聲》:"《釋名·釋衣服》:'無裡曰禪。'《禮記·玉藻》:'禪爲絅。'注:'有衣裳而無裡。'《方言》四:'禪衣,江淮南楚之間謂之襌。'又'汗襦或謂之禪襦。'"《廣韻·寒韻》:"禪,禪衣。"《樂府詩集·横吹曲辭·捉搦歌》:"誰家女子能行步,反著祫禪後裙露。"

〔推源〕 此二詞俱有孤單義,爲單聲所載之公共義。聲符字"單"所記録語詞之顯性語義與孤單義不相涉,其孤單義乃單聲所載之語源義。"單"字單用本可表孤單義。《廣韻·寒韻》:"單,單複也。"《正字通·口部》:"單,孤也。"清朱駿聲《説文通訓定聲·乾部》:"單,〔假借〕又爲'禪'。《荀子·正名》:'單足以喻則單。'注:'物之單名也。'《禮記·間傳》注:'單,獨也。'《儒行》:'庶人單衣。'《漢書·枚乘傳》注:'單,一也。'"按,未必爲"禪"字之借。單聲可載孤單義,則"斷"可證之。"單""斷"同音。"斷",截斷。物截斷則分離,分離則爲孤單者。故截斷、孤單二義相通。《説文·斤部》:"斷,截也。从斤,从㡭。"清朱駿聲《通訓定聲》:"《易·繫辭》:'斷木爲杵。'……《莊子·逍遙遊》:'斷髮文身。'〔假借〕爲'段'。《公羊莊廿四傳》:'斷脩云乎。'"按,非假借,乃引申,物斷則有成段者,故"斷"虚化爲量詞。《墨子·備梯》:"伐裾之法,大小盡本斷之,以十尺爲斷。"又"斷山"謂孤獨不與他山相連山,"斷石"亦謂孤獨之石,其例不一而足。

730 黑聲

(1905)默纆墨穆䵶(黑義)

默 黑闇。清朱駿聲《説文通訓定聲·頤部》:"默,〔假借〕爲'黑'。《廣雅·釋器》:'默,黑也。'……《楚語》:'三年默以思道。'注:'諒闇也。'……《莊子·在宥》:'至道之極,昏昏默默。'"按,"默"之本義《説文》訓"犬暫逐人",即犬不吠而逐人義,故引申爲静默義,且爲其基本義。静默即無聲,黑闇謂無光,二義相通,故"默"之黑闇義非假借者,乃衍義。唐鄭還古《博异志·張遵言》:"遵言與僕等隱大樹下,於時昏晦,默無所覩。"又,"默佑""默記""默許""默寓"等之"默"皆暗義。

纆　木工所用繩,沾墨而黑者。字亦作"繂"。《説文·糸部》:"纆,索也。从糸,黑聲。"清段玉裁注:"今字从墨。"清朱駿聲《通訓定聲》:"字亦作'繂'……《仲尼弟子傳》:'罕父黑,字子索。'以'黑'爲之。"《廣韻·德韻》:"纆,索也。"沈兼士《聲系》:"《説文》作'纆'。"唐韓愈《送區弘南歸》:"我念前人譬葑菲,落以斧引以纆徽。"宋朱熹注:"纆徽謂木工所用之繩墨也。"按,其物徽歙人稱"墨繩",即墨斗中之繩,木工用以取直。

墨　黑色顔料,引申爲黑色義。《説文·土部》:"墨,書墨也。从土,从黑,黑亦聲。"清朱駿聲《通訓定聲》:"《白虎通·五刑》:'墨者,墨其額也。'《周禮·司刑》:'墨罪五百。'注:'黥也,先刻其面,以墨窒之。'〔假借〕爲'黑'。《廣雅·釋器》:'墨,黑也。'……《孟子》:'面深墨。'又《儀禮·士昏禮》:'乘墨車。'注:'漆車。'《釋名·釋車》:'漆之正黑,無文飾,大夫所乘也。'"按,墨本黑色物,其黑義乃虚化引申義,非假借者。杭州方言有"墨墨黑"之三字格派生詞,猶"漆漆黑"。

穤　禾稼傷於雨生黑斑。《廣韻·海韻》及《代韻》:"穤,禾傷雨。"又《隊韻》:"穤,禾傷雨,則生黑斑也。"《列子·黄帝》"肌色皯黣"唐殷敬順《釋文》:"黣,《埤蒼》作'穤',謂禾傷雨而生黑斑也。"按,"黣"即霉爛字,後世作"霉","黣""霉"均從每字。物霉爛則發黑,字作"黣",則其黑義益顯。《字彙補·黑部》:"黣,《六書索隱》:'與黴同。'"《説文·黑部》:"黴,中久雨青黑。"清朱駿聲《通訓定聲》:"字亦作'敗'、作'穤'、作'黣'。《廣雅·釋詁三》:'黴、穤,敗也。'《釋器》:'黴、穤,黑也。'《埤蒼》:'穤,禾傷雨而生黑斑點也。'……俗字作'霉'。"清蒲松齡《日用俗字·莊農章》:"幸少烏穤穖桃穀,高粱不蜺始周全。"

䎖　耳之黑斑。《廣韻·没韻》:"䎖,耳黧。"唐慧琳《一切經音義》卷七引漢服虔《通俗文》:"斑黑黧。"亦指污垢,污垢亦黑色物。《字彙·耳部》:"䎖,濁垢也。"

〔推源〕　諸詞俱有黑義,爲黑聲所載之公共義。聲符字"黑"所記録語詞之本義及基本義即黑色。《説文·黑部》:"黑,火所熏之色也。從炎上出囪。囪,古窗字。"清朱駿聲《通訓定聲》:"按,謂竈突也,會意。《易·説卦》:'坤爲黑。'《考工》:'畫繢之事北方謂之黑。'《素問·氣交變大論》:'黑氣廼辱。'注:'水氣也。'《風論》:'其色黑。'注:'腎色也。'……《大荒東經》:'有黑齒之國。'注:'齒如漆也。'《漢書·賈誼傳》:'廑如黑子之著面。'注:'今所謂黶子也。'"按,古者以五色、五方、五臟、五行相對應,北方屬水,腎主水,水之色黑,故有"北方謂之黑""水氣""腎色"之訓。本條諸詞之黑義爲其聲符"黑"所載之顯性語義。黑聲可載黑義,則"烏"可證之。

黑:曉紐職部;

烏:影紐魚部。

曉影鄰紐,職魚旁對轉。"烏",烏鴉,通體黑色之鳥,知反哺,故稱"孝鳥"。《説文·烏部》:"烏,孝鳥也。象形。"清朱駿聲《通訓定聲》:"《小爾雅·廣鳥》:'純黑而反哺者謂之烏,小而腹下白不反哺者謂之鴉烏,白項而羣飛者謂之燕烏。'……《周禮·羅氏》:'掌羅烏鳥。'注:'謂卑居鵲之屬。'《射鳥氏》:'以弓矢敺烏鳶。'注:'烏鳶善鈔盜便汙人。'"引申爲黑色義。《古今韻會舉要·虞韻》:"烏,黑色曰烏。"《三國志·魏志·鄧艾傳》:"值歲凶旱,艾爲區種,身被烏衣,手執耒耜,以率將士。"《南史·隱逸傳上·孔淳之》:"敬弘以女適淳之子尚,遂以烏羊繫所乘車轅,提壺爲禮……或怪其如此,答曰:'固亦農夫田父之禮也。'"唯"烏"有黑義,故有"烏黑"之同義聯合式合成詞。清和邦額《夜譚隨録·秕襪》:"夜間果見一物,通體烏黑。"

731 無聲

(1906) 蕪膴廡(盛、大義)

蕪 荒蕪,引申爲草茂盛義。《説文·艸部》:"蕪,薉也。从艸,無聲。"清朱駿聲《通訓定聲》:"《周語》:'田疇荒蕪。'注:'穢也。'《孟子》:'土地荒蕪。'〔假借〕爲'橆'。《爾雅·釋詁》:'蕪,豐也。'"按,凡荒蕪之地則雜草叢生,二義相成相因,無煩假借。南朝梁沈約《憫衰草賦》:"園庭漸蕪没,霜露日霑衣。"南朝齊謝朓《遊後園賦》:"上蕪蕪以蔭景,下田田兮被谷。"

膴 大塊肉,虛化引申爲大、盛義。《集韻·虞韻》:"膴,肉大臠。"又《模韻》:"膴,大也。"清朱駿聲《説文通訓定聲·豫部》:"《周禮·臘人》……後鄭注:'大者戴之大臠,膴者魚之反覆,膴又詁曰大,二者同矣。則是膴亦脄肉大臠。'按,膴者魚、肉皆有,鄭謂借爲'幠',訓'大'是也。《儀禮·公食禮》:'士羞庶羞皆有大。'注:'膴大也。'《籩人》:'膴鮑魚鱐。'注:'膴脄生魚爲大臠。'《儀禮·有司徹》:'皆加膴祭于其上。'注:'讀如尃,刳魚時割其腹以爲大臠也。'〔轉注〕《詩·節南山》:'則無膴仕。'傳:'厚也。'"清王闓運《湘潭縣志序》:"維縣既建,民蕃物膴。"按,"膴"即盛義。

廡 堂下周屋,引申之則指大屋,又引申爲盛義。《説文·广部》:"廡,堂下周屋。从广,無聲。"清朱駿聲《通訓定聲》:"謂屋于堂之四匋者。《漢書·竇嬰傳》:'所賜金陳廊廡下。'注:'門屋也。'《召信臣傳》:'覆以屋廡。'《蜀都賦》:'千廡萬屋。'〔轉注〕《廣雅·釋室》:'舍也。'《釋名》:'大屋曰廡。'……《管子·國蓄》:'夫以室廡籍謂之毁成。'注:'大曰廡。'〔假借〕爲'橆'。《晉語》:'不能蕃廡。'《東京賦》:'草木蕃廡。'注:'盛也。'"按,盛義、大義相通,無煩假借。

〔**推源**〕 諸詞俱有盛、大義,爲無聲所載之公共義。無聲字"幠"亦可以假借字形式表大義,則亦爲無聲與盛、大義相關聯之一證。《方言》卷一:"幠,大也。東齊海岱之間曰奔,或曰幠。"《廣韻·模韻》:"幠,大也。"清朱駿聲《説文通訓定聲·豫部》:"幠,〔轉注〕《爾雅·釋詁》:'大也。'"按,朱氏所云"轉注"即引申。"幠"字,所記録語詞之本義爲覆蓋,與大義不相屬。其大義乃無所載之假借義。《詩·小雅·巧言》："無罪無辜,亂如此憮。"漢毛亨傳："憮,大也。"按,本條"蕪""膴""嫵"之聲符"無"所記錄語詞本謂無有。《説文·亾部》："橆,亡也。从亡,無聲。无,奇字无。通於元者。王育説,天屈西北爲无。"清朱駿聲《通訓定聲》:"《易經》'無'字皆作'无'。《左襄廿七傳》:'有棠无咎。'今隸作'無'。"按,"無"又爲"蕪"之初文。《楚辭·九辯》:"塊獨守此無澤兮,仰浮雲而永嘆。"清吴楚《説文染指·釋无無》:"其實'無'即荒蕪本字,無與荒等也。荒本大荒之荒,草木雖豐盛而未加治理則財用未兴,故又爲虛荒之荒。"按,"無"謂无有,田地荒蕪則禾稼无有,故荒蕪字本以"無"爲之；荒蕪之地則雜草叢生而茂盛,故"蕪"又有盛、大之衍義。無聲可載盛、大義,則母聲可相爲證。母聲字所記錄語詞"每"有茂盛義,"拇""苺"俱有大義。見本典第三卷"母聲"第 582、581 條。無聲、母聲本相近且相通。

無：明紐魚部；

母：明紐之部。

雙聲,魚之旁轉,音僅微殊。

(1907) 膴瞴舞嫵（美好義）

膴 土地肥美。《玉篇·肉部》："膴,土地腴美。"《廣韻·麌韻》："膴,土地腴美膴膴然也。"清朱駿聲《説文通訓定聲·豫部》："膴,〔假借〕又爲'橅'。《詩·緜》:'周原膴膴。'傳:'美也。'《韓詩》以'腜'爲之。亦重言形況字。"今按,"膴"字从肉,土地豐腴則如肉之肥腴,所謂比喻引申,非假借。唐辯機《〈大唐西域記〉贊》："降生故基,與川原而膴膴；潛靈舊址,對郊阜而茫茫。"唐劉禹錫《連州刺史廳壁記》："原鮮而膴,卉物柔澤。"

瞴 美目,亦泛指美好。《集韻·支韻》："瞴,美目皃。"清朱駿聲《説文通訓定聲·豫部》："瞴,〔假借〕爲'嫵'。《廣雅·釋詁一》:'好也。'"按,"瞴"之本義《説文》訓"瞴婁,微視",然其字从目,表美目義,爲套用字,美好義則爲虛化引申義,非假借。

舞 舞蹈,動作之美觀者。《説文·舛部》："舞,樂也。用足相背,从舛,無聲。翌,古文舞从羽、亡。"清朱駿聲《通訓定聲》："古文从羽,亡聲,亡、無一聲之轉。按,樂容也。字亦作'儛'。《禮記·樂記》:'舞,動其容也。'《左隱五傳》:'夫舞所以節八音而行八風。'《白虎通·禮樂》:'舞者象功。'《周禮·司干》:'掌舞器。'"

嫵 嫵媚,美好。《説文·女部》："嫵,媚也。从女,無聲。"清朱駿聲《通訓定聲》："俗字作'娬'。《通俗文》:'頰輔妍美曰媚嫵。'《史記·司馬相如傳》:'嫵媚姌嫋。'《廣雅·釋詁一》:'好也。'"《廣韻·麌韻》："嫵,嫵媚。"《新唐書·魏徵傳》："帝大笑曰:'人言徵舉動疏慢,我但見其嫵媚耳。'"按,"嫵"亦單用。宋陳允平《掃花遊·雷峰落照》："愛蓮香送晚,翠嬌紅嫵。"然則"嫵"與"媚"本可分訓,"嫵媚"爲同義聯合式合成詞。又,朱氏所引漢服虔《通俗文》之"媚嫵"與"嫵媚"互爲同素逆序詞。宋陸游《携瘦樽醉梅花下》："楠癭作樽容斗許,臃腫輪困元媚嫵。"

〔推源〕 諸詞俱有美好義，爲無聲所載之公共義。無声字"憮"亦可以假借字形式表美好義。清朱駿聲《說文通訓定聲・豫部》："憮，〔假借〕爲'嫵'。《漢書・張敞傳》：'長安中傳張京兆眉憮。'"按，朱說可從。"憮"字从心，所記錄語詞《說文》訓"愛"，又訓"不動"，皆與美好義不相屬，其美好義乃假借義。本條諸詞記錄文字之聲符"無"與美好義亦不相涉，其美好義乃無聲所載之語源義。無聲可載美好義，則"妙"可證之。

無：明紐魚部；

妙：明紐宵部。

雙聲，魚宵旁轉。"妙"，美好。《廣雅・釋詁一》："妙，好也。"《廣韻・笑韻》："妙，好也。"《漢書・外戚傳上・孝武帝李夫人》："平陽主因言延年有女弟，上乃召見之，實妙麗善舞。"《晉書・王接傳》："竊見處士王接，岐嶷儁异，十三而孤，居喪盡禮，學過目而知，義觸類而長，斯玉鉉之妙味，經世之徽猷也。"唯"妙"有美義，故有"美妙"之同義聯合式合成詞。三國魏劉劭《人物志・八觀》："微忽必識，妙也；美好不昧，疎也。"

(1908) 譕墲（謀劃義）

譕 議謀，謀劃。《集韻・模韻》："謨，古作'譕'。"《說文・言部》："謨，議謀也。"南唐徐鍇《繫傳》："慮一事，畫一計爲謀，汎議將定，其謀曰謨。"清朱駿聲《通訓定聲》："字亦作'暮'、作'譕'。《書序》：'皋陶矢厥謨。'……《左襄廿一傳》：'聖有謩勳。'《孟子》：'謨蓋都君。'《管子・形勢》：'譕臣者。'注：'爲天下計者，謂之譕臣。'"

墲 規劃墓地。《廣韻・模韻》："墲，規墓地也。"又："規墓地曰墲。"清朱駿聲《說文通訓定聲・豫部・附〈說文〉不錄之字》："墲，《方言》十三：'凡葬而無墳謂之墓，所以墓謂之墲。'注：'墲，謂規度墓地也，《漢書》曰初陵之墲是也。'則即奭字、模字、橅字。"按，郭璞所引爲《劉向傳》文，其"墲"字異文作"橅"，唐顏師古注云："橅，音規摹之摹。"

〔推源〕 此二詞俱有謀劃義，爲無聲所載之公共義。聲符字"無"所記錄語詞與謀劃義不相涉，其謀劃義乃無聲所載之語源義。無聲可載謀劃義，"謀"可證之。

無：明紐魚部；

謀：明紐之部。

雙聲，魚之旁轉。"謀"，謀劃。《說文・言部》："謀，慮難曰謀。"清朱駿聲《通訓定聲》："《廣雅・釋詁四》：'謀，議也。'《書・洪範》：'聰作謀。'《左襄四傳》：'咨難爲謀。'《魯語》：'咨事爲謀。'《詩・皇華》：'周爰咨謀。'傳：'咨事之難易爲謀。'《春秋說題辭》：'在事爲詩，未發爲謀。'"

(1909) 珷蕪（惡義）

珷 惡玉。《說文・玉部》："珷，三采玉也。从玉，無聲。"清朱駿聲《通訓定聲》："按，當訓玉之亞者。《周禮·弁師》故書：'諸公之冕，璑玉三采。'司農注：'璑，惡玉名。'謂以璑雜玉，備三采，天子則純玉，備五采。今作'瑁'。"《廣韻·虞韻》："璑，三采玉。"《集韻·真韻》："珉，或作'瑉'。"《說文》同部："珉，石之美者。"《山海經·中山經》："岐山……其陰多白珉。"晉郭璞注："石似玉者。"朱氏所引《周禮》文清孫詒讓《正義》："凡經典，石之似玉者多通稱玉，非必真玉也，注云惡者，玉之惡者即石之美者。"

蕪 田地荒蕪。已荒蕪之田地即田地之惡者。清徐灝《説文解字注箋·艸部》："蕪，豐蕪與蕪薉兼美惡二義。"唐劉知幾《史通·表曆》："文尚簡要，語惡煩蕪，何必款曲重沓，方稱周備。"按，語煩蕪則惡，二義相成相因。《宋史·李之純傳》："御史周尹劾廣西提點刑獄許彥先受邕吏金，命之純往究其端，乃起於出婢之口。之純以爲蕪俚之言，不治。"按，"蕪俚之言"即粗惡之言。

〔推源〕 此二詞俱有惡義，爲無聲所載之公共義。聲符字"無"爲"蕪"之初文，"蕪"謂荒蕪，本與惡義相通。無聲可載惡義，則"劣"可證之。

無：明紐魚部；
劣：來紐月部。

明、來二紐分別爲鼻音、邊音，依王力先生《同源字論》説二者亦爲鄰紐，魚月通轉。"劣"，弱。《説文·力部》："劣，弱也。从力，少聲。"清段玉裁注："會意。"清朱駿聲《通訓定聲》："从力、少，會意。《廣雅·釋言》：'鄙也。'"按，許慎所訓之本義有其文獻實用例。漢王充《論衡·效力》："秦漢之事，儒生不見，力劣不能覽也。"今語"劣勢"即弱勢。《廣雅》所訓即粗劣義，爲引申義。又引申爲惡劣義。漢王充《論衡·儒增》："夫德劣故用兵，犯法故施刑。"清昭槤《嘯亭雜録·察下情》："後王將陛見，其僕預辭去。王問何故。僕曰：'汝數年無大咎，吾亦入京面聖，以爲汝先容地。'始知爲侍衛某，上遣以偵王劣蹟也。"唯"劣"有惡義，故有"惡劣"之同義聯合式合成詞。元馬致遠《陳摶高卧》第一折："此人雖是性子惡劣，倒也有些慷慨粗直。"

(1910) 幠/蓋（覆蓋義）

幠 覆蓋。《説文·巾部》："幠，覆也。从巾，無聲。"清朱駿聲《通訓定聲》："《儀禮·士喪禮》：'幠用斂衾。'《既夕》：'幠用夷衾。'"按，所引《儀禮》文漢鄭玄注："幠，覆也。"清王士禛《誥封淑人伊母何氏墓誌銘》："卒則含歛陳幠皆如禮。"

蓋 苫，覆蓋物。《説文·艸部》："蓋，苫也。"《左傳·襄公十四年》："乃祖吾離被苫蓋，蒙荊棘，以來歸我先君。"晉杜預注："蓋，苫之別名。"引申爲覆蓋義。《玉篇·皿部》："蓋，掩也，覆也。"《淮南子·説林訓》："日月欲明而浮雲蓋之。"漢高誘注："蓋，猶蔽也。"《玉臺新詠·古詩爲焦仲卿妻作》："枝枝相覆蓋，葉葉相交通。"

〔推源〕 此二詞俱有覆蓋義，其音亦相近且相通。

幠：曉紐魚部；

蓋：見紐月部。

曉見旁紐，魚月通轉。則其語源當同。

732 毳聲

（1911）脆/輭（軟義）

脆 柔軟。《説文·肉部》："脆，臡易破也。从肉，毳聲。"清朱駿聲《通訓定聲》："《老子》河上本：'其脆易泮。'《七發》：'温淳甘脆。'字或以'毳'爲之。"《廣韻·薛韻》："脆，臡而易破。"又《祭韻》："脆，同'胞'。"《説文·同部》："胞，小臡易斷也。"朱氏《通訓定聲》："即'脆'之古文……俗誤作'脆'。《廣韻·釋詁一》：'脆，弱也。'"《吕氏春秋·順民》："有甘脆不足分，弗敢食。"北周庾信《竹杖賦》："寒關悽愴，羈旅悲凉，疏毛抵於矰繳，脆骨被於風霜。"

輭 軟硬字，後世作"軟"。《廣韻·獮韻》："輭，柔也。軟，俗。"清朱駿聲《説文通訓定聲·乾部》："《後漢·明帝紀》：'輭輪。'注：'以蒲裹輪。'……俗作'軟'。"唐杜甫《大雲寺贊公房四首》之二："細輭青絲履，光明白氎巾。"宋張耒《春日遣興》："日烘煙柳輭於絲，桃李成塵緑滿枝。"

〔推源〕 此二詞俱有軟義，其音亦相近且相通。

脆：清紐月部；

輭：日紐元部。

清日鄰紐，月元對轉。則其語源當同。其"脆"字从毳得聲，声符字"毳"所記録語詞謂鳥獸細毛，本有柔軟義。《説文·毳部》："毳，獸細毛也。从三毛。"清朱駿聲《通訓定聲》："《字林》：'毳，細羊毛也。'今蘇俗謂之底絨。《周禮·掌皮》：'共其毳毛爲氈。'《内饔》：'牛冷毛而毳。'"然則"脆"之柔軟義爲其聲符"毳"所載之顯性語義。

（1912）窆/穿（穿義）

窆 穿地爲墓。《説文·穴部》："窆，穿地也。从穴，毳聲。《周禮》曰：'大喪甫窆。'"清朱駿聲《通訓定聲》："《小爾雅·廣名》：'壙謂之窆。'……《(周禮)量人》：'掌喪祭奠窆之俎實。'《司烜氏》：'則爲明窆焉。'"《廣韻·線韻》："窆，穿也。"又《祭韻》："窆，葬穿壙也。"引申爲孔、洞義。《文選·顔延之〈宋郊祀歌〉》："月窆來賓，日際奉土。"唐吕延濟注："窆，窟也。"宋洪邁《夷堅志丁·琉璃瓶》："以鐵固鼓腹之窆，使極窄，即敲環入窆中。"

穿 穿透。《説文·穴部》："穿，通也。从牙在穴中。"清朱駿聲《通訓定聲》："《詩·行露》：'何以穿我墉？'《論語》：'其猶穿窬之盗也歟！'孔注：'穿，穿壁也。'"引申爲孔、洞義，則其引申蹟迹同"窡",所謂同步引申。《廣韻·仙韻》:"穿,孔也。"《史記·田敬仲完世家》:"豨膏棘軸,所以爲滑也,然而不能運方穿。"唐司馬貞《索隱》:"然而穿孔若方,則不能運轉。"

〔推源〕 此二詞俱有穿義,又俱有孔、洞之衍義,其音亦相近且相通。

窡:清紐月部;

穿:昌紐元部。

清昌(三等即穿)準雙聲,月元對轉。則其語源當同。

733 喬聲

(1913)蹻趫驕撟鐈憍嶠鷮鐈鱎鱎嶠馨盍(高、長、大義)

蹻 脚舉高。《説文·足部》:"蹻,舉足行高也。从足,喬聲。《詩》曰:'小子蹻蹻。'"清朱駿聲《通訓定聲》:"按,足舉小高,今多以'翹'爲之。《漢書·高帝紀》:'亡可蹻足而待也。'《長楊賦》:'莫不蹻足抗首。'《素問·鍼解》:'巨虚者蹻足。'"按,所引《長楊賦》文選本唐李善注:"蹻,舉足也。"

趫 善於登高。《説文·走部》:"趫,善緣木走之才。从走,喬聲。讀若王子蹻。"《廣韻·宵韻》:"趫,善走,又緣木也。"《文選·張衡〈西京賦〉》:"非都盧之輕趫,孰能超而究升。"唐李善注:"《太康地志》曰:'都盧國,其人善緣高。'《説文》曰:'趫,善緣木之士也。'"所引《説文》説與大徐本稍異。明劉基《伐寄生賦》:"乃募趫捷,腰斧鑿升其巔。"

驕 馬高大。《説文·馬部》:"驕,馬高六尺爲驕。从馬,喬聲。《詩》曰:'我馬唯驕。'"《廣韻·宵韻》:"驕,馬高六尺。"按,即所謂高頭大馬。引申爲驕傲義,驕傲即自高自大。元戴侗《六書故·動物一》:"驕,引之則爲驕矜。"清朱駿聲《説文通訓定聲·小部》:"驕,《禮記·少儀》:'諫而無驕。'注:'謂言行謀從恃知而慢也。'《左隱三傳》:'驕奢淫泆。'注:'謂恃己淩物。'《孝經》:'在上不驕。'鄭注:'無禮爲驕。'《後漢·袁紹傳》:'恃衆憑彊謂之驕。'"

撟 舉手。舉之則高,故引申爲舉高義。《説文·手部》:"撟,舉手也。从手,喬聲。"清朱駿聲《通訓定聲》:"《爾雅·釋獸》:'人曰撟。'謂人體倦飢,輒欠伸手以自適。〔假借〕又爲'喬'。《甘泉賦》:'仰撟首以高視兮。'"按,非假借,乃引申。《史記·扁鵲倉公列傳》:"中庶子聞扁鵲言,目眩然而不瞚,舌撟然而不下。"

鐈 長足鼎。長足即高腳。《説文·金部》:"鐈,似鼎而長足。从金,喬聲。"清朱駿聲《通訓定聲》:"《廣雅·釋器》:'鐈,釜也。'"按,鼎亦可爲炊具,與釜同。《廣韻·宵部》:"鐈,似鼎長足。"《正字通·金部》:"鐈,《博古圖》文王、子父二鼎皆鐈屬。"

憍 驕傲,自高自大。《廣韻·宵韻》:"憍,恣也。本亦作'驕'。"按,驕傲義當以"憍"爲

· 1521 ·

正字,以"驕"爲之,乃取其引申義。清朱駿聲《説文通訓定聲·小部》:"《公羊襄十九傳》:'爲其僑蹇。'《莊子·達生》:'方虛憍而恃氣。'司馬注:'憍,高仰頭也。'《廣雅·釋詁三》:'憍,傷也。'"《廣韻·真韻》:"傷,相輕慢也。"《戰國策·魏策一》:"君予之地,知伯必憍,憍而輕敵,鄰國懼而相親。"按,"高仰頭"爲其引申義。

稿 禾抽穗,長高。《玉篇·禾部》:"稿,禾長也。"《廣韻·宵韻》:"稿,禾秀。"《詩·大雅·生民》"實發實秀"宋朱熹《集注》:"秀,始稼也。"《書·禹貢》"二百里納銍"僞孔傳"銍刈謂禾穗"唐陸德明《釋文》:"穗,亦作'穟'。"

鷮 長尾雉。《説文·鳥部》:"鷮,走鳴長尾雉也。乘輿以爲防釴,著馬頭上。从鳥,喬聲。"清朱駿聲《通訓定聲》:"《詩·車舝》:'有集維鷮。'《中山經》:'女几之山,其鳥多白鷮。'注:'似雉,長尾,走且鳴。'《西京賦》:'遊鷮高翬。'……釴有三孔,插雉尾,在馬鬣後。"按,所引《西京賦》文選本唐李善注:"雉之健者爲鷮,尾長六尺。"《廣韻·宵韻》:"鷮,似雉而小,走鳴,長尾。"《隋書·五行志上》:"雀乳於空城之側,鷮飛於鼎耳之上。"

籥 大管。《爾雅·釋樂》:"大管謂之籥。"清郝懿行《義疏》:"大管聲高大,故曰籥。籥者,高也。"《廣韻·宵韻》:"籥,大管名也。"

鱎 白魚,體長者。《廣韻·宵韻》:"鱎,白魚別名。"明胡世安《異魚圖讚補·白魚》:"《一統志》:'白魚,出雲南北勝州陳海,狀如鯉而色白。又淮水出白魚,和州出淮白魚。'……《本草》亦作'鮑'。一名鱎魚。白者,色也。喬者,頭尾向上也。劉翰云:'生江湖中,頭昂大者,長六七尺。'"清徐珂《清稗類鈔·動物類》:"白魚,一名鱎,古稱陽鱎,長者三四尺。"

觺 角高。《廣韻·小韻》:"觺,角長。"漢揚雄《太玄·格》:"上九,郭其目,觺其角,不庳其體,撲。測曰:郭目觺角,還自傷也。"宋司馬光《集注》引唐王涯語:"觺角,高其角也。"

嶠 山鋭而高。其字亦作左形右聲。《爾雅·釋山》:"鋭而高,嶠。"《廣韻·宵韻》:"嶠,亦作'嶠',山鋭而高。"又《笑韻》:"嶠,山鋭而高。"《淮南子·泰族訓》:"《詩》云:'懷柔百神,及河嶠岳。'"南朝齊謝朓《登山曲》:"升嶠既小魯,登巒且悵齊。"

馨 大磬。《廣韻·宵韻》:"馨,大磬也。《爾雅》注云:'形如犂錧,以玉石爲之。'"清朱駿聲《説文通訓定聲·小部·附〈説文〉不録之字》:"馨,〔聲訓〕《爾雅》孫注:'馨,喬也;喬,高也,謂其聲高也。'"唐韓愈、李正封《晚秋郾城夜會聯句》:"歿廟配鎛鋞,生堂合馨鏽。"

盉 高脚器皿。《廣韻·宵韻》:"盉,盂也。"清朱駿聲《説文通訓定聲·小部·附〈説文〉不録之字》:"盉,《方言》十三:'椀謂之盉。'《廣雅·釋器》:'盉,盂也。'今蘇俗有手籌子,似某而高足,表裹皆桼赤,盛乾果以祀神。"按,稱"椀""盂",乃以宛聲、于聲載圓義,其高脚者稱"盉",則以喬聲載高義。

〔推源〕 諸詞俱有高、長、大義,爲喬聲所載之公共義。聲符字"喬"所記録語詞本有高大義。《説文·夭部》:"喬,高而曲也。从夭,从高省。《詩》曰:'南有喬木。'"清朱駿聲《通訓定聲》:"按,高亦聲。一宋本作'高省聲'。《禹貢》:'厥木惟喬。'傳:'高也。'〔轉注〕《詩·時邁》:'及河喬岳。'《列子·湯問》:'喬山之重壟也。'"《廣韻·宵韻》:"喬,高也。"南朝梁沈約《新安江至清淺深見底貽京邑遊好詩》:"千仞寫喬樹,百丈見游鱗。"明文徵明《鐵柯記》:"嘗觀於松柏喬喬千尺,貫四時不改柯易葉。"然則本條諸詞之高、長、大義爲其聲符"喬"所載之顯性語義。喬聲可載高、長、大義,則"高"可證之。

喬:群紐宵部;
高:見紐宵部。

叠韻,群見旁紐。"高",高低字,本義即高,上下距離大。《說文·高部》:"高,崇也。象臺觀高之形。从冂、口,與倉、舍同意。"清朱駿聲《通訓定聲》:"《廣雅·釋詁一》:'高,上也。'又'遠也。'《易·說卦》傳:'巽爲高。'《禮記·樂記》:'窮高極遠,而測深厚。'"按,高義、長義相通,縱曰高,橫曰長。又人之生命時間長稱"年高""高壽",亦稱"年長""長壽"。凡物高則大,故"高"又有"大"之衍義。《戰國策·齊策一》:"家敦而富,志高而揚。"漢高誘注:"高,大也。"《文選·王粲〈登樓賦〉》:"冀王道之一平兮,假高衢而騁力。"唐李善注:"高衢,謂大道也。"複音詞、多音詞則有"高大""高高大大",詞根"高"與"大"蓋亦同義聯合。

(1914)敽橋鐈繑(連接義)

敽 繫連,連接。《說文·攴部》:"敽,繫連也。从攴,喬聲。"清朱駿聲《通訓定聲》:"《書·柴誓》:'敽乃干。'鄭注:'猶繫也。'"明方以智《東西均·顛倒》:"必敕甲胾,敽戈鋋。"

橋 河梁,架於河上連接兩岸之物。《說文·木部》:"橋,水梁也。从木,喬聲。"清朱駿聲《通訓定聲》:"駢木爲之者,獨木者曰杠。"《廣韻·宵韻》:"橋,水梁也。"《墨子·備城門》:"斷城以板橋,邪穿外,以板次之。"清孫詒讓《閒詁》:"連板爲橋,架之城塹,以便往來。"《南齊書·東昏侯紀》:"猶不能足,下揚、南徐二州橋桁塘埭丁計功爲直,歛取見錢,供太樂主衣雜費。"

鐈 抓釘,連接二縫或置於轉角處連接物之兩側者。"鐈"本指鼎,見前條;指抓釘,則爲套用字。清朱駿聲《說文通訓定聲·小部》:"鐈,〔轉音〕《急就章》二十葉錾、鐎、鋤、銚、鐈。"按,朱氏所引書第十三章"鐈"字唐顔師古注:"鐈者,以鐵有所輔助,若橋梁之形也。"其物或呈片狀。明方以智《通雅·器用·車類》:"以鐵片合兩頭木縫錮之,亦曰鉗,亦曰鐈。師古曰……此謂兩縫或轉角處,以鐵片兩頭鉤釘之耳。"

繑 套褲上的帶子,連接之物。《說文·糸部》:"繑,絝紐也。从糸,喬聲。"《管子·輕重戊》:"魯梁郭中之民,道路揚塵,十步不相見,絏繑而踵相隨。"

〔推源〕 諸詞俱有連接義,爲喬聲所載之公共義。聲符字"喬"所記錄語詞之本義、引申義系列與連接義不相涉,其連接義乃喬聲所載之語源義。喬聲可載連接義,則"膠"可證之。

喬：群紐宵部；

膠：見紐幽部。

群見旁紐，宵幽旁轉。"膠"，黏性物質。《説文·肉部》："膠，昵也，作之以皮。"清朱駿聲《通訓定聲》："按，亦以角爲之。《考工·弓人》：'膠也者，以爲和也。'……又雙聲連語。《漢書·司馬相如傳》：'襍遝膠輵以方馳。'注：'猶交加也。'"按，所引《漢書》之"膠輵"即相交錯、連接義。"膠"單用本有黏着之衍義，黏着則二物相連接。《莊子·逍遥遊》："覆杯水于坳堂之上，則芥爲之舟。置杯焉則膠，水淺而舟大也。"宋何薳《春渚紀聞·丹陽化銅》："須臾，銅中惡類如鐵屎者膠著鍋面，以消石攪之，傾槽中真是爛銀。"

(1915) 矯撟(糾正義)

矯 正矢之器，引申爲糾正義。《説文·矢部》："矯，揉箭箝也。从矢，喬聲。"清朱駿聲《通訓定聲》："《淮南·本經》：'矯枉以爲直。'《漢書·嚴安傳》：'矯箭控弦。'〔轉注〕《莊子·天下》：'以繩墨自矯。'……《荀子·性惡》：'以矯飾人之情性而正之。'"《漢書·成帝紀》："民彌惰怠，鄉本者少，趨末者衆，將何以矯之？"唐顔師古注："矯，正也。"按，複音詞有"矯正"，蓋爲同義聯合而成者。

撟 糾正。清朱駿聲《説文通訓定聲·小部》："撟，〔假借〕爲'矯'。《漢書·諸侯王表》：'可謂撟枉過其正矣。'"按，"撟"之本義《説文》訓"舉手"，然其字从手，表糾正義，無煩假借，乃套用字。《漢書·燕剌王劉旦傳》："方今寡人欲撟邪防非，章聞揚和，撫慰百姓，移風易俗。"唐顔師古注："撟，正也。"

〔推源〕 此二詞俱有糾正義，爲喬聲所載之公共義。聲符字"喬"所記録語詞之本義、引申義系列與糾正義不相涉，其糾正義乃喬聲所載之語源義。喬聲可載糾正義，"糾"可證之。

喬：群紐宵部；

糾：見紐幽部。

群見旁紐，宵幽旁轉。"糾"，糾正。清朱駿聲《説文通訓定聲·孚部》："糾，《(周禮)大司馬》：'以糾邦國。'注：'猶正也。'"《管子·侈靡》："君子者勉於糾人者，非見糾者也。"《廣韻·黝韻》："糾，俗作'糺'。"《左傳·昭公二十年》："仲尼曰：'善哉，政寬則民慢，慢則糾之以猛，猛則民殘，殘則施之以寬。'"

734　集聲

(1916) 襍緝(混合義)

襍 五彩相合，引申爲混合、聚集。《説文·衣部》："襍，五彩相合。从衣，集聲。"清朱駿聲《通訓定聲》:"今隸作'雜'。《廣雅·釋詁三》:'襍,聚也。'……《儀禮·士冠禮》:'襍裳。'注:'前元(玄)後黃'。〔轉注〕《易·繫辭》傳:'六爻相襍。'虞注:'陰陽錯居爲襍。'《襍卦》傳孟注:'亂也。'《廣雅·釋詁四》:'襍,廁也。'《楚辭·招魂》:'來襍陳些。'注:'廁也。'《南都賦》:'被服襍錯。'注:'非一也。'"按,字亦作"雦""㦲"。

緝　混合,混雜。《說文·糸部》:"緝,合也。从糸,从集。"清段玉裁注:"衆絲之合曰緝,如《衣部》五采相合曰襍也。"清朱駿聲《通訓定聲》:"从糸,集聲。〔假借〕爲'襍'。《吳都賦》:'緝賄紛紜。'注:'蠻夷貨名也。'非是。"按,"緝"爲蠻夷貨總名不誤,乃"緝"之引申義,非假借。《廣韻·葉韻》:"緝,合也,遠方物也。"又《緝韻》:"緝,合也,又蠻夷貨名。"按,蠻夷貨謂百貨,各種物相混合者。

〔推源〕　此二詞俱有混合義,爲集聲所載之公共義。聲符字"集"本作"雧",所記錄語詞謂群鳥聚集於木上,故引申爲聚集、混合義。《說文·雥部》:"雧,群鳥在木上也。集,雧或省。"清朱駿聲《通訓定聲》:"《詩·鴇羽》:'集于苞栩。'傳:'止也。'《小旻》:'予又集于蓼。'箋:'會也。'《晉語》:'人皆集于苑,己獨集于枯。'……《漢書·東方朔傳》:'集上書囊,以爲殿帷。'注:'謂合聚也。'"然則本條二詞之混合義爲其聲符"集"所載之顯性語義。集聲可載混合義,則"萃"可證之。

集:從紐緝部;
萃:從紐物部。

雙聲,緝物通轉。"萃",草叢生,故引申爲聚集、混合義。《說文·艸部》:"萃,艸皃。"清朱駿聲《通訓定聲》:"艸聚皃。〔轉注〕《易·序卦》傳:'萃者,聚也。'《左昭七傳》:'萃淵藪。'……《小爾雅·廣言》:'萃,集也。'《詩·墓門》:'有鴞萃止。'《長門賦》:'翡翠脅翼而來萃兮。'"

(1917) 磼/岑(高義)

磼　山高峻貌。字或从山,作"嶨"。《玉篇·石部》:"磼,磼磼,高也。"《集韻·緝韻》:"嶨,嶨嶫,山皃。"《史記·司馬相如列傳》:"嵯峨磼礏,刻削崢嶸。"唐司馬貞《索隱》:"磼礏,《埤蒼》云:'高皃也。'"按,"磼礏"異文作"嶨嶫"。又疑"巣"爲"嶨"之或體。《古文苑·黃香〈九宮賦〉》:"戴巣岌而帶繚繞,曳陶匏以委蛇。"宋章樵注:"巣岌,冠巍峨貌。"

岑　山高,引申爲高。《說文·山部》:"岑,山小而高。"清朱駿聲《通訓定聲》:"《爾雅·釋山》:'山小而高,岑。'《方言》十二:'岑,高也。'《孟子》:'可使高于岑樓。'注:'岑樓,山之銳嶺者。'按,謂山之層疊似樓也……《思玄賦》:'飲青岑之玉醴兮。'注:'上高曰岑。'……《南都賦》:'幽谷嶜岑。'注:'高峻之皃。'"

〔推源〕　此二詞俱有高義,其音亦相近且相通。

礁：從紐緝部；
岑：崇紐侵部。

從崇(牀)準雙聲,緝侵對轉。則其語源當同。

735 雋聲

(1918) 鐫/鑽(鑽入義)

鐫 破木器,鑽入木中使破之物,引申爲鑿、雕刻等義,實皆即鑽入義。《説文·金部》:"鐫,穿木鐫也。从金,雋聲。一曰琢石也。讀若瀸。"清段玉裁注:"謂破木之器曰鐫也。"清朱駿聲《通訓定聲》:"字亦作'鋑'。《廣雅·釋言》:'鐫,鑿也。'〔轉注〕《方言》二:'鐫,栎也。'《淮南·本經》:'鐫山石。'注:'猶鑿也。'《漢書·异姓諸侯王表》:'鐫金石者難爲功。'《溝洫志》:'可鐫廣之。'〔聲訓〕《釋名·釋用器》:'鐫,鐏也,有所鐏入也。'"按,《説文》同部"鐏"篆訓"柲下桐",謂戈柄下端圓形金屬套,可鑽入地中而耐磨者,所謂"鐏入"即鑽入。《廣韻·仙韻》:"鐫,鑿也。鋑,上同。"《正字通·金部》:"鑽,俗'鑽'字。"

鑽 穿孔工具,即鑽入他物使穿之器。《説文·金部》:"鑽,所以穿也。"清朱駿聲《通訓定聲》:"《方言》九:'鑽謂之鍴。'《魯語》:'其次用鑽笮。'注:'臏刑也。'〔轉注〕《爾雅·釋木》:'櫰棃曰鑽之。'按防有蟲于孔,鑽視之也。又《荀子·王制》:'鑽龜陳卦。'注:'以火爇荆垂灼之也。'"按,所謂"臏刑"即鑽去臏骨之刑,所引《爾雅》文之"鑽"亦爲鑽入義,爲其直接引申義。

〔推源〕 此二詞俱有鑽入義,其音亦同,精紐雙聲,元部叠韻,則其語源當同。其"鐫"字從雋得聲,聲符字"雋"從隹,所記録語詞謂鳥肉肥美。《説文·隹部》:"雋,肥肉也。从弓所以射隹。"清朱駿聲《通訓定聲》:"按,野鳥之味雋永而美。"《廣韻·獮韻》:"雋,鳥肥也。"亦泛指動物肉味美。宋周密《癸辛雜識續集·駝峰》:"駝峰之雋,列於八珍。"然則本與鑽入義不相涉,其鑽入義乃雋聲所載之語源義。

(1919) 儁/峻(高義)

儁 才能高超。字亦作"俊"。《玉篇·人部》:"儁,同'俊'。"《廣韻·稕韻》:"儁,智過千人曰儁。俊,上同。"《説文·人部》:"俊,材千人也。"清朱駿聲《通訓定聲》:"字亦作'儁'。《春秋繁露·爵國》:'十人者曰豪,百人者曰傑,千人者曰俊,萬人者曰英。'……《左莊十一傳》:'得儁曰克。'《昭十二傳》:'其以中儁也。'"《文子·上禮》:"智過萬人者謂之英,千人者謂之儁,百人者謂之傑,十人者謂之豪。"《管子·立政》:"凡孝悌忠信,賢良儁材,若在長家子弟臣妾屬役賓客,則什伍以復於游宗。"按,有"寯"字,亦從雋聲。《玉篇·宀部》:"寯,才雋也。"《廣韻·稕韻》:"寯,人中最才。"所訓實亦"儁"之義。

峻 高。《説文·山部》:"陖,高也。从山,陵聲。峻,陖或省。"清朱駿聲《通訓定聲》:

"《小爾雅·廣詁》:'峻,高也。'《晉語》:'高山峻原。'注:'峻,峭也。'……《禮記·孔子閒居》:'峻極于天。'注:'高大也。'……《左傳》:'垂不峻。'注:'高也。'"按,唯"峻"之義爲高,故有"高峻"之同義聯合式合成詞。北魏酈道元《水經注·沁水》:"山甚高峻,上平坦,下有二泉,東濁西清。"

〔推源〕 此二詞俱有高義,其音亦相近且相通。

雋:精紐文部;
峻:心紐文部。

叠韻,精心旁紐,則其語源當同。

736　焦聲

(1920) 樵燋礁(焚燒義)

樵 柴薪,引申爲焚燒義。《説文·木部》:"樵,散也。从木,焦聲。"清朱駿聲《通訓定聲》:"散木也……《詩·白華》:'樵彼桑薪。'……《漢書·揚雄傳》:'樵蒸焜上。'注:'木薪也。'〔轉注〕《公羊桓七傳》:'樵之者何?以火攻也。'注:'以樵焚之,故因謂之樵之。樵人,齊人語。'"按,《説文》同部"柴"篆訓"散木小柴"。古有所謂"樵室",即焚薪以溫室而取暖。《管子·輕重乙》:"教民樵室鑽燧,墐竈泄井,所以壽民也。"馬非百新詮:"樵謂以火溫之。"

燋 引火柴。《説文·火部》:"燋,所以然持火也。从火,焦聲。"清朱駿聲《通訓定聲》:"《周禮·華氏》:'掌共燋契,以待卜事。'《禮記·少儀》:'執燭抱燋。'燋者,以苣爲之,卜龜先以明火然燋,以爇楚焞,以楚焞鑽灼龜而作其兆。凡執之曰燭,未爇曰燋,大者樹于地曰燎。"引申爲焚燒義。漢班固《白虎通·五行》:"火相金成,其火燋金。"《魏書·張玄靖傳》:"御史房屋柱自燃燋折。"

礁 礁石,露出水面之巖石,亦指煤焦,爲套用字。煤焦則如柴薪,可焚燒之物。明方以智《物理小識·金石類·煤炭石墨》:"煤則各處産之,臭者燒鎔而閉之成石,再鑿而入爐曰礁,可五日不絕火,煎卅(礦)煮石,殊爲省力。"

〔推源〕 諸詞俱有焚燒義,爲焦聲所載之公共義。聲符字"焦"所記録語詞謂燒焦。《説文·火部》:"雥,火所傷也。从火,雥聲。隻,或省。"清朱駿聲《通訓定聲》:"《廣雅·釋器》:'焦,臭也。'《禮記·内則》:'濡炙之舉焦。'《月令》:'其臭焦。'《素問》注:'凡氣因火變則爲焦。'《吕覽·應言》:'少洎之則焦而不熟。'注:'燥也。'"然則本條諸詞之焚燒義爲其聲符"焦"所載之顯性語義。焦聲可載焚燒義,則"燒"可證之。

焦:精紐宵部;
燒:書紐宵部。

叠韻,精書(審三)鄰紐。"燒",焚燒字。《説文·火部》:"燒,爇也。"清朱駿聲《通訓定聲》:"《禮記·内則》:'雛燒。'注:'燒煙於火中也。'《管子·輕重甲》:'齊之北澤燒火。'注:'獵而行火曰燒。'〔聲訓〕《釋名·釋喪制》:'死于火者曰燒,燒,燋也。'"

(1921) 顦憔燋潐灑醮(乾枯義)

顦 顦顇,面部乾枯無光澤。《説文·頁部》:"顦,顦顇也。从頁,焦聲。"清朱駿聲《通訓定聲》:"此字大徐補入《説文》,爲十九文之一……按,即'醮'之或體。"按,朱説可從。《説文·面部》醮篆訓"面焦枯小",構件"頁""面"所表義類同。《廣韻·宵韻》:"憔,憔悴,瘦也。顦,上同。"今按,"顦""憔"俱有憔悴義不誤,然二者非異體字。"憔"字從心,所記録語詞有憂義,憂則形容憔悴,二義相成相因。"顦"則直謂容色憔悴。漢禰衡《鸚鵡賦》:"音聲悽以激揚,容貌慘以顦顇。"唐白居易《感鏡》:"今朝一拂拭,自照顦顇容。"按,《説文》同部"顇"篆亦訓"顦顇",南唐徐鍇《繫傳》云:"《楚詞》曰:'形容顦顇。'勞苦見於面。"

憔 憔悴,枯瘦,上述《廣韻》所訓即此義。《國語·吴語》:"使吾甲兵鈍弊,民日離落而日以憔悴,然後安受吾燼。"三國吴韋昭注:"憔悴,瘦病也。"亦指物枯萎。漢班固《白虎通·五行》:"木不見水則憔悴也。"漢焦贛《易林·需之否》:"毛羽憔悴,志如死灰。"

燋 有焚燒義,見前條,引申爲傷於火、乾枯義。《廣韻·蕭韻》:"燋,傷火。"《西京雜記》卷二:"雷震南山,大木數千株,皆火燃至末,其下數十畝地,草皆燋黄。"《新唐書·隱逸傳·孫思邈》:"奔則喘乏,竭則燋槁,發乎面,動乎形。"

潐 水盡,乾枯。《説文·水部》:"潐,盡也。从水,焦聲。"清段玉裁注:"《荀卿書》:'其誰能以己之潐潐,受人之掝掝者哉。'楊倞注:'潐,盡也,潐潐謂窮盡明於事,猶《楚辭》之'察察'。"《玉篇·水部》:"潐,水盡也。"按,此當爲本義。《廣韻·笑韻》:"潐,盡也。"

灑 濾酒,使酒渣乾枯而取其酒液。《説文·水部》:"灑,釃酒也。一曰浚也。从网,从水,焦聲。讀若《夏書》'天用勦絶'。"清朱駿聲《通訓定聲》:"《廣雅·釋詁二》:'灑,盝也。'"清段玉裁注:"義可兩兼。"按,段説可從。《説文》同部"浚"篆訓"杼",即抱取義,酒經濾則可抱取。《廣雅·釋詁二》"浚"亦訓"盝",清王念孫《疏證》云:"謂漉取之也。"《玉篇·水部》:"灑,釃酒也。"《廣韻·小韻》:"灑,盝酒。"

醮 飲酒盡,即乾枯義。《説文·酉部》:"醮,冠娶禮祭。从酉,焦聲。禭,醮或从示。"清朱駿聲《通訓定聲》:"酌而無酬酢曰醮。《儀禮·士冠禮》:'若不禮則醮用酒。'《禮記·昏義》:'父親醮子而命之迎。'〔假借〕爲'潐'。《爾雅·釋水》:'水醮曰厬。'《荀子·禮論》:'利爵之不醮也。'注:'盡也。'"今按,"醮"謂飲酒盡,即俗所云"乾杯""喝乾"義,指水乾涸及盡義無煩假借,乃引申。又,朱氏所引《禮記·昏義》文唐孔穎達疏:"受爵者飲而盡之,又不反相酬酢,直醮盡而已,故稱醮也。"按,"醮"當有尊敬意,今俗有"先乾爲敬"之語。錢玄《三禮名物通釋·飲食之禮》:"酌而無酬酢者,用醴曰'醴',用酒曰'醮'。均爲尊者對卑者之禮。"

〔推源〕 諸詞俱有乾枯義,爲焦聲所載之公共義。聲符字"焦"所記録語詞之本義爲燒焦,物燒焦則乾枯,其義本相通,故"焦"有乾枯之衍義。《墨子·非攻下》:"日月不時,寒暑雜至,五穀焦死。"宋曾鞏《諸寺院謝雨文》:"果獲滂沱之澤,大蘇焦旱之田。"唯"焦"有乾枯義,故有"焦枯"之同義聯合式合成詞。漢王充《論衡·説日》:"堯時十日並出,萬物焦枯。"然則本條諸詞之乾枯義爲其聲符"焦"所載之顯性語義。焦聲可載乾枯義,"燥"可證之。

焦:精紐宵部;

燥:心紐宵部。

疊韻,精心旁紐,音僅微殊。"燥",乾枯,枯燥。《説文·火部》:"燥,乾也。"清朱駿聲《通訓定聲》:"《易·文言》傳:'火就燥。'《詩·汝墳》釋文:'楚人名火曰燥。'"《左傳·襄公三十一年》:"賓至如歸,無寧菑患;不畏寇盜,而亦不患燥濕。"《晉書·庾翼傳》:"又山南諸城,每至秋冬,水多燥涸,運漕用功,實爲艱阻。"

(1922) 鷦糕醮僬癄(小義)

鷦 體長約三寸之小鳥。《方言》卷八:"桑飛,自關而東謂之工爵,或謂之過鸁,或謂之女鷗。"晉郭璞注:"桑飛,即鷦鷯也。又名鷦䳟、女鷗,今亦名爲巧婦,江東呼爲布母。"其字《説文·鳥部》作左形右聲,訓"䳗䳟,桃蟲也"。清朱駿聲《通訓定聲》:"亦曰鷦鷯,曰桃雀,曰工雀,曰巧婦,曰桑飛,曰鷦鸎,鳥之始小後大者。《莊子·逍遥游》:'鷦鷯巢于深林。'"《廣韻·宵韻》:"鷦,鷦鷯,小鳥。"清王念孫《廣雅疏證·釋鳥》:"鷦䳟者,鷦鷯之轉聲。鷦䳟、鷦鷯,皆小貌也。"按,清程瑶田《果鸁轉語記》亦收録"鷦鷯",此文所收之詞俱有圓義,鷦鷯體極小,故其觀感爲圓形。晉張華《鷦鷯賦·序》:"鷦鷯,小鳥也,生於蒿萊之間,長於藩籬之下,翔集尋常之内,而生生之理足矣。"

糕 早收的穀,小穀。《説文·米部》:"糕,早取穀也。从米,焦聲。一曰小。"清段玉裁注:"謂穀之小者。"清朱駿聲《通訓定聲》:"謂先熟而取之,其米縮斂者。字亦作'穛'……《禮記·内則》:'稻穛。'注:'生獲曰穛。'"《廣韻·覺韻》:"穛,早熟穀。糕,上同。"按,《説文》所訓實爲一義,早取之穀未長足,乾則縮小。朱氏所引《禮記·内則》文唐孔穎達疏:"穛是斂縮之名,明以生獲,故其物縮斂也。"

醮 面焦枯小,蓋即面部憔悴,瘦削而小之義。《説文·面部》:"醮,面焦枯小也。从面、焦。"南唐徐鍇《繫傳》:"从面,焦聲。"清朱駿聲《通訓定聲》:"从面、焦會意,焦亦聲。"清王筠《句讀》:"枯者血不華色也,小者氣不充體也。"《廣韻·宵韻》:"醮,面醮枯也。"又《笑韻》:"醮,面不光。"章炳麟《變法箴言》:"志果憂天下,宜醮領竭思,斟酌西法,則而行之,展布四體,以冀毫毛之益。"

僬 僬僥,矮小之人。《廣韻·宵韻》:"僬,義見'僥'字。"《蕭韻》:"僥,僬僥,國名,人長一尺五寸,一云,三尺。"《説文·人部》:"僥,南方有焦僥人,長三尺,短之極。"清朱駿聲《通訓定聲》:"《列子·湯問》:'從中州以東四十萬里,得僬僥國。'《大荒南經》:'有小人,名曰焦僥之國,幾姓嘉穀是食。'《海外南經》:'焦僥國在三首東。'注引《詩含神霧》:'人長尺五寸。'《魯語》:'僬僥氏長三尺。'注:'西南夷之別名。'"

瘄 縮小,萎縮。《廣雅·釋詁三》:"瘄,縮也。"《廣韻·效韻》:"瘄,縮也,小也。亦作'疢'。"清朱駿聲《說文通訓定聲·孚部》:"《(漢書)禮樂志》:'是以纖微瘄瘁之音作。'注:'謂減縮也。''瘄'亦即'摮'字。"按,當從《廣韻》説,"瘄"同"疢",《玉篇》《廣韻》"疢"訓"縮小"。《説文·手部》"摮"訓"束",即束縛義。晉傅玄《傅子·正心》:"秦之魋君……口窮天下之味,宮室造天而起,萬國爲之瘄瘁,猶未足以逞其欲。"

〔推源〕 諸詞俱有小義,爲焦聲所載之公共義。聲符字"焦"所記録語詞謂燒焦,凡物燒焦則縮小,其義當相通。焦聲可載小義,則"小"可證之。

焦:精紐宵部;
小:心紐宵部。

疊韻,精心旁紐。"小",大小字,見本卷"尞聲"第1877條"推源"欄。

737 奧聲

(1923) 燠澳塢隩隩(内中義)

燠 熱在中。《説文·火部》:"燠,熱在中也。从火,奧聲。"清朱駿聲《通訓定聲》:"《爾雅·釋言》:'燠,煖也。'《書·洪範》:'曰燠。'傳:'火氣也。'《詩·無衣》:'安且燠兮。'傳:'煖也。'《禮記·内則》:'問衣燠寒。'《釋文》:'暖也。'《楚辭·天問》:'烏何燠之?'注:'温也。'"清王筠《句讀》:"云在中者,蓋主《詩》'不如子之衣,安且燠兮'爲説,衣之燠所以燠其身也。"按,"燠"有悶熱之義,與許慎"熱在中"説合。《周書·王褒傳》:"江南燠熱,橘柚冬青;渭北沍寒,楊榆晚葉。"按,江南之地多濕、風輕,濕熱而無風則悶熱。又古者稱暖室爲"燠館",則"燠"亦"熱在中"義。《新唐書·裴度傳》:"午橋作別墅,其燠館涼臺,號緑野堂。"

澳 水邊地之内中者。《説文·水部》:"澳,隈厓也。其内曰澳,其外曰隈。从水,奧聲。"清朱駿聲《通訓定聲》:"《廣雅·釋丘》:'澳,厓也。'《禮記·大學》:'瞻彼淇澳。'注:'隈厓也。'"《文選·顔延之〈始安郡還都與張湘州登巴陵城樓作〉》:"清氛霽岳陽,曾暉薄瀾澳。"唐李善注:"澳,隈也。"引申之,亦指水深處,水深處即水之内中。《廣韻·屋韻》:"澳,水内曰澳。"南朝梁何遜《七召》:"至深潭之澳溟,有洞室之穿崇。"

塢 可定居之地。《説文·土部》:"塢,四方土可居也。从土,奧聲。"清朱駿聲《通訓定聲》:"《漢書·地理志》:'四奧既宅。'注:'奧讀曰塢。'"《玉篇·土部》:"塢,四方之土可居。《夏書》曰:'四塢既宅。'"魯迅《祝福》:"倘許給本村人,財禮就不多,惟獨肯嫁進深山野塢裹去的女人少,所以她就到手了八十千。"今按,"塢"即凹曲而處内中之地。凡山區、丘陵地帶建屋定居、聚衆成村,皆在山凹處,故舊時每皆有水口廟,又村莊之名多有帶"墺"字者。居於"墺"則可避風。

隩 水涯深曲處。《説文·阜部》:"隩,水隈崖也。从阜,奥聲。"清朱駿聲《通訓定聲》:"《爾雅·釋丘》:'厓内爲隩,外爲鞫。'〔假借〕爲'奥'。《莊子·天下》:'其塗隩矣。'李注:'深也。'又爲'墺'。《東京賦》:'掩觀九隩。'注:'九州之内也。'"按,皆非假借,乃引申。《文選·班固〈西都賦〉》:"防禦之阻,則天地之隩區焉。"唐吕延濟注:"隩,猶深險也。"

膮 藏肉。《廣韻·號韻》及《晧韻》:"膮,藏肉。"按唐段成式《酉陽雜俎·酒食》有"膮肉、胖肉"法,所謂藏肉,即置肉於器皿之内中。"膮"所記録之詞存乎語言,唯其字或以"奥"爲之。北魏賈思勰《齊民要術·作脾、奥、糟、苞》:"作奥肉法:先養宿猪令肥,臘月中殺之。攀訖,以火燒之令黄,用暖水梳洗之,削刮令浄,刳去五藏。"

〔推源〕 諸詞俱有内中義,爲奥聲所載之公共義。聲符字"奥"所記録語詞謂室内西南隅,本有内中、深之衍義。《説文·宀部》:"奥,宛也,室之西南隅。从宀,羑聲。"清朱駿聲《通訓定聲》:"即牖下也,室中幽深之處……《爾雅·釋宫》:'西南隅謂之奥。'《論語》:'與其媚於奥。'孔注:'内也。'《禮記·曲禮》:'居不主奥。'〔轉注〕《廣雅·釋詁四》:'奥,藏也。'《左昭十三傳》:'國有奥主。'疏:'内也。'……《周語》:'野無奥草。'注:'深也。'《書序》:'雅誥奥義。'《釋文》:'深也。'"然則本條諸詞之内中義爲其聲符"奥"所載之顯性語義。奥聲可載内中義,則"坳"可證之。

奥:影紐覺部;

坳:影紐幽部。

雙聲,覺幽對轉。"坳",地之凹下處,實即内中義。《廣韻·肴韻》:"坳,地不平也。"《集韻·爻韻》:"坳,地窊下也。"《説文·穴部》:"窊,污衺下也。"《廣韻·禡韻》:"窊,下處也。"《莊子·逍遥遊》:"覆杯水於坳堂之上,則芥爲之舟。"按,"坳"與"窊"同義,故有"坳窊"之複音詞。宋蘇軾《丙子重九》:"惟有黄茆浪,堆壟生坳窊。"

(1924) 薁鯽(小義)

薁 野葡萄,果實小者。亦指郁李,其形亦較李而小。《説文·艸部》:"薁,嬰薁也。从艸,奥聲。"清朱駿聲《通訓定聲》:"《廣雅·釋草》:'燕薁,蘡舌也。'《詩·七月》:'六月食鬱及薁。'傳:'蘡薁也。'……蓋蒲萄之屬,亦堪作酒……謝靈運《山居賦》:'野有蔓草,獵涉蘡薁。'〔假借〕託名標識字。《上林賦》:'隱夫薁棣。'注:'山棃也。'《漢書》注:'即今之郁李也。'《詩·七月》疏:'蘡薁者亦是鬱類,而小别耳。'引《晉宫閣銘》:'華林園有車下李,有薁李。車下李即鬱,薁李即薁,二者相類,而同時熟。'按,此木屬,亦名爵梅,亦名雀李,皆《詩》之'鬱',非《詩》之'薁'也。"按"薁"即郁李,爲引申。明李時珍《本草綱目·果部·蘡薁》:"蘡薁野生林墅間,亦可插植。蔓、葉、花、實與葡萄無异。其實小而圓,色不甚紫也。《詩》

云'六月食薁'即此。"

鱮 小鯈。《玉篇·魚部》:"鱮,小鯈也。"《廣韻·號韻》:"鱮,小鯈名。"明李時珍《本草綱目·鱗部·鯈魚》:"〔釋名〕泥鰍。鰼魚。時珍曰:按陸佃云,鯈性酋健,好動善伏,故名。小者名鱮魚。〔集解〕海蟳生海中,極大。江鯈生江中,長七八寸。泥鯈生湖池,最小,長三四寸,沈於泥中,狀微似鱓而小鋭首,肉身青黑色無鱗,以涎自染,滑疾難握,與他魚牝牡,故《莊子》云:'鯈與魚游。'生沙中者微有文采。"按清李調元《然犀志·鯈》説略同。《説文·魚部》:"鯈,鰼也。"清朱駿聲《通訓定聲》:"字亦作'鰍'。《爾雅·釋魚》:'鰼,鯈。'注:'今泥鯈。'"

〔推源〕 此二義俱有小義,爲奥聲所載之公共義。聲符字"奥"所記録語詞之本義、引申義系列與小義不相涉,其小義乃奥聲所載之語源義。奥聲可載小義,則"幼"可證之。

奥:影紐覺部;

幼:影紐幽部。

雙聲,覺幽對轉。"幼",幼小。《説文·幺部》:"幼,少也。"清朱駿聲《通訓定聲》:"小也……《爾雅·釋言》:'幼,穉也。'《釋名·釋長幼》:'幼,少也,言生日少也。'《禮記·曲禮》:'人生十年曰幼。'"按,所引《爾雅》文宋邢昺疏:"穉,年小也。"北齊顔之推《顔氏家訓·養生》:"幼小之日,既有供養之勤。成立之年,便增妻孥之累。"

(1925) 燠襖(温暖義)

燠 熱在中,有内中義,見前第1923條,亦有温暖義。南朝齊王巾《頭陀寺碑文》:"桂深冬燠,松踈夏寒。"唐白居易《潯陽三題·湓浦竹》:"潯陽十月天,天氣仍温燠。"按,深秋、初冬季節氣温或尚高,徽歙人有"九月重陽夏,十月小陽春"之諺。

襖 袍襖,衣之温暖者。《廣韻·晧韻》:"襖,袍襖。"五代馬縞《中華古今注·官人披襖子》:"蓋袍之遺象也。漢文帝以立冬日賜官侍承恩者及百官披襖子,多以五色繡羅爲之,或以錦爲之,始有其名。煬帝宫中有雲鶴金銀泥披襖子,則天以赭黄羅上銀泥襖子以燕居。"亦指皮襖,皮襖起源則更早。《説文新附·衣部》:"襖,裘屬。从衣,奥聲。"《説文·裘部》:"裘,皮衣也。"《舊唐書·輿服志》:"爰至北齊,有長帽短靴,合袴襖子,朱紫玄黄,各任所好。"清曹雪芹《紅樓夢》第五十一回:"披了我的皮襖再去,仔細冷着。"按,"襖"亦有以棉花爲之者。皮襖、棉襖皆最温暖之衣。清文康《兒女英雄傳》第十四回:"莊門開處,走出一個人來,約有四十餘歲年紀,頭戴窄沿秋帽,穿一件元青縐綢棉襖。"

〔推源〕 此二詞俱有温暖義,爲奥聲所載之公共義。聲符字"奥"單用本可表温暖義。清朱駿聲《説文通訓定聲·孚部》:"奥,〔假借〕又爲'燠'。《詩·小明》:'日月方奥。'《老子》:'道者萬物之奥。'釋文:'暖也。'"按,所引《詩·小雅·小明》文漢毛亨傳:"奥,煖也。"《漢書·李尋傳》:"其月土濕奥,恐後有雷電之變。"唐顔師古注:"奥,温也。"按"奥"本謂室之西南隅,處於内中而避風者,此當與温暖義相通,"奥"表温暖義無煩假借。奥聲可載温暖義,則"煦"可證之。

奥:影紐覺部;
煦:曉紐侯部。

影曉鄰紐,覺侯旁對轉。"煦",溫暖。《説文·火部》:"煦,烝也。一曰赤皃。一曰溫潤也。"清段玉裁注:"煦,蓋日出之赤色。"清朱駿聲《通訓定聲》:"《方言》七:'煦、煆,熱也。'〔假借〕爲'昫'。《韓詩章句》:'煦,暖也。'《太玄·釋》:'閪煦釋。'"按,熱義、溫暖義相通,程度有差別而已。"赤皃""溫潤"皆與"烝"義相通。"烝"謂日出,所謂"蒸蒸日上"。日始出則溫暖,溫暖爲其本義,無煩假借。《説文·日部》:"昫,日出温也。"則"煦"字之結構許慎云"從火,昫聲",而實當爲從火、從昫,昫亦聲。朱氏所引《太玄·釋》文晉范望注:"煦,暖也,謂陽氣溫暖,萬物咸税枯解甲,而生於太陽之中也。"《廣韻·麌韻》:"煦,溫也。"唐元稹《酬樂天雪中見寄》:"敲扶密竹枝猶亞,煦暖寒禽氣漸蘇。"按"煦暖"即同義聯合式合成詞。

738 御聲

(1926) 禦籞(禁止義)

禦 祭祀以祈防災,引申爲防止、禁止義。《説文·示部》:"禦,祀也。從示,御聲。"元戴侗《六書故·天文下》:"禦,祀以禦祲也。"按,"祲"即災害。《廣韻·霽韻》:"祲,妖氣。"《逸周書·世俘解》:"戊辰,王遂禦。"《廣韻·語韻》:"禦,禁也,止也。"清朱駿聲《説文通訓定聲·豫部》:"禦,《爾雅·釋言》:'禦,禁也。'〔假借〕爲'御'。《廣雅·釋詁三》:'禦,止也。'《周禮·司寤氏》:'禦晨行者。'《左昭四傳》:'雹可禦乎?'《論語》:'禦人以口給。'《孟子》:'孰能禦之?'"按,當爲引申,非假借。

籞 禁苑,禁止閑人出入之地。字亦作"籅"。《説文·竹部》:"籞,禁苑也。從竹,御聲。《春秋傳》曰:'澤之目籞。'"清朱駿聲《通訓定聲》:"字亦作'籅'。《後漢·章帝紀》注:'折竹以繩懸連之,使人不得往來,謂之籅。'《樊儵傳》注:'於池苑中,以竹綿聯之爲禁籅也。'《漢書·宣帝紀》:'詔池籅未御幸者假與貧民。'服注:'籅,在池水中作室,可以棲鳥,鳥入則捕之。'"《廣韻·語韻》:"籞,籅,上同。"宋佚名《鬼董·郝隨女》:"舍人偕女入一廢祠,旋化爲城郭,臺觀池籞,侈麗不可名。"

〔推源〕 此二詞俱有禁止義,爲御聲所載之公共義。聲符字"御"所記錄語詞之本義爲駕馭車馬。《説文·彳部》:"御,使馬也。從彳,從卸。馭,古文御從又,從馬。"清朱駿聲《通訓定聲》:"《詩·車攻》:'徒御不驚。'《周禮·大司徒》:'禮、樂、射、御、書、數。'"按,駕馭車馬本寓控制之義,故引申爲治理、禁止、阻止等義。《孫子·謀攻》:"將能而君不御者勝。"睡虎地秦墓竹簡《田律》:"百姓居田舍者毋敢酤酉,田嗇夫、部佐謹禁御之,有不從令者有罪。"

然則本條二詞之禁止義爲其聲符"御"所載之顯性語義。御聲可載禁止義,則"圄"可證之。"御""圄"同音,疑紐雙聲,魚部疊韻。"圄",牢獄,禁止罪人行動之地,故引申爲禁止、阻止義。《説文·㚔部》:"圄,囹圄,所以拘罪人。从㚔,从口。"清朱駿聲《通訓定聲》:"夏曰均臺,殷曰羑里,周曰圜土,秦曰囹圄,漢曰若廬,魏曰司空。《爾雅·釋言》:'圄,禁也。'《周書·寶典》:'不圄我哉。'〔假借〕又爲'禦',實爲'御'……《太玄·疆》:'終莫之圄。'注:'止也。'"按,實爲引申之義,無煩假借。《管子·霸言》:"按彊助弱,圄暴止貧。"

739 復聲

(1927) 窖覆(覆蓋義)

窖 洞窟,外有覆蓋者。《説文·穴部》:"窖,地室也。从穴,復聲。《詩》曰:'陶窖陶穴。'"清朱駿聲《通訓定聲》:"毛本以'復'爲之。《淮南·氾論》:'古者民澤處複穴。'亦以'復'爲之。凡直穿曰穴,旁穿曰窖,地覆于上,故曰窖也。"《廣韻·屋韻》:"窖,地室。"《文選·馬融〈長笛賦〉》:"嶰壑澮㟪,峆崉巖窖。"清俞樾《右臺仙館筆記》卷十:"其夜大雪,守者寒甚,乃以蘆蓆覆尸,而自就窖穴中宿。"

覆 覆蓋字。《説文·襾部》:"覆,一曰蓋也。从襾,復聲。"清朱駿聲《通訓定聲》:"《禮記·檀弓》:'見若覆夏屋者矣。'注:'謂茨瓦也。'《爾雅》:'罦,覆車也。'孫注:'車网,可以掩兔。'"《廣韻·宥韻》:"覆,蓋也。"《詩·大雅·生民》:"誕寘之寒冰,鳥覆翼之。"宋朱熹《集注》:"覆,蓋。"

〔推源〕 此二詞俱有覆蓋義,爲復聲所載之公共義。聲符字"復"从彳,所記録語詞謂返回,凡以物覆蓋他物必倒其體,故引申爲覆蓋義。《説文·彳部》:"復,往來也。从彳,复聲。"清朱駿聲《通訓定聲》:"《易·復》:'反復其道。'〔聲訓〕《論語·學而》孔注:'復猶覆也。'"宋陸游《首春連陰》:"老嫗哭子那可聽,僵死不復黔妻衾。"然則本條二詞之覆蓋義爲其聲符"復"所載之顯性語義。復聲可載覆蓋義,則孚聲可相證。

復:並紐覺部;
孚:滂紐幽部。

並滂旁紐,覺幽對轉。孚聲字所記録語詞"孵""罦""桴"俱有覆蓋、遮擋義,見本典第四卷"孚聲"第927條。

740 須聲

(1928) 帣纓(束縛義)

帣 束髮帶。《廣韻·虞韻》:"帣,頭帣。"明李時珍《本草綱目·服器一·頭巾》:"束髮之帛曰帩,覆髮之巾曰幘。"宋高承《事物紀原·冠冕首飾·頭帩》:"《三儀實錄》曰:燧人時爲髻,但以髮相纏,而無物繫縛。至女媧之女,以羊毛爲繩,向後繫之。後世易之以絲及綵絹,名頭帩,繩之遺狀也。"宋朱熹《文公家禮·喪禮》:"布頭帩,用略細布一條長八寸爲之,以束髮根,而垂其餘於後。"宋洪邁《夷堅志補·余三乙》:"余從之,徙居臨安外沙,撲賣関帩箞掠。"

纃 束縛獸之前二足。《說文·糸部》:"纃,絆前兩足也。从糸,須聲。"清朱駿聲《通訓定聲》:"按,《莊子·馬蹄》司馬、向、崔本:'連之以羈纃'。《吳都賦》:'纃麋麖。'"按,所引《吳都賦》之"纃"異文作"縜",唐劉逵注:"縜,絆前兩足。"《廣韻·腫韻》及《麌韻》、《有韻》皆云:"纃,絆前兩足。"沈兼士《聲系》:"案'縜',内府本《王韻》作'纃'。"按,"縜"當爲"纃"之省,"縜"則爲"纃"之變。《集韻·腫韻》:"纃,獸前絆謂之纃。亦作'累',亦書作'縜'。"

〔推源〕 此二詞俱有束縛義,爲須聲所載之公共義。聲符字"須"所記錄語詞謂胡鬚。《說文·須部》:"須,面毛也。从頁,从彡。"清朱駿聲《通訓定聲》:"《禮記·禮運》疏引《說文》:'須,謂頤下之毛,象形。'按,頤下曰須,口上曰髭,頰旁曰髯。俗字作'鬚'……《左昭廿六傳》:'有君子白皙鬒須眉。'《漢書·高帝紀》:'美鬚髯。'〔轉注〕爲凡下乘之稱。《子虛賦》:'靡魚須之橈旃。'《吳都賦》:'旂魚須。'按,如魚尾之乘也。"按,朱氏所稱"轉注"即引申,"魚須"之"須"爲引申義,謂細而長呈須狀,非謂下垂。"帩"指束髮之物,其義即由此衍生。鬚狀物細而長,與束縛義相通。須聲可載束縛義,則"束"可證之。

須:心紐侯部;

束:書紐屋部。

心書(審三)準雙聲,侯屋對轉。"束",束縛。《說文·束部》:"束,縛也。"《詩·小雅·白華》:"白華菅兮,白茅束兮。"《史記·春申君列傳》:"父子老弱係脰束手爲群虜者相及於路。"按,《說文》以"縛"釋"束",二者可組成同義聯合式合成詞。《國語·齊語》:"莊公將殺管仲。齊使者請曰:'寡君欲以親爲戮……'於是莊公使束縛以予齊使,齊使受之而退。"

741 歙聲

(1929) 歙噏(收斂義)

歙 以鼻吸氣,引申爲收斂。《說文·欠部》:"歙,縮鼻也。从欠,歙聲。"清朱駿聲《通訓定聲》:"《淮南·本經》:'開闔張歙。'《精神》:'開閉張歙。'……又借爲'翕'。《後漢·張衡傳》:'我不忍以歙肩。'注:'斂也。'……《莊子·山木》:'則呼張歙之。'……《釋文》:'斂也。'"按,非假借,乃引申。漢桓寬《鹽鐵論·大論》:"口張而不歙,舉舌而不下。"唐元稹《唐故工部員外郎杜君墓誌銘並序》:"宋、齊之間,教失根本,士以簡慢、歙習、舒徐相尚,文章以風容、色澤、放曠、精清爲高。"

噏 吸飲,引申爲收斂。《廣韻·緝韻》:"吸,內息。噏,上同。"按"內息"謂吸氣入內,義亦相通。《廣雅·釋詁四》:"吸,飲也。"《漢書·揚雄傳上》:"噏清雲之流瑕兮,飲若木之露英。"《集韻·緝韻》:"歙,歛也。或作'噏'。"清朱駿聲《説文通訓定聲·臨部》:"《老子》河上本:'將欲噏之,必固張之。'"清魏源《默觚上·學篇十一》:"何以陰噏而陽呿,何以海涵而坤負歟?"

〔推源〕 此二詞俱有收斂義,爲翕聲所載之公共義。聲符字"翕"所記録語詞之本義即收斂、閉合。《説文·羽部》:"翕,起也。从羽,合聲。"清朱駿聲《通訓定聲》:"鳥將起,必先歛翼作勢。字亦作'翖',右形左聲。《夏小正》:'䗡之興,五日翕。'按,飛起也。傳:'合也。'失之。〔轉注〕《荀子·議兵》:'伐翕伐張。'注:'斂也。'《廣韻·緝韻》:"翕,歛也。"漢枚乘《七發》:"飛鳥聞之,翕翼而不能去。"然則本條二詞之收斂義爲其聲符"翕"所載之顯性語義。翕聲可載收斂義,則"合"可證之。

翕:曉紐緝部;

合:匣紐緝部。

疊韻,曉匣旁紐。"合",閉合,合攏,即收斂。《説文·亼部》:"合,合口也。从亼,从口。"《戰國策·燕策二》:"蚌方出曝,而鷸啄其肉,蚌合而拑其喙。"明李贄《史綱評要·唐紀·憲宗》:"武元衡合目矣。"按,《説文》所訓乃形體造意,口可合,故其字从口作。構件"亼"即古"集"字。又"翕"字本从合聲,故"合""翕"俱有收斂義。

742 番聲

(1930) 蕃䉤(衆多義)

蕃 茂盛,引申爲衆多。《説文·艸部》:"蕃,艸茂也。从艸,番聲。"清朱駿聲《通訓定聲》:"《書·洪範》:'庶草蕃廡。'傳:'滋也。'〔轉注〕《易·晉》:'用錫馬蕃庶。'《釋文》:'多也。'"《左傳·昭公二十八年》:"《鄭書》有之:'惡直醜正,實蕃有徒。'"楊伯峻注:"蕃,多也。"《漢書·董仲舒傳》:"民不樂生,尚不避死,安能避罪!此刑罰之所以蕃而姦邪不可勝者也。"

䉤 百合蒜,蒜瓣衆多者。其字亦作右形左聲。《説文·韭部》:"䉤,小蒜也。从韭,番聲。"清朱駿聲《通訓定聲》:"《南都賦》:'諸蔗薑䉤。'"清段玉裁注:"即《齊民要術》所云百子蒜。"《廣韻·元韻》:"䪹,百合蒜也。"《字彙補·韭部》:"䪹,與'䉤'同。"明李時珍《本草綱目·菜部·百合》:"百合之根,以衆瓣合成也……其根大如蒜,其味如山薯,故俗稱蒜腦薯。顧野王《玉篇》亦云䪹乃百合蒜也。"

〔推源〕 此二詞俱有衆多義,爲番聲所載之公共義。聲符字"番"所記録語詞謂獸足,其後起本字作"蹯"。"番"字从釆(辨)从田(獸掌)會意,獸足痕蹟可辨,蓋爲構形意圖。又,凡獸足之痕迹不一而足,所謂痕迹斑斑,此當與衆多義相通。故"番"字單用亦可表茂盛、衆多義。《說文·釆部》:"番,獸足謂之番。从釆,田象其掌。"清朱駿聲《通訓定聲》:"字又作'蹯'……《爾雅·釋獸》:'貍狐貒貈,醜其足蹯。'《廣雅·釋獸》:'蹯,足也。'《左宣六傳》:'宰夫腼熊蹯不熟。'……《白石神君碑》:'永永番昌。'《無極山碑》:'草木番茂。'"番聲可載衆多義,則"繁"可證之。

番:滂紐元部;
繁:並紐元部。

叠韻,滂並旁紐。"繁",其字之初文作"緐",謂馬髦飾,引申爲繁多、衆多義。《說文·糸部》:"緐,馬髦飾也。"清段玉裁注:"引伸爲緐多。又俗改其字作'繁'。"《小爾雅·廣詁》:"繁,多也。"《左傳·成公十七年》:"今衆繁而从余三年矣,無傷也。"晉杜預注:"繁,猶多也。"唯"繁"有多義,故有"繁多"之同義聯合式合成詞。宋司馬光《進〈資治通鑒〉表》:"每患遷、固以來,文字繁多,自布衣之士,讀之不徧,況於人主,日有萬機,何暇周覽。"

(1931) 皤鼲(白色義)

皤 老人白首,字或作"顂",亦从番聲。《說文·白部》:"皤,老人白也。从白,番聲。《易》曰:'賁如皤如。'顂,皤或从頁。"清朱駿聲《通訓定聲》:"《易·賁》……《集解》:'白素之貌。'……《爾雅·釋草》:'蘩皤蒿。'釋文:'白也。'《後漢·樊準傳》:'皤皤國老。'注:'白首貌也。'"按,本義爲白首,引申之則泛指白色。唐陸羽《茶經·煮》:"酵者以滓煮之,乃沸,則重華累沫,皤皤然若積雪耳。"

鼲 白鼠。《說文·鼠部》:"鼲,鼠也。从鼠,番聲。讀若樊。"清朱駿聲《通訓定聲》:"鼲鼠也……《廣雅·釋獸》:'白鼲。'《地鏡圖》云:'黃金之見,爲火與白鼠。'又《廣志》:'白猨長尾,白腹,善攀登,若家鼠。'"《玉篇·鼠部》:"鼲,白鼠。"《廣韻·元韻》:"鼲,鼠名。"

〔推源〕 此二詞俱有白色義,爲番聲所載之公共義。聲符字"番"所記録語詞與白色義不相涉,其白色義乃番聲所載之語源義。番聲可載白色義,"白"可證之。

番:滂紐元部;
白:並紐鐸部。

滂並旁紐,元鐸通轉。"白",黑白字。《說文·白部》:"白,西方色也。陰用事,物色白。从入合二。二,陰數。皁,古文白。"清朱駿聲《通訓定聲》:"青、黃、赤、黑皆舉一事以形之,白字何獨爲會意?入二意亦紆曲不憭。蔣驥曰:字从日,上象日未出初生微光。按,日未出地平時,先露其光恒白,今蘇俗語昧爽曰東方發白,是也……《莊子·人間世》:'虛室生白。'崔注：'白者，日光所照也。'《知北游》：'若白駒之過隙。'《釋文》：'白駒，日也。'《漢書·賈誼傳》：'白晝大都之中。'注：'白晝，晝日也。'"

（1932）譒播（傳播義）

譒 宣布，傳播。《説文·言部》：“譒，敷也。从言，番聲。《商書》曰：'王譒告之。'”清朱駿聲《通訓定聲》：“今本以'播'爲之。”按，以言傳播，當以“譒”爲正字。《廣韻·過韻》：“譒，敷也，謡也。”按《玉篇·言部》：“譒”亦訓“謡”，凡謡言傳播則行，當爲其衍義。又“譒譯”一詞謂翻譯，即譯一語言爲他語而傳播之，其義亦相通。清魏源《聖武記》卷五附録引清小徹辰薩囊台吉《欽定蒙古源流考》：“將禪經《百拜懺悔經》《三寶雲經》譒譯成文。”

播 布種，引申爲傳布、傳播義。《説文·手部》：“播，穜也。一曰布也。从手，番聲。敽，古文播。”清朱駿聲《通訓定聲》：“《虞書》：'播時百穀。'《大誥》：'厥子乃弗肯播。'〔假借〕爲'譒'。《廣雅·釋詁三》：'播，布也。'《書·盤庚》：'王播告之修。'……禮運》：'播五行于四時。'《釋文》：'舒也。'”按，非假借，乃引申。《左傳·昭公四年》：“慶封唯逆命，是以在此，其肯從戮乎？播於諸侯，焉用之？”唐李白《南都行》：“陶朱與五羖，名播天壤間。”

〔推源〕 此二詞俱有傳播義，爲番聲所載之公共義。聲符字“番”所記録語詞與傳播義不相涉，其傳播義乃番聲所載之語源義。番聲可載傳播義，“布”可證之。

番：滂紐元部；

布：幫紐魚部。

滂幫旁紐，元魚通轉。“布”，葛、麻、苧等織物之總稱。布可舒展，故有散布、傳播之衍義。《説文·巾部》：“布，枲織也。”清朱駿聲《通訓定聲》：“古無木棉布，但有麻布、葛布。《易·説卦》：'坤爲布。'《小爾雅·（廣）服》：'麻紵葛曰布。布，通名也。'《詩·氓》：'抱布貿絲。'〔假借〕又爲'溥'。《漢書·司馬相如傳》：'氾布護之。'注：'遍布也。'……《東京賦》：'聲教布濩。'注：'猶散被也。'《長笛賦》：'氣噴勃以布覆兮。'注：'周布四覆也。'”清段玉裁注：“引伸之，凡散之曰布，取義於可卷舒也。”按，段説是，非假借。“布”又有傳播之衍義。《楚辭·九辯》：“願沈滯而不見兮，尚欲布名乎天下。”晉牛弘《明堂議》：“弘風布教，作範於後。”唯“布”有傳播義，故有“播布”之同義聯合式合成詞。《書·康誥》“乃别播敷”僞孔傳：“當分别播布德教。”

（1933）飜繙（反復義）

飜 鳥飛，引申爲翻轉、反復義。其字後世作“翻”。《玉篇·飛部》：“飜，亦作'翻'。”《廣韻·元韻》：“飜，覆也，飛也。翻，上同。”唐劉肅《大唐新語·勸勵》：“次至淑妃，聞勑罵曰：'阿武孤媚，飜覆至此！'”唐杜甫《即事》：“黃鶯過水翻迴去，燕子銜泥濕不妨。”按，“翻覆”即多次反復義，鳥飛可翻轉，故有此衍義。宋蘇軾《書〈楞嚴經〉後》：“杜門幽坐，取《楞嚴經》翻覆熟讀。”

繙　反復。《説文·糸部》:"繙,冕也。从糸,番聲。"清段玉裁注改其解釋文爲"繙冤也。"清朱駿聲《通訓定聲》:"繙冤也……各本作'冕也',誤。按,繙冤,叠韻連語,今據《玉篇》訂……《莊子·天道》:'于是繙十二經以説老聃。'司馬注:'煩冤也。'"按,所引《莊子》文唐成玄英疏:"委曲敷演,故繙覆説之。"按"繙"又有翻閲義,翻閲即書頁反而覆之,亦與反復義相通。《新唐書·太宗諸子·濮王泰》:"泰悟其過,欲速成,乃分道計州,繙緝疏録,凡五百五十篇,歷四期成。"

〔推源〕　此二詞俱有反復義,爲番聲所載之公共義。聲符字"番"所記録語詞與反復義不相涉,其反復義乃番聲所載之語源義。番聲可載反復義,"反"可證之。

番:滂紐元部;

反:幫紐元部。

叠韻,滂幫旁紐。"反",翻轉,引申爲反復義。《説文·又部》:"反,覆也。"清朱駿聲《通訓定聲》:"謂覆其掌也。《孟子》:'由反手也。'〔轉注〕《荀子·賦》:'願聞反辭。'注:'反覆叙説之辭,猶《楚辭》亂曰也。'又《詩·氓》:'不思反。'箋:'覆也。'……又《詩·關雎》:'輾轉反側。'"

(1934) 磻/綁(綁縛義)

磻　繳矢所用石塊,以繩綁縛者。《説文·石部》:"磻,以石箸隿繁也。从石,番聲。"清朱駿聲《通訓定聲》:"《楚策》:'被礛磻,引微繳。'《西京賦》:'磻不特絓。'注:'沙石膠絲爲磻。'"南朝宋謝靈運《山居賦》:"罝羅不披,磻弋靡用。"

綁　綁縛。《正字通·糸部》:"綁,俗作綁縛字。"元關漢卿《王閏香夜月四春園》第三折:"將這廝綁縛定,往開封府見大人去來。"《西遊記》第十三回:"魔王喝令綁了,衆妖一齊將三人用繩索綁縛。"

〔推源〕　此二詞俱有綁縛義,其音亦相近且相通。

磻:幫紐歌部;

綁:幫紐陽部。

雙聲,歌陽通轉。則其語源當同。

(1935) 旛甋(長、大義)

旛　長幅下垂之旗。《説文·㫃部》:"旛,幅胡也。从㫃,番聲。"清朱駿聲《通訓定聲》:"九旗正幅之帛曰旛胡。"清王筠《句讀》:"胡者,牛顄垂也。幅亦下垂,故以胡名。"漢王粲《務本論》:"末世之吏,負青旛而布春令,有勸農之名,無賞罰之實。"《新唐書·儀衛志》:"左右領軍黄麾仗,首尾廂皆絳引旛,二十引前,十掩後。"

甋　方形大磚。《廣雅·釋宮》:"甋瓳,甋甋也。"清王念孫《疏證》:"《衆經音義》卷十三引《埤蒼》云：'瓬瓵，大甄也。'卷四引《通俗文》云：'甄方大謂之瓬瓵。'"按，狹長者謂之"瓬瓵"。《明史·高名衡傳》："自成大怒……用火藥放迸，火發即外擊，瓬瓵飛鳴。"

〔推源〕 此二詞俱有長、大義，爲番聲所載之公共義。番聲字"皤"亦可以假借字形式表大義，則亦爲番聲與長大義相關聯之一證。清朱駿聲《説文通訓定聲·乾部》："皤，〔假借〕爲'籓'。《左宣二傳》：'皤其腹。'注：'大腹。'按，腹如箕也。"今按，未必爲"籓"字之借。唐杜牧《雨中作》："濁醪氣色嚴，皤腹瓶罌古。"按，聲符字"番"所記録語詞之顯性語義與長、大義不相涉，其長、大義乃番聲所載之語源義。巴聲字所記録語詞"芭""蚆""把""杷""玐""靶""耙""魾""皅""苞"俱有圓而長義，見本典第二卷"巴聲"第 333 條，番聲、巴聲本相近且相通。

番：滂紐元部；
巴：幫紐魚部。

滂幫旁紐，元魚通轉。又賁聲字所記録語詞"墳""濆""隫""蕡"等俱有高、大義，見殷寄明《漢語同源字詞叢考》第 209 條，番聲、賁聲亦相近且相通。

番：滂紐元部；
賁：並紐文部。

滂並旁紐，元文旁轉。然則皆可相證。

743 爲聲

(1936) 僞譌（虛假義）

僞 人爲，引申爲虛僞、虛假義。《説文·人部》："僞，詐也。从人，爲聲。"清朱駿聲《通訓定聲》："按，作也……《廣雅·釋詁二》：'僞，爲也。'……《詩·兔爰》：'尚無造。'傳：'造，僞也。'《禮記·月令》：'無或詐僞淫巧。'今作'作爲'。《荀子·性惡篇》：'不可學，不可事，而在人者，謂之性；可學而能可事，而成之在人者，謂之僞。'……《莊子·齊物論》：'道惡乎隱而有真僞。'《禮記·曾子問》：'作僞主以行。'注：'猶假也。'"按，"僞"字之結構當爲从人、从爲，爲亦聲，會意而兼形聲。

譌 錯誤，字亦作"訛"。按，錯誤即不正確、不真實者，實即虛假義。正確者爲真理，可爲一證。《説文·言部》："譌，譌言也。从言，爲聲。《詩》曰：'民之譌言。'"清朱駿聲《通訓定聲》："字亦作'訛'。《詩·沔水》《正月》皆云'民之譌言'，毛本作'訛'，箋：'僞也。'《爾雅·釋詁》：'訛，言也。'注：'世以妖言爲訛。'……《漢書·成帝紀》：'訛言大水至。'"《廣韻·戈韻》："譌，同訛。"《漢書·江充傳》："茍爲姦譌，激怒聖朝，欲取必欲萬乘以復私怨。"唐顏師古注："譌，古'訛'字。"北齊顏之推《顏氏家訓·音辭》："今之學士，語亦不正；古獨何

· 1540 ·

人,必應隨其譌僻乎?"

〔推源〕 此二詞俱有虛假義,爲爲聲所載之公共義。聲符字"爲"之甲文形體从爪、从象會意,所記録語詞之本義爲役象以助勞,羅振玉説,見《增訂殷虚書契考釋》。引申之,則有創作、治理、充當、謀求等義,爲泛動詞之典型。又引申爲虛假義。清朱駿聲《説文通訓定聲·隨部》:"爲,〔假借〕爲'僞'。《爾雅·釋言》:'造、作,爲也。'《小爾雅·廣詁》:'爲,治也。'《廣雅·釋詁三》:'爲,施也。'……《論語》:'爲之難。'皇疏:'猶行也。''汝爲《周南》《召南》矣。'皇疏:'猶學也。'又爲'譌'。《左成九傳》:'爲將改立君者。'《定十二傳》:'子爲不知。'《詩·采苓》:'人之爲言。'"按,《説文·爪部》"爲"篆訓"母猴","爲"有此義不誣,然非本義,乃其聲韻另載之義。"爲"之虛假義無煩假借,乃引申。凡物之人爲者皆非出自天然,故人爲義、虛假義相通。又,凡行事,古曰"爲",今曰"做",虛假即"做假",亦爲一證。要言之,本條二詞之虛假義爲其聲符"爲"所載之顯性語義。爲聲可載虛假義,則"假"可證之。

爲:匣紐歌部;

假:見紐魚部。

匣見旁紐,歌魚通轉。"假",虛假。《説文·人部》:"假,非真也。"清朱駿聲《通訓定聲》:"《墨子·經上》:'假,今不然也。'《詩·小弁》:'假寐永嘆。'箋:'不脱冠衣而寐曰假寐。'《史記·項羽紀》:'爲假上將軍。'《正義》:'攝也。'"按,朱氏所引《墨子》文之"假"謂假設,即非現今已然之真事;《史記》文之"假"謂代理,即非真任其職。唐白居易《古冢狐》:"假色迷人猶若是,真色迷人應過此。彼真此假俱迷人,人心惡假貴重真。"按,"假"與"真"對文反義,"假"即真假字,虛假義爲其基本義。

744 然聲

(1937) 樧狨(黑色義)

樧 酸小棗,其色黑。《説文·木部》:"樧,酸小棗。从木,然聲。"清朱駿聲《通訓定聲》:"《上林賦》:'枇杷樧柿。'徐廣曰:'棗也。'《淮南王書》:'伐樧棗以爲矜。'"《廣韻·獮韻》:"樧,樧棗,木名。"《正字通·木部》:"樧,或曰雀梅。實小黑而圓。皮可當綠。"按,《説文》亦云"樧,一曰染也",則可染本爲樧之性。又,"雀梅"本爲郁李之别名,蓋樧之味酸,故亦稱"雀梅"。

狨 白質黑紋之獸。《廣韻·仙韻》:"狨,猓狨,獸名。似猿,白質,黑文。"《文選·左思〈吳都賦〉》:"狖䶂猓狨,騰趠飛超。"唐劉逵注:"猓狨,猿狖之類,居樹,色青赤有文,日南、九真有之。"按,色青而赤即淡黑色。

〔推源〕 此二詞俱有黑色義,爲然聲所載之公共義。然聲字"燃"亦可以假借字形式表深紅色義,深紅色即淡黑色,義亦相通。《急就篇》第二章:"丞栗絹紺縑紅繎。"唐顔師古注:"繎者,紅色之尤深,言若火之然也。"按,"繎"字从糸,所記録語詞《説文・糸部》訓"絲勞",即糾結難理之謂,深紅色義爲其聲符"然"所載者,此亦爲然聲與黑色義相關聯之一證。"橪""獮"之聲符字"然"所記録語詞謂燃燒,其字即"燃"之初文。凡物燃燒多有煙,故其色黑,又物經燃燒則多焦黑,故燃燒、黑色二義相通。《説文・火部》:"然,燒也。从火,肰聲。"清朱駿聲《通訓定聲》:"俗字作'燃'。《孟子》:'如火之始然。'……馬融《東巡頌》:'烈火燔然。'"然則本條二詞之黑色義爲其聲符"然"所載之顯性語義。然聲可載黑色義,則"黧"可證之。

然:日紐元部;
黧:來紐脂部。

日來準旁紐,元脂旁對轉。"黧",黑而黄之色。《廣韻・齊韻》:"黧,黑而黄也。"《楚辭・王褒〈九懷・蓄英〉》:"菸蘊兮徽黧,思君兮無聊。"宋洪興祖《補注》:"黧,黑黄。"唐杜甫《贈王二十四侍御契四十韻》:"會面嗟黧黑,含悽話苦辛。"

(1938) 偄撋嫰暵(柔義)

偄 柔弱。字亦作"愞"。《説文・人部》:"偄,意膡也。从人,然聲。"清朱駿聲《通訓定聲》:"謂立意不堅。"《廣韻・獮韻》:"偄,意脆也。"按,"膡""脆"即脆弱字。《集韻・獮韻》:"偄,或从心。"

撋 搓揉柔軟之物。《説文・手部》:"撋,踒也。"清朱駿聲《通訓定聲》:"按,當作'燥也','燥'即今'揉'字。《通俗文》:'手捏曰撋。'"《廣韻・銑韻》:"撋,以指撋物。"後蜀歐陽炯《賀明朝》:"故將纖纖玉指,偷撋雙鳳金綫。"宋張孝祥《菩薩蠻・立春》:"絲金縷翠幡兒小,裁羅撋綫花枝裊。"按,柔軟之物方可撋,撋亦爲輕柔動作。

嫰 女性柔婉姿態。《廣韻・獮韻》:"嫰,女姿態。"《集韻・獮韻》:"嫰,姿也。"按,"姿"字亦从女,所記録語詞之本義亦當爲女性姿態。戰國楚宋玉《神女賦》:"瓌姿瑋態,不可勝質。"按,"瓌姿瑋態"言其女性姿態之美,凡女性以陰柔爲美,"嫰""姿"皆柔婉義。

暵 日氣。《廣韻・霰韻》:"暵,同'晛'。"《説文・日部》:"晛,日見也。"清朱駿聲《通訓定聲》:"《詩・角弓》:'見晛曰消。'傳:'晛,日氣也。'"引申爲温暖義,温暖即柔和之熱,與酷熱者别。《玉篇・日部》:"暵,燠也。"《禮記・内則》:"下氣怡聲,問衣燠寒。"唐陸德明《釋文》:"燠,暖也。"清朱駿聲《説文通訓定聲・乾部・附〈説文〉不録之字》:"暵,《廣雅・釋詁三》:'暵,燠也。'"按,"燠"即"煖""暖"之或體。"煖""暖"从爰得聲,與緩和字"緩"同。緩和、柔和二義相通。"煖"之聲符"爰"謂柔弱,亦爲柔軟字"輭"之初文。温暖、柔和、柔弱、柔軟,義皆相通。

〔推源〕 諸詞俱有柔義,爲然聲所載之公共義。聲符字"然"所記録語詞之本義、引申義系列與柔義不相涉,其柔義乃然聲所載之語源義。然聲可載柔義,則"輭"可證之。"然""輭"同音,日紐雙聲,元部叠韻。"輭",柔軟字,後世作"軟",見本卷第1911條。

745　敦聲

(1939) 錞墪暾蹲(底部義)

錞　矛、戟柄底部之金屬套。其字亦作左形右聲。《廣韻・賄韻》:"鐓,矛下銅也。《曲禮》曰:'進矛戟者前其錞。'錞,上同。"《集韻・灰韻》:"鐓,或書作'錞'。"《説文・金部》:"錞,矛戟柲下銅鐏也。"清朱駿聲《通訓定聲》:"字亦以'錞'爲之。《廣雅・釋器》:'鐓,鐏也。'《釋詁四》:'錞,低也。'《詩・小戎》:'厹矛鋈錞。'《禮記・曲禮》……注:'平底曰鐓。'"宋陳造《赤石灘》:"奔湍震溝獻,狼石森戟錞。"

墪　門、橋等底部稱門墪、橋墪。樹木砍去後剩餘的底部則稱樹墪。唐高適《同李員外賀哥舒大夫破九曲之作》:"唯有關河眇,蒼茫空樹墪。"張一弓《山村詩人》:"(李老怪)用手端著門,猛一使勁兒把門從門墪上端了下來。"按,"墪"本指土堆,引申之則指堆狀物,凡門墪、橋墪、樹墪亦如堆。

暾　日始出。處於東方地平綫,即蒼穹底部,故稱"暾"。《玉篇・日部》:"暾,日欲出。"《廣韻・魂韻》:"暾,日出皃。"《楚辭・九歌・東君》:"暾將出兮東方,照吾檻兮扶桑。"元周權《金焦兩山》:"海暾紅處謁仙山,不管剛風客櫂寒。"按,《廣韻》所訓蓋即日徐徐上升之意,猶今語所謂"冉冉上升",爲其衍義,源與流可相證。清朱駿聲《説文通訓定聲・屯部・附〈説文〉不録之字》:"暾,《射雉賦》:'暾出苗以入場。'注:'漸出皃也。'"

蹲　蹲下,趨於身之底部。明凌濛初編《初刻拍案驚奇》卷二十四:"夜珠只在石凳之下蹲著,心中苦楚,想著父母,只是哭泣。"汪敬熙《一個勤學的學生》:"腿軟了,幾幾乎蹲在地下。"

〔推源〕　諸詞俱有底部義,爲敦聲所載之公共義。聲符字"敦"所記録語詞之顯性語義系列與底部義不相涉,其底部義當爲敦聲所載之語源義。《説文・攴部》:"敦,怒也,詆也。一曰誰何也。從攴,𦎫聲。"清朱駿聲《通訓定聲》:"此字本訓擿也,故从攴。《詩・北門》:'王事敦我。'箋:'猶投擲也。'傳訓'厚',謂借爲'惇',失之。《淮南・兵略》:'敦六博投高壺。'注:'致也。'按,'致'者,'敲'之誤。"按,朱説可參。敦聲可載底部義,則"底"可證之。

敦:端紐文部;

底:端紐脂部。

雙聲,文脂旁對轉。"底",底下,底部。《説文・广部》:"底,一曰下也。"清朱駿聲《通訓定聲》:"《列子》:'無底之谷名曰歸墟。'"戰國楚宋玉《高唐賦》:"俯視崝嶸,窐寥窈冥;不見其底,虛聞松聲。"唐劉長卿《送杜越江佐覲省往新安江》:"清流數千丈,底下看白石。"

(1940) 憝/懟(怨恨義)

憝 怨恨。《説文·心部》:"憝,怨也。从心,敦聲。《周書》曰:'凡民罔不憝。'"《廣韻·隊韻》:"憝,怨也。"《北史·陸俟傳》:"怨憝既多,敗亂彰矣。"宋周煇《清波雜志》卷六:"雖軾辨足以飾非,言足以惑衆,自絶君親,又將何憝?"

懟 怨恨。《説文·心部》:"懟,怨也。"清朱駿聲《通訓定聲》:"《廣雅·釋詁四》:'懟,恨也。'《左僖廿四傳》:'以死誰懟?'《穀梁莊三十一傳》:'力盡則懟。'《孟子》:'以懟父母。'《漢書·外戚傳》:'懟以手自擣。'注:'怨怒也。'"

〔推源〕 此二詞義同,其音亦同,定紐雙聲,物部叠韻。則其語源當同。

(1941) 燉撉(盛、重義)

燉 火盛。《玉篇·火部》:"燉,火盛皃。"《廣韻·魂韻》:"燉,火熾。又,燉、大、煌,盛也。"又:"燉,火色。"沈兼士《聲系》:"案'燉',《切韻》作'焞'。"《類篇·火部》:"焞,盛也。"清朱駿聲《説文通訓定聲·屯部》:"焞,明也。字亦作'燉'。《鄭語》:'以焞燿惇大,天明地德,光昭四海。'……重言形況字。《詩·采芑》:'嘽嘽焞焞。'傳:'盛也。'"唐張鷟《朝野僉載》卷一:"晝日人見火精赤燉燉,所詣即火起。"

撉 重摔,重放。元武漢臣《玉壺春》第二折:"休撉摔,莫伴群芳亂折。"《龍圖耳録》第二十九回:"惟聞得摔筷箸、撉酒杯之聲。"按,其字或以"躉"爲之。楊朔《大旗》:"只聽見殷老大把飯碗往鍋臺上使力一躉,罵著從外間闖進來。"

〔推源〕 此二詞俱有盛、重義,爲敦聲所載之公共義。敦聲字"噇"亦可以假借字形式表重義,則亦爲敦聲與盛、重義相關聯之一證。《廣韻·魂韻》:"噇,《詩》云:'大車噇噇。'噇噇,重遲兒。"清朱駿聲《説文通訓定聲·屯部》:"啍,字亦作'噇'。……又重言形況字。《詩》:'大車啍啍。'傳:'重遲之貌。'"按,"噇"又可表穩重、持重義。清李斗《揚州畫舫録·小秦淮録》:"(鄒必顯)性温噇,寡言笑,偶一雅謔,舉座絶倒。"按"啍"字从口,《説文·口部》此篆訓"口氣",其重義乃假借義。又,聲符字"敦"單用本可表厚重、敦厚義。上引朱氏書同部:"敦,〔假借〕又爲'惇'。《易·敦》:'艮敦臨。'《禮記·曲禮》:'敦善行而不怠。'《左成十六傳》:'民生敦厖。'《老子》:'敦兮其若樸。'注:'質厚也。'又爲'焞'。《淮南·天文》:'敦,盛也。'"按,敦厚義與重義相通。屯聲字所記録語詞"純""炖""奄"俱有厚重盛大義,見本典第一卷"屯聲"第214條,敦聲、屯聲本相近且相通。

敦:端紐文部;

屯:定紐文部。

叠韻,端定旁紐。然則可相爲證。

746 戠聲

(1942) 識樴幟（標記義）

識 標記。《廣韻·志韻》："識，標識。見《禮》。"《集韻·志韻》："誌，或作'識'。"清朱駿聲《説文通訓定聲·頤部》："〔轉注〕《周禮·保章氏》注：'識，記也。'《禮記·檀弓》：'故以其旗識之。'又《史記·孝武紀》：'文鏤無款識。'索隱：'識猶表識。'《漢書·匈奴傳》：'以計識其人衆畜牧。'注：'識亦記也。'字變作'誌'。《説文新附》：'誌，記誌也。'《字詁》：'誌，記也。'"《禮記·檀弓上》："（孔子）曰：'吾聞之，古也墓而不墳，今丘也，東西南北之人也，不可以弗識也。'於是封之，崇四尺。"唐孔穎達疏："不可以不作，封墳記識其處。"

樴 小木樁。《説文·木部》："樴，弋也。从木，戠聲。"清朱駿聲《通訓定聲》："《爾雅·釋宫》：'樴謂之杙。'注：'橜也，在牆謂之楎，在地者謂之臬，大者謂之栱，長者謂之閣。'"《廣韻·德韻》："樴，杙也。"又《職韻》："樴，樴杙。"《墨子·備梯》："縣火，四尺一鉤樴，五步一竈。"清孫詒讓《閒詁》："鉤樴，蓋以弋著鉤而縣火。"按，"樴"之爲用，可以繫物，亦可以標記。章炳麟《新方言·釋宫》："樴者，識也。今揚州謂立木爲表曰木樴子，立石爲表曰石樴子。"

幟 旗幟。旗幟爲標記物，故有標記之衍義。《廣韻·志韻》："幟，旗幟。"清朱駿聲《説文通訓定聲·頤部》："《字林》：'幟，標也。'《廣雅·釋器》：'幟，幡也。'《説文新附》：'幟，旌旗之屬。'《一切經音義》引《墨子》：'長丈五尺，廣半幅曰幟。'亦作'帜'。《通俗文》：'私記曰幟。'《漢書·高帝紀》：'旗幟皆赤。'注：'幖也。'"《後漢書·虞詡傳》："又潛遣貧人能縫者，傭作賊衣，以采綖縫其裾爲幟。有出市里者，吏輒禽之。"唐李賢注："幟，記也。"按，唯"幟"有標記義，故有複音詞"幖幟"。《金史·程寀傳》："明立幖幟，爲出入之馳道。"亦作"標幟"。《唐律·廄庫律·畜産觝蹹齧人》："諸畜産及噬犬，有觝蹹齧人，而標幟羈絆不如法，若狂犬不殺者，笞四十。"按，清朱駿聲氏《説文通訓定聲》一書屢有"託名幖識字"説，以"識"爲之，後世複音詞作"標志""標記"。

〔推源〕諸詞俱有標記義，爲戠聲所載之公共義。或以爲聲符字"戠"即"識"之初文。《説文·戈部》："戠，闕。从戈，从音。"林義光《文源》："戠，即題識本字。"戠聲可載標記義，則"誌"可證之。

戠：章紐職部；
誌：章紐之部。

雙聲，職之對轉，音僅微殊。"誌"，上述朱駿聲氏所引《説文新附》及《字詁》之訓釋即記録義。《列子·楊朱》："太古之事滅矣，孰誌之哉？"引申爲標記義。《南齊書·孝義傳·韓係伯》："襄陽土俗，鄰居種桑於界之爲誌，係伯以桑枝蔭妨他地，遷堺上開數尺。鄰畔隨復侵之,係伯輒更改種。"晉陶潛《桃花源記》:"既出,得其船,便扶向路,處處誌之。"

(1943) 識職(知義)

識 知道。《説文·言部》:"識,一曰知也。从言,戠聲。"清朱駿聲《通訓定聲》:"《詩·瞻卬》:'君子是識。'箋:'知也。'《周禮·司刺》:'壹宥曰不識。'注:'審也。'《文選·五君詠》:'識密鑒亦洞。'注:'心之別名,湛然不動謂之心,分別是非謂之識。'"按,唯"識"之義爲知,故有"知識"之同義聯合式合成詞,又作"識知",則爲同素逆序詞。漢劉向《列女傳·齊管妾婧》:"人已語君矣,君不知識邪?"《莊子·繕性》:"心與心識知而不足以定天下,然後附之以文,益之以博。"陳鼓應《今注》:"俞樾説:'識、知二字連文。《詩》曰:不識不知。是識、知同義,故連言之曰識知也。'"

職 知道。《説文·耳部》:"職,記微也。从耳,戠聲。"清朱駿聲《通訓定聲》:"按,五官耳與心最貫,聲入心通,故聞讀者能記。从耳,與'聖'同意。或曰此字从識省,恥省聲,以爲官職字,猶今言知府、知縣也,存參。《爾雅·釋詁》:'職,主也。'"按,知曉、官職二義本相通,有知者方能任官職。《呂氏春秋·勿躬》:"人主知能不能之可以君民也,則幽詭愚險之言無不職矣,百官有司之事畢力竭智矣。"清俞樾《平議》:"無不職者,無不識也。"上引《莊子·繕性》之"識"異文作"職",唐陸德明《釋文》云:"向(秀)本作'職',云:'彼我之心,競爲先職矣。'"

〔推源〕 此二詞俱有知義,爲戠聲所載之公共義。聲符字"戠",林義光《文源》云爲題識本字,則其義當相通。戠聲可載知義,則"知"可證之。

戠:章紐職部;

知:端紐支部。

章(照)端準雙聲,職支旁對轉。"知",知道,引申爲知識、識別等義。《説文·矢部》:"知,詞也。从口,从矢。"清朱駿聲《通訓定聲》:"按,識也。憭于心,故疾于口,智則爲識詞。《莊子·外物》:'心徹爲知。'《荀子·王制》:'草木有生而無知。'……《周禮·大司徒》:'知仁圣義中和。'注:'明于事。'……《史記·淮陰侯傳》:'知者決之斷也。'"

747 啻聲

(1944) 蹢蹢滴摘(下義)

蹢 蹄,動物足之下部。《説文·足部》:"蹢,住足也。从足,適省聲。"清朱駿聲《通訓定聲》:"从足,啻聲。《詩·漸漸之石》:'有豕白蹢。'《爾雅·釋獸》:'四豴皆白,豥。'《廣雅·釋獸》:'足也。'字亦作'豴'。"按,朱氏"啻聲"説爲確,聲符字"啻"作構件變爲"商",《廣韻》"商""蹢"之音均爲都歷切。《錫韻》云:"蹢,蹄也。"《晉書·乞伏熾磐載記》:"此虜矯矯,所謂有豕白蹢。"

謫 貶謫,下降其官職、地位。《說文·言部》:"謫,罰也。从言,啻聲。"清朱駿聲《通訓定聲》:"字亦作'讁'。《方言》三:'謫,怒也。'《通俗文》:'罰罪曰謫。'"清邵瑛《群經正字》:"今經典作'謫'。"《漢書·武帝紀》:"發謫吏穿昆明池。"唐顏師古注:"謫吏,吏有罪者,罰而役之。"《魏書·刑罰志》:"自非大逆手殺人者,請原其命,謫守邊戍。"

滴 水滴下。《說文·水部》:"滴,水注也。从水,啻聲。"《廣韻·錫韻》:"滴,水滴也。"晉潘岳《悼亡詩》:"春風緣隟來,晨霤承檐滴。"唐孟郊《秋懷》:"老泣無涕洟,秋露爲滴瀝。"

摘 摘取,取下其物。《說文·手部》:"摘,拓果樹實也。从手,啻聲。"清朱駿聲《通訓定聲》:"《廣雅·釋詁一》:'取也。'"南朝宋謝靈運《擬魏太子鄴中集詩·平原侯植》:"傾柯引弱枝,攀條摘蕙草。"宋范成大《新荔枝》四絕之二:"鄞船荔枝如新摘,行脚何須更雪峰。"

〔推源〕 諸詞俱有下義,爲啻聲所載之公共義。聲符字"啻"所記錄語詞與下義不相涉。《說文·口部》:"啻,語時,不啻也。从口,帝聲。"清朱駿聲《通訓定聲》:"今偏旁作'啇'。《蒼頡篇》:'不啻,多也。'按,適相敵之詞曰啻,不啻猶言不但。《書·多士》:'爾不啻不有爾土。'"則其下義乃啻聲所載之語源義。啻聲可載下義,則"氐"可證之。

啻:書紐錫部;

氐:端紐脂部。

書(審三)端準旁紐,錫脂通轉。"氐",根柢,木之下端。其字即"柢"之初文。《說文·氐部》:"氐,至也。从氏下箸一。一,地也。"清朱駿聲《通訓定聲》:"此字實即'柢'之古文。蔓根曰根,直根曰氐。《廣雅·釋言》:'氐,柢也。'《詩·節南山》:'維周之氐。'傳:'本也。'〔轉注〕《漢書·食貨志》:'封君皆氐首仰給焉。'注:'猶俯首也。'字亦作'低'。"按,"低"即趨下之謂。

(1945) 鏑䴲滴(小義)

鏑 箭頭,箭之最尖小部分。《說文·金部》:"鏑,矢鋒也。从金,啻聲。"清朱駿聲《通訓定聲》:"《通俗文》:'鐵鏃曰鏑。'字亦作'錪'。《廣雅·釋器》:'銔鑢,鏑也。'《史記·匈奴傳》:'作爲鳴鏑。'《索隱》:'髐箭也。'《射雉賦》:'馥焉中鏑。'"

䴲 麥屑,碎小之物。《說文·麥部》:"䴲,麥覈屑也。十斤爲三斗。从麥,啻聲。"清朱駿聲《通訓定聲》:"《廣雅·釋器》:'䴲,糲也。'按,礲麥未簁麩,與麫並者。"《廣韻·錫韻》:"䴲,䴲麩。"睡虎地秦墓竹簡《倉律》:"麥十斗爲䴲三斗。"引申之亦指碎米。朱氏所引《廣雅》文清王念孫《疏證》:"糲通作'屑'。糲之言屑屑也。《玉篇》:'糲,碎米也。'"

滴 水下滴,爲動詞,見前條。引申之則指成滴液體,爲量詞。《字彙·水部》:"滴,涓滴。"唐賈島《感秋》:"朝雲藏奇峰,暮雨灑疎滴。"水滴之爲物極小,故"滴"又有小義。清黃六鴻《福惠全書·錢穀·嚴管解》:"若解餉銀,鞘外蒙以生牛皮,鐵箍密釘。蓋以鞘經風雨,木瘦縫開,滴珠狼藉,姦人趁縫敲挖。"其"滴珠"即小銀錠。又,凡言"點點滴滴""一點一滴","滴"皆小、少之義。

〔推源〕 諸詞俱有小義,爲啻聲所載之公共義。聲符字"啻"所記錄語詞與小義不相涉,其小義乃啻聲所載之語源義。啻聲可載小義,則"小"可證之。

啻:書紐錫部;

小:心紐宵部。

書(審三)心準雙聲,錫宵旁對轉。"小",大小字,見本典第七卷"將聲"第1813條"推源"。

748 善聲

(1946) 膳繕(完善義)

膳 備置食物,即齊備、完善之義。《説文·肉部》:"膳,具食也。从肉,善聲。"南唐徐鍇《繫傳》:"具食者,言具備此食也。"清朱駿聲《通訓定聲》:"《廣雅·釋器》:'膳,肉也。'《周禮·膳夫》:'掌王之食飲膳羞。'注:'膳,牲肉也。'〔聲訓〕《周禮·序官》'膳夫'注:'膳之言善也。'"按,食有肉,方稱完善,故其字从肉。其本義即備齊食物、有肉。其字亦作"饍"。《廣韻·線韻》:"膳,食也。饍,上同。"《漢書·宣帝紀》:"其令太官損膳省宰,樂府減樂人,使歸就農業。"唐顏師古注:"膳,具食也,食之善者也。"《東觀漢記·崔瑗列傳》:"愛士好賓客,盛修殽饍。"

繕 修補,使完善。《説文·糸部》:"繕,補也。从糸,善聲。"清朱駿聲《通訓定聲》:"《三蒼》:'繕,治也。'《華嚴音義》引《珠叢》:'凡治故造新皆謂之繕也。'……《成十六傳》:'繕甲兵。'《襄九傳》:'繕守備。'《哀廿四傳》:'軍吏令繕將進。'〔聲訓〕《三蒼》:'繕之言善也。'"按,"繕"又有備置、齊備義,朱氏所引《左傳·成公十六年》文之"繕"即此義,則與"膳"之本義有相同處。

〔推源〕 此二詞俱有完善義,爲善聲所載之公共義。聲符字"善"所記錄語詞之本義爲美好。字本作"譱",从誩,从羊。从羊,則與"美""義"同,蓋爲羊圖騰之遺蹟。"善"由美好義引申爲修繕、使完善義。《説文·誩部》:"譱,吉也。从誩,从羊。此與義、美同意。善,篆文譱从言。"南唐徐鍇《繫傳》:"俗作'善'。"《禮記·中庸》:"禍福將至,善,必先知之,不善,必先知之。故至誠如神。"清朱駿聲《説文通訓定聲·乾部》:"善,〔假借〕爲'繕'。《易·略例》:'故有善邇而遠至。'注:'脩治也。'"按,"善"表修繕、使完善義無煩假借,乃由其本義所衍生者。唐柳宗元《羆説》:"今夫不善内而恃外者,未有不爲羆之食也。"其"善"即抽象性修治、完善義。宋王安石《送蘇屯田廣西轉運》:"置將從來欲善師,百城蹉跌起毫釐。"其"善"亦修治而使完善義。然則本條二詞之完善義爲其聲符"善"所載之顯性語義。善聲可載完善義,則"全"可證之。

善:禪紐元部;

全:從紐元部。

叠韻,禪從鄰紐。"全",純玉,引申爲完全、完善義。《説文·入部》:"全,完也。从入,从工。全,篆文全从玉。純玉曰全。"清朱駿聲《通訓定聲》:"《考工·玉人》:'天子用全。'注:'純玉也。'〔轉注〕《禮記·祭統》:'不明其義,君人不全。'注:'猶具也。'《列子·天瑞》:'天地無全功。'注:'猶備也。'《莊子·庚桑楚》:'唯全人能之。'注:'聖人也。'"按,所謂聖人即無所不知而道德亦完善者。《廣韻·仙韻》"全"亦訓"具",即完備、完善義。"完"與"善""全"可構成"完善""完全"之複音詞,亦爲一證。

(1947) 撊櫦蟮鱔鐥(長義)

撊 醜長貌。《廣韻·獮韻》:"撊,撊挋,醜皃。"又:"挋,挋撊。"按,當即過長而醜之義。《廣雅·釋訓》:"挋撊,展極也。"清王念孫《疏證》:"展極,猶伸極也。《玉篇》:'挋撊,醜長貌。'"唐柳宗元《萬年縣丞柳君墓誌》"自挋塵昏之外"舊注:"挋,音展,極也。"按,"撊挋"當爲同義聯合式合成詞。"撊"字从手,有"引"訓,引之則長,所謂因果引申。《集韻·甖韻》:"撊,引也。"

櫦 樹長貌。《集韻·甖韻》:"櫦,櫦梶,樹長貌。"又:"梶,櫦梶,樹長貌。"按,與"撊挋"出諸同一語源。"櫦梶"一詞未見其文獻實用例,蓋《集韻》一書所記多俗語、方言,存乎口語而不見於典籍。

蟮 蚯蚓,體長之蟲。《類篇·虫部》:"蟮,蟲名。'蟺'或作'蟮'。"又:"蟺,蚯蚓也。"《廣雅·釋蟲》:"蚯蚓、蜿蟺,引無也。"清王念孫《疏證》:"邱蚓之形屈曲,故謂之蜿蟺。"宋普濟《五燈會元》卷十九:"問:'如何是清静法身?'師曰:'蝦蟇曲蟮。'"按,一物而有二名,構詞理據不一。稱"蟮",謂其體長。

鱔 蛇形魚,體長者。《龍龕手鑒·魚部》:"鱔,虵形魚也。"徐珂《清稗類鈔·動物類》:"鱔,一作'鱓',俗稱黃鱔。"清朱駿聲《説文通訓定聲·乾部》:"鱔,字亦作'鮶'、作'鱓'。黃質黑文,蘇俗謂之黃鱔。揚雄《訓纂》:'鱓,蛇魚也。'《北山經》:'湖灌之水其中多鮶。'又:'滑水滑魚狀如鱓。'《書大傳》:'江鱓。'"《玉篇·魚部》:"鮶,魚似蛇。"唐元稹《酬樂天東南行詩一百韻》:"雜蕈多剖鱔,和黍半蒸菰。"宋程垓《滿江紅》:"卧後從教鰍鱔舞,醉來一任乾坤窄。"

鐥 鐥刀,即長柄大鐮刀。又有形相似之兵器。《中國歌謡資料·捻軍民歌》:"張樂行,韓老萬,出門就是大刀齊頭鐥。"

〔推源〕 諸詞俱有長義,爲善聲所載之公共義。聲符字"善"所記録語詞之本義爲美好(見前條),引申之,則有擅長義,即善於做某事,詞彙系統有"善於"之語。綜言之,"善"有抽象性長義。《禮記·學記》:"善歌者使人繼其聲,善教者使人繼其志。"明凌濛初編《二刻拍案驚奇》卷十二:"仲友曉得他善於詞詠,就將紅白桃花爲題,命賦小詞。"善聲可載長義,則"長"可證之。

$$善:禪紐元部;$$
$$長:定紐陽部。$$

禪定準旁紐,元陽通轉。"長",長短字。《説文·長部》:"長,久遠也。"清朱駿聲《通訓定聲》:"《易·説卦》:'巽爲長,爲高。'《詩·泮水》:'順彼長道。'箋:'遠也。'……《孟子》:'布帛長短同。'〔假借〕爲'昌'。《廣雅·釋詁一》:'長,善也。'"按,《廣雅》所訓即擅長、善於義,乃其本義之引申,非假借。"長"之擅長、善於義亦正可證"善"有抽象性長義。《孫臏兵法·奇正》:"故善戰者,見敵之所長,則知其所短。"

749 尊聲

(1948)薴噂僔(聚集義)

薴 草叢生,草相聚集,故引申爲聚集義。《説文·艸部》:"薴,叢艸也。从艸,尊聲。"清朱駿聲《通訓定聲》:"《廣雅·釋詁三》:'薴,聚也。'《魏都賦》:'嘉穎離合以薴薴。'注:'茂盛貌。'亦重言形況字。"按,叢生則茂盛,二義相通。《廣韻·混韻》:"薴,草叢生皃。"漢張衡《南都賦》:"杳藹蓊鬱於谷底,森薴薴而刺天。"又《西京賦》:"苯薴蓬茸,彌皋被岡。"

噂 聚語,衆人議論紛紛。字或从言作"譐"。《説文·口部》:"噂,聚語也。从口,尊聲。《詩》曰:'噂沓背憎。'"按,"沓"即雜沓義,所謂人多嘴雜。許慎所引爲《小雅·十月之交》文,漢鄭玄箋云:"噂噂沓沓,相對談語,背則相憎逐。"晉袁宏《後漢紀·章帝紀下》:"流言噂嗒,深可嘆息。"《廣韻·混韻》:"噂,噂嗒。譐,上同。"漢焦贛《易林·大有之屯》:"譐譐所言,莫知我怕。"漢賈誼《新書·修政語上》:"故服人而不爲仇,分人而不譐者,其惟道矣。"

僔 聚集。《説文·人部》:"僔,聚也。从人,尊聲。"清朱駿聲《通訓定聲》:"艸之聚亦曰'薴'……又重言形況字。《廣雅·釋訓》:'僔僔,衆也。'"按,《廣雅·混韻》"僔"亦訓"衆",即衆多義,其義與聚集義相通。《楚辭·離騷》"紛總總其離合兮"漢王逸注:"總總猶僔僔,聚貌。"

〔**推源**〕諸詞俱有聚集義,爲尊聲所載之公共義。聲符字"尊"所記録語詞謂盛酒器。《説文·酉部》:"尊,酒器也。从酋,廾以奉之。《周禮》六尊:犧尊、象尊、著尊、壺尊、太尊、山尊,以待祭祀賓客之禮。尊,或从寸。"按,"尊"以盛酒,即聚酒之器,或與聚集義相通。尊聲可載聚集義,則"萃"可證之。

$$尊:精紐文部;$$
$$萃:從紐物部。$$

精從旁紐，文物對轉。"萃"，草叢生，引申爲薈萃、聚集義。《説文·艸部》："萃，艸皃。"清朱駿聲《通訓定聲》："按，艸聚皃。〔轉注〕《易·序卦》傳：'萃者，聚也。'《左昭七傳》：'萃淵藪。'……《小爾雅·廣言》：'萃，集也。'《詩·墓門》：'有鴞萃止。'《長門賦》：'翡翠脅翼而來萃兮。'"

(1949) 蹲鐏樽（座落義）

蹲 坐，落座，即人座落於坐具。《説文·足部》："蹲，踞也。从足，尊聲。"清段玉裁注改其解釋詞爲"居"，並注云："《尸部》曰：'居，蹲也。'是爲轉注。"按，段氏所云"轉注"即互訓。《論語·陽貨》"居，吾語汝"南朝梁皇侃《義疏》："居，猶復座也。"《廣韻·魂韻》："蹲，坐也。"《莊子·外物》："任公子爲大鉤巨緇，五十犗以爲餌，蹲乎會稽，投竿東海，旦旦而釣，期年不得魚。"唐成玄英疏："蹲，踞也。踞，坐也。"按"踞"爲"居"之累增字。漢王延壽《王孫賦》："跨莵蹲而狗踞，聲歷鹿而喔咿。"後世謂虛坐爲"蹲"，爲今語之常義。

鐏 戈柄下端圓形金屬套，插於地以耐磨。"鐏"實即座落於地之義。《説文·金部》："鐏，柲下銅也。从金，尊聲。"清朱駿聲《通訓定聲》："按，鋭可插地者鐏，平者曰鐓。《禮記·曲禮》：'進戈者前其鐏。'注：'鋭底曰鐏。'"《釋名·釋兵》："下頭曰鐏，鐏入地也。"《新唐書·張説傳》："是猶倒持劍戟，示人鐏柄，臣竊爲陛下不取。"

樽 酒尊，座落於地或墊具，盛酒、供酒之器。字亦作"罇"。《玉篇·木部》："樽，酒器。"又《缶部》："罇，同'樽'。"《廣韻·魂韻》："尊，酒器也。罇、樽，並見上注。"《莊子·逍遙遊》："庖人雖不治庖，尸祝不越樽俎而代之矣。"《晏子春秋·内篇雜上五》："酌寡人之罇，進之於客。"《北史·后妃傳·序》："典器三人，掌樽彝器皿。"

〔推源〕 諸詞俱有座落義，爲尊聲所載之公共義。聲符字"尊"本爲"樽""罇"之初文，然則本條諸詞之座落義爲其聲符"尊"所載之顯性語義。尊聲可載座落義，則"坐"可證之。

尊：精紐文部；

坐：從紐歌部。

精從旁紐，文歌旁對轉。"坐"，坐下，即人落於座位，故引申爲座落義。《説文·土部》："坐，止也。从土，从留省。土，所止也。此與留同意。坐，古文坐。"清朱駿聲《通訓定聲》："《禮記·曲禮》：'坐而遷之。'疏：'坐通名跪，跪名不通坐也。'《玉藻》：'退則坐，取屨。'《少儀》：'受立、授立，不坐。'〔轉注〕爲坐落之坐。《左桓十二傳》：'楚人坐其北門。'注：'猶守也。'"按，凡言坐南朝北、坐東向西，"坐"皆座落義。又，座落字作"座"，本亦作"坐"。《西遊記》第五十九回："那山坐落何處？喚甚地名？有幾多里數？"蕭三《祖國十年頌》："人民的廣場莊嚴、偉大、輝煌，嶄新的大會堂、博物館座落兩旁。"

(1950) 遵/循（遵循義）

遵 遵循，順着。《説文·辵部》："遵，循也。从辵，尊聲。"清朱駿聲《通訓定聲》："《爾雅·釋詁》:'遵,自也。'《方言》十二:'遵,行也。'《三蒼》:'遵,習也。'《詩》:'遵彼汝墳。''遵大路兮。'《孟子》:'遵海而南。'"《廣韻·諄韻》:"遵,循也。"《書·洪範》:"無偏無陂,遵王之義。"僞孔傳:"言當循先王之正義以治民。"按,此"遵"即遵照、依據義,爲抽象性遵循義。"遵"字从辵,本謂沿一定途徑、朝某方向行進,"遵大路"之"遵"即此義,爲具體性遵循義。

循 遵循。《說文·彳部》:"循,行順也。"清朱駿聲《通訓定聲》:"《楚辭·天問》:'昏微循迹。'注:'遵也。'《淮南·本經》:'五星循軌。'注:'順也。'《原道》:'循天者,與道遊者也。'注:'隨也。'"《淮南子·氾論訓》:"大人作而弟子循。"漢高誘注:"循,遵也。"

〔推源〕 此二詞俱有遵循義,其音亦極相近且相通。

遵:精紐文部;
循:邪紐文部。

疊韻,精邪旁紐。則其語源當同。《說文》以"循"釋"遵",實以同源詞相訓。藉此亦可知複音詞"遵循"乃由同源詞根相聯合而成者。又,"遵"從尊聲,聲符字"尊"單用本可表遵循義。《墨子·備城門》:"然則守者必善,而君尊用之,然後可以守也。"清俞樾《平議》:"尊當讀爲'遵',古字通也。"按,"尊"爲酒器,亦爲禮器,有尊貴、尊重之衍義。尊重他人,則聽從其言,故遵循義之來由可明。清朱駿聲《說文通訓定聲·屯部》:"凡禮酒必先實于尊,以待酌貴重之器,非如椑榼置酒爲尋常物,故引申爲尊卑之誼。許書收'椑'不收'樽',其實'椑'亦'卑'字也。《廣雅·釋詁一》:'尊,敬也。'……《易·繫辭》:'天尊地卑。'……《論語》:'尊五美。'皇疏:'崇重也。'"

750 遂聲

(1951) 邃鐆隧䆳璲(深、長義)

邃 深遂,深遠。《說文·穴部》:"邃,深遠也。从穴,遂聲。"清朱駿聲《通訓定聲》:"《小爾雅·廣詁》:'邃,深也。'《離騷》:'閨中既邃遠兮。'《招魂》:'高堂邃宇。'"《廣韻·至韻》:"邃,深也,遠也。"引申之則有精深之義。清李富孫《說文辨字正俗》:"'䆳'爲思意之深,今通作'邃'。"按,"䆳"亦爲本字形式,由具體性意義之深引申爲抽象性深義。《新唐書·儒學傳上·曹憲》:"於小學家尤邃,自漢杜林、衛宏以後,古文亡絕,至憲復興。"唐王勃《乾元殿頌》:"神謀備預,嚴七萃於丹樞;邃略防微,肅千廬於紫衛。"按,後世乃以此字入《辵部》,失之。

鐆 烽火,上炎而其形長者。字亦作"燧"。《說文·𠌶部》:"鐆,塞上亭守熢火者也。从𠌶,从火,遂聲。燧,篆文省。"清朱駿聲《通訓定聲》:"字亦作'燧',見《說文》'䎽'篆下。《史記·周本紀》:'幽王爲熢燧。'《正義》:'炬火也。'《漢書·司馬相如傳》:'聞熯舉熢燔。'

注:'燧,積薪有寇則燔然之也。'按,晝舉烽,夜燔燧。"漢桓寬《鹽鐵論·本議》:"先帝哀邊人之久患,苦爲虜所係獲也,故修障塞,飭烽燧,屯戍以備之。"

隧 墓道,深邃者。字亦作"㒸",亦从遂聲。《玉篇·阜部》:"隧,墓道也。"又《土部》:"㒸,墓道。正作'隧'。"《廣韻·至韻》:"隧,埏隧,墓道也。俗作'㒸'。"《周禮·春官·冢人》:"及窆,以度爲丘隧,共喪之窆器。"漢鄭玄注:"隧,羨道也。"《史記·衛康叔世家》"共伯入釐侯羨自殺"唐司馬貞《索隱》:"羨音延。延,墓道。"《越絶書·外傳·吴地傳》:"闔廬子女冢在閶門外……遂出廟路以南,通姑胥門。"引申之,亦指地道。《莊子·天地》:"鑿隧而入井,抱甕而出灌。"唐成玄英疏:"隧,地道也。"

襚 穴中之神,其名當寓深義。《後漢書·東夷列傳》:"(高句驪)其國東有大穴,號襚神,亦以十月迎而祭之。"

繸 貫穿佩玉之帶,其形長。《爾雅·釋器》:"繸,綬也。"晉郭璞注:"即佩玉之組,所以連係瑞玉者。"《説文·糸部》:"綬,韍維也。"清段玉裁注:"古者韍佩皆係於革帶,佩玉之係謂之繸,俗字爲'繼',又謂之綬,韍之係亦謂之綬。"《廣韻·至韻》:"繸,佩玉緣也。"沈兼士《聲系》:"案'繸',内府本《王韻》作'繼'。《集韻》:'繸,或省作緣。'"引申之亦泛指穗狀長形物。劉半農《阿爾薩斯之重光》:"總統所乘汽車馳騁極速,車頭懸絲製三色國旗,旗頂懸金綫之繸,乃總統出巡之標誌。"

〔推源〕 諸詞俱有深、長義,爲遂聲所載之公共義。遂聲字"檖"亦可以其假借字形式表深義,則亦爲遂聲與深、長義相關聯之一證。《廣韻·至韻》:"檖,木名。櫢,上同。"清朱駿聲《説文通訓定聲·履部》:"櫢,字亦作'檖'。〔假借〕又爲'邃'。《荀子·禮論》:'疏房檖須。'"按,所引《荀子》文唐楊倞注:"檖,讀爲邃。須,廟也。廟者,宫室尊之名。或曰:須讀爲遨,言屋宇深邃綿遨也。"按,聲符字"遂"从辵,所記録語詞有前往、前進等義。《説文·辵部》:"遂,亡也。从辵,㒸聲。"清朱駿聲《通訓定聲》:"或曰'亡'者'往'之誤……此義不見經、傳。愚按,遂,道也。〔轉注〕《廣雅·釋詁一》:'遂,往也。'又'行也'。《易·大壯》:'不能遂。'虞注:'進也。'"按,引申義系列亦與深、長義不相涉,其深、長義乃遂聲所載之語源義。遂聲可載深、長義,則"深""延"可相證。

遂:邪紐物部;

深:書紐侵部;

延:余紐元部。

邪書(審三)鄰紐,物侵通轉;邪余(喻四)鄰紐,物元旁對轉;書(審三)余(喻四)旁對轉,侵〔əm〕元〔an〕韻尾俱爲鼻音,依王力先生《同源字論》説,亦爲通轉。"深",深淺字。《説文·水部》:"深,水。出桂陽南平,西入營道。"清朱駿聲《通訓定聲》:"〔別義〕《説文》'突'篆下:'突,深也。'此必非水名之深,則爲深淺之深可知……其實不淺當爲'深'之本訓,以稱水者,託名幖識字。《水經·深水注》引吕忱《字林》:'一名邃水。'邃亦深之謂也……《禮記·樂記》:'窮高極遠,而測深厚。'注:'深厚,山川也。'《老子》:'深矣遠矣。'注:'深不可測也。'""延",長。《説文·延部》:"延,長行也。"清朱駿聲《通訓定聲》:"長也……《爾雅·釋詁》:'延,長也。'《方言》一:'延,年長也,凡施于年者謂之延。'《廣雅·釋訓》:'延延,長也。'《左成十三傳》:'君亦悔禍之延。'……《洛神賦》:'延頸秀項。'"

(1952) 穟䍁瓍邃（下垂義）

穟 禾穗成熟,累累下垂貌。《説文·禾部》:"穟,禾采之皃。从禾,遂聲。《詩》曰:'禾穎穟穟。'蓫,穟或从艸。"《廣韻·至韻》:"穟,禾秀。"《説文》同部:"采,禾成秀也,人所以收。"按,"穟"亦指禾穗,許慎所引《詩》之"穟穟"當爲重言形况字,謂禾穗累累,多而下垂。《書·禹貢》"二百里納銍"僞孔傳:"銍刈謂禾穗。"唐陸德明《釋文》:"穗亦作'穟'。"又《大傳》卷四:"成王時有苗異莖而生,同爲一穟。"

䍁 旗杆用作裝飾的羽毛,下垂者。《説文·队部》:"䍁,導車所以載,全羽以爲允。允,進也。从队,遂聲。氊,䍁或从遺。"清朱駿聲《通訓定聲》:"按,竿有飾有犛牛毛曰旄,復以五采羽,注于上者曰䍁,其析羽者曰旌。《周禮·司常》:'道車載䍁。'蓋象路也。〔聲訓〕《釋名》:'全羽爲氊。氊猶滑也,順滑之皃也。'"按,下垂、順滑二義相通。《廣韻·至韻》:"䍁,羽係旌上。"《隋書·禮儀志五》:"又有繼旗四,以施軍旅。一曰麾,以供軍將;二曰䍁,以供師帥。"唐柳宗元《嶺南節度饗軍堂記》:"旆旗旟䍁,咸飾於下。"

瓍 佩玉,垂於身者。《玉篇·玉部》:"瓍,玉瓍,以玉爲佩也。"《廣韻·至韻》:"瓍,玉也。《詩》曰:'鞙鞙佩瓍。'鄭玄謂以瑞玉爲佩。"按,所引爲《詩·小雅·大東》文,漢毛亨傳云:"鞙鞙,玉貌。"清陳奂疏:"鞙鞙,謂佩玉鞙鞙然,非謂玉也。《傳》'玉貌'當作'佩玉貌',蓋奪一'佩'字耳。"按,陳説可從。"鞙鞙"爲重言形况字,謂委垂貌。"鞙"本爲"大車縛軛靶",許慎説,引申之則有懸挂、下垂義。又"瓍"亦引申而指貫串佩玉之絲條,亦懸挂而下垂之物。《續漢書·輿服志下》:"解去韍佩,留其係瓍。"

邃 深,見前條。深即由地面往下延伸,故引申爲下垂義。清朱駿聲《説文通訓定聲·履部》:"邃,〔轉注〕《禮記·玉藻》:'前後邃延。'注:'言皆出冕前後而垂也。'又《典引》:'伊考自邃古。'注:'遠古也。'以'遂'爲之。"《續漢書·輿服志下》:"冕冠,垂旒,前後邃延。"南朝梁劉昭注:"邃,垂也。延,冕上覆。"按,朱氏所引《典引》之"邃古"亦作"遂古",意即遠古,自古垂於後世,即抽象性下垂義。《後漢書·班固傳下》:"伊考自邃古,乃降戾爰兹,作者七十有四人。"

〔推源〕 諸詞俱有下垂義,爲遂聲所載之公共義。聲符字"遂"所記録語詞謂前往、行進,引申之則有延續義,延續、下垂二義相通。《篇海類編·人事類·辵部》:"遂,繼也。"清朱駿聲《説文通訓定聲·履部》:"遂,〔假借〕又爲'家'。《穀梁襄十傳》:'遂,直遂也。'《僖四傳》:'遂,繼事也。'"按,乃引申,非假借。《後漢書·外戚傳·衛后》:"六年之間大命不遂,禍殃仍重。"唐顔師古注:"遂,猶延也。"遂聲可載下垂義,則"垂"可證之。

遂:邪紐物部;
垂:禪紐歌部。

邪禪準雙聲,物歌旁對轉。"垂",邊陲,引申爲下垂。《説文·土部》:"垂,遠邊也。"清朱駿聲《通訓定聲》:"《荀子·臣道》:'邊境之臣處,則疆垂不喪。'《書》傳皆以'陲'爲之。〔假借〕爲'㕎'。《春秋元命苞》:'以土垂一人,詰屈折著爲廷字。'宋均注:'垂,係也。'……《後漢·鄧禹傳》:'垂髮。'注:'童幼也。'"按,"垂"之下垂義乃引申義,無煩假借。"垂",即"陲"之初文。"陲"爲邊陲,視野之最邊遠處。天稱"蒼穹",又以爲天圓地方,其邊陲如天下垂而接於地處。

751 曾聲

(1953) 層嶒甑磳噌窜(高義)

層 重屋,其形高。《説文·尸部》:"層,重屋也。从尸,曾聲。"清朱駿聲《通訓定聲》:"按,'尸'者象屋形,从屋省也。《考工記》:'四阿重屋。'〔轉注〕《海外西經》:'雲蓋三層。'注:'猶重也。'"《廣韻·登韻》:"層,重屋也。"南朝梁劉孝綽《棲隱寺碑》:"珠殿連雲,金層輝景。"按,晉郭璞注《山海經·海外西經》所云之"重"即重叠義,爲引申義,"層"又引申爲高義。《晉書·阮籍傳附阮修》:"翕然層舉,背負太清。"《文選·王延壽〈魯靈光殿賦〉》:"漸臺臨池,層曲九成。"唐吕向注:"層,高也。九成,九重也。高大屈曲,九重而成。"

嶒 樓臺,有高義。《説文·立部》:"嶒,北地高樓無屋者。从立,曾聲。"清朱駿聲《通訓定聲》:"蘇俗有月臺,是其遺意。按,字亦作'橧'。《禮記·禮運》:'夏則居橧巢。'注:'聚薪柴居其上。'此嶒制之始。"《廣韻·蒸韻》:"嶒,高皃。"又《登韻》:"嶒,巢高。"《集韻·登韻》:"橧,或作'嶒'。"

甑 蒸具,叠於鬲或鍑之上,其形高者。字亦作"䰝"。《説文·瓦部》:"甑,甗也。从瓦,曾聲。𩱧,籀文甑从弼。"清朱駿聲《通訓定聲》:"字亦作'䰝'。《字林》:'甑,炊器也。'《考工·陶人》:'甑實二鬴,厚半寸,脣寸,七穿。'按,烝米爲飯器,先以箄蔽甑底,加米其上而饙之而餾之。《儀禮·少牢禮》:'廩人摡甑甗匕與敦于廩爨。'注:'古文甑爲烝。'"許書《鬲部》:"䰝,鬻也。"清朱氏《通訓定聲》:"即籀文甑省……《爾雅·釋器》:'䰝謂之鬵。'孫注:'關東謂甑爲鬵,涼州謂甑爲𨥔。'"北魏賈思勰《齊民要術·作醬法》:"用春種烏豆,於大甑中燥蒸之。"

磳 山、山崖高。《廣韻·蒸韻》:"磳,硱磳。"又《登韻》:"磳,硱磳,石皃。"《楚辭·招隱士》:"嶔岑碕礒兮,硱磳魂硊。"宋朱熹注:"硱,綺矜反,字从困;又苦本反,字从困。嶔岑碕礒,硱磳魂硊,並石皃。"按,謂石高之貌。"磳"亦單用,指山崖。唐元結《水樂説》:"元子於山中尤所耽愛者,有水樂。水樂,是南磳之懸水,淙淙然聞之多久,於耳尤便。"又,"磳"可叠用,所謂重言形況字,形容山石高峻。唐元結《丹崖翁宅銘》:"磳磳丹崖,其下誰家。"

嶒 山高峻貌。《廣韻·蒸韻》:"嶒,崚嶒,山皃。"按,即"峻嶒","峻嶒"亦作"嶒峻",則爲同素逆序詞,亦爲同義聯合式合成詞,"峻"即高峻字。南朝梁江淹《鏡論語》:"意悵悵兮有端,才嶒峻兮可觀。"其"嶒峻"乃以山高峻喻才能傑出、高明。宋葛澧《錢塘賦》:"言其山勢縈嶂峻嶒,屹豈岸峇。"又,"嶒竑"謂深空,其義當亦同條共貫,地面以上,上下距離大即高;地面以下,上下距離大即深。清朱駿聲《説文通訓定聲·升部·附〈説文〉不錄之字》:"嶒,《魯靈光殿賦》:'鬱坱圠以嶒竑。'注:'深空皃。'"

窨 屋高深。《玉篇·穴部》:"宖,宖窨,大屋。"又:"宖窨,屋深響也。"按,所訓二義相成相因,屋高大深廣則其聲宏大。"宖"字从厷得聲,與"宏"同。《説文·宀部》:"宏,屋深響也。"清朱駿聲《通訓定聲》:"深大之屋凡聲如有應響。"明楊慎《秋林伐山·宖窨》:"宖窨,屋深響也,如空谷之傳聲。"《正字通·穴部》:"窨,窨宖,高深貌。"

〔推源〕 諸詞俱有高義,爲曾聲所載之公共義。聲符字"曾"單用本可表高、深義。《説文·八部》:"曾,詞之舒也。从八,从曰,囪聲。"清朱駿聲《通訓定聲》:"〔假借〕爲'層'。《楚辭·招魂》:'曾臺累榭。'注:'重也。'《東君》:'翾飛兮翠曾。'注:'舉也。'《淮南·覽冥》:'還至其曾逝萬仞之上。'注:'猶高也。'《弔屈原文》:'遙曾擊而去之。'如淳曰:'曾,高高上飛意也。'"按,"曾"又可表深義,高義、深義本相通。晉郭璞《江賦》:"若乃曾潭之府,靈湖之淵,澄澹汪洸,㶖溔困泫。"按,許慎所訓之義有之,然非本義。"曾"字之甲骨文形體作"苗",葉森《前釋》云即"甾"字,其説可從。然則"曾"之高義非顯性語義,乃曾聲所載之語源義。曾聲可載高義,則"崇"可證之。

曾:從紐蒸部;
崇:崇紐冬部。

從崇(牀)準雙聲,蒸冬(東)旁轉。"崇",山高,所謂崇山峻嶺,虛化引申爲高。《説文·山部》:"崇,嵬高也。"清朱駿聲《通訓定聲》:"《爾雅·釋詁》:'喬、嵩、崇,高也。'《周語》:'融降於崇山。'注:'崇,崇高山也。'〔轉注〕《漢書·楊(揚)雄傳》:'瞰帝唐之嵩高兮。'……《西京賦》:'與黃比崇。'……《甘泉賦》:'崇崇圜丘。'"按,《説文新附·山部》:"嵩,中嶽嵩高山也……韋昭《國語》注云:'古通用崇字。'"

(1954)譄增(加義)

譄 言辭夸大,有所加而不實。《説文·言部》:"譄,加也。从言,曾聲。"清朱駿聲《通訓定聲》:"誣加也。與'譖'略同。"清段玉裁注:"'加'下曰:'語相譄加也。'"按,凡語之增加當以"譄"爲正字。明貝瓊《唐宋六家文衡序》:"將刻諸梓,使子弟讀之,而曾曲阜所作四篇。"其"曾"謂增加篇章,篇章即書面之言,與"譜"之義相通。

增 增加。《説文·土部》:"增,益也。从土,曾聲。"清朱駿聲《通訓定聲》:"《廣雅·釋詁二》:'增,加也。'《四》:'增,累也。'《太玄·玄錯》:'增日益。'《淮南·本經》:'殘高增下。'《高唐賦》:'脅息增欷。'"《詩·小雅·天保》:"如川之方至,以莫不增。"漢鄭玄箋:"川之方至,謂其水縱長之時也,萬物之收皆增多也。"《宋書·樂志三》:"長樂甫始宜孫子,常願主人增年,與天相守。"

〔推源〕 此二詞俱有加義,爲曾聲所載之公共義。聲符字"曾"單用本可表加義。清朱駿聲《説文通訓定聲·升部》:"曾,〔假借〕又爲'增'。《孟子》:'曾益其所不能。'張音與'增'同。《離騷》:'曾歔欷余鬱邑兮。'注:'累也。'"按,未必爲假借。"曾"本謂禾苗,禾苗則爲日益增長之物,增長即增加。曾聲字"層"所記錄語詞謂重疊之屋,與加義相通。又,前條諸詞俱有高義,亦當與加義相通。曾聲可載加義,則"滋"可證之。

曾:從紐蒸部;
滋:精紐之部。

從精旁紐,蒸之對轉。"滋",增加,增益。《説文·水部》:"滋,益也。"清朱駿聲《通訓定聲》:"《左隱元傳》:'無使滋蔓。'服注:'益也。'《吕覽·明理》:'草木庳小不滋。'注:'亦長也。'又《左襄八傳》:'事滋無成。'注:'益也。'《周語》:'故能保世以滋大。'注:'猶益也。'"

(1955) 矰襘髻(短義)

矰 短箭。《字彙·矢部》:"矰,短矢也。"清朱駿聲《説文通訓定聲·升部》:"矰,《吕覽·直諫》:'宛路之矰。'注:'弋射短矢。'……《海内經》:'帝俊賜羿彤弓素矰。'注:'素矰,矰矢名,以白羽羽之。'"《國語·吴語》:"萬人以爲方陣,皆白裳、白旂、素甲、白羽之矰,望之如荼。"《史記·老子韓非列傳》:"走者可以爲罔,飛者可以爲矰。"

襘 短汗衫。漢揚雄《方言》卷四:"汗襦,江淮南楚之間謂之襘……自關而東謂之甲襦,陳魏宋楚之間謂之襜襦,或謂之襌襦。"晉郭璞注:"亦呼爲掩汗也。"清錢繹《箋疏》:"《急就篇》:'袍襦表裏曲領帬。'顔師古注云:'長衣曰袍,下至足跗;短衣曰襦,自脰以上。一曰短而施要者曰襦。'《説文》:'襦,短衣也。'……汗衣亦短衣也。凡字之从需、从奐、从而者聲皆相近。短衣謂之襦,猶小兔謂之魏……小與短同義。"《廣韻·證韻》:"襘,汗襦。"

髻 頭髮短。《廣韻·登韻》:"髻,髼髻,髮短。"按,"髼"謂蓬散,其字可單用。《西遊記》第二十四回:"骨清神爽容顏麗,頂結丫髻短髮髼。"然則"髼髻"本可分訓,所謂"髼髻"即頭髮短而蓬散,如今之"爆炸頭"。

〔推源〕 諸詞俱有短義,爲曾聲所載之公共義。聲符字"曾"本謂禾苗,禾苗則爲短小之物,其義當相通。曾聲可載短義,則"侏"可證之。

曾：從紐蒸部；
侏：章紐侯部。

從章(照)鄰紐，蒸侯旁對轉。"侏"，侏儒，短小之人。《廣雅·釋詁二》："侏儒，短也。"《廣韻·虞韻》："侏，侏儒，短人。"《禮記·王制》："瘖聾、跛躃、斷者、侏儒、百工，各以其器食之。"漢鄭玄注："侏儒，短人也。"《續資治通鑒·宋高宗建炎二年》："金人見貌陋而侏儒，不知爲守臣，乃令爲荷擔，孝忠乘間奔西陵。"今按，"侏儒"爲連語，凡連語以同義詞根相聯合而成者居多。"侏"從朱聲，朱聲字所記録語詞"瓿"謂小甖，小義、短義相通。"儒"本謂儒士、儒學。其字从需得聲。需聲字所記録語詞"糯""懦"等俱有柔弱、弱小義，藉知"儒"即懷柔之義，所謂仁者愛人，主張以禮治天下。以其字从人，故亦指矮、短之人，爲套用字。語源則不一。短衣稱"襦"，其字亦从需聲，足證需聲可載短義。

(1956) 驓䚈(白義)

驓 膝下白色之馬。《爾雅·釋獸》："四骸皆白，驓。"《説文·骨部》："骸，脛也。"清段玉裁注："脛，卻下也。"按，"卻"爲"膝"之借字。人及動物之腿細而長，故稱"脛"，構詞理據與"莖"同。"骸"者，二腿可交叉，故名，"交"字正象人二腿交叉形。唐張説《大唐開元十三年隴右監牧頌德碑》："差其毛物，則有蒼白驪黃……駽駮驓駥。"

䚈 白貌。字本作"䚈"。《廣韻·東韻》："䚈，䚈白兒。出《聲譜》。"《字彙·日部》："䚈，白兒。"《康熙字典·日部》："䚈，即'䚈'字之訛。"《集韻·東韻》："䚈，素白。"按，"䚈"字即从白，復以曾聲載白義，形符、聲符所表之義同，前者爲顯性語義而後者爲隱性語義，此爲形聲格局文字之一大通例。

〔推源〕 此二詞俱有白義，爲曾聲所載之公共義。聲符字"曾"所記録語詞與白義不相涉，其白義乃曾聲所載之語源義。曾聲可載白義，"皙"可證之。

曾：從紐蒸部；
皙：心紐錫部。

從心旁紐，蒸錫旁對轉。"皙"，膚色白。《説文·白部》："皙，人色白也。"清朱駿聲《通訓定聲》："《詩·君子偕老》：'揚且之皙也。'《周禮·大司徒》：'其民皙而瘠。'……《定九傳》：'皙幘而衣狸制。'《漢書·霍光傳》：'白皙疏眉目。'"按，"皙"之本義如許慎所訓，謂膚色潔白，朱氏所引《周禮》文之"皙"當爲蒼白，乃引申義；又，所引《左傳·定公九年》文之"皙"謂白色，爲虛化引申義。

(1957) 蹭/阻(阻礙義)

蹭 受阻難行。《廣韻·嶝韻》："蹭，蹭蹬。"北魏楊衒之《洛陽伽藍記·正始寺》："若乃絶嶺懸坡，蹭蹬蹉跎。泉水紆徐如浪峭，山石高下復危多。"引申爲困頓義，困頓即意志受阻而不得伸。宋陸游《秋晚》："一生常蹭蹬,安得不皓首。"又有緩慢義,皆同條共貫,今尚有"磨磨蹭蹭"語。

阻 險要。《説文・阜部》："阻,險也。"清朱駿聲《通訓定聲》："《詩・殷武》:'罙入其阻。'"引申爲阻礙、阻隔義。《廣韻・語韻》："阻,隔也。"南朝梁劉勰《文心雕龍・論説》："凡説之樞要,必使時利而義貞,進有契於成務,退無阻於榮身。""阻"有礙義,故有"阻礙"之同義聯合式合成詞。北魏酈道元《水經注・沔水三》："漢水又東,謂之潦灘……又東爲淨灘,夏水急盛,川多湍洑,行旅苦之,故諺曰:'冬潦夏淨,斷官使命。'言二灘阻礙。"

〔推源〕 此二詞俱有阻礙義,其音亦相近且相通。

蹭:清紐蒸部;

阻:莊紐魚部。

清莊準旁紐,蒸魚旁對轉。則其語源當同。

752 勞聲

(1958) 嘮澇癆謼（多義）

嘮 話多,囉嗦。《説文・口部》："嘮,嘮呶,讙也。从口,勞聲。"《廣韻・肴韻》："嘮,嘮呶,讙也。"按,漢揚雄《方言》卷七"讙"訓"讓",即責備義,責備則言不止。"讙"又有衆聲、喧嘩義。皆與話多義相通。清翟灝《通俗編・言笑》："嘮呶,俚俗有云嘮叨者,即此小轉。"前蜀貫休《四皓圖》："何人圖四皓?如語話嘮嘮。雙鬢雪相似,是誰年最高?"宋陳亮《又甲辰秋答朱元晦書》："亮之居鄉,不但外事不干與,雖世俗以爲甚美……亮力所易及者,皆未嘗有分毫干涉。只是口嘮噪,見人說得不切事情,便喊一響,一似曾干與耳。"按,今杭州方言尚有"嘮噪"一詞。清曹雪芹《紅樓夢》第七回："那周瑞家的又和智能兒嘮叨了一回。"

澇 雨水多而成災。《廣韻・號韻》："澇,淹也。"《玉篇・水部》："淹,漬也。"清朱駿聲《説文通訓定聲・小部》："澇,今亦通用爲旱澇字。"按"澇"本爲水名,指雨水多而成災,爲套用字。《三國志・魏志・鄭渾傳》："郡界不淫,患水澇,百姓飢乏。"清曹雪芹《紅樓夢》第五十三回："如今你們一共只剩了八九個莊子,今年倒有兩處報了旱澇,你們又打擂臺,真真是又教別過年了。"

癆 勞損病,即耗力過多所致之病。《正字通・疒部》："癆,今俗以積勞瘦削爲癆疾。"清朱駿聲《説文通訓定聲・小部》："癆,〔別義〕今俗謂血弱病曰'癆',實當作'勞',凡勞于力氣,勞于酒色,皆是也。"按,中醫有"五勞七傷"說,凡久視、久臥、久坐、久立、久行而耗力過多皆爲癆,徽歙方言稱"癆力"。《素問・宣明五氣篇》："久視傷血,久臥傷氣,久坐傷肉,久立傷骨,久行傷筋,是謂五勞所傷。""癆"本爲"勞"之累增者,然爲此病名之專字、正字。明戴原禮《秘傳證治要訣·虛損門·五勞》:"心主血,腎主精,精竭血燥,則瘵生。"明淩濛初編《二刻拍案驚奇》卷三十二:"朱公子是色上要緊的人……早已染了瘵怯之症。"

謼 聲多。《集韻·號韻》:"謼,聲多也。"《尚書大傳·虞夏傳》:"執事還歸二年,謼然乃作大唐之歌。"南朝陳徐陵《梁禪陳策文》:"謼然作歌,簡能斯授。"

〔推源〕 諸詞俱有多義,爲勞聲所載之公共義。聲符字"勞"所記錄語詞本謂辛勞,故有疲憊、耗力過多之衍義。《説文·力部》:"勞,劇也。从力,熒省。熒火燒冖,用力者勞。𢥶,古文勞从悉。"清朱駿聲《通訓定聲》:"《爾雅·釋詁》:'勞,勤也。'《論語》:'有事弟子服其勞。'皇疏:'苦也。'《越語》:'勞而不矜其功。'注:'動而不已也。'《淮南·精神》:'好憎者使人之心勞。'注:'病也。'"《廣韻·豪韻》:"勞,倦也,病也。"《易·繫辭上》:"子曰:'勞而不伐。'"唐孔穎達疏:"雖謙退疲勞而不自伐其善也。"《新五代史·唐臣傳·周德威》:"因其勞乏而乘之,可以勝也。"然則本條諸詞之多義當爲聲符"勞"所載之顯性語義。勞聲可載多義,則"饒"可證之。

勞:來紐宵部;

饒:日紐宵部。

叠韻,來日準旁紐。"饒",富有,多。其字从堯得聲,堯聲字所記錄語詞"曉""僥"俱有多義,詳見本卷"堯聲"第1839條。

(1959) 瘵筹(毒義)

瘵 藥物中毒。漢揚雄《方言》卷三:"凡飲藥、傅藥而毒……北燕、朝鮮之間謂之瘵。"《説文·疒部》:"瘵,朝鮮謂藥毒曰瘵。从疒,勞聲。"清朱駿聲《通訓定聲》:"按,猶癆也。《廣雅·釋詁二》:'瘵,痛也。'"按,朱説可從。《説文》同部:"癆,楚人謂藥毒曰痛癆。"清段玉裁注:"如俗語言辛辣。"《廣韻·曷韻》:"癆,瘵癆。"

筹 有毒之竹。《廣韻·豪韻》:"筹,竹名。一枝百葉,有毒。"晉戴凱之《竹譜》:"百葉參差,生自南垂,傷人則死,醫莫能治,亦曰筹。"宋贊寧《筍譜》:"其筍無肉,今詳微多毛,猶或殺人,豈況籠可鑢,筍皮亦澁理,而可食乎?一云筹竹,一枝百葉,有毒。"《篇海類編·花木類·竹部》:"䈽筹,竹名。一枝百葉,有毒如堇。"

〔推源〕 此二詞俱有毒義,爲勞聲所載之公共義。聲符字"勞"所記錄語詞與毒義不相涉,其毒義乃勞聲所載之語源義。勞聲可載毒義,"毒"可證之。

勞:來紐宵部;

毒:定紐覺部。

來定旁紐,宵覺旁對轉。"毒",毒物。《説文·屮部》:"毒,厚也。害人之艸,往往而生。从屮,从毒。"清朱駿聲《通訓定聲》:"《周禮·醫師》:'聚毒藥以共醫事。'注:'毒藥,藥之辛苦者。'《易·師》:'以此毒天下。'干寶注:'毒,荼苦也。'《鶡冠子·環流》:'味之害人者謂之毒。'"按,所引《易》之"毒"爲毒害義,爲直接引申義。

(1960) 澇螰𪐨㺜(粗、大義)

澇 雨水過多而成災,見前第1958條,引申之則指大波。《廣韻·號韻》:"澇,或作'潦'。"清朱駿聲《説文通訓定聲·小部》:"澇,〔假借〕爲'潦'。《海賦》:'飛澇相磹。'注:'大波也。'"又:"潦,雨水大皃……或以'澇'爲之。"按,"澇"雖爲水名,然其字从水,表澇災、大波義無煩假借。唐宋昱《樟亭觀濤》:"激流起平地,吹澇上侵空。"

螰 大蟬。《廣韻·蕭韻》:"螰,馬螰,大蟬。"清朱駿聲《説文通訓定聲·小部·附〈説文〉不録之字》:"螰,《方言》十一:'蟬,其大者謂之螰。'……《廣雅·釋蟲》:'螰,馬蜩也。'"《爾雅·釋蟲》:"蜩,馬蜩。"晉郭璞注:"蜩中最大者爲馬蜩。"清惲敬《釋蟪蛄》:"蜩蜋、蜩螗、蜩蟧、馬蜩,皆夏蟬也……自其大言之曰'馬'。"明李時珍《本草綱目·蟲部·蚱蟬》:"夏月始鳴,大而色黑者,蚱蟬也。又曰蜩,曰馬蜩。《豳》詩'五月鳴蜩'者是也。"

𪐨 麻莖大。《廣韻·號韻》:"𪐨,麻莖大也。"或云枲之大者。《集韻·號韻》:"𪐨,枲大者曰𪐨。"按"枲"即大麻之雄株。《説文·木部》:"枲,麻也。"清段玉裁注:"牡麻者,枲麻也。"

㺜 性粗急。《廣韻·號韻》:"㺜,㺜㺜,麤急皃。"《集韻·豪韻》:"㺜,㺜㺜,性麤急。"按,猶今俗所云"脾氣大"。又暴躁字作"躁",从喿得聲,正與"㺜"同。"㺜㺜"又有高義,高義、大義亦相通。《廣韻·豪韻》:"㺜,㺜㺜,高皃。"

〔推源〕 諸詞俱有大義或粗義,爲勞聲所載之公共義。聲符字"勞"所記録語詞之本義、引申義系列與粗、大義不相涉,其粗、大義乃勞聲所載之語源義。按,兆聲字所記録語詞"咷""銚""狣""䟫"俱有大義,見本典第三卷"兆聲"第710條,勞聲、兆聲本相近且相通。

勞:來紐宵部;
兆:定紐宵部。

叠韻,來定旁紐。然則可相爲證。

753　寒聲

(1961) 攐搴褰攓謇(趨上、高義)

攐 拔取,即以手執物而上提。《説文·手部》:"攐,拔取也。南楚語。从手,寒聲。《楚詞》曰:'朝攐批之木蘭。'"清朱駿聲《通訓定聲》:"字亦作'搴'、作'攓'、作'撈'、作'捲'、作'捰'。"《爾雅·釋言》:"篝,搴也。"《小爾雅·廣詁》:"搴,取也。"《方言》一:"攓,取也,南楚曰攐。"《廣雅·釋詁一》:"搴,舉也。"《三》:"拔也。"……《史記·叔孫通傳》:'斬將搴旗之士。'《列子·天瑞》:'攓蓬而指。'《楚辭·湘君》:'搴芙蓉兮木末。'注:'手取也。'"《廣韻》:"搴,取也。攓,上同。"沈兼士《聲系》:"案'搴',《說文》作'攓'。"宋羅泌《路史·前紀四·因提紀》:"辰放氏作,時多陰風,乃教民攓木茹皮,以禦風霜。"

騫 舉頭,頭抬高。清朱駿聲《說文通訓定聲·乾部》:"騫,〔假借〕又爲'鶱'。……《楚辭·大招》:'王虺騫只。'注:'舉頭貌。'"按,"騫"之本義《說文》訓"馬腹縶",謂馬腹虧損低陷,然其字從馬,馬首常舉,表舉首義非假借,乃套用字。引申之,"騫"又有高、升高義。唐杜牧《池州送孟遲先輩》:"寺樓最騫軒,坐送飛鳥没。"唐盧綸《早春遊樊川野居却寄李端校書兼呈崔峒補闕司空曙主簿耿湋拾遺》:"颯然成一叟,誰更慕騫騰。"

褰 套褲,引申爲提起義。《説文·衣部》:"褰,絝也。从衣,寒省聲。《春秋傳》曰:'徵褰與襦。'"清朱駿聲《通訓定聲》:"《小爾雅·廣服》:'袴謂之褰。'《方言》四:'袴,齊魯之間謂之襪。'〔假借〕爲'攓'。《詩》:'褰裳涉洧。'《禮記·曲禮》:'暑無褰裳。'注:'袪也。'"按,所引《禮記》文之"無"異文作"毋",漢鄭玄注:"褰,揭也。"《廣韻·魚韻》:"袪,揭也。"今按,褲之爲物着於人身必上提,故"褰"之褲義、上提義相通,無煩假借。《楚辭·九嘆·遠遊》:"回朕車俾西引兮,褰虹旗於玉門。"漢王逸注:"褰,袪也……褰舉虹旗,驅上玉門之山。"晉葛洪《抱朴子·廣譬》:"褰裳以越滄海,企佇而躍九玄。"

鶱 高飛貌。《説文·鳥部》:"鶱,飛兒。从鳥,寒省聲。"清朱駿聲《通訓定聲》:"《西京賦》:'鳳鶱翥於甍標。'《楚辭·遠遊》:'鳥軒鶱而翔飛。'以'軒'爲之。《廣雅·釋訓》:'鶱鶱,飛也。'亦重言形況字。"按,所引《廣雅》文清王念孫《疏證》:"鶱之言軒也,軒軒然起也。"《廣韻·元韻》:"鶱,飛舉兒。"《晉書·袁湛傳》:"范泰贈湛及混詩云:'亦有後出雋,離群頗鶱翥。'"清洪昇《長生殿·舞盤》:"盤旋跌宕,花枝招颭柳枝揚,鳳影高鶱鸞影翔。"

謇 驕傲,自高自大。《舊唐書·忠義傳上·王義方》:"少孤貧,事母甚謹,博通五經,而謇傲獨行。"《元史·方技傳·李杲》:"大夫士或病其資性高謇,少所降屈,非危急之疾,不敢謁也。"按,"謇"之本義謂口吃,然其字从言,凡驕傲之人多溢於言表,故"謇"表驕傲義爲其套用字。

〔推源〕 諸詞俱有趨上、高義,爲寒聲所載之公共義。聲符字"寒"所記録語詞謂寒冷。《説文·宀部》:"寒,凍也。从人在宀下,在茻薦覆之,下有仌。"清朱駿聲《通訓定聲》:"《易·説卦》:'乾爲寒。'……《吕覽·有始》:'北方曰寒風。'注:'坎氣所生,一曰廣莫風。'"《史記·刺客列傳》:"風蕭蕭兮易水寒,壯士一去兮不復還。"其引申義系列與趨上、高義亦不相涉,然則趨上、高義爲寒聲所載之語源義。寒聲可載趨上、高義,則"炎"可證之。

寒:匣紐元部;

炎:匣紐談部。

雙聲,元談通轉。"炎",火苗升騰,趨上、趨於高處。《説文·炎部》:"炎,火光上也。从重火。"清朱駿聲《通訓定聲》:"《書·洪範》:'火曰炎上。'《詩·大田》:'秉畀炎火。'傳:'盛陽也。'《雲漢》:'赫赫炎炎。'傳:'熱氣也。'《爾雅·釋訓》:'爞爞、炎炎,熏也。'《吕覽·有始》:'南方曰炎天。'"按,所引《書》文唐孔穎達疏:"火之性,炎盛而升上。"又,炎聲字所記録語詞"啖""剡""惔""菼""痰"俱有上引義,見本典第五卷"炎聲"第1174條。

(1962) 蹇謇(不順義)

蹇 跛足,跛足則行走不順,故引申爲不順利、艱難義,又引申爲不順服、傲慢義。《説文·足部》:"蹇,跛也。从足,寒省聲。"清朱駿聲《通訓定聲》:"《素問·骨空論》:'蹇膝伸不屈。'《易·蹇》:'往蹇來連。'《楚辭·謬諫》:'駕蹇驢而無策兮。'〔轉注〕《易·序卦》:'蹇者,難也。'……又疊韻連語。《廣雅·釋訓》:'蹇産,詰詘也。'……《楚辭·哀郢》:'思蹇産而不釋。'注:'詰屈也。'《左哀六傳》:'彼皆偃蹇。'注:'驕傲。'又雙聲連語。《漢書·淮南厲王長傳》:'驕蹇數不奉法。'注:'不順也。'"按,所引《楚辭·哀郢》之"蹇産"謂思緒鬱結而不順暢。

謇 口吃,出語不順。《廣韻·獮韻》:"謇,吃。又止言。"按"止言"即時言時止、隨言隨止之義。《説文·口部》:"吃,言蹇難也。"按古者"吃"與"喫"别。《北史·李諧傳》:"諧爲人短小,六指,因瘻而舉頤,因跛而緩步,因謇而徐言。人言李諧善用三短。"引申爲不順利、艱難義,又引申爲不順服、驕傲義,則其引申軌蹟略同"蹇",所謂同步引申。唐劉肅《大唐新語·孝行》:"杜審言雅善五言,尤工書翰,恃才謇傲,爲時輩所嫉。"金元好問《贈汴禪師》:"道重疑高謇,禪枯耐寂寥。"

〔推源〕 此二詞俱有不順義,爲寒聲所載之公共義。聲符字"寒"所記録語詞謂寒冷,引申之則有貧寒、卑微、凋零等義,不順義或與之相通。寒聲可載不順義,則"乖"可證之。

寒:匣紐元部;
乖:見紐微部。

匣見旁紐,元微旁對轉。"乖",相違背,不相協。《説文·丫部》:"乖,戾也。"清朱駿聲《通訓定聲》:"《廣雅·釋詁二》:'乖,背也。'……《賈子·道術》:'剛柔得適謂之和,反和爲乖。'《楚辭·怨世》:'吾獨乖剌而無當兮。'《西征賦》:'人度量之乖舛。'"引申之,則有不順服、不順利義。南朝梁武帝《孝思賦》:"何在我而不爾,與二氣而乖張。"唐韓愈《贈崔立之評事》:"時命雖乖心轉壯,技能虚富家逾窘。"

754 尋聲

(1963) 襑樳蟳簺鱘(長、大義)

襑 衣博大。《説文·衣部》:"襑,衣博大。从衣,尋聲。"清朱駿聲《通訓定聲》:"按,字亦作'衫'。彡聲、尋聲同。《説文新附》:'衫,衣也。'"按,衫有長衫,長衫則爲衣之長大者。

《廣韻·感韻》："襑，衣大。"又《侵韻》："襑，衣博大也。"黄侃《蘄春語》："《説文·衣部》：'袁，長衣貌。'雨元切。俗字作'襑''襆'，皆見《集韻》。吾鄉或謂長襑(即衫子)爲長襆，讀王眷切；閭里書師所作七言雜字云'絮袴縣襖青長襆'是也。"

樳 傳説中的大樹。《字彙補·木部》："樳，奇木，長千里。"《文選·左思〈吳都賦〉》："西蜀之於東吳，小大之相絶也，亦猶棘林螢燿而與夫樳木龍燭也。"其"樳"字異文作"尋"，唐李周翰注："尋木，大木。"按，左思説蓋本於《山海經》，其《海外北經》云："尋木長千里，在拘纓南，生河上西北。"然則"樳"爲"尋"之累增字，亦爲其正字。

撢 長。《集韻·侵韻》："撢，長也。"清朱駿聲《説文通訓定聲·臨部》："尋，字亦作'撢'。《後漢·馬融傳》：'踔撢枝。'注：'謂長枝也。'"

蟳 大蟹。元戴侗《六書故·虫部》："蟳，青蟳也。敖似蟹，殼青，海濱謂之蟳蟹。"按，亦謂之"蟳蜶""蜶蟳"。唐段成式《酉陽雜俎·廣動植》："蟳蜶大者長尺餘，兩螯至強，八月能與虎鬥，虎不如。隨大潮退，殼一退一長。"明謝肇淛《五雜俎·物部一》："閩中蜶蟳，大者如斗，俗名曰蟳。其螯至強，能殺人。"清金人瑞《效李義山絶句逸詩》之七："一夏隨僧餐白粥，忽逢租户餉蜶蟳。"

篝 傳説中的大竹。《集韻·侵韻》："篝，竹名。長千丈，可爲大舟。"宋贊寧《筍譜》："篝竹筍，竹本根長千丈，斷節爲大船，生海畔山，其竹萌可數丈，猶爲筍也。"

鱏 大魚。宋程大昌《演繁露·牛魚》："《燕北録》云：'牛魚，嘴長，鱗硬，頭有脆骨，重百斤，即南方之鱏魚也。'鱏、鱘同。"清李調元《然犀志·鱘魚》："鱘魚，出江淮、黄河、遼海深水處。岫居，長二丈餘。至春始出而浮陽，見日則目眩。其狀如鱣而背無甲。色青碧，腹下白色。其鼻長與身等，口在頷下，食而不飲。頰下有青斑，文如梅花。尾岐如丙字。肉色純白，味亞於鱣……古又有鱏魚、鮪魚、碧魚等稱。"

〔推源〕諸詞俱有長、大義，爲尋聲所載之公共義。聲符字"尋"所記録語詞謂八尺，故有長之衍義。《説文·寸部》："尋，繹理也。从工，从口，从又，从寸。工、口，亂也。又、寸，分理之。彡聲。此與叚同意。度人之兩臂爲尋，八尺也。"清朱駿聲《通訓定聲》："今隸作'尋'，俗字……按，此字當以度數爲本義，轉注爲繹。《方言》一：'尋，長也。'周官之法，度廣爲尋。《詩·閟宮》：'是尋是尺。'傳：'八尺曰尋。'《儀禮·公食禮記》：'加萑席尋。'注：'丈六尺曰常，半常曰尋。'〔假借〕又爲'深'。《淮南·繆稱》：'不能使無憂尋。'注：'憂長也。''其憂尋推之也。'注：'憂深也。'"按，深義、長義相通，無煩假借。《廣韻·侵韻》："尋，長也。"《淮南子·齊俗訓》："深溪峭岸，峻木尋枝。"按，"尋"又有大之衍義，其字爲"篝"之初文。《山海經·大荒北經》："有岳之山，尋竹生焉。"晉郭璞注："尋，大竹名。"然則本條諸詞之長、大義爲其聲符"尋"所載之顯性語義。尋聲可載長、大義，則覃聲可相證。覃聲字所記録語詞"嘾""曋""橝""驔""鱏""潭""嬋""蟫""醰""暺"俱有深、長義，見本卷"覃聲"第1868條。又，覃聲字所記録語詞"譚"有大義。《玉篇·言部》："譚，大也。"《廣韻·覃韻》："譚，大也。"《大戴禮記·子張問入官》:"富恭有本能圖,修業居久而譚。"清王聘珍《解詁》:"業安於久而自大也。《易》曰:'可久則賢人之德,可大則賢人之業。'"按,尋聲、覃聲本相近且相通。

尋:邪紐侵部;

覃:定紐侵部。

叠韻,邪定鄰紐。

755 畫聲

(1964) 劃擘愩(分義)

劃 劃開,使分開。《説文·刀部》:"劃,錐刀曰劃。从刀,从畫,畫亦聲。"《廣韻·麥韻》:"劃,錐刀刻。"北齊顔之推《顔氏家訓·歸心》:"九州未劃,列國未分。"按,"劃"與"分"對文同義。清潘耒《遊天台山記》:"峭壁百尋,雷轟刀劃,懸瀑自其肩落注於蒼池。"唯"劃"有分義,故有"劃分"之同義聯合式合成詞。清惲敬《明儒學案條辯·序》:"非敢强爲是非,劃分畛域也。"

擘 分開,剖裂。《廣韻·麥韻》:"擘,擗也。"《説文·手部》:"擗,撝也。"清朱駿聲《通訓定聲》:"《廣雅·釋言》:'擘,剖也。'《淮南·要略》:'擘畫人事之終始者也。'注:'分也。'《西京賦》:'擘肌分理。'注:'破裂也。'"按,"擘"亦指劃開。清曹雪芹《紅樓夢》第十九回:"黛玉一回眼,看見寶玉左邊腮上有鈕扣大小的一塊血迹,便欠身湊近前來,以手撫之細看道:'這又是誰的指甲擘破了?'"

愩 乖戾,相違,離心離德,"離"與"分"同義。《玉篇·心部》:"愩,乖戾也。"北齊顔之推《顔氏家訓·文章》:"何遜詩實爲清巧,多形似之言……雖然,劉甚忌之,平生誦何詩,常云:'蘧居響北,愩愩不道車。'"王利器《集解》:"愩愩,乖戾也。"引申之則謂劃分清楚。《廣韻·麥韻》:"愩,愩愩,辯快。出《音譜》。"南朝宋謝靈運《辨宗論·答慧琳問》:"釋慧琳問云:三復精議,辯愩二家,斟酌儒道,實有懷於論矣。"

〔推源〕 諸詞俱有分義,爲畫聲所載之公共義。聲符字"畫"所記録語詞謂劃分界限,本有分義。《説文·畫部》:"畫,界也。象四田界,聿所以畫之。"清朱駿聲《通訓定聲》:"《左襄四傳》:'畫爲九州。'注:'分也。'"《廣韻·麥韻》:"畫,分也。"《書·畢命》:"申畫郊圻,慎固封守。"僞孔傳:"郊圻雖舊所規畫,當重分明之。"漢司馬相如《上林賦》:"封疆畫界者,非爲守禦,所以禁淫也。"然則本條諸詞之分義爲其聲符"畫"所載之顯性語義。畫聲可載分義,則"隔"可證之。

畫:匣紐錫部;

隔:見紐錫部。

叠韻,匣見旁紐。"隔",阻隔,分開而不通。《説文·阜部》:"隔,障也。"清朱駿聲《通訓定聲》:"《西京賦》注引《説文》:'塞也。'……《西京賦》:'隴坻之隘,隔閡華戎。'〔轉注〕《管子·水地》:'脾生隔。'注:'隔在脾土也。'……字亦作'膈'。"引申之則有分離、分別義。《玉臺新詠·古詩爲焦仲卿妻作》:"下馬入車中,低頭共耳語:'誓不相隔卿。且暫還家去,吾今且赴府。'"宋張耒《少年遊》:"相見時稀隔別多。又春盡,奈愁何?"唯"隔"有分義,故有"分隔"之同義聯合式合成詞。《後漢書·獨行傳·范冉》:"行路倉卒,非陳契闊之所,可共到前亭宿息,以叙分隔。"

(1965) 嘖／吼(大聲義)

嘖 大聲呼叫。《廣韻·麥韻》:"嘖,嘖嘖,叫也。咶,上同。"按,"嘖嘖"可分訓。《説文·口部》:"嘖,大呼也。"漢蔡邕《短人賦》:"嘖嘖怒語,與人相距。"

吼 大聲叫。其字本亦作"呴"。《集韻·厚韻》:"吼,厚怒聲。"《説文·后部》:"呴,厚怒聲。从口、后,后亦聲。"清朱駿聲《通訓定聲》:"字亦作'呴',俗作'吼'……《聲類》:'呴,嗥也。'又:'吼,呼嗥也。'《春秋潛潭巴》:'里社鳴,此地有聖人出,其呴,百姓歸。'注:'鳴之怒者。'"《集韻·厚韻》:"呴,或作'呴''吼'。"《後漢書·鄧禹傳附鄧訓》:"至聞訓卒,莫不吼號。"《南齊書·高逸傳·顧歡》:"在鳥而鳥鳴,在獸而獸吼。"章炳麟《新方言·釋言》:"今通謂蓄怒爲呴,或言呴氣。"

〔推源〕 此二詞俱有大聲義,其音亦相近且相通。

　　　　嘖:匣紐鐸部;
　　　　吼:曉紐侯部。

匣曉旁紐,鐸侯旁對轉。則其語源當同。

756　孱聲

(1966) 潺孱鏟(緩、弱、小義)

潺 潺湲,水緩流,與疾流者義亦相反,又小水則其流動亦緩,緩義、小義亦相通。又,緩流,則其勢弱,與弱義亦相通。《廣韻·山韻》:"潺,潺湲,水流。"清朱駿聲《説文通訓定聲·屯部·附〈説文〉不録之字》:"潺,《字林》:'潺,流皃。'"宋蔡襄《答葛公綽求猨》:"朝棲喬木之蒼莽,夕飲幽澗之潺湲。"明湯顯祖《邯鄲記·西諜》:"到木葉河灣,則願遲共疾央及煞有商量的流水潺顏,好和歹掇賺他没套數的番王著眼。"

孱 懦弱,弱小。明張居正《答宗伯董潯陽》:"僕之菲陋孱弱,往廁詞林,得隨長者後,徒幸簪筆荷橐,可供文墨而已。"梁啓超《治始於道路説》:"孱陋之國,若是者何也?"

鏟 小鑿。《太平御覽》卷七百六十三引漢服虔《通俗文》:"小鑿曰鏟。"《廣韻·臻韻》:

"鏾,《埤蒼》云:'小鑿。'"又《仙韻》:"鏾,小鑿。"又《山韻》:"鏾,小鑿名。"

〔推源〕 諸詞俱有緩、弱、小義,爲孱聲所載之公共義。聲符字"孱"所記錄語詞本有弱、小義。《玉篇·孨部》:"孱,愞弱也。"《廣韻·山韻》:"孱,孱劣皃。"清朱駿聲《說文通訓定聲·屯部》:"孱,〔假借〕爲'孨'。《史記·陳餘傳》:'吾王孱王也。'韋昭注:'仁謹貌。'孟康注:'冀州人謂懦弱爲孱。'服虔注:'弱小貌。'《大戴·曾子立事》:'君子博學而孱守之。'注:'小貌。'按,謹也。"按,"孱"之本義《說文》訓"迮",即狹窄義,又訓"呻吟",似皆未得肯綮。"孱"之結構當爲從尸、從孨,孨亦聲,懦弱、弱小即其本義。本條諸詞之弱、小義爲其聲符"孱"所載之顯性語義;至緩義,本與弱義相通。孱聲可載弱、小義,則佳聲可相證。佳聲字所記錄語詞"崔""雛""魋""稚"俱有細、小義,見本典第五卷"佳聲"第1115條。其"稚"即幼稚字,凡物細小、幼嫩則弱,然則"稚"本有弱義。孱聲、佳聲本相近且相通。

孱:崇紐元部;
佳:章紐微部。

崇(牀)章(照)鄰紐,元微旁對轉。則可相證。

(1967) 劗/鏟(除去義)

劗 閹割,除去生殖器官。《廣雅·釋獸》:"劗,攻犗也。"清王念孫《疏證》:"今俗語謂去畜勢爲扇,即劗聲之變轉矣。"《廣韻·獮韻》:"劗,以槌去牛勢。"

鏟 平木器。平其木,即有所削除、除去。《說文·金部》:"鏟,平鐵。"清朱駿聲《通訓定聲》:"字亦作'剗'。"《廣雅·釋詁三》:'剗,削也。'《聲類》:'剗,平也。'《通俗文》:'攻板曰剗。'《蒼頡篇》:'鏟,削平也。'"引申爲除去義。唐李紓《中書舍人朱巨川碑》:"國朝鏟邇代之弊,振中古之業。"唯"鏟"有除去義,故有"鏟除"之同義聯合式合成詞。《元典章新集·刑部·禁騷擾》:"濫官污吏,豪橫之家……把持官府,現任官員潔己者尚不能鏟除,一有交通賕賄,亦皆俯首稟命,惟其所使。"

〔推源〕 此二詞俱有除去義,其音亦相近且相通。

劗:章紐元陪;
鏟:初紐元部。

叠韻,章(照)初鄰紐。則其語源當同。

757 巽聲

(1968) 譔僎撰饌選(具備義)

譔 專心教導,引申爲具備義。《說文·言部》:"譔,專教也。從言,巽聲。"清朱駿聲

《通訓定聲》："《廣雅・釋詁四》：'譔，教也。'〔假借〕又爲'巽'。《楚辭・大招》：'聽歌譔只。'注：'具也。'"《廣韻・獮韻》："譔，專教。"按，專教、具備二義相通，無煩假借。唐張説《唐玉泉寺大通禪師碑》："譔夫總四大者，成乎身矣；立萬始者，主乎心矣。"

　　僎　具備，完善。《説文・人部》："僎，具也。从人，巽聲。"清朱駿聲《通訓定聲》："《論語》鄭本：'异乎三子者之僎。'注：'僎讀曰詮，詮之言善也。'"清段玉裁注："具者，共置也。"《廣韻・獮韻》及《綫韻》："僎，具也。"清惲敬《北山説》："蓋役之發也，其令自上而下，王而卿士，而大夫；役之僎也，其政自下而上，大夫而卿士，而王。故曰：刺大夫不均也。"按，"僎"謂備辦、具備。

　　撰　具備。清王念孫《廣雅疏證・釋詁三》："撰，爲之具也。"按，"撰"之常義爲撰寫，撰寫成文則稱"撰具"。《後漢書・應劭傳》："撰具《律本章句》《尚書舊事》……凡二百五十篇。蠲去復重，爲之節文。"按"撰"亦指備辦、具備。晉潘岳《藉田賦》："后妃獻種稑之種，司農撰播殖之器。"

　　饌　具食。《説文・食部》："籑，具食也。从食，算聲。饌，籑或从巽。"清朱駿聲《通訓定聲》："或从巽聲。"《廣韻・潸韻》："饌，盤饌。"又《綫韻》："饌，同籑。"北魏賈思勰《齊民要術・雜説》："六日饌治五穀磨具，七日遂麴。"按，"饌"之本義爲備辦、具備食物，故"饌具"亦指已備齊之食物。宋司馬光《用安之韻招君從安之正叔不疑二十六日南園爲真率令》："小園容易邀嘉客，饌具雖無亦有花。"

　　選　選擇。引申之則指所選之人、物，即具備特定條件者。《説文・辵部》："選，一曰選擇也。"清朱駿聲《通訓定聲》："《小爾雅・廣言》：'選，擇也。'《白虎通・聖人》：'十人曰選。'《禮記・王制》：'命鄉論秀士，升之司徒曰選士。'"《禮記・禮運》："禹、湯、文、武、成王、周公，由此其選也。"唐孔穎達疏："用此禮儀教化，其爲三王中之英選也。"《續資治通鑒・宋英宗治平三年》："朕昔奉朝請，望侍從大臣以爲皆天下選人，今多不然；聞學士之言，始知有人矣。"

　　〔推源〕　諸詞俱有具備義，爲巽聲所載之公共義。聲符字"巽"所記録語詞本訓"具"。《説文・丌部》："巺，具也。从丌，𠨎聲。䎇，古文巽。巽，篆文巽。"南唐徐鍇《繫傳》："謂僎具而進之也。"然則本條諸詞之具備義爲其聲符"巽"所載之顯性語義。巽聲可載具備義，則"全"可證之。

巽：心紐元部；
全：從紐元部。

　　叠韻，心從旁紐。"全"，純玉，引申爲完備、具備。《説文・入部》："全，完也。从入，从工。全，篆文全从玉。純玉曰全。"清朱駿聲《通訓定聲》："《考工・玉人》：'天子用全。'注：'純玉也。'〔轉注〕《禮記・祭統》：'不明其義，君人不全。'注：'猶具也。'《列子・天瑞》：'天地無全功。'注:'猶備也。'《莊子·庚桑楚》:'唯全人能之。'注:'聖人也。'"按,《廣韻·仙韻》"全"亦訓"具",即具備義。

(1969) 羀繟蜎(纏繞義)

羀 纏獸足以捕獸之網,字或作"蹎"。《説文·网部》:"羀,网也。从网,巽聲。蹎,《逸周書》曰:'不卵不蹎,以成鳥獸。'羀者,羅獸足,故或从足。"清桂馥《義證》:"《容齋隨筆》:'麕行草莽中,畏人見其跡,但循一徑,無問遠近也。村民結繩爲繯,置其所行處,麕足一絓,則倒懸於枝上,乃生獲之。'"《廣韻·線韻》:"羀,罥獸足網。蹎,上同。"按,《玉篇·网部》:"罥,繫取也。"

繟 懸持蠶箔柱之索,所以纏繞之物。《方言》卷五:"槌……東齊海岱之間謂之繟。"晉郭璞注:"槌,絲蠶薄柱也。"《玉篇·糸部》:"繟,懸紐索。"《廣韻·線韻》:"繟,索也。"

蜎 蛇類動物屈曲不伸、自纏繞貌。《集韻·仙韻》:"蜎,蜿蜎,龍屈兒。"又《獮韻》:"蜎,蜿蜎,蟲不申兒。"《楚辭·九思·哀歲》:"投劍兮脱冕,龍屈兮蜿蜎。"原注:"蜿蜎,自迫促貌。"

〔推源〕 諸詞俱有纏繞義,爲巽聲所載之公共義。聲符字"巽"所記録語詞與纏繞義不相涉,其纏繞義乃巽聲所載之語源義。巽聲可載纏繞義,則"纏"可證之。

巽:心紐元部;

纏:定紐元部。

疊韻,心定鄰紐。"纏",纏繞字。《説文·糸部》:"纏,繞也。"清朱駿聲《通訓定聲》:"《廣雅·釋詁三》:'纏,束也。'……《太玄·玄攡》:'萬物乃纏。'"《廣韻·仙韻》:"纏,繞也。"《詩·小雅·采芑》"方叔率止,約軝錯衡,八鸞瑲瑲"唐孔穎達疏:"言朱而約之,謂以朱色纏束車轂以爲飾。"《後漢書·董卓傳》:"卓所得義兵士卒,皆以布纏裹,倒立於地,熱膏灌殺之。"

758 登聲

(1970) 隥嶝鐙凳蹬墱(登升義)

隥 石階,供人登升者。字亦作"磴"。《説文·阜部》:"隥,仰也。从阜,登聲。"清段玉裁注:"仰者,舉也。登陟之道曰隥。"清朱駿聲《通訓定聲》:"字亦作'磴'。……《遊天台山賦》:'跨穹隆之懸磴。'注:'石橋也。'"按,此"磴"謂石橋而有階梯者。《玉篇·石部》:"磴,巖磴。"《廣韻·嶝韻》:"隥,梯隥。""磴,巖磴。"北魏酈道元《水經注·汾水》:"山有羊腸坂,石隥縈委,若羊腸焉,故倉坂取名矣。"按,"隥"字異文作"磴"。《新唐書·諸帝公主傳·安樂公主》:"司農卿趙履温爲繕治,累石肖華山,隥彴橫邪,迴淵九折,以石潄水。"宋陳亮《北山普濟院記》：“蓋嘗遡流緣磴，欲以盡發山水之奇。”

嶝 登山之道。《字彙·山部》：“嶝，登陟之道。”南朝齊謝朓《侍宴華光殿曲水》：“青嶝崛起，丹樓間出。”宋王明清《揮麈後錄》卷二：“復由嶝道，盤紆縈曲，捫石而上。”明徐光啓《農政全書·水利·水笕》：“間有流泉飛下，多經嶝級。”按，山道難行，故常設階級。

鐙 鞍鐙，人藉以登升於馬上之具。字或作“鞽”。《廣韻·嶝韻》：“鐙，鞍鐙。”《南齊書·廬陵王子卿傳》：“純銀乘具，乃復可爾，何乃作鐙亦是銀？可即壞之。”金董解元《西廂記諸宮調》卷二：“把金鐙笑踏，寶鞍斜坐，腕下鐵鞭是水磨。”清杜德興《哀遼東賦》：“戰功必出於兜鍪，係虜自隨於鞭鐙。”

凳 牀凳，人登升於牀之具。《廣韻·嶝韻》：“凳，牀凳。出《字林》。”宋吳曾《能改齋漫錄·事始二》：“牀凳之凳，晉已有此器。”按，凳以木爲之，故其字亦从木作“橙”。《集韻·隥韻》：“凳，《字林》：‘牀屬’。或从木。”按，“橙”本爲木名，指牀凳，爲套用字。清朱駿聲《説文通訓定聲·升部·附〈説文〉不録之字》：“凳，《字林》：‘牀屬。’按，今椅凳字。”清錢大昕《恒言録·居處器用類》：“凳，本登字……蓋以登牀得名，後人稍高之，以爲坐具耳。”按，錢説是。“凳”之本義爲牀凳。其物筆者少時於家中見之，置於牀前，登以升牀，其形制較坐凳而矮，徽歙人稱之爲“踏脚凳”。“凳”之坐凳義，爲其引申義。

墱 有臺階的登山道路。《集韻·隥韻》：“飛陛謂之墱。”清朱駿聲《説文通訓定聲·升部》：“《魏都賦》：‘墱流十二，同源异口。’……《西京賦》：‘墱道邐倚以正東。’注：‘墱，閣道也。’”按，朱氏所引《魏都賦》文《文選》本唐李周翰注：“墱，級次。”《後漢書·班彪傳附班固》：“陵墱道而超西墉，混建章而外屬。”唐李賢注：“墱，陛級也。”

〔推源〕 諸詞俱有登升義，爲登聲所載之公共義。聲符字“登”所記録語詞之本義即登升。《説文·癶部》：“登，上車也。从癶、豆，象登車形。”清朱駿聲《通訓定聲》：“《爾雅·釋詁》：‘登，陞也。’《禮記·玉藻》：‘登車則有光矣。’〔轉注〕《考工·輈人》：‘其登又難。’注：‘上阪也。’《禮記·玉藻》：‘登席不由前。’注：‘升也。’《楚辭·惜誦》：‘欲釋階而登天兮。’注：‘上也。’……《周禮·羊人》：‘登其首。’注：‘升也。’”然則本條諸詞之登升義爲其聲符“登”所載之顯性語義。升聲字“扟”“昇”“陞”所記録語詞俱有上升義，見本典第一卷“升聲”第248條，登聲、升聲本相近且相通。

登：端紐蒸部；

升：書紐蒸部。

叠韻，端書（審三）準旁紐。然則可相爲證。

(1971) 饙瞪（擴大義）

饙 飽，脹，胃部擴大。字或作“膯”，亦从登聲。《玉篇·食部》：“饙，飽也。”《廣韻·登韻》：“膯，飽也，吳人云，出方言。”清范寅《越諺·疾病》：“饙食，傷於多食而不消化。”清錢大昕《恒言録》卷二："吴人謂過飽曰膯。"《醫宗金鑒·外科心法要訣·疳瘡》"疳瘡統名有三原"注："痛引睾丸,陰囊腫墜者名雞膯疳。"按,今俗稱"撑",凡物撑則擴大。

瞪 睁大眼睛。《玉篇·目部》："瞪,怒目直視兒。"唐柳澈《保唐寺燈幢贊》："掌塔瞪注,持矛傑立。"《宋史·盛度傳》："度體肥大,艱於拜起,賓客有拜之者,則俯伏不能興,往往瞪視而詬罵之。"按,人於驚訝時亦瞪大其眼。清黄軒祖《遊梁瑣記·顧嘉蘅》："未幾,一秀才長跪生門,俯首啜泣。群知爲廣文子,異而詢之,瞪目結舌而不能對。"

〔推源〕 此二詞俱有擴大義,爲登聲所載之公共義。登聲字"鼞"《集韻·登韻》訓"伸之長",亦擴大義。"韸",《廣韻·映韻》云"張皮",亦謂擴大。此皆登聲與擴大義相關聯之證。聲符字"登"所記録語詞謂登升,引申爲上升義,又引申爲增加義。其增加義與擴大義當相通。清朱駿聲《説文通訓定聲·升部》："登,《左昭三傳》:'皆登一焉。'注:'加也。'《周語》:'若登年以載其毒。'注:'多歷年也。'"《晉書·石勒載記上》："衍軍大潰,勒分騎圍而射之,相登如山,無一免者。"登聲可載擴大義,則"張"可證之。

登：端紐蒸部；

張：端紐陽部。

雙聲,蒸陽旁轉。"張",施弓弦,引申爲增强、擴大義。《説文·弓部》："張,施弓弦也。"清朱駿聲《通訓定聲》："《詩·吉日》:'既張我弓。'《禮記·襍記》:'一張一弛。'〔轉注〕《廣雅·釋詁一》:'張,大也。'《左桓六傳》:'我張吾三軍。'注:'自侈大也。''隨張必棄小國。'注:'自侈也。'《昭十四傳》:'臣欲張公室也。'注:'彊也。'"按,唯"張"有擴大義,故有"擴張"之同義聯合式合成詞。老舍《蛤藻集·且説屋裏》："越老他越覺得自己的熟人們可愛,就是爲朋友們打算,他也應當隨手抓到機會擴張自己的勢力。"

(1972) 憕澄〔清静義〕

憕 心中平静,即心理環境清静無牽挂之謂。《説文·心部》："憕,平也。从心,登聲。"清桂馥《義證》："'平也'者,《玉篇》:'憕,心平也。'《廣韻·蒸韻》:'憕,平也。'《集韻·證韻》:'憕,心静。'《管子·輕重乙》"調則澄,澄則常,常則高下不貳"清王念孫《雜志》："引文曰:'澄'訓爲清,與'調'字、'常'字義不相承,當是'憕'字之誤……物之高者有時而下,下者有時而高,其數不能均平,調之則前後相等而高下平矣。"按,王説可從,然其義當爲衍義。"憕"字從心,其本義當爲心中平静、清静。

澄 水清而静止。《玉篇·水部》："澄,同'澂'。"《説文·水部》："澂,清也。"清朱駿聲《通訓定聲》："字亦作'澄'……《淮南·説山》:'人莫鑑于沫雨而鑑于澄水。'注:'止水也。'"《廣韻·庚韻》："澄,水清定。"又《蒸韻》："澄,同'澂'。"南朝齊謝朓《晚登三山還望京邑》："餘霞散成綺,澄江静如練。"唐陳子昂《薛大夫山亭宴序》："披翠微而列坐,左對青山;俯磐石而開襟,右臨澄水。"

〔推源〕 此二詞俱有清静義,爲登聲所載之公共義。聲符字"登"所記録語詞之本義、引申義系列與清静義不相涉,其清静義乃登聲所載之語源義。登聲可載清静義,則"静"可證之。

登:端紐蒸部;

静:從紐耕部。

端從鄰紐,蒸耕旁轉。"静",安静,清静。《説文·青部》:"静,審也。从青,争聲。"清朱駿聲《通訓定聲》:"〔假借〕又爲'凈'。《詩·柏舟》:'静言思之。'傳:'安也。'《管子·心術》:'地之道曰静。'《淮南·本經》:'怒則手足不静。'注:'定也。'又爲'瀞'。《周語》:'静其巾冪。'注:'潔也。'《詩·既醉》:'籩豆静嘉。'按,絜美也。"清王筠《句讀》:"采色詳審得其宜謂之静。"按,本義即静心觀察,安静、清静皆其衍義,無煩假借。

(1973) 蹭殑僜(困頓義)

蹭 蹭蹬,失道難行。《廣韻·嶝韻》:"蹭,蹭蹬。"又:"蹬,蹭蹬。"《説文新附·足部》:"蹭,蹭蹬,失道也。"北魏楊衒之《洛陽伽藍記·正始寺》:"若乃絶嶺懸坡,蹭蹬蹉跎。泉水紆徐如浪峭,山石高下復危多。"引申爲困頓、失意之義。唐李白《贈張相鎬》:"晚途未云已,蹭蹬遭讒毀。"明徐霖《繡襦記·僞儒樂聘》:"功名蹭蹬,豪杰之志已灰;家業凋零,浩然之氣已餒。"

殑 殑殑,病困貌。《廣韻·嶝韻》:"殑,殑殑,困病。"又:"殑,殑殑。"《集韻·陾韻》:"殑,殑殑,困病兒。"按,亦作"殑殑"。明康海《中山狼》第三折:"笛聲中斜陽隴樹,爲甚殑殑瘦骨西風暮?"

僜 醉行貌。按即困於行步、行將倒地之謂,倒地則頭頓於地。故實亦困頓義。《廣韻·蒸韻》:"僜,醉行兒。"唐元稹《紀懷贈李六户曹》:"有時鞭款段,盡日醉儚僜。"按,登聲字"蹬"《廣韻·嶝韻》訓"行欲倒",其義與"僜"略同。

〔推源〕 諸詞俱有困頓義,爲登聲所載之公共義。聲符字"登"所記録語詞之本義、引申義系列與困頓義不相涉,其困頓義乃登聲所載之語源義。登聲可載困頓義,"頓"可證之。

登:端紐蒸部;

頓:端紐文部。

雙聲,蒸文通轉。"頓",以首叩地,引申爲僵仆義,又引申爲困頓、疲憊義。疲憊則即困於力之謂。《説文·頁部》:"頓,下首也。"清朱駿聲《通訓定聲》:"《周禮·大祝》:'二曰頓首。'注:'拜頭叩地也。'〔假借〕爲'鈍'。《秦策》:'吾甲兵頓。'注:'罷也。'又爲'踣'。《廣雅·釋詁四》:'頓,僵也。'《荀子·仲尼》:'頓窮則從之。'注:'謂困躓也。'"按,皆引申,非假借。"困躓"即困頓。《三國志·魏志·裴潛傳》"秀,咸熙中爲尚書僕射"南朝宋裴松之注引魚豢《魏略》:"始李義以直道推誠於人,故於時陳群等與之齊好。雖無他材力,而終仕進不頓躓。"

(1974) 橙䔲(黃色義)

橙 木名,其果之色爲橙黃色。《說文·木部》:"橙,橘屬。从木,登聲。"清朱駿聲《通訓定聲》:"《上林賦》:'黃甘橙楱。'《南都賦》:'穰橙橘。'"明李時珍《本草綱目·果部·橙》:"《事類合璧》云:'橙樹高枝,葉不甚類橘,亦有刺。其實大如盌,頗似朱欒,經霜早熟,色黃皮厚,蹙衄如沸,香氣馥郁,其皮可以薰衣,可以芼鮮,可以和菹醢,可以爲醬齏,可以蜜煎,可以糖製爲橙丁,可以蜜製爲橙膏,嗅之則香,食之則美,誠佳果也。"以其色黃微紅如金,故亦稱"金橙"。《太平御覽》卷九百七十一引晉張華《博物志·橙》:"成都、廣成、郫、繁、江原、臨邛六縣,生金橙,似橘而非,若柚而芬香。"

䔲 金䔲草,莖色黃者。《廣韻·登韻》:"䔲,金䔲草。"晉王嘉《拾遺記·晉時事》:"忽生草三株,莖黃葉綠,若摁金抽翠,花條苒弱,狀似金䔲。"

〔推源〕 此二詞俱有黃色義,爲登聲所載之公共義。聲符字"登"所記錄語詞之本義、引申義系列與黃色義不相涉,其黃色義乃登聲所載之語源義。詞彙系統有"黃澄澄"之三字格派生詞,"澄"本謂水清而靜,乃以登聲表黃義,詞根"黃"與詞綴"澄澄"同義。清曹雪芹《紅樓夢》第五十二回:"今兒雪化盡了,黃澄澄的映著日頭,還在那裏呢,我就揀了起來。"登聲可載黃色義,則"䚯"可證之。

登:端紐蒸部;
䚯:透紐侯部。

端透旁紐,蒸侯旁對轉。"䚯",黃色。《廣韻·厚韻》:"䚯,冕前纊也。"按,"纊"即黃綿。《集韻·厚韻》:"䚯,黃色。"清朱駿聲《說文通訓定聲·需部·附〈說文〉不錄之字》:"䚯,《漢書·東方朔傳》:'䚯纊充耳。'注:'黃色。'《東京賦》注:'謂以黃綿大如丸懸冠兩邊當耳,不欲妄聞不急之言也。'《穀梁莊廿四傳》:'士䚯。'注:'黃色。'"

759 發聲

(1975) 癈廢撥鏺蹳(棄義)

癈 殘廢。《說文·疒部》:"癈,固病也。从疒,發聲。"清朱駿聲《通訓定聲》:"瘖、聾、跛躄、侏儒之類。"《廣韻·廢韻》:"癈,固病。"《周禮·地官·族師》:"辨其貴賤老幼癈疾可任者。"唐賈公彥疏:"癈疾,謂癈於人事疾病,若今癃不可事者也。"引申爲廢棄義。《隸釋·漢殽阮君神祠碑》:"自亡新已來,其祀隋癈。"《晉略·八王傳》:"諸將既收乂,越亦慮事不濟,遂請癈乂,送金墉。"

廢 傾頓,倒坍,引申爲廢棄、廢除義。《説文·广部》:"廢,屋頓也。从广,發聲。"清朱駿聲《通訓定聲》:"按,傾圮無用之意。〔轉注〕《淮南·覽冥》:'四極廢。'注:'頓也。'……《爾雅·釋詁》:'廢,舍也。'又'止也。'……《禮記·中庸》:'半塗而廢。'注:'猶罷止也。'《曾子問》:'廢喪。'疏:'猶除也。'《莊子·讓王》:'左手攫之則右手廢。'李注:'棄也。'《楚詞》:'廢周郎於遲夷。'注:'不用曰廢。'"按,唯"廢"有棄义,故有"廢棄"之同義聯合式合成詞。宋司馬光《言御臣上殿札子》:"無功則降黜廢棄,而更求能者。"

撥 治理,引申爲廢棄、廢除義。《説文·手部》:"撥,治也。从手,發聲。"清朱駿聲《通訓定聲》:"《詩·長發》:'元王桓撥。'《公羊哀十四傳》:'撥亂世。'〔假借〕又爲'廢'。《楚詞·惜賢》:'撥諂諛而匡邪兮。'《一切經音義》引《廣雅》:'撥,棄也。'……又爲'癹'。《廣雅·釋詁三》:'撥,除也。'"按,凡治理則有所取,亦有所棄、除去,義本相通,無煩假借。《廣韻·末韻》:"撥,理也,除也。"《孔叢子·儒服》:"陳尫性多穢訾,每得酒食,必先撥捐之,然後乃食。子高告之曰:'子無然也,似有態者,昔君子之於酒食,有啐嘗之義,無捐放之道。'"《史記·太史公自序》:"秦撥去古文,焚滅詩書。"

鏺 長柄鐮刀,引申爲芟除、除棄義。《説文·金部》:"鏺,兩刃,木柄,可以刈艸。从金,發聲。讀若撥。"清朱駿聲《通訓定聲》:"《廣雅·釋器》:'鏺,鎌也。'〔聲訓〕《釋名》:'鏺,殺也,言殺草也。'"《廣韻·末韻》:"鏺,兩刃刈也。"《六韜·農器》:"春鏺草棘,其戰,車騎也;夏耨田疇,其戰,步兵也。"按,"鏺"亦指討伐、剪滅,則爲抽象性廢除、廢棄義。唐韓愈《曹成王碑》:"鏺廣濟,掀蘄春。"

癹 踢開,棄之。清朱駿聲《説文通訓定聲·泰部》:"癹,《説文》小徐本有此,从足,發聲。按,即'癹'之或體,姑附于此。《漢書·夏侯嬰傳》:'常蹳兩兒棄之。'《集注》:'蹳音足跋物之跋。'"按,《説文·癶部》"癹"訓"以足蹋夷艸",則亦有廢棄義。宋范成大《明日夜雨陡凉復次前韻呈時舉》:"明當呼我友,乘凉蹳遊靷。"

〔推源〕諸詞俱有棄義,爲發聲所載之公共義。聲符字"發"所記録語詞之本義爲發射,引申爲離去義,又引申爲毀壞、廢棄義。《説文·弓部》:"發,躲發也。从弓,癹聲。"清朱駿聲《通訓定聲》:"《詩·騶虞》:'壹發五豝。'《賓之初筵》:'發彼有的。'〔假借〕又爲'廢'。《莊子·列禦寇》:'曾不發藥乎。'"按,所引《莊子》文之"發"即廢棄、棄置義,乃引申,非假借。郭慶藩《集釋》云:"《荀子·禮論篇》:'大昏之未發齊也。'《史記·禮書》'發'作'廢'。"本條諸詞之棄義當爲聲符"發"所載之顯性語義。發聲可載棄義,則"擯"可證之。

發:幫紐月部;
擯:幫紐真部。

雙聲,月真旁對轉。"擯",抛棄。《玉篇·手部》:"擯,相排斥也。"《集韻·稕韻》:"擯,棄也。"《後漢書·文苑傳下·趙壹》:"恃才倨傲,爲鄉黨所擯。"按,唯"擯"有棄義,故有"擯棄"之同義聯合式合成詞。漢劉向《列女傳·齊孤逐女》："妾三逐於鄉,五逐於里,孤無父母,擯棄於野,無所容止。"

(1976) 廢橃潑（大義）

廢 大。《廣韻·廢韻》："廢,大也。"清朱駿聲《説文通訓定聲·泰部》："廢,〔假借〕又爲'盇'。《爾雅·釋詁》：'廢,大也。'《列子·楊朱》：'廢虐之主。'注：'大也。'《周書·官人》：'華廢而誣。'又爲'忕'。《詩·四月》：'廢爲殘賊。'傳：'忕也。'"按,所引《詩·小雅·四月》文清陳奐《傳疏》："廢,大……宋本作'忕'者乃涉《箋》而誤。"又,"廢"之本義《説文》訓"屋頓",見前條,然其字从广,表大義無煩假借,乃套用字。廣大字"廣"亦从广,宏偉字"宏"从宀,"广""宀"所表義類同,庶可相證。

橃 大船,字亦作"艐"。《説文·木部》："橃,海中大船。从木,發聲。"清桂馥《義證》："'海中大船'者,《楚詞·九章》：'乘氾泭以下流兮。'王注：'編竹木曰泭。楚人曰泭,秦人曰橃也。'或作'艐'。《廣雅》：'艐,舟也。'或作'筏'。《方言》：'簿謂之筏。筏,秦晉通語也。'又作'栰'。《論語》：'乘桴浮於海。'馬注：'大者曰栰,小者曰桴。'"按,所引《廣雅·釋水》文清王念孫《疏證》："橃與'艐'同。"按,橃（艐、筏）爲水上運輸工具,裝載量大,故舟身大。唐慧琳《一切經音義》卷五十九："筏,《通俗文》作'艐'……編竹木浮於河以運物者。"《廣韻·月韻》："橃,木橃。"又《末韻》："艐,大船名。"按,"橃""艐"从發得聲,"筏""栰"从伐得聲,"發""伐"音本相近且相通。"發",幫紐月部,"伐"者並紐月部,疊韻,幫並旁紐。

潑 有大義。元張國賓《合汗衫》第四折："若説著俺祖先,好家私似潑天。"按,"潑天"猶"彌天""漫天",謂極大。《水滸續集》第三回："扈成道：'師父有此潑天本事,在登州受楊戩鈐制,也幹不得甚麽事業。'"《金瓶梅詞話》第一回："貪他的,斷送了堂堂六尺之軀；愛他的,丢了潑天閧產業。"

〔推源〕 諸詞俱有大義,爲發聲所載之公共義。聲符字"發"所記録語詞之本義爲發射,引申之則有發生、興起、盛大等衍義。《廣韻·月韻》："發,發起。又揚也。"清朱駿聲《説文通訓定聲·泰部》："發,《禮記·月令》：'雷乃發聲。'注：'猶出也。'……《書·微子》：'我其發出狂。'鄭注：'起也。'……《(詩)碩人》：'鱣鮪發發。'傳：'盛皃。'"按,發生者多則盛大,其義皆同條共貫。"發"又有擴大義。北魏賈思勰《齊民要術·造神麴並酒》："凡冬月釀酒,中冷不發者,以瓦瓶盛熱湯,堅塞口,又於釜湯中煮瓶令極熱,引出,著酒甕中,須臾即發。"《清史稿·李清時傳》："迨伏秋水發,耿家寨稱十四堡,水及舊堤上,賴豫增新築以免。"今語"發達""發展"皆擴大義。巴聲字所記録語詞"犯""岜""吧"俱有大義,參殷寄明《漢語同源字詞叢考》第17條,發聲、巴聲本相近且相通。

發：幫紐月部；

巴：幫紐魚部。

雙聲,月魚通轉。然則可證發聲可載大義。

(1977) 廢撥(斷絶義)

廢 傾頓、敗壞,引申爲斷絶。《字彙·广部》:"廢,絶也。"《漢書·兒寬傳》:"臣聞三代改制,屬象相因。間者聖統廢絶,陛下發憤,合指天地,祖立明堂、辟雍,宗祀泰一。"又《禮樂志二》:"含秀垂穎,續舊不廢。"

撥 斷絶。《廣韻·末韻》:"撥,絶也。"清朱駿聲《説文通訓定聲·泰部》:"撥,〔假借〕又爲'拔'。按,《詩·蕩》:'本實先撥。'箋:'猶絶也。'……又爲'刜'。《廣雅·釋詁四》:'撥,絶也。'"按,"撥"本謂治理,引申之則有廢棄、廢止之義,斷絶義亦與之相通,無煩假借。宋葉適《上寧宗皇帝札子三》:"然陳瓘譏切曾布,以爲轉天下之税耗之西邊,邦本自此撥矣。"明馮夢龍《智囊補·明智·虞詡》:"如才力可用,一體立功叙遷。不然,數年後,或有如盧循、孫恩、黄巢、王仙芝者,益至滋蔓,難撥滅矣。"

〔**推源**〕 此二詞俱有斷絶義,爲發聲所載之公共義。聲符字"發"所記録語詞有廢棄之衍義,斷絶義當與之相通。發聲可載斷絶義,則"刜"可證之。

發:幫紐月部;
刜:並紐物部。

幫並旁紐,月物旁轉。"刜",砍斷,斷絶。《説文·刀部》:"刜,擊也。"清朱駿聲《通訓定聲》:"《廣雅·釋詁一》:'刜,斷也。'《釋言》:'刜,斫也。'《左傳》:'苑子刜林雍。'《齊語》:'刜令支斬孤竹而南歸。'"《廣韻·物韻》:"刜,斫也。"漢劉向《九嘆·怨思》:"執棠谿以刜蓬兮,秉干將以割肉。"漢王逸注:"刜,斫也。"

(1978) 潑撥(灑潑義)

潑 灑水,潑水。《字彙·水部》:"潑,澆潑。注曰澆,散曰潑。"北魏賈思勰《齊民要術·造神麴並酒》:"汲水二十斛,勿令人潑水。"宋蘇軾《雪後書北臺壁二首》之一:"黄昏猶作雨纖纖,夜静無風勢轉嚴。但覺衾裯如潑水,不知庭院已堆鹽。"

撥 灑潑。清朱駿聲《説文通訓定聲·泰部》:"撥,〔聲訓〕《釋名·釋言語》:'撥,播也,播使移散也。'撥、播雙聲。"《説文·手部》:"播,布也。"按即散布義。王重民等編《敦煌變文集》之《伍子胥變文》:"摩滅楚軍,狀□熱湯撥雪。"高燮《題明遺民傅青主畫山水尺頁詩》:"河山非我有,撥墨淚酸辛。"

〔**推源**〕 此二詞俱有灑潑義,爲發聲所載之公共義。聲符字"發"所記録語詞之本義爲發射,引申之則有散發、分布之義,此義當與灑潑義相通。清朱駿聲《説文通訓定聲·泰部》:"發,《廣雅·釋詁三》:'發,開也。'《書·武成》:'發鉅橋之粟。'……《吕覽·季春》:'陽氣發泄。'注:'猶布散也。'……《素問·六元正紀大論》:'火鬱發之。'注:'謂汗之令其疏散也。'"然則本條二詞之灑潑義爲其聲符"發"所載之顯性語義。發聲可載灑潑義,則"敷"可證之。

發：幫紐月部；

敷：滂紐魚部。

幫滂旁紐，月魚通轉。"敷"，散布，遍布。其義與灑潑義近且相通。同源詞之語義親緣關係本有相近一大類型。《説文·攴部》："敷，㪙也。"清朱駿聲《通訓定聲》："《小爾雅·廣詁》：'布也。'……《（書）顧命》：'敷重篾席。'《康王之誥》：'用敷遺後人休。'《詩·賚》：'敷時繹思。'傳：'猶徧也。'……《東京賦》：'武士星敷。'"

760　矞聲

(1979) 遹譎憰（邪僻義）

遹　斜行，引申爲邪僻義。《説文·辵部》："遹，回避也。从辵，矞聲。"清朱駿聲《通訓定聲》："按，猶衺行也，與'僻'略同。〔轉注〕《詩·小旻》：'謀猶回遹。'傳：'辟也。'"按，朱氏所引《詩》文唐孔穎達疏："今王謀爲政之道，又多邪僻，不循旻天之德已甚矣。"宋李綱《聞山東盜感而賦詩》："人謀自回遹，天意詎不仁。"明方孝孺《宋五公·司馬溫公》："群邪競迴遹，善政恣紛擾。"

譎　詭詐，邪僻不正行爲。《説文·言部》："譎，權詐也。益梁曰：'謬欺天下曰譎。'从言，矞聲。"清朱駿聲《通訓定聲》："心詐爲憰，言詐爲譎。《廣雅·釋詁二》：'譎，欺也。'《釋言》：'怪也。'《論語》：'晉文公譎而不正。'皇疏：'詭詐也。'"《廣韻·屑韻》："譎，譎詐。"《後漢書·吳漢傳》："漢乃辭出，止外亭，念所以譎衆，未知所出。"唐李賢注："譎，詐也。"《新唐書·裴延齡傳》："陸贄爲宰相，帝素所信重，極論其譎妄不可任。帝以爲排媚，愈益厚延齡。"

憰　欺詐，邪僻不正者。《説文·心部》："憰，權詐也。从心，矞聲。"清朱駿聲《通訓定聲》："《莊子·齊物論》：'恢恑憰怪。'李注：'憰，乖也。'以'譎'爲之。"按，朱氏所引《莊子》文之"譎"異文作"憰"，唐成玄英疏："憰者，矯詐之心。"《廣韻·屑韻》："憰，妄語也。"

〔推源〕　諸詞俱有邪僻義，爲矞聲所載之公共義。聲符字"矞"从矛，所記録語詞謂以錐穿物，本與邪僻義不相涉，然可以其聲韻另載詭詐、邪僻之義。《説文·肉部》："矞，以錐有所穿也。从矛，从肉。"清朱駿聲《通訓定聲》："《廣雅·釋詁三》：'矞，穿也。'〔假借〕又爲'譎'。《荀子·非十二子》：'矞宇嵬瑣。'"矞聲可載邪僻義，則"詭"可證之。

矞：余紐質部；

詭：見紐歌部。

余（喻四）本有舌根音一類，"矞""鷸""遹""繘""潏"之音均爲余紐質部，"橘""趫""鱊"之音均爲見紐質部，足證"矞"之余紐乃舌根音。余（喻四）旁紐，質部旁對轉。"詭"，怪異、詭詐,皆與邪僻義近且相通。《玉篇·言部》:"詭,怪也。"又:"詭,欺也,謾也。"清朱駿聲《説文通訓定聲·解部》:"《莊子·齊物論》:'其名爲弔詭。'《釋文》:'异也。'……《漢書·石顯傳》:'持詭辯以中傷人。'《荀子·正論》:'求利之詭緩。'注:'詐也。'"

(1980) 鷮潚飍(急義)

鷮 鳥疾飛貌。清朱駿聲《説文通訓定聲·履部》:"鷮,〔假借〕爲'趫'。《海賦》:'鷮如驚鳧之失侣。'注:'疾皃。'又爲'鴥'。《韓詩外傳》:'鷮彼晨風。'"按,"鷮"之本義《説文》訓"知天將雨鳥",然其字从鳥,表鳥疾飛義無煩假借,乃套用字。又朱氏所引《韓詩外傳》之"鷮"異文作"鴥",《説文·鳥部》"鴥"篆訓"鸇飛皃",實亦疾飛義。《詩·秦風·晨風》"鴥彼晨風"漢毛亨傳:"鴥,疾飛皃。"

潚 水疾流,涌出。《説文·水部》:"潚,涌出也。从水,喬聲。"清朱駿聲《通訓定聲》:"《漢書·司馬相如傳》:'酆鎬潦潚。'注:'水涌出聲也。'……《南都賦》:'没滑瀺潚。'《封禪文》:'沕潚曼羨。'……《江賦》:'潚湟㴸決。'"按,水流急疾則涌出,二義本相通。所引《南都賦》文《文選》本唐李善注:"没滑瀺潚,疾流之貌也。"又,所引《江賦》文《文選》本唐李善注:"皆水流漂疾之貌。"南朝梁江淹《學梁王兔園賦》:"奔水激集,瀴溟潔渠,潚湟吐吸。"

飍 疾風,其字亦作右形左聲。《玉篇·風部》:"飍,急風。"《廣韻·術韻》:"飍,疾風。"清朱駿聲《説文通訓定聲·履部·附〈説文〉不録之字》:"飍,《海賦》:'蕩飍㟁濱。'注:'風疾皃。'"唐歐陽詹《回鸞賦》:"祥風飍飍以淫淫,瑞色靉靉而溶溶。"

〔**推源**〕 諸詞俱有急義,爲喬聲所載之公共義。聲符字"喬"所記録語詞之顯性語義與急義不相涉,其急義乃喬聲所載之語源義。喬聲可載急義,"快"可證之。

喬:余紐質部;

快:溪紐月部。

余(喻四,舌根音,見前條)溪旁紐,質月旁轉。"快",愉快。《説文·心部》:"快,喜也。"清朱駿聲《通訓定聲》:"《秦策》:'文信侯去而不快。'注:'樂也。'"按,愉快即心情舒暢,人逢可喜之事則其心理反應迅速,故引申爲迅速、急疾之義,"快"遂爲快慢字。《正字通·心部》:"快,俗謂急捷曰快。"按,"快"字从夬得聲,與"駃""赽"同,"駃"爲日行千里之快馬,"赽"謂疾行,庶可互證。《史記·項羽本紀》:"今日固决死,願爲諸君快戰。"《晉書·王湛傳》:"此馬雖快,然力薄不堪苦行。"

(1981) 趫獢僑(狂義)

趫 狂走。《説文·走部》:"趫,狂走也。从走,喬聲。"清朱駿聲《通訓定聲》:"〔轉注〕《禮記·禮運》:'故鳥不獢。'疏:'驚飛也。'字亦作'獢'。"清朱珔《假借義證》:"'獢'亦當爲'趫'。《周禮·大司樂》注作'故鳥不喬。''喬'乃'趫'之省借。"按,朱珔氏説可從,"趫""獢"非異體字。

獝　狂放。《玉篇·犬部》：“獝，狂也。”《廣韻·質韻》：“獝，狂也。”清朱駿聲《説文通訓定聲·履部》：“《東京賦》：‘斯獝狂。’注：‘惡戾之鬼名。’”按，“獝狂”當爲同義聯合式合成詞，亦作“狂獝”，則爲同素逆序詞。《文選·揚雄〈甘泉賦〉》：“屬堪輿以壁壘兮，捎夔魖而抶獝狂。”唐李善注：“獝狂，亦惡鬼也。”清方薰《山静居畫論》：“天池天賦卓絶，書畫品詣特高，狂獝處非其本色。”

僑　狂人，亦指狂鬼，字或作“鱎”，从鬼喬聲。《廣雅·釋詁四》：“僑，狂也。”清王念孫《疏證》：“僑者，《急就篇》注云：‘顛疾亦謂之狂獝，妄動作也。’……僑、趫、獝並同義。”《集韻·質韻》：“僑，狂鬼。或从鬼。”按，古人以爲人死則爲鬼，故其字从人，亦或从鬼。“僑”又有怪異義，與狂義通，源與流可相證。漢王逸《〈天問〉序》：“（屈原）見楚有先王之廟及公卿祠堂，圖畫天地、山川、神靈，琦瑋僑佹，及古賢聖怪物行事。”

〔推源〕　諸詞俱有狂義，爲喬聲所載之公共義。聲符字“喬”所記録語詞之顯性語義與狂義不相涉，其狂義乃喬聲所載之語源義。喬聲可載狂義，則“狷”可證之。

喬：余紐質部；

狷：見紐元部。

余（喻四，舌根音，見前第1979條）見旁紐，質元旁對轉。“狷”，急躁，褊急。《玉篇·犬部》：“狷，急也。”《説文新附·犬部》：“狷，褊急也。”《後漢書·獨行傳·范冉》：“後辟太尉府，以狷急不能從俗，常佩韋於朝。”唐李賢注：“《史記》曰：西門豹性急，佩韋以自緩。”按，急義與狂義近且相通，“趫”謂狂走，即行走急疾之義，前條諸詞俱有急義，本條諸詞則俱有狂義，二義俱以喬聲載之，亦爲一證。又，狂風即急風。複音詞“狂狷”當爲同義聯合式合成詞。北魏酈道元《水經注·江水三》：“（禰衡）恃才倨儻，肆狂狷于无妄之世。”

(1982) 鱎氄橘（小義）

鱎　小魚。《爾雅·釋魚》：“鱎鮂，黑鰦。”晉郭璞注：“小魚也。”《廣韻·術韻》：“鱎，小魚名。”唐段公路《北户録·鵝毛脡》：“恩州出鵝毛脡，乃鹽藏鱎魚，其味絶美，其細如鰕。郭義恭云：‘小魚一斤千頭，未之過也。’”唐崔龜《圖注》：“魚大如針，蜀人以爲醬也。”馮德培、談家楨等《簡明生物學詞典·鱎》：“鱎，魚綱，鯉科。小型淡水魚類……常見的有：無鬚鱎，長約5釐米……鬚鱎，長約5—7釐米，口角無鬚。”

氄　鳥獸細小的毛。《廣韻·腫韻》：“氄，同‘毧’。”“毧，鳥細毛也。”《書·堯典》：“日短星昴以正仲冬，厥民隩，鳥獸氄毛。”僞孔傳：“鳥獸皆生耎毳細毛以自温焉。”唐孔穎達疏：“氄毛，謂附肉細毛。”宋王安石《和吴沖卿雪詩》：“輕於擘絮紛，細若吹毛氄。”

橘　果名，似柚而小者。《説文·木部》：“橘，果，出江南。从木，喬聲。”清朱駿聲《通訓定聲》：“《韻會》引《説文》云：‘橘樹碧而冬生。’《書·禹貢》：‘厥包橘柚。’傳：‘小曰橘，大曰柚。’《考工記》：‘橘踰淮而北爲枳。’《蜀都賦》：‘户有橘柚之園。’”按，柚、橘同類，小者稱

"橘",乃以喬聲載小義。朱氏所引《蜀都賦》文《文選》本唐李善注:"大曰柚,小曰橘。犍爲南安縣出黄甘橘。《地理志》曰:'蜀都嚴道,巴郡朐忍、魚複二縣出橘,有橘官。'"

〔推源〕 諸詞俱有小義,爲喬聲所載之公共義。聲符字"喬"所記録語詞之顯性語義與小義不相涉,其小義乃喬聲所載之語源義。按,肙聲字所記録語詞"蜎""涓""鋗"亦俱有小義,見本典第四卷"肙聲"第878條。喬聲、肙聲本相近且相通。

喬:余紐質部;

肙:影紐元部。

余(喻四,舌根音,前第1979條已詳述)影鄰紐,質元旁對轉。然則可相爲證。

761 絶聲

(1983) 剿隓(斷絶義)

剿 切斷,斷絶。《廣韻·薛韻》:"剿,剿斷物也。"宋葉適《鄭景元墓誌銘》:"家産無十金,僮僕單特,賓從晝夜集,剿肺烹蛤蜆蔬橡雜陳之。"清汪琬《跋李義山詩注》:"長儒示予道源注原本頗多蕪累,且間有所遺漏。長儒翦剿袠益,不啻十之六七,其用意亦良勤矣。"

隓 隔絶。《廣韻·薛韻》:"隓,隔隓。"《改併四聲篇海·阜部》引《餘文》:"隓,隔絶。"今按,隔絶爲"絶"之引申義,"隓"字乃記録此義之專字,"隓"所記録之詞存乎語言,唯典籍多以"絶"字爲之而已。《漢書·西域傳·贊》:"西域諸國……與漢隔絶。道里又遠,得之不爲益,棄之不爲損。"

〔推源〕 此二詞俱有斷絶義,爲絶聲所載之公共義。聲符字"絶"所記録語詞之本義即斷絶。《說文·糸部》:"絶,斷絲也。从糸,从刀,从卩。𢇍,古文絶,象不連體,絶二絲。"清朱駿聲《通訓定聲》:"《莊子·至樂》:'得水則爲𢇍。'《廣雅·釋詁一》:'絶,斷也。'……《秦策》:'必絶其謀。'注:'斷也。'……《素問·奇病論》:'胞之絡脈絶也。'注:'謂脈斷絶而不通。'……《漢書·揚雄傳·贊》:'誅絶之罪。'注:'謂無允嗣也。'"按,《說文》所訓當爲形體造意,絲之爲物可斷,故其字从糸作。又,"絶"又有隔絶、隔斷之衍義,則正可證"隓"字。《漢書·武帝紀》:"其令州郡察吏民有茂材异等,可爲將相及使絶國者。"唐顏師古注:"絶遠之國,謂聲教之外。"綜言之,本條二詞之斷絶義爲其聲符"絶"所載之顯性語義。絶聲可載斷絶義,則"斷"可證之。

絶:從紐月部;

斷:定紐元部。

從定準雙聲,月元對轉。"斷",截斷。《說文·斤部》:"斷,截也。从斤,从𢇍。𢇍,古文絶。"清邵瑛《群經正字》:"今經典作'斷'。"清朱駿聲《通訓定聲》:"《易·繫辭》:'斷木爲杵。'《家語·還瞻》：'北蓋皆斷焉。'《莊子·逍遥游》：'斷髮文身。'"引申之則有斷絶義。《禮語·儒行》："過言不再，流言不極，不斷其威，不習其謀。"唐孔穎達疏："斷，絶也。"宋蘇軾《大風留金山兩日》："塔上一鈴獨自語，明日顛風當斷渡。"按，"斷"與"絶"可組成同義聯合式合成詞，實即同源詞根相聯合而成者。《管子·幼官》："方外旗物尚白，兵尚劍，刑則紹昧斷絶。"唐尹知章注："其用刑則繼晝之昧斷絶而戮之也。"

762 幾聲

(1984) 璣譏饑蟣(小、少義)

璣 小珠。《説文·玉部》："璣，珠不圜也。从玉，幾聲。"清朱駿聲《通訓定聲》："《書·禹貢》：'厥篚元纁璣組。'《史記·李斯傳》：'傅璣之珥。'《吕覽·重己》：'愛己之一蒼璧小璣。'《長楊賦》：'賤瑋瑁而疏珠璣。'《吴都賦》：'赬丹明璣。'"按，朱氏所引《書》文唐陸德明《釋文》引《字書》："璣，小珠也。"《逸周書·王會解》："請令以珠璣、瑇瑁、象齒、文犀、翠羽、菌鶴、短狗爲獻。"晉孔晁注："璣，似珠而小。"

譏 小食，少量進食。《説文·口部》："譏，小食也。从口，幾聲。"清朱駿聲《通訓定聲》："《大人賦》：'譏瓊華。'"按，《史記·司馬相如列傳》"噍咀芝英兮譏瓊華"南朝宋裴駰《集解》："譏，小食也。"三國魏阮籍《詠懷》詩之七十七："昔有神仙士，乃處射山阿。乘雲御飛龍，噓噏譏瓊華。"

饑 糧食少，歉收。《説文·食部》："饑，穀不孰爲饑。从食，幾聲。"清朱駿聲《通訓定聲》："《墨子·七患》：'五穀不收謂之饑。'《穀梁襄廿四經》'大饑'，傳：'二穀不升謂之饑。'《詩·雨無正》：'降喪饑饉。'《論語》：'因之以饑饉。'"《廣韻·微韻》："饑，穀不熟。"按，朱氏所引《詩》文漢毛亨傳："穀不熟曰饑，蔬不熟曰饉。"

蟣 虱之卵，極小之物。《説文·虫部》："蟣，蝨子也。从虫，幾聲。"清段玉裁注："蝨，齧人蟲也，子，其卵也。"清朱駿聲《通訓定聲》："《韓策》：'公子幾瑟。'"按，"幾瑟"即"蟣蝨"。《韓非子·喻老》："天下無道，攻擊不休，相守數年不已，甲胄生蟣蝨，燕雀處帷幄，而兵不歸。"《廣韻·尾韻》："蟣，蟣蝨。"《淮南子·説林訓》："湯沐具而蟣蝨相弔，大廈成而燕雀相賀。"然則引申之亦泛指虱，虱亦微小之物。

〔**推源**〕 諸詞或有小義，或有少義，少即數量小，二義微殊而相通，均以幾聲載之，乃出諸同一語源者。聲符字"幾"所記録語詞謂細微迹象，本有微小義。《説文·丝部》："幾，微也，殆也。从丝，从戍。戍，兵守也。丝而兵守者危也。"清朱駿聲《通訓定聲》："《易·繫辭》傳：'幾者，動之微也，吉之先見者也。'"《史記·李斯列傳》："胥人者，去其幾也。"唐司馬貞《索隱》："幾者，動之微，以言君子見幾而作，不俟終日；小人不識動微之會，故每失時也。"《廣韻·微韻》："幾，庶幾。"又《尾韻》："幾，幾何。"按，凡數不滿十稱"幾"，即少義。然則本條諸詞之小、少義爲其聲符"幾"所載之顯性語義。按,"目"謂小蟲,目聲字所記録語詞"蜎""涓""鋗"俱有小義,見本典第四卷"目聲"第878條。幾聲、目聲本相近且相通。

幾:見紐微部;

目:影紐元部。

見影鄰紐,微元亦對轉。然則可相爲證。

763　夢聲

(1985)惷寢(不明義)

惷　心不明。《説文·心部》:"惷,不明也。从心,夢聲。"清朱駿聲《通訓定聲》:"心不明也……字亦作'儚'、作'懜'。《賈子·道術》:'行充其宜謂之義,反義爲惷。'《爾雅·釋訓》:'儚儚、洞洞,惛也。'《釋文》:'儚,或作惷。'《周禮·遂人》注:'甿猶懜也。'《釋文》:'懜,本作惷。'"《廣韻·嶝韻》:"惷,不明。"又《東韻》:"惷,心悶闇也。"元吴師道《目疾謝柳道傳張子長惠藥》:"積毒根胃腸,標表發昏惷。"

寢　夢幻,不明者。《説文·寢部》:"寢,寐而有覺也。从宀,从疒,夢聲。《周禮》:'以日月星辰占六寢之吉凶。一曰正寢,二曰咢寢,三曰思寢,四曰悟寢,五曰喜寢,六曰懼寢。'"清朱駿聲《通訓定聲》:"此占夢之文。今本皆以'夢'爲之。《廣雅·釋言》:'寢,想也。'"《廣韻·送韻》:"寢,寐中神遊。"明高攀龍《金剛經集注·小引》:"世人役役於寢幻泡影露電之物,執之以爲固。"

〔推源〕　此二詞俱有不明義,爲夢聲所載之公共義。聲符字"夢"所記録語詞之本義即昏亂不明。《説文·夕部》:"夢,不明也。从夕,瞢省聲。"清朱駿聲《通訓定聲》:"《詩·正月》:'視天夢夢。'……《爾雅·釋訓》:'夢夢,亂也。'孫注:'昏昏之亂也。'〔假借〕又爲'寢'。《周禮·占夢》:'季冬聘王夢。'注:'夢者,事之祥。'《太卜》:'掌三夢之法。'注:'夢者,人精神所寤可占者。'《列子·周穆王》:'神遇爲夢。'注:'神之所交謂之夢。'"按,非假借,"夢"即"寢"之初文,郭沫若説,見《甲骨文編》。本條二詞之不明義爲其聲符"夢"所載之顯性語義。夢聲可載不明義,則"蒙"可證之。

夢:明紐蒸部;

蒙:明紐東部。

雙聲,蒸東旁轉。"蒙",覆蓋,引申爲陰暗、不明。清朱駿聲《説文通訓定聲·豐部》:"《爾雅·釋言》:'蒙,奄也。'《小爾雅·廣詁》:'蒙,覆也。'……《詩·君子偕老》:'蒙彼縐絺。'傳:'覆也。'……《書·洪範》曰:'雨曰蒙。'傳:'陰闇也。'……《廣雅·釋訓》:'蒙蒙,暗也。'〔聲訓〕《釋名·釋天》:'蒙者,日光不明,蒙蒙然也。'"

764 蒦聲

（1986）矆鱯鸌頀嚄（大義）

矆 大視。《説文·目部》："矆，大視也。从目，蒦聲。"南唐徐鍇《繫傳》："驚視也。"清朱駿聲《通訓定聲》："《魏都賦》：'矆焉相顧。'"按，驚視則瞪大眼睛，故訓大視。《廣韻·藥韻》："矆，同'矆'。"《玉篇·目部》："矆，大視也。或作'懗'。"按，朱氏所引《魏都賦》之"矆"異文作"矆"，唐呂向注云："矆然，驚也。"又《玉篇》所云"懗"，《廣韻·江韻》訓"懼"，懼則心驚，故其字從心。唐白居易《爲人上宰相書》："行則懗然，居則惕然。"

鱯 大鮎魚。《説文·魚部》："鱯，魚名。从魚，蒦聲。"清朱駿聲《通訓定聲》："《爾雅》：'鰋，大鱯；小者鮡。'注：'鱯，似鮎而大，白色。'按，大口亦曰鯢、曰鮪、曰鮠，今揚州人呼爲鮠魚，江中多有，余常食之。《北山經》：'洧水，其中多鱯䰲。'"《廣韻·禡韻》："鱯，魚名，似鮎，白大。"清王念孫《廣雅疏證·釋魚》："今揚州人謂大鮎爲鱯子。"明李時珍《本草綱目·鱗部·鮧魚》："鮎乃無鱗之魚，大首偃額，大口大腹，鮠身鱧尾……大者亦至三四十斤。"

鸌 水鳥，亦指大型海鳥。馮德培、談家楨等《簡明生物學詞典·鸌形目》："鳥綱的一目。大洋鳥類。外形似鷗……翼形尖長，極善飛行……例如信天翁、白額鸌、海燕等。"

頀 大頀，樂名，其名寓廣大義。《廣韻·暮韻》："頀，大頀，湯樂。《周禮》作'濩'。"清朱駿聲《説文通訓定聲·豫部》："《周禮·大司樂》：'大夏，大濩，大武。'注：'湯樂也。'《風俗通·聲音》：'濩，言救民也。'《春秋繁露·楚莊王》：'護者，救也。'《廣雅·釋詁四》：'頀，護也。'字亦作'䕶'。"按，"頀"爲本字、正字。"護"即大庇天下之意。唐韋萬石《定樂舞奏》："殷之《大頀》，周之《大武》，是古之武舞。"

嚄 大叫。《廣韻·陌韻》："嚄，嚄嘖，大唤。"清朱駿聲《説文通訓定聲·豫部·附〈説文〉不録之字》："嚄，《聲類》：'大笑也。'《風賦》注：'大唤也。'"《史記·魏公子列傳》："晉鄙嚄唶宿將，往恐不聽，必當殺之。"亦指大聲喧嘩。《太平御覽》卷九百零三引漢趙岐《三輔决録》："馬氏兄弟五人，共居此地作客舍，養猪賣豚，故民謂之曰：'苑中三公，鉅下二卿。五門嚄嚄，但聞豚聲。'"

〔推源〕 諸詞俱有大義，爲蒦聲所載之公共義。聲符字"蒦"所記録語詞謂商量、規度。《説文·萑部》："蒦，規蒦，商也。从又持萑。一曰，視遽皃。一曰，蒦，度也。彠，蒦或从尋。尋亦度也。《楚詞》曰：'求矩彠之所同。'"清朱駿聲《通訓定聲》："《長笛賦》：'規摹彠矩。'"《漢書·律曆志上》："夫度者，別於分，忖於寸，蒦於尺，張於丈，信於引。"然則本與大義不相涉，其大義乃蒦聲所載之語源義。蒦聲可載大義，則于聲可相證。于聲字所記録語詞"宇""芋""盱""旰""衧""杅""竽"俱有大義，參本典第一卷"于聲"第57條。蒦聲、于聲本相近且相通。

夐：影紐鐸部；
于：匣紐魚部。

影匣鄰紐，魚鐸通轉。然則可相爲證。

(1987) 鞼簍鑊蠖（圓、曲義）

鞼 字亦作"鞻"，纏繞在刀把上的皮繩，引申爲纏繞義，纏繞即沿圓周方向束縛之。《説文·革部》："鞼，佩刀絲也。从革，蒦聲。"清朱駿聲《通訓定聲》："佩刀繫也……《蒼頡篇》：'佩刀把韋也。'"《廣韻·暮韻》："鞼，佩刀飾也。"又《陌韻》："鞼，佩刀飾。"《集韻·陌韻》："鞼，或从革。"又《覺韻》："鞼，縛也。"《莊子·庚桑楚》："夫外韄者不可繁而捉，將内揵；内揵者不可繆而捉，將外揵。"唐成玄英疏："韄者，係縛之名。"

簍 絡絲工具。絡絲即纏繞、作圓周運動。《説文·竹部》："簍，收絲者也。从竹，蒦聲。䈇，簍或从角、从閒。"清朱駿聲《通訓定聲》："字亦作'籰'。《方言》五：'簍，榬也。'今蘇俗謂之簍頭，有車曳者，有手轉者。"《廣韻·藥韻》："籰，《説文》曰：'收絲者也。'亦作'簍'。䈇，上同。"沈兼士《聲系》："案'籰'，《説文》作'簍'。"明宋應星《天工開物·乃服·調絲》："懸搭絲於鈎内，手中執籰旋纏，以俟牽經織緯之用。"

鑊 無足鼎，圓形物。《説文·金部》："鑊，鑴也。从金，蒦聲。"清朱駿聲《通訓定聲》："《儀禮·少牢禮》：'羊鑊、豕鑊。'《周禮·大宗伯》：'省牲鑊。'注：'烹飪器也。'《亨人》：'掌共鼎鑊。'注：'所以煮肉及魚腊之器，既孰乃脀于鼎。'《淮南·説山》：'嘗一臠肉，知一鑊之味。'注：'無足曰鑊。'《漢書·刑法志》：'有鑿顛抽脅鑊亨之刑。'注：'鼎大而足曰鑊。'"

蠖 蟲名，常屈曲其體，故稱"蠖"。《説文·虫部》："蠖，尺蠖，屈申蟲。从虫，蒦聲。"清朱駿聲《通訓定聲》："一名步屈。《爾雅》：'蠖，蚇蠖。'《易》：'尺蠖之屈。'侯果注：'詘行蟲蚏蝛也。'《考工·弓人》：'麋筋斥蠖濡。'"《廣韻·鐸韻》："蠖，蚇蠖，屈伸蟲名。"按，無足之蟲賴其體一屈一伸以前行，故名屈伸蟲。唐白居易《代書詩一百韻寄微之》："伸屈須看蠖，窮通莫問龜。"

〔推源〕 諸詞俱有圓、曲義，爲蒦聲所載之公共義。聲符字"蒦"所記録語詞之顯性語義與圓、曲義不相涉，其圓、曲義乃蒦聲所載之語源義。蒦聲可載圓、曲義，則于聲可相證。于聲字所記録語詞"杅""軒""迂""紆""釪""盂""冔"俱有圓、曲義，見本典第一卷"于聲"第59條。蒦聲、于聲本相近且相通，見前條"推源"。

(1988) 穫獲擭（收穫義）

穫 收割莊稼，虛化引申爲收穫。《説文·禾部》："穫，刈穀也。从禾，蒦聲。"清朱駿聲《通訓定聲》："其器曰銍、曰鎌，既穫斂之曰穧。《易·无妄》：'不耕穫。'《詩·七月》：'八月其穫。'《大東》：'無浸穫薪。'傳：'艾也。'《吳語》：'以歲之不穫也。'注：'收也。'〔聲訓〕《吕覽·審時》：'稼就而不穫。'注：'得也。'按，謂獲也。"《管子·權修》："一樹一穫者穀也，一樹十穫者木也,一樹百穫者人也。"

獲 獲得獵物,引申爲收穫、獲得義。《説文·犬部》:"獲,獵所獲也。从犬,蒦聲。"清朱駿聲《通訓定聲》:"《易·巽》:'田獲三狐。'《詩·小弁》:'遇犬獲之。'〔轉注〕《小爾雅·廣言》:'獲,得也。'……《定九傳》:'獲寶玉大弓。'……《書·微子》:'乃罔恒獲。'鄭注:'猶得也。'……《孟子》:'耕者之所獲。'"

攫 捕取。《説文·手部》:"攫,握也。从手,蒦聲。"清朱駿聲《通訓定聲》:"《廣雅·釋詁三》:'攫,持也。'《西京賦》:'攫獑猢。'注:'握取之也。'"《廣韻·陌韻》:"攫,手取也。"按,亦謂抓取。《南齊書·文學傳·卞彬》:"故葦席蓬纓之間,蚤虱猥流。淫癢渭濩,無時恕肉,探揣攫攝,日不替手。"

〔推源〕 諸詞俱有收穫義,爲蒦聲所載之公共義。聲符字"蒦"所記録語詞之顯性語義與收穫義不相涉,其收穫義乃蒦聲所載之語源義。蒦聲可載收穫義,則"聝"可證之。

蒦:影紐鐸部;
聝:見紐職部。

影見鄰紐,鐸職旁轉。"聝",獲取戰俘之耳。《説文·耳部》:"聝,軍戰斷耳也。《春秋傳》曰:'以爲俘聝。'从耳,或聲。馘,聝或从首。"清朱駿聲《通訓定聲》:"《爾雅·釋詁》:'馘,獲也。'《詩·皇矣》:'攸馘安安。'傳:'不服者殺而獻其左耳曰聝。'《泮水》:'在泮獻馘。'箋:'所格者之左耳。'……《左僖廿二傳》:'師縉示之俘馘。'釋文:'戰所獲。'"

765 蒙聲

(1989) 幪䵾䝉(覆蓋義)

幪 覆蓋物。字亦作"幏","幪"之聲符本从冢聲。《説文·巾部》:"幏,蓋衣也。从巾,从冢。"清朱駿聲《通訓定聲》:"字亦作'幪'……《方言》四:'幪,巾也。'《廣雅·釋詁二》:'幪,覆也。'《尚書大傳》:'下刑墨幪。'〔轉注〕《周書·太子晉》:'若能幪予,反而復之。'注:'覆也。'《法言》:'吾子然後知夏屋之爲帡幪也。'"《廣韻·送韻》:"幏,幏縠,蓋巾也。"按,覆蓋義爲其虛化引申義。

䵾 酒麴,有衣覆蓋者。其字本作"䤈",又作"醭、䵾"。《説文·酉部》:"䤈,籀生衣也。"清朱駿聲《通訓定聲》:"字亦作'䵾'、作'䵾'。《方言》十三:'䵾,麴也。'注:'有衣麴。'"清桂馥《義證》:"《齊民要術》造笨麴餅法,麴成打破,看餅内乾燥,五色衣成,便出曝之。又清麴法,但候麴香沫起,便下釀。過久,麴生衣,則爲失候。"《廣韻·釋器》:"䵾,麴也。"清王念孫《疏證》:"䵾之言蒙也。"《廣韻·東韻》:"䤈,麴生衣兒。䵾,上同。"《正字通·麥部》:"䵾,俗䵾字。"

霚 小雨,引申爲覆蓋、籠罩義。字亦作"濛"。《説文·水部》:"濛,微雨也。从水,蒙聲。"清朱駿聲《通訓定聲》:"字亦作'霚'。《廣雅·釋器》:'霚霚,雨也。'亦重言形況字。"《文選·左思〈魏都賦〉》:"陽靈停曜於其表,陰祇濛霧於其裏。"唐劉良注:"言樓臺高峻入天,而日至於此,自下望之,若停光在其上,雲南之神,濛雲霧於内也。"王重民等編《敦煌變文集》之《維摩詰經講經文》:"真珠網,白雲霚,寶蓋光明照晚空。"

〔推源〕 諸詞俱有覆蓋義,爲蒙聲所載之公共義。蒙聲字"礞"《廣韻·董韻》訓"物上白醭",《集韻·屋韻》:"醭,酒上白。"即覆蓋於表面之物,此亦蒙聲與覆蓋義相關聯之一證。聲符字"蒙"所記錄語詞謂菟絲,其物之性好蔓延,故"蒙"有覆蓋之衍義。《説文·艸部》:"蒙,王女也。从艸,冢聲。"清朱駿聲《通訓定聲》:"錢辛楣師曰:'女蘿之大者名王女,猶王彗、王蒭也。'按,凡物之大者,或稱王,或稱馬牛。《爾雅》:'唐蒙,女蘿。''女蘿,菟絲。'又:'蒙,王女。'《詩·桑中》傳:'唐蒙,菜名。'蓋女蘿通言唐蒙。〔假借〕爲'冢'。《爾雅·釋言》:'蒙,奄也。'《小爾雅·廣詁》:'蒙,覆也。'……《詩·君子偕老》:'蒙彼縐絺。'傳:'覆也。'……《周禮·方相氏》:'掌蒙熊皮。'注:'冒也。'"按,非假借,乃引申。本條諸詞之覆蓋義爲其聲符"蒙"所載之顯性語義。蒙聲可載覆蓋義,則"冒"可證之。

蒙:明紐東部;

冒:明紐幽部。

雙聲,東幽旁對轉。"冒",其字即"帽"之初文,帽爲覆蓋人首之物,故有覆蓋之衍義。《説文·冃部》:"冒,冢而前也。从冃,从目。"徐灝《注箋》:"即古'帽'字。冃之形略,故從目作'冒'。引申爲冢冒之義后,爲引申義所專,又从巾作'帽'。"《漢書·雋不疑傳》:"有一男子……衣黄襜褕,著黄冒。"唐顏師古注:"冒,所以覆冒其首。"《玉篇·冃部》:"冒,覆也。"清朱駿聲《説文通訓定聲·孚部》:"冒,《詩·日月》:'小土是冒。'《小爾雅·廣詁》:'冒,覆也。'《漢書·王商傳》:'水猶不冒城郭。'注:'蒙覆也。'《翟方進傳》:'善惡相冒。'注:'覆蔽也。'"

(1990) 矇濛曚懞儚朦(不明義)

矇 目失明,亦指目不明。《説文·目部》:"矇,童矇也。一曰不明也。从目,蒙聲。"清朱駿聲《通訓定聲》:"按,謂目僮子冢不明也。《詩·靈臺》:'矇瞍奏公。'傳:'有眸子而無見曰矇。'《韓詩章句》:'無珠子,矇。'《字林》:'目有眸無珠子曰矇。'《周禮·瞽矇》司農注:'有目朕而無見,謂之矇。'《楚辭·懷沙》:'矇瞍謂之不章。'注:'盲者也。'《廣雅·釋詁三》:'矇,盲也。'"

濛 小雨,引申爲覆蓋、籠罩義,見前條,又引申爲迷茫不明義。漢王充《論衡·談天》:"儒書又言,溟涬濛澒,氣未分之類也。"南朝宋鮑照《還都道中》:"霾霧冥寓岫,濛昧江上霧。"宋蘇軾《答程天侔書》:"新居在軍城南,極湫隘,粗有竹樹,煙雨濛晦,真蜑塢獠洞也。"

曚 日不明，引申之則泛指昏闇不明。《玉篇·日部》："曚，曚曚，天氣不明也。"《廣韻·董韻》："曚，曚曚，日未明也。"《晉書·紀瞻傳》："太極者，蓋謂混沌之時曚昧未分……天地混其體，聖人藏其身。"唐李咸用《隴頭行》："薄日曚曨秋，怨氣陰雲結。"

懞 不明事理，昏昧無知。《玉篇·心部》："懞，懞心也。"《集韻·董韻》："懵，《廣雅》：'闇也。'或从蒙。"唐封演《封氏聞見記·狂譎》："王嚴光頗有文才而性卓詭，既無所達，自稱釣鼇客，巡歷郡縣，求麻鐵之資，云造釣具。有不應者，輒錄姓名，藏于書笈中。人問將此何用，答曰：'釣鼇之時，取此懞漢以充鼇餌。'"

儚 蒙童，尚不明事理、無文化知識之孩童。康有爲《廣藝舟雙輯·原書》："因搜書論，略爲引申。儚子臨池，或爲識途之助；若告達識，則吾豈敢？"按，徽歙人稱舊時私塾爲"蒙童館"。"儚"字晚出，本以"蒙"爲之。明田藝蘅《留青日札·鴈足繫帛書》："而坊本俗刻，蒙童所習，又多訛字。"又"蒙稚"謂年幼無知，實亦不明事理義。

朦 月不明。《廣韻·東韻》："朦，朦朧，月下。"清朱駿聲《説文通訓定聲·豐部·附〈説文〉不録之字》："朦朧，《説文新附》：'月朦朧也。'"唐徐昌圖《臨江仙》："今夜畫船何處？潮平淮月朦朧。"宋辛棄疾《添字浣溪沙》："酒面低迷翠被重，黄昏院落月朦朧。"

〔推源〕諸詞俱有不明義，爲蒙聲所載之公共義。蒙聲字所記録語詞"檬""蠓""鬔"多有不明義，則亦爲蒙聲與不明義相關聯之一證。"檬"，果名，借指不明事理之人。《字彙補·禾部》："檬，果名。"宋蘇軾《東坡志林·黎檬子》："吾故人黎錞，字希聲，治《春秋》有家法，歐陽文忠公喜之。然爲人質木遲緩，劉貢父戲之爲'黎檬子'，以謂指其德，不知果木中真有是也。""蠓"，《集韻·東韻》云"言不明兒"。"鬔"，可表不明義。宋晏幾道《蝶戀花十五首》之十："晴雪半消花鬔鬔，曉妝呵盡香酥凍。"按，聲符字"蒙"所記録語詞有覆蓋義，覆蓋則不明，故又有不明之衍義。清朱駿聲《説文通訓定聲·豐部》："蒙，〔假借〕爲'冡'。《華嚴音義上》引《説文》：'童蒙也。'又爲'霿'。《書·洪範》曰：'雨曰蒙。'傳：'陰闇也。'……《廣雅·釋訓》：'蒙蒙，暗也。'〔聲訓〕《釋名·釋天》：'蒙者，日光不明，蒙蒙然也。'"按，非假借，乃引申。然則本條諸詞之不明義爲其聲符"蒙"所載之顯性語義。蒙聲可載不明義，則"冥"可證之。

蒙：明紐東部；
冥：明紐耕部。

雙聲，東耕旁轉。"冥"，昏暗不明。《説文·冥部》："冥，幽也。"《廣韻·青韻》："冥，暗也，幽也。"《史記·龜策列傳》："飄風日起，正晝晦冥。日月並蝕，滅息無光。"漢蔡琰《悲憤詩》之二："沙漠壅兮塵冥冥，有草木兮春不榮。"

(1991) 艨朦濛（長、大義）

艨 長型戰船。《釋名·釋船》："外狹而長曰艨衝，以衝突敵船也。"按，狹而長則其阻力小而行速快,當與後世衝鋒艇相似。《廣韻·送韻》:"艨,艨艟,戰舩。"又《東韻》:"艨,艨艟,戰船。"清朱駿聲《説文通訓定聲·豐部·附〈説文〉不録之字》:"艨艟,《廣雅·釋水》:'艨艟,舟也。'"三國魏曹操《營繕令》:"諸私家不得有艨衝等船。"清黄遵憲《送宍户璣公使之燕京》:"捧盤從載書,隔海飛艨艟。"

　　朦　大,豐厚。《廣韻·董韻》:"朦,大皃。"清朱駿聲《説文通訓定聲·豐部·附〈説文〉不録之字》:"朦,《方言》二:'朦,豐也,自關而西,秦晉之間,凡大皃謂之朦。'此字从肉。"按,"从肉"説可從,與月朦朧義之"朦"迥别,楷化則相混。《玉篇》"朦"字隸《肉部》,亦訓大、訓豐。《集韻·講韻》:"胧,豐肉。或作'朦'。"《廣韻·腫韻》:"胧,豐大。"

　　濛　大水。《廣韻·董韻》:"濛,濛澒,大水。"《史記·司馬相如列傳》:"湛恩濛涌,易豐也。"按"濛涌"即廣大義。漢王逸《天問·叙》:"既有解詞,乃復多連蹇其文,濛澒其説。"其"濛澒"即廣大無涯義。

　　〔推源〕　諸詞俱有長、大義,爲蒙聲所載之公共義。聲符字"蒙"所記録語詞謂女蘿之大者,其性蔓延纏繞,亦與長義相通。然則本條諸詞之長、大義爲其聲符"蒙"所載之顯性語義。蒙聲可載長、大義,則卯聲可相證。卯聲字所記録語詞"夘""聊""峁"俱有大、高義,見本典第二卷"卯聲"第491條。高義、長義本相通。蒙聲、卯聲相近且相通。

　　　　蒙:明紐東部;
　　　　卯:明紐幽部。

雙聲,東幽旁對轉。

(1992) 濛蠓騾(小義)

　　濛　小雨。《廣韻·東韻》:"濛,小雨。"又:"濛,涳濛,細雨。"按,《説文》亦作"濛",訓"微雨",清朱駿聲《通訓定聲》:"《詩·東山》:'零雨其濛。'傳:'雨貌。'"唐宋之問《温泉莊卧病寄楊七炯》:"是日濛雨晴,返景入巖谷。"《藝文類聚》卷二引晉潘尼《苦雨賦》:"始濛濊而徐墜,終滂霈而難禁。"按,"濛濊"與"滂霈"對文反義,前者謂雨勢小。

　　蠓　極小之蟲。《説文·蟲部》:"蠓,蠛蠓也。从蟲,蒙聲。"清朱駿聲《通訓定聲》:"《爾雅》:'蠓,蠛蠓。'注:'小蟲似蚋,喜亂飛。'單評曰蠓,絫評曰蠛蠓耳,蘇俗謂之蠓蚴子……《列子·湯問》:'有蠓蚋者。'《甘泉賦》:'浮蠛蠓而撇天。'注:'蟲,小于蚊。'"《廣韻·東韻》:"蠓,蠛蠓,似蚊。"《宋史·樂志六》:"以聲言之,大而至於雷霆,細而至於蠛蠓,無非聲也。"

　　騾　小驢。字亦作"騾"。《説文·馬部》:"騾,驢子也。"《廣韻·東韻》:"騾,驢子曰騾。"沈兼士《聲系》:"《説文》作'騾'。"明李時珍《本草綱目·獸部·騾》:"牝牛交驢而生者爲騎騾。"清方文《二十九日鉅野道中詩》:"鞭策小騾來鉅野,始知尼父泣麒麟。"清龔自珍《海門先嗇陳君祠堂碑文》:"賣騾以求牛。"

　　〔推源〕　諸詞俱有小義,爲蒙聲所載之公共義。前條諸詞俱有長、大義,正相反,蓋即所謂同源反義。聲符字"蒙"所記録語詞之本義、引申義系列與小義不相涉,其小義乃蒙聲另載者。蒙聲可載小義,則"杪"可證之。

蒙:明紐東部;

杪:明紐宵部。

雙聲,東宵旁對轉。"杪",樹梢,樹之尖小部分,虛化引申爲小義。《說文·木部》:"杪,木標末也。"清朱駿聲《通訓定聲》:"《通俗文》:'樹鋒曰杪。'……《漢書·司馬相如傳》:'偃蹇杪顛。'注:'枝上顛也。'〔假借〕爲'秒'。《方言》十二:'尐、杪,小也。'"按,非假借,乃引申。晉孫楚《和氏外孫小同哀文》:"杪末嬰孩,安足稱誄。"唯"杪"有小義,故有"杪小"之同義聯合式合成詞。漢馮衍《自論》:"常務道德之實,而不求當世之名。闊略杪小之禮,蕩佚人間之事。"

766　　嗇聲

(1993) 穡澀(收義)

穡　收穫莊稼。《說文·禾部》:"穡,穀可收曰穡。从禾,嗇聲。"清朱駿聲《通訓定聲》:"《書·洪範》:'土爰稼穡。'王肅注:'種之曰稼,斂之曰穡。'《詩·伐檀》:'不稼不穡。'傳:'斂之曰穡。'《桑柔》:'稼穡卒痒。'箋:'收斂曰穡。'《左襄九傳》:'其庶人力於農穡。'注:'種曰農,收曰穡。'《儀禮·少牢禮》:'嗇黍。'注:'收斂曰嗇。'"《廣韻·職韻》:"穡,稼穡,種曰稼,斂曰穡。"

澀　不滑。按,其字从水,凡物之表有水則滑,水內斂則澀而不滑,故知"澀"實即收義。《說文·水部》:"澀,不滑也。从水,嗇聲。"清朱駿聲《通訓定聲》:"與'歰'誼略同……《素問·至真要大論》:'短而澀。'注:'往來不利,是謂澀也。'"《廣韻·職韻》:"澀,不滑。"宋司馬光《右班殿直傅君墓誌銘》:"再逾月則憂念,氣澀而成癱。"明徐光啓《測候月食奉旨回奏疏》:"壺漏等器規制甚多,今所用者水漏也。然水有新舊滑澀,則遲速異。"

〔推源〕　此二詞俱有收義,爲嗇聲所載之公共義。聲符字"嗇"本爲"穡"之初文,所記録語詞之本義即收穫莊稼。《說文·嗇部》:"嗇,愛澀也。从來,从㐭。來者㐭而藏之,故田夫謂之嗇夫。𠶂,古文嗇从田。"清朱駿聲《通訓定聲》:"籀文作'𪎮',从二禾;又作'𪎭',从二棘(來)……此字本訓當爲收穀,即'穡'之古文也,轉注爲愛澀之義……《禮記·郊特牲》:'主先嗇而祭司嗇也。'疏:'種曰稼,斂曰嗇。'《史記·殷本紀》:'舍我嗇事。'《成帝紀》:'服田力嗇。'"《韓非子·說林下》:"此嗇夫,公之故人,公奚不休舍?"梁啓雄解:"嗇夫,本是收穀的田夫。"然則本條二詞之收義爲其聲符"嗇"所載之顯性語義。嗇聲可載收義,則"收"可證之。

畣：山紐職部；

收：書紐幽部。

山書(審三)準雙聲，職幽旁對轉。"收"，收捕，引申爲收聚、收取、收斂等義。《説文·攴部》："收，捕也。"清朱駿聲《通訓定聲》："《詩·瞻卬》：'女反收之。'傳：'收，拘收也。'……《爾雅·釋詁》：'收，聚也。'《小爾雅·廣言》：'收，斂也。'《廣雅·釋詁一》：'收，取也。'……《詩·維天之命》：'我其收之。'傳：'聚也。'《左襄廿七傳》注：'取也。'《鄭語》：'收以奔褒。'注：'取也。'《禮記·郊特牲》：'既蜡而收。'注：'謂收斂積聚也。'《孝經》注：'秋收冬藏。'釋文：'本作斂。'"

767 畺聲

(1994) 彊橿僵殭蠶（堅義）

彊 硬弓，弓之堅硬者，故引申爲堅强、强盛義。《説文·弓部》："彊，弓有力也。从弓，畺聲。"清朱駿聲《通訓定聲》："《史記·絳侯世家》：'材官引彊。'注：'如今挽彊司馬也。'〔轉注〕《管子·地員》：'赤壚歷彊肥。'注：'堅也。'〔假借〕爲'勍'。《詩·載芟》：'侯彊侯以。'傳：'彊，彊力也。'……《書·皋謨》：'彊而義。'傳：'無所屈撓也。'……《吕覽·審時》：'其米多沃而食之彊。'注：'有勢力也。'"按，非假借，乃引申。

橿 木名，質地堅韌者，古人以爲車材。《説文·木部》："橿，枋也。从木，畺聲。"清朱駿聲《通訓定聲》："《西山經》：'英山其上多杻橿。'注：'橿木，中車材。'《考工記》注：'今世轂用雜榆，輻以檀，牙以橿。'"《廣韻·陽韻》："橿，一名檍，萬年木。"《文選·張衡〈南都賦〉》："其木則檉、松、楔、樱、楓、栢、杻、橿。"唐李善注："橿中車材。"按，《説文》以"枋"釋"橿"，同部"枋"篆訓"木，可作車"，蓋同類。《廣韻》所云"檍"即杻，亦與橿同類。《爾雅·釋木》："杻，檍。"晉郭璞注："似棣，細葉，葉新生可飼牛，材中車輞，關西呼杻子，一名土橿。"

僵 仆倒，亦指僵硬、堅硬，爲其套用字。清段玉裁《説文解字注·人部》："僵，今人語言乃謂不動不朽爲僵。"《南史·孝義傳下·殷不害》："舉體凍僵，水漿不入口者七日，始得母屍。"清曹雪芹《紅樓夢》第二回："古人有言：'百足之蟲，死而不僵。'"

殭 死而不朽不動，堅硬。《玉篇·歹部》："殭，死不朽也。"《廣韻·陽韻》："殭，死不朽也。"清朱駿聲《説文通訓定聲·壯部》："《爾雅·釋木》注：'殭木也。'釋文：'殭，死而不朽。'今蘇俗猶謂不動不朽曰殭。"宋梅堯臣《依韻和宋中道見寄》："已甘老死填溝壑，殭尸闔棺猶目張。"按，"殭"字从歹，殭尸爲其本義。引申之則泛指堅硬。唐盧仝《月蝕》："森森萬木夜殭立，寒氣鼁屓頑無風。"

蠶 蠶死後乾燥堅硬者。《廣韻·陽韻》："蠶，蠶白。"《正字通·虫部》："蠶，蠶白不朽。"按，亦以"殭"爲之，取其引申義，而"蠶"爲正字。《字彙·歹部》："殭，蠶白也。凡死後不朽者皆曰殭,故蠶死而白謂之殭蠶。"

〔推源〕 諸詞俱有堅義,爲畺聲所載之公共義。聲符字"畺"爲"疆"之初文,所記録語詞謂界限。《説文·畕部》:"畺,界也。从畕,三,其界畫也。疆,畺或从彊、土。"清朱駿聲《通訓定聲》:"或从土,彊聲。字亦作'壃'。……《詩·思文》:'無此疆爾界。'《信南山》:'我疆我理。'《周禮·夏官》:'有掌疆。'《大司徒》:'制其畿疆而溝封之。'"然則本與堅義不相涉,其堅義乃畺聲所載之語源義。畺聲可載堅義,則"硬"可證之。

畺:見紐陽部；
硬:疑紐耕部。

見疑鄰紐,陽耕旁轉。"硬",堅硬。字亦作"鞕"。《玉篇·石部》:"硬,堅硬。"《廣韻·諍韻》:"鞕,堅牢。硬,上同。"《廣雅·釋詁一》:"鞕,鞏也。"清王念孫《疏證》:"各本'鞏'下俱脱'堅'字。"北魏賈思勰《齊民要術·養鵝鴨》:"供廚者,子鵝百日以外,子鴨六七十日,佳,過此肉硬。"《南海寄歸内法傳》卷一:"(芥子)其菜食之,味與神州蔓青無别。其根堅鞕,復與蔓青不同。"

(1995) 麠鱷(大義)

麠 大麃。《説文·鹿部》:"麠,大鹿也,牛尾,一角。从鹿,畺聲。麖,或从京。"清朱駿聲《通訓定聲》:"《爾雅·釋獸》:'麠,大麃。'按,與麈相似,惟黑色耳……《中山經》:'尸山其獸多麖。'……《漢書·地理志》:'山多麈麠。'……《吴都賦》:'頳麋麖。'劉注:'大麋也。'"《廣韻·庚韻》:"麠,獸名,一角似麋,牛尾。麖,上同。"沈兼士《聲系》:"案'麋',段校據《爾雅》改作'麃'。"

鱷 海大魚。《説文·魚部》:"鱷,海大魚也。从魚,畺聲。鯨,鱷或从京。"清朱駿聲《通訓定聲》:"《左宣十二傳》:'取其鯨鯢而封之。'疏:'雄曰鯨,雌曰鯢。'《淮南·覽冥》:'鯨魚死而彗星出。'注:'大魚,長數里。'許慎注:'魚之王也。'《吴都賦》:'長鯨吞浪。'……《西京賦》:'鯨魚失流而蹉跎。'〔聲訓〕《水經·沔水注》:'鯨,大也。'"《廣韻·陽韻》:"鱷,鯨魚别名。"又《庚韻》:"鱷,大魚,雄曰鱷,雌曰鯢。"《漢書·翟方進傳》:"蓋聞古者伐不敬,取其鱷鯢築武軍。"

〔推源〕 此二詞俱有大義,爲畺聲所載之公共義。聲符字"畺"所記録語詞之本義、引申義系列與大義不相涉,其大義乃畺聲所載之語源義。畺聲可載大義,則"京"可證之。"畺""京"上古音同,見紐雙聲,陽部疊韻。"京",人所爲大丘,亦指大穀倉,則爲比喻引申,又虛化引申爲高大義。《説文·京部》:"京,人所爲絶高丘也。从高省,丨象高形。"清朱駿聲《通訓定聲》:"《淮南·覽冥》:'築重京。'《吕覽·禁塞》:'爲京丘若山陵。'注:'合土築之以爲京。'〔轉注〕《爾雅·釋詁》:'京,大也。'……《公羊桓九傳》:'京師者何？天子之居也。京者何？大也。'《獨斷》:'京大師衆也。'……《左莊二十二傳》:'莫之與京。'注:'大也。'又

《廣雅·釋室》：'京，倉也。'《管子·輕重丁》：'有新成囷京者。'注：'大囷曰京。'"

768 感聲

(1996) 轗鱤憾（虧缺義）

轗 坎坷，道路不平。按即路面有所虧缺而凹下之義。《廣韻·感韻》："轗，轗軻，多迍。"《集韻·勘韻》："轗，轗軻，車行不平。亦作'輡'。"按，"輡"字从臽得聲，"臽"爲"陷"之初文，謂陷坑，則"轗"一作"輡"而其虧缺義益顯。《北史·文苑傳·序》："道轗軻而未遇，志鬱抑而不申。"宋曾鞏《幽谷晚飲》："當今甲兵後，天地合轗軻。"

鱤 食不飽，有所虧缺。又食不飽而面黃肌瘦則稱"顩"，其字亦从感聲。則"顩"乃由"鱤"所衍生。《廣韻·勘韻》："鱤，食不飽也。""顩，面虛黃色。"又《感韻》："顩，食不飽。"宋文瑩《玉壺清話》卷三："薛公不得已，贈白金三百星，聊爲釣溪一醉。旦顩頷頷之，不爲少謝。"明沈孚中《綰春園·江祖》："詩懷應爲遨遊鱤。"清毛奇齡《陳翰林孺人墓誌銘》："只嫌顩顩，金門苦饑，是以迎子，徒勞驅馳。"

憾 不滿足，有所虧缺。清朱駿聲《說文通訓定聲·臨部》："《襄二十九傳》：'美哉，猶有憾。'《釋文》：'本作感。'……《字林》：'憾，不安也。'"《國語·魯語下》："夕而習復，夜而計過無憾，而後即安。"唐段成式《酉陽雜俎·諾皋記上》："娶妻得如此，吾無憾矣。"唯"憾"有缺義，故有"缺憾"之同義聯合式合成詞。清曾國藩《季弟事恒墓誌銘》："嗚呼予季，缺憾孔多。天乎人乎，歸咎誰何？"

〔推源〕 諸詞俱有虧缺義，爲感聲所載之公共義。聲符字"感"所記錄語詞謂感動，引申之則有感受、感應等義。《說文·心部》："感，動人心也。从心，咸聲。"清朱駿聲《通訓定聲》："《易·繫辭》：'感而遂通，天下之故。'虞注：'動也。'……《管子·小稱》：'匠人有以感斤欘。'注：'謂深得其妙，有應于心者也。'"按，"憾"者亦謂感覺，即不滿意、虧缺，此可證感受義、虧缺義或相通。感聲可載虧缺義，則"臽"可證之。

感：見紐侵部；

臽：匣紐談部。

見匣旁紐，侵談旁轉。"臽"，小坑，地之凹下、有所虧缺者。《說文·臼部》："臽，小阱也。从人在臼上。"清朱駿聲《通訓定聲》："按，古掘地爲臼，臼即坎也。'《廣雅·釋水》：'臽，坑也。'"漢王充《論衡·譏日》："《葬歷》曰：'葬避九空地臽，及日之剛柔，月之奇耦。'"按，其字累增爲"陷"。《韓非子·六反》："犯而誅之，是爲民設陷也。"唯"陷"有缺義，故有"缺陷"之複音詞。《宋史·李沆傳》："身食厚祿，時有橫賜，計囊裝亦可以治第。但念內典以此世界爲缺陷，安得完滿如意，自求稱足？"

769　歲聲

(1997) 薉鱥(污義)

薉　荒蕪,引申爲雜亂、污穢義。字亦作"穢"。《説文·艸部》:"薉,蕪也。从艸,歲聲。"清朱駿聲《通訓定聲》:"字亦作'穢'、作'薉'。《荀子·王霸》:'涂薉則塞。'……《漢書·李尋傳》:'盪滌濁薉。'……以'薉'爲之。〔假借〕爲'鱥'。《書·盤庚》:'無起穢以自臭。'"按,非假借,乃引申。《楚辭·九嘆·愍命》:"情純潔而罔薉兮,姿盛質而無愆。"漢王逸注:"言志意潔白,身無瑕穢;姿資茂盛,行無過失也。"宋洪興祖《補注》:"薉,與'穢'同。"《文選·班固〈東都賦〉》:"百姓滌瑕盪穢,而鏡至清。"唐李善注引《字書》:"穢,不絜清也。"

鱥　食物敗壞,變成污穢之物。《説文·食部》:"鱥,飯傷熱也。从食,歲聲。"清朱駿聲《通訓定聲》:"《廣雅·釋器》:'鱥,臭也。'《蒼頡篇》:'鱥,食臭敗也。'按,蘇俗所謂餿,凡傷熱則餿。"《廣韻·廢韻》:"鱥,飯臭。"

〔推源〕　此二詞俱有污義,爲歲聲所載之公共義。聲符字"歲"之甲骨文形體象戉形,郭沫若說,見《金文叢考》。後世以爲歲月字,又爲星名,皆假借義。然則與污義不相涉,其污義乃歲聲所載之語源義。歲聲可載污義,則"黨"可證之。

歲:心紐月部;

黨:端紐陽部。

心端鄰紐,月陽通轉。"黨",不鮮明,引申爲污穢義。《説文·黑部》:"黨,不鮮也。从黑,尚聲。"清桂馥《義證》:"黨或作'曭'。《楚辭·遠游》:'時曖曃其曭莽兮。'注云:'日月晻黮而無光也。'"本師蔣禮鴻云從先生《義府續貂·黨》:"嘉興謂衣物敝垢不鮮曰菸黨黨。"按,"菸"本謂植物枯萎,凡植物枯萎則其色不鮮而有污穢感。"菸黨黨"爲三字格派生詞,猶"暖烘烘",詞根、詞綴之義相同。章炳麟《新方言·釋言》:"今人謂汙垢曰黨,音如髒,借髒爲之。"李鑒堂《俗語考原》:"俗謂不潔者曰骯髒。"按,"髒"字亦單用。清文康《兒女英雄傳》第三回:"咱一來是爲行好,二來也怕髒了我的店。"按,後世多以"髒"爲之,"髒"本"臟"之簡化字。"髒"之上古音精紐陽部,"黨"者端紐陽部,二者叠韻,精端準雙聲。然則雖其字以"髒"、以"髒",源詞則爲"黨"。

(1998) 薉濊(多義)

薉　雜草多。清朱駿聲《説文通訓定聲·泰部》:"薉,《考工總目》注:'粵地塗泥,多草薉。'"《資治通鑒·晉武帝咸寧二年》:"臨平湖自漢末薉塞。長老言:'此湖塞,天下亂;此湖開,天下平。'"清魏源《武夷九曲》:"奇峰四蒼蒼,平原千薉薉。"

濊　水多。《説文·水部》:"濊,水多兒。从水,歲聲。"清朱駿聲《通訓定聲》:"《難蜀父老》文：'湛恩汪濊。'《漢書·郊祀志》：'澤汪濊輯萬國。'"《廣韻·泰韻》："濊，汪濊，深廣。"按，水多則深廣。晉張載《濛汜池賦》："挹洪流之汪濊，包素瀨之寒泉。"

〔推源〕 此二詞俱有多義，爲歲聲所載之公共義。聲符字"歲"所記録語詞之顯性語義與多義不相涉，其多義乃歲聲所載之語源義。歲聲可載多義，則"多"可證之。

歲：心紐月部；
多：端紐歌部。

心端鄰紐，月歌對轉。"多"，多少字，基本義即多。詳見本卷"羸聲"第2052條"推源"。

770　粲聲

(1999) 燦璨(明亮義)

燦　燦爛，明亮。《廣韻·翰韻》："燦，明净皃。"《集韻·換韻》："燦，明皃。"南朝梁何遜《苦熱行》："卧思清露湑，坐待明星燦。"隋諸葛穎《奉和月夜觀星》："星月滿兹夜，燦爛還相臨。"

璨　璀璨，明亮。《廣韻·翰韻》："璨，璀璨。"唐王建《白紵歌》二首之一："天河漫漫北斗璨，宫中烏啼知夜半。"宋梅堯臣《送梵才吉上人歸天台》："城霞與琪樹，璨璨助詩才。"

〔推源〕 此二詞俱有明亮義，爲粲聲所載之公共義。聲符字"粲"所記録語詞謂精米，故有鮮明、明亮之衍義。《説文·米部》："粲，稻重一䄷，爲粟二十斗、爲米十斗曰毇；爲米六斗太半斗曰粲。从米，奴聲。"清朱駿聲《通訓定聲》："《詩·緇衣》：'還予授子之粲兮。'傳：'餐也。'《爾雅·釋言》：'粲，餐也。'按，好賢之至，欲以精米爲之餐也。〔轉注〕《廣雅·釋詁三》：'粲，文也。'《四》：'明也。'《釋言》：'粲，鮮也。'《詩·伐木》：'於粲洒埽。'傳：'鮮明貌。'……《(荀子)非相》：'欲觀聖王之跡，則於其粲然者矣。'注：'明白之貌。'……《漢書·董仲舒傳》：'粲然有文以相接。'《兒寬傳》：'天文粲然。'注：'明貌。'"然則本條二詞之明亮義爲其聲符"粲"所載之顯性語義。粲聲可載明亮義，則"亮"可證之。

粲：清紐元部；
亮：來紐陽部。

清來鄰紐，元陽通轉。"亮"，明亮。《玉篇·儿部》："亮，朗也。"《廣韻·漾韻》："亮，朗也。"《後漢書·蘇竟傳》："且火德承堯，雖昧必亮。"唐李賢注："亮，明也。"三國魏嵇康《雜詩》："皎皎亮月，麗於高隅。"宋黎靖德編《朱子語類》卷七十三："譬如箇燈籠安四箇柱，這柱已是礙了明。若更剔去得，豈不更是明亮！"

771　豦聲

(2000) 遽勮懅（急義）

遽　以驛馬傳遞，引申爲急疾義。《説文·辵部》："遽，傳也。从辵，豦聲。"清朱駿聲《通訓定聲》："《周禮·大僕》：'以待達窮者與遽令。'《行夫》：'掌邦國傳遽之小事。'注：'若今時乘傳騎驛而使者也。'〔轉注〕《晉語》：'公懼，遽見之。'注：'疾也。'"《玉篇·辵部》："遽，疾也。"《廣韻·御韻》："遽，急也，疾也。"《莊子·天地》："厲之人夜半生其子，遽取火而視之，汲汲然唯恐其似己也。"唐成玄英疏："遽，速也。"宋蘇洵《幾策·審勢》："如風雨雷電，遽然而至，截然而下。"

勮　甚，引申爲急疾義。字亦作"劇"。《説文·力部》："勮，務也。从力，豦聲。"清朱駿聲《通訓定聲》："謂用力之甚。《廣雅·釋詁一》：'疾也。'"又："劇，《文選》注引《説文》：'劇，甚也。'凡三見。按，即'勮'字之誤文，今附于此。《漢書·楊雄傳》：'口吃不能劇談。'注：'疾也。'……《劇秦美新》：'何其劇歟！'"《廣韻·御韻》："勮，勤務也。疾也。"唐韓愈、張徹《會合聯句》："愁去劇箭飛，謹來若泉涌。"章炳麟《文學説例》："《顧命》'陳教則肄肄不違'，江氏《集注音疏》謂：'重言肄者，病甚氣喘而語吃。'其説是也。夫以劇氣蹇吃，猶無刪削，是知佗篇記言，皆栖書本語，無一字出於史官潤色。"

懅　惶急，即驚慌着急而忙亂義。《玉篇·心部》："懅，心急也。"《廣韻·魚韻》："懅，怯也。"清朱駿聲《説文通訓定聲·豫部》："《後漢·徐登傳》：'主人見之驚懅。'注：'懅，忙也。'"《集韻·唐韻》："忙，心迫也。"《資治通鑒·唐肅宗至德元載》："國忠集百官於朝堂，惶懅流涕。"元胡三省注："懅，急也。"

〔推源〕　諸詞俱有急義，爲豦聲所載之公共義。聲符字"豦"所記録語詞謂獸類互鬥，相持不解。《説文·豕部》："豦，鬥相丮不解也。从豕、虍。"按，獸類相鬥、難分難解即情勢急，此與急義或相通。豦聲可載急義，則"糾"可證之。

豦：見紐魚部；
糾：見紐幽部。

雙聲，魚幽旁轉。"糾"，絞合的繩索，引申爲糾絞義。凡物糾絞則緊，緊即急，故又引申爲急義。《説文·糸部》："糾，繩三合也。"清朱駿聲《通訓定聲》："單股曰紉，兩股曰纆，三股曰糾，亦曰徽……《漢書·賈誼傳》：'何異糾纆。'注：'絞也。'〔轉注〕《江賦》：'青綸競糾。'注：'繚也。'〔假借〕又爲'綠'。"《一切經音義》廿三引《廣雅》："糾，急也。"按，"急"爲其衍義，無煩假借。《荀子·議兵》："矜糾收繚之屬爲之化而調。"清王先謙《集解》："矜糾收繚，皆急戾之意，故與調合相反。"

(2001) 籚璩(圓義)

籚 圓筐。《説文·竹部》："籚，飲牛筐也。从竹，虜聲。方曰筐，圜曰籚。"清朱駿聲《通訓定聲》："按，'飲牛'當作'飿牛'，《左隱三》疏引作'飯'。〔轉注〕《吕覽·季春》：'具栠曲籚筐。'《方言》十三：'䈰、簍、䈰、筥，籚也，江沔之間謂之䈰。'按，'䈰'即'籚'字。又《廣雅·釋器》：'籚，杯落也。'謂盛杯器籠，字亦作'䈰'，聲微轉耳。"按，所引《吕氏春秋·季春紀》文漢高誘注："員底曰籚，方底曰筐，皆受桑器也。"又，所引《廣雅》文之"籚"謂承杯之盤，亦爲圓形物。

璩 耳環，圓形物。《説文新附·玉部》："璩，環屬。从玉，虜聲。"清鄭珍《新附考》："《中山經》：'穿耳以鐻。'郭注云：'鐻，金銀飾之名。'……字本从金。《衆經音義》引《字書》：'璩，玉名，耳飾也。'知漢後字別从玉。"按，鄭説可從，"璩"所指稱之物有之，唯其字多以"鐻"爲之，而"璩"實爲正字。《廣韻·魚部》："鐻，鐻耳之傑。"《集韻·魚韻》："璩，環屬，戎夷貫耳。通作'鐻'。"《文選·左思〈魏都賦〉》："髡首之豪，鐻耳之傑，服其荒服，斂衽魏闕。"唐張銑注："髡首、鐻耳，皆夷人也。"按"鐻耳"即"戴耳環之人"。清李伯元《南亭筆記》卷五："幼時耳上有穿痕，至老猶存，宛施環鐻。"按，耳環有玉製者，故其字从玉作"璩"，亦有以金銀爲之者，故其字又作"鐻"。"鐻"本謂鐘鼓之柎，許慎説，指耳環，爲其套用字。

〔推源〕 此二詞俱有圓義，爲虜聲所載之公共義。聲符字"虜"所記録語詞與圓義不相涉，其圓義乃虜聲所載之語源義。虜聲可載圓義，則"圜"可證之。

虜：見紐魚部；
圜：匣紐元部。

見匣旁紐，魚元通轉。"圜"，天體，渾圓者，所謂天圓地方。引申爲圓形義。《説文·口部》："圜，天體也。"清朱駿聲《通訓定聲》："按，渾圓爲圜，平圓爲圓，圓之規爲圓。《易·説卦》：'乾爲圜。'《吕覽·序意》：'大圜在上。'注：'天也。'〔轉注〕《考工·輪人》：'取諸圜也。'……《禮記·月令》：'其器圜以閎。'"

772 業聲

(2002) 嶪驜(高大義)

嶪 高聳貌。《廣韻·業韻》："嶪，岌嶪，山皃。"按，"岌嶪"可分訓。《玉篇·山部》："岌，山高皃。"南朝梁蕭統《玄圃講》："穿池狀浩汗，築峰形嶫岌。"《集韻·業韻》："嶪，或書作'嶫'。"清黄景仁《送王桐巢至衡陽》："衡山高嶪嶪，七十二峰陰。"按，字亦作"礏"。

驜 馬高大。《廣韻·業韻》："驜，驜驜，馬高大。"《集韻·業韻》："驜，馬高大謂之驜。"按，"驕"謂六尺高之大馬，爲見紐字；"驚"爲駿馬，馬之高大有力者，爲疑紐字，與"驜"同，見疑旁紐。三者聲近義同。

〔推源〕 此二詞俱有高大義,爲業聲所載之公共義。業聲字"𣂁"《廣韻·業韻》訓"橫水大版","牒"謂大板,見《集韻·業韻》,亦爲業聲與高大義相關聯之一證。聲符字"業"所記録語詞之本義爲樂器架橫木上之大板,引申爲高大義。《説文·䇂部》:"業,大版也,所以飾縣鐘鼓,捷業如鋸齒,以白畫之,象其鉏鋙相承也。从䇂,从巾,巾象版。《詩》曰:'巨業維樅。'"清朱駿聲《通訓定聲》:"其版如鋸齒,令其相銜不脱,工緻堅實也……《(詩)》有聲:'設業設虡。'傳:'大版也,所以飾栒爲縣也。'〔轉注〕爲築牆之版。《爾雅·釋器》:'大版謂之業,繩之謂之縮之。'注:'築牆版也。'〔假借〕又爲'㩉'、爲'嶪'。《後漢·班固傳》:'增槃業峩。'注:'高也。'《詩·烝民》:'四牡業業。'傳:'言高大也。'《采薇》傳:'業業然壯也。'"按,高大義爲其引申義,非假借者。《廣韻·業韻》:"業,大也。"漢張衡《西京賦》:"反宇業業,飛檐轞轞。"然則本條二詞之高大義爲其聲符"業"所載之顯性語義。至業聲可載高大義,則我聲字所記録語詞可相證。"峨""硪""髿""䖘""騀""莪""䳘""俄"俱有高大義,見本典第四卷"我聲"第895條。業聲、我聲本相近且相通。

業:疑紐葉部;
我:疑紐歌部。

雙聲,葉(盍)歌通轉。

773 當聲

(2003) 簹襠擋璫艡墻(擋義)

簹 車當,遮擋於車之前後者。字亦作"轋",或以"檔"爲之。《廣雅·釋器》:"陽門、簨筐、雀目、蔽,簹也。"清王念孫《疏證》:"《玉篇》:'簹,車簹管也。'《太平御覽》引《郭林宗别傳》云:'宿仲琰柴車駕牛,編荊爲當。''當'與'簹'通……《爾雅》:'輿竹前謂之禦,後謂之蔽。'李巡注云:'編竹當車前以擁蔽,名之曰禦,則禦亦蔽也。'"《廣韻·唐韻》:"轋,車轋。"沈兼士《聲系》:"案'轋',《切韻》及内府本、敦煌本《王韻》均作'檔'。"《集韻·宕韻》:"簹,車當。"

襠 背心,遮擋背部、胸部之物。《釋名·釋衣服》:"裲襠,其一當胸,其一當背也。"清王先謙《疏證補》:"即唐宋時之半背,今俗謂之背心。當背當心,亦兩當之義也。"《玉篇·衣部》:"襠,裲襠也。"《廣韻·唐韻》:"襠,兩襠衣。"南朝梁王筠《行路難》:"裲襠雙心共一抹,衵複兩邊作八襀。"宋郭彖《睽車志》卷三:"有一婦人,青衫素裲襠,日以二錢市粥。"

擋 抵擋,阻擋。《廣韻·宕韻》:"擋,摒擋。"《楊家將》第十三回:"生得面若丹朱,眼似銅鈴,兩顴突出,有萬夫不擋之勇。"《水滸全傳》第一百一十一回:"穆弘、李俊過去了,二十個偏將都被擋住在城邊。"

璫 瓦當,遮擋於椽端者。清朱駿聲《説文通訓定聲·壯部·附〈説文〉不録之字》:"璫,《後漢·班彪傳》:'璫,椽頭也。'《新附》:'璫,華飾也。'"《史記·司馬相如列傳》:"華榱璧璫。"唐司馬貞《索隱》:"裁玉爲璧,以當椽頭。"元同恕《次耶律左丞元日早朝韻》:"香霧霏霏濕玉闌,五雲仙佩響璫環。"

艟 舺艟,戰船,抵擋敵軍者,其名本寓"抵擋"之義。《廣雅·釋水》:"舺艟,舟也。"清王念孫《疏證》:"舺艟,猶抵當也。《廣韻》:'舺艟,小戰船也。出《字林》。'"清陳壽祺《浙江提督總兵李公神道碑文》:"麾兵士急伏舺艟,候賊礮盡,突過其東,發一礮殱之。"

壋 小土堤,擋水之物。引申之,有堤之村落亦稱"壋",清《嘉慶一統志·江西·南昌府二》載豐城縣劍江西有"繩灣壋"。

〔**推源**〕諸詞俱有擋義,爲當聲所載之公共義。聲符字"當"所記録語詞謂相對,引申之則有相當、抵擋義。《説文·田部》:"當,田相值也。从田,尚聲。"清朱駿聲《通訓定聲》:"《廣雅·釋詁三》:'當,直也。'《晉語》:'朱也當御。'注:'值也。'……《公羊莊十三傳》:'君請當其君,臣請當其臣。'注:'猶敵也。'……《三都賦序》:'玉卮無當。'按,當者抵禦之謂也。"《廣韻·唐韻》:"當,敵也。"唐王維《老將行》:"一身轉戰三千里,一劍曾當百萬師。"然則本條諸詞之擋義爲其聲符"當"所載之顯性語義。當聲可載擋義,則"敵"可證之。

當:端紐陽部;
敵:定紐錫部。

端定旁紐,陽錫旁對轉。"敵",仇敵,引申爲抵擋、抵抗義。《説文·攴部》:"敵,仇也。"清朱駿聲《通訓定聲》:"《周語》:'敵國賓至。'注:'位敵也。'……《孟子》:'仁者無敵。'〔轉注〕《爾雅·釋詁》:'當也。'《左文四傳》:'敵王所愾。'《哀十五傳》:'敵子路。'"《孟子·梁惠王上》:"以一服八,何以異於鄒敵楚哉?"

774 遣聲

(2004) 韉繾(纏義)

韉 皮製腰帶,纏腰之物。《廣韻·線韻》:"韉,腰帶。"《集韻·綫韻》:"韉,韋帶謂之韉。"《漢書·賈山傳》:"布衣韋帶之士,修身於内,成名於外。"

繾 相纏,不離散。《玉篇·糸部》:"繾,繾綣,不離散也。"《廣韻·獮韻》:"繾綣,不相離兒。又黏也。"清朱駿聲《説文通訓定聲·乾部》:"《詩·民勞》:'以謹繾綣。'傳:'反覆也。'《左昭廿五傳》:'繾綣從公。'注:'不離散。'"按,所引《詩·大雅·民勞》文唐孔穎達疏:"繾綣者,牢固相著之意。"高亨注:"繾綣,固結不解之意。"按即抽象性相纏義。"繾綣"又有情意纏綿義,其纏義益顯。唐元稹《鶯鶯傳》:"留連時有恨,繾綣意難終。"

〔推源〕 此二詞俱有纏義,爲遣聲所載之公共義。聲符字"遣"所記録語詞謂釋放。《説文·辵部》:"遣,縱也。"《國語·越國下》:"(越王勾踐)令大夫種守於國,與范蠡入宦於吴。三年,而吴人遣之。"《後漢書·列女傳·程文矩妻》:"郡守表异其母,蠲除家徭,遣散四子,許以修革。"其引申義系列亦與纏義不相涉,其纏義當爲遣聲所載之語源義。遣聲可載纏義,則"卷"可證之。

遣:溪紐元部;
卷:見紐元部。

叠韻,溪見旁紐。"卷",膝曲,可曲可伸者,故引申爲卷曲義。凡物卷曲如纏繞,卷、纏皆做圓周運動。《説文·卩部》:"卷,卻曲。"清朱駿聲《通訓定聲》:"〔假借〕又爲'捲'。《詩·柏舟》:'不可卷也。'……《淮南·兵略》:'旗不解卷。'注:'束也。'"按,非假借,乃引申。後世卷舒字亦作"捲",爲緟益字。

775 農聲

(2005) 襛獿濃醲膿齈繷齈穠(厚、多義)

襛 衣厚貌。《説文·衣部》:"襛,衣厚皃。从衣,農聲。《詩》曰:'何彼襛矣。'"按,所引《詩·召南·何彼襛矣》文之"襛"異文作"穠",清王先謙《集解》云:"此據《毛詩》,以衣厚擬華之盛多也。《五經文字》:'襛,見《詩·風》,从禾者訛。'"《廣韻·鍾韻》:"襛,襛華。又衣厚皃。"又:"穠,華皃。又厚衣皃。"《文選·宋玉〈神女賦〉》:"振繡衣,被袿裳,襛不短,纖不長。"唐李善注:"襛,衣厚貌。"

獿 多毛犬。《説文·犬部》:"獿,犬惡毛也。从犬,農聲。"南唐徐鍇《繫傳》:"濃而亂也。"清朱駿聲《通訓定聲》:"《字林》:'獿,多毛犬也。'《爾雅·釋獸》注:'旄毛獿長。'今讀如猱,猶《詩·還》之'猗'韓作'獶'也,農、猱一聲之轉。"《廣韻·冬韻》:"獿,多毛犬也。"又《肴韻》:"獿,犬多毛。"又《豪韻》:"獶,長毛犬。獿,上同。"《集韻·豪韻》:"獶,隸作'獿'。"

濃 露多,引申爲厚、多義。字亦作"醲"。《説文·水部》:"濃,露多也。从水,農聲。《詩》曰:'零露濃濃。'"清朱駿聲《通訓定聲》:"字亦作'醲'。《詩·蓼蕭》……傳:'厚皃。'《廣雅·釋訓》:'醲醲,露也。'"《玉篇·雨部》:"醲,醲醲,露濃皃。"《廣韻·冬韻》:"醲,露多。"《送韻》:"濃,厚也。"《集韻·鍾韻》:"濃,或从雨。"漢應劭《風俗通·皇霸·三皇》:"德濃厚若神,故爲神農也。"南朝梁簡文帝《奉答南平王康賚朱櫻》:"花茂蝶爭飛,枝濃鳥相失。"

醲 厚酒。《説文·酉部》:"醲,厚酒也。从酉,農聲。"《廣韻·鍾韻》:"醲,厚酒。"《淮南子·主術訓》：" 肥醲甘脆，非不美也，然民有糟糠菽粟不接於口者，則明主弗甘也。" 虛化引申爲濃厚義。清朱駿聲《説文通訓定聲·豐部》："醲，〔轉注〕《廣雅·釋詁三》：'醲，厚也。'《書·洪範》：'農用八政。'鄭注：'讀爲醲。'" 按，朱氏所稱"轉注"即引申，所引《書》文僞孔傳："農，厚也。厚用之，政乃成。"《韓非子·難勢》："夫有盛雲醲霧之勢而不能乘遊者，螾螘之材薄也。" 元張雨《梅雪齋雅集分題得酒香》："醲鬱芬香味更嚴，甕間飄滿讀書簾。"

膿 濃厚的液體。《説文·血部》："衁，腫血也。从血，農省聲。膿，俗衁，从肉，農聲。"《靈樞經·玉版》："營氣不行，乃發爲癰疽。陰陽不通，兩熱相搏，乃化爲膿。"《史記·扁鵲倉公列傳》："此病疽也，内發於腸胃之間，後五日當臗腫，後八日嘔膿死。" 引申爲濃厚義。清朱駿聲《説文通訓定聲·豐部》："膿，〔假借〕爲'醲'。《七發》：'甘脆肥膿。'注：'厚之味也。'〔聲訓〕《釋名·釋形體》：'膿，醲也，汁醲厚也。'" 按，當爲引申，非假借。膿之爲物，厚於血水，故稱"膿"。

譨 多言而不中要害。《玉篇·口部》："譨，多言不中也。"《廣韻·冬韻》："譨，多言不中。" 元無名氏《貨郎旦》第一折："休犯著黃蘗肚小麽，數量著譨過，緊忙裏做作。"《古今雜劇》之佚名《善知識苦海回頭》第三折："你道是九重邊有誰唧譨，苦口難諧，甘口易哄。" 按，即今俗所謂"嘟嘟譨譨"。《集韻·江韻》"譨"訓"語不明"，當即不切要之義。其字或从言作"譨"。《集韻·矣韻》："譨，譨譨，多言也。" 清朱駿聲《説文通訓定聲·豐部·附〈説文〉不録之字》："譨譨，《楚辭·怨上》：'群司兮譨譨。'" 按，所引《楚辭》文宋洪興祖《補注》："譨譨，多言也。""譨"亦指味道濃厚，則爲套用字。《吕氏春秋·本味》："故久而不弊，熟而不爛，甘而不譨，酸而不酷。" 清俞樾《平議》："譨者，味之厚也，言甘而不失之過厚也。"

繷 盛多。《廣雅·釋詁三》："䋣、繷，多也。" 清王念孫《疏證》："䋣之言擁，繷之言濃，皆盛多之意也。"《廣韻·鍾韻》："繷，䋣繷。" 清朱駿聲《説文通訓定聲·豐部·附〈説文〉不録之字》："䋣，《方言》十：'南楚凡大而多謂之䋣。'""繷，《方言》十：'䋣、繷、賦、多也，南楚凡大而多，或謂之繷，凡人語過度及妄施行，亦謂之繷。'《後漢·崔駰傳》注引作：'繷，盛多也。'"

齈 鼻有疾而多涕，失去嗅覺。《廣韻·送韻》："齈，多涕，鼻疾。" 元佚名《氣英布》第三折："怎麽只將兩隻臭脚去薰他？他是個齈鼻子，一些香臭也不懂的。" 按，鼻不識香臭稱"齈"，猶耳不聞音聲稱"聾"。"齈"與"齆"義同，聲亦相近。隋巢元方《諸病源候論·鼻病諸候·鼻齆候》："鼻氣不宣調，故不知香臭而爲齆也。"

穠 花木盛多，濃密。《廣韻·鍾韻》："穠，花木厚也。" 唐司空圖《效陳拾遺子昂感遇》："北里秘穠艷，東園鎖名花。" 明楊珽《龍膏記·償緣》："看婿顏美玉，婦色穠桃。" 引申之，亦泛指濃厚。明徐弘祖《徐霞客遊記·黔遊日記》："是早，雲氣穠鬱。"

〔推源〕 諸詞俱有厚、多義，爲農聲所載之公共義。聲符字"農"所記録語詞謂耕種，其引申義系列與厚、多義亦不相涉，然可以其聲韻另載濃厚義。《説文·晨部》："農，耕也。从晨,囟聲。"清朱駿聲《通訓定聲》:"《考工記》:'飭力以長地財謂之農夫。'《漢書·食貨志》:'闢土植穀曰農。'〔假借〕爲'醲',或爲'禮'。《書·洪範》:'農用八政。'傳:'厚也。'〔聲訓〕《論語》:'吾不如老農。'皇疏:'農,濃也。'"農聲可載厚、多義,則"叢"可證之。

農:泥紐冬部;
叢:從紐東部。

泥從鄰紐,冬、東二部上古無別,則爲叠韻。"叢",草木叢生,衆多、濃厚而相聚者。《説文·丵部》:"叢,聚也。从丵,取聲。"清朱駿聲《通訓定聲》:"《周禮·大司徒》:'其植物宜叢物。'注:'萑葦之屬。'《爾雅》:'灌木,叢木。'……《楚辭·招魂》:'叢菅是食些。'注:'柴棘爲叢。'《淮南·俶真》:'獸走叢薄之中。'注:'聚木曰叢。'《太玄·聚》:'示於叢社。'〔轉注〕《漢書·酷吏傳·贊》:'罔密事叢。'注:'謂衆也。'"

776　喿聲

(2006) 趮燥懆(急義)

趮　疾急。《説文·走部》:"趮,疾也。从走,喿聲。"清朱駿聲《通訓定聲》:"字亦作'躁'。《考工·矢人》:'羽殺則趮。'注:'旁掉也。'《管子·心術》:'趮者不静。'《易·説卦》傳:'巽爲躁卦。'……《(禮記)內則》:'狗赤股而躁。'注:'舉動急疾。'《論語》:'言未及之而言謂之躁。'鄭注:'不安静也。'"按,所引《周禮·考工記·矢人》文清孫詒讓《正義》:"謂矢太疾則動而旁出。"《廣韻·號韻》:"趮,疾也。"《漢書·天文志》:"辰星出入趮疾,常主夷狄,其大經也。"其"趮疾"當爲同義聯合式合成詞。唯"趮(躁)"有急義,故有"急躁"之複音詞,亦爲同義聯合者。《書·洪範》"曰急,恒寒若"唐孔穎達疏:"君行急躁,則常寒順之。"

燥　干燥,引申爲焦急、急躁義。《説文·火部》:"燥,乾也。从火,喿聲。"清朱駿聲《通訓定聲》:"《易·文言》傳:'火就燥。'〔聲訓〕《釋名·釋言語》:'燥,焦也。'"宋劉克莊《江西詩派小序·晁叔用》:"秦漢以來,士有抱奇懷能,留落不遇,往往燥心污筆,有怨悱憤悁沈抑之思。"《清平山堂話本·快嘴李翠蓮記》:"婆婆性兒忒急燥,説的話兒不太妙。"

懆　憂慮,焦急。《説文·心部》:"懆,愁不安也。从心,喿聲。《詩》曰:'念子懆懆。'"清朱駿聲《通訓定聲》:"釋文引《説文》:'愁不申也。'本作'慘慘'。《廣雅·釋詁四》:'慅,愁也。'《釋訓》:'慅慅,憂也。'以'慅'爲之。"按,"慅"即或體。《廣韻·晧韻》:"懆,憂心。慅,上同。"引申爲急義。漢應劭《風俗通·怪神·世間多有狗作變怪》:"賦役重數,刑罰懆剋。"按"懆剋"即苛急義。《清平山堂話本·楊温攔路虎傳》:"大伯見了,即時焦懆道:'叫莊客與我縛了他。'"

〔推源〕　諸詞俱有急義,爲喿聲所載之公共義。喿聲字"譟"所記録語詞謂性粗急,雖未見其文獻實用例,然亦爲枭聲與急義相關聯之一證。又,枭聲字"操"亦可以假借字形式表急迫義。《廣韻·號韻》:"譟,嘮譟。""嘮,嘮譟,齬急皃。"《集韻·豪韻》:"嘮,嘮譟,性齬急。"《公羊傳·莊公三十年》:"蓋以操之爲已蹙矣。"漢何休注:"操,迫也。"王重民等編《敦煌變文集》之《降魔變文》:"又更化出毒龍身,口吐煙雲懷操暴,雷鳴電吼霧昏天,礔礰聲揚似火爆。"按,此"操"即急躁義。按,"操"字从手,所記錄語詞之本義爲握持,引申之則有掌握、擔任、練習等義,急義非其顯性語義,乃枭聲另載者。"趮""燥""懆"之聲符"枭"所記錄語詞謂鳥群鳴。《說文·品部》:"枭,鳥群鳴也。从品在木上。"清朱駿聲《通訓定聲》:"字俗作'噪'。"《廣韻·號韻》:"枭,群鳥聲。噪,上同。"晉王嘉《拾遺記·魯僖公》:"僖公十四年,晉文公焚林以求介子推。有白鴉遶煙而噪,或集子推之側,火不能焚。"明郎瑛《七修類稿·奇謔·鵲橋》:"隱隱惟聞萬鵲噪雜之音。"按,群鳥鳴叫則其聲大,"噪"即聲急之謂,猶風大、雨大稱風急、雨急。枭聲可載急義,則"速"可證之。

枭:心紐宵部;
速:心紐屋部。

雙聲,宵屋旁對轉。"速",疾急,迅速。《說文·辵部》:"速,疾也。"《論語·子路》:"欲速則不達,見小利則大事不成。"引申之則有急躁義。《孫子·九變》:"故將有五危……忿速,可侮也。"三國魏曹操注:"疾急之人,可忿怒而侮致之也。"按,《爾雅·釋詁下》《方言》卷二亦以"疾"釋"速",與《說文》同,"速"與"疾"可組成同義聯合式合成詞。漢王充《論衡·狀留》:"竊人之物,其得非不速疾也,然而非其有,得之非己之力也。"

(2007) 臊鰠(腥臊義)

臊 腥臊。《說文·肉部》:"臊,豕膏臭也。从肉,枭聲。"清朱駿聲《通訓定聲》:"杜子春曰:犬膏臭。《周禮·內饔》:'犬赤股而躁臊。'《素問·金匱真言論》:'其臭臊。'"《廣韻·豪韻》:"臊,腥臊。"《呂氏春秋·本味》:"水居者腥,肉玃者臊,草食者羶。"《史記·楚世家》:"夫虎肉臊,其兵利身,人猶攻之也。"按,字亦作"羯"。明徐霖《繡襦記》第三十一齣:"遍體臭猩羯,蓬頭一餓莩。"

鰠 腥臭。《說文·魚部》:"鰠,鮏臭也。从魚,枭聲。《周禮》曰:'膳膏鰠。'"清朱駿聲《通訓定聲》:"《廣雅·釋器》:'鰠,臭也。'按,魚臭。"《廣韻·豪韻》:"鰠,鯉臭。"《晏子春秋·內篇雜上十九》:"食魚無反,則惡其鰠也。"

〔推源〕 此二詞俱有腥臊義,爲枭聲所載之公共義。"腥臊"爲其渾言,析言之,魚臭爲腥,豕、羊等之臭爲臊。或以爲"鰠"同"臊",實非篤論。腥臊猶言腥羶。聲符字"枭"所記錄語詞之顯性語義與腥臊義不相涉,其腥臊義乃枭聲所載之語源義。枭聲可載腥臊義,則"鮏"可證之。

腥：心紐宵部；

鮏：心紐耕部。

雙聲，宵耕旁對轉。"鮏"，魚腥氣，引申之亦指膻味。其字亦作"鯹""腥"。《説文·魚部》："鮏，魚臭也。"清朱駿聲《通訓定聲》："字亦作'鯹'。《廣雅·釋器》：'鯹，臭也。'今俗以'腥'爲之。"《急就篇》第三章："魚臭腥。"唐顔師古注："腥者，魚之臭。"按，"腥"本指病猪肉中星狀息肉，以其从星得聲，與"鯹"同，故亦指腥膻，爲套用字。漢韓嬰《韓詩外傳》卷九："齊王厚送女，欲妻屠牛吐，屠牛吐辭以疾。其友曰：'子終死腥臭之肆而已乎，何謂辭之？'"唐孟郊《寒溪》："朔凍哀徹底，獠饞詠潛鯹。"明李時珍《本草綱目·鱗部·魚鱠》："凡諸魚之鮮活者，薄切，洗浄血鮏，沃以蒜、虀、薑、醋五味食之。"

777　睪聲

(2008) 釋譯斁繹(解義)

釋　解釋，引申爲解除、解散等義。《説文·釆部》："釋，解也。从釆，釆取其分别物也，从睪聲。"清朱駿聲《通訓定聲》："《爾雅·釋詁》至《釋畜》十九篇。《左襄廿九傳》：'釋不朝正于廟也。'《晉語》：'惑不釋也。'《吳語》：'乃使行人奚斯釋言于齊。'……《遊天台山賦》：'釋二名之同出。'注：'謂解説令散也。'……又重言形況字。《爾雅·釋訓》'郝郝，耕也'舍人注：'釋釋，猶藿藿，解散之意。'"《廣韻·昔韻》："釋，解也，散也，消也。"

譯　翻譯，見後第 2010 條。翻譯即以一種語言解釋另一種語言，故"譯"有解釋之衍義。《正字通·言部》："譯，凡詁譯經義亦曰譯。"漢王符《潛夫論·考績》："夫聖人爲天口，賢人爲聖譯。"陳子展《詩經直解·凡例》："譯解所據義訓，大半取自王逸《章句》、洪興祖《補注》。"

斁　解除。《説文·支部》："斁，解也。从攴，睪聲。《詩》云：'服之無斁。'斁，猒也。一曰終也。"按，厭倦、解除、終止，義皆相通。《廣韻·昔韻》："斁，猒也。"又《暮韻》："斁，猒也，一曰，終也。"唐元稹《鶯鶯傳》："何幸不忘幽微，眷念無斁。"清陳夢雷《客自遠方來》："此言猶在耳，此志寧有斁？"

繹　抽絲。《説文·糸部》："繹，抽絲也。从糸，睪聲。"清朱駿聲《通訓定聲》："《方言》六：'理也，絲曰繹之。'《廣雅·釋言》：'抽也。'《三蒼》：'抽也，解也。'"按，抽絲即分散，故有"解"訓，亦因之引申爲解析義。《詩·周頌·賚》："敷時繹思，我徂維求定。"宋朱熹《集注》："繹，尋繹也。"《論語·子罕》："巽與之言，能無説乎？繹之爲貴。"宋邢昺疏："繹，尋繹也。"

〔推源〕諸詞俱有解義，爲睪聲所載之公共義。聲符字"睪"本作"睪"，从目，所記録語詞謂伺視。《説文·𡴆部》："睪，目視也。从橫目，从𡴆，令吏將目捕罪人也。"清段玉裁注改其解釋文爲"司視也"，並注："司者，今之'伺'字。"清朱駿聲《通訓定聲》："俗作'睪'。"《廣韻·葉韻》：" 睪，伺視也。"然則本與解義不相涉，其解義乃睪聲所載之語源義。睪聲可載解義，則"析"可證之。

睪：余紐鐸部；

析：心紐錫部。

余(喻四)心鄰紐，鐸錫旁轉。"析"，破木，即分解木頭，故引申爲分解、解除等義。《説文·木部》："析，破木也。從木，從斤。"清朱駿聲《通訓定聲》："《廣雅·釋詁一》：'析，分也。'《聲類》：'析，劈也。'《詩·南山》：'析薪如之何。'〔轉注〕《淮南·俶真》：'析才士之脛。'注：'解也。'"《文選·宋玉〈風賦〉》："清清泠泠，愈病析酲。"唐李善注："酲，酒病；析，解也。"按，謂解除。清王琦《李太白全集·序》："惜李集無有斐然繼起者，爰合三家之注訂之，芟柞繁蕪，補增闕略，析疑匡謬，頻有更定。"按"析"即解釋。唯"析"有解義，故有"解析"之同義聯合式合成詞。《宋史·儒林傳一·孫奭》："有從奭問經者，奭爲解析微指，人人驚服。"

(2009) 嶧驛繹澤(相連義)

嶧 山脈相連屬。清朱駿聲《説文通訓定聲·豫部》："嶧，〔假借〕爲'繹'。《爾雅·釋山》：'屬者嶧。'注：'言駱驛相連屬。'"按，"嶧"本爲山名，然其字從山，表山相連義，非假借，乃套用字。

驛 驛馬，引申之則指驛路，皆有相連義。《説文·馬部》："驛，置騎也。從馬，睪聲。"清朱駿聲《通訓定聲》："《左文十六傳》：'楚子乘驛。'《襄廿七傳》：'使驛謁諸王。'……又叠韻連語。《漢書·王莽傳》：'駱驛道路。'注：'不絶也。'"南朝宋顏延之《三月三日曲水詩序》："烈燧千城，通驛萬里。"所謂"駱驛"，即相連不絶義。《後漢書·南匈奴傳》："(逢侯)又爲鮮卑所擊，無所歸，竄逃入塞者駱驛不絶。"

繹 抽絲，見前條。引申爲相連不絶義。《方言》卷一："繹，長也。"《論語·八佾》："樂其可知也：始作，翕如也；從之，純如也，皦如也，繹如也。以成。"宋邢昺疏："'繹如也'者，言其音落繹然，相續不絶也。"《後漢書·東海恭王劉彊傳》："皇太后、陛下哀憐臣彊，感動發中，數遣使者太醫令丞方伎道術，絡繹不絶。"晉干寶《搜神記》卷四："道中繹絡把火，見城郭邑居。"

澤 冰貌。水結冰則相連，故稱"澤""洛澤"。《玉篇·冫部》："澤，冰也。"又："洛，洛澤，冰皃。"《廣韻·鐸韻》："澤，《楚詞》云：'冬冰之洛澤。'"《集韻》所訓略同。所引爲《楚辭·九思·憫上》文，異文作"冰凍兮洛澤"，其"洛澤"，又作"洺澤"，從冫、從水之字常有相混者。清翟灝《通俗編·雜字》："澤，音鐸，今呼薵冰爲澤，是此字。"

〔推源〕 諸詞俱有相連義，爲睪聲所記之公共義。聲符字"睪"所記録語詞之顯性語義與相連義不相涉，其相連義乃睪聲所載之語源義。睪聲可載相連義，則"連"可證之。

睪：余紐鐸部；
連：來紐元部。

余(喻四)來準雙聲，鐸元通轉。"連"，用人力拉的車。《說文·辵部》："連，員連也。从辵，从車。"清段玉裁注改其解釋文爲"負車也"，並注："連即古文'輦'也。《周禮·鄉師》'輦輦'，故書'輦'作'連'，大鄭讀爲輦。'巾車''連車'本亦作'輦車'。《管子·海王》：'服連軺輂。'《立政》：'刑餘戮民，不敢服絻，不敢畜連。'負車者，人輓者而行，車在後如負也。字从辵、車會意，猶'輦'从㚘、車會意也。人與車相屬不絶，故引伸爲連屬字。"按，段説可從。"連"有連接、連續、連帶等衍義。《孟子·離婁上》："故善戰者服上刑，連諸侯者次之。"《史記·淮南衡山列傳》："上下公卿治，所連引與淮南王謀反列侯二千石豪傑數千人，皆以罪輕重受誅。"《後漢書·桓帝紀》："朕攝政失中，災眚連仍，三光不明，陰陽錯序。"

(2010) 譯驛（傳義）

譯 傳譯，翻譯。即傳遞他族語言之謂。《説文·言部》："譯，傳譯四夷之言者。从言，睪聲。"清朱駿聲《通訓定聲》："《方言》十三：'譯，傳也。'《禮記·王制》：'北方曰譯。'〔假借〕爲'睪'。《方言》十三：'譯，見也。'注：'非是。'〔聲訓〕《周禮·序官》'象胥'疏：'譯即易。'"按，所引《禮記》文唐孔穎達疏："通傳北方語官，謂之譯者。"又，《廣雅·釋詁三》"譯"亦訓"見"，清王念孫《疏證》云："見者，著見之義，謂傳宣言語使相通曉也。"《廣韻·昔韻》："譯，傳言。《周禮》有象胥，傳四夷之言。東方曰寄，南方曰象，西方曰狄鞮，北方曰譯。"北魏酈道元《水經注·河水二》："又西北，逕狄道故城東……應劭曰：'反舌左衽，不與華同，須有譯言乃通也。'"宋趙彥衛《雲麓漫鈔》卷三："本朝有譯經院，凡得西域書，令曉蕃語、通文義人充譯語官。"

驛 驛馬，傳遞公文者。《説文·馬部》："驛，置騎也。从馬，睪聲。"清朱駿聲《通訓定聲》："即《孟子》之'置郵'所謂遽也。馹爲傳車，驛爲馬騎。"《吕氏春秋·士節》："齊君聞之，大駭，乘驛而自追晏子，及之國郊，請而反之。"引申爲傳遞義。元戴侗《六書故·動物一》："驛，置騎以傳曰驛。"北魏酈道元《水經注·沔水一》："洋川者，漢戚夫人之所生處也。高祖得而寵之。夫人思慕本鄉，追求洋川米，帝爲驛致長安。"唐韓偓《海山記》："聚巧石爲山，鑿池爲五湖四海。詔天下境内所有鳥獸草木，驛至京師。"

〔推源〕 此二詞俱有傳義，爲睪聲所載之公共義。聲符字"睪"所記録語詞之顯性語義與傳義不相涉，其傳義乃睪聲所載之語源義。睪聲可載傳義，則"傳"可證之。

睪：余紐鐸部；
傳：定紐元部。

余(喻四)定準旁紐，鐸元通轉。"傳"，驛站，供傳遞者易馬、宿止之處，引申之則有傳遞、傳揚、傳授等義。《説文·人部》："傳，遽也。"清朱駿聲《通訓定聲》："《爾雅·釋言》：

'馹、遽,傳也。'按,以車曰傳,亦曰馹,以馬曰遽,亦曰驛,皆所以達急速之事。《左成四傳》:'晉侯以傳召伯宗。'謂馹也。《周禮·行夫》:'掌邦國傳遽之小事。'注:'若今時乘傳騎驛而使者也。'《禮記·玉藻》:'士曰傳遽之臣。'〔轉注〕《廣雅·釋室》:'傳,舍也。'按,傳于路必有官舍,如今驛站尖宿處,因又以傳爲舍。《漢書·王莽傳》:'厨傳勿舍。'注:'置驛之舍也。'又,凡由此處遞彼皆曰傳。《孟子·公孫丑上》:"速於置郵而傳命。"宋蘇軾《石鐘山記》:"士大夫終不肯以小舟夜泊絕壁之下,故莫能知;而漁工水師雖知而不能言。此世所以不傳也。"宋黄庭堅《題山谷石牛洞》:"司命無心播物,祖師有記傳衣。"

(2011) 釋擇(舍棄義)

釋 解釋,見前第2008條,引申爲解開、釋放義,又引申爲舍棄、廢棄義。《玉篇·釆部》:"釋,廢也。"《廣韻·昔韻》:"釋,捨也,廢也。"清朱駿聲《説文通訓定聲·豫部》:"釋,〔假借〕爲'捨'。《左襄廿一傳》:'釋茲在茲。'注:'除也。'《禮記·禮器》:'禮釋回,增美質。'注:'猶去也。'……《楚辭·惜誦》:'欲釋階而登天兮。'注:'置也。'《吕覽·長見》:'視釋天下若釋躧。'注:'棄也。'《漢書·東方朔傳》:'服膺而不釋。'注:'廢置也。'又爲'赦'。《晉語》:'君其釋申生也。'注:'舍也。'"按,皆引申,非假借。

擇 選擇。《説文·手部》:"擇,柬選也。从手,睪聲。"《廣韻·陌韻》:"擇,選擇。"《書·洪範》:"稽疑,擇建立卜筮人。"僞孔傳:"當選擇知卜筮人而建立之。"引申爲舍棄義。《墨子·經說上》:"取此擇彼,問故觀宜。"清孫詒讓《閒詁》:"擇讀爲'釋','釋''捨'古通……言取此法則捨彼法也。"按,凡選擇必有所取、有所舍棄,選擇、舍棄二義同條共貫。清儒多有濫説通假之弊,孫氏蓋亦難免。《史記·李斯列傳》:"是以太山不讓土壤,故能成其大;河海不擇細流,故能就其深。"

〔推源〕 此二詞俱有舍棄義,爲睪聲所載之公共義。聲符字"睪"所記録語詞之顯性語義與舍棄義不相涉,其舍棄義乃睪聲所載之語源義。睪聲可載舍棄義,則"置"可證之。

睪:余紐鐸部;

置:端紐職部。

余(喻四)端準旁紐,鐸職旁轉。"置",赦免,釋放,即舍棄而不追究之謂。《説文·网部》:"置,赦也。"清朱駿聲《通訓定聲》:"《華嚴音義》引《廣雅》:'置,捨也。'《史記·吴王濞傳》:'無有所置。'正義:'放釋也。'《漢書·尹賞傳》:'見十置一。'注:'放也。'〔假借〕爲'值'。《周語》:'是以小怨置大德也。'注:'猶廢也。'"按,所引《周語》文之"置"即廢棄義,爲其引申義,無煩假借。《篇海類編·器用類·网部》:"置,棄也。"宋蘇軾《録進單鍔吴中水利書》:"或遇頻年不收,則飢餓丐殍,鬻妻子以償王租,或置其田捨其廬而逋。"按,"置""捨"皆謂舍棄。

778　睘聲

(2012) 圓環還闤繯蠉檈鬟寰鐶翾䴔轘（圓、繞義）

圓　天體，渾圓者，引申之則泛指圓形。見本卷"虔聲"第 2001 條"推源"。

環　圓形玉璧，引申之則指圓圈形物，又引申爲旋轉、環繞義，旋轉、環繞即作圓周運動。《説文‧玉部》："環，璧也。肉好若一謂之環。从玉，睘聲。"清朱駿聲《通訓定聲》："《爾雅‧釋器》：'肉倍好謂之璧，好倍肉謂之瑗，肉好若一謂之環。'……《荀子‧大略》：'問士以璧，召人以瑗，反絶以環。'〔轉注〕《詩‧盧令》：'盧重環。'傳：'子母環也。'〔假借〕爲'旋'、爲'轉'。《周禮‧樂師》：'環拜以鐘鼓爲節。'司農注：'謂旋也。'《齊策》：'環山者三。'《大荒北經》：'相繇，九首蛇身自環。'注：'轉旋也。'又爲'繯'。《齊語》：'環山于有牢。'注：'繞也。'……《周禮‧秋官》：'環人。'注：'圍也。'"按，皆引申，非假借。

還　返回，引申爲旋轉義。《説文‧辵部》："還，復也。从辵，睘聲。"清朱駿聲《通訓定聲》："《爾雅‧釋言》：'還，返也。'……《廣雅‧釋詁二》：'還，歸也。'《詩‧何人斯》：'還而不入。'箋：'行反也。'〔假借〕爲'旋'、爲'轉'。《玉藻》：'周還中規，折還中矩。'……《楚語》：'將還玩吴國于股掌之上。'《北山經》：'歸山有獸曰䮝，善還。'《莊子‧庚桑楚》：'巨魚無所還其體。'又爲'繯'。《左襄十傳》：'還鄭而南。'《哀三傳》：'道還公宫。'……《荀子‧成相》：'比周還主黨與施。'注：'繞也。'"按，旋轉義爲其衍義，無煩假借。返回，即前行至某處轉向身後而行。至環繞義，亦與之同條共貫。

闤　環繞市區的墙。《廣韻‧删韻》："闤，闤闠，崔豹《古今注》云：'闤，市垣也；闠，市門也。'"清朱駿聲《説文通訓定聲‧乾部》："闤，《蒼頡篇》：'市門也。'釋玄應《一切經音義》引《説文》有此字，姑附于此。按，即'繯'字之俗體。《廣雅‧釋室》：'闤，道也。'《西京賦》：'通闤帶闠。'……《蜀都賦》：'闤闠之里。'"按，"闤""繯"非一字。"闤"謂環繞市區之墙。朱氏所引《廣雅》文清王念孫《疏證》："闤爲市垣，闠爲市門。而市道即在垣與門之内，故亦得闤闠之名。"《説文新附‧門部》亦收録此字，訓"市垣"。

繯　以繩索纏繞，引申爲環繞。亦指套環，套環則爲圓圈形物。《説文‧糸部》："繯，落也。从糸，睘聲。"清朱駿聲《通訓定聲》："《廣雅‧釋器》：'繯，絡也。'……《方言》五：'所以懸䉼，宋魏陳楚江淮之間謂之繯，或謂之環。'……《通俗文》：'所以懸繩，楚曰繯。'〔轉注〕《齊語》：'繯山於有牢。'注：'繞也。'"《後漢書‧吴祐傳》："（毌丘長）因投繯而死。"唐李賢注："繯，謂以繩爲繯，投之而縊也。"

蠉　蟲類屈曲而伸以前行。亦指孑孓。《説文‧虫部》："蠉，蟲行也。从虫，睘聲。"清朱駿聲《通訓定聲》："疑與'蜎'同字。〔轉注〕《爾雅‧釋魚》：'蜎，蠉。'按，蜎，所謂摇動蟲也。"《廣韻‧仙韻》："蠉，蟲行皃。"按，無足之蟲，凡前行則其一曲一伸。《莊子‧胠篋》"惴奧之蟲"唐陸德明《釋文》:"蟧,本亦作'蝝'……崔云:'螺蝝,動蟲。'一云,蟧奧,謂無足蟲。"《魏書‧崔光傳》:"且藏蟄節遠,昆蟲布列,環蠕之類,盈於川原。"按,"蠕"與朱氏所云"蝝"同。又朱氏所引《爾雅》文清郝懿行《義疏》:"今登萊人呼跟頭蟲,揚州人呼翻跟頭蟲,欲老則化爲蚊。"按,棲身於水中,常滾動,徽歙人稱"打滾蟲"。滾動即作圓周運動。

　　槵　托盤,圓形物。《說文‧木部》:"槵,圜案也。从木,睘聲。"清徐灝《注箋》:"如盤而有足,故曰圜案。"《廣韻‧仙韻》:"槵,圜案。"又《諄韻》:"槵,承食案也。"

　　鬟　環形髮髻。《廣韻‧刪韻》:"鬟,髻鬟。"《集韻‧刪韻》:"鬟,屈髮爲髻。"漢辛延年《羽林郎》:"兩鬟何窈窕,一世良所無。"引申爲環繞義。漢賈誼《新書‧修政語上》:"故鬟河而道之九牧,鑿江而道之九路,灑五湖而定東海,民勞矣而弗苦者,功成而利於民也。"

　　寰　環繞京都的千里之地。《廣韻‧刪韻》:"寰,王者封畿內縣。"《後漢書‧孔融傳》:"又嘗奏宜準古王畿之制,千里寰內,不以封建諸侯。"按,千里即其半徑。《文選‧左思〈魏都賦〉》:"殷殷寰內,繩繩八區,鋒鏑縱橫,化爲戰場。"唐李善注:"天子以千里爲寰。"

　　鐶　金屬環,圓圈形物。《廣韻‧刪韻》:"鐶,指環。"《集韻‧刪韻》:"鐶,金環也。"《戰國策‧齊策五》:"軍之所出,矛戟折,鐶弦絕。"宋姚宏注:"鐶,刀鐶。"《晉書‧四夷傳‧大宛國》:"其俗娶婦先以金同心指鐶爲娉。"宋高承《事物紀原‧衣裘帶服‧指環》:"《春秋繁露》曰:紂刑鬼侯之女,取其指環。《五經要義》曰:古者后妃群妾,御於君所,當御者以銀鐶進之,娠則以金鐶退之。"

　　翾　繞飛。字亦作"鶍""矔"而俱從睘聲。《廣韻‧刪韻》:"翾,飛遽皃。"《集韻‧刪韻》:"翾,禽繞飛也。"《字彙‧鳥部》:"鶍,繞飛也。"清朱駿聲《說文通訓定聲‧乾部》:"翾,《楚辭‧九歌》:'翾飛兮翠曾。'……《法言‧問明》:'朱鳥翾翾。'"又云字亦作"翻"。按,"翻"即翻飛,鳥身打滾,作圓周運動。所引漢揚雄《法言》文之"翾"《篇海類編‧鳥獸類‧鳥部》引作"鶍"。構件"羽""鳥"所表義類同。"鶍"亦謂旋目鳥,目旁毛長而旋者。"旋"即旋繞之謂。

　　䴹　餅,圓形物。字亦作"糫"。《玉篇‧麥部》:"䴹,䴹餅也。"《廣韻‧厚韻》:"䴹,䴹䴹,糫餅。"清桂馥《札樸‧覽古‧寒具》:"《韻會》:䴹䴹,糫餅也,即今寒具。"宋吳坰《五總志》:"干寶《司徒儀》曰:'祭用䴹䴹。'晉制呼爲擐餅,又曰寒具,今曰饊子。"按,"糫"之形如環釧。《廣韻‧刪韻》:"糫,膏糫,粔籹。"明李時珍《本草綱目‧穀部‧寒具》:"寒具,即今饊子,以糯粉和麵,入少鹽,牽索紐捻成環釧之形,油煎食之。"北魏賈思勰《齊民要術‧餅法》:"環餅,一名寒具;截餅,一名蝎子。皆須以蜜調水溲麵。若無蜜,煮棗取汁。牛羊脂膏亦得,用牛羊乳亦好,令餅美脆。"

　　鞬　環狀物。宋曾鞏《之南豐道上寄介甫》:"林僧授館舍,田客扳鞍鞬。"字从革,蓋環有革製者。

　　〔推源〕　諸詞俱有圓、繞義,爲睘聲所載之公共義。睘聲字"儇""轘"亦可以假借字形式表圓、繞義,則亦爲睘聲與圓、繞義相關聯之一證。清朱駿聲《説文通訓定聲·乾部》:"儇,〔假借〕又爲'還'。《荀子·禮論》:'設掩面儇目。'"按,所引《荀子》文清王先謙《集解》:"儇與'還'同,繞也。""儇"亦指環狀物。《墨子·經上》:"儇,俱柢。"清孫詒讓《閒詁》:"凡物有耑則有本,環之爲物,旋轉無耑,若互爲本,故曰俱柢。"按,"儇"字從人,所記録語詞之本義《説文·人部》訓"慧",即小聰明、輕薄之謂,疑此即圓活、圓通義,然凡同源詞之繫聯,宜近不宜遠,表圓、繞義姑以假借字論。"轘",車裂,然可表環繞義,爲睘聲另載者。清朱駿聲《説文通訓定聲·乾部》:"轘,〔假借〕爲'環'。《管子·地圖》:'轘轅之險。'注:'謂路形若轅而又轘曲。'又《史記·樊噲傳》:'從攻長社轘轅。'注:'許州所屬縣也。'按,《左定四傳》有'直轅冥阨',《元和郡縣志》引《左傳》舊注:'轘轅道路險隘,凡十二曲,將去復還,故曰轘轅。'"按,聲符字"睘"本作"瞏",所記録語詞謂目驚視。《説文·目部》:"瞏,目驚視也。從目,袁聲。"清朱駿聲《通訓定聲》:"《素問·診要經絡論》:'目瞏絶係。'注:'謂直視如驚貌。'"按,所引王冰注之説恐非的解。人受驚固有目直視者,然多謂"瞪",不當稱"瞏"。"瞏"即受驚而環視,眼珠轉動之謂。猶"瞿"爲鳥類受驚而左右視。本條諸詞之圓、繞義爲其聲符"睘"所載之顯性語義。《正字通·目部》:"睘,同'瞏',俗省。"睘聲可載圓、繞義,則"穹"可證之。

睘:群紐耕部;
穹:溪紐蒸部。

群溪旁紐,耕蒸旁轉。"穹",蒼穹,即青天,天空。古人以爲天圓地方,天如覆釜,引申之,亦指中間隆起四邊下垂,即圓拱義。清朱駿聲《説文通訓定聲·升部》:"穹,《爾雅·釋詁》:'穹,大也。'注:'穹隆亦爲大也。'《詩·桑柔》:'以念穹蒼。'《爾雅·釋天》:'穹、蒼蒼,天也。'……《西京賦》:'閣道穹隆。'注:'長曲皃。'"《文選·謝惠連〈七月七日夜詠牛女〉》:"蹀足循廣除,瞬目矚曾穹。"唐李善注:"穹,天也。"按,"穹"字從弓得聲,當爲亦聲字,弓之爲物彎曲,曲義、圓義相通。

(2013) 趌翾儇獧譞(急義)

趌 急行。《説文·走部》:"趌,疾也。從走,睘聲。讀若讙。"清桂馥《義證》:"'疾也'者,《廣雅》:'儇,疾也。'"《廣韻·仙韻》:"趌,疾走皃。"明王紳《右平江漢二十二句》:"趌趌狡兔,固其窟穴。"

翾 小飛,即飛而輕巧之謂,故引申爲急疾、迅速義。《説文·羽部》:"翾,小飛也。從羽,睘聲。"清朱駿聲《通訓定聲》:"《韓詩外傳》:'翾翾十步之雀。'"《文選·張衡〈思玄賦〉》:"翾鳥舉而魚躍兮,將往走乎八荒。"清王念孫《讀書雜志》:"翾者,疾也,猶言倏鳥舉而魚躍也。"

儇 小聰明,輕薄。《説文·人部》:"儇,慧也。從人,睘聲。"南唐徐鍇《繫傳》:"謂輕薄、察慧,小才也。"清朱駿聲《通訓定聲》:"《荀子·非相》:'鄉曲之儇子。'注:'輕薄巧慧之子也。'〔假借〕爲'趄'。《詩·還》:'揖我謂我儇兮。'傳:'利也。'……《荀子·榮辱》:'靡之儇之。'注:'疾也。'"按,所引《詩·齊風·還》《荀子》文之"儇"皆急疾、迅速義,當爲其引申義,人聰慧則其反應迅速。《玉篇·人部》"儇"亦訓"利",凡刀具鋒利今語稱"快","快"亦迅速之謂。《廣韻·仙韻》:"儇,智也,疾也,利也。"《文選·左思〈吳都賦〉》:"儇佻坌並,銜枚無聲。"唐劉逵注引《方言》:"儇佻,疾也。"

獧　疾跳,引申爲急義。《説文·犬部》:"獧,疾跳也。一曰急也。从犬,瞏聲。"清朱駿聲《通訓定聲》:"〔假借〕爲'懁'。《孟子》:'狂獧乎。'"按,朱氏所引《孟子》文之"獧"謂性急,爲引申義,非假借。"獧"字从犬,《説文》所訓之本義有其文獻實用例。《清史稿·樂志七》:"有野馬,形質輕獧,走深山,不服羈鞿,日行五百如奔電。"移以言人,亦謂人行動急疾、敏捷。清昭槤《嘯亭續録·喜起慶隆二舞》:"凡大燕享,選侍衛之獧捷者十人,咸一品朝服,舞於庭除。"

懁　性急。《説文·心部》:"懁,急也。从心,瞏聲。讀若絹。"清朱駿聲《通訓定聲》:"《莊子·列禦寇》:'有順懁而達。'《釋文》引《三蒼》:'急腹也。'王注:'研辨也。'失之。"按,"研辨"之訓或不誤,《集韻·仙韻》"懁"亦訓"辨急"。朱氏所引《莊子》文唐成玄英疏:"懁,急也。形順躁急而心達理也。"《廣韻·霰韻》:"懁,急性。"《史記·貨殖列傳》:"中山地薄人衆,猶有沙丘紂淫地餘民,民俗懁急,仰機利而食。"南朝宋裴駰《集解》:"懁,急也。"引申之則有急迫義。北齊劉晝《新論·和性》:"緩者悔於後機,急者敗於懁促。"

〔推源〕　諸詞俱有急義,爲瞏聲所載之公共義。聲符字"瞏"所記録語詞謂目驚視,實即情急義,其義當相通。瞏聲可載急義,則"緊"可證之。

瞏:群紐耕部;
緊:見紐真部。

群見旁紐,耕真通轉。"緊",纏緊,使急張,引申爲急義。《説文·臤部》:"緊,纏絲急也。"清朱駿聲《通訓定聲》:"《廣雅·釋詁一》:'緊,急也。'《釋言》:'緊,糾也。'"按,凡物糾絞之則急、則緊,急義、糾義相通。《文選·傅毅〈舞賦〉》:"弛緊急之弦張兮,慢末事之委曲。"唐李善注:"緊,纏絲急也。"《廣雅·釋詁一》所訓爲其引申義。唐白居易《秋夜聽高調涼州》:"樓上金風聲漸緊,月中銀字韻初調。"元孫仲章《勘頭巾》第一折:"小後生從來火性緊,發狂言信口胡噴。"唯"緊"有急義,故有"緊急"之同義聯合式合成詞。《太平廣記》卷六引唐無名氏《女仙傳·樊夫人》:"其城漸窄狹……其廣不三數丈,又不可攀援,勢已緊急。"

(2014) 儇嬛翾(輕義)
儇　輕薄,小聰明。《説文》以"慧"釋"儇"(見前條),彗聲字所記録語"槥""韢"俱有小義。宋蘇軾《答劉沔書》:"及陵與武書,詞句儇淺,正齊梁小兒所擬作,決非西漢文。"明李維楨《雷起部詩選序》:"豐贍者失於繁猥,妍美者失於儇佻,莊重者失於拘滯,含蓄者失於晦僻。"按上海方言、徽歙方言皆有"輕骨頭"語,蓋即"儇"之義。

嬛 輕麗、輕柔而美好。《廣韻·仙韻》:"嬛,身輕便兒。"又:"嬛,便嬛,輕麗兒。"又《清韻》:"嬛,好也。"《集韻·仙韻》:"嬛,輕舉。"清朱駿聲《説文通訓定聲·乾部》:"《史記·司馬相如傳》:'柔橈嬛嬛。'張揖曰:'猶婉婉也。'郭璞曰:'骨體奭弱長艷貌也。'……《上林賦》:'便嬛綽約。'郭璞曰:'便嬛,輕利也。'"宋蘇軾《書黃筌畫〈翎毛花蝶圖〉》:"賴有黃鸝鬥嬛好,獨依蘇石立多時。"

翾 輕飛,引申爲輕佻義。《説文·羽部》:"翾,小飛也。从羽,睘聲。"清朱駿聲《通訓定聲》:"〔假借〕爲'儇'。《荀子·不苟》:'喜則輕而翾。'"按,所引《荀子》文唐楊倞注:"輕謂輕佻失據。翾,小飛也,言小人之喜輕佻,如小鳥之翾然。"然則非假借。《廣韻·仙韻》:"翾,小飛。"南朝宋鮑照《在江陵嘆年傷老》:"翾翾燕弄風,嫋嫋柳垂道。"又引申爲輕盈義。宋吳曾《能改齋漫録·樂府一》:"僞蜀主孟昶。徐匡璋納女於昶,拜貴妃,別號花蕊夫人。意花不足擬其色,似花蕊翾輕也。"

〔推源〕 諸詞俱有輕義,爲睘聲所載之公共義。聲符字"睘"所記録語詞與輕義不相涉,其輕義當爲睘聲所載之語源義。睘聲可載輕義,則"輕"可證之。

睘:群紐耕部;

輕:溪紐耕部。

叠韻,群溪旁紐,音僅微殊。"輕",輕車,引申爲輕便、輕巧、輕賤、輕佻等義。《説文·車部》:"輕,輕車也。"清朱駿聲《通訓定聲》:"《周禮·車僕》:'輕車之萃。'謂馳敵致師之車也。'《齊策》:'使輕車銳騎衝雍門。'注:'便也。'……《西京賦》:'輕鋭僄狡。'注:'謂便利。'〔轉注〕《孟子》:'輕重同。'注:'謂斤兩。'《荀子·富國》:'辨輕重。'注:'謂尊卑。'……《漢書·食貨志》:'錢益多而輕。'注:'賤也。'"

779 蜀聲

(2015) 髑韣韣(圓義)

髑 頭骨,其形圓者。《説文·骨部》:"髑,髑髏,頂也。从骨,蜀聲。"清朱駿聲《通訓定聲》:"人頂骨。《廣雅·釋親》:'頇顱謂之髑髏。'……髑髏之合音爲'頭'。"《廣韻·屋韻》:"髑,髑髏。"《莊子·至樂》:"莊子之楚,見空髑髏,髐然有形。"宋蘇舜欽等《地動聯句》:"居人眩眸子,行客勞髑兒。"

韣 弓袋,圓形物。其字亦从革作"韣"。《説文·韋部》:"韣,弓衣也。从韋,蜀聲。"清朱駿聲《通訓定聲》:"即韣也……亦從革,字又作'欘'。《禮記·少儀》:'弓則以左手屈韣。'

《月令》：'帶以弓韣。'"《廣韻·燭韻》及《屋韻》："韣，弓衣。"《集韻·燭韻》："韣，或从革。"《戰國策·齊策六》："因罷兵倒韣而去。"《明史·蔣貴傳》："令士卒以鞭擊弓韣驚馬，馬盡佚。"

鐲 鐘狀鈴，圓形物。《説文·金部》："鐲，鉦也。从金，蜀聲。軍法：司馬執鐲。"清朱駿聲《通訓定聲》："形如小鐘，即《左宣四傳》之'丁寧'，'丁寧'之合音爲'鉦'。《廣雅·釋器》：'鐲，鈴也。'《周禮·鼓人》：'以金鐲節鼓。'《大司馬》：'辨鼓鐸鐲鐃之用。'"按"鐲"亦指手鐲，其物爲圓圈形。明顧起元《客座贅語·女飾》："飾於臂曰手鐲……即古之所謂釧，又曰臂釵，曰臂環，曰條脱，曰條達，曰跳脱者是也。"清曹雪芹《紅樓夢》第四十九回："平兒帶鐲子時，却少了一個，左右前後亂找了一番，踪跡全無。"

〔推源〕 諸詞俱有圓義，爲蜀聲所載之公共義。聲符字"蜀"爲"蠋"之初文，所記録語詞謂蛾蝶類幼蟲。《説文·虫部》："蜀，葵中蠶也。从虫，上目象蜀頭形，中象其身蜎蜎。《詩》曰：'蜎蜎者蜀。'"清朱駿聲《通訓定聲》："俗字作'蠋'。傳：'桑蟲也。'《管子·水地》：'欲小則化如蠶蠋。'注：'藿中蟲也。'"按，"蜀"之甲骨文形體象幼蟲身體卷曲形。"蜎蜎"則謂蟲行貌。凡無足之軟體蟲前行必先曲其體而後伸直以前移。曲義、圓義本相通。蜀聲可載圓義，則尞聲字所記録語詞可相證。"繚""撩""鐐"俱有圍繞義，見本卷"尞聲"第1879條。其"鐐"謂脚鐐，繞於脚之圓圈形刑具，圍繞即做圓周運動。蜀聲、尞聲本相近且相通。

蜀：禪紐屋部；
尞：來紐宵部。

禪來準旁紐，屋宵旁對轉。

(2016) 噣𣂂觸（擊義）

噣 鳥喙，引申之則謂以喙啄食，即擊而取食之義。《説文·口部》："噣，喙也。从口，蜀聲。"清朱駿聲《通訓定聲》："與'咮'略同。《廣雅·釋親》：'噣，口也。'〔假借〕又爲'啄'。《爾雅·釋鳥》：'生噣，雛。'《太玄·夷》：'三歲不噣。'"按，當爲引申，非假借。《廣韻·候韻》："噣，鳥口。或作'咮'。"又《宥韻》："噣，同'咮'。"又《覺韻》："噣，鳥生子能自食。"《戰國策·楚策四》："黄雀因是以俯噣白粒，仰棲茂樹，鼓翅奮翼。"清曹寅《同人分曹劇飲拇戰連北》："碧海鯨呿未稱奇，坳堂咮濡曾誰疢？"其"咮"亦謂以口取。

𣂂 宫刑，寓擊義。《説文·攴部》："𣂂，去陰之刑也。从攴，蜀聲。"清朱駿聲《通訓定聲》："《書·吕刑》：'刖劓𣂂黥。'今本作'劓刵椓黥'。《詩》：'昏椓靡共。'亦以'椓'爲之。"《集韻·覺韻》："𣂂，或作'椓'。"又《燭韻》："𣂂，擊也。"朱氏所引《書·吕刑》文漢鄭玄注："椓，謂椓破陰。"按《説文·木部》"椓"訓"擊"，即敲擊義。

觸 以角觸擊。《説文·角部》："觸，抵也。从角，蜀聲。"清朱駿聲《通訓定聲》："字亦作'觕'。《新序·雜事》：'獸窮則觸。'"《廣韻·燭韻》："觸，突也。"《淮南子·齊俗訓》："諺曰：鳥窮則嘬，獸窮則觢，人窮則詐。"《太平廣記》卷四百二十五引《廣异記》："其牛因飲，爲蛟所繞，直入潭底水中。便爾相觸。"明何景明《題大司馬王晉溪先生〈十牛圖〉》："風林煙草恣牧放，水涉沙眠無觸觝。"

〔推源〕 諸詞俱有擊義，爲蜀聲所載之公共義。聲符字"蜀"所記録語詞之顯性語義與擊義不相涉，其擊義乃蜀聲所載之語源義。蜀聲可載擊義，則"舂"可證之。

蜀：禪紐屋部；
舂：書紐東部。

禪書(審三)旁紐，屋東對轉。"舂"，搗擊，引申之則有撞擊、衝擊、刺擊等義。《說文·臼部》："舂，擣粟也。从廾持杵臨臼上。午，杵省也。古者雝父初作舂。"清朱駿聲《通訓定聲》："《周禮·序官》：'女舂抌二人。'《後漢·明帝紀》：'城旦舂。'注：'婦人犯罪，不任軍役之事，但令舂以食徒者。'〔轉注〕《釋名·釋樂器》：'舂，撞也，以舂築地爲節也。'"唐白居易《潛別離》："深籠夜鎖獨棲鳥，利劍舂斷連理枝。"元貢師泰《河决》："濁浪近翻雪，洪濤遠舂天。"

(2017) 襡屬（長、相連義）

襡 長襦。《說文·衣部》："襡，短衣也。从衣，蜀聲。"清桂馥《義證》："'短衣也'者，'短'當爲'裋'。本典：'裋，豎使布長襦。'"清朱駿聲《通訓定聲》："《廣雅·釋器》：'襡，長襦也。'……《晉書·夏統傳》：'使妓女服袿襡。'"清王士禎《誥封淑人張氏墓誌銘》："夫人獨侍姑崔太夫人於京師，奉槃、襡、簟益謹。"

屬 相連。《說文·尾部》："屬，連也。从尾，蜀聲。"清朱駿聲《通訓定聲》："附近迨及之意。《小爾雅·廣義》：'屬，逮也。'《漢書·田蚡傳》：'相屬于道。'《東京賦》：'屬車九九。'又'誰謂駕遲而不能屬。'《書·禹貢》：'涇屬渭汭。'《爾雅》：'山屬者嶧。'《齊策》：'舉齊屬之海。'又爲聯綴繫著之意。《廣雅·釋詁二》：'續也。'《儀禮·鄉飲酒禮》：'皆不屬焉。'《士冠禮》：'屬于缺。'……《漢書·賈誼傳》：'以能誦《詩》《書》屬文。'"按，唯"屬"之義爲連，故有"連屬"之同義聯合式合成詞。

〔推源〕 此二詞俱有長、相連義，爲蜀聲所載之公共義。聲符字"蜀"所記録語詞之顯性語義與長、相連義不相涉，其長、相連義乃蜀聲所載之語源義。蜀聲可載長、相連義，則"續"可證之。

蜀：禪紐屋部；
續：邪紐屋部。

叠韻，禪邪準雙聲。"續"，相連。《說文·糸部》："續，連也。"清朱駿聲《通訓定聲》："《爾雅·釋言》：'續，繼也。'……《詩·小戎》：'陰靷鋈續。'《禮記·深衣》：'續衽鉤邊。'《周禮·巾車》：'歲時更續。'"按，凡物相連續則長，故"續"有延長之衍義。《宋史·禮志十五》："(降聖節)前一日，以金縷延壽帶、金塗銀結續命縷、緋綵羅延壽帶、綵絲續命縷分賜百官，節日戴以入。"

(2018) 䏂濁(不清義)

䏂 耳聾，聽不清聲音。《廣韻·覺韻》："䏂，龍䏂。"按，"龍"字當爲"聾"之借。北齊杜弼《檄梁文》："委慈母似脱屣，棄寵弟如遺芥，龍鍾稚子，痛苦成行。"《篇海類編·聲色類·音部》："䏂，聾䏂也。"

濁 清濁字，濁即不清。《廣韻·覺韻》："濁，不清也。"清朱駿聲《説文通訓定聲·需部》："《詩·四月》：'載清載濁。'《老子》：'渾兮其若濁。'《荀子·解蔽》：'濁明外景，清明內景。'《離騷》：'世溷濁而不分兮。'又《賈子·道術》：'行善決衷謂之清，反清爲濁。'"按，"濁"本爲水名，謂不清，當爲套用字。

〔推源〕 此二詞俱有不清義，爲蜀聲所載之公共義。聲符字"蜀"所記錄語詞之顯性語義與不清義不相涉，其不清義乃蜀聲所載之語源義。蜀聲可載不清義，則"齪"可證之。

蜀：禪紐屋部；
齪：初紐屋部。

叠韻，禪初鄰紐。"齪"，不清潔。元高文秀《黑旋風》第一折："他見我風吹得齷齪，是這鼻凹裏黑。他見我血漬的腌臢，是這衲襖腥。"明馮夢龍編《古今小説》之《沈小霞相會出師表》："賃房儘有，只是齷齪低窄，急切難得中意的。"

780 與聲

(2019) 旟舉樂舉(上舉、上揚義)

旟 軍旗，有鳥隼振翅疾飛圖像者，引申爲上揚義。《説文·㫃部》："旟，錯革畫鳥其上，所以進士衆。旟旟，衆也。从㫃，與聲。"清段玉裁注："'鳥'上各本有'畫'字，妄人所增，今刪。"清朱駿聲《通訓定聲》："《爾雅·釋天》：'錯革鳥曰旟。'蓋謂畫急疾之鳥置其上，《詩》所謂'織文鳥章'是也。《爾雅》李注：'旟，以革爲之，置于旐端。'《説文》'錯革畫鳥'，皆失之。《考工·輈人》：'鳥旟七游。'《河圖握矩記》：'南方法赤鳥，曰旟。'《周禮·司常》：'鳥隼爲旟。'……《詩·干旄》：'孑孑干旟。'《無羊》：'衆維魚矣，旐維旟矣。'故《説文》云：'旟，衆也。'蓋以'與'爲訓。〔轉注〕《詩·都人士》：'髮則有旟。'傳：'揚也。'箋：'枝旟揚起也。'"《廣韻·魚韻》："旟，揚也。"唐李翱《舒州新堂銘》："先時寢壞，有陊其廬，乃作斯堂，高嚴旟旟。"清黃遵憲《己亥雜詩》："今日髮旟懸不起，星星知臍幾莖絲。"

舉 上舉。字變作"舉"。《説文·手部》："舉，對舉也。从手，與聲。"清朱駿聲《通訓定聲》:"謂兩手舉之。《考工·廬人》:'舉圍欲細。'注:'謂手所操。'《儀禮·鄉飲酒禮》:'舉觶于賓。'《淮南·道應》:'舉白而進之。'注:'進酒也。'"按,以單手上舉亦曰"舉"。《廣韻·語韻》:"舉,擎也。《説文》本作'舉'。"引申之,"舉"亦有上揚義。《詩·鄭風·大叔于田》:"叔在藪,火烈具舉。"

槃 《廣韻·御韻》:"槃,舁食者。"《集韻·御韻》:"槃,食輿也。"按,即抬運食物之器,其名當寓抬舉義。

轝 舁車,肩轝,抬舉而行者。《洪武正韻·御韻》:"轝,兩手對舉之車。又江南謂肩轝。亦作'輿''舁'。"宋王安石《寄昌叔》:"自是不歸歸便得,陸乘籃轝水乘舟。"王重民等編《敦煌變文集》之《孔子項託相問書》:"空門無關,轝車無輪。"引申之,亦指上舉、抬舉。宋葉適《劉靖君墓誌銘》:"父死,伯不弔,疑將祔於祖,一夕轝其柩他山,哀呼僵踣,幾不活者數焉,遂羸毀終身。"

〔推源〕 諸詞俱有上舉、上揚義,爲與聲所載之公共義。聲符字"與"單用本可表選拔義。《禮記·禮運》:"選賢與能,講信脩睦。"按,選拔、提拔即抽象性上舉義,然此義非"與"之顯性語義。"與"本謂黨與,朋黨。《説文·舁部》:"與,黨與也。从舁,从与。与,古文與。"清朱駿聲《通訓定聲》:"《莊子·大宗師》:'孰能相與於無相與。'《釋文》:'猶親也。'《周禮·太卜》:'三曰與。'注:'謂所與共事也。'《禮記·曲禮》:'生與來日。'按,猶交也。"其引申義系列與上舉、上揚義亦不相涉,則其上舉、上揚義爲"與"之聲韻另載之語源義。與聲可載上舉、上揚義,則"擡"可證之。

與:余紐魚部;
擡:定紐之部。

余(喻四)定準旁紐,魚之旁轉。"擡",上舉。唐玄應《一切經音義》卷十七:"擡,舉。"《廣韻·灰韻》:"擡,擡舉。"唐羅隱《春風》:"但是粃糠微細物,等閑擡舉到青雲。"宋孟元老《東京夢華錄·公主出降》:"用檐床數百,鋪設房卧,並紫衫卷腳幞頭,天武官擡舁。"

(2020) 璵譽舉稷醶(美義)

璵 美玉。《説文·玉部》:"璵,璵璠也。从玉,與聲。"清朱駿聲《通訓定聲》:"《左定五傳》:'陽虎將以璵璠斂。'疏引《説文》:'魯之寶玉。'……《楊統碑》:'器其璵璠之質。'字又作'瑒'。"《廣韻·魚韻》:"璵,魯之寶玉。"按,《説文·玉部》"璵""璠"二篆相鄰,"璠"篆下云:"璠璵,魯之寶玉。从玉,番聲。孔子曰:美哉璵璠!遠而望之,奐若也;近而視之,瑟若也。一則理勝,二則孚勝。"朱氏所引《左傳》文晉杜預注:"璵璠,美玉,君所佩。"漢桓寬《鹽鐵論·晁錯》:"夫以璵璠之玼而棄其璞,以一人之罪而兼其衆,則天下無美寶信士也。"

譽 贊美,引申之亦指名聲美。《説文·言部》:"譽,稱也。从言,與聲。"清朱駿聲《通訓定聲》:"《墨子·經》:'譽,名美也。'《周書·諡法》:'狀古述今曰譽。'《禮記·表記》:'君子不以口譽人。'……《淮南·本經》：'經誹譽。'注：'善也。'《法言》：'淵騫妄譽，仁之賊也。'〔轉注〕《孝經·援神契》：'與之爲言名也。'……《詩·振鷺》：'以永終譽。'箋：'聲美也。'《禮記·射義》：'則燕則譽。'注：'言國安則有名譽。'"

䕒 香草，草之美者。《廣韻·魚韻》："䕒，芞䕒，香草。"《集韻·魚韻》："䕒，香艸。《爾雅》：'藒車，芞䕒。'"《文選·司馬相如〈上林賦〉》"揭車衡蘭"晉郭璞注："揭車，一名芞輿，香草也。"《説文·艸部》："芞，芞輿，香艸也。"清朱駿聲《通訓定聲》："《離騷》：'畦留夷與揭車兮。'"按，"䕒"當爲正字。文字有假借，物亦有異名，所指稱則同。朱氏所引《離騷》文漢王逸注："揭車，亦芳草，一名芞輿。揭，一作'藒'。"

穥 黍稷茂美。字或以"䕒"爲之。《玉篇·禾部》："穥，美。"《廣韻·御韻》："穥，穥穥，黍稷美也。"又《語韻》："䕒，蕃蕪。亦作'穥'。"《集韻·語韻》："穥，苗盛也。或從艸。"《兩浙輶軒録·湯憲〈栗糕〉》："西風吹磢磧，刈黍方穥穥。"

醧 酒美。《廣韻·語韻》："醧，酒之美。本亦作'䕒'。《詩》云：'醧酒有䕒。'"按，所引爲《小雅·伐木》文，漢毛亨傳云："䕒，美貌。"《玉篇·酉部》："醧，美兒。亦作'䕒'。"又《艸部》："䕒，酒之美也。"按，"醧"所記録之詞存乎語言，而"醧"爲正字。

〔推源〕 諸詞俱有美義，爲與聲所載之公共義。聲符字"與"所記録語詞之本義、引申義系列與美義不相涉，其美義乃與聲所載之語源義。與聲可載美義，則"瑜"可證之。

與：余紐魚部；
瑜：余紐侯部。

雙聲，魚侯旁轉。"瑜"，美玉。引申之，亦謂美貌。《説文·玉部》："瑜，瑾瑜，美玉也。"清朱駿聲《通訓定聲》："《禮記·玉藻》：'世子佩瑜玉。'《聘義》：'瑕不揜瑜。'〔轉注〕《漢書·禮樂志》：'象載瑜。'注：'美貌也。'"按，所引《禮記·聘義》文漢鄭玄注："瑜，其中間美者。"又所引《玉藻》文唐孔穎達疏："瑜是玉之美者。""瑜"亦虛化引申爲美好義。南朝宋鮑照《芙蓉賦》："抽我衿之桂蘭，點子吻之瑜辭。"

（2021）礜/毒（毒義）

礜 毒石。《説文·石部》："礜，毒石也，出漢中。从石，與聲。"清朱駿聲《通訓定聲》："入藥品。《西山經》：'皋塗之山，有白石焉，其名曰礜，可以毒鼠。'"《廣韻·御韻》："礜，石藥名。蠶食之肥，鼠食之死。"《淮南子·説林訓》："人食礜石而死，蠶食之而不飢。"《太平御覽》卷九百九十引漢桓譚《新論》："譬若巴豆毒魚，礜石賊鼠，桂害獺，杏核殺猪，天非故爲作也。"

毒 毒物，引申之則有毒害、毒殺等義。《説文·中部》："毒，厚也，害人之艸，往往而生。从屮，从毐。𡴀，古文毒，从刀、葍。"清朱駿聲《通訓定聲》："《周禮·醫師》：'聚毒藥，以共醫事。'注：'毒藥，藥之辛苦者。'《易·師》：'以此毒天下。'干寶注：'毒，荼苦也。'《鶡冠子·環流》:'味之害人者謂之毒。'〔轉注〕《周語》:'其毒必亡。'注:'害也。'"

〔推源〕 此二詞俱有毒義,其音亦相近且相通。

> 舋:余紐魚部;
> 毒:定紐覺部。

余(喻四)準旁紐,魚覺旁對轉。則其語源當同。

781　毀聲

(2022) 挚譭(毀壞義)

挚　擊傷,毀壞之。《說文·手部》:"挚,傷擊也。从手、毀,毀亦聲。"清桂馥《義證》:"'傷擊也'者,《廣韻》:'挚,手擊傷也。'"《玉篇·手部》:"挚,擊壞也。"

譭　毀謗,敗壞他人名聲。《廣韻·紙韻》:"譭,謗也,譖也。"《集韻·紙韻》:"詑,謗也。或作譭,通作毀。"按,毀謗爲"毀"之引申義,"譭"爲記錄此義之專字、正字。《管子·小稱》:"故我有善則立譽我,我有過則立譭我。"按,"譽"與"譭"對文反義。

〔推源〕 此二詞俱有毀壞義,爲毀聲所載之公共義。毀聲字"嫛"有"惡"訓,實即毀謗義,則亦爲毀聲與毀壞義相關聯之一證。《說文·女部》:"嫛,惡也。"清朱駿聲《通訓定聲》:"凡毀謗字,經、傳皆以'毀'爲之。"清段玉裁注:"許意蓋謂毀物爲'毀',謗人爲'嫛'。"按,"挚""譭"之聲符"毀"所記錄語詞之本義即毀壞,引申之則有毀謗、敗壞他人名聲義。《說文·土部》:"毀,缺也。从土,毇省聲。"清王筠《句讀》:"毀之而後缺,缺非'毀'之正訓,當作'敷也'。"清朱駿聲《通訓定聲》:"《小爾雅·廣言》:'毀,壞也。'《廣雅·釋言》:'毀,虧也。'《蒼頡篇》:'毀,破也。'《易·說卦》傳:'兌爲毀折。'《禮記·雜記》:'至於廟門不毀墻。'〔假借〕爲'嫛'。《齊策》:'每言未嘗不毀孟嘗君也。'注:'謗也。'"按,非假借,乃引申。然則本條二詞之毀壞義爲其聲符"毀"所載之顯性語義。毀聲可載毀壞義,則"壞"可證之。

> 毀:曉紐微部;
> 壞:匣紐微部。

叠韻,曉匣旁紐。"壞",敗壞。《說文·土部》:"壞,敗也。"清朱駿聲《通訓定聲》:"《爾雅·釋詁》:'壞,毀也。'《史記·秦始皇紀》:'墮壞城郭。'正義:'圮也,自頹曰壞。'"引申之,則有毀壞義。《廣韻·怪韻》:"敷,毀也。壞,上同。"《漢書·元后傳》:"五侯初起,曲陽最怒,壞決高都,連竟外杜。"唐顏師古注:"壞決高都水入長安。"《資治通鑒·周紀一·威烈王二十三年》:"故三晉之列於諸侯,非三晉之壞禮,乃天子自壞之也。"元胡三省注:"壞,人毀之也。"

782 敫聲

(2023) 皦曒激（清義）

皦 玉石潔白貌。《說文·白部》："皦，玉石之白也。从白，敫聲。"《廣韻·篠韻》："皦，珠玉白皃。"《北史·高閭傳》："佞者飾知以行事，忠者發心以附道，譬如玉石，皦然可知。"引申爲清晰、清白義。《廣韻·篠韻》："皦，明也，皎也。"清朱駿聲《說文通訓定聲·小部》："皦，〔轉注〕《方言》十二：'皦，明也。'《埤蒼》：'皦，淨也。'《論語》：'皦如也。'鄭注：'皦如，使清別之皃。'《後漢·樂恢傳》：'恢獨皦然不汙于法。'亦單辭形況字。"漢蔡邕《薦皇甫規》："出處抱義，皦然不污。"

曒 明亮，清晰。《集韻·筱韻》："曒，明也。一曰清別兒。"漢揚雄《太玄賦》："曒曒著乎日月兮，何俗聖之暗燭。"明沈榜《宛署雜記·恩澤》："拯民於水火，延民之嗣續，奇徼尤數數，悉具紀載，曒然著明。"

激 清亮，鮮明。清朱駿聲《說文通訓定聲·小部》："激，〔假借〕爲'敫'。《楚辭·招魂》：'發激楚些。'注：'清聲也。'又爲'皦'。《莊子·盜跖》：'脣如激丹。'司馬注：'明也。'《方言》十二：'激，清也。'……《嘯賦》：'聲激嚁而清厲。'注：'清唳兒。'"按，"激"之本義爲水衝擊物而飛濺，然其字从水，水則有清者亦有濁者，清濁字"清""濁"皆从水，故"激"表清義乃套用字，非假借。宋郭茂倩編《樂府詩集》之《鼓吹曲辭一·戰城南》："水深激激，蒲葦冥冥。"

〔**推源**〕 諸詞俱有清義，爲敫聲所載之公共義。聲符字"敫"所記錄語詞謂亮光閃耀，本有明亮、清晰義。《說文·放部》："敫，光景流也。从白，从放。讀若龠。"清朱駿聲《通訓定聲》："凡光多白，故从白。"清段玉裁注："謂光景流行，煜燿昭箸。"蘇曼殊《譯拜輪〈答美人贈束髮氈帶〉》："錦帶約鬆髻，朗若炎精敫。"然則本條諸詞之清義爲其聲符"敫"所載之顯性語義。敫聲可載清義，則"皎"可證之。

敫：余紐藥部；

皎：見紐宵部。

余（喻四）有屬舌面音者，亦有屬舌根音者。敫聲字"徼""皦""璬""儌""徽""噭"之上古音俱爲見紐宵部，足證"敫"之余（喻四）爲舌根音，與見紐爲旁紐，藥（沃）宵對轉。"皎"，月光潔白明亮，引申爲清晰義。《說文·白部》："皎，月之白也。从白，交聲。《詩》曰：'月出皎兮。'"清朱駿聲《通訓定聲》：《廣雅·釋訓》：'皎皎，明也。'"漢王逸《離騷經章句·序》："其詞溫而雅，其義皎而朗。凡百君子，莫不慕其清高，嘉其文采，哀其不遇，而愍其志焉。"晉葛洪《抱朴子·廣譬》："渾沌之原，無皎澄之流；毫釐之根，無連抱之枝。"

(2024) 嗷歗激（急義）

嗷 呼叫，聲急。《說文·口部》：“嗷，呼也。”清朱駿聲《通訓定聲》：“《廣雅·釋詁二》：‘嗷，鳴也。’《釋言》：‘嘐也。’《禮記·曲禮》：‘毋嗷應。’……《方言》一：‘平原謂啼極無聲謂之唴哴，楚謂之嗷咷。’……《公羊昭廿五傳》：‘公於是嗷然而哭。’注：‘哭聲兒。’”唐韓愈《汴州東西水門記》：“此邦之人遭逢疾威，嚚童嗷嘑，劫衆阻兵。”宋田況《儒林公議》卷下：“（范諷）好朋飲高歌嗷呼，或不冠幘。”《字彙·口部》：“嗷，與‘叫’同。”按，“叫”字从丩得聲，“丩”爲“糾”之初文，謂糾絞，凡物糾絞則繃緊，故丩聲字所記録語詞“糾”“疝”“觓”俱有緊、急義，見本典第一卷“丩聲”第33條。

歗 楚歌，促迅激切者，其名寓急義。《說文·欠部》：“歗，所謂也。从欠，嗷省聲。讀若呼叫之叫。”清朱駿聲《通訓定聲》：“按，楚歌也……《上林賦》：‘激楚結風。’注：‘楚歌曲也。’按，楚歌促迅激切，故曰歗。”清段玉裁注：“‘楚’作‘所’者，聲之誤。”按，許慎云“嗷”省聲，“嗷”從敫聲。《廣韻·嘯韻》：“敫，歌也。”沈兼士《聲系》：“案‘敫’，《說文》作‘歗’。”

激 水衝擊物而飛濺，故有急速、猛烈之衍義。《廣韻·嘯韻》：“激，水急。”又《錫韻》：“激，疾波。”清朱駿聲《說文通訓定聲·小部》：“《詩·揚之水》傳：‘激揚也。’疏：‘水急而飛揚。’《儀禮·特牲禮》：‘今文激沃。’按，急速也……《漢書·王莽傳》：‘敢爲激發之行。’注：‘急動也。’《孫子·勢》：“激水之疾，至於漂石者，勢也。”唐杜佑注：“言水性柔弱，石性剛重，至於漂轉大石，投之洿下，皆由急疾之流，激得其勢。”

〔推源〕 諸詞俱有急義，爲敫聲所載之公共義。聲符字“敫”所記録語詞謂亮光閃耀，光之速亟急，此或與急義相通。敫聲可載急義，則“狂”可證之。

敫：余紐藥部；

狂：群紐陽部。

余（喻四，舌根音，見前條）群旁紐，藥陽旁對轉。“狂”，瘋犬，引申爲瘋狂義。《說文·犬部》：“狂，狾犬也。”“狾，狂犬也……《春秋傳》曰：‘狾犬入華臣氏之門。’”三國魏阮籍《鳩賦》：“值狂犬之暴怒，加楚害於微軀。”引申爲瘋狂、凶暴義，又引申爲急疾義。《楚辭·九章·抽思》：“狂顧南行，聊以娛心兮。”漢王逸注：“狂，猶遽也。”《史記·扁鵲倉公列傳》：“陽明脈傷，即當狂走。”

(2025) 激邀（阻義）

激 水行受阻。《說文·水部》：“激，水礙衺疾波也。从水，敫聲。一曰半遮也。”清朱駿聲《通訓定聲》：“按，謂水礙而邪行，其波疾急，半遮，即所謂礙也。《一切經音義》引《說文》：‘水流礙衺急激也。’《孟子》：‘激而行之，可使在山。’”宋蘇軾《禹之所以通水之法》：“河水湍悍，雖亦其性，然非堤防激而作之，其勢不至如此。”《宋史·范成大傳》：“處多山田，梁天監中，詹、南二司馬作通濟堰在松陽、遂昌之間，激溪水四十里，溉田二十萬畝。”

邀 迎候。《莊子·寓言》:"陽子居南之沛,老聃西遊於秦,邀於郊,至於梁而遇老子。"唐陸德明《釋文》:"邀,要也。"《玉篇·臼部》:"要,今爲要約字。"按,要約義其字今作"邀",要約、迎候義相通,又,凡迎候則阻於人前,故"邀"有阻截、遮擋之衍義。《廣韻·蕭韻》:"邀,遮也。"又《宵韻》:"邀,邀遮也。"《東觀漢記·光武帝紀》:"帝邀之於陽關,尋邑兵盛,漢兵反走。"《清史稿·邦交志·英吉利》:"(三元里)民憤起,號召各鄉壯勇,四面邀截。"

〔推源〕 此二詞俱有阻義,爲敫聲所載之公共義。聲符字"敫"所記錄語詞與阻義不相涉,其阻義乃敫聲所載之語源義。敫聲可載阻義,則"隔"可證之。

敫:余紐藥部;

隔:見紐錫部。

余(喻四,舌根音)見旁轉,藥(沃)錫旁轉。"隔",阻隔,阻塞。《説文·阜部》:"隔,障也。"清朱駿聲《通訓定聲》:"《西京賦》注引《説文》:'塞也。'……《西京賦》:'隴坻之隘,隔閡華戎。'〔轉注〕《漢書·五行志》:'上下皆蔽,兹謂隔。'"《戰國策·趙策二》:"秦無韓魏之隔,禍中於趙矣。"唯"隔"有阻義,故有"阻隔"之同義聯合式合成詞。南朝宋謝靈運《辨宗論·答王衛軍問》:"遠不必攜,聊借此語,以況八無,果無阻隔。"

(2026) 觷檽窽(上、揚義)

觷 杖端角質裝飾物,處於杖之最上端者。《説文·角部》:"觷,杖耑角也。从角,敫聲。"清桂馥《義證》:"'杖耑角也'者,本典:'敫,觷田也。''田'當爲'曲'。《廣韻》:'觷,以角飾杖策頭。'"清朱駿聲《通訓定聲》:"後世或飾以玉,其耑刻爲鳩形。"按,桂氏所引《廣韻》爲《錫韻》文,又《覺韻》:"觷,飾杖頭骨。"

檽 樹木上揚無旁枝。清朱駿聲《説文通訓定聲·小部》:"檽,〔假借〕爲'擢'。《爾雅·釋木》:'無枝爲檽。'按,光潔之皃。注:'檽擢直上。'則謂借爲'擢'。"按,"檽"非謂光潔,乃直上、上揚義。所引《爾雅》文宋邢昺疏:"檽即'擢'也,謂木無枝檽擢直上長而殺者也。"又,"檽"之本義《説文》訓"二尺書",謂檽文,本有長義,木上揚即高,長義、高義、上揚義皆相通,無煩假借。

窽 上揚貌。《廣韻·錫韻》:"窽,揚貌。"按,其字从宀,"宀"謂房屋,房屋有高聳上揚者,又屋或有飛檐,飛檐即屋檐上揚者。明馬歡《瀛涯勝覽·占城國》:"其雄鷄,紅冠白耳,窊腰窽尾。"

〔推源〕 諸詞俱有上、揚義,爲敫聲所載之公共義。聲符字"敫"所記錄語詞之顯性語義與上、揚義不相涉,其上、揚義乃敫聲所載之語源義。敫聲可載上、揚義,則"翹"可證之。

敫:余紐藥部;

翹:群紐宵部。

余(喻四,舌根音)群旁紐,藥(沃)宵對轉。"翹",鳥尾長毛,可上翹者,故引申翹起、上揚義。《説文·羽部》:"翹,尾長毛也。"清朱駿聲《通訓定聲》:"《射雉賦》:'斑尾揚翹。'〔假借〕爲'趬'。《莊子·馬蹄》:'翹足而陸。'謂舉足也。《淮南·脩務》:'翹尾而走。'注:'舉也。'"按,當爲引申,非假借。

(2027) 摮/敲(擊義)

摮 旁擊。《説文·手部》:"摮,旁擊也。从手,敖聲。"清朱駿聲《通訓定聲》:"字亦作'撽'、作'撒'。《公羊宣六傳》:'以斗摮而殺之。'注:'摮猶擊也,謂旁擊頭項。'《莊子·至樂》:'撽以馬捶。'"《廣韻·錫韻》:"摮,傍擊。"又《嘯韻》:"摮,旁擊。亦作'撽'。"《集韻·效韻》:"撒,擊也。"宋程頤《上谷郡君家傳》:"大寒,有負炭而摮者過門,家人欲呼之。"

敲 横擊,敲擊。《説文·攴部》:"敲,横擿也。"清朱駿聲《通訓定聲》:"《左定二傳》:'奪之杖以敲之。'"唐賈島《題李凝幽居》:"鳥宿池邊樹,僧敲月下門。"宋曾敏行《獨醒雜志》卷五:"一日,沖元自窗外往來,東坡問:'何爲?'沖元曰:'綏來。'東坡曰:'可謂奉大福以來綏。'蓋沖元登科時賦句也。沖元曰:'敲門瓦礫,公尚記憶耶!'"

〔推源〕 此二詞俱有擊義,其音亦相近且相通。

摮:溪紐藥部;

敲:溪紐宵部。

雙聲,藥(沃)對轉。則其語源當同。

783 微聲

(2028) 溦䈽䅣(小義)

溦 小雨。其字亦省作"微"。《説文·水部》:"溦,小雨也。从水,微省聲。"清朱駿聲《通訓定聲》:"字亦作'濛'。"清朱珔《叚借義證》:"今人詩文凡言'微雨'者,皆當爲'溦'之假借。"按,作"微",取其引申義,"溦(濛)"則爲正字。《廣韻·微韻》:"溦,浌溦,小雨。"沈兼士《聲系》:"案'溦',《説文》作'濛',《集韻》:'溦,或作濛。'"清厲鶚《雨後南湖晚眺》:"新漲夜來平釣磯,田家橋外涼浌溦。"按,《廣韻》"浌"字之音息遺,今語之對慶音爲suī,吳方言讀"稍微"正如"浌溦","稍微"即謂少、小,此亦一證。

䈽 竹之細小者,可以爲箭。《説文·竹部》:"䈽,竹也。从竹,微聲。"清朱駿聲《通訓定聲》:"或曰即《西山經》之'箭䈽',厚裏而長節。《中山經》:'求山多䈽。'注:'篠屬。'《廣雅·釋草》:'䈽,箂也。'亦作'䈱'。"《廣韻·微韻》及《脂韻》:"䈽,竹名。"晉戴凱之《竹譜》:"䈱亦菌徒。"自注:"《山海經》云:其竹名䈱。生非一處,江南山谷所饒也。故是箭竹類。一尺數節,葉大如履,可以作履,亦中作矢。"《爾雅·釋草》:"篠,箭。"清郝懿行《義疏》:"篠者,《説文》作'筱',云:'箭屬,小竹也。'蓋篠可爲箭,因名爲箭。"

覹 窺視。按即稍稍視之,猶今語之"偷看一眼"。"覹"即寓小、少義。《説文·見部》:"覹,司也。从見,微聲。"清朱駿聲《通訓定聲》:"《廣雅·釋詁三》:'覹,覤也。'字亦作'瞸'。"清段玉裁注:"'司'者,今之'伺'字……'司'下當有'視'字。"《廣韻·微韻》:"覹,伺視。"又《脂韻》:"瞸,伺視。覹,上同。"《玉篇·目部》:"瞸,伺視也。"本師郭在貽先生《訓詁叢稿·古漢語詞義札記一》"微聞":"《墨子·迎敵祠》:'謹微察之。'孫詒讓《墨子閒詁》用王念孫説讀微爲覹,自是確詁。"

〔推源〕 諸詞俱有小義,爲微聲所載之公共義。聲符字"微"所記錄語詞之本義爲隱蔽。《説文·彳部》:"微,隱行也。从彳,散聲。《春秋傳》曰:'白公其徒微之。'"清朱駿聲《通訓定聲》:"从彳,从散,會意,散亦聲。《左襄十九傳》:'崔杼微逆光。'〔假借〕又爲'散'。《廣雅·釋詁二》:'微,小也。'《爾雅·釋訓》:'式微。'式微者,微乎微者也。……《禮記·祭義》:'雖有奇邪而不治者則微矣。'注:'猶少也。'《周禮·典同》:'微聲韽。'注:'小也。'《楚辭·大招》:'豐肉微骨。'注:'細也。'……《詩·十月之交》:'彼月而微,此日而微。'箋:'不明也。'"按,"微"之聲符"散"《説文·人部》訓"妙",朱氏改其解釋詞爲"秒",即微妙、微小義。既云"微"爲會意兼形聲字,則不當云"微"之小義爲假借義。"微"之本義爲隱蔽,隱蔽則可見者少,故有少之衍義。少即數量小,故又有小義。反言之,凡物微小,則幾不可見,如隱蔽者。此足證隱蔽義、小義同條共貫。微聲可載小義,則"緜"可證之。

微:明紐微部;
緜:明紐元部。

雙聲,微元旁對轉。"緜",絲綿。《廣韻·仙韻》:"緜,精曰緜,麤曰絮。"《後漢書·徐稺傳》"設雞酒薄祭,哭畢而去,不告姓名"唐李賢注:"有死喪負笈赴弔,常於家豫炙雞一隻,以一兩緜絮漬酒中,暴乾以裹雞。"絲綿爲纖細、微小之物,故引申爲微小義。清朱駿聲《説文通訓定聲·乾部》:"緜,《廣雅·釋詁一》:'緜,褊也。'《漢書·嚴助傳》:'且越人緜力薄材。'《集注》:'弱也。'《魏都賦》:'薄戍緜幂。'注:'微貌。'……《素問·方盛衰論》:'緜緜乎屬不滿目。'注:'謂動息微也。'《脈要精微論》:'緜緜以去。'注:'言微微似有而不甚應手也。'《家語·觀周》:'緜緜不絶。'注:'微細也。'"

784 僉聲

(2029) 斂檢儉撿(約束義)

斂 收聚,引申爲收縮義,見後第 2033 條,又引申爲約束義。清朱駿聲《説文通訓定聲·謙部》:"斂,《詩·桑扈》箋:'不自斂以先王之法。'疏:'收攝之名。'按,猶檢制也,收束也。"《逸周書·命訓》:"撫之以惠,和之以均,斂之以哀,娛之以樂。"漢陸賈《新語·無爲》:"秦始皇帝設爲車裂之誅,以斂姦邪。"

檢 封書題籤,引申爲約束、限制。《說文·木部》:"檢,書署也。从木,僉聲。"清朱駿聲《通訓定聲》:"檢之言斂也,械也,藏之而標題之,謂之檢,今字作'簽'。《後漢·公孫瓚傳》:'輒皁囊施檢,文稱詔書。'注:'書署也。'〔轉注〕《荀子·儒效》:'禮者,人主之所以爲群臣寸尺尋丈檢式也。'注:'束也。'……《後漢·仲長統傳》:'是婦女之檢柙。'注:'檢柙爲規矩也。'"按,朱氏所引《荀子》《後漢書》文之"檢"皆法度義,法度則爲約束人者,故又引申爲約束義。《書·伊訓》:"與人不求備,檢身若不及。"唐孔穎達疏:"檢,謂自攝歛也。"漢蔡邕《貞節先生范史雲碑》:"晚節禁寬,困於屢空,而性多檢括,不治產業。"唯"檢"有約束之衍義,故有"檢束"之同義聯合式合成詞。唐韓愈《感春》:"近憐李杜無檢束,爛漫長醉多文辭。"

儉 約束。《說文·人部》:"儉,約也。从人,僉聲。"清朱駿聲《通訓定聲》:"《易·否·象傳》:'君子以儉德避難。'《左莊二十四傳》:'儉德之共也。'《西京賦》:'獨儉嗇以齷齪。'注:'儉嗇,節愛也。'"按,"儉嗇"即節儉,謂用度有約束,義亦相通。《廣韻·琰韻》:"儉,約也。"《禮記·樂記》:"恭儉而好禮者,宜歌《小雅》。"唐孔穎達疏:"儉謂以約自處。"

撿 約束。《集韻·琰韻》:"撿,束也。"清朱駿聲《說文通訓定聲·謙部》:"撿,〔假借〕又爲'檢'。《漢書·黃霸傳》:'郡事皆以義法令撿式。'注:'局也。'《演連珠》:'臣聞動循定撿。'注:'撿,謂定撿不瀾漫也。'"按,"撿"之本義《說文》訓"拱",未見其文獻實用例,然有收斂義,見後第2033條,收斂、約束二義相通,無煩假借。漢仲長統《昌言·雜編》:"人之性有……廣大闊蕩者,患在無撿。"

〔推源〕 諸詞俱有約束義,爲僉聲所載之公共義。聲符字"僉"所記錄語詞之本義爲"皆",所謂範圍副詞。《說文·亼部》:"僉,皆也。从亼,从吅,从从。"清朱駿聲《通訓定聲》:"《虞書》:'僉曰:於!鯀哉。'……《小爾雅·廣言》:'僉,同也。'"引申之則有眾多、眾人等義,皆與約束義不相涉,其約束義乃僉聲所載之語源義。僉聲可載約束義,則"制"可證之。

僉:清紐談部;

制:章紐月部。

清章(照)鄰紐,談月通轉。"制",禁止,約束。《說文·刀部》:"制,一曰止也。"清朱駿聲《通訓定聲》:"《廣雅·釋詁四》:'禁也。'《易·象下傳》:'君子以制數度。'虞注:'艮止爲制。'《秦策》:'王因而制之。'注:'御也。'《解嘲》:'制以鑕鐵。'注:'縛束也。'……《孝經》:'制節謹度。'注:'費用約儉謂之制。'"《增韻·祭韻》:"制,檢也。"所訓亦約束義。唯"制"有約束義,故有"制約"之同義聯合式合成詞。

(2030) 檢撿(挑選義)

檢 封書題籤,見前條,引申之則有法度、品行、檢查義,又引申爲挑選義。《廣韻·琰韻》：“檢，檢校。”清朱駿聲《說文通訓定聲·謙部》：“檢，〔聲訓〕《一切經音義》六引《廣雅》：‘檢，拈也。’”按“拈”有挑選義，“拈輕怕重”之“拈”即是。唐杜甫《哭李常侍峄》：“次第尋書札，呼兒檢贈詩。”清吳敬梓《儒林外史》第十九回：“鴨和肉都檢上好的極肥的切來。”明馮夢龍編《醒世恒言》之《吳衙内鄰舟赴約》：“因是昨夜餓壞了，看見這飯，也不謙讓，也不檢擇，一連十數碗，喫個流星趕月。”

撿 挑選。《正字通·手部》：“撿，與‘揀’通。”按，“撿”有檢驗、查看義，挑選義當與之相通。清吳敬梓《儒林外史》第三十回：“我心裏想做一個勝會，擇一個日子，撿一個極大的地方，把這一百幾十班做旦脚的都叫了來，一個人做一齣戲。”沈從文《新與舊·蕭蕭》：“一面還撿拾有花紋的田螺給坐在身邊的小丈夫玩。”

〔推源〕 此二詞俱有挑選義，爲僉聲所載之公共義。聲符字“僉”所記録語詞之本義、引申義系列與挑選義不相涉，其挑選義乃僉聲所載之語源義。僉聲可載挑選義，則“選”可證之。

僉：清紐談部；
選：心紐元部。

清心旁紐，談元通轉。“選”，挑選，選擇。《說文·辵部》：“選，選擇也。”清朱駿聲《通訓定聲》：“《小爾雅·廣言》：‘選，擇也。’《白虎通·聖人》：‘十人曰選。’《禮記·王制》：‘命鄉論秀士，升之司徒曰選士。’《晉語》：‘盡選男德以象穀明。’……《荀子·王制》：‘案謹募選閱材伎之士。’”

(2031) 憸險（險義）

憸 陰險，奸邪險惡。《說文·心部》：“憸，憸詖也。憸利於上，佞人也。从心，僉聲。”清朱駿聲《通訓定聲》：“《書·盤庚》：‘相時憸民。’馬注：‘憸利小小見事之人也。’……《立政》：‘國則罔有立政用憸人。’馬注：‘憸利佞人也。’”《廣韻·琰韻》：“憸，憸詖。”又《鹽韻》：“憸，利口。”唯“憸”有險義，故有“憸險”之同義聯合式合成詞。《舊唐書·熊望傳》：“熊望者，登進士第。粗有文詞，而性憸險。”

險 險阻，引申爲危險、險惡、陰險等義。《說文·阜部》：“險，阻難也。从阜，僉聲。”清朱駿聲《通訓定聲》：“字亦作‘嶮’……《禮記·少儀》：‘軍旅思險。’注：‘險阻，出奇覆諉之處也。’……《離騷》：‘路幽昧以險隘。’〔轉注〕《易·繫辭》：‘德行恒易以知險。’京注：‘惡也。’……《晉語》：‘必内險之。’注：‘危也。’……《（荀子）正論》：‘上幽險則下漸詐矣。’注：‘難測也。’……《詩·卷耳·序》：‘險詖私謁之心。’崔注：‘不正也。’”按，所謂“難測”亦陰險義。《增韻·琰韻》：“險，深陷不可測也。”所訓亦此義。

〔推源〕 此二詞俱有險義，爲僉聲所載之公共義。聲符字“僉”所記録語詞之本義、引申義系列與險義不相涉，其險義乃僉聲所載之語源義。僉聲可載險義，則“阻”可證之。

佥：清紐談部；
阻：莊紐魚部。

清莊凖旁紐,談魚通轉。"阻",險阻,險要。《說文·阜部》:"阻,險也。"清朱駿聲《通訓定聲》:"《詩·殷武》:'罙入其阻。'……《釋名》:'水出其後曰阻丘,背水以爲險也。'"漢班固《西都賦》:"左據函谷、二崤之阻,表以太華、終南之山。"《漢書·武帝紀》:"泰山、琅邪群盜徐敖等阻山攻城,道路不通。"唐顔師古注:"阻山者,依山之險以自固也。"

(2032) 嶮獫（高、長義）

嶮 高峻。《廣韻·琰韻》:"嶮,嶮巇。"《集韻·儼韻》:"嶮,高峻兒。"清朱駿聲《說文通訓定聲·謙部》:"《水經·滱水注》:'山高岸嶮,故曰安嶮。'《列子·楊朱》:'山川阻嶮。'《方言》六:'嶮,高也。'"《文選·張衡〈西京賦〉》:"岐嶭鱗昫,棧齴巉嶮。"唐薛綜注:"棧、嶮,皆高峻貌。"《梁書·良吏傳·范述曾》:"所部橫陽縣,山谷嶮峻,爲逋逃所聚。"

獫 長嘴犬。《說文·犬部》:"獫,長喙犬。从犬,僉聲。"清朱駿聲《通訓定聲》:"《爾雅·釋畜》:'長喙,獫;短喙,猲獢。'《詩·駟驖》:'載獫歇驕。'傳:'田犬也。'"《廣韻·琰韻》:"獫,犬長喙也。"又《豏韻》:"獫,長喙犬名。"按,所謂"田犬"即獵犬。清王士禛《幽州馬客吟歌》:"相逢南山下,載獫從兩狼。"

〔推源〕 此二詞分別有高義、長義,二義相通,俱以僉聲載之,語源當同。聲符字"僉"所記録語詞之本義、引申義系列與高、長義不相涉,其高、長義乃僉聲所載之語源義。僉聲可載高、長義,則"長"可證之。

佥：清紐談部；
長：定紐陽部。

清定鄰紐,談陽通轉。"長",長短字,凡壽命長之人稱"年高",然則本有高之衍義。參本卷"善聲"第1947條"推源"。

(2033) 斂殮撿（收義）

斂 收聚,引申爲收穫、收藏、收縮等義。《說文·攴部》:"斂,收也。从攴,僉聲。"清朱駿聲《通訓定聲》:"字或誤作'歛'。《爾雅·釋詁》:'斂,聚也。'《廣雅·釋詁一》:'斂,取也。'《書·微子》:'用乂讎斂。'鄭注:'謂賦斂也。'……《(周禮)繕人》:'既射則斂之。'注:'藏之也。'……又單辭形況字。《荀子·非十二子》:'斂然聖王之文章具焉。'注:'聚集之皃。'"《廣韻·豏韻》:"斂,聚也。"又《琰韻》:"斂,收也。"《後漢書·劉平傳》:"平時復爲郡吏,冒白刃伏萌身上,被七創,困頓不知所爲,號泣請曰:'願以身代府君。'賊乃斂兵止,曰:'此義士也,勿殺。'遂解去。"

殮 收屍。《玉篇·歹部》:"殮,殯殮也,入棺也。"《廣韻·豏韻》:"殮,殯殮。"清朱駿聲

《説文通訓定聲・謙部》："《釋名・釋喪制》：'衣尸棺曰斂。斂者，斂也，斂藏不復見也。'"按，以"斂"爲之，取其引申義，"殮"則爲正字。《晉書・劉琨傳附劉輿》："（王）延愛妾荆氏有音伎，延尚未殮，輿便娉之。"唐牛僧孺《玄怪録・郭元振》："女之父母兄弟及鄉中耆老，相與舁櫬而來，將取其屍，以備殯殮。"

撿 拾取。所拾者多即收集。金王若虛《瑞竹賦》："妒忌忿疾，以相撿拾；陰營私積，以自植立。"引申之，則有收斂義。前蜀杜光庭《王宗玠宅弘農郡夫人降聖日修大醮詞》："正身心於九室，撿神氣於三關。"

〔推源〕 諸詞俱有收義，爲僉聲所載之公共義。聲符字"僉"所記録語詞謂"皆"，引申之則有衆多義，衆多義與收聚、收集義當相通。清朱駿聲《説文通訓定聲・謙部》："僉，《楚辭・天問》：'僉苔何憂？'注：'衆也。'《方言》十二：'僉，夥也。'《廣雅・釋詁三》：'僉，多也。'〔轉注〕《方言》十二：'僉，勱也。'按，用力多曰僉。"唐白居易《除裴垍中書侍郎同平章事制》："宜登中樞，以副僉望。"宋孫奕《履齋示兒編・經説・九官相遜不相遜》："夫舜之命禹、垂、益、伯夷也，皆出於僉言。惟其出於僉言也，故不容於不相遜。至於稷、契、皋陶之與夔、龍也，則不待於僉言。惟其不待於僉言，故不用於相遜。"其"僉"皆謂衆人。僉聲可載收義，則"集"可證之。

僉：清紐談部；
集：從紐緝部。

清從旁紐，談緝旁對轉。"集"，群鳥聚集於木上，虚化引申爲聚集義。《説文・雥部》："雧，群鳥在木上也。从雥，从木。集，雧或省。"清朱駿聲《通訓定聲》："《爾雅・釋言》：'集，會也。'《廣雅・釋詁三》：'集，聚也。'《詩・鴇羽》：'集于苞栩。'傳：'止也。'《小忞》：'予又集于蓼。'箋：'會也。'《晉語》：'人皆集于苑，己獨集于枯。'"按，凡物之聚集，有出於自然者，亦有出於人爲者，人爲之聚集即收聚、收攏之義。《孟子・萬章下》："伯夷，聖之清者也；伊尹，聖之任者也；柳下惠，聖之和者；孔子，聖之時者也。孔子之謂集大成。"宋孫奭疏："蓋集大成，即集伯夷、伊尹、柳下惠三聖之道，是爲大成耳。"又，收攏衆多作品以成册亦謂"集"。《隋書・經籍志四》："總集者，以建安之後，辭賦轉繁，衆家之集，日以滋廣……合而編之。"唯"集"有收義，故有"收集"之同義聯合式合成詞。《後漢書・張奐傳》："奐不聽，遂進屯長城，收集兵士。"

785 會聲

(2034) 禬薈髖儈襘廥澮繪擓鬠鬠譮嶒（聚義）

禬 會福祭，寓聚會義。《説文・示部》："禬，會福祭也。从示，从會，會亦聲。《周禮》

曰：'禬之祝號。'"清段玉裁注："此等皆舉形聲包會意。"清朱駿聲《通訓定聲》："《（周禮）女祝》：'禬禳之事，以除疾殃。'注：'除災害曰禬，猶刮去也。''凡以神仕者，以禬國之凶荒。'注：'除也。'"《廣韻·泰韻》："禬，福祭。"又："禬，除殃祭也。"沈兼士《聲系》："案'禬，北宋本、古逸本、宋小字本均作'禬'。"按，"禬"謂消除災殃，無災便爲福。祈求消除各種災殃，故稱"禬福祭"。徽歙人舊時有"謝大神"之禮，於年三十祭衆神，亦爲禬祭。引申之，"禬"亦指聚合財物接濟他人之禮。《周禮·春官·大宗伯》："以禬禮哀圍敗。"漢鄭玄注："同盟者會合財貨以更其所喪。"唐賈公彥疏："謂其國見圍，入而國被禍敗，喪失財物，則同盟之國會合財貨歸之，以更其所喪也。"

薈 草茂盛而聚集。《説文·艸部》："薈，艸多皃。从草，會聲。《詩》曰：'薈兮蔚兮。'"清朱駿聲《通訓定聲》："《江賦》：'潛薈蔥茏。'注：'水中茂盛也。'"清段玉裁注："引伸爲凡物薈萃之義。"按，段説可從，即所謂虛化引申。宋梅堯臣《和端武上人十詠·古木陰》："千重葉薈翳，誰願憇日永。"清厲鶚《江西詩社宗派圖録·跋》："南州張扶長吏部作《江西宗派圖録》，薈粹諸書出處甚詳，但二十五人內，李錞、江端本、楊符三人小傳未備。"

髻 束髪骨器，引申爲束髪義。束髪即頭髮聚合。《説文·骨部》："髻，骨擿之可會髪者。从骨，會聲。《詩》曰：'髻弁如星。'"清朱駿聲《通訓定聲》："《周禮》故書《弁師》：'髻五采玉琪。'注：'沛國人謂反紒爲髻。'《詩》箋、《禮》注鄭皆讀爲會。"《玉篇·骨部》："髻，五綵束髮。"《廣韻·泰韻》所訓同。

儈 合市，即介紹買賣，買者與賣者相聚合。《廣韻·泰韻》："儈，合市也。晉令：儈賣者，皆當著巾，白帖額，言所儈賣及姓名。一足白履，一足黑履。"《淮南子·氾論訓》"段干木晉國之大駔也"漢許慎注："駔，市儈也，言魏國之大儈也。"《漢書·貨殖傳》："子貸金錢千貫，節駔儈。"唐顔師古注："儈者，合會二家交易者也。"明吳應箕《耕田苦》："牙檣錦纜何喧嘩，調笙理瑟半儈駔。"

襘 衣領相交合、聚合處。《説文·衣部》："襘，帶所結也。从衣，會聲。《春秋傳》曰：'衣有襘。'"清朱駿聲《通訓定聲》："領會也……《左昭十一傳》：'衣有襘，帶有結。'《漢書·五行志》注：'襘，領之交會也。'……《説文》今本訓'帶所結也'，必是傳寫之誤。"唐劉禹錫《代賜謝春衣》："執領襘而抃舞失次，被纖柔而顧盼增輝。"按，"襘"亦指帶結，帶結即帶兩端交合者。清惲敬《説鉤》："古者大帶以襘結，鞶帶以鉤。"

廥 木柴、草料聚集處，引申之亦指糧倉，糧倉即糧食聚集處。《説文·广部》："廥，芻藁之藏。从广，會聲。"清朱駿聲《通訓定聲》："《廣雅·釋宮》：'廥，倉也。'《史記·趙世家》：'邯鄲廥燒。'"按，所引《史記》文唐司馬貞《索隱》："廥，積芻藁之處。"《廣韻·泰韻》："廥，芻槀藏也。"《新唐書·文藝傳下·李頻》："方歲饑，頻發官廥庸民浚渠。"其"官廥"即官方糧倉。"廥"又虛化引申爲聚集義。《新唐書·韋挺傳》："挺以方苦寒，未可進，遂下米臺側，廥之，待凍泮乃運以爲解。"

澮 水名,亦指田尾大溝,聚集衆小水者。《説文·水部》:"澮,水。出霍山,西南入汾。从水,會聲。"清朱駿聲《通訓定聲》:"〔假借〕爲'巜'。《爾雅·釋水》注:'溝曰澮。'《虞書》:'濬畎澮距川。'鄭注:'澮所以通水于川也。'《考工·匠人》:'同間廣二尋,深二仞,謂之澮。'《周禮·稻人》:'以澮寫水。'注:'田尾去水大溝。'〔聲訓〕澮,會也,小溝之所聚會也。"按,當爲套用字,非假借。

繪 五彩聚集。《説文·糸部》:"繪,會五采繡也。《虞書》曰:'山龍華蟲作繪。'《論語》曰:'繪事後素。'从糸,會聲。"清朱駿聲《通訓定聲》:"《小爾雅·廣訓》:'襍彩曰繪。'按,字从糸,是'繪'與'繡'同訓,从會,亦意。"《廣韻·泰韻》:"繪,繪五采也。"按,許慎所引《論語·八佾》文宋朱熹《集注》:"繪事,繪畫之事也;後素,後於素也。《考工記》曰:'繪畫之事後素功。'謂先以粉地爲質,而後施五采,猶人有美質,然後可加文飾。"南朝梁劉勰《文心雕龍·總術》:"視之則錦繪,聽之則絲簧。"

擓 收攏,聚集。《集韻·夳韻》:"擓,收也。"《爾雅·釋詁下》:"收,聚也。"宋羅泌《路史·前紀二·有巢氏》:"搏獸而食,鑿井而飲,擓茆秸以爲蓐,以避其難。"按,"擓""收"同義,皆謂聚。清紀昀《閲微草堂筆記·灤陽消夏録五》:"張氏姑婦同刈麥,甫收拾成聚,有大旋風從西來,吹之四散。"

㑹 日月合宿,即日月相聚合。《説文·會部》:"㑹,日月合宿爲辰。从會,从辰,辰亦聲。"清段玉裁注改其解釋文爲"日月合宿爲㑹。从會、辰,會亦聲"。並注云:"各本作'爲辰',今依《廣韻》《集韻》《類篇》訂。《左傳》:'晉侯問伯瑕……何謂辰? 對曰:日月之會是謂辰,故以配日。'按,辰以配日者,謂以從子至亥配從甲至癸也……據《周禮》《左傳》則日月㑹處謂之辰也,'㑹'者即《左傳》之'會'字……日月以時而會,故从辰、會会意……《廣韻》十四'泰'有'㑹',音黄外切,十七'真'無'㑹'字,是可證《説文》本作會亦聲也。"清朱駿聲《通訓定聲》:"日月合宿爲㑹……《廣韻》作會聲。"

䯻 束髪,即聚髪而束之。《玉篇·髟部》:"䯻,同'髻'。"按,髪聚而結束之則爲䯻。《説文新附·髟部》:"髻,總髮也。"《廣韻·末韻》:"䯻,以組束髪。"清朱駿聲《説文通訓定聲·泰部》:"《儀禮·士喪禮》:'䯻笄用桑長四寸緩中。'又'䯻用組'。注:'古文皆爲括。'"所引《儀礼》文唐賈公彥疏:"以髻爲䯻,義取以髪會聚之意。"《荀子·禮論》:"設掩面儇目,䯻而不冠笄矣。"又:"始卒,沐浴䯻體飯唅,象生執也。"梁啓雄釋:"䯻,《説文》作'髻',云'絜髪也'。"按,《説文·髟部》"髻"字清邵瑛《群經正字》:"髻,今經典作'䯻'。"

譮 合會善言。字亦作"話",後世作"話"。《説文·言部》:"譮,合會善言也。从言,昏聲。譮,籀文譮从會。"清朱駿聲《通訓定聲》:"籀文从會聲。《小爾雅·廣言》:'話,善也。'《左文六傳》:'著之話言。'《十八傳》:'不知話言。'《襄元傳》:'告之話言。'《爾雅·釋詁》:'話,言也。'《書·盤庚》:'乃話民之弗率。'《詩·板》:'出話不然。'《抑》:'慎爾出話。'傳:'善言也。'"清王鳴盛《蛾術篇》:"譮有會合之誼。《盤庚》'乃譮民之弗率',謂會合民之不率

1628

教者而與之言。籀文語从會,猶存古義。"

嶒 溝壑寬大而相連,相連即相聚集。《文選·馬融〈長笛賦〉》:"岻嶅嶒峨,峮嶙巖䆳。"唐劉良注:"岻嶅嶒峨,寬大而相連貌。"

〔推源〕 諸詞俱有聚義,爲會聲所載之公共義。聲符字"會"所記録語詞謂器之蓋,可合攏者,故有聚合、聚會、聚集等衍義。《説文·會部》:"會,合也。从亼,从曾省。曾,益也。汾,古文會如此。"清朱駿聲《通訓定聲》:"《爾雅·釋詁》:'會,合也。'……《廣雅·釋詁三》:'會,聚也。'又:'至也。'《詩·車攻》:'會同有繹。'《周禮·大宗伯》:'時見曰會。'……《方言》十:'湘沅之會。'注:'兩水合處也。'又《禮記·樂記》:'會守拊鼓。'注:'猶合也。'……《漢書·周勃傳》注:'會,集也。'《後漢·周章傳》注:'會,際也。'《素問·五運行大論》注:'會,遇也。'"按,《儀禮·士虞禮》:"命佐食啓會。"漢鄭玄注:"會,合也,謂敦蓋也。"此"會"之義爲本義。然則本條諸詞之聚義爲其聲符"會"所載之顯性語義。會聲可載聚義,則"匯"可證之。

會:匣紐月部;
匯:匣紐微部。

雙聲,月微旁對轉。"匯",器名,引申爲河水聚合、會合義。《説文·匚部》:"匯,器也。从匚,淮聲。"清段玉裁注:"謂有器名匯也。"清朱駿聲《通訓定聲》:"〔假借〕爲'回'。《書·禹貢》:'東匯澤爲彭蠡。'傳:'迴也。'鄭注:'回也。'"按,器具本爲聚集物者,"匯"之河水聚合義乃引申義,無煩假借。《廣韻·賄韻》:"匯,回也。"按,河水曲行不直則與他水相聚合。唐柳宗元《柳州山水近治可遊者記》:"(柳州)南北東西皆水匯。"宋孫汝聽注:"匯,水回合也。"又引申爲聚集義。清朱克敬《瞑庵雜識》卷一:"湘潭居交、廣、江、湖間,商賈匯集,而江西人尤多。"清魏源《國朝古文類鈔叙》:"在當日夫子自視,則亦一代詩文之匯選。"

786 愛聲

(2035) 篒僾曖靉瞹(不明義)

篒 草木茂盛遮蔽而不明,字或从艸作"薆"。《説文·竹部》:"篒,蔽不見也。从竹,愛聲。"清朱駿聲《通訓定聲》:"《楚辭·九歌》:'余處幽篁兮終不見天。'竹善蔽,故从竹……《廣雅·釋詁二》:'篒,障也。'字亦作'薆'。《爾雅·釋言》:'薆,隱也。'《方言》:'翳,薆也。'《離騷》:'衆薆然而蔽之。'《司馬相如傳》:'觀衆樹之塕薆。'《上林賦》:'晻薆咇茀。'"《廣韻·代韻》:"篒,隱也。《爾雅》作'薆'。""薆,薆薱,草盛。"《史記·司馬相如列傳》:"時若薆薆將混濁兮,召屏翳誅風伯而刑雨師。"按"薆薆"即陰闇而不明。

僾 人隱蔽而不明其所之、所處,引申之則泛指所見不分明。《説文·人部》:"僾,仿佛也。从人,愛聲。《詩》曰:'僾而不見。'"清朱駿聲《通訓定聲》:"《禮記·祭義》:'僾然必有見乎其位。'注:'微見皃。'《廣韻·代韻》:'僾,隱也。'又《尾韻》:'僾,僾俙,看不了皃。'"漢劉向《説苑·修文》:"祭之日,將入户,僾然若有見乎其客。"南朝梁沈約《誠雅》:"人禮盛,神途敞,僾明靈,申敬饗。"

曖 昏闇不明。《廣韻·代韻》:"曖,日不明。又晻曖,闇皃。"清朱駿聲《説文通訓定聲·履部》:"《南都賦》:'晻曖蓊蔚。'《思玄賦》:'繽連翩兮紛闇曖。'……《廣雅·釋訓》:'曖曃,翳薈也。'……《離騷》:'時曖曖其將罷兮。'亦重言形況字。"《楚辭·遠遊》:"時曖曃其矓莽兮,召玄武而奔屬。"漢王逸注:"日月晻曃而無光也。"按,字亦作"靉"。清王夫之《薑齋詩話》卷一:"'庭燎有煇',鄉晨之景,莫妙於此。晨色漸明,赤光雜煙而靉靆,但以'有煇'二字寫之。"

靉 雲蔽日而日不明。《廣韻·代韻》:"靉,靉靆,雲狀。"又《尾韻》:"靉,靉靆,不明皃。出《海賦》。"清朱駿聲《説文通訓定聲·履部》:"《通俗文》:'雲覆日爲靉靆。'《海賦》:'靉䨴雲布。'"按,所引《海賦》文《文選》本唐李善注:"靉䨴,昏闇貌。"又同篇:"且希世之所聞,惡審其名?故可仿像其色,靉靅其形。"唐李善注:"仿像、靉靅,不審之貌。"唐張銑注:"仿像、靉靅,不明貌。"唐馬總《意林·晏子》:"孔子聞之曰:'星之昭昭,不如日月之靉靉。'"唐崔泰之《同光禄弟冬日述懷》:"窮陰方靉靆,殺氣正蒼茫。"

曖 目視物不明。《廣韻·泰韻》:"曖,曖隱。"唐張彦遠《法書要録》卷二引梁武帝《又答書》:"肥瘦相和,骨力相稱,婉婉曖曖,視之不足。"清黄景仁《雜詠》之八:"遠目易晻薆,懷人信流連。"按,"晻薆"一作"晻曖",後者爲正字。

〔推源〕 諸詞俱有不明義,爲愛聲所載之公共義。聲符字"愛"單用本可表隱蔽、不明義,《説文·人部》"僾"字條所引《詩·邶風·静女》"僾而不見"之"僾"異文作"愛"。清朱駿聲《説文通訓定聲·履部》:"《詩·烝民》:'愛莫助之。'傳:'隱也。'……《廣雅·釋詁一》:'翳,愛也。'《釋言》:'愛,僾也。'"《禮記·禮運》:"故天不愛其道,地不愛其寶,人不愛其情。"清王引之《述聞》:"不愛,謂不隱藏也。字或作'薆'。"按,隱蔽、不明義非"愛"之顯性語義,"愛"字從心,所記録語詞之本義爲仁愛。《説文·心部》:"悉,惠也。從心,旡聲。"清朱駿聲《通訓定聲》:"經傳皆以'愛'爲之。《説苑·説叢》:'愛施者,仁之端也。'……《法言》:'君子自愛,仁之至也。'……《左昭廿傳》:'古之遺愛也。'賈注:'惠也。'"其引申義系列與不明義亦不相涉,不明義乃愛聲所載之語源義。愛聲可載不明義,則"暗"可證之。

愛:影紐物部;
暗:影紐侵部。

雙聲,物侵通轉。"暗",日不明。《説文·日部》:"暗,日無光也。"《廣韻·勘韻》:"暗,日無光。"漢王充《論衡·説日》:"日中光明,故小;其出入時光闇,故大。"宋歐陽修《雁》:"水闊天低雲暗澹,朔風吹起自成行。"引申之則泛指不明。《廣韻·勘韻》:"暗,不明也。"《荀子·天論》:"上暗而政險,則是雖無一至者,無益也。"其"暗"即昏昧而不明事理之義。宋邵博《聞見後録》卷三十:"客問劉貢父曰:'某人有隱過乎?中司將鳴鼓而攻之。'貢父曰:'中司自可鳴鼓兒,老夫難爲暗箭子。'客笑而去。"

(2036) 皚/皚(白色義)

皚 色白,白淨。《玉篇·白部》:"皚,淨也。"《集韻·代韻》:"皚,白色。"明何景明《後白菊賦》:"鑒微月之皚皚,步列星之森森。"

皚 潔白,白淨。《説文·白部》:"皚,霜雪之白也。"清朱駿聲《通訓定聲》:"《廣雅·釋器》:'白也。'劉歆《遂初賦》:'漂積雪之皚皚兮。'"《廣韻·咍韻》:"皚,霜雪白皃。"又《微韻》:"澑,澑澑,霜皃。"按,"皚""澑"同从豈聲,霜雪化則爲水,故又有从水之"澑",而俱以豈聲載白義。《晉書·后妃傳上·左貴嬪》:"風騷騷而四起兮,霜皚皚而依庭。"清薛福成《出使四國日記·光緒十七年二月二十五日》:"遂入瑞士國境,抵阿耳魄士山之麓,層巒叠嶂,積雪皚然。"

〔推源〕 此二詞俱有白色義,其音亦極相近且相通。

皚:影紐物部;
皚:疑紐微部。

影疑鄰紐,物微對轉。則其語源當同。

787 詹聲

(2037) 檐襜韂幨墑(遮蔽義)

檐 屋檐,遮蔽屋頂之邊者。或作"簷",亦从詹聲。《説文·木部》:"檐,榱也。从木,詹聲。"清朱駿聲《通訓定聲》:"俗作'簷'。《爾雅·釋宮》:'檐謂之樀。'按,今蘇俗檐瓦謂之滴水。《廣雅·釋室》:'檐,梠也。'按,亦曰楣、曰樀。《禮記·明堂位》:'複廟重檐。'注:'重檐,重承壁材也。'《淮南·本經》:'橑檐榱題。'注:'屋垂也。'《上林賦》:'步檐周流。'注:'步廊也。'《西京賦》:'飛檐轍轍。'注:'檐板承落也。'"《廣韻·鹽韻》:"檐,屋檐。櫚,上同。簷,上同。"

襜 蔽膝,遮蔽身前之物。《説文·衣部》:"襜,衣蔽前。从衣,詹聲。"清朱駿聲《通訓定聲》:"字亦作'袡'、作'紺'、作'袩'。《爾雅·釋器》:'衣蔽前謂之襜。'注:'今蔽膝也。'《小爾雅·廣服》:'蔽膝謂之袡。'《方言》四:'蔽卻,齊魯之郊謂之袡。'按,即韠也,韍也。其制:下廣二尺,上廣一尺,其頸五寸,婦人之襜謂之褘,亦謂之縭。《詩·采緑》:'不盈一襜。'傳:'衣蔽前謂之襜。'《禮記·雜記》:'繭衣裳與税衣纁紺爲一。'王肅注:'婦人蔽膝也。'"

韂 有"屏"訓,當即屏障、遮蔽義,亦指馬鞍上遮擋泥土之物。《玉篇·韋部》:"韂,韂屏也。"《廣韻·鹽韻》:"韂,屏也。"又《豔韻》:"韂,鞍小障泥。韂,上同。"按,構件"韋""革"所表義類同,皆謂皮革,蓋其障泥之物以皮革爲之。唐李賀《馬詩》之一:"無人織錦韂,誰爲鑄金鞭。"清王琦《匯解》:"韂……馬之鞍韂,即障泥也。"唐元稹《答姨兄胡靈之》:"矮馬駝鬃韂,犛牛獸面纓。"元鄭光祖《三戰吕布》第三折:"夾著無韂馬,兩脚走如飛。"

幨 帷幔,遮蔽物。《廣雅·釋器》:"幨謂之幰。"清王念孫《疏證》:"《淮南子·氾論訓》:'隆衝以攻,渠幨以守。'高誘注云:'幨,幰也,所以禦矢也……《齊策》云:'百姓理襜蔽,舉衝櫓。'襜,與幨通。幨者,蔽也。"清朱駿聲《說文通訓定聲·謙部》:"襜,〔假借〕又爲'幨'。《後漢·劉盆子傳》:'絳襜絡。'注:'帷也,車上施帷以屏蔽者。'"按,"幨"亦指牀帳,牀帳亦爲遮蔽之物。《廣韻·鹽韻》:"幨,幨幛。《釋名》曰:'牀前帷曰幨。'"晉張敞《東宮舊事》:"皇太子納妃,有綠石、綺絹、裹牀幨二。"按,"襜"指車上帷幔,當非假借,乃"襜"本義之引申,"幨"則爲正字。《後漢書·蔡茂傳》:"勑行部去幨帷,使百姓見其容服,以章有德。"

壛 遮蔽。《玉篇·土部》:"壛,蔽也。"《廣韻·鹽韻》:"壛,蔽也。"其音昌豔切,與"幨""襜""韂"同,則其字之結構當爲從土,詹聲。塵土揚起,則可蔽日,亦可遮蔽人之視綫。

〔推源〕 諸詞俱有遮蔽義,爲詹聲所載之公共義。聲符字"詹"從言,所記錄語詞謂多言。《說文·八部》:"詹,多言也。从言,从八,从厃。"清朱駿聲《通訓定聲》:"《莊子·齊物論》:'小言詹詹。'李頤注:'小辨之皃。'……《埤蒼》:'譫,多言也。'"按,"譫"及"噡"皆其後起本字。然則本與遮蔽義不相涉,其遮蔽義乃詹聲所載之語源義。詹聲可載遮蔽義,則占聲字所記錄語詞可相證,"苫""覘""毡"俱有遮擋、覆蓋義,見本典第二卷"139. 占聲"第 403 條,"詹""占"同音,章紐雙聲,談部疊韻。然則可相爲證。又,遮蔽字"遮"亦可證詹聲可載遮蔽義。

詹:章紐談部;
遮:章紐魚部。

雙聲,談魚通轉。"遮",字從辵,所記錄語詞謂阻擋其行,即遮擋於路之謂。《說文·辵部》:"遮,遏也。""遏,微止也。"《史記·楚世家》:"楚懷王亡逃歸,秦覺之,遮楚道,懷王恐,乃從間道走趙以求歸。"引申爲遮蔽義。《篇海類編·人事類·辵部》:"遮,蔽也。"唐陸龜蒙《和初冬偶作》:"小爐低幌還遮掩,酒滴灰香似去年。"按,"遮"與"蔽"可構成同義聯合式複音詞。《朱子語類》卷一百三十一:"然豫挾虜人以爲重,今且得豫遮蔽虜人,我之被禍猶小;若取劉豫,則我獨當虜人,難矣。"

(2038) 儋䆴(負荷義)

儋 肩荷,肩負。字亦作"擔"。《說文·人部》:"儋,何也。从人,詹聲。"清朱駿聲《通訓定聲》：“以背曰負，以肩曰儋。字亦作'擔'，又誤作'儋'。《字林》：'擔，負也。'《齊語》：'負任儋何。'注：'肩曰儋。'《漢書·貨殖傳》：'漿千儋。'注：'人儋之也。'《蒯通傳》：'守儋石之禄者。'注：'一人之所負儋也。'《楊(揚)雄傳》：'儋人之爵。'注：'荷負也。'《楚辭·哀時命》：'負擔荷以丈尺兮。'注：'荷曰擔。'《爾雅·釋天》注：'今荊楚人呼牽牛星爲擔鼓。擔者，荷也。'《漢羊竇道碑》：'騎馬儋負。'”

轞 肩輿，即無輪、由人負荷而行之車。宋周密《武林舊事·公主下降》：“皇后親送，乘九龍轞子。皇太子乘馬，圍子左右兩重。”按，其字亦以"檐"爲之。"檐"本謂屋檐，然其字從木，肩輿本有以木爲之者，故"檐"指肩輿爲套用字。《新唐書·車服志》：“開成末，定制：宰相、三公、師保、尚書令、僕射、諸司長官及致仕官，疾病許乘檐，如漢、魏載輿、步輿之制。”清王士禎《池北偶談·談故三·乘肩輿》：“《塵史》謂唐時宰相乘馬，五代始用檐子。”引申之，則有負荷義。《集韻·闞韻》：“擔，負也。或從木。”《陳書·蔡景歷傳》：“昔折脅遊秦，忽逢盼採；擔簦入趙，便致留連。”按"檐簦"即負傘。

〔推源〕 此二詞俱有負荷義，爲詹聲所載之公共義。聲符字"詹"所記録語詞之顯性語義與負荷義不相涉，其負荷義乃詹聲所載之語源義。詹聲可載負荷義，"馱"可證之。

詹：章紐談部；
馱：定紐歌部。

章(照)定準旁紐，談歌通轉。"馱"，牲口負物。《玉篇·馬部》：“馱，馬負兒。”《廣韻·歌韻》：“馱，馱騎也。”又《箇韻》：“馱，負馱。”沈兼士《聲系》：“案'馱'，《玉篇》《集韻》均作'馱'，與《説文》大徐本新附同。”《字彙·馬部》：“馱，今俗作'馱'。”漢荀悦《漢紀·宣帝紀三》：“以一馬自馱負三十日食。”《北齊書·彭城景思王浟傳》：“又有一人從幽州來，驢馱鹿脯。”宋王禹偁《烏啄瘡驢歌》：“爲我馱背百卷書，穿皮露脊痕連腹。”

(2039) 憺澹（清淡義）

憺 安然，即心無所求、淡泊於名利之謂。《説文·心部》：“憺，安也。从心，詹聲。”清朱駿聲《通訓定聲》：“與'佟'略同。《楚辭·東君》：'觀者憺兮忘歸。'注：'安也。'《子虚賦》：'憺乎自持。'注：'憺怕，靜也。'《淮南·俶真》：'蜂蠆螫指而神不能憺。'注：'定也。'”《廣韻·敢韻》：“憺，安緩。惔，上同。”又《闞韻》：“憺，恬静。”《莊子·刻意》：“惔而無爲，動而以天行，此養神之道也。”按，《説文》以"安"釋"憺"，今杭州方言猶有"安憺"一詞，謂消停、勿多言多爲，蓋亦古語。

澹 澹泊，清淡。清朱駿聲《説文通訓定聲·謙部》：“澹，〔假借〕爲'憺'。《廣雅·釋詁一》：'澹，安也。'《四》：'澹，静也。'《漢書·禮樂志》：'澹容与。'注：'安也。'《司馬相如傳》：'灑沈澹災。'注：'安也。'《楊(揚)雄傳》：'澹泊爲德。'注：'安静也。'《後漢·馮衍傳》：'《顯志賦》：意斟愖而不澹兮。'注：'定也。'《老子》：'恬澹爲上。'……《神女賦》：'澹清静其愔嫕兮。'注:'静皃。'盧子諒詩:'憺乎至人心。'注:'憺與澹同。'"按,"澹"之本義《説文·水部》訓"水摇",然其字从水,表清淡義當爲套用字,非假借。"澹"亦指味清淡。《吕氏春秋·本味》:"故久而不弊,熟而不爛,甘而不噥,酸而不酷,鹹而不減,辛而不烈,澹而不薄。"

〔推源〕 此二詞俱有清淡義,爲詹聲所載之公共義。聲符字"詹"所記録語詞之顯性語義與清淡義不相涉,其清淡義乃詹聲所載之語源義。詹聲可載清淡義,則"醨"可證之。

詹:章紐談部;
醨:來紐歌部。

章(照)來準旁紐,談歌通轉。"醨",薄酒,即清淡之酒。《説文·酉部》:"醨,薄酒也。"《史記·屈原賈生列傳》:"衆人皆醉,何不餔其糟而啜其醨?"晉葛洪《抱朴子·微旨》:"甘於荼蓼而不識飴蜜,酣於醨酪而不賞醇醪。"

788 解聲

(2040) 懈嶰獬(分義)

懈 懈怠,即用心不一,分心。《説文·心部》:"懈,怠也。从心,解聲。"清朱駿聲《通訓定聲》:"《孝經》:'夙夜匪懈。'鄭注:'惰也。'《廣雅·釋詁二》:'懈,嬾也。'又:'緩也。'經傳多以'解'爲之。《張納功德碑》:'叙匪懟于職。'亦作'懟'。"《吕氏春秋·古樂》:"禹立,勤勞天下,日夜不懈。"清惲敬《〈金剛經〉書後》:"佛以不撓本然之知爲體,故返情以合性,視五倫爲外附之物而決去之,而萬事懈涣矣!"

嶰 山澗,山爲水所分開處。字亦作"嶰"。《説文·阜部》:"嶰,小谿。"清朱駿聲《通訓定聲》:"字亦作'嶰'。《爾雅》:'小山别,大山嶰。'又,崑崙山有解谷,實亦'解'字之轉注。《吳都賦》:'嶰谷弗能連。'注:'崑崙北谷也。'《廣雅·釋山》:'嶰,谷也。'"清段玉裁注:"兩阜間小谿曰嶰。"《廣韻·蟹韻》:"嶰,小谿。""嶰,山澗間。又嶰谷名,案《漢書》只作'解谷'。"漢馬融《長笛賦》:"嶰壑澮嶯,峪窬巖竇。"《後漢書·馬融傳》:"窮浚谷,底幽嶰。"唐李賢注:"嶰,謂山澗也。"

獬 能分解疑難之獸。《玉篇·犬部》:"獬,獬豸也。"《廣韻·蟹韻》:"獬,《字林》《字樣》俱作'解廌'……陸作'獬豸'也。"清朱駿聲《説文通訓定聲·解部》:"《太玄·難》:'角解豸終。'注:'獬豸者,直獸也。'字亦變作'獬'。"《説文·廌部》:"廌,解廌獸也,似牛,一角,古者決訟,令觸不直者。"清段玉裁注:"《神異經》曰:'東北荒中有獸,見人鬥則觸不直,聞人論則咋不正,名曰獬豸。'《論衡》曰:'獬豸者,一角之羊,性識有罪,皋陶治獄,有罪者令羊觸之。'"《新唐書·酷吏傳·侯思止》:"獬廌不學而能觸邪,陛下用人安事識字?"唐姚合《送李植侍御》:"聖代無邪觸,空林獬豸歸。"

〔推源〕 諸詞俱有分義,爲解聲所載之公共義。聲符字"解"所記録語詞本謂分解牛,引申之則有分解、分散、分離、分散等義。《説文·角部》:"解,判也,从刀判牛角。"《莊子·養生主》:"庖丁爲文惠君解牛。"《廣韻·蟹韻》:"解,脱也,散也。"清朱駿聲《説文通訓定聲·解部》:"解,《廣雅·釋詁三》:'解,散也。'《吕覽·仲夏》:'鹿角解。'注:'墮也。'……《素問·骨空論》:'寒府在附膝外解營。'注:'謂骨解。'……《漢書·陳餘傳》:'恐天下解也。'注:'謂離散其心也。'《吕覽·古樂》:'萬物散解。'"然則本條諸詞之分義爲其聲符"解"所載之顯性語義。解聲可載分義,則"劃"可證之。

解:見紐錫部;
劃:匣紐錫部。

叠韻,見匣旁紐。"劃",以刀具劃物。《説文·刀部》:"劃,錐刀曰劃。从刀,从畫,畫亦聲。"清朱駿聲《通訓定聲》:"即'畫'字轉注之意。"南朝宋鮑照《蕪城賦》:"劃崇墉,刳濬洫。"引申爲劃分義。北齊顏之推《顏氏家訓·歸心》:"九州未劃,列國未分。"唯"劃"有分義,故有"劃分"之同義聯合式合成詞。清惲敬《明儒學案條辯序》:"非敢强爲是非,劃分畛域也。"按,"劃"字形聲兼會意,聲符字"畫"所記録語詞《説文·畫部》訓"界",即劃分界限義,《廣韻·麥韻》"畫"訓"分"。畫聲字所記録語詞"嫿"謂分明而好,"擭"指擘分物,皆有分義。

789 亶聲

(2041) 擅鱣澶(長、大義)

擅 獨攬。《説文·手部》:"擅,專也。从手,亶聲。"清朱駿聲《通訓定聲》:"《管子·法法》:'此所謂擅也。'《詩·狡童·序》:'權臣擅命也。'《史記·魏豹彭越傳》:'擅將其兵。'"引申爲專長義。南朝梁劉勰《文心雕龍·諸子》:"情辨以澤,文子擅其能;辭約而精,尹文得其要。"宋葉適《觀文殿學士知樞密院事陳公文集序》:"經欲精,史欲博,文欲肆,政欲通,士擅其一而不能兼也。"

鱣 鱘鰉魚,魚之極長大者。《説文·魚部》:"鱣,鯉也。从魚,亶聲。"清朱駿聲《通訓定聲》:"《爾雅》:'鯉、鱣、鰋、鮎、鱧、鯇。'先儒皆謂一魚兩名,郭注則以爲六魚。按,郭不從舊説,是也。'鱣,大魚,似鱘而短,鼻在頷下,體有邪行甲,無鱗,肉黃,大者長二三丈,江東呼爲黃魚。'今所謂鱘鰉魚也。《詩·碩人》:'鱣鮪發發。'《四月》:'匪鱣匪鮪。'《潛》:'有鱣有鮪。'傳、箋皆訓'鯉',此古説不可從。《淮南·氾論》:'牛蹄之涔,不能生鱣鮪。'《西山經》:'渭水鰠魚,其狀如鱣。'"明李時珍《本草綱目·鱗部·鱣魚》:"鱣出江、淮、黃河、遼海深水處,無鱗,大魚也。其狀似鱘,其色灰白,其背有骨甲三行,其鼻長有鬚,其口近頷下……其小者近百斤,其大者長二三丈,至一二千斤。"

亶 水名,亦指縱逸,則用套用字,引申爲寬廣長遠之義。《説文·水部》:"亶,亶淵,水,在宋。从水,亶聲。"清朱駿聲《通訓定聲》:"《莊子·馬蹄》:'亶漫爲樂。'李注:'猶縱逸也。'……《後漢·仲長統傳》:'亶漫彌流。'"《廣韻·翰韻》:"亶,亶漫。"《文選·張衡〈西京賦〉》:"亶漫靡迤,作鎮於近。"唐劉良注:"亶漫靡迤,寬長貌。"清侯方域《定鼎説》:"宋都中豫,亶漫九州,閫奥中夏,水陸都會也。"

〔推源〕 諸詞俱有長、大義,爲亶聲所載之公共義。聲符字"亶"所記録語詞謂倉廩穀物多,引申之則有厚義。倉廩穀物多即容量大、穀物數量大,厚義與長、大義亦相通。《説文·㐭部》:"亶,多穀也。从㐭,旦聲。"清朱駿聲《通訓定聲》:"《爾雅·釋詁》:'亶,厚也。'《詩·十月之交》:'亶侯多藏。'〔轉注〕《周語》:'亶厥心。'亶,厚也。"按,"亶"亦有大訓。《廣韻·旱韻》:"亶,大也。"漢賈誼《新書·君道》:"大道亶亶,其去身不遠,人皆有之,舜獨以之。"按,"亶亶"即平坦寬大之謂。亶聲可載長、大義,則"長""大"可相證。

亶:端紐元部;

長:定紐陽部;

大:定紐月部。

端定旁紐,元陽通轉,元月對轉,陽月通轉。"長",長短字,見本卷"袤聲"第1876條"推源";"大",大小字,見本卷"單聲"第1899條"推源"。

(2042) 嬗驙邅儃趲(緩義)

嬗 本訓"緩"。《説文·女部》:"嬗,緩也。从女,亶聲。"清朱駿聲《通訓定聲》:"與繟繵字略同,字亦作'嬋'。"《説文新附·女部》:"嬋,嬋娟,態也。"按,即女性嫻静、從容不迫之謂。"嬗""嬋"上古音同,禪紐雙聲,元部疊韻。《廣韻·寒韻》:"嬗,緩也。"又《旱韻》:"嬗,媛也。"晉郭元祖《鉤翼夫人》:"婉婉弱媛,廟符授鉤。"按"媛"即柔弱、温婉、舒緩之謂。舒緩字"緩""緛"从爰得聲,正與"媛"同。

驙 馬負重難行,動作緩慢。《説文·馬部》:"驙,駗驙也。从馬,亶聲。《易》曰:'乘馬驙如。'"清朱駿聲《通訓定聲》:"按,許援引偶誤。《廣雅·釋詁三》:'屯、驙,難也。'《易》:'屯如邅如,乘馬班如。'馬注:'難行不進之貌。'"清桂馥《義證》:"'駗驙也'者,猶趁趲也……《易》曰'乘馬驙如'者,《屯》卦文,彼作'屯如邅如,乘馬班如',馬融作'驙'……震爲馬羼足,故驙如也。"按,桂説是,許慎所引有據,馬負重難行、緩慢義當以"驙"爲正字。《廣韻·仙韻》:"驙,馬載重行難。"

邅 難行不進、行動緩慢。《廣韻·仙韻》:"邅,迍邅。"《集韻·仙韻》:"邅,屯邅,難行不進貌。"清朱駿聲《説文通訓定聲·乾部》:"《淮南·覽冥》:'邅迴蒙汜之渚。'注:'猶倘佯也。'《長笛賦》:'遞相乘邅。'注:'邅,邅迴也。'"漢嚴忌《哀時命》:"車既弊而馬罷兮,蹇邅徊而不能行。"《資治通鑒·晉明帝太寧元年》:"今國家未靖,不可以太平之理責人於屯邅之世也。"元胡三省注:"邅,行不進貌。"

僢 徘徊,猶豫不決、動作緩慢。《説文·人部》:"僢,僢何也。从人,亶聲。"清朱駿聲《通訓定聲》:"《楚辭·惜誦》:'欲僢佪以干傺兮。'注:'猶低佪也。'《莊子·田子方》:'僢僢非不趨。'注:'舒閑之貌。'《離騷》:'邅吾道夫崑崙兮。'"按,舒閑、緩慢二義相通。《楚辭·九章·思美人》:"吾且僢佪以娛憂兮,觀南人之變態。"又《招魂》"砥室翠翹,絓曲瓊些"漢王逸注:"或曰'僢室',謂僢佪曲房也。"

趟 行走緩慢。《説文·走部》:"趟,趁也。从走,亶聲。""趁,趟也。"《集韻·真韻》:"趁,趁趟,行不進貌。"梁啓超《飲冰室文集·詩話》引丁叔雅《感事》:"被髮繭足行趟趟,有人流涕《哀江南》。"按,"趟"謂行走,"趟趟"即緩行,乃偏正式合成詞。

〔推源〕 諸詞俱有緩義,爲亶聲所載之公共義。聲符字"亶"所記語詞之本義、引申義系列與緩義不相涉,其緩義乃亶聲所載之語源義。亶聲可載緩義,則"徐"可證之。

亶:端紐元部;

徐:邪紐魚部。

端邪鄰紐,元魚通轉。"徐",徐疾字,謂緩行、緩慢。《説文·彳部》:"徐,安行也。"清朱駿聲《通訓定聲》:"《廣雅·釋詁四》:'遲也。'……《宋策》:'徐攻而留其日。'注:'緩也。'"《廣韻·魚韻》:"徐,緩也。"《孫子·軍争》:"故其疾如風,其徐如林。"唐杜牧注:"言緩行之時,須有行列如樹也。"按,"徐"字从彳,此"徐"之義爲本義。《隋書·天文志上》:"案日徐疾盈縮無常,充等以爲祥瑞,大爲議者所貶。"按,"疾"即迅速,"徐疾"爲反義聯合式合成詞。

(2043) 蟺旜繵邅(曲、圓義)

蟺 屈曲,盤曲。《説文·虫部》:"蟺,夗蟺也。从虫,亶聲。"清朱駿聲《通訓定聲》:"謂曲折宛轉……《玉篇》:'蟺,蚯蚓也。'"按,蚯蚓之體常屈曲,故名"蜿蟺"。《文選·王延壽〈魯靈光殿賦〉》:"虬龍騰驤以蜿蟺,頷若動而躨跜。"唐吕延濟注:"蜿蟺,盤屈貌。"又漢馬融《長笛賦》:"盼縕繙紆,緸冤蜿蟺。"唐李善注:"緸冤蜿蟺,盤屈摇動貌。"宋沈遼《諭客辭》:"使能績其蟺緒兮,亦紆組而垂紳。"

旜 曲柄旗。字亦作"旃"。《説文·㫃部》:"旃,旗曲柄也,所以旃表士衆。从㫃,丹聲。《周禮》曰:'通帛爲旃。'旜,旃或从亶。"清朱駿聲《通訓定聲》:"或从亶聲。按,絳帛不畫,所謂周之大赤也,其柄上曲,故《漢書·田蚡傳》曰'曲旃',《子虚賦》曰'橈旃'……《爾雅·釋天》:'因章曰旃。'注:'因其文章不復畫之。'《司常》:'及國之大閲孤卿建旜。'《大司馬》:'仲秋教治兵師都載旜。'《儀禮·聘禮》:'使者載旜。'"《史記·魏其武安侯列傳》:"前堂羅鐘鼓,立曲旃。"

繵 纏繞。纏繞一圈即圓。字亦作"纏"。《説文·糸部》:"纏,繞也。"清朱駿聲《通訓定聲》:"字亦作'繵'。……《太玄·玄攡》:'萬物乃繵。'……《史記·扁鵲傳》:'動胃繵緣。'

《正義》:'謂脈繿繞胃也。'"按,"繵"爲"纏"字之誤。《集韻·僊韻》:"纏,或作'繵'。"《漢書·古今人表》:"安陵繵。"唐顔師古注:"繵,即'纏'字。"按,《廣韻·旱韻》"繵"訓"束腰大帶","繵"又有繩索義,其義皆同條共貫。

  邅 難行不進,見前條,引申爲回轉、盤旋、縈繞等義。清朱駿聲《說文通訓定聲·乾部》:"《廣雅·釋詁四》:'邅,轉也。'《離騷》注:'楚人名轉曰邅。'……《離世》:'下江湘以邅迴。'注:'運轉也。'"《荀子·賦》:"尾生而事起,尾邅而事已。"唐楊倞注:"尾邅迴盤結,則箴功畢也。"宋蘇軾《與楊元素書》:"見治裝舟行,自洛陽出陸百八十里至汝,雖繚繞邅回,然久困資用殆盡,決不能陸行耳。"

  〔推源〕 諸詞俱有曲、圓義,爲亶聲所載之公共義。聲符字"亶"所記録語詞謂倉廩穀物多,倉廩則有篅、笘之類,其形圓,"亶"與圓義或相通。按專聲字所記録語詞"槫""膞""篿""團""磚""鱄""搏""縛""轉""磚""漙""塼"俱有圓義,見本典第七卷"656. 專聲"第1703條,亶聲、專聲本相近且相通。

<blockquote>

亶:端紐元部;

專:章紐元部。

</blockquote>

叠韻,端章(照)準雙聲。然則可相爲證。

(2044) 嬗邅蟺(變義)

  嬗 嬗變字。清朱駿聲《說文通訓定聲·乾部》:"《漢書·賈誼傳》:'變化而嬗。'注:'相傳與也。'又:'謂變蛻也。'"清葉燮《原詩·內篇上》:"上下三千餘年間,詩之質文、體裁、格律、聲調、辭句,遞嬗升降不同。"唯"嬗"有變義,故有"嬗變"之同義聯合式合成詞。《清史稿·食貨志一》:"蓋屯衛嬗變,時勢然也。"

  邅 有"轉"訓,見前條。"轉"謂回轉,亦指改變方向。清朱駿聲《說文通訓定聲·乾部》:"《楚辭·湘君》:'邅吾道兮洞庭。'《淮南子·本經訓》:"曲拂邅迴,以像湡浯。"漢高誘注:"邅迴,轉流也。"明夏完淳《湘巫賦》:"倦靈修而延佇兮,邅余道兮後期。"

  蟺 蛻變。清朱駿聲《說文通訓定聲·乾部》:"蟺,〔假借〕爲'蟬'。《文選·鵩鳥賦》:'變化而蟺。'注:'如蜩蟬之蛻化也。'"按,"蟺"字從虫,蛻變爲蟲類物之常情,"蟺"表蛻變義爲套用字,非假借。又蛻變字"蜕"亦從虫,亦爲一證。

  〔推源〕 諸詞俱有變義,爲亶聲所載之公共義。聲符字"亶"所記録語詞之本義、引申義系列與變義不相涉,其變義乃亶聲所載之語源義。亶聲可載變義,則"轉"可證之。"亶""轉"同音,端紐雙聲,元部叠韻。"轉",以車運輸,有回轉、改變方向之衍義。《說文·車部》:"轉,運也。"清朱駿聲《通訓定聲》:"鍇本:'還也。'……《廣雅·釋詁一》:'轉,行也。'《史記·平準書》:'漕轉山東粟。'索隱:'車運曰轉。'"《商君書·立本》:"兵生於治而異,俗生於法而萬轉。"高亨《注譯》:"萬轉,萬變,指風俗多變化,有好有壞。"按,凡車前行,時或轉彎、改變方向,故有"轉折"之複音詞。明張養重《七里灘》:"直下已復難,況乃路轉折。"按"路轉折"即道路延伸而改變朝向。唯"轉"有變義,故有"轉變"之同義聯合式合成詞。宋蘇軾《應詔論四事狀》:"小民既無他業,不免與官中首尾膠固,以至供通物產,召保立限,增價出息,賒貸轉變,以苟趨目前之急。"

(2045) 壇襢壇氈(平義)

壇 祭壇,高而平之土臺,故引申爲平坦義。《説文·土部》:"壇,祭場也。从土,亶聲。"清朱駿聲《通訓定聲》:"除地曰場、曰墠,築土曰壇。壇無不墠,而墠有不壇。《書·金縢》:'爲三壇同墠。'馬注:'壇,土堂也。'《禮記·祭法》:'燔柴于泰壇,祭天也;瘞埋于坎壇,祭寒暑也;四坎壇,祭四方也。'又:'王立七廟一壇一墠。'注:'封土曰壇。'〔假借〕又爲'坦'。《莊子·至樂》:'游之壇陸。'〔聲訓〕《禮·祭法》注:'壇之言坦也,坦明貌也。'"按,所引《莊子》文之"壇"即平坦義,爲其引申義,無煩假借。于省吾《新證》云:"'壇'應讀作'坦'……'游之壇陸'與上句'栖之深林'相對爲文。"《文選·司馬相如〈子虛賦〉》:"其南則有平原廣澤,登降陁靡,案衍壇曼。"唐李善注:"壇曼,平博也。"按,即平坦而延伸義。

襢 衣名,素雅無文彩者,"襢"當寓平淡義。《釋名·釋衣服》:"襢衣。襢,坦也,坦然正白無文采也。"《廣韻·線韻》:"襢,同'展'。"《禮記·玉藻》:"一命襢衣。"唐孔穎達疏:"襢,展也。子男大夫一命,其妻服展衣也。"按"展""襢"同,襢衣亦爲王后六服之一。《玉篇·衣部》:"襢,王后衣也。"《周禮·天官·内司服》:"掌王后之六服:褘衣、揄狄、闕狄、鞠衣、展衣、緣衣、素沙。"

壇 石壇,高而平者。《集韻·寒韻》:"壇,石壇也。"《隸釋·從事武梁碑》:"前設壇砠,後建祠堂。"《正字通》云:"壇,通作'壇'。"按,二者非異體字,乃分別文。

氈 氈子,片狀物,扁平者。《説文·毛部》:"氈,撚毛也。从毛,亶聲。"清朱駿聲《通訓定聲》:"《周禮·掌皮》:'共其毳毛爲氈。'"清段玉裁注:"'撚毛'者,蹂毛成氈也。"《晉書·良吏傳·吳隱之》:"以竹篷爲屏風,坐無氈席。"北魏賈思勰《齊民要術·養羊》:"凡作氈,不須厚大,唯緊薄均調乃佳耳。"

〔推源〕 諸詞俱有平義,爲亶聲所載之公共義。聲符字"亶"所記録語詞之本義、引申義系列與平義不相涉,其平義乃亶聲所載之語源義。亶聲可載平義,則"坦"可證之。

亶:端紐元部;
坦:透紐元部。

叠韻,端透旁紐。"坦",寬廣,引申爲平坦義。《説文·土部》:"坦,安也。"清朱駿聲《通訓定聲》:"《論語》:'君子坦蕩蕩。'鄭注:'寬廣貌。'《管子·版法》:'坦氣修通。'注:'平也。'……《易·履》:'道坦坦。'……《廣雅·釋訓》:'坦坦,平也。'"《玉篇·土部》:"坦,平也。"漢張衡《西京賦》:"雖斯宇之既坦,心猶憑而未攄。"按,"平"與"坦"可組成同義聯合式合成詞。漢荀悅《漢紀·武帝紀三》："罽賓國王治修蘇城,去長安萬二千里。土地平坦温和。"

(2046) 襢羶(袒露義)

襢 不衣而裸露。《玉篇·衣部》："袒,肉袒也。或作'襢'。"《廣韻·旱韻》："袒,袒裼。襢,上同。"按,"袒"從旦聲,"襢"從亶聲,而"亶"亦從旦聲,故"袒""襢"義同。《説文·衣部》："袒,衣縫解也。"清朱駿聲《通訓定聲》："《廣雅·釋詁一》:'袒,解也。'《(儀禮)遂覲禮》:'乃肉袒于廟門之東。'《禮記·曲禮》:'勞毋袒。'"《禮記·喪大記》:"君爲廬宮之,大夫士襢之。"漢玄注:"襢,袒也,謂不障。"

羶 裸體。《廣韻·獮韻》："羶,裸形無可蔽也。"《集韻·瀰韻》："羶,倮也。"《玉篇·人部》："倮,赤體也。"《史記·殷本紀》:"(帝紂)以酒爲池,縣肉爲林,使男女倮相逐其間,爲長夜之飲。"清和邦額《夜譚隨録·春秋樓》:"一日方晚飯,二童子忽觸羶戲階下。公見之,怒發。"

〔推源〕 此二詞俱有袒露義,爲亶聲所載之公共義。聲符字"亶"單用本可表此義。清朱駿聲《説文通訓定聲·乾部》:"亶,〔假借〕爲'袒',實爲'但'。《荀子·議兵》:'露亶者也。'注:'謂露袒。'"按,袒露非"亶"之顯性語義,乃亶聲另載者。亶聲可載袒露義,則"裸"可證之。

亶：端紐元部；
裸：來紐歌部。

端來旁紐,元歌對轉。"裸",赤身露體。《説文·衣部》:"臝,袒也。从衣,羸聲。裸,或从果。"清朱駿聲《通訓定聲》:"《左僖廿三傳》:'欲觀其裸。'……《吕覽·觀表》注:'麒麟、麋鹿、牛羊之屬,蹄角裸見皆爲裸蟲。'又《吕覽·求人》:'羽人裸民之處。'注:'不衣衣裳也。'〔聲訓〕《漢書·王嘉傳》注:'裸,露也。'"

790 稟聲

(2047) 凛瘭懍(寒義)

凛 寒冷。其字亦訛作"凛",又从水作"澟"。《玉篇·夂部》:"凛,凛凛,寒也。"又《水部》:"澟,寒也。"《廣韻·侵韻》:"凛,寒狀。"《篇海類編·時令類·夂部》:"凛,俗作'凛'。"《集韻·寑韻》:"凛,《説文》:'寒也。'或从廩。"清朱駿聲《説文通訓定聲·臨部》:"瘭,寒也。从夂,稟聲。字亦作'凛'……《素問·五運行大運》:'其性爲凛。'注:'寒也,腎之性也。'"南朝梁蕭統《文選序》:"增冰爲積水所成,積水曾微增冰之凛。"唐李白《大獵賦》:"若乃嚴冬慘切,寒氣凛冽,不周來風,玄冥掌雪。"

瘭　寒病。《廣韻·寑韻》:"瘭,粟體。"沈兼士《聲系》:"案,《説文》:'瘭,从疒,稟聲。'"按,指稱寒病之"瘭",其結構當爲从疒,稟聲,《説文》之"瘭"乃"凜"之或體。又《廣韻》所云"粟體"當即皮膚寒冷起疙瘩如粟米之意。《集韻·寑韻》:"瘭,疾也,寒病。"宋梅堯臣《暴雨》:"森森斗覺凉侵膚,毛根瘭瘮粟匝體。"

懍　畏懼。按即心寒之意,所謂"心寒膽戰""心寒膽落"皆可爲證。《廣韻·寑韻》:"懍,畏也。"《集韻·寑韻》:"懍,懼皃。"清朱駿聲《説文通訓定聲·臨部》:"《家語·致思》:'懍懍焉若恃腐索之扞馬。'注:'戒懼之皃。'《文賦》:'心懍懍以懷霜。'注:'危懼皃。'"按,其字亦譌作'懔'。《荀子·議兵》:"臣下懍然,莫必其命。"唐楊倞注:"懍然,悚栗之貌。"

〔推源〕　諸詞俱有寒義,爲稟聲所載之公共義。聲符字"稟"所記録語詞謂糧倉。《廣韻·寑韻》:"稟,供穀。""亩,同'廪'。"又:"廩,倉有屋曰廩。"《集韻·侵韻》:"亩,《説文》:'穀所振入。'或作'廩''稟'。"《管子·輕重甲》:"請使州有一稟,里有積五窌。"郭沫若等《集校》:"稟,占廩字也。廩與窌皆所以藏穀。"《新唐書·李密傳》:"今稟無見糧,難以持久。"其引申義系列與寒義亦不相涉,寒義當爲稟聲所載之語源義。稟聲可載寒義,則"冰"可證之。

稟:來紐侵部;

冰:疑紐蒸部。

來、疑二紐分别爲邊音、鼻音,依王力先生《同源字論》説,二者亦爲鄰紐,侵蒸通轉。"冰",水寒冷而凝結,後世作"凝","冰"則指水寒冷而凝結之固體。《説文·仌部》:"冰,水堅也。从仌,从水。凝,俗冰,从疑。"清段玉裁注:"經典凡'凝'字皆'冰'之變也。"清朱駿聲《通訓定聲》:"《七命》:'霜鍔水凝。'注:'凝,冰之絜也。'《素問·五常政大論》:'其候凝肅。'注:'寒也。'"

791　資聲

(2048) 薋穧濟(聚積義)

薋　草多而聚積。《説文·艸部》:"薋,艸多也。从艸,資聲。"南唐徐鍇《繫傳》:"薋猶積也。"清朱駿聲《通訓定聲》:"禾多曰'穧',與'薺'迥别。《離騷》:'薋菉葹以盈室兮。'注:'謂借爲薺。'失之。"清段玉裁注:"《離騷》……王注:'薋,蒺蔾也。'……據許君説,正謂多積菉葹盈室,'薋'非艸名……蒺蔾之字,《説文》作'薺',今《詩》作'茨',叔重所據《詩》作'薋',皆假借字耳。"

穧　禾聚積。《説文·禾部》:"穧,積禾也。从禾,資聲。《詩》曰:'穧之秩秩。'"南唐徐鍇《繫傳》:"堆積已刈之禾也。"清朱駿聲《通訓定聲》:"今《周頌·良耜》作'積之栗栗。'《廣雅·釋詁一》:'穧,積也。'"《廣韻·脂部》:"穧,積禾。"

濬 久雨而水聚積。字亦作"霮"。《説文·水部》:"濬,久雨涔濬也。从水,資聲。"清朱駿聲《通訓定聲》:"字亦作'霮'。"《廣韻·脂部》:"濬,涔濬,久雨。""䨙,涔䨙,久雨。"《玉篇·雨部》:"霮,大雨。"《集韻·脂韻》:"霮,或作'䨙'。"按,雨大則水亦聚積。《集韻》同部:"濬,久雨。"《字彙補·雨部》:"霮,同'䨙'。"所謂"涔濬"當爲同義聯合式合成詞,"涔"可單用。小徐本《説文·水部》:"涔,漬也。"《淮南子·主術訓》:"時有涔旱災害之患。"漢高誘注:"涔,久而水潦也。"

〔推源〕 諸詞俱有聚積義,爲資聲所載之公共義。聲符字"資"所記録語詞謂貨物、錢財,本有聚積之衍義。《説文·貝部》:"資,貨也。从貝,次聲。"清朱駿聲《通訓定聲》:"《廣雅·釋詁四》:'資,用也。'《易·旅》:'懷其資。'《詩·板》:'喪亂蔑資。'傳:'財也。'《儀禮·聘禮記》:'問幾月之資。'《禮記·少儀》:'致馬資于有司。'〔轉注〕《史記·信陵君傳》:'如姬資之三年。'《索隱》:'蓄也。'"《國語·越語上》:"臣聞之賈人,夏則資皮,冬則資絺,旱則資舟,水則資車,以待乏也。"宋楊億《受詔修書述懷感事三十韻》:"紬繹資金匱,規模出玉除。"然則本條諸詞之聚積義爲其聲符"資"所載之顯性語義。資聲可載聚積義,則"積"可證之。

資:精紐脂部;

積:精紐錫部。

雙聲,脂錫通轉。"積",聚積穀類物,引申之則泛指聚積。《説文·禾部》:"積,聚也。"清朱駿聲《通訓定聲》:"禾穀之聚曰積。《詩·良耜》:'積之栗栗。'《周禮·大司徒》:'令野脩道委積。'注:'少曰委,多曰積,皆所以給賓客。'……《左僖三十三傳》:'居則具一日之積。'注:'芻米禾薪。'〔轉注〕《小爾雅·廣詁》:'積,叢也。'《廣雅·釋詁四》:'積,重也。'《楚語》:'無一日之積。'注:'積,儲也。'……《太玄·玄衝》:'積多財。'"按,《説文》以"聚"釋"積",二者可組成同義聯合式合成詞"積聚",又作"聚積",則爲同素逆序詞。《禮記·月令》:"(仲秋之月)乃命有司,趣民收斂,務畜菜,多積聚。"《史記·天官書》:"故北夷之氣如群畜穹閭,南夷之氣類舟船幡旗……雲氣各象其山川人民所聚積。"

792 意聲

(2049) 憶臆癔(意志義)

憶 思念。《廣韻·職韻》:"憶,念也。"清朱駿聲《説文通訓定聲·頤部》:"《釋名·釋言語》:'憶,意也,恒在意中也。'"《關尹子·六匕》:"心憶者猶忘飢,心忿者猶忘寒。"唐賈島《寄山中王參》:"別來千餘日,日日憶不歇。"

臆 胸骨,引申爲胸臆、臆測義。《説文·肉部》:"肊,胸骨也。从肉,乙聲。臆,肊或从意。"清朱駿聲《通訓定聲》:"或从意聲。乙者,胸旁骨,象形。《廣雅·釋親》:'臆,匈也。'

《漢書·叙傳》：'儀遣識以臆對。'注：'胸臆也。'"《廣韻·職韻》："臆，胸臆。"漢賈誼《鵩鳥賦》："鵩迺嘆息，舉首奮翼，口不能言，請對以臆。"北齊顔之推《顔氏家訓·歸心》："何故信凡人之臆説，迷大聖之妙旨。"

癔 心意病。《玉篇·疒部》："癔……心意病。"《廣韻·職韻》："癔，病也。"《字彙·疒部》："癔，心意病也。"《辭海·疒部》："癔，癔病，即'歇斯底裏'。神經症的一種。多因精神因素發病。表現多樣，可爲精神症狀或軀體症狀……許多病人具有感情用事、易受暗示和喜歡表現自己的性格特徵。"

〔推源〕 諸詞俱有意志義，爲意聲所載之公共義。聲符字"意"所記録語詞之本義即意志。《説文·心部》："意，志也。從心察言而知意也。从心，从音。"清朱駿聲《通訓定聲》："《春秋繁露》：'循天之道，心之所之謂意。'《周語》：'有不祭則脩意。'注：'意，志意也。'《越語》：'臣行意。'注：'志也。'《孟子》：'以意逆志。'注：'意，學者之心意也。'"然則本條諸詞之意志義爲其聲符"意"所載之顯性語義。意聲可載意志義，則"悃"可證之。

意：影紐職部；

悃：溪紐文部。

影溪鄰紐，職文通轉。"悃"，意志純一，則含"意志"之義素。《説文·心部》："悃，愊也。"清朱駿聲《通訓定聲》："《廣雅·釋詁一》：'悃，至也。'《楚辭·惜命》：'親忠正之悃誠兮。'注：'厚也。'《卜居》：'悃悃款款。'注：'志純一也。'《聖主得賢臣頌》：'陳見悃誠。'注：'悃誠，信也。'"

793 羸聲

(2050) 㞄羸（萎縮義）

㞄 痿病，即身體某部位萎縮之病。《説文·立部》："㞄，痿也。从立，羸聲。"清段玉裁注："痿者，痹也。"清桂馥《義證》："'痿也'者，本典：'尰，卻中病也。'《類篇》：'矮㞄，弱立貌。'"《玉篇·立部》："矮，㞄也。"《廣韻·遇韻》："㞄，痿病也。"按，"㞄"字从立，"尰"又訓"卻（膝）中病"，蓋人有膝關節功能萎縮而不能立者。

羸 瘦，即肌肉、脂肪萎縮。《説文·羊部》："羸，瘦也。从羊，羸聲。"清朱駿聲《通訓定聲》："按，本訓當爲瘦羊，轉而言人耳。《廣雅·釋言》：'瘠也。'《禮記·問喪》：'身病體羸。'……《淮南·繆稱》：'小子無謂我老而羸我。'注：'劣也。'《詮言》：'兩人相鬥，一羸在側。'"按，本義未必爲瘦羊，字从羊，乃其形體造意，羊主給膳，故有嫌其瘦者。字亦作"臝"。宋王安石《寄育王山長老常坦》："臝身歸來不受報，祇取斗酒相獻酬。"唐武標校："臝，清綺齋本作'羸'。"今按，或體从革，革與皮同類。凡動物之皮一經剝取則萎縮而無張力，故人倦如皮之萎縮稱"疲"。此正可證"臝"之萎縮義。

〔推源〕此二詞俱有萎縮義,爲臝聲所載之公共義。聲符字"臝"所記録語詞爲獸名。《説文·肉部》:"臝,或曰獸名。象形。闕。"清朱駿聲《通訓定聲》:"《集韻》引《説文》作'獸名'。"《正字通·肉部》:"臝,舊本作'臝'。"然則本與萎縮義不相涉,其萎縮義乃臝聲所載之語源義。臝聲可載萎縮義,則"蔫"可證之。"蔫"字《廣韻》音於乾切、謁言切,又讀 niān,則爲泥紐元部字,"臝"字來紐歌部。泥來旁紐,元歌對轉。"蔫",植物枯萎,即失去水分而萎縮。《説文·艸部》:"蔫,菸也。"清朱駿聲《通訓定聲》:"《廣雅·釋詁四》:'蔫,蔫也。'……字又作'殰'。《大戴·用兵》:'草木殰黄。'今蘇俗謂物之不鮮新者曰蔫。"五代齊己《懷巴陵》:"蘭蕊蔫菸騷客廟,煙波晴闊釣師船。"明劉基《古歌三首》之一:"紅葵高花高以妍,清晨方開夕就蔫。"

(2051) 蠃蠃蠃(圓義)

蠃 細腰蜂,亦指螺、蝸牛,所指稱者皆圓形物。《説文·虫部》:"蠃,螺蠃也。从虫,臝聲。一曰虒蝓。"清朱駿聲《通訓定聲》:"俗字作'螺'。《易·説卦》傳:'離爲蠃。'《周禮·鼈人》:'共蠃蚳。'《醢人》:'葵菹蠃醢。'《吴語》:'其民必移就蒲蠃于東海之濱。'注:'蚌蛤之屬。'《淮南·本經》:'冠無觚蠃之理。'注:'讀指端蠃文之蠃。'按,字與'蝸'同訓。《爾雅·釋魚》:'蚹蠃,螔蝓。'《書大傳》:'鉅定螺。'注:'蝸牛也。'經傳亦以'蠡'爲之。後人别水生可食者爲螺,陸生不可食者爲蝸牛。"《廣韻·果韻》:"蠃,螺蠃,蒲盧。郭璞云:細腰蜂也。負螟蛉之子於空木中,七日而成其子。《法言》云:螟蛉之子,殪而逢蜾蠃。"清程瑶田《果蠃轉語記》:"姑以所云'果蠃'者推廣言之……故又轉爲'蠣蠃''蒲盧',細腰土蜂也。"按,細腰蜂長僅半寸許,故呈圓形。杭州方言稱人矮小爲"同豆兒介(這麽)一顆",豆亦圓形物。小義、圓義在特殊語境中相通。

蓏 栝樓,果實橢圓形。清程瑶田《果蠃轉語記》:"《爾雅》:'果蓏之實栝樓。'高誘注《吕氏春秋》曰:'穗,果蓏也。'然則'果蓏'之名無定矣。《詩·豳風·東山》:"果蓏之實,亦施于宇。"漢毛亨傳:"果蓏,栝樓也。"王國維《爾雅草木蟲魚鳥獸名釋例》下:"果蓏、果蠃者,圓而下垂之意,即《易·雜卦》傳之'果蓏'。凡在樹之果與在地之蓏,其實無不圓而垂者,故物之圓而下垂者皆以'果蓏'名之。"按,栝樓亦作"栝蔞"。三國蜀諸葛亮《便宜十六策·察疑》:"栝蔞似瓜,愚者食之。"

蠃 桑飛,形體小而圓者。《方言》卷八:"桑飛,自關而東謂之工爵,或謂之過蠃。"《廣韻·戈韻》:"蠃,桑飛鳥也。"清程瑶田《果蠃轉語記》:"果蠃,又轉爲鳥名之'果蠃'。"《詩·豳風·鴟鴞》"鴟鴞鴟鴞,既取我子,無毀我室"三國吴陸璣疏:"鴟鴞……關東謂之工雀,或謂之過蠃。"按,亦名"鷦鷯",郭璞説,見《方言注》。清王念孫《廣雅疏證·釋鳥》:"鷦鷯者,'鷦鷯'之轉聲。鷦鷯、鷦鷯,皆小貌也。"按,體長僅三寸許,短則其形圓。

〔推源〕諸詞俱有圓義,爲臝聲所載之公共義。聲符字"臝"所記録語詞與圓義不相涉,其圓義乃㒶聲所載之語源義。按,亶聲字所記録語詞"𡊮""𤭛""繵""邅"俱有曲、圓義,見本卷"亶聲"第2043條,㒶聲、亶聲本相近且相通。

㒶:來紐歌部;
亶:端紐元部。

來端旁紐,歌元對轉。然則可證㒶聲可載圓義。

(2052) 穈贏(積累、盈餘義)

穈　穀物聚積。字亦作"稞""穈"。《廣韻·戈韻》:"穈,穀積也。或作'稞'。"《篇海類編·食貨類·米部》:"穈,穀積。"清蒲松齡《日用俗字·莊農章》:"速倒穀稞耕種麥,炕土搖篩糞可擾。"元王禎《農書》卷四:"北方收粟用鐮,並藁刈之,田家刈畢,稛而束之,以十束積而爲稞,然後車載上場,爲大積積之。"

贏　有餘。《説文·貝部》:"贏,有餘賈利也。从貝,㒶聲。"《廣韻·清韻》:"贏,利也,益也,有餘也,財長也。"《續漢書·律曆志下》:"然後雖有變化萬殊,贏朒無方,莫不結係於此而禀正焉。"按"朒"清段玉裁注本《説文·月部》訓"朔而月見東方謂之縮朒","贏朒"爲其反義聯合式合成詞。宋范成大《四時田園雜興》:"不惜兩鐘輸一斛,尚贏糠覈飽兒郎。"

〔推源〕　此二詞分别有積累、盈餘義,二義相通,俱以㒶聲載之,語源當同。聲符字"㒶"所記録語詞與積累、盈餘義不相涉,此義當㒶聲所載之語源義。㒶聲可載積累、盈餘義,則"多"可證之。

㒶:來紐歌部;
多:端紐歌部。

叠韻,來端旁紐。"多",多少字,多即不少,凡物積之則多,本與積累義相通。《説文·多部》:"多,重也。从重夕。夕者,相繹也,故爲多。重夕爲多,重日爲疊。夛,古文多。"清朱駿聲《通訓定聲》:"《爾雅·釋詁》:'多,衆也。'……《漢書·趙廣漢傳》注:'多,厚也。'《荀子·致仕》:'寬裕而多容。'又《禮記·檀弓》:'多矣乎,予出祖者。'"引申爲多餘義。《莊子·漁父》:"今子既上無君侯有司之勢,而下無大臣職事之官,而擅飾禮樂,選人倫,以化齊民,不泰多事乎?"《水滸全傳》第三十九回:"(宋江)便唤酒保計算了,取些銀子算還,多的都賞了酒保。"唯"多"有餘義,故有"多餘"之同義聯合式合成詞。《莊子·列禦寇》:"夫饗人特爲食羹之貨,無多餘之贏。"

(2053) 臝/露(外露義)

臝　裸露。字亦作"裸"。《説文·衣部》:"臝,袒也。从衣,㒶聲。裸,臝或从果。"清朱駿聲《通訓定聲》:"或從果聲。字亦作'倮',誤作'臝'。《廣雅·釋詁四》:'臝,袒也。'《左僖廿三傳》:'欲觀其裸。'……《吕覽·觀表》注:'麒麟、麋鹿、牛羊之屬,蹄角裸見皆爲裸蟲。'

又《吕覽·求人》:'羽人裸民之處。'注:'不衣衣裳也。'〔聲訓〕《漢書·王嘉傳》注:'裸,露也。'《江都易王非傳》:'輒令嬴立擊鼓。'注:'露其形也。'"《廣韻·果韻》:"嬴,同裸。"

露 露水,露天者,故引申爲外露義。《説文·雨部》:"露,潤澤也。"清朱駿聲《通訓定聲》:"土氣津液從地而興,若薄以寒氣,即結而爲霜。《月令章句》:'露,陰液也。'《五經通義》:'和氣津凝爲露。'《大戴記·曾子天圓》:'陽氣勝則散爲露。'……《詩·行露》:'謂行多露。'〔假借〕爲'裸'。《長楊賦》:'今樂遠出以露威靈。'注:'顯暴也。'《荀子·富國》:'都邑露。'注:'謂無城郭墻垣。'……《封氏聞見記》:'露布,捷書之名也。謂不封檢,露而宣布,欲四方速知。'"按,"露"之外露義非假借者,乃引申義。

〔推源〕 此二詞俱有外露義,其音亦相近且相通。

嬴:來紐歌部;
露:來紐鐸部。

雙聲,歌鐸通轉。則其語源當同。"嬴(裸)"與"露"可組成同義聯合詞合成詞,實爲同源詞根相聯合而成者。《南史·王僧辯傳》:"都下百姓父子兄弟相哭,自石頭至於東城,被執縛者,男女裸露,袒衣不免。"

794 雍聲

(2054) 壅擁(湊攏義)

壅 壅土,即泥土湊攏於植物根部。字亦作"擁"。《篇海類編·地理類·土部》:"壅,培也。"按,即培土,《正字通·土部》以"壅"釋"培"。《管子·輕重甲》:"次日大雨且至,趣芸壅培。"則"壅培"當爲同義聯合式合成詞。唐白居易《東坡種花二首》之二:"劃土壅其本,引泉溉其枯。"清顧成志《插秧歌》:"壅欲根深扶欲直,暗滋稂莠及時耘。"

擁 擁抱,兩手臂湊攏。字亦作"攤""㩣"。《説文·手部》:"攤,抱也。"清邵瑛《群經正字》:"今經典作'擁'。"清朱駿聲《通訓定聲》:"《儀禮·公食禮》:'左擁簠梁。'……《(禮記)少儀》:'侍投則擁矢。'……《吴語》:'攤鐸拱稽。'"按,所引《儀禮》文漢鄭玄注:"擁,抱也。"《廣韻·腫韻》:"擁,手擁。《説文》作'攤'。"引申之,"擁"又有聚集義,聚集即湊攏。《字彙·手部》:"擁,群從也。"《北史·高車傳》:"又有紇突隣,與紇奚世同部落,而各有大人長帥,擁集種類,常爲寇於意辛山。"《明史·太祖紀一》:"他盗擁兵據地,寇掠甚衆。"按,"擁"又有擁戴義,凡"擁護""擁立""擁佑"之"擁"皆此義,擁戴即衆心湊攏之謂,蓋即抽象性湊攏義。

〔推源〕 此二詞俱有湊攏義,爲雍聲所載之公共義。聲符字"雍"所記録語詞謂鳥,本與湊攏義不相涉,然可以其聲韻另載聚集、擁抱、環抱義。《説文·隹部》:"雖,雖鵯也。"清段玉裁注:"隸作'雍'。"清朱駿聲《通訓定聲》:"今字誤作'雍'……《詩·常棣》'脊令'傳:'雝渠也,飛則鳴,行則搖,不能自舍。'箋:'水鳥。'陸疏:'大如鷃雀,長脚長尾尖喙,背青灰色,腹白,頸下黑如連錢,故杜陽人謂之連錢。'〔假借〕又爲'擁'。《漢書·揚雄傳》:'雍神休。'注:'聚也,又祐也。'《夏侯嬰傳》:'面雍樹馳。'注:'南方人抱小兒謂雍樹。'又爲'邕'。《爾雅·釋地》:'河西曰雍州。'《釋名·釋州國》:'雍州在四山之内。雍,翳也。'"《漢書·月公傳》:"漢王急,馬罷,虜在後,常蹳兩兒棄之,嬰常收載行,面雍樹馳。"唐顔師古注:"雍,抱持之。雍讀曰擁。"雍聲可載湊攏義,則"拱"可證之。

雍:影紐東部;
拱:見紐東部。

叠韻,影見鄰紐。"拱",拱手,兩手湊攏。《説文·手部》:"拱,斂手也。"清朱駿聲《通訓定聲》:"謂沓其手,右手在内,左手在外,男之吉拜尚左,女之吉拜尚右,凶拜反是。九拜必皆拱手。《論語》:'子路拱而立。'皇疏:'沓手也。'"《禮記·檀弓上》:"孔子與門人立,拱而尚右,二三子亦皆尚右。子曰:'二三子之嗜學也,我則有姊之喪故也。'二三子皆尚左。"

795 義聲

(2055) 儀樣(表義)

儀 儀表,人之外表。《廣韻·支韻》:"儀,儀容。"《集韻·支韻》:"儀,容也。"清朱駿聲《説文通訓定聲·隨部》:"儀,〔假借〕爲'義'。《廣雅·釋訓》:'儀儀,容也。'"按,"儀"之本義《説文》訓"度",即法度、準則義,故朱氏以"儀"之儀表義爲假借。"儀"字从人,其本當爲儀表,法度、表率、效法等均爲其引申義。《詩·大雅·烝民》:"令儀令色,小心翼翼。"漢鄭玄箋:"善威儀,善顔色。"南朝梁沈約《齊司空柳世隆行狀》:"及長,風質洞遠,儀止祥華,動容合矩,吐言被律。"

樣 立木以表物。《説文·木部》:"樣,榦也。从木,義聲。"清段玉裁注:"《釋詁》曰:'楨、翰、儀,榦也。'許所據《爾雅》作'樣'也。人儀表曰榦,木所立表亦爲榦,其義一也。"清朱駿聲《通訓定聲》:"今浙江烏篷船,頭尾俱植篙爲係。"《集韻·支韻》:"樣,立木以表物。"清李斗《揚州畫舫録·草河録上》:"高橋馬頭在橋下,有樣有杙,畫舫集焉。"

〔推源〕此二詞俱有表義,爲義聲所載之公共義。聲符字"義"本爲"儀"之初文,所記録語詞之本義即儀表。《説文·我部》:"義,己之威儀也。从我、羊。"清朱駿聲《通訓定聲》:"《孟子》:'非義襲而取之也。'按,此'義'字猶貌也……經傳多以'儀'爲之。"按,以羊首爲裝飾則爲"美","義"亦謂以羊首飾己則其儀表可觀,皆羊圖騰之遺蹟。《逸周書·糴匡》:"服美義淫。"清俞樾《平議》:"義,當讀爲儀……儀淫者,威儀盛也,故與服美並舉。"《漢書·高帝紀下》："其有意稱明德者，必身勸爲之駕，遣詣相國府，署行、義、年。"唐顔師古注："義，儀容也。讀若儀。"然則本條二詞之表義爲其聲符"義"所載之顯性語義。義聲可載表義，則"郭"可證之。

義：疑紐歌部；

郭：見紐鐸部。

疑見旁紐，歌鐸通轉。"郭"，外城，即城之外表。引申之亦指外框、外皮。清朱駿聲《說文通訓定聲·豫部》："郭，《管子·度地》：'城外爲之郭。'……《釋名·釋兵》：'弩牙外曰郭，爲牙之規郭也。'……《素問·湯液醪醴論》：'津液充郭。'注：'郭，皮也。'〔聲訓〕《釋名》：'郭，廓也，廓落在城外也。'"按，"廓"亦有外表義，"槨"則爲外棺，"廓""槨"俱从郭聲，可相爲證。

（2056）厬鸃轙（高、長、大義）

厬 山峰高峻。《說文·厂部》："厬，厜厬也。从厂，義聲。"清朱駿聲《通訓定聲》："《爾雅》：'山頂冢崒者厜厬。'注：'謂山峰頭巉巖。'"《廣韻·支韻》："厬，厜厬也。"宋晁補之《披榛亭賦》："今夫山居者遺世遠舉，煙霞之府，厜厬之巔，翠微之顔。"清姚鼐《題四更山吐月圖》："寒魄欲吐風先吹，倒影滄海升厜厬。"按，字亦作"羛""巇"。《廣韻·紙韻》："羛，岌羛，山高皃。"《集韻·紙韻》："羛，亦書作'巇'。"南朝梁范縝《擬招隱士》："欽釜兮嶮羛，岌峩兮傾欹。"南朝梁江淹《橫吹賦》："故左崎巇，右硱磳，樹崟崿，水泓澄。"

鸃 鳥名，羽毛長者。其字亦作右形左聲。《說文·鳥部》："鸃，鵔鸃也。从鳥，義聲。秦漢之初，侍中冠鵔鸃冠。"清朱駿聲《通訓定聲》："按，即《爾雅》之'鷩雉'、《虞書》之'華蟲'、《左昭十七傳》之'丹鳥'也。……《子虛賦》郭注：'鵔鸃似鳳，有光彩。'"《廣韻·支韻》："鸃，鵔鸃，神鳥。"明唐順之《同院寮觀閣中芍藥作》："羞將雞舌鬥馨香，欲取鸃冠並顔色。"清吳兆騫《少年行》："鸚鵡杯傳仙液暖，鵔鸃冠插翠綏長。"

轙 車衡上的大環。《說文·車部》："轙，車衡載轡者。从車，義聲。"清朱駿聲《通訓定聲》："《爾雅》：'載轡謂之轙。'按，謂衡上大環，所以貫六轡者，其軾前之觼則以貫兩驂之內轡者。《淮南·說山》：'遺人車而稅其轙。'《東京賦》：'龍輈華轙。'"清段玉裁注："大環謂之轙。"《廣韻·支韻》："轙，車上環轡所貫者。"《晉書·輿服志》："五路皆有錫鸞之飾，和鈴之響，鉤膺玉瓖，龍輈華轙朱幩。"原注："轙，謂車衡上環受鸞者也。"

〔推源〕 諸詞或有高義，或有長義、大義，諸義相通，皆以義聲載之，語源當同。聲符字"義"單用本可表高大義。清朱駿聲《說文通訓定聲·隨部》："義，單辭形況字。《莊子·天道》：'而狀義然。'"所引《莊子》文清俞樾《平議》："義當讀爲峨，峨與義並從我聲，故得通用。《天道篇》'而狀義然'，義然即峨然也。"又，《莊子·大宗師》："古之真人，其狀義而不朋。"俞氏《平議》："言其狀峨然高大而不崩壞也。"今按，"義"即以羊首戴於人之頭頂，頭頂則爲人身之最高處,然則"義"之構形本有高義。"義"謂儀表,有威儀義,與高、大義當相通。"義"字從我得聲,"義""我"同音,疑紐雙聲,歌部叠韻。我聲字所記録語詞"峨""硪""鬖""娥""騀""莪""皒""俄"俱有高大義(見本典第四卷"326. 我聲"第895條),然則可相爲證。

(2057) 議/語(談論義)

議,談論。《説文·言部》:"議,語也。从言,義聲。"清朱駿聲《通訓定聲》:"《廣雅·釋詁四》:'言也。'又'謀也。'按,謂論事之宜。《詩·北山》:'或出入風議。'《儀禮·有司徹》:'乃議侑于賓。'……《荀子·王制》:'法而不議。'注:'謂講論也。'……《禮記·閒傳》:'大功言而不議。'"清段玉裁注:"論、議、語,字三爲與人言之稱。"

語　談論。《説文·言部》:"語,論也。"清朱駿聲《通訓定聲》:"《詩·公劉》:'于時語語。'傳:'論難曰語。'《周禮·大司樂》:'興道諷誦言語。'注:'答述曰語。'《禮記·文王世子》:'既歌而語。'注:'談説也。'"按,"言"與"語"爲對待字。直言曰"言",即陳述;論難曰"語",即談論。

〔推源〕　此二詞俱有談論義,其音亦相近且相通。

議:疑紐歌部;
語:疑紐魚部。

雙聲,歌魚通轉。則其語源當同。《説文》以"語"釋"議",實以同源詞相訓。

796　肅聲

(2058) 蕭嘯鷫橚䗚潚(高、長、深、大義)

蕭　蒿,其形高者。《説文·艸部》:"蕭,艾蒿也。从艸,肅聲。"清朱駿聲《通訓定聲》:"《爾雅》:'蕭,萩。'注:'即蒿。'按,亦名薌蒿,一名牛尾蒿……《詩·采葛》:'彼采蕭兮。'《下泉》:'浸彼苞蕭。'《蓼蕭》:'蓼彼蕭斯。'《中山經》:'橐山多蕭。'又《詩·生民》:'取蕭祭脂。'《禮記·郊特牲》:'然後焫蕭合羶薌。'"按,蒿有多種,其形皆長、高。總名爲"蒿",其字之結構爲从艸、从高,高亦聲。

嘯　長聲,亦指大聲喝斥。其字或从欠作"歗",亦从肅聲。《説文·口部》:"嘯,吹聲也。从口,肅聲。歗,籀文嘯从欠。"清朱駿聲《通訓定聲》:"《詩·江有汜》:'其嘯也歌。'箋:'蹙口而出聲。'《禮記·内則》:'不嘯不指。'注則讀爲'叱'。……又《匡謬正俗》:'嘯者,謂若有所召命,若齊莊撫楹而歌耳。'"又:"歗,吟也。《(詩)中谷有蓷》:'條其歗矣。'《白華》:'歗歌傷懷。'《釋文》皆云'本作嘯'。"引申之,亦指動物長聲鳴叫。《楚辭·招隱士》:"猿狖群嘯兮虎豹嗥,攀援桂枝兮聊淹留。"

鷫　大雁的一種,長頸者。《爾雅翼·釋鳥五》:"鷫鵝,水鳥,蓋雁屬也。"清朱駿聲《説文通訓定聲·孚部》:"鷫,〔别義〕《楚辭·大招》:'鴻鵠代游,曼鷫鷞只。'注:'俊鳥也。'《淮南·原道》:'鉤射鷫鷞之爲樂乎。'注:'鳥名也,長頸緑身,其形似雁。'《本經》:'鴻鵠鷫鷞。'注:'雁類。'《漢書·司馬相如傳》:'鴇鷫鵠鴰。'"按,"鷫"之本義《説文·鳥部》訓"鷫鷞也,五方神鳥也……西方鷫鷞",故朱氏以雁屬義爲"别義"。

  橚 木長貌。《説文·木部》:"橚,長木皃。从木,肅聲。"清朱駿聲《通訓定聲》:"《吴都賦》:'橚矗森萃。'注:'橚矗,長直皃。'"《廣韻·屋韻》:"橚,木長皃。"又《蕭韻》:"橚,橚槮,樹長皃。"南朝梁江淹《靈丘竹賦》:"夾池水而檀欒,繞圉塘而橚植。"唐元結《演興·訟木魅》:"將封灌乎善木,令橚橚以梃梃。"

  蟰 長脚之蟲。《説文·虫部》:"蟰,蟰蛸,長股者。从虫,肅聲。"清朱駿聲《通訓定聲》:"《爾雅》:'蟰蛸,長踦。'注:'小鼅鼄,長脚者,俗呼喜子。'字亦作'蠨'。《詩·東山》:'蟰蛸在户。'陸疏:'一名喜母。'"《廣韻·蕭韻》:"蟰,蟰蛸蟲,一名長蚑,出崔豹《古今注》。"沈兼士《聲系》:"案'蚑',北宋本作'蚑',與《古今注》合。"五代馬縞《中華古今注·長踦》:"蟰蛸也,身小足長,故謂長踦,小蜘蛛長脚也,俗呼爲蟢子。"唐權德輿《題亡友江畔舊居》:"蟰蛸集暗壁,蜥蜴走寒窗。"

  潚 水深而清。《説文·水部》:"潚,深清也。从水,肅聲。"清朱駿聲《通訓定聲》:"字亦作'瀟'。《廣雅·釋詁一》:'潚,清也。'《水經·湘水注》:'潚者,水清深也。'自郭景純注《山海經》,誤仞'潚''湘'爲二水,貤繆至今。"《玉篇·水部》:"潚,水深清也。"《廣韻·屋韻》:"潚,深清也。漢有潚河。"又《蕭韻》:"潚,水名。"沈兼士《聲系》:"案'潚',《切韻》作'瀟'。《集韻》:'瀟,或作潚。'"清王士禛《再泛水繪園看月作二首》之一:"水波澹潚照,雲霞收夕霏。"

  〔推源〕 諸詞俱有高、長、深、大義,爲肅聲所載之公共義。聲符字"肅"所記録語詞之本義爲恭敬。《説文·聿部》:"肅,持事振敬也。从聿在𣶒上,戰戰兢兢也。"清朱駿聲《通訓定聲》:"《左文十八傳》:'忠肅共懿。'《楚語》:'又能齊肅衷正。'"其引申義系列與高、長、深、大義亦不相涉,則此義當爲肅聲所載之語源義。肅聲可載高、長、深、大義,則"碩""長"可相證。

    肅:心紐覺部;
    碩:禪紐鐸部;
    長:定紐陽部。

  心禪鄰紐,心定鄰紐,禪定準旁紐;覺鐸旁轉,覺陽旁對轉,鐸陽對轉。"碩",大。《説文·頁部》:"碩,頭大也。"清朱駿聲《通訓定聲》:"〔轉注〕《爾雅·釋詁》:'碩,大也。'《詩》:'碩人。''碩鼠。'《椒聊》:'碩大無朋。'……《左桓六傳》:'博碩肥腯。'《禮記·大學》:'莫知其苗之碩。'《穆天子傳》:'爰有大木碩草。'""長",長短字。甲骨文形體象人髮長貌,人老則其髮長,故"長"指空間之長,亦指時間之長。《説文·長部》:"長,久遠也。从兀,从匕。兀者,高遠意也。"《詩·齊風·猗嗟》:"猗嗟昌兮,頎而長兮。"南朝宋謝靈運《豫章行》:"短生旅長世,但覺白日欹。"按,上下距離長即高,故"長"有高之衍義。《墨子·公輸》:"荆有長松文梓,梗柟豫章,宋無長木,此猶錦繡之與短褐也。"人之身長亦稱身高。又生命長即年高,故《廣雅·釋詁一》"長"訓"老"。又,地面以下,上下距離大即深,故"長"又有深之衍義。《文選·張衡〈西京賦〉》:"縱獵徒,赴長莽。"唐李善注:"長,謂深且遠也。"唯"長"有深義,故有"深長"之同義聯合式合成詞。《三國志·吴志·陸遜傳》:"陸遜意思深長,才堪負重,觀其規慮,終可大任。"

797　殿聲

(2059) 墍臀澱(底義)

墍　地基,即建築物之底。亦指鋪砌,則即墊底義。《廣韻·霰韻》:"墍,堂基。"清毛奇齡《重修示農亭合賦册序》:"其亭遂圮,而其基墍猶在也。"《漢武故事》:"庭中皆墍以文石,率以銅爲瓦,而淳漆其外,四門並如之。"

臀　人或動物身之底部。《廣韻·魂韻》:"臀,《廣雅》云:'臀謂之脽,亦謂之䐔也。'《説文》作'𡱂':'䏌也。'"沈兼士《聲系》:"案'𡱂',元泰定本作'屍',與《説文》合。"《説文·尸部》:"𡱂,䏌也。从尸,下丌,居几。脽,𡱂或从肉、隼。臀,𡱂或从骨,殿聲。"清朱駿聲《通訓定聲》:"字亦作'臋'。按,臀者,人之下基也,故从尸,丌坐,得几而安,故从几,會意。《廣雅·釋詁四》:'𡱂,微也。'按,猶尾也。《聲類》:'臀,𡱂也。'《易·夬》:'姤臀元膚。'《困》:'臀困于株木。'……《周語》:'故名之曰黑臀。'"引申之,器物之底亦稱"臀"。《周禮·考工記·㮚氏》:"其臀一寸,其實一豆。"漢鄭玄注:"謂覆之,其底深一寸也。"

澱　泥渣,沉於水底之物。《説文·水部》:"澱,滓滓也。从水,殿聲。"清朱駿聲《通訓定聲》:"《爾雅·釋器》:'澱謂之垽。'《廣雅·釋器》:'澱謂之滓。'"《廣韻·霰韻》:"澱,澱滓。"北魏賈思勰《齊民要術·養羊》:"又方:又去痂如前法。燒葵根爲灰;煮醋澱,熱塗之,以灰厚傅。"按此"澱"謂灰渣,與泥渣同類。《宋史·河渠志二》:"今第見水即以杷溶之,水當隨杷改趨直河,苟置數千杷,則諸河淺澱,皆非所患。"

〔推源〕　諸詞俱有底義,爲殿聲所載之公共義。聲符字"殿"从殳,本訓擊聲,則與底義不相涉,然可以其聲韻另載後義、下等義,後、下、底,義皆相通。《説文·殳部》:"殿,擊聲也。从殳,屍聲。"清朱駿聲《通訓定聲》:"《論語》:'奔而殿。'馬注:'前曰啓,後曰殿。'又,《答賓戲》:'猶無益於殿最也。'注:'下功曰殿。'"殿聲可載底義,則"墊"可證之。

殿:定紐文部;
墊:定紐侵部。

雙聲,文侵通轉。"墊",下陷,即趨於底部。《説文·土部》:"墊,下也。《春秋傳》曰:'墊隘。'"清朱駿聲《通訓定聲》:"土陷曰墊,猶屋陷曰窔也。《方言》六:'墊,下也,凡屋而下曰墊。'《莊子·外物》:'則厠足而墊之。'司馬注:'下也。'"引申之,亦指置物於他物之底。清包世臣《藝舟雙楫文·譜》:"墊拽者,爲其立説之不足以聳聽也,故墊之使高;爲其抒議之未能折服也,故拽之使滿。"清曹雪芹《紅樓夢》第十九回:"扶著寶玉坐下,又用自己的腳爐墊了腳。"

798　辟聲

(2060) 躄避臂僻壁𡲤嬖癖髀瞥(邊側、偏、不正義)

躄　跛足,行不正者。其字後世作"躃""蹕"。《説文·止部》:"躄,人不能行也。从止,辟聲。"清朱駿聲《通訓定聲》:"字亦作'躃'……《禮記·王制》:'瘖聾跛躄。'《吕覽·盡數》:'重水所多尰與躄人。'《七發》:'猶將伸傴起躄。'《史記·平原君虞卿傳》:'民家有躄者。'《正義》:'跛也。'《素問》:'急薄著則生痿躄也。'"《廣韻·昔韻》:"躃,跛躃。《説文》作'躄'。"按,構件"止""足"所表義類同。《太平寰宇記·嶺南道·賀州》:"其水清冷,人久飲則損腰腳,今土人多患跛躃。"按,跛足之人行走時身軀或左或右摇動而不正,此即"躄"之構詞理據,以辟聲載不正義。

避　避開,回避,勿正面相對。聲符所載即不正義。《説文·辵部》:"避,回也。从辵,辟聲。"清朱駿聲《通訓定聲》:"《漢書·胡建傳》注:'避,迴也。'《蒼頡篇》:'避,去也。'……《史記·袁盎晁錯傳》:'避吾親。'"《廣韻·寘韻》:"避,迴也。"《孫子·虚實》:"兵之形,避實而擊虚。"漢枚乘《上書諫吴王》:"忠臣不避重誅,以直諫,則事無遺策,功流萬世。"

臂　手臂,處於軀幹之兩側者。《説文·肉部》:"臂,手上也。从肉,辟聲。"清朱駿聲《通訓定聲》:"《廣雅·釋親》:'肱謂之臂。'《公羊莊十二傳》:'臂摋仇牧。'〔聲訓〕《釋名·釋形體》:'臂,裨也,在旁曰裨也。'"《廣韻·寘韻》:"臂,肱也。"《荀子·勸學》:"登高而招,臂非加長也,而見者遠。"唐韓愈《汴泗交流贈張僕射》:"側身轉臂著馬腹,霹靂應手神珠馳。"

僻　邪僻不正,亦引申而指偏僻、僻遠。《廣韻》之《昔韻》及《錫韻》:"僻,邪僻。"清朱駿聲《説文通訓定聲·解部》:"僻,《詩·板》:'民之多僻。'《釋文》:'邪也。'……《論語》:'師也僻。'王弼注:'飾過差也。'《楚辭·涉江》:'雖僻遠之何傷。'注:'左也。'《吕覽·慎行》:'而荆僻也。'注:'遠也。'"按,所引《論語·先進》文唐孔穎達疏:"子張才過人,失在邪僻。"《後漢書·張衡傳》:"覽蒸民之多僻兮,畏立辟以危身。"

壁　墻,房室之四邊。《説文·土部》:"壁,垣也。从土,辟聲。"清朱駿聲《通訓定聲》:"《儀禮·特牲禮記》:'饎爨在西壁。'"唐封演《封氏聞見記·壁記》:"朝廷百司諸廳,皆有壁記。叙官秩創置及遷授始末,原其作意,蓋欲著前政履歷,而發將來健羨焉。"宋陳鵠《耆舊續聞》卷四：“靖康元年，余以事至合流鎮，見人家壁間有唐明皇御注《道德經》。”按，其字或從广作“廦”。《說文·广部》：“廦，牆也。從廣，辟聲。”清朱駿聲《通訓定聲》：“《廣雅·釋室》：‘垣也。’據此則與‘壁’同字。”《廣韻·昔韻》：“廦，墙也。”睡虎地秦墓竹簡《治獄程式》：“丙死(屍)縣(懸)其室東内中北廦權。”

庍 傾斜不正。《說文·厂部》：“庍，仄也。從厂，辟聲。”“仄，側傾也。從人，在厂下。”《篇海類編·人物類·人部》：“仄，不正。”《逸周書·周祝》：“故日之中也仄，月之望也食。”

嬖 偏愛某女性，引申之則泛指偏愛、偏愛之人。《說文·女部》：“嬖，便嬖，愛也。從女，辟聲。”清朱駿聲《通訓定聲》：“《廣雅·釋詁三》：‘親也。’《禮記·緇衣》：‘毋以嬖御人疾莊后。’注：‘愛妾也。’《左隱三傳》：‘嬖人之子也。’注：‘親幸也。’《鄭語》：‘而嬖是女也。’注：‘以邪僻取愛曰嬖。’”按，所引《國語·鄭語》三國吳韋昭注之説不確，“嬖”謂男性尊者偏愛某女性。《史記·周本紀》：“幽王嬖愛褒姒。”《晉書·石季龍載記下》：“初，戎昭張豺之破上邽也，獲劉曜幼女，年十二，有殊色，季龍得而嬖之。”

癖 病名，謂兩脅間之積塊。《廣韻·昔韻》：“癖，腹病。”清朱駿聲《説文通訓定聲·解部·附〈説文〉不録之字》：“癖，《聲類》：‘癖，宿食不消也。’”隋巢元方《諸病源候論·癖病諸候·癖食不消》：“此由飲水積聚，聚於膀胱，遇冷熱相搏，因而作癖。”引申之則指積久成習之偏愛、嗜好。《字彙·疒部》：“癖，嗜好之病。”唐杜牧《上李中丞書》：“嗜酒好睡，其癖已痼。往往閉户，便經旬日，弔慶參請，多亦廢闕。”《宋史·文苑傳六·米芾》：“好潔成癖，至不與人同巾器。”

髀 弓弭，即處於弓之兩側之物，蓋有以骨爲之者，故其字從骨。《廣雅·釋器》：“彌，髀也。”清王念孫《疏證》：“《玉篇》：‘髀，弓弭也。’《小雅·采薇》傳云：‘弭，弓反末也。’”《廣韻·昔韻》：“髀，弓弭。”按，“弭”即弓耳，在弓之兩端，猶人耳在頭兩側。《説文·弓部》：“弭，弓無緣可以解轡紛者。”清桂馥《義證》：“弭謂不以繳束，骨飾兩頭者也。”

瞥 斜視，視不正。字亦作“睥”。《集韻·霽韻》：“睥，或作‘瞥’。”《篇海類編·身體類·目部》：“睥，睥睨，邪視。”《魏書·蕭衍傳》：“蕭衍輕險有素，士操蔑聞，睥睨君親，自少而專，好亂樂禍，惡直醜正。”清周準《緣天都峰趾度雲巢洞上升仙梯遂憩文殊院》：“瞥盼多創構，不類人世景。”按“瞥”即左右視義，亦即斜視義。

〔推源〕 諸詞俱有邊側、偏、不正義，爲辟聲所載之公共義。聲符字“辟”所記録語詞之本義爲法度，其引申義系列與邊側、偏、不正義亦不相涉，然可以其聲韻另載迴避、偏愛、邊側等義。《説文·辟部》：“辟，法也。從卩，從辛，節制其辠也；從口，用法者也。”清朱駿聲《通訓定聲》：“本訓當爲君也。〔假借〕又爲‘避’。《小爾雅·廣言》：‘辟，除也。’《周禮·掌交》：‘使咸知王之好惡辟行之。’《孟子》：‘行辟人可也。’《荀子·榮辱》：‘不辟死傷。’又爲‘僻’。《詩·葛屨》：‘宛如左辟。’又爲‘嬖’。《論語》：‘友便辟。’又爲‘壁’。《爾雅·釋天》：‘營室，東辟也。’又爲‘弊’。《書·金縢》：‘我之弗辟。’《詩·板》：‘無自立辟。’《周禮·鄉師》：'以玫司空之辟。'《爾雅·釋詁》：'辟，法也。'又叠韻連語。《漢書·灌夫傳》：'辟睨兩宫間。'注：'傍視也。'"按，法度即"辟"之本義，非假借。"避""僻""壁""睥"等則爲記録諸假借義之後起本字。辟聲可載邊側、偏、不正義，則"偏"可證之。

辟：幫紐錫部；

偏：滂紐真部。

幫滂旁紐，錫真通轉。"偏"，傾斜，不平正，引申爲旁側、偏僻等義。《説文·人部》："偏，頗也。"清朱駿聲《通訓定聲》："《廣雅·釋詁二》：'偏，衺也。'《四》：'偏，方也。'謂傍也。《書·洪範》：'無偏無頗。'傳：'不平也。'〔轉注〕《儀禮·覲禮記》：'偏駕不入王門。'注：'在旁與己同曰偏。'又《列子·楊朱》：'殊方偏國。'注：'邊也。'"

（2061）劈褺闢擘鐴（分義）

劈 以刀具剖物，使分開，故引申爲分開、分裂義。《説文·刀部》："劈，破也。从刀，辟聲。"清朱駿聲《通訓定聲》："《廣雅·釋詁一》：'劈，分也。'《二》：'裂也。'《埤蒼》：'劈，剖也。'"《廣韻·錫韻》："劈，剖也，裂也，破也。"唐薛用弱《集异記補編·徐智通》："及開霽，寺前槐林，劈析分散，布之於地，皆如筭子，小大洪纖，無不相肖。"宋梅堯臣《古相思》："劈竹兩分張，情知無合理。織作雙紋簟，依然淚花紫。"

褺 摺疊衣物。字从衣，衣物可分裂，故"褺"可表剖分、分裂義，爲其套用字。《舊唐書·李虞仲傳》："父端，登進士第，工詩……端即褺牋而獻曰：'方塘似鏡草芊芊，初月如鈎未上弦。新開金埒教調馬，舊賜銅山許鑄錢。'"

闢 開啟。字从門，古者單扇門稱"户"，雙扇者爲"門"，"闢"即二門扇分開之謂。其金文形體象雙手分開門扇形。《説文·門部》："闢，開也。从門，辟聲。𨳿，《虞書》曰：'𨳿四門。'从門，从廾。"清朱駿聲《通訓定聲》："與古文'開'同意。《易·繫辭》傳：'闢户謂之乾。'《太玄·玄攡》：'闢字謂之宙。'《玄圖》：'九虚設闢。'注：'闔也。'《思玄賦》：'叫帝閽使闢扉分。'"引申爲分離、分開義。北周衛元嵩《元包經·運蓍》："混茫既判，天地闢矣。"清蒲松齡《聊齋志異·跳神》："婦吻闢翕，雜鼓聲，不甚辨了。"

擘 分開，剖裂。字亦作"擗"。《説文·手部》："擘，撝也。从手，辟聲。"清朱駿聲《通訓定聲》："字亦作'擗'，左形右聲……《廣雅·釋言》：'擘，剖也。'《淮南·要略》：'擘畫人事之終始者也。'注：'分也。'《西京賦》：'擘肌分理。'注：'破裂也。'"《廣韻·麥韻》："擘，分擘。"宋曾慥《類説》卷三十五引劉存《事始》："隋牛弘上議，以素絹八尺中擘，名曰拜帛，以代香纓。"宋梅堯臣《讀月石屏詩》："蘇子苦豪邁，何用彊引犀角蚌蛤巧擘析。"

鐴 犁耳，分解土塊者。《廣韻·借韻》："鐴，土犁耳。"明李實《蜀語》："犁上鐵板曰鐴耳。"清朱駿聲《説文通訓定聲·解部·附〈説文〉不録之字》："鐴，《埤蒼》：'鐴，土犁具也。'"元王禎《農書》卷十三："陸龜蒙《耒耜經》其略曰：冶金爲之曰犁鐴。起其墢者鑱也，覆其墢者鐴也。鐼引而居下,鐴倚而居上。鐴形其圓、廣、長皆尺,微橢,背有二乳(孔)係于壓鐼之兩旁……夫鐴形不一,耕水田曰瓦繳、曰高脚;耕陸田曰鏡面、曰碗口。隨地所宜制也。"

〔推源〕 諸詞俱有分義,爲辟聲所載之公共義。聲符字"辟"單用本可表分義。《正字通·辛部》:"辟,猶開也。"清朱駿聲《説文通訓定聲·解部》:"辟,〔假借〕又爲'闢'……《荀子·議兵》:'辟門除涂。'"《儀禮·士喪禮》:"主人即位,辟門。"漢鄭玄注:"辟,開也。"按"辟"又有分別義。《晏子春秋·問下二》:"昔吾先君桓公,善飲酒窮樂,食味方丈,好色無別辟,若此,何以能率諸侯以朝天子乎?"按,分義非"辟"之顯性語義,乃辟所載之語源義。辟聲可載分義,則"剖"可證之。

辟:幫紐錫部;
剖:滂紐之部。

幫滂旁紐,錫之旁對轉。"剖",以刀具剖物,使分開,故引申爲分義。《説文·刀部》:"剖,判也。"清朱駿聲《通訓定聲》:"《廣雅·釋詁一》:'剖,分也。'《四》:'半也。'《蒼頡篇》:'剖,析也。'《左襄十四傳》:'與女剖分而食之。'注:'中分爲剖。'《宋策》:'剖傴之背。'注:'劈也。'……《淮南·齊俗》:'伐梗柟豫樟而剖梨之。'注:'判也。'……《後漢·馮衍傳》:'伯玉擢選剖符。'注:'即分也。'〔轉注〕《思玄賦》:'豈昏惑而能剖。'注:'分明也。'"

(2062) 帾壁縈䍦(遮蔽義)

帾 漆布,引申之則泛指遮蔽物。《説文·巾部》:"帾,髹布也。从巾,辟聲。《周禮》曰:'駹車大帾。'"清朱駿聲《通訓定聲》:"《廣雅》:'覆笭謂之帾。'古者車前後禦風塵之簾,用竹或用髹布。《禮記·少儀》:'拖諸帾。'疏:'車覆闌也。'《公羊昭廿五傳》:'以帾爲席。'注:'車覆笭。'〔假借〕爲'幦'。《禮記·玉藻》:'君羔幦虎犆。'《儀禮·既夕禮》:'白狗幦。'……按,車笭疑夏用竹簟,春秋用髹布,冬用獸皮,幦與幭皆以巾覆物之總名,帾,則髹布之專名也。"按,非假借,乃引申。《廣韻·錫韻》:"帾,車覆軨也。襆,上同。"

壁 墻壁,見前第2060條,墻壁亦爲遮蔽物。清朱駿聲《説文通訓定聲·解部》:"壁,〔聲訓〕《釋名》:'壁,辟也,所以辟禦風寒也。'按,以'避'爲訓。"按,墻壁本爲遮蔽物,遮擋風寒正爲墻壁之功用。

縈 機關網,可自動覆蓋,所以掩禽獸。字亦作"䍦"。《説文·糸部》:"縈,縈謂之罿,罿謂之罬,罬謂之罦,捕鳥覆車也。从糸,辟聲。"清朱駿聲《通訓定聲》:"《爾雅·釋器》:'縈謂之罿。罿,罬也。罬謂之罦。罦,覆車也。'注:'展轉相解,廣異語。'孫炎曰:'一物五名,方言異也。'"《廣韻·錫韻》:"縈,今覆車、鳥網也。"又《麥韻》:"縈,罿也。""䍦,翻車。"《集韻·麥韻》:"縈,或作'䍦'。"《説文·网部》:"罦,覆車也。从网,包聲。《詩》曰:'雉離于罦。'罬,罦或从孚。"按,所引《詩·王風·兔爰》文之"罦"異文作"罬",漢毛亨傳:"罬,覆車也。"

轌 曲柄車蓋,遮蔽物。《康熙字典·車部》:"轌,疑與'帠'字同……轌輗蓋,即今之曲柄繖也。"按,"繖"即傘。《集韻·緩韻》:"繖,亦作'傘'。"《周禮·考工記·輪人》"桯圍倍之,六寸"清孫詒讓《正議》:"古者車蓋之杠蓋皆達於軾間,有環以持之,謂之帠輗……《華嚴經音義》引《聲類》云:俾倪是軾中環持蓋杠者也。"晉崔豹《古今注·輿服》:"武王伐紂,大風折蓋。太公因折蓋之形而製曲蓋焉。戰國常以賜將帥,自漢朝乘輿用四,謂爲轌輗蓋。"清高士奇《天祿識餘·曲蓋》:"漢朝用之乘輿,謂之轌輗。"

〔推源〕 諸詞俱有遮蔽義,爲辟聲所載之公共義。聲符字"辟"所記錄語詞之本義、引申義系列與遮蔽義不相涉,其遮蔽義乃辟聲所載之語源義。辟聲可載遮蔽義,則"庇"可證之。

辟:幫紐錫部;
庇:幫紐脂部。

雙聲,錫脂通轉。"庇",遮蔽,遮護。《說文·广部》:"庇,蔭也。"清朱駿聲《通訓定聲》:"《禮記·表記》:'雖有庇民之大德。'注:'覆也。'《周語》:'口以庇信。'注:'猶廕也。'〔聲訓〕《通俗文》:'自蔽曰庇。'"

799 耤聲

(2063) 蹹藉(地底義)

蹹 以足踐地。字亦作"蹋"、作"踏"。《廣韻·禡韻》:"蹹,踐也。"又《昔韻》:"蹹,同'蹋'。""蹋,踐也。"清朱駿聲《說文通訓定聲·豫部》:"蹋,《禮記·曲禮》:'毋蹋席。'《釋文》:'躪也。'〔聲訓〕《釋名·釋姿容》:'蹋,藉也,以足藉也。'"北齊顏之推《顏氏家訓·兄弟》:"行路皆蹹其面而蹈其心,誰救之哉?"王利器集解:"蹹,踏也。"

藉 墊於地底之物。《說文·艸部》:"藉,祭藉也。从艸,耤聲。"清朱駿聲《通訓定聲》:"藉之爲言席也。《儀禮·士虞禮》:'藉用葦席。'注:'猶薦也。'《易·大過》:'藉用白茅。'……《遊天台山賦》:'藉萋萋之纖草。'注:'以草薦地而坐曰藉。'"

〔推源〕 此二詞俱有地底義,爲耤聲所載之公共義。聲符字"耤"所記錄語詞謂天子親耕之田地,本有地義。《說文·耒部》:"耤,帝耤千畝也。古者使民如借,故謂之耤。从耒,昔聲。"《禮記·月令》:"天子親載耒耜……躬耕帝藉。"唐陸德明《釋文》:"藉,《說文》作'耤'。"按,"耤"爲正字。然則本條二詞之地底義爲其聲符"耤"所載之顯性語義。耤聲可載地底義,則"地"可證之。

耤:從紐鐸部;
地:定紐歌部。

從定準雙聲,鐸歌通轉。"地",大地。《説文·土部》:"地,元氣初分,輕、清、陽爲天,重、濁、陰爲地。萬物所陳列也。从土,也聲。墬,籀文地从隊。"《易·繫辭下》:"仰則觀象於天,俯則觀法於地。"《史記·平準書·論》:"魏用李克,盡地力,爲彊君。"

800　蔑聲

(2064) 蔑韤幭篾(遮蔽義)

蔑　目眵,遮蔽眼睛之物。字亦作"瞙"。《説文·目部》:"蔑,目眵也。从目,蔑省聲。"清朱駿聲《通訓定聲》:"字亦作'瞙'……《吕覽·盡數》:'處目則爲蔑爲盲。'注:'眵也。'……《説文》'眵'篆下:'一曰眵,蔑兜也。'按,今蘇俗曰眼疵蔑兜,當作蔑睍睍,目蔽垢也。"《廣韻·屑韻》:"蔑,俗作'瞙'。"《文選·宋玉〈風賦〉》"中脣爲胗,得目爲蔑"唐李善注:"蔑與瞙古字通。"

韤　足衣,所以遮蔽足部者。《説文·韋部》:"韤,足衣也。从韋,蔑聲。"清朱駿聲《通訓定聲》:"字亦作'袜'。《左哀廿五傳》:'褚師聲子韤而登席。'"《廣韻·月韻》:"韤,足衣。漢張釋之與王生結韤。韤、襪,並上同。"《韓非子·外儲説左上》:"韤繫解,因自結。"漢張衡《南都賦》:"修袂繚繞而滿庭,羅襪躡蹀而容與。"明陶宗儀《輟耕録·屨舄履考》:"古人舄、屨、履至階必脱,唯著韤而入。"

幭　遮蔽物體之巾。《説文·巾部》:"幭,蓋幭也。从巾,蔑聲。"清朱駿聲《通訓定聲》:"與'幎'略同,字亦作'幦'。《詩·韓奕》:"鞹鞃淺幭。'……《禮記·曲禮》:'素幭。'《管子·小稱》:'乃援素幭以裹首。'注:'所以覆軨也。'……幭者,覆物之巾,覆車、覆衣、覆體之具皆得稱幭。"按,所引《管子》之"幭"異文作"幦",謂頭巾,《廣韻·屑韻》:"幭,帊幞。"所訓亦此義。

篾　竹皮,即竹之外層,遮蔽竹身者。《廣韻·屑韻》:"篾,竹皮。"《書·顧命》:"牖間南嚮,敷重篾席。"唐孔穎達《正義》:"篾,析竹之次青者。"按,竹青不可用,故去之,篾黄亦不可用,故云析竹之次青者。明宋應星《天工開物·攻黍稷粟梁麻菽》:"凡攻治小米……籭法生焉。其法篾織爲圓盤,鋪米其中,擠匀揚播。"按,"篾"字之結構當爲从竹,蔑省聲。《廣韻》"篾"字與"蔑"及"懱""幭""蠛"等俱同音,莫結切,皆隸《屑韻》。

〔推源〕　諸詞俱有遮蔽義,爲蔑聲所載之公共義。聲符字"蔑"之甲骨文象以戈擊人首形,所記録語詞之本義即殺滅,又以其聲韻另載遮蔽眼睛義,其字則爲"瞙"之初文。《説文·苜部》:"蔑,勞,目無精也。从苜,人勞則蔑然,从戍。"清朱駿聲《通訓定聲》:"許説此字誤也。當云从苜,伐聲,結字似'戍'耳。《風賦》:'得目爲蔑。'注:'蔑與瞙古字通。'按,'瞙'即'蔑'之俗字,'蔑'又即'蔑'之俗字也。〔假借〕又爲'滅'。《易·剥》:'牀以足蔑貞凶。'注:'猶削也。'《周語》:'而蔑殺其民人。'"按,削、滅爲其本義,非假借,目眵、遮蔽義爲語源義。蔑聲可載遮蔽義,則"蔽"可證之。

蔑:明紐月部;

蔽:幫紐月部。

叠韻,明幫旁紐。"蔽",小草衆多遮蔽大地,故有遮蔽之衍義。《説文·艸部》:"蔽,蔽蔽,小艸也。"清朱駿聲《通訓定聲》:"此字本訓蓋覆也……《廣雅·釋詁二》:'障也。'《四》:'隱也。'……《周禮·巾車》:'蒲蔽。'注:'車旁禦風塵者。'……《史記·淮陰侯傳》:'閒道萆山。'《索隱》:'蔽者,蓋覆也。'"《廣韻·祭韻》:"蔽,掩也。"

(2065)糠懱蠛鱴䩈(小義)

糠 穀物粉末,細碎微小之物。《説文·米部》:"糠,麩也。从米,蔑聲。"清朱駿聲《通訓定聲》:"按,末也,今之米粉麪勃皆是。《小爾雅·廣言》:'蔑,末也。'以'蔑'爲之。"《廣韻·末韻》:"糠,米和細屑。"按,《説文》以"麩"釋"糠",《麥部》"麩"篆下則云"小麥屑皮也"。"糠"之或體作"䴲"。《玉篇·麥部》:"䴲,麪也。今呼米屑也。"

懱 蔑視,小看他人,虛化引申爲微小義。《説文·心部》:"懱,輕易也。从心,蔑聲。《商書》曰:'以相陵懱。'"清朱駿聲《通訓定聲》:"今《書》闕有閒,不知何篇之辭。《易·剥》:'蔑貞凶。'鄭注:'輕慢也。'……《周語》:'王而蔑之,是不明賢也。'注:'小也。'皆以'蔑'爲之。"《廣韻·屑韻》:"懱,輕懱。"前蜀貫休《陳宮詞》:"緬想當時宮闕盛,荒宴椒房懱堯聖。"《廣雅·釋詁一》:"懱,末也。"

蠛 小蟲。《廣韻·屑韻》:"蠛,蠛蠓。"清朱駿聲《説文通訓定聲·泰部·附〈説文〉不録之字》:"蠛,《爾雅》:'蠓,蠛蠓。'注:'小蟲似蚋,喜亂飛。'……《甘泉賦》:'浮蔑蠓而撇天。'注:'蟲小於蚊。'"南朝梁何遜《苦熱》:"蝙蝠户中飛,蠛蠓窗間亂。"《宋史·樂志六》:"以聲言之,大而至於雷霆,細而至於蠛蠓,無非聲也。"

鱴 薄而小之魚。《爾雅·釋魚》:"鮤,鱴刀。"《廣韻·屑韻》:"鱴,鮤鱴,魛,今鮆魚也。"明宋濂《演連珠》之九:"是以脾析一停,摩牛即仆,中夷既涸,鱴刀成枯。"《説文·魚部》:"鮆,飲而不食,刀魚也,九江有之。"清朱駿聲《通訓定聲》:"字亦作'鱭',即鮤鱴也……《漢書·貨殖傳》:'鮐鮆千斤。'《音義》:'鮆音如楚人言薺。'今蘇俗謂之江鱭。《南山經》:'苕水注于具區其中多鮆魚。'〔假借〕爲'呰',實爲'疵'。《方言》十:'凡物生而不長大亦謂之鮆。'"按,非假借,乃引申。此魚體廉薄如刀,故稱"魛",薄則即厚度小。稱"鱴",則以蔑聲載小義。此聲字所記録語詞"柴""玭""斐"等俱有小義,足證"鱴"亦以此聲載小義。

䩈 面小,亦泛指小。《玉篇·面部》:"䩈,面小也。"《廣韻·屑韻》:"䩈,䩈𡴫,小也。𡴫,即列切。"按,"䩈𡴫"爲同義聯合者,本可分訓。《方言》卷十二:"𡴫,小也。"《説文·小部》:"𡴫,少也。"少即數之小。又,"䩈𡴫"亦指排行最小之人。清桂馥《札樸·鄉里舊聞·名稱》:"晚生兒曰䩈𡴫。"按,即徽歙方言所云"末𣎴草"。

〔推源〕 諸詞俱有小義，爲蔑聲所載之公共義。蔑聲字"䯎""礣""鑖""篾"之古訓多寓小義，則亦爲蔑聲與小義相關聯之一證。《廣韻·黠韻》："䯎，䯎骱，小骨。"又："礣，礣砎，小石。"《玉篇·金部》："鑖，小鋌也。"清朱駿聲《說文通訓定聲·泰部·附〈說文〉不錄之字》："鑖，《集韻》引《廣雅》：'鑖，鋌也。'"按《集韻·霽韻》"鑖"又訓"小釜"。《文選·馬融〈長笛賦〉》："蹉纖根，跋篾縷也。"唐李善注："《方言》：'篾，小也。'縷，言細似縷也。"按，"篾"謂竹片，體積薄者，薄即厚度小，其義當相通。聲符字"蔑"單用本可表小義。清朱駿聲《說文通訓定聲·泰部》："蔑，〔假借〕又爲'末'。《小爾雅·廣言》：'蔑，末也。'《方言》二：'小木細枝謂之杪，江淮、陳楚之内謂之蔑。'《書·君奭》：'文王蔑德。'鄭注：'小也。'又爲'懱'。《周語》：'王而蔑之。'注：'小也。'"按，小義非"蔑"之顯性語義，乃其聲韻另載者。蔑聲可載小義，則"微"可證之。

蔑：明紐月部；

微：明紐微部。

雙聲，月微旁對轉。"微"，隱行，引申爲微小義。《說文·彳部》："微，隱行也。"清朱駿聲《通訓定聲》："《左襄十九傳》：'崔杼微逆光。'〔假借〕又爲'散'。《廣雅·釋詁二》：'微，小也。'《爾雅·釋訓》：'式微式微者，微乎微者也。'……《周禮·典同》：'微聲韽。'注：'小也。'《楚辭·大招》：'豐肉微骨。'注：'細也。'……《詩·十月之交》：'彼月而微，此日而微。'箋：'不明也。'"今按，非假借，乃引申。隱行、不明、微小諸義皆同條共貫。凡隱行則其踪蹟不明，可見之現象小。

第 九 卷

第九卷相關數據

　　本卷考釋同源詞共 160 組。
　　本卷收録聲符字 79 個，據聲符字形體綫索繫聯的形聲字共 443 個。根據聲符的音義綫索繫聯的其他文字即帶"∕"符號的 15 個。推源欄所繫聯的即《條文目録》中帶"△"符號的文字 104 個(俱爲本字形式，假借字未計在内)。《條文目録》所列即此三數之和，凡 562 單字。

801　毃聲

(2066) 擊毄（擊義）

擊　打擊字。聲符字"毄"後世變爲"毄"。《説文·手部》："擊，攴也。从手，毄聲。"清朱駿聲《通訓定聲》："《虞書》：'戛擊鳴球。'《後漢·馬融傳》注：'擊，枕也，象桶中有椎柄連底撞之所以作樂。'《孟子》：'抱關擊柝。'注：'椎之也。'《列子·説符》：'擊搏樓上。'注：'打也。'"《廣韻·錫韻》："擊，打也。"按，唯"擊"之義爲打，故有"擊打"之同義聯合式合成詞，亦作"打擊"，則爲同素逆序詞。《北史·張彝傳》："神龜二年二月，羽林武賁將幾千人，相率至尚書省詬罵，求其長子尚書郎始均不獲，以瓦石擊打公門。"《水滸傳》第九十七回："（瓊英）不但武藝精熟，更有一件神异的手段，手飛石子，打擊禽鳥，百發百中。"

毄　車轄相撞擊。《説文·車部》："毄，車轄相擊也。从車，从毄，毄亦聲。"清朱駿聲《通訓定聲》："《周禮·野廬氏》：'舟輿毄互者。'"按，所引《周禮》文唐賈公彦疏："毄互者，謂水陸之道，舟車往來狹隘之所，更互相毄。"

〔**推源**〕　此二詞俱有擊義，爲毄聲所載之公共義。聲符字"毄"所記録語詞之本義即擊。《説文·殳部》："毄，相擊中也。如車相擊，故从殳，从軎。"清朱駿聲《通訓定聲》："按，如車轂相擊，會意……《郭仲奇碑》：'鷹隼侍侍電毄。'"《廣韻·錫韻》："毄，苦擊切。"沈兼士《聲系》："案'毄'，《唐韻》作'毄'，與《説文》合。"《周禮·考工記·廬人》："毄兵同强。"唐賈公彥疏："毄以殳，長丈二而無刃，可以毄打人，故云毄兵也。"按"毄"字異文作"毄"。然則本條二詞之擊義爲其聲符"毄"所載之顯性語義。毄聲可載擊義，則"敲"可證之。

毄：溪紐錫部；

敲：溪紐宵部。

雙聲，錫宵旁對轉。"敲"，敲擊，敲打。見本卷"敫聲"第 2027 條。

(2067) 槃繫（係縛義）

槃　桔槔的横木，一端係縛重物，另一端係縛水桶，可上下轉動而取水。《説文·木部》："槃，繘耑木也。从木，毄聲。"清朱駿聲《通訓定聲》："汲綆下繫罋，上耑有木以爲砥。"

《康熙字典·木部》："槃，繘乃汲水之綆。槃，當爲桔槔上横木，所以轉機。"

繋 係縛字。《廣韻·霽韻》："繋，縛繋。"清朱駿聲《説文通訓定聲·解部》："繋，〔假借〕爲'係'。《易·繋辭》《釋文》：'係也，續也。'《周禮·大宰》：'以九兩繋邦國之民。'注：'聯綴也。'……《儀禮·士喪禮》：'著組繋。'注：'組繋爲可結也。'《周書·作雒》：'南繋于洛水。'注：'連接也。'《左氏春秋序》：'以事繋日。'疏：'繋者，以下綴上、以末連本之辭。'"按，係縛、聯綴、連接諸義皆同條共貫。又，"繋"之本義《説文》訓"繋繻也，一曰惡絮"，然其字從糸，表係縛、聯綴義無煩假借。

〔推源〕 此二詞俱有係縛義，爲殼聲所載之公共義。聲符字"殼"單用本可表此義。《玉篇·殳部》："殼，係也。"清朱駿聲《説文通訓定聲·解部》："殼，〔假借〕爲'係'。《周禮·校人》注：'三皁爲殼。'《漢書·景帝紀》：'無所農桑殼畜。'"《周禮·地官·司門》"祭祀之牛牲繋焉"唐陸德明《釋文》："殼音計，本又作'繋'。"按，係縛義非"殼"之顯性語義，乃其聲韻另載之語源義。殼聲可載係縛義，則"結"可證之。

殼：溪紐錫部；

結：見紐質部。

溪見旁紐，錫質通轉。"結"，係縛，打結。《説文·糸部》："結，締也。"清朱駿聲《通訓定聲》："《左昭十一傳》：'帶有結。'《禮記·玉藻》：'紳韠結三齊。'注：'約餘也。'〔轉注〕《釋名·釋姿容》：'結，束也。'……《西京賦》：'置羅之所罥結。'注：'縛也。'……《荀子·王霸》：'緜緜常以結引馳外爲務。'注：'繋于軸以引車也。'"

802 監聲

(2068) 覽鑑（視義）

覽 觀察，審視。《説文·見部》："覽，觀也。从見、監，監亦聲。"清朱駿聲《通訓定聲》："《齊策》：'而數覽。'注：'視也。'……《離騷》：'皇覽揆余於初度兮。'注：'靚也。'《楚辭·雲中君》：'覽冀州兮有餘。'注：'望也。'《漢書·楊（揚）雄傳》：'覽纍纍之昌辭。'注：'省視也。'"《廣韻·敢韻》："覽，視也。"

鑑 盛水的大盆，青銅器，字亦作"鑒"。引申之，則有照、視義。《説文·金部》："鑑，大盆也。一曰監諸，可以取明水於月。从金，監聲。"清朱駿聲《通訓定聲》："《周禮·凌人》：'春始治鑑。'注：'鑑如甄，大口。'〔假借〕爲'鏡'。……《周禮·司烜氏》：'以鑒取明水于月。'注：'鑒，鏡屬，取水者，世謂之方諸。'《考工·輈人》：'金錫半，謂之鑒燧之齊。'注：'鏡也。'……《（廣雅）釋詁三》：'鑒，照也。'《左昭二十八傳》：'光可以鑑。'《僖二傳》：'是天奪之鑒而益其疾。'注：'鑒所以自照。'"按，非假借，乃引申，銅鏡問世前先民皆以水爲鏡。

〔推源〕 此二詞俱有視義,爲監聲所載之公共義。聲符字"監"所記録語詞謂盛水大盆,其字即"鑑""鑒"之初文,故本有照視、視之衍義。《周禮·天官·淩人》"春始治鑑"唐陸德明《釋文》:"鑑,本或作'監'。"清朱駿聲《説文通訓定聲·謙部》:"監,《詩·節南山》:'何用不監。'傳:'視也。'……《爾雅·釋詁》:'監,視也。'……《詩·烝民》:'天監有周。'箋:'視也。'……《齊語》:'以監其上下之所好。'注:'觀也。'"然則本條二詞之視義爲其聲符"監"所載之顯性語義。監聲可載視義,則"見"可證之。

監:見紐談部;

見:見紐元部。

雙聲,談元通轉。"見",看見,視野中有所見。《説文·見部》:"見,視也。从儿,从目。"清朱駿聲《通訓定聲》:"視知形也。《禮記·大學》:'視之而不見。'《易·乾》:'利見大人。'"清段玉裁注:"析言之,有視而不見者;渾言之,則視與見一也。"

(2069) 籃鬢甉艦毿(長、大義)

籃 大篝,烘籃,亦指盛物器。《説文·竹部》:"籃,大篝也。从竹,監聲。"清朱駿聲《通訓定聲》:"《廣雅·釋器》:'籃,筐也。'《字林》:'籃,大筲也。'蘇俗謂熏篝曰烘籃。〔轉注〕《方言》十三:'籃或謂之筊。'《晉書音義下》:'籃,籠屬。'"按,"筲"即竹籠。《急就篇》第三章"笲、篝、筐、筥、箅、算、篝"唐顔師古注:"篝,一名筲,盛杯器也。"《廣韻·談韻》:"籃,籃籠。"

鬢 頭髮長。《説文·髟部》:"鬢,髮長也。从髟,監聲。讀若《春秋》'黑肱以濫來奔'。"清桂馥《義證》:"'髮長也'者,《六書故》:'鬢鬖,髮垂散皃。'馥案:《通俗文》:'毛長曰鬆鬖。'"唐蘇鶚《蘇氏演義》卷上:"龍鍾聲,不昌熾,不翹舉貌,如鬢鬖,拉搭、解縱之類。"明李東陽《和蕭封君鳳儀遺詩四十韻》:"君看垂髫子,老鬢雙鬢鬖。"

甉 大瓮。字亦作"罏",皆从監聲。《玉篇·瓦部》:"甉,大盆也。"又《缶部》:"罏,大盆。"《急就篇》第三章"甄、缶、盆、盎、甕、罃、壺"唐顔師古注:"缶、盆、盎一類耳。缶即盎也,大腹而斂口;盆則斂底而寬上。"《廣韻·鑑韻》:"甉,大瓮,似盆。《續漢書》云:'盗伏於甉下。'"《集韻·闞韻》:"甉,或从缶。"《左傳·襄公九年》"備水器"晉杜預注:"盆、罏之屬。"

艦 大型戰船。《廣韻·檻韻》:"艦,禦敵船,四方施板以禦矢,如牢。"《晉書·謝安傳附謝琰》:"琰軍魚貫而前,賊於艦中傍射之,前後斷絶。"明顧起元《客座贅語·前記異聞》:"王濬伐吴,戰艦長二百四十步,上起走馬樓。"

毿 毛長。《玉篇·毛部》:"毿,毿毷。"《廣韻·談韻》:"鬖,鬢鬖,毛垂。"按,《廣韻》所訓當爲髮長義之引申。又《覃韻》:"毷,長毛皃。"清黄景仁《除夕述懷》:"一僕窮相隨,膚皴鬢毿毷。"

〔推源〕 諸詞或有長義,或有大義,長、大二義本相通,俱以監聲載之,語源當同。監聲字所記録語詞"噉""甉""籃""藥"皆有長訓、大訓,亦爲監聲與長、大義相關聯之一證。

"嚂",大聲喊叫。《廣韻·敢韻》:"嚂,同'喊'。"又《闞韻》:"嚂,呵也。"沈兼士《聲系》:"案'嚂',敦煌本《王韻》作'喊'。《集韻》:'喊,亦从監。'""謐",面長。《玉篇·面部》:"謐,謐䫞,面長皃。"按,可分訓。《廣韻·談韻》:"䫞,長面皃。"又"謐"字之結構當爲从面,監省聲,《廣韻》"謐""籃""攬""襤""藍"等字俱隸《談韻》。"窞",《玉篇》《廣韻》俱訓薄而大,《集韻·談韻》:"窞,窞窊,區薄也。""櫺",大櫃。《廣韻·鑑韻》:"櫺,大櫃。"按,聲符字"監"所記錄語詞謂大盆,本有"大"之義素,本條諸詞之大義及與之相通之長義爲其聲符"監"所載之顯性語義。監聲可載長、大義,則叚聲可相證。叚聲字所記錄語詞"假""嘏""煆""煆""遐""蝦""鰕"俱有遠、長、大義,見本典第六卷"538. 叚聲"第1429條。監聲、叚聲本相近且相通。

監:見紐談部;
叚:見紐魚部。

雙聲,談魚通轉。

(2070) 濫醶(浮泛義)

濫 河水泛濫,即水勢大而浮於上者滿溢之。《說文·水部》:"濫,氾也。从水,監聲。《詩》曰:'觱沸濫泉。'"清朱駿聲《通訓定聲》:"《爾雅·釋水》:'濫泉正出。'正出,涌出也……《列子·黃帝》:'濫水之潘爲淵。'《漢書·谷永傳》:'大水泛濫郡國十五有餘。'蘇林曰:'濫,氾也。'"《廣韻·闞韻》:"濫,汎濫。"引申之則有浮華義。《韓非子·顯學》:"今之新辯濫乎宰予,而世主之聽眩乎仲尼。"又,以水浮托酒杯稱"濫觴"。

醶 未去滓之酒,有滓浮泛於酒表面,故稱"醶",亦指浮酒杯於水。《說文·酉部》:"醶,泛齊,行酒也。从酉,監聲。"清朱駿聲《通訓定聲》:"按《周禮·酒正》'泛齊'注:'泛者成而滓泛泛然。'蓋視醴尤濁,故以諸和水,亦曰醶。《禮記·內則》:'醷濫。'以'濫'爲之。〔別義〕《家語》:'江始於岷山,其源可以濫觴。'……疑濫觴當以'醶'爲正字,'濫'訓氾溢之氾,不訓浮泛之泛,古'泛''氾'通借,故泛觴曰'濫觴',其實當作此'醶'也。"按,以"濫"爲濫觴字,取其引申義。《廣韻·闞韻》:"醶,醶觴。"

〔推源〕 此二詞俱有浮泛義,爲監聲所載之公共義。聲符字"監"所記錄語詞謂大盆,盛水之物,水則有浮泛之性,其義或相通。監聲可載浮泛義,則"汙"可證之。

監:見紐談部;
汙:影紐鐸部。

見影鄰紐,談鐸通轉。"汙",水浮泛而漫出。《荀子·榮辱》:"汙僈突盜。"唐楊倞注:"'僈'當爲'漫',漫亦汙也,水冒物謂之漫。"按"汙漫"又有涂抹義,涂抹即某物浮泛於他物之表面。宋宋□《新編分門古今類事·董齊醫畫》:"(董羽)善畫水,太宗作端拱樓,命羽四壁畫龍水……皇子尚幼,遥見壁畫,驚啼不敢視,命亟汗漫之。"

(2071) 磏壏(堅義)

磏 治玉之石,極堅硬者。《廣韻·銜韻》:"磏,磏礅,青礪。"按《說文·厂部》:"厱,厱諸,治玉石也。"所指與"磏礅"同,故清朱駿聲《通訓定聲》云:"字亦作'磏'。《淮南·說林》:'璧瑗成器,磏諸之功。'《說山》:'玉待磏諸而成器。'注:'攻玉之石。'《廣雅·釋器》:'磏礅,礪也。'"

壏 堅土,典籍中或借"燅"字爲之,"壏""燅"同从監聲。《廣韻·敢韻》:"壏,土地之堅也。燅,上同。《周禮(地官·草人)》注云:'強燅,地之堅者。'"又《檻韻》:"壏,堅土。"《集韻·敢韻》:"燅,堅土也。或作'壏',亦書作'墾'。"《管子·地員》:"五怸之狀,廩焉如壏,潤濕以處。"唐尹知章注:"壏,猶彊也。"

〔推源〕 此二詞俱有堅義,爲監聲所載之公共義。聲符字"監"所記錄語詞之本義、引申義系列與堅義不相涉,其堅義乃監聲所載之語源義。監聲可載堅義,則各聲可相證。各聲字所記錄語詞"觡""垎""硌"俱有堅義,見本典第三卷"265. 各聲"第 730 條。監聲、各聲本相近且相通。

監:見紐談部;

各:見紐鐸部。

雙聲,談鐸通轉。

803　厭聲

(2072) 懕嬮(安義)

懕 安詳,安静。《說文·心部》:"懕,安也。从心,厭聲。《詩》曰:'懕懕夜飲。'"清朱駿聲《通訓定聲》:"與'憺''恢'略同。字亦作'愔'……《爾雅·釋訓》:'懕懕,安也。'《釋文》引《說文》:'安静也。'《毛詩》以'厭'爲之,《韓詩》作'愔'。《列女傳二》:'愔愔良人。'《詩·小戎》以'厭'爲之,亦皆重言形況字。"《玉篇·心部》:"愔,安和皃。""懕,安也,静也。"《廣韻·鹽韻》:"懕,安也。"章炳麟《訄書·冥契》:"然輓近尚武之國,其君皆自稱提督,或受鄰國武臣官號,佩其章戟,懕然勿以爲怪。"

嬮 安詳而美好。《說文·女部》:"嬮,好也。从女,厭聲。"清桂馥《義證》:"'好也'者,《廣雅》:'嬮,好也。'《廣韻》:'嫌嫌,美好。'"按,所引《廣韻·豓韻》文之"嫌"異文作"嬮",又《鹽韻》:"嬮,和静。"

〔推源〕 此二詞俱有安義,爲厭聲所載之公共義。聲符字"厭"單用本可表安義,爲"懕""嬮"之初文。清朱駿聲《說文通訓定聲·謙部》:"厭,《詩·湛露》:'厭厭夜飲。'傳:'安也。'《小戎》:'厭厭良人。'傳:'安静也。'亦重言形況字。《洞簫賦》:'清静厭瘱。'注:'安静也。'"《荀子·王霸》:"故一朝之日也,一日之人也,然而厭焉有千歲之固,何也?"按,聲符字"厭"所記録語詞謂緊窄,安義非其顯性語義,乃厭聲另載之語源義。《説文·厂部》:"厭,笮也。从厂,猒聲。"清朱駿聲《通訓定聲》:"按,迫迮也,字从厂,與'厏''陜'同誼。"厭聲可載安義,則"安"可證之。

厭:影紐談部;
安:影紐元部。

雙聲,談元通轉。"安",安静,引申爲安定、安穩等義。《説文·宀部》:"安,静也。从女在宀下。"清朱駿聲《通訓定聲》:"《爾雅·釋詁》:'安,定也。'……《廣雅·釋詁四》:'安,静也。'……《周書·謚法》:'好和不争曰安。'《易·繫辭下》:'利用安身。'《九家注》:'嘿處也。'……《襄七傳》:'吾子其少安。'注:'徐也。'"

(2073) 擪壓(壓義)

擪 用手指按壓。《説文·手部》:"擪,一指按也。从手,厭聲。"清朱駿聲《通訓定聲》:"今字作'擫'。按,'一指'當作'以指'。《廣雅·釋詁三》:'擪,按也。'《南都賦》:'彈琴擪籥。'"《廣韻·叶韻》:"擪,指按也。"《淮南子·泰族訓》:"所以貴扁鵲者,非貴其隨病而調藥,貴其擪息脈血,知病之所從生也。"

壓 壓榨,往下壓。《廣韻·狹韻》:"壓,降也,笮也。"清朱駿聲《説文通訓定聲·謙部》:"壓,《魯語》:'吾懼壓焉。'注:'笮也。'……《蒼頡篇》:'壓,笮也。'"《玉篇·竹部》:"笮,墜(壓)也。"漢班固《西都賦》:"禽相鎮壓,獸相枕藉。"《晉書·孫惠傳》:"況履順討逆,執正伐邪,是烏獲摧冰,賁育拉朽,猛獸吞狐,泰山壓卵,因風燎原,未足方也。"

〔推源〕 此二詞俱有壓義,爲厭聲所載之公共義。聲符字"厭"所記録語詞《説文》訓"笮",即緊窄、壓迫義(見前條"推源"),清段玉裁注云:"此義今人字作'壓',乃古今字之殊。"清朱駿聲《通訓定聲》:"《禮記·檀弓》:'畏厭溺。'《荀子·彊國》:'如牆厭之。'"然則本條二詞之壓義爲其聲符"厭"所載之顯性語義。厭聲可載壓義,則"按"可證之。

厭:影紐談部;
按:影紐元部。

雙聲,談元通轉。"按",往下壓。《説文·手部》:"按,下也。"清朱駿聲《通訓定聲》:"謂手抑物使下……《管子·霸言》:'按强助弱。'注:'抑也。'"《廣韻·翰韻》:"按,抑也。"唐韓愈《故太學博士李君墓誌銘》:"其法以鉛滿一鼎,按中爲空,實以水銀,蓋封四際,燒爲丹沙雲。"按,"按"與"壓"可組成同義聯合式合成詞。《水滸傳》第二十七回:"那婦人被按壓在地上,只叫道:'好漢饒我!'"

804 戟聲

(2074) 鐵驖(黑色義)

鐵　黑色金屬。《説文·金部》:"鐵,黑金也。从金,戟聲。"清朱駿聲《通訓定聲》:"《禮記·月令》:'駕鐵驪。'注:'色如鐵也。'"《書·禹貢》:"厥貢璆、鐵、銀、鏤、砮、磬。"《史記·貨殖列傳》:"即鐵山鼓鑄,運籌算,傾滇蜀之民,富至僮千人。"按,唯鐵之爲物色黑,故黑墨稱"鐵角",青黑色稱"鐵青"。

驖　赤黑色的馬。《説文·馬部》:"驖,馬赤黑色。从馬,戟聲。《詩》曰:'四驖孔阜。'"清朱駿聲《通訓定聲》:"毛本作'駟鐵',傳:'鐵驪。'"《廣韻·屑韻》:"驖,馬赤黑也。"元虞集《金人出塞圖》:"閼支出迎騎小驖,琵琶兩姬紅顴顔。"

〔**推源**〕　此二詞俱有黑色義,爲戟聲所載之公共義。聲符字"戟"本作"戟",所記録語詞謂盛大。《説文·大部》:"戟,大也。从大,戔聲。讀若《詩》'戟戟大猷'。"清朱駿聲《通訓定聲》:"《詩·巧言》……毛本以'秩'爲之,亦重言形況字。"《廣韻·質韻》:"戟,大也。"然則本與黑色義不相涉,其黑色義乃戟聲所載之語源義。戟聲可載黑色義,則對聲可相證。對聲字所記録語詞"黩""黸"俱有黑義,見本卷第 2077 條。戟聲、對聲本相近且相通。

戟:定紐質部;
對:端紐物部。

定端旁紐,質物旁轉。

805 爾聲

(2075) 薾瀰(多義)

薾　花繁多茂盛。《説文·艸部》:"薾,華盛。从艸,爾聲。《詩》曰:'彼薾維何。'"按,所引爲《詩·小雅·采薇》文,"薾"字漢毛亨本作"爾",云:"爾,華盛貌。"按,"薾"爲正字。《廣韻·薺韻》:"薾,華茂也。"按,"薾"有盛義,當爲花盛多義之引申,源與流可互證。《墨子·公孟》:"古者三代暴王桀、紂、幽、厲,薾爲聲樂,不顧其民,是以身爲刑僇,國爲戾虚者。"清畢沅《校注》:"薾,言盛也。"

瀰　水多,水滿。《説文·水部》:"瀰,滿也。从水,爾聲。"清朱駿聲《通訓定聲》:"字亦作'濔'。《詩·匏有苦葉》:'有瀰濟盈。'傳:'深水也。'按,謂沛水深滿也。《新臺》:'河水瀰瀰。'傳:'盛皃。'〔轉注〕爲凡盈益之誼。經傳皆'彌'爲之。"按,所引《詩·邶風·新臺》文清馬瑞辰《通釋》:"張參《五經文字》云:'瀰,見《詩·風》。'是古本原作'瀰瀰'。今本作'瀰瀰'

者,後人增益字也。"南朝梁沈約《郊居賦》:"何東川之瀰瀰,獨流涕於吾人。"

〔推源〕 此二詞俱有多義,爲爾聲所載之公共義。聲符字"爾"所記録語詞謂疏朗、孔多,本與多義相通。《説文·㸚部》:"爾,麗爾,猶靡麗也。从冂,从㸚,其孔㸚;尒聲,此與爽同意。"南唐徐鍇《繫傳》:"麗爾,歷歷然希疏點綴見明也。"清朱駿聲《通訓定聲》:"本義爲窗牖之交文,玲瓏可觀。《詩·采薇》:'彼爾維何。'傳:'華盛皃。'即本義之轉注。《説文》引作'薾',後出字也。因'爾'爲借義所專,'㸚'廢不用,故有'薾'之俗乎。"爾聲可載多義,則"多"可證之。

爾:日紐脂部;
多:端紐歌部。

日端準旁紐,脂歌旁轉。"多",多少字。《説文·多部》:"多,重也。从重夕。夕者,相繹也,故爲多。重夕爲多,重日爲疊。夥,古文多。"清朱駿聲《通訓定聲》:"《爾雅·釋詁》:'多,衆也。'……《荀子·致仕》:'寬裕而多容。'注:'廣納也。'"《詩·周頌·訪落》:"維予小子,未堪家多難。"漢鄭玄箋:"多,衆也。"

806　臧聲

(2076) 臟藏(收藏義)

臟 受賄,收藏錢財或實物。《廣韻·唐韻》:"臟,納賄曰臟。"晉袁宏《後漢紀·桓帝紀下》:"百姓聞滂名,其有臟汙未發者,皆解印綬去。"《明史·太祖紀二》:"庚申,命官吏犯臟者罪勿貸。"

藏 隱藏。《廣韻·唐韻》:"藏,隱也,匿也。"《史記·魏公子列傳》:"公子聞趙有處士毛公藏於博徒,薛公藏於賣漿家,公子欲見兩人,兩人自匿不肯見公子。"引申爲庫藏、收藏義。《廣韻·宕韻》:"藏,《通俗文》曰:'庫藏曰帑。'"《説文·巾部》:"帑,金幣所藏也。"《荀子·王制》:"春耕,夏耘,秋收,冬藏。"清平步青《霞外攟屑·掌故·七閣》:"《四庫》書成,繕寫七份。仿浙江范氏天一閣,建閣藏庋。"

〔推源〕 此二詞俱有收藏義,爲臧聲所載之公共義。聲符字"臧"所記録語詞之本義爲臧獲,即由戰俘淪爲奴隸者。楊樹達《釋臧》:"甲文'臧'字皆象以戈刺臣之形……當以臧獲爲本義也。"按,"臣"爲豎目。清朱駿聲《説文通訓定聲·壯部》:"臧,《漢書·司馬遷傳》:'臧獲婢妾。'注:'臧獲,敗敵所被虜獲爲奴隸者。'"按,戰俘即戰勝者所收捕之人;淪爲奴隸,即爲奴隸據作己有,故"臧"有收藏之衍義。《管子·侈靡》:"故天子臧珠玉,諸侯臧金石。"然則本條二詞之收藏義爲其聲符"臧"所載之顯性語義。臧聲可載收藏義,則"倉"可證之。

藏：精紐陽部；

倉：清紐陽部。

疊韻，精清旁紐，音僅微殊。"倉"，糧倉，收藏糧食處。《説文·倉部》："倉，穀藏也。"清朱駿聲《通訓定聲》："方者曰倉，圓者曰囷。《禮記·月令》：'脩囷倉。'又：'藏帝藉之收于神倉。'注：'藏祭祀之穀爲神倉。'"

807　對聲

(2077) 黤霴(黑義)

黤　黑闇。《集韻·隊韻》："黤，黤黤，黑也。或从隊。"元戴侗《六書故·天文下》："黤，黤黤，黑氣屯濃也。別作'黤'。"按，聲符字"對"《説文》亦作"對"。清王夫之《九昭》："下臨澒汗之無地兮，上黤黤而無天。"

霴　云黑貌。《説文新附·雨部》："霴，靆霴，云黑皃。从雨，對聲。"《集韻·闒韻》："靆，云皃。靉謂之靆霴。或作'靆'。"晉郭璞《山海經圖讚·帝休》："竦本少室，曾陰雲霴。"清魏源《天台紀遊·瓊臺雙闕》："其下雷回回，其側雲霴霴。"

〔推源〕　此二詞俱有黑義，爲對聲所載之公共義。聲符字"對"所記録語詞之本義爲應答。《説文·丵部》："對，䕺無方也。从丵，从口，从寸。對，或从土。"清朱駿聲《通訓定聲》："《儀禮·士冠禮》：'冠者對。'注：'應也。'《聘禮》：'對曰：非禮也，敢辭。'注：'荅問也。'"其引申義系列與黑義亦不相涉，黑義乃對聲另載之語源義。對聲可載黑義，則弋聲可相證。弋聲字所記録語詞"默""黓""衵"俱有黑色義，見本典第一卷"29.弋聲"第83條，對聲與弋聲本相近且相通。

對：端紐物部；

弋：余紐職部。

端余(喻四)準旁紐，物職通轉。

(2078) 嶎薱(盛義)

嶎　茂盛貌。《集韻·隊韻》："嶎，茂兒。"清朱駿聲《説文通訓定聲·履部·附〈説文〉不録之字》："嶎，《高唐賦》：'嶎兮若松榯。'注：'茂兒。'"《初學記》卷三十引三國魏繆襲《青龍賦》："爤若鑒陽，和映瑶瓊；嶎若望飛，雲曳旗旌。"

薱　草木茂盛。《廣韻·隊韻》："薱，草盛。"清朱駿聲《説文通訓定聲·履部·附〈説文〉不録之字》："薱，《廣雅·釋訓》：'薱薱，茂也。'"《文選·張衡〈西京賦〉》："嘉卉灌叢，蔚若鄧林；鬱蓊薱薱，櫧爽櫲樠。"唐薛綜注："皆草木盛貌也。"明姜埰《和陶〈榮木〉》："南山有木，薆薱于兹。"

〔推源〕 此二詞俱有盛義,爲對聲所載之公共義。聲符字"對"所記錄語詞之本義、引申義系列與盛義不相涉,其盛義乃對聲所載之語源義。對聲可載盛義,則"多"可證之。

對:端紐物部;

多:端紐歌部。

雙聲,物歌旁對轉。"多",多少字,謂數量大。《爾雅·釋詁上》:"多,衆也。"《説文·多部》:"多,重也。"《易·謙》:"君子以裒多益寡,稱物平施。"按,凡物多即盛,唯"多"有盛義,故有"盛多"之同義聯合式合成詞。《史記·刺客列傳》:"臣之仇韓相俠累,俠累又韓君之季父也,宗族盛多,居處兵衛甚設。"

808　賏聲

(2079) 嬰謍(小義)

嬰　嬰兒,人初生,幼小者。見本卷"熒聲"第 2099 條"推源"欄。

謍　小聲。《説文·言部》:"謍,聲也。从言,賏聲。"清朱駿聲《通訓定聲》:"與'嫈'略同。"按"嫈"亦小聲之謂,見本卷"熒聲"第 2099 條。《廣韻·耕韻》:"謍,謍譚,小聲。"《字彙·言部》:"謍,與'嚶'同。"宋梅堯臣《寄題絳守園池》:"蒼官鳳槐朋在庭,風蟲日鳥聲嚶嚀。"明陸采《明珠記·由房》:"嚶嚶小語,問郎路迷。"

〔推源〕 此二詞俱有小義,爲賏聲所載之公共義。聲符字"賏"所記錄語詞謂串貝以爲頸飾。《説文·貝部》:"賏,頸飾也。从二貝。"清朱駿聲《通訓定聲》:"駢貝爲飾。"《廣韻·清韻》:"賏,貝飾。"又《映韻》:"賏,頸飾。"唐蘇鶚《蘇氏演義》卷上:"賏者,貝也。寶貝纓絡之類,蓋女子之飾也。"然則本與小義不相涉,其小義乃賏聲所載之語源義。賏聲可載小義,則熒聲可相證。熒聲字所記録語詞"謍""滎""嫈""煢""螢"俱有小義,見本卷"熒聲"第 2099 條,賏聲、熒聲極相近且相通。

賏:影紐耕部;

熒:匣紐耕部。

叠韻,影匣鄰紐。然則可相爲證。

809　熏聲

(2080) 曛矄(昏黑義)

曛　黄昏,天光昏黑時。《廣韻·文韻》:"曛,日入也。又黄昏時。"《南史·朱异傳》:"每迫曛黄,慮臺門將闔,乃引其鹵簿自宅至城,使捉城門停留管籥。"引申爲昏黑、昏暗義。

《素問·六元正紀大論》："金發而清明,火發而曛昧。"唐權德輿《竹徑偶然作》："幽賞方自適,林西煙景曛。"

醺 醉,腦中感覺昏黑。《説文·酉部》："醺,醉也。从酉,熏聲。《詩》曰:'公尸來燕醺醺。'"《廣韻·文韻》："醺,著酒。"唐杜甫《留別賈嚴二閣老兩院補闕》："去遠留詩別,愁多任酒醺。"清蒲松齡《聊齋志異·道士》："道士懸爵促釂……二人心曠神飛,不覺醺醉。"

〔推源〕 此二詞俱有昏黑義,爲熏聲所載之公共義。聲符字"熏"所記錄語詞謂煙火熏。《説文·屮部》:"熏,火煙上出也。从屮,从黑。屮黑,熏黑也。"清朱駿聲《通訓定聲》:"俗字作'燻'。《爾雅·釋訓》:'炎炎,熏也。'《詩·雲漢》:'憂心如熏。'"按,煙火熏之則黑,故"熏"亦引申而指黃昏、昏黑時光,其字即"曛"之初文,"曛"字則爲記錄此引申義之專字。《後漢書·文苑傳·趙壹》:"陟遂與言談,至熏夕,極歡而去。"然則本條二詞之昏黑義爲其聲符"熏"所載之顯性語義。熏聲可載昏黑義,則"黑"可證之。

熏:曉紐文部;

黑:曉紐職部。

雙聲,文職通轉。"黑",黑色。《説文·黑部》:"黑,火所熏之色也。從炎上出囪。囪,古窗字。"清朱駿聲《通訓定聲》:"《大荒東經》:'有黑齒之國。'注:'齒如漆也。'《漢書·賈誼傳》:'廛如黑子之著面。'〔聲訓〕《釋名·釋采帛》:'黑,晦也,如晦冥時色也。'"引申爲昏黑義。《漢書·五行志下之上》:"京房《易傳》曰:'……厥異日黑,大風起,天無雲,日光晻。'"明洪楩編《清平山堂話本》之《錯認尸》:"(喬俊)次日,黑早起來,辭了船主人,背了衣包,急急奔武林門來。"

810 算聲

(2081) 纂纂輂(聚集義)

穳 禾類聚集。《廣韻·桓韻》:"穳,同'穳'。"穳,刈禾積也。"《集韻·桓韻》:"穳,禾聚也。"又《緩韻》:"穳,禾積也。或作'纂'。"

纂 絲帶,引申爲收集、編輯、匯集義。《説文·糸部》:"纂,似組而赤。从糸,算聲。"清朱駿聲《通訓定聲》:"《漢書·景帝紀》:'錦繡纂組。'……楊雄有《訓纂篇》二千四十字,凡編纂字或亦作'簒'……《笙賦》:'歌棗下之纂纂。'注:'聚貌。'"《類篇·糸部》:"纂,集也。"《廣韻·緩韻》:"纂,集也。"《荀子·君道》:"尚賢使能則民知方,纂論公察則民不疑。"《晉書·刑法志》:"雖時有觕革,而舊律繁蕪,未經纂集。"

輂 車軸,貫穿車輪、輻條或輻板所聚集、歸湊者。《廣韻·線韻》及《仙韻》:"輂,車軸。"《集韻·線韻》:"輂,車軸。"《墨子·備城門》:"五十步一藉車,藉車必爲鐵輂。"

〔推源〕 諸詞俱有聚集義，爲算聲所載之公共義。聲符字"算"所記錄語詞謂計算，或與聚集義相通，蓋計算即參數相聚。《說文·竹部》："算，數也。从竹，从具。"清朱駿聲《通訓定聲》："具者，備數也……《蒼頡篇》：'算，計也。'《爾雅·釋詁》舍人注：'釋數之曰算。'……《易·繫辭》：'雜物撰德。'以'撰'爲之。"算聲可載聚集義，則"萃"可證之。

算：心紐元部；
萃：從紐物部。

心從旁紐，元物旁對轉。"萃"，草叢生，聚集。其字從卒得聲，卒聲字所記錄語詞"䅗""稡""萃"俱有聚集義，見本典第五卷"429. 卒聲"第1160條。

811　鼻聲

(2082) 潷膞（盛義）

潷　水勢盛大暴至聲，引申爲盛大義。《說文·水部》："潷，水暴至聲。从水，鼻聲。"清朱駿聲《通訓定聲》："《高唐賦》：'潷洶洶其無聲。'《上林賦》：'滂潷沆溉。'《洞簫賦》：'澎潷慷慨一何壯士。'"按，"滂潷""澎潷"猶"滂薄"，皆謂水勢盛大。"潷"爲水暴至聲，本寓盛大義，水勢盛大則暴至。猶"轟"爲車聲，亦有大聲義。

膞　盛，壯大。漢揚雄《方言》卷二："膞，盛也。自關而西秦晉之間語也。"清戴震《疏證》："《廣雅》：'膞，盛也。'義本此。"《廣韻·至韻》："膞，盛肥。"又："膞，壯大。"又："膞，盛也。"《集韻·至韻》："膞，肥壯。"

〔推源〕　此二詞俱有盛義，爲鼻聲所載之公共義。聲符字"鼻"所記錄語詞謂嗅覺器官，與盛義不相涉，其盛義乃鼻聲所載之語源義。鼻聲可載盛義，則"勃"可證之。

鼻：並紐質部；
勃：並紐物部。

雙聲，質物旁轉。"勃"，興盛，旺盛。清朱駿聲《說文通訓定聲·泰部》："勃，《長笛賦》：'氣噴勃以布覆兮。'注：'盛兒。'又重言形況字。《廣雅·釋訓》：'勃勃，盛也。'又單辭形況字……《荀子·非十二子》：'勃然平世之俗起焉。'注：'興起兒。'"

812　毚聲

(2083) 檼巚（高義）

檼　屋脊，屋之最高處。《說文·木部》："檼，棼也。从木，毚聲。"清朱駿聲《通訓定聲》："《廣雅·釋室》：'檼，棟也。'"《廣韻·焮韻》："檼，屋脊。又棟也。"《正字通·木部》："檼，屋脊也，即今複屋棟。"按，所訓正爲"梦"之義。清王筠《説文句讀·木部》："棟爲正中一木之名，今謂之脊檁者是。"

嶾　山高皃。《玉篇·山部》："嶾，嶾嶙，山高。"《廣韻·隱韻》："嶾，嶾嶙，山皃。"唐睿宗《石淙》："奇峰嶾嶙箕山北，秀崿岧嶢嵩鎮南。"唐玄奘《大唐西域記·摩揭陀國下》："峰崖崇峻，巇崿嶾嶙。"

〔推源〕　此二詞俱有高義，爲㥯聲所載之公共義。聲符字"㥯"從心，所記錄語詞之本義《説文》訓"謹"，與高義不相涉，其高義乃㥯聲所載之語源義。㥯聲可載高義，則"岸"可證之。

㥯：影紐文部；
岸：疑紐元部。

影疑鄰紐，文元旁轉。"岸"，水邊高地，虛化引申爲高義。《説文·屵部》："岸，水厓而高者。"清朱駿聲《通訓定聲》："《爾雅·釋丘》：'望厓灑而高岸。'注：'灑謂深也，視厓峻而水深者曰岸。'……《詩·谷風》：'淇則有岸。'〔轉注〕《小爾雅·廣詁》：'岸，高也。'《詩·皇矣》：'誕先登于岸。'傳：'高位也。'《漢書·江充傳》：'充爲人魁岸。'"

(2084) 隱癮(隱藏義)

隱　隱藏，隱蔽。《説文·阜部》："隱，蔽也。从阜，㥯聲。"清朱駿聲《通訓定聲》："《禮記·檀弓》：'其高可隱也。'注：'猶去也。'按，即笐也，俗作'奔'，猶藏也……《左文十傳》：'身將隱焉用文之。'《楚辭·沈江》：'巖穴處而隱藏。'"

癮　蕁麻疹，隱藏於皮中者。其字亦以"癮"爲之。《廣韻·隱韻》："癮，癮胗，皮外小起。"北齊顏之推《顏氏家訓》："飲噉飽酒，便卧簷下，投醒，即覺體癢，爬搔癮疹，因爾成癩，十餘年死。"《醫宗金鑒·痘疹心法要訣·癮疹》"心火灼肺風濕毒，隱隱疹點髮膚"注："癮疹者，乃心火灼於肺金，又兼外受風濕而成也。髮必多癢，色則紅赤，癮癮於皮膚之中，故名癮疹。"

〔推源〕　此二詞俱有隱藏義，爲㥯聲所載之公共義。聲符字"㥯"所記錄語詞之顯性語義與隱藏義不相涉，其隱藏義乃㥯聲所載之語源義。㥯聲可載隱藏義，則愛聲可相證。愛聲字所記錄語詞"僾""優""曖""靉""暧"俱有隱藏、隱蔽而不明義，見本典第八卷"愛聲"第2035條。㥯聲、愛聲本相近且相通。

㥯：影紐文部；
愛：影紐物部。

雙聲，文物對轉。然則可相爲證。

813　疑聲

(2085) 癡儗嶷擬（不明義）

癡　癡呆,不明事理。《説文·疒部》:"癡,不慧也。从疒,疑聲。"清朱駿聲《通訓定聲》:"俗字作'痴'。《方言》十:'癡,騃也。'"《廣韻·之韻》:"癡,不慧也。"《山海經·北山經》:"（人魚）食之無癡疾。"北齊顔之推《顔氏家訓·歸心》:"世有癡人,不識仁義,不知富貴,並由天命。"

儗　相疑。按,不明事物真相則疑之。《説文·人部》:"儗,一曰相疑。从人,从疑。"南唐徐鍇《繫傳》:"从人,疑聲。"清朱駿聲《通訓定聲》:"按,疑聲……《荀子·儒效》:'無所儗怎。'按,惑也。注:'無所凝滯慙怍也。'"按,"儗"字疊用可表遲疑義,遲疑義與不明真相而疑惑義亦相同。唐柳宗元《夢歸賦》:"若有鉢余以往路兮,馭儗儗以回復。"

嶷　九嶷山。"九嶷"即"九疑",其名寓疑惑不明之義。《説文·山部》:"嶷,九嶷山,舜所葬,在零陵營道。从山,疑聲。"清朱駿聲《通訓定聲》:"在今湖南永州府寧遠縣之南,桂陽州藍山縣之西南。《海内經》:'蒼梧之淵,其中有九嶷。'注:'其山九谿皆相似,故云九疑,古者總名其地爲蒼梧也。'《水經·湘水注》:'羅巖九舉,異嶺同勢,遊者疑焉,故曰九疑山。'"《廣韻·之韻》:"嶷,九嶷,山名,亦作'疑'。"唐李涉《寄荆娘寫真》:"蒼梧九疑在何處？斑斑竹淚連瀟湘。"

擬　揣度,即不明真相而推測之。《説文·手部》:"擬,度也。从手,疑聲。"清朱駿聲《通訓定聲》:"《周禮·射人》注:'行則止而擬度焉。'《易·鼎》翟本:'君子以正位擬命。'注:'度也。'"《廣韻·止韻》:"擬,度也。"漢揚雄《法言·孝至》:"君子動則擬諸事,事則擬諸禮。"宋司馬光注:"擬,度也。"

〔推源〕　諸詞俱有不明義,爲疑聲所載之公共義。聲符字"疑"所記録語詞之本義爲疑惑,實即不明真相之義。《説文·子部》:"疑,惑也。从子、止、匕,矢聲。"清朱駿聲《通訓定聲》:"子聲……《禮記·問喪》:'其反也如疑。'注:'疑者,不知神之來否。'《坊記》:'所以章疑別微。'疏:'謂是非不決。'《秦策》:'而三人疑之。'注:'猶惑也。'"然則本條諸詞之不明義爲其聲符"疑"所載之顯性語義。疑聲可載不明義,則"惑"可證之。

疑：疑紐之部；
惑：匣紐職部。

疑匣旁紐,之職對轉。"惑",疑惑,迷亂,實即不明真相義。《説文·心部》:"惑,亂也。"清朱駿聲《通訓定聲》:"《論語》:'四十而不惑。'皇疏:'疑惑也。'……《秦策》:'諸侯亂惑。'注:'疑也。'……《禮記·曲禮》注:'儴猶祛惑。'疏:'迷于事爲惑。'"按,"疑"與"惑"可組成同義聯合式合成詞,實爲同源詞素聯合詞。又《説文》以"惑"釋"疑",實以同源詞相訓。

(2086) 薿甖嶷(盛、大、高義)

薿 植物茂盛。其字或从禾作"䄒"。《説文·艸部》:"薿,茂也。从艸,疑聲。《詩》曰:'黍稷薿薿。'"按,所引《詩·小雅·甫田》文漢鄭玄箋:"薿薿然而茂盛。"《廣韻·職韻》:"薿,茂盛。"又《止韻》:"䄒,禾盛。"《集韻·止韻》:"薿,或从禾。"唐柳宗元《禮部賀嘉禾及芝草表》:"既呈薿薿之祥,更覩煌煌之秀。"

甖 大罌。《玉篇·瓦部》:"甖,大罌也。"《廣韻·志韻》:"甖,大罌。"清朱駿聲《説文通訓定聲·頤部·附〈説文〉不録之字》:"甖,《方言》五:'甖,甀也。'"按,"罌"亦作"甇"。《集韻·耕韻》:"甇,或从瓦。"清段玉裁《説文解字注·缶部》:"罌,缶器之大者。"《墨子·備穴》:"令陶者爲罌,容四十斗以上。"

嶷 山高貌,引申之,亦泛指高。清朱駿聲《説文通訓定聲·頤部》:"嶷,《字指》云:'嶷崱,山峰貌。'又重言形況字。《史記·五帝紀》:'其德嶷嶷。'《索隱》:'德高也。'"晉陶潛《感士不遇賦》:"山嶷嶷而懷影,川汪汪而藏聲。"

〔推源〕 諸詞或有盛義,或有大義、高義,諸義相通,俱以疑聲載之,語源當同。聲符字"疑"所記録語詞之本義引申義系列與盛、大、高義不相涉,此義當爲疑聲所載之語源義。疑聲可載盛、大、高義,則共聲可相證。共聲字所記録語詞"洪"謂水勢盛大,"輂"指高大之車,又"恭""珙""鮯""誟""颭""䡃""哄""鬨"俱有大義,見本典第三卷"216. 共聲"第621條。疑聲、共聲本相近且相通。

疑:疑紐之部;
共:群紐東部。

疑群旁紐,之東旁對轉。

(2087) 礙凝(止義)

礙 阻止,阻礙。《説文·石部》:"礙,止也。从石,疑聲。"清朱駿聲《通訓定聲》:"《廣雅·釋言》:'礙,距也。''礙,閡也。'《通俗文》:'限至曰礙。'《列子·力命》:'孰能礙之。'注:'止也。'……《法言·問道》:'礙諸以禮樂。'注:'限也。'又《列子·黄帝》:'雲露不硋其視。'"《廣韻·代韻》:"礙,止也,距也。硋,上同。"

凝 水結冰,結冰則止而不行,故有"止"之衍義。《説文·仌部》:"冰,水堅也。从仌,从水。凝,俗冰从疑。"清朱駿聲《通訓定聲》:"按,疑者,止不動也。《廣雅·釋詁四》:'凝,定也。'……《楚辭·憂苦》:'凝氾濫兮。'注:'止也。'"《廣韻·蒸韻》:"凝,水結也。"唐孫處玄《殘句》:"日側南澗幽,風凝北林暮。"

〔推源〕 此二詞俱有止義,爲疑聲所載之公共義。聲符字"疑"所記録語詞之本義爲疑惑,疑惑即主觀認識與客觀事物之間有所阻止,疑惑義與阻止義當相通。疑聲可載止義,則巨聲可相證。巨聲字所記録語詞"櫃""拒"俱有拒止義,見本典第一卷"68. 巨聲"第 201 條。疑聲、巨聲本相近且相通。

疑:疑紐之部;

巨:群紐魚部。

疑群旁紐,之魚旁轉。

814　廣聲

(2088) 曠廫壙曠瀇擴懬(空、廣義)

曠　光明,開朗,引申爲寬廣、空缺義。《説文·日部》:"曠,明也。从日,廣聲。"清朱駿聲《通訓定聲》:"《漢書·鄒陽傳》:'獨觀於昭曠之道。'《莊子·天地》:'此之謂照曠。'〔假借〕又空也。《禮記·曲禮》:'祥車曠左。'《孟子》:'曠安宅而弗居。'《書·皋(陶)謨》:'無曠庶官。'傳:'空也。'……又爲'廣'。《老子》:'曠兮其若谷。'注:'寬大。'《楚辭·招魂》:'其外曠宇些。'注:'大也。'"按,皆引申義,非假借。"曠"字从日,日光照於空廣處則無遮擋而明亮。

廫　廣闊,廣大。《説文·心部》:"廫,闊也。一曰廣也,大也。一曰寬也。从心,从廣,廣亦聲。"清朱駿聲《通訓定聲》:"《漢書·元帝紀》:'衆僚久廫,未得其人。'"按,其字从心,人之心地有寬大者。朱氏所引《漢書》文之"廫"謂空缺,乃其衍義。《廣韻·蕩韻》:"廫,大也。"又:"廫,大也,寬也。"沈兼士《聲系》:"案'廫',元泰定本作'廫'。"引申之,則有曠廢義,曠廢即空虚。《新唐書·叛臣傳下·高駢》:"上帝以公爲人臣,慮機事廫廢,使神人來備羽翼,且當以職糜之。"

壙　墓穴。墓穴多處於荒野,故引申而指野外空曠處。《説文·土部》:"壙,塹穴也。一曰大也。从土,廣聲。"清朱駿聲《通訓定聲》:"《周禮·方相氏》:'入壙。'注:'穿地中也。'《荀子·大略》:'望其壙皋如也。'注:'丘壠。'〔別義〕《説文》:'一曰大野。'《孟子》:'獸之走壙也。'《莊子·應帝王》:'以處壙埌之野。'崔注:'猶曠蕩也。'〔轉注〕《管子·七法》:'毋壙地利。'注:'空也。'"

曠　目無珠,眼中空。《玉篇·目部》:"曠,目無眹。"《廣韻·軫韻》:"眹,目童子也。"又《宕韻》:"曠,目無朙也。"《集韻·準韻》:"䀮,目晴。"元無名氏《黄花峪》第一折:"則我這拳著處撲的塵埃中躺,打這廝鼻凹眼曠抹著處傷。"

瀇　漫無邊際,即四周空而廣之意。漢王充《論衡·案書》:"齊有三鄒衍之書,瀇洋無涯,其文少驗,多驚耳之言。"亦指水深廣。《廣韻·蕩韻》:"瀇,水深廣皃。"五代王定保《唐摭言·怨怒》:"驪龍之珠,潛於瀇滉之中或可識;貴人之顔,無因之前不可識。"

擴 擴大,即廣其範圍,故又引申爲廣闊義。《玉篇·手部》:"擴,引張之意。"唐韓愈《曹成王碑》:"王及州,不解衣,下令掊鎖擴門,悉棄倉實與民,活數十萬人。"明徐弘祖《徐霞客遊記·遊武夷山日記》:"巖既雄擴,泉亦高散。"

懭 失意,心中空空無着落。《集韻·蕩韻》:"懭,懭悢,意不得也。"按《玉篇·心部》:"悢,懭悢,不得志也。"漢劉向《九嘆·惜賢》:"心懭悢以冤結兮,情舛錯以曼憂。"漢王逸注:"懭悢,失志貌也。"

〔推源〕 諸詞俱有空、廣義,爲廣聲所載之公共義。聲符字"廣"所記録語詞謂殿之大屋,四周無壁,空而廣者。《說文·广部》:"廣,殿之大屋也。从广,黄聲。"清朱駿聲《通訓定聲》:"按,堂無四壁者,秦謂之殿,所謂堂皇也,覆以大屋曰廣。《尚書大傳》:'天子之堂廣九雉。'注:'榮間相去也。'《孟子》:'居天下之廣居。'《莊子·田子方》:'是求馬於唐肆也。'司馬注:'廣庭也。'以'唐'爲之。"《廣韻·蕩韻》:"廣,大也,闊也。"明高攀龍《水居記》:"漆湖之干有州焉,可二十步,三分贏一以爲廣。"然則本條諸詞之空、廣義爲其聲符"廣"所載之顯性語義。廣聲可載空、廣義,則康聲可相證。康聲字所記録語詞"歉""涷""穅""㡍""䡎"俱有空義,"㡍"謂廣大而空,見本典第七卷"684. 康聲"第1780條。廣聲、康聲極相近且相通。

廣:見紐陽部;
康:溪紐陽部。

叠韻,見溪旁紐。

815 辡聲

(2089) 辨辯瓣辯(分義)

辨 字本作"辧",从刀,刀具可剖分物,故其本義爲區分,判別。《說文·刀部》:"辧,判也。从刀,辡聲。"清桂馥《義證》:"隸作'辨',與'班'作'班'同。"清朱駿聲《通訓定聲》:"《小爾雅·廣言》:'辨,別也。'《周禮·天官》:'辨方正位。'《左襄廿八傳》:'男女辨姓。'《論語》:'脩慝辨惑。'《文選·典引》:'惇睦辨章之化洽。'"《左傳·成公十八年》:"周子有兄而無慧,不能辨菽麥。"

辯 色彩斑駁,謂其色不一,相分別。字亦作"斑"。《說文·文部》:"辯,駁文也。从文,辡聲。"清朱駿聲《通訓定聲》:"字亦作'斑'、作'𤾈'。《蒼頡篇》:'辯,文貌也,雜色爲斑。'《廣雅·釋詁三》:'辯,文也。'《通俗文》:'文章謂之𤾈爛。'《西京賦》:'上辯華以交紛。'……《禮記·祭義》:'斑白者,不以其任行乎道路。'注:'髮雜色也。'……《楚辭·憂苦》:'雜斑駁與闌茸。'注:'雜色也。'《上林賦》:'被斑文。'注:'虎豹之皮也。'〔假借〕爲'辨'、爲'班'。《廣雅·釋詁一》:'斑,分也。'"按,非假借,乃引申。《廣韻·删韻》:"斑,駁也,文也。辯,上同。見《説文》。"

瓣 瓜中實,引申之則指花瓣。花瓣即瓣瓣分開者。《説文·瓜部》:"瓣,瓜中實。从瓜,辡聲。"清朱駿聲《通訓定聲》:"《爾雅·釋草》:'瓠棲瓣。'孫注:'瓠中瓣也。'……《文選·祭古冢文》:'梅李核瓜瓣。'〔假借〕爲'辨'。今所用花辨字,謂蕊分開也。"按,當爲引申,非假借。明馮夢龍編《警世通言》之《王安石三難蘇學士》:"他也不曉得黄州菊花落瓣,也怪他不得。"《西遊記》第四十二回:"你上那蓮花瓣兒,我渡你過海。"

辯 辯論。即分辯、分析事理之謂。引申之又有分別義。《廣韻·獮韻》:"辯,別也。"清朱駿聲《説文通訓定聲·坤部》:"《周禮·鄉士》:'辯其獄訟。'《禮記·曲禮》:'分爭辯訟。'《韓非子·八經》:'辯者,言之信。'〔轉注〕《禮記·表記》:'朝極辯。'注:'分別政事也。'《左襄廿九傳》:'辯而不德。'服注:'辯苔門辯也。'"

〔推源〕 諸詞俱有分義,爲辡聲所載之公共義。聲符字"辡"爲"辯"之初文,所記録語詞謂分辯、分析。《説文·辡部》:"辡,辠人相與訟也。从二辛。"饒炯部首訂:"即争辯字,謂辠人互訟,争論屈直,各自疏解其事,故从二辛見義。"清王筠《説文句讀·辡部》:"辯即辡之絫增字。"然則本條諸詞之分義爲其聲符"辡"所載之顯性語義。辡聲可載分義,則"判"可證之。

辡:並紐元部;
判:滂紐元部。

叠韻,並滂旁紐,音極相近。"判",分開。《説文·刀部》:"判,分也。"清朱駿聲《通訓定聲》:"《周禮·朝士》:'凡有責者有判書。'注:'半分而合者。'〔轉注〕《左莊三傳》:'紀于是乎始判。'注:'分也。'《晉語》:'則上下既有判矣。'注:'離也。'《離騷》:'判獨離而不服。'注:'別也。'《詩·訪落》:'繼猶判涣。'傳:'分也。'"

(2090) 辮/編(編織義)

辮 交織,編織。《説文·糸部》:"辮,交也。从糸,辡聲。"清朱駿聲《通訓定聲》:"《後漢·張衡傳》注引《説文》:'交織也。'《通俗文》:'織繩曰辮。'《漢書·終軍傳》:'解辮髮削左衽。'《思玄賦》:'辮貞殼以爲鞶兮。'"《晉書·西戎·吐谷渾傳》:"婦人以金花爲首飾,辮髮縈後,綴以珠貝。"按,朱氏所引《漢書》之"辮"謂髮辮,其物乃編織頭髮而成者。

編 編聯竹簡,引申爲編織。《説文·糸部》:"編,次簡也。"清朱駿聲《通訓定聲》:"'册'字二横畫象編之形。《聲類》:'以繩次物曰編。'《漢書·儒林傳》:'讀之韋編三絶。'〔轉注〕《周禮·追師》:'爲副編次追衡笄。'注:'編列髮爲之其遺像,若今假紒矣。'《四子講德論》:'編結沮。'顔注:'謂編髮也。'……《蒼頡篇》:'編,文織也。'又《漢書·東方朔傳》:'齒若編貝。'又《西京賦》:'編町成篁。'注:'連也。'"

〔推源〕 此二詞俱有編織義,其音亦相近且相通。

辦：並紐元部；

編：幫紐真部。

並幫旁紐，元真旁轉。則其語源當同。

816　適聲

(2091) 擿嫡謫（出義）

擿　投出。《説文·手部》："擿，投也。"清朱駿聲《通訓定聲》："字亦作'擲'。《莊子·胠篋》：'擿玉毁珠。'《史記·刺客傳》：'以擿秦王。'"清段玉裁注："今字作'擲'。"《廣韻·昔韻》："擿，同'擲'。"按，"擿"又有揭露義，揭露即揭發而使之露出，爲抽象性出義。《後漢書·賈宗傳》："宗擢用其任職者，與邊吏參選，轉相監司，以擿發其姦，或以功次補長吏，故各願盡死。"

嫡　出嫁。《廣韻·昔韻》："嫡，嫁也。"《爾雅·釋詁上》"嫁，往也"晉郭璞注引《方言》："自家而出謂之嫁，猶女出爲嫁。"北周衛元嵩《元包經·孟陽》："隨，男有嫡，女有嫡。"唐蘇源明傳："女有嫡，出而從夫也。"

謫　譴責，引申爲貶出。字亦作"讁"。《廣韻·麥韻》："讁，同'謫'。"《説文·言部》："謫，罰也。"清朱駿聲《通訓定聲》："字亦作'讁'……《通俗文》：'罰罪曰謫。'……《齊語》：'桓公擇是寡功者而謫之。'"《漢書·晁錯傳》："秦民見行，如往棄市，因以謫發之，名曰'謫戍'。"明陳汝元《金蓮記·構釁》："要貶子瞻，須把他兄弟子由一同謫外，庶免後患。"

〔推源〕　諸詞俱有出義，爲適聲所載之公共義。聲符字"適"所記録語詞之本義爲前往，即出行義，故引申爲出嫁。《説文·辵部》："適，之也。"清朱駿聲《通訓定聲》："《方言》一：'適，往也，宋、魯語也。'《書·盤庚》：'民不適攸居。'……《周禮·小行人》：'使適四方。'……《儀禮·喪服》注：'凡女行于大夫以上曰嫁，行于士庶人曰適人。'"然則本條諸詞之出義爲其聲符"適"所載之顯性語義。適聲可載出義，則"露"可證之。

適：書紐錫部；

露：來紐鐸部。

書(審三)來準旁紐，錫鐸旁轉。"露"，露水，露天者，故引申爲露出義。《説文·雨部》："露，潤澤也。"清朱駿聲《通訓定聲》："土氣津液，從地而興，若薄以寒氣，即結而爲霜。《月令章句》：'露，陰液也。'……《大戴記·曾子天圓》：'陽氣勝則散爲雨露。'〔假借〕爲'裸'。《長楊賦》：'今樂遠出以露威靈。'注：'顯暴也。'《荀子·富國》：'都邑露。'注：'謂無城郭墻垣。'"按，非假借，乃引申。

817　齊聲

(2092) 劑齎齌儕(齊義)

劑　以刀剪,齊斷。《爾雅·釋言》:"劑,翦齊也。"晉郭璞注:"南方人呼翦刀爲劑刀。"《説文·刀部》:"劑,齊也。从刀,从齊,齊亦聲。"清朱駿聲《通訓定聲》:"《後漢·劉梁傳》注:'劑,剪齊也。'"引申爲齊平義。《尸子》卷下:"莒國有石焦原者,廣尋,長五十步,臨百仞之谿,莒國莫敢近也。有以勇見莒子者,獨却行劑踵焉,此所以服莒國也。"其"劑"字異文作"齊"。

齎　齊備。《篇海類編·通用類·齊部》:"齎,備也。"清朱駿聲《説文通訓定聲·履部》:"齎,俗字作'賫'……《漢書·食貨志》:'行者齎。'注:'謂將衣食之具以自隨也。'"《淮南子·道應訓》:"楚有善爲偷者,往見曰:'聞君求技道之士,臣偷也,願以技齎一卒。'"漢高誘注:"齎,備卒足也。"《續資治通鑑·宋高宗紹興三十二年》:"盡委輜重士卒,齎數日糧輕騎襲之。"

齌　人材整齊。《説文·女部》:"齌,材也。从女,齊聲。"清朱駿聲《通訓定聲》:"《廣雅·釋詁一》:'齌,好也。'《詩·采蘋》:'有齌季女。'毛本以'齊'爲之。"清段玉裁注:"取人材整齊之意。"馬叙倫《疏證》:"今杭縣偁女子美好曰齊正。"《廣韻·齊韻》:"齌,好皃。"按,猶今語所云"長得標準"。

儕　同輩,同類,相齊等者。《説文·人部》:"儕,等輩也。从人,齊聲。"清朱駿聲《通訓定聲》:"《字林》:'等也。'《廣雅·釋詁一》:'輩也。'……《左宣十一傳》:'吾儕小人。'《僖廿三傳》:'晉鄭同儕。'《禮記·樂記》:'故先王之喜怒皆得其儕焉。'注:'猶輩類。'"《廣韻·皆韻》:"儕,等也,輩也,類也。"《明史·文苑傳二·程敏政》:"敏政,名臣子,才高負文學,常俯視儕偶,頗爲人所疾。"

〔推源〕　諸詞俱有齊義,爲齊聲所載之公共義。聲符字"齊"所記録語詞之本義即整齊,引申爲齊備、齊等等義。《説文·齊部》:"齊,禾麥吐穗上平也。象形。"清朱駿聲《通訓定聲》:"《廣雅·釋言》:'整也。'……《周語》:'其君齊明忠正。'注:'一也。''外内齊給。'注:'整也。'……《荀子·脩身》:'齊明而不竭。'注:'無偏無頗也。'……《襄廿二傳》:'以受齊盟。'注:'同也。'《禮記·學記》:'大時不齊。'疏:'謂一時同也。'"按,許慎所訓蓋爲形體造意,其本義爲整齊。《廣韻·齊韻》:"齊,整也,等也。"然則本條諸詞之齊義爲其聲符"齊"所載之顯性語義。齊聲可載齊義,則"整"可證之。

齊:從紐脂部;
整:章紐耕部。

從章(照)鄰紐,脂耕通轉。"整",整齊。《說文·攴部》:"整,齊也。从攴,从束,从正,正亦聲。"清朱駿聲《通訓定聲》:"《禮記·月令》:'整設于屏外。'注:'正列也。'《吕覽·簡選》:'行陳整齊。'……《淮南·覽冥》:'爲整齊而斂諧。'注:'不差也。'"按,許慎以"齊"釋"整","整齊"爲同義聯合式合成詞,實爲同源詞根相聯合而成之複音詞。亦作"齊整",則爲同素逆序詞。《新五代史·梁書·謝彥章傳》:"晉人望其行陣齊整,相謂曰:'謝彥章必在此也。'"

(2093) 嚌齏瘠(小義)

嚌 嘗,小量食之。《說文·口部》:"嚌,嘗也。从口,齊聲。《周書》曰:'大保受同祭嚌。'"清朱駿聲《通訓定聲》:"《儀禮·有司徹》:'嚌肺一。'《禮記·雜記》:'主人之酢也,嚌之。'注:'嚌、啐,皆嘗也。嚌,至齒;啐,入口。'"《廣韻·霽韻》:"嚌,嘗至齒也。"《儀禮·士冠禮》:"有乾肉,折俎嚌之。"漢鄭玄注:"嚌,嘗之。"

齏 細切的菜、肉,碎小之物。《說文·韭部》:"韲,墜也。从韭,次、弐皆聲。齏,韲或从齊。"清朱駿聲《通訓定聲》:"墜也……凡醯醬所和細切爲韲,全物若䐑爲菹。《廣雅·釋器》:'韲,菹也。'《周禮·醢人》:'五齊。'注:'謂當爲齏。'《禮記·曲禮》:'徹飯齏以授相者。'"引申爲碎小義。《舊五代史·漢書·蘇逢吉傳》:"自是將相失歡。逢吉欲希外任,以紓弘肇之怒。既而中輟。人問其故,逢吉曰:'苟領一方鎮,祗消得史公一處分,則爲齏粉矣。'"

瘠 短小,瘦小。《廣韻·霽韻》:"瘠,病也。"又《薺韻》:"瘠,生而不長。"《集韻·薺韻》:"瘠,短兒。"清朱駿聲《說文通訓定聲·履部·附〈說文〉不録之字》:"瘠,《方言》十九:'凡物生而不長大亦謂之鮆,又曰瘠。'《廣雅·釋詁二》:'瘠,短也。'"章炳麟《新方言·附嶺外三州語》:"三州謂人痠小曰瘠。"

〔**推源**〕 諸詞俱有小義,爲齊聲所載之公共義。聲符字"齊"所記録語詞之本義、引申義系列與小義不相涉,其小義乃齊聲所載之語源義。齊聲可載小義,則此聲可相證。此聲字所記録語詞"玭""柴""髭""鮆""觜""仳""訾""佌""眥""疵""魮"俱有小義,見本典第三卷"233. 此聲"第653條。齊聲、此聲本相近且相通。

齊:從紐脂部;
此:清紐支部。

從清旁紐,脂支通轉。然則可相爲證。

(2094) 濟䒱(過義)

濟 渡過。《廣韻·霽韻》:"濟,渡也。"清朱駿聲《說文通訓定聲·履部》:"《爾雅·釋言》:'濟,渡也。'《易》:'未濟。''既濟。'《書·君奭》:'予往暨汝奭其濟。'……《左昭廿九傳》:'遂濟窮桑。'賈注:'度也。'"《說文·舟部》:"舟,船也。古者共鼓、貨狄剡木爲舟,剡木爲楫,以濟不通。"《新五代史·王珂傳》:"公若攜家夜濟,人必争舟,一夫鴟張,大事即去。"按,"濟"本爲水名,表渡過義,爲套用字。

䍤 濾酒,過濾。《廣韻·薺韻》:"䍤,手搊酒。"按,其字从网,濾酒以網眼,《廣韻》所訓非本義,乃引申義。清朱駿聲《說文通訓定聲·履部·附〈說文〉不録之字》:"䍤,《廣雅·釋詁二》:'䍤,漉也。'"《詩·小雅·伐木》"釃酒有藇"唐陸德明《釋文》:"謂以筐漉酒。"南朝梁劉孝標《東陽金華山栖志》:"農隙時閒,濁醪初䍤,醥清新熟,則田家野老,提壺共至。"

〔推源〕 此二詞俱有過義,爲齊聲所載之公共義。聲符字"齊"所記録語詞之本義、引申義系列與過義不相涉,其過義乃齊聲所載之語源義。齊聲可載過義,則"歷"可證之。

齊:從紐脂部;
歷:來紐錫部。

從來鄰紐,脂錫通轉。"歷",經過。《説文·止部》:"歷,過也。从止,厤聲。"清朱駿聲《通訓定聲》:"《漢書·天文志》:'陵歷斗食。'注:'經之爲歷。'《東京賦》:'歷世彌光。'注:'經也。'"宋王禹偁《送鞠仲謀序》:"自申抵陝,歷河陽,下洛都。"

818 粦(㷠)聲

(2095) 鄰鱗嶙璘驎(相連義)

鄰 數户人家相連。《説文·邑部》:"鄰,五家爲鄰。从邑,粦聲。"清朱駿聲《通訓定聲》:"字亦作'厸'。《周禮·遂人》注:'鄰、里、酇、鄙、縣、遂,猶郊內比、閭、族、黨、州、鄉也。''厸'字當是'比'之誤體。《淮南·精神》:'與德爲鄰。'注:'比也。'《漢書·叙傳》:'亦厸惪而助信。'劉德注:'厸,近也。'按,當讀如'比'。又《韓詩外傳》:'八家爲鄰。'〔聲訓〕《釋名·釋州國》:'五家謂伍,又謂之鄰。鄰,連也,相接連也。'"按,"厸"即古"鄰"字。《玉篇·厸部》:"厸,古鄰字。"

鱗 魚、蛇等物身上的鱗片,衆多而相連者。《説文·魚部》:"鱗,魚甲也。从魚,粦聲。"清朱駿聲《通訓定聲》:"《家語·執轡》:'鱗蟲三百六十而龍爲之長。'《大戴·易本命》:'介鱗夏食冬蟄。'《廣雅·釋詁四》:'鱗,甲也。'〔轉注〕《難蜀父老》:'鱗集仰流。'注:'鱗集,相次也。'《羽獵賦》:'鱗羅布烈。'注:'若鱗之羅也。'"按,所謂"轉注"即引申,"鱗集""鱗羅"皆謂多而相連。

嶙 山峰重疊、相連。《廣韻·真韻》:"嶙,嶙峋,深崖狀也。"宋歐陽修《盤車圖》:"淺山嶙嶙,亂石矗矗。"

璘 花紋、色彩斑駁,多而相連。《廣韻·真韻》:"璘,璘瑜,文皃。"清朱駿聲《説文通訓定聲·坤部·附〈説文〉不録之字》:"璘,《廣雅·釋詁三》:'辬、璘、虪、彬,文也。'《西京賦》:

'瑶珉璘彬。'注:'玉光色裸也。'《景福殿賦》:'文彩璘班。'注引《埤蒼》:'文皃。'"唐皎然《送穆寂赴舉》:"劍光既陸離,瓊彩何璘玢。"

驎 斑文似魚之馬,則其名本寓色彩多而相連之義。清朱駿聲《説文通訓定聲·坤部·附〈説文〉不録之字》:"驎,《詩·駉》傳:'青驪驎曰驒。'《釋文》:'驎,毛色有深淺,斑駁隱甐,今之連錢驄也。'按,如魚鱗,《爾雅》作'鄰'。"按,《爾雅·釋畜》作"驎",云:"青驪驎、驒。"清郝懿行《義疏》:"鱗、驎聲義同。"

〔推源〕 諸詞俱有相連義,爲粦聲所載之公共義。粦聲字"獜"所記録語詞《廣韻·青韻》曰:"《玉篇》云:'獜獜,犬聲。'"按,"獜"之音與犬吠聲不相類,非擬音詞,凡犬吠則其聲相連,此亦粦聲與相連義相關聯之一證。聲符字"粦"所記録語詞謂燐火,燐火散而多,或與相連義相通。《説文·炎部》:"粦,兵死及牛馬之血爲粦。粦,鬼火也。从炎、舛。"清朱駿聲《通訓定聲》:"字俗作'燐'……《詩·東山》:'熠燿宵行'傳:'熠燿,燐也。燐,熒火也。'此'熒火',非《爾雅·釋蟲》之'即炤',即鬼火也。《淮南·説林》:'抽簪招燐。'注:'燐血精似野火,招之應聲而至。血灑污人,以簪招之則不至。'"粦聲可載相連義,則"連"可證之。

粦:來紐真部;

連:來紐元部。

雙聲,真元旁轉。"連",人力車,人拉車,二者相連,故引申爲連接、連續等義。《説文·辵部》:"連,員連也。"清段玉裁注:"負車也。"清朱駿聲《通訓定聲》:"《集韻》《類篇》作'負連'。"《管子·海王》:"行服連軺輂者,必有一斤一鋸一錐一鑿,若其事立。"唐尹知章注:"連,輂名,所以載任器,人挽者。"《廣韻·仙韻》:"連,續也。"《後漢書·光武帝紀上》:"旗幟蔽野,塵埃連天。"唐姚合《題鄭駙馬林亭》:"東園連宅起,勝事與心期。"

(2096) 嶙麟疄(高、大義)

嶙 山崖或建築物高。《説文新附·山部》:"嶙,嶙峋,深崖皃。从山,粦聲。"宋李綱《登鍾山謁寶公塔》:"我登鍾山頂,白塔高嶙峋。"明徐弘祖《徐霞客遊記·遊恒山日記》:"望峪之東,山愈嶙嶒斗峭,問知爲龍山。"

麟 大雄鹿。《説文·鹿部》:"麟,大牝鹿也。从鹿,粦聲。"南唐徐鍇《繫傳》:"大牡鹿也。"清朱駿聲《通訓定聲》:"大牡鹿也……與麒麐字別。《子虛賦》:'射麋腳麟。'《東京賦》:'解罘放麟。'注:'大鹿曰麟。'"漢王符《潛夫論·賢難》:"今世主之於士也……必更待群司之所舉,則亦懼失麟鹿而獲艾猳。"

疄 田壟,高出地面者。《廣韻·震韻》及《真韻》:"疄,田壟。"《集韻·準韻》:"疄,高壠謂之疄。"《廣韻·腫韻》:"壠,亦作'壟'。《書》傳曰:畝,壠也。"按,"疄"與"壟(壠)"所謂一聲之轉。元王禎《農書》卷二:"其法起墢爲疄,兩疄之間,自成一畎。"按,"墢"即翻起之土。《集韻·末韻》:"墢,發土也。"則"起墢爲疄"即堆垒翻起之土而爲壟。明徐光啓《農政全書》

卷六："所耕地内，先並耕兩黎，墢皆内向，合爲一壠，謂之浮犂。"

〔推源〕 諸詞俱有高、大義，爲粦聲所載之公共義。聲符字"粦"所記録語詞與高、大義不相涉，其高、大義乃粦聲所載之語源義。粦聲可載高、大義，則我聲可相證。我聲字所記録語詞"峨""硪""鬖""娥""騀""莪""䴩""俄"俱有高大義，見本典第四卷"326. 我聲"第895條。粦聲、我聲本相近且相通。

粦：來紐真部；
我：疑紐歌部。

來疑二紐分別爲邊、鼻，依王力先生《同源字論》説二者亦爲鄰紐，真歌旁對轉。

(2097) 蹸疄（碾壓義）

蹸 車輪碾過。《説文・足部》："蹸，轢也。从足，粦聲。"清朱駿聲《通訓定聲》："字亦作'轔'、作'𨏉'、作'躪'。《廣雅・釋言》：'轔，轢也。'《漢書・王商傳》注：'躪，轢也。'《史記・司馬相如傳》：'觀徒車之所轔轢。'……'揜兔轔鹿。'《集解》：'車轢也。'"《廣韻・震韻》："轔，同'𨏉'。""𨏉，轔轢，車踐。"宋陳亮《祭張師古司户文》："肯明允其有無，但甘心於轢轔。"

疄 車輪碾壓田地。《説文・田部》："疄，轢田也。从田，粦聲。"清朱駿聲《通訓定聲》："如《左傳》'蹊人之田'、《檀弓》'犯人之禾'之類。"

〔推源〕 此二詞俱有碾壓義，爲粦聲所載之公共義。聲符字"粦"所記録語詞之本義、引申義系列與碾壓義不相涉，其碾壓義乃粦聲所載之語源義。粦聲可載碾壓義，則"碾"可證之。

粦：來紐真部；
碾：泥紐元部。

來泥二紐分別爲邊、鼻音，亦爲鄰紐，真元旁轉。"碾"，水碾，石碾，所以碾壓物者。《廣韻・線韻》："輾，水輾。碾，上同。"《集韻・線韻》："碾，所以轢物器也。"唐杜佑《通典・食貨二》："今爲富商大賈競造碾磑。"引申爲碾壓義。唐白居易《潯陽春・春來》："金谷蹋花香騎入，曲江碾草鈿車行。"

(2098) 橉甐驎（堅、健義）

橉 木名，其性堅硬。《廣韻・震韻》："橉，木名。"明李時珍《本草綱目・木部・橉木》："藏器曰：'橉木生江南深山大樹。樹有數種，取葉厚大白花者入藥，自餘灰入染家用。'此木最硬，梓人謂之橉筋木是也。"《文選・郭璞〈江賦〉》："橉杞稹薄於潯涘，榝樝森嶺而羅峰。"

甐 器堅。《篇海類編・器用類・瓦部》："甐，器堅。"按"甐"有磨損變薄之義，凡物之性堅者則不猝然碎散，而漸磨損，其義亦相通。《周禮・考工記・輪人》："倈以行山，則是摶以行石也,是故輪雖敝,不甐於鑿。"漢鄭玄注:"以輪之厚,石雖齧之,不能敝其鑿旁使之動。"

驎 駿馬,馬之强健者。《廣韻‧真韻》:"驎,騏驎,白馬黑脊。"按,其字或亦以"麟"爲之。《戰國策‧齊策四》:"君之厩馬百乘,無不被繡衣而食菽粟者,豈有騏麟、騄耳哉?"《商君書‧畫策》:"騏驎、騄駬,日走千里,有必走之勢也。"

〔推源〕諸詞俱有堅、健義,爲粦聲所載之公共義。粦聲字"鏻""隣""獜"亦多訓堅、訓健,則亦爲粦聲與堅、健義相關聯之一證。《玉篇‧金部》:"鏻,健皃。"《廣韻‧青韻》:"鏻,健也。"又《真韻》:"鏻,健皃。"又《震韻》:"鏻,鏻健。"按,其字从金,金之性堅,復以粦聲載堅義。清朱駿聲《説文通訓定聲‧坤部》:"隣,〔假借〕又爲'緊'。《管子‧五行》:'五穀隣熟。'注:'緊。'"按此"隣"即堅實義。又《管子‧水地》:"夫玉温潤以澤,仁也;隣以理者,知也。"戴望校正:"隣,謂玉堅而有文理者。"《説文‧犬部》:"獜,健也。从犬,粦聲。《詩》曰:'盧獜獜。'"《廣雅‧釋詁二》:"獜,健也。"《廣韻‧真韻》:"獜,獜獜,犬健也。"按,聲符字"粦"所記録語詞之本義、引申義系列與堅、健義不相涉,其堅、健義乃粦聲所載之語源義。粦聲可載堅、健義,"硬"可證之。

粦:來紐真部;

硬:疑紐耕部。

來疑二紐分別爲邊、鼻音,亦爲鄰紐,真耕通轉。"硬",堅硬。《廣韻‧諍韻》:"鞕,堅牢。硬,上同。"清朱駿聲《説文通訓定聲‧壯部‧附〈説文〉不録之字》:"硬(鞕),《一切經音義》引《字略》:'物堅曰硬。'又引《字書》:'鞕,牢也。'《廣雅‧釋詁一》:'鞕,堅也。'"唐杜佑《通典‧食貨二》:"山原川澤,土有硬軟。"宋梅堯臣《送侯孝傑殿丞僉判潞州》:"我今存若亡,似竹有空節,人皆欲吹置,老硬不可截。"又身體强健稱"硬朗"。清曹雪芹《紅樓夢》第二十九回:"看着小道是八十歲的人,托老太太的福,倒還硬朗。"

819 熒聲

(2099) 謍榮嫈鶯螢(小義)

謍 小聲。《説文‧言部》:"謍,小聲也。从言,熒省聲。《詩》曰:'謍謍青蠅。'"清朱駿聲《通訓定聲》:"毛本作'營',傳:'往來皃。'……《長笛賦》:'錚鐄謍嘂。'注:'聲也。'"今按,許慎所引爲《詩‧小雅‧青蠅》文,"營"爲假借字而"謍"爲其本字、正字,漢毛亨傳所云"往來皃"即小聲往來之義。又,所謂"謍嘂"即小聲與大聲相雜之義。朱氏所引《長笛賦》文《文選》本唐李善注:"《字林》曰:'謍,小聲也……'《埤蒼》:'嘂,大呼也。'"《廣韻‧庚韻》:"謍,謍謍,小聲。"明趙南星《祭李子田文》:"大言雷鳴,小言蠅謍,賢者垂首,智士吞聲。"

滎 極小之水。《説文·水部》："滎，絶小水也。从水，熒省聲。"清朱駿聲《通訓定聲》："字亦作'濴'。……《甘泉賦》：'梁弱水之潆濴兮。'注：'小水皃。'"清桂馥《義證》："'絶小水也'者，李善注《甘泉賦》引《字林》同《韓詩外傳》：'滎澤之水，無吞舟之魚。'字或作'瀅'。《集韻》：'瀅，絶小水也。'"《廣韻·青韻》："滎，小水也。"《淮南子·泰族訓》："故丘阜不能生雲雨，滎水不能生魚鱉者，小也。"清王念孫《讀書雜志》："滎水，小水也。"

嫈 小心態。《説文·女部》："嫈，小心態也。从女，熒省聲。"按，即嬌羞而小心翼翼之謂。《廣韻·静韻》及《清韻》："嫈，小心態。"又《耕韻》："嫈，嫈嫇。"《説文·女部》："嫇，嬰嫇也。"清段玉裁注："玄應引《字林》'嫈嫇，心態也'。即許書'嫈'下之'小心態也'。"唐張鷟《遊仙窟》："含嬌窈窕迎前出，忍笑嫈嫇返却迴。"

甇 小瓜。《説文·瓜部》："甇，小瓜也。从瓜，熒省聲。"清段玉裁注："《齊民要術》引作'小瓜瓞也'。"《玉篇·瓜部》："瓞，小瓜也。"《詩·大雅·緜》："緜緜瓜瓞。"唐孔穎達疏："大者曰瓜，小者曰瓞。"《廣韻·青韻》："甇，小瓜。"

螢 螢火蟲，發小光者。《廣韻·青韻》："螢，螢火。"清朱駿聲《説文通訓定聲·鼎部》："《爾雅·釋蟲》：'熒火即炤。'李注：'夜飛腹下有火光，故曰即炤。'《廣雅·釋蟲》：'熒，火蟒也。'《禮記·月令》：'腐草爲熒。'字亦作'螢'。"按，"螢"爲正字，以"熒"爲之，取其引申義。朱氏所引《禮記》文之"熒"異文作"螢"。晉崔豹《古今注·魚蟲》："螢火，一名耀夜，一名夜光，一名宵燭，一名景天，一名熠燿，一名燐，一名良鳥，腐草爲之，食蚊蚋。"晉左思《吳都賦》："西蜀之於東吳小大之相絶也，亦猶棘林螢燿而與夫樽木龍燭也。"

〔推源〕 諸詞俱有小義，爲熒聲所載之公共義。聲符字"熒"所記録語詞謂小光。《説文·焱部》："熒，屋下燈燭之光。从焱、冂。"清朱駿聲《通訓定聲》："《苕賓戲》：'守突奥之熒燭。'注：'小光也。'《太玄·牸》：'熒牸猇猇。'注：'光明小見之皃。'《楚辭·哀歲》：'鬼火兮熒熒。'注：'小火也。'"然則本條諸詞之小義爲其聲符"熒"所載之顯性語義。熒聲可載小義，則"嬰"可證之。

熒：匣紐耕部；
嬰：影紐耕部。

叠韻，匣影鄰紐。"嬰"，嬰兒，人初生而小者。清朱駿聲《説文通訓定聲·鼎部》："《吕覽·知士》：'更立衛姬嬰兒校師。'注：'幼少之稱。'《蒼頡篇》：'女曰嬰，男曰兒。'非是。《釋名》：'人始生曰嬰兒。'"唐白居易《吾雛》："老幼不相待，父衰汝孩嬰。"宋沈括《夢溪筆談·雜志一》："朱砂至良藥，初生嬰子可服。"

(2100) 祭營熒塋罃縈營(圓義)

祭 以繩束茅圈地而祭，圈地即作圓周運動圍其地。《説文·示部》："祭，設緜蕝爲營，以禳風雨、雪霜、水旱、癘疫於日、月、星辰、山川也。从示，熒省聲。一曰祭衛，使災不生。《禮記》曰：'雩禜祭水旱。'"清朱駿聲《通訓定聲》："《禮記·祭法》：'幽禜，祭星也；雩禜，祭水旱也。'……《周禮·鄁人》：'禜門用瓢齎。'注：'謂營鄁所祭黨正。''春秋祭禜亦如之。'注：'蓋亦爲壇位如祭社稷。'"清段玉裁注："《史記》《漢書·叔孫通傳》皆云：'爲緜蕞，野外習之。'韋昭云：'引繩爲緜，立表爲蕞。''蕞'即'菆'也，詳《艸部》。凡環幣爲營。禜、營叠韻。"

營 四周壘土而居，有圓圍義。《說文·宮部》："營，市居也。从宮，熒省聲。"清段玉裁注依《類篇》《韻會》改其解釋文爲"幣居也"。清朱駿聲《通訓定聲》："幣居也……市營曰環，亦作'闤'……《漢書·李尋傳》：'爲妻妾役使所營。'注：'謂繞也。'……《爾雅·釋地》：'齊曰營州。'《釋丘》：'水出其左營丘。'《詩·齊譜》：'都營丘。'疏：'水所營繞故曰營丘。'〔轉注〕《禮記·禮運》：'冬則居營窟。'按，四圍擁土也。又《公羊莊二十五傳》：'朱絲營社。'按，圍繞也。"

䴇 鳥回轉疾飛。《說文·卂部》："䴇，回疾也。从卂，營省聲。"清朱駿聲《通訓定聲》："熒省聲。鳥回轉疾飛曰䴇。"清段玉裁注："回轉之疾飛也，引申爲䴇獨，取裴回無所依之意。"《書·洪範》："無虐䴇獨，而畏高明。"按，回轉即轉圓圈。

塋 墓地，即一圍之地，凡墓域前地界皆作圓圍狀。《說文·土部》："塋，墓也。从土，熒省聲。"清朱駿聲《通訓定聲》："《玉篇》作'墓地'。……《廣雅·釋丘》：'塋，葬地也。'《漢書·張安世傳》：'賜塋杜東。'注：'冢地也。'《霍光傳》：'改光時所自造塋制而侈大之。'注：'墓域也。'"《廣韻·清韻》："塋，墓域。"按，以"塋"指墳墓者亦有之，蓋爲衍義，墳即高出地面而呈圓形者，俗云"墳堆"。清劉獻廷《廣陽雜記》卷五："《方言》：凡葬無墳者謂之墓，有墳者謂之塋。"《新唐書·唐休璟傳》："以賦絹數千散賙其族，又出財數十萬大爲塋墓，盡葬其五服親。"

䡺 車輮規，製作車輪之器。"䡺"即輮而使圓之謂。《說文·車部》："䡺，車輮規也。从車，熒省聲。"清朱駿聲《通訓定聲》："謂作輞之笵。"清桂馥《義證》："'車輮規也'者，《大戴禮·勸學篇》：'木直而中繩，輮而爲輪，其曲中規。枯暴不復挺者，輮使之然也。'《集韻》：'篡䈝，篡規車輞則也。'"清段玉裁注："《考工記》曰：'規之以眂其圜，萬之以眂其匡。'"

縈 纏繞，沿圓周方向係縛。《說文·糸部》："縈，收韏也。从糸，熒省聲。"清朱駿聲《通訓定聲》："《通俗文》：'收績曰縈。'《桂苑珠叢》：'縈，卷之也。'按，收卷絲若索繞而叠之也，今蘇俗語'縈績團''縈草把'皆是。"《廣韻·清韻》："縈，繞也。"《詩·周南·樛木》："南有樛木，葛藟縈之。"宋蘇軾《次韻正輔同遊白水山》："此身如綫自縈繞，左回右轉隨縴車。"

罃 油壺，亦指瓶，皆圓形物。《說文·缶部》："罃，備火長頸缾也。从缶，熒省聲。"清朱駿聲《通訓定聲》："字亦作'甖'。《方言》五：'甀或謂之罃。'《廣雅·釋器》：'罃，瓶也。'"唐柳宗元《瓶賦》："鴟夷蒙鴻，罍罃相追。"

〔推源〕 諸詞俱有圓義，爲熒聲所載之公共義。聲符字"熒"所記錄語詞之顯性語義與圓義不相涉，其圓義乃熒聲所載之語源義。熒聲可載圓義，則堯聲可相證。堯聲字所記錄語詞"橈""澆""繞""遶"俱有圓、曲義，見本典第八卷"堯聲"第1838條。熒聲、堯聲本相近且相通。

熒：匣紐耕部；
堯：疑紐宵部。

匣疑旁紐，耕宵旁對轉。然則可相爲證。

(2101) 瑩榮（明亮義）

瑩 玉色光潔、明亮。《說文·玉部》："瑩，玉色。从玉，熒省聲。《逸論語》曰：'如玉之瑩。'"清朱駿聲《通訓定聲》："《太玄·玄瑩》注：'瑩者，明也。'"按，此爲明白義，爲其衍義。《韓詩外傳》卷四："良珠度寸，雖有百仞之水，不能掩其瑩。"北齊劉晝《新論·清神》："人不照於爍金而照於瑩鏡者，以瑩能明也。"

榮 木名，亦指花，花則爲有光澤、明亮，故爲枯榮字。《廣韻·庚韻》："榮，榮華。"清朱駿聲《說文通訓定聲·鼎部》："榮，〔別義〕《爾雅·釋草》：'木謂之華，草謂之榮，不榮而實者謂之秀，榮而不實者謂之英。'按，對文則別，散文亦通。《月令》'鞠有黄華木堇榮'是也。〔假借〕又爲'瑩'。《吕覽·振亂》：'且辱者也而榮。'注：'光明也。'《務大》：'其名無不榮者。'注：'顯也。'《南都賦》：'會九世而飛榮。'注：'光榮也。'……《晉語》：'華則榮矣。'注：'有色貌也。'〔聲訓〕《釋名·釋言語》：'榮，猶熒也，熒熒照明皃也。'"按，"榮"之光潤、明亮義爲引申者，非假借。

〔**推源**〕 此二詞俱有明亮義，爲熒聲所載之公共義。聲符字"熒"所記錄語詞本謂燈燭之光，故有明亮之衍義。《廣韻·青韻》："熒，光也，明也。"《字彙·火部》："熒，灼也。"清朱駿聲《說文通訓定聲·鼎部》："熒，《廣雅·釋訓》：'熒熒，光也。'……《羽獵賦》注：'青熒，光明皃。'又單辭形況字。《尚書大傳》：'熒然作大唐之歌。'注：'猶灼也。'"《文選·郭璞〈江賦〉》："紫菜熒曄以叢被，緑苔鬖髿乎研上。"唐李善注："熒曄，光明貌。"然則本條二詞之明亮義爲其聲符"熒"所載之顯性語義。熒聲可載明亮義，則"光"可證之。

熒：匣紐耕部；
光：見紐陽部。

匣見旁紐，耕陽旁轉。"光"，明亮。《說文·火部》："光，明也。从火在人上，光明意也。"清朱駿聲《通訓定聲》："《廣雅·釋詁三》：'光，照也。'……《左莊二十二傳》：'光遠而自他有耀者也。'《晉語》：'光明之耀也。'《孟子》：'容光必照焉。'"《楚辭·九歌·雲中君》："蹇將憺兮壽宮，與日月齊光。"漢王逸注："光，明也。"

820 賓聲

(2102) 殯儐嬪（賓客義）

殯 停柩於西階，西階爲賓客之位。《說文·歹部》："殯，死在棺，將遷葬柩，賓遇之。

从歹,从賓,賓亦聲。"清朱駿聲《通訓定聲》:"夏后氏殯于阼階,殷人殯于兩楹之間,周人殯于賓階。按,棺柩于西階,奉屍斂之曰殯,所謂殯于客位也。〔聲訓〕《釋名·釋喪制》:'于西壁下塗之曰殯。殯,賓也,賓客遇之,言稍遠也。'"清段玉裁注:"西階賓之,故从賓。"《廣韻·震韻》:"殯,殯殮。"按,"殯"即"殯"之或體。《禮記·檀弓上》:"夏后氏殯於東階之上,則猶在阼也;殷人殯於兩楹之間,則與賓主夾之也;周人殯於西階之上,則猶賓之也。"《文選·顏延之〈宋文皇帝元皇后哀策文序〉》:"降輿客位,撤奠殯階。"

儐 接引賓客,亦指接引賓客之人。《說文·人部》:"儐,導也。从人,賓聲。擯,儐或从手。"清朱駿聲《通訓定聲》:"从人,从賓,會意,賓亦聲……《廣雅·釋詁三》:'儐,道也。'《周禮·司儀》:'掌九儀之賓客擯相之禮。'注:'出接賓曰擯,入詔禮曰相。'《儀禮·士冠禮》:'擯者請期。'注:'在主人曰擯,在客曰介。'"《周禮·春官·大宗伯》:"王命諸侯,則儐。"唐孔穎達疏:"儐,謂進使前以受策也。"宋蘇轍《齊州閔子祠堂記》:"堂成,具三獻焉,籩豆有列,儐相有位。"

嬪 女子出嫁,按女子既嫁則爲娘家之賓。亦指亡妻,即賓敬義,所謂死者爲大。《廣韻·真韻》:"嬪,妻死曰嬪。"清朱駿聲《說文通訓定聲·坤部》:"嬪,《書·堯典》:'嬪于虞。'《詩·大明》:'曰嬪于京。'……《禮記·曲禮》:'生曰妻,死曰嬪。'疑賓敬之誼。"

〔推源〕 諸詞俱有賓客義,爲賓聲所載之公共義。聲符字"賓"所記錄語詞之本義即賓客。《說文·貝部》:"賓,所敬也。从貝,宀聲。賓,古文。"清朱駿聲《通訓定聲》:"《禮記·鄉飲酒義》:'賓者,接人以義者也。'……《書·康王之誥》:'賓稱奉圭兼幣。'"《詩·小雅·鹿鳴》:"我有嘉賓,鼓瑟吹笙。"然則本條諸詞之賓客義爲其聲符"賓"所載之顯性語義。

(2103) 濱/瀕(邊義)

濱 水邊。《廣雅·釋丘》:"濱,厓也。"《爾雅·釋丘》"望厓灑而高岸"晉郭璞注:"厓,水邊。"《廣韻·真韻》:"濱,水際。"《書·禹貢》:"厥土白墳,海濱廣斥。"僞孔傳:"濱,涯也。"按,"涯"即"厓"之後起字。三國魏曹植《盤石篇》:"蚌蛤被濱涯,光彩如錦虹。"

瀕 水邊。《說文·頻部》:"瀕,水厓,人所賓附,頻蹙不前而止。"按,推源之論似未得肯綮。《墨子·尚賢下》:"是故昔者舜耕於歷山,陶於河瀕。"《漢書·地理志上》:"厥土白墳,海瀕廣潟。"唐顏師古注:"瀕,水涯也。"

〔推源〕 此二詞義同,其音亦同,幫紐雙聲,真部疊韻。則其語源當同。

821 寧聲

(2104) 鑏耗嚀(多義)

鑏 舊訓"充食",強食,實皆多食義。《廣韻·耕韻》:"鑏,充食。"清胡文英《吳下方言考》卷一:"鑏饏,不可食而勉強食之也……又腹飽可以不食而強食之亦曰鑏饏。"按,"鑏饏"

本可分訓，"癑"以農聲載濃厚、盛多義，而"薴"則以寧聲載多義。《集韻·絳韻》："癑，食無廉。"又《講韻》："癑，河朔謂強食不已曰癑。"

氃 犬多毛貌。《廣韻·庚韻》："氃，犬多毛兒。"《南史·袁淇傳附袁粲》："此兒死後，靈慶常見兒騎大氃狗戲如平常。"按，"氃"字疊用可爲污垢多之重言形況字，當爲其衍義，源與流可相證。《南齊書·文學傳·卞彬》："澡刷不謹，澣沐失時，四體氃氃。"

嚀 叮囑，反復囑咐。《廣韻·青韻》："嚀，叮嚀。"宋康與之《滿江紅·杜鵑》："鎮日叮嚀千百遍，只將一句頻頻説：道不如歸去不如歸，傷情切。"清曹雪芹《紅樓夢》第五十八回："況賈母又千叮嚀萬囑咐托他照管黛玉。"今按，所謂"叮嚀"，"叮"謂言而不舍，如蟲類之叮咬人體，"叮"本有此義，可爲一證；"嚀"則謂言之多。

〔推源〕諸詞俱有多義，爲寧聲所載之公共義。聲符字"寧"爲安寧字，《説文·丂部》乃訓"願詞也"，《宀部》另有"寍"字，云："安也，从宀，心在皿上。人之飲食器，所以安人。"清朱駿聲《通訓定聲》："經傳皆以'寍（寧）'爲之。"清段玉裁注："此安寧正字，今則'寧'行而'寍'廢矣。"《書·大禹謨》："野無遺賢，萬邦咸寧。"偽孔傳："賢才在位，天下安寧。"然則本與多義不相涉，其多義乃寧聲所載之語源義。寧聲可載多義，則"衆"可證之。

寧：泥紐耕部；
衆：章紐冬部。

泥章（照）準旁紐，耕冬（東）旁轉。"衆"字之甲骨文形體從日、從仜，謂日下耕作之農奴，引申爲衆多義，且爲基本義。《説文·仜部》："衆，多也。"《廣韻·送韻》："衆，多也。三人爲衆。"《墨子·法儀》："天下之爲學者衆而仁者寡。"唯"衆"有多義，故有"衆多"之同義聯合式合成詞。宋司馬光《乞令監司州縣各舉按所部官吏白札子》："又慮一路一州官吏衆多，上位覺察不盡。"

822 翟聲

(2105) 趯擢燿蠗簎鸐（高、長義）

趯 跳躍，趨向高處。字亦作"躍""逻"。《説文·走部》："趯，踴也。从走，翟聲。"清朱駿聲《通訓定聲》："與'越''躍'略同。《漢書·李尋傳》：'涌趯那陰。'《詩·草蟲》：'趯趯阜螽。'傳：'躍也。'《廣雅·釋訓》：'趯趯，跳也。'"又："《廣雅·釋詁一》：'躍，上也。'《二》：'跳也。'……《易·乾》：'或躍在淵。'"《廣韻·錫韻》："趯，跳兒。逻，上同。"《集韻·錫韻》："趯，趯趯，跳也。或从辵。"

擢 往高處引，抽、拔，引申爲高聳。《説文·手部》："擢，引也。从手，翟聲。"清朱駿聲《通訓定聲》："《方言》三：'擢，拔也。'《小爾雅·廣物》：'拔根曰擢。'《蒼頡篇》：'抽也。'……《西京賦》：'徑百常而莖擢。'注：'獨出兒。'《吳都賦》：'擢本千尋。'注：'高聳兒。'"又引申爲高升義。《正字通·手部》:"擢,今俗凡遷官曰擢。"《後漢書·趙岐傳》:"會南匈奴、烏桓、鮮卑反叛,公卿舉岐,擢拜並州刺史。"

嬥 身材高挑。《説文·女部》:"嬥,直好兒。从女,翟聲。"清朱駿聲《通訓定聲》:"《聲類》:'細腰兒。'《韓詩·大東》:'嬥嬥公子。'往來兒。按,當以《廣雅·釋訓》'嬥嬥,好也'爲定詁,亦重言形況字。故《楚辭·九嘆》注引《詩》作'苕苕',《釋文》:'或作窕窕。'"

蠗 禺屬。按,其物善高攀,又常居木枝,木枝即高處,故稱"蠗"。《説文·蟲部》:"蠗,禺屬。从蟲,翟聲。"清朱駿聲《通訓定聲》:"《上林賦》:'蛭蜩蠗蝚。'《漢書》以'玃'爲之,又訛作'貜'。《西山經》:'皋塗之山,有獸名蠗。'"按,朱氏所引《上林賦》之"蠗"《史記·司馬相如列傳》作"蠗",爲異文,南朝宋裴駰集解引晉郭璞語:"蠗蝚似獼猴而黃。"《廣韻·覺韻》:"玃,獸名。"

篧 竹竿細長貌。《廣韻·錫韻》:"篧,竹竿兒。"清朱駿聲《説文通訓定聲·小部·附〈説文〉不録之字》:"篧,《詩》:'篧篧竹竿。'傳:'長而殺也。'按,重言形況字。"亦指竹之細長、可爲笛簫者。宋沈括《與蔡内翰論樂書》:"執篷秉篧,下士之列,以發宣讚揚天子之宏業盛事。"

鸐 長尾野雞。《爾雅·釋鳥》:"鸐,山雉。"晉郭璞注:"尾長者。"《玉篇·隹部》:"雉,野雞也。"《廣韻·覺韻》:"鸐,山雉,長尾。"明李時珍《本草綱目·禽部·鸐雉》:"山雞有四種,名同物異。似雉而尾長三四尺者,鸐雉也。"

〔推源〕 諸詞或有高義,或有長義,高、長二義本相通,俱以翟聲載之,語源則同。聲符字"翟"所記録語詞謂長尾野雞,其字即"鸐"之初文。《説文·羽部》:"翟,山雉尾長者。从羽,从隹。"清朱駿聲《通訓定聲》:"字亦作'鸐'……《爾雅》雉有十四種,翟者長毛,雨雪惜其毛,棲高木杪,不敢下食,往往餓死。《西山經》:'女牀之山,有鳥其狀如翟。'"按,所引《山海經·西山經》文晉郭璞注:"翟似雉而大,長尾。"《廣韻·錫韻》:"翟,翟雉。"然則本條諸詞之高、長義爲其聲符"翟"所載之顯性語義。翟聲可載高、長義,則"條"可證之。

翟:定紐藥部;

條:定紐幽部。

雙聲,藥(沃)幽旁對轉。"條",樹木之長枝,虛化引申爲長義。《説文·木部》:"條,小枝也。从木,攸聲。"清朱駿聲《通訓定聲》:"《爾雅·釋木》:'桑柳醜條。'《詩·汝墳》:'伐其條枚。'傳:'枝曰條。'〔轉注〕《詩·椒聊》:'遠條且。'傳:'長也。'"按,枝長而直立則即高,又人之身材細而高挑稱"苗條",此皆足證高義、長義之相通。

823 賣聲

(2106) 儥䜿(買賣義)

儥 賣出,引申之,亦指買進。《説文·人部》:"儥,賣也。从人,賣聲。"清朱駿聲《通訓定聲》:"《周禮・胥師》:'察其詐僞飾行儥慝者。'《司市》:'以量度成賈而徵儥。'"清段玉裁注:"今之'鬻'字。"《廣韻・屋韻》:"儥,同'賣'。"按,朱氏所引《周禮・地官・胥師》文之"儥"謂賣,《司市》文之"儥"則謂買。"儥"與"賣"同義,故有"儥賣"之複音詞。宋沈括《同提點廣南東路刑獄公事趙君墓誌銘》:"州縣課督慘刻,民有自相儥賣,或爲盜山澤間。君至聞之,曰:'是刺史罪也。'"

贖 以財物贖買人身自由或抵押物。《説文・貝部》:"贖,貿也。从貝,賣聲。"清朱駿聲《通訓定聲》:"《虞書》:'金作贖刑。'馬注:'意善功惡,使出金贖罪,坐不戒慎者。'"按,贖罪義爲其引申義。許慎訓"貿",即貿易、買賣義。《詩・秦風・黃鳥》:"如可贖兮,人百其身。"漢鄭玄箋:"如此奄息之死,可以他人贖之者,人皆百其身。"明徐霖《繡襦記・襦護郎寒》:"願計二十年衣食之用以贖身。"

〔推源〕 此二詞俱有買賣義,爲賣聲所載之公共義。聲符字"賣"本作"𧸘",所記錄語詞謂行走叫賣。形體訛變,則後世从𧸘得聲之字聲符簡作"賣"。《説文・貝部》:"𧸘,衒也。从貝,䚘聲。䚘,古文睦。讀若育。"清朱駿聲《通訓定聲》:"《廣雅・釋詁三》:'𧸘,嚻也。'《周禮・賈師》:'凡國之嚻儥。'以'儥'爲之。《禮記・王制》:'不粥于市。'以'鬻'爲之。"《廣韻・屋韻》:"𧸘,賣也。或作'儥'。"《史記・呂不韋列傳》:"往來販賤賣貴,家累千金。"唐司馬貞《索隱》:"王劭賣音作育。"然則本條二詞之買賣義爲其聲符"賣"所載之顯性語義。賣聲可載買賣義,則"易"可證之。

賣:余紐覺部;

易:余紐錫部。

雙聲,覺錫旁轉。"易",陰陽變化,引申爲交易、貿易義。交易、貿易即今語所云"做買賣"。《説文・易部》:"易,日月爲易,象陰陽也。"《廣韻・昔韻》:"易,變易。又改也。"《易・繫辭上》:"生生之謂易。"《墨子・號令》:"募民欲財物粟米,以貿易凡器者,卒以賈予。"唐韓愈《赴江陵途中寄三學士》:"持男易斗粟,掉臂莫肯酬。"

(2107) 韇櫝竇瀆(中空義)

韇 箭筒,引申之則指盛放蓍草之筒。其所指稱皆中空而可容物之物。《説文・革部》:"韇,弓矢韇也。从革,賣聲。"清朱駿聲《通訓定聲》:"所以藏矢曰韇,其蓋曰棚。字亦作'𩎌'、作'櫝'。《方言》九:'所以藏箭弩謂之箙,或謂之韇丸。'《廣雅・釋器》:'韇丸,矢藏也。'〔轉注〕《儀禮・士冠禮》:'抽上韇。'注:'藏筴之器也。'"《廣韻・屋韻》:"韇,箭筩。"《後漢書・南匈奴傳》:"今齎雜繒五百匹,弓鞬韇丸一,矢四發。"唐李賢注:"韇丸即箭箙也。"按,其異文作"韇丸","韇"蓋爲異體。"革""皮""韋"所表義類同。

櫝 一作"匵",謂櫃子,亦引申而指函匣、小棺,所指稱者皆中空之物。《説文・木部》:"櫝,匱也。从木,賣聲。"清朱駿聲《通訓定聲》:"《儀禮・聘禮》:'西面坐啓櫝。'圭函也……

《論語》：'龜玉毀于櫝中。'〔轉注〕《左昭廿九傳》：'公將爲之櫝。'《廣雅·釋器》：'棺也。'"又"匵，當爲'櫝'之重文……《論語》：'韞匵而藏諸。'釋文：'本作櫝。'《漢書·楊王孫傳》：'窾木爲匵。'注：'小棺也。'即'櫝'字。《廣韻·屋韻》："櫝，函也，又曰小棺。""匵，匵匵。"清王筠《説文句讀·匚部》："匵，字與《木部》'櫝'同。"

竇 孔穴，中空，引申而指地窖，地窖亦中空。《説文·穴部》："竇，空也。从穴，瀆省聲。"南唐徐鍇《繫傳》："賣聲。"清朱駿聲《通訓定聲》："賣聲。《禮記·月令》：'穿竇窖。'注：'入地隋曰竇。'《禮運》：'順人情之大竇也。'注：'孔穴也。'"《廣韻·侯韻》："竇，空也，穴也。"《莊子·外物》："天之穿之，日夜無降，人則顧塞其竇。"

瀆 溝渠，中空而可通水。字亦作"隤""嬻"。《説文·水部》："瀆，溝也。从水，賣聲。一曰邑中溝。"清朱駿聲《通訓定聲》："《爾雅·釋水》注：'澮曰瀆。'《廣雅·釋水》：'瀆，坑也。'《易·說卦傳》：'坎爲溝瀆。'……《荀子·脩身》：'開其瀆。'……《史記·屈賈傳》：'彼尋常之汙瀆兮。'《索隱》：'小渠也。'"《説文·阜部》："隤，通溝也。从阜，賣聲。讀若瀆。嬻，古文隤从谷。"按，三者異體。

〔推源〕 諸詞俱有中空義，爲賣聲所載之公共義。聲符字"賣"所記録語義之本義、引申義系列與中空義不相涉，其中空義乃賣聲所載之語源義。賣聲可載中空義，則"俞"可證之。

賣：余紐覺部；
俞：余紐侯部。

雙聲，覺侯旁對轉。"俞"，獨木舟，剜空樹木而成者，又俞聲字所記録語詞"逾""窬""匬""剜""腧""輸"俱有空義，並見本典第六卷"俞聲"第1354條。

(2108) 嬻黷嬻（褻瀆義）

嬻 褻瀆。《説文·辵部》："嬻，媟嬻也。从辵，賣聲。"南唐徐鍇《繫傳》："不以禮自近也。"《玉篇·辵部》："嬻，遘也。"《説文》同部："遘，習也。"清段玉裁注："亦假'貫'……《左傳（昭公二十六年）》曰：'貫瀆鬼神。'"《廣韻·屋韻》："嬻，媟嬻。"按，其字多借"瀆"爲之。漢荀悦《漢紀·成帝紀四》："願陛下正君臣之義，黜群小媟瀆之臣。"

黷 玷污，引申爲褻瀆。《説文·黑部》："黷，握持垢也。从黑，賣聲。《易》曰：'再三黷。'"清朱駿聲《通訓定聲》："《漢書·谷永傳》注：'黷，汙也。'經、傳皆以'辱'爲之……《禮記·緇衣》：'則爵不瀆。'……按，皆垢恥之意。〔假借〕又爲'嬻'。《公羊桓八傳》：'亟則黷。'《漢書·枚乘傳》：'以故得媟黷貴幸。'注：'垢濁也。'按，狎近也。《後漢·陳蕃傳》注：'黷，媟也。'《劉廙傳》注：'黷猶慢也，數也。'《廣雅·釋言》：'黷，狎也。'《漢書·郊祀志》：'敬而不黷。'注：'汙渫也。'"按，非假借，乃引申。

嬻 褻瀆，輕慢。《説文·女部》："嬻，媟嬻也。从女，賣聲。"《廣韻·屋韻》："嬻，媟慢。"《國語·周語中》:"今陳侯不念胤續之常,棄其伉儷妃嬪,而帥其卿佐以淫於夏氏,不亦嬻姓矣乎?"三國吴韋昭注:"夏徵舒之父御叔,即陳公子夏之子、靈公之從祖父,嬀姓也,而靈公淫其妻,是爲媟嬻其姓也。"清平步青《霞外攟屑·格言·閙房》:"今則置酒高會,而澆弛無行之徒,沈湎喧呶,甚且以媟嬻之詞相軋,以爲笑樂。"

〔推源〕 諸詞俱有褻瀆義,爲賣聲所載之公共義。聲符字"賣"所記録語詞之顯性語義與褻瀆義不相涉,其褻瀆義乃賣聲另載之語源義。賣聲可載褻瀆義,則"辱"可證之。

賣:余紐覺部;

辱:日紐屋部。

余(喻四)有舌面音一類,舌面音之喻與日旁紐。余(喻四)又有舌根音一類,日泥準旁紐,泥疑鄰紐,而疑爲舌根音。則舌根音之喻與見溪群疑曉匣皆爲旁紐。覺屋旁轉。"辱",恥辱,引申爲玷污。玷污、褻瀆二義極相近且相通。《説文·辰部》:"辱,恥也。"《廣韻·燭韻》:"辱,恥辱。"《易·繫辭上》:"樞機之發,榮辱之主也。"《廣韻·燭韻》:"辱,污也。"清朱駿聲《説文通訓定聲·需部》:"辱,〔假借〕爲'黷'。《廣雅·釋詁三》:'污也。'"按,非假借,乃引申。漢劉向《新序·節士》:"臣無管仲之賢,而有辱汙之名。"元王實甫《西廂記》第二本第一折:"俺家無犯法之男,再婚之女,怎捨得你獻與賊漢,却不辱没了俺家譜。"

824 瞢聲

(2109) 夢懜瞢(不明義)

夢 "瘍"之初文,郭沫若説,見《甲骨文編》。謂夢幻,故有不明義。《説文·夕部》:"夢,不明也。从夕,瞢省聲。"清段玉裁注:"瘍,今字叚'夢'爲之。"清朱駿聲《通訓定聲》:"《周禮·占夢》:'季冬聘王夢。'注:'夢者,事之祥。'《太卜》:'掌三夢之法。'注:'夢者,人精神所寤,可占者。'《列子·周穆王》:'神遇爲夢。'注:'神之所交謂之夢。'"《詩·小雅·正月》:"民今方殆,視天夢夢。"《西遊記》第五十二回:"慌得那些大小妖精,夢夢查查的,抱着被,矇着頭,喊的喊,哭的哭,一個個走頭無路。"

懜 心亂,不明。字亦作"㦖"。《玉篇·心部》:"懜,心亂,心迷也。"《廣韻·董韻》:"懜,心亂皃。"又《嶝韻》:"懜,不明。"《説文·心部》:"㦖,不明也。"清朱駿聲《通訓定聲》:"心不明也……字亦作'㦖'、作'懜'。《賈子·道術》:'行充其宜謂之義,反義爲㦖。'《爾雅·釋訓》:'儚儚、洄洄,惛也。'《釋文》:'儚,或作㦖。'《周禮·遂人》注:'甿猶懜也。'《釋文》:'懜,本作㦖。'"南朝宋謝莊《月賦》:"昧道懜學,孤奉明恩。"唐韓偓《馬上見》:"去帶懜騰醉,歸因困頓眠。"

瞢 不明。宋歐陽修《漁家傲》:"葉裏黄鸝時一弄,猶瞢鬆,等閑驚破紗窗夢。"其字亦作"鬔"。《廣韻·東韻》:"鬔,馬垂鬛也。"按,毛長垂義與蒙覆、不明義本皆相通。宋楊萬里《上巳同沈虞卿尤延之遊春湖上隨和韻得絶句》:"天色鬔鬆未肯收,吾儕自樂不曾愁。"

〔推源〕 諸詞俱有不明義,爲瞢聲所載之公共義。聲符字"瞢"所記録語詞謂目不明,虛化引申爲不明義。《説文·苜部》:"瞢,目不明也。从苜,从旬。旬,目數搖也。"清朱駿聲《通訓定聲》:"《洞簫賦》:'瞠瞢忘食。'注:'視不審諦也。'〔假借〕又爲'霿'。《周禮·眂祲》:'六曰瞢。'司農注:'日月瞢瞢無光也。'……又爲'懵'。《太玄·瞢》:'初一,瞢腹睒天。'注:'晦也。'《次六》:'瞢瞢之離。'注:'猶薆薆也。'"按,皆非假借,乃引申。本條諸詞之不明義爲其聲符"瞢"所載之顯性語義。瞢聲可載不明義,則其蒙聲相證。

瞢:明紐蒸部;
蒙:明紐東部。

雙聲,蒸東旁轉。蒙聲字所記録語詞"矇""濛""曚""懞""儚""朦"俱有不明義,見本典第八卷"蒙聲"第1990條。

825 賢聲

(2110) 礥臔(堅、緊義)

礥 堅硬,堅强。《廣韻·真韻》:"礥,鞕也。"又《先韻》:"礥,剛强也。"《廣雅·釋詁一》:"鞕,掔也。""掔,堅也。"漢揚雄《太玄·閑》:"測曰:'礥閑如石,其敵堅也。'"按"礥"又有艱難義,當爲引申義,遭逢堅頑之敵則其處境艱難。《宋書·顧覬之傳》:"大賢則體備形器,慮盡藏假,静默以居否,深拱以違礥。"

臔 肉緊。《玉篇·肉部》:"臔,肥也。"《廣韻·銑韻》:"臔,肉急。"清朱駿聲《説文通訓定聲·坤部》:"臔,《廣雅·釋訓》:'臔臔,肥也。'重言形況字。"按,肥即肉多,肉多則綳緊而不鬆,其義當相通。

〔推源〕 此二詞俱有堅、緊義,爲賢聲所載之公共義。聲符字"賢"所記録語詞之本義爲賢能,引申之則有美、善等義,或與堅、緊義相通。《説文·貝部》:"賢,多才也。从貝,臤聲。"清王筠《句讀》:"不言从臤者,古直以'臤'爲'賢',後乃加'貝'。"清朱駿聲《通訓定聲》:"《賈子·道術》:'行道者謂之賢。'《周禮·太宰》:'三曰進賢。'注:'有善行也。'《鄉大夫》:'而興賢者、能者。'注:'有德行者。'〔聲訓〕《廣雅·釋詁一》:'賢,掔也。'"按,堅緊字"堅""緊"俱从臤聲,"賢"與之同,故賢聲可載堅、緊義。

(2111) 藖/閒(多餘義)

藖 鍘草的餘莖。《廣韻·襇韻》:"藖,草餘。"又《山韻》:"藖,莖餘。"唐元結《漫酬賈沔州》:"豈欲皁櫪中,争食薐與藖。"

閒 空隙,引申之則指閑暇,閑暇即多餘時間。《說文·門部》:"閒,隟也。从門,从月。"清朱駿聲《通訓定聲》:"《史記·管晏傳》:'從門閒而窺其夫。'〔轉注〕《晉語》:'可以少閒。'《孟子》:'今國家閒暇。'《楚辭·招魂》:'靜閒安些。'"

〔推源〕 此二詞俱有多餘義,其音亦相近且相通。

贇:匣紐真部;

閒:見紐元部。

匣見旁紐,真元旁轉,則其語源當同。

826 憂聲

(2112) 滺優(多義)

滺 澤多,又有壅積義,當爲其引申義。《說文·水部》:"滺,澤多也。从水,憂聲。《詩》曰:'既滺既渥。'"清朱駿聲《通訓定聲》:"《詩·信南山》……以'優'爲之。《廣雅·釋詁二》:'滺,漬也。'《四》:'滺,饒也。'《度尚碑》:'持重滺於營平。'〔轉注〕《廣雅·釋器》:'滺、涔,榜也。'按,柴木離水謂之榜,亦謂之涔,《韓詩》'涔有多魚'是也。雨水漸漬謂之滺,亦謂之涔,故亦謂之榜。《說文》'涔,漬也'是也。"按,澤多義當以"滺"爲正字。澤多、浸漬二義亦相通。《廣韻·尤韻》:"滺,滺渥。"清梁廷枏《粵海關志》卷三十:"水漲東北,東南旋滺,西南水回,便是水落。"

優 衆多,豐饒。《說文·人部》:"優,饒也。从人,憂聲。"清朱駿聲《通訓定聲》:"《小爾雅·廣詁》:'多也。'《廣雅·釋言》:'渥也。'……《詩·瞻卬》:'維其優矣。'《周語》:'布施優裕。'《西京賦》:'邪贏優而足恃。'《漢脩堯廟碑》:'嘉澍優沾。'《廣韻·尤韻》:'優,饒也。'"按,唯"優"之義爲多,故有"優多"之同義聯合式合成詞。《荀子·王制》:"汙池淵沼川澤,謹其時禁,故魚鼈優多而百姓有餘用也。"

〔推源〕 此二詞俱有多義,爲憂聲所載之公共義。聲符字"憂"所記錄語詞謂優遊,有寬和義,寬和義、多義或相通。《說文·夂部》:"憂,和之行也。从夂,惪聲。《詩》曰:'布政憂憂。'"《管子·小問》:"凡牧民者必知其疾,而憂之以德,勿懼以罪,勿止以力。"憂聲可載多義,則尤聲可相證。

憂:影紐幽部;

尤:匣紐之部。

影匣鄰紐,幽之旁轉。尤聲字所記錄語詞"肬""蚘"俱有贅義,見本典第一卷"尤聲"第198條。贅即多餘。又,"渥"爲優渥字,其上古音影紐屋部,"憂"者影紐幽部,雙聲,屋幽旁對轉。"渥""腥"俱有厚義,見本典第六卷"屋聲"第1435條。"厚"之抽象性語義即多。

(2113) 慐/㤲（憂愁義）

慐 憂愁貌。《集韻·尤韻》："㥛，或作'慐'。"《説文·心部》："㥛，愁也。从心，从頁。"南唐徐鍇《繫傳》："心形於顔面，故从頁。"清朱駿聲《通訓定聲》："經傳皆以'憂'爲之，而'㥛'字廢矣。字亦作'慐'。《楚辭·抽思》：'傷余心之慐慐。'"

㤲 憂愁貌。《説文·心部》："㤲，憂皃。"清朱駿聲《通訓定聲》："《廣雅·釋訓》：'㤲㤲，憂也。'"《廣韻·黝韻》："㤲，憂皃。"又《蕭韻》："㤲，㤲㤲，憂也。"漢賈誼《新書·容經》："喪經之容，㤲然懼然若不還。"盧文弨校："㤲，憂也。"清錢謙益《哭何季穆九百二十字》："視天信夢夢，閔人實㤲㤲。"

〔推源〕 此二詞義同，其音亦同，影紐雙聲，幽部疊韻。則其語源當同。其"慐"字乃以憂聲載憂義，聲符字"憂"本爲"㥛"之假借，後世遂以爲憂愁字。清朱駿聲《説文通訓定聲·孚部》："憂，〔假借〕爲'㥛'。《爾雅·釋詁》：'憂，思也。'……《淮南·原道》：'憂悲者德之失也。'《易·豐》：'勿憂。'《説卦》傳：'坎爲加憂。'《詩·小弁》：'我心憂傷。'《論語》：'仁者不憂。'"

827 慮聲

(2114) 鑢/礪（磨義）

鑢 錯磨。《説文·金部》："鑢，錯銅鐵也。从金，慮聲。"清朱駿聲《通訓定聲》："《廣雅·釋詁三》：'磨也。'《考工記》注字作'鋁'。"《集韻·御韻》："鑢，或从間。"《廣韻·御韻》："鑢，錯也。"《初學記》卷三十引劉欣期《交州記》："鮫魚出合浦，長三尺，背上有甲，珠文，堅强可以飾刀口，又可以鑢物。"明宋應星《天工開物·寶》："其袋内石大者如碗，中者如拳，小者如豆，總不曉其中何等色。付與琢工鑢錯解開，然後知其爲何等色也。"

礪 磨刀石，引申爲磨礪義。其字本作"厲"。《説文·厂部》："厲，旱石也。"清朱駿聲《通訓定聲》："字亦作'礪'。按，精者曰砥，粗者曰厲……《禮記·内則》：'刀礪。'……《中山經》：'陰山多礪石。'〔轉注〕《廣雅·釋詁三》：'礪，磨也。'……《説苑·建本》：'礪所以致刃也。'"《新唐書·文藝傳下·吳武陵》："諸侯豢齊、趙以稔其釁，群帥築室礪兵，近窺房蔡，屯田繼漕，前鋒扼喉，後陣撫背。"

〔推源〕 此二詞俱有磨義，其音亦相近且相通。

鑢：來紐魚部；
礪：來紐月部。

雙聲，魚月通轉。則其語源當同。其"鑢"字以慮聲載磨義，聲符字"慮"所記録語詞謂謀劃、思慮。《説文·思部》："慮，謀思也。从思，虍聲。"清朱駿聲《通訓定聲》："《詩·雨無正》:'弗慮弗圖。'……《荀子·禮論》:'禮之中焉,能思索謂之能慮。'"按,凡謀劃、思慮則必反復推敲,即抽象性研磨義,此與"鑢"及"礪"之磨義當相通。

(2115) 濾/瀝(過濾義)

濾 過濾。《玉篇·水部》:"濾,濾水也。"《正字通·水部》:"濾,漉去滓也。"《説文·水部》:"漉,浚也。""浚,抒也。"皆謂過濾而撈取其物。北魏賈思勰《齊民要術·種紅藍花及梔子》:"接取白汁,絹袋濾,著別瓮中。"明楊慎《丹鉛雜録·濾水羅詩》:"濾水,蓋僧家戒律有此。欲全水蟲之命,故濾而後飲。"

瀝 水下滴。凡物過濾皆去其水,故引申而指業經過濾之清酒。《説文·水部》:"瀝,水下滴瀝。"清朱駿聲《通訓定聲》:"與'漉'略同。《廣雅·釋器》:'瀝,酒也。'《楚辭·大招》:'和楚瀝只。'注:'清酒也。'"按,"瀝"又有水滲出義,當爲過濾義之引申。唐段成式《酉陽雜俎·境異》:"阿薩部多獵蟲鹿,剖其肉,重叠之,以石壓瀝汁。"

〔**推源**〕 此二詞俱有過濾義,其音亦相近且相通。

濾:來紐魚部;

瀝:來紐錫部。

雙聲,魚錫旁對轉。則其語源當同。其"濾"字乃以慮聲載過濾義,聲符字"慮"所記録語詞謂謀劃、思慮,與過濾義當相通,凡思慮如物之過濾,有"過慮"一詞謂反復思慮,庶爲力證。宋范仲淹《乞修京城札子》:"今太平已久,人情易動,又無宿將舊兵,不可不過慮也。"

828 暴聲

(2116) 襮曝(外露義)

襮 衣領,引申爲外表、外露義。《説文·衣部》:"襮,黼領也。从衣,暴聲。《詩》曰:'素衣朱襮。'"清朱駿聲《通訓定聲》:"謂白黑相次之文刺之在領也。《詩·揚之水》……傳:'領也。'〔假借〕爲'表'。"《廣雅·釋詁四》:'襮,表也。'《吕覽·忠廉》:'臣請爲襮。'《幽通賦》:'張脩襮而内逼。'"按,當爲引申,非假借。《新唐書·李晟傳》:"將務持重,豈宜自表襮,爲敵餌哉!"

曝 曝曬,即物露於陽光中。《廣韻·號韻》:"曝,曝乾。俗。"清朱駿聲《説文通訓定聲·小部》:"《廣雅·釋詁二》:'暵,曝也。'"《玉篇·日部》:"暴,置風、日中令乾。"《戰國策·燕策二》:"今者臣來,過易水,蚌方出曝。"引申爲暴露。《魏書·高祖紀上》:"自今京師及天下之囚,罪未分判,在獄致死無近親者,公給衣衾棺槥葬埋之,不得曝露。"唐劉知幾《史通·人物》:"其惡不足以曝物,其罪不足以懲戒,莫不搜其鄙事,聚而爲録。"

〔**推源**〕 此二詞俱有外露義,爲暴聲所載之公共義。聲符字"暴"本作"暴",即"曝"之初文,所記録語詞爲曝曬,引申爲暴露義。《説文·日部》:"暴,晞也。从日,从出,从収,从米。曝,古文暴,从日,麃聲。"清段玉裁注:"經典皆作'暴'。"清朱駿聲《通訓定聲》:"俗字作'曝'……《小爾雅·廣言》:'暴,曬也。'《考工記》:'畫暴諸日。'《孟子》:'一日暴之。'……《穀梁隱五》注:'暴師經年。'釋文:'露也。'"《史記·淮陰侯列傳》:"暴其所長於燕,燕必不敢不聽從。"《漢書·淮陽憲王劉欽傳》:"奉藩無狀,過惡暴列,陛下不忍致法。"唐顔師古注:"暴謂章顯也。"然則本條二詞之外露義爲其聲符"暴"所載之顯性語義。暴聲可載外露義,則"表"可證之。

暴:並紐藥部;
表:幫紐宵部。

並幫旁紐,藥(沃)宵對轉。"表",外衣,顯露在外者,故引申爲外露義。《説文·衣部》:"表,上衣也。从衣,从毛。古者衣裘,以毛爲表。"清朱駿聲《通訓定聲》:"《禮記·玉藻》:'表裘不入公門。'注:'表、裘,外衣也。'……《嘆逝賦》:'忽在世表。'注:'外也。'"唯"表"有外露義,故有"表露""表暴"之同義聯合式合成詞。漢應劭《風俗通·過譽·江夏太守河內趙仲襄》:"向日解衣裘捕虱,已,因傾卧,厥形悉表露。"宋袁文《甕牖閑評》卷六:"古者三軍衣服上下如一,爲之主者,不可以自表暴,以防敵人之窺伺而已。"

(2117) 爆瀑嚗(急義)

爆 猝然爆裂,火迸散。《説文·火部》:"爆,灼也。从火,暴聲。"清朱駿聲《通訓定聲》:"《聲類》:'爆,熯起也。'"《廣韻·效韻》:"爆,火烈。"漢班固《白虎通·蓍龜》:"龜曰卜,蓍曰筮。何?卜,赴也,爆,見兆。筮也者,信也,見其卦也。"南朝梁宗懍《荆楚歲時記》:"正月一日……鷄鳴而起,先於庭前爆竹,以辟山臊惡鬼。"又,人之性情急俗稱"火爆"。

瀑 急雨,亦指水飛濺,水飛濺即急水。《説文·水部》:"瀑,疾雨也。一曰沬也。从水,暴聲。《詩》曰:'終風且瀑。'"清朱駿聲《通訓定聲》:"《毛詩》《爾雅》皆作'暴'。〔別義〕《蒼頡篇》:'水濆起曰瀑。'《蜀都賦》:'㶁瀑濆其隈。'《長笛賦》:'㶁瀑噴沫。'"亦指瀑布,瀑布即急流之水。《廣韻·屋韻》:"瀑,瀑布,水流下也。"《集韻·屋韻》:"瀑,縣水。"北魏酈道元《水經注·漯水》:"瀑布飛梁,懸河注壑,漰淜十許丈。"

嚗 急呼。《説文·言部》:"嚗,大呼自勉也。从言,暴省聲。"清段玉裁注改其解釋文爲"大呼自冤"。清朱駿聲《通訓定聲》:"'自勉'二字當作'白冤'。《漢書·東方朔傳》:'舍人不勝痛呼嚗。'注:'白冤痛之聲也。'"《廣韻·覺韻》:"嚗,自冤。"又:"嚗,嗃嚗,大呼。《説文》云:'大呼自冤也。'"《明史·刑法志三》:"五毒備具,呼嚗聲沸然。"清汪中《哀鹽船文》:"痛嚗田田,狂呼氣竭。"

〔推源〕 諸詞俱有急義,爲暴聲所載之公共義。聲符字"暴"單用本可表急義。《廣韻·號韻》:"暴,猝也,急也。"清朱駿聲《説文通訓定聲·小部》:"暴,〔假借〕爲'虣'。"《廣雅·釋詁二》：'暴，猝也。'……《楚辭·沈江》：'紂暴虐以失位兮。'注：'卒怒曰暴。'……劉向《新序·雜事》：'緩令急誅暴也。'"按，聲符字"暴"所記錄語詞之本義爲曝曬，即陽光照物急令乾燥，其義或相通。暴聲可載急義，則"猛"可證之。

暴：並紐藥部；
猛：明紐陽部。

並明旁紐，藥(沃)陽旁對轉。"猛"，勇猛，引申之則有急疾之義。《書·舜典》"烈風雷雨弗迷"唐孔穎達疏："言舜居大録之時，陰陽和，風雨時，無此猛烈之風。"唐皮日休《桃花賦》："狂風猛雨，一陣紅去。"唯"猛"有急義，故有"猛急"之同義聯合式合成詞。《北齊書·劉貴傳》："榮性猛急，貴尤嚴峻，每見任使，多愜榮心，遂被信遇，位望日重，加撫軍將軍。"

(2118) 襮傡（相連義）

襮 衣領與衣相連。《説文·糸部》："襮，頸連也。从糸，暴省聲。"清朱駿聲《通訓定聲》："謂聯領于衣也。領謂之襮，聯之于衣謂之襮。《玉篇》以爲'襮''襮'同字。"清段玉裁注説略同。

傡 連日值班。其字亦以"傡"爲之。《廣韻·效韻》："傡，傡直史官。"《正字通·人部》："傡，官吏連直也。"《字彙補·亻部》："傡，亦作'傡'。"唐楊鉅《翰林學士院舊規·初入傡直例》："每新人入，五傡三直一點，自後兩值一點，兩人齊入即無點。初入亦須酌量都傡直數足三直多少。"《元史·選舉志》："三品以下、七品以上、年二十五之上者，當傡使一年。"

〔推源〕 此二詞俱有相連義，爲暴聲所載之公共義。聲符字"暴"所記錄語詞之本義、引申義系列與相連義不相涉，其相連義乃暴聲所載之語源義。暴聲可載相連義，則"盟"可證之。

暴：並紐藥部；
盟：明紐陽部。

並明旁紐，藥(沃)陽旁對轉。"盟"，聯盟，結盟者相連。《説文·囧部》："盟，《周禮》曰：'國有疑則盟。諸侯再相與會，十二歲一盟，北面詔天之司慎司命。盟，殺牲歃血，朱盤玉敦，以立牛耳。'从囧，从血。盟，篆文从朙。盟，古文从明。"《春秋·隱公元年》："三月，公及邾儀父盟于蔑。"唐孔穎達疏："天子不信諸侯，諸侯自不相信，則盟以要之。凡盟禮，殺牲歃血，告誓神明，若有違背，欲令神加殃咎，使如此牲也。"按，唯"盟"有相連義，故有"聯盟"語；其"聯盟"古多作"連盟"，則其相連義益顯。《後漢書·皇甫嵩朱儁傳·論》："故梁衍獻規，山東連盟，而舍格天之大業，蹈匹夫之小諒，卒狼狽虎口，爲智士笑。"康有爲《大同書》乙部第二章："同體、同力之聯盟國既成，則亦有同州、同教、同種之聯盟繼之。"

(2119) 犦朦駁（高起義）

犦 單峰駝，背有肉高起者。《廣韻·覺韻》："犦，犪牛。"又《沃韻》："犦，犪牛，出合浦郡。"清朱駿聲《說文通訓定聲·小部·附〈說文〉不錄之字》:"犦,《爾雅·釋畜》:'犦牛。'注:'即犎牛也。'《釋文》:'今之腫領牛。'"明李時珍《本草綱目·獸部·駝》:"土番有獨峰駝。《西域傳》云:大月氏出一封駝,脊上有一峰隆起若封土,故俗呼爲'封牛'……《爾雅》謂之'犦牛'。嶺南徐聞縣及海康皆出之。"清趙翼《嶺南物產圖》:"水犀角在鼻,石羊膽藏足。果馬三尺高,犦牛一峰獨。"

朣 肉凸起。《廣韻·覺韻》:"朣,肉胅起。"清朱駿聲《說文通訓定聲·小部·附〈說文〉不錄之字》:"朣,《西山經》:'松果之山,有鳥焉,名曰𪃑渠,可以已朣。'注:'朣,皮皺起也。'"按,"朣"謂皮皺起,當爲引申義。"朣"又虛化引申爲高起義。清惲敬《兵部額外主事王君墓誌銘》:"玉之瑕石之礧也,無珉之尤也;竹之溝節之朣也,無萑之摎也。"

皺 表皮凸起。《玉篇·皮部》:"皺,皺皴,皮起也。"又:"皴,皮起也。"然則"皺皴"可分訓。《廣韻·覺韻》:"皺,皺皴,皮起也。"《集韻·覺韻》:"皺,墳起也。"

〔推源〕 諸詞俱有高起義,爲暴聲所載之公共義。聲符字"暴"單用本可表高起義。清朱駿聲《說文通訓定聲·小部》:"暴,〔假借〕爲'剝'。《考工·㡇人》:'䵨墁辟暴不入市。'後鄭注:'暴,墳起不堅致也。'"按,未必爲"剝"字之借,乃暴聲另載之義。暴聲可載高起義,則"封"可證之。

暴:並紐藥部;

封:幫紐東部。

並幫旁紐,藥(沃)東旁對轉。"封",堆土植樹爲界,引申之則指聚土爲堆,皆寓高義。《說文·土部》:"封,爵諸侯之土也。从之,从土,从寸,守其制度也。公侯百里,伯七十里,子、男五十里。"清朱駿聲《通訓定聲》:"《周禮·大司馬》:'制畿封國。'注:'謂立封于疆爲界。'〔轉注〕《周禮·封人》:'掌設王之社壝。'注:'聚土曰封。《肆師》:'封于大神。'注:'謂壇也。'"又虛化引申爲高義。《漢書·武帝紀》:"登封泰山,降坐明堂。"唐顏師古注:"孟康曰:'封,崇也,助天之高也。'"

829 晶聲

(2120) 靁䨲纍礧(迴轉、纏繞義)

靁 雷電,其形迴轉者。字亦簡作"雷"。《說文·雨部》:"靁,陰陽薄動,靁雨生物者也。从雨,晶象回轉形。"清朱駿聲《通訓定聲》:"今隸作'雷'……《易·說卦傳》:'震爲雷。'《禮記·月令》:'仲春,雷乃發聲,仲秋雷始收聲。'"《廣韻·灰韻》:"雷,《說文》作'靁'。"沈兼士《聲系》:"案'雷',《韻會》引《說文》:'从雨,晶聲。'"今按,"靁"字之結構當爲从雨,从晶,晶亦聲。《文選·馬融〈長笛賦〉》:"靁嘆頹息,掐膺擗摽。"唐李善注:"靁與'雷'古今字也。"按，"䨲"有回轉之義，故古者迴旋圖紋稱"雷紋"。宋張世南《遊宦紀聞》卷五："辯古器則有所謂款識……其製作則有雲紋、雷紋、山紋、輕重雷紋、垂花雷紋。"

蘲　葛類蔓草(見後條)，故引申爲纏繞義。其纏繞義之記錄文字亦作"虆"。《廣韻·旨韻》："蘲，或作'虆'。"南朝宋謝靈運《悲哉行》："松蔦歡蔓延，樛葛欣虆縈。"唐王績《古意六首》之三："漁人遞往還，網罟相縈蘲。"

纍　繩索。《說文·糸部》："纍，大索也。从糸，畾聲。"清朱駿聲《通訓定聲》："《字林》：'纍，文索也。'《小爾雅·廣器》：'纍，繘也。'《論語》：'雖在縲絏之中。'《廣韻·脂韻》："纍，纍索也。亦作'縲'。"引申爲纏繞。《詩·周南·樛木》："南有樛木，葛藟纍之。"漢鄭玄箋："纍，纏繞也。"

礌　推石、木使滾動，滾動即回轉。其字本作"勵"，亦從畾聲。《說文·力部》："勵，推也。从力，畾聲。"南唐徐鍇《繫傳》："書史謂於城上推木石下摧敵謂之勵。"清段玉裁注："古用兵下礌石……《子虛賦》曰：'礌石相擊，硠硠磕磕。'亦當作'勵'。"按，二者爲異體。《廣韻·隊韻》："勵，推也。"《文選·潘岳〈馬汧督誄〉》："於是乎發梁棟而用之，罘以鐵鏉爲機關，既縱礌而又升焉。"唐李善注："言以鐵鏉係木爲機關，既縱之以礌敵，而上收上焉。"《明史·韓雍傳》："立柵南山，多置滾木、礌石、鏢鎗、藥弩拒官軍。"

〔推源〕　諸詞或有回轉義，或有纏繞義，二義相通，俱以畾聲載之，語源當同。聲符字"畾"本爲"䨲"之象形部分，形符"雨"乃累增之構件。清王延鼎《〈說文〉佚字輯說》："《說文》從畾聲者九，而正篆無'畾'。段(玉)裁以'畾'爲'䨲'之省……許(慎)於'䨲'下曰畾象回轉形，亦明明以'畾'指䨲矣。"沈兼士《廣韻聲系·來類》："畾，案《說文》'䨲'從雨，畾象回轉形，而諧聲字有從畾聲者。《集韻》：'䨲，古作畾。'《說文》'畾'形蓋即'䨲'之省。"清俞正燮《癸巳類稿·持素證篇》引《素問·大奇論》："五色先見黑白，畾發死。"俞氏自注："畾即'雷。"然則本條諸詞之回轉、纏繞義爲其聲符"畾"所載之顯性語義。畾聲可載回轉、纏繞義，則專聲可相證。回轉字"轉"，從專得聲，"縛"謂束縛、纏繞，其字亦從專聲，又專聲字所記錄語詞"尃""膞""篿""團""磚""鱄""搏""磚""漙""塼"俱有圓義，其義與回轉、纏繞義相通，詳見本典第七卷"專聲"第 1703 條。畾聲、專聲本相近且相通。

畾：來紐微部；
專：章紐元部。

來章(照)準旁紐，微元旁對轉。

(2121) 蘲藟虆蘽櫐纍藟(相連、積累義)

蘲　葛類植物，蔓延而相連者。《說文·艸部》："蘲，艸也。从艸，畾聲。《詩》曰：'莫莫葛蘲。'"清朱駿聲《通訓定聲》："字亦作'虆'、作'蘽'，與從木、從蘲之'藥'皆藤屬而微別。《易·困》：'于葛蘲。'……《漢書·敘傳》：'擥葛蘲而授余兮。'《楊王孫傳》：'葛蘲爲緘。'《廣雅·釋草》：'藟，藤也。'"《廣韻·旨韻》："藟，葛藟，葉似艾。或作'虆'。"《脂韻》："虆，蔓草。"

讄 積累功德，求神降福。《説文·言部》："讄，禱也。累功德以求福。《論語》云：'讄曰：禱爾于上下神祇。'从言，畾省聲。讅，或不省。"《廣韻·旨韻》："讄，禱也。"沈兼士《聲系》："案'讄'，从《説文》小徐本畾聲。"唐元結《初祀》："靈巫讄兮舞顛于，薦天鮮兮酒陽泉。"章炳麟《訄書·原教下》："祝禰不通，讄禱不舉，必始于董氏。"

纍 連累，積累。清朱駿聲《説文通訓定聲·履部》："纍，字亦作'累'。〔轉注〕《尚書大傳》：'大罪勿纍。'注：'延罪無辜。'按，猶連也……又爲'絫'之誤字。《穀梁僖十八傳》：'善累而後進之。'注：'積也。'《楚詞·招魂》：'層臺累榭。'注：'重也。'……又重言形況字。《（禮記）樂記》：'纍纍如貫珠。'《漢書·石顯傳》：'印何纍纍。'注：'重積也。'《穀梁哀十三傳》：'纍纍致小國以會諸侯。'注：'猶數數也。'"按，"纍"字从糸，所記録語詞之本義爲繩索，連累爲其引申義，即朱氏所云"轉注"者，積累亦爲其引申義，非"絫"字之誤。

壘 防禦工事，堆積物而成者，故引申爲積累義。《説文·土部》："壘，軍壁也。从土，畾聲。"清朱駿聲《通訓定聲》："《周禮·量人》：'營軍之壘舍。'……《左文十二傳》：'請深壘固軍。'〔假借〕爲'絫'。《廣雅·釋詁二》：'壘，積也。'《四》：'重也。'又爲'纍'。《荀子·大略》：'不憂其係壘也。'又重言形況字。'北芒何壘壘。'注：'冢相次之皃。'"按，非假借，乃引申。

轠 相連不絶。《廣韻·旨韻》："轠，轠轤，車屬。"又《灰韻》："轠，轠轤，不絶。"按，車可成群結隊，故其字从車。《文選·揚雄〈羽獵賦〉》："繽紛往來，轠轤不絶。"唐李善注："轠轤，連屬皃。"按"轠"亦單用而表相連義。明湯顯祖《疫》："金陵佳麗門，轠席無夜畫。"

櫐 藤本植物，蔓延而相連者。字亦作"藟"。《廣韻·旨韻》："櫐，藤。《爾雅》曰：'諸慮，山櫐。'藟，上同。"按，所引《爾雅·釋木》文晉郭璞注："今江東呼櫐爲藤，似葛而麤大。"《説文·木部》："藟，木也。"清朱駿聲《通訓定聲》："字亦作'櫐'，與'藟'微別。《中山經》：'卑山多櫐。'注：'今虎豆、貍豆之屬。'《爾雅·釋木》：'……樇，虎櫐。'按，山櫐，即嬰奧，今之山蒲桃也；虎櫐，即招豆藤，今之芝藤花也，其華紫色，作穗垂垂，人家以飾庭院。"《管子·地員》："五蘟之狀，黑土黑落，青怵以肥，芬然若灰，其種櫐葛，蝕莖黄秀悥目。"

嶘 山高聳貌。按即縱向之蔓延、相連。其字亦作"嶛""嶉""嶐"。《廣韻·賄韻》："嶘，嶘嵬，山狀。"又《脂韻》："嶛，嵬嶘。嶉，上同。"漢董仲舒《春秋繁露·山川頌》："山則巃嵷嶘崔，摧嵬菲巍。"按，亦虚化引申爲高義。唐杜甫《冬狩行》："幕前生致九青兕，駞駝嶘嵬垂玄熊。"清仇兆鰲注："嶘嵬，高貌。"

〔**推源**〕諸詞或有相連義，或有積累義，二義相通，俱以畾聲載之，語源當同。聲符字"畾"所記録語詞謂雷電，其字形即示雷電回轉、多而相連相積之意，今語猶稱物多而相連、相積曰"累累"，其字本作"纍"。要言之，本條諸詞之相連、積累義爲其聲符"畾"所載之顯性語義。晶聲可載相連、積累義,則"連"可證之。

晶:來紐微部;
連:來紐元部。

雙聲,微元旁對轉。"連",人力車。《說文·辵部》:"連,員連也。"清段玉裁注改其解釋文爲"負車"。《管子·海王》:"行服連、軺、輂者,必有一斤一鋸一錐一鑿,若其事立。"唐尹知章注:"連,輂名,所以載任器,人挽者。"按,人力車即人與車相連者,故引申爲連接、連續、聯合等義。《廣韻·仙韻》:"連,合也,續也。"漢劉向《列女傳·珠崖二義》:"珠崖多珠,繼母連大珠以爲繫臂。"唐杜甫《春望》:"烽火連三月,家書抵萬金。"按,凡物多而相連即積累,故"連"有積累之衍義,古者稱累世爲"連華"。《晉書·陸機陸雲傳·論》:"然其祖考重光,羽輯吴運,文武奕葉,將相連華。"又有"連累"之同義聯合式合成詞。漢班固《白虎通·封禪》:"賓連者,木名也,其狀連累相承。"

(2122) 僂/羸(瘦義)

僂 頹敗,引申爲瘦、憔悴。《說文·人部》:"僂,相敗也。从人,晶聲。"清段玉裁注本解釋但作"敗也"。清朱駿聲《通訓定聲》:"《淮南·俶真》:'然不免於僂身。'……《寡婦賦》:'容貌僂以頓顇。'注:'羸皃。'《洞簫賦》:'桀跖鬻博僂以頓顇。'注:'羸疾皃。'"

羸 瘦瘠。《說文·羊部》:"羸,瘦也。"清朱駿聲《通訓定聲》:"《廣雅·釋言》:'瘠也。'《禮記·問喪》:'身病體羸。'……《(國語)楚語》:'恤民之羸。'"《漢書·鄒陽傳》:"今天下布衣窮居之士,身在貧羸。"唐顏師古注:"衣食不充,故羸瘦也。"

〔推源〕 此二詞俱有瘦義,其音亦相近且相通。

僂:來紐微部;
羸:來紐歌部。

雙聲,微歌旁轉。則其語源當同。

830 罷聲

(2123) 擺儽(排除、休止義)

擺 排除,擺脱。《廣韻·蟹韻》:"擺,擺撥。捭,上同。"《集韻·蟹韻》:"擺,撥也。"《淮南子·要略》:"通九野,徑十門,外天地,捭山川。"漢高誘注:"捭,屏去也。"《世說新語·政事》:"王謂何曰:'我今故與林公來相看,望卿擺撥常務,應對玄言,那得方低頭看此邪?'"唐符載《梵閣寺常準上人精院記》:"梵閣據龜城、犀浦之間,背郭六七里而遥,擺喧傲俗,已有真趣。"

儸　停止。《玉篇·人部》:"儸,停也。"《廣韻·紙韻》:"儸,停儸。"按,"儸"所記録之詞存乎語言,唯其字常以"罷"爲之。清朱駿聲《説文通訓定聲·隨部》:"罷,《論語》:'欲罷不能。'皇疏:'罷猶罷息也。'"《史記·穰侯列傳》:"穰侯曰:'善。'乃罷梁圍。"唯"罷"有休止義,故有"罷休"之同義聯合式合成詞。宋范成大《次韻宗偉閲番樂》:"罷休詩社工夫淡,洗浄書生氣味酸。"

〔推源〕　此二詞分别有排除、休止義,俱以罷聲載之,語源當一,蓋其二義相通。聲符字"罷"所記録語詞謂放遣罪人,實即排除、排斥義。《説文·网部》:"罷,遣有辠也。从网、能,言有賢能而入网,而貰遣之。《周禮》曰:'議能之辟。'"清朱駿聲《通訓定聲》:"《廣雅·釋詁二》:'罷,歸也。'《史記·齊悼惠王世家》:'乃罷魏勃。'《索隱》:'謂不罪而放遣之。'《禮記·月令》:'罷官之無事。'"按,凡罷官即停止其職務,故"罷"有休止之衍義。《廣韻·蟹韻》:"罷,止也,休也。"《後漢書·南匈奴傳》:"令西河長史歲將騎二千,弛刑五百人,助中郎將衛護單于,冬屯夏罷。"《晉書·羊祜傳》:"南州人征市日聞祜喪,莫不號慟罷市。"然則本條二詞之排除、休止義爲其聲符"罷"所載之顯性語義。罷聲可載排除、休止義,則"廢"可證之。

罷:並紐歌部;

廢:幫紐月部。

並幫旁紐,歌月對轉。"廢",坍塌,傾圮,故有廢除、廢止之衍義。《説文·广部》:"廢,屋頓也。"清朱駿聲《通訓定聲》:"傾圮無用之意。〔轉注〕《淮南·覽冥》:'四極廢。'注:'頓也。'……《爾雅·釋詁》:'廢,舍也。'又'止也。'《周禮·大宰》:'廢置以馭其吏。'……《禮記·中庸》:'半塗而廢。'注:'猶罷止也。'《曾子問》:'廢喪。'疏:'猶除也。'"

(2124) 襬犣孈(低下義)

襬　裙子,下衣。《方言》卷四:"帬,陳魏之間謂之帔,自關而東或謂之襬。"《廣韻·支韻》:"襬,關東人呼裙也。"沈兼士《聲系》:"案'襬',内府本《王韻》作'䙼'。"《集韻·支韻》:"䙼,或从罷。"唐皮日休《悲遊》:"荷爲裯兮芰爲襬,荃爲禃兮薜爲褌。"明湯顯祖《紫簫記·納聘》:"他要你做衣襬與他穿。"

犣　矮牛。《廣韻·佳韻》:"犣,下小牛也。"按,矮則低下,故云"下小牛"。《集韻·蟹韻》:"犣,牛短足。"明李時珍《本草綱目·獸部·牛》:"廣南有㸺牛,即果下牛,形最卑小,《爾雅》謂之犣牛,《王會篇》謂之紑牛是也。"清朱駿聲《説文通訓定聲·隨部·附〈説文〉不録之字》:"犣,《爾雅·釋畜》:'犣牛。'注:'今之㹀牛也,庳小。'"《文選·王融〈三月三日曲水詩序〉》:"紑牛露犬之玩,乘黄兹白之駟。"唐李善注:"紑牛,小牛也。"

孈　低,矮。《廣韻·蟹韻》:"孈,孈猪,短也。"清朱駿聲《説文通訓定聲·隨部·附〈説文〉不録之字》:"孈,《方言》十:'孈,短也。'按,《周禮·典同》注:'陂讀如人罷短之罷。'只作

'罷'。"清和邦額《夜譚隨録·伊五》:"兵丁伊五者,身孋娷而貌幺麽。"引申之則泛指低矮。宋黃庭堅《謝楊景山送惠酒器》:"孋矮金壺肯持送,挼莎殘菊更傳盃。"

〔推源〕 諸詞俱有低下義,爲罷聲所載之公共義。聲符字"罷"所記録語詞之本義、引申義系列與低下義不相涉,其低下義乃罷聲所載之語源義。罷聲可載低下義,則"匍"可證之。

罷:並紐歌部;

匍:並紐魚部。

雙聲,歌魚通轉。"匍",人伏地,低下身子,亦指爬行。《説文·勹部》:"匍,手行也。"清朱駿聲《通訓定聲》:"《詩·生民》:'誕實匍匐。'……《(禮記)問喪》:'故匍匐而哭之。'注:'猶顛躓。'"《戰國策·秦策一》:"嫂虵行匍伏,四拜,自跪而謝。"

831 黎聲

(2125) 犛雞鏫驪(黑色義)

犛 雜色,引申爲黑義。其字亦作"斄""犛"。《廣韻·齊韻》:"斄,同犛。"《脂韻》:"犛,牛駁。"《集韻·脂韻》:"犛,牛駁文。或作'犛'。"清朱駿聲《説文通訓定聲·履部》:"斄,字亦作'犛'、作'斄'。〔假借〕爲'驪',或爲'驪'。《論語》:'犛牛之子。'王氏引之曰:'犛牛,生騂角,以祀山川,猶《列子·説符》'黑牛生白犢以薦上帝'耳。又爲'貍'。《論語》皇疏:'犛或音貍,襍文也。'……《淮南·説山》:'髡屯犛牛。'注:'不純色。'"今按,"犛"指黑色非假借,乃引申。其本義爲牛雜色,"物"亦謂雜色牛,其字亦从牛作。色不純則其觀感爲黑,其義相通。《書·泰誓中》:"播棄犛老,昵比罪人。"唐孔穎達疏:"孫炎曰:'耇面東梨色,似浮垢也。'然則老人背皮似鮐,面色似梨,故鮐背之耇稱梨老。"宋蔡沈《集傳》:"犛,黑而黃也。"

雞 色黑而黃之鳥。《説文·隹部》:"雞,雞黃也。从隹,黎聲。一曰楚雀也,其色黎黑而黃。"清朱駿聲《通訓定聲》:"字亦作'鵹'、作'鸝'。《爾雅》:'鵹黃,楚雀。'舊注:'一名倉庚。'《方言》八作'驪黃',《詩草木疏》謂之黃麗留,或謂之黃栗留,皆一聲之轉。"《廣韻·支韻》:"鵹,同'鸝'。"按"鵹"亦指黑目鳥。《山海經·大荒西經》:"(沃之野)有三青鳥,赤首黑目,一名曰大鵹,一名少鵹,一名青鳥。"按,黑而黃之鳥稱"鵹",正猶黑而黃之人稱"犛老"。

鏫 黑金。《説文·金部》:"鏫,金屬。从金,黎聲。"清桂馥《義證》:"'金屬'者,《玉篇》:'鏫,與黧同。'《集韻》:'鋫,黑金也。'"按,所引《集韻·脂韻》文之'鋫'異文作"鏫"。宋崔伯易《感山賦》:"其金則鈑、鋆、鏐、銑、鏫、鏫、鏽、鏨。"

驪 黑馬。《廣雅·釋獸》:"駣驪。"清王念孫《疏證》:"《史記·秦本紀》:'造父得驥、溫驪。'徐廣云:'溫,一作盗。'《索隱》云:'鄒誕生本作駣,音陶。'則盗驪即此駣驪。"《集韻·齊韻》：“驪，《博雅》：‘駼驪，馬屬。’或从黎。”《穆天子傳》卷一：“天子之駿，赤驥、盜驪。”晉郭璞注：“驪，黑色也。”虛化引申爲黑色義。《尚書大傳》卷四：“正身之士，去貴而爲賤，去富而爲貧，面目驪黑而不失其所，是以文不滅而章不敗也。”

〔推源〕 諸詞俱有黑色義，爲黎聲所載之公共義。聲符字"黎"單用本可表黑色義。《説文·黍部》："黎，履黏也。从黍，𥝢省聲。𥝢，古文利。作履黏以黍米。"清朱駿聲《通訓定聲》："〔假借〕又爲'壚'。《書·禹貢》：'厥土青黎。'……或曰借爲'黸'。故《漢書·鮑宣傳》'蒼頭廬兒'作'廬'，孟康曰：'黎、黔，皆黑也。'"按，朱氏所引《書·禹貢》文僞孔傳："色青黑而沃壤。"《淮南子·原道訓》："此齊民之所爲形植黎黑，憂悲而不得志也。"按，黑色義非"黎"之顯性語義，乃其聲韻另載者。黎聲可載黑色義，則"黧"可證之。"黎""黧"上古音同，來紐雙聲，脂部疊韻，二者均从利聲。"黧"，黧黑字。《廣韻·齊韻》："黧，黑而黄也。"漢劉向《九歎·逢紛》："顔徽黧以沮敗兮，精越裂而衰耄。"唯"黧"之義爲黑，故有"黧黑"之同義聯合式合成詞。《墨子·節葬下》："使面目陷䫉，顔色黧黑。"按，"黧"字既从黑，復以利聲載黑義，形符、聲符所表之義同，然有顯性、隱性之殊，此爲形聲文字之一大通例。

832 鼻聲

(2126) 邊檐（邊側義）

邊 邊側字，後世作"邊"。《説文·辵部》："邊，行垂崖也。从辵，鼻聲。"清朱駿聲《通訓定聲》："《爾雅·釋詁》：'邊，垂也。'《禮記·玉藻》：'其在邊邑。'注：'九州之外。'《吳語》：'頓顙于邊。'注：'邊，邊境也。'〔轉注〕《廣雅·釋詁四》：'邊，方也。'按，《九章》：'開方有兩廉一隅。'廉即旁也……《禮記·深衣》：'續衽鉤邊。'按，旁也。"《廣韻·先韻》："邊，畔也，又邊陲也。"

檐 屋檐板，屋頂邊側之物。字亦作"櫋"。《説文·木部》："櫋，屋櫋聯也。从木，鼻聲。"清朱駿聲《通訓定聲》："亦曰梠、曰槾、曰楣、曰檐。《楚辭·九歌》：'擘蕙櫋兮既張。'〔聲訓〕《釋名》：'梠或謂之櫋。櫋，緜也，緜連榱頭使齊平也。'"按，稱"櫋"，謂處於邊側；稱"梠"，取其與屋頂相連之意；稱"槾"，謂比鄰；稱"楣"，則謂如人之眉，横於上。清厲鶚《宋詩紀事》卷五十九引宋龔頤正《泰伯廟迎享送神辭》："翼翼兮新宫，蘭櫋兮枅桂。"

〔推源〕 此二詞俱有邊側義，爲鼻聲所載之公共義。聲符字"鼻"所記録語詞謂茫然不見。《説文·自部》："鼻，宫不見也。闕。"清朱駿聲《通訓定聲》："宀宀不見也。"按，邊遠處則茫然不見，其義或相通。《廣韻·仙韻》："鼻，視遠之皃。"鼻聲可載邊側義，則"旁"可證之。

鼻：明紐元部；

旁：並紐陽部。

明並旁紐,元陽通轉。"旁",普遍,普遍則延及遠方、邊側,故有邊側之衍義,"旁"遂爲旁邊字。《說文·上部》:"旁,溥也。"清朱駿聲《通訓定聲》:"《廣雅·釋詁二》:'旁,廣也。'……《釋名·釋道》:'物兩爲歧,在邊曰旁。'……《荀子·性惡》:'褊能旁魄而無用。'注:'廣博也。'"《漢書·循吏傳·黃霸》:"吏出,不敢舍郵亭,食於道旁。"唯"旁"有邊側義,故有"旁邊"之同義聯合式合成詞。南朝陳徐陵《雜曲》:"二八年時不憂度,旁邊得寵誰相妒。"

833　質聲

(2127) 礩櫍鑕躓(基址、止住義)

礩　柱下石礎,所以止柱者。《廣韻·質韻》:"礩,柱下石也。"又《至韻》所訓同。清朱駿聲《說文通訓定聲·履部》:"礩,柱下石也。據《御覽》引《說文》有此字,姑附于此。"《太平御覽》卷一八八引《戰國策》:"臣聞董安于之治晉陽也,公宮之室皆以黃銅爲柱礩。"引申之,則有止住、阻止義。《周書·儒林傳·熊安生》:"時朝廷既行《周禮》,公卿以下多習其業,有宿疑礩滯者數十條,皆莫能詳辨。"

櫍　砧木,墊木。《爾雅·釋宮》"椹謂之榩"晉郭璞注:"斫木櫍也。"《廣雅·釋器》:"梡、櫍,椹也。"清王念孫《疏證》:"凡、椹、櫍,或用以斫木。《爾雅》'椹謂之榩'孫炎注云'斫木質'是也……或用以斬人。《漢書·項籍傳》注云:'質,鑕也。'古者斬人,加於鑕上而斫之……或用以爲門槷。《昭八年穀梁傳》'置旐以爲轅門,以葛覆質以爲槷'范甯注云'質,椹'是也。"《廣韻·質韻》:"櫍,椹,行刑用斧櫍。"按,古者斧櫍字多以"質"爲之,而"櫍"當爲本字。《呂氏春秋·貴直》:"王曰:'行法。'吏陳斧質於東閭。"

鑕　腰斬刑具的墊座。清朱駿聲《說文通訓定聲·履部》:"《漢書·張蒼傳》:'解衣伏質。'注:'鑕也。'字亦作'鑕'。《公羊昭廿五傳》:'君不忍加之以鈇鑕。'"《晏子春秋·問下十一》:"寡君之事畢矣,嬰無斧鑕之罪,請辭而行。"按,"鑕"亦指鐵砧,其義亦相通,凡墊座、鐵砧皆爲基址之義。《玉篇·金部》:"鑕,鐵鑕砧。"

躓　阻止,阻礙。《廣韻·至韻》:"躓,礙也,頓也。《說文》:'跲也。'"按,"跲"謂絆倒,人行走有物阻止之則絆倒,其義當相通。清朱駿聲《說文通訓定聲·履部》:"躓,《長笛賦》:'馳趣期而赴躓。'注:'顛仆也。'……《通俗文》:'事不利曰躓。'又《列子·說符》:'其行足躓株陷。'注:'礙也。'"北魏酈道元《水經注·河水》:"余以爲鴻河巨瀆,故應不爲細梗躓湍。"

〔推源〕　諸詞俱有基址或止住義,爲質聲所載之公共義。質聲字"懫"亦可以假借字形式表阻止義,則亦爲質聲與基址、止住義相關聯之一證。《廣雅·釋詁三》:"懫,止也。"《廣韻·至韻》及《質韻》:"懫,止也。"按,"懫"之本義爲忿戾,止義與之不相屬,乃假借義。按聲符字"質"所記錄語詞謂抵押。《說文·貝部》:"質,以物相贅。从貝,从所,闕。"清朱駿聲

《通訓定聲》："以錢受物曰贅,以物受錢曰質。此字當从所聲。'所'疑即椹質之質,後人又製'櫍'字,即'所'字也,質以爲聲。'所'字今附《屯部》。《左隱三傳》:'故周鄭交質。'《昭廿傳》:'以三公子爲質。'"然則本與基址、止住義不相涉,其基址、止住義乃質聲另載之語源義。質聲可載基址、止住義,則氐聲可相證。

質:章紐質部;

氐:端紐脂部。

章(照)端準雙聲,質脂對轉。氐聲字所記錄語詞"柢""胝""軝""低""底""骶""靴"俱有底義,見本典第二卷"氐聲"第 481 條。按,物之底即基址,又凡有形物之延伸止於底,底義、基址義、止住義皆相通。

834 臺聲

(2128) 諄敦焞䄤惇淳醇稕(厚、盛義)

諄 教誨不倦,即言多而誠懇之謂,故引申爲忠厚、忠誠等義。《說文·言部》:"諄,告曉之孰也。从言,臺聲。讀若庉。"清朱駿聲《通訓定聲》:"《詩·抑》:'誨爾諄諄。'《史記·司馬相如傳》:'不必諄諄。'集解:'告之丁寧也。'〔假借〕爲'惇'。《晉語》:'以諄趙鞅之故。'注:'佐也。'按,厚也……《後漢·卓茂傳》注:'諄諄忠謹之貌也。'亦皆重言形況字。"按,乃引申義,非假借者。《廣韻·稕韻》:"諄,告之丁寧。"又《諄韻》:"諄,誠懇皃也。"明宋濂《諸子辯》:"予取而讀之,何其明白皎潔,若列星之麗天也;又何其敷腴諄篤,若萬卉之含澤也。"清王晫《今世說·言語》:"(徐喈鳳)少負軼才,凌厲矯亢,慨然以古作者自命。與人交,諄誠懇憖,動出肺腑相示。"

敦 盛怒,引申之則有豐厚、厚實、敦厚等義。《說文·攴部》:"敦,怒也,詆也。从攴,臺聲。"清朱駿聲《通訓定聲》:"《甘泉賦》:'白虎敦圉乎崑崙。'注:'盛怒貌。'〔假借〕又爲'惇'。《易》:'敦艮。''敦臨。'《禮記·曲禮》:'敦善行而不怠。'《左成十六傳》:'民生敦厖。'《老子》:'敦兮其若樸。'注:'質厚也。'又爲'焞'。《淮南·天文》:'敦,盛也。'"按,皆引申義,無煩假借。朱氏所引《左傳·成公十六年》文唐孔穎達疏:"言人之生計,若財物足,皆豐厚而多大。"

焞 光明,即光盛而明亮。《說文·火部》:"焞,明也。从火,臺聲。《春秋傳》曰:'焞燿天地。'"清朱駿聲《通訓定聲》:"字亦作'燉'。《詩·采芑》:'嘽嘽焞焞。'傳:'盛也。'"《廣韻·諄韻》:"焞,明也。"又《魂韻》:"燉,火熾。又燉煌郡。燉,大;煌,盛也。"漢崔瑗《河間相張平子碑》:"初舉孝廉,爲尚書侍郎,遷太史令,實掌重黎曆紀之度,亦能焞燿敦大天明地德,光照有漢。"按,朱氏所引《詩·小雅·采芑》之"焞焞"謂盛大,爲虛化引申義。

諄 多而堆聚。《說文·立部》：“諄，磊埻，重聚也。从立，臺聲。”清桂馥《義證》：“《廣韻》：‘諄，木實垂貌。或借‘敦’字。《詩·行葦》：‘敦彼行葦。’傳云：‘敦，聚貌。’”清朱駿聲《通訓定聲》：“今蘇俗尚有此語，其音如磊堆。”

惇 敦厚。《說文·心部》：“惇，厚也。从心，臺聲。”清朱駿聲《通訓定聲》：“《書·洛誥》：‘惇大成裕。’”《廣韻·諄韻》：“惇，心實也。”又《魂韻》：“惇，厚也。”《書·舜典》：“柔能遠邇，惇德允元。”僞孔傳：“惇，厚也。”按，唯“惇”有厚義，故有“惇厚”之同義聯合式合成詞。《史記·范雎蔡澤列傳》：“然則君之主慈仁任忠，惇厚舊故，其賢智與有道之士爲膠漆，義不倍功臣，孰與秦孝公、楚悼王、越王乎？”

淳 濃厚，引申之，又有敦厚義。《廣韻·諄韻》：“淳，樸也。”清朱駿聲《說文通訓定聲·屯部》：“淳，〔假借〕又爲‘醇’、爲‘惇’。《思玄賦》：‘何道貞之淳粹兮。’注：‘不澆曰淳。’《東京賦》：‘淳化通于自然。’《淮南·齊俗》：‘澆天下之淳。’注：‘厚也。’《漢書·黃霸傳》：‘澆淳散樸。’注：‘不雜爲淳。’《三蒼》：‘淳，濃也。’”按，“淳”之本義《說文》訓“渌”，即澆灌義，其字从水，表濃厚義非假借，乃套用字，敦厚義則爲濃厚義之引申。

醇 酒味濃厚，引申爲敦厚義。《說文·酉部》：“醇，不澆酒也。从酉，臺聲。”清朱駿聲《通訓定聲》：“《廣雅·釋詁三》：‘醇，厚也。’……《漢書·爰盎傳》：‘買二石醇醪。’《東京賦》：‘春醴惟醇。’《琴賦》：‘旨酒清醇。’〔轉注〕《莊子·繕性》：‘澡醇散樸。’《吳都賦》：‘非醇粹之方壯。’注：‘不變曰醇。’〔假借〕爲‘惇’。《淮南·氾論》：‘古者人醇工龐。’注：‘醇厚不虛華也。’《漢書·萬石君傳》：‘慶醇謹而已。’注：‘專厚也。’《景帝紀》：‘黎民醇厚。’”按，非假借，亦引申。《廣韻·諄韻》：“醇，厚也，濃也。”

稕 束秆，即禾秆聚集而盛多。《廣韻·稕韻》：“稕，束秆也。䅎，上同。”沈兼士《聲系》：“案‘束’，宋小字本、古逸本、元泰定本及符山堂本均作‘束’。”元司農司《農桑輯要》卷六：“春耕熟地，作町闊五寸，紐草稕如臂大，置畦中，以泥塗草稕上，然後種子，以細土及牛糞蓋。”元高文秀《黑旋風》第二折：“墻角畔滴溜溜草稕兒挑，茅簷外疎剌剌布簾兒斜。”

〔推源〕諸詞俱有厚、盛義，爲臺聲所載之公共義。聲符字“臺”所記録語詞本無此義，其字形則訛作“享”。《說文·亯部》：“臺，孰也。从亯，从羊。讀若純。一曰鬻也。”清朱駿聲《通訓定聲》：“今隸偏旁誤作‘享’。”其厚、盛義當爲臺聲所載之語源義。臺聲可載厚、盛義，則屯聲可相證。

臺：禪紐文部；

屯：定紐文部。

疊韻，禪定準旁紐。屯聲字所記録語詞“純”“炖”“奄”俱有厚重盛大義，見本典第一卷“屯聲”第214條。

(2129) 犉雜韇（黄色義）

犉 黄毛黑唇牛。《説文·牛部》："犉，黄牛黑唇也。从牛，臺聲。《詩》曰：'九十其犉。'"清朱駿聲《通訓定聲》："《爾雅·釋畜》：'黑脣，犉。'"按，許慎所引《詩·小雅·無羊》文毛傳："黄牛黑脣曰犉。"《廣韻·諄韻》："犉，黄牛黑脣。"

雜 黄黑色相雜之鳥。字亦作"鶉"。《説文·隹部》："雜，雖屬。从隹，臺聲。"清朱駿聲《通訓定聲》："字亦作'鶉'。《爾雅·釋鳥》：'鷯鶉，其雄鵲，牝痺。'又：'駕，牟母。'又：'鶉子文，駕子鶸。'《列子·天瑞》：'田鼠之爲鶉也。'按，翟、鶉同類，而鷯大於鶉，鷯黄色，鶉黄黑雜文。《儀禮·公食禮》：'有鶉有駕。'《禮記·內則》：'有鶉羹駕釀。'對文則别，散文則通。雄善鬥。"《廣韻·諄韻》："鶉，鷯鶉也。《字林》作'雜'。"

韇 黄色。其字亦作左形右聲。字既从黄，復以臺聲載黄色義，形符、聲符所表之義同，而有顯性、隱性之殊，此爲形聲字之一大體例。《廣韻·魂韻》："韇，魯公子名。亦黄色也。"又《桓韻》："韇，黄色。"《亢倉子·農道》："得時之麥，長桐而頸蔟，二七以爲行，薄翼而韇色。"明黄佐《北京賦》："垂若華之景曜，儷望舒以相頎，晃韇萬疊，熻焱舒趨。"

〔推源〕 諸詞俱有黄色義，爲臺聲所載之公共義。聲符字"臺"所記録語詞與黄色義不相涉，其黄色義乃臺聲所載之語源義。臺聲可載黄色義，則"橙"可證之。

臺：禪紐文部；

橙：定紐蒸部。

禪定準旁紐，文蒸通轉。"橙"，果名，其色黄者。《説文·木部》："橙，橘屬。"清朱駿聲《通訓定聲》："《上林賦》：'黄甘橙楱。'《南都賦》：'穰橙橘。'"明李時珍《本草綱目·果部·橙》："橙，《事類合璧》云：'橙樹高枝，葉不甚類橘，亦有刺。其實大者如盌，頗似朱欒，經霜早熟，色黄皮厚。'"按，唯橙爲黄色物，故有"橙黄"一詞。宋蘇軾《贈劉景文》："一年好景君須記，最是橙黄橘綠時。"

(2130) 啍瞚（遲鈍義）

啍 遲重緩慢貌。《説文·口部》："啍，口氣也。从口，臺聲。《詩》曰：'大車啍啍。'"清朱駿聲《通訓定聲》："重言形況字。《詩》……傳：'重遲之貌。'《莊子·胠篋》：'而悦夫啍啍之意。'……司馬注：'少智貌。'"按，《集韻·陽韻》"啍"亦訓"愚兒"，少智、愚憃即反應遲鈍，義亦相通。元張昱《輦下曲》："祖宗詐馬宴灤都，挏酒啍啍載憨車。"其"啍啍"與許慎所引《詩·王風·大車》之"啍啍"同，謂承載重而其行遲鈍。

瞚 目光遲鈍。《説文·目部》："瞚，謹鈍目也。从目，臺聲。"清桂馥《義證》："'謹鈍目也'者，俗作'盹'。《類篇》：'盹，鈍目也。'"張舜徽《約注》："錢坫曰：'今人謂目覩物遲頓爲瞚，聲如鈍。'舜徽按：本典《言部》：'臺，孰也。'凡言孰者，多有久義……許以謹鈍目解之，猶云審視之孰也。審視之孰，則形成謹鈍矣。"《廣韻·諄韻》："瞚，鈍目也。"又《稕韻》："瞚，鈍目。盹,上同。"唐柳宗元《天爵論》:"純粹之氣,注於人也爲明。得之者,爽達而先覺,鑒照而無隱,盹盹於獨見,淵淵於默識,則明者又其一端耳。"

〔推源〕 此二詞俱有遲鈍義,爲臺聲所載之公共義。聲符字"臺"訓"孰",凡烹物經久則熟,久義、遲鈍義當相通,一如張舜徽先生所云。又"啍"或作"盹","盹"從屯聲,屯聲字所記錄語詞"芚""忳""頓"俱有困頓義,其義亦與遲鈍義相通。"忳"又有反應遲鈍義。又"迍"謂行走緩慢、遲鈍。見本典第一卷"屯聲"第215條。臺聲、屯聲極相近且相通,此前第2128條已述。

835 廛聲

(2131) 纏躔(繞義)

纏 盤繞。《説文·糸部》:"纏,繞也。从糸,廛聲。"清朱駿聲《通訓定聲》:"字亦作'繵'。《廣雅·釋詁三》:'纏,束也。'《淮南·道應》:'臣有所與供儋纏采薪者九方堙。'注:'索也。'《太玄·玄攡》:'萬物乃纏。'注:'謂纏縣也。'又《史記·扁倉傳》:'動胃繵緣。'《正義》:'謂脉繵繞胃也。'"按,"纏"一作"繵"猶"鱣"亦作"鱔",聲符"廛""亶"可相替換。繩索則爲纏繞之物,義亦相通。《廣韻·仙韻》:"纏,繞也。繾,俗。"又《線韻》:"纏,纏繞物也。"《後漢書·董卓傳》:"卓所得義兵士卒,皆以布纏裹,倒立於地,熱膏灌殺之。"

躔 日月繞行,循環。《廣韻·仙韻》:"躔,日月行也。"清朱駿聲《説文通訓定聲·乾部》:"躔,《方言》十二:'躔,歷行也,日運爲躔,月運爲逡。'十三:'躔,循也。'《廣雅·釋詁一》:'躔,行也。'……《吕覽·圜道》:'月躔二十八宿。'"按,朱氏以繞行義爲本義,而以《説文》所訓"踐"義爲引申義,蓋非,"躔"表繞行義當爲套用字。《梁書·武帝紀上》:"再躔日月,重綴參辰。"唐高宗《頒行麟德曆詔》:"日次月躔,寧循舊度。"

〔推源〕 此二詞俱有繞義,爲廛聲所載之公共義。聲符字"廛"所記録語詞謂一家所居之地。《説文·广部》:"廛,一畝半,一家之居。从广、里、八、土。"清朱駿聲《通訓定聲》:"八者,別也,在里曰廛,在野曰廬……《周禮·廛人》注:'民居區域之稱。'"《孟子·滕文公上》:"願受一廛而爲氓。"趙岐注:"廛,居也。"今按,"廛"即方圓若干丈,亦即居者一圍之地,此與繞義或相通。廛聲可載繞義,則專聲可相證。

廛:定紐元部;
專:章紐元部。

叠韻,定章(照)準旁紐,音極相近。專聲字所記録語詞"縛"謂纏繞,又"嫥""膞""篿""團""甎""鱄""摶""轉""鷒""漙""塼"俱有圓義,並見本典第七卷"專聲"第1703條,繞義、圓義亦相通。

836 麃聲

(2132) 儦/飆(迅速義)

儦 速行貌。《説文·人部》：" 儦，行皃。从人，麃聲。《詩》曰：'行人儦儦。'"清朱駿聲《通訓定聲》："《(詩·小雅)吉日》：'儦儦俟俟。'釋文：'趨也。'《韓詩》作'駓駓'，《説文》作'伾伾'，丕、麃雙聲。按，亦皆重言形況字。"按"趨"即快步行走。

飆 疾風。《説文·風部》："飆，扶摇風也。"清桂馥《義證》："《初學記》引作'疾風也。'"清朱駿聲《通訓定聲》："俗誤作'颫'。按，回風暴起，從下而上。《長笛賦》：'感迴飈而將積。'《漢書·揚雄傳》：'風發飈拂。'……鮑照《樂府》：'素帶曳長飈。'"按，所引《漢書》文之"飈"異文作"飆"。唯"飆"有迅速義，故有"飆迅"之複音詞。晉葛洪《抱朴子·博喻》："飆迅非徒驊騮騕褭，立斷未獨沈閭干將。"

〔推源〕 此二詞俱有迅速義，其音亦同，幫紐雙聲，宵部叠韻，則其語源當同。其"儦"字从麃得聲，聲符字"麃"所記録語詞謂大麃，行走迅速者。《説文·鹿部》："麃，麠屬。从鹿，覀省聲。"清朱駿聲《通訓定聲》："按，似麋，無角。《周書·王會》：'麃者，若鹿，迅走。'《爾雅》：'麠，大麃。'注：'麃即麈。'《漢書·郊祀志》：'獲一角獸若麃然。'注：'麃，鹿屬也。'"然則"儦"之迅速義爲其聲符"麃"所載之顯性語義。

(2133) 瀌臕(盛、多義)

瀌 雨雪盛貌。《説文·水部》："瀌，雨雪瀌瀌。从水，麃聲。"清朱駿聲《通訓定聲》："《詩·角弓》：'雨雪瀌瀌。'《釋文》：'雪盛皃。'《韓詩外傳》以'麃'爲之。《廣雅·釋訓》：'瀌瀌，雨也。'按，亦重形況字。"《廣韻·宵韻》："瀌，雪皃。"又《幽韻》："瀌，雨雪皃。"南朝梁劉勰《文心雕龍·物色》："'杲杲'爲日出之容，'瀌瀌'擬雨雪之狀。"

臕 脂肪多。《廣韻·宵韻》："臕，脂臕，肥皃。"《樂府詩集·横吹曲辭五·企喻歌辭之二》："放馬大澤中，草好馬著臕。"元馬致遠《漢宫秋》第二折："誰似我做天子的官差不自由，情知他怎收那臕滿的紫驊騮。"按，其字亦以"膘"爲之，《廣韻》所云"脂臕"亦作"脂膘"。元秦簡夫《趙禮讓肥》第二折："我是個餓損的人，有什麽脂膘。"

〔推源〕 此二詞分別有盛、多義，二義相通，俱以麃聲載之，語源當同。聲符字"麃"所記録語詞謂大麃，大義、盛義當相通。麃聲可載盛、多義，則"豐"可證之。

麃：並紐宵部；
豐：滂紐冬部。

並滂旁紐，宵冬旁對轉。"豐"，器所盛物多。《説文·豐部》："豐，豆之豐滿者也。从豆，象形。"清朱駿聲《通訓定聲》："《廣雅·釋詁一》：'豐，滿也。'《易·豐》鄭注：'豐之言腆，充滿意也。'……《詩·豐年》：'多黍多稌。'……《楚語》：'不爲豐約舉。'注：'盛也。'《西京賦》：'地沃野豐。'注：'饒也。'《神女賦》：'貌豐盈以莊姝兮。'注：'肥滿也。'"按，《說文》所訓爲本義，有其文獻實用例。《書·高宗肜日》："典祀無豐于昵。"多、盛皆其虛化引申義。"豐"訓"盛"、訓"滿"、訓"饒"，即多、盛義，複音詞有"豐盛""豐滿""豐饒"。

837　樂聲

(2134) 璪皪爍嫭（明亮、美好義）

璪　珠玉明亮有光澤。《說文·玉部》："璪，玓璪。从玉，樂聲。""玓，玓璪，明珠色。"清朱駿聲《通訓定聲》："《上林賦》：'明月珠子，玓璪江靡。'按，珠圓光也。'"《廣韻·錫韻》："璪，珠璪。"唐楊烱《少室山少姨廟碑》："珮珠璣而玓璪，襲羅縠而飄颻。"

皪　潔白明亮貌。字亦作"皪"。《廣韻·錫韻》："皪，的皪，白狀。"清朱駿聲《說文通訓定聲·小部·附〈說文〉不錄之字》："皪，《詩·淇奧》箋：'皪皪而處。'"《漢書·司馬相如傳》："皓齒粲爛，宜笑的皪。"唐顏師古注："鮮明貌也。"《古文苑·周宣王〈石鼓文〉》："帛魚皪皪。"宋章樵注："皪即'皪'字，音歷，的皪白貌。"清汪懋麟《元夜禁中觀放煙火歌》："步輦從容出複道，華燈的皪明春宵。"

爍　光彩明亮貌。《廣韻·藥韻》："爍，灼爍。"《說文新附·火部》："爍，灼爍，光也。"按"爍"亦單用，"灼爍"爲同義聯合式合成詞。《文選·顏延之〈宋文皇帝元皇后哀策文〉》："圓精初爍，方祇始凝。"唐呂延濟注："圓精謂天也……爍，明。"宋葉隆禮《契丹國志·胡嶠陷北記》："其一曰旱金，大如掌，金色爍人。"明夏完淳《北風行》："錦袍灼爍君王語，麥飯淒涼帝子顔。"

嫭　美好。《廣韻·藥韻》："嫭，美好也。"清朱駿聲《說文通訓定聲·小部·附〈說文〉不錄之字》："嫭，《通俗文》：'媚容茂曰嫭。'〔假借〕爲'燿'。《魯峻碑》：'令德孔嫭。'"按，無煩假借，明亮、美好二義本相通，今語猶稱面容美好爲"漂亮"。

〔推源〕　諸詞俱有明亮、美好義，爲樂聲所載之公共義。樂聲字"爍""鑠""矅"亦載此義，可爲樂聲與明亮、美好義相關聯之一證。《說文·糸部》："爍，絲色也。从糸，樂聲。"清朱駿聲《通訓定聲》："按，玓璪明光之色。"《廣韻·藥韻》所訓與《說文》同。清朱駿聲《說文通訓定聲·小部》："鑠，〔假借〕爲'燿'。《方言》二：'鑠，雙也，矑瞳之子，宋衛韓鄭之間曰鑠。'按，猶言雙眸炯炯也。《詩·酌》：'於鑠王師。'《爾雅·釋詁》：'鑠，美也。'"按，"鑠"之本義爲銷熔，明亮、美好義爲其假借義。《玉篇·目部》："矅，美目也。"《廣韻·藥韻》所訓與之同。按，聲符字"樂"所記錄語詞謂音樂。《說文·木部》："樂，五聲八音總名。"清朱駿聲《通訓定聲》："《禮記·樂記》：'樂者，天地之和也，夫樂者先王之所以飾喜也。'《世本》：'伶倫作樂。'《周禮·保氏》：'二曰六樂。'"按，音樂爲美好之音，故音樂、美好二義當相通。又，美好之音,悦於耳者,明亮之色,悦於目者,故音樂、明亮二義亦當相通。樂者可載明亮、美好義,則"燿""燿"可相證。"燿",照耀,明亮。字亦作"曜",後世作"耀"。《說文·火部》:"燿,照也。从火,翟聲。"清朱駿聲《通訓定聲》:"字亦作'耀'、作'曜'……《穀梁序》:'七燿爲之盈縮。'《淮南·覽冥》:'星燿而元運。'《後漢·張衡傳》:'燿靈。'注:'日也。'《廣雅·釋詁二》:'燿,爟也。'《四》:'明也。'""燿",身材高挑、挺拔而美好,見本卷"翟聲"第2105條。按,聲符字"樂"之上古音疑紐藥部,"燿""燿""曜"皆余紐藥部,疊韻,余(喻四)本有舌根音一類,从樂得聲之"藥"余紐藥部,爲力證,然則疑余爲旁紐。"燿"之上古音定紐宵部,"翟"者定紐藥部,雙聲,宵藥(沃)對轉。余(喻四)有舌面音一類,與定紐爲準旁紐。"燿"之余紐爲舌根音,乃分化音。

(2135) 藥療(治療義)

藥 藥物,治療疾病者。《說文·艸部》:"藥,治病艸。从艸,樂聲。"清朱駿聲《通訓定聲》:"《周禮·疾醫》:'以五味、五穀、五藥養其病。'注:'五藥,草、木、蟲、石、穀也。'《易·無妄》:'勿藥有喜。'〔轉注〕《家語·正論》:'不如吾聞而藥之也。'注:'療也。'"按,治療義爲其直接引申義。《荀子·富國》:"彼得之不足以藥傷補敗。"唐楊倞注:"藥,猶醫也。"

療 治療義,後世多以其或體"療"爲之。《說文·疒部》:"療,治也。从疒,樂聲。療,或从尞。"清朱駿聲《通訓定聲》:"或从尞聲。謂治病。《周禮·瘍醫》:'凡療瘍以五毒攻之。'《左襄廿六傳》:'不可救療。'劉向《列女傳·賢明》引《詩》:'可以療飢。'《思玄賦》:'羞玉芝以療飢。'……《方言》十:'愮、療,治也。'"《廣韻·鐸韻》:"療,治病。"《龍龕手鑒·疒部》:"療,古'療'字。"

〔**推源**〕 此二詞俱有治療義,爲樂聲所載之公共義。聲符字"樂"單用本可表治療義。清朱駿聲《說文通訓定聲·小部》:"樂,〔假借〕爲'療'。《詩·衡門》:'可以樂飢。'"清顔光敏《顔氏家藏尺牘·孫侍讀一致》:"縱放意於山水,山水果可樂飢,即肆力於詩文。"按,朱氏假借説可從,治療義非"樂"之顯性語義,乃樂聲另載之義。樂聲可載治療義,則"醫"可證之。

樂:疑紐藥部;
醫:影紐之部。

疑影鄰紐,藥(沃)之旁對轉。"醫",醫工,治病之人。《說文·酉部》:"醫,治病工也。殹,惡姿也,醫之性然。得酒而使。从酉。王育説。一曰殹,病聲。酒,所以治病也。《周禮》有醫酒。古者巫彭初作醫。"清朱駿聲《通訓定聲》:"《周官》有醫師、食醫、疾醫、瘍醫、獸醫。"《禮記·曲禮下》:"醫不三世,不服其藥。"引申爲治療義,爲其基本義。《廣韻·之韻》:"醫,醫療。"《周禮·天官·醫師》:"聚毒藥以共醫事。"《三國志·吳志·孫策傳》"策陰欲襲許,迎漢帝"南朝宋裴松之注:"母謂策曰:'于先生亦助軍作福,醫護將士,不可殺之。'"

· 1717 ·

838 巤聲

(2136) 獵臘（獵取義）

獵 狩獵，取禽獸之謂。《說文·犬部》："獵，放獵逐禽也。从犬，巤聲。"清朱駿聲《通訓定聲》："从犬者，載獫猲獢之意，字亦作'獦'。《詩·伐檀》：'不狩不獵。'箋：'宵田曰獵。'《禮記·月令》：'執弓挾矢以獵。'〔聲訓〕蔡邕《〈月令〉章句》：'獵者，捷取之名也。'"《廣韻·葉韻》："獵，取獸。《白虎通》曰：'四時之田總名為獵，為田除害也。'《尸子》曰：'虙羲氏之世，天下多獸，故教人以獵也。'"按，唯"獵"有取義，故有"獵取"之同義聯合式合成詞。宋王安石《上田正言書》之一："窺執事意，豈若今所謂舉方正者獵取名位而已哉？"

臘 祭名，獵取牲以祭，故其字从肉。《說文·肉部》："臘，冬至後三戌，臘祭百神。从肉，巤聲。"清朱駿聲《通訓定聲》："字亦作'臈'。按，夏在丑月，殷在子月，周在亥月，秦、漢皆與夏制同，而漢日獨用戌。《廣雅·釋天》：'臘，祭也。'……《左僖五傳》：'虞不臘矣。'注：'歲終祭眾神之名。'《禮記·月令》：'臘先祖五祀。'〔聲訓〕《風俗通·祀典》：'臘者，獵也，言因獵取獸，以祭祀其先祖也。'"按，《廣韻·盍韻》云"臈"為其俗體。

〔推源〕 此二詞俱有獵取義，其"獵"當為源詞而"臘"為同源派生詞。聲符字"巤"所記錄語詞謂毛髮（見後條"推源"），與獵取義不相涉，其獵取義當為巤聲另載之語源義。巤聲可載獵取義，則"斬"可證之。

巤：來紐葉部；
斬：莊紐談部。

來莊鄰紐，葉（盍）談對轉。"斬"，刑名，斬殺，引申之則指征伐。《說文·車部》："斬，戮也。从車，从斤。斬法車裂也。"清朱駿聲《通訓定聲》："因古車裂之法而制斬，故从車，會意。《爾雅·釋詁》：'斬，殺也。'……《周禮·掌戮》：'掌斬殺賊諜則膊之。'注：'斬以斧鉞，若今之要斬；殺以刀刃，若今之棄市。'〔轉注〕《齊語》：'斬孤竹而南歸。'注：'伐也。'"按，凡征伐，皆涉殺戮、捕獲，一如狩獵，故有"斬獲"一詞，謂殺敵與獲俘虜，此即獵取義。《後漢書·應劭傳》："斬獲醜虜，既不足言，而鮮卑越溢，多為不法。"

(2137) 鬣儠櫗（長義）

鬣 長鬚，亦指馬頸長毛。《玉篇·髟部》："鬣，長鬚也。"《廣韻·葉韻》："鬣，鬚鬣。"清朱駿聲《說文通訓定聲·謙部》："鬣，《左昭七傳》：'使長鬣者相。'注：'須也。'……《爾雅·釋畜》：'青驪繁鬣，駽。''白馬黑鬣，駱。'舍人注：'馬駿也。'《左定十傳》：'公取而朱其尾、鬣以與之。'《五行志》注：'領上鬣也。'"

儠 人長壯、高大。《說文·人部》："儠，長壯儠儠也。从人，巤聲。《春秋傳》曰：'長儠儦者相之。"清朱駿聲《通訓定聲》:"謂人高大豐偉。《廣雅·釋詁二》:'儦,長也。'今《左傳》《楚語》皆作'麤',疑借字。清段玉裁注:"儦儦,長壯皃。辭賦家用'獵獵'字,蓋當作'儦儦'。"

櫾 紫藤,蔓生而其形長者。《爾雅·釋木》"櫾,虎櫐"晉郭璞注:"今虎豆,纏蔓林樹而生,莢有毛刺,今江東呼爲櫾櫐。"清郝懿行《義疏》:"虎櫐,即今紫藤。"亦指勺之柄,其形長者。《廣韻·叶韻》:"櫾,柶端。"《說文·木部》:"柶,《禮》有柶。柶,匕也。"清馬國翰《玉函山房輯佚書·梁氏三禮圖·柶》:"柶長尺,櫾博三寸。"

〔推源〕 諸詞俱有長義,爲巤聲所載之公共義。聲符字"巤"所記錄語詞謂毛髮。《說文·囟部》:"巤,毛巤也。象髮在囟上及毛髮巤巤之形。此與籀文'子'字同。"清王筠《句讀》:"毛巤與髮同意。"引申之亦指獸類鬃毛,其形長於其他部位者。《廣韻·叶韻》:"巤,鼠毛。"然則本條諸詞之長義爲其聲符"巤"所載之顯性語義。巤聲可載長義,則"延"可證之。

巤:來紐葉部;
延:余紐元部。

來余(喻四)準雙聲,葉(盍)元通轉。"延",長。《說文·延部》:"延,長行也。"清朱駿聲《通訓定聲》:"按,長也……《爾雅·釋詁》:'延,長也。'《方言》一:'延,年長也,凡施于年者謂之延。'《廣雅·釋訓》:'延延,長也。'《左成十三傳》:'君亦悔禍之延。'《論語》:'摘輔象,隕丘受延嬉。'《離騷》:'延佇乎吾將反。'《靈懷》:'指日月使延照兮。'《洛神賦》:'延頸秀項。'"清段玉裁注:"本義訓長行,引伸則專訓長。"今按,許慎所訓乃形體造意,本義即長,引申爲延伸增長、長久等義,朱說可從。段氏常以形體造意爲本義,而以本義爲其引申義。

〔2138〕鑞蠟(軟而可塑義)

鑞 錫鉛合金,其性軟而可塑,可用於焊接,亦可製器。《玉篇·金部》:"鑞,錫也。"《廣韻·盍韻》:"鑞,錫鑞。"清朱駿聲《說文通訓定聲·謙部·附〈說文〉不錄之字》:"鑞,《周禮·職方氏》注:'錫鑞也。'《爾雅·釋器》:'錫謂之鈏。'注曰:'鑞'字亦作'鎘'。"按,聲符字"巤""葛"常有互換之例,"蠟"一作"蒚","臘"又作"䐑"。《集韻·盍韻》:"鑞,或作'鎘'。"《說文·金部》:"鈏,錫也。"《隋書·食貨志》:"是時見用之錢,皆須和以錫鑞。"明沈德符《萬曆野獲編·吏部·武弁王官》:"然此輩素號錫鑞酒壺,非考功法所可束縛。"

蠟 蜂蠟、石蠟等油質物,性軟脆而可塑者。《廣韻·盍韻》:"蠟,蜜蠟。"漢王符《潛夫論·遏利》:"知脂蠟之可明鐙也,而不知其甚多則冥之。"宋周密《癸辛雜識續集·白蠟》:"江浙之地,舊無白蠟。十餘年間,有道人自淮間帶白蠟蟲子來求售……白蠟之價,比黃蠟常高數倍也。"《資治通鑑·後漢高祖天福十二年》:"會契丹河陽節度使崔廷勳以兵送耿崇美之潞州,行德遂乘虛入據河陽,眾推行德爲河陽都部署。行德遣弟行友奉蠟表間道詣晉陽。"元胡三省注:"作表置蠟丸中,故謂之蠟表。"

〔推源〕 此二詞俱有軟而可塑義,爲巤聲所載之公共義。聲符字"巤"所記錄語詞之顯性語義與軟而可塑義不相涉,此義當爲鼠聲另載之語源義。鼠聲可載軟而可塑義,則"塑"可證之。

鼠:來紐葉部;
塑:心紐鐸部。

來心鄰紐,葉(盍)通轉。"塑",以土塑物。遼希麟《續一切經音義》卷五引《切韻》:"塑,以泥塑像也。"宋王讜《唐語林·補遺一》:"北邙山玄元觀南,有老君廟……神仙塑像,皆開元中楊惠之所製。"清潘耒《遊鴈蕩山記》:"他山所擬物象,約略似之而已,此山乃如刻如塑。"按,"塑"字从土,土之爲物性軟而可塑。又塑物或以石膏,石膏亦軟脆之物。

839 燕聲

(2139) 鷰嬿醼(美好、安樂義)

鷰 鷰翠,燕尾之肉,味美者。《呂氏春秋·本味》:"肉之美者:猩猩之唇,貛貛之炙,雋鷰之翠。"陳奇猷《校釋》:"《詩·召南·行露》:'誰謂雀無角?何以穿我屋。'……此書作者見《詩》謂雀有角以穿屋,而燕亦處人屋中,亦是有角以穿屋,因於'燕'字加'角'而爲'鷰'也。"又陳氏《〈呂氏春秋〉僻異字考釋·鷰》:"'雋鷰之翠'猶言肥燕之尾肉耳。"

嬿 美好。《說文·女部》:"嬿,女子也。从女,燕聲。"清朱駿聲《通訓定聲》:"〔假借〕疊韻連語。《韓詩·新臺》:'嬿婉之求。'傳:'好貌。'《西京賦》:'從嬿婉。'《後漢·邊讓傳》:'展中情之嬿婉。'注:'嬿,安也。'非是。"按,凡人名用字多取義美好者,"嬿"表美好義,無煩假借。又"嬿"有安樂義不誤,美好、安樂二義同條共貫。三國魏阮籍《樂論》:"昔先王制樂,非以縱耳目之觀,崇曲房之嬿也。"

醼 聚飲,安樂之事。其字即"宴"之或體。《廣韻·霰韻》:"醼,醼飲。《周禮》云:'以饗燕之禮,親四方之賓客。'《詩》云:鹿鳴,燕群臣。嘉賓也。古無'酉',今通用。亦作'宴'。讌,讌會,本亦同上。"清朱駿聲《說文通訓定聲·乾部》:"宴,安也……字亦作'醼'、作'讌'……《詩·谷風》:'宴爾新昏。'《列女傳》作'讌'。傳:'安也。'《左成二傳》:'衡父不忍數年之不宴。'注:'樂也。'"漢枚乘《七發》:"往來遊醼,縱姿于曲房隱間之中。"清朱象賢《聞見偶錄·串月》:"吳俗每年之八月十八日起……隨意醼樂,徹夜至明而返。"

〔**推源**〕 諸詞俱有美好、安樂義,爲燕聲所載之公共義。聲符字"燕"單用本可表安樂義。《說文·燕部》:"燕,玄鳥也。籋口,布翄,枝尾,象形。"清朱駿聲《通訓定聲》:"《詩》:'燕燕于飛。'《夏小正》:'來降燕乃睇。'〔假借〕爲'晏',安也。《易·中孚》:'有它不燕。'《詩·鹿鳴》:'以燕樂嘉賓之心。'"按,燕之爲物,與人共居處,安居、安樂義或非假借。燕聲可載美好、安樂義,則"妍"可證之。

燕：影紐元部；

妍：疑紐元部。

叠韻，影疑鄰紐。"妍"，美好。《廣韻·先韻》："妍，美也，好也。"清朱駿聲《説文通訓定聲·乾部》："妍，《方言》一：'娥、嬿，好也，秦晉之故都曰妍。'《文賦·序》：'妍蚩好惡，可得而言。'江淹《雜體詩》：'浪迹無妍蚩。'注：'猶美惡也。'"《魏書·崔浩傳》："浩纖妍潔白，如美婦人。"引申之，則有安詳、安和義。《説文·女部》："妍，安也。"三國魏曹植《静思賦》："性通暢以聰惠，行嫺密而妍詳。"南朝宋鮑照《代白紵曲》之二："春風澹蕩俠思多，天色净渌氣妍如。"

(2140) 㬫騼（白義）

㬫 晴朗，白亮。字亦作"曣"，左形右聲。《説文·日部》："㬫，星無雲也。从日，燕聲。"清朱駿聲《通訓定聲》："按，謂姓明無雲。《晉書音義》：'曣，日生無雲暫見也。'或曰晝天清曰晏，夜天清曰㬫……《韓詩·角弓》：'曣晛聿消。'傳：'曣晛，日出也。'"《史記·封禪書》："至中山，曣唱，有黃雲蓋焉。"

騼 白臀馬。《説文·馬部》："騼，馬白州也。从馬，燕聲。"清朱駿聲《通訓定聲》："《爾雅·釋畜》：'白州，騼。'注：'州，竅。'按，'州'者'尻'之借字……俗作'豚'。《北山經》：'倫山有獸如麋，其川在尾上。''川'即'州'之誤字。"《廣韻·先韻》："騼，馬竅白。"唐鄧昂《岐邠涇寧四州八馬坊碑頌》："有駓有騥，有翎有騼。"

〔推源〕 此二詞俱有白義，爲燕聲所載之公共義。聲符字"燕"所記録語詞之顯性語義系列與白義不相涉，其白義乃燕聲所載之語源義。燕聲可載白義，則"晞"可證之。

燕：影紐元部；

晞：曉紐微部。

影曉鄰紐，元微旁對轉。"晞"，日始出，其色白。《玉篇·日部》："晞，明不明之際也。"清朱駿聲《説文通訓定聲·履部》："晞，〔假借〕又爲'闉'。按，《詩》：'東方未晞。'傳：'明之始升。'"按，"晞"之本義《説文》訓"乾"，謂乾燥，日光曬物則使乾燥，與日始出義相通，無煩假借。唐錢起《奉和聖制登朝元閣》："拂曙鑾輿上，晞陽瑞雪晴。"明夏完淳《端午賦》："晞光拂其蕙畹，皋陰沐於蒲塘。"今按，日以赤爲正色，故有"紅日""赤日"之複音詞，唯晨夕之時日光淡而白，唐王之涣《登鸛雀樓》"白日依山盡"正謂日將落而其色白，"晞"則謂日始出，其色亦白。

840 薄聲

(2141) 餺轉（薄義）

餺 餅類，其形扁薄。餅類多以麥粉爲之，故其字雙从麥作"𪎊"。《玉篇·食部》："餺，餅也。"《廣韻・鐸韻》:"䭫,䭫餅。亦作'䴰'。"《集韻・鐸韻》:"䭫,餅也。或从麥。"按,"䭫"所記録之詞存乎語言,唯其字常以"薄"爲之,而"䭫"爲其正字。《周書・王羆傳》:"嘗有臺使,羆爲其設食。使乃裂其薄餅緣……命左右撤去之。使者愕然,大慚。"

鞴 座墊,其形薄。《廣雅・釋器》:"靯鞴謂之鞇。"清王念孫《疏證》:"《説文》:'茵,車中重席也。鞇,司馬相如説,茵从革。'"按,"靯鞴"本可分訓,其字皆从革,蓋座墊有以皮爲之者。清蒲松齡《日用俗字・器皿》:"椊鞍搓線縫穅屉,緈靯穿繩勒被囊。"按,其字或作"鞾",構件"革""韋"所表義類同。《類篇・韋部》:"鞾,靯鞾,車茵。鞾或从革。"按,"鞴"亦指鞋底,所指亦形薄之物。鞋底則有木製者,亦有皮製者。《廣韻・鐸韻》:"鞴,鞴𪖊,屧也。"又《模韻》:"𪖊,鞴𪖊,屧。"《集韻・鐸韻》:"鞴,《博雅》:'鞋鞴謂之鞇。'"然則"鞇"爲車中座墊之稱,亦爲鞋底之稱,別名爲"鞴",又名"屧"。《南史・孝義傳・江泌》:"泌少貧,晝日斫屧爲業,夜讀書隨月光。"

〔推源〕 此二詞俱有薄義,爲薄聲所載之公共義。聲符字"薄"所記録語詞之本義爲草木密集叢生處,引申爲緊迫義,凡空間緊迫則薄小,故又引申爲薄小義,"薄"遂爲厚薄義。《説文・艸部》:"薄,林薄也。从艸,溥聲。"清朱駿聲《通訓定聲》:"謂叢迫而密者。《廣雅・釋草》:'草藂生爲薄。'《釋詁三》:'薄,聚也。'《楚辭・涉江》:'露申辛夷,死林薄兮。'注:'草木交錯曰薄。'〔假借〕爲脯胩字,从到亯,豐厚之羞也,脯者,薄析之肉也,故轉注爲微薄、輕薄、鄙薄。或曰借爲迫笮之迫,厭亦迫笮也,故爲厭薄,于義稍紆遠……《大學》:'其所厚者薄。'"按,當非假借。草木叢生則相迫,薄小義乃由緊迫義所衍生。《廣韻・鐸韻》:"薄,厚薄。"《詩・小雅・小旻》:"戰戰兢兢,如臨深淵,如履薄冰。"薄聲可載薄義,則白聲可相證。"薄""白"上古音同,並紐雙聲,鐸部疊韻。白聲字所記録語詞"怕""庖""粕"俱有淡義,見本典第二卷"白聲"第463條。淡即澹薄,爲抽象性薄義。又淡泊字"泊"亦从白聲。淡泊即生活態度澹薄,所企求者少,其義皆相通。

(2142) 鏄礴(大義)

鏄 大鐘。《説文・金部》:"鏄,大鐘,淳于之屬,所以應鐘磬也。堵以二,金樂則鼓鏄應之。从金,薄聲。"清朱駿聲《通訓定聲》:"形正圓,如碓頭,大上小下。《儀禮・大射義》:'其南鏄。'按,此特縣者也。"《廣韻・鐸韻》:"鏄,大鍾。"又:"鏄,似鍾而大。"唐韓愈、李正封《晚秋郾城夜會聯句》:"祋廟配鏄斝,生堂合罊鏄。"

礴 磅礴,氣勢盛大,亦指廣大無邊。《廣韻・鐸韻》:"礴,磅礴。"清朱駿聲《説文通訓定聲・壯部・附〈説文〉不録之字》:"磅,《長笛賦》:'駢田磅唐。'注:'廣大盤礴也。'"唐沈佺期《辛丑歲十月上幸長安時扈從出西岳作》:"磅礴壓洪源,巍峨壯清昊。"按,磅礴字亦省而作'旁薄'。《荀子・性惡》"齊給便敏而無類,雜能旁魄而無用"清王先謙《集解》:"旁魄即旁薄,皆謂大也。"按,"磅礴"當爲同義聯合而成者。《説文》"旁"訓"溥",《廣雅・釋詁一》:"旁,大也。"又《釋詁二》:"旁,廣也。"

〔推源〕 此二詞俱有大義,爲薄聲所載之公共義。聲符字"薄"所記錄語詞謂草木密集叢生處,或與大義相通。故"薄"本有大、廣大義。清朱駿聲《説文通訓定聲·豫部》:"《淮南·本經》:'旁薄衆宜。'按,猶旁溥也。注:'近也。'失之。……《大戴記》:'公冠薄薄之土。'注:'旁薄也。'《荀子·榮辱》:'薄薄之地,不得履之。'注:'旁薄廣大兒。'"薄聲可載大義,則"龐"可證之。

薄:並紐鐸部;
龐:並紐東部。

雙聲,鐸東旁對轉。"龐",龐大字。《説文·广部》:"龐,高屋也。"清朱駿聲《通訓定聲》:"《漢書·司馬相如傳》:'湛恩龐洪。'注:'厚大也。'"《國語·周語上》:"敦龐純固,於是乎成。"三國吳韋昭注:"龐,大也。"漢張衡《靈憲》:"道根既建,自無生有。太素始萌,萌而未兆,並氣同色,渾沌不分。故道志之言云'有物渾成,先天地生',其氣體固未可得而形,其遲速固未可得而紀也。如是者又永久焉,斯謂龐鴻。"唯"龐"之義爲大,故有"龐大"之同義聯合式合成詞。

841　賴聲

(2143) 瀨癩(依賴義)

瀨　水流沙上,即水依賴於沙。《説文·水部》:"瀨,水流沙上也。从水,賴聲。"清朱駿聲《通訓定聲》:"《楚辭·湘君》:'石瀨兮淺淺。'……《司馬相如傳》:'北揭石瀨。'注:'石而淺水曰瀨。'……《魏都賦》:'石瀨湯湯。'"漢王充《論衡·書虛》:"溪谷之深,流者安詳;淺多沙石,激揚爲瀨。"

癩　麻風病,亦指頑癬,皆依賴於人體經久不去之疾。《廣韻·泰韻》:"癩,疾也。《説文》作'癘'。"《集韻·夳韻》:"癘,或从賴。"《説文·广部》:"癘,惡疾也。"清朱駿聲《通訓定聲》:"字亦作'癩'……《論語》:'伯牛有疾,先儒以爲癩也。'《西山經》:'英山有鳥名曰肥遺,食之已癘。'注:'或曰惡創。'……《淮南·精神》:'夫癩者趨不變。'"按,所引《淮南子》文漢高誘注:"言病癩者,形生神在,故趨不變也。"

〔推源〕 此二詞俱有依賴義,爲賴聲所載之公共義。聲符字"賴"所記錄語詞本謂贏利,故有依賴、依恃之衍義,其字又爲"癩"之初文,其"癩"乃爲記錄另一引申義所制之專字。《説文·貝部》:"賴,贏也。从貝,剌聲。"清朱駿聲《通訓定聲》:"《方言》十三:'賴,取也。'《廣雅·釋詁三》:'賴,恃也。'《左襄十四傳》:'繄伯父是賴。'注:'恃也。'《周語》:'先王豈有賴焉。'注:'利也。'《齊語》:'和示以賴。'注:'贏也。'"然則本條二詞之依賴義爲其聲符"賴"所載之顯性語義。賴聲可載依賴義,則"仗"可證之。

賴：來紐月部；
仗：定紐陽部。

來定旁紐，月陽通轉。"仗"，器仗，即弓、矛、劍、戟等兵器之總稱。《廣韻·漾韻》："仗，器仗也。"《宋書·孝武帝紀》："遠近販鬻米粟者……其以仗自防，悉勿禁。"器仗爲人所依賴之物，故引申爲依賴義。《集韻·養韻》："仗，憑也。"《史記·春申君列傳》："王若負人徒之衆，仗兵革之彊……臣恐其有後患也。"唯"仗"有依賴義，故有"依仗""仗賴"之複音詞。《北史·崔宏傳》："垂承父祖之資，生便尊貴，同類歸之，若夜蛾之赴火，少加依仗，便足立功。"《醒世姻緣傳》第二十二回："買了幾畝地，如今要分幾畝與他們衆人，正没人立個字——你來的極好，就仗賴吧。"

(2144) 嬾/散（散漫義）

嬾 懶惰，懶散。其字後世多作"懶"。《説文·女部》："嬾，懈也。从女，賴聲。"清朱駿聲《通訓定聲》："字亦作'懶'。《廣雅·釋言》：'嬾，慫也。'《孟子》：'富歲，子弟多賴。'以'賴'爲之。"《廣韻·旱韻》："嬾，惰也。懶，俗。"《南史·范曄傳》："吾少懶學問。"金王渥《遊藍田》："蹇予嬾散本真性，臨水登山此生足。"明李贄《與焦弱侯書》："草野之人懶散，不欲馳書京國，然此懷則嘗在左右也。"

散 雜肉，分散者，故引申爲散漫義。《説文·肉部》："散，雜肉也。从肉，㪔聲。"清朱駿聲《通訓定聲》："今隸作'散'。〔轉注〕《荀子·脩身》：'庸衆駑散。'注：'不拘檢者也。'"《廣韻·旱韻》："散，散誕。"唐李頎《答高三十五留別便呈于十一》："散誕由來自不羈，低頭授職爾何爲？"唐陸龜蒙《江湖散人傳》："散人者，散誕之人也。心散、意散、形散、神散，既無羈限，爲時之怪民，束於禮樂者外之曰'此散人也'。"

〔推源〕 此二詞俱有散漫義，其音亦極相近且相通。

嬾：來紐元部；
散：心紐元部。

疊韻，來心鄰紐，則其語源當同。其"嬾"字乃以賴聲載散漫義，聲符字"賴"所記録語詞有依賴義，又用如"嬾"字，朱駿聲氏已引《孟子·告子上》文證之。懶散即依賴他人，其義當相通。

(2145) 㵣癩（敗壞、低劣義）

㵣 墮壞。《廣韻·泰韻》："㵣，墮壞。"清朱駿聲《説文通訓定聲·泰部·附〈説文〉不録之字》："㵣，《廣雅·釋言》：'㵣，墮也。'"又："㨬，《方言》十三：'㨬，壞也。'"按"㨬"謂毁壞，即"㵣"之或體。《廣韻·曷韻》："㨬，撥㨬，手披也。"沈兼士《聲系》："敦煌本《王韻》作'捋'。"《集韻·曷韻》："㨬，或从剌。"按，方言有"捋傷"之語。漢揚雄《太玄·度》："次三小度差差,大攋之階。"宋司馬光注:"攋,毁裂也。"唐元結《演興·招太靈》:"祠之攋兮眇何年,木修修兮草鮮鮮。"原注:"攋,墮壞也。"

癩 麻風,惡瘡,見前第2143條,引申爲低劣義。元關漢卿《四春園》第二折:"這廝癩肉頑皮,不打不招。"清曹雪芹《紅樓夢》第六十八回:"怨不得俗語説,癩狗扶不上墻的。"按,今語猶有"好死不如癩活"説,又稱不差爲"不癩"。

〔推源〕 此二詞分别有敗壞、低劣義,二義當相通,凡物敗壞則其質量低劣,俱以賴聲載之,語源當同。聲符字"賴"單用本可借作"癩"。清朱駿聲《説文通訓定聲·泰部》:"賴,〔假借〕又爲'癘'。《史記·刺客傳》:'漆身爲賴。'《索隱》:'惡瘡疾病也。'"又,"賴"字單用亦可表低劣義。馬烽《吕梁英雄傳》第二十九回:"不如去上一兩犋賴牲口,就是丢了也不值幾個錢。"老舍《茶館》第一幕:"大茶館,老裕泰,生意興隆真不賴。"賴聲可載敗壞、低劣義,則"爛"可證之。

賴:來紐月部;

爛:來紐元部。

雙聲,月元對轉。"爛",燒熟,引申爲腐爛、敗壞義。《説文·火部》:"爛,孰也。"清朱駿聲《通訓定聲》:"字亦作'爛'。《吕覽·本味》:'熟而不爛。'《淮南·説山》:'爛灰生蠅。'注:'腐也。'"北周庾信《對雨》:"淫楊生細椹,爛草變初螢。"又引申爲低劣義。《醒世姻緣傳》第七十七回:"狄員外的神主在爛紙簍裏,狄婆子的神主在一個箱底下墊着架箱的腿。"沈從文《丈夫》:"真是運氣,爛賤就買來了。這到鄉里一塊錢還恐怕買不到,不是麽?"按,今語猶稱很差、低劣爲"爛"。

842 歷聲

(2146) 瀝趚(經過義)

瀝 過濾,液汁經過障礙物。《説文·水部》:"瀝,浚也。从水,歷聲。一曰水下滴瀝。"清朱駿聲《通訓定聲》:"與'灑'略同。〔轉注〕《思玄賦》:'漱飛泉之瀝液兮。'舊注:'流也。'"按,許慎所訓二義及水流動義皆相通。唐段成式《酉陽雜俎·境異》:"阿薩部多獵蟲鹿,剖其肉,重叠之,以石壓瀝汁。"唐蘇鶚《杜陽雜編》卷下:"或他人命飲,即百斗不醉,夜則垂髮於盆,其酒瀝瀝而出。"

趚 行走,有所經歷、經過。《廣韻·錫韻》:"趚趚,行皃。"按《説文·走部》"趚"篆訓"側行",然則"趚趚"可分訓。王重民等編《敦煌變文集》之《百鳥名》:"濤河鳥,脚趚趚,尋常傍水覓魚喫。"按《廣韻·麥韻》云:"趚,急走也。"《景德傳燈録·守初大師》:"請師唱道情,師曰:'晴乾開水道,無事設曹司。'曰:'恁麽即謝師指示。'師曰:'賣鞋老婆脚趚趚。'"

〔推源〕 此二詞俱有經過義,爲歷聲所載之公共義。聲符字"歷"所記録語詞之本義即經過。《説文·止部》:"歷,過也。从止,厤聲。"清朱駿聲《通訓定聲》:"《漢書·天文志》:'陵歷鬥食。'注:'經之爲歷。'《東京賦》:'歷世彌光。'注:'經也。'……《廣雅·釋詁一》:'歷,行也。'《秦策》:'橫歷天下。'"然則本條二詞之經過義爲其聲符"歷"所載之顯性語義。歷聲可載經過義,則"走"可證之。

歷:來紐錫部;
走:精紐侯部。

來精鄰紐,錫侯旁對轉。"走",跑,疾趨。《説文·走部》:"走,趨也。"清朱駿聲《通訓定聲》:"《儀禮·士相見禮》:'某將走見。'注:'猶往也。'《左昭廿三傳》:'險其走。'《集注》:'走集邊境之壁壘。'……《漢書·蕭何傳》:'諸將皆争走金帛財物之府分之。'注:'謂趨向也。'"引申爲經過、經由義。清劉鶚《老殘遊記》第三回:"前日有人對宫保説:'曾走曹州府某鄉莊過,親眼見有箇藍布包袱棄在路旁,無人敢拾。'"《痛史》第十六回:"今番無論走海道走旱路,總免不得要到廣東。"按,唯"走"有經過義,故有"走過"之同義聯合式合成詞。

(2147) 櫪鬲(中空義)

櫪 馬槽,中空而可置馬食之物。《廣韻·錫韻》:"櫪,馬櫪。"清朱駿聲《説文通訓定聲·解部》:"櫪,〔别義〕《方言》五'櫪'注:'養馬器也。'"按,"櫪"之本義《説文·木部》訓"櫪㯕,梐指也",謂刑具,表馬櫪義爲其套用字,故朱氏云"别義"。三國魏曹操《步出夏門行》:"老驥伏櫪,志在千里。"清黄六鴻《福惠全書·蒞任·驛局》:"即須多方購買,使櫪廄改觀,方見新硎之利。"

鬲 同"鎘",本作"鬲",炊具,中空而可容納食物者。《廣韻·錫韻》:"鬲,《爾雅》曰:'鼎款足者謂之鬲。'""鎘,鎘鎗。鬲,上同。"又《庚韻》:"鎗,鼎類。"漢趙曄《吴越春秋·夫差内傳》:"見兩鬲蒸而不炊。"宋徐天祐注:"鬲,鬲屬。"唐王維《胡居士卧病遺米因贈》:"牀上無氈卧,鎘中有粥否?"清顧炎武《旅中》:"寒依車下草,飢糝鬲中羹。"

〔推源〕 此二詞俱有中空義,爲歷聲所載之公共義。聲符字"歷"所記録語詞之本義、引申義系列與中空義不相涉,其中空義乃歷聲所載之語源義。歷聲可載中空義,則婁聲可相證。

歷:來紐錫部;
婁:來紐侯部。

雙聲,錫侯旁對轉。婁聲字所記録語詞"髏""屢""廔""樓""籔""塿""鏤""窶"俱有空義,見本典第七卷"婁聲"第1737條。

843　盧聲

(2148) 蘆顱爐轤鑪瓤（圓義）

蘆　蘿蔔，不規則圓形或圓而長者。《説文·艸部》："蘆，蘆菔也。从艸，盧聲。"清朱駿聲《通訓定聲》："似蕪菁，突如小卡……《爾雅》：'葖，蘆萉。'……郭注：'俗呼雹突，今又謂之蘿蔔、萊菔，皆語之轉。'《廣雅》：'葖蕸，蘆萉也。'陸佃《埤雅》：'萊菔，言來牟之所服，謂制麪毒。'説近鑿。《方言》三：'蕪菁，其紫花者謂之蘆菔。'注：'今江東名溫菘。'按，有大小、圓長、赤白青黄數種，北土者佳。《後漢書》：'更始亂，宮人食蘿蔔根。'"《廣韻·模韻》："蘆，蘆菔，菜名。"北魏賈思勰《齊民要術·蔓菁》："種菘、蘆菔法，與蕪菁同。"石聲漢注："'蘆菔'，現在寫作'蘿蔔''萊菔'。"

顱　頭顱，其形圓者。《説文·頁部》："顱，頭顱，首骨也。从頁，盧聲。"清朱駿聲《通訓定聲》："字亦作'髗'……《國策》：'頭顱僵仆。'《射雉賦》：'擬青顱而點項。'"《廣韻·模韻》："顱，頭顱。"《新唐書·武元衡傳》："遂害元衡，批顱骨持去。"宋張耒《歲暮即事》："烏皮蒙燕几，褐帽裹僧顱。"

爐　火爐，圓形物。字亦作"鑪"。《玉篇·火部》："爐，火爐也。"《廣韻·模韻》："爐，火牀。"清朱駿聲《説文通訓定聲·豫部》："鑪，字亦作'爐'。《聲類》：'爐，火所居也。'《左傳》：'邾莊公廢于鑪炭。'"《墨子·備蛾傳》："五步一竈，竈門有爐炭，傳令敵人盡入，輝火燒門。"唐宋之問《冬夜寓直麟閣》："廣庭憐雪浄，深屋喜爐溫。"

轤　井上汲水的圓轉木。《廣韻·模韻》："轤，轆轤，圓轉木也。"《正字通·車部》："轆轤，井上汲水軸也。"北魏賈思勰《齊民要術·種葵》："井別作桔橰、轆轤。"原注："井深用轆轤，井淺用桔橰。"唐張籍《楚妃怨》："梧桐葉下黄金井，横架轆轤牽素綆。"按，"轆轤"亦指車輪，其所指亦圓形物。

鑪　盛酒飯之器，圓形物。其字或作"瓬"。《説文·皿部》："盧，甾也……鑪，籀文盧。"清朱駿聲《通訓定聲》："籀文从缶，盧聲。《廣雅·釋器》：'鑪，缶也。'"《廣韻·模韻》："瓬，酒器。"《集韻·模韻》："盧，籀作'鑪'，亦从瓦。"明袁宏道《戊戌除夕》："石小聚香多，鑪焦聽酒沸。"按，《説文》以"甾"訓"盧"，《缶部》"甾"篆訓"小口罌"，即長頸瓶，亦圓形物。

瓤　葫蘆，圓形物。《廣韻·模韻》："瓠，瓠瓤，瓢也。"又《暮韻》："瓠，匏也。"《集韻·模韻》："瓤，瓠瓤，匏而圜者。"《説文·瓜部》："瓠，匏也。"清王筠《句讀》："圓而大者爲壺盧。"宋邵桂子《蔬屋詩爲曹雲西作》："乃笑鄭老，爛蒸瓠瓤；乃笑坡翁，夢餐雞蘇。"按，《説文·包部》又以"瓠"釋"匏"，乃互訓。《廣韻》所訓"瓢"謂剖葫蘆而成者。唐陸羽《茶經·四之器》："瓢，一曰犧杓，剖匏爲之。"

〔**推源**〕　諸詞俱有圓義，爲盧聲所載之公共義。聲符字"盧"本爲"爐""鑪"之初文，所記録語詞謂火爐，其物之形圓，引申之亦指飯器。《説文·皿部》："盧，飯器也。从皿，盧聲。"清朱駿聲《通訓定聲》："器以柳爲之,亦曰筃盧。"《續漢書·五行志五》："(光和)四年,魏郡男子張博送鐵盧詣太宮。"按,"盧"又爲"顱"之初文,圓形之蟲稱"蒲盧",爲"果蠃"之轉語。綜言之,本條諸詞之圓義爲其聲符"盧"所載之顯性語義。盧聲可載圓義,則婁聲可相證。

　　　　盧：來紐魚部；
　　　　婁：來紐侯部。

雙聲,魚侯旁轉。婁聲字所記錄語詞"瘻""僂"俱有彎曲義,見本典第七卷"婁聲"第1740條,圓義、彎曲義本相通。

(2149) 鸕籚鬛纑(高、長義)

鸕　鸕鶿,捕魚水鳥,形體高者,徽語稱人之腿長、身材高者爲"高脚鸕鶿",可爲一證。其字本作左形右聲。《説文·鳥部》："鸕,鸕鶿也。从鳥,盧聲。"清朱駿聲《通訓定聲》："《字林》：'似鶂而黑,水鳥也。一名鷧,不卵而吐生,多者生八九,少者亦五六相連而出。'今蘇俗謂之水老鴉,畜以捕魚。"《廣韻·模韻》："鸕,鸕鶿。"北齊顔之推《稽聖賦》："黿鼈伏乎其陰,鸕鶿孕乎其口。"宋沈括《夢溪筆談·藝文三》："蜀人臨水者,皆養鸕鶿,繩繫其頸,使之捕魚,得魚則倒提出之,至今如此。"

籚　矛戟之柄,其形長者。《説文·竹部》："籚,積竹,矛戟矜也。从竹,盧聲。《春秋國語》曰：'朱儒扶籚。'"清朱駿聲《通訓定聲》："《晉語》……今本以'盧'爲之。"按,許慎所引《國語·晉語四》文三國吳韋昭注："盧,矛戟之柲。"其"籚"當爲正字。《説文·木部》"柲,欑也"南唐徐鍇《繫傳》："即矛戟柄。"

鬛　馬鬣,馬毛之長者。明李時珍《本草綱目·木部·棕櫚》："皮中毛縷如馬之駿鬛,故名。椶俗作棕。鬛音閭,鬣也。"按,"鬛"之本義《説文·髟部》訓"鬣",謂頭髮上指,表馬鬣義,當爲套用字。

纑　麻綫,其形長者。《説文·糸部》："纑,布縷也。从糸,盧聲。"清朱駿聲《通訓定聲》："《孟子》：'妻辟纑。'注：'練麻曰纑。'《左昭十九傳》注：'因紡纑。'《釋文》：'麻縷也。'凡麻之凍者以爲吉服,不凍者以爲凶服。"《廣韻·模韻》："纑,布縷。"唐陸龜蒙《蠶賦》："藝麻績纑,官初喜窺。"元趙孟頫《題耕織圖·織·九月》："教女學紡纑,舉足疾且輕。"

〔推源〕　諸詞俱有高、長義,爲盧聲所載之公共義。聲符字"盧"爲"爐""鑪"之初文,所記錄語詞之本義爲火爐,其引申義系列與高、長義亦不相涉,甚高、長義當爲盧聲所載之語源義。盧聲可載高、長義,則婁聲可相證。盧聲、婁聲極相近且相通,其語音通轉關係前條"推源"欄已述。婁聲字所記錄語詞"蔞""樓""嶁""艛""髏"俱有高義,見本典第七卷"婁聲"第1739條。

(2150) 黸壚獹矑(黑色義)

黸　黑。《説文·黑部》："黸,齊謂黑爲黸。从黑,盧聲。"《廣韻·模韻》："黸,黑甚。"《字彙·黑部》："黸,黑也。《揚子》：'彤弓黸矢。'"按,今本揚雄《法言·五百》作"彤弓盧矢"，汪榮寶《義疏》云："世德堂本'盧'作'黸'。"按，"黸"當爲正字。

壚 黑色性堅之土。《説文·土部》："壚，剛土也。从土，盧聲。"姚文田、嚴可均《校議》："《禹貢》釋文、《韻會·七虞》引作'黑剛土也'。此脱'黑'字。"清朱駿聲《通訓定聲》："《書》釋文引《説文》：'黑剛土也。'……《書·禹貢》：'下土墳壚。'《周禮·草人》：'埴壚用豕。'《楚辭·思古》：'倘佯壚阪。'《淮南·墬形》：'壚土人大。'《覽冥》：'契黄壚。'"按，所引《楚辭》文漢王逸注："壚，黄黑色土也。"《淮南子·覽冥訓》所謂"黄壚"義當同。

獹 黑犬。《廣雅·釋獸》："韓獹，犬屬。"《廣韻·模韻》："獹，韓獹，犬名。"清朱駿聲《説文通訓定聲·豫部》："《漢書·王莽傳》：'是猶絏韓盧而責之獲也。'注：'黑色曰盧。'字亦作'獹'。"按，"獹"當爲正字。所謂"韓獹"即韓國之黑犬。《戰國策·秦策三》："以秦卒之勇，車騎之多，以當諸侯，譬若放韓盧而逐蹇兔也。"宋鮑彪注："韓盧，俊犬名。《博物志》：'韓有黑犬，名盧。'"

矑 目瞳子，其色黑。《玉篇·目部》："矑，目童子也。"《廣韻·模韻》："矑，目童子也。"《文選·揚雄〈甘泉賦〉》："玉女亡所眺其清矑兮，宓妃曾不得施其蛾眉。"唐李善注："矑，目童子也。"清二石生《十洲春語》下："(楊阿翠)年十二，丰儀圓滿，膚潔矑清，能歌《賞荷》《諫父》《佳期》諸劇。"清朱駿聲《説文通訓定聲·豫部》："《方言》三：'矑，瞳之子謂之矑。'俗字作'臚'。"

〔**推源**〕 諸詞俱有黑色義，爲盧聲所載之公共義。"鸕"爲黑色水鳥，當亦寓黑義，又"纑"亦可以假借字形式表黑色義，皆爲盧聲與黑色義相關聯之證。《管子·地員》："㡲土之次曰五纑，五纑之狀彊力剛堅。"郭沫若等《集校》："纑，即'壚'之借字。"按，聲符字"盧"所記録語詞謂火爐，火爐之色黑，故"盧"有黑色之衍義。清朱駿聲《説文通訓定聲·豫部》："《荀子·性惡》：'鉅闕辟閭。'注：'盧，黑色也，以閭爲之。'《上林賦》：'盧橘夏熟。'注：'黑也。'……《釋名·釋地》：'土黑曰盧。'"然則本條諸詞之黑色義爲其聲符"盧"所載之顯性語義。盧聲可載黑色義，戈聲可相證。

    盧：來紐魚部；
    戈：余紐職部。

來余(喻四)準旁紐，魚職旁對轉。戈聲字所記録語詞"默""馶""衸"俱有黑色義，見本典第一卷"戈聲"第83條。

844　㬎聲

(2151) 濕隰曝㙷(潮濕義)

濕 潮濕。字亦作"溼"。《説文·水部》："溼，幽溼也。从水；一，所以覆也，覆而有土，故溼也；㬎省聲。"清段玉裁注："今字作'濕'。"清朱駿聲《通訓定聲》："《素問·五常政大論》：'腎其畏溼。'注：'土氣也。'……字多以'濕'爲之。"按，"溼"字本从㬎聲而省，"濕"本爲水名，字从水，故亦爲潮濕字。《易·乾》："水流濕，火就燥。"唐孔穎達疏："水流於地，先就濕處。"按，水性潤下、趨低，低處則多濕，即所謂"幽溼"。《漢書·李尋傳》："季夏舉兵法，時寒氣應，恐後有霜雹之災；秋月行封爵，其月土濕奧，恐後有雷雹之變。"

隰 地勢低而潮濕處。《説文·阜部》："隰，阪下溼也。从阜，㬎聲。"清朱駿聲《通訓定聲》："《爾雅·釋地》：'下溼曰隰。'李注：'謂土地窊下常阻洳，名爲隰也。'又：'可食者曰原，陂者曰阪，下者曰隰。'注引《公羊昭元傳》：'上平曰原，下平曰隰。'《書·禹貢》：'原隰底績。'《詩·簡兮》：'隰有苓。'《車鄰》：'隰有栗。'《周禮·大司徒》：'辨其山林、川澤、丘陵、墳衍、原隰之名物。'"《廣韻·緝韻》："隰，原隰。"

㬢 曝曬而去其濕，亦指物尚濕而未燥。《玉篇·日部》："㬢，欲乾也。"《廣韻·緝韻》："㬢，欲燥。"清朱駿聲《説文通訓定聲·臨部》："《通俗文》：'欲燥曰㬢。'《廣雅·釋詁二》：'㬢，暴也。'"郭澄清《大刀記》第十七章："'瞧你，活没多幹，汗没少出——褂子全潟濕了'……'没關係，咱別的不多，肉不少——一會兒就㬢乾了！'"

塌 低窪而潮濕之地。《説文·土部》："塌，下入也。从土，㬎聲。"清朱駿聲《通訓定聲》："《詩·載芟》：'徂隰徂畛。'以'隰'爲之。箋訓'隰'爲'新發田'，即下入之意。"又云："字亦作'㘿'。"《廣雅·釋詁一》："㘿，下也。"清王念孫《疏證》："'塌'與'㘿'同。"《廣韻·緝韻》："塌，下入。"《玉篇·土部》："塌，墊也。"《釋名·釋地》："下溼曰隰。隰，墊也。"清王先謙《疏證補》："'墊'當作'塾'。"按"塌"亦雨水多、多濕而使田土踏實。《集韻·業韻》："塌，田實也。"北魏賈思勰《齊民要術·耕田》："秋田塌實，濕勞令地硬。"

〔推源〕諸詞俱有潮濕義，爲㬎聲所載之公共義。聲符字"㬎"所記録語詞謂明顯，又有絲結、口急義。《説文·日部》："㬎，眾微杪也。从日中視絲，古文以爲顯字。或曰眾口兒，讀若唫唫。或以爲繭。繭者，絮中往往有小繭也。"然則皆與潮濕義不相涉，其潮濕義乃㬎聲另載之語源義。㬎聲可載潮濕義，則"淤"可證之。

㬎：曉紐元部；

淤：影紐魚部。

曉影鄰紐，元魚通轉。"淤"，水中沉澱的泥沙，潮濕之物。《説文·水部》："淤，澱滓濁泥。"《漢書·溝洫志》："春夏乾燥，少水時也，故使河流遲，貯淤而稍淺。"宋周敦頤《愛蓮説》："予獨愛蓮之出淤泥而不染，濯清漣而不妖。"

845　學聲

(2152) 鷽覺（知覺義）

鷽 喜鵲，知來事之鳥。《説文·鳥部》："鷽，雗鷽，知來事鳥也。从鳥，學省聲。鸒，鷽或从隹。"清朱駿聲《通訓定聲》:"亦名鴉鵲。鄭注《大射儀》謂'難中者'也。《淮南·氾論》作'乾鵲',云'乾鵲知來而不知往'。注:'人將有來事憂喜之徵,則鳴,此知來也;知歲多風,卑巢于木枝,人皆探其卵,故曰不知往也。'亦名乾鵲。《西京襍記》:'陸賈曰:乾鵲噪而行人至。'又,山中人諺云:'朝鶯叫晴,暮鶯叫雨。'"按,今俗猶云喜事將至則此鳥先知而鳴,以故稱"喜鵲"。

覺 知曉,引申爲感知義。《說文·見部》:"覺,寤也。从見,學省聲。一曰發也。"清朱駿聲《通訓定聲》:"《漢書·董賢傳》:'上欲起賢,未覺。'注:'寐之寤也。'《鄧通傳》:'覺而之漸臺。'《莊子·齊物論》:'且有大覺,而後知此其大夢也。'〔轉注〕《史記·高祖紀》:'趙相貫高等事發覺。'又《孟子》:'使先知覺後知。'注:'悟也。'《廣雅·釋言》:'覺,寤也。'《荀子·王霸》:'而覺跌千里者。'注:'知也。'"按,所謂"發"即啓發,使人知曉,許愼所訓二義本相通。

〔推源〕 此二詞俱有知覺義,爲學聲所載之公共義。聲符字"學"本爲"斅"字之省,"斅"爲學習字,學習則知曉,本有知覺、知曉之衍義。《說文·教部》:"斅,覺悟也。从教,从冖,冖尚矇也,臼聲。學,篆文斅省。"清朱駿聲《通訓定聲》:"《廣雅·釋詁二》:'學,識也。'《禮記·中庸》:'好學近乎知。'《文王世子》:'念終始典于學。'"漢班固《白虎通·辟雍》:"學之爲言覺也,以覺悟所不知也。"然則本條二詞之知覺義爲其聲符"學"所載之顯性語義。學聲可載知覺義,則"曉"可證之。

學:匣紐覺部;
曉:曉紐宵部。

匣曉旁紐,覺宵旁對轉。"曉",天明,引申爲明白、知曉義。《說文·日部》:"曉,明也。"清朱駿聲《通訓定聲》:"《藝文類聚》引《說文》:'日白也。'〔轉注〕《荀子·臣道》:'曉然以至道。'注:'明喻之兒。'《漢書·司馬遷傳》:'以曉左右。'"《廣韻·篠韻》:"曉,曙也,明也,知也。"漢王充《論衡·變虛》:"人不曉天所爲,天安能知人所行?"按,"曉""知"對文同義。宋張世南《游宦紀聞》卷六:"光曰:'舍則不捨,來則不止。'語意深遠,衆莫曉解。"

846 謁聲

(2153) 藹靄(遮蔽義)

藹 植物茂盛、繁多,引申爲遮蔽義。大徐本《說文》有"藹"字,在《言部》,云:"臣盡力之美。从言,葛聲。《詩》曰:'藹藹王多吉士。'"《正字通·言部》:"藹,同'藹'。"《廣韻·泰韻》:"藹,晻藹,樹繁茂。"沈兼士《聲系》以"藹""靄"俱隸謁聲,得之。清朱駿聲《說文通訓定聲·泰部》:"藹,蕡也。从艸,謁聲。《爾雅·釋木》:'蕡藹,樹實繁茂菴藹。'……《補亡詩》:

'其林藹藹。'注:'茂盛皃。'……《蜀都賦》:'茂八區而菴藹焉。'江淹《樫頌》:'碧葉菴藹。'皆本《離騷》'揚雲霓之晻藹'與《上林賦》'晻薆'、《高唐賦》'闇藹'同也。"按,朱氏又以《說文》所訓之義爲假借,言吉士多當爲引申義。

靄 雲霧濃重貌。《玉篇·雨部》:"靄,雲狀。"《廣韻·泰韻》及《曷韻》:"靄,雲狀。"唐張祜《夜雨》:"靄靄雲四黑,秋林響空堂。"引申爲遮蔽、籠罩義。宋文天祥《發郫州喜晴》:"余子戒明發,飛霧靄郊丘。"

〔推源〕 此二詞俱有遮蔽義,爲謁聲所載之公共義。聲符字"曷"从言,所記錄語詞謂禀告、陳述。《説文·言部》:"謁,白也。从言,曷聲。"清朱駿聲《通訓定聲》:"若今書刺自言爵里、姓名,並列所白事。《爾雅·釋詁》:'謁,告也。'"《廣韻·月韻》:"謁,告也,白也。"《戰國策·秦策一》:"臣請謁其故。"宋姚宏注:"謁,白也。"其引申義系列與遮蔽義亦不相涉,遮蔽義乃謁聲另載之語源義。謁聲可載遮蔽義,則"翳"可證之。

謁:影紐月部;

翳:影紐脂部。

雙聲,月脂旁對轉。"翳",羽毛所載車蓋,故引申爲遮蔽義。《説文·羽部》:"翳,華蓋也。从羽,殹聲。"清朱駿聲《通訓定聲》:"君之乘輿,以羽覆車,蓋所謂羽葆幢也。《海外西經》:'夏后啓左手持翳。'〔轉注〕《方言》六:'翳,薆也。'十三:'掩也。'……《離騷》:'百神翳其備降兮。'《怨思》:'石磛碞以翳日。'注:'蔽也。'……《西京賦》:'翳雲芝。'注:'覆也。'"

847 裹聲

(2154) 懷/匯(聚集義)

懷 胸前,懷抱。《廣韻·皆韻》:"懷,抱也。"《論語·陽貨》:"子生三年,然後免於父母之懷。"引申爲懷藏義,又引申爲聚集、囊括義。清朱駿聲《説文通訓定聲·履部》:"懷,〔假借〕爲'褱'。《易·旅》:'懷其資。'……《楚辭·懷沙》:'懷瑾握瑜兮。'注:'在衣爲懷。'……《書·堯典》:'蕩蕩懷山襄陵。'傳:'懷,包也。'《淮南·覽冥》:'懷萬物。'注:'猶囊也。'"今按,"懷"之本義《説文》訓"念思",即謂心中懷念,心處胸中,與懷抱、懷藏、聚集義皆同條共貫,無煩假借。

匯 器具,所以藏物者,故引申而指河流相聚集、會合。《説文·匚部》:"匯,器也。从匚,淮聲。"清朱駿聲《通訓定聲》:"〔假借〕爲'回'。《書·禹貢》:'東匯澤爲彭蠡。'傳:'迴也。'鄭注:'回也。'"按,所謂"回"即水回合。宋蘇轍《遊泰山·岳下》:"喧闐六師合,洶湧衆流匯。"按,"合"與"匯"對文同義。虛化引申爲聚集義。清朱克敬《瞑庵雜識》卷一:"湘潭居交、廣、江、湖間,商賈匯集,而江西人尤多。"清魏源《國朝古文類鈔叙》:"在當日夫子自視,則亦一代詩文之匯選。"

〔推源〕 此二詞俱有聚集義,其上古音亦同,匣紐雙聲,微部叠韻。則其語源當同。其"懷"字乃以褱聲載聚集義,聲符字"褱"本爲"懷"之初文,所記録語詞固有懷藏義。《説文·衣部》:"褱,俠也。从衣,眔聲。"清段玉裁注:"'俠'當作'夾',轉寫之誤。今人用懷挾字,古作'褱夾'。"清朱駿聲《通訓定聲》:"褱,夾也……與'裹'略同。在衣曰褱,左手曰握,在器曰匧。《廣雅·釋器》:'襡謂之褱。'……經傳皆以'懷'爲之。"馬王堆漢墓帛書乙本《老子》:"是以聖人被褐而褱玉。"

848 親聲

(2155) 櫬襯(内層、襯墊義)

櫬 内棺,襯墊於内。《説文·木部》:"櫬,棺也。从木,親聲。"清朱駿聲《通訓定聲》:"《左僖六傳》:'士輿櫬。'按,天子四重,諸公三重,侯再重,大夫一重,士不重。天子水兕,革棺最在内,諸侯杝棺最在内。《檀弓》:'君即位而爲椑。'即杝棺,親屍者也。"清王筠《句讀》:"其親身一重謂之櫬,亦謂之椑。"《左傳·襄公二年》:"夏,齊姜薨。初,穆姜使擇美檟,以自爲櫬與頌衣。"楊伯峻注:"櫬,近身之棺,猶後代以近身之衣曰襯衣。"又《襄公四年》:"秋,定姒薨。不殯於廟,無櫬,不虞。"晉杜預注:"櫬,親身棺。"

襯 内衣。《玉篇·衣部》:"襯,近身衣。"《廣韻·震韻》:"襯,近身衣。"宋孟元老《東京夢華録·車駕宿大慶殿》:"兵士皆小帽黄繡抹額,黄繡寬衫,青窄襯衫。"引申爲襯墊、襯托義。唐李匡乂《資暇集·花托子》:"建始中蜀相崔寧之女,以茶盃無襯,病其熨指,取楪子承之。"宋張耒《和周廉彦》:"天光不動晚雲垂,芳草初長襯馬蹄。"

〔推源〕 此二詞俱有内層、襯墊義,爲襯聲所載之公共義。聲符字"親"所記録語詞謂感情至深,引申爲親近、親屬義,此與内層義當相通。《説文·見部》:"親,至也。从見,親聲。"清朱駿聲《通訓定聲》:"《廣雅·釋詁三》:'親,近也。'《易·襍卦》:'同人親也。'《禮記·大傳》:'親者屬也。'〔轉注〕《公羊莊卅二傳》:'君親無將。'注:'謂父母。'"按,"親附"一詞謂相親近依附,與襯墊、襯托義極相近且相通。宋曾鞏《熙寧轉對疏》:"近者使之親附,遠者使之服從。"親聲可載内層、襯墊義,則"内""楔"可相證。

親:清紐真部;

内:泥紐物部;

楔:心紐月部。

清泥鄰紐,真物旁對轉;清心旁紐,真月旁對轉;泥心鄰紐,物月旁轉。"内",納入,引申爲内中義。《説文·入部》:"内,入也。"清朱駿聲《通訓定聲》:"《禮記·月令》:'無不務内。'

注：'謂收斂入之也。'……經傳多以'納'爲之。〔轉注〕《廣雅·釋言》：'裏也。'《莊子·内篇》釋文：'内者，對外立名。'《周禮》'内宰''内司服''内小臣'皆宫中官。《槁人》：'掌共外内朝宂食者之食。'《閽人》：'凡外内命夫婦出入。'""楔"，楔子，襯墊於縫隙之物。《説文·木部》："楔，櫼也。"清段玉裁注："今俗語曰楔子。"按，《説文》同部"櫼"篆訓"楔"，乃互訓，清朱駿聲《通訓定聲》云："凡木工于鑿枘相入處有不固，則斫木札楔入固之。"《廣韻·屑韻》："楔，木楔。"《淮南子·主術訓》："大者以爲舟航柱梁，小者以爲楫楔。"引申爲楔入，楔入即襯墊於空隙處。清朱駿聲《説文通訓定聲·泰部》："楔，〔轉注〕《禮·檀弓》：'復，楔齒，綴足。'《喪大記》：'小臣楔齒用角柶。'"

849 龍聲

(2156) 瓏櫳籠襱（空義）

瓏 祈雨所用玉，有龍文，故有玲瓏、空明之衍義。《説文·玉部》："瓏，禱旱玉。从玉，从龍，龍亦聲。"清朱駿聲《通訓定聲》："《漢書·楊雄傳》：'和氏瓏玲。'……晉灼注：'明見皃也。'……《吴都賦》：'珊瑚幽茂而玲瓏。'"唐李白《玉階怨》："却下水精簾，玲瓏望秋月。"清唐孫華《簾》："約略同雲母，玲瓏徹水精。"

櫳 窗上格木，有空檔可透光者。其字亦作左形右聲。《説文·木部》："櫳，房室之疏也。从木，龍聲。"清朱駿聲《通訓定聲》："《漢書·外戚傳》：'房櫳虛兮風泠泠。'注：'疏檻也。'謝惠連詩：'升月照簾櫳。'皆以'櫳'爲之。"《廣韻·東韻》："櫳，亦作'櫳'。"按，"櫳"本指牢檻，中空而可盛禽獸者，故引申而指窗上格木。唐李白《寓言三首》之三："海燕還秦宫，雙飛入簾櫳。"明喬卧泉《排歌·秋怨》："鐵馬簷前，終宵驟風，難禁響遏簾櫳。"

籠 鳥籠，中空而可容鳥者，其外形則如窗上格木，有空檔。《説文·竹部》："籠，笭也。从竹，龍聲。"清朱駿聲《通訓定聲》："《莊子·庚桑楚》：'以天下爲之籠，則雀無所逃。'《鸚鵡賦》：'閉以雕籠。'注：'所以盛鳥。'"《史記·滑稽列傳》："昔者，齊王使淳于髠獻鵠於楚。出邑門，道飛其鵠，徒揭空籠。"按《説文》以"笭"訓"籠"，同部"笭"篆則訓"篝"，謂竹籠、魚籠，其物與鳥籠相類。清曹寅《漁灣》："滄浪笑子美，日暮空笭歸。"

襱 褲脚管，中空之物。《説文·衣部》："襱，絝踦也。从衣，龍聲。襩，襱或从賣。"清朱駿聲《通訓定聲》："或从賣聲。按，賣之聲母爲兂龍，急言之即兂也。字亦作'袘'。《方言》四：'袴或謂之襱。'注：'音鮦。'……按，襱者，蘇俗謂褲脚管。"《廣雅·釋器》："袴，其裾謂之襱。"按，"襱"或稱"襩"，其字从賣得聲，賣聲字所記録語詞"贕""櫝""竇""瀆"俱有中空義，見本卷"賣聲"第2107條。又"襱"或作"袘"，《廣韻·東韻》所訓與朱説同。同聲字所記録語詞"衕""週""筒""洞""峒""瓺""翀""祠""恫"俱有空義，見本典第三卷"同聲"第660條。又，襱或稱"裙"，"裙"从官聲，與"管"同，"管"謂竹管，中空之物。然則皆可相證。

〔推源〕 諸詞俱有空義，爲龍聲所載之公共義。聲符字"龍"所記錄語詞謂鱗蟲之長，見後條"推源"，然則本與空義不相涉，其空義乃龍聲所載之語源義。龍聲、同聲本相近且相通。

龍：來紐東部；

同：定紐東部。

叠韻，來定旁紐。上述同聲字所記錄語詞俱有空義，足可相證。

(2157) 蘢嚨寵礱䗪壟龓（高、大、長義）

蘢 天蘥，草之高大者。《説文·艸部》："蘢，天蘥也。从艸，龍聲。"清朱駿聲《通訓定聲》："《管子·地員》：'其山之淺，有蘢與斥。'注：'古草名。'《爾雅·釋草》：'蘢，天蘥。'"按，所引《爾雅》文清郝懿行《義疏》："此草高大，故名天蘥。"《廣韻·東韻》及《鍾韻》："蘢，古草。"按，一名"葒草"。宋唐慎微《政和證類本草·草部·葒草》："《圖經》曰：'葒草，即水紅也。'……今所在下濕地皆有之。似蓼而葉大，赤白色，高丈餘。"馮德培、談家楨等《簡明生物學詞典·葒草》："一名'水葒'。蓼科。一年生高大草本，全株有毛。"

嚨 喉嚨，處高部位。《説文·口部》："嚨，喉也。从口，龍聲。"清朱駿聲《通訓定聲》："《爾雅·釋鳥》：'亢，鳥嚨。'……樊注：'鳥之頸也。'"按，"亢"有高義，故有"高亢"之複音詞。又"嚨"一稱"吭"，"吭"从亢聲，亦寓高義。《晉書·五行志中》："百姓謠云：'昔年食白飯，今年食麥麰。天公誅謫汝，教汝捻嚨喉。'"按，其字亦作下形上聲，謂大聲。《廣韻·東韻》："嚨，大聲。"《晉書·五行志中》："元康中，京洛童謠曰：'城東馬子莫嚨哅，比至來年纏女髮。'"

寵 尊崇，受寵者地位高。《説文·宀部》："寵，尊居也。从宀，龍聲。"清朱駿聲《通訓定聲》："《易·師》：'承天寵也。'鄭注：'光耀也。'《楚語》：'其寵大矣。'注：'榮也。''寵神其祖。'注：'尊也。'《史記·趙世家》：'寵有孝悌長幼順明之節。'《正義》：'貴也。'《老子》：'寵辱若驚。'"《廣韻·腫韻》："寵，寵愛也。"

礱 長大的山谷。《説文·谷部》："礱，大長谷也。从谷，龍聲。讀若聾。"清朱駿聲《通訓定聲》："字亦作'谾'。《字林》：'谾，谷空兒。'《史記·司馬相如傳》：'深山之谾谾。'蕭該曰：'長大兒，或作礱。'《漢書》注：'深通兒。'"《廣韻·東韻》："礱，大谷。"宋韓淲《蝶戀花·細雨吹池沼》："一樹南礱香未老，春風已自生芳草。"明康海《片東樂府·粉蝶兒·閑遊》："便有那三句酷暑，怎入這百丈蒼礱。"

䗪 大螞蟻。《説文·蟲部》："䗪，丁螘也。从蟲，龍聲。"清朱駿聲《通訓定聲》："《爾雅·釋蟲》：'䗪，朾螘。'注：'赤駮蚍蜉。'按，丁猶頳也。"按，所引《爾雅》文宋邢昺疏："蚍蜉……其大而赤色斑駮者名䗪，一名朾螘。"

壟 高丘，字亦作"壠""隴"。《説文·土部》："壟，丘壟也。从土，龍聲。"清朱駿聲《通

1735

訓定聲》："《爾雅·釋丘》：'畝丘。'注：'丘有龍界如田畝。'《漢書·陳勝傳》：'輟耕之壟上。'注：'田中之高處。'〔轉注〕《小爾雅·廣名》：'壟，塋也。'《方言》十三：'冢或謂之壟。'《禮記·曲禮》：'適墓不登壟。'"按，墳堆為高出地面者，故有此衍義。《廣韻·腫韻》："壟，亦作'壠'。《書》傳曰：'畎壟也。'"晉葛洪《抱朴子·勤求》："夫搜尋仞之壟，求干天之木，瀝牛蹟之中，索吞舟之鱗，用日雖久，安能得乎？"按，"隴"本謂天水郡大阪，許慎說，雖為專名，亦寓長大之義，故亦可表高丘義。南朝齊孔稚珪《北山移文》："及其鳴騶入谷，鶴書赴隴。"

嶐 山高峻貌。《類篇·山部》："嶐，嶐嵸，山高皃。"《廣韻·東韻》："嶐，嶐嵸，山皃。"清朱駿聲《說文通訓定聲·豐部·附〈說文〉不錄之字》："嶐嵸，《史記·司馬相如傳》：'崇山嶐嵸。'郭云：'皆峻皃。'"北魏楊衒之《洛陽伽藍記·聞義里》："高山嶐嵸，危岫入雲，嘉木靈芝，叢生其上。"清嵇曾筠《五臺山》："摩霄跨漢何嶐嵸，呼吸直與精靈通。"

〔推源〕諸詞俱有高、大、長義，為龍聲所載之公共義。聲符字"龍"所記錄語詞謂鱗蟲之長，乃虛擬動物，其身長者，所謂飛龍在天，即騰躍於高處，又其身可小可大，變幻莫測。《說文·龍部》："龍，鱗蟲之長。能幽能明，能細能巨，能短能長，春分而登天，秋分而潛淵。从肉，飛之形，童省聲。"清朱駿聲《通訓定聲》："《易·乾》：'飛龍在天。'《禮記·禮運》：'麟、鳳、龜、龍，謂之四靈。'《家語·執轡》：'甲蟲三百有六十，龍為之長。'〔轉注〕《詩·山有扶蘇》：'隰有游龍。'傳：'紅草也。'《廣雅·釋草》：'龍鬚，馬蓼也。'按，即今水葒也。〔假借〕又為'隆'。《孟子》：'必求龍斷而登之。'丁音'龍'與'隆'聲相近，隆，高也，陸善經謂壟斷而高者，則謂借為'壟'。"按，非假借，高、大、長義皆其顯性語義。《儀禮·覲禮》："天子乘龍，載大旂。"漢鄭玄注："馬八尺以上為龍。"龍聲可載高、大、長義，則"隆"可證之。

龍：來紐東部；

隆：來紐冬部。

雙聲，上古音東、冬無別，則為疊韻。"隆"，豐大，引申之則有高義。《說文·生部》："隆，豐大也。"清朱駿聲《通訓定聲》："《小爾雅·廣詁》：'隆，高也。'《易·大過》：'棟隆。'虞注：'上也。'……《爾雅·釋山》：'宛中隆。'注：'山中央高。'"《文選·司馬相如〈子虛賦〉》："其山則盤紆岪鬱，隆崇嵂崒。"晉郭璞注："隆崇，竦起也。"又左思《蜀都賦》："侈侈隆富，卓鄭埒名，公擅山川，貨殖私庭。"唐呂延濟注："隆，大也。"

（2158）籠艟寵聾（遮、藏義）

籠 鳥籠（見前第2156條），亦指盛土器，皆所以藏物者。《說文·竹部》："籠，舉土器也。"清朱駿聲《通訓定聲》："《淮南·說山》：'貂裘而負籠。'《精神》：'負籠土。'《漢書·王莽傳》：'荷籠負鍤。'注：'所以盛土。'"引申為藏義。宋王安石《用前韻戲贈葉致遠直講》："熟視籠兩手，徐思撚長髭。"《西遊記》第三十四回："好猴王，把他那幌金繩搜出來，籠在袖裏。"

艟 小船有蓋者，則其名寓遮蔽義。《廣韻·鍾韻》："艟，小船上安蓋者。"唐陸龜蒙《江南秋懷寄華陽山人》:"艨艟尋遠近,握槊鬥輸贏。"亦指小舟之蓋,見《集韻》,則其遮蔽義益顯。

竉 孔洞,可藏物者。《廣韻·董韻》:"竉,孔竉。"北齊顔之推《顔氏家訓·書證》:"古無二字,又多假借……'獵'化爲'獦','竉'變成'寵'。"原注:"竉,孔也,故從穴。"

聾 無聞,如耳爲物所遮。《説文·耳部》:"聾,無聞也。從耳,龍聲。"清朱駿聲《通訓定聲》:"《廣雅·釋訓》:'聾,聵疾也。'《禮記·王制》:'瘖聾跛躃斷者。'《莊子·逍遥遊》:'聾者無以與乎鐘鼓之聲。'〔聲訓〕《釋名·釋疾病》:'聾,籠也,如在蒙籠之内,聽不察也。'"《廣韻·東韻》:"聾,耳聾。《左傳》云:'不聽五聲之和曰聾。'"

〔推源〕 諸詞俱有遮、藏義,爲龍聲所載之公共義。聲符字"龍"所記録語詞之本義、引申義系列與遮、藏義不相涉,其遮、藏義當爲龍聲所載之語源義。龍聲可載遮、藏義,則"遮"可證之。

龍:來紐東部;

遮:章紐魚部。

來章(照)準旁紐,東魚旁對轉。"遮",遮擋,引申爲掩蔽義。《説文·辵部》:"遮,遏也。"清朱駿聲《通訓定聲》:"《易·晉》鄭本:'用錫馬蕃遮。'《晉語》:'候遮扞衛不行。'注:'遮,遮罔也。'《吕覽·應同》:'子不遮乎親。'注:'遮,後遏也。'"又引申爲隱藏義。《禪真逸史》第二十一回:"龍大略道:'人名樹影,兀誰遮隱得過?'"唯"遮"有藏之衍義,故有"遮藏"之同義聯合式合成詞。宋范成大《霜後紀園中草木》:"遮藏茉莉檻,纏裹芭蕉身。"

(2159) 瀧聾朧曨儱曈(朦朧義)

瀧 雨濛瀧。《説文·水部》:"瀧,雨瀧瀧皃。從水,龍聲。"南唐徐鍇《繫傳》:"猶言濛瀧也。"清曹寅《雨夕送令彰還廣陵》:"何緣共貧病,愁坐雨瀧瀧。"

聾 無聞,見前條。引申爲無知覺、糊塗無知義,實即朦朧義。清朱駿聲《説文通訓定聲·豐部》:"聾,〔轉注〕《宣十四傳》:'鄭昭宋聾。'注:'闇也。'《淮南·説林》:'雖聾蟲而不自陷。'注:'無知也。'"按,耳聾有全然無聞者,亦有聽覺失靈者,後者即雖聽而朦朧不清之義。《韓非子·解老》:"耳不能别清濁之聲則謂之聾。"

朧 月光朦朧。清朱駿聲《説文通訓定聲·豐部·附〈説文〉不録之字》:"朣朧,《文選·秋興賦》注引《埤蒼》:'朣朧,欲明也。'"又:"朦朧,〈説文新附〉:'月朦朧也。'"唐徐昌圖《臨江仙》:"今夜畫船何處?潮平淮月朦朧。"宋辛棄疾《添字浣溪紗》:"酒面低迷翠被重,黄昏院落月朦朧。"引申之,亦泛指朦朧不清。《廣韻·東韻》:"朧,朦朧。"宋周密《甘州·燈夕書寄二隱》:"敧枕聽新雨,往事朦朧。"

曨 日將明未明,朦朧不清。《廣韻·董韻》:"曨,曈曨。"《説文新附·日部》:"曨,曈曨也。從日,龍聲。""曈,曈曨,日欲明也。"清朱駿聲《説文通訓定聲·豐部·附〈説文〉不録之字》：＂曈曨，《文選・文賦》注引《埤蒼》：＇曈曨，欲明也。＇＂唐張祜《車遥遥》：＂東方曨曨車軋軋，地色不分新去轍。＂唐權德輿《奉和韋曲莊言懷貽東曲外族諸弟》：＂驂馭出國門，晨曦正曈曨。＂引申之則泛指朦朧不清。唐李白《明堂賦》：＂觀乎明堂之宏壯也，則突兀曈曨，乍明乍矇。＂

儱 人未成器，朦朧不曉事。《廣韻・董韻》：＂儱，儱侗，未成器也。＂清朱駿聲《説文通訓定聲・豐部》：＂《論語》＇侗而不愿＇，皇疏：＇謂籠侗未成器之人也。＇＂按，所引皇侃疏＂籠＂字異文作＂儱＂，當爲正字。引申爲朦朧、模糊義。宋朱熹《答蔡季通》：＂昨見子直説及，正疑其太儱侗，今得此書乃釋然耳。＂

矓 目視物朦朧不明。明無名氏《白兔記・留莊》：＂茅簷下見矓矓父老，歡笑舞晴暄。＂《鏡花緣》第四回：＂武后醉眼朦矓，又分付宫人。＂

〔推源〕 諸詞俱有朦朧義，爲龍聲所載之公共義。聲符字＂龍＂所記録語詞謂鱗蟲之長，本爲虚擬動物。相傳此物能幽能明，能巨能細，此當與朦朧義相通。龍聲可載朦朧義，則蒙聲可相證。

龍：來紐東部；
蒙：明紐東部。

疊韻，來明二紐分別屬于邊音、鼻音，依王力先生《同源字論》説，二者亦爲鄰紐。蒙聲字所記録語詞＂矇＂＂濛＂＂曚＂＂懞＂＂儚＂＂朦＂俱有不明義，見本典第八卷＂蒙聲＂第1990條。朦朧即不明，二義近且相通。

850 辥聲

(2160) 孽糵孼（增生義）

孽 妾媵所生之庶子。字亦作＂孼＂。《説文・子部》：＂孽，庶子也。从子，辥聲。＂清朱駿聲《通訓定聲》：＂《孟子》：＇獨孤臣，孽子。＇《書大傳》：＇孽伐其宗。＇注：＇支子也。＇《公羊襄廿七傳》：＇臣僕庶孽之事。＇注：＇庶孽，衆賤子，猶樹之有孽生。＇《詩・白華・序》：＇以孽代宗。＇疏：＇孽者，櫱也，樹木斬也復生謂之櫱。＇《漢書・賈誼傳》：＇庶人孽接。＇注：＇庶賤者。＇＂按，朱氏並云＂孼＂爲或體。《正字通・女部》：＂孼，俗＇孽＇字。＂又《子部》：＂孼，俗＇孽＇字。＂《史記・司馬穰苴列傳》：＂穰苴雖田氏庶孼，然其人文能附衆，武能威敵，願君試之。＂

糵 穀類生芽。亦指酒麯，酒麯則亦爲發酵而增生之物。《説文・米部》：＂糵，牙米也。从米，辥聲。＂清段玉裁注：＂芽米謂之糵，猶伐木餘謂之櫱，庶子謂之孽也。＂清朱駿聲《通訓定聲》：＂凡黍稷稻粱……未出于稃者，漬覆之則芽，麥豆穊薄，本不去之故能芽。〔轉注〕《禮記・月令》：＇麴糵必時。＇《楚辭・大招》：＇吴醴白糵。＇注：＇米麴也。＇＂明李時珍《本草綱目・

穀部·糱米》：" 有粟、黍、穀、麥、豆諸糱，皆水浸脹，候生芽曝乾去鬚，取其中米，炒研麵用。其功皆主消導。"

櫱 樹木砍斷後重生枝條。字亦作"櫱"。《說文·木部》："櫱，伐木餘也。从木，獻聲。《商書》曰：'若顛木之有㽙櫱。' 櫱，櫱或从木，辥聲。不，古文櫱，从木無頭。栓，亦古文櫱。"清朱駿聲《通訓定聲》："當从㐄聲，形誤作㚔也。亦作'栜'，从木，㠭聲。又誤作'蘗'、作'蘗'。《爾雅·釋詁》：'栜，餘也。'《廣雅·釋詁一》：'櫱，始也。'《釋言》：'櫱，茁也。'《書·盤庚》……馬注：'顛木而肄生曰栜。'《詩·長發》：'苞有三櫱。'韓傳：'絶也。'《魯語》：'山不槎櫱。'注：'以株生曰櫱。'《東京賦》：'尋木起于櫱栽。'注：'斬而復生曰櫱。'《淮南·俶真》：'百事之莖葉條栓。'又：'則必無餘栓。'"《廣韻·曷韻》："櫱，同'櫱'，書作'蘗'。"

〔推源〕 諸詞俱有增生義，爲辥聲所載之公共義。聲符字"辥"所記錄語詞謂罪孽。《說文·辛部》："辥，辠也。从辛，㞢聲。"章炳麟《新方言·釋言》："今人謂罪惡爲罪辥，音如孽。"按，罪孽義、增生義或相通。犯罪即"生事""滋事""生是非"。辥聲可載增生義，則"伸"可證之。

辥：心紐月部；

伸：書紐真部。

心書(審三)準雙聲，月真旁對轉。"伸"，伸展，展開，引申之則有擴張、增生之義。《說文·人部》："伸，屈伸。"清朱駿聲《通訓定聲》："《廣雅·釋詁三》：'伸，展也。'……《儀禮·士相見禮》：'君子欠伸。'注：'志倦則欠，體倦則伸。'……《易·繫辭》：'引而伸之。'"按，所引《易·繫辭上》文晉韓康伯注："伸之六十四卦。"唐孔穎達疏："謂引之爲六十四卦也。"按，實即謂六十四卦乃由八卦所增生、衍生。

851 瞿聲

(2161) 瓘瞲鑵顴爟（圓、曲義）

瓘 珪玉，上圓下方者。《説文·玉部》："瓘，玉也。从玉，瞿聲。《春秋傳》曰：'瓘斝。'"清朱駿聲《通訓定聲》："《左昭十七傳》：'若我用瓘斝玉瓚。'注：'珪也。'《哀十五傳》：'齊陳瓘，字子玉。'"按，所引《左傳》文唐孔穎達疏："瓘是玉名。此傳所云，皆是成就之器，故知瓘是珪也。"《説文·土部》："圭，瑞玉也，上圜下方。公執桓圭，九寸；侯執信圭，伯執躬圭，皆七寸；子執穀璧，男執蒲璧，皆五寸。以封諸侯。从重土。楚爵有執圭。珪，古文圭从玉。"

瞲 轉目顧視，環視，即眼作圓周運動。《玉篇·目部》："瞲，轉目視。"《廣韻·諫韻》："瞲，瞲眮，轉目。"清朱駿聲《説文通訓定聲·乾部》："瞲，《方言》六：'瞲，轉目也，梁益之間瞋目曰矖,轉目顧視亦曰矖。"《古文苑·劉歆〈遂初賦〉》:"空下時而矖世兮,自命己之取患。"章樵注:"矖,轉目視也。"按,《方言》所云"嗔目"即怒而瞪大其眼之義,眼瞪大則圓,義亦相通。《漢書·揚雄傳》"羌戎睚眥"唐顏師古注:"睚,字或作'矖',矖者,怒其目眥也。"《集韻·卦韻》:"睚,怒視。"

　　鑵　汲水、盛物器,圓形物。字亦作"罐",蓋其物有金屬製者,亦有陶製者。唐慧琳《一切經音義》卷八十三引《考聲》:"鑵,瓦器也。"《廣韻·換韻》:"鑵,汲水器也。"沈兼士《聲系》:"案内府本及敦煌本《王韻》《唐韻》作'罐'。"南朝宋劉義慶《世説新語·尤悔》:"(曹彰)既中毒,太后索水救之。帝預敕左右毀餅鑵,太后徒跣趨井,無以汲,須臾遂卒。"明李時珍《本草綱目·草部·紫花地丁》:"紫花地丁根日乾,以鑵盛,燒煙對瘡薰之。"

　　顴　顴骨,呈弧形者,其名當寓曲義。《廣韻·仙韻》:"顴,頰骨。"又《薛韻》:"顴,面秀骨。"《説文·頁部》:"顴,頭顀顴也。"清朱駿聲《通訓定聲》:"《廣雅》:'顴、頯,顀也。'當爲此字本訓。"《内經太素》卷八:"齒痛顴腫。"唐楊上善注:"顴謂面顴秀高骨也。"清吳敬梓《儒林外史》第十九回:"見一個人坐在樓下,頭戴吏巾……黄鬍子,高顴骨,黄黑面皮,一雙直眼。"

　　邅　逃避,即繞開去之義;引申之則有周轉義。字亦"逭",又作"遣","邅""遣"皆以萑聲載圓周義。《説文·辵部》:"逭,逃也。从辵,官聲。邅,逭或从萑,从兆。"清朱駿聲《通訓定聲》:"或从逃省,萑聲。字亦作'踚'。《爾雅·釋言》樊注:'行相避逃謂之逭。'《方言》十二:'逭,轉也。''逭,步也。'十三:'逭,周也。'……《禮記·緇衣》:'自作孽,不可以逭。'《釋文》:'本亦作踚。'"《廣韻·換韻》:"邅,同逭。"《集韻·換韻》:"逭,或作'邅'。"章炳麟《新方言·釋言》:"今謂物轉於地,人在地轉,皆逭。"今按,字作"逭",乃以官聲載圓義,官聲字所記録語詞"管""涫""綰""輨""琯""裧""酯"及"逭"俱有圓義,見本典第五卷"官聲"第1183條。

　　〔推源〕　諸詞俱有圓、曲義,爲萑聲所載之公共義。萑聲字所記録語詞"趡""權""彇"亦有圓、曲義,或未有文獻實用例,或以假借字形式,以其萑聲載圓、曲義,皆不失爲萑聲與圓、曲義相關聯之證。"趡",曲脊行。《説文·走部》:"趡,行趡趗也。一曰行曲脊皃。从走,萑聲。"清王筠《句讀》:"《衆經音義》卷二十三'踡踞'云:踡,《説文》作趡,又引《埤蒼》'踡踞,不伸也'。然則行曲脊皃即趡趗之義,後人分爲二人也。"《廣韻·仙韻》:"趡,曲走皃。"又:"躩,曲脊行也。"按"躩"當爲其或體。明焦竑《俗書刊誤·俗用雜字》:"曲脊而行曰躩。""權",黄華木,有秤錘之假借義,秤錘則爲圓形物。《廣韻·仙韻》:"權,稱錘也。"清朱駿聲《説文通訓定聲·乾部》:"權,〔假借〕爲'縣'。《廣雅·釋器》:'錘謂之權。'《漢書·律厤志》:'權者,銖兩斤鈞石也。'""彇",弓曲。《説文·弓部》:"彇,弓曲也。从弓,萑聲。"清朱駿聲《通訓定聲》:"〔轉注〕《爾雅·釋草》:'其萌蘿蔖。'按,即彇揄字,曲引之誼也。字亦作'藿',初生句曲引而漸長。"《廣韻·仙韻》:"彇,弓曲。"按,聲符字"萑"所記録語詞謂水鳥。《説文·萑部》:"萑,小爵也。从隹,吅聲。《詩》曰:'萑鳴于垤。'"清朱駿聲《通訓定聲》：“水爵也……《韓詩章句》：‘鸛，水鳥，巢處知風，穴處知雨。’按，毛傳則謂，螘徙穴則將雨，鸛好水，見之而喜也。《莊子·寓言》：‘如鸛雀蚊虻。’以‘鸛’爲之。”《廣韻·換韻》：“鸛，同雚。”按，“雚”即水爵，“鸛”爲後起字。“雚”之顯性語義與圓、曲義不相涉，其圓、曲義乃雚聲所載之語源義。雚聲可載圓、曲義，則"圜"可證之。

雚：見紐元部；
圜：匣紐元部。

叠韻，見匣旁紐。"圜"，天體，古人以爲天圓地方，故引申爲圓義。《說文·囗部》：“圜，天體也。”清朱駿聲《通訓定聲》：“《易·說卦》：‘乾爲圜。’《吕覽·序意》：‘大圜在上。’注：‘天也。’〔轉注〕《考工·輪人》：‘取諸圜也。’《鳧氏》：‘六分其厚，以其一爲其深而圜之。’”

（2162）讙鸛勸歡（大義）

讙 喧嘩，即大聲之義。《說文·言部》：“讙，譁也。从言，雚聲。”清朱駿聲《通訓定聲》：“《廣雅·釋詁二》：‘讙，鳴也。’《漢書·陳平傳》：‘諸將盡讙。’注：‘嚻而議也。’《外戚傳》：‘以息衆讙。’注：‘讙譁，衆議也。’《霍光傳》：‘又聞民閒讙言。’注：‘衆聲也。’《荀子·彊國》：‘百姓讙敖。’《儒效》：‘則天下應之如讙。’”《廣韻·桓韻》：“讙，讙誼。”又《元韻》：“讙，讙嚻皃也。”

鸛 水鳥，大涉禽。《玉篇·鳥部》：“鸛，鸛鳥，鵠屬。”《廣韻·換韻》：“雚，雚雀鳥。鸛，上同。”清朱駿聲《說文通訓定聲·乾部》：“《左昭廿一傳》：‘鄭翩願爲鸛。’注：‘鸛、鵝皆陳名。’”按，所引《左傳》文楊伯峻注：“古者兵有鸛、鵝之陳也。舊說江淮謂群鸛旋飛爲鸛井，則鸛善旋飛，盤薄雲霄，與鵝之成列正異，故古之陳法或願爲鸛也。”《文選·王粲〈從軍詩〉之五》：“寒蟬在樹鳴，鸛鵠摩天遊。”

勸 勉勵。《說文·力部》：“勸，勉也。从力，雚聲。”《廣韻·願韻》：“勸，勉也。”《國語·越語上》：“國人皆勸，父勉其子，兄勉其弟，婦勉其夫。”按，“勸”"勉"同義，故《說文》《廣韻》皆以"勉"釋"勸"。《說文》同部"勉"篆訓"彊"，即盡力、强力義，强力即大力。"勸"亦引申爲努力義，努力即使大力之謂。清朱駿聲《說文通訓定聲·乾部》：“勸，《小爾雅·廣詁》：‘勸，力也。’……《秦策》：‘則楚之應之也必勸。’”《管子·輕重乙》：“若是則田野大辟，而農夫勸其事矣。”《戰國策·宋策》：“齊攻宋，宋使臧子索救於荆。荆大說，許救甚勸。”漢高誘注：“勸，力也。”

歡 喜樂。《說文·欠部》：“歡，喜樂也。从欠，雚聲。”南唐徐鍇《繫傳》：“喜動聲氣，故从欠。”按，人喜樂則必出其聲，而其聲大於言語之聲。《廣韻·桓韻》：“歡，喜也。”《戰國策·中山策》：“長平之事，秦軍大尅，趙軍大破。秦人歡喜，趙人畏懼。”按，人逢喜樂之事多發呼喊之聲，"歡呼""歡叫"之"歡"，大聲義益顯。《東觀漢記·王霸傳》：“賊衆歡呼，雨射營中。”《隋書·令狐熙傳》：“百姓出境迎謁，歡叫盈路。”

〔推源〕 諸詞俱有大義,爲雈聲所載之公共義。聲符字"雈"本爲"鸛"之初文,"鸛"爲大涉禽,其名本寓大義。雈聲可載大義,則于聲可相證。

雈：見紐元部；

于：匣紐魚部。

見匣旁紐,元魚通轉。于聲字所記録語詞"宇""芋""玗""盱""衧""杅""竽"俱有大義,見本典第一卷"于聲"第 57 條。

852　霝聲

(2163) 靈罍櫺輪(空義)

靈　靈巫,舞以降神者。按,其名當寓空義。神、降神皆子虚烏有者,憑空構陷稱"誣告""誣陷","誣"从巫聲,亦爲一證。引申之,"靈"亦指神靈、靈魂,所指稱者皆不可實見,亦寓空義。《説文·玉部》："靈,靈巫,以玉事神。从玉,霝聲。靈,靈或从巫。"清朱駿聲《通訓定聲》："《離騷》：'命靈氛爲余占之。'注：'古明占吉凶者也。'《楚辭·雲中君》：'靈連蜷兮既留。'注：'楚人名巫爲靈。'……《風俗通》：'靈者,神也。'《尸子》：'天神曰靈。'《大戴·曾子天圓》：'陽之精氣曰神,陰之精氣曰靈。'"今按,唯"靈"有空義,故有"空靈"之同義聯合式合成詞。清李漁《閑情偶寄·詞曲上·詞采》："説話不迂腐,十句之中定有一二句超脱；行文不板實,一篇之内但有一二段空靈,此即可以填詞之人也。"

罍　陶器,中空而可容物者。字亦作"瓴"。《説文·缶部》："罍,瓦器也。从缶,霝聲。"清朱駿聲《通訓定聲》："《廣雅·釋器》：'罍,瓶也。'疑與'瓴'同字。"清王筠《句讀》："字與《瓦部》'瓴'同。"《廣韻·青韻》："罍,似瓶,有耳。"今按,"缶""瓦"皆爲陶器之總稱,作構件,所表義類同；聲符字"霝""令"上古音同,來紐雙聲,耕部疊韻。二者即異體字。《説文·瓦部》："瓴,瓮似瓶也。"《史記·高祖本紀》："地勢便利,其以下兵於諸侯,譬猶居高屋之上建瓴水也。"南朝宋裴駰《集解》："瓴,盛水瓶也。居高屋之上而幡瓴水,言其向下之勢易也。"

櫺　窗户或門上、欄杆雕花的格子,鏤空者。《説文·木部》："櫺,楯間子也。从木,霝聲。"清朱駿聲《通訓定聲》："字亦作'欞'。按,謂闌檻之方格,'楯間子'當作'楯間孔'字之誤也……江淹《襍體詩》：'曲櫺激鮮飇。'注：'窗閒孔也。'《遊天台山賦》：'彤雲斐亹以翼櫺。'"《廣韻·青韻》："櫺,窗櫺。又櫺檻。"漢班固《西都賦》："攀井幹而未半,目眴轉而意迷,捨櫺檻而卻倚,若顛墜而復稽。"

輪　車闌,車箱前、左、右三面木條製成的方格形圍欄,有空隙者。其字亦作"軨",猶"罍"从霝聲,或从令聲作"瓴"。《説文·車部》："軨,車轖間橫木。从車,令聲。輪,軨或从霝。司馬相如説。"清朱駿聲《通訓定聲》："輪,从霝聲。《禮記·曲禮》：'展軨效駕。'舊注：

'車闌也.'……《楚辭》:'倚結軨兮長太息.'《廣韻·青韻》:"軩,同'軨'."三國魏阮侃《答嵇康詩》之二:"撫軨增嘆息,念子安能忘."

〔推源〕 諸詞俱有空義,爲需聲所載之公共義。需聲字"霝"亦有"空"訓,則亦爲需聲與空義相關聯之一證。《玉篇·冊部》:"霝,空也."《廣韻·青韻》:"霝,空也."按,聲符字"霝"所記錄語詞謂降雨,然可以其聲韻另載空義。《説文·雨部》:"霝,雨零也。从雨,吅象霝形。《詩》曰:霝雨其濛。'"清朱駿聲《通訓定聲》:"字亦作'霧'.〔假借〕爲'櫺'.《廣雅·釋詁三》:'霝,空也.'"需聲可載空義,則歷聲可相證。

需:來紐耕部;

歷:來紐錫部。

雙聲,耕錫對轉。歷聲字所記錄語詞"櫪""鑢"俱有中空義,見本卷"歷聲"第2147條。

(2164) 蘦麙(大義)

蘦 大苦之藥。《説文·艸部》:"蘦,大苦也。从艸,需聲."清桂馥《義證》:"'大苦也'者,《釋草》文郭云:'今甘草也,蔓延生葉,似荷,青黄,莖赤有節,節有枝相當。或云蘦似地黄.'馥案:郭注與孫炎同,又云蘦似地黄,亦疑不能定。《詩·山有榛》:'隰有苓.'又云'采苓采苓,首陽之巔'.毛傳俱訓爲'大苦苓',即蘦也。《夢溪筆談》:'《本草》注引《爾雅》蘦,大苦注:甘草也,蔓生,葉似荷,莖青赤,此乃黄藥也,其味極苦,故謂之大苦,非甘草也.'馥謂《嘉祐圖經》説甘草形狀與《爾雅》注大異,《爾雅》注與黄藥合,不當言即甘草。然則以蘦爲甘草,始於孫炎而郭沿其誤也。本典甘草自作'苷'字."又《説文》同部:"苦,大苦苓也."清桂馥《義證》:"'苓'當爲'蘦'……即黄藥也."

麙 大羊。《説文·鹿部》:"麙,大羊而細角。从鹿,需聲."清朱駿聲《通訓定聲》:"按,角鋭多節,戚戚圍繞。字亦作'羚'、作'䍽'.《爾雅·釋獸》:'麙,大羊.'《西山經》:'翠山其陰多旄牛麙麢.'"《廣韻·青韻》:"麙,大羊。羷,上同."《集韻·青韻》:"麙,或从零."《埤雅·釋獸》:"羚羊似羊而大,角有圍繞蹙文,夜則懸角木上以防患。語曰'麙羊挂角',此之謂也."《篇海類編·獸類·羊部》:"羷,大羊,細角有圍繞蹙文……角入藥。亦作'羚''麙'."《山海經·北山經》:"(涿光之山)其獸多麙羊."《禪國山碑》:"白鹿、白麙……白兔卅有二."

〔推源〕 此二詞俱有大義,爲需聲所載之公共義。聲符字"霝"所記錄語詞之本義、引申義系列與大義不相涉,其大義乃需聲所載之語源義。需聲可載大義,則亡聲可相證。

需:來紐耕部;

亡:明紐陽部。

來明二紐分別爲邊、鼻音,依王力先生《同源字論》説,二者亦爲鄰紐,耕陽旁轉。亡聲

1743

字所記録語詞"㝱""㡽""汇"俱有大義,見本典第一卷"亡聲"第138條。

(2165) 靈醽櫺(美好義)

靈 有美好之衍義。《廣韻·青韻》:"靈,善也,福也。"清朱駿聲《説文通訓定聲·鼎部》:"靈,〔假借〕爲'良'。《廣雅·釋詁一》:'靈,善也。'即《爾雅》之'令,善'也。《書·盤庚》:'弔由靈。'《多士》:'丕靈承帝事。'《多方》:'不克靈承于旅。'《吕刑》:'苗民弗用靈。'《詩·定方中》:'靈雨既零。'《説苑·修文》:'積仁爲靈。'"今按,當非假借,乃引申。"靈"謂靈巫,引申之則指神靈、神靈,人所祈禱者,故有"福"義,福義則與美好義相通。又,上海方言今猶稱美好爲"靈""靈光",不好則曰"不靈",蓋亦古語。

醽 美酒。字亦作"醹"。《廣韻·青韻》:"醽,渌酒。"《集韻·青韻》:"醽,湘東美酒。或不省。"清朱駿聲《説文通訓定聲·鼎部》:"《吴都賦》:'飛輕軒而酌緑醽。'"宋黄庭堅《念奴嬌》:"寒光零亂,爲誰偏照醽渌。"其"醽"字異文作"醹"。宋蘇軾《洞庭春色》:"瓶開香浮座,盞凸光照牖。方傾安仁醽,莫遣公遠覷。"

櫺 窗户、欄杆、門上雕花的格子,見前第2163條,雕花則欲美觀,"櫺"之名本寓美義。清段玉裁《説文解字注·木部》:"櫺,闌楯爲方格,又於其横直交處爲圜子,如綺文玲瓏,故曰櫺。"

〔推源〕 諸詞俱有美好義,爲需聲所載之公共義。聲符字"需"單用本可表美好義。清朱駿聲《説文通訓定聲·鼎部》:"需,〔假借〕又爲'靈'。《廣雅·釋言》:'需,令也。'《齊侯鎛鐘銘》:'需命難老。'"按,"需"本謂降雨,其引申義系列與美好義亦不相涉,美好義爲需聲另載者。需聲可載美好義,則令聲可相證。"需""令"上古音同,第2163條已述。"令"有美好之義,又令聲字所記録語詞"齡""玲""泠"俱有美妙義,並見本典第二卷"令聲"第478條。

853 嬰聲

(2166) 纓瓔蘡(長而相連義)

纓 繫帽帶,長而相連之物。《説文·糸部》:"纓,冠系也。从糸,嬰聲。"清朱駿聲《通訓定聲》:"以二組系于冠,武結頤下者也,與冕弁之紘一組自下而上系于笄者不同。《荀子·非十二子》:'其纓禁緩。'注:'冠之繫也。'"《廣韻·清韻》:"纓,冠纓。《禮記·玉藻》曰:'玄冠朱組纓。'"《楚辭·招魂》:"放敶組纓,班其相紛些。"宋洪興祖《補注》:"纓,冠系也。"《文選·顏延之〈皇太子釋奠會作詩〉》:"纓笏匝序,巾卷充街。"唐李善注:"纓笏,垂纓秉笏也。"

瓔 珠玉連綴成的裝飾物。《廣韻·清韻》:"瓔,瓔珞。"唐元稹《估客樂》:"鍮石打臂釧,糯米吹項瓔。"徐遲《直薄峨眉金頂記》:"金身,披紅袈裟,胸前佩紅瓔珞。"

蘡 蘡薁,山葡萄,藤本植物,長而相連者。《廣韻·清韻》:"蘡,蘡薁,藤也。"《説文·

艸部》："蘡,蘡薁也。"清朱駿聲《通訓定聲》："《廣雅·釋草》：'燕薁,蘡舌也。'《詩·七月》：'六月食鬱及薁。'傳：'蘡薁也。'……亦名車鞅藤,蔓生,實大如龍眼,黑色,滑澤可食,蓋蒲萄之屬,堪作酒……謝靈運《山居賦》：'野有蔓草,獵涉蘡薁。'《中山經》：'泰室之山,有草焉,白華黑實,澤如蘡薁。'"明李時珍《本草綱目·果部·蘡薁》："蘡薁野生林墅間,亦可插植,蔓、葉、花、實與葡萄無異。其實小而圓,色不甚紫也。"

〔推源〕 諸詞俱有長而相連義,爲嬰聲所載之公共義。聲符字"嬰"所記録語詞謂婦女頸飾,連貝而成者。《説文·女部》："嬰,頸飾也。从女、賏,賏,其連也。"清桂馥《義證》："古人連貝爲嬰。"清朱駿聲《通訓定聲》："實與'賏'同字。《荀子·富國》：'是猶使處女嬰寶珠。'注：'繫于頸也。'"《説文·貝部》："賏,頸飾也。从二貝。"朱氏《通訓定聲》："駢貝爲飾,實即'嬰'之古文。"唐蘇鶚《蘇氏演義》卷上："賏者,貝也。寶貝纓絡之類,蓋女子之飾也。"然則本條諸詞之長而相連義爲其聲符"嬰"所載之顯性語義。嬰聲可載長而相連義,則"引"可證之。

嬰：影紐耕部；
引：余紐真部。

余(喻四)本有舌根音一類,余影鄰紐,耕真通轉。"引",開弓,拉弦,引之則長且相連,故有長之衍義。《説文·弓部》："引,開弓也。从弓、丨。"清朱駿聲《通訓定聲》："弓施弦曰張,矢括隰弦開之由漸而滿曰彎,滿而審所向曰彍,矢離弦曰發。《孟子》：'君子引而不發,躍如也。'〔轉注〕《爾雅·釋詁》：'引,長也。'《釋訓》：'子子孫孫引無極也。'《詩·楚茨》：'勿替引之。'……《齊語》：'是以國家不日引。'注：'申也。'"按,"引"又有牽連之衍義。《史記·淮南衡山列傳》："河南治建,辭引淮南太子及黨與。"晉常璩《華陽國志》卷十："清河趙騰坐謗訕,當誅,所引八十餘人。"

(2167) 褮映(映義)

褮 雜彩相映。《集韻·映韻》："褮,雜采相映。"清朱駿聲《説文通訓定聲·鼎部·附〈説文〉不録之字》："褮,《江賦》：'褮以蘭紅。'注：'采色相映也。'"按,其字从衣,衣有色不一者。

映 照映。《小爾雅·廣言》："映,曜也。"《廣韻·映韻》："映,明也,陽也。暎,上同。"晉郭璞《山海經圖讚》："光彩流映,氣如虹霞。"晉葛洪《西京雜記》卷二："衡乃穿壁引其光,以書暎光而讀之。"《文選·郭璞〈江賦〉》："青綸競糾,縟組爭映。"

〔推源〕 此二詞俱有映義,其音亦相近且相通。

褮：影紐耕部；
映：影紐陽部。

雙聲,耕陽旁轉。則其語源當同。

854　闌聲

(2168) 讕攔欄(阻攔義)

讕　抵賴,以言語相阻攔。《説文·言部》:"讕,怟讕也。从言,闌聲。"清朱駿聲《通訓定聲》:"以言抵闌,猶今言抵賴也。"《新唐書·張亮傳》:"亮讕辭曰:'囚等畏死,見誣耳。'"宋莊季裕《鷄肋編》卷上:"是夕遂夢至廟中,獄吏詰:'一婦人對詞未竟,君輒縱去,當復爲我攝之。'士子讕不行。"

攔　阻攔。《玉篇·手部》:"攔,摭攔也。"按,所謂"摭攔"即"遮攔"。唐杜甫《兵車行》:"牽衣頓足攔道哭,哭聲直上干雲霄。"《水滸傳》第五十二回:"我今日被殷天錫毆死,你可看骨肉之面,親賫書往京師攔駕告狀,與我報仇。"

欄　欄杆,欄栅,遮攔物。清朱駿聲《説文通訓定聲·乾部》:"棟,字亦作'欄'……《廣雅·釋室》:'欄,牢也。'又《堯廟碑》:'階陛欄楯。'字亦作'欄'。"又,"闌,後世所用欄干字。按,欄者,遮也。"《墨子·天志下》:"踰人之欄牢,竊人之牛馬者,與入人之場園,竊人之桃李瓜薑者,數千萬矣。"《史記·袁盎晁錯列傳》"百金之子不騎衡"南朝宋裴駰《集解》:"衡,樓殿邊欄楯也。"唐司馬貞《索隱》:"《纂要》云:宮殿四面欄,縱者云檻,橫者云楯。"

〔推源〕　諸詞俱有阻擋義,爲闌聲所載之公共義。聲符字"闌"所記録語詞謂門前栅欄,所指稱者本爲阻擋、遮攔之物。《説文·門部》:"闌,門遮也。从門,柬聲。"漢王充《論衡·謝短》:"掛蘆索於户上,畫虎於門闌。"南唐馮延巳《酒泉子》:"階前行,闌外立,欲鷄啼。"虛化引申爲阻攔義。《廣韻·寒韻》:"闌,遮也。"清朱駿聲《説文通訓定聲·乾部》:"闌,《廣雅·釋詁二》:'闌,遮也。'"馬王堆漢墓帛書《戰國縱橫家書·朱己謂魏王章》:"晉國去梁(梁)千里,有河山以闌之。"宋梅堯臣《揀花》:"金鞍結束果下馬,低枝不礙無闌遮。"然則本條諸詞之阻攔義爲其聲"闌"所載之顯性語義。闌聲可載阻攔義,則"當"可證之。

闌:來紐元部;
當:端紐陽部。

來端旁紐,元陽通轉。"當",相對。《説文·田部》:"當,田相值也。"《左傳·文公四年》:"則天子當陽,諸侯用命也。"清俞樾《平議》:"當,猶對也。南方爲陽,天子南面而立,故當陽也。"引申爲抵擋、阻攔義。《廣韻·唐韻》:"當,敵也。"清朱駿聲《説文通訓定聲·壯部》:"當,〔轉注〕當者,抵禦之謂也。"《左傳·桓公五年》:"鄭子元請爲左拒,以當蔡人、衛人;爲右拒,以當陳人。"唐王維《老將行》:"一身轉戰三千里,一劍曾當百萬師。"其字後世作"擋",累增者。《水滸全傳》第一百一十一回:"穆弘、李俊過去了,二十個偏將都被擋住在城邊。"

(2169) 瀾/浪（上涌義）

瀾 大波，水上涌則爲波瀾。《說文·水部》："瀾，大波爲瀾。从水，闌聲。"清朱駿聲《通訓定聲》："《爾雅·釋水》：'大波爲瀾，小波爲淪。'《孟子》：'必觀其瀾。'"《廣韻·翰韻》："瀾，波也。"又《寒韻》："瀾，大波也。"今按，稱"波"亦寓水涌起而不平之義，皮聲字所記錄語詞"波""披""陂""駊""佊""跛""頗"俱有不平、不正義，參本典第二卷"皮聲"第569條。南朝齊謝朓《將發石頭上烽火樓》："荊吳阻山岫，江海瀾波。"唐韓愈《進學解》："障百川而東之，迴狂瀾於既倒。"

浪 波浪，水上涌者。《玉篇·水部》："浪，波浪也。"《廣韻·宕韻》："浪，波浪。"清朱駿聲《說文通訓定聲·壯部》："浪，今所用波浪字。"按，"浪"亦爲水名，波浪義爲其別義。南朝宋劉義慶《世說新語·雅量》："風起浪涌，孫、王諸人色並遽，便唱使還。"宋葉適《陳彥群墓誌銘》："浪波急疾，高或滅嶠，遠浮數國，而亭於深淵，必將有以用之也，而竟若此何耶？"

〔推源〕 此二詞俱有上涌義，其音亦極相近且相通。

瀾：來紐元部；

浪：來紐陽部。

雙聲，元陽通轉。則其語源當同。

(2170) 斕爛（燦爛義）

斕 色彩斑駁，燦爛多彩。《廣韻·山韻》："斕，斕斒。""斒，斒斕，色不純也。"按，"斒"與"斕"皆可單用，然則"斕斒""斒斕"爲同義聯合式合成詞，亦爲同素逆序詞。唐李賀《河南府試十二月樂詞·九月》："露花飛飛風草草，翠錦斕斑滿層道。"清曹雪芹《紅樓夢》第七十八回："斕裙裾之爍爍兮，鏤明月以爲璫耶。"

爛 燦爛。《廣韻·翰韻》："爛，明也。爤，上同，見《說文》。"清朱駿聲《說文通訓定聲·乾部》："爤，字亦作'爛'。〔假借〕爲'然'。《楚辭·雲中君》：'爛昭昭兮未央。'注：'光貌。'《西都賦》：'登降炤爛。'注：'亦明也。'又爲'連'。《詩·韓奕》：'爛其盈門。'箋：'爛爛然鮮明且衆多之貌。'……《史記·司馬相如傳》：'皓齒粲爛。'《索隱》：'鮮明貌。'"按，"爛（爤）"之本義爲火熟，然其字從火，表燦爛義非假借，乃套用字。

〔推源〕 此二詞俱有燦爛義，爲闌聲所載之公共義。聲符字"闌"所記錄語詞之本義、引申義系列與燦爛義不相涉，其燦爛義乃闌聲所載之語源義。闌聲可載燦爛義，則"朗"可證之。

闌：來紐元部；

朗：來紐陽部。

雙聲，元陽通轉。"朗"，明亮。燦爛即鮮艷而明亮，義本相通。《說文·月部》："朗，明也。"《詩·大雅·既醉》:"昭明有融,高朗令終。"漢毛亨傳:"朗,明也。"晉陸機《瓜賦》:"熙朗日以熠燿,扇和風其如波。"其"朗日"即謂日光輝燦爛。

855 龠聲

(2171) 籥淪(和義)

籥 管樂器,和衆聲音。《廣韻·藥韻》:"籥,樂器。郭璞云:'如笛,三孔而短,小。'《廣雅》云'七孔'。"清朱駿聲《説文通訓定聲·小部》:"籥,〔假借〕爲'龠'。《爾雅》:'大籥謂之產,其中謂之仲,小者謂之薬。'《周官》有'籥師''籥章'。《禮記·明堂位》:'葦籥伊耆氏之樂也。'又《詩·賓之初筵》:'籥舞笙鼓。'《左宣八傳》:'萬入去籥。'按,萬舞,舞者左手吹籥以節舞……《詩·簡兮》釋文:'謂以竹爲之,長三尺,執之以舞。'"按,"籥"之本義《説文》訓"書僮竹笘",表管樂義非假借,乃"龠"之累增字,其義則爲別義。"籥"之名本寓和衆聲之義,後世民族樂隊猶以笛爲和衆聲之器。南朝梁劉勰《文心雕龍·聲律》:"若夫宮商大和,譬諸吹籥,翻迴取均,頗似調瑟。"

淪 浸漬。《説文·水部》:"淪,漬也。从水,侖聲。"《廣韻·眞韻》:"漬,浸潤。"按,所謂"淪"即水與他物相摻和之謂,浸潤一稱"洽",即水與他物相合,亦爲一證。《儀禮·既夕禮》:"苴筲三,其實皆淪。"唐賈公彥疏:"筲用菅草,黍稷皆淹而漬之。"

〔推源〕 此二詞俱有和義,爲龠聲所載之公共義。聲符字"龠"本爲"籥"之初文,所記錄語詞謂管樂器,和衆聲者。《説文·龠部》:"龠,樂之竹管,三孔,以和衆聲也。从品、侖。侖,理也。"清朱駿聲《通訓定聲》:"經、傳皆以'籥'爲之。《詩·簡兮》:'左手執籥。'傳:'六孔。'"郭沫若《甲骨文字研究》:"龠,象編管之形也。"然則本條二詞之和義爲其聲符"龠"所載之顯性語義。和諧字本作"龢",從龠,禾聲,亦爲"龠"有和義之證。龠聲可載和義,則"融"可證之。

龠:余紐藥部;
融:余紐冬部。

雙聲,藥(沃)冬(東)旁對轉。"融",炊氣上出,引申之則有融化、調和之義。《説文·鬲部》:"融,炊氣上出也。从鬲,蟲省聲。䰜,籀文融不省。"清朱駿聲《通訓定聲》:"〔假借〕爲'通'。《遊天台山賦》:'融而爲川瀆。'又重言形況字。《左隱元傳》:'其樂也融融。'注:'和樂也。'"按,《遊天台山賦》之"融"謂融合,其義非假借者,乃引申義。《廣韻·東韻》:"融,和也。"漢應劭《風俗通·窮通·太傅汝南陳蕃》:"唯虞卿逼於彊秦,獨善其身,纘述篇籍,垂訓後昆。昔子夏心戰則癯,道勝如肥,何必高位豐爵以爲融懿也。"吳樹平《校釋》:"融懿,和美。"宋孟元老《東京夢華録·十六日》:"巧製新粧,競誇華麗,春情蕩颺,酒興融怡,雅會幽歡,寸陰可惜,景色浩闊,不覺更闌。"

(2172) 鑰扃(關閉義)

鑰 鎖,所以關閉門户及箱筍之物。《五音集韻·藥韻》:"鑰,鏁也。"《集韻·果韻》:"鎖,或作'鏁'。"《説文新附·金部》:"鎖,鐵鎖,門鍵也。"《太平御覽》卷一百八十四引漢應劭《風俗通》:"鑰施懸魚,鷖伏淵源,欲令楗閉如此。"虛化引申爲關閉義。北齊劉晝《新論·防欲》:"嗜慾之萌,耳目可關,而心意可鑰。"

扃 門直閈,所以關閉門户之物。《説文·門部》:"扃,關下牡也。从門,冏聲。"清朱駿聲《通訓定聲》:"《方言》五:'户扃,關東謂之鍵,關西謂之扃。'……《孝經》注:'開人閨閤。'按,扃者,以直木上貫關,下插地者也。古無鎖鑰字,凡鍵具皆用木不用金。"《廣韻·藥韻》:"扃,門扃。"元劉壎《隱居通議·駢儷一》:"既至公閨,則試者畢入,已扃閈絶關矣。"

〔推源〕 此二詞俱有關閉義。爲俞聲所載之公共義。聲符字"俞"所記録語詞之顯性語義與關閉義不相涉,其關閉義乃俞聲所載之語源義。俞聲可載關閉義,則"扃"可證之。

俞:余紐藥部;
扃:見紐耕部。

余(喻四)本有舌根音一類,余見旁紐,藥(沃)耕旁對轉。"扃",外閉之關。《説文·户部》:"扃,外閉之關也。"清朱駿聲《通訓定聲》:"《禮記·曲禮》:'入户奉扃。'《莊子·胠篋》:'固扃鐍。'《漢書·外戚傳》:'應門閉兮禁闥扃。'"按,所謂外閉之關,即從外面關閉的門閂或門環。

(2173) 蟰燿(閃光義)

蟰 螢火蟲,閃光之物。《廣韻·藥韻》:"蟰,蠨蟰,螢火別名。"按,"蠨蟰"亦作"熠燿","蠨"與"熠"俱从習聲。清朱駿聲《説文通訓定聲·臨部》:"熠,《詩·東山》:'熠燿宵行。'傳:'熠燿,燐也;燐,螢火也。'按,宵行螢也,熠燿,飛有光也。"宋王禹偁《酬种放徵君》:"逐飆甚蚍蜉,鬬耀同蠨蟰。"

燿 光明貌。《説文·火部》:"燿,火飛也。从火,翟聲。"清段玉裁注改其解釋文爲"火光也。"清朱駿聲《通訓定聲》:"《字指》:'儵燿,電光也。'《史記·屈賈傳》:'彌融燿。'《正義》:'光也。'《景福殿賦》:'光明熠燿。'注引《説文》:'火光也。'……又重言形況字。《西都賦》:'震震燿燿。'注:'光明皃也。'"又朱氏書《臨部》:"熠,《笙賦》:'爛熠燿以放豔。'注:'光明皃。'"《廣韻·藥韻》:"燿,煜燿,光明。"又:"儵燿,光皃。"

〔推源〕 此二詞俱有閃光義,爲俞聲所載之公共義。聲符字"俞"所記録語詞之顯性語義與閃光義不相涉,其閃光義乃俞聲所載之語源義。俞聲可載閃光義,則"燿"可證之。"俞""燿"同音,余紐雙聲,藥部疊韻。"燿",照燿,閃光。其字後世作"耀"。《説文·火部》:"燿,照也。"清朱駿聲《通訓定聲》:"字亦作'耀'、作'曜'。《左昭三傳》:'焜燿寡人之望。'……《淮南·覽冥》：'星燿而無運。'……《廣雅·釋詁二》：'燿，爤也。'《四》：'明也。'〔聲訓〕《釋名》：'曜，燿也，光明照耀也。'則'曜'字漢已有之。"

856 韱聲

(2174) 孅纖殱櫼攕韱韱(小義)

孅 女性體態苗條，纖細，引申之，則亦泛指纖細、細小。《說文·女部》："孅，銳細也。从女，韱聲。"清朱駿聲《通訓定聲》："《漢書·食貨志》：'至孅至悉。'《貨殖·宛孔氏傳》：'瘉于孅嗇。'注：'細也。'《上林賦》：'嫵媚孅弱。'……《史記》索隱曰：'美女姣好皃。'"《大戴禮記·曾子立事》："禍之所由生，自孅孅也。"清孔廣森《補注》："孅孅，小也。"按，朱氏所引《漢書·食貨志》文唐顏師古注："孅與'纖'同。"《字彙·女部》："孅，與'纖'同。"皆非篤論。"孅""纖"非或體，各有本義而俱寓小義。"孅"字从女，以女性身材細而美爲本義，纖細、細小爲其衍義，用法同"纖"。

纖 細小。《說文·糸部》："纖，細也。从糸，韱聲。"清朱駿聲《通訓定聲》："《方言》二：'繒帛之細者謂之纖。'《書·禹貢》：'厥篚元纖縞。'鄭注：'細也。'……《舞賦》：'纖縠蛾飛。'注：'細縠也。'〔轉注〕《方言》二：'纖，小也，凡物小者或曰纖。'《考工·輪人》：'欲其掣爾而纖也。'注：'殺小兒。'……《周髀算經下》：'無令有纖微。'注：'細分也。'《典引》：'鋪觀二代洪纖之度。'注：'細也。'按，此誼與'孅'通。"

殱 盡滅，即無微不滅，本寓小義。《說文·歺部》："殱，微盡也。从歺，韱聲。《春秋傳》曰：'齊人殱于遂。'"清桂馥《義證》："'微盡也'者，言無敨不盡也。"清朱駿聲《通訓定聲》："言孅微盡。《爾雅·釋詁》：'殱，盡也。'舍人注：'衆之盡也。'……《幽通賦》：'東鄰虐而殱仁兮。'《東京賦》：'殪野仲而殱游光。'注：'滅也。'"《廣韻·鹽韻》："殱，盡也，滅也。"《後漢書·王允傳》："卓既殱滅，自謂無復患難。"《資治通鑒·唐武帝會昌三年》："今回鶻殘兵不滿千人，散投山谷，可汗既與爲怨，須盡殱夷。"

櫼 木楔，細小之物。《說文·木部》："櫼，楔也。从木，韱聲。"清朱駿聲《通訓定聲》："凡木工于凿枘相入處有不固，則斫木札楔入固之。"清桂馥《義證》："'楔也'者，戴侗曰，《類篇》：启户牡也，今俗用爲启楔。馥案：櫼、启聲相近。陸雲《與兄機書》：'曹公器物有剔齒櫼。'"按，剔齒櫼即今牙籤，亦細小之物。明徐光啓《農政全書·種植·木部》："江東、江南之地，惟桐樹、黃栗之利易得……此桐三年乃生，首一年猶未盛，第二年則盛矣。生五六年亦衰，即以栗櫼剥之。一二年，其栗便生，且最大，但其味略滯耳。"

攕 手纖細貌。《說文·手部》："攕，好手皃。《詩》曰：'攕攕女手。'从手，韱聲。"清朱駿聲《通訓定聲》："《詩·葛屨》……毛本作'摻摻'。傳：'猶纖纖也。《韓詩》作'纖纖'。古詩：'纖纖擢素手。'"清王筠《句讀》："秦漢間借'纖'爲'攕'。纖者，細也。"按，"纖"泛言物細,"攕"則爲手纖細義之專字、正字。《廣韻·咸韻》:"攕,女手兒。摻,上同。"宋蘇軾《和王鞏六首並次韻》之二:"左右玉攕攕,束薪誰爲縛?"按,"摻"有執持義,亦有手纖細義。漢揚雄《方言》卷二:"摻,細也。"南朝宋劉鑠《白紵曲》:"佳人舉袖耀青蛾,摻摻擢手映鮮羅。"明王朗《浪淘沙·閨情》:"羅袖護摻摻,怕拂香奩。"

錟 尖銳,端部細小者。清朱駿聲《説文通訓定聲·謙部》:"錟,〔假借〕爲'兓'。《廣雅·釋詁四》:'錟,銳也。'《爾雅·釋丘》:'融丘。'注:'錟頂者。''兓'即今'尖'字。"今按,"錟"之本義《説文》訓"鐵器",清段玉裁注云"蓋銳利之器",其説可從。字从金,"錐""鑽"與之同,"錐""鑽"皆尖銳物。故"錟"表尖銳義,無煩假借。《正字通·金部》:"錟,'尖'本字。"清龔自珍《重摹宋刻〈洛神賦〉九行跋尾》:"且似道疑四行非真,第十行用胡盧印界之,再刻一于闐玉,不復鈐別,尤錟髮瘦媚。"

襳 小衣。《廣韻·鹽韻》:"襳,小襦。"明馬佶人《十錦塘》第四出:"隨分什麽縐紗綿襖,白綾背褡,青羊羢襳子,潞紬披風,一總拿出來,任憑和相公揀中意的穿。"

〔推源〕 諸詞俱有小義,爲韱聲所載之公共義。聲符字"韱"所記録語詞謂山韭,山韭本爲細小之物。《説文·韭部》:"韱,山韭也。从韭,𢦒聲。"清朱駿聲《通訓定聲》:"字亦作'蒹',山中自生,與《豳風》之'祭韭'、《小正》之'見韭',種自家園者別。《爾雅·釋草》:'藿,山韭。'是一名藿也。〔假借〕爲'孅'。《太玄·少》:'次三,動韱其得。'又《斂》:'次二,墨斂韱韱。'注皆訓'少也'。"按,少即數之小,爲其衍義,非假借者。"韱"又有細小之引申義。《廣韻·鹽韻》:"韱,韱細。"漢揚雄《太玄·少》:"陽氣澹然施於淵,物謙然能自韱。"宋司馬光《集注》:"萬物當發生,尚能自守其纖細,如人之謙也。"然則本條諸詞之小義爲其聲符"韱"所載之顯性語義。韱聲可載小義,則旦聲可相證。

韱:心紐談部;
旦:端紐元部。

心端鄰紐,談元通轉。旦聲字所記録語詞"舥""亶"俱有小義,見本典第二卷"旦聲"第413條。

(2175) 讖籤(驗義)

讖 議論徵驗之書。《説文·言部》:"讖,驗也。从言,韱聲。"清朱駿聲《通訓定聲》:"《鵩鳥賦》注引《説文》:'有徵驗之書,河洛所出,書曰讖。'《廣雅·釋詁四》:'讖,譣也。'《三蒼》:'讖,祕密書也,出河洛。'《蒼頡篇》:'讖書,河洛書也。'《後漢·漢武紀》:'李通等以圖讖説光武。'注:'讖,符命之書。讖,驗也,言爲王者受命之徵驗也。'《魏都賦》:'藏氣讖緯。'注:'河洛所出書曰讖。'"

籤 標識,供驗證用之物,引申之亦指預言吉凶之卜具,預言則爲可驗證者。《説文·竹部》:"籤,驗也。从竹,韱聲。"清朱駿聲《通訓定聲》:"《通俗文》:'記識曰籤。'〔假借〕又爲

'讖'。今俗謂神示占讖之文曰籤。"今按,《説文》所訓本義有其文獻實用例。《新唐書·儒學傳·馬懷素》:"是時,文籍盈漫,皆炱朽蟫斷,籤脱紛舛。"又,"籤"指卜具,非假借,乃引申。宋周密《齊東野語》卷十三:"先妣時留雪,禱於南關之祠,有'水邊消息的非遥'之語。及收杭信,則聞霍山所祈,亦得此籤,越日臨汀之命下矣。"清袁枚《新齊諧·沈姓妻》:"沈清晨赴法華山嶽帝廟,默訴其事,占得上上籤。"又,古者經檢驗後所頒發授職證書稱"籤告",則"籤"有驗證義之一證。唐李翱《唐故金紫光禄大夫尚書右僕射致仕贈司空楊公墓誌銘》:"又於南曹更置别曆,以相檢覆,奏令選人納直,爲出籤告以給之。"

〔推源〕 此二詞俱有驗義,爲韱聲所載之公共義。聲符字"韱"所記録語詞之顯性語義與驗義不相涉,其驗義乃韱聲所載之語源義。韱聲可載驗義,則"查"可證之。

韱:心紐談部;

查:崇紐歌部。

心崇(牀)準旁紐,談歌通轉。"查",檢查,檢驗。《正字通·木部》:"查,官司文移曰查……後改用'察',查行曰察行,查盤曰察盤。"《元典章·臺綱二·照刷》:"每遇照刷未絶,一一查對,設或差漏,隨事究治。"按,"查對"即檢查、核對,實即檢驗、驗視義。唯"查"有驗義,故有"查驗"之同義聯合式合成詞。清黄六鴻《福惠全書·蒞任·清查之法》:"如本年遇有應解裁扣缺官銀兩,俱要查驗批迴,方准作數。"按,"查"字從木,所記録語詞謂木筏,表檢查、檢驗義,爲假借,其義則爲查聲另載之語源義。

857 爵聲

(2176) 釂/清(盡義)

釂 飲酒盡。《説文·酉部》:"釂,飲酒盡也。从酉,嚼省聲。"清朱駿聲《通訓定聲》:"按,从酉,爵聲。《禮記·曲禮》:'長者舉未釂。'《史記·游俠傳》:'與人飲,使之釂。'《淮南·道應》:'文侯受觴而飲釂。'"《廣韻·笑韻》:"釂,飲酒盡也。"沈兼士《聲系》:"案,大徐本'嚼省聲',此從小徐。"按,"嚼"本从爵聲。

清 水純净。《説文·水部》:"清,朖也,澂水之皃。"清朱駿聲《通訓定聲》:"《詩·伐檀》:'河水清且漣兮。'《孟子》:'滄浪之水清兮。'〔聲訓〕《釋名·釋言語》:'清,青也,去濁遠穢色如青也。'"按,雜物去盡則其水清,故"清"有"盡"之衍義。漢袁康《越絶書·荆平王内傳》:"(子胥)乃發其簞飯,清其壺漿而食。"按,今語"清空"謂盡數除去,亦足證"清"有盡義。

〔推源〕 此二詞俱有盡義,其音亦相近且相通。

釂:精紐宵部;

清:清紐耕部。

精清旁紐,宵耕旁對轉。按,"釂"從爵聲,聲符字"爵"所記録語詞謂酒器。《説文·鬯部》:"爵,禮器也。象爵之形,中有鬯酒,又,持之也,所以飲。器象爵者,取其鳴節節足足也。"清朱駿聲《通訓定聲》:"今隸作'爵'……許'取其節節足足'者,謂取飲酒當自節知足之意,説殊傅會……《詩·行葦》:'洗爵奠斝。'"按,朱説可從,許慎"爵"之推源不確。飲酒以爵,古有盡爵飲之之禮,或與"釂"之飲酒盡義相通。

(2177) 皭/浄(潔浄義)

皭 潔白,潔浄。《玉篇·白部》:"皭,浄皃也。"《廣韻·笑韻》:"皭,白色。"又《藥韻》:"皭,靖也。《埤蒼》曰:'白色也。'"按,物色白則潔浄,二義相成相因。《史記·屈原賈生列傳》:"濯淖汙泥之中,蟬蜕於濁穢,以浮游塵埃之外,不獲世之滋垢,皭然泥而不滓者也。"南朝宋裴駰集解:"皭,疏浄之貌。"《文選·左思〈蜀都賦〉》:"蔚若相如,皭若君平。"吕向注:"皭,清浄貌也。"

浄 潔浄。《廣韻·勁韻》:"浄,無垢也。"清朱駿聲《説文通訓定聲·鼎部》:"浄,今用爲清潔之義,是也。"按,《説文·水部》"浄"篆訓"魯北城門池",表潔浄義,爲套用字。《墨子·節葬下》:"是粢盛酒醴不浄潔也。"南朝宋劉義慶《世説新語·言語》:"卿居心不浄,乃復強欲滓穢太清邪?"

〔**推源**〕 此二詞俱有潔浄義,其音亦相近且相通。

皭:精紐宵部;

浄:從紐耕部。

精從旁紐,宵耕旁對轉。則其語源當同。

858 毚聲

(2178) 劖鑱巉攙譏(尖鋭義)

劖 以尖鋭物刺、鑿。《説文·刀部》:"劖,斷也。从刀,毚聲。一曰剽也;釗也。"《廣韻·銜韻》:"劖,刺也。"《新唐書·西域傳下·大食》:"海中有撥拔力種,無所附屬……多象牙及阿末香,波斯賈人欲往市,必數千人納氈劖血誓,乃交易。"明徐弘祖《徐霞客遊記·滇遊日記六》:"忽一日,白雲從龕後龍脊中垂間,劖石得泉。"

鑱 針,尖鋭物。《説文·金部》:"鑱,鋭也。从金,毚聲。"清朱駿聲《通訓定聲》:"《廣雅·釋詁四》:'鑱,鋭也。'……《史記·扁倉傳》:'鑱石撟引。'《索隱》:'謂石針也。'"《素問·湯液醪醴論》:"當今之世,必齊毒藥攻其中,鑱石、鍼艾治其外也。"引申之亦指錐,錐亦尖鋭之物。《資治通鑑·宋文帝元嘉二十八年》:"魏主大怒,作鐵牀,於其上施鐵鑱。"元胡三省注:"鑱,錐也。"

巉 山勢險峻,坡陡而頂尖。《廣韻·銜韻》:"巉,險也。"宋朱熹《雲谷記》:"四隤皆巉削,下數百丈,使人眩視,悸不自保。"按,徽歙方言有"頂巉"一詞,即謂山陡而頂尖,蓋亦古語。引申之,"巉"謂尖銳。宋蘇軾《壬寅二月寄子由》:"亂峰巉似槊,一水淡如油。"清蒲松齡《聊齋志異·夢狼》:"甲撲地化爲虎,牙齒巉巉。"

攙 刺入。按,凡物尖銳則可刺入他物。《廣韻·咸韻》:"攙,刺也。"沈兼士《聲系》:"案'刺',《集韻》作'刾'。"清朱駿聲《說文通訓定聲·謙部》:"《說文新附》:'攙,刺也。'……《西京賦》:'叉簇之所攙捔。'注:'攙捔,貫刺之。'"朱氏並云"攙"即"鑱"之或體,實非。"攙"又引申爲銳利義。唐牛僧孺《題二十韻奉呈夢得樂天》:"攙又鋒刃簇,縷絡釣絲縈。"

嚵 禽類之喙,尖銳之物,又謂品嘗、小食,凡物尖銳則其一端小,故二義相通。《說文·口部》:"嚵,小㗖也。从口,毚聲。一曰喙也。"清徐灝《注箋》:"喙、嚵字異而義同。"清朱駿聲《通訓定聲》:"《集韻》引《廣雅》:'嚵,嘗也。'"《廣韻·鑑韻》:"嚵,試人食。"又《瞰韻》:"嚵,小食。"《古文苑·黃香〈九宮賦〉》:"淬五湖而漱華池,粉白沙而嚵定容。"《說文》同部:"嚵,嚵嚵也。"《淮南子·俶真訓》:"蠉飛蠕動,蚑行嚵息。"清莊逵吉校:"嚵息,各本皆作'喙息',唯藏本作'嚵'。"按,"嚵(喙)息"即鳥類張喙而舒氣。

〔推源〕 諸詞俱有尖銳義,爲毚聲所載之公共義。毚聲字"讒"所記録語詞謂以言害人,疑亦抽象性尖銳義,凡進讒言則其言必尖銳,所謂尖酸刻薄。聲符字"毚"所記録語詞指狡兔。《說文·刀部》:"毚,狡兔也,兔之駿者。从㲋、兔。"清朱駿聲《通訓定聲》:"《廣雅·釋詁四》:'毚,狡也。'《詩·巧言》:'躍躍毚兔。'傳:'毚兔,狡兔也。'《正義》引《蒼頡篇》:'大兔也。'《西京賦》:'毚兔聯獂。'〔轉注〕《素問·解精微論》:'請問有毚愚仆漏之問。'注:'狡也。'"按,狡猾一稱"奸滑",又稱"尖滑",足證狡義、尖義相通。劉堅《"强盜"的女兒》:"場上住着一家叫做花又柳的,爲人尖滑刻薄。"毚聲可載尖銳義,則"尖"可證之。

毚:崇紐談部;
尖:精紐談部。

疊韻,崇(牀)準旁紐。"尖",尖銳字。《廣韻·鹽韻》:"尖,銳也。"南朝梁江淹《江上之山賦》:"嵬巋兮尖出,嵒崒兮穴鑿。"宋歐陽修《歸田録》卷二:"余嘗見其廟像甚勇,手持屠刀尖銳,按膝而坐。"

859 鮮聲

(2179) 癬蘚(覆蓋義)

癬 疥瘡,覆蓋於體表。《說文·疒部》:"癬,乾瘍也。从疒,鮮聲。"清朱駿聲《通訓定聲》:"《廣雅·釋詁一》:'癬,創也。'〔聲訓〕《釋名·釋疾病》:'癬,徙也,浸淫移徙處日廣也,故青齊謂癬爲徙也。'"今按,所謂"乾瘍"即云乾巴結痂;朱氏所引《廣雅》之訓"創",本謂刀傷,刀傷則留疤,義亦相通。疥瘡有多發特點,遍布體表,然"移徙"非"癬"之構詞理據,《釋名》推源多有不確者。《廣韻·獮韻》:"癬,癬疥。"《國語·吳語》:"夫齊魯譬諸疾,疥癬也。"隋巢元方《諸病源候論·諸癩候》:"令人多瘡,猶如癬疥。"

蘚 苔蘚,覆蓋地面之物。《廣韻·獮韻》:"蘚,苔蘚。"《集韻·獼韻》:"蘚,垣衣。"按,今俗有"地衣"之稱。宋蘇軾《用王鞏韻贈其侄震》:"衡門老苔蘚,竹柏千兵屯。"《全唐詩話·陳潤》:"《送駱徵君》云:'馬留苔蘚迹,人脫薜蘿衣。'"

〔推源〕 此二詞俱有覆蓋義,爲鮮聲所載之公共義。聲符字"鮮"謂魚。《說文·魚部》:"鮮,魚名,出貉國。从魚,羴省聲。"清朱駿聲《通訓定聲》:"衛公子鱄,字子鮮。〔假借〕爲'鱻'。《禮記·內則》:'冬宜鮮羽。'注:'生魚也。'"按,"鮮"表鮮活、味美義皆非假借,乃套用字。然則"鮮"之顯性語義系列與覆蓋義不相涉,其覆蓋義乃鮮聲所載之語源義。鮮聲可載覆蓋義,則占聲可相證。

鮮:心紐元部;

占:章紐談部。

心章(照)鄰紐,元談通轉。占聲字所記錄語詞"苫""玷""毡"俱有遮擋、覆蓋義,見本典第二卷"139. 占聲"第 403 條。

860 襄聲

(2180) 膿穰瀼(多義)

膿 肥胖,肉多。《說文·肉部》:"膿,益州鄙言人盛,諱其肥,謂之膿。从肉,襄聲。"清朱駿聲《通訓定聲》:"《方言》二:'膿,盛也,秦晉或曰膿,梁益之間凡人言盛,及其所愛偉其肥晠之膿。'《廣雅·釋訓》:'膿膿,肥也。'"《廣韻·養韻》:"膿,肥,蜀人云。"宋范成大《問天醫賦》:"元陽之氣,可斤可兩;人受其中,有瘠有膿。"引申之,亦指植物肥壯。宋羅泌《路史·後紀三·禪通紀炎帝》:"分龍斷而戒之耕,然後六穀膿。"

穰 豐收,穀物多。《廣韻·養韻》:"穰,豐穰。"清朱駿聲《說文通訓定聲·壯部》:"穰,〔假借〕爲'膿'。《廣雅·釋詁四》:'穰,豐也。'《史記·天官書》:'所居野大穰。'《正義》:'豐熟也。'《西山經》:'文鰩魚見則天下大穰。'注:'豐穰收熟也。'《漢書·張敞傳》注:'穰,盛也。'"按,"穰"之本義《說文》訓"黍䴷已治者",然其字从禾,表豐收義非假借,乃套用字。

瀼 露水多。字亦作"䨦"。《玉篇·雨部》:"䨦,露盛兒。亦作'瀼'。"《水部》:"瀼,露盛兒。"《廣韻·陽韻》:"瀼,露濃兒。䨦,上同。"清朱駿聲《說文通訓定聲·壯部·附〈說文〉不錄之字》:"瀼,《詩·野有蔓草》:'零露瀼瀼。'傳:'盛兒。'《蓼蕭》:'零露瀼瀼。'傳:'露蕃兒。'《廣雅·釋訓》：'囊囊,露也。'"所引《廣雅》文清王念孫《疏證》："露多貌也。"南朝陳徐陵《梁禪陳璽書》："榮光曖曖,已冒墟塵；甘露瀼瀼,丞流庭苑。"

〔推源〕 諸詞俱有多義,爲襄聲所載之公共義。聲符字"襄"所記録語詞謂解衣耕田。《説文·衣部》："襄,漢令：解衣耕謂之襄。从衣,㕢聲。"清段玉裁注："此襄字所以从衣之本義惟見於漢令也。"清朱駿聲《通訓定聲》："〔轉注〕《周書·謚法》：'辟地爲襄。'〔聲訓〕《書·皋(陶)謨》鄭注：'襄之言暢也。'按,謂萌茂也。"然則多義非其顯性語義,乃襄聲另載者。襄聲可載多義,則寧聲可相證。

襄：心紐陽部；
寧：泥紐耕部。

心泥鄰紐,陽耕旁轉。寧聲字所記録語詞"儜""軿""寗"俱有多義,參本卷"寧聲"第2104條。又,衆多字"衆"之上古音章(照)紐冬(東)部,亦與"襄"之上古音近且相通：心章(照)鄰紐,陽冬(東)旁轉。則亦爲襄聲與多義相關聯之一證。

(2181) 懹讓(畏懼、退讓義)

懹 畏懼。《玉篇·心部》："懹,憚也,相畏也。"《廣韻·漾韻》："懹,憚也。"《説文·心部》："憚,忌難也。"清朱駿聲《説文通訓定聲·壯部·附〈説文〉不録之字》："懹,《方言》七：'懹,憚也,陳曰懹。'《廣雅·釋詁三》：'懹,難也。'按,猶'悙'。"按,所引《廣雅》文清王念孫《疏證》："難,畏憚也。"又《説文·心部》"悙"篆訓"怯"。唐元結《演興·閔嶺中》："久懹懹以悷悇,却遲迴而永嘆。"又《引極·思元極》："思不從兮空自傷,心惸悷兮意惶懹。"

讓 責備,引申爲退讓義。《説文·言部》："讓,相責讓。从言,襄聲。"清朱駿聲《通訓定聲》："《小爾雅·廣義》：'詰責以辭謂之讓。'《廣雅·釋詁一》：'讓,責也。'《左昭二十五傳》：'且讓之。'《周語》：'讓不貢。'〔假借〕爲'攘'。《左襄十三傳》：'讓者,禮之主也。'……《禮記·曲禮》：'退讓以明禮。'"今按,"攘"字从手,所記録語詞之本義爲推讓。"讓"謂責備,責備者有理則受責備者必退讓,責備、退讓二義同條共貫,無煩假借,且"讓"之退讓義爲其基本義。《廣韻·漾韻》："讓,退讓。"《吕氏春秋·行論》："堯以天下讓舜。"

〔推源〕 此二詞分別有畏懼、退讓義,凡人行事心懷畏懼則常退讓,二義相通,俱以襄聲載之,語源當同。聲符字"襄"所記録語詞之顯性語義系列與畏懼、退讓義不相涉,此義當爲襄聲另載之語源義。襄聲可載畏懼、退讓義,則"憚""赦"可相證。

襄：心紐陽部；
憚：定紐元部；
赦：書紐鐸部。

心定鄰紐,陽元通轉；心書(審三)準雙聲,陽鐸對轉。"憚",畏懼。《説文·心部》："憚,忌難也。"清朱駿聲《通訓定聲》:"《詩‧緜蠻》:'豈敢憚行。'《雲漢》:'我心憚暑。'箋:'猶畏也。'……《禮記‧中庸》:'小人而無忌憚也。'《晉語》:'小罪憚之。'注:'懼也。'""赦",舍棄。《説文‧攴部》:"赦,置也。"《网部》:"置,赦也。"乃互訓。《左傳‧宣公十二年》:"左右曰:'不可許也,得國無赦。'"引申爲赦免義,赦免即退讓、不追究,其義近且相通。《廣韻‧禡韻》:"赦,赦宥。"《易‧解》:"君子以赦過宥罪。"唐孔穎達疏:"赦,謂放免。"《史記‧淮南衡山列傳》:"赦免罪人,死罪十八人,城旦舂以下五十八人。"

(2182) 孃釀壤鑲(滋生義)

孃 人母,生人者。《玉篇‧女部》:"孃,母也。"《廣韻‧陽韻》:"孃,母稱。"清朱駿聲《説文通訓定聲‧壯部》:"孃,古詩耶孃字,以爲母稱。"按,"孃"之本義《説文》訓"煩擾也,一曰肥大也",其煩擾義後世以"攘"爲之,其字从女,指母親,爲其別義。朱氏所云古詩當指《木蘭詩》"旦辭爺孃去,暮至黃河邊"之句。其"耶"爲"爺"字之借。宋劉克莊《滿江紅‧壽唐夫人》:"塵世少如孃福壽,上蒼知得兒忠孝。"

釀 釀造,即令物發酵而滋生酒水。《説文‧酉部》:"釀,醖也,作酒曰釀。从酉,襄聲。"清朱駿聲《通訓定聲》:"《三蒼》:'米麴所作曰釀。'《廣雅‧釋器》:'釀,酘也。'"《史記‧孟嘗君列傳》:"(馮驩)迺多釀酒,買肥牛,召諸取錢者。"唐白居易《詠家醖》:"釀糯豈勞炊範黍,撇篘何假漉陶巾。"酵母稱"釀母菌",其滋生義益顯。《説文》以"醖"訓"釀",同部"醖"篆則訓"釀",乃以同義詞互訓,二者可合爲複音詞"醖釀"。其詞根之語源則不一。"醖"謂令溫暖而發酵。"釀"則謂滋生酒水。

壤 鬆軟肥沃之土,滋生萬物者。《説文‧土部》:"壤,柔土也。从土,襄聲。"清朱駿聲《通訓定聲》:"息土曰壤,築土曰堅。《書‧禹貢》:'厥土惟白壤。'馬注:'天性和美也。'傳:'無塊曰壤。'〔聲訓〕《釋名‧釋地》:'壤,瀼也,肥瀼意也。'"漢王充《論衡‧率性》:"深耕細鋤,厚加糞壤,勉致人功,以助地力。"

鑲 澆鑄所用模型,可製形狀相同者,猶物之滋生。《説文‧金部》:"鑲,作型中腸也。从金,襄聲。"清段玉裁注:"型者,鑄器之法也,其中腸謂之鑲,猶瓜中腸謂之瓤也。"清桂馥《義證》:"'作型中腸也'者,徐鍇曰:'鑄鐘、鏞屬使内空者,於型範中更作土模,所以後卻流銅也。'"

〔推源〕諸詞俱有滋生義,爲襄聲所載之公共義。聲符字"襄"所記錄語詞之顯性語義與滋生義不相涉,其滋生義乃襄聲另載之語源義。襄聲可載滋生義,則"生"可證之。

襄:心紐陽部;

生:山紐耕部。

心山準雙聲,陽耕旁轉。"生",生長,滋生。《説文‧生部》:"生,進也。象草木生出土上。"清朱駿聲《通訓定聲》:"从屮,達土,會意,進于屮也。《廣雅‧釋詁》:'生,出也。'劉巘

《易義》：‘自無出有曰生。’《易·繫辭》：‘天地之大德曰生。’”按，所謂“進”即生而長之，所謂上進、長進。《詩·大雅·卷阿》：“梧桐生矣，于彼朝陽。”《老子》第四十二章：“道生一，一生二，二生三，三生萬物。萬物負陰而抱陽，沖氣以爲和。”其“生”即謂滋生。

(2183) 鑲瓖(外加義)

鑲 鑲嵌，一物加於另一物。清李斗《揚州畫舫録·新城北録中》：“藥師壇城，外面方亭柱礎，翼飛簷。寶頂鑲嵌城門，城垜子、城樓。”清曹雪芹《紅樓夢》第四十四回：“單拿了一雙老年四楞象牙鑲金的筷子給劉姥姥。”

瓖 馬帶上的玉飾，外加之物。《廣韻·陽韻》：“瓖，馬帶飾。《東京賦》曰：‘鉤膺玉瓖。’”《後漢書·馬融傳》：“羽毛紛其髟鼬，揚金戹而抴玉瓖。”唐李賢注：“瓖，馬帶以玉飾之。”

〔推源〕 此二詞俱有外加義，爲襄聲所載之公共義。聲符字“襄”單用可表輔助義，輔助、外加二義當相通。清朱駿聲《說文通訓定聲·壯部》：“襄，〔假借〕爲‘叟’，助理也。《書·皋(陶)謨》：‘思日贊贊襄哉。’……《左定十五傳》：‘不克襄事。’”清馬建忠《巴黎復友人書》：“教皇於各國有事則遣人以襄理之。”按，“襄”字本從叟聲，助理義非“襄”之顯性語義，乃“叟”聲、“襄”聲另載之義。襄聲可載外加義，則“助”可證之。

襄：心紐陽部；
助：崇紐魚部。

心崇(牀)準旁紐，陽魚對轉。“助”，幫助，受助者憑借外力，故其義與外加義相通。《說文·力部》：“助，左也。”清朱駿聲《通訓定聲》：“《爾雅·釋詁》：‘勵也。’《小爾雅·廣詁》：‘佐也。’……《論語》：‘非助我者也。’”《詩·小雅·車攻》：“射夫既同，助我舉柴。”

(2184) 箱囊櫋瓠(內藏義)

箱 藏物竹器，亦指包藏。《說文·竹部》：“箱，襄也。从竹，襄聲。”清段玉裁注：“此謂竹器可以中藏一切者。”清桂馥《義證》：“‘襄也’者，本典：‘襄，褱也。’通作‘苞’。《水經注》說碣石云：‘海水西侵，歲月逾甚而苞其山，故云水中矣。’‘箱’通作‘襄’。《水經注·濡水》條下說贊水云‘昔在漢世海水波襄吞食地廣’，當同碣石‘苞淪波’也。《書·堯典》：‘蕩蕩懷山襄陵。’”然則“箱”字記録之詞存乎語言，唯其字或以“襄”爲之。

囊 袋子，藏物者，故引申爲斂藏義。《說文·橐部》：“囊，橐也。从橐省，襄省聲。”清朱駿聲《通訓定聲》：“《易·坤》：‘括囊。’疏：‘所以貯物。《詩·公劉》：‘于橐于囊。’傳：‘小曰橐，大曰囊。’《漢書·王吉傳》：‘所載不過囊衣。’注：‘有底曰囊，無底曰橐。’又《方言》五：‘飼馬橐，自關而西謂之裺囊。’〔轉注〕《管子·任法》：‘皆囊于法以事其主。’注：‘囊者，所以斂藏也。’”《逸周書·武稱》：“赦其衆，遂其咎，撫其□，助其囊，武之間也。”

櫋 內藏澱粉之木。《廣韻·陽韻》：“櫋，櫋木，皮中有如白米屑，擣之可爲麵。”明李時珍《本草綱目·果部·莎木麪》："劉欣期《交州記》云：'都勾樹似棕櫚，木中出屑如桄榔麪，可作餅餌。'恐此即欀木也。"清朱駿聲《說文通訓定聲·壯部·附〈說文〉不録之字》："欀，《吳都賦》：'文欀楨橿。'注：'欀木樹。'"

瓤 瓜類之肉，藏於瓜之內中者。《廣韻·陽韻》："瓤，瓜實也。"明李時珍《本草綱目·果部·西瓜》："瓜瓤甘、淡、寒無毒。"又："其色或青或緑，其瓤或白或紅。"清朱駿聲《說文通訓定聲·壯部·附〈說文〉不録之字》："瓤，《三蒼》：'瓜中子也。'"漢劉楨《瓜賦》："細肌密理，多瓤少瓣。"

〔推源〕 諸詞俱有內藏義，爲襄聲所載之公共義。襄聲字"鑲"所記録語詞謂鑲於物之邊、外表，有外加義，前條已述，又有鑲嵌義，實即謂藏於物之內中，又"瓖"亦有鑲嵌之衍義，此亦爲襄聲與內藏義相關聯之一證。聲符字"襄"所記録語詞之顯性語義與內藏義不相涉，其內藏義乃襄聲所載之語源義。襄聲可載內藏義，則"藏"可證之。

襄：心紐陽部；

藏：從紐陽部。

疊韻，心從旁紐。"藏"，隱藏，收藏。《廣韻·唐韻》："藏，隱也，匿也。"又《宕韻》："藏，《通俗文》曰：'庫藏曰帑。'"《易·繫辭上》："顯諸仁，藏諸用，鼓萬物而不與聖人同憂。"《荀子·王制》："春耕，夏耘，秋收，冬藏。"按，所謂庫藏，即藏物處所。《禮記·月令》："(孟冬之月)天氣上騰，地氣下降，天地不通，閉塞而成冬，命百官謹蓋藏。"漢鄭玄注："謂府庫囷倉有藏物。"

(2185) 攘鬤(亂義)

攘 擾亂。《廣韻·養韻》："攘，擾攘。"《集韻·養韻》："攘，擾也。"清朱駿聲《說文通訓定聲·壯部》："攘，〔假借〕又爲'孃'。《魯語》：'而大攘諸夏。'注：'卻也。'失之。《淮南·詮言》：'故至于攘天下。'注：'亂也。'"按，"攘"之本義《說文》訓"推"，即謂推讓，故有排除、抗拒之衍義；又有侵奪義，當即推讓義之反向引申，侵奪、擾亂二義相通，非假借者。唯"攘"有亂義，故有"攘亂"之同義聯合式合成詞。《三國演義》第一百零三回："若蜀人攘亂，不出接戰，孔明必然患病矣。"按，"攘"亦可疊用而表紛亂義。《太平御覽》卷四百九十六引《六韜》："天下攘攘，皆爲利往；天下熙熙，皆爲利來。"

鬤 頭髮亂。《廣韻·庚韻》："鬤，髼鬤，亂髮皃。"又《陽部》："鬤，髶鬤，亂毛。"《楚辭·九嘆·思古》："髮披披以鬤鬤兮，躬劬勞而瘏瘁。"漢王逸注："披披鬤鬤，解亂貌也。"唐韓愈、孟郊《征蜀聯句》"渾奔肆狂勫，捷竄脱趫黠"宋方崧卿《舉正》："'狂'字當作'狂'，音匡，本亦作'勔'。勔勫，遽也，故距躒爲行遽，髶鬤爲髮亂。"又韓、孟《城南聯句》："折足去蹢躅，戆髻怒髶鬤。"

〔推源〕 此二詞俱有亂義，爲襄聲所載之公共義。聲符字"襄"所記録語詞之顯性語義

·1759·

與亂義不相涉,其亂義乃襄聲所載之語源義。襄聲可載亂義,則"亂"可證之。

襄:心紐陽部;
亂:來紐元部。

心來鄰紐,陽元通轉。"亂",混亂字。《廣韻·換韻》:"亂,不理也。俗作'乱'。"《集韻·換韻》:"亂,紊也。"《逸周書·武稱》:"岠嶮伐夷,並小奪亂。"清朱右曾《校釋》:"百事失紀曰亂。"《左傳·莊公十年》:"吾視其轍亂,望其旗靡,故逐之。"

(2186) 驤纕(上引義)

驤　馬頭或俯或仰,引申爲舉首義。《說文·馬部》:"驤,馬之低仰也。从馬,襄聲。"《廣韻·陽韻》:"驤,低昂也。"漢鄒陽《上書吴王》:"臣聞蛟龍驤首奮翼,則浮雲出流,霧雨咸集。"又虛化引申爲上舉義。清朱駿聲《說文通訓定聲·壯部》:"驤,〔轉注〕《琴賦》:'參辰極而高驤。'"《漢書·司馬相如傳下》:"沛艾赳螑仡以佁儗兮,放散畔岸驤以孱顏。"唐顏師古注:"驤,舉也。"

纕　援臂,衣袖往上卷露出手臂。《說文·糸部》:"纕,援臂也。从糸,襄聲。"清段玉裁注:"援,引也,引袖而上之也,是爲纕臂……今則'攘臂'行而'纕臂'廢矣。"清朱駿聲《通訓定聲》:"《廣雅·釋器》:'紊謂之纕。'《孟子》:'攘臂下車。'……《晉語》:'亡人之所懷挾嬰纕。'注:'馬帶。'"清龔自珍《尊隱》:"人纕臂失度,啾啾如蠅虻,則山中戒而相與修嫺靡矣。"按,朱氏所引《國語·晉語》文之"纕"異文作"纕",指馬腹帶,其物兜馬腹而上引者,則其義亦同條共貫。

〔推源〕　此二詞俱有上引義,爲襄聲所載之公共義。聲符字"襄"所記錄語詞謂解衣耕田,其義或與上引義相通,故"襄"字單用本可表上引、高舉義。《廣韻·陽韻》:"襄,上也。"《正字通·衣部》:"襄,舉也,昂也。"清朱駿聲《說文通訓定聲·壯部》:"襄,〔假借〕爲'驤'。《史記·趙世家》:'以樂乘爲武襄君。'《正義》:'舉也,上也。'又爲'仰'。《西京賦》:'襄岸夷塗。'注:'謂高也。'"按,未必爲假借,凡解衣則上引之。《漢書·敍傳下》:"雲起龍襄,化爲侯王。"唐顏師古注:"襄,舉也。"襄聲可載上引義,則"上"可證之。

襄:心紐陽部;
上:禪紐陽部。

疊韻,心禪鄰紐。"上",上下字。《說文·上部》:"上,高也。"按,處於上位則高,二義相通。《詩·周頌·敬之》:"無曰高高在上,陟降厥土,日監在茲。"引申之,上引、趨於高處亦稱"上"。清朱駿聲《說文通訓定聲·壯部》:"上,《詩·燕燕》:'上下其音。'傳:'飛而上曰上音。'《周禮·疾醫》:'冬時有嗽上氣疾。'注:'逆喘也。'《易·需》:'雲上于天。'注:'升也。'"

(2187) 曩儴（舊義）

曩 從前，以往，即時之舊。《說文·日部》："曩，曏也。从日，襄聲。"清朱駿聲《通訓定聲》："《爾雅·釋詁》：'曩，久也。'《禮記·檀弓》：'曩者爾心或開予。'《左襄二十四傳》：'曩者志入而已。'《晉語》：'曩而言戲乎。'《楚辭·惜誦》：'猶有曩之態也。'《漢書·賈誼傳》：'曩令樊、酈、絳、灌。'注：'亦謂昔時也。'"《廣韻·蕩韻》："曩，久也。"

儴 因襲，仍舊。《爾雅·釋詁下》："儴、仍，因也。"晉郭璞注："皆謂因緣。"清郝懿行《義疏》："因緣依就之義也。"按即依舊例之謂。《說文·口部》："因，就也。"《廣韻·真韻》："因，仍也。"漢陸賈《新語·至德》："儴道者眾師之，恃刑者民畏之。"

〔推源〕 此二詞俱有舊義，為襄聲所載之公共義。聲符字"襄"所記錄語詞之顯性語義與舊義不相涉，其舊義乃襄聲所載之語源義。襄聲可載舊義，則"昔"可證之。

襄：心紐陽部；

昔：心紐鐸部。

雙聲，陽鐸對轉。"昔"，舊時，以往。《玉篇·日部》："昔，久也，往也。"清朱駿聲《說文通訓定聲·豫部》："昔，《周禮·酒正》：'二曰昔酒。'注：'今之酋久白酒，所謂舊醳者也。'《易·說卦》傳：'昔者聖王之作《易》也。'疏：'據今而稱上世，謂之昔者。'《書·無逸》：'昔之人無聞知。'疏：'久也。'《詩·那》：'自古在昔。'傳：'古曰在昔。'……《廣雅·釋詁一》：'昔，始也。'"

861　聶聲

(2188) 躡槷囁嚅（輕動義）

躡 輕步。清朱駿聲《說文通訓定聲·謙部》："躡，《南都賦》：'羅襪躡蹀而容與。'注：'小步兒。'"唐封演《封氏聞見記·繩妓》："妓者先引長繩，兩端屬地，埋鹿盧繫之。鹿盧內數丈立柱以起繩，繩之直如絃。然後妓女自繩端躡足而上，往來倏忽之間，望之如仙。"元李好古《張生煮海》第一折："我躡足潛踪，他換羽移宮。"

槷 風吹樹葉輕輕搖動。《說文·木部》："槷，木葉搖白也。从木，聶聲。"清朱駿聲《通訓定聲》："《爾雅·釋木》：'楓欇欇。'《說文》'楓'篆說解：'厚葉弱枝，善搖，一名槷。'按，木葉面青背白，為風所撼，則獵獵然反露，謂之槷也。楓尤善搖，故得槷名。"清桂馥《義證》："徐鍇曰：謂木遇風而翻見葉背，背多白，故曰搖白也。"《廣韻·葉韻》："槷，風動兒。"

囁 嘴唇輕動。《廣韻·叶韻》："囁，口動。"《古文苑·王延壽〈王孫賦〉》："齒崖崖以齴齴，嚼咋咈而囁呢。"宋章樵注："囁，之涉反；呢，音呢。並口動貌。"按，複音詞"囁嚅"謂欲言又止，實亦雙唇輕動義。《正字通·口部》："嚅，囁嚅，欲言復縮也。"《明史·陸夢龍傳》："將訊，眾咸囁嚅。夢龍呼刑具三，無應者。擊案大呼，始具。"按，"囁"可單用，義同。宋王安石

《寄蔡天啓》:"或嗤元郎謾,或訛白翁囁。"

瞸 目動貌,即目輕動義。《廣韻·叶韻》:"瞸,目動之兒。"《集韻·葉韻》:"瞸,目動。"《中國諺語資料·一般諺語》:"隔溪看見蛇瞸目。"

膶 肉動。《廣韻·葉韻》:"膶,動膶。"隋巢元方《諸病源候論·消渴病諸候》:"使氣滿少腹者,即膶腹牽氣。"

〔推源〕 諸詞俱有輕動義,爲聶聲所載之公共義。聲符字"聶"所記錄語詞謂附耳輕言,或與輕動義相通。《説文·耳部》:"聶,附耳私小語也。从三耳。"清朱駿聲《通訓定聲》:"《史記·魏其武安侯傳》:'乃效女兒呫囁耳語。'以'讘(囁)'爲之。"清段玉裁注:"以口就耳則爲'咠'。咠者,已二耳在旁,彼一耳居間則爲'聶'。"《莊子·大宗師》:"瞻明聞之聶許,聶許聞之需役。"唐成玄英疏:"聶,登也,亦是附耳私語也。"引申之,則有輕動義。《素問·平人氣象論》:"平肺脉來,厭厭聶聶,如落榆莢,曰肺平。"清張隱庵《集注》:"聶聶,輕小也。"按,脉小,其動輕。聶聲可載輕動義,則"蝡"可證之。

聶:泥紐葉部;

蝡:日紐元部。

泥日準雙聲,日可歸泥,葉(盍)元通轉。"蝡",蠕動,即輕動,緩動。《説文·蟲部》:"蝡,動也。从蟲,耎聲。"清朱駿聲《通訓定聲》:"字亦作'蠕'。《通俗文》:'摇動蟲曰蠕。'《鬼谷子·揣篇》:'蜎飛蝡動。'《史記·匈奴傳》:'跂行喙息蝡動之類。'《索隱》:'蠕蠕,動貌。'馬融《廣成頌》:'蝡蝡蟫蟫。'《荀子·勸學》:'蝡而動。'注:'微動也。'"按,"蝡"字从耎得聲,"耎"有柔軟義,其義與輕微義、緩慢義皆相通。

(2189) 攝鑷(取義)

攝 引持,引申爲收聚義。《説文·手部》:"攝,引持也。从手,聶聲。"清朱駿聲《通訓定聲》:"《左成十六傳》:'請攝飲焉。'注:'持也。'……《莊子·胠篋》:'則必攝緘縢。'李注:'結也。'崔注:'收也。'《史記·酈生陸賈傳》:'起攝衣。'《正義》:'猶言斂著也。'"又引申爲攝取義。《鶡冠子·世兵》:"使陰陽相攻,死生相攝,虛實相因。"唯"攝"有取義,故有"攝取"之同義聯合式合成詞。宋黎靖德編《朱子語類》卷一百三十一:"帥上其事於秦,即時攝取黃下大理。"

鑷 鑷子,夾取物者。《廣韻·葉韻》:"鑷,鑷子。"清朱駿聲《説文通訓定聲·謙部·附〈説文〉不録之字》:"鑷,《通俗文》:'拔減髮謂之鑷。'《釋名·釋首飾》:'鑷,攝也,攝取髮也。'此字疑即'鋏'字之轉注。"又《履部》:"籋,箝也……凡脅持物以竹曰籋、曰箝,以鐵曰鑷、曰鉗、曰鈷、曰鈤,蘇俗謂之鑷子。"北魏賈思勰《齊民要術·苣綠》:"若有麤毛,鑷子拔除,柔毛則剔之。"《南史·齊紀下》:"高帝笑謂左右曰:'豈有爲人作曾祖而拔白髮者乎!'即擲鏡、鑷。"

〔推源〕 此二詞俱有取義,爲聶聲所載之公共義。聲符字"聶"所記錄語詞之顯性語義與取義不相涉,其取義乃聶聲所載之語源義。聶聲可載取義,則"獵"可證之。

聶:泥紐葉部;

獵:來紐葉部。

叠韻,泥來旁紐,音極相近。"獵",打獵,取禽獸,故引申爲獵取義,詳見本卷"鼠聲"第2136條。

(2190) 攝褶(摺叠義)

攝 屈曲,摺叠。《集韻·葉韻》:"攝,曲折也。"清朱駿聲《說文通訓定聲·謙部》:"攝,〔假借〕又爲'慴'。《吕覽·下賢》:'卑爲布衣,而不瘁攝。'注:'猶屈也。'……《楚辭·哀時命》:'衣攝葉以儲與兮。'注:'不舒展皃。'按,猶縐叠也。"按,"攝"之本義雖爲引持,然其字從手,表摺叠義無煩假借,至屈曲義則與摺叠義相通。《儀禮·士昏禮》:"執皮,攝之。"清胡培翬《正義》:"敖氏云:先儒讀攝爲摺,則訓叠也。今人屈物而叠之謂之摺。執皮攝之者,中屈其皮叠而執之也。"

褶 衣物之褶皺,摺叠而成者。《廣韻·叶韻》:"褶,衣褶。"南朝梁簡文帝《采桑》:"忌跌行衫領,熨斗成襞褶。"《新唐書·車服志》:"裹頭者,左右各三褶,以象三才。"虚化引申爲摺叠義。唐慧琳《一切經音義》卷七十三:"褶,猶叠也。"清林頤山《經述》卷二:"深衣下齊倍要中,爲其便於舉足而行,不受下齊之羈束也,蓋舉足而行,下齊成橢圓形,及至止足而立之時,則橢圓變爲渾圓,而下齊有褶叠之形,即如近今袍制。"

〔推源〕 此二詞俱有摺叠義,爲聶聲所載之公共義。聲符字"聶"所記録語詞之顯性語義與摺叠義不相涉,其摺叠義乃聶聲所載之語源義。聶聲可載摺叠義,則"叠"可證之。

聶:泥紐葉部;

疊:定紐葉部。

叠韻,泥定旁紐。"疊",重叠,引申爲摺叠。字亦作"疊",後世作"叠"。《說文·晶部》:"疊,揚雄説以爲,古理官決罪,三日得其宜,乃行之。从晶,从宜。亡新以爲,疊从三日太盛,改爲三田。"清朱駿聲《通訓定聲》:"《蒼頡篇》:'疊,重也,積也。'……《太玄·樂》:'陽始出奥舒,疊。'注:'積也。'〔轉注〕《廣雅·釋詁四》:'疊,詘也。'按,謂衣裳襞積也。"《集韻·帖韻》:"疊,屈也。"晉曹毗《夜聽搗衣》:"縴手疊輕素,朗杵叩鳴砧。"《水滸後傳》第七回:"没奈何掇轉一副面孔,折疊兩個膝蓋陪罪。"

862 豐聲

(2191) 豐/龐(大義)

豐 大屋,引申爲大義。《説文·宀部》:"豐,大屋也。从宀,豐聲。《易》曰:'豐其屋。'"清朱駿聲《通訓定聲》:"此字亦後出,《易》諸家本皆作'豐其屋'是也。據許則此字出孟喜《章句》。《廣雅·釋詁一》:'豐,大也。'則本《説文》。"清段玉裁注:"當云从宀、豐,豐亦聲。"《廣韻·東韻》:"豐,大屋。"按,此爲大屋義正字,作"豐",則取其引申義。清龔自珍《送廣西巡撫梁公序》:"廣西近廣東,淫巧易至,食妖服妖易至,公必杜其習以豐其聚矣。"

龐 龐大字,見本卷"薄聲"第2142條"推源"欄。

〔推源〕 此二詞俱有大義,其音亦相近且相通。

豐:滂紐冬部;

龐:並紐東部。

滂並旁紐,上古音冬東無別,叠韻。則其語源當同。其"豐"字以其豐聲載大義,聲符字"豐"所記録語詞本有大義。《説文·豐部》:"豐,豆之豐滿者也。从豆,象形。豊,古文豐。"清朱駿聲《通訓定聲》:"《易·序卦》傳:'豐者,大也。'《方言》一:'凡物之大貌曰豐。'二:'凡大人謂之豐人。'……《詩·豐年》:'多黍多稌。'箋:'大有年也。'"《莊子·山木》:"豐狐文豹。"唐成玄英疏:"豐,大也。"然則"豐"之大義爲其聲符"豐"所載之顯性語義。

863 瞿聲

(2192) 懼瞿(驚恐義)

懼 驚恐。《説文·心部》:"懼,恐也。从心,瞿聲。愳,古文。"清朱駿聲《通訓定聲》:"古文眀聲……《荀子·解蔽》:'故有知非以慮是,則謂之懼。'《禮記·禮運》:'喜、怒、哀、懼、愛、惡、欲。'"《廣韻·遇韻》:"懼,怖懼。"《莊子·庚桑楚》:"南榮趎懼然顧其後。"清郭慶藩《集釋》:"懼然,即瞿然也,蓋驚貌。"《後漢書·皇甫規傳》:"四年之秋,戎醜蠢戾,爰自西州,侵及涇陽,舊都懼駭,朝廷西顧。"

瞿 驚惶四顧貌。《説文·瞿部》:"瞿,隹欲逸走也。从又,持之瞿瞿也。"清朱駿聲《通訓定聲》:"从又,从瞿,會意,瞿亦聲。〔假借〕爲'䁾'。《管子·戒君》:'請瞿已乎?'注:'瞿已,謂有所驚懼,而問未止也。'《漢書·揚雄傳》:'河靈瞿踢。'注:'驚動之兒。'"按,非假借,乃引申。沈兼士《廣韻聲系·見類》:"瞿,从朱駿聲《説文通訓定聲》:瞿亦聲。"《文選·班固〈東都賦〉》:"主人之辭未終,西都賓瞿然失容。"唐李善注引《説文》:"瞿,驚視貌也。"

〔推源〕 此二詞俱有驚恐義,爲瞿聲所載之公共義。聲符字"瞿"所記録語詞謂驚視貌。《説文·瞿部》:"瞿,鷹隼之視也。从隹,从䀠,䀠亦聲。讀若章句之句。"清朱駿聲《通訓定聲》:"〔假借〕爲'䁾'。《禮記·雜記》:'見似目瞿,聞名心瞿。'《字林》:'瞿,大視兒。'又《檀弓》:'公瞿然失席曰。'《莊子·徐無鬼》:'綦瞿然喜曰。'"按,非假借,本義即驚視。本條二詞之驚恐義爲其聲符"瞿"所載之顯性語義。瞿聲可載驚恐義,則"驚"可證之。

瞿：群紐魚部；
驚：見紐耕部。

群見旁紐,魚耕旁對轉。"驚",馬受驚。《說文·馬部》："驚,馬駭也。"《左傳·襄公二十八年》："慶氏之馬善驚。"引申爲驚恐義。《爾雅·釋詁上》："驚,懼也。"《廣韻·庚韻》："驚,懼也。"清朱駿聲《說文通訓定聲·鼎部》："驚,《楚辭·招魂》：'宫廷震驚。'注：'駭也。'"《戰國策·楚策四》："故瘡未息,而驚心未去也,聞弦音,引而高飛,故瘡隕也。"

(2193) 衢櫂(四義)

衢 四達之道。《說文·行部》："衢,四達謂之衢。从行,瞿聲。"清朱駿聲《通訓定聲》："《大戴·子張問入官》：'必於四面之衢。'……《管子·國蓄》：'壞正方,四面受敵謂之衢國。'"《廣韻·虞韻》："衢,街衢。《爾雅》曰：'四達謂之衢。'"《公羊傳·宣公十二年》："莊王伐鄭,勝乎皇門,放乎路衢。"漢何休注："路衢,郭内衢道,四達謂之衢。"

櫂 四齒杷。清朱駿聲《說文通訓定聲·豫部》："《釋名(釋道)》：'齊魯間謂四齒杷爲櫂,櫂杷地則有四處,此道似之也。'"清厲荃《事物異名録·耕織·耙》："《山堂肆考》：'櫂槌,四齒杷也。'"

〔推源〕 此二詞俱有四義,爲瞿聲所載之公共義。聲符字"瞿"所記録語詞謂驚視,即驚惶四顧、四下張望之義,其義當與四義相通。瞿聲可載四義,則"矩"可證之。

瞿：群紐魚部；
矩：見紐魚部。

叠韻,群見旁紐。"矩",規矩字,謂畫方之器。其物有兩邊,方之半,故兩畫則成方。其字本作"巨"。《說文·工部》："巨,規巨也。从工,象手持之。榘,巨或从木、矢,矢者,其中正也。"清朱駿聲《通訓定聲》："《禮記·大學》：'是以君子有絜巨之道也。'今字作'矩'。《管子·宙合》：'成功之術,必有巨獲。'注：'矩獲也。'《孟子》：'規矩,方員之至也。'"引申爲方形義,方形即有四邊者。《玉篇·矢部》："矩,圓曰規,方曰矩。"《淮南子·繆稱訓》："輸子陽謂其子曰：'良工漸乎矩鑿之中,矩鑿之中固無物而不周。'"南朝梁劉勰《文心雕龍·定勢》："圓者規體,其勢也自轉；方者矩形,其勢也自安。"

864 蟲聲

(2194) 融憴爞(上升義)

融 氣上升而散布。《說文·鬲部》："融,炊氣上出也。从鬲,蟲省聲。䨣,籀文融不省。"南唐徐鍇《繫傳》："氣上融散也。"清朱駿聲《說文通訓定聲·豐部》："蟲,重言形况字。《詩·雲漢》：'蕴隆蟲蟲。'傳：'蟲蟲而熱。'……或曰借爲'融也。'"晉顧凱之《風賦》："惠風飃以送融,塵霄霏以將雨。"

懤 憂愁。所謂憂心如焚,火焚物則上炎。字亦作"忡"。《廣韻·冬韻》:"懤,懤懤,憂也。出《楚詞》。"清朱駿聲《説文通訓定聲·豐部》:"忡,悥也……字亦作'懤'……《詩·擊鼓》:'憂心有忡。'傳:'憂心忡忡然。'……《楚辭·雲中君》:'極勞心兮懤懤。'"

爞 旱熱之氣上升。《爾雅·釋訓》:"爞爞,炎炎,熏也。"晉郭璞注:"皆旱熱熏炙人。"宋司馬光《首夏呈諸鄰》:"爞爞久旱地,颯颯昨霄雨。"宋蘇軾《上清辭》:"嘯盲風而涕淫雨兮,時又吐旱火之爞爞。"

〔推源〕 諸詞俱有上升義,爲蟲聲所載之公共義。聲符字"蟲"所記録語詞爲動物總稱。《説文·蟲部》:"蟲,有足謂之蟲,無足謂之豸。从三蟲。"清朱駿聲《通訓定聲》:"《列子·黄帝》:'禽獸蟲蛾。'《史記·黄帝紀》索隱:'蛾,一作豸。'〔轉注〕《大戴·易本命》:'羽蟲、毛蟲、甲蟲、鱗蟲、倮蟲,皆謂之蟲。'"其顯性語義與上升義不相涉,然"蟲"可借作"爞",則以蟲聲另載其語源義。蟲聲可載上升義,則"烝"可相證。

蟲:定紐冬部;
烝:章紐蒸部。

定章(照)準旁紐,冬(東)蒸旁轉。"烝",火氣、熱氣上升。《説文·火部》:"烝,火氣上行也。"清朱駿聲《通訓定聲》:"《周語》:'陽氣俱烝。'《荀子·性惡》:'枸木必將待檃栝烝矯然後直。'《爾雅·釋訓》:"烰烰,烝也。'古多以'蒸'爲之。"漢王充《論衡·自然》:"夫天覆於上,地偃於下,下氣烝上,上氣降下,萬物自生其中間矣。"

865 巂聲

(2195) 講繠蠵鑴(大義)

講 自誇,自高自大。字亦作"嶲"。《説文·言部》:"講,言壯皃。从言,巂聲。"清朱駿聲《通訓定聲》:"《廣韻》引《説文》:'自是也。'"《玉篇·口部》:"嶲,自是皃。或作'講'。"《廣韻·陌韻》:"嶲,嶲嶲,誇皃。"《集韻·陌韻》:"講,誇也。"

繠 綱維中的大繩。《説文·糸部》:"繠,維綱中繩。从糸,巂聲。"清朱駿聲《通訓定聲》:"《太玄·樂》:'絶其繠。'〔轉注〕《思玄賦》:'繠幽蘭之秋華兮。'注:'係囊之繩也。'引《説文》:'繠,維綱中繩。'舊注:'係也。'"清段玉裁注:"綱者,网之紘也,又用繩維之,左右皆有繩而中繩居要,是曰繠。"按,係、結義爲其直接引申義。

蠵 大龜。《説文·蟲部》:"蠵,大龜也,以胃鳴者。从蟲,巂聲。"清朱駿聲《通訓定聲》:"即《爾雅》十龜之靈龜,《字林》'大龜似蝟'也。《東山經》:'深澤其中多蠵龜。'注:'觜蠵大龜也。'《楚辭·招魂》:'露雞臛蠵。'《漢書·揚雄傳》:'抾靈蠵。'《東京賦》:'淵游龜蠵。'《吴都賦》：'捫觜蠵。'"《廣韻·齊韻》："蠵,大龜。"

鑴 大盆,亦指大鑊、大鐘。《説文·金部》："鑴,瓽也。从金,巂聲。"清朱駿聲《通訓定聲》："大盆之名。〔轉注〕《廣雅·釋器》：'鑴,鼎也。'〔別義〕《字林》：'鑴,大鐘也。'"《玉篇·金部》："鑴,大鑊。"《廣韻·齊韻》及《支韻》："鑴,大鐘。"《説文·瓦部》："瓽,大盆也。"《廣韻·宕韻》："瓽,大甕。"

〔推源〕 諸詞俱有大義,爲巂聲所載之公共義。聲符字"巂"所記録語詞謂子規。《説文·隹部》："巂,周燕也。从隹,屮象其冠也,冏聲。一曰：蜀王望帝婬其相妻,慙亡去,爲子巂鳥,故蜀人聞子巂鳴,皆起雲望帝。"清納蘭性德《采桑子·居庸關》："巂周聲裏嚴關峙,匹馬登登。亂踏黃塵,聽報郵簽第幾程。"然則本與大義不相涉,其大義乃巂聲所載之語源義。巂聲可載大義,則"廣"可證之。

巂：匣紐支部；

廣：見紐陽部。

匣見旁紐,支陽旁對轉。"廣",大屋,虛化引申爲大義。《説文·广部》："廣,殿之大屋也。"清朱駿聲《通訓定聲》："堂無四壁者,秦謂之殿,所謂堂皇也,覆以大屋曰廣……《孟子》：'居天下之廣居。'〔轉注〕《廣雅·釋詁一》：'廣,大也。'……《詩·六月》：'四牡脩廣。'《雝》：'於薦廣牡。'傳：'大也。'《禮記·曲禮》：'車上下廣欵。'注：'猶宏也。'《中庸》：'致廣大而盡精微。'"按,"廣大"爲同義聯合式合成詞。

(2196) 觿癈㒤(分義)

觿 解結工具,其名寓分解義。《説文·角部》："觿,佩角銳耑可以解結。从角,巂聲。《詩》曰：'童子佩觿。'"清朱駿聲《通訓定聲》："《禮記·內則》：'小觿金燧。'注：'觿兒,如錐。'《管子·白心》：'若有適觿解。'"《廣韻·齊韻》："觿,角錐,童子所佩。"又《支韻》："觿,角錐,童子佩之。"漢劉向《説苑·修文》："能治煩决亂者佩觿,能射御者佩韘。"按,唯"觿"有分解義,故有"觿解"之複音詞。唐李德裕《授李丕汾州刺史制》："忻州刺史兼御史中丞李丕,幼而倜儻,長負不羈,才耀奇而穎出,智釋結而觿解。"按,其字亦作"鑴",蓋其物有角製者、玉製者,亦有金製者。朱駿聲氏所引《禮記》文唐陸德明《釋文》："觿,本或作'鑴',音同。解結錐。"

癈 瘡裂,即瘡分解。《説文·疒部》："癈,創裂也。从疒,巂聲。"清桂馥《義證》："'創裂也'者,《廣雅》：'癈,裂也。'俗作'膗'。《玉篇》：'膗,瘡也。'"《廣韻·紙韻》："癈,瘡裂。"《集韻·紙韻》："癈,或作'膗'。"

㒤 有二心,即心相分離。《説文·心部》："㒤,有二心也。从心,巂聲。"清朱駿聲《通訓定聲》："《廣雅·釋詁三》：'離也。'《晉語》：'㒤民,國移心焉。'《楚語》：'民之精爽不㒤貳者。'字亦以'攜'爲之。"又："《左廿八傳》：'不如私許復曹、衛以攜之。'《周語》：'百姓攜貢。'"《廣韻·齊韻》:"儶,離心也。"《集韻·齊韻》:"攜,離也。"

〔推源〕 諸詞俱有分義,爲巂聲所載之公共義。聲符字"巂"所記錄語詞之顯性語義與分義不相涉,其分義乃巂聲所載之語源義。巂聲可載分義,則"暌"可證之。

巂:匣紐支部;

暌:溪紐脂部。

匣溪旁紐,支脂通轉。"暌",兩眼目光相分離不能同視一物,引申爲分離義。《説文·目部》:"暌,目不相聽也。"清姚文田、嚴可均《校議》:"'聽'當作'視'。"清朱駿聲《通訓定聲》:"目不相視也……《易·序卦》傳:'暌者,乖也。'……《漢書·五行志》:'暌孤見豕負塗。'注:'暌孤,乖刺之意也。'《莊僖十五傳》:'歸妹之暌。'注:'乖離之象。'《莊子·天運》:'下暌山川之精。'"

(2197) 尵攜(提携義)

尵 跛不能行,爲他人所提携。《説文·尢部》:"尵,尲尵也。从尢,从爪,巂聲。"清朱駿聲《通訓定聲》:"跛不能行,爲人所引。"《説文》同部:"尲,跛不能行,爲人所引,曰尲尵。"清朱駿聲《通訓定聲》:"與'提携'略同。"《廣韻·齊韻》:"尵,尲尵也。"

攜 提携字。《説文·手部》:"攜,提也。从手,巂聲。"清朱駿聲《通訓定聲》:"《公羊襄廿七傳》:'攜其妻子。'……字亦誤作'攜'、作'携'。"《廣韻·齊韻》:"攜,提也。携,俗。"《詩·大雅·板》:"天之牖民,如壎如箎,如璋如珪,如取如攜。"唐孔穎達疏:"攜,謂物在地上,手舉攜之。"《禮記·曲禮上》:"長者與之提携,則兩手奉長者之手。"

〔推源〕 此二詞俱有提携義,爲巂聲所載之公共義。聲符字"巂"所記錄語詞之顯性語義與提携義不相涉,其提携義乃巂聲所載之語源義。巂聲可載提携義,則"𢴧"可證之。

巂:匣紐支部;

𢴧:見紐東部。

匣見旁紐,支東旁對轉。"𢴧",初文作"𢪒",後世作"𢴧",謂上舉,上舉、提携二義相通。《説文·手部》:"𢴧,擩也。"清朱駿聲《通訓定聲》:"或體'𢴧'字。〔假借〕爲'扛'。"《廣雅·釋詁一》:"'𢴧,舉也。'《漢書·王莽傳》:'𢴧茵輿行。'注:'謂坐茵褥之上,而令四人對舉茵之四角,輿而行也。'"按,其字从手,表上舉義無煩假借。

866 離聲

(2198) 攡䍦羅(張義)

攡 舒張。其字本亦作"摛"。《説文·手部》:"摛,舒也。"清朱駿聲《通訓定聲》:"字亦作'攡'……《太玄·玄攡》:'幽攡萬類。'注:'張也。'《玄掜》:'攡張之。'"《廣韻·支韻》:"攡,《太玄經》云:張也。"《樂府詩集·清商曲辭一·子夜歌十五》:"郎爲傍人取,負儂非一事。攡門不安橫,無復相關意。"

籬 籬笆,以竹木爲之,如張網狀。其字亦作"欐"。《釋名·釋宮室》:"欐,離也,以柴竹作之。"《廣韻·支韻》:"籬,《爾雅》曰:'樊,藩也。'郭璞云:'謂藩籬也。'"《楚辭·招魂》:"蘭薄户樹,瓊木籬些。"漢王逸注:"柴落爲籬。"《晉書·潘岳傳》:"長楊映沼,芳枳樹欐。"

羅 面罩,舒張而覆蓋之物。《廣韻·支韻》:"羅,接羅,白帽。"《舊唐書·輿服志》:"武德、貞觀之時,宫人騎馬者,依齊、隋舊制,多著冪羅。雖發自戎夷,而全身障蔽,不欲途路窺之。"清趙翼《題周昉背面美人圖》:"既無琵琶半遮面,又非冪羅全罩身。"

〔推源〕 諸詞俱有張義,爲離聲所載之公共義。聲符字"離"所記錄語詞謂鳥,然其字可借爲籬笆義,故《釋名》以"離"釋"欐",此足證"離"字以其聲韻另載舒張義。《説文·隹部》:"離,離黄,倉庚也。鳴則蠶生。从隹,離聲。"清朱駿聲《通訓定聲》:"《爾雅》:'倉庚,商庚。'注:'即鶬黄也。'又:'鶬黄,楚雀。'注:'即倉庚也。'〔假借〕又爲'杝'。《楚語》:'爲之關篇藩離。'注:'壁落也。'"離聲可載張義,則"張"可證之。

離:來紐歌部;

張:端紐陽部。

來端旁紐,歌陽通轉。"張",開弓張弦,引申爲張開。《説文·弓部》:"張,施弓弦也。"清朱駿聲《通訓定聲》:"攷之曰張,解之曰弛。《廣雅·釋詁二》:'張,開也。'……《詩·吉日》:'既張我弓。'〔轉注〕《楚辭·招魂》:'羅幬張些。'……《荀子·王霸》:'不務張其義。'注:'開也。'"

867 嬰聲

(2199) 擾獿(驚擾義)

擾 煩勞,引申爲擾亂義,擾亂即使驚。其字後世作"擾"。《説文·手部》:"擾,煩也。从手,憂聲。"清朱駿聲《通訓定聲》:"今字作'擾'。《書·僞允征》:'俶擾天紀。'傳:'亂也。'《左襄四傳》:'德用不擾。'"《廣韻·小韻》:"擾,亂也。《説文》作'擾'。擾,上同。"章炳麟《新方言·釋言》:"惟應人招飲謙言曰擾,或曰打擾。"唯"擾"有驚義,故有"驚擾"之同義聯合式合成詞。晉干寶《搜神記》卷十九:"(謝非)驚擾不得眠,遂起。"

獿 犬掠吠。《説文·犬部》:"獿,獿獥也。从犬,嬰聲。"清朱駿聲《通訓定聲》:"从犬,嬰聲。按,犬吠聲。〔假借〕爲'優'。《禮記·樂記》:'獿襍子女。'《廣雅·釋詁四》:'獿,擾也。'"清王筠《句讀》:"獿獿,犬駭吠也。"《集韻‧巧韻》:"獿,犬驚吠兒。"沈兼士《廣韻声系‧泥類》:"獿,從《説文》小徐本:夒聲。"按,犬受驚則吠,故朱氏所云驚擾義實非假借,乃引申。其字亦作"獶",猶"擾"亦作"擾"。《玉篇‧犬部》:"獶,犬驚兒。"上述朱氏文:"獿,字亦作'獶'。"銀雀山漢墓竹簡《孫子兵法‧行軍》:"軍獿者,將不重也。"整理小組注:"'軍獿者',十一家本作'軍擾者'。"

〔推源〕 此二詞俱有驚擾義,爲夒聲所載之公共義。聲符字"夒"所記録語詞爲獸名。《説文‧夊部》:"夒,貪獸也。一曰母猴,似人。从頁,巳、止、夊,其手、足。"清朱駿聲《通訓定聲》:"字亦作'猱'。《爾雅》:'猱蝯善援。'……《詩‧角弓》:'毋教猱升木。'傳:'猿屬。'"按,猱善攀援,常有"飛猱"之稱,此與驚擾義或相通。夒聲可載驚擾義,則"撓"可證之。

夒:泥紐幽部;
撓:泥紐宵部。

雙聲,幽宵旁轉。"撓",擾亂。《説文‧手部》:"撓,擾也。"清朱駿聲《通訓定聲》:"《聲類》:'撓,攪也。'《廣雅‧釋詁三》:'撓,亂也。'《莊子‧天地》:'手撓顧指。'《釋文》:'動也。'《吴語》:'撓亂百度。'"《廣韻‧巧韻》:"撓,撓亂。"晉干寶《〈晉紀〉總論》:"劉淵、王彌撓之於青、冀。"唯"撓"有擾亂、驚擾義,故有"撓擾"之同義聯合式合成詞。《後漢書‧仲長統傳》:"撓擾百姓,忿怒四夷。"

868 難聲

(2200) 㬉儺(温和、緩慢義)

㬉 温和。其字亦作左形右聲。《説文‧日部》:"㬉,安㬉,温也。从日,難聲。"清桂馥《義證》:"本典:'㬮,讀若水温㬉。''浂,澳水也。''澳,湯也。''褥,㬉衣。'《廣韻》:'暍㬉,煖狀。'《廣雅》:'㬉,煖也。'"清朱駿聲《通訓定聲》:"今蘇俗謂物不冷不寒曰温暾,語之轉,又曰暍忒,皆即安㬉也。"按,亦作"温吞"。宋黎靖德編《朱子語類》卷六十:"利與善之間,不是冷水,便是熱湯,無那中間温吞煖處也。"

儺 行走有節度而緩慢。《説文‧人部》:"儺,行人節也。从人,難聲。《詩》曰:'珮玉之儺。'"南唐徐鍇《繫傳》:"行有節也。"清朱駿聲《通訓定聲》:"行有節也……《詩‧竹竿》……傳:'行有節度。'"按,行有節即緩義行,舊時徽歙新嫁娘上轎稱"儺新人步",凡譏諷人行事不利索、動作過緩亦曰"儺新人步"。

〔推源〕 此二詞分別有温和、緩慢義,二義相通,温暖字作"暖""煖",緩慢字作"㚣""緩",皆从爰聲,可爲力證。俱以難聲載之,語源當同。聲符字"難"从隹,所記録語詞謂鳥。《説文‧鳥部》:"鶴,鳥也。从鳥,堇聲。難,鶴或从隹。"清朱駿聲《通訓定聲》:"鶴,暵省聲,或从隹。"然則本與温和、緩慢義不相涉,其温和、緩慢義乃難聲所載之語源義。難聲可載温和、緩慢義,則"嬾"可證之。

難:泥紐元部;
嬾:來紐元部。

叠韻,泥來旁紐,音僅微殊。"嬾",後世作"懶",謂懶惰。懶惰則行動緩慢,行動緩慢則即温和、不猛烈,其義皆相通。《説文·女部》:"嬾,懈也,怠也。"清朱駿聲《通訓定聲》:"字亦作'懶'。《廣雅·釋言》:'嬾,憦也。'"三國魏嵇康《與山巨源絶交書》:"簡與禮相背,嬾與慢相成。"《宋書·袁豹傳》:"嬾惰無所容,力田有所望,力者欣而惰者懼,則稽人勸矣。"

(2201) 灘攤(攤開義)

灘 水邊淤積而成的平地。《廣韻·寒韻》:"灘,水灘。"清朱駿聲《説文通訓定聲·乾部》:"灘,後世用爲沙灘字……字亦作'潬'。《爾雅》:'潬沙出。'注:'水中沙灘。'"唐劉禹錫《送景玄師東歸》:"灘頭躑躅挑沙菜,路上停舟讀古碑。"《水滸全傳》第五十五回:"凌振追至蘆葦灘邊,看見一字兒擺開四十餘隻小船。"

攤 攤開。《廣韻·寒韻》:"攤,開也。"《説文新附·手部》:"攤,開也。从手,難聲。"北魏賈思勰《齊民要術·種紅藍花梔子》:"於蓆上攤而曝乾。"《水滸全傳》第三回:"地上攤著十數個膏藥,一盤子盛着。"

〔推源〕 此二詞俱有攤開義,爲難聲所載之公共義。聲符字"難"所記録語詞之顯性語義與攤開義不相涉,其攤開義乃難聲所載之語源義。難聲可載攤開義,則"展"可證之。

難:泥紐元部;
展:端紐元部。

叠韻,泥端旁轉。"展",翻轉,引申爲展開、攤開。《説文·尸部》:"展,轉也。"清朱駿聲《通訓定聲》:"《韓詩·澤陂》:'展轉伏枕。'〔轉注〕《廣雅·釋詁三》:'展,直也。'《四》:'展,舒也。'《晉語》:'侈必展。'注:'申也。'《漢書·王温舒傳》注:'展,伸也。'"《左傳·襄公三十一年》:"百官之屬,各展其物。"晉杜預注:"展,陳也。謂群官各陳其物以待賓。"宋蘇軾《題浄因壁》:"蕉心不展待時雨,葵葉爲誰傾夕陽。"

869　麗聲

(2202) 蔍儷(附着義)

蔍 附着。《説文·草部》:"蔍,草木相附蔍土而生。从艸,麗聲。《易》曰:'百穀草木藶於地。'"清朱駿聲《通訓定聲》:"經傳皆以'麗'爲之。"清桂馥《義證》:"《廣雅》:'藶,著也。'郭象《莊子注》:'麗,著也。'……《蜀都賦》:'任土所麗。'五臣注:'麗,附也。'……《離卦》:'離,麗也。'注云:'麗猶著也。'《釋名》:'離,麗也,物皆附麗陽氣以茂也。'"《廣韻·支韻》:"藶,草木附地生也。"

儷 成對,引申爲附着義。《廣韻·霽韻》:"儷,伉儷。"清朱駿聲《説文通訓定聲·隨部》:"儷,《廣雅·釋詁四》:'儷,耦也。'《周語》:'棄其伉儷妃嬪。'《左成十一傳》:'鳥獸猶不失儷。'……《後漢·袁紹劉表傳》:'魚儷。'注:'猶相次比也。'《吴都賦》:'安可以儷王公而著風烈也。'注:'著也。'"南朝梁陶弘景《周氏冥通記》卷四:"又以藥瀋置木臼中,搗三百二十杵,紙裹令密。若投以水,水流即停;若封屋室,萬人不能開;若儷劫賊,合衆不能動。"

〔推源〕 此二詞俱有附着義,爲麗聲所載之公共義。聲符字"麗"所記録語詞有結伴而行之義,結伴即相附着,其義當相通。《説文·鹿部》:"麗,旅行也。鹿之性見食則必旅行。从鹿,丽聲。《禮》'麗皮納聘',蓋鹿皮也。丽,古文;ᕒ,篆文麗字。"清段玉裁注:"其字本作'丽'……後乃加'鹿'耳。"清王筠《句讀》:"旅,俗作'侣'。"漢張衡《西京賦》:"若其五縣遊麗辯論之士,街談巷議,彈射臧否,剖析毫釐,擘肌分理。"引申爲附着義。《廣韻·霽韻》:"麗,著也。"清朱駿聲《説文通訓定聲·隨部》:"麗,《周禮·小司寇》:'以八辟麗邦法。'注:'附也。'……《荀子·正名》:'累而成文名之麗也。'注:'與儷同。'"然則本條二詞之附着義爲其聲符"麗"所載之顯性語義。麗聲可載附着義,則"隸"可證之。

麗:來紐支部;

隸:來紐質部。

雙聲,支質通轉。"隸",附着。《説文·隸部》:"隸,附箸也。"清朱駿聲《通訓定聲》:"《漢書·匈奴傳》:'易隸以惡。'注:'謂附屬也。'《後漢·馮異傳》注:'隸,屬也。'"唐白居易《夏州軍將二人授侍御史制》:"某官某等:早稱武藝,久隸軍麾,禀命元戎,服勤王事。"

(2203) 釃籭(過濾義)

釃 濾酒。《説文·酉部》:"釃,下酒也。从酉,麗聲。"清朱駿聲《通訓定聲》:"《廣雅·釋詁二》:'釃,滲也。'字亦作'灑'。《詩·伐木》:'釃酒有藇。'傳:'以筐曰釃,以藪曰湑。'《後漢·馬援傳》注:'釃,酒(猶)濾也。'《廣韻·支韻》:"釃,下酒也。"清曹寅《聞孫冷齋有〈琴來閣看雪詩〉率和代束兼念子猷》:"望風艱謦欬,釃酒祝亭臯。"

籭 篩子,篩物之器,篩即過濾。《説文·竹部》:"籭,竹器也,可以取粗去細。从竹,麗聲。"清朱駿聲《通訓定聲》:"字亦作'簁'。《漢書·賈山傳》:'篩土作阿房之宫。'字又作'篩'。"《玉篇·竹部》:"簁,同'篩'。"《廣韻·支韻》:"籭,滲也。"元王禎《農書》卷二十:"凡舂輾之際,以糠米貯之高檻,檻底通作扁縫下瀉,均細如籭。"明徐光啓《農政全書·農本·諸家雜論下》:"碾磑碓磴,精鑿籭簸之計宜準也。"

〔推源〕 此二詞俱有過濾義,爲麗聲所載之公共義。聲符字"麗"所記録語詞之顯性語義與過濾義不相涉,其過濾義乃麗聲另載之語源義。麗聲可載過濾義,則"濾"可證之。

麗:來紐支部;

濾:來紐魚部。

雙聲,支魚旁轉,音僅微殊。"濾",過濾字,見本卷"慮聲"第2115條。

(2204) 曬灑(散開義)

曬　曝曬,即陽光散開,故引申爲散開義。《説文·日部》:"曬,暴也。从日,麗聲。"清朱駿聲《通訓定聲》:"《方言》七:'暴五穀之類,秦晉之間謂之曬。'《方言》十:'曬,乾物也。'〔假借〕爲'摘'。《漢書·中山靖王勝傳》:'白日曬光,幽闇皆照。'注:'舒也,暴也。'"按,非假借,乃引申。《廣韻·寘韻》及《卦韻》:"曬,暴也。"按,謂曝。南朝宋劉義慶《世説新語·簡傲》:"(王恬)乃沐頭散髮而出,亦不坐,仍據胡牀,在中庭曬頭。"又,三國魏曹植《漢二祖優劣論》:"若順迅風而縱烈火,曬白日而掃朝雲也。"其"曬"亦散開義。

灑　散水於地。《説文·水部》:"灑,汛也。从水,麗聲。"清朱駿聲《通訓定聲》:"凡埽者先灑。《通俗文》:'以水撩塵曰灑。'《管子·弟子職》:'堂上則播灑。'《禮記·内則》:'灑埽室堂及庭。'……《周禮·隸僕》:'掌五寢之掃除糞洒之事。'經傳多以'洒'爲之。〔轉注〕《周書·大匡》:'賦灑其幣。'注:'散也。'《江賦》:'駭浪暴灑。'注:'散也。'"按"散"爲其直接引申義。

〔推源〕 此二詞俱有散開義,爲麗聲所載之公共義。聲符字"麗"所記録語詞之顯性語義與散開義不相涉,其散開義爲麗聲所載之語源義。麗聲可載散開義,則"析"可證之。

麗:來紐支部;

析:心紐錫部。

來心鄰紐,支錫對轉。"析",剖木,引申爲分開、散開。《説文·木部》:"析,破木也。从木,从斤。"清朱駿聲《通訓定聲》:"《廣雅·釋詁一》:'析,分也。'《聲類》:'析,劈也。'《詩·南山》:'析薪如之何?'〔轉注〕《書·堯典》:'厥民析。'……《淮南·俶真》:'析才士之脛。'注:'解也。'"按,唯"析"有散義,故"析"與"洒(灑)"可組成同義聯合式合成詞。清昭槤《嘯亭雜録·徐中丞》:"有宿松民孀田氏,事姑孝。兄某利其産,逼嫁之……婦匆於途,誣以墜水。公坐堂上,見黑衣女子啾啾如有訴,召兄某質之,則毛髮析洒,口吐實情。"

(2205) 驪䮭(黑色義)

驪　馬深黑色,虚化引申爲黑色義。《説文·馬部》:"驪,馬深黑色。从馬,麗聲。"清朱駿聲《通訓定聲》:"《小爾雅·廣詁》:'驪,黑也。'《詩·駉》:'有驪有黄。'《禮記·檀弓》:'戎事乘驪。'……《列子》:'左驂盜驪而右山子。'謂馬細頸黑色。〔轉注〕《莊子·列禦寇》:'驪龍頷。'《釋文》:'黑龍也。'"《史記·龜策列傳》:"擇日齋戒,甲乙最良。乃刑白雉,及與驪羊;以血灌龜,於壇中央。"

鸝 驪黑而黄之鳥。《廣韻·支韻》:"鸝,鸝黄。鶯,上同。鵹,上同。"《文選·宋玉〈高唐賦〉》:"王鵙鸝黄,正冥楚鳩。"唐李善注:"郭璞曰:其色驪黑而黄,因名之。"元虞集《次韻杜德常博士萬歲山》:"秘閣沉沉便殿西,頻年立此聽春鸝。"

〔推源〕 此二詞俱有黑色義,爲麗聲所載之公共義。麗聲字"癵"所記録語詞謂瘦黑,則亦爲麗聲與黑色義相關聯之一證。《説文·疒部》:"癵,疲黑。"《廣韻·霽韻》及《寘韻》:"癵,瘦黑。"《集韻·支韻》:"癵,驪瘦也。"按,聲符字"麗"所記語詞之顯性語義與黑色義不相涉,其黑色義乃麗聲所載之語源義。麗聲可載黑色義,則"驪"可證之。

麗:來紐支部;
驪:來紐脂部。

雙聲,支脂通轉。"驪",驪黑字。《墨子·節葬下》:"使面目陷隩,顔色驪黑。"亦指黑而黄。《廣韻·齊韻》:"驪,黑而黄也。"《資治通鑒·晉穆帝升平元年》:"(姚襄)所乘駿馬曰驪眉騧。"元胡三省注:"黑而黄色曰驪。"

870 嚴聲

(2206) 巖儼(高義)

巖 崖岸,高地或山之邊,引申爲高義。《説文·山部》:"巖,岸也。从山,嚴聲。"清朱駿聲《通訓定聲》:"字亦作'壧'……《廣雅·釋詁四》:'巖,高也。'《釋訓》:'巖巖,高也。'《〈書·説命〉序》:'得之傅巖。'疏:'山崖之名。'……《漢書·禮樂志》:'巖處頃聽。'注:'與壧同。'《西都賦》:'巖峻嶜崒。'注:'險也。'"按,"巖峻"即高峻,高則險。《詩·魯頌·閟宫》:"泰山巖巖,魯邦所詹。"明徐渭《高皇帝像讚》:"上之巖也,天高以覆耶?下之豐也,地載以厚耶?"

儼 昂首,頭抬高。《説文·人部》:"儼,昂頭也。从人,嚴聲。"三國魏曹植《洛神賦》:"六龍儼其齊首。"唐韓愈《南山》:"或儼若峨冠,或翻若舞袖。"引申爲恭敬義,恭敬即高看他人。清朱駿聲《説文通訓定聲·謙部》:"儼,《爾雅·釋詁》:'儼,敬也。'……《離騷》:'湯禹儼而求合兮。'注:'敬也。'"

〔推源〕 此二詞俱有高義,爲嚴聲所載之公共義。聲符字"嚴"从叩,所記録語詞謂教命急,即嚴格、嚴峻義,引申爲高峻、威武使人敬畏義,其字即"巖""儼"之初文。《説文·叩部》:"嚴,教命急也。从叩,厰聲。"清朱駿聲《通訓定聲》:"《孟子》:'使虞敦匠,事嚴。'……《西京賦》:'嚴更之署。'注:'督行夜鼓也。'〔假借〕爲'儼'。《詩·殷武》:'下民有嚴。'傳:

'敬也。'又爲'巖'。《左隱元傳》：'制,嚴邑也。'〔聲訓〕《釋名·釋言語》：'嚴,儼也,儼然人憚之也。'"按,皆非假借,乃引申。本條二詞之高義與"嚴"之顯性語義相通。嚴聲可載高義,則"岸"可證之。

嚴：疑紐談部；
岸：疑紐元部。

雙聲,談元通轉。"岸",水邊高地,引申爲高義。《説文·屵部》："岸,水厓而高者。"清朱駿聲《通訓定聲》："《爾雅·釋丘》：'望厓灑而高岸。'注：'灑謂深也,視厓峻而水深者曰岸。'按,'灑'者'陖'之借字。《詩·谷風》：'淇則有岸。'〔轉注〕《小爾雅·廣詁》：'岸,高也。'《詩·皇矣》：'誕先登于岸。'傳：'高位也。'"

(2207) 簾/掩（遮蔽義）

簾 射飛鳥時的隱蔽物體。《説文·竹部》："簾,唯射所蔽者。从竹,嚴聲。"清段玉裁注："亦謂之廙。"清朱駿聲《通訓定聲》："字亦作'箊'。《廣雅·釋器》：'簾,翳也。'……《韓非子·外儲》：'齊宣王問弋于唐易子,弋者奚貴？曰：在于謹廙。'《射雉賦》：'飛鳴薄廙。'注：'廙,翳中盛飲食處,今俗呼翳名曰倉也。'《管子·戒篇》：'桓公弋在廙。'按,廙即箊。"按,所引《廣雅》文清王念孫《疏證》："翳,射者所以自隱也。"又,《廣雅·釋器》"箊"正訓"翳"。

掩 遮蔽。《説文·手部》："掩,斂也,小上曰掩。"《廣韻·琰韻》："掩,閉取也。"《書·盤庚上》："世選爾勞,予不掩爾善。"僞孔傳："言我世世選汝功勤,不掩蔽爾善。"《禮記·月令》："君子齋戒,處必掩身。"漢鄭玄注："猶隱翳也。"

〔**推源**〕 此二詞俱有遮蔽義,其音亦極相近且相通。

簾：疑紐談部；
掩：影紐談部。

叠韻,疑影鄰紐。則其語源當同。

871 鑼聲

(2208) 鑼籮邏鑼（圓義）

鑼 銅鑼,圓形物。元戴侗《六書故·地理一》："鑼,今之金聲用於軍旅者也。"《元史·刑法志四》："諸軍官鳩財聚衆,張設儀衛,鳴鑼擊鼓,迎賽神社。"明郎瑛《七修類稿·詩文三·除夕元旦詞》："鑼鼓兒童聲聒耳,傍早關門,掛起新簾子。"

籮 竹器,圓形物。清朱駿聲《説文通訓定聲·隨部·附〈説文〉不録之字》："籮,《廣雅·釋器》：'籮，箕也。'《方言》：'所以注斛，宋楚之間謂之籮。'《字林》：'籮，竹器也。'"亦指下方上圓之器。元王禎《農書》卷十五："籮，匠竹爲之，上圓下方，絜米穀器，量可一斛。"

邏 巡邏，繞行，作圓周運動。唐玄應《一切經音義》卷五十八引《韻略》："邏，循行非違也。"三國蜀諸葛亮《與兄瑾言治綏陽谷書》："有綏陽小谷，雖山崖絶險，谿水縱横，難用行軍。昔邏候往來，要道通入。"明史玄《舊京遺事》："(京軍)惟遇警則呼名上城邏守，分汛結營。"

饠 餅屬，圓形物。《玉篇·食部》："餏，餏饠，餅屬。"《廣韻·歌韻》："饠，餏饠。"又《質韻》："餏，餏饠，餌也。"《説文·鬲部》："䰞，粉餅也。从鬲，耳聲。餌，䰞或从食，耳聲。"《集韻·戈韻》："饠，餅也。"唐段成式《酉陽雜俎·酒食》："韓約能作櫻桃餏饠，其色不變。"按，亦作"饠餏"。清錢謙益《三良詩·段賢良含素》："部署及婦女，饋餉罄饠餏。"

〔推源〕 諸詞俱有圓義，爲羅聲所載之公共義。聲符字"羅"所記録語詞謂捕鳥網，或與圓義相通。《説文·网部》："羅，以絲罟鳥也。从网，从維。古者芒氏初作羅。"清朱駿聲《通訓定聲》："《詩·兔爰》：'雉離于羅。'《周禮·大司馬》：'羅弊致禽以祀祊。'"羅聲可載圓義，則"蓏"可證之。"羅""蓏"上古音同，來紐雙聲，歌部疊韻。"蓏"，果蓏，一名栝樓，其實橢圓形。清朱駿聲《説文通訓定聲·隨部》："《爾雅·釋草》：'果蓏之實，栝樓。'注：'今齊人呼爲天瓜。'《釋蟲》：'果蓏，蒲盧。'注：'細腰蜂也。'"按，清程瑶田《果蓏轉語記》所考兩百餘種物皆圓形者，其名皆"果蓏"之音轉。《詩·豳風·東山》："果蓏之實，亦施于宇。"漢毛亨傳："果蓏，栝樓也。"明李時珍《本草綱目·草部·栝樓》："栝樓即果蓏，二字音轉也。"

872 贊聲

(2209) 儹攢簎欑鄼鬵(聚集義)

儹 聚集。《説文·人部》："儹，最也。从人，贊聲。"清段玉裁注改其解釋文爲"冣也"。清朱駿聲《通訓定聲》："儹，冣也……楊(揚)雄《覈靈賦》：'文王之始起，浸仁漸義，會賢儹智。'"《廣韻·緩韻》："儹，聚也。"元鍾嗣成《罵玉郎過感皇恩采茶歌·四福》："錢財廣盛根基壯，快幹旋，會儹積，能生放。"元喬吉《山坡羊·冬日寫懷》："儹家私，寵花枝，黄金壯起荒淫志。"

攢 聚集。《廣韻·换韻》："攢，聚也。"《文選·張衡〈西京賦〉》："攢珍寶之玩好。"唐李善注："攢，聚也。"《西遊記》第九十回："行者拔一把毫毛……變做百十個小行者，圍圍繞繞，將那白澤、狻猊、摶象、伏狸並金毛獅怪圍裹在中。沙僧、行者却又上前攢打。"按，"攢打"即聚毆。

簎 筷筒，聚集筷、勺之物。《説文·竹部》："簎，竹器也。从竹，贊聲。讀若纂。一曰叢。"清朱駿聲《通訓定聲》："《廣雅·釋器》：'簎，莒也。'《急就篇》：'槫榼椑榹匕箸簎。'顔注：'簎，盛匕箸籠也。'"《廣韻·緩韻》："簎，竹器。"宋晁載之《談助》："陸雲《笑竹》：漢人適吴，吴人設笱。問：'何物？'曰：'竹也。'歸煮其籫，不熟。曰：'吴人欺我哉！'"按，《説文》"一曰叢"，義亦相通。

欑 積竹杖，因虚化引申爲聚集義。《説文·木部》："欑，積竹杖也。从木，贊聲。一曰叢木。"清朱駿聲《通訓定聲》："《考工·序》注：'竹欑柲。'〔别義〕《蒼頡篇》：'欑，聚也。'《禮記·喪大記》：'君殯用輴，欑至于上。'注：'猶菆也。'"漢王延壽《魯靈光殿賦》："芝栭欑羅以戢香，枝掌权枒而斜聚。"唐劉禹錫《送韋秀才道冲赴制舉》："君門起天中，多士如星欑。"

酇 百家聚居之稱。《説文·邑部》："酇，百家爲酇。酇，聚也。从邑，贊聲。南陽有酇縣。"清朱駿聲《通訓定聲》："《周禮·遂人》：'四里爲酇。'注：'鄰、里、酇、鄙、縣、遂，猶郊內比、閭、族、黨、州、鄉也。'《淮南·時則》注：'五里爲酇。'"《廣韻·換韻》："酇，酇聚也。"明張煌言《君子以容民畜衆》："自後世伍兩之制，異諸酇鄙之政，而兵農始判然矣。"

鬂 髮髻，聚髮而成者。明李實《蜀語》："綰髮爲髻爲鬂。"《遵義府志·風俗》："綰髮爲髻爲鬂。"清二石生《十洲春語》卷上引靈蕤館主："對纖品，如挽黑鴉鴉鬂兒，過翠煙橋取嘖花壺時節。"

〔推源〕 諸詞俱有聚集義，爲贊聲所載之公共義。贊聲字所記錄語詞"穳"《廣韻·桓韻》訓"刈禾積也"，《集韻·桓韻》則云"禾聚也"。又"鑽"亦可以假借字形式、以其贊聲載聚集義，皆爲贊聲與聚集義相關聯之證。清朱駿聲《説文通訓定聲·乾部》："鑽，〔假借〕爲'欑'。《西京賦》：'列刃鑽鍭。'"明湯顯祖《南柯記·卧轍》："白頭紗帽保平安，職掌批行和帶管，有的錢鑽。"按，聲符字"贊"所記錄語詞謂進見，引申之則有引進、輔佐等義。《説文·貝部》："贊，見也。从貝，从兟。"南唐徐鍇《繫傳》："進見以貝爲禮也。"清朱駿聲《通訓定聲》："見必有贄，故从貝，兟者，進也。按，玉帛、雉、羔、鴈之屬皆貝類。貝者，佐見之具。又古士相見禮，賓必有紹介，主必有將命者，皆佐見之人，故《小爾雅·廣詁》：'贊，佐也。'……《漢書·東方朔傳》注：'贊，進也。'……《周禮·大行人》：'以贊諸侯之喜。'注：'助也。'"然則"贊"之本義、引申義系列與聚集義不相涉，其聚集義乃贊聲所載之語源義。贊聲可載聚集義，則"萃"可證之。

贊：精紐元部；
萃：從紐物部。

精從旁紐，元物旁對轉。"萃"，聚集，薈萃。《説文·草部》："萃，草皃。"清朱駿聲《通訓定聲》："草聚皃。〔轉注〕《易·序卦》傳：'萃者，聚也。'《左昭七傳》：'萃淵藪。'……《小爾雅·廣言》：'萃，集也。'《詩·墓門》：'有鴞萃止。'"按，"萃"之本義即聚集，所謂"草皃""草聚皃"皆形體造意，蓋草多有叢生者，藉此表聚集義。

(2210) 鑽巇穳（尖鋭義）

鑽 鑽孔工具，尖鋭之物。《説文·金部》："鑽，所以穿也。从金，贊聲。"清朱駿聲《通訓定聲》:"《方言》九:'鑽謂之鍴。'"《廣韻·換韻》:"鑽,錐鑽。"又《桓韻》:"鑽,刺也。"《管子·輕重乙》:"一車必有一斤、一鋸、一釭、一鑽、一鑿、一鈇、一軻,然後成爲車。"按,《廣韻》所訓"刺"即謂以鑽穿刺,其義爲直接引申義。《關尹子·二柱》:"形之所自生者,如鑽木得火。"

巑 山高而其峰巔尖銳。《集韻·桓韻》:"岏,巑岏,山銳皃。"清朱駿聲《説文通訓定聲·乾部·附〈説文〉不録之字》:"巑岏,《廣雅·釋詁四》:'巑岏,高也。'《高唐賦》:'盤岸巑岏。'《楚詞·九嘆》:'登巑岏以長企兮。'注:'鋭山也。'"《文選·謝朓〈和王著作八公山〉》:"兹嶺復巑岏,分區奠淮服。"唐李善注引《字林》:"巑岏,鋭山也。"南朝宋鮑照《登廬山望石門》:"嶄絶類虎牙,巑岏象熊耳。"

欑 矛類兵器,尖鋭物。《廣雅·釋器》:"欑謂之鋋。"《廣韻·緩韻》:"欑,鋋也。"又《換韻》:"欑,鋋也。俗爲槍欑字。"《方言》卷九:"矛,吴、揚、江、淮、南楚、五湖之間,或謂之鋋。"按,稱"鋋",謂其長;稱"欑",則謂其尖鋭,指稱之物同而構詞理據不一。《北史·倭傳》:"有弓、矢、刀、稍、弩、欑、斧,漆皮爲甲,骨爲矢鏑。"《新唐書·李密傳》:"世充多短兵盾欑。"

〔推源〕 諸詞俱有尖鋭義,爲贊聲所載之公共義。聲符字"贊"所記録語詞之本義、引申義系列與尖鋭義不相涉,其尖鋭義乃贊聲所載之語源義。贊聲可載尖鋭義,則"鋭"可證之。

贊:精紐元部;

鋭:余紐月部。

精余(喻四)鄰紐,元月對轉。"鋭",尖鋭字。《説文·金部》:"鋭,芒也。"清朱駿聲《通訓定聲》:"《廣雅·釋詁二》:'鋭,利也。'……《漢書·天文志》:'有三星鋭曰罰。'注:'上小下大故曰鋭。'"《孫子·行軍》:"塵高而鋭者,車來也。"唐杜牧注:"車馬行疾,仍須魚貫,故塵高而尖。"宋歐陽修《歸田録》卷二:"余嘗見其廟像甚勇,手持屠刀尖鋭,按膝而坐。"又,錐之爲物,與鑽相類,尖鋭者。"錐"字之上古音章紐微部,與"贊"之音相較,亦可通轉。精章(照)準雙聲,元微旁對轉。然則亦爲贊聲可載尖鋭義之一證。

(2211) 讃孂(美好義)

讃 贊美。《廣韻·翰韻》:"讃,稱人之美。"《集韻·換韻》:"讃,偁也。"清朱駿聲《説文通訓定聲·乾部》:"《後漢·崔駰傳》注:'讃,猶稱也。'《列子·黄帝》:'喟然讃曰……'《孔龢碑》:'幽讃神明。'〔聲訓〕《釋名·釋典藝》:'稱人之美曰讃。讃,纂也,纂集其美而叙之也。'"漢馬融《長笛賦》:"況笛生乎大漢,而學者不識,其可神助盛美,忽而不讃,悲夫!"唐玄奘《謝皇太子聖教序述啓》:"伏維皇太子殿下,發揮睿藻,再述天文,讃美大乘,莊嚴實相,珠迴玉轉,霞爛錦舒。"

孂 色白而美好。《説文·女部》:"孂,白好也。从女,贊聲。"清段玉裁注:"色白之好也。"清桂馥《義證》:"《一切經音義》七引同《聲類》:'孂,綺也。'《通俗文》:'服飾鮮盛謂之嬬孂。'《玉篇》:'孂,好容貌。'《廣雅》:'孂,好也。'"《廣韻·翰韻》:"孂,美好皃。"按,《説文·

糸部》"綺"篆訓"文繒",故有華美、精美之衍義。所謂"媘孅",當爲同義聯合式合成詞。《集韻·豪韻》引《廣雅》:"媘,好也。"

〔推源〕 此二詞俱有美好義,爲贊聲所載之公共義。贊聲字所記錄語詞"襸"《廣韻·翰韻》訓"衣好皃",《玉篇·衣部》訓"好",亦爲贊聲與美好義相關聯之一證。聲符字"贊"所記錄語詞本謂進見,引申之則有引進、司儀義,又引申爲贊美義,其字即"讚"之初文,後世多以"贊"爲贊美字。《字彙·貝部》:"贊,頌也。"清朱駿聲《說文通訓定聲·乾部》:"贊,〔轉注〕《漢書·郊祀志》:'其贊饗曰。'孟康注:'贊,說也。'《王莽傳》:'延登贊曰。'注:'謂祭祝之辭也。'"按,祭祝之辭即贊美之言。漢劉楨《射鳶》:"庶士同聲贊,君射一何妍!"唐韓愈《送王秀才序》:"與之言,信悅孟子,而屢贊其文辭。"然則本條二詞之美好義爲其聲符"贊"所載之顯性語義。贊聲可載美好義,則"良"可證之。

贊:精紐元部;
良:來紐陽部。

精來鄰紐,元陽通轉。"良",良好字。良聲字所記錄語詞"琅""朗""硠""俍""娘""烺"俱有良好義,見本典第四卷"354.良聲"第969條。

(2212) 灒趯(散義)

灒 用污水揮灑,亦指水濺於人。《說文·水部》:"灒,汙灑也。一曰水中人。从水,贊聲。"清朱駿聲《通訓定聲》:"《三蒼》:'江南言灒,山西言湔。'按,瀺灑之義。〔轉注〕字亦作'濺'。《史記·藺相如傳》:'相如請得以頸血濺大王。'"按,濺亦散飛義。《廣韻·翰韻》:"灒,水濺。"清阮葵生《茶餘客話》卷十六:"《俗字》:濺水上衣曰灒。"《西遊記》第四十四回:"只是灒起些水來,污了衣服,有些腌臢臭氣。"

趯 驚散,散走。《廣韻·翰韻》及《旱韻》:"趯,散走。"清朱駿聲《說文通訓定聲·乾部·附〈說文〉不錄之字》:"趯,《廣雅·釋言》:'趯,狦虞也。'《玉篇》:'趯,散走也。'"按,所引《廣雅》文清王念孫《疏證》:"驚散之貌也。"凡驚散、散走則其行必急,"趯"有急行義,源與流可互證。宋黎靖德編《朱子語類》卷十六:"纔剔撥得有些通透處,便須急急躥蹤趯鄉前去。"清曹雪芹《紅樓夢》第九十五回:"想舅太爺晝夜趯行,半個多月就要到了。"

〔推源〕 此二詞俱有散義,爲贊聲所載之公共義。聲符字"贊"所記錄語詞之本義、引申義系列與散義不相涉,其散義乃贊聲另載之語源義。贊聲可載散義,則"散"可證之。

贊:精紐元部;
散:心紐元部。

疊韻,精心旁紐。"散",分散,引申之則有鬆散、散發、閑散等義。《說文·肉部》:"散,雜肉也。从肉,㪔聲。"清朱駿聲《通訓定聲》:"今隸作'散'。〔轉注〕《後漢·華佗傳》:'漆葉青黏散。'謂藥石爲屑雜和也……《荀子·脩身》:'庸衆駑散。'注:'不拘檢者也。'"

873　邊聲

(2213) 籩稨(邊緣、不正義)

籩　竹製之豆,邊緣有籐者。《說文·竹部》:"籩,竹豆也。从竹,邊聲。匾,籀文籩。"清朱駿聲《通訓定聲》:"禮器也,受四升,邊有滕緣,竹豆曰籩,木豆曰梪。《周禮·籩人》:'掌四籩之實。'《儀禮》:'祝贊籩祭。'注:'棗栗之祭。'《周語》:'品其百籩。'《校官碑》:'𠪠豆用觑。'按,豆盛溼物,籩盛乾物,豆重而籩輕,故《三禮》多舉豆數而籩略。"《廣韻·先韻》:"籩,竹器。"按,"籩"爲"籩"之變形。

稨　扁豆。凡物形扁,則不正圓,其名寓扁而不正義。其字形變爲"稨",又作"穮"、"稨",作"稨"則其扁義益顯。《廣韻·銑韻》:"稨,豆名。"稨,上同。又《先韻》:"穮,籬上豆也。"沈兼士《聲系》:"案'穮',敦煌本《王韻》作'穮'。《集韻》:'穮,或从邊,亦作稨、穮。'"按《集韻·銑韻》又云:"穮,或作'藊'。"明李時珍《本草綱目·穀部·藊豆》:"'藊'本作'扁',莢形扁也。沿籬,蔓延也。"

〔推源〕　此二詞分別有邊緣、不正義,二義相通,俱以邊聲載之,語源當同。邊聲"蹁""偏"古多訓不正,亦爲邊聲與不正義相關聯之一證。《玉篇·足部》:"蹁,行不正。"《廣韻·先韻》:"蹁,足趾不正。"又:"偏,身不正也。"按,聲符字"邊"所記錄語詞本有邊緣、邊側、不正義。《說文·辵部》:"邊,行垂崖也。从辵,臱聲。"清朱駿聲《通訓定聲》:"《爾雅·釋詁》:'邊,垂也。'《禮記·玉藻》:'其在邊邑。'注:'九州之外。'〔轉注〕《禮記·檀弓》:'齊衰不以邊坐。'注:'偏倚也。'"然則本條二詞之邊緣、不正義爲其聲符"邊"所載之顯性語義。邊聲可載邊緣、不正,則"偏"可證之。

邊:幫紐元部;

偏:滂紐真部。

幫滂旁紐,元真旁轉。"偏",傾斜,不平正,引申爲邊緣、旁側等義。《說文·人部》:"偏,頗也。"清朱駿聲《通訓定聲》:"《廣雅·釋詁二》:'偏,裹也。'《四》:'偏,方也。'謂傍也。《書·洪範》:'無偏無頗。'"《史記·匈奴列傳》:"天不頗覆,地不偏載。"《廣韻·仙韻》:"偏,鄙也。"《後漢書·東夷傳·贊》:"眇眇偏譯,或從或畔。"唐李賢注:"偏,遠也。"

874　靡聲

(2214) 糜䃺䕲(碎義)

糜　粉碎。《說文·米部》:"糜,碎也。从米,靡聲。"清朱駿聲《通訓定聲》:"《通俗文》:

'碎糠曰糜。'按,粉也。"《廣韻·支韻》:"糜,糜碎。"元曹居一《李伯淵奇節傳》:"而一旦蔑視糜軀,手誅叛逆,號祭亡社,盡君臣之義,竟不墮寇讎,孤軍出奔,偉哉!"

䃺 石磨,碎物之器。其字亦作下形上省聲而爲"磨"。《説文·石部》:"䃺,石磑也。从石,靡聲。"清朱駿聲《通訓定聲》:"字亦作'磨'。〔轉注〕以磨碎物亦曰磨。"唐玄應《一切經音義》卷十四:"舂磨,郭璞注《方言》云:'磑即磨也。'"《廣韻·過韻》:"䃺,同'磨'。""磨,磑也。"《莊子·天下》:"若羽之旋,若磨石之隧。"宋陸游《短歌示諸稚》:"酒蟻溢皤罌,茗雪落小䃺。"《水滸傳》第一百一十二回:"不隄防賊兵城上飛下一片磨扇來。"

糜 熟爛。凡物熟爛則碎,故引申爲碎爛義。《説文·火部》:"糜,爛也。从火,靡聲。"清朱駿聲《通訓定聲》:"《廣雅·釋詁三》:'熟也。'〔假借〕爲'糜'。《漢書·楊(揚)雄傳》:'精瓊糜與秋菊兮。'注:'糜,屑也。'又《離騷》:'精瓊糜以爲粮。'注:'屑也。'"按,非假借,乃引申。《廣韻·支韻》:"糜,糜爛。"《楚辭·招魂》:"旋入雷淵,糜散而不可止些。"漢王逸注:"糜,碎也。"

〔**推源**〕 諸詞俱有碎義,爲靡聲所載之公共義。聲符字"靡"所記録語詞謂披靡,即倒下、散亂義,物碎則散亂,故引申爲碎義。《説文·非部》:"靡,披靡也。从非,麻聲。"《廣韻·紙韻》:"靡,偃也。"晉潘岳《閑居賦》:"訓若風行,應如草靡。"《莊子·胠篋》:"昔者龍逢斬,比干剖,萇弘胣,子胥靡。"唐成玄英疏:"靡,爛也,碎也。"《漢書·景十三王傳·廣川惠王越》:"今欲靡爛望卿,使不能神。"唐顏師古注:"靡,碎也。"然則本條諸詞之碎義爲其聲符"靡"所載之顯性語義。靡聲可載碎義,則"粉"可證之。

靡:明紐歌部;

粉:幫紐文部。

明幫旁紐,歌文旁對轉。"粉",敷面米粉,碎米而成者,故引申爲粉碎義。《説文·米部》:"粉,傅面者也。从米,分聲。"清朱駿聲《通訓定聲》:"《齊民要術》有傅面粉英。《太玄·視》:'粉其題。'注:'飾也。'按,米末謂之粉,从米、从分,會意,分亦聲……《周禮·籩人》:'糗餌粉餈。'〔聲訓〕《釋名·釋首飾》:'粉,分也,研米使分散也。'"《南齊書·王僧虔傳》:"一門二世,粉身衛主,殊勳異績,已不能甄。"唯"粉"有碎義,故有"粉碎"之同義聯合式合成詞。《晉書·郭璞傳》:"數日果震,柏樹粉碎。"

875 蠻聲

(2215) 矕矕矕(不明義)

矕 目光不明。《集韻·刪韻》:"矕,目昏也。"清桂馥《説文解字義證·目部》:"目生翳亦曰矕。"按"矕"有披、覆蓋義,同條共貫者。清朱駿聲《説文通訓定聲·乾部》:"矕,《漢書·叙傳》：'蠻龍虎之文。'……孟康注：'被也。'"唐顔真卿《壽州刺史郭公廟碑銘》："况乎友于著睦，蠻龍虎者十人；貽厥有光，紆青紫者八士。"

矕 黄昏，日光不明。《説文·日部》："矕，日且昏時。从日，綜聲。"清朱駿聲《通訓定聲》："日且昏時也。"清桂馥《義證》："'日且昏時'者，'旦'當爲'且'。本典：'莫，日且冥也。'"《廣韻·桓韻》："矕，日夕昏時。"按，"矕"有夜晚義，夜晚則昏黑不明，當爲黄昏義之引申，猶"夕"謂傍晚，亦指夜晚。《中國歌謡資料第一集·大橋潮水日矕流》："大橋潮水日矕流。"

㰎 疑惑，事之真相或事理不明。《玉篇·欠部》："㰎，不解理。"清朱駿聲《説文通訓定聲·乾部》："㰎，《廣韻》：'迷惑不解理也。'"按，其本義《説文》訓"欠兒"，人神乏則昏昏欲睡而打哈欠，本寓神志不清明義，與疑惑不明義相通。

〔推源〕 諸詞俱有不明義，爲綜聲所載之公共義。聲符字"綜"所記録語詞《説文·言部》云："亂也，一曰治也，一曰不絶也。从言、絲。"其亂義或與不明義相通。綜聲可載不明義，則"迷"可證之。

綜：來紐元部；
迷：明紐脂部。

來明二紐分別屬於邊音、鼻音，依王力先生《同源字典·同源字論》説，二者爲鄰紐；元脂旁對轉。"迷"，字从辵，所記録語詞之本義爲迷路，即不明前途之謂，引申之則有迷亂、困惑等義。《説文·辵部》："迷，惑也。从辵，米聲。"清朱駿聲《通訓定聲》："《韓非子·解老》：'凡失其所欲之路，而妄行之，則爲迷。'……《楚辭·涉江》：'迷不知吾之所如。'《哀命》：'志眷迷而不知路。'"

(2216) 孌鸞䜌變（美好義）

孌 美好。《廣韻·獮韻》："孌，美好。"清朱駿聲《説文通訓定聲·乾部》："孌，〔假借〕又爲'嫡'。《廣雅·釋詁一》：'孌，好也。'《詩·泉水》：'孌彼諸姬。'傳：'好兒。'《猗嗟》：'猗嗟孌兮。'傳：'壯好兒。'《車舝》：'思孌季女逝兮。'傳：'美兒。'又《候人》：'婉兮孌兮。'《甫田》：'婉兮孌兮。'傳：'少好兒。'"按，"孌"之本義《説文》訓"慕"，即思戀字，後世作"戀"，思戀、美好二義本相通，無煩假借。

鸞 傳説中鳳凰類鳥，其名當寓美好義，引申之則可指君子、賢人，亦爲美好義之證。《説文·鳥部》："鸞，亦神靈之精也。赤色，五采，雞形，鳴中五音，頌聲作則至。从鳥，綜聲。周成王時氐羌獻鸞鳥。"清朱駿聲《通訓定聲》："《後漢·章帝紀》注作'赤神之精也'……《廣雅·釋鳥》：'鸞鳥，鳳皇屬也。'《春秋元命苞》：'離爲鸞。'《西山經》：'女牀之山，有鳥名曰鸞鳥。'《離騷》：'鸞皇爲余先戒兮。'注：'俊鳥也。'"《楚辭·九章·涉江》："鸞鳥鳳皇，日以遠兮。"漢王逸注："鸞鳳，俊鳥也。有聖君則來，無德則去，以興賢臣難進易退也。"

鑾　君王車上的儀鈴，其名寓美好義。《説文·金部》：“鑾，人君乘車，四馬鑣，八鑾鈴，象鸞鳥聲，和則敬也。从金，从鸞省。”清朱駿聲《通訓定聲》：“按，䜌聲。《廣雅·釋器》：‘鑾，鈴也。’《東京賦》：‘鑾聲噦噦。’”《廣韻·桓韻》：“鑾，鑾鈴。崔豹《古今注》云：‘五輅衡上金雀者，朱鳥也，口銜鈴，鈴謂之鑾也。’”《後漢書·明帝紀》：“賜升龍旌頭、鑾輅、龍旂。”唐李賢注：“鑾，鈴也。”引申之亦指君王車駕、君王，又君王所居之殿稱“金鑾殿”，足證“鑾”有美好義。

䜌　視皃。《説文·目部》：“䜌，目䜌䜌也。从目，䜌聲。”又有目美之義。《集韻·潸韻》：“䜌，目美皃。”按，當爲孌用字。亦泛指美好。清譚嗣同《致劉淞芙書》：“伏見文席䜌采，苞鳳騫華。”

〔推源〕　諸詞俱有美好義，爲䜌聲所載之公共義。聲符字“䜌”所記録語詞之顯性語義與美好義不相涉，其美好義乃䜌聲所載之語源義。䜌聲可載美好義，則“美”可證之。

䜌：來紐元部；

美：明紐脂部。

來明鄰紐，元脂旁對轉。“美”，美好字。《説文·羊部》：“美，甘也。从羊，从大。”清朱駿聲《通訓定聲》：“《管子·五行》：‘然後天地之美生。’注：‘謂甘露醴泉之類也。’《廣雅·釋草》：‘美丹，甘草也。’〔轉注〕《詩·關雎》序：‘美教化。’《晉語》：‘彼將惡始而美終。’注：‘善也。’〔假借〕爲‘媄’。《左桓元傳》：‘美而艷。’《齊策》：‘我孰與城北徐公美？’注：‘好也。’”按，“美”爲會意字，以羊首飾人，以爲美觀，蓋羊圖騰之遺蹟，美味、美貌等義皆爲引申義。

(2217) 圞彎攣（圓、曲義）

圞　團圞，圓。《廣韻·桓韻》：“圞，團圞，圓也。”按，其字亦作“團圝”“團欒”，質言之，皆以䜌聲載圓義。唐任華《雜言寄杜拾遺》：“積翠扈游花匼匝，披香寓值月團欒。”五代牛希濟《生查子》：“新月曲如眉，未有團圞意。”元曾瑞《醉花陰·懷離》：“明滴溜參兒相攙，剔團圞月兒初淡。”

彎　開弓。開弓則弓彎曲，弓與弦呈圓形。《説文·弓部》：“彎，持弓關矢也。从弓，䜌聲。”清朱駿聲《通訓定聲》：“《小爾雅·廣詁》：‘彎，引也。’《淮南·原道》：‘彎棊衛之箭。’《西京賦》：‘彎弓射乎西羌。’注：‘輓弓也。’”引申爲彎曲義，“彎”遂爲彎曲字。《字彙·弓部》：“彎，曲也。”唐鄭綮《開天傳信記》：“林甫於正堂後別創一堂，制度彎曲，有卻月之形，名曰‘月堂’。”唐張籍《樵客吟》：“日西待伴同下山，竹擔彎彎向身曲。”

攣　拘繫，引申爲手足蜷曲義。《説文·手部》：“攣，係也。从手，䜌聲。”清朱駿聲《通訓定聲》：“《易·小畜》：‘有孚攣如。’馬注：‘連也。’虞注：‘引也。’……《史記·范蔡傳》：‘魋顔蹙齃膝攣。’《集解》：‘兩膝曲也。’”《後漢書·楊彪傳》：“彪見漢祚將盡，遂稱足攣，不復

1783

行。"《清史稿·孝義傳·崔長生》:"生而瘖,手又攣。"

〔推源〕 諸詞俱有圓、曲義,爲䜌聲所載之公共義。聲符字"䜌"所記録語詞之顯性語義與圓、曲義不相涉,其圓、曲義乃䜌聲所載之語源義。䜌聲可載圓、曲義,則專聲可相證。

䜌:來紐元部;
專:章紐元部。

叠韻,來章(照)準旁紐。專聲字所記録語詞"塼""膞""篿""團""磚""鱄""搏""縛""轉""䏝""溥""摶"俱有圓義,見本典第七卷"656. 專聲"第1703條。至曲義,則本與圓義相通。

(2218) 孿戀(相連義)

孿 雙生,二嬰相連。《説文·子部》:"孿,一乳兩子也。从子,䜌聲。"清朱駿聲《通訓定聲》:"字亦作'㝈'、作'㹻'。《字林》:'孿,雙生也。'《廣雅·釋詁四》:'孿,二也。'《方言》三:'凡人獸乳而雙産謂之孿生,秦晉之間謂之㹻子。'《太玄·玄掜》:'兄弟不孿。'"按,作"㹻",則其相連義益顯。《廣韻·獮韻》:"㹻,畜雙生子。"又《線韻》:"孿,一乳兩子。亦作'㝈'。"又《諫韻》:"孿,雙生子。亦作'㝈'。"《戰國策·韓策三》:"或謂韓公仲曰:'夫孿子之相似者,唯其母知之而已。'"郭希汾《輯注》:"孿子,一乳兩子也,俗謂之雙生子。"

戀 狹而長之山。清朱駿聲《説文通訓定聲·乾部》:"《爾雅·釋山》:'巒,山墮。'注:'謂山形長狹者,荆州謂之山巒。'"《文選·左思〈蜀都賦〉》:"崗巒糾紛,觸石吐雲。"宋劉逵注:"巒,山長而狹也。"按,山長即相連義。"巒"亦指迂迴連綿之山,實亦相連義。《正字通·山部》:"巒,聯山也,山迂迴縣連曰巒。"南朝梁江淹《雜三言·悦曲池》:"山巒屼兮水環合,水環合兮石重沓。"

〔推源〕 此二詞俱有相連義,爲䜌聲所載之公共義。䜌聲字"帶"《通雅》訓"帶",帶即長而相連之物,此亦爲䜌聲與相連義相關聯之一證。聲符字"䜌"所記録語詞本有"不絶"之訓,許慎説,見前第2215條"推源",不絶即相連,且其字絲,形與義相比附。䜌聲可載相連義,則"連"可證之。"䜌""連"上古音同,來紐雙聲,元部叠韻。"連",人拉車,人與車相連,引申之,則有連接、連續、牽連等義,見本卷"粦聲"第2095條"推源"欄。

876 黨聲

(2219) 曭矘(不明義)

曭 日不明。《廣韻·蕩韻》:"曭,日不明。"《楚辭·遠遊》:"昔曖瞹其曭莽兮,召玄武而奔屬。"宋洪興祖《補注》:"曭,日不明也。"引申之亦泛指不明。《玉篇·日部》:"曭,不明也。"南朝梁何遜《七召》:"地不寒而蕭瑟,月無雲而曭朗。"

矘 目無神茫然直視,即眼不明亮。《説文·目部》:"矘,目無精直視也。从目,黨聲。"

清朱駿聲《通訓定聲》："《後漢·梁冀傳》：'洞精矘眄。'字亦作'瞠'。《管子·小問》：'瞠然視。'《蒼頡篇》：'瞠，直視也。'"《廣韻·蕩韻》："矘，矘䁳，目無精。"宋吳處厚《青箱雜記》卷四："商臣、王敦蜂目，王莽露眼赤睛，梁冀洞睛矘眄，則惡逆之相，亦見於目。"按，凡弱智、久病者眼無神、少轉動，徽歙方言稱之爲"癡瞪瞪"。

〔推源〕 此二詞俱有不明義，爲黨聲所載之公共義。堂聲字所記録語詞"臘"古者屢訓月不明，雖未見其文獻實用例，然亦黨聲與不明義相關聯之一證。《廣韻·蕩韻》："朣，朣臍，月不明也。"《字彙·月部》："朧，朣朧，月不明貌。"聲符字"黨"从黑，所記録語詞之本義謂不鮮明。《説文·黑部》："黨，不鮮也。从黑，尚聲。"清桂馥《義證》："或作'矘'。《楚辭·遠遊》：'時曖曃其矘莽兮。'注云：'日月晻黮而無光也。'"清段玉裁注："黨、矘，古今字。"本師蔣禮鴻雲從先生《義府續貂·黨》："嘉興謂衣物敝垢不鮮曰菸黨黨。"然則二詞之不明義爲其聲符"黨"所載之顯性語義。黨聲可載不明義，則"淡"可證之。

黨：端紐陽部；
淡：定紐談部。

端定旁紐，陽談通轉。"淡"，味淡。《説文·水部》："淡，薄味也。"清朱駿聲《通訓定聲》："《禮記·中庸》：'淡而不厭。'注：'其味似薄也。'《表記》：'君子淡以成。'注：'無酸酢少味也。'"引申之則謂顏色暗淡不明亮。唐杜甫《飛仙閣》："寒日外淡泊，長風中怒號。"唯"淡"有暗而不明義，故有"暗淡"之同義聯合式合成詞。唐元稹《送孫勝》："桐花暗淡柳惺惚，池帶輕波柳帶風。"

（2220）讜攩矘（直義）

讜 直言。《廣韻·蕩韻》："讜，直言。"《後漢書·班彪傳》："既成群后之讜辭，又悉經五緯之碩慮矣。"唐李賢注："讜，直言也。"唐白居易《唐河南元府君夫人滎陽鄭氏墓誌銘序》："不數月，讜言直聲，動於朝廷。"

攩 阻擋，直遮於前。《正字通·手部》："攩，俗用爲抵攩字，遮遏也。"按，其本義《説文》訓"朋群"，未見文獻實用例，典籍皆以"黨"爲朋黨字，"攩"爲阻攩字。明李唐賓《梧桐葉》第四折："有牛尚書家中小姐在綵樓上抛下繡球，打着小生，小生想失了渾家，未知下落，攩住繡球，策馬過了。"明葉憲祖《寒衣記》第一折："不從時，得攩攔；若從他，污清白。"

矘 眼無神而茫然直視，見前條，則本有直義。

〔推源〕 諸詞俱有直義，爲黨聲所載之公共義。聲符字"黨"所記録語詞之顯性語義系列與直義不相涉，其直義乃黨聲所載之語源義。黨聲可載直義，則"直"可證之。

黨：端紐陽部；
直：定紐職部。

端定旁紐,陽職旁對轉。"直",曲直字,直即不曲。《説文·乚部》:"直,正見也。从乚,从十,从目。"清朱駿聲《通訓定聲》:"《左襄七傳》:'正直爲正,正曲爲直。'《書》:'木曰曲直。'《易·説卦》:'巽爲繩直。'《禮記·月令》:'先定準直。'"

877 矍聲

(2221) 躩彏(急義)

躩 急行貌。《説文·足部》:"躩,足躩如也。从足,矍聲。"清朱駿聲《通訓定聲》:"《論語》:'足躩如也。'……本訓當爲疾行,即'瞿''躍'字之或體。《莊子·山木》:'褰裳躩步。'司馬注:'疾行也。'《漢書·司馬相如傳》注引張揖:'躩,跳也。'"按,急行、跳躍二義相通。唐李白《東海有勇婦》:"十步兩躩躍,三呼一交兵。"

彏 急張弓。《説文·弓部》:"彏,弓急張也。从弓,矍聲。"清朱駿聲《通訓定聲》:"《漢書·楊(揚)雄傳》:'彏天狼之威弧。'"按,所引《漢書》文唐顔師古注:"彏,急張也。"《廣韻·藥韻》:"彏,弓弦急皃。"《隋書·虞世基傳》:"彀神弩而持滿,彏矢弧而並張。"

〔推源〕 此二詞俱有急義,爲矍聲所載之公共義。聲符字"矍"所記録語詞謂驚惶四顧,即情急義,引申爲急視。《説文·瞿部》:"矍,隹欲逸走也。从又,持之矍矍也……一曰視遽貌。"清朱駿聲《通訓定聲》:"〔假借〕爲'弝'。《管子·戒君》:'請矍已乎。'注:'矍已,謂有所驚懼而問未止也。'《漢書·楊(揚)雄傳》:'河靈矍踢。'注:'驚動之皃。'又爲'昍'。亦重言形況字。《易·震》:'視矍矍。'……《廣雅》:'矍矍,視也。'"按,皆非假借。"矍"又虛化引申爲急義。《集韻·藥韻》:"矍,遽也。"五代王定保《唐摭言·好知己惡及第》:"暨榜除之夕,沉巡廊自呼隱者三、四,矍然頓氣而言曰:'鄭隱,崔沉不與了却,更有何人肯與之!'"然則本條二詞之急義爲其聲符"矍"所載之顯性語義。矍聲可載急義,則"快"可證之。

矍:見紐鐸部;
快:溪紐月部。

見溪旁紐,鐸月通轉。"快",愉快。《説文·心部》:"快,喜也。"清朱駿聲《通訓定聲》:"《方言》二:'逞、苦、了,快也。'注:'今江東呼快爲愃。'……《秦策》:'文信侯去而不快。'注:'樂也。'"《廣韻·夬韻》:"快,稱心也,喜也。"引申爲急疾義。《正字通·心部》:"快,俗謂急捷曰快。"按,愉快則心理反應迅速,其義相通,"快"遂爲快慢字。《史記·項羽本紀》:"今日固決死,願爲諸君快戰。"又,急性子一稱"快性"。《水滸傳》第二十四回:"奴家平生快性,看不得這般三答不回頭,回答和身轉的人。"

(2222) 玃钁矍(大義)

玃 大猴。《説文·犬部》:"玃,母猴也。从犬,矍聲。《爾雅》云:'玃父善顧,攫持人也。'"清朱駿聲《通訓定聲》："按,大母猴,字亦作'蠷'。《抱朴子》:'獼猴八百歲化爲玃,玃壽千歲。'注:'猨五百歲化爲玃。'《史記·司馬相如傳》:'蜼玃飛鸓。'索隱引郭璞:'色蒼黑,能攫搏人,故云玃也。'又'蛭蜩蠼蛱。'《索隱》引司馬彪:'獼猴也。'《江賦》:'孤玃登危而雍容。'"《廣韻·藥韻》:"玃,大猨也。蠼,上同。"按,許慎所引《爾雅·釋獸》文之"玃"異文正作"蠼",清郝懿行《義疏》引《博物志》:"玃,其長七尺,人行健走,名曰狙玃,今俗呼馬猴。"

钁 大鋤。《說文·金部》:"钁,大鉏也。从金,矍聲。"清朱駿聲《通訓定聲》:"《廣雅·釋器》:'欘謂之钁。'《淮南·齊俗》:'今之脩干戚而笑钁插。'注:'斫屬。'《兵略》:'刻撕筴,奮儋钁。'"《廣韻·藥韻》:"钁,《方言》云:'關東名曰卤斫也。'"《淮南子·精神訓》:"今夫繇者揭钁臿,負籠土,鹽汗交流,喘息薄喉。"漢高誘注:"钁,斫也。"《爾雅·釋器》:"斫謂之鐯。"晉郭璞注:"钁也。"按,"鐯"即朱駿聲氏所引《廣雅·釋器》文之"欘。"

矍 驚視,瞪大眼睛。字亦作"戄"。《玉篇·目部》:"矍,大視也。或作'戄'。"《廣韻·藥韻》:"矍,大視兒。瞿,上同。""戄,驚戄。"又:"戄,大視。"《戰國策·魏策三》:"秦王戄然曰:'國有事,未澹下兵也。今以兵從。'"《文選·左思〈魏都賦〉》:"吳蜀二客,矍然相顧,瞭焉失所。"唐呂向注:"矍然,驚也。"按,"戄"當爲"懼"字之變。唐白居易《爲人上宰相書》:"行則戄然,居則惕然。"

〔推源〕 諸詞俱有大義,爲矍聲所載之公共義。矍聲字"趯"《說文》訓"大步",亦爲矍聲與大義相關聯之一證。聲符字"矍"所記錄語詞謂驚惶四顧,即受驚而瞪大其眼四下張望,實即"矍"之初文。矍聲可載大義,則"高"可證之。

矍:見紐鐸部;
高:見紐宵部。

雙聲,鐸宵旁對轉。"高",上下距離大。《說文·高部》:"高,崇也。象臺觀高之形。"清朱駿聲《通訓定聲》:"《廣雅·釋詁一》:'高,上也。'又:'遠也。'《易·說卦》傳:'巽爲高。'《禮記·樂記》:'窮高極遠,而測深厚。'"引申爲大義。《戰國策·齊策一》:"家敦而富,志高而揚。"漢高誘注:"高,大也。"唯"高"有大義,故有"高大"之同義聯合式合成詞。《韓非子·難一》:"所問高大而對以卑狹,則明主弗受也。"

(2223) 攫玃(攫取義)

攫 攫取。《說文·手部》:"攫,扟也。从手,矍聲。"清朱駿聲《通訓定聲》:"《韻會》引《說文》:'爪持也。'……《禮記·儒行》:'鷙蟲攫搏。'《史記·李斯傳》:'盜跖弗攫。'《索隱》:'凡鳥翼擊物曰搏,足取曰攫。'……《莊子·讓王》:'左手攫之,則右手廢。'李注:'取也。'……《淮南·精神》:'造化者之攫援物。'注:'撮也。'"

玃 大猴,引申爲攫取義。《集韻·昔韻》:"攫,搏也。或從犬。"按,非異體字。《廣韻·藥韻》"攫"亦訓"搏",上述朱駿聲氏所引《史記·李斯傳》文之"攫"異文作"搏",唐司馬貞《索隱》:"搏猶攫也,取也。"《吕氏春秋·本味》:"夫三群之蟲,水居者腥,肉玃者臊,草食者羶。"漢高誘注:"肉玃者,玃搴肉而食之,謂鷹雕之屬。"

〔推源〕 此二詞俱有攫取義,爲夒聲所載之公共義,聲符字"夒"从又,《説文》云"从又,持之夒夒",清朱駿聲《通訓定聲》:"从又,从瞿,會意,瞿亦聲。與'攫''攫'略同。"《字彙·目部》:"夒,挈奪也。"然則本與攫取義相通。夒聲可載攫取義,則"鉗"可證之。

夒:見紐鐸部;
鉗:群紐談部。

見群旁紐,鐸談通轉。"鉗",束頸鐵圈,引申爲夾取義。以器夾取曰"鉗",正猶禽獸以爪持取稱"攫"。《説文·金部》:"鉗,以鐵有所劫束也。"清朱駿聲《通訓定聲》:"《漢書·高帝紀》:'自髡鉗爲家奴。'字或變作'髡'。《楚元王傳》:'人將鉗我。'注:'以鐵束頸也。'按,夾持緊脅者謂之鉗,故凡夾持之具,即不緊脅者亦謂之鉗。"《漢書·江充傳》:"燒鐵鉗灼,強服之。"唐顔師古注:"鉗,鑷也。"《釋名·釋首飾》:"鑷,攝也,攝取髮也。"唐韓愈《藍田縣丞廳壁記》:"吏抱成案詣丞,卷其前,鉗以左手。"

878 纍聲

(2224) 虆纍礧(相連義)

虆 藤蔓,長而相連之物。《玉篇·草部》:"虆,蔓也。"《廣韻·脂韻》:"虆,蔓草。"又《旨韻》:"藟,葛藟,葉似艾。或作'虆'。"清朱駿聲《説文通訓定聲·履部》:"藟,字亦作'虆'、作'蘽'、作'藆',與从木、从蕌之'藥'皆藤屬而微別。《易》:'困于葛藟。'……《廣雅·釋草》:'藟,藤也。'"《西京雜記》卷四:"援葛虆,攀喬枝。"

纍 繩索,長而相連之物。《廣韻·脂韻》:"纍,《論語》注云:'黑索也。'亦作'縲'。"唐柳宗元《上江陵嚴司空啓》:"伏惟憫憐孤賤,特賜撫存,則縲絏之辱,有望蠲除。"元孫叔順《粉蝶兒》:"今日箇身遭縲絏,猶道是心甘遂。"

礧 衆石相連,引申爲堆壘義。字亦作"磊""礌""礌"。《廣韻·隊韻》:"礌,礌隊,重也。"《説文·石部》:"磊,衆石也。从三石。"清朱駿聲《通訓定聲》:"字亦作'礌'、作'礌'、作'礌'。《楚辭》:'石磊磊兮葛蔓蔓。'《高唐賦》:'礫礫礫而相摩兮。'《漢書·司馬相如傳》:'礌石相擊。'"《文選·王延壽〈魯靈光殿賦〉》:"層櫨礧佹以岌峩,曲枅要紹而環句。"唐李周翰注:"礧佹、岌峩,重危貌。"

〔推源〕 諸詞俱有相連義,爲纍聲所載之公共義。聲符字"纍"所記録語詞謂繩索,引申之則有相連綴而得其條理義。《説文·糸部》:"纍,綴得理也。一曰大索也。从糸,畾聲。"清段玉裁注:"合箸得其理則有條不紊,是曰纍。《樂記》曰'纍纍乎端如貫珠',此其證也。"清朱駿聲《通訓定聲》:"字亦作'纍'……《禮記·儒行》:'不纍長上。'注:'係也。'……《字林》:'纍,文索也。'《小爾雅·廣器》:'纍,繘也。'……《論語》:'雖在縲絏之中。'孔注:'黑索也。'……《尚書大傳》:'大罪勿纍。'注:'延罪無辜。'按,猶連也。"按,"縲"爲"纍"之或體。本條諸詞之相連義爲其聲符"纍"所載之顯性語義。纍聲可載相連義,則"連"可證之。

纍:來紐微部;
連:來紐元部。

雙聲,微元旁對轉。"連",相連,見本卷"粦聲"第2095條"推源"欄。

879 屬聲

(2225) 襡欘囑矚(相連義)

襡 長襦,連腰衣。字亦作"襦"。《廣韻·燭韻》:"襡,《玉篇》云:'長襦也,連腰衣也。'"沈兼士《聲系》:"案'襡',内府本《王韻》作'襦',注:'又作襡。'"《説文·衣部》:"襡,短衣也。"清桂馥《義證》:"'短'當爲'袒'。本典:'袒,豎使布長襦。'"清朱駿聲《通訓定聲》:"《廣雅·釋器》:'襡,長襦也。'字亦作'襦'。《釋名》:'襡,屬也,衣裳上下相連屬也。'……《禮記·雜記》注:'繭衣裳者,若今大襡也。'《正義》:'謂衣裳相連,而以綿纊著之。'《晉書·夏統傳》:'使妓女服袿襡。'"《漢武帝内傳》:"王母上殿東向坐,著黄錦袷襡,有裡而文彩鮮明。"

欘 鋤、斧等物之柄,長而相連者。《説文·木部》:"欘,一曰斤柄,性自曲者。从木,屬聲。"清朱駿聲《通訓定聲》:"《考工·車人》:'一宣有半謂之欘。'注:'欘,斲斤,柄長二尺。'"按,"欘"之另一義《説文》訓"斫也,齊謂之鎡錤",謂鋤類農具,鋤類物之形亦長。《廣韻·燭韻》:"欘,斤柄。"又,朱氏所引《周禮·考工記》文唐賈公彦疏:"斫木之斤,斫土之鉏,其柄形同句曲,故並有句欘之稱,據下先鄭注引《蒼頡篇》柯欘,則此經所云自以斤柄爲是。"

囑 叮囑,囑託,皆言多相連不斷之義。《玉篇·口部》:"囑,付囑也。"按,"付"即"咐",謂分咐。唐王維《伊州歌》:"征人去日慇懃囑,歸雁來時數附書。"宋晁補之《惜奴嬌》:"説衷腸,丁寧囑付。棹舉帆開,黯行色,秋將暮。"《廣韻·燭韻》:"囑,託也。"沈兼士《聲系》:"案'囑',《切韻》及内府本《王韻》均作'噣'。"今按,"噣"爲鳥喙,有啄食之衍義,凡鳥啄食動作連續不斷,此亦可證"囑"有反復言之、語相連之義。《後漢書·卓茂傳》:"亭長爲從汝求乎?爲汝有事囑之而受乎?"

矚 盯視,目光、視綫相連不斷。《集韻·燭韻》:"矚,視之甚也。"唐李公佐《南柯太守傳》:"情意戀戀,矚盼不捨。"宋蔡絛《鐵圍山叢談》卷三:"魏公度上疾瘳矣,時旱甚,迺援故事,請天子以素仗出禱雨。當是時,都人爭矚目歡呼,大慰中外望。"

〔**推源**〕 諸詞俱有相連義,爲屬聲所載之公共義。聲符字"屬"所記録語詞之本義即相連。《說文·尾部》:"屬,連也。从尾,蜀聲。"清朱駿聲《通訓定聲》:"附近迫及之意。《小爾雅·廣義》:'屬,逮也。'《漢書·田蚡傳》:'相屬于道。'……又爲聯綴係著之意。《廣雅·釋詁二》:'續也。'《儀禮·鄉飲酒禮》:'皆不屬焉。'《士冠禮》:'屬于缺。'"唯"屬"之義爲連,故有"連屬"之同義聯合式合成詞。《莊子·馬蹄》:"當是時也,山無蹊隧,澤無舟梁,萬物群生,連屬其鄉。"唐成玄英疏:"夫混茫之世,淳和淡漠,故無情萬物連接而共里閭,有識群生係屬而同鄉縣。"然則本條諸詞之相連義爲其聲符"屬"所載之顯性語義。屬聲可載相連義,則"續"可證之。

屬:禪紐屋部;
續:邪紐屋部。

叠韻,禪邪準雙聲。"續",連續,連接。《説文·糸部》:"續,連也。"清朱駿聲《通訓定聲》:"《詩·小戎》:'陰靷鋈續。'《禮記·深衣》:'續衽鉤邊。'《周禮·巾車》:'歲時更續。'〔聲訓〕《深衣》注:'續猶屬也。'"按,《説文》"屬""續"同訓"連"。

附　録

一、新舊字形對照表

（字形後圓圈內的數字表示字形的筆畫數）

舊字形	新字形	新字舉例	舊字形	新字形	新字舉例
〔⺿④〕	【艹③】	花／草	〔直⑧〕	【直⑧】	值／植
〔辶④〕	【辶③】	連／速	〔黽⑧〕	【黽⑧】	繩／黿
〔幵⑥〕	【开④】	型／形	〔咼⑨〕	【咼⑧】	過／蝸
〔丰④〕	【丰④】	半／洚	〔垂⑨〕	【垂⑧】	睡／郵
〔巨⑤〕	【巨④】	苣／渠	〔倉⑨〕	【倉⑧】	飲／飽
〔屯④〕	【屯④】	純／頓	〔郎⑨〕	【郎⑧】	廊／螂
〔瓦⑤〕	【瓦④】	瓶／瓷	〔彔⑧〕	【录⑧】	淥／箓
〔反④〕	【反④】	板／飯	〔昷⑩〕	【昷⑨】	温／瘟
〔丑④〕	【丑④】	紐／杻	〔骨⑩〕	【骨⑨】	滑／骼
〔犮⑤〕	【犮⑤】	拔／茇	〔鬼⑩〕	【鬼⑨】	槐／嵬
〔印⑥〕	【印⑤】	茚	〔俞⑨〕	【俞⑨】	偷／渝
〔耒⑥〕	【耒⑥】	耕／耘	〔既⑪〕	【既⑨】	溉／厩
〔呂⑦〕	【吕⑥】	侶／營	〔蚤⑩〕	【蚤⑨】	搔／騷
〔攸⑦〕	【攸⑥】	修／條	〔敖⑪〕	【敖⑩】	傲／遨
〔争⑧〕	【争⑥】	净／静	〔莽⑫〕	【莽⑩】	漭／蟒
〔产⑥〕	【产⑥】	彥／產	〔眞⑩〕	【真⑩】	慎／填
〔羊⑦〕	【𦍌⑥】	差／养	〔䍃⑩〕	【䍃⑩】	摇／遥
〔并⑧〕	【并⑥】	屏／拼	〔殺⑪〕	【殺⑩】	摋／鍛
〔吳⑦〕	【吴⑦】	蜈／虞	〔黃⑫〕	【黄⑪】	壙／横
〔角⑦〕	【角⑦】	解／确	〔虚⑫〕	【虚⑪】	墟／歔
〔奐⑨〕	【奂⑦】	换／痪	〔異⑫〕	【異⑪】	冀／戴
〔㡇⑧〕	【肖⑦】	敝／弊	〔象⑫〕	【象⑪】	像／橡
〔耳⑧〕	【耳⑦】	敢／嚴	〔奥⑬〕	【奥⑫】	澳／襖
〔者⑨〕	【者⑧】	都／著	〔普⑬〕	【普⑫】	譜／氆

· 1793 ·

二、聲部筆畫檢字表

説明：
本表編排以聲符字爲綱。聲符字的排列以筆畫數多少爲依據。聲符字筆畫數相同者合在一起，按起筆筆形橫（一）、竪（丨）、撇（丿）、點（、）、折（一）順序排列，並注上"1、2、……"編號。

檢字步驟：
1. 數清楚要查找的文字的聲符筆畫數，找到相應的聲符字欄目。如：要找"弛"字，"弛"的聲符"也"爲三畫，在《聲部筆畫檢字表》的"三畫"聲符字集中找到"也"。
2. 在聲符字集中找到聲符的編號。如"也"在三畫聲符字集中編號爲33。
3. 根據聲符的編號找到相關的條目。如"弛"在"也聲"的第2、5、8條。

一　畫

乙

軋圸 ·· 3

二　畫

1. 十　2. 丁　3. 丂　4. 卜　5. 八　6. 乂　7. 勹　8. 匕　9. 几　10. 九　11. 乃　12. 丩　13. 刀　14. 力　15. 又　16. 马

1. 十
什汁 ·· 3

2. 丁
（1）釘虹叮打町盯虰 ·· 4
（2）訂亭成矴 ··· 5

1794

二、聲部筆畫檢字表・二畫

  (3) 汀㕰𡧃䴏町 ··· 6

  (4) 圢庁奵汀 ·· 7

  (5) 頂/底 ·· 8

3. 丂

  (1) 考朽 ··· 8

  (2) 巧/好 ·· 9

  (3) 攷/敲 ·· 9

4. 卜

  (1) 赴訃 ·· 10

  (2) 圤卦赴 ·· 10

  (3) 仆/踣 ··· 11

  (4) 𩚃/哺 ··· 11

5. 八

  (1) 𩢲八 ·· 12

  (2) 穴龣扒 ·· 12

  (3) 朳扒 ·· 13

  (4) 釟/辦 ··· 13

6. 乂

  嬖忢虤 ·· 13

7. 勹

  包勻匋 ·· 14

8. 匕

  (1) 牝麀杮 ·· 15

  (2) 帔/破 ··· 16

  (3) 疕/痞 ··· 16

9. 几

  飢𠘧 ·· 17

10. 九

  (1) 艽紈 ·· 17

  (2) 紈虓𠮧㡰 ··· 18

  (3) 軌厹 ·· 19

  (4) 勼/具 ··· 19

  (5) 馗/衢 ··· 20

1795

11. 乃
 (1) 仍扔艿訒 ………………………………………………………… 21
 (2) 迺扔 …………………………………………………………… 21

12. 丩
 (1) 糾疞艽朻茮觓 ………………………………………………… 22
 (2) 糾疞觓 ………………………………………………………… 23
 (3) 叫軌朻訆 ……………………………………………………… 23

13. 刀
 (1) 刀魛 …………………………………………………………… 24
 (2) 魛艻 …………………………………………………………… 24
 (3) 召叨剾蚤 ……………………………………………………… 25
 (4) 炤剾 …………………………………………………………… 26
 (5) 刏／悄 ………………………………………………………… 26

14. 力
 (1) 仂劦扐 ………………………………………………………… 27
 (2) 防朸艻肋觔觔 ………………………………………………… 27
 (3) 扐／零 ………………………………………………………… 28
 (4) 勞艻朸 ………………………………………………………… 29

15. 又
 友右 ………………………………………………………………… 30

16. 弓
 (1) 氾苐弓 ………………………………………………………… 30
 (2) 弓／䧹 ………………………………………………………… 31

三 畫

1. 三 2. 干 3. 于 4. 工 5. 土 6. 士 7. 才 8. 寸 9. 大 10. 丈
11. 兀 12. 弋 13. 小 14. 口 15. 山 16. 千 17. 毛 18. 乞 19. 川 20. 彡
21. 夕 22. 久 23. 勺 24. 凡 25. 丸 26. 及 27. 亡 28. 丫 29. 卂 30. 己
31. 巳 32. 子 33. 也 34. 女 35. 刃 36. 叉 37. 幺

1. 三
 仨／參 ……………………………………………………………… 31

2. 干
 (1) 扞奸 ·· 32
 (2) 竿岸軒罕骭仟杆 ·· 33
 (3) 扞靬釬閈 ·· 34
 (4) 旱奸靬飦 ·· 35
 (5) 扞馯赶骭 ·· 36
 (6) 盰齗訐 ·· 37
 (7) 烎骭罕虷 ·· 37
 (8) 矸頇 ·· 38
 (9) 扞衦矸 ·· 39

3. 于
 (1) 宇芋弙盱衧杅竽 ·· 39
 (2) 夸訏 ·· 41
 (3) 杇軒迂紆釪盂盰 ·· 41
 (4) 翌汙 ·· 43
 (5) 忏疜 ·· 43
 (6) 圩汙 ·· 44
 (7) 迂盱 ·· 44

4. 工
 (1) 江虹堆仜玒紅扛杠矼豇肛軒谹舡吜舡訌颳缸項岎空 ····················· 45
 (2) 粠紅 ·· 48
 (3) 釭肛 ·· 49

5. 土
 (1) 吐土 ·· 49
 (2) 肚靯 ·· 50

6. 士
 仕/事 ·· 50

7. 才
 (1) 鼒/柴 ·· 51
 (2) 材豺 ·· 52
 (3) 烖/災 ·· 52
 (4) 在存 ·· 52

· 1797 ·

8. 寸

(1) 寸刌 ·· 53

(2) 忖/思 ·· 54

9. 大

杕妖 ·· 54

10. 丈

杖仗 ·· 55

11. 兀

(1) 扤軏鼿魀 ·· 55

(2) 屼芜靰杌阢 ·· 56

(3) 跀髡 ·· 57

(4) 朾屼髡 ·· 58

(5) 疣瓻 ·· 59

12. 弋

(1) 黓酨衪 ·· 59

(2) 忲杙 ·· 60

(3) 忒代 ·· 60

(4) 貳/飴 ·· 60

13. 小

(1) 魦芥朴 ·· 61

(2) 鈔/俏 ·· 62

(3) 肖/像 ·· 62

14. 口

(1) 釦訋 ·· 63

(2) 扣/拷 ·· 63

15. 山

(1) 仙疝 ·· 64

(2) 汕/涮 ·· 64

(3) 訕/哂 ·· 65

(4) 籼/先 ·· 65

16. 千

(1) 千仟 ·· 66

(2) 千芊 ·· 66

  (3) 犳芌 ·· 66

17. 乇
  (1) 托託宅杔任 ·· 67
  (2) 矺魠 ··· 68
  (3) 胙魠 ··· 69
  (4) 託任 ··· 69
  (5) 秅/紽 ·· 70
  (6) 頙飥粍 ··· 70

18. 乞
  (1) 訖迄頜忔鈖吃汔飵 ·· 71
  (2) 仡圪屹疙扢 ·· 73
  (3) 仡虩 ··· 74
  (4) 矻乾秃起 ·· 74
  (5) 刉鮩齀 ··· 75

19. 川
  (1) 順訓馴巡 ·· 76
  (2) 釧剚紃 ··· 77

20. 彡
    彭杉雩衫釤彤燖 ··· 78

21. 夕
    汐歺 ··· 80

22. 久
  (1) 疚灻玖 ··· 80
  (2) 玖灸 ··· 81

23. 勺
  (1) 的靮駒玓汋昍 ··· 82
  (2) 朸妁杓 ··· 83
  (3) 扚矽趵 ··· 84
  (4) 釣酌 ··· 84
  (5) 妁黓 ··· 85
  (6) 颰帉 ··· 86
  (7) 約豹杓颰 ·· 86
  (8) 杓釣 ··· 87

24. 凡
  (1) 汎帆仉梵風颿 …… 87
  (2) 芃/蓬 …… 88

25. 丸
  (1) 紈芄 …… 89
  (2) 骫/彎 …… 90

26. 及
  (1) 衱芨疲馺級扱 …… 90
  (2) 汲扱吸靸 …… 92
  (3) 伋圾岌馺 …… 92
  (4) 岌破 …… 93
  (5) 鵈鈒 …… 94
  (6) 皈鮁 …… 94
  (7) 扱汲靸 …… 95
  (8) 毯靸跂皈 …… 95
  (9) 舨岋 …… 96

27. 亡
  (1) 忘盲氓甿喪妄 …… 96
  (2) 㝱亢汇 …… 98
  (3) 汇盲肓 …… 99
  (4) 罔㡀 …… 100
  (5) 妄室 …… 100

28. 丫
  杈髽 …… 101

29. 卂
  (1) 迅汛 …… 101
  (2) 汛/信 …… 102
  (3) 狥/鮽 …… 102
  (4) 籵/殘 …… 103

30. 己
  (1) 記紀 …… 103
  (2) 妃配 …… 104
  (3) 屺圮 …… 104

| (4) 忋/靠 ·· 105
| (5) 改/更 ·· 106
| (6) 配/陪 ·· 106
31. 巳
| 起/興 ··· 107
32. 子
| (1) 仔籽籿杍 ··· 107
| (2) 字孖 ·· 108
33. 也
| (1) 扡紃貤馳秖施 ···································· 109
| (2) 弛訑跅忚 ··· 110
| (3) 阤袘 ·· 111
| (4) 迆訑秕阤 ··· 111
| (5) 貤阤施弛迆 ······································· 113
| (6) 貤髢 ·· 114
| (7) 蚆鉇 ·· 114
| (8) 弛阤 ·· 115
34. 女
| 籹籹如 ·· 115
35. 刃
| (1) 朚靭紉 ·· 116
| (2) 忍靭訒 ·· 117
| (3) 韌䏰紉 ·· 118
36. 叉
| 釵杈衩汊扠跉訤 ······································ 118
37. 幺
| 幼囨丝 ·· 120

四　畫

1. 丰　2. 井　3. 夫　4. 元　5. 云　6. 帀　7. 支　8. 丐　9. 不　10. 仄
11. 太　12. 厷　13. 尤　14. 巨　15. 牙　16. 屯　17. 比　18. 切　19. 止　20. 少
21. 曰　22. 日　23. 丹　24. 中　25. 内　26. 午　27. 毛　28. 壬　29. 升　30. 夭

二、聲部筆畫檢字表·四畫

31. 片 32. 化 33. 斤 34. 爪 35. 介 36. 爻 37. 今 38. 分 39. 反 40. 公
41. 乏 42. 月 43. 氏 44. 勿 45. 欠 46. 勻 47. 卬 48. 文 49. 亢 50. 方
51. 斗 52. 尤 53. 心 54. 夬 55. 引 56. 弔 57. 丑 58. 爿 59. 巴 60. 办
61. 允 62. 予

1. 丰

　　芉邦胖 ··· 121

2. 井

　　(1) 穽汫 ··· 121

　　(2) 姘/婧 ··· 122

3. 夫

　　(1) 麩肤秩 ··· 122

　　(2) 扶/輔 ··· 123

4. 元

　　(1) 杬頑完 ··· 123

　　(2) 蚖笎 ··· 124

　　(3) 飢肮朊 ··· 124

　　(4) 忨輄 ··· 125

　　(5) 刓髨抏 ··· 126

　　(6) 魭靦 ··· 126

　　(7) 頑刓飢 ··· 126

5. 云

　　(1) 园沄雲 ··· 127

　　(2) 賱雲紜転忶伝 ··· 128

　　(3) 眃/暈 ··· 129

6. 帀

　　迊/匝 ··· 129

7. 支

　　(1) 芰跂敲翅枝岐郂肢歧 ···································· 130

　　(2) 忮馶技这忮頍 ··· 131

　　(3) 魖妓蚑廷頍 ·· 132

　　(4) 忮穀馶 ··· 133

　　(5) 敚鳷汥 ··· 133

8. 丏
眄丐 ·· 134

9. 不
(1) 芣丕碩胚怀 ·· 134

(2) 否肧否坏䬃 ·· 135

(3) 抔／捧 ·· 136

10. 仄
昃／側 ·· 137

11. 太
汰忕 ·· 137

12. 厷
雄宏浤吰砿屹汯宖 ·· 138

13. 尤
(1) 肬蚘 ·· 139

(2) 煩忧 ·· 140

14. 巨
(1) 虡鉅 ·· 140

(2) 距拒 ·· 141

(3) 柜拒 ·· 142

15. 牙
(1) 芽玡 ·· 142

(2) 訝忬呀 ·· 143

(3) 枒庌齖疨 ··· 144

(4) 砑岈呀 ·· 144

(5) 迓／迎 ·· 145

(6) 砑／壓 ·· 146

16. 屯
(1) 窀黗鈍飩沌忳吨盹旽伅 ·· 146

(2) 魨飩囤 ·· 148

(3) 笔肫邨庉軘坉囷㷓炖駤 ·· 148

(4) 㧢頓 ·· 150

(5) 純酏 ·· 150

(6) 純炖奄 ·· 151

二、聲部筆畫檢字表・四畫

　　(7) 迍芚忳頓 …………………………………………………………… 151
17. 比
　　(1) 枇肶岯坒毗 …………………………………………………………… 152
　　(2) 紕舭妣 ………………………………………………………………… 153
　　(3) 秕／瘧 ………………………………………………………………… 153
18. 切
　　　刜紉 ……………………………………………………………………… 154
19. 止
　　(1) 趾址杫砋沚 …………………………………………………………… 155
　　(2) 紐／集 ………………………………………………………………… 155
　　(3) 祉／裎 ………………………………………………………………… 156
20. 少
　　(1) 眇杪秒紗妙炒敽紗耖仯魦魦 ………………………………………… 156
　　(2) 訬舢 …………………………………………………………………… 158
　　(3) 秒妙 …………………………………………………………………… 159
　　(4) 魦／長 ………………………………………………………………… 159
21. 曰
　　　吷颭汩 …………………………………………………………………… 160
22. 日
　　　豵衵涅 …………………………………………………………………… 160
23. 冄
　　(1) 詽䎳𦭜苒抩 …………………………………………………………… 161
　　(2) 朏袡 …………………………………………………………………… 162
　　(3) 呷苒痳 ………………………………………………………………… 163
　　(4) 髯姌苒䎳笘 …………………………………………………………… 163
　　(5) 蚒甜 …………………………………………………………………… 164
24. 中
　　(1) 衷坤 …………………………………………………………………… 164
　　(2) 仲忠舯 ………………………………………………………………… 165
　　(3) 翀鵆沖忡 ……………………………………………………………… 166
　　(4) 蛊／終 ………………………………………………………………… 166
25. 內
　　(1) 納汭抐妠枘 …………………………………………………………… 167

(2) 芮䄆貃䄏 …………………………………………………………………… 168

26. 午

　　(1) 忤迕仵赶 ………………………………………………………………… 169

　　(2) 汻迕 ……………………………………………………………………… 169

　　(3) 許/可 …………………………………………………………………… 170

27. 毛

　　(1) 旄髦氂毣芼牦毦 ………………………………………………………… 170

　　(2) 眊髳耄酕 ………………………………………………………………… 171

　　(3) 秏坄 ……………………………………………………………………… 172

28. 壬

　　(1) 廷呈 ……………………………………………………………………… 173

　　(2) 任妊 ……………………………………………………………………… 174

29. 升

　　扲昇陞 ……………………………………………………………………… 174

30. 夭

　　(1) 杴沃飫 …………………………………………………………………… 175

　　(2) 獒杴 ……………………………………………………………………… 176

　　(3) 伕/曲 …………………………………………………………………… 176

31. 片

　　汧肼辨 ……………………………………………………………………… 177

32. 化

　　訛媿釽 ……………………………………………………………………… 178

33. 斤

　　(1) 听訢忻 …………………………………………………………………… 179

　　(2) 近靳靳忻岓圻 …………………………………………………………… 179

　　(3) 頎齗听劤圻 ……………………………………………………………… 180

　　(4) 斨斷 ……………………………………………………………………… 181

34. 爪

　　笊抓 ………………………………………………………………………… 182

35. 介

　　(1) 玠奔 …………………………………………………………………… 182

　　(2) 衸尬岕界魪骱岕疥齘 ………………………………………………… 183

　　(3) 疥蚧 …………………………………………………………………… 185

(4) 髣駖帉 ··· 185
　　(5) 芥吩 ··· 186
　　(6) 砏魸魵 ··· 186
　　(7) 芥價砏魸 ··· 187
　　(8) 圿疛 ··· 188
　　(9) 斉/個 ··· 188
36. 爻
　　(1) 肴駁笅絞砢鮫 ··· 189
　　(2) 㸚/効 ··· 190
37. 今
　　(1) 含欱黔龕笒肣念 ··· 190
　　(2) 衾岑矜紟鈐 ··· 191
　　(3) 靲紟鈐衿䶴會霒 ··· 192
　　(4) 黔鵀 ··· 193
　　(5) 矜笒 ··· 194
　　(6) 貪 ··· 194
38. 分
　　(1) 攽盼貧粉坋 ··· 195
　　(2) 氛芬忿酚 ··· 196
　　(3) 鴛魵份魵紛玢酚氀訜 ··· 196
　　(4) 朌翂粉 ··· 198
　　(5) 鳻俯頒坋砏衸 ··· 198
　　(6) 坌粉扮鴦 ··· 199
　　(7) 弅盼 ··· 200
39. 反
　　(1) 返販販貶䡊疲忦扳 ··· 200
　　(2) 版粄鈑畈 ··· 202
　　(3) 阪/陂 ··· 202
40. 公
　　(1) 忩松䬃 ··· 203
　　(2) 鉛蚣鬆 ··· 204
41. 乏
　　(1) 芝泛柉 ··· 204

（2）窆貶砭 205

42. 月
朏拐 206

43. 氐
（1）泜䟣 206

（2）袛軧秪 207

44. 勿
（1）吻䝇 208

（2）刎歾 208

（3）昒忽沕 209

（4）昒迗 209

（5）物/繁 210

45. 欠
坎/坑 211

46. 匀
均 𦥑 鈞酌眗袀构韵 211

47. 卬
仰昂䘔迎峁 215

48. 文
（1）彣馼鳼鮫紋雯斂 216

（2）紊忞旼 217

49. 亢
（1）沆魧䬻阬牞閌頏骯肮吭瓨忼抗 218

（2）伉犺浂坑𥙷劷 220

（3）伉苀抗 221

（4）坑岕䡇 222

（5）笐远 223

（6）炕魧 223

50. 方
（1）枋鈁祊舫雍 224

（2）肪雱旁 224

（3）防妨 225

（4）仿昉 226

　　　　(5) 房旁魴舫 …………………………………………………………… 226
　　　　(6) 趽防 ……………………………………………………………… 227
51. 斗
　　　　(1) 料斝蚪斜䀑 ……………………………………………………… 228
　　　　(2) 阧抖 ……………………………………………………………… 228
52. 尢
　　　　(1) 耽枕眈煩沈酖酖疧跣 …………………………………………… 229
　　　　(2) 髧紞扰紤沈魫鈂 ………………………………………………… 230
　　　　(3) 訦忱 ……………………………………………………………… 232
53. 心
　　　　(1) 䡈芯 ……………………………………………………………… 232
　　　　(2) 沁吣 ……………………………………………………………… 232
54. 夬
　　　　(1) 玦胦缺陕歘突疾袂决觖関 ……………………………………… 233
　　　　(2) 訣殃 ……………………………………………………………… 234
　　　　(3) 赽釱契 …………………………………………………………… 235
　　　　(4) 快趹駃狭 ………………………………………………………… 235
　　　　(5) 叏呹翃颭 ………………………………………………………… 236
55. 引
　　　　靷紖蚓矧 …………………………………………………………… 237
56. 弔
　　　　(1) 䢩/到 ……………………………………………………………… 238
　　　　(2) 弔/釣↲ ………………………………………………………… 238
57. 丑
　　　　羞䶜杻鈕 …………………………………………………………… 239
58. 丳
　　　　壯䩔㹂牂戕 ………………………………………………………… 239
59. 巴
　　　　(1) 鈀爬杷䶨耙 ……………………………………………………… 240
　　　　(2) 芭蚆把杷岊靶毦皅髺笆 ………………………………………… 241
　　　　(3) 妑䰾笆杷 ………………………………………………………… 242
　　　　(4) 疤耙粑 …………………………………………………………… 243

· 1808 ·

60. 刅

刱/戕傷 ·············· 244

61. 允

(1) 阭鈗 ·············· 244

(2) 夋吮 ·············· 245

62. 予

(1) 豫仔舒 ·············· 246

(2) 紓序抒 ·············· 246

(3) 紓忬 ·············· 247

(4) 序/緒 ·············· 248

(5) 忬/愉 ·············· 248

五　畫

1. 未　2. 末　3. 示　4. 正　5. 去　6. 甘　7. 世　8. 古　9. 本　10. 朮
11. 可　12. 卟　13. 丙　14. 左　15. 丕　16. 石　17. 右　18. 布　19. 发　20. 平
21. 戊　22. 北　23. 占　24. 旦　25. 目　26. 且　27. 甲　28. 申　29. 田　30. 由
31. 只　32. 央　33. 兄　34. 冋　35. 四　36. 凸　37. 生　38. 矢　39. 失　40. 乍
41. 禾　42. 丘　43. 付　44. 代　45. 白　46. 斥　47. 瓜　48. 仌　49. 参　50. 乎
51. 令　52. 氏　53. 句　54. 册　55. 卯　56. 冬　57. 夗　58. 包　59. 主　60. 市
61. 立　62. 玄　63. 半　64. 氾　65. 宁　66. 穴　67. 它　68. 宂　69. 尼　70. 必
71. 永　72. 司　73. 艮　74. 尼　75. 民　76. 弗　77. 弘　78. 疋　79. 出　80. 癹
81. 奴　82. 召　83. 加　84. 皮　85. 弁　86. 台　87. 矛　88. 母　89. 幼

1. 未

昧眛寐魅 ·············· 249

2. 末

(1) 𪍑抹 ·············· 250

(2) 秣/哺 ·············· 250

(3) 抹袜帓䘃 ·············· 251

3. 示

际役 ·············· 251

4. 正

(1) 証整政竀頱 ·············· 252

(2) 定朾 ………………………………………………………… 253
(3) 侹定眐 ……………………………………………………… 254

5. 去
   (1) 抾祛坎 ……………………………………………………… 255
   (2) 阹笒屄弆 …………………………………………………… 256
   (3) 痃怯 ……………………………………………………… 257

6. 甘
   (1) 昔柑笱蚶肝 ………………………………………………… 257
   (2) 黕拑紺鉗蚶甜咁泔 ………………………………………… 258
   (3) 泔酣猒魽 …………………………………………………… 260

7. 世
   (1) 泄齛諜疶 …………………………………………………… 261
   (2) 跇迣 ………………………………………………………… 262
   (3) 抴緤枻袣鞢 ……………………………………………… 262

8. 古
   (1) 詁故痼眙胡 ………………………………………………… 263
   (2) 祜苦盬鈷瓳胡 …………………………………………… 264
   (3) 殏枯瓳骷 …………………………………………………… 266
   (4) 苦枯盬 ……………………………………………………… 266
   (5) 飴咕黏估 …………………………………………………… 267
   (6) 居跍 ………………………………………………………… 268
   (7) 沽酤估 ……………………………………………………… 269

9. 本
   体/蠮 ……………………………………………………………… 269

10. 术
    (1) 述術詶 …………………………………………………… 270
    (2) 秫/稑 ……………………………………………………… 271

11. 可
    (1) 駆問阿岢齣歌舸訶 ……………………………………… 271
    (2) 柯珂笴柯 ………………………………………………… 273
    (3) 軻齣跒 …………………………………………………… 274
    (4) 苛舸鈳柯 ………………………………………………… 274

12. 朿
  (1) 梾肺樀 ·· 275
  (2) 秫/積 ·· 276
  (3) 痳/玭 ·· 276
13. 丙
  (1) 柄病 ·· 277
  (2) 怲病 ·· 277
  (3) 病怲炳鈵 ·· 278
14. 左
  (1) 尣袏 ·· 278
  (2) 佐/助 ·· 279
15. 丕
  (1) 胚坯酥 ··· 279
  (2) 伾苤頚岯 ·· 280
  (3) 岯秛鈈 ··· 281
16. 石
  (1) 磔祏拓 ··· 282
  (2) 碩矵妬肵拓鼫 ·· 282
  (3) 跖沰 ·· 284
  (4) 祏橐 ·· 284
17. 右
  佑祐 ··· 285
18. 布
  拂佈 ··· 285
19. 犮
  (1) 祓芨拔軷 ·· 286
  (2) 柭髪炦拔茇 ··· 287
  (3) 跋魃拔軷 ·· 288
  (4) 炦坺鼗酸馶颰 ·· 289
  (5) 鈸蚾盋骸 ·· 290
20. 平
  (1) 坪苹枰評閛秤 ·· 291
  (2) 牬羍軯 ··· 292

二、聲部筆畫檢字表・五畫

　　(3) 抨伻羘 ·································· 292

21. 戉
　　(1) 越姚跋颰 ·································· 293
　　(2) 跂/朒 ···································· 294

22. 北
　　背/悖 ······································· 294

23. 占
　　(1) 苫鞊毡 ···································· 295
　　(2) 刮鉆點者 ·································· 296
　　(3) 黏痁帖沾鮎阽跕貼㞐秥 ···················· 296
　　(4) 覘閊 ····································· 298
　　(5) 點聕黇髻詀咕酟鼰 ·························· 299
　　(6) 拈鉆 ····································· 300
　　(7) 战拈點覘 ·································· 300
　　(8) 站砧坫店 ·································· 301

24. 旦
　　(1) 笪亶 ····································· 302
　　(2) 袒黫炟組坦 ································ 302
　　(3) 魠疸 ····································· 303
　　(4) 笪呾苴 ···································· 304
　　(5) 怛蛆 ····································· 304

25. 目
　　舺 ·· 305

26. 且
　　(1) 珇祖姐組醝蛆 ······························ 305
　　(2) 趄粗岨阻踞 ································ 307
　　(3) 粗駔怚查 ·································· 308
　　(4) 苴粗皽怚 ·································· 309
　　(5) 趑笪齟 ···································· 309
　　(6) 苴俎 ····································· 310

27. 甲
　　(1) 柙閘匣 ···································· 311
　　(2) 岬胛 ····································· 312

28. 申

伸胂電坤紳鞝陳眒訷抻神 313

29. 田

畋佃甸 315

30. 由

(1) 岫宙袖笛舳 316

(2) 迪胄紬軸釉甹抽 317

(3) 釉油 318

31. 只

(1) 迟秪 319

(2) 齞枳 319

32. 央

(1) 訣快 320

(2) 柍胦 320

(3) 泱快盎映 321

(4) 映笶蚾映醠 322

(5) 坱炴泱 323

33. 兄

況怳 323

34. 冋

(1) 迥坰 324

(2) 炯泂駉 325

35. 四

牭駟 326

36. 凸

喦/歪 326

37. 生

(1) 性姓眚銈甡 327

(2) 胜狌鮏 327

(3) 星鉎 328

38. 矢

医䀛詤疾 329

(3) 狎押翈鞭魣 312

39. 失
(1) 佚詄怢跌眣 ·········· 330
(2) 迭秩騺軼紩 ·········· 331
(3) 眣胅泆軼突 ·········· 332
(4) 秩迭帙袟 ·········· 333
(5) 扶趺 ·········· 334
(6) 魌趹 ·········· 335
(7) 佚泆 ·········· 335

40. 乍
(1) 迮昨作柞窄蚱炸筰 ·········· 336
(2) 厏鲊詐岞痄 ·········· 338
(3) 阼酢胙飵 ·········· 338

41. 禾
和盉鉌委 ·········· 339

42. 丘
坵鵚 ·········· 340

43. 付
(1) 祔符柎鳺駙附耐苻鈰射蚹胕 ·········· 341
(2) 軵/復 ·········· 343

44. 代
黛甙玳 ·········· 344

45. 白
(1) 鲌泊 ·········· 344
(2) 怕皰粕 ·········· 345
(3) 迫洦赸 ·········· 345

46. 斥
(1) 坼庍 ·········· 346
(2) 泝訴 ·········· 347

47. 瓜
(1) 柧觚窊 ·········· 347
(2) 罛孤胍瓡袛 ·········· 348

48. 㕣
沿/緣 ·········· 349

· 1814 ·

49. 参

(1) 趁駗珍砂 349

(2) 挊紗軫 350

(3) 珍衫 351

(4) 參眇紾 352

50. 乎

評/叫 353

51. 令

(1) 玲笭泠斡舲拎吟砱 353

(2) 伶零跉竛泠冷 354

(3) 玲聆刢怜伶 355

(4) 酃玲泠 356

(5) 鈴幹舲鴒瓴閝吟岭羚翎號 357

(6) 伶詅 358

52. 氐

(1) 柢胝軧低底骶靻 359

(2) 抵詆砥牴舐 360

53. 句

(1) 跔笱鉤翑雊朐劬疴軥 361

(2) 呴袧 363

(3) 駒狗豞枸呴䞳 364

(4) 拘鉤 365

(5) 呴欨 365

(6) 朐朐趜 366

(7) 夠飽朐 367

54. 册

酚柵 367

55. 卯

夘聊峁 368

56. 冬

炵佟 369

57. 夗

(1) 盌宛蛋夎訰 369

(2) 苑怨 ……………………………………………………………… 371

58. 包

(1) 苞胞麭匏袍裒炮泡鮑麃 …………………………………… 371

(2) 泡脃窀 ………………………………………………………… 373

(3) 鮑酟皰 ………………………………………………………… 374

(4) 飽枹蚫珀苞 …………………………………………………… 374

(5) 鉋跑鞄 ………………………………………………………… 375

(6) 雹炮跑咆麃 …………………………………………………… 376

(7) 胞炮孢 ………………………………………………………… 377

59. 主

(1) 駐住跓靽註迬砫紸 …………………………………………… 377

(2) 柱拄砫 ………………………………………………………… 378

(3) 瑧狟黔 ………………………………………………………… 379

(4) 注疰 …………………………………………………………… 380

60. 市

柿鈰 ……………………………………………………………… 380

61. 立

鴗粒泣 …………………………………………………………… 381

62. 玄

(1) 袨眩駭 ………………………………………………………… 382

(2) 炫衒 …………………………………………………………… 383

(3) 眩眩詃衒 ……………………………………………………… 383

63. 半

(1) 泮料胖伴拌牉 ………………………………………………… 384

(2) 判叛踸拌牉 …………………………………………………… 385

(3) 畔胖 …………………………………………………………… 386

64. 氾

笵/模 …………………………………………………………… 387

65. 宁

貯㝉眝甯佇竚泞坾 ……………………………………………… 387

66. 穴

沇貁坑祆宆芎 …………………………………………………… 388

67. 它

 (1) 佗扡駝跎 ··· 389

 (2) 鮀沱鉈陀駞酏䄘紽跎瓵坨砤舵 ································ 390

 (3) 牠羓 ··· 392

68. 宂

 宂／慵 ·· 392

69. 㐆

 挹軜陰 ·· 393

70. 必

 (1) 祕慮宓怭覕閟㘩 ·· 394

 (2) 苾飶 ··· 395

 (3) 胇馝咇密 ·· 396

 (4) 拟跛柲 ·· 396

 (5) 泌颮欥 ·· 397

 (6) 閟酩 ··· 398

 (7) 鉍／庇 ·· 398

71. 永

 泳詠 ·· 399

72. 司

 (1) 詞嗣 ··· 400

 (2) 伺／侍 ·· 400

 (3) 飼／賜 ·· 401

73. 䒳

 愡／弱 ·· 401

74. 尼

 (1) 泥䖘昵柅䛏迡抳 ·· 402

 (2) 怩跜旎 ·· 404

75. 民

 (1) 敯頣 ··· 404

 (2) 悗泯昬 ·· 405

 (3) 筁䡙 ··· 405

76. 弗

 (1) 苐笰䘏砩怫 ··· 406

二、聲部筆畫檢字表・五畫

  (2) 曹佛 ……………………………………………………… 407
  (3) 髴紼 ……………………………………………………… 408
  (4) 拂梻颰埄烍晛 …………………………………………… 408
  (5) 㖿拂怫 …………………………………………………… 409

77. 弘
  泓玜 ………………………………………………………… 410

78. 疋
  疏䟛 ………………………………………………………… 411

79. 出
  (1) 祟䒳朏窋疷頧黜泏秫㐼 ………………………………… 411
  (2) 屈䝿詘拙袽 ……………………………………………… 413
  (3) 詘柮欪拙鈾聉 …………………………………………… 414
  (4) 赸怵詘 …………………………………………………… 415
  (5) 屈蛆 ……………………………………………………… 416

80. 攴
  𤕟/徐 ………………………………………………………… 417

81. 奴
  (1) 笯帑 ……………………………………………………… 417
  (2) 督努呶 …………………………………………………… 418
  (3) 弩怒努呶鶿 ……………………………………………… 418

82. 召
  (1) 韶佋貂沼軺餂矤魹帢鉊 ………………………………… 419
  (2) 超劭峴迢邵紹 …………………………………………… 421
  (3) 韶劭玿 …………………………………………………… 422
  (4) 柖弨 ……………………………………………………… 422
  (5) 詔岹招昭 ………………………………………………… 423

83. 加
  (1) 架駕 ……………………………………………………… 423
  (2) 賀駕架 …………………………………………………… 424
  (3) 嘉哿 ……………………………………………………… 425
  (4) 枷架 ……………………………………………………… 426
  (5) 枷/夾 …………………………………………………… 426
  (6) 痂/疥 …………………………………………………… 427

84. 皮
 (1) 疲旇 …… 427
 (2) 詖簸柀破魮披鈹耚皻波皱 …… 428
 (3) 彼貱紴夞髲被 …… 430
 (4) 波披陂駊佊跛頗 …… 431

85. 弁
 抃開 …… 435

86. 台
 (1) 怠佁 …… 436
 (2) 蛤炲 …… 436
 (3) 怡哈 …… 437
 (4) 詒髻 …… 437
 (5) 給怠瘩殆 …… 438

87. 矛
 (1) 敄楙髳 …… 439
 (2) 鉾髳袤 …… 440
 (3) 雺䨭 …… 440
 (4) 柔／弱 …… 441

88. 母
 (1) 姆㛄拇 …… 441
 (2) 拇苺 …… 442
 (3) 每／茂 …… 443
 (4) 坶／坏 …… 443

89. 幼
 (1) 窈芴 …… 444
 (2) 坳呦呦 …… 444
 (3) 魸蚴勏黝 …… 445
 (4) 蚴拗䢇 …… 446

六　畫

1. 刅　2. 开　3. 刑　4. 戎　5. 圭　6. 寺　7. 吉　8. 考　9. 巩　10. 耳
11. 共　12. 芒　13. 亘　14. 臣　15. 朿　16. 西　17. 戍　18. 百　19. 有　20. 而

21. 夸 22. 灰 23. 列 24. 成 25. 夷 26. 至 27. 朮 28. 此 29. 光 30. 邑
31. 呂 32. 同 33. 因 34. 回 35. 朱 36. 先 37. 廷 38. 竹 39. 休 40. 伏
41. 臼 42. 伐 43. 延 44. 任 45. 自 46. 血 47. 囟 48. 后 49. 行 50. 辰
51. 全 52. 合 53. 兆 54. 肎 55. 危 56. 旬 57. 旨 58. 匈 59. 名 60. 各
61. 多 62. 争 63. 亦 64. 交 65. 衣 66. 次 67. 亢 68. 亥 69. 充 70. 州
71. 并 72. 米 73. 芦 74. 宅 75. 字 76. 安 77. 聿 78. 艮 79. 如 80. 劦
81. 牟 82. 厽 83. 丝

1. 㓞
　(1) 齧栔契挈 ………………………………………………………… 446
　(2) 齧鬩 …………………………………………………………… 447

2. 开
　(1) 跰朶枅汧岍 ……………………………………………………… 448
　(2) 葉蚈軒 ………………………………………………………… 449
　(3) 豜麗犴訮 ……………………………………………………… 450

3. 刑
　型侀 ……………………………………………………………… 451

4. 戎
　(1) 絨髳毧羢筬䝋 …………………………………………………… 452
　(2) 狨荿絨 ………………………………………………………… 452

5. 圭
　(1) 珪窐閨袿 ……………………………………………………… 453
　(2) 臬哇 …………………………………………………………… 454
　(3) 絓罫 …………………………………………………………… 455
　(4) 洼窐眭 ………………………………………………………… 455
　(5) 挂畦 …………………………………………………………… 456

6. 寺
　(1) 庤持洔 ………………………………………………………… 457
　(2) 待侍時等 ……………………………………………………… 458
　(3) 時畤 …………………………………………………………… 459
　(4) 涛峙 …………………………………………………………… 459
　(5) 恃待持侍 ……………………………………………………… 460

7. 吉
　(1) 硈黠佶鮚結 …………………………………………………… 461

1820

二、聲部筆畫檢字表·六畫

  (2) 頡桔趌 ·· 462

  (3) 袺鴶拮 ·· 463

  (4) 拮劼 ·· 464

8. 考

  (1) 拷/攷 ·· 464

  (2) 銬/扣 ·· 465

9. 巩

  (1) 鞏碧 ·· 465

  (2) 銎/孔 ·· 466

  (3) 挚/拱 ·· 466

10. 耳

  (1) 珥刵咡瑵栮䎶眲 ··· 467

  (2) 餌誀䎶鉺 ·· 468

  (3) 佴弭酮 ·· 469

  (4) 茸聳恥 ·· 469

11. 共

  (1) 闀拱莑巷哄 ·· 470

  (2) 闀拱洪 ·· 471

  (3) 洪栱葒珙魟䡀颽䂳哄関 ··· 472

  (4) 恭拱 ·· 474

12. 芒

  (1) 汒/漫 ·· 474

  (2) 鋩/末 ·· 475

13. 亘

  宣烜查 ·· 475

14. 臣

  挋/拯 ·· 476

15. 束

  (1) 萊刺諫紫揀 ·· 477

  (2) 涑趚瘶 ·· 477

16. 西

  栖/碎 ·· 478

17. 戌

威/没 ·· 479

18. 百

(1) 洦陌 ·· 479

(2) 帞袹 ·· 480

19. 有

(1) 囿畗 ·· 481

(2) 侑/佑 ··· 481

20. 而

栭胹洏鰤髵耎需聏 ··· 482

21. 夸

(1) 誇胯刳瓠洿挎綍 ·· 483

(2) 跨䠯侉恗 ··· 485

22. 灰

(1) 恢/宏 ··· 485

(2) 詼/謔 ··· 486

23. 列

(1) 裂翷鴷咧 ·· 486

(2) 栵梨鴷峛笀 ··· 487

(3) 烈洌冽颲痢 ··· 488

24. 成

盛宬城 ·· 489

25. 夷

(1) 羠稦栘胰 ·· 489

(2) 鮧洟羮 ·· 490

(3) 徲羠雼 ·· 491

26. 至

(1) 桎座室閨駤痊 ·· 492

(2) 致垤 ··· 493

(3) 挃荎咥齕蛭 ··· 494

27. 朮

(1) 叔/收 ··· 495

(2) 宋/静 ··· 495

28. 此
(1) 玼紫 ·· 496

(2) 玭柴髭鎈妣枇呰佌貲疵魾 ·· 497

(3) 呰訾疵 ··· 498

(4) 雌婋 ··· 499

29. 光
(1) 洸晃硄 ··· 500

(2) 侊駫挄晄 ·· 500

30. 㠯
窅/窅 ··· 502

31. 呂
閭綹侶舮 ··· 502

32. 同
(1) 衕迵筒洞峒甋絧祠桐 ··· 503

(2) 鮦鮦桐祠甋筒 ·· 505

(3) 詷眮侗哃 ·· 505

(4) 駧洞 ··· 506

33. 因
(1) 捆茵姻 ··· 507

(2) 咽欭烟 ··· 508

34. 回
(1) 洄迴徊 ··· 508

(2) 佪恛 ··· 509

35. 朱
(1) 袾絑穌硃 ·· 510

(2) 銖侏珠瓴味 ·· 511

(3) 誅殊 ··· 512

36. 先
(1) 詵侁駪毨 ·· 513

(2) 跣洗銑硔 ·· 514

37. 廷
莛綎娗挺梃涏珽侹頲脡 ·· 515

38. 竹

竺篤 …… 517

39. 休

(1) 痳庥茠 …… 517

(2) 貅鵂咻 …… 518

40. 伏

(1) 鞦栿 …… 519

(2) 絥袱 …… 519

(3) 洑茯 …… 520

(4) 軙/縛 …… 520

41. 臼

(1) 齨臬 …… 521

(2) 柏鴭 …… 521

42. 伐

(1) 筏栰 …… 522

(2) 茷/紛 …… 523

(3) 垡/翻 …… 523

43. 延

(1) 筵裖挻綖蜒莚涎埏侹碫 …… 524

(2) 誕梴狿侹 …… 525

44. 任

(1) 荏紝栠恁飪銋 …… 526

(2) 凭恁誑 …… 527

45. 自

垍/堅 …… 528

46. 血

殈/壞 …… 528

47. 囟

侚絢 …… 529

48. 后

(1) 呴垕骺 …… 530

(2) 垢詬 …… 530

(3) 逅/遘 …… 531

49. 行
   （1）胻珩 ·· 531
   （2）珩衡桁 ·· 532
   （3）符絎 ·· 533
   （4）洐荇 ·· 533

50. 厎
   派覛脈衇 ·· 534

51. 全
   （1）牷詮痊 ·· 535
   （2）詮荃絟 ·· 536

52. 合
   （1）袷迨詥敆翕佮袷頜匌洽閤拾含飴盒恰帢答餄匼匌 ······ 536
   （2）蛤弇晗毨 ·· 539

53. 兆
   （1）垗朓旐 ·· 540
   （2）趒眺祧桃窕挑絩銚鮡覜跳髱 ·································· 541
   （3）珧挑鮡銚駣鼗 ·· 543
   （4）誂佻恌 ·· 544
   （5）窕庣霏 ·· 545
   （6）咷銚狣軯 ·· 545

54. 肏
   肸屑 ·· 546

55. 危
   （1）峗峞桅垝 ·· 547
   （2）祪垝庪詭 ·· 548
   （3）悁佹詭 ·· 549
   （4）佹詭 ·· 549

56. 旬
   （1）徇徇 ·· 550
   （2）恂詢 ·· 550
   （3）姰枸詢 ·· 551
   （4）殉徇 ·· 552
   （5）詢徇殉 ·· 553

(6) 絇昫 …………………………………………………………… 553

　　(7) 袑/垂 ………………………………………………………… 554

57. 旨

　　(1) 鮨鵙 …………………………………………………………… 554

　　(2) 脂稽 …………………………………………………………… 555

58. 匈

　　訩洶恟 …………………………………………………………… 556

59. 名

　　(1) 詺銘 …………………………………………………………… 556

　　(2) 眳/瞑 ………………………………………………………… 557

60. 各

　　(1) 路略格額閣客硌 ……………………………………………… 557

　　(2) 骼笿絡輅袼峉洛 ……………………………………………… 559

　　(3) 舸垎砢 ………………………………………………………… 560

　　(4) 挌蛒詻 ………………………………………………………… 561

　　(5) 客鉻殁 ………………………………………………………… 562

61. 多

　　(1) 侈奲垑胺㝗蛯餖 …………………………………………… 562

　　(2) 袳夡㶊佟㚣㢟 ……………………………………………… 564

　　(3) 移趍迻跢挱 …………………………………………………… 565

　　(4) 痑眵㑅 ………………………………………………………… 566

62. 爭

　　(1) 静睁挣 ………………………………………………………… 567

　　(2) 静凈竫 ………………………………………………………… 567

　　(3) 苧撜 …………………………………………………………… 568

　　(4) 穞挣静 ………………………………………………………… 569

　　(5) 狰㣙 …………………………………………………………… 570

63. 亦

　　(1) 夜/跡 ………………………………………………………… 570

　　(2) 奕/杕 ………………………………………………………… 571

64. 交

　　(1) 茭迒嶯駮筊校郊烄絞鮫鉸胶酵疲佼駮 …………………… 571

　　(2) 皎芟 …………………………………………………………… 573

  (3) 窔/幽 ··· 574
  (4) 狡岐狡骹筊 ··· 574
  (5) 狡恔佼 ··· 575
  (6) 效/學 ·· 576

65. 衣
  (1) 袞㡣底 ·· 576
  (2) 依/倚 ·· 577

66. 次
  (1) 佽茨垐 ·· 578
  (2) 資茨絯 ·· 579
  (3) 佽資 ·· 580
  (4) 軟/紫 ·· 580

67. 㠩
  荒㠩 ·· 581

68. 亥
  (1) 荄骸刻核 ·· 582
  (2) 咳孩欬駭 ·· 582
  (3) 該晐垓賅 ·· 583
  (4) 閡餩頦硋 ·· 584
  (5) 毅奚絯孩烗胲 ·· 585
  (6) 侅/怪 ·· 586

69. 充
  (1) 琉銃 ·· 586
  (2) 慌/慟 ·· 587

70. 州
  (1) 酬訓 ·· 587
  (2) 洲/渚 ·· 588

71. 并
  (1) 骿餅栟併駢姘鉼絣拼餅 ··· 589
  (2) 艵䎙鮩 ·· 591
  (3) 屏屏軿帡 ·· 591

72. 米
  (1) 魤絉眯 ·· 592

  (2) 迷寐眯 …………………………………………………………… 593
  (3) 籹/撫 …………………………………………………………… 594

73. 屰
  (1) 逆朔䇂啈席 …………………………………………………… 594
  (2) 鴬蟒 …………………………………………………………… 595

74. 宅
  (1) 蛇/拓 …………………………………………………………… 596
  (2) 詫/拓 …………………………………………………………… 596

75. 字
  牸㹀荢 ……………………………………………………………… 597

76. 安
  𡼩晏 ………………………………………………………………… 598

77. 聿
  (1) 筆律綍鉡豻硉峍 ……………………………………………… 598
  (2) 肆豻律 ………………………………………………………… 599

78. 艮
  (1) 佷詪狠恨 ……………………………………………………… 600
  (2) 珢齦痕頤銀 …………………………………………………… 601
  (3) 根跟頭 ………………………………………………………… 602
  (4) 垠痕 …………………………………………………………… 602
  (5) 限垠 …………………………………………………………… 603

79. 如
  (1) 絮筎恕笯伽 …………………………………………………… 604
  (2) 帤袽 …………………………………………………………… 605

80. 劦
  協勰協 ……………………………………………………………… 606

81. 牟
  恾/溺 ……………………………………………………………… 606

82. 厽
  絫垒 ………………………………………………………………… 607

83. 丝
  幽/杳 ……………………………………………………………… 607

七　畫

1. 㚅　2. 戒　3. 赤　4. 折　5. 孝　6. 志　7. 劫　8. 耴　9. 求　10. 孛
11. 甫　12. 更　13. 束　14. 吾　15. 豆　16. 酉　17. 夾　18. 夾　19. 龙　20. 坒
21. 至　22. 步　23. 叔　24. 肖　25. 旱　26. 吴　27. 見　28. 助　29. 里　30. 粤
31. 足　32. 困　33. 冒　34. 邑　35. 別　36. 坙　37. 告　38. 我　39. 利　40. 秃
41. 秀　42. 每　43. 攸　44. 余　45. 希　46. 坐　47. 谷　48. 孛　49. 孚　50. 孚
51. 妥　52. 含　53. 昏　54. 夋　55. 免　56. 角　57. 夆　58. 言　59. 吝　60. 辛
61. 兌　62. 禸　63. 沙　64. 完　65. 弟　66. 良　67. 君　68. 即　69. 尾　70. 局
71. 壯　72. 忍　73. 甬　74. 矣　75. 夋

1. 㚅

　　載戴 ·· 608

2. 戒

　　誡誠械 ·· 609

3. 赤

　　赦捇 ·· 610

4. 折

　　(1) 哲晢 ·· 610

　　(2) 逝/㭿 ·· 611

　　(3) 浙/轉 ·· 612

　　(4) 蜇/螫 ·· 612

5. 孝

　　(1) 哮猎髂 ·· 613

　　(2) 庨峬磋寧 ·· 614

6. 志

　　誌痣莣 ·· 614

7. 劫

　　鉣蚵 ·· 615

8. 耴

　　搤釶軶踂 ·· 616

9. 求

　　(1) 莍捄裘 ·· 617

二、聲部筆畫檢字表・七畫

  (2) 球毬觩 ……………………………………………………… 617

10. 孛

  (1) 勃鹁侼 ……………………………………………………… 618
  (2) 悖哱 ………………………………………………………… 619
  (3) 鬻埻荸挬脖跮浡 …………………………………………… 619
  (4) 勃浡 ………………………………………………………… 620
  (5) 鞁埻 ………………………………………………………… 621
  (6) 勃悖浡 ……………………………………………………… 621
  (7) 悖勃 ………………………………………………………… 622

11. 甫

  (1) 哺餔俌補輔 ………………………………………………… 623
  (2) 尃鋪踊酺 …………………………………………………… 624
  (3) 脯痛匍浦晡 ………………………………………………… 625
  (4) 輔酺賻 ……………………………………………………… 626

12. 更

  (1) 哽骾梗鯁峺 ………………………………………………… 626
  (2) 梗粳硬 ……………………………………………………… 628
  (3) 逯/痖 ………………………………………………………… 629
  (4) 峺埂 ………………………………………………………… 629

13. 束

  (1) 悚敕 ………………………………………………………… 633
  (2) 悚竦觫 ……………………………………………………… 634
  (3) 練疎 ………………………………………………………… 634
  (4) 諫駷 ………………………………………………………… 635

14. 吾

  (1) 語悟悟捂寤 ………………………………………………… 635
  (2) 梧悟悟遻捂 ………………………………………………… 636
  (3) 齬齬 ………………………………………………………… 637
  (4) 敔圄衙 ……………………………………………………… 638
  (5) 齬狺 ………………………………………………………… 639
  (6) 晤寤悟 ……………………………………………………… 640

15. 豆

  (1) 梪鋀 ………………………………………………………… 640

(2) 逗詛睊欨 ······ 641

(3) 豎胆佂昷 ······ 642

(4) 短恆痘乶剅 ······ 643

16. 酉
酋廚裪 ······ 644

17. 夾
(1) 夾唊睞梜頰挾鋏鋏陝筴袷浹浹鋏峽唊 ······ 645

(2) 㚟颭赽 ······ 647

(3) 挾医唊 ······ 648

18. 夾
睞／閃 ······ 649

19. 龙
(1) 牻厐驉狵唬 ······ 649

(2) 蜣瘲鵳朧厖 ······ 650

20. 坒
(1) 陛／比 ······ 651

(2) 椑／避 ······ 652

(3) 綼／敞 ······ 652

21. 巠
(1) 脛桱頸涇婞經蛵鋞徑牼脛莖甄勁 ······ 653

(2) 痙砱勁 ······ 655

(3) 剄陘 ······ 656

22. 步
跦駀 ······ 657

23. 戉
婇粲 ······ 657

24. 肖
(1) 梢䂿稍霄娋睄鮹魈 ······ 658

(2) 艄弰稍稍髾 ······ 660

(3) 削消捎銷睄 ······ 660

(4) 稍陗鞘鮹猇 ······ 661

25. 旱
(1) 崋焊 ······ 662

(2) 捍戟埠銲 ………………………………………………………… 663
(3) 驛悍捍諱婞趕 …………………………………………………… 664
(4) 秆桿 ……………………………………………………………… 665

26. 吴
(1) 誤/忤 …………………………………………………………… 665
(2) 俁/悟 …………………………………………………………… 666
(3) 娛/歡 …………………………………………………………… 666

27. 見
(1) 哯睍晛靦現 ……………………………………………………… 667
(2) 睨蜆涀峴梘霓鋧覯 ……………………………………………… 668
(3) 硯垷挸 …………………………………………………………… 669
(4) 梘絸 ……………………………………………………………… 670

28. 助
(1) 耡/佐 …………………………………………………………… 670
(2) 鋤/誅 …………………………………………………………… 671

29. 里
裏埋梩瘇 ……………………………………………………………… 672

30. 甹
(1) 俜騁 ……………………………………………………………… 673
(2) 聘娉 ……………………………………………………………… 673
(3) 聘侾 ……………………………………………………………… 674
(4) 娉俜 ……………………………………………………………… 675

31. 足
(1) 促趗踀蹴 ………………………………………………………… 675
(2) 娖蹴琡 …………………………………………………………… 676
(3) 捉促趗 …………………………………………………………… 677
(4) 浞/濡 …………………………………………………………… 677

32. 困
(1) 稇捆綑梱 ………………………………………………………… 678
(2) 頵齫 ……………………………………………………………… 679

33. 肙
(1) 蜎涓鋗 …………………………………………………………… 679
(2) 鞙胃琄 …………………………………………………………… 680

· 1832 ·

(3) 圓削蛸銷桕 …………………………………………… 681

(4) 餇捐 …………………………………………………… 682

(5) 猾悄 …………………………………………………… 682

(6) 睄悄 …………………………………………………… 683

34. 邑

(1) 悒唈萿 ………………………………………………… 683

(2) 浥鮿鰡 ………………………………………………… 684

35. 別

箹／分 ……………………………………………………… 685

36. 㞷

(1) 枉尫軭 ………………………………………………… 686

(2) 雖旺 …………………………………………………… 687

(3) 狂枉詿 ………………………………………………… 687

(4) 匡軭 …………………………………………………… 688

37. 告

(1) 祮誥 …………………………………………………… 689

(2) 牿梏 …………………………………………………… 690

(3) 鵠浩頏嚳陪 …………………………………………… 691

(4) 晧齩鵠 ………………………………………………… 692

38. 我

峨硪鬤餓騀莪騀俄 ……………………………………… 692

39. 利

(1) 颲痢涖俐 ……………………………………………… 694

(2) 鴛鯠犁 ………………………………………………… 695

40. 禿

鵚／䄻 ……………………………………………………… 696

41. 秀

(1) 誘㧱 …………………………………………………… 696

(2) 莠銹 …………………………………………………… 697

(3) 透／跳 ………………………………………………… 698

(4) 琇／㖨 ………………………………………………… 698

42. 每

(1) 鯀綯霉莓 ……………………………………………… 699

(2) 晦海黣 ………………………………………………………………… 700
　　(3) 誨姆 …………………………………………………………………… 700
　　(4) 缶莓 …………………………………………………………………… 701
　　(5) 梅莓 …………………………………………………………………… 702

43. 攸
　　(1) 筳儵儵 ………………………………………………………………… 702
　　(2) 條修儵儵筳 …………………………………………………………… 703
　　(3) 修鋚 …………………………………………………………………… 704
　　(4) 悠滺旒 ………………………………………………………………… 705
　　(5) 儵/蕭 ………………………………………………………………… 706

44. 余
　　(1) 徐賒念畬 ……………………………………………………………… 706
　　(2) 捈斜 …………………………………………………………………… 707
　　(3) 餘瘉 …………………………………………………………………… 708

45. 希
　　(1) 俙睎 …………………………………………………………………… 708
　　(2) 唏欷稀諦 ……………………………………………………………… 709
　　(3) 絺/細 ………………………………………………………………… 710
　　(4) 晞/曦 ………………………………………………………………… 711

46. 坐
　　(1) 莝睉剉瘞銼矬桗脞硾 ………………………………………………… 711
　　(2) 剉挫銼 ………………………………………………………………… 713

47. 谷
　　　容裕 ……………………………………………………………………… 713

48. 夅
　　　敩/效 …………………………………………………………………… 714

49. 孚
　　(1) 𤕘乳 …………………………………………………………………… 715
　　(2) 埓畊 …………………………………………………………………… 715

50. 孚
　　(1) 荸箏桴郛稃浮殍珨蜉䆆醇 …………………………………………… 716
　　(2) 孵罦稃 ………………………………………………………………… 718
　　(3) 稃脬 …………………………………………………………………… 718

(4) 桴鵃艀垺 ………………………………………………………… 719

51. 妥

(1) 崣骽 ……………………………………………………………… 720

(2) 脮餒觚 …………………………………………………………… 720

(3) 錗綏 ……………………………………………………………… 721

52. 含

琀答鋡硍莟涪唅欱峆 ……………………………………………… 721

53. 昏

(1) 佸髻括 …………………………………………………………… 723

(2) 刮括 ……………………………………………………………… 724

54. 奂

(1) 涣焕晥 …………………………………………………………… 724

(2) 涣痪 ……………………………………………………………… 725

(3) 寏／環 …………………………………………………………… 726

(4) 唤／嘑 …………………………………………………………… 727

(5) 换／化 …………………………………………………………… 727

55. 免

(1) 鞔絻挽 …………………………………………………………… 728

(2) 娩莬 ……………………………………………………………… 728

56. 角

桷确捔斛 …………………………………………………………… 729

57. 夆

(1) 峯鋒桻烽㟝 ……………………………………………………… 730

(2) 鬈葑 ……………………………………………………………… 731

(3) 逢縫 ……………………………………………………………… 732

(4) 箨／棚 …………………………………………………………… 732

58. 言

唁誾狺筶 …………………………………………………………… 733

59. 吝

恡／嗇 ……………………………………………………………… 734

60. 辛

(1) 莘羍辬莘 ………………………………………………………… 735

(2) 羍粩 ……………………………………………………………… 736

二、聲部筆畫檢字表・七畫

  (3) 騂牸垾 ·· 736
  (4) 莘鮮 ·· 737
  (5) 垾屖 ·· 737

61. 兌
  (1) 挩蛻脫毻倪羖 ·· 738
  (2) 銳頯綐鮵梲 ·· 739
  (3) 挩帨 ·· 740
  (4) 鞔帨 ·· 741
  (5) 悅／懌 ·· 741

62. 叔
  敝／敗 ·· 742

63. 沙
  (1) 魦痧 ·· 742
  (2) 挲伨 ·· 743
  (3) 魦鈔縩 ·· 743

64. 完
  (1) 梡俒䋻 ·· 744
  (2) 脘筦鯇綄捖睆 ·· 745

65. 弟
  (1) 第梯娣悌 ·· 746
  (2) 苐稊睇梯娣蜥 ·· 748
  (3) 鬄剃梯 ·· 749

66. 良
  (1) 琅朗硠俍娘烺 ·· 749
  (2) 閬根朗浪稂踉躴俍埌艆罠鋃 ···························· 750
  (3) 㝗閬峎 ·· 752
  (4) 浪誏 ·· 753

67. 君
  (1) 群宭帬輑裙 ·· 753
  (2) 莙頵 ·· 754

68. 即
  (1) 節蝍柳 ·· 755
  (2) 脚㳘 ·· 756

69. 尾
    梶㞑 ………………………………………………… 756

70. 局
    (1) 桐跼 ………………………………………… 757

    (2) 挶鋦 ………………………………………… 758

71. 壯
    (1) 莊奘奬泚 …………………………………… 758

    (2) 裝洀 ………………………………………… 759

    (3) 裝粧葷莊 …………………………………… 760

72. 忍
    (1) 荵㥀 ………………………………………… 761

    (2) 認／識 ……………………………………… 761

73. 甬
    (1) 筩桶甋捅衕桶通 …………………………… 762

    (2) 踊涌 ………………………………………… 763

74. 矣
    (1) 埃／灰 ……………………………………… 764

    (2) 竢／待 ……………………………………… 765

75. 夋
    (1) 逡竣踆脧 …………………………………… 765

    (2) 俊駿畯 ……………………………………… 766

    (3) 俊駿陖 ……………………………………… 767

    (4) 酸痠 ………………………………………… 768

    (5) 踆睃駿逡 …………………………………… 768

    (6) 逡梭 ………………………………………… 769

    (7) 悛竣 ………………………………………… 770

八　畫

1. 奉　2. 青　3. 表　4. 長　5. 者　6. 耷　7. 夌　8. 亞　9. 其　10. 取
11. 昔　12. 若　13. 苗　14. 英　15. 直　16. 林　17. 析　18. 來　19. 東　20. 或
21. 臤　22. 兩　23. 厓　24. 奄　25. 豕　26. 妻　27. 戔　28. 非　29. 叔　30. 卓
31. 尚　32. 果　33. 昆　34. 昌　35. 易　36. 典　37. 固　38. 困　39. 岡　40. 罔

1837

二、聲部筆畫檢字表·八畫

41. 沓 42. 咼 43. 制 44. 知 45. 垂 46. 委 47. 隹 48. 臾 49. 兒 50. 欣
51. 舍 52. 金 53. 侖 54. 看 55. 采 56. 呈 57. 受 58. 朋 59. 周 60. 昏
61. 匋 62. 臽 63. 咎 64. 匊 65. 京 66. 卒 67. 庚 68. 音 69. 妾 70. 於
71. 卷 72. 炎 73. 宗 74. 定 75. 官 76. 空 77. 宛 78. 宓 79. 戾 80. 建
81. 門 82. 彔 83. 隶 84. 居 85. 刷 86. 屈 87. 孟 88. 函 89. 叕

1. **奉**
   捧唪埲棒琫 ·· 770
2. **青**
   (1) 菁精倩靚婧晴睛腈 ·· 771
   (2) 靚彰靖精 ·· 772
3. **表**
   (1) 裱婊錶 ·· 773
   (2) 俵/叐 ··· 774
4. **長**
   (1) 張脹 ·· 775
   (2) 悵倀 ·· 775
   (3) 韔/藏 ··· 776
5. **者**
   (1) 書箸 ·· 776
   (2) 鯺都奢 ·· 777
   (3) 都褚渚箸 ·· 778
   (4) 褚赭 ·· 779
   (5) 䐗堵 ·· 779
6. **坴**
   陸鵱騼 ·· 780
7. **夌**
   (1) 棱菱 ·· 781
   (2) 陵崚 ·· 782
8. **亞**
   (1) 椏婭逤岇俹 ·· 782
   (2) 惡蛋誣 ·· 783
   (3) 痖啞 ·· 784
   (4) 稏掗 ·· 785

9. 其
  萁惎 ··· 785
10. 取
  (1) 諏掫娵 ·· 786
  (2) 聚掔冣菆諏掫 ·· 786
  (3) 鯫㹅 ·· 788
  (4) 趣／趨 ·· 788
11. 昔
  (1) 造䶨錯磋鯌䚶 ·· 789
  (2) 錯皵 ·· 790
  (3) 厝錯諎 ·· 790
  (4) 醋褯譜 ·· 791
  (5) 浩／遮 ·· 792
  (6) 斮／斫 ·· 792
12. 若
  (1) 惹蒻 ·· 793
  (2) 惹闍䐮 ·· 794
  (3) 偌／如 ·· 794
13. 苗
  (1) 緢媌 ·· 795
  (2) 描／摹 ·· 796
14. 英
  謀瑛媖 ·· 796
15. 直
  (1) 植稙置 ·· 797
  (2) 埴胆 ·· 798
  (3) 值惪 ·· 799
  (4) 𢓡值 ·· 800
16. 林
  (1) 棽惏 ·· 800
  (2) 淋霖 ·· 801
  (3) 崊／崚 ·· 801
  (4) 琳／惏 ·· 802

17. 析
    (1) 晢晰 ……………………………………………… 802
    (2) 淅/濯 …………………………………………… 803
18. 來
    (1) 倈徕 …………………………………………… 803
    (2) 徕/勞 …………………………………………… 804
19. 東
    (1) 凍重 …………………………………………… 804
    (2) 棟蝀 …………………………………………… 805
    (3) 楝崬 …………………………………………… 806
20. 或
    (1) 國域 …………………………………………… 807
    (2) 閾緎㙯 ………………………………………… 807
    (3) 棫㦯緎 ………………………………………… 808
    (4) 淢緎 …………………………………………… 809
    (5) 蜮惑颰緎㰩窢 ………………………………… 809
    (6) 聝/獲 …………………………………………… 810
21. 臤
    緊堅掔鋻賢鑿 …………………………………… 811
22. 兩
    緉輛膧倆裲 ……………………………………… 813
23. 厓
    涯捱 ……………………………………………… 814
24. 奄
    (1) 腌淹醃 ………………………………………… 814
    (2) 晻罨闇掩罨晻 ………………………………… 815
25. 豖
    琢啄梡涿諑 ……………………………………… 817
26. 妻
    (1) 凄悽 …………………………………………… 818
    (2) 棲霋 …………………………………………… 819
27. 戔
    (1) 虥棧賤俴淺綫琖 ……………………………… 819

二、聲部筆畫檢字表・八畫

（2）殘牋俴 …………………………………………………… 821

28. 非
（1）蠹斐斐輩誹鯡琲靅 ………………………………………… 821

（2）翡緋 ……………………………………………………… 823

（3）韕扉厞 …………………………………………………… 823

（4）徘悱 ……………………………………………………… 824

（5）輂騑 ……………………………………………………… 824

（6）棑輩排 …………………………………………………… 824

29. 叔
（1）寂俶踧 …………………………………………………… 825

（2）諔俶 ……………………………………………………… 826

30. 卓
（1）趠踔樟 …………………………………………………… 827

（2）焯啅 ……………………………………………………… 827

31. 尚
（1）淌掌芗當 ………………………………………………… 828

（2）堂敞 ……………………………………………………… 829

（3）當／等 …………………………………………………… 830

（4）嘗／試 …………………………………………………… 830

32. 果
（1）踝稞窠裹顆菓輠蜾猓堁瘰碟瓠 …………………………… 831

（2）稞窠裸瘰 ………………………………………………… 833

（3）楳悇 ……………………………………………………… 834

（4）祼／灌 …………………………………………………… 834

33. 昆
（1）混鯤 ……………………………………………………… 835

（2）混餛硍 …………………………………………………… 835

（3）輥棍硍 …………………………………………………… 836

34. 昌
（1）唱倡 ……………………………………………………… 836

（2）焻猖 ……………………………………………………… 837

（3）裮／敞 …………………………………………………… 838

・1841・

35. 易
  (1) 敡睗傷場 ··· 838
  (2) 鬄剔 ··· 839
  (3) 錫/細 ··· 840
  (4) 煬/燥 ··· 840
  (5) 裼/露 ··· 841

36. 典
  (1) 腆錪箟賟 ··· 841
  (2) 悿蜆 ··· 842

37. 固
  錮痼涸堌崮婟 ··· 843

38. 困
  (1) 菌麕稇睏梱 ··· 847
  (2) 蜭/顭 ··· 848

39. 岡
  (1) 崗掆棡 ··· 849
  (2) 剛鋼 ··· 849

40. 罔
  惘誷 ··· 850

41. 沓
  (1) 䶀𩛆幠楷磕諳 ··· 851
  (2) 揝鎝 ··· 852
  (3) 踏鞜 ··· 853

42. 咼
  (1) 楇堝蝸䯺膈渦鍋痾筶碢髻䭰窩 ··· 853
  (2) 喎/歪 ··· 855

43. 制
  (1) 製掣 ··· 856
  (2) 懯瘈 ··· 856
  (3) 猘瘈 ··· 857

44. 知
  智/識 ··· 858

45. 垂
 (1) 唾睡陲種硾 ·················· 859
 (2) 厜埀 ·························· 859

46. 委
 (1) 萎痿 ·························· 860
 (2) 矮魏綾 ······················ 861
 (3) 諉羡捼 ······················ 861

47. 隹
 (1) 萑雛䧳稚 ···················· 862
 (2) 趡睢奞腄䪼崔陮淮維蜼堆 ···· 863
 (3) 堆錐雕 ······················ 865
 (4) 推碓椎 ······················ 866
 (5) 娷/娸 ······················· 867

48. 臾
 腴庾 ······························ 867

49. 兒
 (1) 齯倪麑鯢婗蜺垸 ············ 868
 (2) 說睨䚗睨況 ·················· 870
 (3) 說睨 ·························· 870
 (4) 鯢霓 ·························· 871
 (5) 呢羿觬 ······················ 871

50. 欣
 掀焮脪俽鎀 ······················ 872

51. 舍
 (1) 捨/置 ························ 873
 (2) 駼/雌 ························ 874

52. 金
 (1) 唫捦 ·························· 874
 (2) 黔釡 ·························· 875

53. 侖
 (1) 論倫淪綸 ···················· 875
 (2) 輪睔 ·························· 877
 (3) 淪輪掄 ······················ 877

54. 肴

殽淆 …… 878

55. 采

(1) 菜埰採 …… 879

(2) 綵彩 …… 880

(3) 睬踩 …… 880

56. 㸒

婬淫 …… 881

57. 受

(1) 授嗖 …… 882

(2) 綬/㩲 …… 882

58. 朋

(1) 棚輣掤䩬 …… 883

(2) 嶏淜 …… 884

(3) 繃弸掤 …… 885

59. 周

(1) 稠彫賙蜩綢啁碉 …… 885

(2) 雕貂鯛 …… 887

60. 昏

惛殙偖 …… 888

61. 匋

酕/樂 …… 888

62. 㿌

(1) 啗鴿窞悇淊閻陷錎埮掐㿌萏餡 …… 889

(2) 脂歛啖 …… 891

63. 癸

(1) 鼜櫗 …… 892

(2) 鶢/頍 …… 893

64. 匊

趜鞠駶麴 …… 893

65. 京

(1) 景麖鯨 …… 894

(2) 椋醇鶁 …… 895
(3) 涼飆 …… 896
(4) 勍/彊 …… 897
(5) 掠/奪 …… 897

66. 卒

(1) 窣猝焠 …… 898
(2) 辭稡萃 …… 898
(3) 粹睟 …… 899
(4) 悴瘁顇 …… 899

67. 庚

(1) 康唐 …… 900
(2) 賡/更 …… 901

68. 咅

(1) 剖部掊脂倍 …… 901
(2) 棓餢毰培陪錇倍 …… 902
(3) 培陪倍 …… 904
(4) 醅/胚 …… 904

69. 妾

椄接綾踥 …… 905

70. 於

瘀淤閼歈 …… 906

71. 卷

(1) 圈捲菤埢踡瘔蜷棬綣腃涹錈餋 …… 907
(2) 睠綣惓 …… 909
(3) 鬈婘 …… 910

72. 炎

(1) 琰剡惔菼痰 …… 910
(2) 覢睒緂錟踐晱 …… 912
(3) 談啖淡醶醈 …… 913
(4) 倓惔淡 …… 914
(5) 錟頬 …… 915

73. 宗

(1) 賨崇綜粽鯮 …… 916

(2) 崇悰鬇 ………………………………………………………… 917

74. 定
(1) 錠碇椗 ………………………………………………………… 918
(2) 顁腚淀 ………………………………………………………… 919

75. 官
(1) 逭管涫綰輨琯裪舘 …………………………………………… 919
(2) 倌管綰輨 ……………………………………………………… 921
(3) 痯悹 …………………………………………………………… 922
(4) 婠琯 …………………………………………………………… 922
(5) 捾／挖 ………………………………………………………… 923

76. 空
(1) 椌崆悾控倥莖腔蛩鞚腔箜 …………………………………… 923
(2) 控鞚 …………………………………………………………… 925

77. 宛
琬婉蜿踠裓豌碗涴腕鋺 ………………………………………… 926

78. 宓
(1) 密窜 …………………………………………………………… 927
(2) 谧泌蜜 ………………………………………………………… 928

79. 戾
(1) 莀綟 …………………………………………………………… 929
(2) 唳俫涙 ………………………………………………………… 929
(3) 捩棙 …………………………………………………………… 930
(4) 淚悷颲唳 ……………………………………………………… 931
(5) 踡捩 …………………………………………………………… 932

80. 建
(1) 鞬楗鍵 ………………………………………………………… 932
(2) 健毽 …………………………………………………………… 933

81. 門
(1) 悶／憫 ………………………………………………………… 933
(2) 闇／温 ………………………………………………………… 934

82. 录
(1) 逯睩 …………………………………………………………… 934
(2) 趢碌盝 ………………………………………………………… 935

(3) 淥盝 ··· 936

　　(4) 綠録 ··· 936

　　(5) 禄醁 ··· 937

83. 隶

　　逮隷㥽 ··· 938

84. 居

　　(1) 踞㞐 ··· 939

　　(2) 鋸鶋 ··· 940

　　(3) 賭㞏 ··· 940

　　(4) 倨／㑅 ··· 941

85. 刷

　　唰㴾 ··· 941

86. 屈

　　(1) 鷗崛堀 ··· 942

　　(2) 窟剧蝺 ··· 943

　　(3) 倔／堅 ··· 944

87. 孟

　　猛蜢 ··· 944

88. 亟

　　(1) 鞭悈 ··· 945

　　(2) 極殛 ··· 946

89. 叕

　　(1) 綴醊聁畷 ··· 946

　　(2) 剟掇 ··· 947

九　畫

1. 奏　2. 春　3. 封　4. 甚　5. 茸　6. 枼　7. 荅　8. 荒　9. 胡　10. 南
11. 相　12. 尌　13. 匽　14. 刺　15. 畐　16. 覀　17. 要　18. 朿　19. 咸　20. 面
21. 奐　22. 皆　23. 韭　24. 貞　25. 省　26. 昊　27. 是　28. 眇　29. 則　30. 易
31. 昪　32. 冒　33. 禺　34. 昷　35. 星　36. 曷　37. 昱　38. 畏　39. 胃　40. 思
41. 咢　42. 尚　43. 骨　44. 囟　45. 秋　46. 重　47. 复　48. 段　49. 便　50. 保
51. 皇　52. 昇　53. 泉　54. 鬼　55. 禹　56. 追　57. 盾　58. 俞　59. 弇　60. 爰

61. 叜 62. 矦 63. 風 64. 怱 65. 胤 66. 亭 67. 度 68. 音 69. 彥 70. 帝
71. 斿 72. 施 73. 差 74. 前 75. 酉 76. 豕 77. 兹 78. 染 79. 恒 80. 宣
81. 客 82. 窀 83. 軍 84. 扁 85. 既 86. 叚 87. 屋 88. 屛 89. 韋 90. 眉
91. 胥 92. 盈 93. 癸 94. 蚤 95. 柔 96. 象 97. 甾

1. 奏
    湊輳 ………………………………………………………… 948
2. 春
    (1) 賰椿䐠 ………………………………………………… 949
    (2) 髻惷騺 ………………………………………………… 949
    (3) 偆惷蠢䮞 ……………………………………………… 950
3. 封
    犎/峰 ……………………………………………………… 951
4. 甚
    (1) 湛黮媅覥斟醓 …………………………………………… 952
    (2) 碪椹 …………………………………………………… 953
5. 茸
    (1) 聾轟 …………………………………………………… 954
    (2) 㨃轟 …………………………………………………… 955
6. 枼
    (1) 葉朕箑屟鰈牒蝶堞碟 …………………………………… 955
    (2) 渫媟 …………………………………………………… 957
    (3) 慄偞 …………………………………………………… 957
    (4) 揲葉 …………………………………………………… 958
7. 荅
    踏褡搭 ……………………………………………………… 959
8. 荒
    (1) 穔謊 …………………………………………………… 959
    (2) 㻅朧慌𥇒 ……………………………………………… 960
    (3) 慌/惶 ………………………………………………… 961
9. 胡
    湖葫 ………………………………………………………… 961
10. 南
    㽽/㰻 ……………………………………………………… 962

· 1848 ·

11. 相

 廂箱 ·· 963

12. 疌

 (1) 捷倢徢淁 ·· 964

 (2) 萐箑蜨 ·· 965

 (3) 褋睫楫揳 ·· 966

13. 匽

 (1) 偃堰 ·· 967

 (2) 揠裶 ·· 968

14. 朿

 痢桙 ·· 969

15. 畐

 (1) 富愊堛輻 ·· 970

 (2) 菖副逼楅煏 ·· 971

16. 垔

 (1) 煙裡 ·· 972

 (2) 煙陻黫 ·· 973

 (3) 湮堙 ·· 974

17. 要

 (1) 腰褑裦 ·· 974

 (2) 腰鷕 ·· 975

 (3) 闅/隔 ··· 975

18. 柬

 煉練揀 ·· 976

19. 咸

 (1) 感搣 ·· 977

 (2) 械緘 ·· 978

 (3) 鍼鹹 ·· 978

 (4) 羬虥喊鹹 ·· 979

20. 面

 (1) 偭靦脼 ·· 979

 (2) 靴栭麵 ·· 980

 (3) 緬/緜 ··· 981

(4) 浘/迷 ……………………………………………………………… 981
(5) 勔/勉 ……………………………………………………………… 982

21. 臾
荑腴稧㒯䕫㷋渶婑蜕㖣㖵椵雓䬼 …………………………………… 982

22. 皆
(1) 諧鱠偕䯝 ………………………………………………………… 985
(2) 楷鍇稭偕 ………………………………………………………… 986
(3) 甝鶛 ……………………………………………………………… 987

23. 韭
韮/久 ………………………………………………………………… 987

24. 貞
(1) 禎/徵 …………………………………………………………… 988
(2) 赬/橙 …………………………………………………………… 988

25. 省
(1) 愲/醒 …………………………………………………………… 989
(2) 瘖渻 ……………………………………………………………… 990

26. 昊
(1) 瞑/瞿 …………………………………………………………… 990
(2) 闃/虛 …………………………………………………………… 991

27. 是
(1) 諟睼褆 ………………………………………………………… 991
(2) 禔堤媞隄 ……………………………………………………… 992
(3) 題湜 …………………………………………………………… 993

28. 眇
篎緲䜢 ……………………………………………………………… 994

29. 則
(1) 側/昃 …………………………………………………………… 994
(2) 廁/雜 …………………………………………………………… 995
(3) 垻/障 …………………………………………………………… 995

30. 昜
(1) 暘陽煬湯暢箒楊揚颺煬傷颺暘崵 ………………………… 996
(2) 煬瘍 …………………………………………………………… 999
(3) 腸暢 …………………………………………………………… 999

（4）𧶠鍚 …………………………………………………………………………… 1000

31. 咠

䚫揖葺緝輯戢㮨鍓 …………………………………………………………… 1000

32. 冒

瑁帽 …………………………………………………………………………… 1002

33. 禺

(1) 偶耦遇喁髃 …………………………………………………………… 1003

(2) 隅／區 ……………………………………………………………… 1004

34. 昷

(1) 熅溫腽 ……………………………………………………………… 1005

(2) 醖愠搵韞褞韞 ……………………………………………………… 1006

35. 星

(1) 腥鯹 ………………………………………………………………… 1007

(2) 醒惺 ………………………………………………………………… 1008

(3) 瑆瑆煋暒 …………………………………………………………… 1008

(4) 腥／瘬 ……………………………………………………………… 1009

36. 曷

(1) 遏羯鶡歇愒愒堨鬈 ………………………………………………… 1009

(2) 餲䭷暍緆竭 ………………………………………………………… 1011

(3) 楬褐獢屬蠍齃 ……………………………………………………… 1012

(4) 揭稧崨齃碣 ………………………………………………………… 1014

(5) 遏堨 ………………………………………………………………… 1014

(6) 餲遏 ………………………………………………………………… 1015

(7) 偈騔趨 ……………………………………………………………… 1016

37. 昱

喐煜 …………………………………………………………………………… 1016

38. 畏

(1) 魃椳渨隈嵔 ………………………………………………………… 1017

(2) 煨偎 ………………………………………………………………… 1018

39. 胃

猬颹煟菁 ……………………………………………………………………… 1019

40. 思

(1) 諰褢𤕤 ……………………………………………………………… 1020

二、聲部筆畫檢字表・九畫

  (2) 顋鰓 …………………………………………………………………… 1020
  (3) 緦崽 …………………………………………………………………… 1021
  (4) 偲毸 …………………………………………………………………… 1022
  (5) 摋/塞 ………………………………………………………………… 1022

41. 咢
  (1) 愕遻 …………………………………………………………………… 1023
  (2) 鄂鰐 …………………………………………………………………… 1023

42. 耑
  (1) 稬剬觿端 ……………………………………………………………… 1024
  (2) 喘遄湍 ………………………………………………………………… 1025
  (3) 偳鍴偳腨 ……………………………………………………………… 1026
  (4) 端瑞 …………………………………………………………………… 1027
  (5) 揣圌 …………………………………………………………………… 1027

43. 骨
  (1) 滑猾鶻磆 ……………………………………………………………… 1028
  (2) 揖絹楇汨愲 …………………………………………………………… 1029
  (3) 鶻螖 …………………………………………………………………… 1030
  (4) 勯揖 …………………………………………………………………… 1031

44. 臿
  插鍤 ……………………………………………………………………… 1031

45. 秋
  (1) 愁愀 …………………………………………………………………… 1032
  (2) 湫揫揪 ………………………………………………………………… 1032
  (3) 鶖瘳揫 ………………………………………………………………… 1033
  (4) 篍氀楸鰍 ……………………………………………………………… 1034

46. 重
  (1) 縺褈㮔腫踵 …………………………………………………………… 1035
  (2) 種慬偅 ………………………………………………………………… 1036

47. 复
  (1) 複楅鰒瘦 ……………………………………………………………… 1036
  (2) 復愎 …………………………………………………………………… 1037
  (3) 輹/縛 ………………………………………………………………… 1038

48. 段
   (1) 鍛碫鍛煅 ································· 1039
   (2) 椴腶 ································· 1039

49. 便
   (1) 緶/編 ································· 1043
   (2) 箯/翩 ································· 1043

50. 保
   緥堡 ································· 1044

51. 皇
   (1) 艎煌鰉 ································· 1045
   (2) 惶/恐 ································· 1046

52. 昇
   輿/擧 ································· 1046

53. 泉
   線/細 ································· 1047

54. 鬼
   (1) 傀瘣腂頯嵬隗䰟魂 ················· 1047
   (2) 磈塊瘣腂 ································· 1048
   (3) 傀塊 ································· 1049
   (4) 瑰傀 ································· 1050

55. 禹
   (1) 瑀瑀 ································· 1050
   (2) 螨媽 ································· 1051
   (3) 瑀/玉 ································· 1052
   (4) 踽/孤 ································· 1052

56. 追
   (1) 縋磓搥 ································· 1053
   (2) 槌鎚鎚 ································· 1054

57. 盾
   循揗陥 ································· 1055

58. 俞
   (1) 逾窬匬劍腧輸 ················· 1055
   (2) 瑜褕愉緰 ································· 1056

(3) 羭愉 …… 1057

59. 弇

黭渰揜 …… 1058

60. 爰

(1) 援媛蝯褑湲 …… 1059

(2) 瑗暖覣鶢 …… 1060

(3) 鍰鰀 …… 1061

(4) 煖緩 …… 1062

61. 叜

(1) 椶稯寠獀駿緵 …… 1062

(2) 葰鯼 …… 1064

62. 侯

篌堠帿 …… 1064

63. 風

葻嵐颿驅颿 …… 1065

64. 囪

(1) 蔥幒聰鏓憁窻 …… 1066

(2) 廖熜總鬆轗 …… 1067

(3) 葱橐瘛 …… 1068

(4) 謥偬惚 …… 1069

(5) 葱驄蟌 …… 1069

65. 胤

衜醋 …… 1070

66. 亭

停渟 …… 1071

67. 度

(1) 敷墥 …… 1072

(2) 踱韄 …… 1073

(3) 鍍/涂 …… 1073

68. 音

(1) 暗窨黯闇 …… 1074

(2) 喑瘖罯闇醅揞窨 …… 1075

69. 彥

(1) 麙嶘 ·· 1076

(2) 修/偒 ·· 1077

70. 帝

(1) 蒂蹄 ·· 1077

(2) 諦/細 ·· 1078

(3) 渧/瀝 ·· 1078

71. 斿

游遊蝣 ·· 1079

72. 施

(1) 葹崺譀 ·· 1080

(2) 硴/徐 ·· 1081

73. 差

(1) 縒嵯鹺箷瑳 ·· 1081

(2) 瑳醝 ·· 1083

(3) 虀搓磋髊鎈 ·· 1083

(4) 槎瘥剗艖荖 ·· 1084

74. 前

(1) 翦剪揃 ·· 1085

(2) 箭/尖 ·· 1086

75. 酋

鰌䩡 ·· 1086

76. 㣇

隊緣 ·· 1087

77. 兹

(1) 滋孳秎 ·· 1088

(2) 慈嚱螆磁糍氀 ·· 1089

78. 染

橬/橴 ·· 1090

79. 恒

(1) 砠㙐 ·· 1091

(2) 㧊絙 ·· 1091

80. 宣

 (1) 瑄喧煊渲 …… 1092

 (2) 愃暄 …… 1093

 (3) 鶱渲蝖 …… 1094

 (4) 愃嬛揎楦館 …… 1094

81. 客

 (1) 額/堮 …… 1096

 (2) 喀/咳 …… 1096

 (3) 挌/掐 …… 1097

82. 叜

 (1) 搜獀庼 …… 1097

 (2) 厦廋 …… 1098

 (3) 瘦溲 …… 1099

 (4) 搜蒐 …… 1100

 (5) 謏/誘 …… 1100

83. 軍

 (1) 運翬皸揮旞 …… 1101

 (2) 暉睴翚鶤渾 …… 1102

 (3) 皸暈渾繂韋瘒覴 …… 1103

 (4) 暈揮翬 …… 1104

 (5) 楎輑 …… 1105

 (6) 鼥顆幝 …… 1106

84. 扁

 (1) 徧篇 …… 1106

 (2) 蹁瘺偏碥牑 …… 1107

 (3) 翩媥騗 …… 1108

 (4) 萹楄牖匾鯿稨 …… 1109

 (5) 褊甂匾惼輻 …… 1110

 (6) 艑猵 …… 1111

 (7) 鯿編 …… 1112

 (8) 瑞牐 …… 1113

85. 既

 (1) 慨嘅 …… 1113

(2) 概蓜 ··· 1114

　　(3) 溉摡 ··· 1115

86. 叚

　　(1) 瑕騢鰕霞 ··· 1115

　　(2) 徦椵椵煆遐蝦鰕 ·· 1116

　　(3) 瑕暇假 ··· 1118

　　(4) 豭麚 ··· 1119

　　(5) 瘕/痂 ··· 1119

　　(6) 鍜/鰥 ··· 1120

87. 屋

　　(1) 楃幄 ··· 1120

　　(2) 渥腥 ··· 1121

88. 屏

　　　 偋瓶 ··· 1122

89. 韋

　　(1) 圍樟幃湋緯 ··· 1122

　　(2) 違諱䩵 ··· 1123

　　(3) 韠偉煒暐颹 ··· 1124

　　(4) 圍衛闈 ··· 1125

　　(5) 韠褘婗瑋韡偉煒 ·· 1126

90. 眉

　　　 湄楣 ··· 1127

91. 胥

　　(1) 醑/濖 ··· 1128

　　(2) 謂/智 ··· 1128

92. 盈

　　　 楹/柱 ··· 1129

93. 癸

　　(1) 睽䁼 ··· 1129

　　(2) 騤獙 ··· 1130

94. 蚤

　　(1) 騷慅瘙 ··· 1131

　　(2) 瑤搔瘙 ··· 1132

95. 柔
    (1) 鞣煣瑈鍒 ………………………………………………………… 1133

    (2) 揉蹂 ……………………………………………………………… 1134

96. 象
    (1) 豫飈遂 …………………………………………………………… 1134

    (2) 篆瑑劙 …………………………………………………………… 1135

    (3) 緣褖 ……………………………………………………………… 1136

    (4) 蠡鑢隊𤣗 ………………………………………………………… 1136

97. 甾
    䵳緇鯔 …………………………………………………………………… 1137

十 畫

1. 秦　2. 敖　3. 素　4. 冓　5. 馬　6. 袁　7. 殸　8. 耆　9. 盍　10. 華
11. 甫　12. 莽　13. 莫　14. 真　15. 軌　16. 索　17. 連　18. 專　19. 哥　20. 鬲
21. 栗　22. 辱　23. 威　24. 夏　25. 原　26. 致　27. 晉　28. 虔　29. 貞　30. 時
31. 䀠　32. 昜　33. 員　34. 圂　35. 豈　36. 㪔　37. 罜　38. 罞　39. 气　40. 造
41. 乘　42. 條　43. 臭　44. 息　45. 烏　46. 皀　47. 虘　48. 般　49. 殺　50. 弅
51. 舀　52. 臽　53. 奚　54. 倉　55. 翁　56. 朕　57. 逢　58. 桀　59. 留　60. 衰
61. 高　62. 郭　63. 疾　64. 脊　65. 离　66. 唐　67. 部　68. 旁　69. 旅　70. 畜
71. 羔　72. 益　73. 兼　74. 朔　75. 害　76. 家　77. 突　78. 窄　79. 容　80. 宰
81. 扇　82. 冥　83. 隺　84. 冤　85. 益　86. 展　87. 犀　88. 弱　89. 孫　90. 蚩
91. 陰　92. 脅　93. 函　94. 邕

1. 秦
    (1) 蓁榛臻溱䅯 ……………………………………………………… 1138

    (2) 螓獉篸 …………………………………………………………… 1139

    (3) 轃/䪥 ……………………………………………………………… 1140

2. 敖
    (1) 嗷傲謷謷驁獒勢鼇厫謷磝 ……………………………………… 1141

    (2) 傲聱驚 …………………………………………………………… 1143

3. 素
    (1) 塐/鏴 ……………………………………………………………… 1144

    (2) 愫/誠 ……………………………………………………………… 1144

4. 冓
   (1) 構遘講篝購靚溝媾斠搆 …………………………………… 1145
   (2) 購鞲韛 …………………………………………………… 1147
   (3) 講構 …………………………………………………… 1148

5. 馬
   禡獁鎷 ……………………………………………………… 1148

6. 袁
   (1) 遠褑猿 ………………………………………………… 1149
   (2) 園／淵 ………………………………………………… 1150

7. 殼
   (1) 穀骰殼穀 ……………………………………………… 1150
   (2) 穀穀 …………………………………………………… 1151
   (3) 殼殼穀 ………………………………………………… 1152
   (4) 殼愨 …………………………………………………… 1153
   (5) 殼穀殼殼 ……………………………………………… 1153

8. 耆
   (1) 鬐鰭蓍 ………………………………………………… 1154
   (2) 楮揩 …………………………………………………… 1155
   (3) 嗜／噬 ………………………………………………… 1156

9. 盍
   (1) 蓋闔嗑溘盧搕瞌 ……………………………………… 1156
   (2) 豔匎 …………………………………………………… 1158
   (3) 磕嗑廅搕 ……………………………………………… 1158

10. 華
    (1) 鶾驊 …………………………………………………… 1159
    (2) 蟬譁 …………………………………………………… 1160

11. 菔
    備犕䈝 …………………………………………………… 1160

12. 莽
    (1) 蟒漭 …………………………………………………… 1161
    (2) 漭懞 …………………………………………………… 1162

13. 莫
    (1) 嘆蔂墓瞙暮 …………………………………………… 1163

(2) 謨募摸摹 ··· 1164

(3) 膜幕 ·· 1165

(4) 模慕摹 ··· 1166

(5) 募漠 ·· 1167

14. 真

(1) 顛顚槙鎮磌 ·· 1167

(2) 禛齻 ·· 1169

(3) 塡瑱 ·· 1169

(4) 嗔謓瞋䐜滇闐 ··· 1170

(5) 趁蹎槙瘨顚 ·· 1171

(6) 稹慎縝鬒槇 ·· 1173

15. 倝

(1) 翰雗倝輡 ·· 1174

(2) 翰軩輪 ··· 1174

(3) 韓幹 ·· 1175

16. 索

索捼 ··· 1176

17. 連

謰梿㦥漣鏈璉縺俥褳糎孋璉 ·· 1177

18. 尃

(1) 博敷栂溥鎛薄 ··· 1179

(2) 博蒪䙏 ··· 1180

(3) 膊㷘 ·· 1181

(4) 傅賻 ·· 1181

(5) 縛稫轉鞟 ·· 1182

(6) 溥/邊 ·· 1183

19. 哥

歌猢鴚菏 ··· 1183

20. 鬲

隔礊醐膈槅調嗝 ·· 1184

21. 栗

(1) 猌鷅 ·· 1185

(2) 璢/列 ·· 1186

22. 辱
    (1) 蓐溽縟 …… 1187
    (2) 蓐褥 …… 1187
    (3) 黥/瓀 …… 1188

23. 烕
    滅搣 …… 1189

24. 夏
    廈/榎 …… 1189

25. 原
    (1) 源嫄 …… 1190
    (2) 傆諑 …… 1191
    (3) 縓騵 …… 1192
    (4) 願羱 …… 1192

26. 致
    緻倿閿 …… 1193

27. 晉
    (5) 搢/進 …… 1194
    (6) 戩/翦 …… 1194

28. 虔
    (1) 越/搴 …… 1195
    (2) 撌/援 …… 1195

29. 貟
    纇瑣磺 …… 1196

30. 時
    蒔榯 …… 1196

31. 畀
    思瞿畁 …… 1197

32. 昜
    (1) 楊踢闟傷揚塲 …… 1198
    (2) 蕩謁遏 …… 1199
    (3) 瑒鶎 …… 1200

33. 員
    (1) 圓瘨顚溳霣韻塤 …… 1200

二、聲部筆畫檢字表・十畫

　　(2) 隕碩霣殞 …………………………………………………… 1202
　　(3) 損隕殞 ……………………………………………………… 1203
　　(4) 顛煩 ………………………………………………………… 1204
34. 囷
　　梱槶涸㧊 ……………………………………………………… 1204
35. 豈
　　(1) 愷顗闓颽 …………………………………………………… 1205
　　(2) 萱顗皚膭 …………………………………………………… 1207
　　(3) 鎧剴磑 ……………………………………………………… 1207
　　(4) 皚磑 ………………………………………………………… 1208
　　(5) 墤剴隑豈磑 ………………………………………………… 1208
　　(6) 覬驢 ………………………………………………………… 1209
36. 敉
　　㵞/米 …………………………………………………………… 1210
37. 罡
　　(1) 埕擰 ………………………………………………………… 1211
　　(2) 釗鋥 ………………………………………………………… 1212
38. 眔
　　遝諜翾 ………………………………………………………… 1213
39. 氣
　　愾鎎餼䊠 ……………………………………………………… 1213
40. 造
　　(1) 遭/湊 ……………………………………………………… 1214
　　(2) 糙/粗 ……………………………………………………… 1215
　　(3) 慥/躁 ……………………………………………………… 1215
41. 乘
　　剩騬 …………………………………………………………… 1216
42. 條
　　(1) 篠鰷 ………………………………………………………… 1217
　　(2) 樤篠 ………………………………………………………… 1217
　　(3) 滌蓧 ………………………………………………………… 1218
43. 臭
　　殠齅糗溴餀 …………………………………………………… 1219

44. 息

(1) 瘜媳餲 …… 1220

(2) 熄／消 …… 1221

45. 烏

(1) 鷂／黑 …… 1222

(2) 鎢隖螐蔦 …… 1223

(3) 隖／窐 …… 1223

(4) 鞥焞搗 …… 1224

(5) 歍／惡 …… 1224

46. 罷

(1) 膍榌媲篦 …… 1225

(2) 貔磇勫 …… 1226

(3) 幉／悶 …… 1226

47. 虒

(1) 鯱褫顱傂 …… 1227

(2) 謕歔匧 …… 1228

(3) 鷈榹 …… 1229

(4) 遞／替 …… 1229

(5) 褫／卸 …… 1230

48. 般

(1) 鼙聲槃鬠篸磐繋 …… 1230

(2) 鼙帮磐媻 …… 1232

(3) 瘢蟝 …… 1233

(4) 聲鬠 …… 1234

(5) 搬／販 …… 1234

49. 殺

櫒掇 …… 1234

50. 卷

齤昚餋藞栛卷豢拳綣益䅣 …… 1235

51. 䍃

(1) 窑謠遥 …… 1238

(2) 搖榣颻遥 …… 1238

(3) 颻揺鰩歊蹈 …… 1239

(4) 瑤嬺瑤 …………………………………………………… 1240
52. 舀
　　(1) 搯/掏 ……………………………………………………… 1243
　　(2) 韜韜瑫篶縚幍綯 ………………………………………… 1243
　　(3) 慆/猺 ……………………………………………………… 1245
53. 奚
　　傒豀磎磎溪騱 ………………………………………………… 1245
54. 倉
　　(1) 鎗艙匝 …………………………………………………… 1247
　　(2) 蒼篬 ……………………………………………………… 1247
　　(3) 滄愴 ……………………………………………………… 1248
　　(4) 戧搶嗆 …………………………………………………… 1249
　　(5) 槍搶 ……………………………………………………… 1250
　　(6) 蹌搶 ……………………………………………………… 1250
55. 翁
　　(1) 篘滃蓊勜愵 ……………………………………………… 1251
　　(2) 螉鶲 ……………………………………………………… 1252
56. 朕
　　(1) 膳騰 ……………………………………………………… 1253
　　(2) 賸媵 ……………………………………………………… 1253
　　(3) 滕騰 ……………………………………………………… 1254
57. 逢
　　(1) 蓬澻縫 …………………………………………………… 1254
　　(2) 蓬/㞩 ……………………………………………………… 1255
58. 桀
　　傑榤嶵溞 ……………………………………………………… 1256
59. 留
　　(1) 廇遛瘤罶 ………………………………………………… 1257
　　(2) 榴塯瘤鎦駵磂瑠 ………………………………………… 1258
　　(3) 溜霤 ……………………………………………………… 1259
　　(4) 溜瞜鎦貓 ………………………………………………… 1260
60. 衰
　　蓑榱 …………………………………………………………… 1260

61. 高
    (1) 蒿歊豪熇鰝塙篙顤嗃毫獋鷎 …… 1261
    (2) 翯膏 …… 1263
    (3) 翯縞暠鎬 …… 1264

62. 郭
    (1) 槨鞹廓 …… 1265
    (2) 霩廓 …… 1266

63. 疾
    (1) 嫉蒺蝨 …… 1266
    (2) 㧗/支 …… 1268

64. 脊
    堵瘠鰭踖鵲 …… 1268

65. 离
    (1) 離螭 …… 1269
    (2) 樆鶒㑳 …… 1270
    (3) 黐樆鼲縭 …… 1271
    (4) 漓篱 …… 1272
    (5) 醨漓 …… 1272
    (6) 摛瞝 …… 1273

66. 唐
    (1) 塘磄闛嵣 …… 1273
    (2) 鎕糖 …… 1274
    (3) 糖溏 …… 1275
    (4) 搪傏 …… 1276

67. 部
    (1) 蔀/剖 …… 1276
    (2) 蓓/覆 …… 1277

68. 旁
    (1) 嗙膀髈滂旁謗雱 …… 1277
    (2) 徬膀傍斜縍搒髈 …… 1279
    (3) 鎊榜 …… 1280
    (4) 搒篣 …… 1280

69. 旅
驢臂 1281

70. 畜
蓄滀褚 1282

71. 羔
顤㣓漨 1283

72. 益
(1) 膉溢 1283

(2) 謚嗌 1284

(3) 膉縊 1285

73. 兼
(1) 廉獫燫溓霖鎌縑㡘鶼傔㮾 1285

(2) 蒹謙饓稴歉廉慊溓槏蠊鎌鬑 1287

(3) 嗛顣髳蠊 1289

(4) 嗛賺賺鎌 1290

74. 朔
遡謪 1291

75. 害
(1) 犗轄 1292

(2) 愲/嚇 1292

(3) 豁/開 1293

76. 家
嫁稼 1293

77. 㝱
(1) 瀋/沈 1294

(2) 琛/珍 1295

(3) 瀋捦 1295

78. 窄
榨醡 1296

79. 容
(1) 溶傛搈鎔 1297

(2) 鎔瓾 1297

(3) 蠑傛 1298

(4) 溶裕 …… 1299

80. 宰

(1) 莘滓脺 …… 1299

(2) 縡/載 …… 1300

(3) 瞕/鈍 …… 1301

81. 扇

搧煽蝙 …… 1301

82. 冥

(1) 暝瞑艷溟覛 …… 1302

(2) 幎褬瞑 …… 1303

(3) 溟嫇螟猽糗 …… 1304

83. 崔

鶴㩲㠯騅 …… 1305

84. 冤

鞔鼀婉鋺 …… 1306

85. 凔

謐/僻 …… 1307

86. 展

䮾輾搌碾櫅 …… 1308

87. 犀

諰穉遲 …… 1309

88. 弱

搦搦嫋鰯篛 …… 1310

89. 孫

遜愻 …… 1312

90. 蚩

(1) 媸嗤 …… 1313

(2) 眱/滯 …… 1313

91. 陰

蔭䕃 …… 1314

92. 脅

(1) 憎噌燴 …… 1315

(2) 歙噏 …… 1316

93. 函

 (1) 菡頷涵梱箘錎蜬 …………………………………… 1316

 (2) 椷/盇 …………………………………………………… 1318

94. 邕

 滃饔鸅 ……………………………………………………… 1318

十一畫

1. 彗　2. 春　3. 責　4. 氂　5. 規　6. 焉　7. 執　8. 殻　9. 菫　10. 黃
11. 萳　12. 斬　13. 專　14. 曹　15. 軟　16. 區　17. 票　18. 殹　19. 戚　20. 帶
21. 頃　22. 虛　23. 盧　24. 奞　25. 堂　26. 婁　27. 曼　28. 國　29. 崔　30. 過
31. 移　32. 動　33. 鳥　34. 兜　35. 恩　36. 從　37. 悉　38. 祭　39. 庶　40. 麻
41. 康　42. 庸　43. 章　44. 竟　45. 豙　46. 族　47. 旋　48. 率　49. 羕　50. 敝
51. 渠　52. 寅　53. 宿　54. 啟　55. 敢　56. 隋　57. 將　58. 習　59. 翏　60. 貫
61. 鄉　62. 巢

1. 彗

 (1) 篲嘒撌 ………………………………………………… 1320

 (2) 嘒槥慧縡鐟暳 ………………………………………… 1320

 (3) 轊/輪 …………………………………………………… 1322

2. 春

 賮惷 ………………………………………………………… 1322

3. 責

 (1) 積䊹簀磧漬績襀 ……………………………………… 1323

 (2) 齰婧䲜 ………………………………………………… 1324

 (3) 謮嘖 …………………………………………………… 1325

 (4) 蟦膌 …………………………………………………… 1326

4. 氂

 (1) 氂/理 …………………………………………………… 1326

 (2) 蝥/獨 …………………………………………………… 1327

5. 規

 窺闚䙵 ……………………………………………………… 1327

6. 焉

 (1) 傿嫣傿 ………………………………………………… 1328

(2) 蔫/菸 …… 1329
(3) 篶/烏 …… 1329

7. 埶

摯鷙 …… 1330

8. 殸

磬聲謦罄 …… 1330

9. 堇

(1) 謹饉僅廑墐 …… 1331
(2) 謹覲 …… 1333
(3) 殣廑 …… 1333
(4) 瘽勤 …… 1334

10. 黃

(1) 璜癀驥 …… 1335
(2) 廣潢鐄颾趪 …… 1335

11. 㒼

(1) 滿樠鬗懣 …… 1336
(2) 璊䅾 …… 1337
(3) 瞞懣謾 …… 1338

12. 斬

(1) 摲塹槧 …… 1339
(2) 漸蔪趣 …… 1340
(3) 嶄蹔塹 …… 1341
(4) 饕/淡 …… 1341

13. 專

(1) 蓴膞篿團磚鱄摶縳轉膊溥塼 …… 1342
(2) 團摶鏄磚蓴 …… 1344
(3) 嫥剸摶 …… 1345
(4) 傳轉 …… 1346

14. 曹

(1) 遭槽傮褿 …… 1347
(2) 槽漕 …… 1348
(3) 糟熷懵嘈蹧膅擅 …… 1349
(4) 䨥艚 …… 1350

15. 欶
  (1) 潄籔 ··· 1351
  (2) 遬揫瘶 ·· 1352

16. 區
  (1) 漚彊醧膒鏂 ·· 1352
  (2) 傴謳嶇 ·· 1353
  (3) 摳圖 ··· 1354
  (4) 薀甌鰸蝠 ·· 1354

17. 票
  (1) 熛蔈瞟臚漂飄影瞟摽 ·· 1355
  (2) 熛嘌趯剽僄嫖驃慓翲飄 ····································· 1357
  (3) 標鏢蔈嶪標 ·· 1359
  (4) 標摽 ··· 1360
  (5) 標標 ··· 1361

18. 殹
  (1) 翳瑿醫繄 ·· 1361
  (2) 繄磬鷖瑿槃鷖 ··· 1362

19. 戚
  (1) 慼嘁纎顣 ·· 1363
  (2) 鹻瀐 ··· 1364

20. 帶
  (1) 蹛滯襨墆 ·· 1365
  (2) 僀襨懘 ··· 1366

21. 頃
  (1) 傾䪻穎 ··· 1366
  (2) 傾／罄 ··· 1367

22. 虛
  墟虗魖 ·· 1368

23. 盧
  (1) 虩戲 ··· 1369
  (2) 齇蘧 ··· 1369

24. 崇
  隙／閒 ·· 1370

25. 堂
  (1) 隚/正 …… 1370
  (2) 瞠樘 …… 1371
  (3) 樘撐 …… 1372

26. 婁
  (1) 髏屨廔樓簍塿鏤窶 …… 1372
  (2) 遱讟數褸漊摟屢 …… 1374
  (3) 婁樓嶁艛髏 …… 1376
  (4) 瘦僂 …… 1377

27. 曼
  (1) 蔓鰻槾鰻穈漫禭 …… 1378
  (2) 慢嫚 …… 1379
  (3) 嫚蔓熳 …… 1380
  (4) 謾暥 …… 1381
  (5) 趨慢 …… 1381
  (6) 縵鏝漫數 …… 1382
  (7) 幔鞔 …… 1383

28. 國
  (1) 楓輠 …… 1384
  (2) 膕/句 …… 1384

29. 崔
  (1) 陮漼 …… 1385
  (2) 摧漼 …… 1386
  (3) 催嗺躍 …… 1386

30. 過
  (1) 過鍋薖檛 …… 1387
  (2) 薖檛撾 …… 1388

31. 移
  㣚簃 …… 1389

32. 動
  慟/痛 …… 1389

33. 鳥
  蔦蔦鳥 …… 1390

二、聲部筆畫檢字表・十一畫

34. 兜
　　筧挽菟鍪 …………………………………………………………………… 1391

35. 恩
　　(1) 謥偬 …………………………………………………………………… 1392
　　(2) 蔥窻聰鏓轌 …………………………………………………………… 1393
　　(3) 總憁廒熜鬉蟌 ………………………………………………………… 1394
　　(4) 蔥驄 …………………………………………………………………… 1395
　　(5) 蔥槶蟌穗 ……………………………………………………………… 1396

36. 從
　　(1) 蹤樅 …………………………………………………………………… 1397
　　(2) 樅從樅 ………………………………………………………………… 1398
　　(3) 獛蟣鏦 ………………………………………………………………… 1399
　　(4) 笔磫 …………………………………………………………………… 1399
　　(5) 慫瘲 …………………………………………………………………… 1400

37. 悉
　　潈糳 ……………………………………………………………………… 1400

38. 祭
　　(1) 瞓察嚓幯 ……………………………………………………………… 1401
　　(2) 際／接 ………………………………………………………………… 1402

39. 庶
　　(1) 遮嘛韄 ………………………………………………………………… 1403
　　(2) 蹠蟅 …………………………………………………………………… 1404
　　(3) 墌／址 ………………………………………………………………… 1404

40. 麻
　　(1) 髍瘷 …………………………………………………………………… 1405
　　(2) 糜麼㾉 ………………………………………………………………… 1406
　　(3) 靡魔㾉糜 ……………………………………………………………… 1406
　　(4) 靡摩磨 ………………………………………………………………… 1407
　　(5) 摩磨 …………………………………………………………………… 1408

41. 康
　　康歗㵁穅康糠 …………………………………………………………… 1409

42. 庸
　　(1) 鯒䗤䗬 ………………………………………………………………… 1410

二、聲部筆畫檢字表・十一畫

(2) 墉獡鏞楠 …………………………………………………… 1411

43. 章

(1) 彰暲 ………………………………………………………… 1412

(2) 障鞾嶂幛 …………………………………………………… 1413

(3) 憧偉 ………………………………………………………… 1414

44. 竟

(1) 滰境 ………………………………………………………… 1414

(2) 鏡/監 ……………………………………………………… 1415

45. 豙

毅愗頾 …………………………………………………………… 1416

46. 族

(1) 簇蔟摵 ……………………………………………………… 1417

(2) 鏃簇 ………………………………………………………… 1418

47. 旋

(1) 漩鏇淀蜒颷 ………………………………………………… 1418

(2) 嫙瓀璇 ……………………………………………………… 1419

(3) 蠻蜒腨襊 …………………………………………………… 1420

48. 率

(1) 達衛 ………………………………………………………… 1421

(2) 㨟褲 ………………………………………………………… 1422

49. 羕

(1) 樣 …………………………………………………………… 1422

(2) 漾/蕩 ……………………………………………………… 1423

50. 敝

(1) 蔽龞 ………………………………………………………… 1424

(2) 蟞弊 ………………………………………………………… 1424

(3) 瞥擎襒 ……………………………………………………… 1425

(4) 鷩斃 ………………………………………………………… 1426

51. 渠

磲蕖璖 …………………………………………………………… 1427

52. 寅

夤演戭螾鏔縯 …………………………………………………… 1427

53. 宿
  縮蹜 …………………………………………………………………… 1429

54. 啓
  啓晵棨 …………………………………………………………………… 1429

55. 敢
  譀厰闞瞰噉懒 …………………………………………………………… 1430

56. 隋
  (1) 嶞檇憜髓墮 ……………………………………………………… 1432
  (2) 蓨鰭隨猪 ………………………………………………………… 1433
  (3) 媠髽 ……………………………………………………………… 1434
  (4) 橢鵃 ……………………………………………………………… 1435
  (5) 墮髽 ……………………………………………………………… 1435

57. 將
  (1) 蔣鏘鱂 …………………………………………………………… 1436
  (2) 獎螿 ……………………………………………………………… 1437
  (3) 漿醬 ……………………………………………………………… 1437

58. 習
  (1) 摺褶 ……………………………………………………………… 1441
  (2) 熠颮霫 …………………………………………………………… 1441
  (3) 熠謵瘤 …………………………………………………………… 1442
  (4) 謵熠 ……………………………………………………………… 1442

59. 翏
  (1) 嘐潦飂寥顟雡鷚 ………………………………………………… 1443
  (2) 膠嫽 ……………………………………………………………… 1444
  (3) 謬寥髎潦 ………………………………………………………… 1445
  (4) 鏐璆 ……………………………………………………………… 1446
  (5) 勠醪 ……………………………………………………………… 1446
  (6) 繆摎 ……………………………………………………………… 1447
  (7) 螺艘樛 …………………………………………………………… 1448
  (8) 摎戮 ……………………………………………………………… 1448
  (9) 謬/誤 …………………………………………………………… 1449
  (10) 憀/聊 ………………………………………………………… 1449

60. 貫
鑹遺 …………………………………………………………………… 1450

61. 鄉
(1) 響蠁 …………………………………………………………… 1451

(2) 曏嚮 …………………………………………………………… 1452

62. 巢
(1) 轈樔礃 ………………………………………………………… 1452

(2) 撡繰勦 ………………………………………………………… 1453

(3) 撡勦剿 ………………………………………………………… 1454

(4) 巢傑鷚筿轈 …………………………………………………… 1455

(5) 礃窠 …………………………………………………………… 1456

十二畫

1. 堯　2. 賁　3. 尌　4. 喜　5. 彭　6. 埶　7. 壹　8. 斯　9. 散　10. 萬
11. 敬　12. 惠　13. 罨　14. 覃　15. 厥　16. 尞　17. 暜　18. 羑　19. 敞　20. 最
21. 閒　22. 景　23. 貴　24. 單　25. 黑　26. 無　27. 毳　28. 喬　29. 集　30. 雋
31. 焦　32. 奧　33. 御　34. 復　35. 須　36. 翕　37. 番　38. 爲　39. 然　40. 敦
41. 戠　42. 啻　43. 善　44. 尊　45. 遂　46. 曾　47. 勞　48. 寒　49. 尋　50. 畫
51. 孱　52. 巽　53. 登　54. 發　55. 喬　56. 絕　57. 幾　[附]粦(見1684頁粦聲)

1. 堯
(1) 趬翹頿嶢曉巎 ………………………………………………… 1456

(2) 橈澆繞逴 ……………………………………………………… 1457

(3) 曉饒僥 ………………………………………………………… 1458

(4) 趬魑驍磽磽墝 ………………………………………………… 1459

(5) 曉僥嬈蟯鐃 …………………………………………………… 1460

2. 賁
(1) 瀵墳鞼鱝 ……………………………………………………… 1461

(2) 蕡憤贆潰膹 …………………………………………………… 1463

(3) 幩橨 …………………………………………………………… 1464

(4) 蕡馪 …………………………………………………………… 1464

(5) 憤瘨 …………………………………………………………… 1465

(6) 噴濆 …………………………………………………………… 1465

3. 尌
   (1) 樹/豎 …… 1466
   (2) 澍/注 …… 1467
4. 喜
   (1) 僖禧嬉 …… 1467
   (2) 瞦熹 …… 1468
5. 彭
   澎膨 …… 1469
6. 埶
   熱爇 …… 1470
7. 壹
   噎饐瞖壇饐 …… 1471
8. 斯
   (1) 澌撕廝 …… 1472
   (2) 漸蟖 …… 1473
9. 散
   (1) 饊霰潵霰撒 …… 1474
   (2) 廠繖 …… 1475
10. 萬
    (1) 厲糲 …… 1476
    (2) 厲躉邁 …… 1476
    (3) 厲勘 …… 1477
11. 敬
    (1) 警儆 …… 1478
    (2) 驚儆 …… 1479
    (3) 擎/舉 …… 1479
    (4) 檄/糾 …… 1480
12. 惠
    總憓鏸穗蕙 …… 1480
13. 睪
    遷僊 …… 1482
14. 覃
    (1) 嘾瞫樟驔鱏潭嬋蟬醰暉 …… 1482

（2）噂嬋憛 …………………………………………………………………… 1484
　　　（3）簟磾贉 …………………………………………………………………… 1485
15. 厥
　　　（1）撅劂鱖鐝 ………………………………………………………………… 1486
　　　（2）趣蹶僦獗 ………………………………………………………………… 1487
　　　（3）撅嶡瘚 …………………………………………………………………… 1488
　　　（4）劂/倔 …………………………………………………………………… 1489
16. 尞
　　　（1）燎憭嫽瞭嘹 ……………………………………………………………… 1489
　　　（2）遼鬏橑燎寮顟璙 ………………………………………………………… 1491
　　　（3）飂寮獠 …………………………………………………………………… 1492
　　　（4）僚嫽鐐 …………………………………………………………………… 1492
　　　（5）繚憭鐐 …………………………………………………………………… 1493
17. 朁
　　　（1）鐕嶜簪顩 ………………………………………………………………… 1494
　　　（2）嚼潛摺簪 ………………────────────────……………… 1495
　　　（3）憯瞛 ……………………………………………………………………… 1496
18. 菐
　　　（1）樸璞鏷 …………………………………………………………………… 1496
　　　（2）僕樸 ……………………………………………………………………… 1497
　　　（3）撲襆幞醭 ………………………………………………………………… 1498
19. 敞
　　　儌廠 ………………………………………………………………………… 1499
20. 最
　　　（1）撮緅嘬 …………………………………………………………………… 1500
　　　（2）撮嘬 ……………………………………………………………………… 1501
21. 閒
　　　（1）癇襉澗鐧 ………………………………………………………………… 1501
　　　（2）鷴獮撊 …………………………………………………………………… 1502
　　　（3）憪嫺 ……………………………………………………………………… 1503
22. 景
　　　（1）憬影 ……………………………………………………………………… 1504
　　　（2）影幜 ……………………………………………………………………… 1505

23. 貴
 (1) 遺讀續 ··· 1505
 (2) 憒潰瞶瞆 ·· 1506
 (3) 殨穬隤牘癀 ·· 1507
 (4) 匱樻簣蕢 ·· 1509
 (5) 襀闠 ··· 1509

24. 單
 (1) 簞膻 ··· 1510
 (2) 殫癉 ··· 1510
 (3) 撣彈 ··· 1511
 (4) 鼉憚燀僤 ·· 1512
 (5) 貚鼉 ··· 1513
 (6) 嵼襌 ··· 1514

25. 黑
 默纆墨穤瞜 ·· 1514

26. 無
 (1) 蕪膴廡 ··· 1516
 (2) 膴瞴舞嫵 ·· 1517
 (3) 譕撫 ··· 1518
 (4) 璑鷡 ··· 1518
 (5) 憮/蓋 ··· 1519

27. 毳
 (1) 朡/輭 ··· 1520
 (2) 竁/穿 ··· 1520

28. 喬
 (1) 蹻趫驕撟鐈憍穚鷮簥鱎鱎嶠馨盍 ··· 1521
 (2) 敽橋鐈繑 ·· 1523
 (3) 矯撟 ··· 1524

29. 集
 (1) 襍縩 ··· 1524
 (2) 磼/岑 ··· 1525

30. 雋
 (1) 鑴/鑽 ··· 1526

二、聲部筆畫檢字表・十二畫

(2) 雋/峻 ·· 1526

31. 焦
   (1) 樵燋礁 ··· 1527
   (2) 顦憔爘燋瀙醮 ··· 1528
   (3) 鷦糕醮僬瘵 ··· 1529

32. 奧
   (1) 燠澳墺隩腴 ·· 1530
   (2) 薁鰞 ··· 1531
   (3) 燠襖 ··· 1532

33. 御
   禦箶 ··· 1533

34. 復
   覆覆 ··· 1534

35. 須
   澞穎 ··· 1534

36. 翕
   歙噏 ··· 1535

37. 番
   (1) 蕃璠 ··· 1536
   (2) 旛鷭 ··· 1537
   (3) 謠播 ··· 1538
   (4) 飜繙 ··· 1538
   (5) 磻/綁 ··· 1539
   (6) 旛瓻 ··· 1539

38. 爲
   僞譌 ··· 1540

39. 然
   (1) 橪獌 ··· 1541
   (2) 㷖撚嫽瞁 ·· 1542

40. 敦
   (1) 鐜墩噉蹾 ·· 1543
   (2) 憝/懟 ··· 1544
   (3) 燉撉 ··· 1544

二、聲部筆畫檢字表・十二畫

41. 戠
 （1）識樴幟 ································· 1545
 （2）識職 ····································· 1546

42. 啻
 （1）蹢謫滴摘 ······························· 1546
 （2）鏑薡滴 ································· 1547

43. 善
 （1）膳繕 ····································· 1548
 （2）撟檔蟮鱔鐥 ···························· 1549

44. 尊
 （1）蓴噂僔 ································· 1550
 （2）蹲鐏樽 ································· 1551
 （3）遵/循 ··································· 1551

45. 遂
 （1）遂䃜隧檖繸 ···························· 1552
 （2）穟旞璲襚 ······························· 1554

46. 曾
 （1）層增甑磳嶒曾 ························· 1555
 （2）譄増 ····································· 1556
 （3）繒襘鬠 ································· 1557
 （4）驓噌 ····································· 1558
 （5）蹭/阻 ··································· 1558

47. 勞
 （1）嘮撈癆謍 ······························· 1559
 （2）癆簩 ····································· 1560
 （3）撈蟧鐒藠 ······························· 1561

48. 寒
 （1）攐騫褰謇謇 ···························· 1561
 （2）蹇謇 ····································· 1563

49. 尋
  潯樳鐔蟳簹鱘 ······························· 1563

50. 畫
 （1）劃㨰懂 ································· 1565

· 1880 ·

(2) 嘐/吼 ……………………………………………………………………… 1566

51. 屖

(1) 潺僝鋝 ……………………………………………………………… 1566

(2) 剹/鏟 ……………………………………………………………… 1567

52. 巽

(1) 譔僎撰饌選 ………………………………………………………… 1567

(2) 巺纘蟤 ……………………………………………………………… 1569

53. 登

(1) 隥嶝鐙凳蹬璒 ……………………………………………………… 1569

(2) 鐙瞪 ………………………………………………………………… 1570

(3) 憕澄 ………………………………………………………………… 1571

(4) 蹬殿僜 ……………………………………………………………… 1572

(5) 橙荳 ………………………………………………………………… 1573

54. 發

(1) 癹廢撥鏺蹳 ………………………………………………………… 1573

(2) 廢橃潑 ……………………………………………………………… 1575

(3) 廢撥 ………………………………………………………………… 1576

(4) 潑撥 ………………………………………………………………… 1576

55. 喬

(1) 遙謠憍 ……………………………………………………………… 1577

(2) 鷸潏颻 ……………………………………………………………… 1578

(3) 趫獢僑 ……………………………………………………………… 1578

(4) 鱎氉橘 ……………………………………………………………… 1579

56. 絶

劈颱 ……………………………………………………………………… 1580

57. 幾

璣譏饑蟣 ………………………………………………………………… 1581

十三畫

1. 夢　2. 蔓　3. 蒙　4. 嗇　5. 畺　6. 感　7. 歲　8. 㮆　9. 虞　10. 業
11. 當　12. 遣　13. 農　14. 槀　15. 睪　16. 畏　17. 蜀　18. 與　19. 毀　20. 敫
21. 微　22. 僉　23. 會　24. 愛　25. 詹　26. 解　27. 宣　28. 稟　29. 資　30. 意

二、聲部筆畫檢字表・十三畫

31. 鼎　32. 雍　33. 義　34. 肅　35. 殿　36. 辟

1. 夢

憭寢 ··· 1582

2. 蒦

(1) 瞩鑊矍護嚄 ·· 1583

(2) 鞾籆鑊蠖 ··· 1584

(3) 穫獲擭 ··· 1584

3. 蒙

(1) 幪蠓霚 ··· 1585

(2) 朦濛曚懞像矇 ·· 1586

(3) 艨朦濛 ··· 1587

(4) 雺蠓驖 ··· 1588

4. 齊

穧濟 ··· 1589

5. 畺

(1) 彊櫃僵殭疆 ·· 1590

(2) 麠鱷 ··· 1591

6. 感

轗憾憾 ··· 1592

7. 歲

(1) 薉饖 ··· 1593

(2) 薉濊 ··· 1593

8. 粲

燦璨 ··· 1594

9. 豦

(1) 遽勮懅 ··· 1595

(2) 簴璩 ··· 1596

10. 業

嶪驜 ··· 1596

11. 當

簹襠擋璫艡堂 ·· 1597

12. 遣

轥繾 ··· 1598

13. 農
　　襛襛濃釀膿喽纕齈穠 …………………………………… 1599

14. 喿
　　(1) 趮燥懆 ………………………………………………… 1601
　　(2) 臊鱢 …………………………………………………… 1602

15. 睪
　　(1) 釋譯斁繹 ……………………………………………… 1603
　　(2) 嶧驛繹澤 ……………………………………………… 1604
　　(3) 譯驛 …………………………………………………… 1605
　　(4) 釋擇 …………………………………………………… 1606

16. 睘
　　(1) 圜環還闤繯鬟㙴鬟寰鐶𩙿䮍鐶 ……………………… 1607
　　(2) 趯翾儇獧懁 …………………………………………… 1609
　　(3) 儇嬛翾 ………………………………………………… 1610

17. 蜀
　　(1) 髑韣鐲 ………………………………………………… 1611
　　(2) 噣斀觸 ………………………………………………… 1612
　　(3) 襡屬 …………………………………………………… 1613
　　(4) 韣濁 …………………………………………………… 1614

18. 與
　　(1) 旟舉㯕礜 ……………………………………………… 1614
　　(2) 璵譽薁檿醧 …………………………………………… 1615
　　(3) 礜/毒 ………………………………………………… 1616

19. 毀
　　擊譭 ……………………………………………………… 1617

20. 敫
　　(1) 皦曒激 ………………………………………………… 1618
　　(2) 噭歗激 ………………………………………………… 1619
　　(3) 激邀 …………………………………………………… 1619
　　(4) 鷽檄竅 ………………………………………………… 1620
　　(5) 擊/敲 ………………………………………………… 1621

21. 微
　　溦薇黴 …………………………………………………… 1621

22. 僉

(1) 斂檢儉撿 ·· 1622

(2) 檢撿 ·· 1623

(3) 憸嶮 ·· 1624

(4) 嶮獫 ·· 1625

(5) 斂殮撿 ·· 1625

23. 會

檜薈膾儈檜廥澮繪擓薈薈譮嶧 ·· 1626

24. 愛

(1) 薆僾曖瀀曖 ··· 1629

(2) 嗳/噫 ··· 1631

25. 詹

(1) 檐襜韂幨墥 ··· 1631

(2) 儋韂 ·· 1632

(3) 憺澹 ·· 1633

26. 解

懈嶰獬 ·· 1634

27. 亶

(1) 擅鱣澶 ·· 1635

(2) 嬗驙邅僤趲 ·· 1636

(3) 蟺膻繵亶 ··· 1637

(4) 嬗邅氈 ·· 1638

(5) 壇襢磹氈 ··· 1639

(6) 襢膻 ·· 1640

28. 稟

凜懍懔 ·· 1640

29. 資

薋穧濟 ·· 1641

30. 意

憶臆癔 ·· 1642

31. 羸

(1) 蠃贏 ·· 1643

(2) 蠃贏羸 ·· 1644

  (3) 蠃蠃 ·· 1645

  (4) 蠃/露 ·· 1645

32. 雍

  雍擁 ·· 1646

33. 義

  (1) 儀檥 ·· 1647

  (2) 羼鱶轙 ··· 1648

  (3) 議/語 ··· 1649

34. 肅

  蕭嘯鷫橚螸瀟 ······································ 1649

35. 殿

  壂臀澱 ··· 1651

36. 辟

  (1) 壁避臂僻璧屛嬖癖辮瞥 ······················· 1652

  (2) 劈襞闢擘鐴 ···································· 1654

  (3) 髀璧縶辮 ······································· 1655

十四畫

1. 耤　2. 蔑　3. 殻　4. 監　5. 厭　6. 戩　7. 爾　8. 臧　9. 對　10. 貝貝

11. 熏　12. 算　13. 鼻　14. 愚　15. 疑　16. 廣　17. 妾　18. 適　19. 齊　20. 粦

21. 熒　22. 賓　23. 寧　24. 翟

1. 耤

  躤藉 ·· 1656

2. 蔑

  (1) 蔑韈幭篾 ······································· 1657

  (2) 糱懱蠛鱴衊 ···································· 1658

3. 殻

  (1) 擊聲 ·· 1663

  (2) 槃繫 ·· 1663

4. 監

  (1) 覽鑑 ·· 1664

  (2) 籃鬸覽艦氈 ···································· 1665

- (3) 濫醢 ……………………………………………………………… 1666
- (4) 礛壏 ……………………………………………………………… 1667

5. 厭
   - (1) 壓壓 …………………………………………………………… 1667
   - (2) 擪擪 …………………………………………………………… 1668

6. 戬
   - 鐵驖 ……………………………………………………………… 1669

7. 爾
   - 薾濔 ……………………………………………………………… 1669

8. 臧
   - 贓藏 ……………………………………………………………… 1670

9. 對
   - (1) 懟霸 …………………………………………………………… 1671
   - (2) 噿蔚 …………………………………………………………… 1671

10. 賏
    - 嬰罌 …………………………………………………………… 1672

11. 熏
    - 曛醺 …………………………………………………………… 1672

12. 算
    - 篹纂籑 ………………………………………………………… 1673

13. 鼻
    - 濞膞 …………………………………………………………… 1674

14. 㥯
    - (1) 檼嶾 ………………………………………………………… 1674
    - (2) 隱癮 ………………………………………………………… 1675

15. 疑
    - (1) 癡儗嶷擬 …………………………………………………… 1676
    - (2) 薿甏嶷 ……………………………………………………… 1677
    - (3) 礙凝 ………………………………………………………… 1677

16. 廣
    - 曠廳壙曠瀇擴懭 ……………………………………………… 1678

17. 辡
    - (1) 辨辮瓣辯 …………………………………………………… 1679

(2) 辮/編 ······ 1680

18. 適

摘嫡謫 ······ 1681

19. 齊

(1) 劑齎齋儕 ······ 1682

(2) 嚌齏癠 ······ 1683

(3) 濟霽 ······ 1683

20. 粦

(1) 鄰鱗嶙璘驎 ······ 1684

(2) 嶙麟瞵 ······ 1685

(3) 躪疄 ······ 1686

(4) 橉甐驎 ······ 1686

21. 熒

(1) 謍濚娙熒螢 ······ 1687

(2) 禜營滎塋犖縈营 ······ 1688

(3) 瑩榮 ······ 1690

22. 賓

(1) 殯儐嬪 ······ 1690

(2) 濱/瀕 ······ 1691

23. 寍

簰軞噂 ······ 1691

24. 瞿

趯攉嬟蠷簨鸜 ······ 1692

十五畫

1. 賣　2. 菩　3. 賢　4. 憂　5. 慮　6. 暴　7. 晶　8. 罷　9. 黎　10. 臯
11. 質　12. 韋　13. 塵　14. 廛　15. 樂　16. 鼠

1. 賣

(1) 儥贕 ······ 1693

(2) 轒櫝竇瀆 ······ 1694

(3) 遺黷嬻 ······ 1695

二、聲部筆畫檢字表・十五畫

2. 蕡
　夢懵矇 …………………………………………………………………… 1696

3. 賢
　(1) 礥臔 …………………………………………………………………… 1697
　(2) 賣/閒 ………………………………………………………………… 1697

4. 憂
　(1) 瀀優 …………………………………………………………………… 1698
　(2) 憂/怮 ………………………………………………………………… 1699

5. 慮
　(1) 鑢/礪 ………………………………………………………………… 1699
　(2) 濾/瀝 ………………………………………………………………… 1700

6. 暴
　(1) 襮曝 …………………………………………………………………… 1700
　(2) 爆瀑曓 ……………………………………………………………… 1701
　(3) 暴儤 …………………………………………………………………… 1702
　(4) 㬥朦皸 ……………………………………………………………… 1702

7. 㗊
　(1) 靁㗊㗊礧 ……………………………………………………………… 1703
　(2) 㗊灄㗊壘轠㗊嵒 ……………………………………………………… 1704
　(3) 儡/蠃 ………………………………………………………………… 1706

8. 罷
　(1) 擺儸 …………………………………………………………………… 1706
　(2) 襬欏孋 ……………………………………………………………… 1707

9. 黎
　黎雞鑗驪 ………………………………………………………………… 1708

10. 喬
　邊檭 ……………………………………………………………………… 1709

11. 質
　礩櫍鑕躓 ………………………………………………………………… 1710

12. 𦎫
　(1) 諄敦焞䦦惇淳醇稃 …………………………………………………… 1711
　(2) 㹛雜䨲 ………………………………………………………………… 1713
　(3) 啍䁪 …………………………………………………………………… 1713

13. 廛
    纏躔 ··· 1714
14. 麃
    (1) 儦/飙 ··· 1715
    (2) 瀌臕 ··· 1715
15. 樂
    (1) 瓅皪爍櫟 ··· 1716
    (2) 藥瘵 ··· 1717
16. 鼠
    (1) 獵臘 ··· 1718
    (2) 鼳儠櫩 ··· 1718
    (3) 鑞蠟 ··· 1719

十六畫

1. 燕   2. 薄   3. 賴   4. 歷   5. 盧   6. 暴   7. 學   8. 謁   9. 襃   10. 親
11. 龍   12. 辥

1. 燕
    (1) 鱻嬿醮 ·· 1720
    (2) 瞽驠 ··· 1721
2. 薄
    (1) 餺鞼 ··· 1721
    (2) 鎛礴 ··· 1722
3. 賴
    (1) 瀨癩 ··· 1723
    (2) 嬾/散 ··· 1724
    (3) 獭癩 ··· 1724
4. 歷
    (1) 瀝趨 ··· 1725
    (2) 櫪鑠 ··· 1726
5. 盧
    (1) 蘆顱爐轤罏甉 ·· 1727
    (2) 鸕籚鬠纑 ··· 1728

(3) 驢壚獹瓐 …………………………………………………… 1728

6. 㬎
　　濕隰曝塌 ……………………………………………………… 1729

7. 學
　　鷽覺 …………………………………………………………… 1730

8. 謁
　　藹靄 …………………………………………………………… 1731

9. 褱
　　懷/匯 ………………………………………………………… 1732

10. 親
　　櫬襯 …………………………………………………………… 1733

11. 龍
　　(1) 瓏蘢籠襱 ………………………………………………… 1734
　　(2) 龓嚨寵瀧聾壠巃 ………………………………………… 1735
　　(3) 籠艨寵聾 ………………………………………………… 1736
　　(4) 瀧聾朧矓儱曨 …………………………………………… 1737

12. 辥
　　孼蘖櫱 ………………………………………………………… 1738

十七畫

1. 藋　2. 霝　3. 嬰　4. 闌　5. 龠　6. 鐵　7. 爵　8. 毚　9. 鮮　10. 襄

1. 藋
　　(1) 瓘矅鑵顴耀 ……………………………………………… 1739
　　(2) 謹鸛勸歡 ………………………………………………… 1741

2. 霝
　　(1) 靈鑢櫺轣 ………………………………………………… 1742
　　(2) 蠹廬 ……………………………………………………… 1743
　　(3) 靈醽櫺 …………………………………………………… 1744

3. 嬰
　　(1) 纓瓔孆 …………………………………………………… 1744
　　(2) 櫻映 ……………………………………………………… 1745

4. 闌
   - (1) 讕攔欄 ················· 1746
   - (2) 瀾/浪 ················· 1747
   - (3) 斕爛 ··················· 1747
5. 龠
   - (1) 籥瀹 ··················· 1748
   - (2) 鑰鬮 ··················· 1749
   - (3) 蠬爚 ··················· 1749
6. 韱
   - (1) 孅纖殲櫼攕鐵襳 ········· 1750
   - (2) 讖籤 ··················· 1751
7. 爵
   - (1) 釂/漬 ················· 1752
   - (2) 皭/净 ················· 1753
8. 毚
   巉鑱巉攙嚵 ················· 1753
9. 鮮
   癬蘚 ······················· 1754
10. 襄
   - (1) 膿穰瀼 ················· 1755
   - (2) 懷讓 ··················· 1756
   - (3) 孃釀壤鑲 ··············· 1757
   - (4) 鑲瓖 ··················· 1758
   - (5) 籆囊欀瓢 ··············· 1758
   - (6) 攘鬤 ··················· 1759
   - (7) 驤纕 ··················· 1760
   - (8) 曩儾 ··················· 1761

十八畫

1. 聶　2. 豐　3. 瞿　4. 蟲　5. 巂　6. 離

1. 聶
   - (1) 躡櫜囁瞆臑 ············· 1761

(2) 攝钀 …………………………………………………………………… 1762
　　　(3) 攝襵 …………………………………………………………………… 1763
2. 豐
　　豐/龐 ……………………………………………………………………… 1763
3. 瞿
　　(1) 懼矍 …………………………………………………………………… 1764
　　(2) 衢欋 …………………………………………………………………… 1765
4. 蟲
　　融懺爉 …………………………………………………………………… 1765
5. 雟
　　(1) 讋繡蠨鑴 ……………………………………………………………… 1766
　　(2) 觿瘹憸 ………………………………………………………………… 1767
　　(3) 櫖擕 …………………………………………………………………… 1768
6. 離
　　攤籬羅 …………………………………………………………………… 1768

十九畫

1. 嬰　2. 難　3. 麗　4. 嚴　5. 羅　6. 贊　7. 邊　8. 靡　9. 縿

1. 嬰
　　擾孂 ……………………………………………………………………… 1769
2. 難
　　(1) 曩儺 …………………………………………………………………… 1770
　　(2) 灘攤 …………………………………………………………………… 1771
3. 麗
　　(1) 麓儷 …………………………………………………………………… 1771
　　(2) 釃籭 …………………………………………………………………… 1772
　　(3) 曬灑 …………………………………………………………………… 1773
　　(4) 驪鸝 …………………………………………………………………… 1773
4. 嚴
　　(1) 巖儼 …………………………………………………………………… 1774
　　(2) 籢/掩 ………………………………………………………………… 1775
5. 羅
　　鑼籮邏欏 ………………………………………………………………… 1775

二、聲部筆畫檢字表・十九畫—二十一畫

6. 贊
   (1) 儹攢籫欑鄼鬜 …………………………………… 1776
   (2) 鑽巑穳 …………………………………………… 1777
   (3) 讚孨 ……………………………………………… 1778
   (4) 瓚趲 ……………………………………………… 1779

7. 邊
   籩穩 …………………………………………………… 1780

8. 靡
   欌礳魔 ………………………………………………… 1780

9. 䜌
   (1) 巒欒孿 …………………………………………… 1781
   (2) 變鸞鑾彎 ………………………………………… 1782
   (3) 圝彎攣 …………………………………………… 1783
   (4) 孿䜌 ……………………………………………… 1784

二十畫

1. 黨　2. 矍

1. 黨
   (1) 曭矘 ……………………………………………… 1784
   (2) 讜攩矘 …………………………………………… 1785

2. 矍
   (1) 躩彏 ……………………………………………… 1786
   (2) 獲钁矆 …………………………………………… 1786
   (3) 攫玃 ……………………………………………… 1787

二十一畫

1. 纍　2. 屬

1. 纍
   藟纆礧 ………………………………………………… 1788

2. 屬
   襡櫍囑矚 ……………………………………………… 1789

· 1893 ·

三、單字筆畫檢字表

説明:

一、本表收單字凡7217個。其中聲符字879個,根據879個聲符字形體線索繫聯的形聲字6885個,根據聲符字的音義線索繫聯的文字332個。

二、本表單字的排列以筆畫數多少爲依據。筆畫數相同者,按起筆筆形橫(一)、豎(丨)、撇(丿)、點(丶)、折(㇕)順序排列,第一筆相同的,按第二筆,依次類推。

檢字步驟:

1. 數清楚要查找的文字的筆畫數,找到相應的筆畫數欄目。如:要找"分"字,"分"的筆畫數爲四畫,在《單字筆畫檢字表》字集中找到"四畫"這一欄。

2. 按"分"字的第一筆撇(丿)找到"四畫"這一欄中〔丿〕這一筆畫符號欄,再按第二筆點(丶)、第三筆折(㇕)的順序找到"分","分"字后的頁碼爲"分"在本詞典詞條中出現的頁碼。

一 畫		乂	13	三 畫		兀	55
		勹	14			弋	59
乙	3	匕	15	〔一〕		〔丨〕	
二 畫		几	17	三	31	小	61
		九	17	干	32	口	63
〔一〕		〔㇕〕		于	39	山	64
十	3	丩	22	工	45	〔丿〕	
丁	4	刀	24	土	49	千	66
丂	8	力	27	士	50	毛	67
〔丨〕		乃	21	才	51	乞	71
卜	10	又	30	寸	53	川	76
〔丿〕		马	30,31	大	54	彡	78
八	12			丈	55	夕	80

1894

久	80,987	仄	137	介	182	办	244
勺	82	太	137	爻	189	允	244
凡	87	友	30	穴	12	予	246
丸	89	厷	138	今	190	弓	30
及	90	尤	139	分	195,685		
〔丶〕		巨	140	乏	204	**五 畫**	
亡	96	牙	142	公	203	〔一〕	
亅	238	屯	146	月	206	玉	1052
丫	101	比	152,651	氏	206	未	249
〔一〕		切	154	勿	208	末	250,475
开	101	〔丨〕		欠	211	示	251
己	103	止	155	匀	14	扝	7
巳	107	少	156	勼	19	打	4
子	107	曰	160	匀	211	巧	9
也	109	日	160	卬	215	正	252,1370
女	115	冄	161	厽	19	扑	10
刃	116	中	164	〔丶〕		扒	12,13
叉	118	内	167	文	216	扐	27,28
幺	120	〔丿〕		亢	218	扔	21
		午	169	方	224	去	255
四 畫		毛	170	斗	228	甘	257
〔一〕		壬	173	尣	229	世	261
丰	121	升	174	心	232	芁	17
井	121	天	175	〔一〕		古	263
夫	122	什	3	夬	233	艿	22
元	123	片	177	引	237	芳	24
云	127	仆	11	弔	238	芀	21
圠	3	化	178,727	丑	239	本	269
市	129	仂	27	爿	239	术	270
劢	27	仍	21	巴	240	刋	53
支	130,1268	斤	179	孔	466	可	170,271
丏	134	爪	182	阞	27	朿	275
不	134	反	200	卭	23	匝	129

丙	277	〔丿〕		卯	368	阤	111,113,115
左	278	生	327	冬	369	奵	7
丕	134,279	矢	329	夗	369	奴	417
石	282	失	330,611	包	14,371	召	25,419
右	30,285	乍	336	〔丶〕		加	423
布	285	禾	339	主	377	皮	427
戉	286	刉	75	市	380	辺	21
平	291	仨	31	庁	7	弁	435
戊	293	仟	33	立	381	台	436
〔丨〕		丘	340	玄	382	矛	439
北	294	仜	45	半	384	母	441
占	295	仕	50	汁	3	幼	120,444
旦	302	付	341	汀	6,7		
目	305	仗	55	氾	30,387	**六 畫**	
且	305	代	60,344	忉	26	〔一〕	
甲	311	仙	64	宁	387	匡	688
申	313	仟	66	穴	388	韧	446
叮	4	仛	67,69	宄	392	邦	121
田	315	仡	73,74	它	389	玘	10
由	316	仞	87	宂	392	迂	41,44
只	319	白	344	尼	393	开	448
央	320	仔	107	必	394	荆	451
兄	323	斥	346	永	399	刑	124,126
叫	353	瓜	347	〔一〕		戎	452
叨	25	仓	349	司	400	圩	44
叮	4	乎	353	艮	401	扞	32,34,36,39
氐	16	参	349	尼	402	圭	453
帆	17	令	353	民	404	扛	45
同	324	氏	359	弗	406	寺	457
攴	417	句	361,1384	弘	410	扗	55
四	326	旮	18	疋	411	吉	461
凹	326	册	367	阢	56	扣	63,465
				出	411	考	8,464

圪	73	有	481	岌	92,93	囟	529
扥	67	存	52	帆	87	仔	246
扢	73	而	482	帄	86	后	530
巩	465	夸	41,483	吸	95	劢	180
扚	84	灰	485,764	回	508	行	531
扱	92,95	尪	41	屺	104	彴	83
妃	104	列	486,1186	囡	120	彶	92
地	109	成	5,489	〔丿〕		辰	534
扠	118	攱	131	朱	510	全	535
耳	467	夷	489	先	65,513	合	536
芋	39	邞	148	牝	15	兆	540
共	470	攷	9,464	廷	173,515	肏	546
芄	56	至	492	竹	517	受	774
芥	61	夹	30	迄	71	忢	13
芊	66	〔丨〕		伝	128	肋	27
芃	88	朿	495	休	517	危	547
芫	89	此	496	怀	134	旬	550
芨	90	尖	1086	伏	519	旨	554
芒	474	光	500	臼	521	刐	208
朽	8	吁	45	伨	146	匈	556
朷	13	吐	49	伐	522	犵	102
朼	15	邑	502	延	524	名	556
朴	22,23	曲	176	仯	156	各	557
朸	27,29	吕	502	仲	165	多	562
亘	475	同	503	件	169	妓	80
臣	476	吃	71	任	174,526	争	567
束	477	因	507	伕	176	〔丶〕	
西	478	吸	92	份	196	亦	570
邪	130	虹	45	仰	215	交	571
屄	144	屼	56,58	伉	220,221	衣	576
戍	479	屹	73	仿	226	次	578
在	52	彭	78	自	528	妏	220
百	479	吸	96	血	528	言	99

帀	100	安	598	夭	37	扰	230
宄	98,581		〔一〕	戒	609	志	614
亥	582	聿	598	扶	123	把	241
充	586	艮	600	抗	126	抒	246
妄	96,100	迅	101	技	131	劫	615
并	589	歽	39	坏	135	芏	121
米	592,1210	弛	110,113,115	抔	136	耴	616
屰	594	孖	108	拒	141,142	芝	130
灲	26	收	495	坳	148	苂	134
州	587	阪	202	抡	150	芽	142
汙	43,44	阮	218	批	396,428	苊	151
污	188	防	225,227	抝	154	芫	161,163
江	45	阧	228	址	155,1404	芮	168
汕	64	陕	233	拚	161	芼	170
汔	71	阬	244	坤	164	芥	186,187
汐	80	迪	111,113	抐	167	芬	196
汋	82	奸	32	坄	172	芝	204
汛	87	妖	54	抈	174	芯	232
汲	92,95	如	115,604,794	赤	610	芭	241
汇	98,99	妁	83,85	圻	179,180	夆	52
汛	101,102	妃	104	折	610,1441	杆	33
汭	118	好	9	抓	182	杅	39,41
汊	118	劦	606	扳	200	杠	45
忏	43	牟	606	坅	188	材	52
忖	54	亼	607	坋	195,198	秇	54,571
忔	71	纟	120,607	扮	199	杖	55
伋	92	巡	76	挴	206	机	56,58
忌	105			孝	613	杙	60
他	110		七 畫	坎	211	朴	61
宇	39		〔一〕	均	211	杧	67
宅	67,596	玒	45	坑	211,222	杉	78
宊	80	玓	82	抗	218,221	杓	83,86
字	108,597	戋	608	抖	228	杼	101

杅	107		叔	657		吭	245		佀	309
杈	118		肖	62,658		岐	130		伸	313
求	617		旱	35,662		岠	138		佃	315
孛	618		旴	44		岈	144		佚	330,335
甫	623		盯	4		帔	153		作	336
匣	311		吴	665		罕	6		伶	354,355,358
更	106,626,901		見	667		妙	156		低	359
束	633		助	279,670		圻	179		住	377
吾	635		里	672		岭	183		伴	384
豆	640		呒	138		帉	185		佇	387
迈	129		旸	82		岑	191,1525		佗	389
酉	644		吸	94		岎	200		伺	400
迋	131		呀	143,144		呦	209		佛	407
医	329		吨	146		岜	215		佋	419
否	135		囩	127		岏	222		彼	431
矴	5		町	6		帊	242		佁	436
厏	338		粤	673		〔丿〕			近	179
奄	151		足	675		迕	169		忪	203
奈	182		曳	317		甂	95		狗	211
夾	649		困	678		告	689		返	200
夾	426,645		呷	163		我	692		余	706
尬	686		冑	679		利	694		希	708
龙	649,1255		呈	173		秃	696		坐	711
尬	183		听	179,180		秀	696		谷	713
忒	60		吟	186		每	443,699		孛	190,714
迓	145		吻	208		估	267,269		孚	715
犴	142		吭	218		体	269		孚	716
迒	151		呲	232		佐	279,670		妥	720
坒	152,651		映	236		伾	280		含	190,721
巠	653		邑	683		佑	285,481		刬	355
〔丨〕			吼	1566		佈	285		佘	411
步	657		囤	148		伻	292		坌	199
剐	296		別	685		攸	702			

弆	200	宎	98	忧	140	阻	307,1558
爷	198	室	100	忦	143	陆	338
肛	45,49	忘	96	怞	146,151	附	341
肚	50	判	385	忡	166	陀	390
肛	69	兑	738	忤	169,665	陓	393
肕	116	尿	742	忻	179	陂	202,431
昏	723	灼	26	忾	200	姘	122
甸	315	弟	746	忪	203	妓	132
刦	361	沄	127	忼	218	妙	159
免	724	汳	133	忱	232	姆	163
免	728	汰	137	快	235	妠	167
劬	366,367	沄	138	忬	247,248	妊	174
狂	687	沌	146	宊	121	妨	225
狃	181	沚	155	完	123,744	妃	242
迕	209	沙	742	宎	134	努	418
犺	220	汩	160	宏	138,485	卧	423
角	729	沖	166	宁	6	邵	421
狭	235	汭	167	齐	188	劭	421,422
夆	730	汻	169	良	698,749	忍	117,761
灸	81	沃	175	庋	90	甬	762
迎	145,215	沂	177	〔一〕		矣	764
〔丶〕		泛	204	君	753	灸	245,765
言	733	汦	206	即	755	灾	52
庞	148	汤	209	尾	756		
庇	398	没	479	局	757	**八 畫**	
疔	16	沆	218	迟	238	〔一〕	
疕	22,23	沈	229,230,1294	改	106	奉	770
斉	734	沁	232	妃	241	青	771
彣	216	决	233	陆	256	玠	182
冷	354	忼	125	阿	271	玢	196
序	246,248	忬	128	壯	239,758	表	773
迒	223	忮	131,133	坒	686	玦	233
辛	735	忕	137	陁	296	貳	60

三、單字筆畫檢字表・八畫

盂	41	夌	781	苓	280	析	802
刎	244	拎	353	若	793	來	803
坯	250,443	抵	360	茂	443	枌	198
抹	251	拘	365	茇	286,287	杭	204
長	159,775	拄	378	苹	291	柿	275
拑	255	拌	384,385	迌	262	构	211
拙	258	拧	387	苦	295	枋	224
抴	262	坑	388	苴	304	枓	228
坏	279	坨	390	苴	309,310	述	270
拓	282,596	拕	389	苗	795	枕	229
拊	285	挖	393	英	796	杻	239
坡	289	拟	396	苻	341	杷	240,241
拔	286,287,288	捉	402	苑	371	軋	3
坪	291	拂	408	苞	371,374	東	804
押	292	拂	408,409	茊	388	或	807
呫	301	抽	413,414	芯	395	臥	811
拈	300	招	423	直	797	事	50
坦	302	披	428,431	茀	406	刺	477
坤	313	弄	256	苠	411	兩	813
押	312	拚	435	苺	442	協	606
抻	313	亞	782	茒	444	羌	132
抽	317	坶	443	枉	686,687	厓	814
坱	323	拇	442	杬	123	杏	135
抧	319	坳	444	林	800	矸	38,39
劫	464	拗	446	枝	130	矼	45
坰	324	扞	257	柜	142	砒	68
扶	334	刵	467	枒	144	砣	74
怍	336	其	785	枇	152	矽	84
坵	340	取	786	杜	155	破	93
者	776	苷	257	杪	156	刳	483
坏	346	苦	264,266	杳	607	匼	536
奉	780	昔	789	柄	167	查	308
抣	350	苛	274	枕	175,176	奄	814

三、單字筆畫檢字表・八畫

奆	348	昂	215	帗	419	俚	469
奅	368	呫	299	呬	426	侑	481
庂	278	虹	4	呦	444	侉	485
豖	817	盯	96	囷	847	奧	867
殀	208	蚓	25	杳	851	兒	868
殃	234	迪	317	岡	849	版	202
妻	818	典	841	罔	100,850	佽	497
戔	819	固	843	囯	394	佬	500
敗	153	忠	165	㠺	326,853	侶	502
到	238	呾	304			侗	505
甌	200	迡	319	〔丿〕		侰	509
		呤	357	制	856	侏	511
〔丨〕		咆	376	知	858	佹	513
非	821	呲	396	迭	331,333	凭	527
叔	495,825	呴	396	氛	196	侹	515
歧	130	呯	409	㔾	241	佸	723
卓	827	呹	418	迮	336	從	524,525
尚	828	昭	423	垂	554,859	侚	529
旺	37	哈	437	牦	170	佮	536
盱	39	怷	251	物	210	佻	544
旺	687	岢	271	牥	218,220	侜	549
具	19	岸	33	刮	724	侚	550
果	831	岯	280,281	和	339	侈	562,564,566
昃	137,994	罕	33,37	籿	65	佳	862
旽	146	帖	296	秔	74	佼	571,575
昆	835	岨	307	秏	70	依	577
咁	258	岬	312	豹	87	依	578,580
咕	267	岫	316	牠	109,111	侅	586
昌	836	帙	331,333	委	339,860	併	589
門	933	岞	338	竺	517	的	82
昇	174	岭	357	笂	27,29	迫	345
吻	209	崉	368	例	451	佷	600
易	838	迥	324	侍	400,458,460	伽	604
昕	160	帗	406	佶	461		

欣	872	肮	218	卒	898	沿	349
爬	240	肪	224	郊	571	泡	371,373
彼	430	胅	233	忞	217	注	380,1467
舠	24	肚	239	庚	900	泣	381
狍	86	周	885	瓸	218	泮	384
舍	873	昏	888	夼	221	泞	387
金	874	匋	14,888	洛	559	沉	388
侖	875	臽	889	音	901	沱	390
肴	189,878	狎	312	妾	905	泌	397
觉	540	狉	327	盲	96,99	泳	399
采	879	忽	209	刻	582	泥	402
乎	881	狗	364	於	906	泯	405
受	882	狂	379	劾	1334	泓	410
敉	194	匌	536	氓	96	泏	411
欤	190	狃	441	卷	907,1235	沼	419
念	190	咎	892	炖	148,151	波	431
忪	196	匊	893	炘	179	怔	254
欻	195	夘	564	炕	223	怯	257
忿	196	婴	369	炎	910	怲	277,278
忩	203	〔丶〕		泔	258,260	怛	304
胖	121	迬	377	泄	261	怚	308
肤	122	冽	488	沽	269	快	320,321
肮	124	京	894	泀	284	恨	401
肢	130	店	301	沾	296	性	327
胚	135,904	夜	570	油	318	怏	330
肮	139	宜	303	泱	321,323	怕	345
肫	148	底	8,359	况	323	怜	355
肚	152	疔	43	泂	325	怩	404
肟	177	疝	59	洗	332,335	恨	405
胙	546	疝	64	泊	344,345	怫	409
肣	190	疙	73	泝	347	怵	415
朋	883	疲	90	泠	349	怪	586
肺	275	疚	80,81	泠	353,354,356	怡	437

怂	1699	孟	944	玿	422	垎	560
宗	916	㭟	239	毒	1616	垎	561
定	253,254,918	戕	239,244	型	451	垗	562
宙	316	陌	479	陂	428	挎	565
官	919	孤	1052	匼	648	挣	567,569
空	45,923	孢	377	挂	456	垓	583
穸	80	亟	945	封	951	拼	589
宛	369,926	限	603	持	457,460	挖	923
宓	394,927	陏	1055	拮	463,464	垠	602,603
弦	410	妬	282	拷	63,464	拯	476
戾	929	妼	293	拱	466,470,471,474	欤	255
房	226	姐	305			甚	952
衩	39	姓	327	拖	476	苁	452
衩	39	炮	377	揀	477	茸	469,954
衱	59	帑	417	挎	483	茉	477
衫	78	弩	418	城	489	巷	470
衱	90	姆	441	垤	493	茱	955
袘	111	迢	421	拴	494	黄	489,490
衱	118	肝	35	政	252	荃	494
祉	156	叕	946	赴	10	芷	496
役	251	紈	17,18	挑	500	茵	507
祊	224,226	糾	22,23,1480	捆	507	荏	515
岔	396			垔	508	茯	517

〔丿〕

| | | 九 畫 | | | 挺 | 515 | 茯 | 520 |

建	932	〔一〕		括	723,724	茂	523
录	934	契	446	耆	296	莛	524
隶	938	奏	948	埏	524	茌	526
居	268,939	春	949	挺	524	荇	533
刷	941	珇	305	埗	528	荃	536
迤	402	玞	344	垢	530	荅	959
屈	413,416,942	珍	351,1295	拾	536	茅	568
弧	422	玲	353,355,356	挑	541	茭	571,573
弢	430	珀	374	垎	547,548	茨	578,579

1904

荒	581,959	軌	19	勁	653,655	禺	1003
荌	582	軔	23		〔丨〕	畐	1005
荐	597	赴	964	韭	987	哂	65
瓬	264	匽	967	背	294	星	328,1007
故	263	刺	969	皆	498	昨	336
胡	263,264,961	歁	271	娭	499	昤	353
茁	22	畐	970	貞	988	昀	365
南	962	到	643	战	300	曷	1009
柑	257	歪	972	省	989	咧	486
柮	262	要	974	削	660	昱	1016
枯	266	柬	976	郱	658	眩	383
柯	273	咸	977	盻	129	昵	402
柭	287	厖	649,650	眛	249	眯	408
柈	291	歪	326,855	眄	134	咥	494
相	963	砐	138	昊	990	畏	1017
柤	307	砑	146	盹	146	毗	152
柙	311	砒	155	是	991	盯	4
柍	320	斫	282,792	眇	156,994	胃	1019
柎	341	砍	186,187	眊	171	冑	317
柧	347	砣	189	眅	200	敀	315
柢	359	砏	198	則	994	販	202
柵	367	砭	205	盼	195	界	183
枹	374	面	979	眒	208	畇	211
柱	378,1129	奕	482,982	易	996	虷	37
柿	380	查	475	眨	217	虹	45
柲	396	爰	562,564	眆	226	蚢	218
柅	402	奓	585	眈	229	蚍	114
柫	408	殆	266	哇	454	思	54,1020
柚	414	破	428	畢	1000	蛊	166
柖	422	殃	438	哢	467	罡	1023
柳	426	皆	985	哄	470,472	剆	681
柀	428	毖	394	冒	1002	响	505
勃	618,620,621,622	剄	656	映	322,1745	咽	508

三、單字筆畫檢字表・九畫

迵	503	毡	295	信	102	肸	282
咪	511	牺	326	俔	738	胛	312
咻	518	牴	360	俏	743	胂	313
囿	481	舀	1031	俒	744	映	320
咶	530	秋	122	俍	749,750	胜	327
姚	545	秕	153	皇	1045	胅	332
咳	582,1096	秒	156,159,305	泉	1047	胙	338
哖	594	秎	199	鬼	1047	胕	341
岍	448	秭	276	禹	1050	胍	348
峙	459	秔	220	追	1053	胝	359
峀	480	秌	1032	俊	766,767	胸	361
峕	1024	重	804,1035	盾	1055	胞	371,377
峎	487	复	1036	㾕	530	胖	384,386
毘	152	竿	33	迻	531	胅	396
峒	503	竽	39	待	458,460,765	胐	411
峆	536	匍	701	徣	491	匍	625
峣	547	段	1039	徊	508	癸	1064
峞	547	俘	618	徇	550,552,553	瓪	55
峪	559	俌	623	律	598,599	欨	365
峉	557	便	1043	舡	45	勉	982
帡	591	俉	666	舤	55	狘	450
峠	598	侸	642	彤	78	狱	452
迥	508	畀	1046	舨	96	風	87,1065
骨	1028	垡	523	俞	1055	延	525
幽	574,607	牉	384,385	弇	539,1058	狑	545
〔丿〕		修	703,704	迨	536	怱	1066
卸	1230	俏	62	剄	711,713	狰	570
枰	292	侯	666	俎	310	狡	574,575
牣	364	保	1044	爰	1059	斛	22,23
牠	392	俜	673,675	郭	716	勂	27
缸	45	促	675,677	娈	1062	狠	600
牪	417	俄	692	胘	253	曺	367
矧	237	俐	694	胚	279	訄	18

· 1906 ·

三、單字筆畫檢字表・九畫

逄	565	彥	1076	洴	448	悗	549
怨	371	帝	1077	洼	455	恂	550
胤	1070	斿	1079	洔	457,459	恟	556
〔丶〕		施	109,113,1080	洪	471,472	恔	575
訂	5	籵	156	㳽(茫)	474	恍	587
計	10	差	1081	洓	477	恨	600
訏	23	叛	385	洒	1234	恊	606
訃	21	料	384	洦	479	悴	606
峽	645	羋	1235	洰	482	宣	475,1092
亭	5,1071	粄	48	洿	483	宬	489
㾮	457	耗	70	洌	488	宋	495
度	1072	迷	593,981	洟	490	宯	121
座	492	粇	103	洗	500	宏	138
奕	571	籽	107	洞	503,506	穿	1520
庥	517	籹	115	洄	508	窀	146
庇	545	前	1085	洗	514	窆	205
庐	548	酋	644,1086	涎	515	突	233
廖	564	家	1087	洪	520	饪	390
疠	144	逆	594	涎	524	宛	726
疳	163	兹	1088	洐	533	客	1096
疲	200	炳	278	派	534,674	姿	1097
疥	183,185,188,427	炲	287,289	洽	536	軍	1101
痫	276	炟	302	染	1090	厓	256
庤	576	炔	323	洵	556	居	296
疢	229	炾	323	净	567,1753	扁	1106
疾	233	炯	325	洲	588	衵	160
疤	243	炸	336	恀	460	袡	162
屏	591	烀	369	恒	1091	衸	183
庎	594	炮	371,376	恠	485	衿	192
这	571	炫	383	恢	485	衯	198
垩	578	沸	408	恆	509	祇	207
音	1074	炲	436	恰	536	袀	211
		剃	749	恌	544	科	228

袂	233	帤	605	栔	446	挸	669
祛	255	姻	507	契	235	埋	672
祐	264	娗	515	秦	1138	捉	677
祐	284	姁	551	珪	453	捆	678
祐	285	姸	589	珥	467	捐	682
袚	286	怒	418	珙	472	袁	1149
神	313	架	423,424,426	玼	276,497	殷	1150
袟	333	盈	1129	珠	511	捞	696
袥	341	孨	43	珽	515	都	777,778
祕	394	敃	95	珩	531,532	哲	610
欨	397	怠	436,438	珧	543	逝	611
		癸	1129	珫	586	耆	1154
〔一〕		蚤	1131	珢	601	耄	170,171
既	1113	柔	441,1133	敖	1141	捒	707
叚	1115	敄	439	素	1144	挫	713
屋	1120	矜	191,194	菁	1145	埒	715
屑	546	垒	607	栗	448	埌	719
屏	591,1122	彖	1134	捄	610	換	727
弭	469	紆	41	臭	454	挽	728
昏	405	紅	48	捓	616	捅	729
敃	404	紃	77	埻	619,621	挚	466
韋	1122	約	86	捛	619	恐	1046
峒	273	納	89	埂	629	埠	736,737
眉	1127	級	90	捂	635,636	捝	738,740
胥	1128	紀	103	馬	1148	梯	749
陕	645	紲	109	挾	645,648	捖	745
孩	582	紉	116,118	趕	36	埌	750
陛	651	甾	1137	起	74	捐	758
陘	656			起	107	捅	762
陟	661	**十 畫**		捎	660	盉	1156
欪	414			埠	663	埃	764
陡	691	〔一〕		捍	663,664	耾	128
陙	174	秒	156	埌	669	耵	469
陵	767	耙	240				

· 1908 ·

耽	229	栵	487	帢	539	娑	657
華	1159	棶	489	酞	59	虔	1195
荋	614	桎	492	酌	84	眎	1196
萊	617	桃	497	配	104,106	眛	249
莆	1160	梃	515	翅	130	眹	251
荣	472	楸	519	辱	1187	眐	254
恭	474	栢	521	厝	790	眙	263
拳	470	栽	522	威	479,1189	時	458,459,1196
荚	645	桯	525	厞	823	䀼	1197
莽	1161	桁	532	夏	1189	眒	313
莖	653	桃	541	砧	301	映	322
莫	1163	桅	547	砱	349	眔	329
莒	683	栒	551	砼	353	眹	330,332
莪	692	格	557	砥	360	眖	109,113,114
莠	697	校	571	硅	377,378	眴	363
莓	699,701,702	核	582	砣	390	眅	309
莊	711	栟	589	砯	406	眩	382,383
莩	716	根	602	破	16,428	眝	387
荅	721	索	882,1176	厘	859	眑	444
莵	728	軒	33	原	1190	哮	613
莦	731	軋	45	逐	59	晃	500
莘	735,737	軔	77	烈	488	哺	11,250,623
芾	748	軟	92	黹	561	哽	626
眞	1167	連	1177	殊	512	閃	649
斡	1174	軔	117	殟	528	唊	645,648
菩	754	專	624,1179	殉	552,553	剔	839
舐	266	逗	629	殍	562	唄	649
莊	758,760	哥	1183	盎	290	眳	583
蒽	761	語	636	搟	599	晏	598
枅	448	鬲	1184	致	493,1193	昮	1198
桔	462	豇	45	晉	1194	趾	57
栮	467	逗	641		〔丨〕	趵	84
栭	482	栗	1185	柴	51,497	跋	95

跎	110	敊	1210	嗀	691	破	346
跋	118	罜	1211	造	1214	倆	813
眕	352	罟	938,1213	牷	535	倚	577
昫	364	罞	1213	牸	597	倓	819
蚓	124	罛	348	乘	1216	俶	826
蚑	132	罞	357	甜	164	條	703,1217
蚖	134	罝	371	敆	192	倏	702
蚘	139	罜	440	秣	250	倡	836
蚧	156	峎	662	秌	271	傷	838
蚋	164	峴	668	秠	281	個	188
畔	386	峨	692	秤	291	栠	526
蚧	185	峻	720	秥	296	恁	526,527
蚪	228	峼	721	袖	317	倪	868
蚓	237	峰	951	盉	339	俿	872
蚆	241	峯	730	秩	331,333	倫	875
員	1200	悅	740,741	秞	411	偆	888
呪	667	峴	752	透	698	倍	901,902,904
唃	503,505	峮	753	裕	66	倓	914
圄	638	圓	681	笁	124	倌	921
唈	683	峵	761	笆	148	倥	923
唏	709	峻	1526	笄	163	俟	929
欧	508	剛	849	笩	182	健	933
盉	321			笒	189	臭	1219
皴	322	〔丿〕		笭	190	息	1220
唅	721	耆	327	笁	223	烏	1222,1329
唤	727	瓶	511	笆	241,242	倨	941
圂	1204	缺	233	倩	771	倔	944,1489
唁	733	矩	413	俵	774	皋	1225
峼	614	矩	419	倀	775	虒	1227
峺	626,629	毪	452	侸	782	徑	653
峿	637	氃	513	倬	794	徐	417,706,1081
豈	1205	毦	539	值	799,800	舫	158
峽	645	氣	1213	俫	803	舯	165
		峒	503				

般	1230	掤	161,163	衺	164	欬	582
舫	224	鼓	131	高	1261	殺	585
舭	331	趺	334	郭	1265	畜	1282
舥	373	虓	18	庤	614	粅	198
釘	4	㹒	613	唐	644	羞	239
釙	10	猏	639	疷	257	秠	243
釟	13	猇	649	疰	261	羔	1283
殺	1234	狷	682	痁	263	桊	1235
敆	536	猖	733	病	277,278	拳	1235
虓	13	豺	733	痁	296	粃	594
喬	1235	舡	45	疾	329,1266	粄	202
衁	45	逢	732,1254	痄	338	粉	195,198
䍃	1238	桀	1256	疴	361	粑	207
臽	1243	敜	133	痊	380	粑	243
豹	86	羿	161	疵	411	益	1283
奚	1245	留	1257	痂	427,629,1119	兼	1285
㐱	11	盈	369	疲	427	朔	594,1291
倉	1247	〔丶〕		痁	438	烜	475
飢	17	訏	37	脊	1268	烀	564
衾	191	訐	41	效	190,576,714	烄	571
瓯	357	訌	45	离	1269	炫	585
翁	1251	訕	63	紊	217	剙	910
脑	482	訓	65	唐	900,1273	浙	612
胯	483	託	67,69	翃	222	湻	619,620,621
胰	489	訖	71	站	301	浦	625
脡	515	訓	76	剖	901,1276	浹	645
胼	531	記	103	部	901,1276	涇	653
脁	540	訑	110,111	玲	354	消	660,1221
脂	555	訒	117	珣	366	涅	160
脵	562	訳	118	衷	576	浞	668
胶	571	凍	804	旁	224,226,1277	浞	677
胲	585	衰	1260	旃	170	涓	679
朕	1253	涸	843	旅	1281	浥	684
		勍	897				

三、單字筆畫檢字表・十畫

浩	691	突	332	挑	541	婞	664
浰	694	窄	336,1296	袟	548	娛	666
淀	1418	窊	347	冥	1302	娉	673,675
海	700	容	713,1297	雀	1305	妮	676
浟	705	窎	373	冤	1306	羍	604
涂	1073	窑	411	兦	1307	恕	604
浮	716	窈	444	〔一〕		烸	700
洛	721	宰	1299	書	776	娩	728
渙	724,725	㝱	752	帩	753	娣	746,748
浪	750,753,1747	寄	753	展	1308	娘	749
㖿	756	朗	749,750	屖	737,1309	叕	418
洩	758,759	朂	786	翃	236	哿	425
涌	763	扅	576	剚	943	皰	374
恞	609	扇	1301	哨	660	脅	1315
悖	294, 619, 621, 622	袜	251	曹	407	翀	166
		袡	262	弱	401,441,1310	通	762
悚	634	袥	273,274	陸	780	圅	31,1316
悟	640	袏	278	陵	782	逡	765,768,769
恒	643	袥	282	陳	313	剡	947
悄	26	袓	302	奘	758	紘	128
悍	664	袓	305	𨸰	239	純	150,151
悄	682,683	袖	316	孫	1312	紕	153
悒	683	袚	348	蚩	1313	紖	154
悌	708	衿	351	崇	411	紐	155
恪	734	袀	363	陲	859	紗	156
悦	741	袍	371	陮	863	納	167
悌	746	袷	382	倫	878	紝	172
悛	770	袳	388	陰	1314	紋	189
害	1292	神	406	陷	889	紟	192
宧	387	袖	413	陪	106,902,904	紛	196,523
家	1293	被	430	娸	633	紋	216
宲	1294	袦	446	娙	653	統	230
宭	388,502	袷	536	娟	658	紒	237

· 1912 ·

紓	246,247	掩	815,1775	掊	901	萃	898
邕	1318	排	824	接	905,1402	菸	1329
十一畫		焉	1328	執	1330	菴	907
		赶	169	埞	907	茭	910
〔一〕		赾	235	捲	907	荸	923
彗	1320	堁	831	掮	923	茇	929
栜	428	場	838	控	923	械	609
舂	1322	堌	843	控	925	梵	87
球	617	揹	852	捩	930,932	婪	194,800
責	1323	搁	849	殼	1330	梾	617
現	667	埵	859	掇	947	梗	626,628
理	1326	捼	861	迾	782	梧	636
彭	772	埦	868	聆	299	桓	640
珵	676	赦	610	聆	355	梜	645
珺	680	雃	45	聊	1449	梣	652
琇	698	堆	863,865	聇	414	桱	653
琈	716	推	866	堅	786	梢	658,660,661
琀	721	頂	8	娶	786	桿	665
琅	749	晢	610	菁	771	梡	670
犁	1326	掀	872	菱	781	梩	672
規	893,1327	捨	873	菽	786	梱	678
虙	126	捡	874	堇	1331	梢	681
埲	770	掄	877	逭	789	梏	690
捧	136,770	埰	879	荽	808	梅	702
堵	779	採	879	黃	1335	梉	711
控	785	授	882	萳	1336	桴	716,718,719
撅	786	掤	883,885	菓	831	桷	729
搭	794	掏	1243	菌	847	桻	730
描	796	埳	889	菨	860	梲	739
埴	798	掐	889,1097	萑	862	梯	746,748
域	807	碧	465	莶	875	梡	744
捱	814	掠	897	菜	879	根	750
掸	800	培	902,904	菪	889	柳	755

桐	757	硑	514	晤	640	朔	206,294
桶	762	硜	524	晡	505	趾	206
梭	769	硌	557,560	眽	534	趻	227
軒	686,688	硋	584	眙	539	跂	229
軘	148	硨	598	眺	541	趹	235
斬	1339	勔	982	敗	742	趴	240
軛	200	厩	1098	販	200,1234	蚶	258
軝	207	瓠	483	貶	205	蚾	290
軠	232	奢	777	眴	553	蛆	304
專	1342	匭	1055	眵	557	蚱	336
曹	1347	奞	863	眳	557	蚹	341
敕	633	梨	487	脝	566	蚰	416
敘	1351	峪	138	睁	567	蛉	436
副	971	殍	716	眛	592,593	蚴	445,446
區	1004,1352	盛	489	啞	784	唱	836
敔	638	匾	1109,1110	卟	1000	國	807,1384
堅	528,811,944	頃	1366	閈	34	喎	855
毧	643	崔	60	晛	667	唾	859
欸	641	硳	721	婁	1372	唲	871
斜	228	甄	653	曼	1378	啥	874
票	1355	〔丨〕		翈	312	唉	882
雩	78	斐	821	晧	692	啁	885
酖	150	虛	991,1368	晦	700	啗	889,891
酕	171	虙	1369	晞	711	啍	1713
酌	211	處	394	晚	724	啖	913
酘	229	貧	1370	啄	817	唳	929,931
殿	1361	堂	829,1370	脚	756	唎	941
戚	1363	眭	455	畦	456	猪	779
帶	1365	戗	663	時	459	崚	782,801
硅	461	眲	467	唦	825	崆	782
盔	481	啀	770	跋	130	崃	801
硫	500	晔	619	距	141	崬	806
硃	510	晡	625	趾	155	崴	809

三、單字筆畫檢字表・十一畫

剒	1024	笞	257	俟	1064	釭	49
罣	455	笱	273	偬	1069	鈔	62
崮	843	笙	302,304	進	1194	鈕	63
崞	851	笪	309	停	1071	釳	71
崗	849	笛	316	脩	1077	釧	77
崔	863,1385	笑	322	偏	1107	釤	78
崛	884	笮	336	眇	159	釣	84,87,238
崤	889	符	341	鳥	1390	釵	94
崇	916,917	笭	353	兜	1391	鈚	114
崆	923	笥	361	皰	345	釩	118
崟	923	笵	387	皎	573	剫	1055
崴	942	笾	405	眎	591	盒	536
崡	1318	第	746	假	1118	欷	709
圈	907	笫	406	偋	1122	悉	1400
過	1387	笯	417	偉	1124,1126	衸	144
勖	1031	虖	74	恩	1392	衸	191
〔丿〕		倩	950	徠	803,804	敎	714
牾	635,636	傑	957	術	270	彩	880
粘	296	偼	964	徬	821	毬	715
蚍	497	偃	967	徘	824	豼	168
毬	617	偭	979	從	1397	飥	35
牾	635,636	偀	982	衒	383	飣	71
牻	649	偕	985,986	亂	1070	飤	70
牼	653	悠	705	舸	271,274	舍	192
牿	690	側	137,994	舳	305	貪	194
將	715	傷	996	舲	353,357	欲	721
犂	730	偶	1003	舭	360	貧	195
秼	736	偈	1016	舵	390	脖	619
稊	489	偎	1018	舷	574	脯	625
桐	505	偲	1022	斜	707	脛	642
移	565,1389	偁	1026	念	706	朧	650
動	1389	僅	1036	釪	34	脛	653
笙	256	傀	1047,1049,1050	釪	41	脥	1420

脞 711	訣 234	羝 392	淮 863
脬 718	毫 1261	羕 1422	淪 875,877,878
脘 720	庼 1403	眷 1235	渚 878
脫 738	麻 1405	益 1235	淫 881
脘 745	庚 867	粗 308,1215	溯 884
脬 765	痍 477	秿 341	洎 889
彫 885	痢 488	粕 345	涼 896
翎 361	痤 492	粒 381	淳 1711
猜 1245	疵 497,498	剪 1085,1194	淤 906
猖 837	痳 517	牦 738	港 907
颫 25,26	痊 535	敝 652,742,1424	淡 913,914,1341
猁 857	疼 566	烽 619	淀 919
猝 898	疫 571	焐 635	渲 919
魟 156	痕 601,602	焊 662	涴 926
斛 729	康 900,1409	焕 724	淤 928
觖 233	庸 1410	烽 730	淚 929,931
觖 242	襃 371	烺 749	淥 936
猛 944	浚 220	清 1752	涮 64,941
鴥 853	羌 735,736	渚 588,778	悵 775
馗 20	耗 736	渚 792	惏 800
夠 367	章 1412	淋 801	悽 818
祭 1401	竟 1414	淅 803	悱 824
蛋 369	豪 1416	减 809	悻 834
訌 687	竫 567	涯 814	悒 842
〔丶〕	族 1417	淹 814	惘 850
訝 143	旎 404	涿 817	惀 802
訪 158	旋 1418	淒 818	惛 888
訷 161	旆 427	渠 1427	惉 889
許 170	袤 440	淺 819	惇 1711
訛 178	率 1421	挲 743	悴 899
訴 179	剷 1084	混 835	惓 909
訡 196	秤 292	渦 853	惔 910,914
訛 232	羚 357	涚 870	惊 917

悾	923	逮	938	参	31,352	琯	919,922
悰	931	敢	1430	剮	1135	琬	926
悺	945	張	775	貫	1450	勞	1141
寅	1427	弸	885	鄉	1451	替	1229
寂	825	奘	758	絑	251	覑	126
逌	919	隋	1432	紺	258	跌	335
宿	1429	㛹	239	継	262	勘	445
窒	453,455	將	1436	組	302	堯	1456
室	492	陵	992	組	305	揎	955
官	502	陽	996	紳	313	堞	955
窕	541,545	隅	1004	細	710,840,1047,	揲	958
窓	574	限	1017		1078	搭	959
密	927	隗	1047	紬	317	捷	964,966
寁	939,940	隊	1087	鉄	331	堰	967
啓	1429	隊	1136	紾	350	握	968
袿	453	婧	122,771	終	166	堛	970
袺	463	婊	773	紸	377	埴	974
袻	480	婭	782	紽	70,390	揀	976
祠	503	娸	867	絺	408	馭	12
祫	505	媌	795	紹	421	摵	977
袾	510	媖	796	紴	430	項	45
袥	519	姻	843	給	438	越	293
誕	524	婗	868	巢	1452	趄	307,309
袷	536	婎	867			趙	345
袧	554	娃	881	**十二畫**		趁	349
袼	559	婘	910			趨	366
袶	564	婠	922	〔一〕		趛	415
袗	574	婉	926	䦑	446	超	421
袧	605	習	1441	瑛	796	貴	1461
酒	644	翏	1443	琢	817	堤	992
祜	689	匏	374	瑗	819	堲	995
〔丨〕		皺	428	琲	821	揚	996
逯	934	瓬	762	頂	38	揕	1000
				琰	910	揳	

三、單字筆畫檢字表・十二畫

博	1179,1180	壹	1471	蒂	1077	軵	343
揾	1006	摡	1115	葒	1084	軶	348
堨	1009,1014	搖	1132	蒿	1109	軫	350,352
揭	1014	揉	1134	惪	799	軨	353,357
揤	1022	惡	783,1224	葴	1114	軹	359
堮	1096	聑	482	喪	96	軥	361
尌	1466	斯	1472	棒	770	軭	377
喜	1467	惎	785	棱	781	軛	393
彭	1469	葉	955,958	椏	782	軝	405
翓	463	葫	961	植	797	軺	419
揣	1027	軒	41	棟	805,806	惠	1480
揖	1029,1031	軒	34,35	棫	808	欹	809
插	1031	靪	50	椓	817	皏	390
揪	1032	韮	965	棲	819	逼	971
搜	1097,1100	乾	74	棧	819	掔	811
終	369	皸	95	排	824	善	1482
塊	1048,1049	散	1474,1724	棵	834	覃	1482
堍	1064	斳	792	棍	836	酣	260
搥	1053	菖	971	楷	851	酤	269
揥	1055	萋	974	椆	849	酥	279
朝	1470	惹	793,794	棡	853	酸	289
捥	1058	葵	982	椎	866	酊	305
援	1059,1195	韭	987	棚	732,883	酖	322
堛	1072	萨	994	棓	902	酢	327
揹	1075	募	1164,1167	棱	905	酢	338
搓	1083	葺	1000	棬	907	酴	356
揃	1085	萬	1476	控	923	酏	374
堌	1091	菁	1019	椊	930	酡	398
捆	1091	葽	1100	楗	932	厖	1158
揎	1094	蔆	1064	極	946	硾	614
搭	1097	敬	1478	軟	286,288	硬	628
壹	1103	萵	1065	軸	317	硻	655
揮	1101,1104	葱	1066,1068,1069	軼	332	硯	669

碡	692		脛	653		脰	891		畯	766
硾	711		最	1500		敠	838		暍	996
确	729		琳	802		遏	1009,1014,1015		遝	1023
硍	749		晰	802		晷	893		喁	1003
匜	1228		睄	658,660		景	894,1504		喔	1016
厥	1486		睍	667,668		睠	901		喑	1019
奡	1489		睊	683		睒	912		單	1510
匩	1247		腈	798		跐	262		喘	1025
猰	441		甛	257		跕	268		喑	1075
殘	103,821		睎	708		跔	274		喧	1092
裂	486		貼	296		跙	284		喀	1096
雄	138		晻	815		跋	288		喔	1102
殖	888		映	321		跗	293,294		嘅	1113
殛	946		睉	711		跓	296		剴	1207,1208
雲	127,128		貯	387		跙	307		遄	1025
雯	216		貶	430		跌	330		剫	1212
雰	224		睇	748		跨	354		胃	680
晳	1494		睆	745		跑	361		罦	718
辈	824		賤	821		跑	375,376		罠	750
〔丨〕			睃	768		跓	377		嵑	996
斐	821		晫	827		跘	385		帽	1002
紫	477		映	645		跎	389,390		嵑	1014
觜	497		戢	1000		跛	396		嵋	1017
紫	496,580		開	1293		跪	404		崽	1021
覘	298,300		猒	260		跛	431		嵬	1047
羨	1496		閒	1370,1501,1697		貴	1505		嶜	1062
敞	829,838,1499		暘	838		畤	715		嵐	1065
弴	828		閱	218		蚜	449		嵷	1066
掌	828		悶	933		蛭	494		嶃	1076
晴	771		遇	1003		蜓	524		崍	1080
晅	641		腘	847		蛯	562		嵯	1081
晙	645		喊	979		蟀	595		喧	1094
晱	649		睍	870		蛇	596		惲	1106

1919

幄	1120	符	533	舥	411	爼	305
幃	1122	答	536	奧	1530	甜	258
圌	1027	畣	559	徦	964	爲	1540
黑	1222,1514	筊	571,574	衖	503	觚	720
圍	1122,1125	筆	598	御	1533	狗	364
觜	33	笳	604	復	343,1037,1534	猰	388
觝	90	頊	70	循	1055,1551	貂	419
〔丿〕		領	71	徧	1106	飢	124,126
無	1516	傲	941,1141,1143	徦	1116	飩	146,148
犅	856	備	1160	須	1534	飫	175
犑	856	傆	1177	舳	534	勤	1251
鉸	571	傅	1181	舺	545	腈	771
短	643	傆	1191	番	706	脹	775
智	858,1128	臬	521	鉅	140	腡	813
矬	711	傲	1193	鈍	146,1301	腌	814
毳	1520	順	76	鈚	178	焸	148
毯	902	傏	703	鈑	202	腆	841
惊	895	傜	702,706	鈐	191,192	腸	853
犉	1713	堡	1044	鈆	204	腴	867
剩	1216	傌	1198	鈞	211	脽	863
稍	658,660	傓	1227	鈁	224	脺	872
程	665	傑	1256	鈄	228	腾	907
稇	678	集	155,1524	鈗	230	腚	919
稈	716	隽	1526	鈌	235	腔	923
犂	695	焦	1527	鈕	239	腕	926
稊	748	傐	1270	鈀	240	匒	1158
喬	1521	傕	1276	鋭	244	奠	236
筴	452	傍	1279	逾	1055	欽	891
等	458,830	傔	1285	兪	536	猲	1012
筎	487	傛	1297,1298	翕	536,1535	猋	45
筒	503,505	射	341	殽	878	颪	87
筏	522	魦	467,468	釉	318	猥	1020
筳	524	勛	1226	番	1536	猾	1028

獀	1097	詛	413—415	挑	543	渻	990
獞	1062	詔	423	善	1548	湜	993
猵	1111	詖	428	羢	491	湯	996
舭	303	詒	437	翔	503	溫	934,1005
舾	347	敦	1543,1711	翑	696	渴	1009
猰	1130	廂	963	羚	597	渼	1017
猭	1134	廁	995	羝	591	湍	1025
孩	585	厵	1012	紊	1235	滑	1028,1029
然	1541	廊	1067	粞	478	湫	1032
		痣	614	舜	1684	溲	1099
〔、〕		痛	625	尊	1550	淵	1150
証	252	痘	643	遂	1552	淽	1058
詘	261	痞	16	舀	594	湲	1059
詁	263	瘧	650	挚	1088	渟	1071
詇	270	痙	655	媥	738	渧	1078
訶	271	痘	672	曾	1555	游	1079
評	291	痢	694	焯	827	滋	1088
詀	299	瘃	708	焻	837	渲	1092,1094
神	313	痤	711	煬	840	渾	1102,1103
詄	320	瘐	725	焮	872	溉	1115
詉	329	痧	742	焞	1711	渥	1121
詄	330	痛	1389	焠	898	漳	1122
詐	338	痿	768	勞	804,1559	湄	1127
訴	347	滄	1248	湊	948,1214	愫	957
評	353	廃	1097,1098	戟	452	慌	960,961
詅	358	雄	224	湛	952	幅	970
詆	360	疎	634	渫	957	悄	989
詉	369	敢	1545	湔	960	慍	1006
註	377	竢	765	湖	961	惺	1008
詼	383	竣	765,770	淎	964	愒	1009
詡	387	啻	1546	湮	974	愕	1023
詠	399	旋	540	湎	981	惼	1029
詞	400	遊	1079	湨	982	愀	1032
詷	402						

憧 1036	遐 1116	綁 1539	瑞 1027
愎 1037	屢 955	絨 452	瑰 1050
惶 961,1046	孱 1566	絓 455	瑀 1052
愉 248,1056	巽 1567	結 461	瑜 1056
惚 1066,1069	疎 634	綺 483	瑗 1060
愃 1093,1094	疏 411	紿 502	瑳 1083
惼 1110	違 1123	絑 510	瑄 1092
慨 1113	靭 116	綎 515	瑞 1113
傜 1131	隔 975,1184	絉 519	瑕 1115,1118
尰 828	隕 1202,1203	綖 524	瑋 1126
寒 1561	隘 1208	紙 526	敖 1141
富 970	隇 1223	絪 529	瑤 1132
㥯 922	隆 1284	絎 533	瑑 1135
寍 614	隒 1285	絟 536	薱 82
寐 249	媸 952	絑 541	運 531,1145
病 277	媟 957	絢 553	頑 123,126
運 1101	婳 979	絡 559	搸 1138
廄 784	媛 982	絕 1580	塽 1144
扉 823	媞 992	絞 571	搆 1145
榮 1429	絮 604	欻 579	髡 57,58
啓 1429	媽 1051	絯 585	髢 101
補 623	媛 1059	絣 589	髦 114
袷 645	媥 1108	綈 592	誂 541
裕 713	媁 1126	絆 598	肆 599
裌 791	賀 424	幾 1581	犛 951
裸 834	覞 421		揩 1155
祿 937	登 1569	**十三畫**	搯 1156,1158
覘 394	發 1573		摸 1164
	硝 661	〔一〕	填 1169
〔一〕	喬 1577	勒 670	搽 1176
尋 1563	粮 750	惷 949,950	載 608,1300
畫 1565	絜 607	葉 449	馱 36
閑 183	遂 1134	瑁 1002	
関 233		瑆 1008	馴 76

馰	82	搭	1297	蔦	1223	嗇	734,1589
馱	90,92	彀	1471	蒼	1247	椶	1062
馳	109	搧	1301	蓊	1251	樅	1068
搣	1189	毂	1152,1153	蓬	88,1254,1255	槎	1084
搢	1194	毅	1153	蓑	1260	楦	1094
赴	462	搌	1308	蒿	1261	楎	1105
趑	477	聘	673,674	蒺	1266	楄	1109
越	541	搛	1138	蔀	1277	楃	1120
趋	565	戡	952	蒡	1277	樟	1122
搣	1195	戤	230	蓄	1282	楣	1127
塌	1198	蓍	1154	蒹	1287	楹	1129
搨	1198	蓋	1156,1318,1519	莘	1299	楸	439
填	1200	勤	1334	蒙	1585	裘	617
損	1203	靷	168	蒻	1310	軒	449
達	1149	靳	179	蔭	1314	軾	520
塏	1208	靲	192	葘	1316	輅	559
擺	1211	鞀	204	鳫	6	軟	580
塊	1211	尊	1179	椿	949	較	584
搗	1224	靱	237	椹	953	軿	591
蜇	612	靶	241	楪	966	剸	1345
搬	1234	敁	790	楅	971	罿	1590
掇	1234	蒘	1183	械	978	圓	1354
搖	1238,1239	蓐	1187	椰	980	竪	1466
搯	1243	華	472	楔	982	剽	1357
搶	1249,1250	蒋	1196	楷	986	酩	469
塯	1258	墓	1163	楊	996	酰	571
塢	1261	幕	1165	楬	1012	酬	587
塨	1268	蓊	1199	根	1017	頍	131
摘	1273	萱	1207	楠	1029	感	977,1592
塘	1273	夢	1582,1696	楨	1036	頑	134
搪	1276	遣	1214	椴	1039	碻	789
搒	1279	蓧	1218	槌	1054	碟	831
搰	1295	蔓	1583	暫	802	碨	835,836

三、單字筆畫檢字表・十三畫

碏	851	嗷	1141	暄	1093	嗜	1315,1316
碼	853	腠	955	暈	129,1103,1104	罩	1603
碰	859	朧	960	暇	1118	置	797,873
碓	866	瓠	831	暐	1124	罨	1607
碉	885	睡	859	遍	1199	罯	815
碎	478	睨	870	跱	448	遐	1213
碇	918	睢	863	跨	485	蜀	1611
碗	926	睔	877	跐	514	嬲	946
碌	935	賅	583	跳	541,698	幌	1226
酨	229	睬	880	路	557	幆	1243
雾	1283	睥	1713	跠	565	嵊	1256
厭	1430	睟	899	跟	602	嵧	1273
豜	450	睦	909	園	1150	嵊	1289
貄	598	睒	912	遣	1598	幀	1303
頒	140	睩	934	蛐	615	圓	1200
匯	1732	嗜	1156	蜔	650	觟	183,186,187
電	313	嗑	1156,1158	蛭	653	觥	218
零	28,354	嗔	1163	蜆	668	觟	241
雹	376	嗔	1170	蛸	679,681		
雺	440	間	271	蜒	1418,1420	〔丿〕	
頓	150,151	暘	996	蜉	716	矮	861
甄	987	閒	291	蛻	738	輸	1057
		閘	311	蜈	748	犏	1107
〔丨〕		嗢	1005	蝍	755	猳	1116
歲	1593	暒	1008	畷	946	稦	785
貲	497	閣	357	農	1599	稙	797
粲	657,1594	喝	1011	稟	1601	稞	831,833
虜	1595	閟	394,398,1226	嗆	1249	粉	196
覷	1369	開	435	嗝	1261	稛	847
業	1596	嗝	1184	嗙	1277	種	859
當	828,830,1597	歇	1009	嗌	1284	稚	862
睛	771	暗	1074	嗛	1290	稠	885
睖	949	睓	1081	嗤	1313	穇	1711
腌	815					粹	898

· 1924 ·

三、單字筆畫檢字表・十三畫

甃	1034	姚	541	鉋	375	腜	1047,1048
摯	1032,1033	魁	132	鈰	380	腧	1055
愁	1032	敫	1618	鉈	390	滕	1253
筴	645	歆	1619	鈾	414	腥	1121
筎	685	傻	1455	鉊	419	詹	1631
筝	716	頎	180	鈹	428	勣	27
答	721	衙	638	鉂	440	剾	24
筆	732	遞	1229	僉	1622	雉	361
管	733	微	1621	會	1626	猿	1149
筦	745	溪	1245	覛	541	獨	1183
節	755	徭	1257	鉷	472	颶	160
筩	762	徬	1279	飴	536	猷	236
舲	699	衞	762	遙	1238	猺	1261
與	1614	覘	534	愛	1629	獮	1285
僞	1328	舳	660	貅	518	觡	560
僅	1331	艓	692	鉆	267	解	1634
傳	1346	艀	719	鈼	338	窣	735
僄	1347	幣	1232	飽	367	遛	1257
傴	1353	斃	1232	飽	374		
僄	1357	艅	750	飿	395	〔丶〕	
僁	1366	鋐	615	飼	401	試	830
毁	1617	鉗	258	飿	419	訝	450
牒	955	鈷	264	飴	60	詗	468
傾	1366,1367	銅	274	號	357	諫	477
傀	178	鋼	278	頒	198	誇	483,485
牖	1109	鉍	281	腰	974	詼	486
僂	1377	鈸	290	腼	979	誠	1144
催	1386	鈶	300	腠	982	詘	498
傯	1392	銈	327	腸	999	詞	505
像	62,1422	鉄	339	腥	1007,1009	誅	512,671
偉	1414	鉚	341	腩	1034	詑	513
氈	55	鈴	357	腫	1035	誕	525
船	502	鉤	361,365	殿	1039	詿	527
						詬	530

詮 535,536	頑 218	煌 1045	溣 1282
詥 536	廌 15	煖 1062	溔 1283
誂 544	廕 1314	煾 1067	溢 1283
詭 548,549	資 579,580,1641	塋 1688	溓 1285,1287
詢 550,551,553	靖 772	罃 1688	溪 1294,1295
詢 556	韵 211	嫈 1687	溶 1297,1299
詺 556	意 1642	煊 1092	滓 1299
詻 561	竫 1711	煅 1116	溟 1302,1304
諍 567	肄 938	煒 1124,1126	溺 606
詬 581	鼎 1643	煉 1133	涵 1316
該 583	旒 705	溝 1145	滵 1318
詶 587	雍 1646	溘 1156	愫 1144
詫 596	義 1647	溥 1161,1162	憪 1162
詪 600	叄 1235	漠 1167	慎 1173
裏 672	養 1235	滇 1170	愷 1205
亶 302,1635	粳 628	溓 1177	愾 1213
稟 1640	粯 668	溥 1179,1183	愶 1215
廘 1156	稃 718	溽 1187	慆 1245
毄 1072	粿 756	滅 1189	愴 1248
廈 1189	粏 760	源 1190	愉 1251
麻 1405	遡 1291	絮 743	慊 1287
痼 843	甕 1089	湏 1200	惺 1292
廊 1265,1266	慈 1089	溷 1204	憎 1315
瘑 853	煏 971	溦 1210	塞 1022
瘚 856,857	煙 972,973	滌 1218	㝡 778
痿 860	煉 976	溴 1219	索 1176
瘁 899	煨 982	溪 1245	窡 809
瘠 906	煬 996	瀚 1251	寋 831,833
瘩 907	煴 1005	㴷 1256	窩 853
痰 910	煋 1008	溜 1259,1260	窬 883
瘡 922	煜 1016	漓 1272	窖 889
廉 1285,1287	煣 1018	溏 1275	窣 898
褊 1113	煟 1019	滂 1277	窟 943

寠	927	隖	1353	綩	728	塼	1342
蜜	928	裝	759,760	縫	732	摶	1342,1344,1345
寐	593	遜	1312	綐	739	摵	1349
甀	1110	隕	1366	綜	745	揫	1352
甁	1112	隙	1370	勤	616,1454	摳	1354
啓	1429	陧	1370	勦	1453,1454	摽	1355,1360
裱	773	隓	1385,1386	斲	387	駁	133
褚	778,779	際	1402			馻	148
裲	813	障	995,1413	**十四畫**		駝	170
裸	833	媾	1145			駉	185
裾	838	媱	1177	〔一〕		駃	189
褐	841	媛	1190	耤	1656	聊	215
裎	918	媳	1220	綑	847	駄	216
褕	919	媲	1225	璂	1169	駃	235
裷	926	媱	1240	璉	1177	墹	1365
褔	942	嫉	1266	瑮	1186	頎	252
禩	972	嫁	1293	瑣	1196	越	647
禎	988	娱	1304	静	495,567,569	趕	664
褆	156,992	媿	1306	瑶	1240	起	675,677
禓	996	嫋	1310	瑫	1243	趖	768
禠	1020	嫌	1313	璨	1295	墟	1368
煩	229	劂	1567	葵	1141	搢	1372
閦	298	奭	647	斠	1145	塿	1372
〔一〕		勡	1446	蔆	1327	搜	1374
肅	1649	辦	735	蘡	1327	慤	1153
盝	935,936	練	634	摶	1320	嘉	425
群	753	継	652	髦	126	摧	1386
殿	1651	經	653	髽	163	摑	1388
辟	1652	絹	670	髳	170,171	搢	1391
遲	1309	綑	678	髻	185	摐	1398
隔	1328	綗	699	鬆	204	銎	466
榖	1123	綌	710	髮	230	墟	1404
靮	168	綏	721	髢	241	墉	1411
				撞	1331		

境	1414	蔫	1390	榜	1280	碟	955
摘	1546	蒐	1391	槼	1285,1287	厭	1667
摷	1417	蔥	1393,1395,1396	榨	1296	碩	282
穀	1151	蒎	1417	榥	1308	碣	1014
骰	1150	蔽	1424	輒	616	碏	1028
摺	1441	蔂	1427	輔	123,623,626	碬	1039
摎	1447,1448	榦	1174	毃	1663	魂	1047,1048
蜑	783	幹	1175	墊	1339,1341	碪	1053
摷	1453,1454	瑕	1116,1189	靷	728	磋	1083
聝	810	蓓	1433	僽	1177	磁	1089
耇	1320	蔣	1436	輓	753	碰	1091
聚	786	榛	1138	敞	1179	碥	1107
蔦	1329	構	1145,1148	匱	1509	酞	299
蕲	1340	楢	1155	歌	1183	戩	1669
靾	262	模	387,1166	遭	1347	爾	1669
蕁	1342,1344	槙	1167,1171,1173	遨	1352	剮	1486
靽	295	槤	1177	辥	969	厲	1489
靻	313	榑	1179	監	1415,1664	奪	897
靿	316	槅	1184	敳	130	臧	1670
靰	359	榯	1196	緊	811	殞	1202,1203
鞀	390	榶	1198	甄	675	殠	1219
韶	419	榲	1204	跟	756	需	482
蓋	1354	檢	1217	髟	1355	霆	491
蔈	1355,1359	槐	1225	劈	29	霓	545
蜇	793	槞	1229	酺	624	雿	562
蔞	1163	尣	52	醉	716	戩	1194
慕	1166	榣	1238	酸	768		〔｜〕
暮	1163	槍	1250	竪	1361	翡	823
摹	796,1164,1166	樑	1256	厲	1476,1477	雌	499,874
蔓	1376	榴	1258	啓	1363	銎	497
勩	1477	榱	1260	頏	280	戧	1369
蔓	1378	榔	1265	鹹	809	對	1671
蔑	1657	榳	1268	碪	953	嘗	830

蒙	562	跨	657	嶂	1359	稈	1000
嘻	1320	跟	750	幖	1361	稠	1014
暟	960	踢	757	罰	962	稬	1024
睽	966	踴	763	署	1075	種	1036
瞍	975	踆	765	嫠	1376	稷	1062
睺	990	蜞	805	幔	1383	稵	1088
睼	991	蜮	809	愡	1394	稨	1109
愳	1197	螺	831	慫	1398	概	1114
睲	1008	蜠	848	慘	1401	熏	1672
䁵	1047	蝸	853	康	1409	箸	776
睜	1050	睢	1081	嶂	1413	算	1673
賑	626	蜺	868	幛	1413	箕	841
賕	1672	蜼	863	巢	1455	答	851
賒	706	蜩	885	骯	266	筃	853
暖	1060	蜷	907	骱	274	管	919,921
暉	1102	蛵	923	骸	290	箇	1316
睽	1129	蜿	926	骶	359	僥	1458,1460
暢	996,999	蜾	943	〔丿〕		僖	1467
閨	453	蜢	944	舞	1517	僦	1478,1479
閭	502	蝴	1316	製	856	僭	1482
閤	536	嘑	727	辡	536	僪	1487
閣	557	睬	1133	煬	999	僚	1492
閡	584	賦	128	豪	1136	僕	1497
嘈	1349	團	1342,1344	臻	1139	僮	702,703
遘	1374	嘧	1386	犒	1160	僉	704
暟	1207	嗯	1204	犗	1292	傲	1499
嘌	1357	嘜	1401	雒	1305	僤	1512
曧	1264	嘛	1403	毿	912	僑	1526
暝	1302	嘯	1566	穊	959	僬	1529
曛	982	噉	1430	積	319	偒	1077,1540
蹈	616	嘐	1443	稳	271,982	僗	1542
跬	619	嶄	1341	稭	986	僔	1550
踊	624	嶇	1353	歊	289	鼻	1674

貇	750	飴	536	熒	1254	瘝	831,833
鼉	1390	餄	562	鳩	94	瘌	969
魅	249	餃	584	孵	718	瘄	990
魃	335	餅	589	綢	885	瘍	999
歊	1224	鳶	196,199	貪	1427	瘊	1033
僝	1566	賸	1147			瘦	1036
僎	1567	膜	1165	〔丶〕		瘉	1099
僜	1572	膜	1170	誠	609	瘐	1047,1048
僑	1578	膊	1181	誌	614	瘖	1075
歐	1228	膈	1184	諫	635	瘥	1084
槃	1230	膁	1207	語	635,1649	瘇	1103
䲔	916	脾	1225	誈	641	瘑	1107
颭	996	腧	1252	諱	664	瘕	1119
銬	465	膀	1277,1279	誤	665,1449	瘙	1131,1132
銅	468	腙	1283,1285	誥	689	竮	1679
鉶	475	脺	1299	誘	696,1100	彰	1412
銖	511	膈	1310	誨	700	竭	1009,1011
銑	514	魟	45	誖	709	韶	422
鉎	526	魨	61	誏	753	端	1024,1027
銚	541,543,545	鮌	75	認	761	塀	1122
銘	556	魠	68,69	漸	1472	適	1681
銠	562	鳬	94	裹	831	齊	1682
銨	571	鲊	107	敲	9,1621	斜	1279
銃	586	疑	1676	歊	1261	齊	1281
鉼	589	颭	289	豪	1261	逮	1421
銉	598	颮	293	膏	1263	羥	861
銀	601	颫	376	塵	1331,1333	羧	871
奭	12	颬	390	廣	1335,1678	精	771,772
慂	1674	颭	397	遮	792,1403	鄴	1684
歎	1239	颷	408	座	1406	粹	899
餓	1249	觫	617	麼	1406	粽	916
餌	468	觫	634	廎	1366	歉	1287
餂	526	艄	658	慶	1372	弊	1424
				廏	1394		

三、單字筆畫檢字表・十四畫

嫈	1426	漻	1443,1445	褔	1036	嫶	1434
煿	1181	慲	1338	褕	1056	嫪	1444
熉	1204	慒	1349	褑	1059	頗	431
熄	1221	慓	1357	褊	1110	齳	1137
熇	1224	慢	1379,1381	褘	1126	歊	1316
熇	1261	慟	587,1389	褖	1136	翟	1692
煉	1285	慵	392	禡	1148	凳	1569
粦	1684	慞	1414	禎	1169	疑	1068
榮	1690	愫	1416	〔一〕		榖	133
榮	1687	惰	1432	劃	1565	遺	1450
熒	1687	愵	1442	鬧	447	緒	248
熯	1301	憀	1449	閨	492	錯	789
熞	1315	慘	1496	頤	601,602	緇	795
漬	1323	賔	1690	屢	1374	緘	807,808
漢	1335	窬	1055	彄	1352	緉	813
滿	1336	甄	1297	頤	404	綫	819
漸	1340	窻	1066	訨	398	緋	823
溥	1342	窨	1074,1075	輂	760	緆	840
漕	1348	窪	1223	墮	1432,1435	緌	861
漱	1351	察	1401	隋	1433	維	863
漚	1352	康	1409	愸	1312	綸	875
漂	1355	蜜	928	隕	1507	綵	880
滯	1313,1365	寧	1691	頓	411	綬	882
漊	1374	寤	640	隞	1530	綳	885
漫	474,1378,1382	寥	1443,1445	隧	1552	勞	1580
漼	1385	褙	959	隥	1569	綾	905
過	1387	褋	966	隴	1580	綣	907,909
漈	1400	褑	968	嫧	1324	綜	916
慷	1409	褸	974	嫣	1328	綰	919,921
漟	1414	褆	991	嫥	1345	緂	929
滴	1546,1547	福	1006	嫖	1357	綠	936
漾	1423	褐	1012	嫚	1379,1380	綴	946
演	1427	種	1035	嫙	1419		

十五畫

〔一〕

慧	1320	駜	382	觳	1150	樓	1378
耦	1003	駝	389,390	撢	1565	楓	1384
耷	1322	駃	396	撰	1567	樞	1387,1388
璜	1335	駁	431	聲	1330	樅	1396
璃	1337	撅	1486,1488	撜	1569	樅	1398
靚	771,772	撩	1493	撥	1573,1576	麩	122
璇	1419	撙	1495	聸	1050	麨	156
璂	1427	趣	788	聱	785	樠	1411
璆	1446	趠	827	聰	1066	樣	1422
髦	170	趡	863	瞎	467	橢	1435
髮	287	趨	893	聯	1129	樛	1448
髻	299	趏	935	鞝	312	樧	1452
髯	341	撲	1498	蕡	1463,1464	輛	813
髳	408	撮	1500,1501	靼	519	輂	823
髭	430	撊	1502	蒽	1336	輠	831
髻	437	頡	462	藂	1500,1501	輥	836
髽	439,440	撣	1511	邁	1476	槊	1339
境	1459	賣	1693	賣	1509	擎	1339
遶	1457	撫	1518	薔	1696	輪	877,1322
墳	200,1461	撫	594	蕪	1516,1518	樅	1397
墰	1471	撟	1521,1524	奭	1531	輖	883
撕	1472	赭	779	蕃	1536	鞄	919
撒	1474	墺	1530	蓴	1550	輨	1110
駔	308	播	1538	蕩	1423	甌	1354
駉	325	鞏	465	登	1573	豎	642
駒	326	撚	1542	肅	51	賢	811,1697
駟	341	墩	1543	樺	1320	踖	790
駓	349	撤	1544	橢	1336	踠	926
駒	364	撟	1549	登	642	遷	1482
駐	377	摯	1330	槽	1347,1348	醋	791
		增	1556	標	1359—1361	醃	814
		撰	1561	樘	1371,1372	醄	888
		穀	1150,1153	樓	1372,1374,1376	醇	895

醇	1711	〔丨〕		影	1504,1505	覾	842
醋	904	輩	821,824	暲	1412	鴂	166
醃	913	甋	223	嘰	1495	噙	1535
醁	937	處	979	曝	1452	噂	1550
醊	946	勴	1595	踑	825	嘮	1559
醀	1070	骶	1368	踔	827	噘	1581
鴂	133	慮	1699	踝	831	嶢	1456
槊	1362	暟	1320	踏	853	幝	1464
慭	1366	瞌	1156	踩	853,880	嶡	1488
磝	1141	瞙	1163	蹅	11	嶚	1491
磕	1158	瞋	1170	踒	905	嶣	1494
磧	1167	暴	1700	踽	907	罶	1257
磣	1184	畍	1197	跌	912	罷	1706
憂	1698	瞕	1313	踠	926	幞	1498
磩	1196	賤	819	踧	932	幜	1505
磠	1202	賜	401	踞	939	幥	1514
磴	1207,1208	賵	841	遺	1505	幠	1519
磩	1226	瞂	1240	晶	1703	嶜	1521
磔	282	賙	940	蝶	955	幟	1545
磄	1273	瞄	1260	蝰	965	鱗	1684,1685
碾	1308,1686	曘	1273	蜿	982	嶒	1555
翹	982	瞑	557,1302,1303	蝎	1012	嶝	1569
儀	1648	舡	37	蝐	1030	墨	1514
遼	1491	嘵	1458	蝸	1051	黕	59
僻	1652	噴	1465	蝌	1064	黔	85
獘	788	噎	1471	蝯	1059	骭	505
殣	1333	嘱	1476	蟌	1069	骴	530
殨	1365,1366	閫	733,934	蝣	1079	骼	559
霄	658	閬	750,752	磁	1089	骹	574
霓	668	數	1374	蝡	1094	骸	582
霉	699	嘽	1482,1484	蝦	1116	骿	589
瞦	1342	敹	1382	豌	606	锸	1337
		嘹	1489	蝼	1136		

〔丿〕		僵	1636	銹	697	魪	183
靠	105	儀	1647	銼	711,713	鮫	189
頡	515	鼐	1709	銳	721	魵	196
積	1173	鼏	1709	鉻	721	鮁	216
穄	1182	皚	1208,1631	鋒	730	魧	218
稽	555	縣	981	銳	739	魴	226
敷	115	皞	1264	鈔	743	魣	246
豩	118	皠	1305	銀	750	獟	1459
黎	1708	樂	888,1716	鍋	758	獩	1487
穊	1270	僻	1307,1652	銿	762	颰	472
穉	1287	質	1710	領	536	颳	488
稼	1293	徵	988	銎	923	獠	1541
穆	1309	毿	1399	圙	1243	獝	1502
箸	955	慫	1400	貙	887	艘	870,871
箱	963	衛	1125	舖	623	獢	1578
篷	965	霈	1534	餕	645	頜	557
節	994	潯	78	餇	682	頦	569
箸	996	艎	1045	餛	684	誣	783
箯	1034	艐	1065	餘	708		
篌	1043	磐	1230,1232	餃	720	〔丶〕	
箯	1043	磐	1230,1232	餃	720	諏	786
箍	1080	磬	1230,1234	鴇	193	譜	791
箋	1081	艖	1084	鴆	198	諑	817
箭	1086	艑	1111	膌	1326	諔	826
篇	1106	鉔	616	膊	1342	諸	851
篆	1135	鋪	624	膅	1349	調	850
儌	1586	鋋	640	膕	1352	諉	861
僵	1590	鋏	645	臗	1384	說	870
價	187	鋞	653	滕	1254	論	875
儇	1609,1610	銷	660	膠	1444	諄	1711
儉	1622	銲	663	鯺	777	談	913
僧	1626	鋭	668	穌	135	臺	1711
儍	1629	鋤	671	魨	148	澤	1604
儋	1632	銷	679,681	魦	156	廠	1475

摩	1407,1408	熠	1380	憒	1506	嬉	1467
廠	1499	熮	1389	憚	1512	嬋	1482,1484
塵	1714	熜	1394	憍	1521	嬈	1489,1492
廡	1516	熨	912	憔	1528	嫺	1503
瘠	1148	瑩	1690	憕	1565	嫵	1517
瘨	1171	縈	1688	憕	1571	嬃	1542
瘨	1200	熒	1687	憰	1577	駕	423,424
瘜	1009,1220	熠	1441,1442	賓	916	甗	125
瘢	1233	澆	1457	戡	1427	戮	1448
瘤	1257,1258	潰	1461,1463,1465	寮	1492	罶	1101,1102,1104
瘠	1268	澍	1467	篠	1217	通	1577
鳶	216	澎	1469	窮	1238	豫	246
歔	1409	澌	1473	睪	598	歙	230
賡	901	澈	1474	翩	1043,1108	練	976
麼	176	潛	1474	褒	1149	緘	978
麃	1715	潭	1482	褌	1177	緬	981
廢	1573,1575,1576	潛	1495	褥	1187	緲	994
凜	1640	潰	1506	褫	1227,1230	緝	1000
豻	186	熿	1528	褓	1282	緆	1011
毅	1416	澳	1530	裕	1299	緫	1021
諆	472	潦	1559,1561	褀	1303	絹	1029
旗	1101	潤	1501	褔	1316	緟	1035
犛	973	潺	1566	嬖	13	緪	1043
羬	979	澄	1571	〔丿〕		緥	1044
羯	1009	潑	1575,1576	劈	1654	線	1047
鸙	1057	潏	1578	層	1555	縋	1053
羵	1235	憤	1463,1465	彈	1511	緰	1056
糊	1089	憶	1480	選	1567	緵	1062
窵	1085	憚	1484	槳	1437	緦	1067
遵	1551	憭	1489	漿	1437	縒	1081
擎	1425	憯	1496	險	1624	緣	1087
熸	1349	憪	1503	嬱	1634	緗	1091
熛	1355,1357	憬	1504	嬈	1460	緷	1103

編	1043,1112,1680	遏	1016	横	1464	竪	811
緯	1122	墫	1597	樹	1466	霄	192
緣	349,1136	擋	1597	橄	1480	醋	952
繻	1137	熹	1468	橝	1482	醌	1006
氂	75	擇	1606	橑	1491	醒	989,1008
鼠	1718	頳	988	樸	1496,1497	醅	1075
		熱	1470	横	1509	醍	1083
十六畫		撿	1622,1623,1625	橋	1523	醑	1128
		擒	1626	樵	1527	遷	1563
〔一〕		墝	1631	麴	371	鑒	1362
糙	1177	壇	1639	麩	250	磬	1362
璞	1496	擅	1635	燃	1541	臀	1361
璘	1518	擁	1646	橄	1545	磧	1323
璘	1684	縠	1153	椿	1549	磚	1344
璲	1554	磬	1330	橉	1686	鹹	1364
聲	1143	覷	952	樽	1551	磕	1399
璣	1581	薜	1301	樗	1563	磔	1427
髭	452	鞘	661	橙	988,1573	磟	1452,1456
髻	469	鞙	680	橡	1575	醣	626
髯	482	鞔	741	橘	1579	覸	667
髭	497	燕	1720	轄	948	歷	1725
髳	723	黇	299	輯	955	頰	645
髹	541	蕊	1593	輻	970	豮	1433
擎	568,570	蕻	1615	輭	982,1520	貓	1119
擭	1584	薈	1626	輯	1000	獬	1473
駐	492	擎	1479	輮	1038	鴐	487
駃	500	賫	1641	輱	1067	殪	1507
駉	506	薄	1721	輹	1073	殫	1510
駓	513	輶	1174	轄	1105	磴	1572
駘	543	翰	1174	整	252	霖	801
駮	571	蕭	706,1649	賴	1723	霍	815
駭	582	薀	264	槀	284	霎	819
駢	589	橈	1457	融	1765	霏	821
蹟	1324						

三、單字筆畫檢字表・十六畫

霓	871	暴	1729	默	1514	儜	1676
霑	1090	踏	959	黕	146	儕	1682
虤	819	踵	1035	黔	193	儐	1690
臻	1138	踽	1052	骹	613	穜	1035
頸	653	蹀	1073	骾	626	駉	271
〔丨〕		蹄	1077	骸	720	鮫	912
閾	470—472	蹁	1107	〔丿〕		魁	658
龆	299	蹂	1134	頷	691	邀	1619
遽	1595	螓	1139	䫀	1200	耑	1026
盧	1727	螢	1160	積	276,1323	衡	532
憖	196	螃	1161	醇	618	篝	1147
瞙	1327	螻	1180	穌	160	䐉	1200
瞞	1338	螐	1223	穊	179	艙	1247
瞟	1355	螭	1269	穄	1409	螿	1233
題	993	螊	1287,1289	敦	1523	縏	1230
瞠	1471	螞	1301	篆	1139	膀	1279
暴	1702	螟	1304	篁	1145	錶	773
瞪	1371	頤	679	篤	517	錯	789,790
曖	1381	噥	1599	篠	1217	鈿	841
賭	949	囑	1612	箆	1225	錮	843
賵	1026	噬	1156	籔	1230	錯	852
瞭	1401	噭	1619	篌	1243	鋼	849
曈	1419	嘯	1649	蒼	1247	鍋	853
瞰	1430	懞	1585	篘	1251	錐	865
嘆	1583	還	1607	篙	1261	鍬	872
閹	807	翾	1213	籬	1272	銘	889
閣	815	翼	1456	節	1276	錇	902
閻	889	叢	1596	篣	1280	鋑	907
閼	906	嶧	1604	篗	1310	錂	915
暻	1542	嶮	1625	舉	1479	錠	918
曒	1543	嶰	1626	興	107	鍵	932
曾	1558	幨	1631	學	576,1730	録	936
暴	1729	圜	1607	頽	1507	鋸	940

錋 1316	獷 1599	癀 1335	營 1688
槊 1234	獵 1609	癜 1352	嫈 1688
歙 1535	獨 1327	瘦 1377	縈 1688
甌 1539	獫 1625	蠶 1266	濛 1586,1587
覦 1060	獬 1634	瘭 1400	澮 1589
餛 835	艗 1000	瘤 1442	濊 1593
餶 853	艘 1017	塵 328	濃 1599
餡 889	艙 1024	凝 1677	濁 1188,1614
餱 902	艒 1086	親 1733	激 1618,1619
餧 906	嬚 1039	辨 1679	澂 1621
餞 907	毻 1318	辦 13	澮 1626
鴇 357	〔丶〕	龍 1734	澹 1633
膮 1460	諕 959	鴻 381	澶 1635
膪 1463	諧 985	劑 1682	濱 1641
膨 1469	謔 486	壅 1646	瀟 1649
膟 1510	諟 991	羳 1180	澱 1651
膴 1516,1517	謁 1731	羱 1192	懜 1582
膲 1520	諰 1020	糒 1160	懞 1586
膷 1530	諛 1100	糙 1215	憾 1592
膳 1548	諗 1069	糗 1219	懷 1595
雕 887	諦 1078	甑 1686	懆 1601
鮁 288	諔 1080	穛 1271	懌 741
鮎 296	諞 1381	糖 1275	懠 1609
鮂 312	諱 1123	糘 1304	憸 1624
鮭 102,327	謂 1128	頹 739	憺 1633
鮑 344	璹 379	暨 1425	懈 1634
鮑 371	憨 1544	甔 1555	懔 1640
鮊 419	雜 1713	燎 1489,1491	憶 1642
鮍 428	裹 1732	燀 1512	褰 1561
鮋 445	亶 1636—1638	燋 1527,1528	寰 1607
獲 810,1584	磨 1407,1408	燠 1530,1532	窾 1620
飇 647	廥 1626	燉 1544	窺 1327
飈 694	瘴 1334	螢 1687	寱 1372

寫	1390	穆	1396	駭	635	鞔	923,925
窻	1393	縝	1173	駴	649	鞕	932
覩	1103	縺	1177	駓	657	輙	945
禝	1323	縛	520,1038,1182	駅	664	蕍	1669
禧	1347	縹	1185	騁	673	藏	776,1670
褾	1359	縟	1187	駾	692	蕳	1671
褫	1364	縓	1192	駢	736	藿	1739
褸	1374	緻	1193	駿	766—768	蘴	1657
褻	1378	縚	1243	趣	1171	薿	1677
璇	1420	縞	1264	趨	1195	韓	1174
褲	1422	縭	1271	趣	1228	蠆	1065
徹	1425	縍	1279	趨	788	檀	1590
褶	1441	縊	1285	壈	1729	檈	1607
禧	1467	縑	1285	戴	608	檄	1620
穟	1552	縡	1300	螫	612	檢	1622,1623
魧	1302			糖	1274	檐	1631
閲	794	**十七畫**		擬	1676	樣	1647
				壙	1678	檽	1649
〔一〕		**〔一〕**		擴	1678	轃	1140
顇	754,848	檼	1378	摘	1681	鶉	1224
壓	1651	麗	450	穀	1152	幇	1280
壁	1652,1655	璨	1594	縠	1150	轄	1292
壋	1655	璩	1596	聲	1330	輾	1308
避	652,1652	璐	1597	馨	1367	毚	809
嬖	1652	環	726,1607	擢	1692	蹓	1258
彊	897,1590	瑛	1615	聸	1349	蹥	1290
隰	1729	靚	1145	聼	1355	翶	1357
辟	1738	擻	1141	藉	1656	醨	1184
隱	1675	臀	660	曋	1482	醹	1272
嬛	1610	髯	692	聰	1393	醯	1296
嬗	1636,1638	擎	731	轄	853	穎	132
擁	1177	髳	749	鞠	893	翳	1361
罵	1263,1264	豀	1298	鞞	921	縶	1361,1362
馘	1579	壏	1667				

三、單字筆畫檢字表·十七畫

磽	1459	嬰	1672,1744	巆	1674	簊	1657
壓	146,1668	瞪	1570	嶷	1676,1677	適	1387,1388
壓	1667	嚇	1292	黜	258	簃	1389
磾	1485	闌	975	點	296,299,300	篼	1391
磔	1525	闌	1746	黚	302	簇	1417,1418
礁	1527	閿	991	黕	379	簎	1436
磻	1539	闇	1074,1075	黜	411	簂	1455
磳	1555	閳	1125	黝	445	繁	210
磾	919	瞰	1618	髁	853	輿	1046
雖	982	曖	1629	骰	926	檠	1614
獮	1213	蹟	1171	〔丿〕		擧	1614
獯	1245	蹠	1369	矯	1524	償	1693
獲	1304	蹋	1198	增	1557	鵂	518
殭	1590	蹉	1239	穗	1480	優	1698
駕	486	蹌	1250	樟	827	擎	1617
殮	1625	踡	1268	酺	821	鴡	521
戴	289	蟥	1326	穦	1514	齔	190
戳	344	螻	1354	穚	1521	斃	216
霈	1742	蟃	1378	黏	267	黛	344
霡	1090	蟒	1685,1686	黏	296	儵	703
霞	1115	蟌	1396	貊	371	儳	1702
〔丨〕		蜙	1399	貎	402	儡	1706
瞎	1468	蟅	1404	氊	1554	儮	1706
瞫	1482	螾	1427	鍪	1033	頷	863
瞭	1489	螹	1448	駱	851	儵	1715
瞥	1496	嚌	1683	盨	1521	舉	36
瞀	1701	嚀	1691	簪	1320	瓰	56
曚	1586	幦	1657	簣	1323	皴	1208
顆	831	覬	1209	篤	1329	賊	452
瞷	1506	嵳	1456	簟	1342	鮫	571
瞧	1517	戲	1603	簌	1351	嶓	1537
購	1145	皺	1612	簍	1372	壐	1391
賻	1181	翼	1569	蔓	1380	魋	862

擎	1621	膿	1599	謞	1199	肇	1688
儳	1718	臊	1602	謨	1213	營	1687
禦	1533	臆	1642	謠	1238	濫	1666
徽	674	賸	1253	謙	1287	濔	1669
衞	1421	膡	1253	謝	1291	濡	677
艚	1350	鴰	554	謐	1307	濕	1729
艘	1376	龜	1753	謖	1309	濞	1674
鍱	955	鮚	461	颭	896	濙	1678
鍼	978	鮢	472	襄	1755	濟	1683
鍇	986	鯋	482	甋	1639	濱	1691
鍴	1026	鮧	490	糜	1406	濯	803
鍤	1031	鮑	497	癉	1465	憶	1658
鍛	1039	鮦	505	癎	1472	懞	1678
鎚	1054	鮇	510	癈	1488	谿	1293
鍰	1061	鮡	543	癇	1501	寋	1195,1563
鎗	1066	鮨	554	癔	1507	謇	1561,1563
鍍	1073	鮮	1754	癃	1510	顀	919
鎈	1083	鮮	591	癉	1529	窺	252
鎉	1133	鮇	592	癆	1559,1560	竂	1520
鎵	1136	颶	809	癒	1573	寠	1534
龠	1748	颸	861	頜	899	遽	1552,1554
斂	1622	颺	931	韸	796	窨	1555
斂	1625	臻	1138	矰	1555	襆	1498
鐵	1750	舺	1227	齋	1682	襇	1501
爵	1752	觸	1310	旟	1355	襀	1509
貔	1226	〔丶〕		螫	1420	襌	1514
貂	1260	講	1145,1148	糡	1323	襦	1524
嗣	400	謹	1160	糟	1349	襖	1532
餲	1011	謨	1164	糠	1400	襈	1557
餿	1054	謓	1170	鴬	595	襐	1563
館	1094	謔	1177	燦	1594	襘	1626
餼	1101,1103	謞	1184	燥	840,1528,1601	覯	1302
朦	1586,1587	諝	1191	頰	915		

〔一〕	鬃 917	斃 744	〔丨〕
臀 1651	翹 1456	檼 1674	豐 1763
壁 1652	騅 780	轄 1322	𧇾 37
臂 1652	騑 824	轉 612,1342,1346	懃 1544
擘 1654	騎 874	轇 1383	曚 1583
屨 1372	駒 893	轚 1663	矇 1586
藉 776	騠 933	擊 1663	蹲 1126
螫 1437	趨 1335	轆 1393,1394	瞿 990,1197,1764
嫡 1681	趣 1340	轅 1409	矆 1629
嬪 1690	趣 1357	輾 1452,1455	瞥 1652
孂 1692	趁 1381	轔 1174	瞅 1671
響 1451	遺 1695	橐 1204	闍 1156
嚮 1452	擺 1706	鹽 266	闐 1170
縟 1320	聲 1330	罊 1665	闒 1198
績 1323	聶 1761	甗 1665	闓 1205
縛 1342	贖 1506	覆 1277,1534	曤 1729
縑 1363	聰 1514	醓 1352	瞕 1672
縵 1382	職 1546	醪 1446	曠 1678
總 1394	覲 1333	慼 1363	蹟 1325
縩 1418	鞊 954	厬 1668	蹄 1365
績 1427	鞄 980	壓 1667	躍 1386
縮 1429	翰 1055	礎 1639	蹤 1397
繆 1447	鞘 1086	曆 1487	蹠 1404
繎 1453	鞣 1133	鶁 650	蹢 1546
	欮 645	獵 1399	蹭 1429
十八畫	賚 1697	獮 1432	壘 1704
	囂 1703,1704	殯 1690	嶢 1460
〔一〕	藥 1717	覆 1200,1202	蟬 1482
竁 1322	韓 1174	䨓 1259	蟲 1765
釐 1326	蹟 1325	霥 1266	蟠 1549
鬈 839	薺 621	霧 1277	螬 1561
髫 853	覬 668	霡 1285	蟒 1563
髯 885	薟 716		蝶 1569
髦 910			

顒	1020	邊	1709	臏	1674	贏	1645
蟯	1581	邊	1183	鯁	626	羸	1643
鞠	375	䵽	692	鮹	661	旛	1539
甗	1704	斂	1618	鮑	684	旗	1554
檮	1766	曖	1631	鮮	737	糠	1476
黠	461	顋	1047	鮠	739	糟	1529
髃	1003	礴	1342	鯊	742,743	楚	1424
髁	1006	穎	1534	鯇	745	瀆	1694
髂	1083	鏵	1147	甕	1677	瀌	933
〔丿〕		鎮	1167	颺	996	瀁	1698
鵠	691,692	鏈	1177	颶	1019	瀘	1128,1700
穫	1584	鏄	1179	颴	1124	瀑	1701
穡	1589	鏗	1212	颱	1134	濾	1715
餲	1015	鑌	1213	艍	1448	懵	1696
穢	1599	鎢	1223	獵	1718	懮	1699
穟	1615	鎇	1243	〔丶〕		額	1096
鵡	696	鎗	1247	謹	1331,1333	氈	1691
穭	1641	鏵	1254	謾	1338	顆	1106
簞	1485	鎦	1258,1260	謱	1374	襠	1597
簪	1494,1495	鎕	1274	謾	1381	禮	1599
簣	1509	鎊	1280	謥	1392	襡	1613
簞	1510	鎌	1287	謫	1546	襘	1626
簷	1521	鎔	1297	謰	1430	襜	1631
簕	1533	鎵	1306	謠	1442	禮	1639,1640
簩	1560	翻	523	謬	1449	闐	1193
簹	1563	徹	1430	廫	1678	闔	1273
礜	1616	謬	1445	瘵	1640	〔一〕	
齠	282	鵑	719	癘	1642	轀	1006
齔	292	雞	687	癖	1652	轇	1039
齣	364	貙	1411	雜	995	鞭	1120
齖	368	餿	1219	離	1269,1768	罾	1432
儱	1737	餽	1220	辦	177	醬	1437
軀	1384	鎌	1287,1290	辯	1679	嬪	1695

爍	1716	飆	1065	麴	893	蠔	1588
穗	1480	騣	1069	檹	1718	蟺	1590
繞	1457	騙	1108	囊	892	蠣	1607
繳	1475	騢	1115	藔	1492	蟺	1637,1638
繐	1480	騤	1130	醰	1482	蠕	1649
繚	1493	騷	1131	醭	1498	顒	1200,1204
繟	1500	夒	1769	醮	1528	嚴	1774
繢	1505	趫	1456,1459	麗	1771	嚨	1735
繩	1514	趣	1487	礛	1667	顎	1205,1207
繑	1523	趦	1521	礦	1699	颺	1205
繰	1524	趚	1578	礙	1677	翻	1609,1610
繙	1538	壚	1728	願	1192	鬐	1683
繕	1548	鵠	780	雷	1441	羅	1775
繼	1552	壞	528	甗	140	巃	1735
纂	1569	壠	1735			黼	700
餪	1245	薰	1470	〔丨〕		黚	1287
		難	1770	斸	144	懞	1708
十九畫		轉	1182	斷	181		
		輟	1120	齔	183	〔丿〕	
〔一〕		翰	1252	齦	913	爆	1702
瓅	1716	鞠	1265	賾	1485	儸	1707
贅	1141	鞭	1306	曠	1678	贇	1776
聱	1141	蘆	1727	曝	1700	穢	1507
鼗	1062	勸	1741	闚	1430	鶩	695
璙	1491	警	1478	蹺	1456	簸	428
騣	949	藣	1731	蹻	1521	簮	1584
聳	954	龐	1735	蹴	1543	簾	1596
鬍	1009	顛	1167,1171	蹸	1686	簹	1597
懟	1022	韜	1175	蹲	1551	纂	1673
鬆	1067	櫝	1694	蹭	1558	薇	1621
騞	949,950	櫧	1709	蹬	1569,1572	籑	1629
騢	985	櫨	1710	蹶	1573	儴	1761
騛	1016	櫱	831	櫐	1704	魿	260
騤	1062			蠖	1584	魟	340

邊	1780	臘	1718	癡	153	孼	1738
雛	862	爌	275	癟	1675	嬿	1720
願	1227	劖	1753	癢	1676	嬾	1724
艨	1587	鯫	788	癤	1683	孹	1443
艪	1597	鯖	789	龐	1763	頯	1316
肇	1230,1232	鯡	821	麕	847	繼	1598
鏳	1320	鯀	754,835	麗	868	繹	1603,1604
鏕	1335	鯢	868,871	麖	894	繯	1607
鏄	1344	鯛	887	瓣	1679	繪	1626
鏢	1359	鯨	894	韻	1200	纏	1637
鏤	1372	鯤	940	嬌	1277		
鏝	1382	鴿	889	贏	1644	**二十畫**	
鏑	1387	獹	1728	贏	1645		
鏾	1393	颽	1239	羸	1643,1706	〔一〕	
縱	1399	厥	1486	旗	1614	瓏	1734
鏞	1411	艣	1521	旜	1637	驚	1143
鏡	1415	孅	1599	顙	1283	鬐	1154
鏟	1567	讀	1505	顃	1289	鬓	1173
鏑	1547			爆	1701	髽	1230,1234
鏃	1418	〔丶〕		爍	1716	鬃	1289
鏇	1418	譕	1518	瀨	1723	駴	1141
鏌	1427	潘	1538	瀝	1078,1700,1725	驛	1159
鐋	1566	譌	1540	瀕	1691	馴	1167
鏐	1446	識	761,858,1545,	瀧	1737	騶	1192
鏉	1450		1546	懷	1732	騷	1209
鼗	543	譜	1556	寵	1735	騾	1216
颼	1238	譊	1559			騣	1245
獱	1513	譈	1567	〔一〕		驕	1277
饉	1331	譎	1577	襞	1654	驍	1281
饍	1435	戀	1781	繫	1655	騅	1305
臏	1697	鶏	895	鷗	942	驟	1308
臕	1702	顛	1261	韃	1124,1126	趮	1601
膽	1715	贛	1713	轉	1182	趯	1609
		靡	1406,1407,1780	韜	1243	趙	1636

攔 962,1746	礛 1710	〔丿〕	饌 1567
攙 1750	霰 1474	燿 1707	鐙 1570
攩 1753	鶘 987	䎂 770	饑 1581
壤 1757	黌 821	鰲 695	龕 190
攘 1759	〔丨〕	籃 1665	朧 1737
轀 1352	齜 261	籑 1673	騰 1253,1254
轆 1403	齣 271,274	籚 1692	鯖 1433
韠 1413	齟 309	譽 1614	鹹 978,979
薺 1721	齞 319	譻 1615	鍚 1000
蘦 1743	齬 338	覺 1730	鯉 1007
蘷 1744	齙 374	䚯 639	鰓 1020
蘚 1754	辭 898	躔 1640	鰐 1023
櫪 1726	黨 1784	躒 1716	鯖 1028
麵 980	黥 1702	魖 1368	鰍 1034
孈 1083	矍 1764,1786	鶩 1620	鰒 1036
櫬 1733	矙 1621	艦 1665	鯶 1045
轗 1592	闠 1509	鐃 1460	鰻 1061
繫 1663	朧 162	鏢 1480	鰶 1064
蠚 1341	鶪 1009	鏶 1486	鯿 1109
饕 1341	曨 1737	鐐 1492,1493	鰕 1115,1116
轚 1632	曦 711	鐜 1494	鱛 1137
轙 1648	躁 1215	鏷 1496	飆 1335
辮 1655	蠣 1658	鐦 1501	飅 1418
飁 1258	蠮 1692	鐈 1521,1523	颷 1443
鬃 811	蠗 1692	鐫 1526	觸 1612
飄 1355,1357	鶚 1023	鐥 1549	〔丶〕
鷖 975	嚵 1753	鐏 1551	譯 1603,1605
醵 1599	巉 1753	鐙 1569	譭 1617
醰 1615	黬 875	鐵 1573	譮 1626
醫 1626	髏 1372,1376	釋 1603,1606	議 1649
顧 1363	鶻 1030	鶏 1060	獻 233
礦 1697	黐 1405	饒 1458	鑒 1543
礧 1703	髂 1445	黴 1474	魔 1406

爝	1717		**二十一畫**	覽	1664	賜	1000
戇	982			鷄	1185	騴	1011
巋	1119		〔一〕	醯	1666	驏	1058
辯	1680	齧	446,447	醺	1672	黯	1074
衊	1734	蠢	950	礴	1722	黢	1089
額	1416	瓏	1739	礁	1529		
贏	1645	瓔	1744	飆	1715		〔丿〕
糲	1658	瓖	1758	頷	1491	鄭	1776
爐	1727	犨	1422	殲	1750	齹	1464
灌	834	髯	1336	霹	1585,1588	篡	1673
瀾	1747	鬣	1394	露	841,1645	舉	1046
灈	1528	髯	1432,1434,1435	顡	1494	儺	1770
瀹	1748	翹	1456	擂	1536	儷	1771
瀼	1755	攝	1762,1763	劚	486	雛	865
懷	1756	驍	1335	挺	494	儼	1774
寨	1561	驃	1357			儹	1776
鶴	1094	驄	1395		〔丨〕	顢	1528
寶	1694	趯	1692	齰	521	虪	1229
廯	1582	碧	892	齞	571	魑	1459
鵪	1102	攜	1768	齣	589	鐵	1669
襦	1700	攤	1768	齦	601	鑊	1584
襫	1707	殼	1151	瓠	1727	鐶	1607
襰	1724	殻	1152,1153	瞻	1728	鐲	1611
	〔一〕	鞠	1159	嚳	1672	辯	1654
糵	1738	鞴	1461	矓	1737	斬	180
孆	1750	歡	666,1741	囑	1761	穮	709
孃	1757	糯	1742,1744	闥	1607	鴂	1538
韞	418	欄	1746	闢	1654	饘	1592
飂	1441	櫼	1750	曩	1761	饎	1593
顙	1443	纇	1196	躊	1656	臘	1755
響	1451	穰	1758	纍	1703,1704,1788	馬	1148
		聱	1663	蠟	1719	鰭	1154
		鵐	1183	齺	952	鰺	1217
				黯	973	鶻	1222

鰩 1239
鰝 1261
鰿 1268
鰜 1285
飉 1492
颾 1578

〔丶〕

謫 1681
鷎 1261
癩 1723,1724
瀾 1747
鶺 1268
鷓 1270
辯 1679
齎 1682
贏 1644
蘟 1235
鶼 1285
爛 1747
爚 1749
懼 1764
㦦 1765
懏 1767
騫 1561
豐 1763
竉 1736
襯 1140,1733
襱 1734
鶴 1305

〔乛〕

屬 1613,1789
鐒 1561
纏 1714
鶮 1455

二十二畫

〔一〕

鬓 1491
鬠 1557
攤 1771
驍 1459
驔 1482
驕 1521
驎 1684,1686
驓 1558
攖 1769
攢 1776
鷙 1330
櫜 1761
韄 1584
韆 1598
䪈 1607
蘼 1771
驚 1479
欋 1765
𪍿 1547
轠 1704
囊 1758
霸 1671
鷖 1362
鬵 1213

〔丨〕

齬 637
齫 679
䶜 692
䵂 1369
矔 1739
贖 1693
躐 675,676
躓 1710
躔 1714
𨇤 1607
邏 1775
巖 1774
巑 1777
圝 1783
䵻 1188
黮 1306
髑 1611
𩪈 1626
𩪘 1652

〔丿〕

鑪 1727
黐 1271
穰 1755
籚 1728
籠 1734,1736
齃 1012
鱐 1410
皭 1753
龓 1736
鑄 1144
鑑 1664
𩟔 1691
𦢊 1761
鱄 1342
鰸 1354
鰻 1378
鱅 1410
鱂 1436
獿 1769

〔丶〕

讄 1704
巒 1784
彎 90,1783
孿 1784
孌 1782
瓤 1758
䜄 1561
癬 1754
護 1583
聾 1736,1737
讋 1735
𧭼 1614
鷩 1426
爐 1765
灘 1771
灑 1773
灒 1779
𧞤 1745
襳 1750

〔乛〕

韣 1611
韂 1631
龒 1738
𡤾 1778
鷚 1443
纑 1728

二十三畫

〔一〕

鼇 1141

鬟	1607	〔丿〕		麇	1780	曭	1784
鬠	1626	鷸	1521	癰	1767	蠛	1766
驦	1669	籥	1748	麟	1685	囑	1789
驟	1588	籤	1751	齋	1683	邋	1780
驛	1596	籑	1758	禳	1763	〔丿〕	
驒	1604,1605	繸	1245	齏	619	籬	1768
罎	1636	鷫	1258	〔一〕		鷥	1730
趲	1725	鸇	1271	覮	1786	齃	1219
攩	1785	鷕	1290	齮	1657	齫	1318
攫	1787	鷦	1529	鷸	1578	黌	1583
馨	1521	䮾	1014	纓	1744	艤	1648
欑	1776	齮	1471	纖	1750	衢	20,1765
轤	1727	钃	1699	纕	1760	鑄	1722
蠹	1350	鑠	1708			鑣	1726
醼	1720	鑽	1710	**二十四畫**		饟	1721
鷩	1362	鑞	1719	〔一〕		鱠	1583
礸	1658	糶	1739	鬢	1665	鱷	1591
韅	1512	籠	1735	贛	1694	鱢	1602
霤	1703	鱝	1461	虆	1788	鱣	1635
〔丨〕		鱄	1482	虀	1585	〔丶〕	
齰	789	鱎	1521	蠼	1607	謹	1741
覬	868	鱮	1531	轞	1742	讕	1746
矖	1761	鱔	1549	醺	1744	讖	1751
曮	1770	鱗	1684	醹	1752	讓	1756
曬	1773	鱏	1563	釀	1757	彎	1781,1782
鷳	1502	鱐	1579	礶	1780	廬	1591
蠐	1749	玃	1786,1787	靈	1742,1744	羸	1644
羅	1768	艫	1720	靄	1731	黿	1424
鱋	1410	〔丶〕		〔丨〕		〔一〕	
鑪	1742	戀	1781	齼	1076	鸊	1649
穩	1780	攣	1783	齽	1081	虌	1777
雞	1708	鷩	1781	齻	1106	纘	1766
		贗	1463	贜	1670		

二十五畫

〔一〕

釁 1696
鬣 1718
驥 1708
韉 1721
欖 1789
攬 1768
靉 1629

〔丨〕

齇 1169
齶 1207
顱 1727
矚 1784,1785
矖 1786
躪 1761
鼉 1513

〔丿〕

籠 1772
籤 1775
籮 1775
瓚 1776

鱊 1537
鑵 1739
鑰 1749
鑲 1750
鑱 1753
鑲 1757,1758
鱺 1658
鱖 1767

〔丶〕

讕 1766
蠻 269
攮 1780
鬩 1749

〔一〕

鸛 1692

二十六畫

〔一〕

鬮 1728
驦 1721
趲 1779
顴 1739
釃 1772

礸 1788
齻 1324

〔丨〕

矚 1789
钄 1671

〔丿〕

鑷 1762
鑹 1766
鼹 985

〔丶〕

讚 1778
襻 1789

二十七畫

鬖 1759
驤 1760
鸕 1728
躩 1786
贛 1695
鱸 1599
钄 1775
鑽 1526,1777

鑼 1775
讜 1785
鑾 1782
纜 1788

二十八畫

鸛 1741
豔 1158
鹽 1728
鑿 1786
廳 1743

二十九畫

鬱 1776
驪 1773

三十畫

鸝 1773
鸞 1782

三十二畫

籲 1552

四、本典參考文獻

1. 《十三經注疏》,中華書局,1980 年
2. 葉紹鈞:《十三經索引》,中華書局,1983 年
3. 李波、李曉光等:《十三經新索引》,中國廣播電視出版社,1997 年
4. (清) 皮錫瑞:《經學通論》,中華書局,1954 年
5. 蔣伯潛:《十三經概論》,上海古籍出版社,1983 年
6. 《二十五史》,上海古籍出版社、上海書店,1986 年
7. 《百子全書》,浙江人民出版社,1984 年
8. (宋) 鄭樵:《通志二十略》,中華書局,1995 年
9. 《四庫全書總目》,中華書局,1965 年
10. (清) 阮元等:《經籍籑詁》,中華書局,1982 年
11. (清) 謝啓昆:《小學考》,漢語大詞典出版社,1997 年
12. 孫啓治、陳建華:《古佚書輯本目錄》,中華書局,1997 年
13. 《〈爾雅〉、〈廣雅〉、〈方言〉、〈釋名〉清疏四種合刊》,上海古籍出版社,1989 年
14. 費振剛、胡雙寶、宗明華輯校:《全漢賦》,北京大學出版社,1993 年
15. 《全唐詩》,中華書局,1960 年
16. 《全宋詞》,中華書局,1965 年
17. 蔣禮鴻:《蔣禮鴻集》,浙江教育出版社,2001 年
18. 黄金貴:《古代文化詞義集類辨考》,上海教育出版社,1995 年
19. 《章太炎全集》(七),上海人民出版社,1999 年
20. (漢) 史游:《急就篇》,嶽麓書社,1989 年
21. 大徐本《説文解字》,中華書局,1963 年
22. (五代) 徐鍇:《〈説文〉繫傳》,四部備要本,中華書局印行
23. (清) 朱駿聲:《説文通訓定聲》,中華書局,1984 年
24. (清) 段玉裁:《説文解字注》,上海古籍出版社,1981 年
25. (清) 桂馥:《説文解字義證》,上海古籍出版社,1987 年
26. (清) 王筠:《説文釋例》,中華書局,1987 年

27. 張舜徽：《說文解字約注》,中州書畫社,1983 年
28. 洪文濤、華昌泗、洪兆敏：《說文八種單字索引》,中華書局,1996 年
29. 姚孝遂主編：《殷墟甲骨刻辭摹釋總集》,中華書局,1988 年
30. 徐中舒：《甲骨文字典》,四川辭書出版社,1988 年
31. 于省吾主編：《甲骨文字詁林》,中華書局,1996 年
32. 徐中舒：《漢語古文字字形表》,四川辭書出版社,1981 年
33. 高明：《古文字類編》,中華書局,1980 年
34. （清）王仁壽：《金石大字典》,天津古籍書店,1982 年
35. 周法高：《金文詁林》,香港中文大學,1974 年
36. 《漢語大字典》,湖北辭書出版社、四川辭書出版社,1986 年
37. 《中華字海》,中華書局、中國友誼出版公司,1994 年
38. （清）朱珔：《說文假借義證》,黃山書社,1997 年
39. 高亨：《古字通假會典》,齊魯書社,1989 年
40. 《辭海》,上海辭書出版社,1980 年
41. 《漢語大詞典》,上海辭書出版社,1986 年
42. （明）李時珍：《本草綱目》,重慶大學出版社,1995 年
43. 上海古籍出版社編：《禽魚蟲獸編》,上海古籍出版社,1993 年
44. 《簡明生物學詞典》,上海辭書出版社,1983 年
45. 王力：《同源字典》,商務印書館,1982 年
46. 《宋本廣韵》,北京市中國書店,1982 年
47. 沈兼士：《廣韵聲系》,文字改革出版社,1960 年
48. 郭錫良：《漢字古音手冊》,北京大學出版社,1986 年
49. 丁聲樹：《古今字音對照手冊》,中華書局,1981 年
50. 李珍華、周長楫：《漢字古今音表》,中華書局,1993 年

圖書在版編目(CIP)數據

漢語同源詞大典/殷寄明著. —上海：復旦大學出版社,2018.1
ISBN 978-7-309-12602-0

Ⅰ.漢… Ⅱ.殷… Ⅲ.漢語-同源詞-詞典 Ⅳ.H139-61

中國版本圖書館CIP數據核字(2016)第247360號

漢語同源詞大典
殷寄明　著
項目統籌/陳　軍
責任編輯/陳　軍　胡春麗　王汝娟
封面設計/馬曉霞

復旦大學出版社有限公司出版發行
上海市國權路579號　郵編：200433
網址：fupnet@fudanpress.com　http://www.fudanpress.com
門市零售：86-21-65642857　　團體訂購：86-21-65118853
外埠郵購：86-21-65109143　　出版部電話：86-21-65642845
浙江新華數碼印務有限公司

開本 850×1168　1/16　印張 135.25　字數 2578 千
2018 年 1 月第 1 版第 1 次印刷
印數 1—2 100

ISBN 978-7-309-12602-0/H・2672
定價：680.00 元

如有印裝質量問題,請向復旦大學出版社有限公司出版部調換。
版權所有　　侵權必究